2019

JIANGXI NIANJIAN

江西年鉴

易炼红　主编

江西省地方志编纂委员会　编

綫装書局

图书在版编目（CIP）数据

江西年鉴. 2019 / 易炼红主编 ；江西省地方志编纂委员会编. -- 北京 ：线装书局，2019.7
ISBN 978-7-5120-3728-1

Ⅰ. ①江… Ⅱ. ①易… ②江… Ⅲ. ①江西－2019－年鉴 Ⅳ. ①Z525.6

中国版本图书馆 CIP 数据核字(2019)第 150866 号

江西年鉴（2019）

主　　编：易炼红
编　　者：江西省地方志编纂委员会
责任编辑：周思远
出版发行：线装书局
地　址：北京市丰台区方庄日月天地大厦 B 座 17 层（100078）
电　话：010-58077126（发行部）010-58076938（总编室）
网　址：www.zgxzsj.com
经　　销：新华书店
印　　制：江西龙莹印务有限公司
开　　本：889mm×1194mm　1/16
印　　张：43
字　　数：1896 千字
版　　次：2019 年 7 月第 1 版第 1 次印刷

线装书局官方微信

定　　价：400.00 元

审图号：赣S（2019）073号

江西省自然资源厅

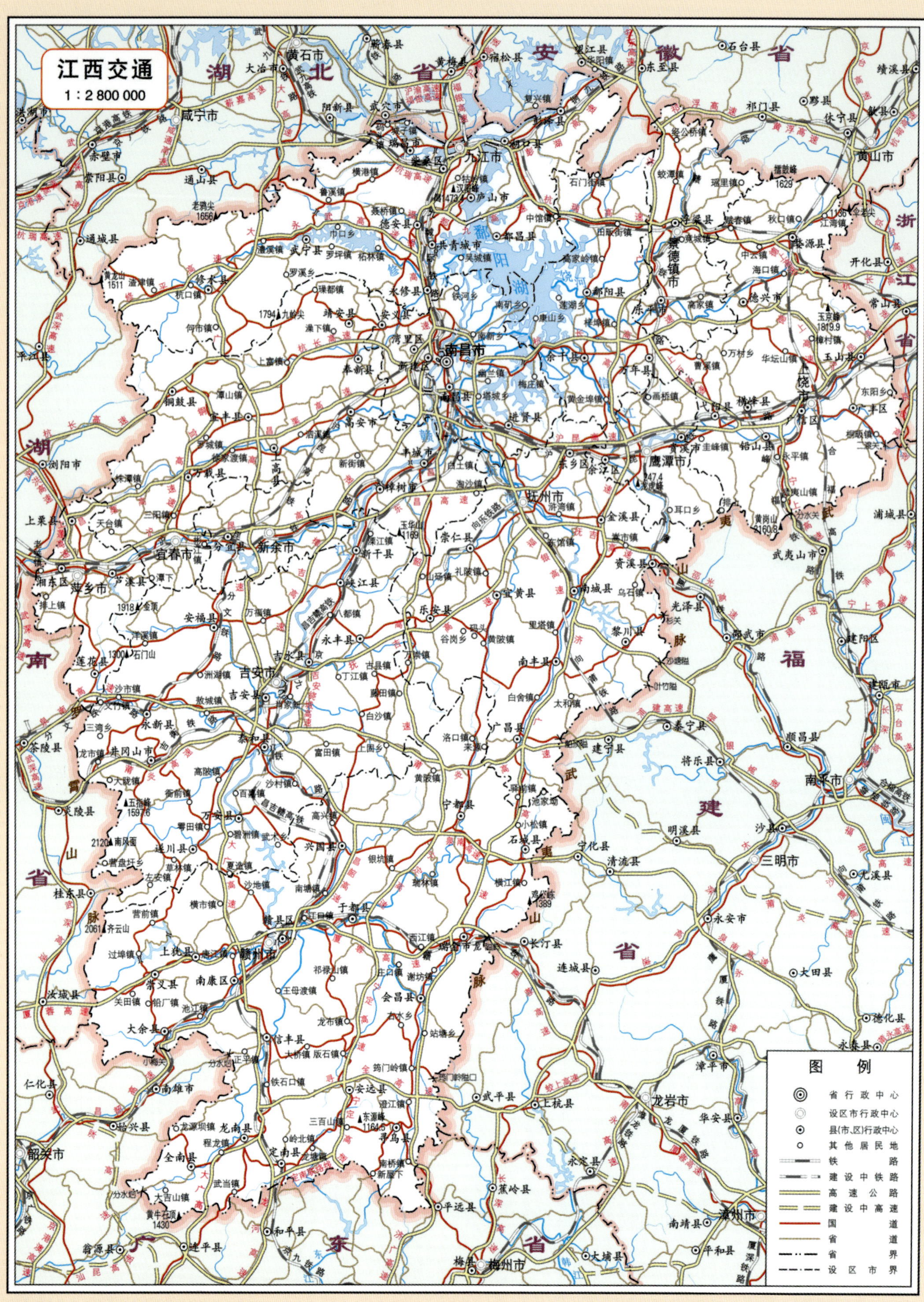

审图号：赣S（2019）073号

江西省自然资源厅

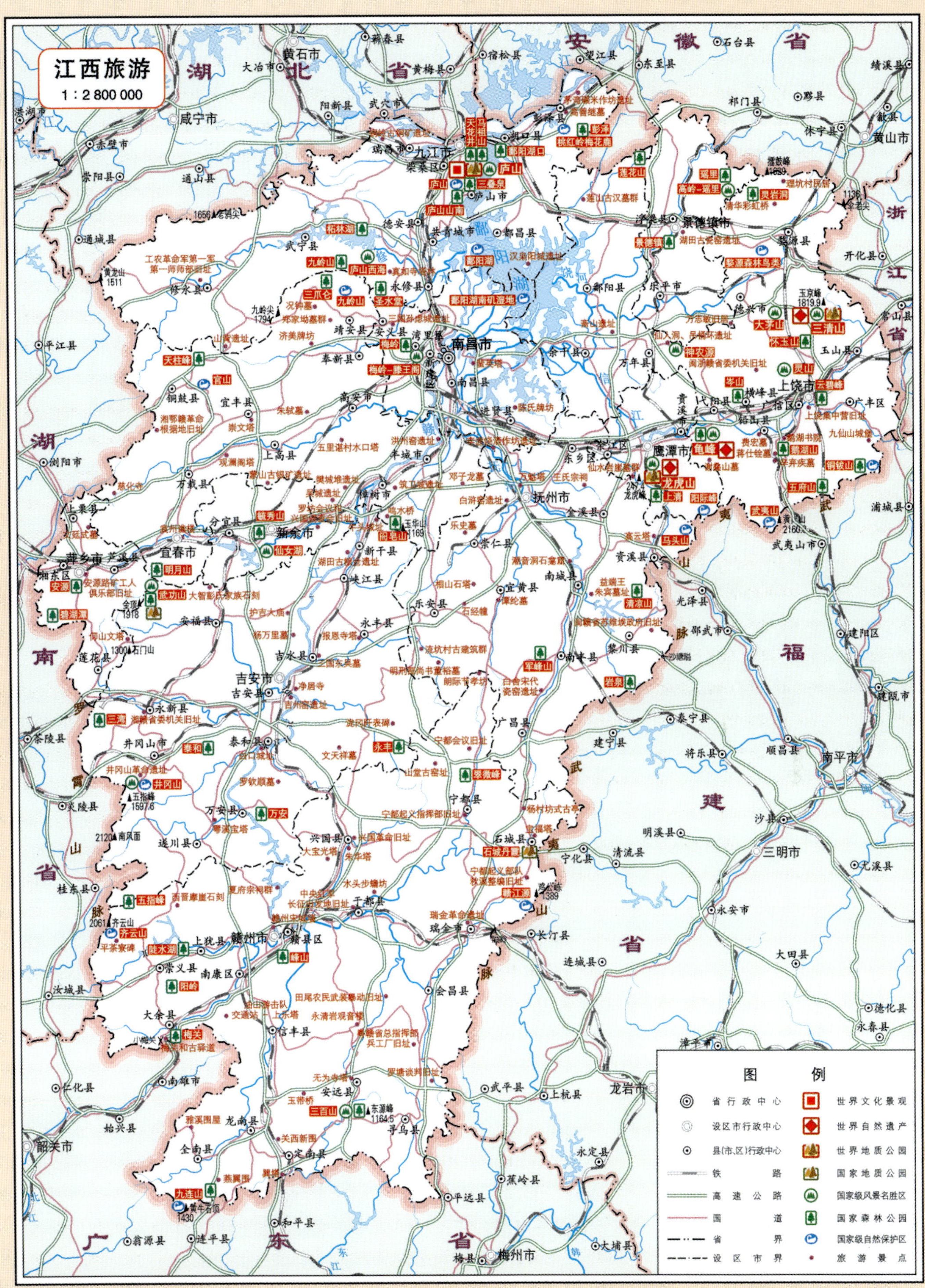

审图号：赣S（2019）073号

江西省自然资源厅

中共江西省委十四届六次全体（扩大）会议

7月30日—31日，中共江西省委十四届六次全体（扩大）会议在南昌召开。省委书记、省长刘奇代表省委常委会作工作报告。全会听取省纪委等6家单位负责人对提请大会讨论的有关文件起草情况作说明。

▲ 7月30日，中共江西省委十四届六次全体（扩大）会议在南昌开幕

▲ 7月31日，中共江西省委十四届六次全体（扩大）会议代表在认真听取报告

（本版图片均为林君 摄）

中共江西省委十四届七次全体（扩大）会议

12月27日—28日，中共江西省委十四届七次全体(扩大)会议在南昌召开。会议以习近平新时代中国特色社会主义思想为指导，深入学习贯彻中共十九大和十九届二中、三中全会精神，全面贯彻落实中央经济工作会议精神，听取和审议省委常委会工作报告，研究部署2019年工作。

▲12月27日，中共江西省委十四届七次全体（扩大）会议在南昌开幕

▲12月27日，中共江西省委十四届七次全体（扩大）会议代表在认真审阅会议材料

（本版图片均为林君 摄）

省十三届人大一次会议

1月23日—29日，省十三届人大一次会议在南昌召开。会议通过关于政府工作报告的决议、关于江西省2017年国民经济和社会发展计划执行情况与2018年国民经济和社会发展计划的决议、关于江西省2017年预算执行情况和2018年预算的决议、关于江西省人大常委会工作报告的决议、关于江西省高级人民法院工作报告的决议、关于江西省人民检察院工作报告的决议、关于国家生态文明试验区（江西）建设情况的报告的决议。选举鹿心社为省十三届人大常委会主任；刘奇为省人民政府省长；周萌、朱虹、马志武、龚建华、冯桃莲等为省十三届人大常委会副主任，韩军为秘书长，并选出54名委员；毛伟明、孙菊生、李利、吴晓军、吴忠琼、秦义、胡强为省人民政府副省长；孙新阳为省监察委员会主任；葛晓燕为省高级人民法院院长，田云鹏为省人民检察院检察长（需依照法定程序提请全国人大常委会批准）。

◀ 1月23日，与会代表在认真听取政府工作报告

▶ 1月25日，省十三届人大一次会议上，来自省内一新闻单位的机器人“走进”省两会会场，站在记者席旁，它萌萌的憨样，吸引众多代表的目光

（本版图片均为朱文标 摄）

省政协十二届一次会议

1月22日—26日，省政协十二届一次会议在南昌召开。会议通过政协江西省第十二届委员会第一次会议决议，政协江西省第十二届委员会第一次会议关于提案审查情况的报告。选举姚增科为政协江西省第十二届委员会主席，李华栋、谢茹、汤建人、刘晓庄、陈俊卿、张勇、肖毅、刘卫平、雷元江为政协江西省第十二届委员会副主席，汪爽为政协江西省第十二届委员会秘书长；选举产生101名常务委员。

▲1月21日，省两会新闻中心情况通报会

（林君 摄）

▲1月26日，省政协十二届一次会议上，政协委员举手表决通过《省政协十二届一次会议选举办法》

（海波 摄）

江西省开展庆祝改革开放40周年活动

为纪念改革开放40周年，江西举行歌咏比赛、陶瓷绘画展览、曲艺大赛、“寻访小平小道 见证改革巨变 开启新的征程”纪念改革开放40周年网络主题活动等形式多样的庆祝活动。

▲ 12月，省委宣传部、省文旅厅、省文联、中国美术家协会陶瓷艺术委员会联合主办“瓷画赣鄱”——江西省庆祝改革开放40周年优秀陶瓷绘画作品展

（省文旅厅 供）

▲ 11月27日，由省委宣传部、省文旅厅等主办的“歌唱美好新时代”——江西省庆祝改革开放40周年村歌大赛在南昌市文化馆群星剧场落幕。图为比赛现场

（省文旅厅 供）

▲ 11月14日，“放歌新时代”——江西省庆祝改革开放40周年群众歌咏比赛决赛在省艺术中心音乐厅举行。图为比赛现场 （省文联 供）

▲ 2018年，围绕纪念改革开放40周年这一主题，全省各设区市及部分县区举办一系列谷雨诗会活动。图为4月28日，“小道初心 筑梦前行”——纪念改革开放四十周年暨2018年南昌市谷雨诗会现场

（南昌市文联 供）

扫黑除恶专项斗争

2018年，全省侦办黑社会性质组织案92起（居全国第一位），打掉恶势力犯罪集团304个（居全国第十位），打掉恶势力团伙341个，查封、冻结、扣押涉案资产8.3亿元；提起公诉313件1595人，判决86件589人。全省纪检监察机关查处涉黑涉恶腐败问题347个，党纪政务处分158人，移送司法机关处理44人，组织处理98人；组织部门排查整顿软弱涣散村党组织1397个，联审取消村“两委”参选资格9568人。全省刑事案件下降12.7%，治安案件下降1.4%。

▲10月31日，全省扫黑除恶专项斗争推进会在南昌召开 （省委政法委 供）

▲8月21日，省法院对省扫黑办挂牌的重点案件进行集中督导。图为督导会现场 （省委政法委 供）

▲ 3月12日，萍乡市湘东区综治办联合20余家综治成员单位在月亮广场开展综治宣传月暨扫黑除恶专项斗争集中宣传文艺演出

（省委政法委 供）

▲7月10日拍摄的南昌市安义县石鼻镇罗田村委会扫黑除恶宣传墙绘

（省委政法委 供）

首届世界VR产业大会

10月19日—21日，由工信部、江西省政府联合主办的2018世界VR产业大会在南昌举行。大会主题是“VR让世界更精彩”，主论坛以“虚拟现实定义未来信息社会”为主题；平行论坛围绕VR技术研究举办产业生态、人工智能、IEEE标准、5G等主题论坛，围绕VR产业发展举办投资路演、先进制造、动漫、文化旅游等主题论坛，围绕行业应用举办教育培训、娱乐游戏、影视内容、新闻出版等主题论坛。大会邀请国内外VR领域的领军人物、专家学者、企业高管、行业组织负责人以及国际组织代表，其中包括50多所著名高校的诺贝尔物理学奖得主、院士、教授以及20多家著名研究机构的专家等2000多人。中共中央总书记习近平向大会致贺信。大会共有157个协议和项目达成意向，总投资额631.5亿元，涵盖VR产业硬件、软件和应用等领域。

①10月19日，2018世界VR产业大会开幕式在南昌举行（林君 摄）

②10月20日，南昌绿地国际博览中心人山人海，游客们排着长队有秩序入场观展（洪子波 摄）

③2018世界VR产业大会期间，游客在南昌绿地国际博览中心体验江西科骏实业有限公司研发的VR产品（洪子波 摄）

江西7县（市、区）入围电商示范百佳县

①

10月23日，第四届中国县域电商大会发布“2017—2018年电商示范百佳县”排行榜，江西省7个县（市、区）入选，分别是赣州市南康区、井冈山市、庐山市、龙南县、新干县、进贤县和定南县。

①6月21日，江西省政府与阿里巴巴集团、蚂蚁金服集团战略合作协议签署仪式在南昌举行（海波 摄）

②11月7日，庐山市横塘镇红星羽绒电商创业园内的小人物童装店店主漆元勇使用13部手机忙着与客户联系。“双十一”将至，他每天通过微信销售童装1000余件（梁振堂 摄）

③“双十一”后的第一天，圆通速递江西分公司工作人员正在忙碌地分拣包裹（洪子波 摄）

④赣州市努力打造服务于华中区域的智慧物流中心，引入人工智能技术，建设新一代智能仓储基地。图为11月19日，位于赣州国际陆港的菜鸟臻顺智慧物流园区智能拣货现场（林君 摄）

航空产业

▲ 5月31日，中国民用航空局与江西省政府共同推进设立中国民用航空江西航空器适航审定中心合作协议签约仪式在南昌举行 （海波 摄）

2018年是江西省航空产业发展史具有里程碑意义的一年，全国首个省局共建的民航适航审定中心挂牌运行，C919大飞机转场瑶湖机场试飞，重型直升机总装、ARJ21生产试飞中心项目明确落户江西，全国首张无人机航空运营许可证、首个低空空域管理暨通航飞行服务院士工作站落地江西，“江西快线”获135部载客类经营许可和运行许可等，一批重大项目和平台建设取得突破，为航空产业实现高质量跨越式发展奠定基础。全年全省航空产业实现总收入863.19亿元，增长16.63%；完成增加值172.57亿元，增长15.21%；利润57.23亿元，增长20.92%。

▲ 10月27日，C919国产大飞机102架机降落在南昌瑶湖机场，标志着南昌瑶湖机场正式成为C919的核心试飞基地之一

（洪子波 摄）

▲ 11月6日，第十二届中国国际航空航天博览会在珠海开幕，昌飞公司直10ME出口型中型攻击直升机亮相博览会 （黄继妍 摄）

▲ 11月30日，第五届世界绿色发展投资贸易博览会在南昌举行。图为室外设立的航空展区吸引许多参观者驻足观看 （徐铮 摄）

文化强省

8月17日，省委、省政府印发《关于加快文化强省建设的实施意见》。11月27日，省文旅厅发布《关于加快文化强省建设的实施方案》，明确江西通过实施现代公共文化服务体系建设工程、艺术创作生产与传播繁荣工程、优秀传统文化传承创新工程、文化产业高质量发展推进工程、对外文化交流合作提升工程、优秀文化赣军培育工程“六大工程”，进一步补齐短板、拉高标杆，努力实现全省文化工作高质量、跨越式发展。

◀11月18日，万年县陈营镇洋湾村戏台前热闹非凡，一出出精彩纷呈的古装戏，让从四面八方赶来的戏迷过足戏瘾

（洪子波 摄）

▲6月9日，南昌市光明社区的孩子们在以“国粹·京剧脸谱”为主题的手工捏泥比赛中，展示自己亲手制作的脸谱 （海波 摄）

▲5月30日，南昌市向荣小学学生在南昌瓷板画艺术博物馆，通过体验瓷板画创作，了解瓷板画的制作工艺，领略传统文化艺术的魅力

（洪子波 摄）

▲抚州市东乡区组织开展“送电影下乡”活动，为门塘、李坊、新渐等地村民免费放映国产大片，让村民在家门口享受精彩的文化大餐。图为9月4日晚，抚州市东乡区王桥镇璋峰村村民在广场上观看电影《红海行动》

（徐铮 摄）

第十五届省运会

10月28日至11月5日，省政府主办，省体育局、景德镇市政府承办的第十五届省运会举行。这是江西省历届运动会中设竞赛项目最多、参加人员最多、参与人群最广泛、规模最大的一次运动会。比赛设青少年部、学校部、机关部、社会部4个部别，50个运动大项2060个竞赛小项，22489名运动员参赛，共决出金牌2060枚，青少年部青少年组2人次破2项省纪录，21人次破21项省运会纪录，2人次平2项省运会纪录。运动会首次设立攀岩比赛。

①10月28日，开幕式上富有瓷都特色的文艺表演
②10月31日，运动员在跳远比赛中腾空一跳
③11月3日，在男子高校甲组10000米决赛中，来自南昌航空大学的汪智君脚穿舞蹈鞋奔跑并夺冠
④10月30日，高校组跆拳道比赛现场（本版图片均为杨继红 摄）

首届中国农民丰收节江西系列庆祝活动

①9月22日，黎川县村民参加趣味运动会中的徒手摸鱼比赛（徐铮 摄）
②9月19日，上饶市信州区一村民晾晒的南瓜条，犹如一条条金色的彩带（梁振堂 摄）
③首届中国农民丰收节来临之际，全省各地纷纷开展丰富多彩的庆祝活动。图为9月22日，首届中国农民丰收节江西系列活动在高安市开
④9月22日，黎川县古城老街上，村民手舞长龙庆祝丰收节（徐铮 摄）

9月22日，省农业厅、宜春市政府主办，省广播电视台、省文演集团、高安市政府承办，各设区市政府、高安市巴夫洛现代农业科技有限公司协办的庆祝首届中国农民丰收节江西系列活动举行。庆祝活动主要有10项，包括“欢庆丰收年”开幕式和“丰收赣鄱”欢庆晚会2项重大活动和农产品花车狂欢大巡游、江西农民艺术展演长廊、江西特色民俗表演、丰收长桌宴、空中礼赞江西农业、江西休闲农业乡土美食推介、农耕技能大赛、“生态鄱阳湖·绿色农产品”展示展销等8大主题活动。

②

③

④

江西脱贫攻坚

2018年，全省各级投入财政扶贫资金68.98亿元。全省6个贫困县（市）通过国家考核评估实现脱贫摘帽，累计8个贫困县（市）摘帽。实现42.26万人脱贫，全省贫困人口减至50.9万人，贫困发生率降至1.38%。1000个贫困村退出，累计退出贫困村2671个。贫困地区农民年人均可支配收入增幅持续高于全省平均水平。3月6日，江西省出台《关于加大城镇贫困群众脱贫解困力度的意见》，在全国率先推出城镇贫困群众全面脱贫解困系列举措，对全省88.61万城镇贫困群众进行系统帮扶。

①10月14日，省委宣传部、省扶贫和移民办、省文化厅联合举办“庄严的承诺”江西省脱贫攻坚颁奖晚会（省扶贫办 供）
②5月21日拍摄的赣州市南康区设立扶贫搬迁服务中心，为大家提供就业、就医、就学便利（省扶贫办 供）
③遂川县茶产业成为群众脱贫致富“金叶子”。2018年，狗牯脑品牌价值达19.63亿元，被评为全国最具品牌经营力的茶叶品牌之一。图为3月28日，汤湖镇安村茶叶基地茶农正在采茶（遂川县地方志办 供）

①

福
之
家
南康区扶贫搬迁服务中心

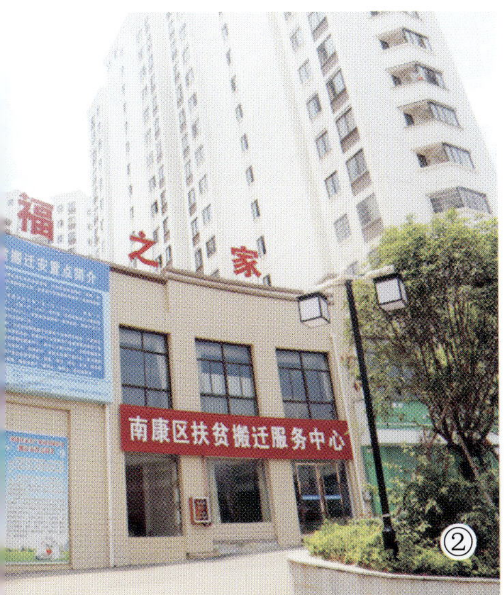

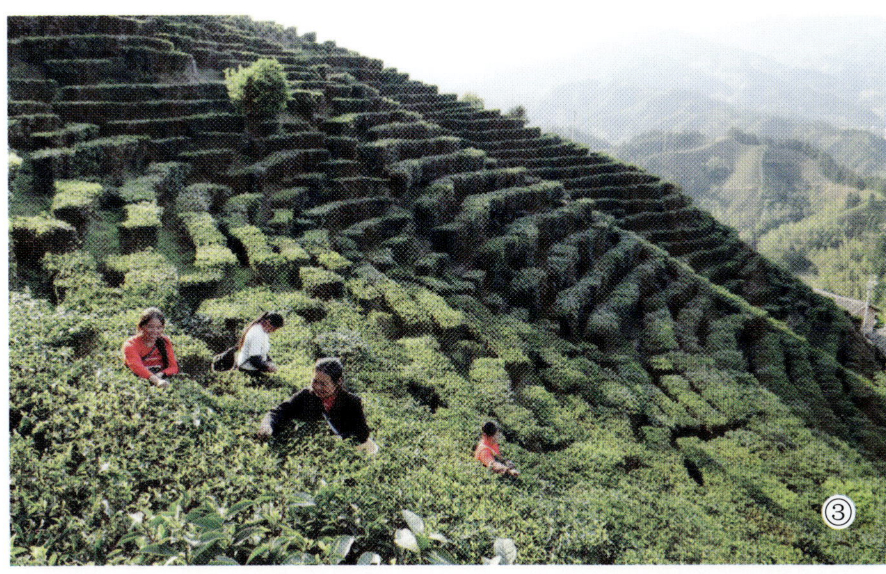

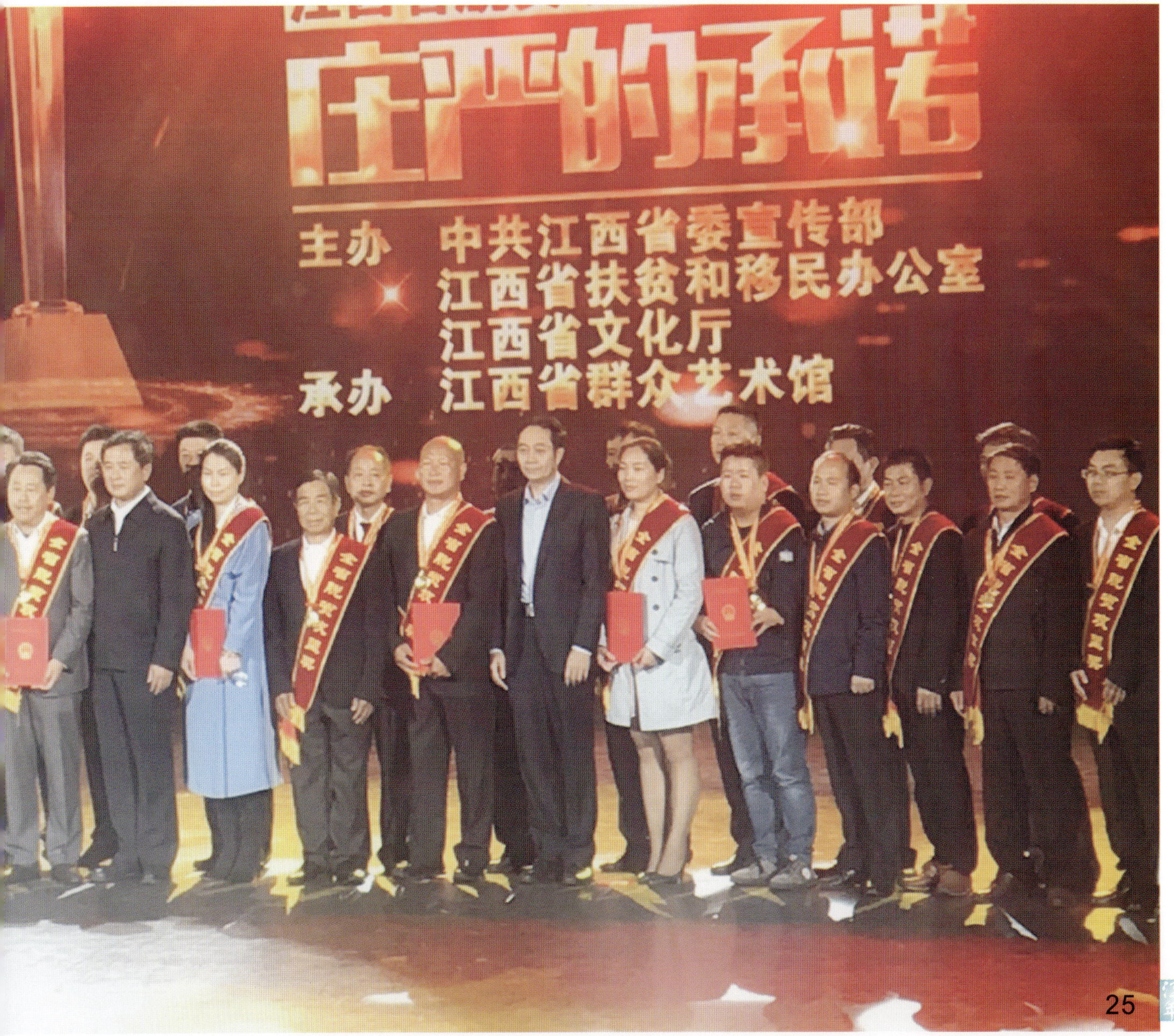
庄严的承诺
主办 中共江西省委宣传部
江西省扶贫和移民办公室
江西省文化厅
承办 江西省群众艺术馆

乡村振兴

2018年，江西出台《江西省乡村振兴战略规划（2018—2022年）》，以实施乡村振兴战略为总抓手，持续深化农业供给侧结构性改革，推进农村人居环境整治，全面深化农业农村改革，实现乡村振兴“开局之战”首战告捷。全年全省农林牧渔业总产值3148.6亿元，增长3.5%；农村居民人均可支配收入14460元，增长9.2%。

①

②

①1月18日，记者拍摄的宜黄县自然生态新村——戈坪村一角。该县按照统一规范的标准和模式，对20个亮点村、20个重点村和60个美丽乡村进行规划建设（海波 摄）

②新余市聚焦“整洁、美丽、和谐、宜居”，以农村人居环境整治为抓手，综合推进村庄整治，年内608个新农村建设点成为美丽乡村建设“升级版”。图为11月4日，新余市渝水区罗坊镇梦塘村村民正在清洁水塘（海波 摄）

③12月1日，第五届世界绿色发展投资贸易博览会乡村振兴发展论坛在南昌举行（姜振国 摄）

④7月30日，10多辆新能源公交车停放在修水汽车总站充电。年内修水县投入300C多万元，新购90辆新能源公交车，在县城及白岭、渣津、马坳、杭口4乡镇运行，为百姓环保出行提供便捷（梁振堂 摄）

全国唯一“国家森林城市”设区市全覆盖的省份

2018年，全省$PM_{2.5}$浓度38微克/立方米，下降17.4%，降幅居全国前列，空气质量优良天数占比88.3%，同比提高5个百分点；11个设区市空气质量首次全面完成考核目标任务，南昌市、景德镇市空气质量达国家二级标准，实现历史性突破。国家考核断面水质优良率92%，高于国家考核目标9.3个百分点；基本消除监测断面劣V类水体。全省节能环保支出163.4亿元，增长14%。森林覆盖率、湿地保有量保持稳定，成为全国唯一“国家森林城市”设区市全覆盖的省份。

①

②

③

日，记者在鄱阳湖保护区拍摄到的国家一级保护动物黑鹳。黑鹳已列入《世界自然保护联盟濒危物种红色名录》，在中国南方越冬的种群数量，在鄱阳湖越冬的黑鹳只发现30余只（燕平 摄）

日，在余干县白马桥乡詹湾村山区发现野外放归的麋鹿（徐铮 摄）

8日，被誉为“鸟中大熊猫”的中华秋沙鸭在龙虎山景区泸溪河上游玩。由于龙虎山景区生态环境好，每年11月至次年3月，中华秋沙鸭都会抵达越冬，数量稳定在80只左右（杨继红 摄）

市大力实施城市森林生态体系建设，构建“城区生态景观、近郊生态产业、近郊生态屏障”的森林生态体系，全市绿化量质齐升，生物多样性丰富。图为8月27日，空中鸟瞰艾溪湖森林湿地公园（朱文标 摄）

④

开展生态文明探索实践

2018年，江西强化示范引领，倡导绿色出行，积极开展蓝天保卫战、城市黑臭水体治理、长江保护修复等七大战役。年内，婺源县被评为第二批国家“绿水青山就是金山银山”实践创新基地，井冈山市、崇义县、浮梁县获批第二批国家生态文明建设示范市县，上犹县、武宁县、龙虎山风景区等评为“中国天然氧吧”，吉安市率先出台全国首部全域水库水质保护条例。

▲12月10日，袅袅炊烟中，婺源篁岭家家都在晒秋　　（程政 摄）

▼近年来，崇义县坚持“生态立县”战略和“产业生态化”思路，打造齐云山南酸枣糕、君子谷刺葡萄酒、上堡赤水仙高山有机茶、高山梯田大米等绿色食品品牌，把绿水青山变成金山银山取得显著成效。图为5月30日，崇义县上堡赤水仙高山有机茶园一片生机盎然　　（梁振堂 摄）

编 辑 说 明

一、《江西年鉴》是江西省本级地方综合年鉴，由江西省人民政府组织、江西省地方志编纂委员会编，稿件由省直各单位，各市、县（区），中央驻赣单位及有关单位提供。

二、《江西年鉴》是一套系统记述江西省自然、政治、经济、文化、社会等方面情况的年度资料性文献。其编纂坚持以马克思列宁主义、毛泽东思想、邓小平理论、“三个代表”重要思想、科学发展观、习近平新时代中国特色社会主义思想为指导，逐年全面、真实地记录江西经济建设和社会发展的基本情况，为存史、资政、育人服务。

三、《江西年鉴》每年出版一卷，2002 年首卷出版，至今已经编纂出版18 卷。

四、本卷年鉴着重记载 2018 年江西省发生的重大事情。内容分为综合情况、动态信息和辅助资料三大部分。综合情况设特载、大事记、专记、江西概览 4 个栏目。动态信息设中国共产党江西省委员会，江西省人民代表大会，江西省人民政府，中国人民政治协商会议江西省委员会，纪检监察，民主党派和工商联，人民团体，军事，法治，应急管理，外事侨务，港澳台事务，人力资源，国家区域发展战略，农业农村，工业，信息化建设，园区经济，旅游业，商贸服务业，对外贸易与经济合作，交通运输，金融，财政税务，经济管理与监督，城乡建设，水利，生态环境，教育，科学技术，社会科学，文化艺术，档案与地方志，新闻出版广播电影电视，卫生健康，体育，居民生活，社会保障，社会事务管理，退役军人事务管理，妇女儿童，老龄事业，残疾人事业，民族宗教事务，精神文明建设，市、县（区），人物，共 47 个栏目。辅助资料设附录、统计资料 2 个栏目。江西政区图、江西交通图、江西旅游图均为 2019 年版地图。

五、本年鉴内容层次设置是为了方便分类编纂和读者阅读，并不反映严格的科学分类体系，机关、企事业单位等排序和层次并不表示其地位和规模。部分条目因内容需要对比，时间有所上溯。市、县（区）主要领导人放在所属市、县（区）之后，便于查阅。特载栏目中数据为快报数，因个别供稿单位统计口径不同等原因，有的数据在不同条目中不尽一致，使用时请注意出处；因全省机构改革，部分单位名称有变更，以条目发生日期的名称为准；企业的计量单位，除市场监督管理局办理注册登记的企业用“户”外，其他一律用“家”。

六、市制土地面积计量单位“亩”，在农民日常生产生活中仍作为土地面积的计量单位，所以，本年鉴记述农业事项土地面积时仍使用“亩”作为计量单位，1 亩 = 666.67 平方米，随文不再括注同比例平方米数。

江西省地方志编纂委员会

《江西年鉴》编辑人员

目　录

CONTENTS

特　载

大 事 记

专　记

江西概览

中国共产党江西省委员会

江西省人民代表大会

江西省人民政府

中国人民政治协商会议江西省委员会

纪检监察

民主党派和工商联

人民团体

军 事

法 治

应急管理

外事侨务

港澳台事务

人力资源

国家区域发展战略

农业农村

工 业

信息化建设

园区经济

旅游业

商贸服务业

对外贸易与经济合作

交通运输

金　融

财政税务

经济管理与监督

城乡建设

水　　利

生态环境

教 育

科学技术

社会科学

文化艺术

档案与地方志

新闻出版　广播电影电视

卫生健康

体 育

居民生活

社会保障

社会事务管理

退役军人事务管理

妇女儿童

老龄事业

残疾人事业

民族宗教事务

精神文明建设

市、县(区)

人 物

附 录

统计资料

索 引

特　载

从更高层次贯彻落实习近平总书记重要要求 共绘新时代江西物华天宝人杰地灵新画卷

——在省委十四届六次全体(扩大)会议上的讲话

省委书记　刘　奇

(2018年7月30日)

同志们:

省委十四届六次全体(扩大)会议,是在改革开放40周年重要历史时点、高质量发展处于蓄势跨越、干部作风建设纵深推进的关键时刻,召开的一次重要会议。会议的主要任务是,深入学习贯彻习近平新时代中国特色社会主义思想和党的十九大精神,从更高层次贯彻落实习近平总书记对江西工作的重要要求,进一步深化和完善富裕美丽幸福现代化江西建设的战略思路,推动全省上下解放思想、提振精神,改革创新、担当实干,共绘新时代江西物华天宝、人杰地灵的新画卷。

会议的主要议程是:听取和讨论省委常委会工作报告;讨论省委《关于坚决全面彻底肃清苏荣案余毒持续建设风清气正政治生态的意见》等6个文件。下面,我代表省委常委会向全会报告工作。

一、十四届五次全会以来省委常委会的主要工作

去年12月25日至27日,省委召开十四届五次全会。半年多来,在以习近平同志为核心的党中央坚强领导下,省委常委会坚持以习近平新时代中国特色社会主义思想为指导,坚持稳中求进工作总基调,坚持新发展理念,团结带领全省干部群众忠诚担当、真抓实干,推动全省经济社会发展和党的建设各项事业迈出新步伐、取得新成绩。我们重点抓了以下几个方面工作:

第一,持续深入学习贯彻习近平新时代中国特色社会主义思想和党的十九大精神。围绕这项首要政治任务,省委作出《关于深入学习贯彻党的十九大精神奋力谱写新时代中国特色社会主义江西篇章的决定》。省委常委会带头开展"大学习、大调研、大落实"活动,围绕学习习近平总书记对江西工作的重要要求和宪法、监察法等主题,进行了6次集体学习研讨;围绕打好三大攻坚战、加强党的建设等八个方面,开展专题调研,推动工作落实。再次举办全省市厅级主要领导干部专题研讨班,更加深入系统学习领会习近平新时代中国特色社会主义思想和党的十九大精神。在全省分级分类开展干部培训,县处级以上领导干部学习培训实现全覆盖。探索建立"新时代传习所",推动习近平新时代中国特色社会主义思想和党的十九大精神走进基层、走进群众。通过以上4个层面各有侧重又相互衔接的学习宣传贯彻活动,全省上下政治信仰更加坚定、思想认识更加统一、行动落实更加有力。

第二,凝心聚力推进经济持续健康发展。加强党对经济工作的领导,对标高质量发展要求,落实新发展理念,加快建设现代化经济体系,不断增强经济综合实力和竞争力。强化顶层设计和统筹谋划,制定出台《关于实施工业强省战略深入推动工业高质量发展的若干意见》《关于实施乡村振兴战略的意见》等一系列重要文件。狠抓工作落实和项目落地,着力推进创新型省份建设,大力实施创新驱动"5511"工程倍增计划,扎实推进重大人才工程,持续抓好"降成本、优环境"专项行动,深入推进"放管服"、国资国企、财税金融等重点领域改革,聚力发展航空制造、中医药等主导产业,举办赣京会、赣粤会、赣深会、赣港会、2018国际产学研用合作会议、世界中医药大会第四届夏季峰会等开放合作和招商推介会议活动,召开省、市、县三级重大项目联动推进动员大会,采取一系列有针对性举措,推动全省经济保持稳中向好态势。

今年上半年，全省生产总值增长9%，财政总收入增长16.7%，一般公共预算收入增长10.3%，规模以上工业增加值增长9.1%，固定资产投资增长11.7%，社会消费品零售总额增长11.2%，实际利用外资增长9.5%，主要经济指标增幅继续位居全国"第一方阵"。

第三，加大力度推进国家生态文明试验区建设。召开全省生态环境保护大会、长江经济带"共抓大保护"攻坚行动动员大会，以更高标准打造美丽中国"江西样板"。抓好生态环境综合治理，坚决打好蓝天保卫、消灭劣V类水、土壤污染防治等攻坚战，启动农村人居环境整治三年行动，深入实施河长制，制定出台湖长制、林长制，有效整治"散乱污"企业。以中央环保督察"回头看"为契机，推动解决了一批群众反映强烈的突出环境问题。全省空气质量优良率86.2%，国家考核断面水质达标率92%，森林覆盖率稳定在63.1%。加快推进绿色发展，战略性新兴产业、高新技术产业增加值占规上工业增加值比重分别为16.9%和33%，服务业增加值占GDP比重达45.6%，发展的质量和效益稳步提升。

第四，扎扎实实保障和改善民生。准确把握新时代我国社会主要矛盾的新变化，顺应老区人民对美好生活的新期待，加快补齐民生短板。坚决打好脱贫攻坚战，深入推进脱贫攻坚"十大工程"，聚焦269个深度贫困村，大力实施脱贫攻坚春季攻势、夏季整改行动，健全完善驻村帮扶工作机制，强化脱贫督查考核，不断提高脱贫质量。在2017年国家对省级党委和政府扶贫开发工作成效考核中，我省取得第一档次第二名的好成绩。在全国率先启动城镇贫困群众脱贫解困工作。做好就业创业工作，促进城乡居民增收，上半年全省城镇和农村居民人均可支配收入分别增长8.4%、9.2%。加强和创新社会治理，常态化开展影响社会稳定矛盾问题摸排调研化解工作，深入开展扫黑除恶专项斗争，安全生产形势总体平稳，社会保持和谐稳定。

第五，坚持不懈加强新时代党的建设。以强烈的政治担当，扛起主责、抓好主业、当好主角，坚持把党的政治建设摆在首位。召开全省党员领导干部警示教育大会，坚决全面彻底肃清苏荣案余毒，深刻汲取李贻煌等腐败案教训，持续建设风清气正的良好政治生态。严肃党内政治生活，发展积极健康的党内政治文化。深入推进干部作风建设，聚焦解决"怕、慢、假、庸、散"等突出问题，着力锻造优良作风。加强思想舆论引导和文化建设，抓好以弘扬井冈山精神为核心的红色基因教育，广泛开展诵读《红色家书》《发生在江西红土地上的100个经典革命故事》活动。统筹推进基层党组织建设，推动农村基层党建全面升级，推动"两新"组织党建工作制度化、规范化。健全民主法治，圆满完成省级人大政府政协换届，加强统一战线工作，充分调动各方面的积极性、主动性、创造性。加强党风廉政建设，深入抓好中央巡视"回头看"反馈问题整改，扎实开展巡视巡察工作，加大力度整治群众身边不正之风和腐败问题，开展扶贫领域腐败和作风问题专项治理，坚决惩治涉黑涉恶腐败，为富裕美丽幸福现代化江西建设提供了有力保证。

省委常委会坚持把自身建设摆在突出重要位置，加强政治理论学习，牢固树立"四个意识"，自觉在思想上政治上行动上始终同以习近平同志为核心的党中央保持高度一致。严肃党内政治生活，认真执行民主集中制。带头贯彻落实中央八项规定精神，深入开展调查研究，切实改进工作作风。严格落实管党治党政治责任，自觉接受各方面监督，带头做廉洁自律的表率。

回顾这段时间以来的工作，无论是上井冈山重温革命传统、汲取精神伟力，不忘初心、砥砺前行，还是深入学习贯彻习近平总书记对江西工作的重要要求，牢记使命、答好考卷；无论是以作风建设切入，优化营商环境，激励担当作为，还是抓住产业升级这个关键、创新这个"牛鼻子"和人才这个"第一资源"，加快推动高质量发展；无论是在全面深化改革中持续释放发展活力，还是在发展基础上扎实推进脱贫攻坚，不断满足人民日益增长的美好生活需要；无论是牢牢守住底线抓生态保护，还是持之以恒反"四风"、反腐败，深入开展扫黑除恶专项斗争，努力让江西的政治生态像自然生态一样成为响亮的名片，我们走的每一步、做的每件事，都始终沿着习近平新时代中国特色社会主义思想指引的康庄大道坚定前行，始终按照习近平总书记对江西工作的重要要求狠抓落实。

半年多来的实践再次证明，以习近平同志为核心的党中央各项决策部署完全正确，习近平新时代中国特色社会主义思想在江西红土圣地日益彰显出强大真理力量；省第十四次党代会和十四届历次全会提出的目标思路，符合中央要求，切合江西实际，必须一以贯之、接续推进；全省各级党组织和广大干部群众凝心聚力、苦干实干，展现出新时代应有的新气象新作为。我们完全可以说，建设富裕美丽幸福现代化江西的奋斗目标一定要实现，也一定能够实现。

二、从更高层次贯彻落实习近平总书记对江西工作的重要要求，以新一轮思想大解放和改革再出发着力破解新时代提出的新课题

党的十八大以来，以习近平同志为核心的党中央举旗定向、运筹帷幄、砥砺前行，推动党和国家事业取得历史性成就、发生历史性变革，中国特色社会主义进入了新时代。让我们感铭于心的是，习近平总书记对老区人民深情关爱，对江西工作深切关怀。总书记亲临赣鄱大地视察指导，多次作出重要指示，为江西发展把脉定向，提出"新的希望、三个着力、四个坚持"的重要要求，指引江西改革发展迈上了新征程。总书记对我们的谆谆教导，高屋建瓴、一语中的，深刻阐明了为谁发展、怎样发展、以什么样的精神状态和作风保障发展等一系列带有根本性、全局性的重大问题，是习近平新时代中国特色社会主义思想在革命老区的实践要求和具体体现，是指引我们做好各项工作的总方针、总纲领。

深入学习贯彻习近平新时代中国特色社会主义思想和党的十九大精神，是我们当前和今后一个时期的首要政治任务，重中之重就是要从更高层次贯彻落实习近平总书记对江西工作的重要要求。强调"更高层次"，就是必须要有更高的政治站位和战略思维，始终从政治和全局的高度，把总书记重要要求贯彻落实到江西各项工作中。说到底就是新时代要有新担当新作为，以新一轮思想大解放和改革再出发，着力破解新时代向我们提出的新课题，推动江西发展迈上新台阶。

放眼全球,当今世界正在经历新一轮大发展大变革大调整,全球治理体系深刻变革,国际关系特别是大国关系错综复杂,贸易保护主义冲击加剧,不稳定不确定因素增多,新的重大机遇和严峻挑战并存。回看中国,我国经济已由高速增长转向高质量发展新阶段,正处在转变发展方式、优化经济结构、转换增长动力的攻关期,大量新的情况、问题、矛盾需要应对破解。站在全国和世界大格局中审视江西,我们既对我省发展日新月异、经济社会稳中向好充满信心,也为外部竞争咄咄逼人、自身发展面临深层次矛盾而倍感压力。从经济总量看,相邻的广东、浙江、湖北、湖南、福建、安徽分别排全国第1、4、7、9、10、13位,均列江西之前;从发展质量和水平看,沿海三省整体高于江西的梯度差非常明显,中部三省在产业实力、科教支撑、城镇体系等方面也不同程度强于、优于江西。可以说,我省发展不充分与发展质量不高的问题并存,加快经济发展与加强生态环境保护的问题并存,基础设施滞后等"硬环境"不足与思想观念滞后等"软环境"不优的问题并存。这些都是江西实现高质量、跨越式发展亟须破解的难题。

习近平总书记一针见血地指出:"发展不足仍然是江西的主要矛盾。必须主动适应经济发展新常态,向改革开放要动力,向创业创新要活力,向特色优势要竞争力,奋力夺取全面建成小康社会决胜阶段新胜利。"我们要深刻理解总书记重要指示精神,牢牢把握发展这个第一要务,把推进高质量、跨越式发展作为江西的首要战略,绷紧弦、铆足劲,始终不能动摇,丝毫不可松劲,一步不容耽搁。关键是思想上不能固步自封,思路上不可摇摆不定,工作上不做清谈官。

思想是行动的先导。习近平总书记强调:"改革开放的过程就是思想解放的过程。没有思想大解放,就不会有改革大突破。"新时代解放思想、改革开放,蕴含着新内涵,提出了新要求。在改革开放进入不惑之年、各地发展百舸争流之际,面对前进道路上绕不过、躲不开的各种难题,面对新时代向我们提出的新课题,如何以更加开放的胸襟、更加宽阔的视野,不以江西为世界,而以世界谋江西,登高望远、主动作为?如何把握发展大局大势,加强对重大问题的研究,找症结、找短板,更加清醒务实地探求江西高质量、跨越式发展路径?如何以新担当新作为,在这片曾经为中国革命作出重大贡献和巨大牺牲的红土圣地上书写新的历史荣光,让4600万老区人民过上更加富裕幸福的生活?这是我们必须回答好的时代之问、责任之问、初心和使命之问。归根结底,就是要在习近平新时代中国特色社会主义思想特别是总书记对江西工作的重要要求指引下,推动思想大解放、改革再出发,努力开创思想解放和改革开放相互激荡、观念创新和实践探索相互促进的生动局面,不断开拓富裕美丽幸福现代化江西建设的新境界,一步一个脚印把总书记为我们擘画的蓝图变成更加美好的现实。

省委强调,要把"从更高层次贯彻落实习近平总书记对江西工作的重要要求"的重心,进一步聚焦到领会精髓、把握大势,紧跟新时代、对标新要求,在深化对世情、国情、省情再认识的基础上,坚持从实际出发,不断深化和完善富裕美丽幸福现代化江西建设的科学内涵、战略路径和重要抓手。这种深化和完善的结论,概括起来,就是"创新引领、改革攻坚、开放提升、绿色崛起、担当实干、兴赣富民"。

——创新引领是江西发展的第一动力。当今时代的竞争,本质是创新之争。我省的差距,根本在科技水平、高端人才和创新能力的差距。在新一轮技术革命和产业变革"风口"上,江西唯有主动搏击、创新制胜,舍此别无他途。

——改革攻坚是江西发展的制胜法宝。思想一变天地宽,改革一活全盘活。越是在充满希望、充满挑战的新时代,越是在爬坡过坎、跨越发展的新阶段,就越需要解放思想、深化改革,在改革攻坚中找办法、求突破、开新局。

——开放提升是江西发展的关键一招。回望走过的路,借鉴别人的路,前瞻远行的路,扩大开放始终是江西发展的必由之路。要充分发挥我省"沿海腹地、内地前沿"的区位优势,提升开放发展水平,力争在更宽领域、更高层次的开放中"富起来""强起来"。

——绿色崛起是江西发展的最佳路径。良好生态是江西最为宝贵的财富、最具竞争力的品牌,是实现高质量、跨越式发展的潜力和希望所在。建设国家生态文明试验区,打造美丽中国"江西样板",要求江西必须在生态优先、绿色发展上有率先之举、务实之效。

——担当实干是江西发展的重要保证。富裕美丽幸福现代化江西的美好图景,说到底是干出来的。干部敢于担当、善于谋事干事,是一个地方发展的决定因素。全省上下必须加满油、把稳舵、鼓足劲,把新时代新担当新作为熔铸于灵魂深处,贯穿于工作实践。

——兴赣富民是江西发展的根本目的。人民对美好生活的向往,就是我们的奋斗目标。我们一切工作的根本出发点和落脚点,就是千方百计把经济搞上去、一心一意为老百姓办实事,让老区人民生活一天更比一天好,把党的如磐初心深深镌刻在这片浸染烈士鲜血的红土圣地上。

以上"六个方面、二十四个字",是相互联系的有机整体,是在历届省委的战略谋划、接力奋斗基础上,在推进新时代江西改革发展的历史进程中,不断深化完善形成的工作方针,根本就是要引导全省干部群众进一步把思想和行动统一到习近平总书记对江西工作的重要要求上来,以习近平新时代中国特色社会主义思想武装头脑、指导实践、推动工作,使我们的发展取向、工作导向、奋斗指向更加明确、更加集中。贯彻落实省委工作方针,既有现实紧迫性,也需要持之以恒、接续奋斗。要立说立行、久久为功,着眼打造革命老区振兴发展先行地、创新要素集聚地、内陆开放新高地、红色基因传承地和国家生态文明试验区,坚定不移践行"创新引领、改革攻坚、开放提升、绿色崛起、担当实干、兴赣富民"工作方针,共绘新时代江西物华天宝、人杰地灵的新画卷。

三、紧紧扭住江西高质量、跨越式发展的关键环节和战略重点,努力实现"六大突破、三大提升"

高质量发展是事关发展方式、经济结构、增长动力的深刻变革;跨越式发展是欠发达地区奋起直追、同步小康的必然选择。对江西这样一个发展不足的省份来说,推进高质量、跨越式发展,既面临重大战略机遇,也面临新旧发展动能转换、生态文明建设提升、人民群众需求升级等重要关口。关口在前,不进则退。我们要始终把习近平新时代中国特色社会主义思想特别是总书记对江西工作的重要要求内化于心、外化于行,坚持用新发展理念引领发展行动,突出改革创新牵引和特色优势支撑,沿着总书记指引的方向把全省改革发展各项工作推向前进。尤其要紧紧扭住关键环节和战略重点,从思想、机制、政策、资源等层面聚焦聚力,重点突破、扬长补短、带动全局。当前和今后一个时期,至关重要的是谋求"六大突破、三大提升"。

关于"六大突破":

*第一,以更大力度、更实举措在科技创新上求突破,加快产业升级、动能转换。*习近平总书记强调:"发展是第一要务,创新是第一动力。谁牵住了科技创新这个牛鼻子,谁走好了科技创新这步先手棋,谁就能占领先机、赢得优势"。最近,由美国挑起的中美贸易战更加深刻地警醒我们:作为国之重器的关键核心技术,是要不来、买不来、讨不来的。可以预期,随着这场贸易战的深入推进,政府、企业和金融机构关注和投入的重心都会发生变化。一方面,国家将继续保持对高铁、新能源和现代通信等重大基础设施的投入力度;另一方面,将着力加大对科技领域的投入,加快建设一流的科技基础设施、科技创新平台、战略科技人才队伍和创新服务体系。对我们来说,机遇挑战并存、机遇大于挑战。我们不能总谈论过去错过了什么机遇,关键是要抓住现在面临的机遇。当前最紧迫的是,我们决不能再错过数字经济、智慧经济、知识经济加快发展的新机遇。从我省情况看,科技创新能力不足,是当前制约产业升级、经济发展的最大瓶颈。比如,创新源头薄弱,目前只有一所"211"大学,602 所、昌飞等高技术院所屈指可数,基础研究和高技术应用研究能力薄弱。创新投入不足,规模以上工业企业研发投入与全国平均水平有较大差距,企业对研发内在需求普遍不强。产业创新力不强,有色、建材等资源性产业加工度低、产业链短,产品、技术更新慢;航空、电子信息、新能源、新材料等高新技术产业比重较低。科技创新人才匮乏,吸引集聚人才的平台不多、环境不优。推进江西高质量、跨越式发展,必须把创新摆在核心位置,深入实施科技强省、工业强省战略,以科技创新引领产业创新,做优做强做大主导产业、特色产业,加快形成以创新为支撑的现代化经济体系。

要加快构建产学研用深度融合的技术创新体系。深入实施加大全社会研发投入攻坚行动,重点强化、撬动科技创新体系关键环节。企业要增强创新主体意识,主动适应科技变革,舍得投入搞研发,增品种、提品质、创品牌,让产品服务迭代速度跟上需求升级节奏,赢得市场竞争。高校和科研院所要面向市场,服务企业需求,围绕市场热点、需求痛点、产业空白点进行研发创新,推动科研人员以挂职、兼职、离岗创业、项目合作等多种形式参与产业研发,破解科技创新与经济社会发展脱节、高校学科方向与地方主导产业契合度不高、科研队伍与市场距离过远等问题。党委政府要加强规划引导、政策支持、机制创新、平台搭建等,为企业和院校"双剑合璧"创造良好环境。要全面梳理科技资源状况,对技术领先、产业化前景好的科技成果,围绕创新链部署产业链;系统分析产业发展现状,对主导产业、特色产业和战略性新兴产业技术约束明显的领域和环节,围绕产业链部署创新链。

要重点抓好创新载体和平台的布点落子。加快争创鄱阳湖国家自主创新示范区,着力抓好科创城建设,努力打造一批高水平的创新平台。加强科教领域的"申引联"力度,引进国内外知名大学、科研院所和国家实验室、大型科学装置和研究中心落户江西。引导支持本土高校、科研院所做大做强,孵化和培育一批一流学科集群,带动产业发展。前不久,我省和教育部联合举办的 2018 国际产学研用合作会议,就是这方面的一次积极探索。各类园区特别是高新区要结合自身产业特色和优势,推进"双创"孵化器建设,打造"众创空间—孵化器—加速器—创业园区"科技创新创业孵化链条。提升智能制造普及率,鼓励企业积极创建智能工厂,用数字化、智能化技术嫁接提升传统制造业。在一些产业基础较扎实、配套功能较完善的地方,推进产业创新集聚区建设。需要强调的是,平台建设不能遍地开花,更不能只做"概念"。

要着力打造创新产业集群。坚持有所为有所不为,聚焦航空制造、电子信息、中医药、新能源、新材料等优势产业,集中力量、集聚资源、集成政策,全力打造几个具有爆发力的产业集群。大力实施"众创业、个转企、小升规、规转股、股上市、强龙头、育集群"工程,力争 3—5 年有一个质的跨越。"江西制造"曾有不少拿得出手的品牌,新中国第一架飞机、第一辆油轮式拖拉机、第一辆军用边三轮摩托车、第一枚海防导弹都是在江西诞生。昌河汽车、赣新彩电、华意冰箱、凤凰照相机等企业和品牌享誉全国,但后来没有跟上科技创新、产品更新的时代步伐,许多曾经引以为豪的企业和品牌没有做大做强,甚至消失了。正如习近平总书记最近指出的,潮流来了,跟不上就会落后,就会被淘汰。要加大技术改造力度,将新技术融入传统制造业,大力推进汽车及零部件、有色、石化、钢铁、建材、食品、纺织等产业提档升级,推动传统制造业向精细化、高品质化发展,重塑"江西制造"辉煌。加快发展大数据、云计算、人工智能、共享经济等新兴产业,以及工业设计、电子商务、现代物流、文化创意等现代服务业,努力抢占产业发展制高点。江西是人民军工发源地,在推动军民融合发展上有光荣传统、深厚基础和独特优势。要深入实施军民融合发展战略,加大力度促进军转民、民参军,努力在军民融合发展上走在全国前列。

要大力引进用好创新人才。创新之道,唯在得人。谁拥有一流的人才,谁就拥有创新发展的优势和主导权。我省一方面人才紧缺,不仅高端科技人才匮乏,而且高端创业和管理人才乃至技能型工匠都很缺;另一方面在人才的组织和使用上还不够优化。要五湖四海聚人才,不拘一格用贤才,努力把江西打造成一流人才的汇聚之地、培养之地和事业发展之地、价值实现之地。人才政策要接地气,着眼于经济社会发展的实际需求,利用企业对人才的敏感度、识别力,按图索骥,点对点招才、一对一施策,引进培育、配好用好科技创新人才,实现人才发展和产业发展同频共振。要打破单一重金奖励的路径依赖,更加注重政策和服务精准化,形成吸引人才、留住人才的软优势。要打好乡情牌,引导鼓励赣籍人才通过总部回迁、项目回移、资金回流、技术回馈等方式回乡创新创业。要积极探索高端人才特别引进和使用方式,省里正在积极争取教育部、科技部的支持,依托南昌大学、南昌航空大学的航空、材料、食品等重点优势学科,吸引前沿科技人才。先期准备面向国内外招选100至200名人才,将其编制落在大学成为教师身份,解决好家属随迁等问题。这些人才每年约1/5的时间在大学工作,4/5的时间到企业从事技术研发和成果转化,基本工资由学校负责,实际收入主要视其贡献由企业给付,从而探索出一条政府组织、大学接纳、企业实践的人才引进新路径。在招引人才的同时,也要注重省内人才的培养和使用,不能这边大力引进人才,那边大量流失人才。去年我省高校毕业生在省内就业比重为硕士53.5%、本科41.7%、专科51.9%。今后高校不能以在校生数量多少为荣耀,要高度关注就业率,更要将毕业生在本省的就业率作为重要指标,学校有责任动员更多的毕业生留在江西创业发展。

要加强金融等现代服务业对科技创新的支撑。现代生产性服务业脱胎于制造业又依赖于制造业,具有"分而不离"的特征。制造业转型升级,要用工业设计、文化创意、金融等现代服务业来引领和支撑。这里重点讲讲金融问题。当前,我省金融领域存在"一热一冷"的现象,一方面大量资金流向房地产或在金融系统内空转,金融风险不容忽视;另一方面,实体企业特别是新兴产业和中小微企业融资难、融资贵的问题依然突出。去年制造业贷款只占全省贷款余额的9.8%。要统筹服务实体经济、严控金融风险、深化金融改革三项任务,扎扎实实做好金融工作。要加快建设"金融赣军",大力发展区域性、特色化金融机构,创新金融服务,加大对中小微企业的支持力度,把金融"活水"合理引向实体经济。政府要帮助打通银行、企业之间的信息壁垒,扭转银行由于看不清、看不准、看不起而惜贷拒贷的问题,打通金融资源配置到实体经济的"最后一公里"。要打好防范化解重大金融风险攻坚战,加大非法集资打击力度,严控地方政府债务,严守不发生区域性金融风险底线。要加快建设赣江新区绿色金融改革创新试验区,探索绿色金融发展新模式。要尽快补齐资本市场发育不足这个短板,发展多样化投融资工具,扩大企业直接融资规模。今年5月,我们启动了"映山红行动",把企业上市作为打造新引擎、重构新动力、增创新优势的战略举措。多一个上市公司就是多一个总部经济,企业家要积极主动抓上市,各级各部门要全力支持推上市,社会各界要广泛参与促上市。

*第二,以更大力度、更实举措在重点改革上求突破,推进先行先试、机制再造。*40多年前,邓小平同志在江西日夜思索着中国发展的前途命运,酝酿了改革开放思想,中国从小平小道走出了一条中国特色社会主义康庄大道。习近平总书记指出:"变革创新是推动人类社会向前发展的根本动力。谁排斥变革,谁拒绝创新,谁就会落后于时代,谁就会被历史淘汰"。我国改革已进入攻坚期和深水区,改革的全面性、深刻性前所未有。我省在思想解放、体制机制创新,特别是先行先试的深层次改革方面,与沿海地区仍有明显差距。思想观念滞后、体制机制不完善,造成活力不足、运行不畅、作风不实、环境不佳等制约阻碍发展的问题仍比较突出。改革推进到今天,比认识更重要的是决心,比方法更关键的是担当。我们要以改革开放40周年为契机,以更大的决心、更大的气魄、更大的力度,坚定不移将改革进行到底。要进一步强化改革意识,加大改革力度,按照中央全面深化改革的决策部署,紧盯沿海地区和其他省市改革新进展,紧扣制约发展的体制矛盾和机制症结,用好中央赋予江西的各项试点示范,坚持问题导向,明确主攻方向,以可复制可推广的改革新经验、新突破,为高质量、跨越式发展开拓道路、提供保障。

要着力推进经济体制改革。处理好政府和市场的关系,最大限度减少政府对市场资源的直接配置和对市场活动的直接干预,使市场在资源配置中起决定性作用。牵住"降成本、优环境"专项行动这个"牛鼻子",推进一批破除体制机制障碍、管用有效的改革举措,使市场更有效、政府更有为、企业更有利。深入推进供给侧结构性改革,全面落实"三去一降一补",该淘汰的坚决淘汰,该优化的抓紧优化,该培育的加速培育。大力推进国资国企改革,坚持现代企业制度改革方向,聚焦战略性、先导性产业发展,以国有资本投资营运公司为平台,进一步推动国有企业战略性、专业化重组,探索合资新设、增资扩股、股改上市等多种国有企业混合所有制改革方式,提高国有企业竞争力,放大国有资本影响力。大力发展非公有制经济,依法保护民营企业法人财产权和经营自主权,激发和保护企业家精神,引导提升民营企业经营管理水平。推进要素市场化配置改革,进一步盘活"沉睡"的资源、资产,降低资源流动、资产重组的成本,引导生产要素从低质低效领域向优质高效领域转移。大力推进投融资体制改革,善于发挥产业投资基金作用,积极推广PPP模式,激发民间投资活力。着力破解制度壁垒和行政分割,促进各类要素在城乡之间、区域之间自由流动、优化配置。切实加强知识产权创造、运用、保护、管理工作,保护和激发全社会创新创造精神。

要加快推进公共服务体制改革。公共服务事关人民群众的切身利益。要合理界定政府、市场、社会在公共服务供给中的功能定位,建立公共服务多元主体协同机制,采取授权、特许、外包、购买服务、公私协同等多种形式,着力解决公共服务需求增长和供给不足的矛盾。要从老百姓最急切、最期盼的"关键小事"改起,加快推进教育、文化、卫生、就业、收入分配、社会保障、公共安全等领域改革,丰富公共服务供给,不断提高公共服务水平,使人民群众有更多改革获得感、发展共享感。要加强社会治理制度建设,学习枫桥经验,完善党委领导、政府负责、社会协同、公众参与、法治保障的社会治理体制,着力打造共建共治共享的社会治理格局。

要扎实推动权力运行机制改革。完善权力清单、责任清单制度,推动行政权力运行流程再造,以简化、优化、规范化为方向,促进权力运行透明、高效,更好地规范权力、制约权力、监督权力。围绕从根本上解决困扰企业和群众的办证难、办事难等问题,推行阳光政务,提高办事效率和服务水平。建立健全权力监督体系,把党内监督同国家机关监督、民主监督、司法监督、群众监督、舆论监督贯通起来,真正用制度管住权力任性,实现权责对等,履职受监督,失责要追究。

*第三,以更大力度、更实举措在内陆开放上求突破,加强向外对接、深度融合。*当今世界,单边主义、贸易保护主义不断有新的表现,但经济全球化是不可逆转的时代潮流,"中国开放的大门不会关闭,只会越开越大!"特别是习近

平总书记提出“一带一路”宏大倡议，推动开放向新的广度、深度、高度不断拓展，在有力促进沿线国家经济融合、发展联动、成果共享的同时，也使我国内陆地区突破了地理局限，从开放的“末梢”转变为开放的“前沿”。当前，中西部地区内陆开放高地建设明显提速，正在由过去的“跟随跑”变为“齐步跑”甚至“领先跑”，陆海内外联动、东西双向互济、沿海沿边内陆协同的开放格局正在加速形成，在内陆开放方面我们必须要紧紧跟上。近年来，我省发展快的地方，往往都是开放观念新、开放平台好、开放力度大、与沿海对接紧的地方。比如南康依托赣州港，实现家具“买全球、卖全球”，形成了经济发展的新增长点。我们要切实增强大开放意识，充分利用毗邻长三角、珠三角和闽东南三角的区位优势，整体提升我省开放层次和水平，使江西更好融入全国乃至全球产业分工和市场体系。

要进一步拓展大开放格局。以融入“一带一路”建设为引领，坚持对外开放与对内开放相互协同、相互促进，推进全域、全面、全方位开放。突出“借港出海”，以“南下”“东进”为江西大开放的主导方向，更加紧密地接轨和服务长三角、珠三角等沿海发达地区，主动接受溢出式辐射，同时发挥自身优势实现融合式发展，在制度、政策、产业、市场上全面接轨，发展更高层次开放型经济。进一步开拓腹地广阔的“北上”“西出”两个方向，加强中部地区崛起、长江经济带战略框架下的区域合作，发展与“赣欧班列”、昌北机场航线通达地区的开放合作。

要着力构筑大开放支撑。加强开放大通道及支点门户、开放平台建设，强化“南下”“东进”“长江航运”三条开放大通道。以南昌综合枢纽、九江水港、赣州内陆港、上饶高铁枢纽为支点，建设具有承载大物流集散、大产业集聚、大商贸活动功能的开放平台，把南昌、九江、赣州、上饶打造成为江西大开放的四个门户。推进昌北机场扩建为区域枢纽国际机场，做到客货并举，成为江西大开放的“空港”。推进内陆无水港建设，着力完善物流基础设施，畅通内陆无水港的集疏运体系，加强与沿海港口群合作，打造融入国际物流和国际供应链体系的基础平台。加快发展枢纽经济，抓住基础设施、产业布局、制度环境等关键环节，推进高铁建设、高速公路主通道扩容、港口航道建设和省内机场资源整合，大力发展多式联运，推动陆上、水上、天上、网上“四位一体”联通，完善枢纽网络体系。

要不断培育大开放主体。我省经济外向度偏低，招商引资大项目、好项目不多，技术先进性和产业成长性不高，能带动产业集聚集群发展的“种子企业”“龙头企业”少。要重点培育引入战略性新兴产业，以产业集聚区和综合保税区为主平台，引入更多世界500强、央企和国内知名大企业。要改变过去那种阵地战、运动式的招商方式，准确掌握信息动态，强化精准对接及跟踪推进，形成一整套招商、安商、扶商的制度机制。根据全省生产力布局，加大对重点招商项目的统筹，防止各自为战。强化各类开发区的开放窗口和载体功能，推动专业化、集群化、品牌化发展，转型升级为具有竞争力、吸引力和影响力的高能级开放平台。目前全省有国家级经开区10个、国家级高新区9个，再加上赣江新区和84个省级开发区，形成了相对完备、类型多样的开放平台体系，但参差不齐，可以到全国媲美的不多。要提升开发区土地产出率，树立“以亩产论英雄”导向，制定亩均税收、亩均工业增加值、单位能耗和排放工业增加值的考核体系，按单位面积投入强度和产出水平，对“低产田”和“高产田”进行差别化的资源配置和政策支持及限制。推动土地、用能、排污权等资源要素向优质企业集聚，坚决出清“僵尸企业”，加快淘汰落后产能，推进开发区从数量规模型向质量效益型转变。

*第四，以更大力度、更实举措在区域协调上求突破，强化引领支撑，优化区域格局。*目前，全省区域发展不充分不平衡的问题仍然比较突出，龙头核心的引领带动力还不强，区域协调发展机制还不完善，同质化竞争比较严重，产业空间集聚度不高。适应全方位扩大开放，推动高质量、跨越式发展的要求，提升江西在全国区域发展格局中的地位，必须着眼从战略上调整优化全省区域发展格局。通过深入调查研究、广泛征求意见，省委决定在“龙头昂起、两翼齐飞、苏区振兴、绿色崛起”基础上，着力打造“一圈引领、两轴驱动、三区协同”的区域发展新格局：以融合一体的大南昌都市圈为引领，以沪昆、京九高铁经济带为驱动轴，以赣南等原中央苏区振兴发展、赣东北开放合作、赣西转型升级为三大协同发展区，形成层次清晰、各显优势、融合互动、高质量发展的新格局。

突出“一圈引领”。以南昌为核心，以赣江新区为引擎，以九江、抚州为支撑，以一小时交通时空距离为半径，联动丰樟高、鄱余万等周边县市，打造融合一体发展的大南昌都市圈。该区域城镇和产业分布密集，是我省生产力布局的重中之重，是国家重大战略的叠加区域。同时要看到，2017年南昌市生产总值刚突破5000亿元，占全省24%，相比武汉占36.7%、长沙占30.5%、合肥占25.3%，无论是总量还是质量都有较大差距。只有切实加强南昌与九江、抚州及周边县市在空间规划、交通物流、产业发展、城镇体系、公共服务等方面的一体化衔接，充分发挥中心城市辐射带动效应，才能构建起引领全省发展的大南昌都市圈。要坚持以融合协作、创新驱动为主线，依托高铁交汇、通江达海、路网密集的区位交通优势，强化要素资源聚合、产业集群发展、城市互动合作，加快发展航空制造、中医药、虚拟现实、LED照明、新能源、新材料等产业，形成一批千亿级产业和产业集群，建成高端产业集聚、城乡融合一体、创新创业活跃、生态宜居宜游的都市圈。需要强调的是，赣江新区作为国家重大改革发展的功能性平台，必须进一步创新体制机制，用足用好政策机遇，在先行先试中大胆创新、率先发展，成为展示江西高质量跨越式发展的靓丽窗口、引领全省高质量跨越式发展的战略制高点。

强化“两轴驱动”。抢抓我省即将形成沪昆和京九高铁一纵一横大通道的历史机遇，依托两大高铁通道以及合福、渝厦等高铁网络，加速资源集聚、要素流动、动能积蓄，加快建设高铁经济带，形成驱动发展的“两轴”，强化我省“十字形”生产力布局主骨架，构建承东启西、纵贯南北的内陆双向开放大通道。沪昆高铁经济带要发挥兼备“一带一路”和长江经济带通道作用，完善高速公路、城市快速道、普速铁路等多层次集疏运体系，增强上饶高铁枢纽功能，谋划建设萍乡高铁枢纽。向内加快区域融合，向外加大与长三角、长株潭等沿线城市群的联通合作，成为江西融入长三角经济圈和全面参与“一带一路”建设的主通道。京九高铁经济带要超前谋划、主动布局，着重提升赣州区域性高铁枢纽功能，完善吉安区域性交通枢纽功能，北向联通沿线中东部省份、京津冀协同发展，南向推进赣南等原中央苏区振兴发展，全面对接珠三角，成为江西融入“一带一路”和粤港澳大湾区的主通道。

推进“三区协同”。赣南等原中央苏区振兴发展区，要深度融入粤港澳大湾区和海西经济区，培育电子信息、钨和稀土新材料、生物医药、现代家具、特色农业等一批千亿产业，探索山水林田湖草生命共同体建设模式，推进以红色旅游为主体的全域旅游，打造融入粤港澳大湾区的开放高地、全国脱贫攻坚样板区、红色文化传承创新区。加快赣州省域副中心城市建设，推动吉泰走廊、向莆经济带发展升级，提升原中央苏区自我造血能力，打造江西南部重要增长板块。赣东北开放合作发展区，要围绕打造我省对接长三角的前沿阵地，加快建设上饶区域中心城市，支持鹰潭建设新一代宽带无线移动通信网试点示范基地，培育有色金属新材料、光伏光学、新能源汽车、航空制造以及大数据、大健康产业，建设成为对接东南沿海开放先行区、先进制造业基地、新业态新模式集聚区、文化旅游和康养休闲胜地。景德镇是江西最具历史文化特色、国内外影响力的品牌城市。要深度挖掘千年瓷都的人文底蕴，把景德镇打造成冠领中国、代表江西走向世界，世界感知中国、认识江西的国际瓷都。赣西转型升级发展区，要坚持以绿色生态、转型升级为主线，着力加快新旧动能转换，推进资源型产业更新替代，大力发展新能源、新材料、节能环保、大健康等绿色产业，加快建设宜春区域中心城市，带动区域整合和同城化步伐，提升萍乡海绵城市建设水平，建设新宜吉六县跨行政区转型合作试验区，打造全省产业转型升级样板区、新型城镇化先行区、绿色产业集聚区。

需要强调的是，区域格局优化，着力点在区域发展方式、发展路径及生产力布局的调整和功能重构。每个区域板块的发展定位一旦确定下来，就要以此来设定差异化的政策配套、评价体系、考核办法，并优化交通、能源、资金、人才和公共服务等方面的资源配置。要坚持全省“一盘棋”，正确处理好向心集聚与协同发展的关系，把地方发展融入全省区域发展大格局，创新区域合作机制，立足自身区位条件和资源禀赋，着力“强点、通轴、带面”，实现错位发展、协调发展、有机融合，形成整体合力。不能再把精力花在提“新概念”上。

*第五，以更大力度、更实举措在城乡融合上求突破，统筹城市发展、乡村振兴。*我省城镇化和城市建设水平偏低，农业农村发展还有许多短板。必须科学统筹城市健康发展和乡村振兴，坚持以城带乡、城乡融合，推动城市发展迈上新台阶，促进乡村振兴展现新面貌。

要着力推进城市健康发展。培育大中城市是消费升级、产业转型、工业强省的重要依托，必须下大气力做好城市发展这篇大文章。推动大中城市做大做强，增强在更大范围、更高层次的要素流集聚、重组、辐射效应。加强城市总体规划、功能分区规划和城市设计，使城市规划布局更加现代前瞻、功能分区更加科学合理、城市设计更加彰显特色、城市发展更加健康有序。完善城市基础设施和公共服务体系，提升金融、商贸、物流、科技、教育、信息、文体、康养、会展等功能。加强城市治理，尊重城市发展规律，尊重自然生态环境，尊重群众诉求，着力解决一批群众反映强烈的突出问题。对“拉链马路”“交通拥堵”“乱搭乱建”“管理粗糙”“空气污染”“黑臭水体”等老大难问题，要对症下药，标本兼治。广泛开展创建文明城市等共建共享活动，把城市建设成为人民群众安居乐业的美好家园。

要大力推进乡村振兴战略。这是新时代做好“三农”工作的总抓手。江西是农业大省，总书记反复叮嘱我们，要坚持做好农业农村农民工作。我们要以新理念、新思路谋划推进乡村振兴战略，促进农业全面升级、农村全面进步、农民全面发展。大力发展现代农业。以种养多元、质量调优、做出特色为方向，加快调整农业结构。以高标准农田建设为牵引，促进土地流转，推进农业规模化、现代化发展。扶持农业产业化龙头企业，发展特色农业和品牌农业，推动农业大省向农业强省转变。大力培育村集体经济。从资源禀赋、区位特点、产业优势、生态条件等实际出发，因地制宜发展资源开发型、资产经营型、休闲观光型集体经济。探索农村集体经济新的实现形式和运行机制，加快农村产权交易市场建设，促进农村集体产权流转溢价增值。加强乡村规划建设。坚持规划先行，遵循乡村发展规律，体现乡村特点，尊重乡村的自然肌理和历史文脉，把挖掘原生态村居风貌和引入现代发展元素结合起来。农房建设要明确标准，限高限大，功能宜居，风格和谐，不能“有新房无新貌”，更不能拆了建、建了拆，劳民伤财。培育文明乡风。持续深入开展移风易俗行动，破除大操大办、厚葬薄养、人情攀比等陈规陋习，树立勤俭节约、崇德向善、守法诚信、孝亲敬老的文明新风。党员干部要自觉带头，加强对群众的教育引导，使村规民约、家风家训等成为村民的行为规范和自律准则，让农民的“口袋”和“脑袋”都富起来。这里再强调一下绿色殡葬改革问题。推行绿色殡葬改革，是破千年旧俗、树一代新风的社会改革，也是一项涉及千家万户、受传统观念影响很深的改革，要把各方面因素考虑得更加周全，工作做得更加深入细致，注意方式方法，不能简单化，不搞一刀切，不搞运动式，把政策和道理讲清讲透，一定要积极稳步推进。

要加快推进城乡融合发展。重塑城乡关系，走城乡融合发展之路，是坚持走中国特色社会主义乡村振兴道路的首要任务。要加快构建城乡要素合理流动的机制，改变乡村人才、资金等要素单向流往城市的趋势，促进农民工、大学生、科技人员等各类人才投身乡村振兴，把土地增值收益更多用于“三农”事业，发挥工商资本下乡的积极作用，推进城乡基础设施和公共服务共建共享。同时，要完善农民进城、农业转移人口市民化的各项配套政策与制度设计，实现城镇与乡村融合发展、相得益彰，使城市文明和乡村文明共存共荣。

*第六，以更大力度、更实举措在厚植人文上求突破，推动传承创新、铸魂兴业。*文化是民族生存发展的精神脊梁。在现代化进程中，文化作为经济社会发展的“内在动力”“软实力”的作用日益增长。江西文脉悠长、人文厚重，儒释道兼收并蓄，诗词歌赋戏剧名篇荟萃，书院文化、陶瓷文化、农耕文化、药业文化、商帮文化等地域文化源远流长、异彩纷呈，陶渊明、欧阳修、王安石、黄庭坚、朱熹、文天祥、汤

显祖等历史文化名人灿若群星,不愧为“物华天宝、人杰地灵”。宋明六百年间,江西文化尤为兴盛,成为“文章节义之邦”。近现代以来,江西成为中国革命、人民军队、共和国、工人运动的摇篮,几十万赣鄱儿女前赴后继,用忠诚和热血,把江西熔铸成中国革命的红土圣地,造就了深厚的红色文化基因。我们要切实增强文化自信,坚持中国特色社会主义文化发展道路,发挥我省独特、深厚的人文优势,以文铸魂、以文兴业,加快建设文化强省,展示璀璨争辉的赣风鄱韵。

要大力推进文化创造性转化、创新性发展。突出江西古色、红色、绿色三大文化品牌,做好文化资源保护发掘、文化产业培育、文化人才培养等文章,推进文化创造性转化和创新性发展。要大力实施文化资源保护发掘计划,建立全省文化资源大数据库,特别要加强红色文化的研究阐释,挖掘赣鄱文化新时代内涵。依托丰厚的历史文化底蕴和红色文化基因,以激发市场主体活力为重点,以推进文化跨界融合为主线,加快发展文化事业和文化产业,推动文化业态创新,突出“江西元素”,讲好“江西故事”,提升江西文化影响力。2016 年,我省和中国对外友协在抚州举办了共同纪念汤显祖、莎士比亚和塞万提斯 3 位世界文学大师逝世 400 周年活动,并在临川区温泉镇共同建设“三翁小镇”。这是推进文化创造性转化、创新性发展的一次有益探索。一定要认真做好,要在精致精美精细上下功夫。

7 月 4 日,记者航拍正在建设的昌吉赣高铁,穿过吉安市吉州区秀美的自然绿地

杨继红摄

要加快建设历史文化传承创新区。抓好南昌海昏侯国遗址、鹰潭龙虎山大上清宫文化遗址、樟树吴城遗址等保护利用,打造富有特色的历史文化传承创新区。特别是要把创建景德镇陶瓷文化传承创新试验区,作为建设文化强省、弘扬江西地域特色文化的重大载体,切实加强陶瓷文化的保护、传承、创新。充分利用景德镇陶瓷这个千年品牌,以文化交流合作为纽带,深度融入“一带一路”,促进中外文化交融,讲好新时代“中国故事”,把习近平新时代中国特色社会主义思想和当代中国的发展成就、深刻变革生动展示在世人面前,为促进民心相通、打造人类命运共同体作出更多“江西探索”“江西贡献”。

要着力推进文化与旅游融合。文化为魂,旅游为体。魂体融合,相得益彰。要找准文化与旅游的结合点,推进文艺作品创作、公共文化服务、文化产业发展、文化遗产保护、文化市场繁荣、文化传承传播等文化活动,与旅游全产业链的吃、住、行、游、购、娱基本要素深度融合。要持续放大我省特色资源优势,推动红色旅游继续领跑、生态旅游品质提升、乡村旅游加速升级,加快构建全域旅游发展新格局。要全面推动“旅游+”,促进旅游与工业、农业、研学、体育、商贸会展、休闲度假、中医药养生等深度融合发展,提高江西文化的渗透力和影响力。要加强旅游目的地推广,加快补齐入境游短板,把江西的文化和旅游品牌推向世界,唱响“江西风景独好”品牌。

关于“三大提升”:

一是千方百计提升生态质量和效益。绿色崛起是江西发展必须处理好的最大辩证法。要深入贯彻落实习近平生态文明思想,加快推进国家生态文明试验区建设,坚持生态优先、绿色发展,做好治山理水、显山露水的文章,以更高标准打造美丽中国“江西样板”,努力在绿色发展上走在全国前列,让绿色成为江西发展最亮丽的底色,让一代代人守护的宝贵自然财富可持续利用,给子孙后代留下“落霞与孤鹜齐飞,秋水共长天一色”的绿色生态和美好环境。

要坚决打好污染防治攻坚战。这些年,我们在生态环境保护上做了大量工作,但污染问题仍然不容忽视。去年全省空气平均优良天数比例同比下降了 3.1%,重雾霾天气时有发生;鄱阳湖水质下降势头还没扭转,乐安河、仙女湖水质不容乐观;稀土等矿山环境破坏严重、生态修复任重道远。总书记强调:“省委书记、市委书记、县委书记都要亲自抓环保。环保出了问题,首先要问责各级党政主要负责同志。同时,要健全职责明晰、分工合理的责任体系。”必须更加坚决有力地压实环境保护责任,加大监督执法力度,牢牢守住生态保护红线。加强城市与乡村、陆域与水域、地上与地下的统筹,系统控制、精准治污。打好蓝天、碧水、净土攻坚战,推进能源、工业、农业、交通、建筑和城乡生活等领域污染防控治理。开展森林、湿地、生物多样性等重要生态系统保护提升行动,因地制宜实施森林绿化、美化、彩化、珍贵化。全面抓好中央环保督察“回头看”问题整改,对责任落实不到位、弄虚作假的人和事严肃查处、绝不手软。水是自然界最灵动的元素。江西河湖纵横、湿地密布,要倍加珍惜、精心呵护,使灵动水韵成为江西的鲜明特色。要全省总动员、全域齐部署,推进“五河两岸一湖一江”全流域整治行动,特别是要以最坚决的措施抓好长江大保护,努力打造水美、岸美、产业美的长江“最美岸线”。既要保护好生态的活水,又要努力形成发展的活水。以鄱阳湖和赣江为依托,着力打造绿色环绕、经济体植入其中的生态经济格局。要持续深化城镇、农村、通道、园区特别是城乡结合部、城中村等重点区域环境整治,不断提升城乡环境"颜值"。

实现绿色崛起,我们既不能只讲GDP不讲环保、断子孙后路,也不能守着绿水青山无所作为。关键要转变发展方式,建立正面与负面两张生态环境清单,按照生态优先的发展定位安排适合本地区生态环境容量的产业和项目。在产业选择上,要着力发展中医药、健康服务、节能环保、休闲旅游、文化创意、数字娱乐、智慧服务等以健康、绿色、时尚、智慧为特征的幸福导向型产业,发展航空、电子信息、新能源、新材料等有技术含量、环境质量的战略性新兴产业。在空间布局上,要把产业、生产要素集中在重点平台,给生产、生活、生态"留白""增绿"。持续、大规模的环保投入,催生技术、装备、服务等巨大的市场需求和规模可观的新兴产业。要大力培育和发展环保产业,使之成为实体经济的重要增长点。在扩大优质生态产品供给的同时,积极推动生态资本的增值转化,把生态资源优势转化为富民财富,提高点"绿"成"金"、增值变现的水平。始终坚持在保护中发展、在发展中保护,让赣鄱大地天更蓝、山更绿、水更清、环境更优美,成为人人向往的绿色家园。

二是千方百计提升营商环境。区域发展的竞争,很大程度上是发展环境的竞争。东部一些省份资源禀赋比较薄弱,但改革开放以来经济社会发展很快,一个重要原因是政府管少、管精、不管死,为民众创新创业营造宽松的环境。我们与沿海地区比,大家都会说差在活力、创造力不够,除了人的能动性外,就是政府在一些方面该管的没管好,不该管的管太多,思想不够开明,环境不够宽松,一定要下决心、花大力气解决这个问题。

要从政治和全局的高度认识营商环境问题,像抓中央八项规定精神落实一样抓营商环境优化,做到"无事不扰、有求必应"。对企业和群众提出的问题,能解决的马上就办、说到做到;有难度的要积极会商、想办法解决;确实难以解决的要及时告知、说明原因,赢得理解。办企业不容易,我们要理解,启动之初要推一把,关键之时要帮一下,困难之际要扶一程,这是我们应尽的职责。企业最想要的就是不求人能办成事,群众最期盼的就是少花钱又更省事。要强化需求导向、问题导向,坚持不懈推进简政放权,进一步做实政府权力的减法、做足责任监管的加法、做优大众体验的乘法、做好交易成本的除法,打造更有活力的创新创业生态系统、更有效率的政务生态系统。真心实意为企业松绑、为市场腾位,打破各种"天花板""玻璃门",给市场主体以平等的地位,通过放宽市场准入催化投资活力,激发民间活力。以审批制度改革为突破口,推行并联审批、容缺审批、模拟审批等新举措,努力打造政策最优、成本最低、服务最好、办事最快的"四最"营商环境。推进"互联网+政务服务",凡与企业、群众相关的事项尽可能网上办理,变"群众跑腿"为"信息跑路",变"群众来回跑"为"部门协同办",让群众尽量不跑或少跑、最多跑一次。各地各部门要结合自身实际,对营商环境方面存在的短板做一次全面梳理,尤其对企业反映强烈的问题,要排出补短板的任务书、时间表、路线图,以只争朝夕的精神尽快补齐补好。需要强调的是,我们要努力为企业营造宽松的发展环境,但决不能放松对安全和环保的要求;要努力为企业减负降费,但决不能降低安全和环保标准。这是必须守住的底线。

三是千方百计提升老区人民福祉。只有老百姓的日子越过越红火,才能彰显社会主义制度的优越性,才能始终赢得人民群众的支持。要从凝聚民心民力、巩固执政根基的高度,大力改善民生,提升人民福祉。

要坚决打赢精准脱贫攻坚战。总书记勉励我们"在脱贫攻坚上领跑,不让一个老区群众在全面小康中掉队",这是对我们寄予的厚望和重托。目前,全省还有269个深度贫困村、87.5万贫困人口,这些都是贫中之贫、困中之困,特别是因病、因残致贫比例高达66%,脱贫攻坚任务依然艰巨。越到最后关口,越要更加精准、更加务实,绣好脱贫攻坚的"一针一线"。要始终把打好精准脱贫攻坚战作为重大政治任务、第一民生工程来抓,围绕"两不愁三保障"目标,把提高精准脱贫质量放在首位,深入实施脱贫攻坚三年行动计划,聚焦深度贫困地区、建档立卡贫困人口,精准施策、尽锐出战,确保如期完成脱贫任务,努力在脱贫攻坚上走在全国前列。同时,要扎实做好城镇贫困群众脱贫解困工作,强化专项帮扶举措,确保全面小康路上一个都不少。

改善民生没有终点,只有连续不断的新起点。要牢固树立大民生观,从制度化、长效化的角度,保障好底线民生、基本民生和质量民生,不断提高人民生活质量。民生实事重在"实"。敲鼓要敲在鼓心上,唱戏要合着节奏来。要紧盯群众具体需求、关注群众切身感受,切实解决事关人们生存发展的"头等大事"和影响百姓日常生活的"关键小事",在文化教育、就业收入、社保医疗、住房环境、食品药品安全等方面,拿出实打实的举措,努力把一个个民生痛点变成撬动社会进步的支点。要在经济发展和民生改善的结合处发力,比如通过抓现代基础设施建设,既创造就业机会,也为长远发展夯实根基,使经济增长更温暖、更包容、更有人情味。要及时跟进民生需求升级趋势,扎实推进民生领域供给侧结构性改革,增加公共产品和公共服务有效供给,更好满足民生新期待新需求。

这里要强调的是,改善民生既要尽力而为、又要量力而行。必须根据发展阶段和现实基础,区分轻重缓急,科学合理安排,确保每一分钱都用在刀刃上、每一件事都办到老百姓心坎上。不能好大喜功,脱离实际,寅吃卯粮,不可持续;更不能搞花架子,打着民生旗号搞劳民伤财的"政绩工程""面子工程"和只供领导参观"盆景"。

四、以全面从严治党的新成效,为富裕美丽幸福现代化江西建设提供有力保障

习近平总书记反复强调:"打铁必须自身硬"。党的十八大以来,以习近平同志为核心的党中央直面问题、铁肩担当,以坚定决心、顽强意志推进全面从严治党,从出台实施八项规定集中整饬党风,到严厉惩治腐败,刹住了一些过去被认为不容易刹住的歪风邪气,攻克了一些司空见惯的顽瘴痼疾,解决了许多长期想解决而没有解决的难题,为党和国家事业取得历史性成就、发生历史性变革提供了坚强政治保证。没有全面从严治党,就没有我们党和国家今天这样的大好局面。新时代进行伟大斗争、推进伟大事业、实现

伟大梦想，必须坚定不移推进党的建设这一决定性的伟大工程。总书记最近在全国组织工作会议上指出："我们推进全面从严治党取得了显著成效，但还远未到大功告成的时候""必须增强忧患意识、责任意识，把党的伟大自我革命进行到底"。江西是有光荣革命传统的红土圣地，习近平总书记殷切希望我们大力传承红色基因，在弘扬井冈山精神上走在前列。我们一定要牢记领袖嘱托，深刻领会、全面贯彻总书记党的建设重要思想，发扬优良传统，勇于改革创新，以"不忘初心、牢记使命"主题教育为契机，推动全面从严治党向纵深发展，不断提高党的建设质量，为建设富裕美丽幸福现代化江西提供强有力的政治保证。

第一，要始终以忠诚为魂。对党绝对忠诚，是党员干部的首要政治品格。革命战争年代，无数赣鄱儿女前赴后继，用鲜血和生命诠释信仰与忠诚。我们要以先烈先辈为镜，把绝对忠诚于党深深根植于血脉里。坚持把党的政治建设摆在首位，旗帜鲜明讲政治、铸忠诚，坚决维护习近平总书记核心地位，坚决维护党中央"定于一尊、一锤定音"的权威和集中统一领导，把贯彻落实中央决策部署作为根本任务，有令即行、有禁即止，确保任何时候任何情况下同以习近平同志为核心的党中央保持高度一致，把江西打造成最讲党性、最讲政治、最讲忠诚的地方。忠诚不是抽象的，而是具体的；不是嘴巴上的表态，而是脚踏实地的践行；不是"一阵子"，而是"一辈子"。要以坚定理想信念宗旨为根基，强化理论武装，深入学习宣传贯彻习近平新时代中国特色社会主义思想，通过各种有效形式和渠道，让这一重要思想深入千家万户、走进人民心田，成为老区干部群众的共同信仰，转化为树牢"四个意识"、增强"四个自信"的政治自觉，转化为坚定理想信念、加强党性锻炼的思想自觉，转化为指导实践、推动工作的行动自觉，在坚决贯彻落实中央决策部署、推动解决实际问题中开创江西各项工作的新局面。

第二，要始终以百姓为念。民心是最大的政治。我们深深感念，在革命、建设和改革中与我们党一路走来的老区人民，是具有坚贞信念的人民，是无比忠诚朴实的人民，是勤劳奋斗的人民。有这样的人民，是我们的自豪和骄傲，更是我们建设富裕美丽幸福现代化江西的可靠基础和力量源泉。在新时代的"新长征"中，老区人民对我们充满了信任，更充满了期待。我们要永远保持拳拳赤子之心，全心全意为老区人民服务。牢牢抓住密切党同人民群众的血肉联系这个根本，推动实现全省党员干部直接联系群众全覆盖，每个党员干部都直接联系群众，每个群众都有党员干部联系服务，不断增强对人民群众的深厚感情，把党的群众路线化作扎扎实实为人民谋幸福的具体行动，这样既可连心知情，又能释惑解难。要提高做群众工作的本领，懂得群众、凝聚群众、服务群众，做给群众看、带着群众干，用最接地气的言行拉近党和人民群众的距离，用实实在在的工作实现好、维护好、发展好人民群众的利益，赢得群众对党的信任和拥护。党的基层组织，是党的全部工作和战斗力的基础。把基层党支部建好建强，就给基层留下了不走的"战斗队""工作组"，群众就有了"主心骨"，发展就有了"动力源"。要坚持不懈强基固本，以提升组织力为重点，加强企业、农村、机关、事业单位、社区等各领域党建工作和社会组织、新兴业态党的建设，推动基层党的建设全面进步、全面过硬。尤其要突出政治功能，强化政治引领，发挥党的群众工作优势和党员先锋模范作用，让每个基层党组织都成为宣传党的主张、贯彻党的决定、领导基层治理、团结动员群众、推动改革发展的坚强战斗堡垒。

第三，要始终以用人为要。政治路线确定之后，干部就是决定的因素。要深入贯彻落实新时代党的组织路线，以组织体系建设为重点，着力培养忠诚干净担当的高素质干部，着力集聚爱国奉献的各方面优秀人才，坚持德才兼备、以德为先、任人唯贤，全面做好干部培育、选拔、管理、使用工作。坚持好干部标准选人用人，更好地知事识人，使选用起来的干部组织放心、群众满意、干部服气。在识别干部上，要把政治上强不强摆在首位。习近平总书记强调："政治标准是硬杠杠。这一条不过关，其他都不过关。如果政治不合格，能耐再大也不能用。"突出考察干部关键时刻的表现、利益面前的取舍、担当时候的态度，既在小事上察德辨才，更在大事上看德识才。在选人用人上，要坚持事业为上、以事择人，注重在急难险重的工作赛场中发现、锤炼、选用干部，把更多敢打硬仗、豁得出去的干部选拔使用起来。要通过规范化、制度化的措施，在各级干部中形成明确认知和正确取向：只要素质过硬、真正优秀，就一定能成长起来；只要埋头苦干、做出成绩，就一定会得到更好使用。对那些热衷于搭天线、找关系，制造小道消息、传播政治谣言，不干实事、老揣摩"人事"，无事生非、恶意诽谤、扰乱人心的人和事，要严肃查处。在人才培养上，要放宽视野、着眼长远，让更多有潜力的优秀年轻干部到重点工作一线和吃劲的岗位摔打磨砺。以战略眼光推进实施优秀年轻干部培养计划，定期挑选安排一批优秀年轻干部到沿海发达地区挂职锻炼，大力选拔一批忠诚可靠、本领过硬、潜心工作、意志顽强、干净老实的优秀年轻干部充实到各级领导班子，让我们的事业后继有人。

第四，要始终以实干为本。事在人为，如果人人都想干事、能干事、干成事，江西就一定能够发展得更好更快。反之，尸位素餐，不担当、不作为，就难以打开新局面。虽然我们现在不用"提着脑袋干革命"，但当年那种革命精神、革命斗志永远也不能丢。要持之以恒加强作风建设，力戒形式主义和官僚主义，持续整治"怕、慢、假、庸、散"等问题，特别是大力整治慢作为、不作为、假作为等作风顽疾。领导干部率先垂范，就是无声号令。各级党组织和党员领导干部要以身作则、转变作风，深入调研，摸实情、谋实招，带头讲担当、善作为，抓铁有痕、踏石留印抓落实，面对关键问题敢于拍板，面对"烫手山芋"敢于触碰，面对风险考验敢于负责。尤其在层出不穷的新事物、瞬息万变的新形势面前，要敢于探索、敢为人先，以蓬勃朝气和创新精神抢占发展先机。要树立讲担当、重担当的良好导向，建立健全崇尚实干、带动担当、加油鼓劲的正向激励体系，健全完善容错纠错机制，为敢于担当的干部担当、为敢于负责的干部负责。要广泛宣传李泉新等忠诚干净担当的好干部，大力营造想干事、能干事、干成事的浓厚氛围。

第五，要始终以清廉为贵。古人说，"民不服我能，而服我公；吏不畏我严，而畏我廉。"当年，正是苏区干部廉洁奉公的好作风、好形象，赢得了人民群众真心实意地拥护，筑就了真正的"铜墙铁壁"。实践证明，只有在清正廉洁上过得硬,抓工作才有底气,老百姓才会服气。要始终保持强烈的忧患意识、责任意识,按照总书记"自然生态要山清水秀,政治生态也要山清水秀"的重要指示,坚持破立并举,坚决全面彻底肃清苏荣案余毒,以李贻煌、冷新生、黄林邦等身边的腐败案件为反面典型,教育引导全省党员干部严以修身讲政德,着力净化政治生态,营造廉洁从政的良好环境。各级党组织要切实扛起全面从严治党主体责任,管好关键人、管到关键处、管住关键事、管在关键时,做到敢管敢严、真管真严、长管长严。全面加强纪律建设,严守政治纪律和政治规矩,持之以恒落实中央八项规定精神,坚决反对特权思想、特权现象,让党员干部知敬畏、存戒惧、守底线。强化监督执纪问责,坚持无禁区、全覆盖、零容忍,坚持重遏制、强高压、长震慑,深入推进党风廉政建设和反腐败斗争。从最近省委巡视情况看,有的单位党的政治建设虚化,廉政风险和隐患无时不在、不容忽视。要充分发挥巡视利剑作用,注重抓早抓小、抓苗头抓细节,防微杜渐、警钟长鸣,努力让江西这方山清水秀之地保持风清气正、海晏河清。

同志们,新时代是奋斗者的时代,是属于我们每一个人的时代。让我们更加紧密地团结在以习近平同志为核心的党中央周围,从更高层次贯彻落实习近平总书记对江西工作的重要要求,不忘初心、牢记使命,解放思想、担当实干,把富裕美丽幸福现代化江西建设不断推向前进,共绘新时代江西物华天宝、人杰地灵的新画卷。

在省委十四届七次全体(扩大)会议上的讲话

省委书记 刘 奇

(2018年12月27日)

同志们:

这次省委全会与全省经济工作会议合并召开,主要任务是以习近平新时代中国特色社会主义思想为指导,深入学习贯彻党的十九大和十九届二中、三中全会精神,全面贯彻落实中央经济工作会议精神,听取和审议省委常委会工作报告,研究部署明年工作。

下面,我先代表省委常委会报告2018年省委常委会工作,并就做好明年全省工作讲几点意见。

一、关于今年省委常委会工作

今年以来,在以习近平同志为核心的党中央坚强领导下,省委常委会深入学习贯彻习近平新时代中国特色社会主义思想和党的十九大精神,从更高层次贯彻落实习近平总书记对江西工作的重要要求,团结带领全省干部群众开拓进取、担当实干,统筹推进稳增长、促改革、调结构、优生态、惠民生、防风险各项工作,全省经济社会发展和党的建设各项事业迈出新步伐、取得新成绩。重点抓了以下几个方面工作。

第一,持续深入学习贯彻习近平新时代中国特色社会主义思想和党的十九大精神。省委认为,深入学习贯彻习近平新时代中国特色社会主义思想和党的十九大精神,是当前和今后一个时期的首要政治任务。省委坚持把学习贯彻作为做到"两个维护"的先导性基础性工作,着力在学懂弄通做实上下功夫。省委常委会带头开展"大学习、大调研、大落实"活动,围绕打好三大攻坚战、加强党的建设等8个方面,开展专题调研,推动工作落实。对习近平总书记发表的重要讲话、作出的重要指示和中央召开的重要会议,省委常委会第一时间传达学习,并结合江西实际研究提出贯彻落实举措。省委理论学习中心组围绕重温习近平总书记对江西工作的重要要求和《宪法》《监察法》等主题,进行了10次集体学习。把习近平新时代中国特色社会主义思想作为各级党校、行政学院、干部学院主课,着力抓好关键少数和基层支部的学习教育。以党的十九大报告、《习近平谈治国理政》(第一、二卷)《习近平新时代中国特色社会主义思想三十讲》等为重要学习材料,加强全省党员干部教育培训,再次举办市厅级主要领导干部专题研讨班,县处级以上领导干部全部集中轮训一遍,全省共培训各级各类干部25.6万多人次。坚持学以致用、用以促学,自觉用习近平新时代中国特色社会主义思想武装头脑、指导实践、推动工作。召开省委十四届六次全会,深入学习贯彻习近平新时代中国特色社会主义思想和党的十九大精神,从更高层次贯彻落实习近平总书记对江西工作的重要要求,提出了"创新引领、改革攻坚、开放提升、绿色崛起、担当实干、兴赣富民"工作方针,确立了高质量跨越式发展首要战略,作出了"六大突破、三大提升"工作部署,进一步深化和完善了富裕美丽幸福现代化江西建设的战略思路,使我们的发展取向、工作导向、奋斗指向更加明确、更加集中。通过持续深入的学习贯彻,全省上下更加强化了"四个意识",坚定了"四个自信",增强了做到"两个维护"的政治自觉、思想自觉和行动自觉。

第二,综合施策推动经济持续健康发展。省委认为,做好全省经济工作,必须加强党对经济工作的领导,坚持稳中求进工作总基调,全面贯彻落实新发展理念,以深化供给侧结构性改革为主线,强化创新驱动,深化改革开放,促进经济平稳健康发展。省委深入贯彻中央经济工作会议精神,结合江西实际,确立了全省经济工作的目标任务,提出要巩固稳增长的基础、加快调结构的步伐、推动高质量的发展,为全省经济发展提供了重要指导。积极应对复杂严峻的经济形势,每季度召开经济形势分析会,切实加强分析研判,统筹解决重大问题,推动各项任务落实。面对经济下行压力,采取有效措施抓项目扩投资、增就业促消费,切实做好稳就业、稳金融、稳外贸、稳外资、稳投资、稳预期工作。将民营经济发展摆在更加突出的位置,加大力度支持民营企业发展,持续抓好"降成本、优环境"专项行动,促进全省经济稳定增长。深入实施创新驱动发展战略,扎实开展创新型省份建设三年行动,推进创新驱动"5511"工程倍增计划。要求各地各部门以"虎口夺食"的劲头打好"人才争夺战",扎实推进重大人才工程,积极实施引进培养高层次人才"双千计划",一大批高端技术人才、创新人才汇聚江西。出台《关于深入实施工业强省战略推动工业高质量发展的若干意见》,召开工业强省推进大会,大力发展新兴产业,加快改造提升传统产业,努力重塑江西制造辉煌。制定《服务业高质量发展三年行动计划方案》,加快发展现代服务业。认真组织开展庆祝改革开放40周年系列活动,组织党政代表团赴广东、浙江、上海学习考察,召开全面深化改革开放工作现场推进会,系统谋划部署新一轮改革开放,推动全省思想再解放、改革再攻坚、开放再提升、环境再优化。扎实推进"放管服"、国资国企等重点领域改革,积极稳妥推进机构改革,持续激发市场活力和社会创造力。出台《关于进一步扩大开放推动经济高质量发展的若干措施》,积极对接融入"一带一路"建设、长江经济带发展,进一步优化开放格局,以大开放促进大发展。全省经济运行总体平稳、稳中有进、稳中提质。预计全年生产总值增长8.6%,财政总收入增长10%,一般公共预算收入增长5.5%,规上工业增加值增长8.8%,固定资产投资增长11%,社会消费品零售总额增长11%,主要经济指标增幅继续位居全国"第一方阵"。特别是经济结构不断优化,服务业增加值占比44.8%,同比提高2.1个百分点;高新技术产业、战略性新兴产业增加值占规上工业比重分别为33%、17%,同比分别提高2.1、1.9个百分点;税收占财政总收入比为80%,同比提高1.2个百分点,发展质量效益不断提升。

第三,全力以赴打好三大攻坚战。省委认为,推动高质量发展,必须增强忧患意识、树立底线思维,以强烈的政治担当,坚决打好防范化解重大风险、精准脱贫、污染防治攻坚战,促进全省经济社会安全稳健运行。打好防范化解重大风险攻坚战,强化对非法集资、互联网金融等监管,坚决遏制和打击跟风违约、恶意逃废债务行为,积极稳妥降低企业杠杆率,加强政府债务管理,全省债务风险处于可控范围内,房地产市场保持平稳健康发展。坚持把打好精准脱贫攻坚战作为重大政治任务、第一民生工程来抓,把提高精准脱贫质量放在首位,把脱贫攻坚与推动赣南等原中央苏区振兴发展、乡村振兴战略紧密结合起来,聚焦深度贫困地区、建档立卡贫困人口,组织开展"春季攻势""夏季整改""秋冬会战",深入推进产业扶贫、就业扶贫、保障扶贫等"十大工程",预计全年实现42万贫困群众脱贫、1000个贫困村退出、10个贫困县达到"摘帽"条件。出台《关于加大城镇贫困群众脱贫解困力度的意见》,在全国率先开展城镇脱贫解困工作。认真学习贯彻习近平生态文明思想,召开全省生态环境保护大会,出台《关于全面加强生态环境保护坚决打好污染防治攻坚战的实施意见》,深入推进国家生态文明试验区建设,打好蓝天、碧水、净土保卫战,实施长江经济带"共抓大保护"攻坚行动,全面开展"五河两岸一湖一江"全流域整治,抓好中央环保督察"回头看"反馈问题整改落实。截至11月,全省PM2.5浓度均值同比下降15.9%,PM10浓度均值同比下降8.6%,空气优良天数比例88.3%,国考断面水质优良率90.7%,生态环境质量继续位居全国前列。预计南昌市、景德镇市空气质量可以达到国家二级标准,很不容易。达标不容易,保持更难,望再接再厉,争取更好成绩;也望其他城市向南昌、景德镇学习,狠下功夫在发展经济的同时达到国家二级标准。

第四,加大力度保障和改善民生。省委认为,推进兴赣富民事业,必须始终坚持以人民为中心的发展思想,牢固树立大民生观,从制度化、长效化的角度,保障好底线民生、基本民生和质量民生,不断提高人民生活水平。坚持新增财力向民生倾斜,深入实施民生工程,扎实做好就业、教育、医疗、养老、棚户区改造等民生保障工作,着力解决群众生产生活突出问题。有序推进社会保障制度改革,健全弱有所扶的社会救助体系。深入开展"移风易俗促进乡风文明"行动,积极稳步推进绿色殡葬改革。大力促进城乡居民增收,城镇和农村居民人均可支配收入分别增长8.5%和9%左右。深入推进平安江西、法治江西建设,加强和创新社会治理,打造共建共治共享的社会治理格局。深化社会稳定风险评估,切实防控涉稳突出问题,在重大敏感案舆情事件应对中做好依法办理、舆论引导、社会面管控"三同步"工作,深入推进社会矛盾排查化解,着力维护国家政治安全,有效维护公共安全,保持了社会和谐稳定。深入开展扫黑除恶专项斗争,将专项斗争与加强行业监管、"拍蝇打伞"、基层组织建设和创新社会治理有效衔接起来,打掉一批黑恶势力犯罪集团,取得阶段性战果。严格落实安全生产责任制,健全防抗救相结合的防灾减灾救灾体系,扎实开展安全生产领域十大专项整治行动,全省安全生产形势总体基本稳定。

第五,充分凝聚团结奋进的工作合力。省委认为,做好江西工作,必须统揽全局、协调各方,充分调动方方面面的积极性主动性创造性,形成增进团结、促进发展的强大合力。坚持正确政治方向、舆论导向、价值取向,认真落实意识形态工作责任制,切实做好新形势下宣传思想工作。召开全省网络安全和信息化工作会议,出台《关于加强和改进党的新闻舆论工作的实施意见》,加强对意识形态阵地和薄弱环节的管理。出台《关于加快文化强省建设的实施意见》,深入开展"新时代新气象新作为"大型主题宣传,积极推动文化事业文化产业繁荣发展,扎实推进县级融媒体中心建设,加强新时代文明实践中心和基层综合性文化服务中心建设,广泛开展群众性文化活动。大力培育和践行社会主义核心价值观,深入开展文明城市、文明村镇、文明单位、文明校园、文明家庭创建活动,培育良好文明风尚,唱响"江西好人文化"品牌。扎实推进民主政治建设,圆满完成省级人大政府政协换届。召开全省立法工作会议,加强和改进地方立法工作,支持人大对"一府一委两院"开展监督,推动热点难点问题解决。加强市县乡人大建设,完善人大代表联系群众制度,夯实人大工作基层基础。大力推进社会主义协商民主,加强和改进人民政协民主监督,为更好发挥政协职能作用提供保障。举办纪念“五一口号”发布70周年主题活动,充分发挥各民主党派、工商联和无党派人士参政议政作用。加强党外代表人士队伍建设,按照中央要求做好港澳海外工作,大力推进非公有制经济发展。认真贯彻中央《关于依法治理民族事务促进民族团结的意见》和中央宗教工作检查整改的要求,依法做好新形势下民族宗教工作。深入推进群团组织改革,完成工会、共青团、妇联、侨联、残联等换届。全面落实党管武装责任,大力推动军民融合发展,支持驻赣部队和武警部队深化改革,扎实做好驻赣部队全面停止有偿服务工作,加强国防动员和后备力量建设,党管武装和双拥工作水平进一步提升。

第六,深入推进全面从严治党。省委认为,办好江西的事情,关键在党,关键在党要管党、从严治党,必须全面贯彻新时代党的建设总要求,认真贯彻新时代党的组织路线,压紧压实管党治党政治责任,推动全面从严治党向纵深发展,不断提高党的建设质量。坚持把政治建设摆在首位,严明党的政治纪律和政治规矩,严肃党内政治生活。抓好以弘扬井冈山精神为核心的红色基因教育,广泛开展诵读《红色家书》《发生在江西红土地上的100个经典革命故事》活动。坚持新时代好干部标准,全面做好干部培育、选拔、管理、使用工作,出台《关于适应新时代要求大力发现培养选拔优秀年轻干部的实施意见》,着力建设忠诚干净担当的高素质干部队伍。坚持严管与厚爱结合、激励与约束并重,出台《关于进一步激励广大干部新时代新担当新作为的实施意见》,鼓励各级干部积极作为、担当实干。突出政治功能和组织力,切实加强党支部和党员队伍建设,抓好村(社区)“两委”换届选举工作,持续整顿软弱涣散党组织,从严落实“三会一课”、组织生活会、民主评议党员等党的组织生活制度。认真抓好中央八项规定精神贯彻落实,出台关于集中整治形式主义、官僚主义的实施意见,召开全省作风建设工作会议,深入整治“怕、慢、假、庸、散”作风顽疾,推动全省干部作风持续好转。坚持从政治上、思想上、工作上、组织上、作风上、家教家风上,坚决全面彻底肃清苏荣案余毒。深入抓好中央巡视“回头看”反馈问题整改,认真做好中央脱贫攻坚专项巡视发现问题立行立改工作,扎实开展巡视巡察工作,加大力度整治群众身边不正之风和腐败问题,开展扶贫领域腐败和作风问题专项治理,坚决惩治涉黑涉恶腐败,风清气正的政治生态建设取得新成效。

省委常委会切实加强自身建设,坚持以政治建设为统领,带头加强政治理论学习,严守政治纪律和政治规矩,深入学习贯彻习近平新时代中国特色社会主义思想和党的十九大精神,牢固树立“四个意识”,始终坚定“四个自信”,坚决做到“两个维护”。带头严肃党内政治生活,认真执行民主集中制,严格依法办事。带头贯彻落实中央八项规定精神,大力弘扬担当实干作风,深入践行党的群众路线。带头严格落实全面从严治党责任,主动接受各方面的监督,自觉做廉洁自律的表率。

回顾一年来的发展历程,我们所有的工作归结为一点,就是坚决对标对表中央精神,坚决贯彻落实中央决策部署,从更高层次贯彻落实习近平总书记对江西工作的重要要求,致力走出一条符合江西实际的高质量跨越式发展新路,尽心尽责为江西发展作贡献,矢志不渝为老区人民谋福祉。一年来的砥砺奋进,让我们更加深切体会到:做好江西工作,最首要的是旗帜鲜明讲政治,牢固树立“四个意识”,始终坚定“四个自信”,坚决做到“两个维护”,始终在思想上政治上行动上同以习近平同志为核心的党中央保持高度一致,确保各项工作沿着正确方向前进;最根本的是学懂弄通做实习近平新时代中国特色社会主义思想和党的十九大精神,把习近平总书记对江西工作的重要要求作为总方针总纲领总遵循,努力把习近平总书记为我们擘画的蓝图一步步变为更加美好的现实;最重要的是坚持高质量跨越式发展首要战略不动摇,坚定不移实施省委工作方针,解放思想、与时俱进,保持定力、久久为功,一任接着一任干,不断迈出富裕美丽幸福现代化江西建设新步伐;最关键的是深入践行实干为本发展为先的理念,动员全省上下齐心协力加油干,攻坚克难同奋斗,共绘新时代江西物华天宝人杰地灵新画卷。省委全委会的同志和各市县、各部门、各单位负责同志在各自岗位上心系大局、勤奋工作、锐意进取,对省委常委会的工作给予了大力支持。借此机会,我代表省委常委会,向同志们表示衷心的感谢!

省委常委会分析了面临的困难和存在的不足。受外部环境影响,经济下行压力仍然很大,民营企业、实体经济发展困难不少;创新人才不足,发展不平衡不充分的问题持续存在,深化改革开放任重道远;污染防治还存在不少薄弱环节、欠账较多,生态环境保护与修复仍有大量工作要做;民生保障还存在不少短板,脱贫攻坚任务仍然艰巨繁重;少数干部思想观念跟不上形势变化,精神状态欠佳,形式主义、官僚主义等作风顽疾整治需要持续发力,营商环境仍需进一步优化;一些地方管党治党责任落实不到位,党的建设还要进一步加强等。省委常委会将团结带领全省广大干部群众,坚持问题导向,攻坚克难、开拓进取,努力把各项工作做得更好。

二、关于明年经济工作目标任务

当前,世界经济延续复苏态势,但受保护主义和单边主义、美联储加息、地缘政治冲突等多重因素影响,增长动能正在减弱,世界经济下行风险逐步加大。中美经贸摩擦虽然达成重要共识,但也只是转入谈判轨道,仍然具有较大的不确定性,中美关系正在经历新的考验。国内外形势发生深刻复杂变化,我国发展仍处于重要战略机遇期,面临着加快经济结构优化升级带来的新机遇、提升科技创新能力带来的新机遇、深化改革开放带来的新机遇、加快绿色发展带来的新机遇、参与全球经济治理体系变革带来的新机遇。同时,我国经济运行稳中有变、变中有忧,风险和困难明显增多,经济下行压力增大,企业经营困难加重,结构调整阵痛凸显,金融风险不断暴露,经济社会矛盾交织,这是全国各地面临的共性问题。近年来,我省经济发展势头较好,主要经济指标增速持续位居全国“第一方阵”,这有基数小、落差大的因素,我们千万不能为眼前的增速而沾沾自喜,更应该看到转型升级的差距不足,看到区域竞争的日益激烈。我省既面临稳增长与提质量的双重压力,也面临转动能与调结构的双重挑战,推动高质量跨越式发展还有很多工作要做。我们要深化对做好新形势下经济工作的规律性认识,牢牢把握"五个必须"的要求,全面用好我国发展的重要战略机遇期,抓住主要矛盾,增强忧患意识,保持战略定力,从最坏处着想,向最好处努力,抢抓机遇、未雨绸缪,主动作为、攻坚克难,推动经济社会持续健康发展。

2019年是新中国成立70周年,是全面建成小康社会关键之年。做好明年经济工作,意义十分重大。明年全省经济工作的总体要求是:以习近平新时代中国特色社会主义思想为指导,深入贯彻党的十九大和十九届二中、三中全会以及中央经济工作会议精神,从更高层次贯彻落实习近平总书记对江西工作的重要要求,坚持稳中求进工作总基调,坚持新发展理念,坚持高质量跨越式发展首要战略,坚持以供给侧结构性改革为主线,聚焦补短板、挖潜力、增优势,着力打好三大攻坚战,着力建设现代化经济体系,着力深化改革开放,着力促进区域城乡协调发展,着力保障和改善民生,保持经济持续健康发展和社会大局稳定,为与全国同步全面建成小康社会收官打下决定性基础,奋力迈出建设富裕美丽幸福现代化江西、共绘新时代江西物华天宝人杰地灵新画卷的坚实步伐,以优异成绩庆祝新中国成立70周年。

省委考虑,明年全省经济增长预期目标为8%-8.5%,发展的质量和效益持续提升,城乡居民收入增长与经济增长基本同步。各地要结合实际制定适当的增长目标,在实际工作中争取更好结果。

实现明年经济发展预期目标,要把握好以下几点:一是坚持稳字当头。紧紧扭住发展第一要务,着力激发微观主体活力,振兴实体经济,扩大市场需求,推进消费提质升级,发挥投资关键作用,千方百计做好稳就业、稳金融、稳外贸、稳外资、稳投资、稳预期工作,为经济发展行稳致远蓄能增势。二是坚持培优补短。充分发挥区位、生态、产业等优势,加快补齐创新、人才、服务业等短板,深化市场化改革,扩大高水平开放,推动科技与经济深度融合,深入推进新旧动能转换,不断增强全省综合实力和竞争力。三是坚持效益优先。以提高发展质量和效益为中心,加大力度优化产业结构、需求结构、投资结构,持续改善发展环境,促进经济发展提质增效,更好满足人民美好生活需要,努力走出一条高质量跨越式发展新路。

等会,炼红同志将对明年经济工作进行全面部署。这里我重点讲五个问题。

*第一,坚决打好三大攻坚战,全力跨越全面建成小康社会的重要关口。*打好防范化解重大风险、精准脱贫、污染防治三大攻坚战,是全面建成小康社会必须跨越的关口,是我们必须打赢的硬仗。这不仅是经济发展问题,更是重大政治问题。今年三大攻坚战初战告捷,明年要针对突出问题打好重点战役,全力攻坚,务求实效。

要积极稳妥打好防范化解重大金融风险攻坚战。当前,我省金融形势总体是好的,但非法集资等违法违规金融活动时有发生,政府债务风险化解压力较大。同时,我省金融发展相对滞后,服务实体经济的效率和能力不足问题也较为突出,制造业贷款只占全省贷款余额的10%左右。防范化解重大金融风险,必须坚持标本兼治,疏堵并举,既要坚决堵住风险点,铲除滋生各种风险的土壤;又要形成活水引导资金"脱虚向实",更好服务实体经济发展。要筑牢风险"防火墙",坚持结构性去杠杆的基本思路,扎实做好地方政府债务、房地产等重点领域风险防范,有序化解影子银行风险,加大不良贷款处置力度,加强企业信用债违约、P2P网络借贷等风险点整治,坚决打击违法违规金融活动,更加注重防范跨市场跨领域风险传导,坚决守住不发生区域性金融风险的底线。我们强调加强监管不是不要发展金融,而是要把防风险和服务实体经济更好结合起来。要深化金融体制改革,抓好绿色金融改革创新试验区建设,扎实推进普惠金融发展,充分利用资本市场扶贫绿色通道,大力实施"映山红"行动,加快建设"金融赣军",让金融"活水"更好浇灌实体经济。

要尽锐出战打好精准脱贫攻坚战。按照我省脱贫攻坚三年行动安排,明年是"巩固提升年",目标是再实现40万贫困人口脱贫。我们要把脱贫质量摆在首位,切实抓好中央脱贫攻坚专项巡视问题整改,坚持"输血""造血"双管齐下,用精准"绣花功"啃下脱贫攻坚"硬骨头"。要坚持精准方略,深入推进精准帮扶"十大行动",精准落实产业扶贫、就业扶贫、教育扶贫、保障扶贫等措施,高质量完成脱贫任务。特别要扭住产业脱贫这个关键,围绕市场需求发挥龙头企业、合作社等新型经营主体的带动作用,搭建产业与贫困户的利益联结机制,让贫困群众持续稳定增收。要采取产业扶持、技能培训、政策支持等方式,帮助那些收入水平略高于建档立卡贫困户的群体增收致富,防止出现脱贫攻坚的"夹心层"。脱贫攻坚不是党委、政府的独唱,而是与社会各界、贫困群众的大合唱。要把扶贫与扶志、扶智结合起来,大力推进可持续脱贫、志智双扶等方面制度创新,切实增强贫困地区、贫困群众内生动力和自我发展能力。要大力开展脱贫攻坚"感恩行动"。教育引导贫困群众知党恩、跟党走,发扬自力更生精神,用自己的辛勤劳动实现脱贫致富。这点很重要,脱贫攻坚既要做好,也要讲清道理,是习近平总书记、党中央的关心,是党中央的政策好,决不是什么"上帝保佑"。同时要扎实做好城镇贫困群众脱贫解困工作,确保全面小康路上一个都不少。

要铁心硬手打好污染防治攻坚战。长期以来,我们始终坚持生态立省战略,持续加强生态环境保护和建设,污染防治攻坚战取得重要进展。但是环境保护如同逆水行舟,不进则退。特别是目前仍然有的地方对保护与发展的关系认识不深不透,政绩观存在偏差,说起来环境保护重要,做起来又让环保为发展让路,破坏生态环境现象时有发生、屡禁不止。最近又发现有一些候鸟被毒死,要像查命案一样彻查,依法严厉惩处,决不姑息。我们要深入践行"绿水青山就是金山银山"理念,坚决打好污染防治攻坚战,以更高标准打造美丽中国"江西样板"。要切实保护好江西绿色生态"金字招牌"。坚决抓好中央环保督察"回头看"反馈问题整改,深化"五河两岸一湖一江"全流域整治,打好蓝天、碧水、净土、长江经济带"共抓大保护"、鄱阳湖生态环境专项整治等八大攻坚战,集中力量解决突出环境问题。要深入推进国家生态文明试验区建设,健全自然资源资产确权登记、价值实现、离任审计、责任追究等制度,用最严格制度最严密法治为生态环境建设保驾护航。要打通绿水青山到金山银山的转化通道。用好绿色发展的辩证法,加快转变经济发展方式,推进资源全面节约和循环利用,大力发展绿色产业，着力构建科技含量高、资源消耗低、环境污染少的产业结构，推动生态要素向生产要素、生态财富向物质财富转变，让绿水青山真正变为金山银山。

第二，以制造业高质量发展为重点，加快建设具有江西特色的现代化产业体系。当前，我省正处于创新发展、动能转换的关键时期，新技术、新产业、新业态、新模式加速成长，但总体实力不强、产业层次偏低，传统产业比重较大、新兴产业规模较小，中小微企业多、高新技术企业少等问题还比较突出。我们要以制造业高质量发展为重点，加快培育新兴产业，改造提升传统产业，着力构建一二三产业协调发展、传统新兴产业齐头并进的现代化产业体系。

要强筋壮骨，努力重塑江西制造辉煌。制造业是国民经济的根基。推进高质量跨越式发展，必须要有高质量的制造业作为强大支撑，重点抓好产业、企业、项目三大关键要素。要抓住主导产业这个“牛鼻子”，聚焦航空、电子信息、中医药、装备制造、新能源、新材料六大优势产业，深入实施铸链、补链、强链工程，“一产一策”推动主导产业做优做强做大，力争打造成全国叫得响的产业集群。要抓住龙头企业这个市场主体，突出扶优育强，大力实施龙头企业培育计划、中小微企业成长计划，鼓励引导企业对标国际标准，加强管理、深耕创新、做精主业，加快打造一批集供应链、产品链、创新链于一体的企业航母和“专精特新”中小企业。要抓住重大项目这个强力引擎，突出招大引强、精准招商，省、市、县联手打一场招商引资攻坚战，着力引进一批具有引领性的大项目好项目。新动能既来自于新兴产业的增长，也来自于传统动能的改造提升。要大力推进工业技改项目，加快制造业技术改造和设备更新，推动传统产业转型升级、“老树发新枝”。继续加大淘汰落后产能力度，对通过技改仍无法达到环保和安全要求的，要依法坚决淘汰。

要提质增效，加快发展现代服务业。中央提出促进形成强大国内市场，是扩大市场需求、稳定经济增长的重大举措，也是我国独特的竞争优势。现代服务业是扩大市场需求的重要增长点，也是产业转型升级的重要着力点。我们要抓住机遇，加快发展现代服务业，推动消费提质升级。要多渠道扩大服务供给，不断改善消费环境，大力发展商贸服务、健康服务、旅游、文化创意等生活性服务业，提升消费对经济增长的拉动作用。资金流、信息流、物流是产业发展必不可少的要素，与之对应的金融业、信息服务业、物流业等生产性服务业是产业发展的必要支撑。要顺应先进制造业与现代服务业加速融合的趋势，大力发展生产性服务业，促进提升产业整体竞争力。特别是鼓励设立工业设计企业和服务中心，培育研发设计、科技成果交易市场；加快建设物流公共信息平台，推进第三方物流与制造业联动发展；提高信息技术服务水平，促进工业生产流程再造和优化；推广制造施工设备、生产线等融资租赁，创新抵押质押、发行债券等金融服务，加快培育形成新的经济增长点。

要借势借力，抢抓数字经济发展机遇。随着新一轮信息技术革命的加速推进，数字经济成为各地发展的共同机遇，谁见势早、出手快，谁就能立于新的时代潮头。近年来，我省加强信息基础设施建设，大力发展互联网、移动物联网、虚拟现实等产业，积累了一定的基础，但还远远不够，我省数字经济规模仅列全国第18位。要抓紧制定数字经济发展战略纲要，以创新引领、数据驱动发展为核心，以数字产业化、产业数字化为主线，加快培育数字经济新动能。VR产业要以深入贯彻习近平总书记重要指示精神为动力，加快推进产品和服务的研发、推广、应用，着力打造VR产业“江西高地”。移动物联网要以“03专项”试点示范为契机，瞄准“四个领先”，加强示范应用推广，努力建设“物联江西”，打响“物联江西”品牌。要深入实施“互联网+”行动，打造工业互联网平台体系，加快推动企业上云，加大“机器换人”力度，促进互联网、大数据、人工智能向实体经济覆盖渗透，推动产业发展向数字化、智能化、绿色化转型。

要立魂固本，不断提升产业创新力。创新是产业发展的灵魂，推进动能转换关键靠创新。提升产业创新力，产学研用一体化是发展方向。要深入实施创新驱动发展战略，围绕重点产业需求，组织实施重大科技攻关，健全科技成果转化机制，促进创新链和产业链精准对接。特别要注重发挥企业主体作用，鼓励和引导企业加大研发投入，加强知识产权保护，落实首台首套政策，激活企业创新因子。提升产业创新力，创新平台是基础。要做实做好航空城、中医药科创城、中科院“江西中心”等产业创新平台，充分发挥高校、科研院所、企业技术中心的优势，整合科研力量和资源，深入推进军民融合发展，把更多人才、更多资源引入创新平台，切实增加科技创新供给，为产业发展插上创新翅膀。提升产业创新力，人才是根本。要营造凝聚人才、激励人才、留住人才的良好环境，五湖四海聚人才，不拘一格用贤才，努力打造各类人才向往的创新创业高地。创新人才不仅包括高层次人才，也包括高技能、操作型人才。江西的高等院校与发达省份有较大差距，要努力缩小，但职业教育资源丰富，拥有一批优质职业院校和优势特色专业。要大力发展职业教育，深化产教融合、校企联动，努力培养一批规模宏大、结构合理、素质优良的“赣鄱工匠”。

第三，坚定不移推进改革开放再出发，着力打造良好发展环境。习近平总书记在庆祝改革开放40周年大会上强调，改革开放是党和人民大踏步赶上时代的重要法宝，是坚持和发展中国特色社会主义的必由之路，是决定当代中国命运的关键一招，也是决定实现“两个一百年”奋斗目标、实现中华民族伟大复兴的关键一招，必须将改革开放进行到底。我们要始终高举改革开放伟大旗帜，持续推进思想再解放、改革再攻坚、开放再提升、环境再优化，以更坚定的信心、更有力的措施，不断把新时代改革开放推向前进。

改革开放再出发要更好发挥经济体制改革的牵引作用。经济体制是国家各种体制的“连接点”和基础，也是关系改革全局的关键环节。当前经济运行的主要矛盾仍然是供给侧结构性的，必须坚持供给侧结构性改革为主线不动摇。要认真贯彻“巩固、增强、提升、畅通”八字方针，更多采取改革的办法，更多运用市场化、法治化手段，持续深化供给侧结构性改革，不断改善供给结构，提高经济发展质量和效益。要加快国资国企改革，探索合资新设、增资扩股、股改上市等多种混合所有制改革方式，特别要加大股权投资力度，果断出手收购一批科技含量高、市场占有率稳定或符合强链补链需要、暂时陷入困境的公司，抢抓时机做优做强做大国有资本。要深化财税体制改革，处理好稳定财政增长和促进减税降费的关系，规范政府举债融资机制，优化财政支出结构,提高财政资金配置效率。各级各部门要牢固树立过紧日子的思想,积极推动增收节支。现在不把钱当钱、花钱大手大脚、铺张浪费的现象不少,要有制度机制来约束。投资是扩大市场需求、优化供给结构的关键举措。要完善投融资机制,发挥政府投资和民间投资活力,持续优化投资结构,切实加强物联网等新型基础设施建设,加大交通、物流、环保、水利、市政设施等投资力度,补齐农村基础设施和公共服务设施建设短板,更好发挥投资对拉动经济的关键性作用。

改革开放再出发要勇于刀刃向内进行自我革命。深化经济体制改革,核心是处理好政府与市场的关系,使市场在资源配置中起决定性作用和更好发挥政府作用。实践表明,每一次政府与市场关系的重塑,政务服务流程的优化、效能的提高,都将极大激发市场活力。要纵深推进"放管服"改革,以政府的自我革命带动重点领域改革的深化。要深入学习浙江"最多跑一次"改革经验,聚焦企业和个人的全生命周期服务,对症下药、精准施策,加快实现"一次不跑"或"最多跑一次"。要加快打破信息孤岛,积极推动政务服务方式数字化变革,全面实行"一网通办",通过"赣服通"平台,让数据实现跨部门跨层级跨地区共建共享。要从办好"一件事"的角度,推行"马上就办、办就办好",优化办事流程,提高办事效率,深化"一窗受理、集成服务",让群众一次性把事情办好,为企业提供无事不扰、有求必应的"店小二"服务。

改革开放再出发要更加充分激发民营经济活力。民营经济是经济发展的源头活水,支持民营经济发展是经济体制改革的重要内容。当前,民营经济发展面临市场需求不旺、生产要素成本较高、融资难融资贵问题突出、转型升级压力较大等困难。要针对民营经济发展的痛点难点,切实加大改革力度,助力民营企业翻越市场的冰山、融资的高山、转型的火山。要狠抓政策落实,对于已经出台的相关政策,切实解决落实"最后一公里"问题,让民营企业有更多更实在的获得感。要营造公平竞争环境,对各种所有制企业一视同仁,清理各类歧视性做法,打破制约民营企业发展的"卷帘门""玻璃门""旋转门"。要深化"降成本、优环境"专项行动,全方位加强制度供给,不断降低企业综合成本。特别是要围绕解决银行不敢贷、不愿贷的顾虑,健全完善贷款风险补偿、银企信息互通、政府性融资担保等机制,真正缓解民营企业融资难、融资贵问题。要营造法治化制度环境,构建亲清政商关系,激发和保护企业家精神,保护民营企业家的人身安全和财产安全,让广大企业家坚定信心向前走、心无旁骛谋发展。

改革开放再出发要着力破解制约发展的瓶颈问题。江西是一个内陆省份,不靠海、不沿边。随着中央扩大更高层次开放、构建全面开放新格局,我们面临的对外运输和贸易服务成本高、效率低等瓶颈问题越来越突出。如果现在不去主动破解这些难题,将来会越来越被动,付出的代价也会更大。要切实加强内陆口岸建设,以陆、水、空港为基础,以赣州、南昌、九江、上饶为支撑,完善基础设施,优化口岸布局,提升港口功能,大力发展多式联运和口岸经济,逐步实现货物进境与沿海同价到港、出境与沿海同价起运、通关与沿海同等效率,积极探索中部内陆地区双向开放发展新模式。我省土地资源相对丰富,但是由于粗放开发等原因,土地越来越成为制约发展的瓶颈要素,一方面很多项目无地可用,另一方面大量土地粗放利用甚至闲置。要坚决落实"亩产论英雄"导向,制定并严格执行差异化政策,特别要盘活存量,向空中、向地下要空间,让沉睡的资产活起来,真正把项目为王、质量为王的理念落到实处,不断提升开放发展水平。

第四,深入实施区域协调发展战略,全面构建优势互补融合互动发展新格局。省委提出实施"一圈引领、两轴驱动、三区协同"的区域发展战略,是优化全省区域发展格局的重大部署,也是提升江西综合竞争力的关键举措。要深入实施区域协调发展战略,促进区域经济向更高水平和更高质量迈进。

构建区域发展新格局,做好统筹规划是前提。任何区域发展战略的实施,都离不开一个科学合理的规划。要抓紧出台大南昌都市圈"1+5"规划及相关支持政策,加快编制高铁经济带发展规划,制定新时代推动赣东北、赣西高质量跨越式发展的指导意见,在顶层设计上加强统筹协调。要着眼融入国家战略抓规划。深度融入"一带一路"、长江经济带、长三角一体化发展和粤港澳大湾区建设,在区域功能定位、产业分工、城镇布局等方面与国家战略相衔接,完善优化区域规划,共享国家战略红利。要完善协调机制抓规划。对现有的各区域发展议事协调机构进行统筹整合,定期研究区域发展的重大问题,构建科学高效的领导协调体制和运行机制,确保区域发展战略有效实施。要着眼形成整体合力抓规划。长期以来,有些地方习惯于各自为政算小账,纠结于"是你的还是我的",有的还把注意力放在名称提法上,致使区域发展没有形成整体合力。推动区域协调发展,必须打破行政区划限制,建立资源有效配置、产业密切协作、利益合理共享的体制机制,最大限度激发区域经济潜力。为此,区域发展规划一旦确定,各地各部门要在思想认识上形成一条心,在实际行动中形成一盘棋,努力把规划蓝图转化为美好现实。

构建区域发展新格局,推动融合发展是核心。融合发展不是一句口号,既要有思想上的共识、规划上的引领,更要有实实在在的抓手。融合一体发展,基础设施要先行。比如,大南昌都市圈要以基础设施互联互通为纽带,加密高速公路网络,建设通港铁路,加快形成融合互通的1小时经济圈。融合一体发展,产业协作至关重要。每个区域版块都要加强产业协作,根据资源禀赋进行产业布局,积极探索飞地经济模式,形成若干跨区域的千亿产业集群。比如,沪昆高铁沿线要着力打造新能源、新材料、装备制造等产业带,京九高铁沿线要着力打造电子信息、新材料产业带。融合一体发展,公共服务共建共享是内在要求。要加强各板块内部及各板块之间的公共服务资源对接整合,加快促进公共服务一体化。特别是要充分发挥市场机制作用,促进生产要素跨区域自由流动,提高资源配置效率,加快建立统一开放、竞争有序的市场体系,形成更深融合、更强互动的合作共赢局面。

构建区域发展新格局,激发各地活力是关键。构建"一圈、两轴、三区"新格局,不是简单地改变现有区域格局,而是为了更好激发各地活力。各地要在全省区域发展框架下，发挥优势、各展所长，实现错位发展、竞相发展。要大力推进大南昌都市圈建设。充分发挥南昌省会城市的引领作用，坚持高标定位，强化首位担当，千方百计提升产业、做优城市、普惠民生，着力培育壮大航空、电子信息、虚拟现实、LED照明、中医药等特色优势产业，加快高端企业、高端人才和各类创新平台的集聚，不断做强做大做优省会城市。九江要充分发挥通江达海优势，建设大南昌都市圈的先进制造业基地，打造区域性航运中心和长江经济带重要节点城市。抚州要加快培育生物医药、绿色农业等产业，突出文化、旅游和生态特色，打造大南昌都市圈的后花园。赣江新区要以融合协作、创新驱动为主线，吸引聚集高端经济要素，打造全省改革创新的强大引擎和对外开放的靓丽窗口。要加快赣南等原中央苏区振兴发展。赣州要充分利用国家政策叠加优势，抓好“两城两谷一带”建设，加快推进省域副中心城市建设，打造对接融入“一带一路”、粤港澳大湾区建设的桥头堡。吉安要做大做强电子信息、现代农业等产业，打造全国重要的电子信息产业基地。要加快赣东北开放合作发展。上饶要发挥十字高铁交汇优势，加快发展“两光一车”、大数据、旅游康养等产业，打造对接长三角区域一体化发展的先行区，建设区域中心城市。景德镇要加快建设陶瓷文化传承创新试验区和“航空小镇”，打造与世界对话的国际瓷都。鹰潭要用好移动物联网试点机遇，打造世界绿色铜都、国家智慧新城。要加快赣西转型升级发展。宜春要大力发展锂电新能源、中医药、大健康等绿色产业，联动新余、萍乡相向一体发展，加快建设区域中心城市。新余要发挥“工小美”特色，建设新宜吉转型合作示范区。萍乡要加快推进海绵城市试点，打造国家产业转型升级示范城市。各县（市、区）要主动融入全省区域发展战略，发挥特色优势，培育主导产业，激发县域发展新动能，以一域之光为全省发展添彩。区域发展格局是复杂的系统工程，大家要站在全省高度从长计议提出建议，关键要切实可行，不能光说不练，更不能只是出题目。

*第五，全面提升城乡治理水平，切实增强人民群众获得感幸福感安全感。*城乡治理是国家治理体系和治理能力现代化的重要内容。当前，我省城市建设总体品质和层次还不高，农业农村发展还有一些突出短板。要以更大力度统筹城市发展和乡村振兴，以更实举措持续改善城乡人居环境，让人民群众在城市生活更美好、在农村生活更惬意。

要以人为本促进城市功能品质提升。让人民群众在城市生活得更方便、更美好，是城市管理和服务的重要标尺。要按照“精心规划、精致建设、精细管理、精美呈现”的要求，全面推进城市功能与品质提升八大行动，提高城市发展质量，让人民群众共建共享城市发展成果。要突出城市功能完善，加快城市公共服务体系建设，着力优化教育、医疗、文体、停车场等设施布局，构建便捷舒适的“生活圈”。要突出城市精细管理，充分利用移动物联网、大数据、云计算等现代技术，加快建设智慧城市、构建“城市大脑”，提高城市治理智能化、精细化管理水平。要突出城市环境整治，以文明城市创建为主抓手，以背街小巷、城中村等区域为重点，持续推进环境综合整治，统筹推进智慧城市、海绵城市、城市“双修”等工作，着力解决“交通拥堵”“乱搭乱建”“垃圾围城”等“城市病”。城市建设既要重“面子”，更要重“里子”。如果城市仅仅是外表光鲜亮丽，而群众身边环境却是脏乱差，老百姓是会戳脊梁骨的。需要强调的是，提升城市功能品质，必须统筹城市建设管理与乡村振兴、脱贫攻坚的关系，统筹城市环境风貌与精神风貌的关系，因地制宜、分类推进，坚决防止一刀切，坚决杜绝政绩工程，在全面提升城市功能品质中增强人民群众参与度和获得感。

要紧扣农民需求大力实施乡村振兴战略。农业强不强、农村美不美、农民富不富，直接决定着富裕美丽幸福现代化江西建设的成色。要按照“产业兴旺、生态宜居、乡风文明、治理有效、生活富裕”总要求，加快推进农业农村现代化，建设农民幸福生活的美好家园。要大力做强做优农业，扎实推进高标准农田建设，深化农业供给侧结构性改革，促进农村一二三产业融合发展，推进农业规模化经营、现代化生产。要加快培育新型农村集体经济，因村制宜发展土地合作型、资源开发型、物业经营型、乡村服务型等多种集体经济形式，推动资源变资产、资金变股金、农民变股东。要大力改善农村人居环境，聚焦垃圾污水处理、厕所革命、村容村貌提升，深入推进农村人居环境整治，提高群众生活品质，塑造绿色赣鄱、美丽乡村新风貌。要大力培育农民时代新风，坚决破除陈规陋习，加强无神论宣传教育，发挥乡规民约的社会规范作用，培育良好文明乡风。要坚持基础先行、疏堵结合，积极稳步推进绿色殡葬改革，坚决防止简单化，不搞一刀切，也不能造假、玩数字游戏，真正把这件破旧立新的难事办好。要深化农村土地制度、农村集体产权制度等改革，全面推广余江宅基地改革经验，不断增强农村发展活力。

要满怀真情办好民生“关键小事”。无论城市治理，还是乡村振兴，最终目的都是满足人民群众美好生活需要。要紧盯群众最关心最直接最现实的“关键小事”，坚持量力而行、尽力而为，完善制度、守住底线，统筹做好就业、社会保障、教育、医疗卫生等工作，织密织牢民生保障网。要积极应对人口老龄化，坚持保基本、促普惠，大力推进医养结合，加快养老事业发展。新余市探索以农村颐养之家、晓康诊所和社区养老服务中心为主体的居家养老新模式，值得学习借鉴。要加强和创新社会治理，全面推行网格化管理、组团式服务，深入推进法治江西建设，扎实做好综治、信访、维稳工作。切实做好重点人群维稳工作，立足于早、立足于小，依法依规办事，把矛盾化解在萌芽、解决在基层。要聚焦打掉黑恶势力嚣张气焰，聚焦铲除黑恶势力滋生蔓延的土壤，聚焦严查背后“保护伞”“关系网”，坚决打好打赢扫黑除恶人民战争。要强化“不抓好安全生产就是对人民的犯罪”的理念，严格落实安全生产责任制，坚决遏制重特大事故发生，牢牢守住安全底线，确保社会和谐稳定。

三、关于全面加强新时代党的建设

旗帜鲜明讲政治，是马克思主义政党的根本要求，也是我们党长期坚持的优良传统。党的政治建设是党的根本性建设，决定党的建设方向和效果。当前，正处于全面建成小康社会的关键节点，面临实现“两个一百年”奋斗目标的交汇期。我们要实现与全国同步全面建成小康社会，加快建设富裕美丽幸福现代化江西，必须始终坚持以党的政治建设为统领，全面贯彻新时代党的建设总要求，着力提高党的建设质量。

第一，要锤炼绝对忠诚的政治品格。忠诚是我们党与生俱来的红色基因，是党员干部不可缺失的政治灵魂。习近平总书记强调，共产党员要把对党忠诚作为根本政治要求，对党绝对忠诚要害在“绝对”两个字，必须是纯粹的、无条件的。我们要时刻铭记、终身践行，把对党绝对忠诚融入血脉灵魂、贯穿于修身为政的全过程，牢固树立“四个意识”，始终坚定“四个自信”，坚决做到“两个维护”，确保在思想上政治上行动上同以习近平同志为核心的党中央保持高度一致。对党绝对忠诚是政治标准，更是实践要求，既看政治态度，更看实际行动，必须落实到一言一行、体现在一点一滴、贯穿于一生一世。特别是在机构改革、干部人事调整等这些关键时刻，更能看出一个人的政治品格。要以思想武装夯实忠诚根基，按照党中央部署组织开展“不忘初心、牢记使命”主题教育，坚持把习近平新时代中国特色社会主义思想作为定盘星、压舱石、指南针，真正往深里走、往实里走、往心里走，不断夯实绝对忠诚之基。要以党性修养擦亮忠诚底色，严守党的政治纪律和政治规矩，严肃党内政治生活，自觉做政治上的明白人、老实人，决不做阴阳人、两面人，始终保持共产党人的初心不改、本色不变。现在骗子不少，有的打着领导的牌子、所谓的亲戚、朋友、同学、身边工作人员，号称能说上话、递上条子等。千万不要上当，再不要跑关系、找门路、搭天线，否则就是严重触犯了政治纪律和政治规矩，严重损害江西的政治生态。要以实际行动体现忠诚自觉，贯彻落实党的路线方针政策不打折扣、不做选择、不搞变通，始终做到党中央号召的坚决响应、要求的坚决照办、禁止的坚决不干、部署的坚决落实，以强大的执行力确保党中央各项决策部署在江西落地生根。

第二，要凝聚同心奋进的精神力量。一个时代的画卷，底色是人心；一个民族的复兴，关键在精神。要紧紧围绕“举旗帜、聚民心、育新人、兴文化、展形象”的使命任务，全面加强和改进宣传思想工作，唱响主旋律，汇聚正能量，为建设富裕美丽幸福现代化江西提供坚强思想保障和强大精神动力。要始终坚持马克思主义的指导地位，讲好中国故事，讲好中国共产党故事，讲好江西故事，巩固壮大主流思想舆论，加强新型智库建设，实现全省县级融媒体中心建设全覆盖，坚决打好网上舆论斗争主动仗，不断增强社会主义意识形态的凝聚力和引领力。各级干部要增强斗争精神，面对各种歪风邪气、错误思想言论要敢于亮剑、善于斗争。要充分发挥统一战线工作的独特作用，把广泛凝聚共识摆在更加突出的位置，扎实做好强信心、聚民心、暖人心、筑同心的工作。要切实抓好中央宗教工作检查整改，严厉打击非法宗教渗透活动，确保宗教领域和谐稳定。要深入推进新时代文明实践中心建设，培育践行社会主义核心价值观，全面实施公民道德建设工程，加快构建社会信用体系，让崇德向善、见贤思齐在赣鄱大地蔚然成风。要充分运用丰富的红色、绿色、古色文化资源，以文铸魂、以文化人、以文兴业，加快文化事业和文化产业发展，汇聚全省上下同心奋进的强大正能量。要扎实做好新时代党管武装和双拥工作，不断巩固发展全省军政军民团结的大好局面。

第三，要打造全面过硬的干部队伍。为政之要，惟在得人。推进江西高质量跨越式发展，关键要有一支忠诚干净担当的高素质干部队伍。要全面贯彻新时代党的组织路线，按照习近平总书记提出的“五个过硬”要求，把选人用人各环节精准衔接起来，统筹做好干部的选育管用等工作，努力打造一支能够攻坚克难、担当重任的干部队伍。要认真贯彻好干部标准，始终把政治过硬放在第一位，完善知事识人体系，坚持正确用人导向，深入推进优秀年轻干部培养计划，切实以更加宽广的视野选人用人，以严格规范的制度公正用人，真正把那些对党忠诚、勇于担当、能打硬仗、实绩突出、群众公认的好干部用起来，让真做事、能干事、干成事的老实人得到实惠，让混日子、熬年头特别是投机钻营者没有市场。要大兴学习之风、调研之风，加快干部知识更新、能力培训、实践锻炼，特别是要把急难险重任务作为摔打锻炼干部的“磨刀石”，全面提高推进改革发展稳定的能力素质。要充分激励广大干部新时代新担当新作为，敢于为担当者担当，不仅要旗帜鲜明地为担当实干的干部撑腰鼓劲，而且要大张旗鼓地进行激励表彰，及时为受到不实反映的干部澄清正名，严肃处理无事生非、诬告陷害等不良行为，激励各级干部心无旁骛干事创业。现在，“痕迹管理”比较普遍，但重“痕”不重“绩”、留“迹”不留“心”，检查考核名目繁多、频率过高、多头重复，让基层疲于应付、苦不堪言。要严格执行年度计划和审批报备制度，严格控制各级开展督查检查考核，切实把干部从一些无谓的事务中解脱出来，让基层把更多时间用在抓好工作落实上。

第四，要营造大抓基层的浓厚氛围。习近平总书记强调，党的工作最坚实的力量支撑在基层，最突出的矛盾问题也在基层，必须把抓基层打基础作为长远之计和固本之举，努力使每个基层党组织都成为坚强战斗堡垒。要认真贯彻落实《中国共产党支部工作条例(试行)》和新修订的《中国共产党农村基层组织工作条例》，坚持眼睛向下、重心下沉，抓基层打基础，推动基层党组织全面进步、全面过硬。基层党组织不坚强，一些非法组织、宗教势力就会乘虚而入，与我们党争阵地、争人心、争下一代，党执政的群众基础将大打折扣。要把党支部建设摆在更加突出的位置，从最基本的东西抓起，抓好基本教育、加强基本建设、建强基本队伍、落实基本制度、搞好基本保障，全面推进党支部标准化、规范化建设，尤其是要选好配强基层党支部书记，持续整顿软弱涣散基层党组织，使每一个党支部都成为党的“活跃细胞”、坚强堡垒。要统筹加强企业、农村、机关、学校、科研院所、社区、社会组织等基层党建工作，结合实际推进基层组织设置和活动方式创新，积极探索新兴业态和互联网党建工作，走好网上群众路线，健全基层组织服务体系，推动党的组织和党的工作全覆盖，像吸铁石一样把广大人民群众紧紧团结在党的周围。

第五，要建设风清气正的政治生态。随着全面从严治党深入推进，全省风清气正的良好政治生态正在形成。但也要看到，党风廉政建设和反腐败斗争形势依然严峻复杂，全面从严治党永远在路上。我们必须严格落实全面从严治党政治责任，坚持问题导向，抓住“关键少数”，深化标本兼治，坚决全面彻底肃清苏荣案余毒，持续推进风清气正政治生态建设。要弘扬真抓实干的优良作风，紧盯不敬畏、不在乎、喊口号、装样子的问题，坚决破除形式主义、官僚主义，坚决整治“怕、慢、假、庸、散”等作风顽疾，让“占着位子、顶着帽子、混着日子、摆着样子”的干部混不下去。要切实加强纪律建设，坚持关口前移，用好典型案例深化警示教育，健全完善权力运行制约和监督体系，加强对重点领域、重要部门、关键岗位的领导干部尤其是“一把手”的监督，不给权力脱轨、用权任性留下空子。要充分发挥巡视巡察的威慑作用，运用好监督执纪“四种形态”，巩固发展反腐败斗争压倒性胜利。要抓好利用名贵特产类特殊资源谋取私利问题整治，把反腐败同扫黑除恶结合起来，坚决查处黑恶势力背后的腐败问题，坚决整治群众身边的腐败和作风问题，推动全面从严治党向基层延伸。不管是“老虎”还是“苍蝇”，无论是“大问题”还是“微腐败”，发现一起查处一起，切实让那些想要腐败的人断了念头、搞了腐败的人付出沉重代价。如果说权力是把“双刃剑”，清正廉洁就是最好的“护身符”。全省各级领导干部一定要敬畏组织、敬畏权力、敬畏群众、敬畏法纪，明大德、守公德、严私德，始终讲政治、守规矩、严自律，切实管好自己、带好队伍、看好“后院”，做到依法用权、廉洁用权、为民用权，真正让权力回归公器本质，让人民群众感受到清正干部、清廉政府、清明政治就在身边，让江西的政治生态像自然生态一样山清水秀。

同志们，不负新时代，就要勇做奋进者、当好“答卷人”。让我们更加紧密地团结在以习近平同志为核心的党中央周围，不忘初心、牢记使命，开拓进取、担当实干，加快推进高质量跨越式发展，奋力迈出建设富裕美丽幸福现代化江西新步伐，共绘新时代江西物华天宝人杰地灵新画卷，以优异成绩庆祝新中国成立70周年！

政府工作报告

——2019年1月27日江西省第十三届人民代表大会第三次会议

省　长　易炼红

各位代表：

现在，我代表省人民政府向大会报告工作，请予审议，并请各位省政协委员和列席会议的同志提出意见。

一、2018年工作回顾

刚刚过去的2018年，是全面贯彻党的十九大精神开局之年，是改革开放40周年。在党中央、国务院和省委的坚强领导下，我们深入学习贯彻习近平新时代中国特色社会主义思想和党的十九大精神，从更高层次贯彻落实习近平总书记对江西工作的重要要求，坚持稳中求进工作总基调，贯彻新发展理念，落实高质量发展要求，以供给侧结构性改革为主线，按照“创新引领、改革攻坚、开放提升、绿色崛起、担当实干、兴赣富民”工作方针，统筹做好稳增长、促改革、调结构、优生态、惠民生、防风险各项工作，较好完成了省第十三届人大一次会议确定的目标任务。

——经济运行总体平稳。生产总值21984.8亿元，增长8.7%；财政总收入3795亿元，增长10.1%；一般公共预算收入2372.3亿元，增长5.6%；规模以上工业增加值增长8.9%；固定资产投资增长11.1%；社会消费品零售总额7566.4亿元，增长11%；实际利用外资增长9.7%，利用省外项目资金增长10.8%；外贸出口339.6亿美元，增长4.5%；金融机构本外币贷款余额突破3万亿元，增长18.1%。主要经济指标增速继续位居全国前列。

——质量效益明显提高。三次产业结构由9.2:48.1:42.7调整为8.6:46.6:44.8；高新技术产业、战略性新兴产业增加值占规模以上工业增加值比重分别达到33.8%和17.1%，同比分别提高2.9和2个百分点；税收占财政总收入比重、地方税收占一般公共预算收入比重分别为81.3%和70.1%，创近年来最高水平。

——城乡环境稳步提升。单位GDP能耗、水耗预计分别下降4.6%和5%；PM2.5浓度均值下降17.4%，空气优良天数比例88.3%，南昌、景德镇空气质量达到国家二级标准；国考断面水质优良比例92%；农药化肥使用量连续3年负增长；城乡环境综合整治成效明显，2万个村组整治任务全面完成，我省成为全国唯一“国家森林城市”设区市全覆盖的省份。

——人民生活持续改善。50件民生实事全面完成；城镇新增就业55.32万人、新增转移农村劳动力62.25万人，分别完成年度目标的122.9%、124.5%；居民消费价格上涨2.1%，控制在3%左右的目标内；城镇登记失业率3.44%，控制在4.5%的目标内；城镇和农村居民人均可支配收入分别为33819元、14460元，分别增长8.4%和9.2%，居民收入增长与经济增长基本同步。

一年来，我们坚持对标对表中央，积极回应群众关切，勇于破解各种难题，奋力开创新的局面，主要做了以下工作。

一是全力以赴打好三大攻坚战，发展步伐更为坚实。围绕打好防范化解重大风险攻坚战，制定政府隐性债务化解风险实施方案，建成“赣金鹰眼”监测预警平台；建立房地产市场会商机制，全面推行房地产市场稳控目标管理；积极推进市场化债转股，规模以上工业企业资产负债率下降0.4个百分点，重点领域风险总体可控。围绕打好脱贫攻坚战，接续开展春季攻势、夏季整改、秋冬会战，扎实推进“十大扶贫工程”，全年实现42万贫困人口脱贫、1000个贫困村退出、10个贫困县达到摘帽条件；2017年申请退出的瑞金、万安、永新、上饶、横峰、广昌6个贫困县（市）成功脱贫摘帽;在全国率先开展城镇贫困群众脱贫解困工作,老区人民小康梦一步步变成现实。围绕打好污染防治攻坚战,深入推进国家生态文明试验区建设,认真抓好中央环保督察"回头看"反馈问题整改,全力打好蓝天保卫战、城市黑臭水体治理、长江保护修复等七大战役,建成覆盖规模以上入河排污口、水质监测站和重点排污企业在线监测系统,科学划定生态保护红线,推动出台河长制湖长制条例,全面推行林长制,顺利开征环境保护税,编制自然资源资产负债表,开展生态环境损害赔偿、环境污染责任保险、生活垃圾分类和减量化等改革试点,因地制宜推进造林绿化、美化、彩化、珍贵化。婺源县获评第二批国家"绿水青山就是金山银山"实践创新基地,井冈山市、崇义县、浮梁县获评国家生态文明建设示范市县。以旅游产业为龙头的生态经济蓬勃发展,旅游接待总人次和旅游总收入分别增长19.7%、26.6%,美丽风光加快演绎成"美丽经济"。

*二是千方百计推动转型创新,经济运行更趋稳健。*面对经济下行与转型升级的双重压力,认真落实中央"六稳"部署,打出了一套稳增长、促转型的"组合拳"。坚持问题导向,主动面向全省摸排出449个制约高质量跨越式发展的瓶颈问题,制定分期解决的具体方案,首批141个问题全部办结。狠抓项目投资,省、市、县联动推进1315个亿元以上项目,省大中型项目完成投资6075亿元,省重点工程完成投资2270亿元。赣江新区伊顿电气产品生产基地一期、新钢优特钢带等重大产业项目建成投产,皖赣铁路浯溪口水库改线工程、广昌至吉安高速公路、瑶湖机场、神华九江电厂两台百万千瓦机组、东乡500千伏输变电工程等项目建成投运,昌景黄高铁、萍莲高速等项目开工建设。对纳入2019年计划投资50亿元以上的重点项目进行全面梳理,针对其中21个项目建设存在的35个突出问题,以"高位化调度、集成化作战、扁平化协调、一体化办理"的方式进行集中化解。实施消费升级行动计划,大力发展电子商务,7个县(市、区)入选全国电商示范百佳县。强化企业帮扶,出台了第四批22条降成本优环境政策,全年为企业减负1200亿元以上;出台支持民营经济健康发展"30条"等措施,成立省非公有制企业维权服务中心;发布江西省一站式金融综合服务平台,实施企业上市"映山红行动",新增6家上市公司。启动了创新型省份建设三年行动,省部共建东华理工大学核资源与环境国家重点实验室获批组建,中国(南昌)知识产权保护中心、江中集团科研中心投入使用,建立全省首个"千人计划"人才产业园,新增共青城和丰城2个国家级高新区,民航江西航空器适航审定中心、中科院江西产业技术创新与育成中心、中国联通(江西)工业互联网研究院、江西北斗应用研究院、北航江西研究院、南昌大学和南昌航空大学国际创新研究院等挂牌成立,江西快线航空获颁"双证"并成功试运营,大飞机C919在瑶湖机场成功转场试飞,R&D经费支出占GDP比重1.4%,工业技改投资增长39.1%。扎实推进新兴产业倍增、传统产业优化升级、服务业发展提速等行动计划,强力推动江铜集团"创新倍增",电子信息、新能源汽车等新兴产业和有色、钢铁等传统产业主营业务收入均实现两位数增长,服务业增加值占GDP比重达44.8%,产业结构进一步优化。

*三是坚定不移深化改革开放,体制机制更具活力。*省级机构改革基本完成,市县机构改革稳步推进。"放管服"改革成效明显,省本级行政权力事项精简率达82.5%,累计取消调整证明事项315项,1233项政务服务事项实现"一次不跑"或"只跑一次",比2017年增加1060项;"赣服通"开通运行,203项高频服务事项可"掌上办理";实现"39证合一",企业注册登记时间压缩至5个工作日。国资国企改革扎实有力,国有企业公司制改革全面完成,组建军工控股等5大集团,完成中鼎国际等企业员工持股改革试点,华润医药重组江中集团、投资集团和能源集团战略重组顺利实施,省属国企混改率73.5%。财税金融改革不断深入,省、市、县财政事权与支出责任划分等改革继续深化,赣江新区绿色金融改革创新试验区建设加快推进,全省绿色信贷余额比年初增长14.58%,"财园信贷通""财政惠农信贷通"发放贷款549亿元。驻赣部队全面停止有偿服务。绿色殡葬改革成效明显。坚持以开放促改革促发展,出台了进一步扩大开放30条举措。稳妥应对中美经贸摩擦,实施"优商优品"培育工程,自营出口增长19%。加强与"一带一路"沿线国家产能合作,印尼东加电厂扩建、晶科能源马来西亚工厂等项目顺利推进,赞比亚江西多功能经济区项目开工建设。成功举办了首届世界VR产业大会、第五届世界绿色发展投资贸易博览会、世界中医药大会第四届夏季峰会、2018国际产学研用合作会议、首届中国国际消费电子通信产业博览会、亚布力中国企业家论坛2018年夏季高峰会、第十五届中国景德镇国际陶瓷博览会等重大活动。中国(南昌)跨境电商综合试验区、九江综合保税区、赣州进境肉类和汽车整车功能性口岸获批;开行赣欧班列202列,赣州国际陆港年吞吐量达40.8万标箱、增长71.4%,九江港年吞吐量达42.9万标箱、增长28%;昌北国际机场开通了外国人口岸签证业务、至比利时首条洲际货运航线,旅客吞吐量1352万人次、增长23.7%,货邮吞吐量8.26万吨、增长58.1%,江西开放的大门越开越大。

四是加大力度统筹区域城乡,全域发展更加协调。"一圈引领、两轴驱动、三区协同"区域发展战略全面实施,大南昌都市圈建设扎实推进,沪昆、京九高铁经济带加快建设,赣南等原中央苏区振兴发展成效明显,赣东北开放合作、赣西经济转型迈出更大步伐。乡村振兴提档加速,建成高标准农田294.5万亩,粮食总产量达到438.1亿斤,实现"十五连丰","三品一标"总量达到5335个;新农村建设和农村人居环境整治加快推进,完成改造农村公路7067公里,新建改造农村电网1.75万公里,光纤通达所有行政村;农村承包地"三权"分置、农村集体产权制度等改革统筹推进,农村集体资产清产核资工作完成,余江宅基地制度改革继续走在全国前列,第十届村(居)民委员会选举扎实开展,农业农村展现新活力。启动了城市功能与品质提升三年行动,多规合一、城市"双修"、城市设计等试点有序开展,地下综合管廊、海绵城市、智慧城市等建设加快推进,"面子"和"里子"同步升级。

*五是持之以恒保障和改善民生,群众福祉更多增进。*在财政收支压力加大的情况下,民生支出占财政总支出比重达80.1%,提高1.2个百分点。着力稳定高校毕业生、去产能分流职工、农民工等重点群体就业,深入推进大众创业万众创新,新增发放创业担保贷款138.9亿元。社会保险

全民参保登记计划全面实施,企业退休人员基本养老金水平连续十四年提高。城乡救助供养水平不断提高,养老服务质量明显改善。棚户区改造开工 27.79 万套、基本建成 22.35 万套,农村危房改造 6.47 万户,提前超额完成国家下达任务。教育事业全面进步,在全国第 13 个全域实现义务教育发展基本均衡,南昌大学实现部省合建。健康江西战略深入实施,基层医疗卫生机构达标率 98.4%,建立了短缺药品供应保障机制,17 种国家谈判抗癌药纳入医保报销,按世界卫生组织标准在全国率先通过消除疟疾终审评估。文化强省建设步伐加快,启动了现代公共文化服务体系建设等六大工程,景德镇国家陶瓷文化传承创新试验区获批创建。第十五届省运会成功举办,"八一"军体运动队集体落户南昌。国有 5A 级旅游景区和国家级风景名胜区门票全面降价,每年惠民让利 2 亿元。全面推行阳光信访,解决了一批群众反映强烈的信访问题;完善安全生产委员会,构建 12 个专业委员会,首次开展巡查督导,实施十大专项整治行动;加强和创新基层社会治理,邱娥国获得改革先锋称号;深入开展扫黑除恶专项斗争,公众安全感、满意度分别达到 96.64% 和 96.91%,均创历史新高,社会大局持续稳定。

六是坚持不懈加强自身建设,政府效能更快提升。深入推进"两学一做"学习教育常态化制度化,严格执行中央八项规定及其实施细则精神和省委若干意见,全面落实国务院"约法三章"。在全省政府系统开展了忠诚型、创新型、担当型、服务型、过硬型政府建设,坚决纠正"怕、慢、假、庸、散"等作风顽疾,大力倡导"事事马上办、人人钉钉子、个个敢担当"和"不为不办找理由,只为办好想办法",着力打造"四最"营商环境。坚持依法行政,向省人大常委会提交法规议案 8 件,制定和修改政府规章 8 件。坚决全面彻底肃清苏荣案余毒,深刻汲取莫建成、李贻煌等腐败案教训,严肃查办违纪违法案件,夺取了反腐败斗争压倒性胜利。

切实抓好国防动员、拥军优属和退役军人事务工作。人民防空、民族、宗教、外事、侨务、对台、妇女儿童、红十字会、智库建设、参事文史、档案、地方志、老龄、援疆等工作取得新成效。

各位代表!过去的一年,在极为错综复杂的国内外形势下,江西朝着与全国同步全面建成小康社会的目标迈出了坚实步伐。这个成绩来之不易,是以习近平同志为核心的党中央坚强领导的结果,是习近平新时代中国特色社会主义思想特别是习近平总书记对江西工作的重要要求科学指引的结果,是省委团结带领全省人民奋力拼搏的结果。在此,我代表省人民政府,向全省人民,向各民主党派、人民团体和社会各界人士,向驻赣人民解放军、武警部队官兵,向中央驻赣单位,致以崇高的敬意!向关心和支持江西发展的港澳同胞、台湾同胞、海外侨胞和国内外友好人士,表示衷心的感谢!

需要向代表说明的是,受国内市场需求增速放缓和社会心理预期等因素影响,社会消费品零售总额增速虽高于全国 2 个百分点,但低于预期目标 1 个百分点。同时,我们也清醒看到,工作中还面临不少困难和问题,主要是:受环境变化影响,经济出现新的下行压力,部分市场主体经营困难加重;创新能力还不强,新产业、新业态、新模式没有形成有效支撑;营商环境竞争力有待提升;污染防治和生态文明建设任重道远;民生方面还有不少短板;少数干部缺乏担当精神,一些领域不正之风易发多发,仍有少数干部顶风违纪违法;等等。对这些问题,我们将高度重视,采取有力措施加以解决。

二、2019 年工作安排

2019 年是新中国成立 70 周年,是全面建成小康社会关键之年。综观国际国内形势,我省正处在创新驱动、变道超车的重要战略机遇期。世界面临百年未有之大变局,危与机同生并存,克服了危即是机,失去了机即是危;我国经济下行压力加大,但加快经济结构优化升级、提升科技创新能力、深化改革开放、加快绿色发展、参与全球经济治理体系变革带来了新机遇;我省发展稳中有进的基本态势没有变,新型工业化、信息化、城镇化、农业现代化协同发展、并联发展、叠加发展的阶段性特征没有变,交通区位优势日益凸显、生态环境优势日益增进、人文资源优势日益强化、后发赶超优势日益厚植等有利条件在增多。只要我们统一认识、保持定力,增强信心、昂扬斗志,抢抓机遇、变中求进,就一定能够实现既定目标。今年政府工作的总体要求是:坚持以习近平新时代中国特色社会主义思想为指导,深入贯彻党的十九大和十九届二中、三中全会以及中央经济工作会议精神,从更高层次贯彻落实习近平总书记对江西工作的重要要求,坚持稳中求进工作总基调,坚持新发展理念,坚持高质量跨越式发展首要战略,坚持以供给侧结构性改革为主线,聚焦补短板、挖潜力、增优势,着力打好三大攻坚战,着力建设现代化经济体系,着力深化改革开放,着力促进区域城乡协调发展,着力保障和改善民生,着力推进"五型"政府建设,保持经济持续健康发展和社会大局稳定,为与全国同步全面建成小康社会收官打下决定性基础,奋力迈出建设富裕美丽幸福现代化江西、共绘新时代江西物华天宝人杰地灵新画卷的坚实步伐,以优异成绩庆祝新中国成立 70 周年。

今年发展主要预期目标是:生产总值增长 8%—8.5%,财政总收入增长 5%,一般公共预算收入增长 4%,规模以上工业增加值增长 8.5% 左右,固定资产投资增长 9%,社会消费品零售总额增长 10.5%,实际利用外资增长 6%,城镇居民人均可支配收入增长 8%,农村居民人均可支配收入增长 8.5%,居民消费价格总水平涨幅控制在 3% 左右,城镇登记失业率控制在 4.5% 以内,节能减排完成国家下达任务。

实现上述目标,必须紧扣我国发展重要战略机遇的新内涵,把落实"巩固、增强、提升、畅通"八字方针作为深化供给侧结构性改革、推动高质量跨越式发展管总的要求,统筹做好稳增长、促改革、调结构、优生态、惠民生、防风险、保稳定各项工作,努力实现最优政策组合和最大整体效果。重点抓好九个方面工作。

(一)推动供需互促共进,保持经济平稳健康增长。坚持以需优供、以供促需,促进供需良性循环、协同提升,力争达到更高水平的供需平衡。

积极有效稳投资。全面开展"大干项目年"活动,重点实施2256个省大中型项目，总投资2.18万亿元，年度完成投资6455亿元。铁路方面，建成昌吉赣客专、蒙华铁路等项目，续建昌景黄高铁、赣深客专、安九客专、兴泉铁路，力争开工昌九客专。公路方面，建成昌九改扩建、广吉、都九高速鄱阳湖二桥等项目，开工大广高速南康至龙南扩容、赣皖界至婺源、宜春至遂川等项目。机场方面，加快推进赣州黄金机场改扩建、井冈山机场二期扩建、宜春明月山机场站坪扩建等项目，力争开工建设昌北国际机场三期扩建、瑞金机场项目，加快抚州机场前期工作。水运水利方面，基本建成廖坊灌区二期工程、赣江高等级航道等项目，续建新干航电枢纽、井冈山航电枢纽、信江八字嘴航电枢纽、双港航运枢纽、红光码头、四方井水利枢纽等项目，力争开工花桥水利枢纽项目，年底前实现南昌至赣州水、陆、空、铁四线贯通。电力方面，建成500千伏昌西南、500千伏赣州西等项目，有序推进新余电厂扩建等项目，开工雅中至江西±800千伏特高压直流项目和500千伏南昌东等项目。产业方面，建成南昌兆驰LED外延片、江铃控股上饶新能源汽车一期等项目，推进景德镇吕蒙总装园二期等项目，开工南昌维科电池、赣州众恒科技园等项目，为高质量跨越式发展提供有力支撑。

加大力度促消费。实施促进商贸消费升级三年行动，开展优品、兴市、强商、旺客、捷运五大行动。实施文化消费质量提升计划，开展养老机构服务质量提升专项行动和家政品牌创建试点。加快中国（南昌）跨境电商综合试验区和43个国家电商进农村综合示范县建设。实施"赣品两上三进""赣品网上行"推广工程和内外销产品"同线同标同质"工程，努力在形成强大国内市场进程中占有更大份额。实施消费环境优化升级行动，推动出台江西省旅游者权益保护条例，让消费者放心消费、乐享消费。

多措并举优供给。巩固钢铁去产能成果，统筹做好煤炭去产能、保供应工作。完善一站式金融综合服务平台，提高"财园信贷通""财政惠农信贷通"精准度，推广银税互动、油茶贷、扶贫贷等创新产品，扩大无还本续贷、信用贷款、知识产权质押贷款等政策适用范围。推进赣江新区绿色金融改革创新试验区建设，支持南昌建设全省金融商务区，积极创建国家级赣州、吉安普惠金融改革试验区，支持上饶推进开发区金融创新试点、抚州创建科技金融创新试验区、鹰潭打造物联网金融创新中心。用好省发展升级引导基金，加快构建省、市、县三级联动融资担保体系，成立省农业保险公司，让金融"活水"更好浇灌实体经济。

标本兼治防风险。认真落实中央有关决策部署，坚持底线思维，增强忧患意识，提高防控能力，平衡好稳增长和防风险的关系，坚决打好防范化解重大风险攻坚战。坚持结构性去杠杆，积极推进市场化债转股，加大防范处置非法集资力度，抓好互联网金融风险专项整治，开展各类交易场所清理整顿"回头看"，稳妥处置地方政府债务风险，做到坚定、可控、有序、适度。编制全省住房发展规划，构建房地产市场健康发展长效机制，稳地价、稳房价、稳预期。加大力度妥善处理"僵尸企业"处置中启动难、实施难、人员安置难等问题，加快市场出清，释放沉淀资源。全面做好科技领域、社会领域、对外工作领域等风险防范化解工作。

（二）强化创新支撑引领，加快产业结构优化升级。围绕推动制造业高质量发展，注重利用技术创新和规模效应形成新的竞争优势，加快构建具有江西特色的现代化产业体系，重塑江西制造辉煌。

扩大科技创新供给。大力实施创新型省份建设三年行动，推进鄱阳湖国家自主创新示范区、赣江两岸科创大走廊、五大科创城、高校产学研用平台和6个省级创新型县（市、区）建设，创建井冈山国家农业高新技术产业示范区，加快构建"一廊两区五城多点"创新区域体系。深入实施创新驱动"5511"工程倍增计划，推进"三个十"重大创新平台建设，力争新增15家国家级众创空间、20家科技协同创新体，积极争取国家中医药大科学装置落户我省，支持赣江新区技术协同创新园打造全省新型研发机构集聚地。继续实施急需紧缺高层次人才引进等工程，设立人力资源服务产业基金，推进中国（南昌）人力资源服务产业园建设，力争高校毕业生留赣比例超过50%。深化科技体制改革，落实首台（套）政策，推进加大全社会研发投入攻坚行动，R&D经费支出占GDP比重达到1.6%以上，以创新链的崛起支撑引领制造强省建设。

推动制造业整体跃升。全面实施"2+6+N"产业跨越式发展五年行动计划，积极创建制造业高质量发展国家级示范区，培育发展先进制造业产业集群。深入实施新兴产业倍增工程，开展科技型企业梯次培育行动，力争新增800家高新技术企业。推进技术创新等八大提升行动，抓好市、县（市、区）"1+8"传统产业优化升级试点，实施新钢百亿产业转型升级改造工程，推动3000家以上工业企业技术改造，力争工业企业技改投资增长30%。推进人工智能创新应用、"03专项"试点示范和5G试点试商用，加快打造"物联江西"。大力发展数字经济，支持上饶、鹰潭、抚州争创国家数字经济示范区。深化"互联网+先进制造业"，实施万企上云计划、智能制造万千百十工程，推进大数据开放共享。加快发展工业设计、智慧物流、检验检测等生产性服务业，推动先进制造业和现代服务业深度融合。加快江西飞行学院建设，支持南昌、景德镇创建国家军民融合创新示范区，争取承办2019年中国军民两用技术创新应用大赛，推进军民融合深度发展。大力实施质量强省战略，全面提升产品和服务质量。

强化开发区平台支撑。深入实施开发区改革和创新发展三年攻坚行动，推动出台江西省开发区条例，强化开发区争先创优综合考评，探索建立异地项目建设利益共享机制，促进开发区优化整合，力争开发区主营业务收入突破3万亿元。加快实施"两型三化"管理提标提档行动，改革完善开发区金融业态和全事项综合服务体制机制，开展智慧开发区创建，确保年底前所有开发区（园区）智慧平台与区内规模以上企业互联互通，实现园区事园区内办结。大力实施集群式项目满园扩园行动，国家级、省级开发区分别至少引进一个投资超50亿元、20亿元的产业项目。大力推进"节地增效"行动，积极开展建设用地"增存挂钩"、"亩产论英雄"、工业"标准地"试点和城市低效用地再开发，为新产业、新动能腾出空间。

增强微观主体活力。健全实体经济成长扶持机制，深入实施"转企升规"工程，开展独角兽企业、瞪羚企业培育行动，推进企业上市"映山红行动"，积极跟进科创板上市工作,新增规模以上工业企业1000家、省级“专精特新”中小企业300家、10家左右上市公司。精准推进降成本优环境专项行动,全面落实国家减税降费政策,全年为企业减负1000亿元以上。构建亲清政商关系,落实支持民营经济健康发展政策措施,健全企业家参与涉企政策制定机制,消除民营企业在准入许可、经营运行、招投标等方面的不公平待遇,专项治理政府部门、大型企业和国有企业拖欠民营企业资金问题,依法保护民营企业家人身和财产安全,加快解决民营经济发展面临的实际困难,助力民营企业跨越市场的冰山、融资的高山、转型的火山,让民营经济与其他各类经济一起走向更加广阔的舞台。

(三)加大改革攻坚力度,持续增强发展内生动力。强化目标导向和问题导向,紧扣重点领域和关键环节,坚定不移推动市场化改革向纵深发展。

加大“放管服”改革力度。全面完成机构改革任务,继续深化事业单位改革。推进投资项目审批提质增效改革,上半年政府投资项目、企业投资项目的审批时间分别压减至79个和60个工作日以内,推行企业投资项目审批承诺制,完善项目代办服务机制,对重点产业项目实行“一对一”全程跟踪服务。深化“一次不跑”“只跑一次”改革,省级和市、县两级依申请类政务服务事项“一次不跑”“只跑一次”办理率分别达到80%、70%,扩大“赣服通”办理事项覆盖面。加快推进“一网通办”,6月底前基本建成全省一体化在线政务服务平台并与国家政务服务平台全面对接,年底前实现政务服务应上尽上、系统应联尽联、数据实时共享,省级和市、县两级依申请类政务服务事项网办率分别不低于90%、70%,“一窗式”受理率达70%以上。全面推开“证照分离”改革,实现企业登记全程电子化,让市场主体“一照一码走天下”。积极跟进国家“互联网+监管”系统建设,建立全省统一的行政执法信息平台,推行监管清单制度,全面实施“双随机、一公开”市场监管,做到对违法者“利剑高悬”、对守法者“无事不扰”。

深化重点领域改革。加快国有企业“双百行动”综合改革,开展“百户国企混改攻坚行动”,加大省属企业集团层面重组整合,完成省投资集团重组省能源集团,推进江铜集团“创新倍增”。充分发挥省国资创新发展基金功能,加大股权投资和解困力度,重组并购科技含量高、发展前景好的上市公司。以管资本为主推动国资监管职能转变,开展国有资本投资、运营公司改革试点,提升国资监管能力。积极推进经营性国有资产集中统一监管,盘活国有培训疗养机构和行政事业单位经营性国有资产。落实财政事权和支出责任划分改革任务,建设省级预算单位财务核算统一平台。争取省农村信用联社纳入全国省级联社改革试点。继续推动跨省跨区电力直接交易试点,完善管道天然气上下游价格联动机制,推进农业用水价格综合改革,健全各类市场主体公平参与公共资源交易机制。

加快建设“信用江西”。加快省公共信用信息平台二期工程建设,建成全省个人公共信用信息数据库。深入推进政务失信专项治理,着力整治政府类投资项目不及时结算、长期拖欠工程款、招商承诺不兑现等问题。发展第三方信用服务,健全诚信典型“红名单”和严重失信“黑名单”制度,用好“法媒银”失信被执行人曝光平台,实行守信联合激励和失信联合惩戒,营造诚实守信的社会风尚。

(四)提高开放合作水平,打造内陆地区开放高地。持续增强开放合作的紧密性,进一步提升开放能级与合作层次,构建全面开放新格局。

加强全方位省际合作。积极“南下”“东进”,全面对接粤港澳大湾区、海南自贸区(自贸港)、海西经济区和长三角一体化发展,将南昌、吉安、赣州打造成产业梯度转移承接示范地,将赣州建成赣粤开放合作高地和融入粤港澳大湾区的桥头堡,将上饶、鹰潭、抚州、景德镇建成赣浙、赣闽、赣皖开放合作重点区域。主动“北上”“西出”,抢抓北京疏解非首都功能机遇,重点承接京津冀地区先进装备制造、新材料、商贸物流和服务外包产业转移;以产业、基础设施、体制机制为重点,深度推进与武汉大都市圈、长株潭城市群融合,联通成渝经济区,将九江建成长江经济带重要节点城市,将萍乡、宜春、新余建成赣湘开放合作重点区域。

扩大高水平对外开放。全面执行国家外资准入负面清单制度,深入开展招大引强“三百工程”,推动一批标志性重大外资项目落地。加大出口型企业引进培育力度,扩大先进设备和高品质消费品进口。积极参与“一带一路”建设,充分发挥我省在农业、矿产、新能源、中医药等领域的特色优势,谋划实施一批国际产能合作、重大基础设施和产业园区项目,支持江西制造、产品、技术和品牌“走出去”。深入实施“千企百展”拓市场工程,加快布局“海外仓”,建立产能协调的本地化供应链体系。

提升多功能开放平台。尽快封关运行九江综合保税区,力争九江水运口岸扩大开放获批,积极创建国家级中部内陆(江西)双向开放先行试验区。加密南昌至新加坡、香港、北京等重要枢纽城市航班,加快昌北国际机场智慧航空物流中心建设。推进赣江新区多式联运中心、向塘铁路公路物流枢纽、赣州无水港二期工程和赣江货运码头建设,大力发展枢纽经济。开通或加密南昌至宁波、广州、深圳和厦门口岸的铁海联运班列,推动赣欧班列开行中亚五国、中东欧等国家精品线路。大力开展“三请三回”和“三企”入赣,提升赣深赣港会、瓷博会、药交会等活动实效,重点抓好第二届世界VR产业大会、第二届世界赣商大会、全国工商联执委会暨知名民营企业助推江西高质量跨越式发展大会、第十一届中国中部投资贸易博览会、第十七届中国国际农产品交易会等重大招商活动,积极参加第二届中国国际进口博览会,加快发展会展经济,扩大江西的知名度和美誉度,吸引更多海内外客商到江西投资兴业、大展宏图、尽显雄风。

(五)优化区域发展格局,提高全域发展整体效能。按照“一圈引领、两轴驱动、三区协同”要求,加快构建层次清晰、各显优势、融合互动的区域发展新格局。

高标准提升“引领圈”。编制大南昌都市圈“1+5”发展规划,出台支持大南昌都市圈发展的政策措施,进一步理顺赣江新区管理体制。推进南昌综合交通枢纽、九江江海直达区域性航运中心等建设,提高基础设施支撑能力。加快南昌航空科创城、中国(南昌)中医药科创城建设,支持南昌创建国家VR创新中心,推进赣江新区国家“双创”示范基地建设,支持丰城循环经济产业基地、昌铜高速生态经济带等建设,夯实大南昌都市圈产业支撑。深入推进昌九、昌抚一体化,加快丰樟高、鄱余万融入南昌进程,提高大南昌都市圈人才、教育、医疗等公共服务同城化水平,增强对全省发展的支撑力和带动力。

高起点打造"驱动轴"。编制高铁经济带发展规划,完善综合立体交通体系,加快建设京九高铁沿线电子信息、新材料产业带和沪昆高铁沿线新能源、新材料、装备制造产业带。坚持"站城一体",加快南昌"米"字型、赣州九江上饶宜春"十"字型以及萍乡、吉安等高铁枢纽建设,促进城市交通站点与高铁枢纽站点无缝衔接,放大高铁带来的速度效应。突出"产城融合",培育发展现代商贸、智慧物流、文化创意、全域旅游等产业,释放高铁带来的集聚效应。抓好"城际联动",加快高铁沿线城市基础设施、公共服务等一体化进程,促进要素自由流动、高效配置,发挥高铁带来的同城效应,努力把高铁经济带打造成全省经济发展的"增长带"、开放合作的"支撑带"、区域互动的"连接带"。

高水平建设"协同区"。争取国家出台完善支持赣南等原中央苏区振兴发展的政策措施。支持赣州用足用好44项省级管理权限和6项先行先试项目,加快建设省域副中心城市和国际内陆港;支持吉安加快发展绿色食品、大健康产业,将吉泰走廊打造成全国重要的电子信息产业基地;推动向莆经济带发展升级,培育生物医药、绿色农业和文化旅游等产业。深入推进赣东北开放合作,支持上饶加快发展"两光一车"、大数据、旅游康养等产业,打造对接长三角一体化发展的先行区,建设区域中心城市;支持景德镇加快建设国家陶瓷文化传承创新试验区和"航空小镇",打造与世界对话的国际瓷都;支持鹰潭用好移动物联网试点机遇,打造世界绿色铜都和国家智慧新城。加快推进赣西转型升级,支持宜春发展锂电新能源、中医药、大健康等绿色产业,联动萍乡、新余一体化发展,加快建设区域中心城市;支持新余发挥"工小美"特色,发展锂电新能源产业和智能制造,建设新宜吉转型合作示范区;支持萍乡建设独具江南特色的海绵城市,打造国家产业转型升级示范区。

(六)推动乡村振兴和城市品质提升,促进城乡共同繁荣。坚持农业农村优先发展,加快发展现代农业,全面实施城市功能与品质提升三年行动,促进城乡融合互动、一体发展。

深化农业供给侧结构性改革。严守耕地红线,实施耕地质量保护和提升行动,再启动290万亩高标准农田建设,确保粮食产量稳定在420亿斤以上。深入实施农业结构调整"九大工程"和农产品加工业提升行动,因地制宜建立生态农业种养模式,大力创建现代农业示范园,积极发展品牌农业、规模农业、工厂农业、智慧农业、绿色农业、创新农业,推进农业标准化、机械化、优质化、公认化,着力打造稻米、果业、蔬菜、畜牧业、水产、休闲农业和乡村旅游6个超千亿产业,茶叶、中药材、油茶3个超百亿产业。大力发展现代种业,加快优势良种选育。推进"互联网+"现代农业行动,用好"赣农宝""供销e家""邮乐购"等电商平台,推动更多农产品"上线"直销。推进冷链物流体系建设,扩大产销衔接规模。做强"四绿一红"茶叶、江西大米、鄱阳湖水产、江西地方鸡、江西茶油、江西果业、江西蔬菜等一批区域性公共品牌,加大品牌统一宣传力度,提升"生态鄱阳湖、绿色农产品"影响力,加快建设绿色有机农产品示范基地试点省。

持续建设美丽宜居乡村。按照"四精"理念,深入实施农村人居环境整治三年行动,启动建设30个左右美丽宜居试点县,鼓励有需求的行政村或较大自然村因地制宜配套"8+4"公共服务设施,基本实现组组通水泥路,打造一批省级示范村点。大力推进农村"厕所革命",具备条件的村庄完成生活污水处理设施建设。积极稳妥推进绿色殡葬改革,树立婚丧礼俗新风。

纵深推进农业农村改革。巩固和完善农村基本经营制度,深化农村承包地"三权"分置改革,积极稳妥推进"两权"抵押贷款试点,进一步探索资源股份化、股权化、证券化等多种形式,促进家庭经营、合作经营、企业经营协同发展。推广余江农村宅基地改革经验,全面规范农村宅基地和住房建设管理,加强规划和风貌管控,彰显特色,传承乡愁。争取农村集体产权制度改革列入国家整省试点,再消除一批村级集体经济空壳村,再培育一批经济强村。继续推进供销合作社综合改革。大力实施新型职业农民培育工程和"一村一名大学生工程",让各类人才在乡村振兴中尽展才华。

大力提升城市功能与品质。全面实施城市治脏、治乱、治堵、功能修补、生态修复、特色彰显、亮化美化、治理提升"八大行动",以改促建上档次、以管促优出精品、以文铸魂提品位,实现"一年有提升、两年上台阶、三年进一流"。大力整治城乡环境,积极推进城市"双修"、海绵城市建设和"无废城市"试点,集中开展背街小巷综合整治和城中村、棚户区、老旧小区改造,年底前30%以上的背街小巷实现整治提升。大力推进城市道路保洁的市场化、机械化、专业化、标准化,年底前中心城区道路机扫率达到85%以上。完善城市公共交通、地下综合管廊、环保、停车场等基础设施,优化布局教育、医疗、文化、体育、养老等公共服务设施,加大城市地下空间开发利用力度,整体提升城市综合承载能力。加强城市设计,传承历史文脉,打造一批在全国有影响的历史文化街区。加快建设智慧城市,积极创建文明城市,有序建设特色小城镇,使"城市让生活更美好"在江西大地上成为现实。

(七)加快生态文明建设,充分释放绿色发展红利。大力推进国家生态文明试验区建设,健全生态文明体系,着力打通绿水青山与金山银山双向转换通道,以更高标准打造美丽中国"江西样板"。

打好污染防治攻坚战。认真抓好中央环保督察"回头看"反馈问题整改,打好八大标志性战役,开展30项专项行动,确保全省PM2.5平均浓度控制在41微克/立方米以内、国考断面水质优良比例不降低、万元GDP二氧化碳排放量下降2.5%,完成植树造林70万亩。深入推进长江经济带"共抓大保护"攻坚行动,实施生态鄱阳湖流域建设行动计划,加强"五河两岸一湖一江"全流域生态保护和治理,加快打造百里长江最美岸线。健全跨区域治理联动机制。严控企业污染排放,促进农药化肥减量施用,落实垃圾分类制度,开展节水行动,推进公共机构节能,使绿色低碳的生产生活方式在全社会广泛倡导、深入人心。

拓宽生态价值实现途径。稳步推进自然资源统一确权登记,开展自然资源资产有偿使用制度改革试点。推进与长江经济带省份签订流域上下游生态保护补偿协议、与广东签订新一轮东江流域生态保护补偿协议,推进省内市、县(市、区)之间开展流域上下游生态保护补偿。探索开展排污权、碳排放权、用能权、水权等市场交易,设立江西省环境能源交易中心,建立污水、垃圾处理服务费与成效挂钩的付费机制,完善生态环境损害赔偿制度。做优做强做大华赣环境集团,推进城乡环卫"全域一体化"等第三方治理,鼓励建立基于供应链的废旧资源回收利用平台。树立"生态+"理念,加快发展生态旅游、养生养老等产业,推进抚州生态产品价值实现机制试点。为扩大我省优美生态的全球影响力,今年冬季将举办鄱阳湖国际观鸟节。

加强生态文明制度建设。总体建成具有江西特色的生态文明制度体系,力争形成10项在全国推广的改革成果、总结20项改革举措在全省推行、形成100条改革示范经验。加快绿色生态国家技术标准创新基地建设,推动出台江西省生态文明建设促进条例、江西省农村饮水管理条例。全面完成第三次国土调查,启动省级国土空间规划编制,统筹"三条红线"划立。全面实施山水林田湖草生命共同体行动计划,研究开展山水林田湖草一体化国家公园建设,探索不同类型的生态系统保护修复模式。创新生态环境治理体系和监管模式,推进环保机构垂管、流域环境监管、生态环保综合执法等改革试点,全面推行领导干部自然资源资产离任审计。对于以身试法、破坏生态、断子孙路的行为,以"零容忍"态度依法严办。

(八)大力发展社会事业,推进公共服务优质均衡。始终把人民对美好生活的向往作为奋斗目标,加快补短板、强弱项,推动社会事业全面进步。

坚持教育优先发展。深入实施第三期学前教育行动计划,以普惠性资源为主体,推进农村和城镇小区配套幼儿园建设,加快建设县级儿童活动中心。加快乡村小规模学校、寄宿制学校和中小学智慧(数字)校园建设,巩固义务教育基本均衡成果,减轻中小学生过重课业负担。实施高中阶段教育普及攻坚计划,改善整体办学条件。推进10所高水平高职院校和50个高水平优势特色专业建设计划,提升职业教育质量。实施"卓越人才教育培养计划2.0",支持南昌大学整体进入国家一流大学行列和其他高校建设一流学科、一流专业。支持民办教育发展,办好特殊教育、社区教育、继续教育、网络教育、国际教育,满足群众多样化教育需求。全面深化新时代教师队伍建设改革,实施教师教育振兴行动计划,落实义务教育教师工资待遇,减少与教学无关的检查评比,让尊师重教在全社会蔚然成风。

推进健康江西建设。研究制定整合型医疗卫生服务体系框架及政策措施,加快省直公立医院新院、县医院综合能力以及乡镇卫生院、村卫生服务室建设。探索建立医疗服务价格动态调整机制,推进现代医院管理制度建设试点,开展县域综合医改试点,逐步建立多种形式的医联体和覆盖所有县(市、区)的远程医疗服务体系,完善分级诊疗制度,推进符合医疗质量控制标准的检查检验结果在医联体内互认共享,力争县域内就诊率达到90%左右。实施健康产业发展行动计划,推进江西国际卫生健康城建设,打造智慧健康产业示范基地。加快国家中医药综合改革试验区建设,深入实施樟树"中国药都"振兴工程,支持"建昌帮"和"旴江医学"振兴发展,做实做强江西中医医疗集团,逐步将中医"治未病"纳入社区健康医疗服务范围。实施全民健康素养促进行动,加强出生人口监测,完善生育全程服务,健全老年健康服务体系。完善体育设施共建共享机制,推进百万公里健身步道工程建设,办好环鄱阳湖国际自行车大赛、中式台球锦标赛等品牌赛事,用好军体项目落户南昌机遇,打造南昌体育名城。

建设文化和旅游强省。推进社会主义核心价值体系建设,加快将井冈山打造成全国理想信念教育基地。围绕庆祝新中国成立70周年,开展创作、演出、展览、宣传等活动,办好第七届江西艺术节。建成并运营省文化中心,基本完成基层综合性文化服务中心建设和公共文化服务机构法人治理结构改革试点。加强文创衍生产品开发和交易,统筹加快"赣鄱文化生态云"建设,壮大文化赣军。加强文物保护利用,做好南昌汉代海昏侯国、景德镇御窑厂、鹰潭大上清宫等遗址类博物馆建设和展陈工作。办好汤显祖戏剧节暨国际戏剧交流月活动,加快筹建葡萄牙里斯本海外中国文化中心,做好欧洲(葡萄牙)中医文化体验中心揭牌工作,实施与墨西哥中国文化中心对口合作计划。繁荣哲学社会科学,发展新闻出版、广播影视、档案、地方志等事业。实施文化和旅游融合发展三年行动计划,推进旅游资源大整合、景区大提升、品牌大塑造、市场大开拓,加快庐山、庐山西海等重点景区管理体制改革,启动"一部手机游江西"项目建设,促进旅游运营集团化、一体化,拉长入境游短板,提升优质旅游、全域旅游发展水平。

(九)切实保障和改善民生,推动发展成果普惠全民。筹集财政性资金约1800亿元,办好51件民生实事,进一步增强全省人民的获得感幸福感安全感。

坚决打赢精准脱贫攻坚战。深入实施脱贫攻坚三年行动,确保40万贫困人口脱贫、6个国定贫困县和1个省定贫困县达到脱贫摘帽条件、剩余387个贫困村全部退出。着力提高脱贫质量,瞄准深度贫困,深入开展精准帮扶十大行动,推行产业扶贫"五个一""一领办三参与"模式,全面完成"十三五"易地扶贫搬迁任务,筑牢健康扶贫"四道保障线"和教育扶贫"双负责制"。大力开展扶贫扶志感恩行动,激发贫困群众内生动力,增强自我发展能力。健全稳定脱贫长效机制,加强脱贫攻坚与乡村振兴、扶贫政策与社保制度衔接,确保遇困不返贫、遇病不返贫、遇灾不返贫。统筹推进城镇贫困群众脱贫解困工作,研究解决收入水平略高于建档立卡贫困户的群体缺乏政策支持等新问题,确保全面小康路上一个都不少。

切实抓好稳就业工作。实施更加积极的就业政策,力争城镇新增就业45万人。着力稳岗增岗,开展失业保险稳岗"护航行动";深入实施高校毕业生就业创业促进计划和基层成长计划,开展三年青年见习计划;加强创业孵化基地建设,降低创业担保贷款反担保门槛,健全创业资金连续帮扶机制,扩大以创业带动就业规模。突出增强技能,推行终身职业技能培训,实施技能提升补贴"展翅行动",支持社会培训机构参与政府补贴培训项目。深化收入分配制度改革,完善企业职工工资决定、正常增长和支付保障机制,促进工资随经济效益和劳动生产率提高同步增长。

织密扎牢社会保障网。深入实施全民参保计划,对中小企业职工、农民工、灵活就业人员、新业态从业人员等重点人群实施精准扩面，提高城乡居民基本养老、基本医保和低保等补助标准，稳步提升特困人员供养水平。落实企业职工基本养老保险基金中央调剂制度，完善省级统筹制度。推动工伤保险基金省级统筹，积极推进生育保险和职工基本医疗保险合并实施、基本医保跨省异地就医住院费用直接结算。加快国家医保谈判抗癌药政策全面落地。推动县域内住院“先诊疗后付费”、“一站式”结算、扶贫病床设置和大病集中救治全覆盖，提高家庭医生签约服务履约率，确保建档立卡贫困患者住院费用个人自付比例在10%以下。严厉打击欺诈骗保行为。大力发展社会救助、社会福利、公益慈善等事业，进一步健全养老服务体系。深入实施保障性安居工程，棚户区改造开工27.79万套、基本建成5.35万套，完成国家下达农村危房改造任务。

加强和创新社会治理。深入实施“七五”普法规划，推进农村“法律明白人”培养工程，确保每个村民小组至少培养1名“法律明白人”骨干。加快基层综治中心实体化建设，大力推进“雪亮工程”。以深入开展扫黑除恶专项斗争为引领，完善立体化、信息化社会治安防控体系，严厉打击各类违法犯罪，深挖黑恶势力“保护伞”，坚决铲除黑恶势力滋生土壤。深入推进信访制度改革，深化“访调对接”试点，加强信访工作与调解、仲裁、行政裁决、行政复议等衔接配合。严格落实安全生产责任制，持续开展安全生产十大专项整治，推进安全生产社会化、法治化、智能化、专业化，坚决遏制重特大安全事故发生。坚持“四严”要求，抓好食品药品安全，推进食品“双安双创”，加快省食品检验院、药检院和医疗器械检测中心建设。完善应急管理和防灾减灾救灾体制机制，切实保障人民群众生命财产安全。

扎实做好国防动员、国防教育、拥军优属、国家安全、人民防空等工作，关爱退役军人，推进各级退役军人服务保障体系建设。大力支持工、青、妇、红十字会等群团组织建设，充分发挥群团、社会组织的积极作用。进一步做好民族、宗教、外事、侨务、对台、地震、气象、测绘、地质、援疆等工作。

三、全面加强政府自身建设

各位代表！王阳明有句名言：“越是艰难处，越是修心时。”对各级政府来讲，尤为如此。面对更加复杂严峻的形势和艰巨繁重的任务，我们将持续推进“五型”政府建设，努力打造人民更加满意的政府。

第一，坚持立德从政。人无德不立，政无德不彰。新时代的政府和工作人员，更应该带头讲政德、立政德。要铸牢忠诚之魂，牢固树立“四个意识”、坚定“四个自信”、坚决做到“两个维护”，任何时候任何情况下，都坚决听从以习近平同志为核心的党中央号令，确保中央各项决策部署落地见效。夯实理论之基，学懂弄通做实习近平新时代中国特色社会主义思想，努力成为驾驭复杂局面、解决实际问题的能手。常怀报国之志，不断涵养“功成不必在我”的胸襟和“建功必定有我”的情怀，甘做铺垫之事，多积尺寸之功，为红土圣地与全国同步全面建成小康社会贡献全部智慧和力量。

第二，强化科学施政。做好政府工作，必须实干苦干科学干，“不作无补之功，不为无益之事”。要提升决策科学性，加强调查研究，坚持民主集中制，规范决策程序，强化政策协同，及时回应社会关切。提升工作实效性，措施要精准恰当，把握好力度和节奏，加强各方面协调配合，突出问题导向和结果导向，更加注重最终结果，坚决防止把过程搞得“滴水不漏”而实际效果很差。提升考核合理性，改进和规范督查工作，严控总量和频次，不搞运动式轮番督查、机械式对照检查，最大限度削减“文山会海”“材料报表”，下气力解决重“痕”不重“绩”、留“迹”不留“心”问题，把干部从无谓的事务中解脱出来，把更多时间和精力用在抓落实上。

第三，推进阳光理政。政府的一切权力来自人民，只有把权力晒在“阳光”下，才能让人民更好地监督权力，让权力更好地为人民服务。要大力推进法治政府建设，以法治思维和法治方式用好“有形之手”、管住“妄动之举”，做到“法无授权不可为，法定职责必须为”。充分发挥各类媒体作用，用好社会监督、问政江西、政务公众号等平台，畅通政府与群众互动渠道，让群众讲真话，帮群众解困惑，为群众排忧愁。认真执行人大及其常委会决定决议，及时办理人大代表建议和政协委员提案，广泛听取和采纳各民主党派、工商联、无党派人士和人民团体意见，自觉接受人大及其常委会法律监督和工作监督、政协民主监督以及监察、司法、社会、舆论等各方面监督，主动接受人民群众的评判。

第四，持续正风肃政。“治人者必先自治，责人者必先自责。”只有从自身做起、从小事严起，才能行小惩而戒大错，铲除不良风气，形成清风正气。要锻造过硬作风，紧盯不敬畏、不在乎、喊口号、装样子等问题，坚决破除形式主义、官僚主义，让“不为不办找理由、只为办好想办法”成为政府及其工作人员的鲜明标识，确保事事雷厉风行马上办、人人锲而不舍钉钉子、个个义不容辞敢担当。树立重实干、重实绩的用人导向，坚持“三个区分开来”，为担当者、实干者、创新者担当，让干事创业者轻装前行。充分调动各方面积极性，给基层、部门留出更多探索空间，让各方面解放思想、开动脑筋，敢干事、会干事、干成事。

第五，恪守清廉为政。“公生明，廉生威。”政府及其工作人员只有廉洁守正，才能赢得人民群众信服和支持。要谨记“公权姓公，不容私用”，进一步强化全心全意为人民服务的宗旨意识，切实为人民掌好权、用好权。带头过紧日子，大力压缩一般性支出，严控“三公”经费预算，取消低效无效支出，除重点和刚性支出外，其他领域一般性支出全部纳入压减范围，地方财政一律按照不低于5%的比例压减。始终把纪律和规矩挺在前面，坚决全面彻底肃清苏荣案余毒，深刻汲取莫建成、李贻煌等腐败案教训，推动全面从严治党不断向纵深发展，永葆清正廉洁的公仆本色。

各位代表！新时代的大潮滚滚向前，没有坐等出来的辉煌，只有实干出来的精彩；犹豫懈怠没有出路，奋力拼搏才能托举梦想。我们要更加紧密地团结在以习近平同志为核心的党中央周围，在省委的坚强领导下，跟上时代步伐，争创一流业绩，加快推进高质量跨越式发展、建设富裕美丽幸福现代化江西，共绘新时代江西物华天宝人杰地灵新画卷，以优异成绩庆祝新中国成立70周年！

附件

《政府工作报告》有关内容名词注释

1. 赣品两上三进：江西名优特产品上高铁、上飞机，进机场、进车站、进加油站。

2. 五大科创城：南昌航空科创城、赣州稀金科创城、中国(南昌)中医药科创城、上饶大数据科创城、鹰潭智慧科创城。

3."三个十"重大创新平台：十大国家级重大创新平台、十大省内外重点共建创新平台、十大产业重点创新平台。

4."2+6+N"产业跨越式发展行动计划：力争用5年左右时间，打造有色、电子信息2个万亿级产业，装备、石化、建材、纺织、食品、汽车6个五千亿级产业，航空、中医药、半导体照明(LED)、物联网、虚拟现实、节能环保等N个千亿级产业。

5. 八大提升行动：技术创新、技术改造、数字化、绿色制造、产能治理、质量品牌、优质企业培育、产业集群优化提升行动。

6. 传统产业优化升级"1+8"试点：选择一个设区市开展省级综合试点，8个县(市、区)开展省级分行业试点。

7."两型三化"管理提标提档行动：以资源节约型、环境友好型"两型"为目标，以智慧化、绿色化、服务化"三化"为路径，推动开发区开发建设、运营管理和服务水平全面提标提档，促进生产、生活、生态协调统一，全力打造开发区升级版。

8. 工业"标准地"试点：政府在完成拟出让工业用地所在区域环境影响、节能、防洪影响等区域评估基础上，明确拟出让地块的规划建设、能耗、污染排放、产业导向、单位产出等标准，并以此标准出让工业用地。

9. 国有企业"双百行动"：国务院国有企业改革领导小组决定在全国范围内选取百余户中央企业子企业和百余家地方国有骨干企业(双百企业)，在2018-2020年期间实施国企改革。

10. 三百工程：策划包装100个重点产业招商项目，对接100家有投资意向或对我省产业有延链、补链、强链作用的境内外世界500强企业、跨国公司以及民营500强企业，精选100个投资规模大、带动作用强、产出效益高的重大项目作为重点推进落地的项目。

11."三请三回"和"三企"入赣：请乡友回家乡、请校友回母校、请战友回驻地；外企、民企、国企入赣。

12. 大南昌都市圈"1+5"规划：大南昌都市圈发展规划和国土空间、城镇体系、综合交通、产业布局、生态环境5个专项规划。

13."四精"理念：精心规划、精致建设、精细管理、精美呈现。

14."8+4"公共服务设施："8"是指农村公共服务平台、卫生室、便民超市、农家书屋、文体活动场所、垃圾处理设施、污染处理设施、公厕；"4"是指小学、幼儿园、金融服务网点、公交站。

15. 空壳村：村级集体经济年收入低于5万元的村，年收入包括财政一般性转移支付补助资金、经营收入、发包上交收入、投资收益和其他收入等，不含项目补助和村干部报酬补助。

16. 城市"双修"：是指生态修复、城市修补。

17. 无废城市：以创新、协调、绿色、开放、共享的新发展理念为引领，通过推动形成绿色发展方式和生活方式，持续推进固体废物源头减量和资源化利用，最大限度减少填埋量，将固体废物环境影响降至最低的城市发展模式。

18. 打好八大标志性战役，开展30项专项行动：八大标志性战役分别是长江经济带"共抓大保护"攻坚战、鄱阳湖生态环境专项整治攻坚战、蓝天保卫攻坚战、碧水保卫攻坚战、净土保卫攻坚战、自然生态保护攻坚战、工业污染防治攻坚战、农业农村污染防治攻坚战。30项专项行动是八大标志性战役的主要抓手，分别是长江经济带"共抓大保护"、鄱阳湖生态环境专项整治、城市扬尘治理、城市餐饮油烟治理、工业废气治理、柴油货车污染治理、农作物秸秆综合利用与禁烧、城市烟花鞭炮禁放、饮用水水源地保护、消灭Ⅴ类及劣Ⅴ类水、城市黑臭水体整治、城镇生活污水处理、入河排污口整治、城镇生活垃圾处理、农用地污染防治、建设用地污染防治、危险废物处置、自然保护区整治、矿山开发整治、湿地保护、野生动物保护、开发区环保基础设施建设、化工园区整治、工业企业达标排放、淘汰落后产能、散乱污企业整治、畜禽养殖污染治理、水产养殖污染治理、农药化肥污染治理、农村生活垃圾和污水处理专项行动。

19. 卓越人才教育培养计划2.0：教育部"卓越人才教育培养计划"的升级版，我省实施内容主要包括卓越教师、新闻传播人才、法治人才、工程师、医生、农林人才培养。

20. 产业扶贫"五个一""一领办三参与"：选准一项主导产业、打造一个龙头、设立一笔扶持资金、建立一套利益联结机制、培育一套服务体系；倡导村干部与能人带头领办，村党员主动参与、村民自愿参与、贫困群众统筹参与。

21. 教育扶贫"双负责制"：义务教育扶贫资助政策学校校长与乡镇属地双负责制度。

22. 失业保险稳岗"护航行动"：全面规范实施失业保险支持企业稳定岗位政策，实现符合条件的统筹地区政策全覆盖和符合申领条件企业的主体全覆盖，为企业脱困发展、减少失业、稳定就业护航。

23. 技能提升补贴"展翅行动"：全面规范落实失业保险技能提升补贴政策，力争使符合条件的参保职工都能得到技能提升补贴。

24. 雪亮工程：公共安全视频监控建设联网应用。

25."四严"要求：严谨标准、严格监管、严厉处罚、严肃问责。

本栏编辑　游桃琴

大事记

1 月

3—7 日　按照国务院安委会统一部署，公安部消防局副局长张福生率国务院安委会第二考核组，对江西省 2017 年度安全生产工作进行考核。

4 日　省委常委会召开会议，传达学习中央农村工作会议、全国组织部部长会议精神，研究江西省贯彻落实意见。会议审议并通过《关于深入贯彻中央八项规定精神进一步改进作风的若干意见（修订稿）》。

8 日　2017 年度国家科学技术奖励大会在北京召开，江西省农业科学院水稻研究所合作完成的“中国野生稻种质资源保护与创新利用”项目、新余钢铁股份有限公司合作完成的“热轧板带钢新一代控轧控冷技术及应用”项目获国家科学技术进步奖二等奖。

9 日　江西省与商务部在北京签署《商务部 江西省人民政府关于建立合作机制的框架协议》。

10 日　省委书记、省人大常委会主任鹿心社在南昌会见由议长任明主率领的韩国全罗南道议会代表团。省领导毛伟明、周萌，韩国全罗南道议会副议长李长锡参加会见。会见后，省人大常委会与韩国全罗南道议会签署友好交流合作备忘录。

△　省委书记、省委全面深化改革领导小组组长鹿心社主持召开十四届省委深改组第 11 次会议。会议审议通过《关于贯彻落实党的十九大精神坚定不移将改革推向深入的实施意见》《省委深改组工作规划（修订稿）》《省委改革专项小组工作规划（修订稿）》《省委改革办工作细则（修订稿）》《关于省委深改组成员 2017 年领衔推进落实重大改革项目实施情况的总结报告》《关于加强乡镇政府服务能力建设的实施方案》《关于加强和完善城乡社区治理的实施意见》《江西省矿业权出让制度改革实施方案》，以及江西报业传媒集团、江西广电传媒集团组建方案。

△　省长刘奇主持召开第 95 次省政府常务会议，传达学习中共中央总书记习近平重要讲话精神；审议 2018 年《政府工作报告（讨论稿）》，听取国家生态文明试验区（江西）建设情况的报告；研究部署深入实施工业强省战略、建立宪法宣誓制度、深化综合行政执法体制改革试点等工作。会议审议了《江西省人民政府及其各部门任命的国家工作人员宪法宣誓组织实施办法》，原则通过《关于深入实施工业强省战略推动工业加速崛起实现高质量发展的若干意见》《宜春市深化综合行政执法体制改革试点工作实施方案》。

16 日　省委常委会召开会议，传达学习十九届中央纪委二次全会、全国宣传部长会议精神，研究江西省贯彻落实意见。会议审议并原则通过《省委常委会 2018 年工作要点》。省委书记鹿心社主持会议。

△　联合国教科文组织 2017 年度亚太地区文化遗产保护奖之创新奖授奖仪式暨首届遗产地 DIBO 论坛在景德镇陶溪川文创街区举行，景德镇陶瓷工业遗产博物馆被授予创新奖。

22—26 日　政协江西省第十二届委员会第一次会议在南昌召开。会议通过政协江西省第十二届委员会第一次会议决议，政协江西省第十二届委员会第一次会议关于提案审查情况的报告。选举姚增科为政协江西省第十二届委员会主席，李华栋、谢茹、汤建人、刘晓庄、陈俊卿、张勇、肖毅、刘卫平、雷元江为政协江西省第十二届委员会副主席，汪爽为政协江西省第十二届委员会秘书长；选举产生 101 名常务委员。

23 日　在教育部召开的支持和提升中西部高等教育发展座谈会上，南昌大学被明确为部省合建高校。

23—29 日　省十三届人大一次会议在南昌召开。会议通过关于政府工作报告的决议、关于江西省 2017 年国民经济和社会发展计划执行情况与 2018 年国民经济和社会发展计划的决议、关于江西省 2017 年预算执行情况和 2018 年预算的决议、关于江西省人大常委会工作报告的决议、关于江西省高级人民法院工作报告的决议、关于江西省人民检察院工作报告的决议、关于国家生态文明试验区（江西）建设情况的报告的决议。会议选举鹿心社为省十三届人大常委会主任；刘奇为省人民政府省长；周萌、朱虹、马志武、龚建华、冯桃莲等为省十三届人大常委会副主任，韩军为秘书长，并选出 54 名委员；毛伟明、孙菊生、李利、吴晓军、吴忠琼、秦义、胡强为省人民政府副省长；孙新阳为省监察委员会主任；葛晓燕为省高级人民法院院长，田云鹏为省人民检察院检察长（需依照法定程序提请全国人大常委会批准）。

25 日　由南昌凌波汽车科技有限公司生产的 10 辆大型水陆两栖汽车从南昌经开区启运，发往墨西哥。这是中国 30 座以上大型水陆两栖汽车首次实现出口，标志着江西汽车在水陆两栖汽车这一细分市场领先全国，并具备国际影响力。

28日　省十三届人大一次会议选举产生首任省监察委员会主任。30日,省第十三届人大常委会召开第一次会议,任命省监察委员会副主任、委员。31日,省监察委员会挂牌成立。

29日　抚州市人民检察院诉时某、黄某某污染环境民事公益诉讼一案,在资溪县人民法院开庭审理。该案是2017年《民事诉讼法》修改以后,江西省首例检察机关以公益诉讼机关身份提起的民事公益诉讼案件。

30日　省长刘奇主持召开新一届省政府第1次常务会议,研究出台实施乡村振兴战略的意见,加快推进江西省农业农村现代化;明确全省推进环境污染第三方治理工作的实施细则,支撑国家生态文明试验区建设。会议审议通过《关于实施乡村振兴战略的意见》,原则通过《江西省推进环境污染第三方治理工作实施细则》。

31日至2月2日　全国人大常委会副委员长、全国妇联主席沈跃跃到赣调研妇女工作。省领导鹿心社、刘奇、姚增科等分别陪同。全国妇联书记处书记杨柳随同调研。在遂川县,全国妇联开展"送温暖三下乡"活动,赠送价值500万元的物资。

2　月

1—2日　中国共产党江西省第十四届纪律检查委员会第三次全体会议在南昌举行。省委书记鹿心社出席会议并讲话。省委常委和省人大常委会、省政府、省政协的领导出席会议。会议审议通过孙新阳代表省纪委常委会所作的《坚决落实党的十九大全面从严治党战略部署,为谱写新时代中国特色社会主义江西篇章提供坚强保证》工作报告。

2日　省委常委会召开会议,传达学习中央政法工作会议、全国扫黑除恶专项斗争电视电话会议、全国统战部长会议精神,研究江西省贯彻落实意见。省委书记鹿心社主持会议。会议审议并原则通过《关于实施乡村振兴战略的意见》《关于加强地方党史工作的实施意见》。

5日　全省扫黑除恶专项斗争电视电话会议召开。省委书记鹿心社对开展扫黑除恶专项斗争提出要求。省委常委、省委政法委书记尹建业出席电视电话会议并讲话,副省长、省公安厅厅长秦义主持会议,省检察院检察长田云鹏出席。这次全省扫黑除恶专项斗争为期3年。

9日　省质监局颁发首张"一企一证"工业产品生产许可证。这意味着江西省工业产品生产许可管理方式由"一品一证"调整为"一企一证"。

12日　江西报业传媒集团有限责任公司、江西广电传媒集团有限责任公司揭牌成立。新组建的江西报业传媒集团有限责任公司为省属国有独资文化企业,与江西日报社按照"一个党委、两个机构、一体化运行"的原则,实现采编与经营分开。新组建的江西广电传媒集团有限责任公司也实行"一个党委、两个机构、一体化运行"的组织架构。

13日　省委书记、省委深改组组长鹿心社主持召开十四届省委深改组第十二次会议。会议审议通过《省委深改组2017年工作总结报告》《省委深改组2018年工作要点》《省委深改组成员2018年领衔推进落实重大改革项目实施方案》《2018年省委深改组会议审议事项计划》《省委深改组2018年督察计划》《关于完善主体功能区战略和制度的实施意见》《关于完善产权保护制度依法保护产权的实施意见》和2017年度全省全面深化改革工作考评结果。

20日　10时30分,宁都县对坊乡葛藤村昌夏公路路段发生客车侧翻重大交通事故,造成9人当场死亡,2人经抢救无效死亡,20人受伤。事故发生后,省委书记鹿心社第一时间作出批示,要求全力抢救伤员,做好善后工作。

23日　省委书记鹿心社主持召开省扶贫开发领导小组会议,他强调,进一步完善脱贫工作机制,持续加大工作力度,锻造过硬工作作风,切实提高脱贫质量,坚决打好精准脱贫攻坚战,确保实现40万人脱贫、1000个贫困村退出、8个贫困县摘帽,为2020年江西省全面实现脱贫攻坚目标、脱贫成效和质量迈入全国"第一方阵"奠定基础。

24日　省长刘奇主持召开第2次省政府常务会议。会议原则通过《江西省创建鄱阳湖国家自主创新示范区总体方案》,审议通过《关于进一步做好城镇贫困群众脱贫解困工作的意见》。

25日　省委常委会召开会议,传达学习十九届中央第一轮巡视工作动员部署会和《中央巡视工作规划(2018—2022)年》精神,中央对台工作会议精神,研究江西省贯彻落实意见。会议审议并原则通过《关于进一步做好城镇贫困群众脱贫解困工作的意见》。省委书记、省人大常委会主任鹿心社主持会议。

26日　省人大法制委员会、省人大常委会法工委、省政府法制办、省政府新闻办、省质监局在南昌联合举行贯彻实施《江西省特种设备安全条例》新闻发布会,宣布《条例》3月1日起施行。

△　江西检验检疫局抚州办事处挂牌,实现检验检疫机构在江西省各设区市的全覆盖。

3　月

1日　《江西省地理信息数据管理办法》施行。

△　省委常委会召开扩大会议,传达学习中共十九届三中全会精神,对抓好贯彻落实工作提出要求。省委书记、省人大常委会主任鹿心社主持会议。

△　十四届省委第二轮巡视工作动员部署会召开,省委8个巡视组对景德镇市委等23个党组织开展巡视。巡视工作于5月7日前结束。

5日　中共中央政治局常委栗战书参加十三届全国人大一次会议江西代表团的审议。

6日　十三届全国人大一次会议江西省代表团在住地举行全体会议,审议政府工作报告,并向境内外记者开放。39家境内外媒体到会采访。省委书记、省人大常委会主任、江西代表团团长鹿心社主持会议。

△　中共江西省委、江西省政府出台《关于加大城镇贫困群众脱贫解困力度的意见》,在全国率先推出城镇贫困群众全面脱贫解困系列举措。

9日　江西首创的法媒银·失信被执行人曝光台作为工作机制创新典型,被写入最高人民法院工作报告,接受全国人大代表的审议。

10日　长江学者特聘教授、著名

经济学家钟昌标与江西科技师范大学签署聘用合同，担任该校职业教育与产业发展研究院院长。这是该校首次引进长江学者。

11日　江西·安义门窗馆参加在广州举行的第24届全国铝门窗幕墙新产品博览会。该县32家门窗企业集中展出高新、节能、智能的门窗系列产品。

12日　井冈山神山村邀请中国工程院院士刘德培当神山村荣誉村民。刘德培对基础医学研究造诣深厚，主动提出要为神山村的健康扶贫出力。

△　江西省失业保险服务e平台上线。个人申领失业保险金和技能提升补贴、企业申领稳岗补贴等都可以在网上办理。

14日　十三届全国人大一次会议江西省代表团在住地举行全体会议，审议国务院机构改革方案。中共中央政治局常委栗战书参加审议。鹿心社主持，刘奇、毛伟明、胡强等12位代表发言。

17日　南昌大学朱传喜、江西陶瓷工艺美术职业技术学院朱辉球、九江第一中学周明学3位教师入选教育部公布的第三批国家"万人计划"教学名师。

20日　赣京经济合作交流座谈会在北京举行，进一步深化合作事项，推动赣京合作向纵深发展。中共中央政治局委员、北京市委书记蔡奇主持并讲话，江西省省长刘奇出席并讲话。北京市市长陈吉宁，江西省委常委、常务副省长毛伟明分别介绍两地经济社会发展情况及赣京合作框架协议落实情况。江西省领导吴忠琼、胡强，北京市领导张工、崔述强、殷勇出席。

21日　中共江西省委召开全省领导干部会议，中央组织部副部长齐玉出席会议并宣布中央决定：刘奇任江西省委书记，鹿心社不再担任江西省委书记、常委、委员职务。

△　传达学习全国两会精神会议在南昌召开。省委书记、省长刘奇主持会议并就贯彻落实提出要求。

△　江西省首个"医务社工进医院"在省儿童医院启动。

23日　省委、省政府召开全省防汛工作电视电话会议，分析全省防汛抗洪形势，研究部署防汛工作。省委书记、省长刘奇出席会议并讲话。副省长、省防总总指挥胡强主持会议，省军区领导方建华出席会议。

△　全省消防工作会议召开，分析研判消防安全形势，部署2018年消防工作。省委书记、省长刘奇就做好全省消防工作作出批示。副省长秦义出席会议并讲话。

24日　全省脱贫攻坚督察工作动员培训会召开。省委副书记，省政协党组书记、主席姚增科出席并作动员讲话。副省长胡强主持会议。

△　由省食品药品监督管理局、江西农业大学联合举办的2018年全省"12331"主题宣传活动启动仪式在江西农业大学举行，副省长孙菊生宣布活动正式启动。市民遇到食品药品安全方面的问题，可以随时通过"12331"电话热线投诉举报。

25日　由中国台球协会、江西省体育局、上饶市政府主办，世界职业台球联合会(WPBSA)、国际台球联合会(IBSF)支持的第四届中式台球世界锦标赛在玉山县开杆。

△　由中国数学会主办、西安交通大学承办的第九届全国大学生数学竞赛决赛在陕西省西安市结束。江西理工大学学生刘昊继关以全省第1名、全国第18名的成绩获全国一等奖。第九届全国大学生数学竞赛非数学专业类预赛参赛人数85482人，覆盖清华、北大等全国数百所大学。经过选拔，共有225人进入决赛，参与决赛率0.0026。

27日　民航华东地区管理局在上饶市向顺丰集团旗下的江西丰羽顺途科技有限公司颁发国内首张无人机航空运营(试点)许可证。

29日　省委理论学习中心组举行集体学习会，省委书记、省长刘奇主持并讲话。他强调要从更高层次深入贯彻中共中央总书记习近平对江西工作重要要求，把习近平擘画的蓝图一步步变为更加美好的现实。

30日　江西省生态文明建设领导小组会议召开，研究部署深入推进国家生态文明试验区建设工作。省委书记、省长刘奇主持会议并讲话。他强调要确保完成国家生态文明试验区建设阶段性任务。省领导姚增科、冯桃莲出席会议。

△　省委书记、省长刘奇主持召开第3次省政府常务会议。会议审议通过《关于全面推进全域旅游发展的意见》，原则通过《关于废止2件和第一批一揽子修改17件地方性法规的议案(草案)》。

△　省人社厅、南昌市人社局、东湖区人社局在南昌联合举办以"全民参保"为主题的"12333"全国统一咨询日活动。为社会公众提供养老保险、医疗保险、生育保险、工伤保险、失业保险和社会保障卡等咨询活动。

同月　Nature出版集团发布2018年自然指数(Nature Index 2018)排行榜。南昌大学第一附属医院入选中国医疗机构自然指数百强榜，排名第92位，是江西省唯一上榜的医疗机构。

同月　江西省新余悦新养老产业示范基地、德兴国际中医药健康旅游产业基地、黎川国医研中医药健康旅游示范基地、婺源文化与生态旅游区4单位入选国家中医药健康旅游示范基地。

4　月

1日　2018年全国皮划艇春季冠军赛、全国赛艇春季冠军赛相继结束，江西运动员在比赛中获9金、2银、6铜。其中，皮划艇项目7金、2银、3铜，赛艇项目2金、3铜。在17枚奖牌中，16枚来自女运动员。

1—2日　省委书记、省长刘奇主持召开座谈会，听取九江市落实省政府工作报告任务情况的汇报。刘奇先后到修水县、瑞昌市、湖口县调研。他强调要坚持不懈推进长江大保护，努力打造长江"最美岸线"。省委常委、省委秘书长刘捷陪同。

3日　省赣南等原中央苏区振兴发展工作领导小组第7次会议在南昌召开。会议听取省苏区办关于2017年省赣南等原中央苏区振兴发展情况、赣州市2017年赣南苏区振兴发展情况的汇报，审议省赣南等原中央苏区振兴发展2018年工作要点。省委书记、省长刘奇主持并讲话。省领导李炳军、毛伟明、陈兴超、胡强、肖毅，省赣南等原中央苏区振兴发展工作领导小组成员单位，省、市苏区办负责人出席会议。

△　省委常委会召开会议，学习中共中央总书记习近平在中央财经委

员会第1次会议上的重要讲话精神、中央政治局会议听取2017年省级党委和政府脱贫攻坚工作成效考核情况汇报时的重要要求,研究江西省贯彻落实意见。省委书记、省长刘奇主持会议。

△ 省教育厅召开新闻发布会,发布《江西省推进高中阶段学校考试招生制度改革实施意见(试行)》。改革旨在扭转单纯以考试成绩为主要标准评价学生的做法,通过试点探索和逐步推进,到2020年左右初步形成基于初中学业水平考试成绩、结合综合素质评价的高中阶段学校考试招生录取模式。

4日 省政协召开理论学习中心组集体学习会,重点学习新修订的《宪法》、政协章程和刘奇关于贯彻落实中共中央总书记习近平对江西工作重要要求讲话,研究具体措施。省政协党组书记、主席姚增科主持会议并作总结发言。省政协副主席李华栋、谢茹、汤建人、刘晓庄、陈俊卿、张勇、雷元江出席。

8日 蒙华铁路九岭山隧道全线贯通。九岭山隧道是蒙华铁路江西省境内控制性工程,隧道全长15.37千米,是蒙华铁路全线单洞双线第二长大隧道。

12日 省委、省政府召开全省长江经济带“共抓大保护”攻坚行动动员大会。省委书记、省长刘奇出席并讲话。省委、省人大常委会、省政府、省政协领导班子成员及省法院、省检察院主要负责人出席。会议就《江西省长江经济带“共抓大保护”攻坚行动工作方案》作说明。

13日 省委常委会召开会议,分析研究全省一季度经济形势,部署脱贫攻坚和基层党建工作。省委书记、省长刘奇主持会议。会议审议通过《江西省2018年脱贫攻坚“夏季整改”行动方案》《中共江西省委贯彻〈中国共产党党内功勋荣誉表彰条例〉实施办法》。

△ 省委理论学习中心组举行集体学习会。学习会邀请中国法学会党组成员、副会长张文显围绕“学习宪法和宪法修正案”主题作辅导报告。省委书记、省长刘奇主持学习并讲话。省委、省人大常委会、省政府、省政协领导班子成员,省法院、省检察院主要负责人出席。

△ 乐平市戴村水站监测数据实时传递至国家监控网络平台,标志全省首个国家地表水自动监测站建成。

14日 公安部在共青城市举办全国SIMeID贴膜卡首发仪式,贴上厚度为0.19毫米的贴膜卡,用户可以在不更换原有SIM卡的情况下便捷使用网络个人身份标识。把电子身份标识加载在手机SIM卡中的全新在线身份信息验证,开启身份验证新时代。

17日 江西省纳税人可以在网上通办文书式税收完税证明。用电脑登录江西省国家税务局官方网站,点击进入江西省电子税务局,提交相关信息就可开出一份税收完税证明。

18日 南昌首张网络预约出租汽车运输证颁发,意味着南昌网约车逐步纳入正规化制度化的监管。

19日 省委书记、省长刘奇主持召开法治江西建设领导小组第四次会议。会议审议通过《“弘扬宪法精神树立法治信仰”主题宪法宣传实践活动方案》《关于在全省农村推行“法律明白人”培养工程的意见》《关于进一步把社会主义核心价值观融入法治建设的实施意见》等。省领导尹建业、秦义、葛晓燕、田云鹏出席。

20日 南昌地区首趟中欧班列(南昌—莫斯科)在南昌向塘铁路口岸出发,标志着南昌—莫斯科中欧班列正式开行。该趟中欧班列从南昌出发,经二连浩特出境,途经蒙古国,最终抵达莫斯科沃尔西诺车站,全程运行约1万千米,用时15天。

△ 以江西省精神病院为核心的“江西省精神疾病专科联盟”成立大会暨签约授牌仪式在南昌举行。

22日 首届数字中国建设峰会在福州举行,由江西省委办公厅展出的江西省电子政务共享共用一体化平台,以其网上签批办公的便捷性、高效性,赢得来自全国各地党政机关及其他各界人士的兴趣和关注。

23日 省委书记、省长、省委全面深化改革领导小组组长刘奇主持召开十四届省委深改组第13次会议。会议传达学习中央深改委第一次会议精神。会议审议通过《关于在湖泊实施湖长制的工作方案》《江西省深化环境监测改革提高环境监测数据质量实施方案》《江西省生态环境损害赔偿制度改革实施方案》《关于进一步加强领导干部自然资源资产离任审计的意见》《关于加强党对全省外事工作领导体制改革的实施意见》。省领导孙新阳、赵爱明、毛伟明、尹建业、陈兴超、刘捷、赵力平、秦义、胡强、陈俊卿出席。

△ 省委常委会召开会议,传达学习全国网络安全和信息化工作会议、十九届中央国家安全委员会第一次会议精神,研究江西省贯彻落实意见。省委书记、省长刘奇主持。会议审议通过《中共江西省委贯彻〈中国共产党党务公开条例(试行)实施细则〉》等文件,并研究其他事项。

△ 由江西日报社、赣江新区管委会、赣江新区共青组团主办的“感受红都魅力·第四届全国融媒体看江西活动”在瑞金市启动。共有来自全国各地的50家中央及省市传统媒体、网络媒体、新兴媒体的记者参加。活动为期6天,媒体记者通过亲身感受,见证江西取得的新发展、新成就,传播赣鄱声音。

24日 南昌首批本土企业制造的江铃纯电动新能源车获网络预约出租汽车运输证。首批拿到运输证的新能源车均为与滴滴平台合作的江西美迩森租赁服务有限公司所有。

24—26日 全省市厅级主要领导干部学习贯彻习近平新时代中国特色社会主义思想和中共十九大精神专题研讨班在南昌开班。省委书记、省长刘奇作动员讲话和辅导报告。姚增科等在职副省级以上领导出席,赵爱明主持。

25日 江西省军民融合重大项目集中签约仪式在南昌举行。省委书记、省长刘奇与中国北斗卫星导航系统总设计师杨长风举行座谈,并共同见证签约。签约的重大项目包括中国军民融合技术交易中心、中国AOPA适航技术服务中心、中国国际飞行器交易中心、南昌军民融合产业示范基地、国家区域通航管理和服务项目等。

△ 江西省2个先进集体、17名先进个人和20个先进集体分别获全国五一劳动奖状、全国五一劳动奖章、全国工人先锋号。

27日 江西省召开省政府第一次廉政工作会议。省领导孙新阳、吴晓军、秦义出席,毛伟明主持。

△ 江西省全国文明城市提名城市创建工作动员部署会议在南昌召开。省委书记、省长刘奇对做好全国文明城市创建工作提出要求。省委常委、省委宣传部部长赵力平出席会议并讲话。

△ 江西省委常委会召开会议,传达学习深入推动长江经济带发展座谈会精神、中央政治局会议关于当前经济形势和经济工作的重要要求;学习中共中央总书记习近平关于作风建设的系列重要论述,部署深化干部作风建设、全面彻底肃清苏荣案余毒工作。省委书记、省长刘奇主持会议。

28 日 省委书记、省长刘奇在南昌市看望慰问劳动模范和一线职工,并代表省委、省政府向全省奋战在工作岗位的广大劳动者致以诚挚的问候和崇高的敬意。

△ 省委书记、省长刘奇主持召开第 4 次省政府常务会议,审议并原则通过《江西省电信条例(修订草案)》《江西省气候资源保护和利用条例(草案)》《关于废止〈江西省著名商标认定和保护办法〉的决定》,研究部署促进全省电信业健康发展、加强气候资源保护和利用、开展品牌创建等工作;研究 5 月份重点工作。

△ 江西省出台《2018 年参与“一带一路”建设工作要点》,以强化互联互通为基础,深化对外交流,扩大经贸投资和推进国际产能合作。

△ 南昌航空大学与中国航空工业昌河飞机工业(集团)有限责任公司战略合作协议签订暨南昌航空大学通航学院揭牌仪式在南昌航空大学卧龙港举行。

同月 省政府作出《关于表彰首届江西省版权输出奖获奖项目的决定》,江西人民出版社有限责任公司的《世界历史》第 27 册《战后西方联盟》(英文版)、二十一世纪出版社集团有限公司的童书《烟》(英文版、韩文版、瑞典语版、繁体中文版)等 15 个优秀版权输出项目获首届江西省版权输出奖。这是全国首个以省政府名义表彰的版权输出类奖项,每 3 年评选 1 次,每次评选 15 个项目,每个项目奖励 20 万元。

5 月

2 日 全省脱贫攻坚“夏季整改”行动电视电话会议召开。省委书记、省长刘奇出席会议并讲话。他强调,如期实现脱贫攻坚目标,确保江西省与全国同步全面建成小康社会,这既是一项庄严承诺,更是一份沉甸甸的责任。副省长胡强主持会议。

3 日 省人大常委会党组召开会议,就加强人大机关干部作风建设工作进行专题研究部署。省人大常委会党组书记、副主任周萌主持会议并讲话。省人大常委会副主任朱虹、马志武、龚建华、冯桃莲等参加会议。

△ 省委书记、省长刘奇主持召开省委军民融合发展委员会第二次全体会议。毛伟明、吴亚非、吴晓军、方建华、李晓亮出席。会议传达学习十九届中央军民融合发展委员会第一次全体会议精神,研究部署国家军民融合创新示范区创建工作,审议并原则通过《关于加快推进军民融合深度发展的意见》等文件。

△ 省政府召开全省推进农村集体资产清产核资暨粮食生产工作会议,部署农村集体资产清产核资和粮食生产工作。副省长胡强出席会议并讲话。

△ 由光明日报社和省委宣传部、省委教育工委(省教育厅)、省社联共同举办的学习贯彻习近平新时代中国特色社会主义思想理论研讨会暨青年马克思主义者理论研究创新工程论坛在江西财经大学举行。省委常委、省委宣传部长赵力平出席并讲话,副省长孙菊生主持。会上,8 名国内知名专家学者、光明日报社有关负责人和江西省“青马工程”资助项目的指导教师代表,优秀博士、硕士生代表作发言。

4 日 省委书记、省长刘奇会见第 21 届“江西青年五四奖章”获得者,到江西师范大学调研,并主持召开高校师生、团干代表座谈会。座谈会上,青年学生代表杨润、龚焕发、丁若雯、潘昊天等和青年教师代表胡邦宁、宁洁作发言。省领导赵力平、孙菊生陪同。

△ 省委常委、常务副省长毛伟明与中国长江三峡集团有限公司董事长卢纯在九江进行座谈,双方就共抓长江大保护等事宜深入交流。会上,省政府与三峡集团签署共抓长江大保护战略合作框架协议。

5 日 九三学社中央第 17 次科学座谈会在南昌召开。全国人大常委会副委员长、九三学社中央主席武维华出席会议并讲话,中共江西省委常委、省委统战部部长陈兴超出席并致辞,九三学社中央副主席赖明、印红分别主持专题讨论,省政协副主席、九三学社省委会主委李华栋出席。座谈会主题为以生态农业发展促进乡村环境治理。会上,中国工程院院士朱有勇等与会专家围绕作物多样性生态控制病虫害、推进宜居乡村环境建设、生态循环农业发展等方面开展交流研讨。

6 日 2018 南昌国际马拉松“走进湾里”暨中国梅岭国际半程山地马拉松系列鸣枪开跑。赛事由省体育局、省旅发委、南昌市政府联合主办,来自国内外的 1500 余名选手报名参加。半程山地马拉松赛以江西省首条智慧公路为主赛道,让跑者获得科技与生态融合的新体验。

7 日 省机构改革领导小组第一次会议召开,传达学习中央深化地方机构改革推进会精神,研究部署全省机构改革工作。省委书记、省长、省机构改革领导小组组长刘奇主持并讲话。省领导孙新阳、赵爱明、毛伟明、赵力平、周萌出席。会议通报全省机构改革前期工作情况和下一步工作安排,审议通过《关于严明我省机构改革“十个严禁”“两个一律”纪律要求的通知》。

△ 由省旅发委、抚州市政府主办的第三届资溪面包国际旅游文化节在资溪举行。省政协党组书记、主席姚增科出席,副省长吴忠琼宣布活动开幕,省政协副主席肖毅出席。文化节是全省旅游产业发展大会观摩项目之一,包括国内外面包展示展销、抚州旅游商品展、面包技能大赛等。现场设 83 个展馆,其中国外参展商来自德国、西班牙、英国、美国等 12 个国家。

△ 全省卫生人才服务团工作会议召开。省委常委、省委组织部部长、省人才工作领导小组组长赵爱明到会讲话,并为第 11 批省卫生人才服务团授旗。

△ 由省党外知识分子联谊会、省欧美同学会省留学人员联谊会、省中华职业教育社、省新的社会阶层人士联谊会主办,南昌大学承办的纪念中共中央“五一口号”发布 70 周年专

题音乐会在南昌大学前湖校区举行。省领导陈兴超、孙菊生、谢茹出席纪念活动。以“汇磅礴力量 筑中国梦想”为主题,表达全省党外人士在习近平新时代中国特色社会主义思想指引下,永远跟党走的心声和爱党爱国的情怀。

△ “江西风景独好”——2018江西旅游推介会在资溪县举行。驻华使节参访团、全国各省市区旅游部门负责人、境内外旅行商等200余人参加活动。推介会上,副省长吴忠琼用具有江西鲜明地域特色的“杜鹃红”“青花蓝”“香樟绿”“马蹄金”4种颜色展示江西旅游资源,引起大家共鸣。

△ 省委常委会召开扩大会议,传达中央关于李贻煌严重违纪违法案有关决定,强调结合深化干部作风建设、全面彻底肃清苏荣案余毒,以李贻煌严重违纪违法案为反面教材,深刻反思,引以为戒,坚定不移地把全面从严治党和反腐败斗争引向深入。省委书记、省长刘奇主持会议。

7—8日 省委、省政府在抚州召开全省旅游产业发展大会。省委书记、省长刘奇出席大会并为2019年全省旅发大会承办地宜春市授旗。省领导姚增科、殷美根、朱虹、肖毅出席,副省长吴忠琼主持。会议总结全省旅游产业发展的成绩,部署加快推进旅游强省建设工作。与会代表现场考察抚州市重点旅游项目。会议表彰2017年度旅游产业发展先进单位。

8日 省政府召开新能源汽车推广应用工作协调小组第二次会议,贯彻落实国院有关会议精神,总结前一阶段情况,研究部署下一步工作,加快新能源汽车产业发展步伐。副省长吴晓军主持并讲话。

△ 由农业农村部主办,省农业厅、宜春市政府承办,靖安县政府协办的2018年放心农资下乡进村宣传周启动仪式暨现场咨询活动在靖安县举行。农业农村部党组成员宋建朝出席并讲话。启动现场曝光了一批典型案件,展示了一批省、市、县三级农业执法队伍查处的问题农资,活动当天接受咨询1000人次,发放农技科普资料、明白纸、宣传单、法律法规宣传册8000份,培训新型经营主体、科技示范户及农民200人。农资企业向农户赠送饲料、复合肥、掺混肥、农药、中晚稻种子等放心农资,并向农资生产经营者发出诚信生产经营倡议。

9日 2018年世界大学生超级计算竞赛揭晓。南昌大学代表队获一等奖,这是江西省高校首次进入总决赛并获奖。

△ 江西省女企业家协会第六届五次会员大会在南昌召开。会议表彰2017年度江西省杰出创业女性和江西省女企业家协会系统先进集体。副省长吴忠琼出席并讲话。

10日 全省作风建设工作会议召开。省委书记、省长刘奇主持并讲话。省委、省人大常委会、省政府、省政协领导班子成员,省法院、省检察院主要负责人出席。会议通过视频会议系统开到县,主会场设在省会议中心,各设区市、县(市、区)设分场。会上,省发改委等10个单位主要负责人作表态发言。

10—12日 首届中国自主品牌博览会和中国品牌发展国际论坛在上海举办,50多家单位、500余家知名品牌企业参展,是中国自主品牌建设的一次高规格盛会。江西省围绕“生态江西、绿色品牌”的主题,精选14家企业参展和2台特色活动,进一步展示江西省整体区域品牌形象,宣传美丽中国“江西样板”。

10—14日 第十四届中国(深圳)国际文化产业博览交易会在深圳会展中心举办。省委宣传部组织江西报业传媒集团、省出版集团公司等一批省内特色文化企业和单位参展,参展内容涵盖全省文化改革发展各个领域。江西馆总面积300平方米,展馆设计以“绿色+生态”为基本元素,采用传统与现代手段展现赣鄱风韵。江西馆着重推介景德镇瓷器、鹰潭雕刻等江西传统工艺。江西展团获优秀组织奖、优秀展示奖和20多件(项)优秀展品奖。

11日 江西省2018年“才聚江西·智汇赣鄱”招才引智系列活动在江西师范大学瑶湖校区举办。美国、英国、新加坡、俄罗斯、德国、澳大利亚、瑞典等15个国家和地区的35名青年参加。

△ 2018年中央一号文件电视电话宣讲会在南昌举行。教育部副部长孙尧宣讲2018年中央一号文件。副省长吴晓军主持报告会并讲话。

12日 共青团江西省十六届一次全会举行,选举产生新一届团省委领导班子。省委副书记李炳军出席会议并讲话。

14日 省及市人才政策集中发布会在南昌举行。省委常委、省组织部部长、省委人才工作领导小组组长赵爱明出席并致辞。活动现场,省委人才办、省人社厅、赣江新区、南昌大学、江西师范大学和南昌、景德镇、萍乡、新余、鹰潭、赣州、宜春、上饶、抚州9个设区市在会上集中发布人才新政。16家高校、企业和科研究所代表与博士以上优秀人才代表进行签约,共签约引进230多名博士以上优秀人才。800余名人才代表参加人才政策集中发布和人才政策现场咨询。

15日 全省“普及金融知识、防范非法集资、打击经济犯罪”大型集中宣传日活动举行。省委常委、常务副省长毛伟明出席南昌八一广场主会场活动并观摩指导。

16日 2018年全国青年羽毛球锦标赛在苏州举行。由江西省交流输送到解放军羽毛球队的南昌籍运动员李诗沣获甲组男子单打项目冠军。这是江西运动员首次获全国青年羽毛球锦标赛甲组男单冠军。

△ 南昌至赣州铁路客运专线泰和赣江特大桥合龙。该桥是中国首座350千米/小时无砟轨道刚构连续桥梁,全长6.84千米,共203跨,主桥416米。

△ 首届赣深经贸合作交流会在深圳举行。江西省委书记、省长刘奇与广东省委常委、深圳市委书记王伟中,深圳市市长陈如桂座谈,并共同签署《江西省与深圳市进一步深化合作框架协议》。会后,举行重大合作项目签约仪式。共签约61个投资合作项目,签约投资总额819.7亿元。

16—25日 应俄罗斯彼尔姆边疆区政府副主席阿列克谢·奇比索夫、白罗斯维捷布斯克州执行委员会第一副主席奥列格·马茨科维奇和英中贸易协会执行董事利兹·贝特森的邀请,省政协党组书记、主席姚增科率团访问俄罗斯、白罗斯和英国3国。此访目的是进一步促进江西与俄罗斯、白罗斯和英国在友城、经贸、林业、农业、教育、人文等领域的交流与合作关系。

17日 第十七届赣港经贸合作交流会在香港会展中心举行。省委书记、省长刘奇出席并作主旨演讲。香港特区政府财政司司长陈茂波代表特区政府致辞,香港贸易发展局副总裁叶泽恩代表港商致辞。副省长吴忠琼主持。中联办副主任杨健出席。会上,华润集团董事长傅育宁,香港交易所首席中国经济学家巴曙松发言。香港江西社团(联谊)总会、香港重要商协会负责人、知名专家学者和重点客商代表约700人参加合作交流会。会后,还举行重大合作项目签约仪式。

△ 江西省国有企业引进战略投资者对接洽谈会在香港举行。省委书记、省长刘奇出席并讲话。会上,省国资委推介江西深化国资国企改革及国有企业集团层面改革情况。江西铜业、新钢集团以及太平保险集团、中银香港和中集集团、星展银行、穆迪公司等企业高管作发言。

18日 2018"江西风景独好"赣港游学旅游宣传推广暨招商会在香港举行,推介江西游学旅游资源,深化赣港旅游合作。副省长吴忠琼出席并致辞,中联办副主任杨健出席。会上,吴忠琼和杨健为"江西旅游(香港、澳门)推广站"授牌,并向"江西游学旅游推广小使者"颁发证书。

20日 省纪委常委会暨省监委会议召开。会议研究部署省纪委省监委加强作风建设相关工作,审议《江西省纪委省监委领导班子关于改进工作作风的实施办法(审议稿)》。省委常委、省纪委书记、省监委主任孙新阳主持。

21日 省委常委会召开扩大会议,传达学习中共中央总书记习近平在全国生态环境保护大会上重要讲话精神,在十九届中央政治局第五次集体学习和中央外事工作委员会第一次会议上的重要讲话精神,学习《习近平新时代中国特色社会主义思想三十讲》。省委书记、省长刘奇主持会议。

21—22日 跨界与融合——当代中国音乐创作与分析国际论坛在江西师大音乐学院举行。国内外知名音乐学院和研究机构的400余名专家、学者出席论坛。论坛包括开幕式、音乐会、专场讲座、论文宣讲等多项活动。与会人员就音乐创作如何在音乐自呈中实现跨界、如何在古今中外境遇里实现融合、如何在继承中成就时代性、如何在创新中成就个性等前沿话题进行学术交流。

23—24日 第五届庐山问茶会暨首届九江茶文化旅游节在九江举行。活动是2018年中国(南昌)国际茶业博览会的重要内容,由中国茶叶流通协会、江西省农业厅、九江市政府主办,主题为"弘扬茶旅文化,助力乡村振兴",包括评茶、品茶、论茶等内容。全国各地230多家茶企参加茶叶评比活动。

24日 全省网络安全和信息化工作会议召开。省委书记、省长刘奇出席会议并讲话。省委副书记、赣州市委书记李炳军主持。省委、省人大常委会、省政府、省政协领导,省法院、省检察院主要负责人,省军区负责人出席。会上,省委网信办、省工信委、省公安厅、赣州市、鹰潭市负责人作发言。省委网络安全和信息化领导小组成员,省直有关部门和有关新闻单位、国有大型企业负责人,以及各设区市网络安全和信息领导小组组长和党委分管负责人、网信办主任参加会议。

25日 省、市、县三级重大项目推进动员大会在上饶市召开。省委书记、省长刘奇出席并讲话。省委常委、常务副省长毛伟明主持。省领导冯桃莲、吴晓军、吴忠琼、陈俊卿出席。会上,省发改委通报2018年以来全省投资运行及省、市、县三级联动推进开工重大项目情况。上饶市、九江市、宜春市、赣江新区,井冈山经开区、赣州市南康区等地主要负责人作发言。与会代表还实地考察了汉腾汽车、腾勒动力发动机、晶科能源双倍增、中汽瑞华新能源汽车、华为云数据中心、上饶大数据呼叫城等重大项目。

△ 江西省生态文明建设领导小组办公室与东华理工大学战略合作框架协议签约暨江西生态文明制度研究院揭牌仪式在东华理工大学南昌校区举行,标志着江西生态文明制度研究院正式成立。

26日 江西新能源汽车大数据中心揭牌仪式在南昌市小蓝孵化基地举行。这是江西省汽车产业"一产一院"重点支持的研究平台,是南昌市政府与同济大学签订的产学研合作协议框架内第一个落地项目,也是筹备建设的"汽车创新研究院"的第一个研究中心。

28日 省人社厅、省外专局与赣江新区管委会联合举办高端外国专家座谈会。美国、德国、日本、俄罗斯等19个国家的29名专家为江西发展建言支招。29名外国专家中有6名为"中国政府友谊奖"获得者,13名为国家"千人计划"外专项目入选专家,10名为省级获奖专家。

29日 华东检察研究院2018年理事会会议在南昌召开。省检察院检察长田云鹏出席并致辞。会议表决通过新任院长,增补学术委员会委员。上海、浙江、安徽、福建、山东、江西等省市检察院、华东政法大学、华东检察研究院相关负责人出席会议。

30日 江西省2018年"全国科技工作者日"暨科技界纪念改革开放40周年座谈会在南昌召开。省委书记、省长刘奇作出批示,并代表省委、省政府向全省广大科技工作者致以节日问候。省委副书记李炳军出席会议并讲话,省政协副主席汤建人出席。会上,播放《创新引领 人才兴赣》视频专题片。贺浩华、李国平、易波、许冰、廖岚等5名省内高校、医疗领域和企业的专家、科技工作者作发言。

△ 由省委宣传部、省文明办、省教育工委、省教育厅、江西广播电视台共同主办的"筑梦新时代 绽放新未来"——2018江西省唱响中国梦·庆"六一"少儿文艺汇演在南昌举行。省委常委、省委宣传部部长施小琳,省政协副主席汤建人,省关工委第一副主任王峰出席晚会。全省各设区市少年儿童代表等共700多人观看演出。

31日 全省生态环境保护大会召开。省委书记、省长刘奇出席并讲话。省委、省人大常委会、省政府、省政协领导,省法院、省检察院主要负责人出席。省委常委、常务副省长毛伟明主持会议。会上,景德镇、宜春、上饶和省发改委、省财政厅、省环保厅、省住建厅负人发言。

6 月

1日 中央第四环境保护督察组对江西省开展"回头看"工作动员会在南昌召开。督察组组长马中平、副组长刘华就做好督察"回头看"工作分别作讲话,省委书记、省长刘奇作动员讲话,会议由省委副书记李炳军主持。会上,刘华就做好督察配合、边督边改、信息公开等工作提出要求,并就督察组全体成员严格执行《中央环境保护督察纪律规定(试行)》,接受社会监督做表态。中央环境保护督察组全体成员、国家环境保护督察办公室有关人员,江西省党政班子其他领导成员出席会议,省人大常委会和省政协主要领导,与生态环境保护工作相关的党委和政府有关部门主要负责人,省法院、省检察院主负责人,南昌市党政主要领导成员及班子其他领导成员列席会议,其他设区市和直管县党政主要领导和班子其他领导,以及相关部门主要负责人在当地通过视频会议的形式列席会议。

△ 为期2天的“多彩非遗 美好生活——江西省非物质文化遗产展示活动”在省美术馆开幕。省委常委、省委宣传部部长施小琳出席并宣布活动开幕,省人大常委会党组副书记、副主任朱虹致辞。活动由省文化厅主办,包括开幕式、传统表演类项目展演、传统工艺项目展示、非遗保护成果图片展、非遗摄影精品展、非遗出版成果展、非遗饮食产品展等多项内容,近百项非遗在现场以各自不同的形式进行展示、展演、展览。活动还特设少儿互动活动专区。

3日 2018年浩瀚杯“创青春”江西省大学生创业大赛闭幕式暨颁奖仪式在江西应用科技学院举行。省政协副主席雷元江出席并为获奖团队代表颁奖。大赛分本科组和高职专科组,74所高校参与,共收到参赛作品4000余件,覆盖学生超过3.5万人。经过对参赛作品的资格审查、初评、复审等环节,评出金奖作品38件、银奖作品66件、铜奖作品223件,其中31件作品被推选参加全国决赛。

5日 省委统一战线工作领导小组会议召开。省委书记、省长刘奇主持并讲话。省委常委、省委统战部部长陈兴超出席并传达中央统战工作领导小组会议精神。

△ 2018年纪念“6·5”世界环境日暨“践行生态文明、做绿色低碳生活的传播者”宣传实践活动启动仪式在南昌举行。省委常委、常务副省长毛伟明出席并观摩。

6日 驻赣部队全面停止有偿服务工作军地协调领导小组第2次全体会议召开。省委书记、省长刘奇主持并讲话。军地领导毛伟明、吴亚非、方建华、李晓亮、徐金华、龚明洪出席。

△ 2018年省食安委全体(扩大)会议暨“双安双创”深入推进会在南昌召开。省委常委、常务副省长毛伟明出席并讲话,副省长孙菊生主持。会议通报2017年度食品安全工作评议考核结果、全省食品安全工作和“双安双创”推进情况,审议《江西省2018年食品安全重点工作安排》等4个文件。

7日 农业农村部会同江西省在鄱阳湖畔余干县举办2018年“全国放鱼日”主会场活动。省委书记、省长刘奇,农业农村部部长韩长赋共同为鄱阳湖增殖放流水生生物。活动现场,渔政部门共向鄱阳湖增殖放流四大家鱼、河蟹和胭脂鱼等水生生物苗种230余万尾,并联合中国科学院水生生物研究所首次采用无线电遥测技术,对鄱阳湖长江江豚活动规律开展实时监测研究。增殖放流活动结束后,刘奇陪同韩长赋乘坐渔政船调研鄱阳湖春季禁渔执法、江豚保护等工作,还到余干县现代农业示范园调研。副省长胡强参加相关活动。

8日 省委、省政府召开全省城镇贫困群众脱贫解困工作动员部署视频会议。省委书记、省长刘奇出席并讲话。省委常委、常务副省长毛伟明主持。副省长胡强对做好全省城镇贫困群众脱贫解困工作作具体部署。

11日 由国家机关事务管理局和江西省政府共同主办的“简约适度、绿色低碳、示范引领——公共机构节约能源资源宣传展示暨江西省公共机构节能十周年专题宣传活动”启动仪式在南昌举行。省委常委、常务副省长毛伟明,国家机关事务管理局副局长陈建明出席并致辞。

△ 全省就业创业工作会议在南昌举行。会议贯彻落实国务院就业工作部际联席会议、农民工工作领导小组会议和全国普通高等学校毕业生就业创业工作电视电话会议精神,总结中共十八大以来全省就业创业工作,部署2018年重点工作任务。副省长孙菊生、吴忠琼出席会议并讲话。

12日 2018国际产学研用合作会议在南昌举行。省委书记、省长刘奇在会议开幕前会见教育部副部长孙尧等中外嘉宾一行。开幕式上,刘奇、孙尧致辞并见证合作协议签署。省领导赵力平、吴晓军出席,副省长孙菊生主持。中国工程院院士、上海交通大学校长林忠钦,中国科学院院士、武汉理工大学校长张清杰,中国科学院院士、哈尔滨工业大学副校长韩杰才,中国工程院院士张文海,清华大学副校长杨斌等,以及俄罗斯、白俄罗斯和乌克兰等国专家学者,围绕新材料、航空航天技术等领域,共商合作发展之计。

15日 国家税务总局江西省税务局挂牌成立。省委常委、常务副省长毛伟明出席挂牌仪式并讲话。

△ 省纪委常委会议暨省监委会议召开。会议传达学习中共中央总书记习近平对脱贫攻坚工作重要指示精神、中央政治局常委赵乐际赴四川省调研有关指示精神,研究部署贯彻落实意见。省委常委、省纪委书记、省监委主任孙新阳主持并讲话。

19日 省委召开省国家安全工作领导小组会议。传达学习中共中央总书记习近平在十九届中央国家安全委员会第一次会议上的重要讲话精神,研究部署江西省贯彻落实工作。省委书记、省长、省国家安全工作领导小组组长刘奇主持会议并讲话。省领导尹建业、秦义出席。

△ 江西省首批选派戒毒民警从事社区矫正工作启动。赣州监狱、南昌市强制隔离戒毒所等9家监所单位20余名监狱戒毒民警,分赴全省8个县(市、区)开展为期9个月的社区矫正工作。南昌市东湖区、西湖区,九江市瑞昌市、浔阳区,景德镇市浮梁县、珠山区,赣州市章贡区,上饶市鄱阳县5个设区市的8个县(市、区)被列为此次监狱戒毒民警参与社区矫正工作试点地区。

21日 江西省与阿里巴巴集团、蚂蚁金服集团在南昌签署战略合作协议。省委书记、省长刘奇与阿里巴巴集团董事局主席马云一行座谈,并共同见证签约。省领导刘强、赵力平、吴晓军参加相关活动。

23日 世界中医药大会暨夏季峰会在南昌开幕。20多个国家的嘉宾和专家学者聚焦“中医药国际化的新时代、新机遇、新发展”主题,共商中医药学术创新和传承发展大计。第十二届全国政协副主席刘晓峰出席并宣布开幕。省委书记、省长刘奇，国家中医药管理局副局长、世界中医药学会联合会主席马建中致辞。省委常委、省委秘书长赵力平出席，副省长孙菊生主持。诺贝尔生理学或医学奖获得者、德国著名生物物理学家埃尔文·内尔，中国科学院院士陈可冀，中国工程院院士、副院长樊代明，中国工程院院士、中国中医科学院院长张伯礼，中国工程院院士、中国中医科学院常务副院长黄璐琦，中国工程院院士、河北省中西医结合医药研究院院长吴以岭等中外专家学者出席。峰会举办国医大师（校长）论坛、全球中医药立法高峰论坛、中医药事业产业融合发展论坛、体质医学与全民健康学术论坛、2018年中国中药制剂大会、热敏灸学术论坛、中药材流通产业发展论坛等系列活动，涉及中医药基础理论、临床实践、中药产业等多个领域。峰会当天签约4个大健康项目。

△　宜丰籍作家凌翼的长篇散文《大湖纹理》获第八届冰心散文奖散文集奖。

24日　国务院对江西省政府履行教育职责情况实地核查见面会在南昌举行。省委书记、省长刘奇出席并讲话。国务院核查组组长金德水主持并讲话。省领导赵力平、孙菊生出席。此次实地核查工作为期1周，核查内容涵盖贯彻执行党的教育方针情况，落实教育法律、法规、规章和政策情况，各级各类教育发展情况，统筹推进教育工作情况，加强教育保障情况，学校规范办学行为情况6个方面。

26日　2018年全国水政工作会议在南昌召开。水利部副部长魏山忠、副省长胡强出席会议并讲话。

△　江西银行股份有限公司在香港交易所主板挂牌上市，成为江西省2018年启动实施企业上市“映山红行动”以来第一家境外上市公司，也是全省首家上市银行。省委常委、常务副省长毛伟明出席上市仪式，并与港交所高管进行会谈。

26—30日　2018年江西“一带一路”国际足球邀请赛在瑞昌举行。共有泰国SFA队、伊朗联队、西班牙中华队、越南北方联队、中国香港联队、泰国曼谷队、中国江西瑞昌队、江西联盛队8支队伍参赛。最终伊朗联队获冠军，江西瑞昌队和江西联盛队分别获得亚军和季军。

27日　航空工业昌飞低空空域管理暨通航飞行服务院士工作站在景德镇揭牌，标志着江西省在低空空域规划设计、航空救援体系建设、通航产业发展等方面走在全国前列。江西副省长吴晓军、国家空管委办公室副主任蔡军、中国工程院院士陈志杰出席揭牌仪式。

28日　以“坚定执着追理想”为主题的江西省直机关迎“七一”红色家书诵读会在南昌举行。省领导刘奇、姚增科、孙新阳、陈兴超、赵力平、施小琳、周萌、秦义、陈俊卿、刘卫平等，与社会各界群众代表一起观看诵读会，喜迎党的生日，重温党的历程，牢记初心使命。

△　抚州市中级人民法院院长赖彩明利用“微法院”平台，远程调解1起人身保险合同纠纷。这是江西省首次利用数字法院系统进行调解的民事纠纷。

△　江西省总工会十四届一次全委会在南昌举行。会议选举产生新一届省总工会领导班子和领导机构。省委副书记李炳军出席并讲话。省人大常委会副主任、新当选的省总工会主席龚建华作表态发言。省领导冯桃莲、吴晓军、陈俊卿出席会议。

29日　全省促进非公有制经济发展表彰电视电话会议在南昌召开。省委书记、省长刘奇出席并讲话。省委常委、省委统战部部长陈兴超主持。省委常委、省委秘书长赵力平宣读省委省政府表彰通报。省领导周萌、吴晓军、雷江元出席。会议表彰2015—2017年度全省发展非公有制经济先进单位和先进个人。

30日　由中国侨联主办的2018年“亲情中华”夏令营江西鹰潭营在鹰潭市开营。澳大利亚墨尔本的37名华裔青少年以及3名带队教师参营，在鹰潭开启为期10天的寻根之旅。这是江西省首次承办中国侨联“亲情中华”夏令营活动。

△　“新一代宽带无线移动通信网”国家科技重大专项（简称“03专项”）试点示范专家指导委员会成立仪式暨座谈会在北京举行。副省长吴晓军出席并讲话。专家指导委员会的成立，标志江西省“03专项”试点示范向科学化、专业化迈出新步伐。

7　月

1日　江西省高速首次针对小客车开通的自助缴费通道开始试运行。自助缴费通道可以采用ETC、微信、支付宝3种方式缴费。

△　江铜胜华上海电缆有限公司在上海投产。该企业由江西铜业与上海胜华电缆集团出资成立，代表赣沪两地共同推动产业高质量发展，助力打响“江西制造”品牌，也标志着江铜高起点进军高端线缆领域。

2日　2018年省级总河（湖）长会议召开。省委书记、省长刘奇主持会议并讲话。会议审议并原则通过《鄱阳湖生态环境专项整治工作方案》《2018年省级河（湖）长巡河督导方案》。

△　酷航南昌—新加坡直飞航线正式开航。

2—3日　省政协十二届二次常委会议在南昌召开，围绕“乡村振兴战略实施和脱贫攻坚重点难点问题破解对策”进行专题协商。会议通过《中国人民政治协商会议江西省委员会常务委员会工作规则（试行）》《中国人民政治协商会议江西省委员会委员履职工作规则（试行）》

2—8日　围绕“助力脱贫攻坚和乡村振兴”主题，中央统战部组织全国新的社会阶层人士国情考察团在江西开展国情考察暨建言献策专题调研活动。中央统战部副部长戴均良参加考察。省委常委、省委统战部部长陈兴超，副省长胡强陪同考察或出席相关活动。

3日　省委办公厅、省政府办公厅印发《江西省生态环境损害赔偿制度改革实施方案》。

△　武功山经营管理体制改革取得实质性进展，“江西武功山景区”统一门票开售，萍乡武功山、宜春明月山、吉安羊狮幕3处景点实行统一规划开发、统一经营管理。

△　省人社厅取消调整35项涉及社会保障、劳动就业、人事人才等业务的证明事项。群众在省本级申请办理工伤保险供养亲属抚恤金待遇支付、生育保险零星报销支付、就业创业培训补贴、异地安置就医、转诊转院、

流动人员档案接收等业务时，无须再提供相关证明材料。

4日　省安委会全体成员（扩大）会议召开。省委书记、省长刘奇主持并讲话。会议审议并原则通过《江西省安全生产综合考评实施方案》《江西省加强重点行业领域安全生产若干规定》《江西省生产经营单位安全生产分类分级监督管理办法》。

△　江西建立奖罚机制，在全省范围内依法开展农作物秸秆（包括城镇垃圾）禁烧考核工作。考核及奖罚对象为全省100个县（市、区），考核内容包括农作物秸秆（城镇垃圾）露天焚烧行为的管控成效，并以火点数、黑斑面积量化考核；通过生态环境部实时卫星遥感、无人机航拍、现场观摩3种方式对火点数量、焚烧黑斑进行监测。奖罚资金每年总计9200万元。

5日　省政府发布江西省生态保护红线。生态保护红线划定面积为46876平方千米，占全省国土总面积的28.06%，按照生态保护红线的主导生态功能，分为水源涵养、生物多样性维护和水土保持3大类共16个片区。

△　按照国税地税征管体制改革的决策部署，全省11个设区市和赣江新区新税务机构同时挂牌，标志着全省市级新税务机构全部成立。7月20日，江西省、市、县乡国税地税机构合并和挂牌全部完成。

△　省委理论中心组举行集体学习会。省委书记、省长刘奇主持学习并讲话。他强调要深入学习贯彻习近平军民融合发展战略思想，加强军地协同，强化改革创新，突出产业带动，推进共建共享，努力在推动军民融合深度发展上走在全国前列，走出一条新时代革命老区军民融合深度发展的新路子。中央军民融合办常务副主任金壮龙参会并作辅导报告。

△　江西首个知识产权审判专门机构——南昌知识产权法庭挂牌成立，成为全国16家知识产权法庭之一。

△　由中国农业科学院、中国水稻研究所组织的全国双季超级稻绿色提质增效技术集成与示范现场会在南昌举行。江西成新农场“双季超级稻”种植模式获中国农业科学院、中国工程院和全国部分省市120余名专家学者肯定。

6日　省检察院“12309”检察服务中心挂牌，统一受理群众控告、申诉和举报，受理和审核案件等。省检察院检察长田云鹏为该中心揭牌。

7日　作为生态文明贵阳国际论坛主宾省，江西在贵阳举行“生态江西 绿色赣鄱”主题论坛。省委书记、省长刘奇出席并作主旨演讲。贵州省委书记、省人大常委会主任孙志刚，国家发改委副主任张勇出席并致辞。

8日至8月6日　中国科学院科技创新成果巡展（江西站）在南昌举行，这是巡展首次走进江西。巡展主要以“率先行动 砥砺奋进——党的十八大以来中国科学院创新成果展”为基础，重点遴选深空、深海、深地等8个方面的科技创新成果。

9日　省委书记、省长刘奇主持召开2018国际产学研用合作会议确定事项落实工作推进会，听取相关部门落实情况汇报，研究部署进一步抓好签约项目落地落实工作。省领导赵力平、孙菊生、吴晓军出席会议。

△　省委常委会召开会议，学习中共中央总书记习近平在中央政治局第6次集体学习、中央政治局6月29日会议、全国组织工作会议上的重要讲话精神，研究全省贯彻落实意见。省委书记、省长刘奇主持会议。

△　第八届全国城市篮球邀请赛在南昌县举行，赛事为期5天，西安、上海、南昌等12支城市代表队参赛。

△　樟树市药都大桥通车。该桥总投资9.43亿元，路线全长4188米，桥梁长度2529米，其中主跨400米，是赣江单跨跨度最大的桥梁。

△　江西省首个资助贫困大病患者的“慈善医疗救助基金”落户南昌大学二附院。该基金主要用于救助在该院治疗的低保户、建档立卡贫困户重症患者。

9—22日　中国网球协会耐克青少年全国巡回赛在浙江嘉兴举行。江西省16岁以下年龄组运动员吴佳/黄浩远、户华梃/叶一帆在男子双打决赛中包揽冠亚军；黄浩远、叶一帆分获男单项目的冠亚军。

10日　为预防台风“玛莉亚”带来的灾害，全省启动防汛Ⅲ级应急响应并发布地质灾害风险预警。11日，省防总紧急召开防汛防台风调度会。当天20时，台风“玛莉亚”进入江西黎川县境内。

11日　万安县百嘉赣江大桥开工建设。赣江唯一一个汽运渡口“百嘉韶口”渡口将结束使命。

12日　省妇幼保健院选送的“互联网+移动产检”项目在2018年全国智慧医疗创新大赛中夺得总决赛冠军。

13日　第51批中国博士后科技服务团（江西樟树行）活动启动。中国人民解放军总医院、中国中医科学研究院、国家食品药品监督管理总局高级研修学院、沈阳药科大学等高校、医院、科研机构的19名博士后齐聚樟树，为樟树医药发展献计出力。

15日　2018年广昌吉尼斯世界纪录挑战嘉年华结束。最终，甘竹镇的刘先英、刘枚美均以91个莲子的成绩创下1分钟从莲蓬中剥出最多莲子的吉尼斯世界纪录。驿前镇的赖燕梅以1分53秒的成绩创下最快时间将10个莲子剥皮去芯（制成通芯白莲）吉尼斯纪录。

△　《2018年中国高等职业教育质量年度报告》发布会在北京召开。报告向社会发布高等职业院校国际影响力50强榜单，江西外语外贸职业学院入选，成为江西省连续2年唯一入选的高职院校。

16日　省委召开设区市市委书记座谈会。省委书记、省长刘奇主持并讲话。他强调要持续加强作风建设，抓好工作落实，加快建设富裕美丽幸福现代化江西。省领导李炳军、毛伟明、殷美根、赵力平、肖毅出席。

△　江西航空开通南昌—北京的航线。省委常委、副省长刘强出席首航暨“天下英雄城——南昌”号发布活动。

17日　省委8个巡视组以“一托三”的方式全部进驻24个被巡视地方、单位，全面启动十四届省委第3轮巡视。

△　由国务院新闻办公室主办、江西省政府新闻办公室及景德镇市委、市政府承办的“感知中国·丝路瓷行”中国陶瓷文化展在约翰内斯堡非洲博物馆开幕。景德镇的160余件（套）陶瓷作品在此展出。

17—18日　全省殡葬改革工作现场推进会在赣州市召开。省委书记、省长刘奇出席并讲话。他强调，要全面深化殡葬改革，大力推进移风易俗，促进精神文明、生态文明建设再上新水平。省领导李炳军、龚建华、刘卫平出席，民政部副部长高晓兵出席并讲话，副省长胡强主持会议。

17—20日　民政部副部长高晓兵率国务院消防工作第四考核组到江西考核2017年度消防工作，并对江西省汛期和暑期安全防范及应急处置工作进行检查。副省长秦义代表省政府汇报全省2017年度消防工作。

18日　九江江州风电220千伏送出工程13#—16#完成张力放线施工作业，实现江西主电网建设的首次长江大跨越。

18—21日　全国人大常委会副委员长艾力更·依明巴海率执法检查组到赣，就防震减灾法实施情况进行执法检查。检查组充分肯定江西防震减灾工作所取得的成效。

19日　2018年江西省与跨国公司(上海)合作交流会在上海举行，副省长吴忠琼出席并致辞。会后举行项目签约仪式，共达成合作项目21个，合同投资金额29.82亿美元。

△　省发改委公布江西省理顺天然气价格相关举措，居民和非居民用气省门站价格并轨，降低省内天然气短途管道运输价格和非居民用气终端销售价格，加快建立完善上下游价格联动机制。此次居民用气销售价格不调整。

19—23日　中共中央政治局常委、全国人大常委会委员长栗战书在江西调研，在赣州、南昌、九江、景德镇等地同干部群众深入交流，了解地方经济社会发展和人大工作情况。

20日　南昌铁路枢纽横岗联络线开通启用，南铁开行南昌至南昌环鄱阳湖动车1对。这是全国首趟“环湖”动车，分顺环和逆环运行，途经南昌、九江、鄱阳、景德镇、婺源、上饶、鹰潭、抚州等地。

△　全国政协在南昌召开中共中央总书记习近平关于加强和改进人民政协工作的重要思想学习研讨情况闽赣粤琼政协片区座谈会。全国政协副主席李斌主持会议并讲话。江西省政协主席姚增科、福建省政协主席崔玉英、广东省政协主席王荣、海南省政协主席毛万春、深圳市政协主席戴北方、厦门市政协主席张健等15位代表作发言。

△　由江西中医药大学热敏灸团队制定的《热敏灸技术操作规范(SCM0023-2018)》被批准为世界中医药学会联合会国际组织标准，这是江西首个中医国际组织标准。

21—29日　由省政府主办、省体育局、南昌市政府、中国网球协会承办的2018江西网球公开赛开赛。这是江西省有史以来举办的级别最高、规模最大的国际网球赛事。吸引20多个国家和地区的50多名运动员参赛。中国选手王蔷获女单冠军，奖金4.3万美元，积分280分；中国组合蒋欣纡/汤千慧获女双冠军，奖金1.23万美元，积分280分。

22日　在2018年印度尼西亚雅加达举办的亚洲青年羽毛球锦标赛混合团体决赛上，中国队3:0战胜日本队，江西青年运动员李诗沛作为主力单打出战，为中国队拿下关键1分。

△　全国人大常委会副委员长、农工党中央主席陈竺率农工党中央调研组在赣开展癌症综合防治调研，并在江西省肿瘤医院召开座谈，听取江西省开展癌症综合防治情况汇报和医疗专家的意见、建议。

△　江西省攀岩队小将马福平在2018年中国攀岩联赛第3站的比赛中，获男子速度决赛金牌。

23日　省委常委会召开会议，学习中共中央总书记习近平对推进中央和国家机关党的政治建设作出的重要指示和中央财经委员会第2次会议精神；分析当前经济形势，部署下半年经济工作；传达学习中共中央政治局常委、全国人大常委会委员长栗战书在江西调研时的讲话精神。会议决定，省委十四届六次全体(扩大)会议于7月底在南昌召开。省委书记、省长刘奇主持会议。

△　全省县级综合年鉴全覆盖推进会在吉水县召开。会议交流各地年鉴全覆盖工作中取得的成果、形成的基本经验和存在的问题。中国地方志指导小组秘书长冀祥德出席会议并进行专题指导。

24日　省委书记、省长刘奇主持召开全省党员领导干部警示教育会议，全省万名领导干部齐上警示教育课。刘奇强调，要深刻汲取李贻煌等腐败案件教训，保持政治定力，突出问题导向，强化责任担当，以滚石上山的劲头，把反腐败斗争进行到底，坚决全面彻底肃清苏荣案余毒。省委、省人大常委会、省政府、省政协领导班子成员出席会议。

△　江西省第8次归侨侨眷代表大会在南昌召开。省委书记、省长刘奇出席并讲话。他强调，要进一步凝聚侨心，汇集侨智、发挥侨力、维护侨益，齐心协力建设富裕美丽幸福现代化江西。省领导姚增科、李炳军等出席，中国侨联党组成员隋军讲话。

△　江西省光彩事业促进会第四次会员代表大会暨四届一次理事会议在南昌召开。省委常委、省委统战部部长陈兴超出席会议并讲话，省政协副主席、省工商联主席雷元江出席。会议选举产生省光彩事业促进会新一届理事会领导班子。

△　在第八届全国大学生机械创新设计大赛决赛上，南昌航空大学航空制造工程学院学生设计发明的“回转梳齿升降立体车库”获一等奖。

25日　省委书记、省长刘奇在南昌会见俄罗斯巴什科尔拖斯坦共和国总理马尔丹诺夫。省委常委、省委秘书长赵力平参加会见。

△　省侨联八届一次全委会议举行，选举产生新一届省侨联领导班子和领导机构。省委副书记李炳军出席会议并讲话。省人大常委会副主任马志武出席会议。

△　省委书记、省长刘奇主持召开基层干部群众座谈会，听取基层代表对省委工作的意见建议。省领导刘强、赵力平参加座谈。

△　第二十二届中国大学生羽毛球锦标赛在黄冈师范学院闭幕。江西师范大学代表队获学生乙组女子团体冠军、女子单打冠亚军、女子双打亚军2金2银，实现江西省大学生羽毛球项目在全国大赛金牌零的突破。

△　南昌市东湖区青蓝少儿京剧社表演的集体京剧节目《天女散花》获第22届“中国少儿戏曲小梅花荟萃”十佳优秀奖。

△　《钨科技(英文)》期刊创刊，江西实现英文期刊零的突破。《钨科技》由省教育厅、江西理工大学与中国有色金属学会共同主办。

25—27日　江西省十三届人大常委会第4次会议在南昌举行。会议传达学习中共中央政治局常委、全国人大常委会委员长栗战书在江西调研时讲话精神。

25—31日　江西省第四届百县青少年“三人制”篮球运动会在九江市体育中心体育馆举行,全省11个设区市100个县(区)的163支男女青少年篮球队参赛。南昌市东湖区代表队包揽男子组、女子组双项冠军;萍乡市安源区代表队和南昌市南昌县代表队分获男子组、女子组团体亚军;九江市永修县代表队和武宁县代表队分获男子组、女子组季军。

26日　由省法院、江西日报社主管主办的“法媒银”平台获评全国政法智能化建设十大创新案例。

27日　全省安全生产电视电话会议召开。省委书记、省长刘奇出席并讲话。刘奇强调,要坚决守住安全底线,不断提升治理效能,为全省高质量发展提供可靠安全保障。省领导孙菊生、吴晓军出席会议。

△　省委书记、省长刘奇主持召开第7次省政府常务会议,研究部署推进省属国有企业高质量发展、城市安全发展,实施河长制湖长制等工作,研究省政府8月份重点工作。

△　经省机构编制委员会批复,赣江新区环境保护局挂牌成立。

△　由中国健康促进与教育协会主办的首届健康教育微电影(微视频)“金孔雀奖”颁奖,南昌市卫计宣教中心创作的微电影《奶奶的悔悟》获最佳微电影(健教)奖。

△　江西省第十三届人民代表大会常务委员会第4次会议修订通过《江西省电信条例》,修订后的条例自2018年10月1日起施行。

28日　江西外语外贸职业学院组成的“道溪香味”团队,获第八届全国大学生电子商务决赛一等奖。

29日　瑞金市、万安县、永新县、广昌县、上饶县、横峰县退出贫困县序列。

30—31日　省委第十四届六次全体(扩大)会议在南昌召开。省委书记、省长刘奇代表省委常委会作工作报告。省委委员、候补委员出席会议,不是省委委员、候补委员的省级领导列席会议。刘奇强调,要从更高层次贯彻落实中共中央总书记习近平重要要求,共绘新时代江西物华天宝人杰地灵新画卷。省纪委等6家单位负责人对提请大会的有关文件起草情况作说明。

31日　江西省首张电子社保卡在新余签发。

8　月

1日　中共中央决定:易炼红任江西省委委员、常委、副书记。

△　省扫黑除恶专项斗争领导小组会议在南昌召开。省委常委、省委政法委书记、省扫黑除恶专项斗争领导小组组长尹建业出席并讲话。副省长秦义主持会议,省法院院长葛晓燕、省检察院检察长田云鹏出席。

△《江西省直机关事务管理办法》实施,从加强机关运行经费、资产和服务管理3方面着手降低机关运行成本,提高保障水平。

1—2日　全省污染防治攻坚战现场推进会在景德镇市召开,省委常委、副省长刘强出席会议并讲话。与会代表先后考察陶溪川、环卫一体化设施、石岭安置房、地下综合管廊、景德镇焦化工业集团等项目。

2日　省委书记、省长、省委全面深化改革领导小组组长刘奇主持召开十四届省委深改组第15次会议。他强调,要以更大力度更实举措深入推进改革攻坚,为高质量跨越式发展开拓道路提供保障。省领导易炼红、李炳军、孙新阳、赵爱明、尹建业、赵力平、施小琳、周萌、龚建华、孙菊生、吴晓军、吴忠琼、胡强、陈俊卿、葛晓燕、田云鹏出席。

△　由江西省与北京航天航空大学共建的北航江西研究院在南昌揭牌成立。

3日　省委常委会召开会议,学习7月31日中央政治局会议精神,学习中共中央总书记习近平在中央政治局第七次集体学习时的重要讲话精神,研究部署江西省党内法规制度建设等工作。省委书记、省长刘奇主持会议。

△　江西省召开新一代宽带无线移动通信网国家科技重大专项(“03专项”)成果转移转化试点示范工作推进会。省委书记、省长刘奇出席并讲话。刘奇强调要打造物联江西,拥抱智慧时代,奋力推动高质量跨越式发展。会上,华为等企业与江西省有关地方、部门签署一批研发、产业合作协议。

4—5日　由中国医药工业信息中心主办的2018年(第35届)全国医药工业信息年会在上海举行,会上发布2017年度中国医药工业百强企业名单。江西济民可信集团、仁和集团、青峰医药集团上榜。

5日　国家中药材产业技术体系中药材科技创新兴国基地在兴国揭牌。

6日　江西省第十三届人大常委会第5次会议在南昌举行。省人大常委会党组书记、副主任周萌先后主持第1次、第2次全体会议。省人大常委会副主任朱虹、马志武、龚建华、冯桃莲等,秘书长韩军和委员共59人出席会议。会议审议通过省人大常委会关于接受刘奇辞去江西省人民政府省长职务的请求的决定,决定任命易炼红为江西省人民政府副省长、代理省长职务。

△　省政府召开生态环境保护工作座谈会。省委副书记、代省长易炼红出席并讲话。他强调要以铁腕治理污染,以大爱保护环境,高标准打造好美丽中国“江西样板”。省委常委、副省长刘强主持座谈会。

6—12日　由中国台球协会、世界职业斯诺克协会、江西省体育局、上饶市政府共同主办,玉山县政府、江西星牌体育发展有限公司联合承办的玉山“红睿马”杯2018斯诺克世界公开赛在玉山一中体育馆举行。这项世界职业斯诺克顶级排名赛事共吸引72位世界顶级球星参加,最终马克·威廉姆斯获冠军。

7日　省委副书记、代省长易炼红到省防汛抗旱总指挥部,调度防汛抗旱工作。副省长胡强主持调度会。

8日　省政府发布《江西省贯彻〈关于促进两岸经济文化交流合作的若干措施〉的实施办法》(简称江西惠台60条),将国家“惠台31条”措施细化为60项举措。

△　江西首个VR体验科普教育基地——南昌“遨天一号”太空科技体验馆落户南昌华南城。

8—15日　“维克多”杯全国羽毛球单项竞标赛在南昌国体中心举行。辽宁省张维伊获男单冠军,湖南省周萌获女单冠军。赛事由中国羽毛球协会主办,南昌市体育局承办,是江西省首次承接的最高规模的羽毛球赛事。

10日 省文化厅、省新闻出版广电局、省残联主办的“知法于心、守法于行”全省盲人演讲比赛总决赛在江西省图书馆举行。全省9个设区市的11名盲人选手参赛。吉安市杨虹以《法治路上,也要镌刻我们闪亮的光环》获一等奖,宜春市2名选手获二等奖,南昌市、吉安市和九江市的3名选手获三等奖。

13日 省政府召开全省金融工作座谈会。省委副书记、代省长易炼红出席并讲话。易炼红强调要防范化解金融风险,更好服务实体经济,助力全省高质量跨越式发展。省委常委、常务副省长主持座谈会。

16日 省委常委会召开会议,学习中共中央总书记习近平在中央财经委员会第2次会议上的重要讲话精神,研究部署全省贯彻落实措施。省委书记刘奇主持会议。

△ 省政府召开科技创新工作座谈会。省委副书记、代省长易炼红出席并讲话。易炼红强调要真抓实干,务实进取,加快迈进创新型省份行列。副省长吴晓军主持座谈会。

△ 省残疾人联合会第7次代表大会在南昌召开。会议总结上一届工作,研究部署下一届省残联工作任务,选举产生省残联新一届主席团和执行理事会。省领导刘奇、易炼红、姚增科等出席,李炳军讲话。

△ 南昌瑶湖机场正式启用,已使用83年的南昌青云谱机场停止使用并搬迁。

△ 抚州至德国汉堡中欧班列开行。

△ “中国红·江西篇”红色文化寻访活动启动。全国10多名“金话筒”主持人和全国五一劳动奖章获得者、三八红旗手、巾帼标兵、劳动模范参与活动。

17日 全省实施乡村振兴战略暨改善农村人居环境工作推进会议在南昌召开。省委书记刘奇出席并讲话。省委副书记、代省长易炼红主持会议,省领导刘强、赵力平、周萌、胡强、刘卫平出席。会议传达学习全国实施乡村振兴战略工作推进会议和全国改善农村人居环境工作现场推进会议及中共中央总书记习近平重要指示精神。

△ 第18届亚运会亚组委举办宁红亚运礼品茶交接仪式。江西宁红集团所产的宁红金毫成为该届亚运会礼品茶赠给亚运会贵宾和运动员。

18日 江西青山湖高新技术产业园区举行更名挂牌仪式,由南昌昌东工业区更名为江西青山湖高新技术产业园区。

19日 江西省举行首个中国医师节主题活动。省委书记刘奇向全省医务人员致以节日问候,副省长孙菊生出席活动。

△ 德兴籍军人董顺发被中国人民武装警察部队授予第五届“十大标兵士官”称号,是全国海警队伍唯一代表。

20日 省政府召开全省民生工作调度推进会。省委副书记、代省长易炼红出席并讲话。省委常委、常务副省长毛伟明主持会议。省财政厅、省扶贫和移民办、省人社厅、省民政厅、省卫计委、省教育厅和省新村办等单位负责人作发言。

△ 江西铜业集团有限公司等7家江西国企入选国企改革“双百行动”。

△ 新余市仙女湖与台湾地区南投日月潭缔结为姊妹湖签约仪式在南投县举行。

21日 抚州市东乡区体校学生饶鑫生在2018年全国U18U17举重冠军赛上获3枚金牌。

△ 上高“8·20”持枪杀人案嫌犯况玉林在上高县锦江镇南源村被武警江西总队宜春支队官兵击毙。

△ 由第三代半导体产业技术创新战略联盟(CASA)、国家半导体照明工程研发及产业联盟(CSA)、江西省科技厅、南昌市政府共同主办,由南昌市科技局、南昌高新区管委会承办的第三代半导体光电产业创新发展大会在南昌高新区举行。

23日 省政府召开安全生产工作推进会。省委副书记、代省长易炼红出席并讲话。副省长吴晓军主持会议。省安委会办公室和12个安全专业委员会负责人作发言。

△ 省委理论中心组举行第7次集体学习会。省委书记刘奇主持并讲话,省领导易炼红、李炳军、陈兴超、杨笑祥发言,省委理论学习中心组成员出席。中央党校党建教研部原副主任、教授、博士生导师戴焰军作辅导报告。

△ 省政府召开民营企业座谈会。省委副书记、代省长易炼红出席并讲话。副省长吴晓军主持,省政协副主席、省工商联主席雷元江出席。

△ 国务院大督查第十四督查组到江西省开展实地督查。省委副书记、代省长易炼红与督查组组长、住房和城乡建设部副部长黄艳出席督查衔接会。省委常委、副省长刘强出席衔接会。

△ 省扶贫开发领导小组会议在南昌召开,调度推进全省脱贫攻坚“夏季整改”工作并审议《关于打赢脱贫攻坚战三年行动的实施意见》等文件。副省长胡强出席并讲话。

24日 亚布力论坛中国知名企业家江西恳谈会在南昌举行。省委书记刘奇出席并致辞,省领导易炼红、陈兴超、赵力平、吴忠琼、雷元江出席。亚布力中国企业家论坛原名誉主席、前中国银监会主席刘明康、亚布力中国企业家论坛理事长、泰康保险集团董事长兼CEO陈东升等出席会议。

△ 省委常委会召开会议,传达学习全国宣传思想工作会议精神,学习中央政治局常务委员会会议精神,研究全省贯彻落实意见。省委书记刘奇主持会议。

△ 省委常委会召开会议,学习贯彻习近平强军思想,学习中共中央总书记、国家主席、中央军委主席习近平在中央军委党的建设会议上的重要讲话精神,听取设区市党管武装工作考评情况汇报,研究进一步加强党管武装工作。省委书记刘奇主持会议。

△ 省政府办公厅印发《江西省市县政府耕地保护责任目标考核办法》,每年开展1次市县政府耕地保护责任目标考核。考核结果作为市县政府领导干部实绩考核、领导干部自然资源资产离任审计和生态文明建设目标评价考核的重要依据。

25—26日 以“中国经济:初心与再出发”为主题的2018亚布力中国企业家论坛夏季高峰会在南昌举行,来自国内的商界翘楚和专家学者参会。省委副书记、代省长易炼红出席开幕式并致辞。黑龙江省政协主席黄建盛,亚布力中国企业家论坛原名誉主席、前中国银监会主席刘明康出席。

26日 全省组织工作会议在南昌召开。省委书记刘奇出席并讲话。刘奇强调要坚定不移贯彻新时代党的组织路线,开创全省党的建设和组织工作新局面。省领导李炳军、殷美根、肖毅出席。省委常委、省委组织部部长赵爱明主持并作总结讲话。

27日 省委副书记、代省长易炼红主持召开第9次省政府常务会议,学习贯彻中央政治局常务委员会会议精神,进一步加强疫苗及药品食品安全工作;审议通过《江西省人民政府工作规则(修订稿)》;研究部署促进经济稳增长、优化营商环境和脱贫攻坚等工作;研究9月份重点工作。

△ 江西商标品牌研究院在江西师范大学瑶湖校区揭牌成立。该研究院是在江西工商行政管理局倡导支持下,由江西省商标品牌协会与江西师范大学合作成立的学术研究机构,旨在服务江西商标管理和品牌培育,提升品牌竞争力。

△ 资溪现代竹产业科技园在资溪县高阜镇开园,这是全省首个竹加工产业园。

28日 省委常委会召开会议,传达学习中共中央总书记习近平在推进"一带一路"建设工作5周年座谈会上的重要讲话精神,研究全省贯彻落实意见。省委书记刘奇主持会议。

28—29日 全省工业强省推进会在赣州举行。省委书记刘奇出席并讲话。省委副书记、代省长易炼红主持,省领导李炳军、赵力平、吴晓军、陈俊卿等出席。其间,与会人员分组考察赣州重大项目、重点园区、重点产业建设情况,赣州市、南昌市、吉安市、樟树市、上饶经开区作典型发言。

30日 省委常委会召开会议,学习中共中央总书记习近平在中央全面依法治国委员会第1次会议上的重要讲话精神,学习修订后的《中国共产党纪律处分条例》,传达学习深化扶贫领域腐败和作风问题专项治理工作推进会精神,研究全省贯彻落实意见。省委书记刘奇主持会议。

31日 由南京大学、复旦大学主办的第二届国际存储和计算研讨会在吉安市召开。国内外79名专家学者针对全球存储和计算产业新业态、行业新热点、企业新发展进行专题研讨。

31日至9月2日 第十六届赣台(南昌)经贸文化合作交流大会在南昌举行,大会共签约项目77个,签约投资总额41.2亿美元。

9 月

1日 在亚洲运动会女子四人皮艇500米决赛中,江西省水上运动管理中心运动员杨佳丽与国家队队友一道获得冠军。

△ 昌赣高铁最长隧道——万安隧道贯通。万安隧道位于万安县境内,全长13.93千米,穿越18条断层、15个褶皱带,是全线重点控制性工程。

3日 省委书记刘奇主持召开2018年省级总林长第1次会议。省委副书记、代省长易炼红出席并讲话。会议审议通过江西省省级林长名单及责任区域。省委书记刘奇担任省级总林长,省委副书记、代省长易炼红担任省级副总林长。省领导李炳军、殷美根、朱虹、冯桃莲、胡强、陈俊卿、肖毅、刘卫平分别担任赣州、南昌等8个责任区域内省级林长。

4—5日 博茨瓦纳共和国总统莫克维齐·马西西携夫人和女儿在江西访问。博茨瓦纳国家情报与安全局局长马佐西、驻华大使帕拉伊一同到访。中国驻博茨瓦纳大使赵彦博,省人大常委会副主任周萌陪同访问。5日,省委书记刘奇在庐山会见博茨瓦纳共和国总统马西西一行,赵彦博,省领导赵力平、周萌参加会见。

5日 2018年泛珠三角区域合作行政首长联席会议在广州召开。泛珠区域"9+2"各方行政首长出席会议。受省委副书记、代省长易炼红委托,江西省委常委、常务副省长毛伟明围绕大会主题作发言。会上,泛珠区域"9+2"各方行政首长审议通过《2018年泛珠三角区域合作行政首长联席会议纪要》。

△ 由"9+2"各方政府共同主办,由广东省政府、江西省政府联合承办的第十二届泛珠三角区域合作与发展论坛暨经贸洽谈会在广州举行,大会主题为"共享湾区机遇 开放创新发展"。省委副书记、代省长易炼红率江西省政府代表团出席泛珠大会,并在开幕式上致辞。

5—6日 赞比亚共和国总统埃德加·查格瓦·伦古在江西省进行友好访问。赞比亚外交部部长约瑟夫·马兰吉,商业、贸易与工业部部长克里斯托弗·亚卢马,穆钦加省省长马罗佐·西琼尼,总统事务部部长弗里德姆·西卡祖韦,矿业部部长理查德·穆素瓦,国家规划部部长亚历山大·奇特姆,驻华大使维妮·奇贝萨孔达一同到访。中国驻赞比亚大使李杰,副省长吴忠琼陪同访问。

5—14日 应希腊共和国西希腊大区政府、罗马尼亚雅洛米察省政府、葡萄牙卡斯卡伊斯市政府的邀请,副省长吴晓军率团前往希腊、罗马尼亚和葡萄牙3国访问。

6日 国网江西建设公司建设管理的赣州稍江220千伏变电站投运。这是江西省首座装配式变电站。

6—7日 庆祝第三十四个教师节暨2018·中国教师发展论坛在江西师范大学举行。论坛主题为"义务教育城乡一体化背景下的教师队伍建设"。全国人大常委会副委员长、民进中央主席蔡达峰,全国政协副主席、民进中央常务副主席刘新成出席论坛并讲话。省委书记刘奇汇报有关工作。全国政协副秘书长、民进中央副主席朱永新,全国人大常委会委员、民进中央副主席庞丽娟,全国人大常委会委员、民进中央副主席兼秘书长高友东出席论坛有关活动。省委常委、省委组织部部长赵爱明出席论坛并致辞,省政协副主席、民进省委会主委汤建人出席。

7日 全国首家监狱自办的面向服刑人员的职业中专学校——江西启明职业中等专业学校揭牌仪式暨开学典礼在江西省未成年犯管教所举行。全国人大常委会委员、民进中央副主席兼秘书长高友东,省政协副主席、民进江西省委会主委汤建人出席。

12日 应日本岐阜县知事古田肇和韩国全罗南道知事金瑛録的邀请,省委常委、常务副省长毛伟明率江西省代表团前往日本、韩国进行为期8天的访问。

△ 江西省参与"一带一路"建设和推动长江经济带发展领导小组召开第5次会议。省委副书记、代省长易炼红主持会议并讲话。

△ 国家铁路局与省政府签署合

作共建华东交通大学协议，华东交大成为国家铁路局与地方政府共建的第二所高校。

12—23日　由省政府主办的第九届环鄱阳湖国际自行车大赛开赛。大赛以“骑遍神州大地 江西风景独好”为主题，吸引6大洲31个国家和地区22支职业车队130多名运动员参赛。比赛分11赛段，涉及11个设区市，总赛程1046.5千米，赛事总奖金25万美元。德国助力车队继上年后再获团体总成绩冠军，荷兰猴城乐园车手马尔滕获个人总成绩第一名。中国熊猫车队彭源堂获最佳大中华运动员总成绩第一名。

13日　省委召开县(市、区)委书记座谈会。省委书记刘奇出席会议并讲话。他强调在比学赶超中狠抓落实，在争先进位中奋发向上。省委副书记、代省长易炼红主持。省委、省人大常委会、省政府、省政协领导班子成员，省法院、省检察院主要负责人出席会议。11个县(市、区)委书记围绕贯彻落实省委十四届六中全会决策部署发言。省委有关部门、省直有关单位主要负责人在主会场出席会议，各设区市、县(市、区)四套班子成员，乡镇党政主要负责人在分会场出席会议。

△　全球食品产业发展趋势论坛暨长江食品(瑞金)科技产业园签约仪式在南昌举行。省委副书记、代省长易炼红会见诺贝尔化学奖获得者、美国斯坦福大学终身教授罗杰·科恩伯格等与会嘉宾。

14日　省委常委会召开会议，研究深入实施“共抓大保护、不搞大开发”，推动长江经济带高质量发展工作。省委书记刘奇主持会议。

△　在第九届中国技术市场金桥奖评审中，江西省获奖21项，实现历史性突破。江西省推荐的南昌市技术市场管理办公室、南昌金轩科技有限公司等5家单位获先进集体，北京通用航空江西直升机有限公司“JH-1无人直升机研发”、国家日用及建筑陶瓷工程技术研究中心“绿色环保陶瓷透水砖的制备与开发”等10个项目获优秀项目，江西师范大学马勇、新余山海企业服务有限公司韩荣春等6人获先进个人。

17日　省委、省政府发布《关于加快文化强省建设的实施意见》。

17—20日　省委书记刘奇，省委副书记、代省长易炼红率江西省党政代表团赴浙江、上海学习考察。

22日　由省农业厅和宜春市政府主办的首届中国农民丰收节江西系列活动在高安市举行，活动以“赣鄱大地庆丰收，秀美乡村展新貌”为主题。其间，举办10项系列庆祝活动，包括“欢庆丰收年”开幕式和“丰收赣鄱”欢庆晚会2项重大活动和农产品花车狂欢大巡游、江西农民艺术展演长廊、江西特色民俗表演、丰收长桌宴、空中礼赞江西农业、江西休闲农业乡土美食推介、农耕技能大赛、“生态鄱阳湖·绿色农产品”展示展销等8大主题活动。

25日　全省宣传思想工作会议在南昌召开。省委书记刘奇出席并讲话。省领导殷美根、赵力平、吴忠琼、肖毅出席。省委常委、省委宣传部部长施小琳主持会议并作总结讲话。

△　驻赣部队全面停止有偿服务工作军地协调领导小组召开第3次会议。省委书记刘奇主持会议。省党政军领导易炼红、毛伟明、杨笑祥、吴亚非、方建华、李晓亮、徐金华、徐云飞出席会议。

26日　俄罗斯彼尔姆边疆区(江西)友城合作日活动在南昌举行。省委书记刘奇会见彼尔姆边疆区州长雷谢特尼科夫一行，省委副书记、代省长易炼红与雷谢特尼科夫分别代表江西省与俄罗斯彼尔姆边疆区在南昌签署进一步深化交流合作备忘录。作为友城合作日系列活动之一的俄罗斯彼尔姆边疆区高校江西教育展在南昌举行，南昌大学等省内院校分别与俄罗斯彼尔姆国立药学院等彼尔姆边疆区院校签署合作协议。

26—27日　省委、省政府召开全省全面深化改革开放工作现场推进会。省委书记刘奇出席并强调，思想再解放，改革再攻坚，开放再提升，环境再优化，努力打造新时代全面深化改革开放新高地。省委副书记、代省长易炼红主持会议。省委常委，其他担任省委全面深化改革领导小组成员和各专项小组组长、副组长的省级领导出席会议。

27日　省委、省政府召开全省脱贫攻坚工作电视电话会议，启动“秋冬会战”。省委书记刘奇出席并讲话。省委副书记、代省长易炼红主持会议，省领导李炳军、赵力平出席。副省长胡强通报国务院扶贫开发领导小组督查组对江西省督查情况，就脱贫攻坚“秋冬会战”行动方案作说明。

△　江西省与中航工业集团举行会谈。省委书记刘奇、中航工业集团董事长谭瑞松出席并讲话。省委副书记、代省长易炼红介绍江西经济社会发展和航空产业发展情况。

28日　2018年汤显祖戏剧节暨国际戏剧交流月活动在汤显祖故里——抚州市举行。全国政协副主席刘奇葆出席开幕式并讲话，省委副书记、代省长易炼红致辞。汤加驻华大使陶阿伊卡·乌塔阿图，全国对外友协副会长户思社，省政协副主席、抚州市委书记肖毅，中国戏剧家协会副主席季国平，英国驻广州总领事馆代总领事欧安杰，西班牙驻华使馆文化参赞格罗丽亚·明格斯致辞。副省长吴忠琼主持开幕式。斯洛伐克驻华大使杜尚·贝拉，中国文联副主席赵实，省领导陈俊卿、雷元江、田云鹏出席。

同月　经国务院批准，九江出口加工区升级为九江综合保税区，成为江西省继赣州、南昌之后第3个综合保税区。

10　月

9日　省政协十二届第14次主席会议在南昌召开。会议传达学习全国政协“习近平总书记关于加强和改进人民政协工作的重要思想理论研讨会”精神，审议通过《召开江西省政协十二届三次常委会议方案(修订稿)》《政协江西省委员会全体会议工作规则(修订稿)》《政协江西省委员会常务委员会工作规则(修订稿)》《政协江西省委员会委员履职工作规则(修订稿)》。

11—12日　由中国汽车工业协会、赣州市政府、江西省工信委、中国汽车技术研究中心共同主办的2018中国汽车产业区域经济峰会在赣州举行。国内汽车行业知名专家、知名汽车整车及零部件企业负责人、赣州新能源汽车产业相关企业负责人等350余人参会。

12—14日　由人社部、国家发改委、科技部、共青团中央、中国残联举办的第三届“中国创翼”创业创新大赛全国选拔赛及决赛在河南省郑州市举行。宜丰县选送的“建筑装饰浮法微晶玻璃项目”获主体赛创新组一等奖，这是江西省首次在此项全国性大赛中获得一等奖。该项目是江西鼎盛玻璃实业有限公司同武汉理工大学沙河玻璃研究院合作研发的科创成果，该条生产线是全球首条浮法工艺生产微晶装饰材料生产线，是微晶装饰材料生产工艺的一次革命。

13日 在阿根廷布宜诺斯艾利斯举行的2018年第三届夏季青年奥林匹克运动会羽毛球男子单打决赛中，代表中国队出战的江西运动员李诗沣2比0战胜印度球员拉克什亚，夺得男子单打冠军。这是江西羽毛球运动员在青奥会历史上取得的第一枚金牌。

13—15日 在教育部等13部委和福建省政府共同主办、厦门大学承办的第四届中国“互联网+”大学生创新创业大赛中，江西获4金8银27铜，获金奖数量和获奖总量均为历届之最，实现奖项全覆盖。其中，获奖总数排名全国第二，综合成绩排名全国第五，在全国地方高校蝉联第一。南昌大学的“识光人”、江西师范大学的“芒果青年”、华东交通大学的“佳时特”、江西外语外贸职业学院的“缘蜜”4个项目获金奖。

14日 为期5天的第十一届中国民间艺术节暨第十四届中国民间文化山花奖·优秀民间艺术表演（民歌）初评在兴国县闭幕。全国共有22个省、市、自治区，以及汉、回、壮、维吾尔、蒙古族等民族的多支民歌表演队伍同台演绎，展示全国各民族山歌的魅力。中国民间艺术节是经中宣部批准，由中国文联和中国民间文艺家协会共同主办的国内唯一的国家级民间艺术节，是中国民间文艺界规模最大、规格最高的国家级文化盛事。

15日 2018年森林城市建设座谈会在深圳召开，全国绿化委员会、国家林业和草原局授予萍乡市等27个城市“国家森林城市”称号，江西省成为全国第一个也是唯一一个“国家森林城市”设区市全覆盖的省份。会上，武宁县、崇义县获全国首批县级“国家森林城市”称号。

16日 2018江西智库峰会在南昌举行。峰会以“改革攻坚，开放提升，加快推进江西高质量跨越式发展”为主题，邀请全国知名专家学者发挥智库“外脑”“智囊”作用，为江西高质量跨越式发展提供理论支撑和智力支持。中国工程院、中国科学院、中国社科院、北京大学、清华大学、复旦大学等科研院所、高校专家学者，省重点新型智库试点建设单位的首席专家和骨干成员共300余人出席主论坛。

△ 省红十字会将获赠的5台自动体外除颤器（AED）投放南昌昌北国际机场，用于应急救援工作，标志江西省首批AED设备投放公共场所。

△ 省妇联、赣州市政府联合举办的全省第二届妇女创业创新大赛决赛在赣州市举行，9名选手参加决赛。最终，李韦荣的《将军故里——“方太妹”茶之路》、曾光的《基于大数据的新一代安全运营平台》、刘凤仙的《“鱼米农夫”稻渔综合种养智慧田园综合体》获冠军，容蓉的《新型钢结构防火涂料》、肖颖洁的《乐晚晴养老服务》、敖晓秋的《“生态辣木”康疗共享》获亚军，陆艳霞的《“女娃娘娘”成长记》、黄美园的《智能输变电产品产业化项目》、邱冬英的《美丽从头开始》获季军。

△ 2018年首届国际旅游名村·篁岭村长峰会在婺源举行。来自法国Champigny-en-beauce村、匈牙利Holloko鸦石村、台湾龙目村等国内外旅游名村的近百名村长参会，畅谈乡村发展特色与状况，共同探讨如何通过理论创新和实践，创造核心竞争力，促进乡村振兴。

16—18日 樟树第49届全国药材药品交易会在樟树举办。中国中药、北京同仁堂、天津天士力、西安必康等一批全国百强制药企业，以及全国各地7600多家医药企业参会参展。参会医药专业代表10万多人次，参展品种超2.3万个，开幕式当天成交额超60亿元。其间，还举办一系列高端学术研讨活动，开展中医药技术研讨、信息发布、标准研究、合作洽谈等，增进中医药产业界的交流对话。

17日 省十三届人大常委会第7次会议在南昌举行。会议审议并表决通过江西省第十三届人民代表大会第二次会议议程（草案）、主席团和秘书长名单（草案），决定提请江西省第十三届人民代表大会第二次会议预备会议审议；审议并表决通过《江西省人民代表大会常务委员会关于接受鹿心社辞去江西省人民代表大会常务委员会主任职务的请求的决定》和省人大常委会代表资格审查委员会关于代表资格的审查报告。

△ 推进江西国家生态文明试验区建设部省恳谈会在北京召开。省委书记刘奇出席并讲话，省委副书记、代省长易炼红主持会议。国家发改委副主任张勇，自然资源部副部长赵龙，国家林业和草原局局长张建龙，中国人民银行副行长陈雨露，中国农科院党组书记张合成，国家市场监督管理总局总工程师韩毅，住房和城乡建设部总经济师赵晖，水利部总规划师汪安南，国家统计局副局长毛有丰以及科技部、工信部、财政部、生态环境部、农业农村部等国家部委有关负责人；省委常委、常务副省长毛伟明出席会议。

△ 2018年全国脱贫攻坚奖表彰大会暨先进事迹报告会在北京召开，江西省4人1集体获全国脱贫攻坚奖。其中，井冈山市茅坪乡神山村农民彭夏英（女）获全国脱贫攻坚奖奋进奖、抚州市资溪县乌石镇新月畲族村党支部书记兰念瑛（女）获全国脱贫攻坚奖贡献奖、萍乡市莲花县六市乡六市村六市新街居民王振美获全国脱贫攻坚奖奉献奖、江西省广莲食用菌研究所所长谢远泰获全国脱贫攻坚奖创新奖，井冈山市获组织创新奖。

18—22日 2018中国景德镇国际陶瓷博览会在景德镇举行。共有国内外各产瓷区和十大名窑、境外23个产瓷国家和地区的品牌陶瓷企业、世界各地近3000名客商参会。

19—21日 由工信部、江西省政府联合主办的2018世界VR产业大会在南昌举行。大会主题是“VR让世界更精彩”，主论坛以“虚拟现实定义未来信息社会”为主题；平行论坛围绕VR技术研究举办产业生态、人工智能、IEEE标准、5G等主题论坛，围绕VR产业发展举办投资路演、先进制造、动漫、文化旅游等主题论坛，围绕行业应用举办教育培训、娱乐游戏、影视内容、新闻出版等主题论坛。大会邀请国内外VR领域的领军人物、专家学者、企业高管、行业组织负责人以及国际组织代表，其中包括50

多所著名高校的诺贝尔物理学奖得主、院士、教授以及20多家著名研究机构的专家等2000多人参会。中共中央总书记习近平向大会致贺信。大会共有157个协议和项目达成意向，总投资额631.5亿元，涵盖VR产业硬件、软件和应用。

23日　省第十三届人民代表大会第2次会议在南昌举行。大会选举刘奇为省十三届人大常委会主任、易炼红为省人民政府省长。

△　在第四届中国县域电商大会上，2017—2018年电商示范百佳县排行榜发布，江西省赣州市南康区、井冈山市、庐山市、龙南县、新干县、进贤县、定南县入选。

△　教育部中小学名校长领航工程“余卫校长工作室”挂牌仪式暨全国教育科学规划课题“乡土文化融入城市小学教育的探索与实践”中期报告会系列活动在南大附属小学前湖校区举行，余卫成为江西省入选该工程的第一位小学校长。

26日　“美丽中国、乡约江西”2018第十届全国网络媒体江西游活动启动。活动为期4天，来自全国各地重点网络媒体的编辑记者走进永修龙源峡、婺源篁岭等地开展采访采风活动，用镜头和笔记录、传播江西之美，助力江西乡村旅游。

△　由“赣鄱云”承建的遂川县融媒体中央厨房启用，“遂川之声”移动客户端同步上线。这是“赣鄱云”在吉安市建成的首个县级融媒体中央厨房，也是吉安市第一个纳入全省媒体融合“一张网”的融媒体中心。

26—28日　由省工信委、省科技厅、宜春市政府共同主办的2018中国(江西)宜春国际锂电新能源(汽车)产业展览会在宜春举行。共有近百家企业包括世界500强企业4家、上市公司18家参展，参展企业覆盖锂电全产业链。在现场签约仪式中，宜春市与各类锂电新能源企业单位签约16个项目，总金额108.8亿元。

27日　C919成功转场南昌瑶湖机场，全面开启在瑶湖机场的试飞科目。南昌由此成为国产大飞机的核心试飞基地。

28日至11月2日　国务院教育督导委员会督导检查组对江西省县域义务教育发展基本均衡工作进行实地督导检查。2日，督导检查组组长姚喜双反馈督导检查意见：江西此次申报的20个县(市、区)均达到国家规定标准，4个县(区)复查合格，全域实现义务教育发展基本均衡。

28日至11月5日　由省体育局、景德镇市政府承办的第十五届省运会举行。这是江西省历届运动会中设竞赛项目最多、参加人员最多、参与人群最广泛、规模最大的一次运动会。比赛设青少年部、学校部、机关部、社会部4个部别，50个运动大项2060个竞赛小项，22489名运动员参赛，共决出金牌2060枚，青少年部青少年组2人次破2项省纪录，21人次破21项省运会纪录，2人次平两项省运会纪录。运动会首次设立攀岩比赛。

29日　中国科学技术发展战略研究院在浦江创新论坛发布的《中国区域科技创新评价报告2018》显示：江西综合科技创新水平进一步提升，比上年进一位，在全国排第19位，是全国唯一一个连续5年进位的省份。

31日　文旅部、国务院扶贫办、中国农业发展银行联合发布《关于印发全国金融支持旅游扶贫重点项目推荐名单的通知》，共有57个全国金融支持旅游扶贫重点项目入选，江西省有4个，分别是铜鼓县乡村旅游扶贫项目、修水县宁州水乡旅游度假区项目、大余县大余丫山乡村生态度假景区建设项目、会昌县汉仙养生旅游度假区建设项目。

△　赣州港至盐田港“海丝路”班列双向开通。

△　南昌汉代海昏侯国遗址公园墎墩汉墓及墓园保护展示(一期)工程项目开工。

同月　南昌市洪都中医院骨伤十科脊柱微创团队成功完成江西省首例经皮脊柱内镜腰椎椎间融合术(即ELIF手术)，为1位腰椎滑脱并椎管狭窄症患者成功缓解多年的腰背部疼痛及右下肢麻木症状。

11　月

1日　中国人工智能学会发布关于授予70项成果2018年度“吴文俊人工智能科学技术奖”的决定，其中华东交通大学教授杨辉团队的研究成果——“高速动车组节能优化运行关键技术及应用”获吴文俊人工智能技术发明奖一等奖。这是江西在智能科技领域获得的最高奖项。

△　江西省生态气象中心院士工作站揭牌成立，这是全省气象部门首个院士工作站。工作站是省委人才办和省科协联合授牌的省级院士工作站，由中国工程院院士徐祥德带领的院士团队和省生态气象中心入站技术团队组成。

△　由国家艺术基金资助的全国首个VR人才培养项目在南昌结业。全国首个VR人才培养项目是2017年度国家艺术基金全额资助项目，由中国动漫集团负责实施，其目的是为推动VR产业的发展，奠定坚实的VR高端艺术人才基础。

△　南昌滕王阁旅游区举行国家5A级旅游景区揭牌仪式。滕王阁旅游区成为南昌首个、江西第11个国家5A级景区。

1—2日　省十三届人大常委会第8次会议闭会。会议表决通过机构改革后部分省政府组成人员任命名单。刘奇给通过任命的12位省政府组成部门主要负责人颁发任命书。会议还表决通过省人大常委会关于批准《九江市城市湖泊保护条例》的决定、关于批准《九江市人大常委会关于修改〈九江市城区烟花爆竹燃放管理条例〉的决定》的决定、关于批准《宜春市生活垃圾分类管理条例》的决定和人事任免名单。新任省政府组成部门负责人进行宪法宣誓。

2日　第三届中国质量奖颁奖大会在北京召开，江西省井冈山旅游发展总公司、景德镇澐知味陶瓷文化有限公司胭脂红扒花班组获第三届中国质量奖提名奖，实现全省零的突破。

4日　由中国羽毛球协会主办，南昌市羽毛球协会等单位承办的2018全国东西南北中羽毛球大赛(南昌大区)在南昌县体育中心结束。共有江西、河北、河南、广东、福建、广西、四川等10多个省市的200多名羽毛球选手参加。

5日　江西省煤田地质局二二四地质队实施的省地勘基金项目“江西省新余市渝水区石竹山—上高县樟木桥硅灰石矿普查”通过原省国土资源厅组织的资源量评审备案，共探获硅灰石(333 + 334类)资源量矿石量

11033万吨、矿物量6955万吨。其中,333类(推断资源量)矿石量5357万吨、矿物量3478万吨,超过加拿大Seeleys Bay硅灰石矿床,成为世界最大硅灰石矿。硅灰石是一种陶瓷工业的节能原料,也是高性能工程复合材料的增强填料,被广泛应用于陶瓷、化工、冶金等领域。

△ 在“航空工业杯”第六届国际无人飞行器创新大奖赛上,南昌航空大学无人机所自主研制的“H700无人机”在竞技赛旋翼比赛中获冠军。国际无人飞行器创新大奖赛由中国航空工业集团有限公司、中国航空学会主办,全国25支队伍同台竞技。

6日 太平洋财险为江西明迈特实业有限公司进口的一批铜精矿出具全省首票关税保证保险保单,意味着关税保证保险在全省铺开。关税保证保险是企业提供、银保监会批准设立的保险公司出具的《关税保证保险单》,向海关办理税款担保通关手续。

△ 第十二届中国国际航空航天博览会在珠海市举行,江西省航空工业洪都、航空工业昌飞、江西快线公司等企业在航展上展示航空产业发展的成果。

8日 江西省与日本岐阜县在南昌举行缔结友好省县关系30周年纪念活动,签署两省县友好合作备忘录。根据备忘录,江西省与岐阜县在旅游、花卉园艺、林业和环保等多个领域持续深化交流合作。

△ 全省扫黑除恶专项斗争监督执纪问责和监督调查处置工作推进会在南昌召开。会议深入学习领会中共中央总书记习近平关于开展扫黑除恶专项斗争重要指示精神,传达贯彻中央、省委关于扫黑除恶专项斗争工作推进会精神,总结工作,分析形势,研究部署下一步工作。

△ 由“赣鄱云”承建的余江融媒体中心暨“今视余江”客户端上线仪式举行,这是“赣鄱云”在鹰潭市承建的首个中央厨房,也是鹰潭市第一个纳入全省“一张网”的融媒体中央厨房。

△ 江西省扶贫办和江西省农业农村厅挂牌成立。

9日 江西省退役军人事务厅挂牌成立。

△ 在土库曼斯坦举行的2018年世界举重锦标赛女子87公斤级的比赛中,21岁的江西女子举重运动员敖辉获抓举、总成绩的金牌以及挺举银牌。

10日 在江西机电职业技术学院举行的建校60周年发展大会上,该校王伟雄技能大师工作室挂牌,这是江西省高校首个由财政部、人力资源和社会保障部确定的国家级技能大师工作室。王伟雄20多年来一直奋战在模具制造生产实习教学一线,获全国技术能手、江西省技术能手等多项荣誉,培养2000多名模具专业高技能人才。

△ 新组建的江西省科学技术厅(江西省外国专家局)挂牌成立。

11日 由中国田径协会、江西省体育局、南昌市政府主办,南昌市体育局、东湖区政府、西湖区政府、红谷滩新区管委会承办的江铃集团-易至汽车·2018南昌国际马拉松开跑。内蒙古的金铭铭以2小时35分11秒的成绩打破赛会纪录夺得女子全程冠军,这也是首次获得英雄马冠军的中国籍选手;肯尼亚的选手包揽男子马拉松前三名并全部打破赛会纪录,DOUGLASS KIMELI KIPRUGUT以2小时13分26秒的成绩夺冠。

12日 江西政务服务“赣服通”上线运行。“赣服通”接入各类便民利企应用110项,涉及企业投资、社会保障、住房公积金、医疗健康、公安户政、出入境、税务等一系列事项,可实现政务服务“一机在手、走遍江西”。

15日 江西省与中国科学院在南昌举行工作会谈并签约,共建中国科学院江西产业技术创新与育成中心。省委书记刘奇,中科院党组书记、院长白春礼出席工作会谈和签约仪式;省长易炼红主持;中科院党组成员、秘书长邓麦村,省领导赵力平、吴晓军出席。

△ 江西省贫困人口电子建档率100%,家庭医生签约服务覆盖率100%。

△ 省委、省政府出台《关于保护企业家合法权益激发优秀企业家精神的实施意见》,出台21条举措,坚持问题导向、回应企业家期盼,为企业家安心谋发展营造更好的法治、市场和社会环境,充分激发市场主体活力。

16日 全球首款支持人机交互的扩展现实笔记本在南昌发布,这代表VR/AR产品便携移动技术瓶颈得以突破,也意味着江西打造世界VR产业高地得到全球更多企业的认可。

△ 第四届江西省互联网大会在抚州开幕。国家有关部委、省内外知名互联网企业、科研院所及高校的业界人士和专家学者共1000余人参加会议,共同探讨江西省互联网行业发展方略。大会由抚州市政府和省互联网协会共同主办,以“智慧江西、融合创新、绿色崛起”为主题,以“立足江西、放眼全国、推动发展”为定位。大会就生态文明示范区建设、5G发展、新一代信息技术促进工业转型升级等信息化建设的不同领域设置14个分论坛。

△ 2018江西(抚州)互联网产业招商对接会举行,现场签约项目18个,签约金额103亿元。

20日 由“赣鄱云”承建的玉山县融媒体中心暨“玉山之窗”新闻客户端上线仪式举行。玉山县融媒体中心中央厨房是上饶市首个全面接入全省“一张网”的媒体融合平台,也是全省县级融媒体中心建设现场推进会后第一个挂牌的县级融媒体中心。

21日 江西首个境外经贸合作区——赞比亚江西多功能经济区项目在赞比亚共和国中央省开建。项目占地面积600公顷。赞比亚共和国总统埃德加·查格瓦·伦古为项目纪念碑揭牌。

△ 应俄罗斯奔萨州政府代主席奥列格·瓦西里耶维奇·亚戈夫和格鲁吉亚总理地区事务顾问、总理办公厅地区关系局局长索扎尔·苏百里的邀请,省委常委、省委政法委书记尹建业率团对俄罗斯、格鲁吉亚进行为期8天的工作访问。主要目的是推进江西与俄罗斯奔萨州及江西与格鲁吉亚在社会治安管理、司法体制、司法改革以及社区矫正、法律援助等领域的交流与合作。

22日 上饶大数据科创城重大项目暨江西省阿里云大数据学院签约仪式在上饶市会议中心举行。

23日 全国妇幼健康机构建设与管理暨全国首批妇幼健康服务机构专科进修培训中心授牌仪式在江苏省连云港海州湾会议中心举行,全国各地300余名妇幼保健工作者参加会议。会上,南昌市第三医院被授予“全国乳腺医疗保健进修培训中心”称号,成为全国首个乳腺医疗保健进修培训中心。

24日　江西财经大学生态文明研究院、省生态文明制度建设协同创新中心在南昌发布《赣闽贵自然资源资产负债表》,这是国内研究机构编制完成的首份生态文明试验区自然资源资产负债表。结果显示,江西(2016年)净资产价值最高,福建次之,贵州第三。

25日　省地矿局赣南地质调查大队勘查的《江西省石城县楂山里萤石矿详查、地热水可行性勘查》项目通过省自然资源厅组织的评审备案。该项目查明萤石矿资源储量超500万吨,成为全省第一大萤石矿床。

27—29日　省十三届人大常委会第9次会议在南昌举行。会议表决通过《江西省实施河长制湖长制条例》《江西省人民代表大会常务委员会关于批准〈江西仰天岗国家森林公园保护条例〉的决定》《江西省人民代表大会常务委员会关于批准〈鹰潭市信江饮用水水源保护条例〉的决定》《江西省人民代表大会常务委员会关于批准〈赣南客家围屋保护条例〉的决定》《江西省人民代表大会常务委员会关于批准〈上饶市大坳水库饮用水水源保护条例〉的决定》《江西省人民代表大会常务委员会关于批准〈吉安市烟花爆竹燃放管理条例〉的决定》《江西省人民代表大会常务委员会关于召开江西省第十三届人民代表大会第三次会议的决定》和人事任免事项。

28日　省委全面深化改革委员会第1次会议召开。省委书记、省委全面深化改革委员会主任刘奇强调,要深入学习贯彻习近平新时代中国特色社会主义思想和中共十九大精神,牢固树立“四个意识”,始终坚定“四个自信”,坚决落实“两个维护”,强化党对全面深化改革统筹领导,完善科学领导和决策、有效管理和执行的体制机制,加强改革总体设计、统筹协调、整体推进、督促落实,奋力开创江西新时代全面深化改革工作新局面。

△　首列中俄友好城市果蔬班列开行,列车从抚州北站出发,开往俄罗斯彼尔姆市。

30日　“浔银国盛赣发投映山红纾困发展集合资产管理计划”在中国基金协会备案成立,标志着江西本土银证企共同打造的10亿元企业纾困发展资管计划落地。企业纾困发展资管计划由国盛证券牵头,联合九江银行、赣州发展投资控股集团共同发起。

30日至12月3日　第五届世界绿色发展投资贸易博览会与同期同馆举办的第十一届绿博会在南昌举行。展览展示设置开放江西主题区、生态文明试验区、绿色金融区、绿色产业区4个展区,总展览面积7.5万平方米,中国及德国、英国、法国、西班牙等11个国家的2000余家企业参展。有22万人次进馆参观购物,现场成交金额8742万元、同比增长1.8倍,意向签约金额11.03亿元、增长1.1倍。其间,共签约合作项目118个,投资总额2094.51亿元。

12　月

1日　《江西省家庭教育促进条例》实施。

4日　第五个国家宪法日,省委书记、省委全面依法治省委员会主任刘奇主持召开省委全面依法治省委员会第1次会议。省领导易炼红、孙新阳、尹建业、赵力平、周萌、秦义、田云鹏出席。会议审议并原则通过《省委全面依法治省委员会工作规则》《省委全面依法治省委员会协调小组工作规则》《省委全面依法治省委员会办公室工作细则》等文件。

5日　江西省与科技部共建的核资源与环境国家重点实验室启动会暨揭牌仪式在东华理工大学南昌校区举行。该实验室重点围绕铀成矿理论与勘查方法、铀矿采冶方法与技术、核废物处置与环境治理3个方向开展研究工作,着重于基础研究与应用基础研究。

7日　省长易炼红在南昌会见保加利亚索非亚大区区长伊利安·托德洛夫,并共同签署2省区结好意向书。副省长吴忠琼参加会见。

△　根据中央备案同意的《中共江西省委关于市县机构改革的总体意见》,全省市县机构改革推进会召开,标志着江西省市县机构改革进入全面实施阶段。

8日　“红军长征论坛”在赣州市举行。省委副书记、赣州市委书记李炳军出席并致辞。中央党史和文献研究院副院长孙业礼,军事科学院军队政治工作研究院政委崔连杰,贵州省委常委、遵义市委书记龙长春出席。

△　第17届中国电影华表奖颁奖典礼在北京举行。江西参与拍摄的电影《老阿姨》《建军大业》获华表奖优秀故事片奖。《老阿姨》根据全国道德模范龚全珍的真实事迹改编而成,讲述龚全珍与甘祖昌相濡以沫30载的故事。《建军大业》是献礼建军90周年的影片,讲述中国共产党在南昌举行武装起义、创建人民军队的故事。

9日　以“新时代 新征程 新跨越”为主题的赣商致敬改革开放40周年暨北京江西企业商会10周年纪念活动在北京举行。第十届、十一届全国政协副主席、全国工商联原主席黄孟复,省长易炼红出席并讲话。第十二届全国政协副主席、农工党第十五届中央常务副主席刘晓峰,第十三届全国政协社会和法制委员会副主任强卫,王太华、李德水、万学文、王林森、郑小燕等江西籍和在江西工作过的老领导老干部,省领导陈兴超、吴忠琼、肖毅、雷元江,中国企业联合会、中国企业家协会常务副会长兼理事长朱宏任出席纪念活动。

10日　省委书记刘奇主持召开全省年轻干部座谈会,寄语全省年轻干部,不负时代机遇,不负青春韶华,不负组织重托,努力成长为红土圣地上忠诚干净担当的青年铁军。

△　中国井冈山干部学院、国际关系学院、外交学院在中国井冈山干部学院联合举办改革开放40周年学术研讨会。中共中央对外联络部副部长王亚军、原中共中央党史研究室副主任石仲泉等分别作主旨演讲。研讨会收到论文137篇,收录51篇,在会交流24篇,50位专家学者与会。

11日　省委、省政府在南昌召开全省城市功能与品质提升三年行动动员大会。会议强调,要进一步提高全省城市的规划、建设和管理水平,把城市打造成为功能完备、品质一流、特色鲜明、宜居宜业的美好家园。省委书记刘奇就提升全省城市功能与品质提出明确要求,省长易炼红讲话。省委常委、副省长刘强主持,省领导冯桃莲、孙菊生、吴晓军、吴忠琼、雷元江出席会议。

△ 在全国加强非洲猪瘟防控工作电视电话会议结束后，江西省召开全省电视电话会议，学习贯彻全国会议精神，部署下一步全省非洲猪瘟防控工作。省长易炼红出席并讲话。

12日 省委军民融合发展委员会第3次全体会议在南昌召开。会议审议并原则通过《江西省军民融合发展行动纲要》《江西省关于推进军民融合深度发展若干财政政策的实施意见》，审议第一批省级军民融合创新示范区名单。省委书记刘奇主持会议，军地领导易炼红、毛伟明、赵力平、吴亚非、吴晓军、方建华、龚明洪出席。

13日 应菲律宾旅游部部长布悦、菲律宾上好佳集团主席施恭旗及泰中友好协会会长科恩・达巴朗西和泰国旅行社协会会长塔那波・赤瓦拉塔那波的邀请，副省长吴忠琼率团对菲律宾和泰国进行为期8天的访问。

14日 余江血防纪念馆升级改造成为中国血防纪念馆。中国血防纪念馆位于鹰潭市余江区，占地面积6400余平方米。馆内以大量珍贵历史资料，全景式展示消灭血吸虫病、巩固血防成果的艰辛历程。该馆前身余江血防纪念馆始建于1978年。当天，由国家卫生健康委员会主办的血防知识进万家暨中国血防纪念馆揭牌仪式在现场举行。国家卫生健康委员会副主任李斌，江西省副省长孙菊生共同为中国血防纪念馆揭牌。

16日 “放歌新时代”——江西省庆祝改革开放40周年群众歌咏晚会在江西艺术中心举行。

17日 婺源县被评为第二批国家“绿水青山就是金山银山”实践创新基地，井冈山市、崇义县、浮梁县被评为第二批国家生态文明建设示范市县。

18日 省委常委会召开扩大会议，集中收听收看庆祝改革开放40周年大会，学习贯彻中共中央总书记习近平重要讲话精神。

△ 庆祝改革开放40周年大会在北京人民大会堂举行，原南昌市公安局特警支队调研员邱娥国代表基层社会治理创新的优秀民警接受表彰。

20日 全国人大常委会副委员长、中国红十字会会长陈竺在赣州参加“红十字博爱送万家”活动，走访慰问部分困难群众。省委副书记、赣州市委书记李炳军，省人大常委会副主任马志武，副省长、省红十字会会长孙菊生陪同。

22日 省委常委会召开扩大会议，传达学习中央经济工作会议精神，研究江西省贯彻落实意见。省委书记刘奇主持会议。

24日 14时30分，南昌昌北国际机场货邮吞吐量突破8万吨仪式举行。昌北机场提前7天完成“年货邮吞吐量突破8万吨”工作目标，增速位列全国千万级机场首位。

△ 全省生态示范创建工作座谈会上公布江西省首批“绿水青山就是金山银山”省级实践创新基地，婺源县、井冈山市、庐山西海风景区、浮梁县、南昌市湾里区入选，奉新县、吉安市吉州区、芦溪县、全南县、峡江县被命名为省级生态县（区）。

25日 江西省铁路建设“853”工程的重点项目——昌景黄高速铁路（江西段）建设开工大会在景德镇市浮梁县举行。省委书记刘奇宣布开工，省长易炼红讲话。省委常委、常务副省长毛伟明主持。省委常委、省委秘书长赵力平，中国铁路总公司副总经理王同军出席。昌景黄高速铁路西起南昌市、东至安徽省黄山市，正线全长289千米，其中江西段正线全长200千米，设南昌东、军山湖、余干、鄱阳南、凰岗（预留）、景德镇北、瑶里7个站。项目主要标准为客专、时速350千米。

△ 第七届“江西十大法治人物”暨第三届“江西十大法治事件”颁奖仪式在江西日报社传媒大厦举行。评选活动于7月启动，收到推荐人物150位、推荐事件82件。刘平等10人（群体）当选“江西十大法治人物”，“江西推进党政主要负责人履行法治建设第一责任人职责”等事件入选“江西十大法治事件”。

26日 省委全面深化改革委员会召开第2次会议。会议审议并原则通过《江西省关于推动高质量发展的实施意见》《江西省深化科技奖励制度改革实施方案》《江西省技术转移体系建设实施方案》《江西省党政领导干部安全生产责任制实施细则》《江西省资产负债表编制工作方案》《江西省民办学校分类登记实施办法》《江西省营利性民办学校监督管理实施办法（试行）》《江西省关于提高技术工人待遇的实施意见》《江西省残疾人联合会改革实施方案》。省委书记、省委全面深化改革委员会主任刘奇主持会议并讲话，省长易炼红等出席。

△ “井冈山号”中欧班列“吉安—莫斯科”首发专列在吉安开通。该趟中欧班列行程超过1万千米，运输时间比传统海运缩短一半以上，物流成本比空运节省一半以上。

△ 省政府召开全省“三请三回”暨“三企”入赣动员部署会，全面推动乡友校友战友“资智回赣”，吸引更多国企民企外企“三企”入赣。省长易炼红出席并讲话。

△ 由中国道教协会主办的2019年海峡两岸道教界迎春联谊会在鹰潭市举行。省委常委、统战部部长陈兴超出席并讲话，副省长胡强出席开幕式。

27—28日 省委十四届七次全体（扩大）会议在南昌举行。省委常委会主持会议。省委书记刘奇代表省委常委会作工作报告。省委副书记、省长易炼红总结2018年、部署2019年经济工作。省委委员、候补委员出席会议，不是省委委员、候补委员的省级领导人列席会议。

同月 由省财政厅牵头，报经省政府审定，江西文化艺术基金设立。该基金是2013年国家艺术基金成立后全国第三支、江西省首支省级政府文化艺术类基金。基金分为一般项目和重点项目2大类，涵盖文学、戏剧、音乐、舞蹈、美术等多项艺术门类。基金由省财政安排，每年3000万元，同时依法接受自然人、法人或者其他组织的捐赠。

（《江西年鉴》编辑部）

本栏编辑 游桃琴

专　记

江西省宅基地改革“余江经验”

——余江县宅基地改革纪略

2018年7月23日至28日，根据中宣部统一安排，“壮阔东方潮 奋进新时代——庆祝改革开放40年”大型主题采访活动走进余江。1个由中央主要媒体和省、市主要媒体记者组成的20多人的采访团在鹰潭市余江区的广袤乡村，感受余江区探索村民自治的有效模式，以及盘活和利用农村资源、破解农村宅基地管理和村庄治理难题、提升基层治理能力、改善农村人居环境等方面取得的成效。在余江改革试点取得成效的同时，江西省积极推广余江宅改经验。

余江辖11个乡镇、7个农垦场，1040个自然村。全县总面积932.8平方千米，其中耕地面积3.45万公顷。开展宅基地改革前，余江县有人口39.71万人，其中农业人口29.6万人。农业户口7.3万户。其中，一户一宅4.4万户，占农业户口总数的60.3%(一户一宅中面积超标户1.7万户，占一户一宅总数的38.6%)；一户多宅2.9万户，占比39.7%。农村宅基地9.24万宗，附属设施10.2万间，其中闲置房屋2.3万栋，危房8300栋，倒塌房屋7200栋；农村村庄建设用地5200公顷，人均建设用地面积170平方米。

2015年3月，余江县被列为全国农村宅基地制度改革试点县。2016年9月，余江县承担农村宅基地、集体经营性建设用地入市、土地征收制度改革3项试点。试点以来，余江县坚守“土地公有制性质不改变、耕地红线不突破、粮食生产能力不减弱、农民利益不受损、农村社会和谐稳定”5条底线，坚持问题目标导向，将试点作为盘活农村资源、增强发展动力、统筹城乡发展的主要抓手和完善乡村治理、强化基层建设、提升执政能力的契机，探索创新，初步建立一套符合实际、切实可行的农村宅基地管理制度体系。在全国试点县中，宅基地制度改革率先全域铺开，整县推进，取得明显的阶段性成效，创造了经验，发挥了示范作用，走在全国前列。中央电视台、《人民日报》《国土资源报》、新华社、《江西日报》、江西新闻联播等20多家中央、省级媒体在重要时段和位置，先后持续宣传报道。全国试点县、省内外其他县先后230余次到余江参观学习。全国农村宅基地制度改革集中调研会、全省农村宅基地管理工作现场会、全省“建设美丽乡村、打造‘一改促六化’余江样板”工作现场推进会等先后在余江召开。

一、余江县宅基地改革的主要做法

(一)坚持以群众期盼引领改革

坚持以人民为中心的发展思想，把尊重群众首创精神、激发群众内生动力作为推动改革的关键一招。一是广泛宣传为改革铺路。自国土资源部召开动员部署会议后，县四套班子领导立即开展密集调研，掌握村庄基本状况，了解群众所思所盼。在此基础上，先后召开县、乡、村、组四级干部大会，层层宣传宅基地制度改革目的意义。采取微电影、宣传册、宣讲团、专家辅导会等多种形式宣传，各级干部进村入户，帮助群众算好经济账、生态账、社会账、长远账，做到不落下1个村、不落下1个组、不落下1户人，真正实现宣传“横向到边、纵向到底”，营造支持改革就是“为子孙谋利、为集体造福、为村庄争光”的舆论氛围，激发和调动群众自觉参与的积极性，变“要我改”为“我要改”“无偿退出也要改”。二是广集民智为改革谋篇。改革初期，大多数群众存在“等、靠、要”的思想，余江县通过宣传发动，深入细致做工作，让群众认识到“自己事自己办”，激发群众参与改革的“主人翁”意识。同时，多次组织试点村组党员、群众、乡贤、理事会成员代表封闭培训，就“宅基地退出、有偿使用、流转分配”等具体制度集中酝酿、民主协商，提出初步操作方案，并就方案广泛征求群众意见，不断完善提炼，确保每一项制度、措施都“全票通过”，让群众在“蓝图自己画、家园自己建”中享受参与改革带来的成就感、自豪感。三是广聚内力为改革助阵。始终注重凝聚各方力量，为改革注入更多正能量。各村均建立乡贤信息库、改革微信群，及时向在外工作人员、务工经商赤子、青年学子才俊传达党和政府意图、改革进展动态、家乡点滴变化，及时就“如何改、如何建、如

何管”等开展讨论,营造“全民议改革、全力推改革”的氛围。多次召开表彰大会,对改革中涌现出的180余个优秀基层党组织、村支部书记、理事会、理事长、乡贤代表等进行表彰,选树典型,助力改革。全县社会各界人士主动捐资捐款2000余万元用于改革试点工作,形成上下齐心、共建家园的强大合力。

(二)坚持以科学态度精准施策

始终以工匠精神推进改革试点。一是做优规划绘蓝图。针对改革前农村建房布局杂乱、村庄道路不畅、基础设施匮乏等现象,把做优规划作为试点工作的先决条件。先后筹资2000余万元,按照“布局合理、功能齐全、配套完善、生态优美”的要求,充分尊重群众意愿,编制1040个自然村村庄规划,做到村村有特色、县域全覆盖。强化规划导向功能,让村民看到未来村庄发展空间和美好景象,看到子孙后代的福利,从而增强严格执行规划的自觉性、主动性,为顺利推进改革奠定坚实基础。二是科学操作稳推进。在调研基础上,结合实际,研究制定一系列操作流程、规则,形成“4阶段(先行探索、稳妥展开、全域覆盖、统筹推进)+15步骤(强化基层组织、组建理事会、学习培训、宣传发动、调查摸底、制作影像、制定制度、有偿使用、退出流转、规划用地收回、分配宅基地、村庄环境整治、完善基础设施、村务公开、总结评估)”的工作流程,让基层在实施中有依据、有标准、有参照。并根据村庄不同区域和现状特征,在县指导性意见框架内,实行不同收费的起征点、不同的退出方式、不同的推进办法,真正做到一村一策,先易后难,以点带面,分步实施。三是聚精会神抓落实。始终把改革试点作为“书记工程”和“头等大事”,作为干部考核任用的“指挥棒”,在改革一线锻炼干部、发现干部、培养干部,激发干部改革热情。县四套班子领导挂点联系改革难点村,实行“县挂乡、乡驻村、村包组、组联户”负责制,层层传导压力、步步压实责任。在基层党组织的领导下,全县1040个自然村均建立村民事务理事会,激发4400余名村民理事的主导意识,制订村规民约,团结带领群众投工投劳、积极参与,全县形成“四套班子齐上阵、县乡村组抓落实、村民自治促改革”的局面。同时强化调度督查,实行挂牌督战,建立“每日一汇报、每周一调度、每旬一督查、每月一排名”调度机制,做到改革推进到哪里、督查就跟进到哪里,打通改革试点“最后一公里”。

(三)坚持以担当精神破难攻坚

推动改革的过程,就是敢于担当、攻坚克难的过程。一是破除思维定式。受传统观念束缚,许多群众存在“宅基地是祖业、不能拆除不能流转”“房子多、房子大光宗耀祖”等观念,导致乱圈乱占、管理无序、旧村破败不堪、新村侵占粮田等乱象突出。面对问题,余江县不回避、不遮掩,一方面引导群众树立“宅基地不是祖业,是集体资产”的观念,强化“一户只能一宅、建新必须拆旧”的意识,深化“依法公平取得、保障户有所居”的共识;另一方面按照“一户一宅、面积法定”原则,严格执行各项制度,坚决退出多占面积,公平调控有偿使用,上下联动公正施策,做到阳光推改革、铁心控违建。改革以来,全县未新增1起违章建房,杜绝了未批先建、少批多建、批东建西现象。二是恪守公平正义。试点中,党员干部、乡贤、村民理事带头发挥示范作用,自觉做到“三亮五带头”,即“亮身份、亮承诺、亮形象,带头宣传宅改政策、带头为村里做实事办好事、带头退出多余宅基地、带头缴纳有偿使用费、带头做好亲朋好友思想工作”,再动员亲属、房族兄弟跟着退、跟着缴。同时坚持公平公正公开,做到共商共识共建共担共享,让群众在资金使用上有知情权、村庄规划上有话语权、村庄建设上有监督权、项目招标上有表决权,群众参与改革的心更齐了、气更顺了、劲更足了。试点以来,全县未发生1起群众阻工、赴省进京上访事件,确保了社会和谐稳定。三是敢于先行先试。在推进中,在坚持改革底线和方向的前提下,探索在基层党组织领导下村民事务理事会自我管理模式、新增宅基地以择位竞价方式有偿取得、允许宅基地在县域符合建房条件的农村村民内进行流转、鼓励退出农村宅基地进城落户等操作性强的制度,初步破解资金筹集难、村民理事内生动力激发难、有偿使用费收取难、宅基地流转难、宅基地退出放弃难等系列难题。

(四)坚持以联动发力激活全局

一是强化资源整合。全面整合农业开发、土地整理、农房改造、增减挂、精准扶贫等方面资源,整合各类资金近4亿元,做到资金向一线聚焦、资源向一线整合、政策向一线倾斜,为农村综合改革提供强有力的保障。二是统筹各项改革。在统筹协调推进农村土地制度改革3项试点的同时,加强与余江县实施的加快构建新型农业经营体系、农村集体产权制度、农民住房财产权抵押担保等改革的衔接配套,最大限度释放改革的综合效应。实现宅基地财产权益“零突破”,为29户农民发放农房贷款277万元;首宗1.33公顷集体经营性建设用地项目,以82万元挂牌出让成交;1066.67公顷的交通项目用地征收试点有序推进。三是注重融合提升。改革试点工作,让群众看到村里的变化,增强群众建设美好家乡的内生动力,为美丽乡村建设创造更佳条件。余江县以农村土地制度改革3项试点为主线,系统推进农业发展现代化、基础设施标准化、公共服务均等化、村庄面貌靓丽化、转移人口市民化、农村治理规范化“一改促六化”的美丽乡村建设,助推改革试点工作,促进农村生产、生活、生态的共同改善和融合提升。

(五)坚持以制度创新提炼经验

落实“把制度创新作为核心任务”的要求,做到边试点、边研究、边总结、边提炼。一是完善工作思路。实践中,探索形成“以农民期盼为依归、以优质规划为先导、以广大群众为主体、以制度生成为主线、以资源整合为依托、以基层组织为保障、以百姓满意为标准”的工作思路,一环扣一环,层层深入,整体推进,为传统农区加强农村宅基地管理提供“余江案例”。二是强化制度供给。试点中,在原有宅基地管理制度的基础上,不断修改完善,县、乡、村组分别制定23项、11项和9项宅基地管理制度,下发17项集体经营性建设用地入市和土地征收制度,形成2项土地增值收益分配办法和集体资金、资产、资源管理办法,真正做到“上通天线、下接地气”。三是探索推进机制。建立“县委领导、国土指导、乡镇统筹、村级实施、理事主导、群众主体”的推进模式,明确村两委是主抓手、理事会是操盘手的角色定位，充分发挥村民自治、民主协商，完善一系列配套举措，规定详细操作办法、注意事项、流程步骤等，真正做到政策得民心，做法接地气。

二、余江县宅改取得的成效

截至2018年，余江区宅基地制度改革已分5批在1040个自然村全面开展，其中城镇规划外试点村908个，已通过验收899个，占试点村数量的99%。城镇规划区内自然村97个。其中，41个自然村开展宅改，已验收试点村17个；56个属搬迁移民新村或城市规划建成区参与棚改的村庄。

通过试点实践，宅基地乱象得到遏制，建房管理得到规范，依法用地意识进一步增强，促进集体所有制观念的回归，破除“土地私有”和“祖业”观念，农民建房重回面积法定的“一户一宅”公平起点。释放大量存量土地，彻底消灭空心村，保护有限耕地资源。全区退出宅基地34226宗304.87公顷。其中，有偿退出7687宗71.53公顷，无偿退出26539宗233.33公顷，退出宅基地可满足未来15年左右农民建房需求，退出宅基地复垦66.07公顷。显化宅基地资产价值。农村房地抵押贷款、流转、“入市”、有偿退出使“死资产”变成活资本，增加农民财产性收入，村集体收取有偿使用费7968户1133万元；集体支付退出补助款2033万元；323户农民退出宅基地或放弃建房申请进城购房落户；发放农民住房财产权抵押贷款5251万元。206户农民自愿退出宅基地或放弃建房进城购房落户。推动新农村发展，随着试点工作向纵深推进，全县农村面貌发生较大变化，新修村内道路478千米，沟渠490千米，新增绿化面积57.33公顷，道路拓宽硬化，沟塘清澈明亮，村村有活动场所，处处有绿化景观，为建设美丽乡村奠定坚实基础。

（余江区农村土地制度改革三项试点工作领导小组办公室）

江西省VR产业发展纪略

以云计算物联网5G人工智能VR(AR/MR)等为代表的新一代产业变革的兴起，为经济欠发达地区“变道超车”“换车超车”带来千载难逢的机遇。2018年10月19日至21日，工信部和江西省政府联合举办的2018世界VR产业大会在南昌召开。江西省抢抓VR产业全球同步起步这一重大机遇，借助举办世界VR产业大会之机，打造“四大中心”“四大平台”核心VR项目等一些举措，促进全球VR企业、项目、技术、人才和资金向江西集中，为江西省引领虚拟现实技术和产业发展创造新契机、确立发展新起点。

一、发展背景和基础

国家层面大力支持。中共中央总书记习近平在2016年春节前夕视察江西时指出，向改革开放要动力、向创新创业要活力、向特色优势要竞争力，为江西省经济高质量、跨越式发展指明了方向。国务院总理李克强2016年到赣考察时，对江西省提出恳请支持南昌VR产业发展一事明确表示支持。为更好发展江西省VR产业，2017年工信部同意和江西省政府于2018年10月共同在南昌举办2018世界VR产业大会，大会开幕式上工信部和省政府正式签署共同推进VR产业发展战略合作协议，这是VR产业全国唯一一份部省合作协议。

抢抓VR产业发展先机。2016年2月，南昌市政府召开中国（南昌）虚拟现实VR产业基地全球发布与推介会，打响全国虚拟现实科技产业基地建设“第一枪”，启动全球首个城市级虚拟现实产业规划；12月，由虚拟现实产业联盟（IVRA）、南昌市政府在南昌主办“2016中国虚拟现实产业创新大会暨中国虚拟现实产业展览会”。2017年3月在省政府支持下，南昌市政府在北京举行“南昌·北京虚拟现实VR产业发展合作交流会暨项目合作签约仪式”；4月，在工信部指导下，由南昌北京理工大学虚拟现实标准检测与评测中心、中国电子技术标准化研究院等参与单位撰写发布第一个全国虚拟现实产业联盟团体标准。

江西VR产业发展基础好。江西省电子信息产业发展速度很快，南昌、吉安、赣州等地电子信息产业呈现出量质同升、升级发展的良好态势，2017年全省电子信息产业主营业务收入突破2000亿元，达到2173.2亿元，同比增长19.2%，高于全国同行业增速近6个百分点，实现利润总额131.7亿元，增长16.4%。按照工信部全口径统计数据，2017年江西省电子信息产业规模居全国第10位、中部第2位。江西省在智能终端整机、模组配件等领域具备较强的生产能力与市场影响力，LED产业完成全产业链布局，发展势头强劲；VR产业国家标准检测、云服务、技术研究、天使基金、产品交易、基地线上等6大平台初步建成。

人才成本低。南昌是全国三大职业教育基地之一，共有28家职业技术院校，每年毕业生近10万人。自2016年以来，有超过30所院校设置影视、游戏、动漫、环艺、室内设计、工业设计等VR周边学科，10所院校设置虚拟现实方向专业，可为发展VR产业提供源源不断的基础性人才。同时，南昌VR产业基地不仅与北京航空航天大学合作共同建设VR人才培训学院，而且还与北京理工大学合作共建国内先进的虚拟现实产学研一体化平台，培育中端人才。

二、发展举措

出台扶持政策。省委、省政府和南昌市等地高度重视虚拟现实产业，注重强化政策引导，营造良好产业发展环境。2017年，省委、省政府出台

《关于加快发展新经济培育新动能的意见》,明确将虚拟现实(VR)作为新制造经济的重点,提出要做大做强南昌VR产业基地,重点发展VR/AR硬件、内容制作、跨界服务等新业态。省政府办公厅于2018年10月14日出台《江西省关于加快虚拟现实产业发展的若干政策》。南昌市政府2016年在全国率先出台《关于加快AR/VR产业发展的若干政策(试行)》,并于2018年8月出台该文件的新修订版。

加快人才培养。省委人才工作领导小组于2018年11月2日印发《关于支持南昌VR(虚拟现实)产业人才队伍建设的若干措施(试行)》,明确全省大力支持虚拟现实人才培养,鼓励省内高校开设虚拟现实专业或设置虚拟现实专业方向。发挥南昌作为国家高等职业教育基地的优势,在先锋软件学院、泰豪动漫学院等高校开设VR设计专业和VR方向班,主攻VR+家装、旅游、医疗、影视动画等方面的技能课程。

办好VR大会。工信部和江西省政府联合举办的2018世界VR产业大会于10月19日至21日在南昌召开,中共中央总书记、国家主席、中央军委主席习近平向大会致贺信,全国政协副主席卢展工莅临大会并宣读贺信。"VR让世界更精彩,江西让VR更出彩"成为行业焦点、世界亮点、社会热点,在各界引起巨大反响。大会有4大特点:一是国际化。大会有来自23个国家和地区的外籍嘉宾162人,其中日本、韩国等企业组团参展。全球共有1000多家企业、170多家高校和研究机构、行业协会的代表近5000人参会。二是专业化。以"虚拟现实定义未来信息社会"为主题的主论坛,以及14场分论坛,围绕VR技术研究、产业发展、行业应用等展开研讨,70多名行业顶级人物发表演讲致辞,全球158家VR领域顶级企业参展,展示VR领域的最新技术和成果,体现出较高的专业化水平。三是品牌化。工信部表态支持大会永久落户江西,凸显打造VR大会品牌的决心。大会由承办过世界物联网大会等多个世界级大会的专业公司对标同类活动国际一流标准整体设计。作为一次高端国际会展,大会得到与会各方的认可,初步树立了大会品牌。四是大众化。大会期间,VR产品和技术应用展馆,以及VR体验中心、展示中心等场馆,3天时间接待参观人数超过20万人次,专业观众8000多人次。由于预约和参观人数过多、现场爆棚,严重超出接待能力,主办方不得不临时限员、延时闭馆。

三、发展成效

引领技术创新,争创国家级制造业创新中心。2017年12月,省工信委指导帮助以南昌虚拟现实研究院股份有限公司为依托的虚拟现实创新中心获批省级虚拟现实制造业创新中心。全力支持和指导南昌虚拟现实研究院股份有限公司对照《省级制造业创新中心升级为国家制造业创新中心条件》申报国家创新中心。创新中心光学实验室,可靠性实验室和人机交互实验室搭建初步完成,研发团队主攻光学系统、人体工学、交互系统和轻便低能耗方向,2018年受让发明专利28件,实用新型专利2件,自主申请发明专利2件,实用新型专利5件,外观设计1件。

抓好重大项目,引进行业龙头企业。研究提出一批VR项目、一批VR企业、一批VR平台等名单,加大产业帮扶力度,先后为南昌虚拟现实主题乐园有限公司、VR创新中心等企业和机构争取补助扶持资金850万元。调度2018世界VR产业大会期间签约项目。2018世界VR产业大会期间签订的、总投资额631.5亿元的154个项目,已注册106个、注册率68.83%,进资96个、进资率62.34%,实际完成投资额111.68亿元;开工项目90个,开工率58.44%。通过以商招商方式形成产业集聚之势,南昌市已落户世界500强企业2个(联想和微软)、国内500强企业2个(欧菲光、紫光)、行业龙头企业3个(HTC、科大讯飞、中国网库)、国家级重点实验室1个(北京理工),集群态势初显。

加快整合资源,引育VR领域中高层次人才。推动落实《工业和信息化部关于加快推进虚拟现实产业发展的指导意见》《加快推进虚拟现实产业发展的若干措施》和《关于支持南昌VR(虚拟现实)产业人才队伍建设的若干措施(试行)》,从人才分类认定、紧缺急需人才、生活补贴、购房补贴、VR专业设置、VR人才培训平台等6个方面给予全方位支持。认定北京理工教授王涌天、联想新视界总经理赵旭等一批VR高层次人才。南昌大学、南昌航空大学、先锋软件、泰豪动漫等校企已开设VR相关专业,南昌工学院被认定为南昌市VR教育平台,红谷滩新区培训VR专业人才1000余人。

培育市场,打造VR应用样板区。重点推动建设了一批VR应用项目,包括联想新视界与江联重工集团的基于AR智能工业项目,江西科骏VR实验室K12教育应用项目,南昌青橙视界与江铃汽车集团的AR智能汽车制造项目,泰豪集团与南昌大学一附院的VR临床医疗教学平台,泰豪集团与腾讯、韩国Skonec公司、新华联集团联合开发的"VR+电子竞技"项目,以及虚拟旅游——滕王阁之滕派蝶画项目、洪州窑青瓷VR移动博物馆项目、红色文化——VR井冈山会师项目、汤显祖400周年AR纪念券、湖南永顺神秘湘西AR银券项目、越界神游征战海昏侯国实景游戏影院项目、"一带一路"AR文旅产品项目、一警六员VR培训系统AR消防文创项目等一批"VR+文化旅游"项目。

(艾九江)

本栏编辑 游桃琴

江西概览

历史沿革

【建制区划】 江西简称赣，因唐开元二十一年(733年)设江南西道监察区而得省名。江南西道辖区几经变化，到贞元四年(788年)，领洪州、饶州、吉州、江州、袁州、信州、抚州、虔州8州，辖37县，与今江西省的辖区大致相同。五代时期，江西地区先辖于吴，后辖于南唐。宋代改道为路，江西地区设9州、4军、68县，洪、虔、吉、袁、抚、筠6州及临江军、建昌军、南安军隶属江南西路，而饶、信、江3州和南康军隶属江南东路。南宋绍兴元年(1131年)，江州划归江南西路。元朝设江西等处行中书省，辖区包含今江西、广东2省的绝大部分地区。明洪武九年(1377年)，设江西承宣布政使司，领南昌、瑞州、九江、南康、饶州、广信、建昌、抚州、吉安、临江、袁州、赣州、南安13府，下辖宁州等1州77县，境域与今江西省境大致相同。清朝沿用明朝行省制度，到清末，江西省设13府、1直隶州，下辖80个县级行政区(75县、1州、4厅)。

中华民国初(1912年)，宁都直隶州恢复为县。民国2年(1913年)，改义宁州及莲花、定南、全南、铜鼓4厅为县。民国3年(1914年)，江西省划分豫章、浔阳、庐陵、赣南4道，分领81县。民国15年(1926年)底，南昌设市，由省直辖。民国21年(1932年)，实施行政区制度，江西省划有第一至第十三行政区。民国23年(1934年)，安徽的婺源、福建的光泽2县划入江西。民国36年(1942年)，江西省的行政区调整为第一至第九行政区。1947年，婺源、光泽划回安徽、福建。1949年5月1日，中国人民解放军进入婺源，将婺源县划归江西管辖。

中华人民共和国成立后，全省行政区划多有变更。1952年，全省设南昌、九江、鹰潭(后改上饶)、抚州、赣州、吉安6个专区和南昌直辖市，管辖5个县级市、82个县和庐山特别区。1997年，全省共设南昌、景德镇、萍乡、新余、九江、鹰潭6个直辖市，上饶、抚州、宜春、吉安、赣州5个地区，下辖99个县级行政区(71个县、15个县级市、13个市辖区)。随着改革开放和城市化进程的加快，赣州、吉安、宜春、上饶、抚州地区先后改为省直辖市。

2018年年底，全省设南昌、赣州、九江、景德镇、鹰潭、萍乡、新余、吉安、宜春、上饶、抚州11个直辖市，下辖100个县级行政区(64个县、11个县级市、25个市辖区)。

【历史文化】 江西开发的历史，可以上溯到约4万~5万年前的旧石器时代，考古发现旧石器时代晚期遗址2处、新石器时代遗址近100处。万年县仙人洞和吊桶环遗址发现距今1.2万余年的水稻标本，该县被称为“世界稻作起源地之一”。“万年稻作文化系统”被联合国粮农组织确定为全球重要农业文化遗产保护项目。

商周时期，江西地区的水稻种植业和陶瓷业初显优势，而铜矿开采冶炼和青铜器铸造，在中国青铜文化中占有重要地位。新干县大洋洲商代大墓和瑞昌县商周古铜矿遗址出土大量精美青铜器和采炼工具，使江西获“青铜王国”的美誉。

春秋战国时期，江西地区的文化呈现融合趋势。孔子弟子澹台灭明到南昌讲学，把儒家思想传入江西。

秦始皇统一六国后，南征百越，促进江西地区的开发和发展。秦军开辟的大庾岭山路和仙霞岭山路，成为后世由江西进入广东、浙江和福建的主要通道。

两汉时期，江西人口迅速增加，农业、陶瓷业、采矿业、造船业等较为发达，发现和使用煤做燃料。南昌西汉海昏侯墓的考古发现，显示出汉代先进的科学技术和高超的器物制作水平，出土的竹简、木牍是中国考古史上极其重大的发现，具有十分重要的科学、历史、文学、艺术价值。南丰傩舞经吴芮传入，代代相传，有“中国古代民间舞蹈活化石”之称。徐稺(字孺子)被称为“南州高士”。张道陵在龙虎山炼丹修道，创立天师道。

三国吴、两晋、南朝时期，中原战乱，北方地区人口第一次大规模南迁，江西郡县数大增，农业生产水平得到很大提高。南朝时，京城以外的大粮仓三分之二在豫章郡。许逊隐居豫章逍遥山修道，创净明道。慧远讲佛于庐山东林寺，被奉为佛教净土宗始祖。陶渊明是中国第一位影响深远的田园诗人。

隋唐五代时期，全国经济重心逐步南移。733年，唐玄宗设江南西道监察区，江西由此得省名。安史之乱后，中原人口第二次大规模南迁，江西地区得到广泛开发。王勃在南昌作《滕王阁序》，成千古名篇。青原行思在吉安青原山净居寺弘法。马祖道一在南昌创洪州禅。百丈怀海在奉新立百丈清规。慧寂在袁州仰山创宗，与其师灵祐在潭州沩山所创宗派合称沩仰宗。希运在宜黄黄檗山弘法，法嗣义玄开出临济宗。良价在筠州洞山、本寂在抚州曹山创曹洞宗。韩愈到任袁州刺史,助推江西文风兴盛。李渤书堂、东佳书堂、华林书院等10余所书院培养出大批人才,进士及第者66人。江西地区第一位科举状元卢肇,与郑谷、贯休、王定保等闻名于世。

宋朝时期,江西经济文化空前繁盛,进入大发展时期。北宋末年的靖康之乱开启中原人口南迁的第3次高潮,江西人口比唐代增加约3倍,垦田数居全国之首,漕运至京师的稻米三分之一产自江西,茶叶产量占全国的四分之一。景德镇窑和吉州窑名扬四海。铜矿开采出现"坑丁10万人"的场景。南昌呈现大都市风貌。以经济发展为基础,文化教育独占全国鳌头。宋代全国书院203所,江西则有80所。江西举进士人数达5500余人,是全国的五分之一。出任宰相级的显宦25人。华林胡氏家族"一门三刺史,四代五尚书"。乐史著《太平寰宇记》。晏殊、晏几道开宋词繁荣昌盛先河,形成江西词派。方会创临济禅杨岐派,慧南创临济禅黄龙派。欧阳修领导北宋诗文革新,是开创一代文风的文坛领袖。王安石不仅与欧阳修、曾巩同列唐宋八大家,还创荆公新学,是中国历史上改革家的代表。周敦颐在南安教程颢、程颐寻孔颜乐处,被奉为宋明理学(含心学)鼻祖。黄庭坚创江西诗派。陆九渊创立儒家心学,被称为江西之学,影响深远。他与朱熹在上饶的"鹅湖之会",是中国学术史上著名的盛会。朱熹兴复的白鹿洞书院,成为全国四大著名书院之一。洪迈著《容斋随笔》《夷坚志》,流传于世。董煟的《救荒活民书》是中国第一部救荒专著。文天祥成为中华民族精神与气节的标杆。以他们为代表的一大批政治家、思想家、哲学家、文学家、史学家为中华文化的繁荣发展作出重大贡献。

元朝时期,江西经济作物种植、矿物开采、制瓷业规模均有所扩大,制茶、造船、印刷兴盛。吴澄是元初著名学者,融和朱陆。陈苑、李存、祝蕃、舒衍并称江东四先生,冒死弘扬陆九渊心学。马端临著《文献通考》,集古代中国典章制度之大成。程钜夫、虞集、危素、范椁、揭傒斯、汪大渊等闻名于时。

明朝时期,江西在政治、经济和文化方面仍居全国重要地位。樟树镇、吴城镇成为新兴的航运与商业中心,景德镇和河口镇则是著名的手工业中心,并称为江西四大镇。江西士人入阁拜相者甚众,出现"翰林多吉水,朝士半江西"的局面。新建书院164所。解缙、胡俨相继主修《永乐大典》。吴与弼躬耕讲学,开启明代学术的"后时之盛"。王守仁为官江西,创立致良知学说,同陆九渊的学说并称陆王心学,为中华学脉注入活力。以邹守益等人为代表的江右王门,是全国学术领军人物。罗汝芳等人把泰州学派发展到新高峰。胡居仁、罗钦顺、陈邦瞻等一大批学者名标中国学术史。弋阳腔响遍全国,汤显祖的《临川四梦》是文学艺术珍品。宋应星的《天工开物》在中国科技史上占有重要地位。谭纶是御倭名臣。

清朝时期,江西经济文化发展滞缓,逐渐落后于周边省份。谢文洊等人讲学于南丰,形成程山学派。宋之盛等人讲学于髻山,称为髻山七隐。魏禧等人讲学于宁都翠微峰,称为易堂九子。蒋士铨等人被称为江西四大家。罗牧、八大山人创江西画派。雷发达的"样式雷"是建筑艺术的瑰宝。黄爵滋提倡经世之学,发起禁烟(鸦片)运动。陈三立创同光体诗派。文廷式参与公车上书、倡立强学会。陈炽参与维新变法。詹天佑设计建造京张铁路。李有棠、龙文彬、李绂、皮锡瑞等有名于中国学术史。

中华民国时期,江西的近代工业、近代教育和文化得到一定程度的发展。赵醒侬、袁玉冰、方志敏是中国共产党早期江西地方组织的主要创始人,被称为江西三杰。周恩来在南昌领导八一起义,毛泽东在修水、铜鼓领导秋收起义,两支起义队伍在井冈山会师,建立第一个农村革命根据地和中央革命根据地。中华苏维埃共和国临时中央政府驻在瑞金。抗日战争中,新四军在南昌组建,中国军队在江西地区取得万家岭大捷和上高会战胜利,为打败日本帝国主义作出重要贡献。

1949年9月,江西全境解放。10月1日,中华人民共和国成立。江西历史文化进入发展新时期。

(省社科院)

自然环境

【区域位置】 位于长江中下游交接处的南岸,在北纬24°29′14″~30°4′41″、东经113°34′36″~118°28′58″之间。因赣江是境内主要河流,故简称"赣"。东邻浙江、福建,西接湖南,南连广东,北与湖北、安徽交界,北控长江,古称"吴头楚尾、粤户闽庭"。东西宽约490千米,南北长约620千米。土地总面积16.69万平方千米,占全国陆地总面积的1.74%,居华东各省市首位。

【地势地貌】 地势周围高中间低,从外向内,由南向北,渐次向鄱阳湖倾斜,构成一个向北开口的巨大红色盆地。地貌类型齐全,区域差异明显,分布大体呈不规则的环状结构形式。以鄱阳湖为核心,向外依次为鄱阳湖平原、赣中南丘陵和边缘山地。山地占全省面积36%,丘陵占42%,岗地、平原占12%,水面占10%。素有"六山一水二分田、一分道路和庄园"之说。

【山河湖泊】 主要山脉多分布于省境边陲,走向以东北和西南走向为主体。赣东北和赣东有怀玉山、武夷山和黄山支脉,赣南有大庾岭和九连山,赣西有罗霄山脉,赣西北有幕阜山和九岭山。全省有大小河流2400多条(其中全年有水的约160条),总长约1.84万千米。主要河流有赣江、抚河、信江、修河、饶河,其中赣江自南而北流贯全省,包括贡水在内全长766千米,是江西最大河流。江西湖泊众多,并集中于五河尾闾地区,以鄱阳湖最为著名。鄱阳湖是中国第一大淡水湖,湖泊面积5100平方千米。

【土地资源】 全省土地大致可分为3大类:红、黄壤土地,红壤丘陵,平岗地。土壤主要有5种类型,分别是红壤、黄壤、紫色土、潮土、水稻土。土地资源利用以耕地、林地、牧草地为主要形式。至2018年年底,全省耕地面积309.22万公顷,园地面积31.76万公顷,林地面积1030.17万公顷,草地面积26.87万公顷,城镇村及工矿用地面积99.46万公顷，交通运输用地面积25.13万公顷，水域及水利设施用地面积124.99万公顷，其他土地面积21.76万公顷。

【矿产资源】 地下矿藏丰富，矿产资源种类齐全，资源配套程度高，伴（共）生组分丰富。至2017年年底，全省发现各种有用矿产193种（以亚矿种计）。查明有资源储量的矿产有9大类153种。列入2017年矿产资源储量统计的矿产131种。探明的矿产资源保有储量在全国居前十位的有89种。其中，居首位的有钨、钽、铷、锂云母、重稀土、碲、化工用白云岩、滑石、陶瓷土、玻璃用脉石英、粉石英、饰面用板岩等12种；居第二位的有锂辉石、锂、铊、铯、伴生硫、保温材料用粘土、电气石、光学萤石、饰面用大理岩、麦饭石等10种；居第三位的有铜、铍（绿柱石矿物）、银、锆、硒、轻稀土、普通萤石、冶金用砂岩、化肥用灰岩、叶腊石、水泥配料用页岩、水泥用辉绿岩、饰面用辉石岩、透闪石等14种；居第四位的有铌（褐钇铌矿）、硅灰石、陶瓷用砂岩、冶金用白云岩等4种；居第五位的有铌（Nb_2O_5）、铍（BeO）、锗、镓、化肥用蛇纹岩、高岭土、玻璃用砂岩、玻璃用砂、水泥配料用砂、伊利石粘土、建筑用大理岩、饰面用辉绿岩、饰面用角闪岩等13种。

【能源资源】 主要有水能、太阳能、风能及能源矿产等。水能方面，全省水能理论蕴藏量684.56万千瓦，可开发的水力资源有610.89万千瓦，截至年底水能资源已基本开发殆尽。太阳能方面，江西属于Ⅲ类太阳能资源区，全省全年太阳总辐射量3976.5～4827.3兆焦/平方米，全省总体太阳能资源比较贫乏，在全国太阳能资源利用区划中属太阳能可利用区。风能方面，江西属于Ⅳ类风资源区，风能资源主要集中在环鄱阳湖区域和部分高山区域。能源矿煤炭，产地在全省共有190处，分布在70个县；主要煤田有11个。

【生物资源】 全省动物资源丰富，有哺乳类105种，鸟类420种，两栖类40种，爬行类77种，鱼类205种，还有水生哺乳类、软体动物、浮游动物等。有国家一级保护动物19种，分别为云豹、豹、虎（历史分布）、黑麂、梅花鹿、白鹳、黑鹳、鸨（历史分布）、中华秋沙鸭、金雕、白肩雕、白尾海雕、黄腹角雉、白颈长尾雉、白鹤、白头鹤、丹顶鹤（历史分布）、遗鸥、蟒。全省植物起源古老，组分较复杂，种类繁多，类型齐全，提供物质原料的资源生产潜力很大。主要有用材植物、木本粮食植物、油脂植物、药用植物、观赏植物等。

【风景名胜】 2018年，全省有庐山、井冈山、三清山、龙虎山、仙女湖、三百山、梅岭—滕王阁、龟峰、高岭—瑶里、武功山、云居山—柘林湖、灵山、神农源、大茅山、瑞金、小武当、杨岐山、汉仙岩等18处国家级风景名胜区和麻姑山、翠微峰、通天岩、青原山、梅关—丫山等27处省级风景名胜区，风景名胜区总面积4493平方千米，占全省国土总面积的2.7%。国家级风景名胜区数量全国排名第四位。

（《江西年鉴》编辑部）

人口发展状况

【概　况】 2018年，全省人口发展保持平稳态势，常住人口总量持续增加，城镇化水平持续提高，人口结构持续优化，但人口数量对经济社会、资源环境的压力仍然较大。

【人口总量】 年末，全省常住人口4647.57万人，增加25.51万人，增长0.55%，增幅比上年下降0.1个百分点。2014—2018年，全省总人口增量分别为20.01万人、23.47万人、26.63万人、29.80万人、25.51万人，增量均保持在20万人以上；增速分别为0.44%、0.52%、0.58%、0.65%、0.55%，增速均保持在0.4个百分点以上。

【人口城镇化】 年末，全省城镇常住人口占总人口（常住人口城镇化率）的56.02%，提高1.42个百分点，增幅比上年下降0.08个百分点。年末城乡常住人口结构中，城镇常住人口2603.57万人，增加79.93万人；乡村常住人口2044.00万人，减少54.42万人，农村地区人口持续向城镇地区转移。全省户籍人口城镇化率39.84%，提高1.92个百分点，比常住人口城镇化率提高值高0.5个百分点，两者差距进一步缩小。2013年，全省城镇常住人口比城镇户籍人口多928.63万人，到2018年多601.08万人，差距缩小327.55万人，说明随着户籍制度改革力度进一步加大，越来越多的乡村转移人口在城镇地区享受义务教育、就业服务、社会保障、医疗保障、保障性住房等方面的公共服务。

【人口性别结构】 2018年，全省总人口性别比和出生人口性别比持续优化，性别结构逐步回归正常水平。全省常住人口中，男性人口2383.56万人，比上年增加12.94万人；女性人口2264.02万人，增加12.57万人，性别比（以女性为100）由105.29下降到105.28，下降0.01。同时出生人口性别比继续较快下降，全省出生人口性别比113.05，下降0.06，自2007年以来连续12年下降，出生人口性别比偏高的现象得到有效遏制。

【人口受教育程度】 年末，全省6岁及以上人口中初中及以下受教育程度人口3084.28万人，减少22.24万人；高中（含职业高中）、大专及以上文化程度人口分别为735.16万人、442.38万人，分别增加20.33万人和23.91万人。全省初中及以下受教育程度人口占6岁及以上人口的72.37%，下降0.9个百分点；高中（含职业高中）、大专及以上文化程度人口比重则持续上升，占6岁及以上人口比重分别达到17.25%和10.38%，分别提高0.39个百分点和0.51个百分点。高中及以上文化程度人口快速增加，有效改善全省劳动力结构，为全省经济发展提供人才资源。

【人口老龄化程度】 年末，全省60岁及以上、65岁及以上人口分别为700.85万人、489.39万人，分别增加27.42万人和22.10万人；占总人口比重分别为15.08%和10.53%，分别提高0.51个百分点和0.42个百分点，全省人口老龄化程度继续加深。全省老年人口抚养比（65岁及以上人口/15—64岁人口×100%）为15.23%，提高0.71个百分点，表明每100名15—64

岁人口需要负担15.23个老年人口。如果老年人口抚养比以中国通常使用的60岁为界线来计算(即60岁及以上人口/15—59岁人口×100%),则为23.35%,表明每100名15—59岁人口需要负担23.35个老年人口。

【劳动年龄人口总量首次下降】 年末,全省15—64岁劳动年龄人口3212.87万人,减少6.4万人,占总人口69.13%,下降0.52个百分点。在全省15—64岁人口比重自2013年开始持续下降的基础上,15—64岁人口总量首次出现下降,但仍超过3000万人,总量规模仍然较大。从人口储备看,年末全省0—14岁人口945.32万人,占总人口20.34%,比重比全国平均水平高3.48个百分点,为江西劳动力资源提供丰富的储备资源。

【出生人口】 全省出生人口62.25万人,减少1.29万人。人口出生率13.43‰,人口死亡率6.06‰,人口自然增长率7.37‰,分别下降0.36个千分点、0.02个千分点和0.34个千分点。出生人口和人口出生率在上两年呈上升趋势的基础上出现下降,反映出全面二孩政策在2016年和2017年得到较为集中释放后,效应正逐步减弱。

(冷晴)

环境质量

【概 况】 2018年,全省地表水水质优,Ⅰ~Ⅲ类水质断面(点位)比例为90.7%,其中河流Ⅰ~Ⅲ类水质断面比例为97.4%,主要湖库Ⅰ~Ⅲ类水质点位比例为25.0%;设区城市集中式饮用水源地全年水质达标比例为94.1%。全省11个设区市中,除南昌和景德镇市环境空气质量达到二级外,其余9个设区城市均为超二级,主要污染物为细颗粒物。全省酸雨污染仍较普遍,但有所减轻。全省区域声环境质量昼间为二级,夜间为三级;省道路交通声环境质量昼、夜间均为一级;功能区噪声昼间点位达标率95.0%,夜间点位达标率82.1%。

【水环境】 全省地表水水质优。主要河流中,萍水河水质良好,其余9条河流水质优。主要湖库中,柘林湖水质优;鄱阳湖、仙女湖和其他湖库水质轻度污染。与上年相比,地表水水质达标率增加2.2个百分点,其中河流上升2.2个百分点,湖库上升9.0个百分点。

赣江 Ⅰ~Ⅲ类水质断面比例为97.5%,水质优。

抚河 Ⅰ~Ⅲ类水质断面比例为95.2%,水质优。

信江 Ⅰ~Ⅲ类水质断面比例为100%,水质优。

修河 Ⅰ~Ⅲ类水质断面比例为93.3%,水质优。

饶河 Ⅰ~Ⅲ类水质断面比例为100%,水质优。

长江 Ⅰ~Ⅲ类水质断面比例为100%,水质优。

袁水 Ⅰ~Ⅲ类水质断面比例为100%,水质优。

萍水河 Ⅰ~Ⅲ类水质断面比例为81.8%,水质良好。

东江 Ⅰ~Ⅲ类水质断面比例为100%,水质优。

环鄱阳湖区河流 Ⅰ~Ⅲ类水质断面比例为100%,水质优。

鄱阳湖 Ⅰ~Ⅲ类水质点位比例为5.9%,水质轻度污染,营养化程度为轻度富营养,主要污染物为总磷。

柘林湖 Ⅰ~Ⅲ类水质点位比例均为100%,水质优,营养化程度为中营养。

仙女湖 Ⅰ~Ⅲ类水质点位比例为0%,水质轻度污染,营养化程度为轻度富营养,主要污染物为总磷。

其它湖库 Ⅰ~Ⅲ类水质点位比例为66.7%,水质轻度污染,营养化程度为中营养,主要污染物为总磷。

饮用水源地水质 设区城市34个集中式饮用水源地全年水质达标比例为94.1%,主要污染物为总磷。与上年相比,设区城市饮用水源地全年水质达标比例上升6.2个百分点。

【大气环境】 2018年,全省11个设区市中,除南昌和景德镇市环境空气质量达到二级外,其余9个设区城市均为超二级,主要污染物为细颗粒物。全省城市平均达标天数比例为88.3%;11个城市达标天数比例范围为80.0%~96.4%,其中景德镇市最高(96.4%),九江市最低(80.0%)。与上年相比,全省环境空气质量总体大幅好转。

二氧化硫(SO_2) 11个设区城市除新余、鹰潭和上饶市达到二级标准外,其余8个城市年均值均达到一级标准,全省年均值为17微克/立方米,与上年相比下降26.1%。

二氧化氮(NO_2) 11个设区城市年均值均达到一级标准,全省年均值为25微克/立方米,与上年相比下降3.8%。

可吸入颗粒物(PM_{10}) 11个设区城市除萍乡市超二级标准外,其余10个设区城市年均值达到二级标准,全省年均值为64微克/立方米,与上年相比下降12.3%。

细颗粒物($PM_{2.5}$) 11个设区城市除南昌和景德镇市达到二级标准外,其余9个设区城市年均值超二级标准,全省年均值为38微克/立方米,与上年相比下降17.4%。

一氧化碳(CO) 11个设区城市CO日均浓度95%位数值均达到一级标准,日均值超标率均为0%,全省城市CO日均浓度第95百分位数平均值为1.4毫克/立方米,日均值超标率为0%。

臭氧(O_3) 11个设区城市O3日最大8小时值90%位数值均达到二级标准,日均值超标率范围为2.5%~7.4%,全省城市O_3日最大8小时平均值第90百分位数平均值为145微克/立方米,与上年相比上升2.8%。

降水 全省降水pH年均值为5.32,酸雨频率41.0%。11个设区市中,九江、新余、宜春和抚州4市降水pH年均值高于5.60,其余7个设区市低于5.60,与上年相比,全省降水pH年均值上升0.09,酸雨频率下降4.69个百分点,酸雨污染有所减轻。

【声环境】 2018年,全省区域声环境质量昼间为二级、噪声均值为54.1分贝,11个设区城市中,10个城市为二级、抚州市为三级;夜间为三级、噪声均值为45.9分贝,4个城市为二级、7个城市为三级。全省道路交通声环境质量昼间为一级、噪声均值67.2分贝,10个设区城市为一级、新余市为二级;夜间为一级、噪声均值

57.5 分贝,3 个城市为一级、4 个城市为二级、三级和四级的城市均为 2 个城市。全省设区城市功能区噪声昼间点位达标率为 95.0%,夜间点位达标率为 82.1%,11 个设区城市昼间点位达标率范围 83.8%~100%,夜间点位达标率范围 50.0%~100%,昼间声环境质量好于夜间。与上年相比,全省城市区域和道路交通声环境质量略有下降,噪声均值分别上升 0.3 和 0.1 分贝;功能区声环境质量昼间略有改善、噪声点次达标率上升 1.5 个百分点,夜间略有下降、噪声点次达标率下降 0.6 个百分点。

【生态环境】 江西生态环境质量为优,生态环境状况指数为 76.81。南昌、新余和鹰潭市生态环境质量为良,其余 8 个设区市均为优;55 个县(市、区)生态环境质量为优、占全省面积的 60.5%;39 个县(市、区)生态环境质量为良,占全省面积的 39.3%;6 个区一般,占全省面积的 0.2%。与 2016 年相比,全省生态环境质量无明显变化。

(省生态环境厅)

气候状况

【概 况】 2018 年,全省平均气温 18.9℃,比常年偏高 0.9℃,与 2013 年、2016 年、2017 年并列排历史第二高位(仅次于 2007 年的 19.0℃),有 13 个县(市、区)创历史新高。平均年降水量 1553.7 毫米,偏少 7.2%。年内全省主要的气象灾害有暴雨洪涝、干旱、雷电、风雹、台风、冰冻、雪灾和大雾等,其中干旱和暴雨洪涝的灾害经济损失最大,占全年气象灾害总损失的近 60%。

降水 全年全省平均降水量 1553.7 毫米,比常年(1675.1 毫米)偏少 7.2%。1 月、7 月、10 月、11 月和 12 月降水偏多,其余月份均偏少,其中 12 月偏多 1.3 倍。与上年同期相比,冬季和秋季降水偏多,春季和夏季降水偏少。

从全省 11 个设区市降水情况看,景德镇市年降水量 1869.1 毫米,为全省最多,新余市年降水量 1286.1 毫米,为全省最少;与常年相比,景德镇市略偏多,鹰潭市接近常年,其余各市略偏少,以新余市偏少 20% 为全省之最,且历史排位第 9 低位。

各地年降水量在 1050.0 毫米(万载)~2447.1 毫米(德兴)之间。降水分布不均,赣东北和抚州地区降水量普遍在 1600 毫米以上,赣中大部 1300~1600 毫米,赣南 1100~1500 毫米;与常年相比,除赣东北和赣西南局部地区略偏多以外,其余大部分地区降水偏少 10%~20%,以万载偏少 39% 为全省之最,排名历史第 2 低位。

4 月 13 日全省入汛,比常年平均(3 月 20 日)偏晚 24 天,且汛期大范围的降水过程与降水量均偏少。10 个县以上的区域性暴雨过程有 6 次,暴雨日仅为 7 天;降水日数、暴雨日数和强降水过程次数均偏少,但局地强降水出现多。主汛期全省平均降水量 574.2 毫米,比常年同期(733.1 毫米)偏少 22%,各地降水量在 260.6 毫米(信丰)~953.5 毫米(德兴)之间;与常年同期相比,全省大部分地区降水偏少,其中赣北西南部、赣中大部,以及赣南南部和东北部偏少 25%~50%,信丰、万载、黎川 3 地偏少 50% 以上,信丰和万载累积雨量创历史同期新低。

全省平均降水日数 160.5(日降水量≥0.1 毫米)天,比常年偏少 2 天。各地降水日数在 138(都昌)~225(井冈山)天之间。与常年相比,全省大部分地区(91%)降水日数正常,6 个县(市、区)降水日数偏多,其中以九江偏多 31 天为全省之最。

全省平均暴雨日数 4.2 天(日降水量≥50 毫米),比常年偏少 1.2 天。大部分地区的暴雨日数为 3~7 天,庐山暴雨日数达 11 天为全省最多,万载没有出现暴雨日;除赣南部分地区暴雨日数偏多以外,赣中和赣北绝大部分地区比常年偏少。

气温 全省平均气温 18.9℃,比常年(18.0℃)平均偏高 0.9℃。年内各月平均气温与常年同期相比,除 10 月偏低以外,其余月份均偏高或持平,其中 3 月偏高幅度最大(2.9℃)。

全省 11 个设区市平均气温比常年均偏高,偏高幅度 0.7℃(鹰潭)~1.2℃(景德镇),其中景德镇市(19.2℃)比常年偏高近 1.2℃,创历史新高。各地年平均气温在 17.4℃(铜鼓)~20.7℃(于都)之间,与常年相比,除九江偏低 0.2℃以外,其余各地均偏高,偏高幅度大多 0.5℃~1.0℃,赣北大部、赣中赣南局部超过 1℃,以新建偏高 1.5℃为全省之最。

除庐山、井冈山外各地年极端日最高气温 36.1℃(寻乌)~39.8℃(景德镇)。全省有 7 个县(市、区)出现 39℃以上的高温。各地年极端日最低气温-6.8℃(资溪)~-1.1℃(定南)。其中赣东北、赣西北、抚州地区和局部山区-6℃~-4℃,其余地区-4℃~-2℃,庐山日最低气温-12.0℃。

日照 全省平均日照时数 1647.9 小时,接近常年(1631.8 小时)略偏多。各地年日照时数 1213.0 小时(井冈山)~1891.7 小时(赣县)。大部分地区超过 1400 小时,其中赣南及赣北大部 1600~1800 小时;与常年相比,赣北的中北部、赣中的中南部,以及赣南的东北部等地偏少 0~100 小时,以广昌偏少 310.6 小时为全省之最;赣北的东南部、赣中的东北部和西北部,以及赣南的中西部等偏多 0~100 小时,局部偏多 100~200 小时。

季节转换 冬季(2017/2018 年):赣北和赣中地区多数于 11 月 19 日入冬,部分于 12 月 5 日或 6 日入冬,与常年相比大部分地区偏早 10~14 天;赣南入冬时间为 12 月 8 日—14 日,偏早 2~11 天。春季:赣南地区于 2 月 13 日—14 日入春,接近常年;赣北和赣中于 2 月 24 日—25 日入春,比常年偏早 3~13 天;南昌于 2 月 25 日入春,比常年偏早 9 天。夏季:赣南在 4 月中旬后期,赣北赣中大部分地区在 4 月下旬后期,局部山区 5 月上旬至 5 月中旬前期。各地入夏时间比常年均偏早,偏早幅度大多为 10~15 天。秋季:全省于 9 月下旬和 10 月上旬前后相继入秋,大部分地区比常年略偏早,偏早幅度中北部大部分地区 1~5 天,南部大部 6~10 天,局部超过 10 天,以定南和信丰偏早 15 天为全省最早。

【主要气象灾害及影响】 年内,全省主要气象灾害有暴雨洪涝、干旱、风雹、雷电、台风、冰冻、雪灾和大雾等,其中干旱灾害经济损失最大,占全年气象灾害损失的 29.3%,其次是暴雨洪涝,占总灾损的29.1%。死亡人数列前三位的分别为雷电、风雹、洪涝(含山体滑坡、泥石流)。全省全年雨涝、强对流、雾异常指数正常,干旱和低温异常指数偏差,而高温异常指数达到最差,2018年江西省气候灾害年景评估结果为一般。

暴雨洪涝　年内暴雨过程频繁,全省区域性暴雨日有12天(87个国家站中出现10站以上),比常年偏少3天,其中主汛期10站以上暴雨日7天,比常年偏少2天。受强降雨影响,局部水文站点出现短时超警戒水位,多个城市、乡村发生短时内涝或积涝,农田受淹,局部地方出现山洪暴发、山体滑坡等地质灾害。年内致灾的暴雨过程主要出现在6月上旬、6月下旬、7月上中旬。

局地强对流　年内强对流天气频发,全省出现大风296站(次),为2000年以来第二多,仅次于2016年;尤其是春夏季先后出现6次区域性强对流过程,比常年明显偏多。其中,3月4日中午到夜间全省遭遇1次大范围罕见的强对流天气袭击,全省有60个县(市、区)出现短时8级以上大风,庐山市、湖口县、进贤县出现12级以上阵风,以庐山市37.3米/秒(13级)为最大,8级和10级以上大风站数之多,为1959年有完整气象记录以来历史最多。

干旱　2—9月全省平均降水量偏少2成,各地出现阶段性气象干旱,其中中度以上气象干旱主要出现在4月上旬至10月上旬、重度以上气象干旱主要出现4月中旬至6月上旬。年内中旱以上日数较多的地方主要出现在萍乡、新余、宜春西部、赣州南部以及九江、抚州等地局部,其中萍乡、新余和宜春西部2—9月降水量偏少近4成,降水之少为同期第二少位。此外,受全省降水持续偏少影响,至9月中旬,鄱阳湖主体及附近水域面积比历史同期偏小1.4成;鄱阳湖比历史同期平均提前23天进入枯水期。

热带气旋　年内先后有“艾云尼”“玛利亚”“温比亚”和“山竹”4个台风影响江西省。其中,受第4号台风“艾云尼”和西风带低槽共同影响,6月5日—9日全省出现大雨到暴雨,局部大暴雨;7月11日—12日,受台风“玛莉亚”减弱后的热带低压影响,抚州、吉安、萍乡、赣州等地出现大到暴雨,局部大暴雨。

高温　全省平均高温日数47.8天,比常年平均偏多19天,排历史第四高位。各地高温日数在18天(寻乌)~70天(南康)之间,除九江市东部、赣州市南部和局部山区20~40天以外,其余大部40~60天,赣州市北部,吉泰盆地、以及赣东北局部超过60天;与常年同期相比,大部分地区偏多15~25天,赣南的北部、吉泰盆地、萍乡和景德镇等地偏多25~35天。年内首次高温天气过程出现在5月中下旬,全省有42个县(市、区)日最高气温突破当地5月份极大值,高温出现的时间比常年提前近1个半月。7月8日至8月24日全省出现持续晴热高温天气,高温过程持续时间长、范围广、强度大,高温天气持续时间长达48天。

低温雨雪冰冻　年内主要出现2次低温雨雪冰冻过程:分别出现在1月下旬至2月上旬和12月底。1月25日—31日,全省先后有83个县(市、区)出现降雪,赣北赣中有40个县(市、区)出现积雪。2月6日,有63个县(市、区)出现中度以上冻害。12月29日晚上至31日全省自北向南出现1次雨雪冰冻天气过程,赣北赣中有74个县(市、区)出现降雪或雨夹雪天气,赣北普遍出现大到暴雪。

低温连阴雨　4月7日—9日,受北方冷空气影响,赣北北部出现明显的低温晚霜冻天气,大部地区夜间最低气温降至4℃以下,极端最低气温达-1℃~1℃,部分地区低温持续时间4小时以上。11月2日—21日全省出现持续阴雨寡照天气,降水量异常偏多,全省平均降水量比同期偏多1.6倍,为同期第三多;赣中、赣南累计降水量分别达125.8毫米和108.2毫米。

大雾　全年出现区域性大雾日数71天(≥10站),比常年偏多15天,其中春季和秋冬季区域性大雾日数较多;年内全省出现大雾2297站(次),比常年偏多96站(次),除7—10月以外,其他月份大雾站次均较多。秋冬季(10—12月)15站以上的大雾天数达21天,比历年同期偏多6.4天。其中,12月17日—18日大雾覆盖范围广、能见度低,17日全省有72个县(市、区)为大雾天气所笼罩,是2013年以来范围最广、强度最强的大雾过程。

【气候影响专题评价】　2018年关键期天气总体有利粮食稳产:春播期(3月11日至4月20日)未出现低温连阴雨,对春播有利;双抢期(7月)台风影响轻,对早稻收晒、晚稻栽插有利;9月未出现“寒露风”,对晚稻丰产有利。同时,受低温雨雪冰冻、霜冻、暴雨和强降水、干旱、高温热害等天气影响,对农业生产形成阶段性的影响。

气候与交通　年内出现的暴雨、强降水、台风、低温雨雪冰冻、大雾或浓雾以及由暴雨引发的次生灾害等导致全省公路、航运、铁路等交通受到不同程度的影响。年内全省平均不利于交通运营的天数84.4天,比常年(92.6天)同期偏少8.2天。年内大雾对交通的影响比常年偏多,而降水和大风日数偏少。

气候与水资源　全省平均降水量1553.7毫米,折合降水资源量2539.8亿立方米,与常年相比,偏少125.9亿立方米,属于正常年。全省平均气温比常年偏高,日照时数基本相当,全省实际蒸散发增加5%~7%,水资源量比常年减少9%~11%。

气候与人体健康　全省平均舒适日数220.5天,比常年(224.4天)偏少3.9天。赣北东部、赣中东部偏多1~20天,局部地区偏多20天以上,赣北北部偏少20天左右,其他地区均偏少1~20天。从舒适日数季节分布上看,全省2018年冬春季节舒适日数偏多,而夏秋季节舒适日数比常年偏少,其中夏季偏少9天。

气候与能源　6月,平均气温比常年同期偏高0.3℃,降温耗能以增加为主,大部分地区增加幅度为25%~50%;7月,平均气温比常年同期偏高0.6℃,降温耗能除个别地区(11个县市)以外大部分地区以增加为主,大部分地区增加幅度为10%~20%;8月,平均气温持续偏高,比常年同期偏高0.6℃,高温日数全省偏多,导致降温耗能增大,除大余和瑞金降温耗能为减少外,全省其他地区均以增加为主,增加幅度为10%~30%。

气候与生态　全省各县(市、区)生态质量综合指数在52.7%~61.5%

之间，全省平均为57.7%，略低于上年（58.2%）。除南昌、樟树、高安等局部城市周边地区生态质量综合指数小于55%，生态质量一般外，其余大部分地区生态质量综合指数均大于55%，生态质量良好，尤其赣南南部、赣西南及赣东北部等周边山区生态质量良好偏好。

气候与大气环境　全省11个设区市优良天数比例平均为88.3%，比上年（83.4%）明显上升，轻度污染天数比例为10.8%，中度、重度污染天数比例分别为0.7%、0.6%，无严重污染，与上年相比，污染日数比例下降明显（轻、中、重度污染天数比例分别为14.5%、1.4%、0.7%）。

（钟微）

体制改革

【概　况】　2018年，全省继续聚焦供给侧结构性改革，改善经济质量效益；聚焦"放管服"改革，打造"政策最优、成本最低、服务最好、办事最快"的"四最"营商环境总目标，出台《江西省优化发展环境三年行动方案（2018—2020）》，明确20个方面80条具体举措。重点行业关键领域改革持续深入，激发市场主体活力。财税金融体制改革进一步深化，完善现代市场体系。开放型经济升级发展，拓展区域发展空间。社会事业体制改革持续发力，增进民生福祉。

【帮扶企业发展】　2018年，为企业减负约1330亿元，全省规模以上工业企业每百元主营业务收入成本86.61元，下降0.36元。继续强化政策支撑，新出台降成本补充政策措施22条。继续强化入企帮扶，开展"百家银行进千企"现场对接会9场，对接企业和项目232个，签约金额754亿元；派出专家338人，帮扶企业502家，解决技术难题517个；开展产业对接会19场。继续强化难题破解，收到企业诉求4409个，办结4123个，办结率93.5%。

【化解过剩产能】　打击防范"地条钢"死灰复燃，从严从速查处江西金品铜业、江西永德精密机械铸造等"地条钢"案件。煤炭去产能超额完成任务，全省关闭煤矿73处、退出产能371万吨，分别完成年度目标任务的146%和144.4%。一企一策处置"僵尸企业"，处置完成率达84.7%。

【企业杠杆降低】　4月，开展企业上市"映山红行动"，全年实现5家首发（沃格光电、江西银行、九江银行、金力永磁、赣锋锂业）、1家迁址（神雾节能）、2家借壳（南昌光谷、江旅集团）。5家首发中，江西银行、九江银行、赣锋锂业均在香港上市。截至年底，全省上市公司66家，其中境内上市42家，境外上市24家。扩大直接融资规模，全省企业直接融资超3500亿元，增长11%以上。以市场化债转股为重点，组织召开债转股工作对接会，中鼎国际4.5亿元"债转股"项目实现首单落地。

【补齐发展短板】　围绕创新型省份建设目标，6月，省政府办公厅印发《江西省人民政府办公厅关于印发加快新型研发机构发展办法的通知》《江西省人民政府办公厅关于印发加快科技创新平台高质量发展十二条措施的通知》；8月，省委、省政府印发《中共江西省委办公厅 江西省人民政府办公厅印发〈江西省推进创新型省份建设行动方案（2018—2020年）〉的通知》等文件。深化两化融合，省政府出台《江西省人民政府关于加快建设物联江西的实施意见》，在全国率先提出"全域物联"概念；出台《江西省人民政府关于深化"互联网+先进制造业"发展工业互联网的实施意见》，实施工业互联网"1+30+N"行动和"万企上云"行动，"上云"企业达7000家。10月，举办2018世界VR产业大会，全球共有1000余家企业和170余家高校、研究机构、行业协会、主管部门的政商人士、专家学者、科研人员等2000余人参会。连续12年实施民生工程，2018年筹集财政性资金1600亿元，实施50件民生实事。省委、省政府在全国率先出台《中共江西省委 江西省人民政府关于加大城镇贫困群众脱贫解困力度的意见》，全省城市低保保障标准每月提高到580元，补差水平提高到380元；城镇特困人员救助供养标准每月提高到755元。

【政务服务改革】　6月，省、市、县乡四级政务服务中心（便民服务中心）实现全覆盖。12月，出台延时错时预约服务机制，推行窗口"无否决权"服务模式，打造全天候服务型政府。推动政务服务"掌上办理"，11月，江西政务服务移动平台"赣服通"上线运行，被评为省级政府网站十大优秀创新案例。分别于6月和12月公布省本级第二批、第三批"一次不跑"和第一批、第二批"只跑一次"政务服务事项。省本级共推出"一次不跑"政务服务事项453项、"只跑一次"政务服务事项780项，省本级"最多跑一次"事项占依申请类事项80%以上。10月，省政府办公厅印发《江西省人民政府办公厅关于推进投资项目审批提质增效改革的实施意见》，优化投资项目审批流程、审批环节、审批时限，推进"四联合"改革、企业投资项目承诺制、企业投资项目审批政府代办制等改革，确保投资项目审批时间压减一半以上。

【简政放权与商事制度改革】　年内，省本级行政权力事项精简率82.5%，累计取消调整证明事项315项，为企业群众减负。在全省10个地区开展相对集中行政许可权改革试点，各试点地区均组建行政审批局，实现"一枚印章管审批"。开放省、市、县三级名称库，下放冠省名称核准权。全省企业注册开办由原来的18.5个工作日压缩至5个工作日完成。全面推开"证照分离"改革，持续解决"准入不准营"问题。

【监管平台建设】　完善"双随机、一公开"平台功能，提升"一单两库"等基础数据质量，平台实现全程留痕、全程监督、智能监管、联动监管、全面公开。平台已录入各地、各部门的行政检查人员7.97万人、检查对象159.81万家，累计"双随机"7819次，处罚1.57亿元，行政执法案件总数11.18万件。

【国资国企改革】　2018年实现国有资本布局结构调整。重组省军工控股集团，升级为省出资监管一级企业；重组国泰集团，完成华润集团战略重组江中集团，启动省投资集团与省能源集团战略重组，新组建华赣环境集团。实现混合所有制经济发展。推进江西国际公司、江铜集团等省属企业集团层面混改，启动“双百企业”“百户混改行动”，完成5家企业员工持股试点工作，江西银行、九江银行先后在港交所上市；全省混改率达73.5%。实现国资监管职能转变。省国资委印发《省国资委以管资本为主推进职能转变方案》，深化国有资本授权经营体制改革；研究起草《江西省国有资本投资运营公司改革试点实施方案》。

【民营经济发展】 12月，出台《中共江西省委 江西省人民政府关于支持民营经济健康发展的若干意见》，从营造公平竞争市场环境、破解民营企业融资难、支持民营企业转型升级、降低民营企业经营成本、加强民营企业合法权益保护、完善政策执行方式、构建亲清政商关系、强化组织保障等8个方面提出30条支持民营经济的具体举措。弘扬企业家精神。11月，出台《中共江西省委 江西省人民政府关于保护企业家合法权益激发优秀企业家精神的实施意见》，要求建立健全企业家权益保障、服务关爱、培育锻炼、精神激励、党建引领5大机制，明确21条重点任务。加大产权保护力度。3月，出台《中共江西省委 江西省人民政府关于完善产权保护制度依法保护产权的实施意见》，完成全省涉及产权保护的规章、规范性文件的清理工作。

【电力市场化改革】 年内，全省累计签订电力直接交易合同电量264亿千瓦时，增长73.9%。参与交易电力用户由2017年的1851家增至2695家，市场化用户数量排名全国第7位，增长45.6%。九江市鄱阳湖生态科技城、上饶高新区电子信息产业园2个区域纳入国家第3批增量配电业务改革试点项目。高安建筑陶瓷产业基地取得华中首批增量配电网电力业务许可证，并率先开展跨省跨区电力市场化交易试点工作。

【税收体制改革】 整合优化原国地税办税服务厅，推行“一网、一门、一次、一窗”办税，实现12366热线“一键咨询”。针对127项业务推行容缺受理服务，允许容缺的材料313项次，减少纳税人因无心之过而“往返跑”。推进企业简易注销改革，扩大注销即时办结范围。试点推行电子档案和电子签章系统，使纳税人上门次数减少62%，涉税资料重复报送次数减少87%，行政审批时间缩短75%以上。强化纳税信用评价，搭建江西银税互动服务平台，利用纳税信用，帮助3000余家小微企业获无抵押信用贷款30余亿元。建立多部门联合激励惩戒机制，为近8000家次A级纳税人办理行政审批开通绿色通道，公告重大税收违法案件信息近80起。

【财税体制改革】 全方位、全过程、全覆盖开展预算绩效管理，省财政厅在财政部与亚行举办的绩效论坛上作主旨演讲，改革经验获《人民日报》单篇刊发。进一步简化政府采购程序，提高限额标准，省本级推行网上购物模式，使政府采购活动更加公开透明、高效便捷、节约成本，江西省政府采购改革获中国政府网专题报道。作为权责发生制政府综合财务报告编制试点省份之一，编制完成《2017年度江西省政府综合财务报告》，通过财政部会审。

【金融体制改革】 绿色金融改革取得实效。全省绿色信贷余额约2000亿元，增长19%。江西银行、九江银行、上饶银行发行绿色金融债总计150亿元；省股交中心设立绿色板块，发行绿色私募可转债27.5亿元；在赣江新区设立各类绿色基金500亿元。推出绿色农产品气象价格综合保险、期货保险等多个全国首创绿色保险产品。“金融赣军”壮大。浙商银行南昌分行获批，渤海银行在赣设分支机构规划已获备案，江西高速财务公司、瑞京金融资产管理公司开业运营。推动地方政府设立108余支转贷基金，累计为企业倒贷1435.45亿元。创新推出“云税贷”“老板贷”“租金贷”等服务小微企业金融产品。

【开放型经济】 8月，出台《中共江西省委办公厅 江西省人民政府办公厅印发〈关于进一步扩大开放推动经济高质量发展的若干措施〉的通知》，聚焦扩大开放领域和招商引资、外贸进出口、走出去、开发区、口岸建设、营商环境6个方面，提出30条措施，成为新时代商务领域全面深化改革扩大开放的重要纲领性文件。服务企业实施“走出去”战略。6月，出台《江西省发展改革委关于印发〈江西省企业境外投资管理办法〉的通知》；11月，出台《江西省人民政府关于改进境外企业和对外投资安全工作的实施意见》《江西省人民政府关于规范企业海外经营行为的实施意见》等文件。鼓励龙头企业在“一带一路”沿线开展制造业、矿产、服务业等领域合作，带动江西省装备出口和产能转移，2018年共备案境外投资项目17个，投资总额约12.3亿美元。

【复制推广自贸区改革试点经验】 抓好前3批自贸区改革试点经验复制推广工作，110项改革事项已实施105项。9月，出台《江西省人民政府关于印发〈江西省复制推广自由贸易试验区第四批改革试点经验工作实施方案〉的通知》，确定30项改革事项。推进南昌市构建开放型经济新体制综合试点试验，61项改革事项已全部实施。

【开发区改革】 11月，出台《江西省促进开发区改革和创新发展领导小组关于印发〈江西省开发区总体发展规划〉的通知》；9月，印发《江西省人民政府办公厅关于印发〈江西省促进开发区改革和创新发展三年攻坚行动计划（2018—2020年）〉的通知》；6月，印发《江西省促进开发区改革和创新发展领导小组关于印发〈江西省开发区争先创优综合考核评价办法（试行）〉的通知》等文件，明确103个开发区的首位产业和主攻产业，开展6大攻坚行动。

【教育体制改革】 8月，出台《中共江西省委 江西省人民政府关于全面深化新时代教师队伍建设改革的实施意见》；9月，印发《中共江西省委办公厅 江西省人民政府办公厅印发〈关于加强和改进中外人文交流工作的实施意见〉的通知》；10月，印发《江西省人民政府办公厅关于印发对设区市人民政府履行教育职责督导评价办法（试行)的通知》;6月,出台《江西省人民政府关于鼓励社会力量兴办教育促进民办教育健康发展的实施意见》等文件。全省112个县域单位实现义务教育发展基本均衡,成为全国第13个整体通过国家督导评估认定的省份。继续实施本科专业综合评价,完善专业调整机制,推动高校集中优质资源举办优势专业,在新时代全国高校本科教育工作会上作改革典型发言。新增3所全国创新创业典型经验高校“五十强”,在第四届“互联网+大学生创新创业大赛”全国总决赛上,江西省共获4金8银27铜,创历史最好成绩,获奖总数名列全国第2位,在全国地方高校综合排名继续蝉联第一。

【医药卫生体制改革】 1月,出台《江西省人民政府关于印发〈江西省“十三五”深化医药卫生体制改革规划〉的通知》;2月,出台《江西省人民政府办公厅关于建立现代医院管理制度的实施意见》;3月,省卫计委等9部门联合印发《江西省改革完善短缺药品供应保障机制实施方案》;9月,省卫计委等5部门联合印发《关于纵深推进公立医院综合改革的通知》;11月,出台《江西省人民政府办公厅关于改革完善仿制药供应保障及使用政策的实施意见》等文件。连续9年入选全国十大医改新举措,是全国唯一的省份。自2015年国家开展公立医院综合改革效果评价以来,江西考核排名连续3年进入全国第一方阵,获中央财政奖励近5000万元。继新余、芦溪2地公立医院改革入选2016年度国务院“全面深化改革真抓实干、成效明显”的表扬激励名单后,于都县入选2017年度国务院表扬激励名单。

【社会保障制度】 就业局势保持总体稳定。11月,出台《江西省人民政府关于推行终身职业技能培训制度的实施意见》;9月,出台《江西省人民政府关于加快人力资源服务业发展的意见》;11月,印发《江西省人力资源和社会保障厅关于印发〈江西省人力资源服务业发展行动计划(2018—2020年)〉的通知》等促进就业政策。全省城镇新增就业55.32万人,完成年度任务的122.9%;失业人员再就业22.20万人,完成全年目标任务的116.8%;就业困难人员就业5.35万人,完成全年目标任务的133.8%。社会保障制度体系进一步完善。10月,印发《江西省人力资源和社会保障厅 江西省财政厅关于印发〈江西省职业年金基金管理实施办法(试行)〉的通知》11月;印发《江西省人民政府关于贯彻落实企业职工基本养老保险基金中央调剂制度的通知》等文件。在全国率先推行孤残儿童区域性养育工作,全面提升孤儿养、治、康、教水平。

(元丹)

国民经济和社会发展状况

【概　况】 2018年,地区生产总值21984.78亿元,比上年增长8.7%。其中,第一产业增加值1877.33亿元,增长3.4%;第二产业增加值10250.21亿元,增长8.3%;第三产业增加值9857.24亿元,增长10.3%。三次产业结构为8.6:46.6:44.8,三次产业对地区生产总值增长的贡献率为3.7%、48.2%和48.1%。人均生产总值4.74万元,按年平均汇率计算,折合7168美元,增长8.1%。

【农　业】 全省农林牧渔业总产值3148.57亿元,增长3.5%。粮食种植面积372.13万公顷,下降1.7%。其中,谷物种植面积349.17万公顷,下降1.9%。油料种植面积68.01万公顷,增长0.6%。油料种植中油菜籽种植48.30万公顷,下降0.7%。蔬菜种植面积63.30万公顷,增长2.2%。棉花种植面积4.67万公顷,下降7.6%。甘蔗种植面积1.43万公顷,增长0.6%。全年全省粮食总产量2190.7万吨,下降1.4%。其中,谷物产量2112.2万吨,下降1.6%;油料产量120.80万吨,增长3.0%。油料作物中油菜籽产量69.1万吨,增长2.7%。蔬菜产量1537.0万吨,增长3.2%。棉花产量7.21万吨,下降7.2%。甘蔗产量64.57万吨,下降1.4%。烟叶产量3.61万吨,下降35.1%。茶叶产量6.54万吨,增长6.5%。园林水果产量470.21万吨,增长3.3%。全省肉类总产量325.68万吨,增长0.9%。其中,猪肉产量246.3万吨,下降1.3%;牛肉产量12.5万吨,增长3.4%;羊肉产量2.1万吨,增长6.6%。禽蛋产量47.0万吨,增长2.9%。牛奶产量9.6万吨,增长1.4%。水产品产量255.9万吨,增长2.2%。年末生猪存栏1587.25万头,下降2.1%;生猪出栏3124.00万头,下降1.8%。

【工业和建筑业】 全省工业增加值8113.0亿元,增长8.7%。其中,规模以上工业增加值增长8.9%。全省规模以上工业企业主营业务收入32077.4亿元,增长12.0%;利润总额2157.8亿元,增长16.5%;每百元主营业务收入中的成本86.61元,减少0.36元。年末规模以上工业资产负债率51.7%,下降0.7个百分点。全省建筑业总产值6884.87亿元,增长13.4%。其中,建筑工程产值5882.72亿元,增长12.0%;安装工程产值529.98亿元,增长17.8%;其他产值472.17亿元,增长28.8%。资质以上总、专包建筑业企业2751家,增加320家。其中,特级和一级总、专包企业310家,增加33家;二级企业868家,增加20家;三级及其他企业1573家,增加267家。

【固定资产投资】 全省固定资产投资增长10.8%。其中,第一产业增长16.7%,第二产业增长13.1%,第三产业增长8.3%。民间投资增长12.5%,对投资增长的贡献率为74.3%。基础设施投资增长17.7%,提高0.9个百分点。

【国内贸易】 全省社会消费品零售总额7566.44亿元,增长11.0%。其中限额以上零售额2800.7亿元,增长10.7%。按经营单位所在地分,城镇6399.7亿元,增长10.9%,其中城区3693.2亿元,增长14.1%;乡村1166.7亿元,增长11.6%。按消费类型分,商品零售6614.7亿元,增长10.3%;餐饮收入951.8亿元,增长15.9%。按行业分,零售业5597.61亿元,增长10.0%;批发业1015.08亿元,增长12.4%;餐饮业863.38亿元,增长15.9%;住宿业90.38亿元,增长13.3%。

【对外经济】 全省货物进出口总值3164.9亿元，增长5.1%。其中，出口值2224.1亿元，增长0.7%；进口值940.8亿元，增长17.3%。分贸易方式看，一般贸易出口1941.3亿元，下降0.5%；加工贸易出口261.6亿元，增长7.3%。分重点商品看，机电产品出口927.9亿元，增长11.2%；高新技术产品出口357.1亿元，增长26.8%。分国别(地区)看，对东盟地区出口404.8亿元，增长16.9%；对美国出口369.8亿元，下降3.6%；对欧盟出口307.1亿元，下降2.9%；对捷克、埃及、哈萨克斯坦、乌克兰、泰国等"一带一路"沿线国家出口分别增长98.1%、82.4%、59.1%、48.1%和30.4%。

【交通、邮电】 全省货物运输量17.4亿吨，增长12.8%；货物运输周转量4528.3亿吨千米，增长7.4%。旅客运输量6.2亿人，下降3.1%；旅客运输周转量993.7亿人千米，下降0.7%。开行赣欧班列202列，赣州国际陆港年吞吐量达40.8万标准箱、增长71.4%，九江港年吞吐量达42.9万标准箱、增长28%；昌北国际机场开通外国人口岸签证业务、至比利时首条洲际货运航线，旅客吞吐量1352万人次、增长23.7%，货邮吞吐量8.26万吨、增长58.1%。年末全省公路通车里程16.2万千米，其中高速公路通车里程5931千米。铁路营运里程4134千米。民用汽车保有量544.4万辆，增长15.0%。民用轿车保有量306.7万辆，增长15.8%。其中，私人轿车293.4万辆，增长16.2%。全省邮电业务总量1785.8亿元，增长125.6%。其中，邮政业务总量176.6亿元，增长36.3%；电信业务总量1609.2亿元，增长143.2%。完成邮政函件业务2764万件，下降7.8%；包裹业务45万件，下降11.2%。快递服务企业业务量6.2亿件，增长41.5%；业务收入67.1亿元，增长36.4%。年末固定电话用户465.4万户，下降2.3%。其中，城市电话用户313.5万户，下降1.2%；乡村电话用户152.6万户，下降4.4%。移动电话用户4044万户，增长17.2%。其中，4G移动电话用户2970.0万户，增长19.9%；3G移动电话用户293.6万户，增长13.2%。固定互联网宽带接入用户1323.4万户，增长32.7%。

【财政、金融、证券和保险业】 全省财政总收入3795.8亿元，增长10.1%。一般公共预算收入2372.3亿元，增长5.6%；一般公共预算支出5667.5亿元，增长10.9%。年末全省金融机构各项存款余额35290.7亿元，比上年末增长8.5%，比年初增加2755.0亿元，同比少增687.2亿元。其中，住户存款17260.1亿元，比年初增加1676.9亿元，多增156.5亿元；非金融企业存款10555.5亿元，比年初增加595.1亿元，少增894.4亿元。金融机构各项贷款余额30567.1亿元，比上年末增长18.1%，比年初增加4665.9亿元，同比多增654.2亿元。其中，住户贷款12139.8亿元，比年初增加18980亿元，少增33.3亿元；非金融机构及机关团体贷款18307.9亿元，比年初增加2708.4亿元，多增647.9亿元。年末全省辖区内共有境内上市公司42家，其中主板公司25家、中小板公司9家、创业板公司8家。辖区内证券公司2家，分公司35家，证券营业部321家，证券交易额4.2万亿元；期货公司1家，期货营业部34家，期货代理成交金额1.9万亿元。全省保险公司保费收入753.6亿元，增长3.6%。其中，财产险保费收入240.4亿元，增长12.5%；寿险保费收入186.6亿元，下降19.4%；健康险保费收入113.7亿元，增长36.0%；意外伤害险保费收入18.3亿元，增长24.9%。支付各类赔款及给付264.9亿元，增长22.2%。其中，财产险赔款及给付127.8亿元，增长19.5%；人寿险赔款及给付79.6亿元，增长8.0%；健康险赔款和给付52.2亿元，增长60.1%；意外伤害险赔款和给付5.3亿元，增长48.4%。

【教育和科学技术】 全省研究生教育招生1.5万人，在校生3.9万人，毕业生1.0万人。普通高等教育招生32.4万人，在校生105.4万人，毕业生31.1万人。成人高等教育招生7.4万人，在校生18.4万人，毕业生5.1万人。中等职业教育招生12.3万人，在校生35.5万人，毕业生10.9万人。普通高中招生34.5万人，在校生100.8万人，毕业生30.4万人。初中学校招生74.1万人，在校生207.0万人，毕业生57.6万人。普通小学招生70.2万人，在校生421.2万人，毕业生73.2万人。民办学校1.07万所，在校学生200.8万人。特殊教育在校生3.4万人，幼儿园在园幼儿161.3万人。小学毛入学率103.4%，初中阶段毛入学率114.9%，高中阶段教育毛入学率90.5%。普通高考录取率82.5%，高等教育毛入学率45.0%。全年全省研究与试验发展(R&D)经费支出387.8亿元，占地区生产总值的1.4%，提高0.12个百分点。年末共有国家工程(技术)研究中心8个，省工程(技术)研究中心346个；国家级重点实验室5个，省级重点实验室181个。全年受理专利申请86001件，授权专利52819件；签订技术合同3024项，技术市场合同成交金额115.8亿元，其中技术开发合同成交额41.2亿元，技术转让合同成交额12.6亿元。年末全省有产品质量检测机构72个，其中国家级检测中心11个，法定计量技术机构308个。全年强制检定计量器具123.5万台(件)，开展产品质量监督抽查7799批次。累计获得3C证书的企业912家，获得3C证书7058张。累计发放自愿性产品认证证书3964张，发放省级工业产品生产许可证683张。测绘部门为经济社会发展提供各种基本比例尺地形图2372张，大地成果3083点，航摄成果提供与应用17.19亿平方千米。

【文化、卫生和体育】 年末全省有艺术表演团体83个，文化馆118个，公共图书馆113个，博物馆144个。广播电视台101座，中、短波转播发射台22座。有线广播电视用户648.9万户，其中数字电视用户613.6万户。年末广播综合人口覆盖率98.5%，电视综合人口覆盖率99.1%。全年出版各种图书、期刊、报纸9107种，出版各类图书2.42亿册、期刊7495万册、报纸8.38亿份。全年全省接待国内旅游者6.86亿人次，增长19.7%；国内旅游收入8095.8亿元，增长26.6%。接待入境旅游者206.3万人次，增长9.2%；国际旅游外汇收入7.5亿美元，增长18.3%。年末全省有各类医疗卫生机构(含村卫生室)3.65万个。

7 月 29 日，正在进行的 2018 江西网球公开赛女双比赛现场

王伟摄

其中，医院、卫生院 2311 个，妇幼保健院(所、站) 112 个，专科疾病防治院(所、站) 108 个，疾病预防控制中心 147 个，卫生监督所(中心) 111 个。卫生技术人员 24.72 万人。其中，执业医师和执业助理医师 8.72 万人，注册护士 11.1 万人。医院、卫生院床位数 24.95 万张，其中乡镇卫生院床位数 5.6 万张。年末全省有全民健身中心 1 个，青少年俱乐部 176 个，青少年户外活动营地 4 个；国家级体育传统项目学校 15 所，省级体育传统项目学校 237 所，省级单项体育后备人才基地 37 个。全年新建村级农民体育健身工程 240 个，乡镇农民体育健身工程 28 个。在国际和国内的重大比赛中共获得 93 枚金牌、100 枚银牌和 104 枚铜牌。

【人口、人民生活和社会保障】 年末全省常住人口 4647.6 万人，增加 25.5 万人。其中，城镇 2603.6 万人，占总人口的 56.0%，提高 1.4 个百分点。户籍人口城镇化率 39.8%，提高 1.9 个百分点。全年出生人口 62.2 万人，出生率 13.43‰，下降 0.36 个千分点；死亡人口 28.1 万人，死亡率 6.06‰，下降 0.02 个千分点；自然增长率 7.37‰，下降 0.34 个千分点。全年全省居民人均可支配收入 24080 元，增长 9.3%，扣除价格因素，实际增长 7.1%。其中，城镇居民人均可支配收入 33819 元，增长 8.4%，扣除价格因素，实际增长 6.2%；农村居民人均可支配收入14460元，增长 9.2%，扣除价格因素，实际增长 6.8%。城乡居民收入比 2.34∶1，比上年缩小 0.02。全年全省居民人均消费支出 1.58 万元，增长 9.2%。其中，城镇居民人均消费支出 2.08 万元，增长 7.9%；农村居民人均消费支出 1.09 万元，增长 10.3%。城、乡居民消费恩格尔系数分别为 30.0% 和 31.3%，分别下降 1.1 个百分点和 2.3 个百分点。年末全省参加城镇职工基本养老保险人数 1052.8 万人，增加 47.6 万人。参加失业保险人数 288.0 万人，增加 1.7 万人。参加工伤保险人数 534.6 万人，增加 17.5 万人，其中参加工伤保险的农民工 112.1 万人，减少 7.5 万人。城市居民得到政府最低生活保障人数 63.1 万人，城市低保标准 580 元/(人·月)，向城市低保户发放低保金 28.8 亿元，月人均补差 381 元；农村居民得到政府最低生活保障人数 163.4 万人，农村低保标准 340 元/(人·月)，向农村低保户发放低保金 51.7 亿元，月人均补差 260 元。城镇"三无特困群众"供养保准 755 元/(人·月)，农村五保户集中供养、分散供养标准分别为 455 元/(人·月)、350 元/(人·月)，集中供养孤儿基本生活保障标准 1200 元/(人·月)。年末全省提供住宿的社会福利机构 1833 个，床位数 16.0 万张，收养人数 9.0 万人。社区服务机构和设施总数 3789 个，其中社区服务中心 398 个。

【资源、环境与安全生产】 全省 $PM_{2.5}$浓度为 38 微克/立方米，下降 17.4%。优良天数比例为 88.3%，上升 5 个百分点，全年优良天数增加 18 天。空气中的 SO_2、PM_{10}、NO_2 浓度均达到国家二级标准，分别下降 26.1%、12.3%和 3.8%。全年全省地表水水质总体为优，断面水质优良比例为 90.7%，上升 2.2 个百分点。其中，国家考核断面水质优良率 92%，上升 2.7 个百分点，高于国家年度考核目标 9.3 个百分点，基本消除监测断面劣 V 类水体。主要河流断面达标率为 97.4%，上升 2.2 个百分点。信江、饶河、袁水、长江九江段、东江和环鄱阳湖区河流水质优良比例均为 100%。全省完成造林面积 9.15 万公顷，森林抚育 37.87 万公顷，改造低产低效林 13.29 万公顷，森林覆盖率稳定在 63.1%。共建立自然保护区 190 处，其中国家级 16 处、省级 38 处、市县级 136 处。自然保护区面积 109.88 万公顷，占全省国土面积的 6.6%。井冈山、崇义、浮梁被命名为国家第二批生态文明建设示范市县，婺源县被命名为国家第二批"两山"理论实践创新基地。全省年平均降水量 1553.7 毫米，比常年偏少 7.2%，位列历史第 24 低位。平均气温 18.9℃，比常年偏高 0.9℃，位列历史第 2 高位。平均日照时数 1647.9 小时，比常年偏多 0.9%，位列历史第 33 高位。全年全省能源消费总量 9310.3 万吨标准煤，增长 3.5%；万元 GDP 能耗 0.431 吨标准煤，下降 4.8%。规模以上工业综合能源消费量 5387.4 万吨标准煤，增长 3.6%；万元规模以上工业增加值能耗下降 4.8%。全年安全生产事故 2160 起。其中，道路运输业事故 1823 起，工矿商贸事故 243 起，铁路运输业事故 50 起。安全生产事故死亡人数 1333 人。其中，道路运输业事故死亡 989 人，工矿商贸事故死亡 265 人，铁路运输业事故死亡 37 人。亿元生产总值安全生产事故死亡人数 0.06 人。

(李金龙)

本栏编辑 游桃琴

中国共产党江西省委员会

综　述

2018年,省委坚持以习近平新时代中国特色社会主义思想为指导,深入贯彻中共十九大和十九届二中、三中全会精神,从更高层次贯彻落实中共中央总书记习近平对江西工作的重要要求,团结带领全省干部群众改革创新、开拓进取、感恩奋进,推动全省经济社会发展和党的建设各项事业迈出新步伐、取得新成绩。

深入学习贯彻习近平新时代中国特色社会主义思想和中共十九大精神,坚决做到"两个维护"。省委理论学习中心组开展10次集体学习,举办市厅级主要领导干部学习贯彻习近平新时代中国特色社会主义思想和中共十九大精神专题研讨班,全省培训各级各类干部25.6万多人次。对习近平最新发表的重要讲话、作出的重要指示和中央召开的重要会议精神,第一时间召开省委常委会会议、省委深改委会议等进行传达学习。部署开展"大学习、大调研、大落实"活动,围绕打好三大攻坚战、加强党的建设等8个方面,开展专题学习调研。召开省委十四届六次全会,提出"创新引领、改革攻坚、开放提升、绿色崛起、担当实干、兴赣富民"工作方针,明确高质量跨越式发展首要战略,作出"六大突破、三大提升"工作部署。召开省委十四届七次全会,对从更高层次贯彻落实习近平对江西工作的重要要求作出年度安排。

贯彻高质量发展要求,综合施策推动经济持续健康发展。经济总体平稳、稳中有进、稳中提质,主要经济指标增速继续位居全国"第一方阵"。加大力度帮扶实体经济,先后出台"降成本、优环境新22条"、支持民营经济健康发展"30条"和《关于保护企业家合法权益激发优秀企业家精神的实施意见》。出台《关于实施工业强省战略深入推动工业高质量发展的若干意见》。制定《服务业高质量发展三年行动计划方案》。认真做好庆祝改革开放40周年系列活动,组织党政代表团赴广东、浙江、上海学习考察,召开全省全面深化改革开放工作现场推进会。着力推进"放管服"改革,深入推进国资国企改革,推进赣江新区国家级绿色金融改革创新试验区建设,开展农村承包地"三权分置"改革试点,余江农村宅基地制度改革试点继续走在全国前列。出台《关于进一步扩大开放推动经济高质量发展的若干措施》。举办首届世界VR产业大会、世界中医药大会第四届夏季峰会、第五届世界绿色发展投资贸易博览会、首届中国国际消费电子通信产业博览会、2018中国景德镇国际陶瓷博览会等重大活动。深入实施区域协调发展战略,提出打造"一圈引领、两轴驱动、三区协同"区域发展新格局。出台乡村振兴战略规划,建成高标准农田19.63万公顷,全年粮食总产量达到219.05亿千克,实现"十五连丰",开展绿色生态农业"十大行动"。萍乡海绵城市建设由全国试点走向全国示范。启动城市功能与品质提升三年行动计划,城市建设管理水平不断提升,全省常住人口城镇化率达55%。

全力以赴打好三大攻坚战,促进经济社会安全稳健运行。把打好防范化解重大风险攻坚战纳入省委常委会会议重要议程。强化对非法集资、互联网金融等监管,稳妥降低企业杠杆率,加快市场化债转股工作。加强政府债务管理,制定政府隐性债务化解风险实施方案。深入开展"百家银行进千企"对接活动。大力实施企业上市"映山红行动",全年新增5家企业首发上市。制定《关于打赢脱贫攻坚战三年行动的实施意见》,开展年度脱贫攻坚"春季攻势""夏季整改""秋冬会战",深入推进产业扶贫、就业扶贫、保障扶贫等精准帮扶"十大行动"。在全国率先出台《关于加大城镇贫困群众脱贫解困力度的意见》。全年实现42万贫困人口脱贫、1000个贫困村退出、10个贫困县达到"摘帽"条件。深入推进国家生态文明试验区建设,出台《关于全面加强生态环境保护坚决打好污染防治攻坚战的实施意见》,抓好中央环保督察及"回头看"反馈问题整改落实。实施山水林田湖草生命共同体建设三年行动计划,在鄱阳湖区域首次实施退耕还湿(地)项目,因地制宜开展造林"绿化、美化、彩化、珍贵化"建设。加强生态文明制度建设,在全国率先开展生态文明建设目标考核,形成26项生态文明制度创新成果。

积极回应群众关切,加大力度保障和改善民生。投入财政性资金1600亿元,完成50件民生实事。做好大学生、去产能职工等重点群体就业,深入推进大众创业万众创新。统筹办好各级各类教育,在全国第13个全域实现义务教育发展基本均衡。稳妥推进社会保障制度改革,整合城乡居民基本医疗保险制度,大病保险制度实现全覆盖。深化医药卫生体制改革，全面建立公立医院运行新机制，按世界卫生组织标准在全国率先通过消除疟疾终审评估。深入开展"移风易俗促进乡风文明"行动，稳步推进绿色殡葬改革。举办江西省第十五届运动会。健全防抗救相结合的防灾减灾救灾体系。深入推进平安江西建设，深入推进社会矛盾排查化解，深化社会稳定风险评估。深入推进法治江西建设，组建全面依法治省委员会。依法开展扫黑除恶专项斗争。

*充分调动各方面积极性，凝聚团结奋进的工作合力。*出台《关于加强和改进党的新闻舆论工作的实施意见》，建立意识形态工作责任制考核、巡视专项检查、监督工作机制。深入开展"新时代新作为新篇章"大型主题宣传，推动媒体深度融合。深化文化体制改革，出台《关于加快文化强省建设的实施意见》。加强和改进地方立法工作，支持人大对"一府一委两院"开展监督。出台《关于加强新时代全省政协党的建设工作的实施意见》。加强统一战线工作，举办纪念"五一口号"发布70周年主题活动，推动香港江西社团(联谊)总会成立，依法做好新形势下民族宗教工作。全面落实党管武装责任，推动军民融合发展，支持驻赣部队和武警部队深化改革，做好驻赣部队全面停止有偿服务工作，加强国防动员和后备力量建设。深入推进群团组织改革，完成工会、共青团、妇联、侨联、残联等换届。

*贯彻落实新时代党的建设总要求，纵深推进全面从严治党。*坚持把政治建设摆在首位，严格贯彻执行中共中央《关于加强和维护党中央集中统一领导的若干规定》。召开"坚决全面彻底肃清苏荣案余毒持续建设风清气正政治生态专题民主生活会"，出台《关于坚决全面彻底肃清苏荣案余毒持续建设风清气正政治生态的意见》。召开全省党员领导干部警示教育大会，深刻汲取苏荣、李贻煌等腐败案教训。深入推进"两学一做"学习教育常态化制度化，抓好以弘扬井冈山精神为核心的红色基因教育，广泛开展诵读《红色家书》《回望峥嵘读初心发生在江西红土地上的100个经典革命故事》活动。召开全省作风建设专题工作会议，出台《关于贯彻落实习近平总书记重要指示精神集中整治形式主义官僚主义的实施意见》《关于加强作风建设优化发展环境的意见》。出台《关于进一步激励广大干部新时代新担当新作为的实施意见》《关于适应新时代要求大力发现培养选拔优秀年轻干部的实施意见》。完成村(社区)"两委"换届。全面向贫困村、软弱涣散村和集体经济薄弱村党组织选派第一书记和驻村工作队。持续整顿软弱涣散村党组织，在全国首创基层党建协同创新中心。探索推动监察职能向基层延伸，改革派驻监督体制机制。全力配合做好中央脱贫攻坚专项巡视，对中央巡视组指出的全省脱贫攻坚形式主义、官僚主义问题立行立改。印发《关于持续深化落实中央巡视整改的工作意见》，推动全省各级党组织持续做好问题整改工作和未巡先改工作。深化发展巡视巡察工作，组织省委8个巡视组分3轮对89个党组织开展巡视。深入开展扶贫领域腐败和作风问题专项治理，严惩涉黑涉恶腐败和"保护伞"，认真办理中央环保督查办移交的问题线索，部署开展严肃整治领导干部利用名贵特产类特殊资源谋取私利问题，坚决查处靠山吃山、假公济私、以权谋私、利益输送等问题。

重要会议

【全省领导干部会议】 3月21日，中共江西省委召开全省领导干部会议，中央组织部副部长齐玉出席会议并宣布中央决定：刘奇任江西省委书记，鹿心社不再担任江西省委书记、常委、委员职务。齐玉、刘奇分别讲话。现职省级领导干部，副省级以上老干部，省委委员、候补委员，省委各部门、省直各单位主要负责人，各民主党派省委会和工商联主要负责人，各设区市、赣江新区党政主要负责人出席会议。

【全省作风建设工作会议】 5月10日，全省作风建设工作会议召开。省委书记、省长刘奇主持并讲话。刘奇强调，要以习近平新时代中国特色社会主义思想为指导，深入学习贯彻中共十九大精神，结合全面彻底肃清苏荣案余毒，坚持问题导向，深刻查摆全省干部作风存在的突出问题，研究提出务实有效举措，形成狠抓作风建设的强劲态势，进一步带动全省上下提振精气神、汇聚正能量，营造良好发展环境，推动高质量发展，为从更高层次深入贯彻落实中共中央总书记习近平对江西工作重要要求提供坚强有力的作风保障。姚增科、李炳军等省委、省人大常委会、省政府、省政协领导班子成员，省法院、省检察院主要负责人出席。会议通过视频会议系统开到县，主会场设在省会议中心，各设区市、县(市、区)设分会场。会上，省发展改革委等10个单位主要负责人作表态发言。

【中共江西省委十四届六次全体(扩大)会议】 7月30日—31日，中共江西省委十四届六次全体(扩大)会议在南昌召开。省委书记、省长刘奇代表省委常委会做工作报告。全会听取省纪委等6家单位负责人对提请全会讨论的《关于坚决全面彻底肃清苏荣案余毒持续建设风清气正政治生态的意见(讨论稿)》《关于加强作风建设优化发展环境的意见(讨论稿)》《关于进一步激励广大干部新时代新担当新作为的实施意见(讨论稿)》《关于加快文化强省建设的实施意见(讨论稿)》《关于进一步扩大开放推动经济高质量发展的若干措施(讨论稿)》《江西省推进创新型省份建设行动方案(2018—2020)(讨论稿)》等6个文件起草情况的说明。省委常委会主持会议，省委委员、候补委员出席会议，不是省委委员、候补委员的省级领导干部列席会议。不是省委委员、候补委员的省委各部门、省直各单位党组(党委)主要负责人，各设区市、赣江新区党政主要负责人，各县(市、区)党政主要负责人，以及部分基层党代表列席会议。

【中共江西省委十四届七次全体(扩大)会议】 12月27日—28日，中共江西省委十四届七次全体(扩大)会议在南昌召开。省委常委会主持会议。会议深入学习贯彻中共十九大和十九届二中、三中全会精神，全面贯彻落实中央经济工作会议精神，听取和审议省委常委会工作报告，研究部署2019年工作。省委书记刘奇主持第一次全体会议，代表省委常委会做工作报告并讲话。省委副书记、省长易炼红总结2018年、部署2019年经济工作。省委委员、候补委员出席会议，不是省委委员、候补委员的省级领导干部列席会议。不是省委委员、候补委员的省委各部门、省直各单位党组(党委)主要负责人，各设区市、赣江新区党政主要负责人，各县(市、区)党政主要负责人，以及部分基层党代表列席会议。全会要求，全省上下要更加紧密地团结在以习近平为核心的中共中央周围，以习近平新时代中国特色社会主义思想为指导，同心同德、团结奋进，攻坚克难、真抓实干，确保完成2019年经济社会发展目标任务，加快建设富裕美丽幸福现代化江西，共绘新时代江西物华天宝人杰地灵新画卷，以优异成绩庆祝新中国成立70周年。

重要决策

【制定《关于实施乡村振兴战略的意见》】 2月13日，省委、省政府印发该意见，意见强调要坚持党管农村工作、坚持农业农村优先发展、坚持农民主体地位、坚持全面振兴、坚持城乡融合、坚持绿色发展、坚持规划引领、坚持分类推进。明确到2020年全省乡村振兴取得重要进展、制度框架和政策体系基本形成、与全国同步全面建成小康社会，到2035年乡村振兴取得决定性进展，农业农村现代化基本实现。

【印发《江西省贯彻〈中国共产党党务公开条例(试行)〉实施细则》】 4月28日，省委印发该细则，实施细则明确公开的内容和范围、公开的程序和方式、统筹与协调、监督与追责等事项，强调党的组织应当根据所承担的职责任务，建立健全保密审查、风险评估、信息发布、政策解读、舆情处置等有关工作机制。

【制定《关于开展质量提升行动建设质量强省的实施意见》】 6月28日，省委、省政府印发该意见，意见对重点提升领域、破除质量提升瓶颈、夯实质量提升技术基础、完善质量提升的体制机制、严守质量安全底线、加强组织领导等方面作出具体部署和要求。强调到2020年，实现高质量发展取得实效，产业发展质量稳步提高，产品、工程、服务和生态环境质量全面提升，质量技术基础支撑能力不断加强，区域质量水平实现整体跃升，质量对提高全要素生产率和促进经济发展的贡献显著增强，人民群众的高品质消费需求得到更好满足。

【制定《关于全面加强生态环境保护坚决打好污染防治攻坚战的实施意见》】 7月28日，省委、省政府印发该意见，意见围绕全面加强生态环境保护的组织领导、推动形成绿色发展方式和生活方式、坚决打赢蓝天保卫战、着力打好碧水保卫战、扎实推进净土保卫战、深入推进农业农村环境综合整治、加快生态环境保护与修复、改革完善生态环境治理体系等8个方面，明确提出31条具体举措，构成江西省全面打好污染防治攻坚战的指导性意见。

【制定《关于进一步激励广大干部新时代新担当新作为的实施意见》】 8月14日，省委印发该意见，意见结合江西实际，围绕加强干部思想教育、树立重实干重实绩的用人导向、完善干部考核评价机制、建立健全容错纠错机制、强化能力培训和实践锻炼、关心关爱干部、组织领导和宣传引导等6个方面，明确提出26条具体措施。意见着力建立激励机制和容错纠错机制，充分调动和激发干部队伍抓改革谋发展促稳定的积极性主动性创造性，奋力开创建设富裕美丽幸福现代化江西新局面。

【制定《关于加快文化强省建设的实施意见》】 8月17日，省委、省政府印发该意见，意见围绕筑牢团结奋斗的共同思想基础、弘扬社会主义核心价值观、推进优秀传统文化传承创新、推动江西文艺繁荣发展、提升公共文化服务水平、推动江西文化“走出去”、实现文化产业高质量发展、建设优秀文化赣军等8个方面提出30条具体措施。明确争取到2025年，文化综合实力全面提升，文化事业繁荣发展，文艺精品不断涌现，基本公共文化服务水平明显提高，文化产业成为重要支柱性产业，文化创新创造活力进发，把江西建设成为在全国具有较大影响的文化强省。

【印发《关于进一步扩大开放推动经济高质量发展的若干措施》的通知】 8月23日，省委办公厅、省政府办公厅印发该文件，围绕扩大开放领域、推动外贸优进优出、加强与“一带一路”沿线国家交流合作、推动开发区创新提升等4个方面，明确30条具体举措，若干措施旨在把握新一轮改革开放机遇，营造更加开放的投资贸易自由化、便利化环境，进一步破除体制机制障碍，加快构建开放型经济新体制，实现以高水平的开放推动江西经济高质量发展。

【印发《江西省推进创新型省份建设行动方案(2018—2020年)》的通知】 8月23日，省委办公厅、省政府办公厅印发该行动方案，方案围绕构建“一廊两区五城多点”创新区域体系、健全创新供给体系、完善创新成果转移转化体系、优化创新保障体系等4个方面，明确18条推进全省创新发展具体举措，全面推进产业创新、企业创新、产品创新、市场创新，激发潜在创新活力，提升区域创新综合实力，推动全省从要素驱动向创新驱动转变，加快创新型省份建设步伐，为实现江西高质量跨越式发展提供有力支撑。

【制定《关于加强作风建设优化发展环境的意见》】 8月31日，省委、省政府印发该意见，意见要求以作风建设为抓手，以改善营商环境为重点，以群众满意、市场主体满意为检验标准，着力打造忠诚干净、担当实干、思路开阔、勇于创新的干部队伍，着力打造忠诚型创新型担当型服务型过硬型政府，着力打造政策最优、成本最低、服务最好、办事最快的“四最”发展环境。意见就深化“放管服”改革提高政府服务效能，营造公平竞争环境推动市场机制高效运行，优化信用法治环境营造亲商安商氛围等3个方面，对打造一流营商环境作出部署。

【制定《关于打赢脱贫攻坚战三年行动的实施意见》】 9月3日，省委、省政府印发该意见，意见强调要按照

"核心是精准、关键在落实、实现高质量、确保可持续"的总要求,强化省负总责、市县抓落实、乡镇推进和实施的工作机制。意见围绕实施精准帮扶十大行动、加强攻坚行动五类投入、筑牢脱贫攻坚八项保障等3个方面,明确今后3年全省脱贫攻坚的目标任务,确保2020年全省脱贫质量和成效位居全国第一方阵。

【制定《关于支持民营经济健康发展的若干意见》】 12月31日,省委、省政府印发该意见,意见强调,民营经济是社会主义市场经济发展的重要成果,是推动社会主义市场经济发展的重要力量,也是实现"两个一百年"奋斗目标和中华民族伟大复兴中国梦的重要力量。意见围绕营造公平竞争市场环境、破解民营企业融资难融资贵、支持民营企业转型升级、降低民营企业经营成本等4个方面,明确提出30条具体要求,有效破解制约民营经济发展的突出困难和问题,着力打造政策最优、成本最低、服务最好、办事最快的"四最"营商环境。

(省委办公厅)

组　织

【概　况】 2018年,全省有基层党组织108273个,其中,基层党委5430个,党总支部5968个,党支部96875个。党员总数2184477人。其中,女党员467800人,占党员总数的21.41%;少数民族党员9342人,占党员总数的0.43%;35岁以下党员501537人,占党员总数的22.96%;具有大专及以上学历的党员894904人,高中(含中专)文化程度的党员563789人,初中及以下文化程度的党员725784人,分别占党员总数的40.97%、25.81%、33.22%。全年发展党员49943人,其中,女党员19523人,占新党员总数的39.09%;少数民族党员795人,占1.59%;35岁以下党员39021人,占78.13%;高中及以上文化程度的党员45460人,占91.02%。

【学习贯彻中共十九大精神】 举办市厅级主要领导干部专题研讨班,首次采取举办补训班和兜底培训班的方式,实现县处级以上领导干部轮训一遍目标任务,在江西干部网络学院开设专题,上线153门课程。召开全省组织工作会议,对全省深入学习贯彻中共中央总书记习近平关于党的建设和组织工作重要思想、践行新时代党的组织路线作出全面部署。开展"诵读红色家书 传承红色基因"活动,把《红色家书》作为各级党校、行政学院、干部学院干部教育培训必备教材和课堂教学重要内容。办好深入推进国家生态文明试验区建设等4个专题25个班次地方党政领导干部专题培训班。聚焦打赢脱贫攻坚战分级分类开展扶贫干部教育培训,举办培训班12期、培训1963人次。从省直单位选派25名干部赴25个贫困县进行为期2年挂职锻炼。全年全省共培训各级各类干部25.6万多人次。

【领导班子与队伍建设】 做好省人大政府政协换届人事安排、选举及届中调整相关工作,做好新组建部门和改革涉及部门的领导班子调整配备和人员转隶工作,确保机构改革平稳有序推进。建立省管干部常态化谈心调研制度,明确"集中式、专题式、机动式、常态化"4种方式和"谈、看、问、访"4种方法,将谈心调研活动日常化。修订《关于2018年度省管领导班子和领导干部分类考核的实施意见》,评选"好"班子33个、"优秀"等次领导干部271人。出台《关于进一步激励广大干部新时代新担当新作为的实施意见》,召开新闻发布会进行政策解读并答记者问,在省内媒体宣传并向中组部推荐报送一批担当作为先进典型。选拔1258名农村经验丰富、业绩突出的一线干部充实乡镇领导班子,从全国11所重点院校招录88名应届优秀大学毕业生。及时总结乡镇干部绩效考核试点经验,将试点乡镇由2017年的11个扩大到477个。全面完成中央第十一巡视组"回头看"和中组部选人用人工作"回头看"反馈意见整改工作。研究出台与省委巡视办的协作配合意见、提醒函询诫勉工作规程、防止跑官要官和说情打招呼纪律规定等制度办法。对82名未如实报告的省管干部拟任人选依规进行处理,其中7名因隐瞒不报或漏报情节较重被停止选任或调研程序并给予诫勉处理,对10名给予诫勉处理、2名移交省纪委处理。建成省管干部个人有关事项报告智能库房,对1600余名在职省管干部全部"一人一档"建立单独档案。

【人才创新发展】 2018年,江西省委组织部实施省"双千计划"首批引进类项目,遴选出332名高层次人才和27个团队重点进行支持。实施"院士后备人选支持计划",遴选16名重点支持人选。下拨项目资金5000万元,支持国家"千人计划"专家实施创新创业项目。省级层面出台41项改革措施,为发展生物医药、VR产业提供政策支撑。出台《江西省省级人才工作专项述职质量考评办法(试行)》,在人才工作专项述职中增加测评评议环节,测评结果作为年度评先评优的重要参考,发挥考评指挥棒作用。会同省人社厅组团赴东北、西北、西南、北京等地开展高层次人才对接(招聘)活动,达成引进意向4264人。依托海外8家境外赣籍商协会,设立招商引才中心。依托中国井冈山干部学院高层次人才联络站,邀请127名国家级高层次人才与江西省96家高校、企业、研究机构洽谈。开展省级院士工作站考核和建站申报单位的"复检"工作,新建21家省级院士工作站,对3家成效不明显的黄牌警告,对1家不合格的摘牌。印发《在全省广大知识分子深入开展"弘扬爱国奋斗精神、建功立业新时代"活动实施方案》,提出19项重点任务逐项推进落实。印发《江西省博士服务团工作管理服务暂行规定》,组织开展革命传统教育、集中调研、咨询服务等活动。制定《江西省省级直接联系服务专家办法(试行)》,将106名优秀人才列入省级直接联系服务人才库,组织省级联系服务专家体检。全年江西人才服务银行走访全省1700余名人才,落地服务916名人才,累计投放信贷、贷款、生活消费等8.05亿元;省人才创新创业引导基金对6个高层次人才领衔的创新创业项目给予投资资助。基本建成省内重点人才库、赣籍在外人才库、发展急需人才库。

【基层党组织建设】　2018年，省委组织部有序推进村（社区）“两委”换届选举工作，村“两委”班子成员年龄、学历、性别结构进一步优化。制定《江西省驻村第一书记和驻村工作队选派管理办法》，实现贫困村驻村第一书记及驻村工作队全覆盖，软弱涣散村、集体经济薄弱村驻村第一书记全覆盖。全省1397个软弱涣散村党组织中有1168个得到整顿提升。全省城市社区成立网格党支部和党小组6521个，结合社区“两委”换届建立居务监督委员会3352个。集中开展机关党建“灯下黑”整治，制定《关于加强公立医院党的建设工作的实施意见》《全省高校贯彻落实〈高校党建工作重点任务〉督查评估指标体系》《关于打造国企党建“升级版”的方案》，全面推进“两新”组织党建工作“四项提升”行动。首次把抓党风廉政建设、意识形态、人才工作等情况列入基层党建述职评议考核内容，推进2018年述职评议考核全覆盖。制定《2018—2022年江西省基层党建工作规划纲要》，召开全省基层党建工作重点任务推进会，从9个方面梳理38项基层党建工作重点任务115条具体要求。在全国首创基层党建协同创新中心，开展全省第二届“基层党建活动月”系列活动。举办全省首届党务技能大赛，1400多名党务工作者参赛。全省通报3起违规发展党员典型案例、排查出发展党员违规违纪问题99起、发展党员工作不规范不严格问题7138起，已基本整改到位。全省排查出失联党员1.6万余人，按要求处置完成。推进“两学一做”学习教育常态化制度化，指导各级党组织以“党员活动日”制度为抓手，从严落实党的组织生活制度。出台《江西省贯彻〈中国共产党党内功勋荣誉表彰条例〉实施办法》，制定《关于在全省开展“新时代赣鄱先锋”选树学活动的工作方案》，从2019年起每年部署开展一次“新时代赣鄱先锋”选树学活动。

【模范部门管理】　2018年，省委组织部开展部机关“正学风、改作风、树部风”专题教育，围绕干部、党建、人才、机关工作“四个怎么办”形成问题清单、制定整改措施，确定并实施重点工作立项，着力打造全省组织工作“质量提升年”。组建部机关作风建设办公室，每月上旬召开工作例会，调度督查作风建设进展情况，研究部署相关工作。建立亮牌示错制度，发生工作差错及时亮牌示错，并把亮牌示错情况与年度考核挂钩，5月以来部机关共亮牌示错92起，亮明责任人164人次。部机关依托“青年组工笔谈”、组工讲坛、“廉洁讲堂”等载体，采取主题征文、专题讲座等形式，全面提升部机关干部能力素质。省、市、县三级组织部门均结合当地实际制定部机关工作人员日常行为“负面清单”，划出组工干部日常行为的“红线”、底线。实施全省组工干部3年理想信念和专业素养培训“双覆盖”工作计划。将大组工网延伸拓展到各设区市、县（市、区）委老干部局和122个省直单位、39个中央驻赣单位组织人事部门。“江西组工微讯”排名全国省级党建类公众号榜前列。组工信息工作位居全国第三，被评为全国组工信息报送工作先进单位。

【培养选拔优秀年轻干部】　2018年，省委组织部结合推进“五个一批”优秀年轻干部培养体系建设实践探索，出台《关于适应新时代要求大力发现培养选拔优秀年轻干部的实施意见》，制定总体工作方案和年度工作方案并组织实施。开展优秀年轻干部推荐人选调研工作，持续发现和掌握一批优秀年轻干部，首次启动省级层面外派干部赴沿海发达地区挂职工作，选派49名县处级以上优秀年轻干部到中央单位和浙江、福建、广东等沿海发达地区跟班学习，选派47名县处级优秀年轻干部参加省委党校秋季中青班调训，探索中青班跟班管理新模式。完成省、市、县三级优秀年轻干部初始建库及信息录入工作，根据年轻干部不同培养方向，区分厅级、县处级、乡科级等不同层级设计《优秀年轻干部人选成长档案》，全程跟踪记录优秀年轻干部培养锻炼及成长情况。

【举办“才聚江西　智荟赣鄱”系列人才活动】　2018年，省委组织部集中发布省市人才政策、组织高端人才对接和招聘、举办国际青年学者论坛和企业人才队伍建设论坛等，增强江西人才政策的对外影响力。活动为期8天，签约到赣博士230多人，达成引进意向4264人。系列活动受到中央及海内外媒体的广泛关注和竞相报道，48家央媒、外媒和省内各大媒体参与现场报道，人民网、新华网、凤凰网等7家媒体现场直播发布会实况，在线观众224万余人。5月17日，中央电视台新闻联播报道江西省推出人才新政、助力创新发展的消息。

【实施省“双千计划”首批引进类项目】　2018年，经申报发动、组织评审、考察公示、省委人才工作领导小组会议审定，遴选出332名高层次人才和27个高层次创新创业团队进行重点支持，其中包括美国、俄罗斯、丹麦等国科学院或工程院院士3人，中国工程院院士3人，国家“千人计划”专家31人。实施“院士后备人选支持计划”，遴选16名重点支持人选。下拨项目资金5000万元，支持国家“千人计划”专家实施创新创业项目。

【开展“弘扬爱国奋斗精神、建功立业新时代”活动】　2018年，省委组织部会同省委宣传部印发《在全省广大知识分子深入开展“弘扬爱国奋斗精神、建功立业新时代”活动实施方案》，制定活动重点任务分工方案，提出19项重点任务，分别明确牵头单位、责任单位，逐项推进落实。9月，向全省发出征集一批优秀知识分子典型事例的通知，共征集不畏艰险、刻苦钻研，立足岗位、建功立业，脚踏实地、埋头苦干，胸怀祖国、情系老区，不忘初心、牢记使命的先进典型事例115个。11月，在中组部召开专家国情研修工作经验交流会上，江西省以《突出重点　体现特色　增强专家国情研修工作的针对性实效性》为题作经验介绍。

【全面推行组工干部日常行为“负面清单”】　2018年，全省各级组织部门全面推行组工干部日常行为“负面清单”，省委组织部部机关先行先试，制定出台《部机关工作人员日常行为“负面清单”》，列出20条67种负面行为，并对照“负面清单”实行亮牌示错制度，把亮牌示错与年度考核挂钩。10月，11个设区市、100个县（市、区）委组织部全面出台“负面清单”，各地结合部门实际和地方特色，制定精准务实、个性鲜明的“负面清单”。省委

12月24日,全省首届党务技能大赛南昌赛区举行

贾磊供

组织部部机关定期对亮牌示错情况进行综合研判,梳理共性问题和程序漏洞,废止制度12项、精简制度16项。

【全省首届党务技能大赛举行】 12月24日,全省首届党务技能大赛在11个设区市同时举行。全省各地各部门1400多名党务工作者报名参赛。大赛以"赛技能、破难题、增本领、强党建"为主题,面向全省各级党务工作者,以破解基层党建工作难题为主要内容,采取"以案说法"的形式进行。把全省11个设区市分成11个赛区,每个赛区承办1个项目,11个赛区同步举行比赛。分类设置农村基层党建、城市基层党建、机关党建、党员发展、党内组织生活等11个比赛项目。组织不同层级、不同岗位党务工作者参与比赛,其中各级组织部部长占比4.8%,各级党委负责人占比5.6%,基层党支部(总支)负责人占比15.6%。选手按照项目类别赴对应赛区参加比赛,在8分钟内以PPT演示的形式,讲解基层党建工作做法、成效和启示,1400多名党务精英同台竞技。经过激烈角逐,全省11个赛区共评选出一等奖55名、二等奖110名、三等奖166名、优秀奖220名。

(贾磊)

宣　传

【概　况】 2018年,全省宣传思想文化战线坚持以习近平新时代中国特色社会主义思想为指导,认真学习贯彻中共十九大和十九届二中、三中全会精神,学习贯彻全国宣传思想工作会议和全国宣传部长会议精神,围绕省委十四届六次、七次全会的决策部署,以"九个坚持"为根本遵循,聚焦举旗帜、聚民心、育新人、兴文化、展形象的使命任务,围绕中心、服务大局,守正创新、真抓实干,内聚力量、外树形象,推动各项工作取得进展和成效,为建设富裕美丽幸福现代化江西、共绘新时代江西物华天宝人杰地灵新画卷提供思想保障和精神力量。

【理论武装】 2018年,坚持以党委(党组)中心组为龙头,以县处级以上党员干部为重点,以深入学习习近平新时代中国特色社会主义思想和中共十九大精神为首要政治任务,以中共十九大报告和《习近平谈治国理政》(第一、二卷)、《习近平新时代中国特色社会主义思想三十讲》等为重要学习材料,做好省委中心组理论学习的有关服务协调工作,加强对各地各单位党委(党组)中心组学习的督促指导和检查通报,推动学习宣传贯彻不断往深里走、往实里走、往心里走。深化理论研究,实施"习近平新时代中国特色社会主义思想江西实践研究工程""青马工程"和理论研究创新工程,联合光明日报社举办学习贯彻习近平新时代中国特色社会主义思想理论研讨会暨"青年马克思主义者理论研究创新工程"论坛,组织开展全省经济社会发展重大课题招标活动,推出一批理论研究成果。以"江西省中国特色社会主义理论体系研究中心"名义在中央"三报一刊"发表重点理论文章22篇,3篇理论文章入选中央纪念马克思诞辰200周年理论研讨会。拓展理论宣传,组建省委宣讲团和大学生骨干宣讲团、百姓宣讲团等进行集中宣讲,广泛开展面向基层的理论宣讲,赣州寻乌县"新时代文明实践中心"、江西社科大讲堂被中宣部评为全国基层理论宣讲先进集体。加强平台建设,大力推进"学习强国"学习平台和江西平台建设、"新时代文明实践中心"建设,示范带动基层综合性文化中心和"新时代文明实践中心"融合发展。加强全省高校重点、特色马克思主义学院建设,南昌大学、江西财经大学的马克思主义学院获得马克思主义理论一级学科博士授权点,实现全省马克思主义学科建设新突破。健全完善江西特色新型智库,举办2018江西智库峰会,邀请国内知名智库专家为推进江西高质量跨越式发展贡献智慧力量,提供决策参考。

【新闻舆论】 2018年,持续加强正面宣传,深入开展"新时代新气象新作为"大型主题采访活动,围绕全国和全省两会、省委十四届六次和七次全会、井冈山脱贫1周年、作风建设、庆祝改革开放40周年等重要会议、重点工作、重大活动,组织系列主题宣传、形势宣传、政策宣传、成就宣传、典型宣传,推出一批新闻作品。其中,江西省全国两会宣传工作12次受到中宣部表扬,是受表扬最多省份。中央大报大台大刊共刊(播)发江西正面稿件4177篇,同比增长3.65%,江西省9件作品获第28届中国新闻奖。强化网上宣传,全国大网总网首页推送江西正面稿件共775条,230篇稿件被中央网信办全网推送。制定《江西省网评员队伍建设管理办法》,建设关键时刻能站得出、顶得住、冲得上、打得赢的网评队伍。加强舆论引导,健全完善新闻通气会"双周会"和重点新闻选题对接会机制,持续开展净化舆论环境专项整治,加强对突发事件的新闻发布,稳妥处置殡葬改革、景区拆除老子雕像等重大热点舆情270余起。深化对外宣传,配合高访做好外宣,《丝路瓷行——中国陶瓷文化展》入选中宣部在南非约翰内斯堡举办的“感知中国”国家综合形象展示活动。加快推进媒体融合，下发《关于加快推进县级融媒体中心建设的实施意见(试行)》，全省建成62个县级、3个市级融媒体中心，其中分宜县、贵溪市2地的融媒体中心纳入中宣部重点支持推动的县级融媒体中心名单，中宣部《宣传工作》《每日要情》刊物先后4次专题介绍江西省推进媒体融合的经验做法。

【社会宣传】 2018年，制定出台《关于进一步把社会主义核心价值观融入法治建设的实施意见》，推动把社会主义核心价值观融入法治国家、法治政府、法治社会建设全过程，让社会主义核心价值观更加深入人心。组织开展全省中小学生社会主义核心价值观故事汇、全省社会主义核心价值观微电影征集等活动，广泛传播社会正能量。统筹全省庆祝改革开放40周年活动，组织召开学习贯彻中共中央总书记习近平在庆祝改革开放40周年大会上的重要讲话精神座谈会、制作拍摄大型电视专题片《潮涌赣鄱》等8个方面共34项工作，举办庆祝改革开放40周年群众歌咏比赛、2018“舞动江西”全民广场舞大赛等29项群众性文化活动，在全社会唱响共产党好、社会主义好、改革开放好、伟大祖国好的时代主旋律。推进诚信建设制度化，每季度发布江西“诚信红黑榜”，营造诚信光荣、失信可耻的良好社会氛围；继续做大做强“法媒银”品牌，组织开展“法媒银·失信被执行人曝光台”进高校、进社区、进机关等系列诚信法制宣传活动，在全国两会上，“法媒银”经验被写入最高人民法院工作报告，并被收入中宣部2018年《宣传文化思想工作案例选编》。大力弘扬井冈山精神、苏区精神，研究起草《江西省加强革命文物保护利用工程的实施意见》，开展诵读《红色家书》《发生在江西红土地上的100个经典革命故事》、红色故事进校园和全省红色故事讲解员大赛等活动，继续实施爱国主义教育基地展陈提升工程，加强红色教育培训管理，推动广大党员干部在学习教育中进一步净化心灵、坚定信念。

【文化产业】 2018年，出台《江西省精品文艺创作专项资金管理办法(试行)》，推出一批优秀作品，参与制作的电视剧《初心》在央视一套黄金时段播出，并获第29届金鹰节优秀电视剧奖；电影《建军大业》《老阿姨》获第17届中国电影华表奖优秀故事片奖；电影《信仰者》获第21届上海国际电影节评委会特别荣誉电影奖；电影《浴血广昌》入选财政部、中宣部、商务部2018年度文化产业发展专项资金资助项目；《难忘初心》入选中宣部2018年主题出版重点选题；电视剧《可爱的中国》《毛泽东寻乌调查》《永恒的信仰》《大浦东》等作品入选国家广电总局2018—2022年“百部重点电视剧”；大型赣南民俗音画《客家儿郎》在国家大剧院上演；61个项目入选“十三五”国家重点出版规划；《江西宣传思想文化工作年鉴(2015)》获第五届全国地方志优秀成果(年鉴类)奖。加强基层公共文化基础设施建设，全面推进基本公共文化服务标准化均等化建设，赣州、新余、九江、萍乡4个设区市成为国家公共文化服务体系建设示范区，8个项目成为国家公共文化服务体系建设示范项目。加强对优秀传统文化的挖掘保护和利用，“鹰潭龙虎山大上清宫遗址”考古发掘项目入选全国十大考古新发现。开展群众性文化活动，组织新时代文艺轻骑兵送文化下乡慰问演出，全省269家院团下乡演出近8000场。

【文化改革发展】 2018年，制定江西报业传媒集团、江西广电传媒集团、江西出版集团、江西文演集团深化改革方案，建立健全国有文化资产监管制度和考核评价机制。召开全省文化产业发展推进会，举办江西文创赣匠大会，发布“赣匠培育计划”，加强文化产业平台建设，南昌入选国家级文化和科技融合示范基地，新余国家文化消费试点城市建设工作获文化和旅游部奖励并通报表扬。推动文化与金融相融合，协调北京银行、浦发银行在南昌设立文创特色银行，为全省文化产业发展提供强有力资金支持。组团参加深圳文博会，推荐参展作品获工艺美术精品金奖7个、银奖5个、铜奖8个，江西组团荣获优秀展示奖，江西省委宣传部荣获优秀组织奖。江西出版集团再次入选“全国文化企业30强”，成为全国仅有5家连续十届入选出版集团之一。

【文化交流】 2018年，组织开展文化交流合作，大力传播中华经典文化和江西优秀传统文化，全年实现版权输出301项，其中《中国共产党怎样解决发展问题》、曹文轩作品《夏天》、“瓷上世界”套书等一批版权图书被输出到埃及、美国、俄罗斯、马来西亚、泰国等地。拓展对外合作平台，组织参加古巴中国主宾国书展、法国巴黎国际图书展览会、第二届东南亚中国图书巡回展等国际展会，推动形成“赣台”“赣新”“赣欧”“一带一路”等出版文化交流平台。举办汤显祖戏剧节暨国际戏剧交流月活动，开展中外戏剧展演、“茶香中国”首届全国采茶戏汇演、汤显祖戏剧奖·优秀小戏小品曲艺大展等一系列活动，进一步提升江西文化对外知名度和影响力。开展“春节文化走出去”活动，2018年春节期间，组织江西文艺院团赴美国中西部开展文艺演出，受到当地华人华侨和留学生的好评。

(段克和)

网 信

【概 况】 2018年，省委网信办根据《江西省机构改革方案》要求，把省委网络安全和信息化领导小组改为省委网络安全和信息化委员会，作为省委议事协调机构。组建省委网络安全和信息化委员会办公室，为省委网络安全和信息化委员会的办事机构，作为省委工作机关，对外加挂省互联网信息办公室牌子。全省11个设区市市委网络安全和信息化领导小组改为市委网络安全和信息化委员会，南昌、赣州、上饶、宜春、萍乡等5个设区市单独组建省委网络安全和信息化委员会办公室，作为市委工作机关。

【网络内容建设】 2018年，省委网信办组织省内新闻网站办好“领航新征程 学习贯彻十九大精神”“在习近平新时代中国特色社会主义思想指引下”“学思践悟十九大”等网络专题，推出“学贯十九大·随堂考”等融媒体产品,组织"贯彻十九大精神党政主要领导在线访谈",推动习近平新时代中国特色社会主义思想和中共十九大精神网上宣传持续推进、深入人心,其中中国江西网开展的"学习贯彻中共十九大精神网络课堂"被中宣部《每日要情》刊发。围绕纪念改革开放40周年开展"寻访小平小道 见证改革巨变 开启新的征程"网络主题宣传和"感受改革巨变,思考中国奇迹——改革开放看江西"网络主题等活动,"改革开放江西印记"新浪话题阅读量9500万次。做好全国及全省两会、脱贫攻坚、扫黑除恶专项斗争、"建设五型政府""城市品质提升"等重要活动、重要会议网上宣传报道,形成网上正面宣传。广泛挖掘宣传身边草根英雄,全年组织各地各网站推出正能量典型2600余个,开设"生命厨房"万佐成夫妇等一批赣鄱先进典型感人故事在网上广为传颂,"温暖江西"等微话题阅读量突破2亿次。加强新媒体矩阵建设,组织制作"江西一分钟"微视频及"这里是江西"微信图文,在人民日报微信公众号首发,不到2小时便突破10万+阅读量,各平台纷纷转载,阅读总量突破5000万次。江西广播电视台安排黄金时段播放电视公益广告279次、地铁公益广告播放1700分钟,推送网络安全公益短信1.6亿次,免费发放宣传资料20余万册。

【网络综合治理】 2018年,省委网信办健全完善省、市、县三级网络巡查机制,加大重点领域专项行动整治力度,先后开展"2018清朗行动""网络游戏信息内容整治""网络直播平台整治"等专项整治行动,持续净化网络环境。加强技术治网管网力度,加快推进省互联网信息综合指挥中心建设。开展新闻信息服务许可管理工作,做好互联网新闻信息服务许可证的申领、换发、审批,及互联网应用商店、互联网直播平台、微信小程序等审批备案工作。建立省内新闻网站年度考核评价体系,对网站日常表现和管理情况进行考核评估,并加大对商业网站管理力度,对未经许可以地方频道名义开展活动的网易网江西频道进行约谈整改,并关闭违规开设的网易抚州频道。

【互联网企业党建】 2018年,南昌、景德镇、赣州等试点设区市已形成各具特色企业党建局面,并带动鹰潭、新余等市筹备组建市级非公互联网企业党总支,完善全省网信领域企业党建数据库,摸清底数,打牢基础。实施网络社会组织"同心圆"工程。组织属地网络社会组织加入中国网络社会组织联合会,并推荐候选理事单位,截至2018年年底,全省共有网络社会组织52家,其中5家网络社会组织加入中国网络社会组织联合会,1家为理事单位。

【江西省第五届"国家网络安全宣传周"活动举行】 9月17日—23日,江西省第五届"国家网络安全宣传周"活动举行。活动由江西省委宣传部、省委网信办、省教育厅、省工信委、省通信管理局、省公安厅、团省委、省妇联等12个部门联合主办。活动主题是"网络安全为人民,网络安全靠人民"。启动仪式现场举办网络安全警示教育展和网络安全技术展。其中,网络安全警示教育展分为图片展示和视频展播两部分,旨在教育广大网民警惕网络陷阱、强化网络安全意识。现场还免费发放网络安全宣传手册、推送网络安全知识短信,网络安全知识网上竞答正式开赛。此次宣传周设6个主题日活动,分别为9月18日校园日、9月19日电信日、9月20日法治日、9月21日金融日、9月22日青少年日、9月23日个人信息保护日。宣传周期间,全省开展网络安全进机关、进军营、进企业、进学校、进社区等"五进"活动,向社会不同人群普及网络安全知识,还组织开展大学生网络安全技能大赛。

(黄璜)

督　查

【配合中办在赣督查】 4月,中办针对中共中央总书记习近平在长江经济带发展座谈会上重要讲话精神及有关重要批示精神的贯彻落实情况,到赣开展实地督查。为配合好中办督查,省委办公厅牵头召开迎接中办督查组到赣督查的任务交办会,部署调度有关工作,并派员随同中办督查组赴九江、景德镇、上饶等地开展实地督查。督查结束后,对督查中发现的问题进行梳理汇总,立项督办有关地方有关部门立行立改,并及时把整改情况报中办督查室。全年还配合中办完成中共十八大以来作风建设、中共十九大以来中央八项规定精神执行情况、党内法规制度建设、援疆任务落实等书面督查任务。

【抓好决策督查】 2018年,省委办公厅根据中办有关通报精神,督促各地各单位强化政治责任,对全省贯彻落实中共中央总书记习近平重要指示批示情况开展"回头看",形成情况报告,以省委名义报中办。完成中央环保督察及"回头看"有关问题整改和督办任务。抓好中央环保督察反馈问题整改工作,坚持逐月调度汇总反馈直至销号。先后派出7名人员参与联合调查、综合协调、简报编发、地市下沉督察等工作。抓好信访件办理,克服工作持续时间长、交办数量多、办理时间紧等困难,全面完成信访件督办任务,共督办转办信访件2536件。抓好中央文件督办工作。进一步优化督办流程,制订《中央文件督办工作制度》。加强文件落实效果的检验,对部分重要文件落实情况,采取不打招呼、突击抽查的方式,进行回访复核。全年督办中央文件115件,督促有关部门制发配套文件51个。对省委常委班子2017年度民主生活会整改事项落实情况进行督办,形成整改落实情况报省委。

【督办指示批示件】 2018年,省委办公厅立项督办中共中央总书记习近平、国务院总理李克强、副总理孙春兰等中央领导批示指示件12件,确保情况报告事实清楚、言出有据、结论准确,严格按时间要求上报中央领导。全年立项督办省委领导指示批示件237件。年初,赴7个设区市14个县(市、区)和8个省直单位,对69件省委领导批示指示件的落实情况进行回访复核。10月,对全年立项督办的省委主要领导批示指示件进行全面梳理和"回头看",调度了解后续情况。全年随同省委主要领导考察调研28次,加强对考察调研时指示要求的跟踪督办,确保省委领导指示落到实处。

【实施专项督查】 2018 年,省委办公厅先后开展“鄱余万都”滨湖四县小康攻坚、党委(党组)意识形态工作责任制落实情况、旅游强省建设、“放管服”改革、人防改革发展、中医药强省、开发区改革创新等专项督查。牵头组织开展中央巡视“回头看”反馈意见整改情况督查。先后对有关设区市超大豪华墓地、生态文明建设年度任务、沿高速公路周边环境整治等情况开展专项督办,督促有关地方和部门抓好整改落实。

【开展督查调研活动】 2018 年,省委办公厅围绕作风建设课题开展调研活动。牵头组织对省委存在的形式主义、官僚主义突出问题的实地调研排查。参与有关政协民主监督工作的专题调研。开展武功山经营管理体制改革工作推进情况调研,推动改革步伐明显加快。牵头对院士袁隆平批转的江西加州农业科技公司发展诉求进行调研,督促新余市及省直有关单位抓好落实。赴永修、广丰以及宜春、抚州、吉安等地 12 个乡镇,就建立长效机制保持“新村新貌”、农村集体经济发展、乡镇运行存在的困难和问题等开展专题调研。

【提升督查工作实效】 2018 年,省委办公厅加强组织领导,年初召开省委督促检查工作领导小组第一次会议,审议通过《省委督促检查工作统筹办法(试行)》《省委督促检查工作考核办法(试行)》《省委督促检查工作责任追究办法(试行)》等 3 项制度,印发各成员单位和设区市遵照执行。11 月,根据中办统筹规范督查检查考核工作有关通知精神及相关部署要求,结合江西省实际,印发《省委办公厅关于进一步统筹规范督查检查考核工作的通知》及有关具体问题的通知,明确精简督查检查考核活动、规范审批程序、增强督查实效、严守督查纪律、加强组织领导等方面的要求,督促各地各部门严格控制总量和频次,对县乡村和企业学校的督查检查考核事项减少 50%以上。实行计划管理,牵头制定《2018 年度省委督查工作计划》并报省委督查工作领导小组审议通过,对省人大常委会年度监督工作计划、省政府年度督查工作计划、省政协年度协商工作计划进行协商统筹,合并相同或相近内容,防止和避免重复督查、多头督查。从严审核指导,对列入督查计划或经同意开展的督查事项,加强对督查方案的审核把关,通过错开时间地点,防止扎堆督查;缩减督查范围,减轻基层负担。明确每次实地督查范围原则上不得超过 4 个设区市,督查对象主要针对问题较多的单位,不再全覆盖。狠抓自身建设,注重日常学习提高和综合素质的培养,着力提高政治能力、判断能力、文稿能力,对“怕、慢、假、庸、散”等作风方面存在的突出问题进行查摆整顿。贯彻落实中办督查室举办的新时代督查工作专题研讨班精神,加强与中办督查室和省(区、市)党委督查室的交流学习。举办 2018 年全省党委系统督查工作培训班,围绕进一步做好决策督查、专项督查、批件督办等进行业务培训和经验交流,增强抓落实的本领。坚持问题导向,敢于较真碰硬、真督严查,做到紧盯问题不轻放、通报问责不手软、跟踪督办不松劲,强化督查刚性,推动督查发现问题的整改落实。

(省委办公厅)

统　战

【概　况】 2018 年,全省统一战线按照《中国共产党统一战线工作条例(试行)》和省委《实施细则》要求,紧抓“凝心”“汇智”“聚力”“强基”,做好民主党派和无党派人士工作、党外知识分子工作、民族工作、宗教工作、非公有制经济领域统战工作、新的社会阶层人士统战工作、港澳台海外统战工作等,加强党外代表人士队伍建设和统战部门自身建设,全省统一战线事业取得新进展。加大政治引领力度。通过会议传达、座谈交流、同心大讲堂等形式,组织民主党派成员、无党派人士深入学习贯彻习近平新时代中国特色社会主义思想和中共十九大精神。举办“同心大讲堂”6 期。先后召开党外人士学习座谈会 2 次,专题学习中共中央总书记习近平 3 月 4 日看望参加全国政协十三届一次会议的民盟、致公党、无党派人士、侨联界委员时关于新型政党制度的重要讲话精神。把中共十九大精神纳入统一战线干部培训主要内容,举办全省县处级以上党外干部学习贯彻中共十九大精神专题研讨班 12 期,1690 人参训。组织非公经济领导小组成员单位和企业家代表,召开座谈会传达学习中共中央总书记习近平在民营企业座谈会上的重要讲话精神。组织留学人员专题学习习近平给莫斯科大学留学生的回信,向全省广大归国留学人员发出留学报国、创业发展的号召,得到归国留学人员的响应。出台《省委领导与新的社会阶层人士列名联系制度》,落实省委领导与新的社会阶层人士开展谈心交流活动。通过多种形式,引导全省统一战线成员不断增强“四个意识”,始终坚定“四个自信”,坚决做到“两个维护”,进一步增强接受中国共产党领导的自觉性和坚定性。

【提升政党协商效能】 2018 年,省委统战部印发《中共江西省委 2018 年度政党协商计划》,有序推进政党协商活动。召开各民主党派、工商联、无党派人士大调研协商座谈会,省委、省政府主要领导出席,对大调研成果高度重视和肯定,有关单位认真做好成果转化。受省委委托,召开省委十四届六次、七次全会情况通报会,引导各民主党派把思想和行动统一到省委决策部署上来。大力支持民主党派自身建设特别是领导班子建设,协助民主党派做好领导班子人选培养工作。落实联谊交友,省委常委均出席对口联系的民主党派省委会全会并讲话。邀请各民主党派省委会、省工商联和无党派代表人士,先后召开民主协商会 2 次,就有关人事事项进行民主协商,听取意见。召开全省法院、检察院和省发展改革工作情况通报会。全年省级层面开展政党协商 30 余次。把民主党派脱贫攻坚民主监督纳入省委政党协商计划,召开脱贫攻坚民主监督汇报会和脱贫攻坚、优化营商环境民主监督专题协商会,支持党派开展民主监督。全年收集各民主党派脱贫攻坚建议意见 46 条,部分合理建议得到采纳,助推全省脱贫攻坚工作。

【维护全省宗教领域和谐稳定】 2018年,省委统战部协调省委理论学习中心组专题学习中共中央总书记习近平关于宗教工作的重要论述。深入各设区市传达学习并督促落实习近平关于有力有效解决违规违法宗教活动问题的重要批示精神。推动把中共中央宗教工作理论方针政策纳入省委党校常态化培训内容,首次在中央社院举办宗教工作专题培训班。出台《关于贯彻新修订〈宗教事务条例〉的实施意见》,并组织开展"百万网民学法律——《宗教事务条例》专场"竞赛等学习宣传活动。组织6个调研组赴各设区市开展宗教工作调查研究。加强互联网宗教事务管理,及时妥善处置网络舆情。研究解决宗教领域重难点问题,抵御境外利用宗教渗透,维护宗教领域和谐稳定。

【发展民族团结进步事业】 2018年,省委统战部建立健全民族工作机制,加强与新疆驻赣工作组联系,协调完善全省涉疆工作机制,理顺工作关系。协调省教育厅、有关高校配齐配强新疆籍少数民族学生专职辅导员,建立省促进西藏籍少数民族高校毕业生和非西藏生源高校毕业生就业双向流动工作联席会议机制。围绕"三创"(连心创建、创业创建、创新创建)"三交"(交往、交流、交融)开展民族团结进步创建活动,举办全省少数民族传统体育运动会,铅山县篁碧畲族乡等4个单位,被国家民委命名为第六批全国民族团结进步创建示范区。妥善处理影响民族团结的不稳定因素和苗头性事件,全省未发生一起影响民族团结的群体性事件。

【规范换届人事安排工作】 2018年,省委统战部按照中央和省委要求,在全国人大、全国政协和省人大、省政协换届中,会同有关部门,严把人选政治关、廉洁关、形象关,推荐安排十三届全国人大党外代表17人,中共非公人士代表3人,十三届全国政协党外委员19人。推荐安排十三届省人大党外代表198人,党外常委17人,首次安排党外专职副秘书长1人,十二届省政协党外委员357人,党外常委72人,安排省人大常委会党外副主任1人,省政府党外副省长1人,省政协党外副主席5人,完成省人大、省政协换届有关人事安排工作。会同省委组织部开展设区市领导班子党外干部缺额人选调研,推动党外职数空额补缺。

【非公有制经济发展】 2018年,省委统战部组织召开全省民营企业家座谈会、全省促进非公有制经济民间投资现场推进会,推动全省非公有制经济持续健康发展。牵头出台《关于设立省非公有制企业维权服务中心进一步优化营商环境的意见》,设立省非公有制企业维权服务中心,开通967788专线电话、政企直通APP平台,维护非公有制企业合法权益。全年省企业维权中心政企直通APP平台共有用户31.3万家,承办单位60家,接受投诉999次,均得到转办处理。组织开展全省非公有制经济发展考评活动,召开全省促进非公有制经济发展表彰电视电话会议,共表彰296个(名)先进单位和个人。开展"建立党委政府与商会组织、民营企业沟通协商制度"专题调研,畅通党委、政府与非公有制经济人士沟通渠道。开展学习贯彻中共中央总书记习近平在民营企业座谈会上的重要讲话精神系列访谈活动,营造支持民营经济发展氛围。推动省工商联与省地方金融监督管理局、北京银行南昌分行签订战略合作协议,为工商联所属基层商会争取授信120亿元,强化银企合作。《关于进一步促进民间投资的工作专报》得到省委书记刘奇的批示肯定。

【搭建港澳台及海外统战工作平台】 2018年,省委统战部推动香港江西社团(联谊)总会成立暨第一届会董会就职典礼在香港举行。在港赣籍乡亲、香港政要、主要爱国社团领袖和社会各界人士2300余人参加,凝聚在港乡亲力量,扩大赣籍社团影响,为服务对港工作大局提供新的抓手和平台。完成中央交办对港工作重大任务,中央统战部、中央香港工委向省委表示肯定。参与第十七届赣港经贸合作活动、首届赣深经贸合作交流会、赣台经贸恳谈会、世界VR产业大会、第五届世界绿色发展投资贸易博览会,助推全省开放提升。开展第三届赣港澳台青少年交流联谊活动,相继开展"樱约鄱阳"台湾青少年鄱湖行、香港青少年红色之旅、澳门澳博青年井冈山学习营、江西师大学生香港考察等特色教育活动。全年接待港澳台同胞到访17批500余人次,促成20多个重大项目落户江西,投资总额130多亿元。

【整合统一战线资源参与脱贫攻坚】 2018年,省委统战部按照中央和省委关于脱贫攻坚总体部署,助推广昌县实现脱贫摘帽。制定《关于助推打赢我省脱贫攻坚战三年行动的实施方案》《关于帮扶广昌县驿前镇驿前村实施巩固提升脱贫攻坚三年行动计划》等行动方案,部署脱贫攻坚三年行动,推进"千企帮千村""同心·振兴广昌示范区"、广昌驿前村、宁都水口村脱贫攻坚等工作。全力配合做好中央、省委脱贫攻坚专项巡视,查摆脱贫攻坚中形式主义官僚主义突出问题,明确整改措施,落实整改要求。全年募集光彩项目资金2000万元用于脱贫攻坚,其中捐赠资金1200万元,为广昌60个贫困村兴建60个光伏电站,实现每年每村增加村集体收入5万元以上。选派1名处级干部,1名科级干部赴广昌驿前村驻村帮扶。组织发动江西海外联谊会等社团和港澳台及海外人士参与江西省脱贫攻坚事业,全年筹集港澳台及海外各类爱心捐助资金300余万元,援建中小学教学楼5所,资助贫困学生2000余人。

【创建统一战线工作品牌】 2018年,省委统战部制定统战工作市县高质量发展考核评价方案,压实统战工作责任,形成各级党委重视推进统战工作机制。大兴调查研究之风,协助中央统战部对统战工作领导小组作用发挥情况、全国新的社会阶层代表人士国情考察暨建言献策专题调研、党外代表人士队伍建设问题等开展专项调研,摸清底数,总结经验,相关做法得到中央统战部肯定。加强与沪、浙、陕、青等省统一战线开展学习交流,提升全省统战工作水平。围绕"创品牌、创特色、创亮点",推出统战品牌建设,确定覆盖统战工作各领域的15个统战品牌项目,"一市一品牌,一党派一特色,县县有亮点"的格局初步形成。推动统战理论政策创新和实践创新,创建赣港澳台青少年交流基地,运用微信公众号开展统战宣传工作2项成果获2018年全国统战工作实践创新奖,获奖数量位居全国前列,1项理论创新成果获全国统战理论政策研究创新成果奖。

(杨吉星)

政策研究

【概　况】　2018年,省委政研室(改革办)服务省委各类文稿和科学决策,完成各类文稿220篇,其中文件22篇,调研报告64篇,汇报材料、讲话、总结等134篇。获省领导批示97次,其中省委、省政府主要领导批示44次。

【文稿起草】　2018年,牵头起草《中共江西省委学习贯彻中共十九大精神奋力谱写新时代中国特色社会主义江西篇章的决定》及分工方案,推动中共十九大决策部署在江西落地生根;起草《各省(区、市)贯彻落实党的十九大精神情况分析及工作建议》,为推动中共十九大决策部署在江西贯彻落实提供经验借鉴。参与组织开展全省作风建设大调研,形成《关于加强作风建设的调查与建议》《关于加强作风建设优化发展环境的意见》,从更高层次贯彻落实中共中央总书记习近平对江西工作重要要求。

【重大专题调研】　2018年,省委政研室与江西财经大学成立联合调研组,沈谦芳、王乔担任调研组长,黄光明、王小平担任副组长,省委政研室有关处室人员、财大有关学院专家学者为调研组成员。调研组围绕"加快构建江西特色生态文明体系"这个主题,开展课题研究,分赴省直有关单位和部分市县开展调研,并到浙江、福建、贵州、海南等地开展座谈交流、实地调研,历时半年完成《努力在构建生态文明体系方面走前列》一总五分系列报告,获省领导刘奇、易炼红、毛伟明等批示。

【改革办工作】　2018年,贯彻落实中央和省委改革决策部署,保持改革定力和韧劲,谋划和推进改革。起草江西《关于贯彻落实党的十九大精神坚定不移将改革推向深入的实施意见》和《江西省贯彻落实党的十九大报告重要改革举措实施规划(2018—2022年)》等重要文件,形成江西改革新的总体框架,狠抓中央深改委(组)部署改革任务的落实;及时把中央深改委(组)审议通过的改革文件,列入江西对接督办计划,中央深改委(组)会议审议通过半年以上且需要各地制定配套文件的改革文件271项,江西已落实256项,落实率94.5%,推动中央改革部署落地落实。完成中央改革办交办的督察、调研、材料调度等各项工作,强化全省改革督察,参与全省机构改革工作。

【信息报送】　2018年,围绕江西经济社会发展重大理论和实践问题开展调研。全年上报《决策参阅》7期、《走基层报实情》11期,编辑《江西改革动态》119期。其中,《我省推进农村"三变"改革 壮大集体经济应重视的几个问题》《关于举全省之力加快建设"物联江西"的调研报告》《我省医药卫生体制改革情况调查与建议》等获得刘奇批示;《向贫困叫板,让群众叫好——江西余干县精准扶贫见实效》调研报告,在中央政研室专报中央政治局委员的《简报》上刊发。向中办、国办、中央改革办报送一批有代表性的改革案例,中办内刊单篇采用2篇,国办内刊综合采用1篇,中央改革办《改革情况交流》单篇刊发3篇。加强与主流媒体联系,江西国家生态文明试验区建设、降成本优环境专项行动、完善精准脱贫机制等重大改革在《人民日报》、新华网、中国改革网上进行重点报道。

【举办全省政研改革业务骨干培训班】　12月2日—6日,省委政研室(改革办)组织全省政研改革业务骨干培训班在中国人民大学举办。省委各改革专项小组部分省直改革牵头部门、各设区市委政研室(改革办)、赣江新区和省委政研室(改革办)等政研改革系统80名业务骨干参加培训。培训5天,内容丰富,形式多样,既有课堂讲授,又有现场教学。主讲专家学者来自中国人民大学马克思主义学院、国家发展与战略研究院、清华大学、中央党校、中组部办公厅、中共党史学会、海军信息化专家委员会、中国经济体制改革杂志社等。开设中共中央总书记习近平全面深化改革重要思想解读、改革开放四十周年、中国特色新型智库建设、国际形势与国家安全、中国经济体制改革、领导讲话报告写作、领导干部的官德修养、宏观经济形势分析、公共政策本质与分析等课程。培训期间,还到国家博物馆参观《伟大的变革——庆祝改革开放40周年大型展览》。

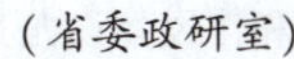

(省委政研室)

12月2日—6日,全省政研改革业务骨干培训班在中国人民大学举办

省委政研室供

巡 视

【概 况】 2018年，省委巡视办聚焦“两个维护”根本任务，紧扣“六围绕一加强”和“五个持续”要求，重点对落实中共中央总书记习近平对江西工作重要要求、全面彻底肃清苏荣案余毒、扫黑除恶脱贫攻坚、整治形式主义官僚主义等情况，深入开展监督检查、政治体检，巡视“利剑”作用彰显。全年巡视89个地方（单位）党组织，发现问题2141个，移交问题线索486件，推动立案129件、组织处理103人。坚持发现问题与整改落实并重，每轮巡视后向全省通报发现的普遍性倾向性问题，配合省纪委、省委组织部抓好整改日常监督，压实整改主体责任。加强规范化建设，把依规依纪依法要求贯穿巡视全过程、各方面，健全完善规章制度16项，制定落实巡视条例3个《实施办法》、3个《工作规则》和问题底稿制度。强化协作配合，建立与省纪委机关及派驻机构、省委组织部、省委宣传部、省审计厅等5项协作机制。出台《关于建立全省巡视巡察上下联动监督网的实施意见》，初步构建起纵向衔接贯通、横向协同推进的联动监督格局。省委巡视办多次在中央巡视办有关会议上作经验介绍，受到中巡办领导肯定，《中央巡视巡察参考》9次刊载江西省巡视巡察工作有关经验做法。

【主体责任践行】 2018年，省委定期召开常委会研究部署巡视工作，对中央每一轮巡视工作动员部署会精神坚持随到随学，集体学习中央巡视工作五年规划，用中央新精神指导巡视新实践。省委书记刘奇认真履行巡视工作第一责任人的责任，就巡视巡察工作发表讲话10次，作出批示25次，在听取第二、第三轮巡视情况汇报时多次强调，务必要将问题整改到位，还专门点题，要求把深入贯彻中共中央总书记习近平对江西工作重要要求、彻底肃清苏荣案余毒、干部履职担当和作风建设尤其是脱贫攻坚中形式主义官僚主义立行立改等情况作为省委巡视重要内容。巡视办报呈省委出台贯彻落实巡视工作条例3个《实施办法》、3个《工作规则》，修订省委巡视工作五年规划，制定年度巡视工作计划，建立省委巡视报告问题底稿制度，2次向全省县以上党组织通报巡视发现的普遍性倾向性问题。按照省委要求，研究制定每一轮巡视工作方案，及时听取巡视工作情况汇报，协调解决工作中的各种困难和问题，全年召开13次会议，深入研究巡视工作，组长孙新阳、副组长赵爱明先后2次带队反馈巡视情况，领导小组其他成员全部参加巡视动员和反馈会议，确保中央、省委有关决议决定的贯彻落实，推动巡视工作不断深入发展。

【政治巡视】 2018年，省委巡视办聚焦政治监督、组织监督、纪律监督巡视工作根本属性，坚持问题导向，有的放矢，推动“靶向治疗”。围绕党的政治建设、思想建设、组织建设、作风建设、纪律建设和夺取反腐败斗争压倒性胜利等6个方面，重点对落实中共中央总书记习近平对江西工作重要要求、中央和省委重大决策部署、干部作风、肃清苏荣案余毒、落实中央和省委巡视反馈问题整改政治责任等情况，深入开展监督检查，进行全面政治体检。十四届省委第二、三轮巡视共发现“三大问题”737个，违反“六项纪律”问题656个，移交问题线索486件，已初核173件，立案129件，谈话函询96人，组织处理103人，发挥政治“显微镜”和“探照灯”作用。

【巡视全覆盖】 2018年，省委巡视办按照省委巡视工作五年规划和年度计划安排要求，组织省委8个巡视组按照统筹推进、交叉安排的模式，综合运用常规巡视、专项巡视、机动式巡视、巡视“回头看”等方式，分三轮对市县、省直单位、省属高校和国企共89个党组织开展巡视。省委第四轮巡视组织开展全省脱贫攻坚巡视巡察“回头看”暨扫黑除恶、作风建设专项巡视巡察，重点突出对落实打好脱贫攻坚战和扫黑除恶专项斗争政治责任，纠治领导干部存在的形式主义、官僚主义积弊和“怕、慢、假、庸、散”等作风顽疾的再监督。全省11个设区市和100个县（市、区）党委同步开展专项巡察，实现省、市、县三级巡视巡察上下联动，形成监督合力。

【市县巡察】 2018年，省委巡视办着眼上下联动，完善制度机制，重点围绕统筹部署联动、监督对象联动、组织方式联动、成果运用联动等9个方面，建立全省巡视巡察上下联动立体监督网，研究制定《关于建立全省巡视巡察上下联动监督网的实施意见》，形成巡视巡察“一盘棋”。按照中央要求，规范设置巡视巡察机构人员，全省11个设区市和100个县（市、区）巡察机构和编制职数全部批复落实到位。截至11月底，共设巡察组383个、配备专职在编巡察人员1503人。省编办批复省委巡视办增设巡察指导处，专门对口各地市县巡察办，持续加强沟通联系和工作指导，全面规范巡察工作，有力推动巡察工作质量水平提升。指导各地结合基层特点探索开展“提级巡察”“交叉巡察”等，提升监督实效。十四届省委第二、三轮巡视中，省委巡视办配合省委巡视组分别对景德镇市、新余市、萍乡市、上饶市及所辖16个县（市、区）党委巡察工作开展专项检查，发现并指出有关市县在组织实施、发现问题、成果运用、队伍建设等方面的问题，要求各地全面整改。严格落实市县党委书记听取巡察汇报情况报备制度，完善巡察工作规划、年度计划报备制度。实行巡察工作情况月报制，各设区市每月将市本级及所辖县（市、区）巡察全覆盖实施情况、工作组织实施情况、发现问题情况、发现侵害群众利益的不正之风和腐败问题情况、反馈和整改情况、问题线索处理情况等报省委巡视办，通过月报情况和数据趋势分析，全面掌握全省巡视巡察工作现状，及时发现新问题新变化。

【整改“回头看”】 2018年，省委认真落实巡视整改主体责任，坚持以中央巡视反馈的问题为导向，持续抓好十八届中央巡视和巡视“回头看”反馈问题的整改与巩固深化。6月15日，省委整改办召开整改工作情况汇报会，对13家牵头整改责任单位主要负责人面对面交任务、提要求、再动员。省委整改办随即下发书面督查通知，要求各牵头单位、协办单位认真开展自查自纠，由单位“一把手”签字背书后报送整改自查情况。7月上中旬,省委办公厅牵头会同有关单位组成6个督查组,分别对13家牵头单位和6个设区市开展实地督查。省委整改办综合各单位自查自纠和书面督查、实地督查等情况,对整改项目完成情况进行全面盘点、系统梳理。9月,围绕贯彻落实中央纪委监督推进巡视整改工作推进会精神,省委进一步加大对中央巡视整改落实的跟踪问效力度。省委书记刘奇赴上饶市、抚州市就巡视整改情况进行专题调研。省委办公厅印发《关于持续深化落实中央巡视整改的工作意见》,明确要求各地各单位要对照十九届中央第一轮巡视反馈的共性问题深入查摆整改。省纪委省监委机关出台《关于监督推动中央巡视发现问题整改落实的工作方案》,建立监督推动巡视整改工作落实的工作机制,持续推进巡视整改落实。

【整改督办机制】 2018年,江西省贯彻《巡视条例》实施办法专列"整改落实和督查"一章,并不断建立完善相关配套机制,重点完善巡视情况通报制度,纪检监察机关及其派驻机构和组织部门对巡视整改情况的督查督办制度,巡视办专项督查调研和发函督办制度,对省委书记刘奇在书记专题会议点评的具体人和事,逐个下发督办函进行跟踪问效,并向书记专题会报告办理结果。省纪委常委会专题研究监督推动巡视整改工作,对标中央纪委做法,及时制定出台《关于监督推动十四届省委巡视发现问题整改落实的工作方案》。巡视反馈后,执纪监督室负责对口联系地方(单位)党组织整改情况的日常监督,做到事事跟踪、件件督办;派驻纪检监察组负责对驻在党组织巡视整改工作全过程、全要素监督;上级巡视巡察机构负责对下级巡视巡察整改情况的全面监督。截至6月底,省委巡视办联合省纪委党风政风监督室和8个执纪监督室,采取暗访明查的方式,对市县落实扶贫专项巡视巡察整改情况进行全面督查,共发现问题50个,追责问责87人,给予党纪政务处分26人。省委组织部坚持把巡视整改监督作为重大政治任务,摆上部机关工作重要议事日程,并在全省组织工作会议上专门强调部署,主要负责人定期听取汇报,建立问题线索办理初审、复审、会审"三审"机制,加大对干部履职担当问题处置力度,免职处理4人、诫勉处理7人、谈话提醒13人、涉嫌违纪移交纪检监察机关处理3人。

【巡视工作基础建设】 2018年,省委巡视办按照中央巡视办要求,着手建立和完善全省巡视巡察工作信息化建设工作机制和基础数据准备工作。把巡视巡察工作数据管理、问题线索管理等系统建设,纳入《江西省纪委省监委信息化工作规划(2018—2022年)》统筹考虑、一体规划。省委巡视机构硬件软件保障全部到位,基本满足信息化工作需求,协调市、县两级参照省里做法一并落实到位。基础数据准备工作稳步推进,省委巡视办分门别类建立"1+N"个基础信息数据台账,市县巡察工作台账,所有文件资料全部建立电子文档。省委巡视组从3月开始试用中央巡视办提供的巡视巡察发现问题线索管理系统(单机版),进展顺利。

(陈超)

机构编制

【概　况】 2018年,省委编办坚持以习近平新时代中国特色社会主义思想为指导,坚持把政治建设摆在首位,围绕省委、省政府的中心工作和重点事项,坚持政治站位、精确把握政策、高效优质服务,在推动体制机制改革上实现新突破,在优化机构编制配置上展现新作为。尤其在推进省级机构改革和指导市县机构改革上,科学严谨、认真仔细,实现思想不乱、队伍不散、工作不断、干劲不减的要求。统筹推进事业单位改革、经济发达镇行政管理体制改革、综合行政执法改革、审批服务便民化改革,管好用活编制资源保障重点领域用编需求,为推动高质量跨越式发展提供体制机制保障。

【省级机构改革】 2018年,省编办以坚持加强党的全面领导为主线,系统、整体、协同推进各领域机构改革,既立足当前,突出重要领域和关键环节,从机构职能上为决胜全面小康社会提供保障;又着眼长远实现第二个百年奋斗目标,注重解决事关长远的体制机制问题,为推动治理体系和治理能力现代化打牢基础。10月13日,中共中央、国务院正式批复《江西省机构改革方案》,方案明确省委、省政府共设置机构60个,其中正厅级机构51个、副厅级机构9个。省级党政部门及其职能与中央和国家机关机构职能大体保持一致,保证上下贯通、执行有力。改革后,省委设置的17个机构中,14个对应中共中央设置;省政府设置的43个机构中,39个对应国务院机构设置。组建省委全面依法治省、国家安全、财经、审计、教育等5个领域议事协调机构,省委全面深化改革、网络安全和信息化、外事工作等3个领导小组改为委员会,省委议事协调机构设置进一步优化,省委对这些主要战线、重点领域的统筹领导进一步加强。省委组织、宣传、统战、政法等部门职能配置进一步优化,归口协调职能全面加强。坚持一类事项原则上由一个部门统筹、一件事情原则上由一个部门负责,强化机构职能整合归并,全面加强和优化政府宏观管理、市场监管、自然资源和生态环境保护等职能,有效破解机构重叠、职责交叉等体制弊端,进一步解决政府部门职能越位、缺位、错位等问题。突出江西省情,把机构改革与省委谋划推进的全局性、战略性重点工作结合起来,因地制宜设置省政务服务管理办公室、省扶贫办公室、省林业局、省中医药管理局等机构,服务江西高质量跨越式发展。健全部门协调配合机制,对确需多部门共同参与的事项,理清职责边界、明确主次责任,人才工作涉及23家部门、安全生产监督管理涉及22家部门、生态环境保护工作涉及9家部门。

【市县机构改革】 2018年,市县机构改革与省级机构改革同步部署,稳步推进。经中共中央批准中央编办正式备案同意,12月5日,省委印发《关于市县机构改革的总体意见》。12月底前,所有市县改革方案均按程序经省委批准印发。与省级机构改革有效衔接,各市县建立健全和优化党委对重大工作的领导体制机制,组建纪检监察委员会,加强和优化全面依法治市(县)、国家安全、审计、全面深化改革、网络安全和信息化等方面的议事协调机构及办事机构,加强市(县)党委组织、统战等职能部门统一归口协调管理职能,统筹优化自然资源、生态环境、农业农村、文化旅游、卫生健康、退役军人事务、应急管理、市场监管、医疗保障、司法行政、审计等重点领域新组建和优化职责的机构事项。各地严格执行中央规定的限额设置机构,全面清理规范限额外机构,从严从紧控制党政机构挂牌。改革后,党政机构挂牌数量明显减少。改革体现市县实际发展需要。强化扶贫机构设置,在全省11个设区市和100个县(市、区)均按照省委要求加强扶贫机构设置,脱贫攻坚任务重的市县,均单独设置扶贫办公室;加强政务服务机构建设,在南昌、赣州、宜春等已经进行相对集中行政许可权改革试点的地方,设立行政审批局;服务地方产业发展,南昌、赣州、宜春、上饶等地设立大数据发展管理局,景德镇设立瓷局,西湖区设立现代服务业发展局,宜春、丰城等地在卫生健康委员会挂中医药局牌子。

【事业单位改革】 2018年,全面推进承担行政职能事业单位改革。全省框定承担行政职能事业单位5650个,省本级涉及20多个部门90个单位,共清理行政职能719项。省委编委印发《江西省直承担行政职能事业单位改革方案》,结合机构改革,同步推进承担行政职能事业单位改革。加大经营类事业单位改革力度,指导涉改单位制定转企改制方案,协调督促抓好落实,支持配合完成报业传媒、广电传媒、文化演艺"三大集团"组建工作,研究整合组建赣勤集团,撤销一批小弱单位。全省完成改革154个(撤并124个、转企30个),其中省直29个(撤并15个、转企14个)。

【审批服务便民化改革】 2018年,结合衔接落实国务院改革部署,省政府部门权力事项再取消202项、调整138项(含下放24项、改变管理方式114项)。开展"减证便民"行动,取消调整省本级证明事项182项。全面完成国家级开发区全链审批赋权清单编制和公布工作,各设区市平均赋权达171项。指导设区市制定省级开发区全链审批赋权清单,依法赋权省级开发区享有县级经济管理权限。深化相对集中行政许可权改革试点,研究制定加强行政审批局运行配套衔接工作意见。在全省范围内全面推开"证照分离"改革,第一批106项涉企行政审批事项实施"证照分离"。省政府审定赋予赣州市44项省级管理权限和6项先行先试项目。

【重点领域改革】 2018年,加快推进经济发达镇行政管理体制改革,健全领导和工作机制,批复印发30个镇改革方案,发达镇按"一办七局"模式组建新机构并挂牌运行。出台优化开发区机构编制管理意见,赋予开发区限额内调整内设机构自主权。深化综合执法体制改革,指导宜春市开展综合行政执法体制改革试点。推进司法体制改革,完成市、县法检两院机构编制划转和上收工作,探索推进市、县法检两院内设机构大部门制改革。结合机构改革,一体推进健全国家自然资源资产管理体制试点、生态文明体制改革、医药体制改革、市场监管体制改革等工作。

【编制资源配置管理】 2018年,加强机构编制管理,按照"严控总量、盘活存量、增减平衡、分级负责"的思路,严格控制,守住总量和纪律底线;推进创新,破解严控总量与满足事业发展需要之间的矛盾,全省各类编制总量没有突破,各级各地加强统筹调配、优化结构、有保有压,有效保障党委、政府中心工作需要。统一调配各部门原控制使用5%的行政编制,腾出编制空间保障新组建和职能加强的部门。按照"编随事走、人随编走"原则,内设机构随职责整体划转的,相应编制整体划转;内设机构部分职责划转的,按照比例划转编制。规范机构编制事项事前论证,严格审批机构编制、核定领导职数。规范人员编制实名制管理,会同省委组织部、省人社厅制定机构改革期间干部人事管理工作政策口径。巩固县级党政群机关超编整治成果,规范领导职数管理。督促市县落实统一城乡中小学教职工编制标准要求,缓解中小学编制紧缺矛盾。

(付豫)

机关党建

【概　况】 2018年,全省各级机关党组织坚持贯彻落实中共中央总书记习近平对推进中央和国家机关党的政治建设重要指示精神,以党的政治建设为统领,全面推进机关党的各项建设,机关党建工作有新进展。

深入学习贯彻中共十九大精神。举办15期省直机关县处级领导干部轮训班,对2000余名处级干部进行集中培训。编印《学习贯彻习近平新时代中国特色社会主义思想和党的十九大精神测试题》,组织省直机关党员干部自学自测、以考促学。组织开展学习《习近平新时代中国特色社会主义思想三十讲》体会文章征集活动、学习贯彻中共十九大精神"我是党员我来讲、我是党员我来干、我是党员我争先"主题活动。部署推动省直机关从更高层次贯彻落实中共中央总书记习近平对江西工作重要要求,全面彻底肃清苏荣案余毒。

推动党建带群建工作。举办省直机关第五届运动会,4000余名机关干部职工参加登山、乒乓球、羽毛球、足球、篮球、瑜珈等系列比赛。针对省直机关青年婚恋问题,开展30余场青年联谊活动。开展"引领女性阅读·建设文明家庭"读书活动,2万余名女性干部职工参加,33篇作品在全国获奖。

压实管党治党政治责任。召开省直单位党组(党委)书记抓基层党建工作述职评议会,7个单位党组(党委)书记大会述职,78个单位党组(党委)书记书面述职。全面推行机关党建"三级联述联评联考",修订完善机关党建考核办法,取消网上在线考核。与省财政厅联合制定《江西省省直机关基层党组织党建活动经费管理办法》。组织64名机关党务干部参加全省首届党务技能大赛7个项目的比赛,荣获一等奖4个、二等奖6个、三等奖8个、优秀奖8个。

【基层组织建设】 2018年,省直机关工委打造180个支部规范化建设示范点,抓好点上、带动面上。部署省直单位基层党组织召开"坚决全面彻底肃清苏荣案余毒持续建设风清气正政治生态”专题组织生活会，深化“今天是我的政治生日”等主题活动。对省委巡视反馈的省直单位党建工作方面存在的问题，梳理出15个带倾向性的问题，部署推动各单位党组织举一反三、未巡先改。

【强化政治建设】 2018年，省直机关工委组织开展“加强机关党的政治建设”全覆盖调研，查阅各单位党组（党委）中心组学习情况，抽查2408个支部，个别访谈675名党组（党委）书记、机关党务干部。召开专题调研情况反馈会，一个单位一张问题清单，一对一进行反馈，并对整改情况进行“回头看”。召开省直机关党的政治建设推进会，举办省直机关“两委”书记“加强党的政治建设”专题研讨班。召开省直机关文化建设现场交流会，推进机关政治文化建设。在省直机关开展红色家书诵读活动，央视网对省直机关红色家书诵读会进行完整展播。

【加强舆论宣传】 2018年，省直机关工委组织召开意识形态工作座谈会，在江西机关党建网、《风范》杂志开设“党的意识形态工作”专栏。围绕庆祝改革开放40周年，开展“放歌新时代”歌咏比赛、“新时代 新气象 新作为”摄影大赛和理论研讨征文等系列活动。组织85家省直单位与南昌市85个社区进行结对共建。召开省直机关庆祝中国共产党成立97周年暨“两优一先”表彰大会，加强对机关优秀人才的政治吸纳和政治关怀，在高知识群体中发展党员226人，对省直机关432名劳模、28名第九批援疆干部人才进行走访慰问。深入开展志愿服务活动，2.8万余人次参加，赠送图书资料15.5万余册，举办讲座、咨询与科技服务等8万场次，走访慰问4.6万余人，发放慰问品6.4万余件，办好事实事3.2万件（次）。

【党风廉洁建设】 2018年，省直机关工委聚焦形式主义、官僚主义和“怕、慢、假、庸、散”等作风顽疾，持续纠“四风”转作风。召开省直机关纪检工作会议，推动配齐配强机关纪委，88家省直单位配备181名专职纪检干部，5家单位设专职机关纪委书记。开展3次明查暗访，对11起省直机关党员干部违反中央八项规定精神典型案例进行通报曝光。全年处置问题线索289件，立案44件（次），给予党纪政纪处分44人，运用“四种形态”共处理405人次。聚焦省委提出的“怕、慢、假、庸、散”等作风顽疾，部署机关所有党支部专题召开加强作风建设组织生活会。编发7期作风建设专题《机关政治生活》简报。

【服务工作大局】 2018年，省直机关工委把省直单位贯彻落实省委十四届六次全会109项重点任务情况，列入党建目标管理考核重点内容。组织开展全省机关党员干部春节回乡调研活动，共收到调研报告1299篇。开展省直机关党员干部与贫困户“网上结对、网下结亲”帮扶活动，帮扶需求3757件，共240余万元；广泛宣传为脱贫攻坚献出宝贵生命的省侨联机关党委原专职副书记、扶贫工作队原队长曹建彭先进事迹，并追授其“省直机关优秀党务工作者”称号。开展“践行生态文明 做绿色低碳生活的传播者”宣传实践活动，1.65万人次参加环保进机关、进社区等“十进”活动，并进行微视频展播。支持配合南昌市全国文明城市创建工作，深入开展“守法礼让 文明出行”活动，共通报省直单位公务用车违章235辆、585起。

【省直机关文化建设现场交流会召开】 11月30日，省直机关文化建设现场交流会在南昌召开。省直机关工委书记彭世东出席会议并讲话，省直机关工委副书记雷音主持会议，工委委员、宣传部部长刘大胜出席会议。会议现场观摩省卫生健康委和南昌海关的机关文化建设情况，省委组织部、省人社厅、团省委作了会议交流发言。省直各单位机关党委专职副书记（文明办主任）共150余人参加会议。

（温尊寿）

高校党建

【概　况】 2018年，省委教育工委和高校各级党组织坚持以习近平新时代中国特色社会主义思想为指导，深入学习宣传全国教育大会精神，全面贯彻党的教育方针，加强和改进党对高校的全面领导，全面推进党的建设向基层延伸，着力推动思想政治工作创新发展，不断巩固马克思主义在高校意识形态领域的指导地位，全力维护校园政治安全、和谐稳定，为办好中国特色社会主义大学提供坚强保证。新华社《国内动态清样》第2450期、《瞭望》杂志刊发《江西高校开展诵读红色家书活动激励青年学生》，《半月谈》刊发《“弱财政”办“强教育”的江西样本》，《教育部简报》刊发江西经验10多期，江西在全国性大会作典型发言8次，省委教育工委有关做法获得省部级领导肯定性批示20次。

【理论武装】 2018年，省委教育工委坚持把学习贯彻习近平新时代中国特色社会主义思想作为理论武装的首要任务，按照学懂弄通做实要求，分层分类举办高校领导、处级干部、基层党支部书记和思想政治工作干部培训班，组织百名高校领导干部赴北京大学、清华大学研修。通过送教进校轮训3431名高校处级干部，深入开展优秀辅导员中共十九大精神校园巡讲、“学习新思想 · 百万师生同上一堂课”、习近平新时代中国特色社会主义思想大学习领航计划等教育活动，扎实推进新时代文明实践中心建设，推动党的创新理论登堂入室、连线入心，引导广大师生不断树牢“四个意识”，坚定“四个自信”，坚决做到“两个维护”。

【组织建设】 2018年，省委教育工委成立省委教育工作领导小组，领导小组秘书组设在省委教育工委。12月31日，下发《关于调整省委教育工作委员会（省教育厅）职责机构编制事项的通知》，明确省委教育工作领导小组秘书组的工作职责。坚持省领导联系高校制度，省委书记刘奇带头到南昌大学作形势与政策报告，到江西师范大学调研高校思想政治工作；省委副书记、省长易炼红先后到多所高校调研，对落实立德树人根本任务提出明确要求。围绕落实高校党建工作20项重点任务，开展全省高校党建工作自查和巡察工作，修订完善党委领导下的校长负责制，规范院（系）党组织会议和党政联席会议制度。开展高校党建“示范创建”和“质量创优”工作,获评1个“全国首批教师党支部书记工作室”、1个“全国党建工作标杆院系”、15个“全国党建工作样板支部”、2个全国高校“百个研究生样板党支部”、2名“百名研究生党员标兵”。创新高校党委书记抓基层党建述职考核,推出“党建+内涵建设”新模式,压实党建工作责任。按照“五好十有”标准,创建50个标准化党员活动室,高校基层组织标准化建设有序推进。

【思想政治】 2018年,省委教育工委进一步规范思想政治理论课建设制度,稳步推进“课程思政”示范课程建设,编写出版红色文化教材,升级改版“易班·映山红网”网络思想政治工作平台,开展“十百千宣讲团”校园巡讲、“诵读红色家书 讲述英烈故事”巡演送演等活动,启动“三全育人”综合改革等37个精品项目试点,12所高校获教育部思想政治工作项目经费支持。出台加强和改进新时代高校教师思想政治工作指导意见,推进高校辅导员队伍标准化建设,启动思想政治理论课教师队伍建设专项工作,搭建课题、竞赛、培训、交流、表彰等展示平台,推动思想政治工作队伍素质整体提升,7人获教育部“全国高校辅导员年度人物”提名及入围奖。

【人才队伍】 2018年,省委教育工委调整充实教育人才工作领导小组,省委教育工委书记、省教育厅厅长叶仁荪担任组长。推进人才管理体制改革。召开教育系统人才工作推进会,部署开展省管高校人才工作专项述职,压实人才工作责任。谋划建立教育系统领导干部联系服务人才制度,做好高层次人才联系沟通和服务保障工作。抓好与拔尖人才对接。争取教育部在江西省举办高层次人才培训和休假。5月,依托井冈山高层次人才对接联络站,组织14所高校与教育部在井冈山举办“长江学者奖励计划”青年项目入选者研讨班学员开展对接活动;8月,组织15所高校与在庐山休假的突出贡献“长江学者奖励计划”特聘教授,开展53场次对接活动,得到省委书记刘奇、省长易炼红和省委组织部部长赵爱明的批示肯定。落实省“双千计划”,全省高校入选首批省“双千计划”210人;启动实施“青年井冈学者奖励计划”,遴选出全省首批“青年井冈学者”101人。向省委、省政府提交“高层次人才子女入学出台的有关优惠政策的报告”,督促各地制定便利政策措施,全省232名高层次人才享受到子女入学优惠政策。制定教育系统“弘扬爱国奋斗精神 建功立业新时代”实施方案,并遴选报送7个高校典型事例。

【意识形态工作】 2018年,省委教育工委健全意识形态领域形势分析研判工作机制和意识形态工作联系人制度,制定高校党委意识形态工作责任制考核内容和标准,成立江西教育舆情分析研究中心,加快推进重点和特色马克思主义学院建设,推动高校严格落实意识形态工作责任制。开展“两防一反”斗争,严防打击“三股势力”渗透,坚决做到“两个不得”“五个严禁”,抵御防范宗教向校园渗透,有效保障校园安全稳定。

【正风肃纪】 2018年,省委教育工委在省直机关中率先制定《关于主动接受省纪委省监委驻省教育厅纪检监察组监督的实施办法(试行)》,省纪委《派驻专刊》全文转发。召开肃清苏荣案余毒专题民主生活会,制定《江西省教育系统党务公开实施办法(试行)》,强化党内监督。围绕解决“怕、慢、假、庸、散”等作风问题和“五型”政府部门建设,抓好督促检查,聘请100名“五型”政府部门建设“啄木鸟”专员,主动接受各方监督。做好省委巡视委厅反馈问题的后续整改工作,先后2次开展集中督查调度,并将督查情况上报省委巡视办。认真对照十九届中央第一轮巡视14个省区反馈的共性问题和十四届省委第二轮、第三轮巡视发现倾向性问题,开展自查整改。抓好高校巡视整改的指导协调,通过下发通知、召开会议、开展督查等方式,督促高校立行立改,整改到位。全力支持和保证驻厅纪检监察组履行监督责任,驻厅纪检监察组全年在省属高校及厅本级共立案50件,处分69人(其中移送检察机关1人,受到公检法等机关刑事处理7人),组织处理228人。

(朱易)

党校教育

【概　况】 2018年,江西有各级党校114所,其中县(市、区)级党校100所,市级党校13所,省级党校1所(即中共江西省委党校,以下简称省委党校)。全省党校在职在编教职工2476人。各级党校领导体制为校务委员会负责制,一般由同级党委副书记担任党校校长,日常工作由常务副校长主持;内设不同的教研机构。省委党校设有哲学教研部、经济学教研部、科学社会主义教研部、中共党史和党建教研部、法学教研部、公共管理学教研部、工商管理学教研部、文化与科技教研部、领导力拓展教研部等教研机构。各级党校有正高职称人员57人,副高职称人员305人,享受国务院政府特殊津贴专家11人。全年各级党校共举办各类班次3470个,培训干部21.15万人。其中举办常规主体班次764个,培训学员10.49万人。

【干部培训】 2018年,省委党校完成全省副厅级以上以及省直机关处级干部深入学习贯彻习近平新时代中国特色社会主义思想和中共十九大精神培训轮训任务,培训学员3800余人;常规主体班、专题班培训1500余人;与有关职能部门合作办班培训1000余人;在职研究生培训2000余人;承办红色教育短期培训班,培训学员1.48万人;江西干部网络学院在线学习注册人数达到42万余人,学校“一主多辅”办学格局进一步夯实。

【教学管理】 2018年,省委党校在理论教学方面,进一步强化习近平新时代中国特色社会主义思想的教学分量,开设专门教学单元,设立一批新专题,引导学员在“学懂弄通做实”上下功夫,得到省委、省政府领导和广大学员肯定。在专业化能力教学方面,与时俱进充实教学内容、创新教学形式,在做好课堂讲授、调研考察、学思研讨的基础上,结合贯彻省委十四届六次、七次全会精神,从更高层次贯彻落实

1月22日，江西省委党校江西行政学院新校区建成

刘艺供

中共中央总书记习近平对江西工作的重要要求，创新开设“市委书记、市长论坛”，引导学员准确地认识省情，汲取各地改革发展新鲜经验，南昌市、赣州市领导先后登坛讲学，得到学员普遍好评。在党性教学方面，不断丰富党性教育方式方法，组织开展诵读红色家书活动，建设红色文化长廊，引入红色经典剧目进校园，举办全省党校系统红色家书教学观摩等。在学员管理方面，坚持“严”字当头，把从严管理从课堂学习延伸到日常生活、从校内延伸到校外。特别是第53期中青班作为首期由省委组织部点名调学的主体班，致力打造成为模范班、示范班、引领班，在全省年轻干部座谈会上以纪录片的形式向省委书记刘奇等省领导作了学习汇报，得到肯定。围绕脱贫攻坚、工业强省、绿色发展、乡村振兴开展调研，4个小组调研报告全部得到多位省领导肯定性批示，总报告在《赣南日报》全文发表，展现党校在学员教育培训与从严管理的新成效。

【新校区建成】 1月22日，位于南昌市九龙湖新区的新校区建成，占地面积20余公顷，总建筑面积12.18万平方米，设计规模为可同时容纳在校学员650人。新校区工程于2013年奠基，2014年正式动工，以文化校园、生态校园、智慧校园为定位，按照“质量、安全、效率、廉洁”的总要求，遵循“和谐大气、质朴厚重、亲切便利、美丽智能、经济适用”原则，按行政、教学、会议、文体、生活分区布局，建设综合大楼、教学大楼、学员楼、会议中心、文体中心、餐饮中心等单体建筑8座。新校区的投入使用，极大地改善办学条件、优化教学环境、提升综合实力，标志着“富有江西特色、走在全国前列的一流党校”建设进入一个新时代、新起点、新阶段。

【新型智库建设】 全年获批立项国家社科基金一般项目2项、后期资助项目1项，各类省部级课题25项，入选全国纪念马克思诞辰200周年理论研讨会论文1篇，以“江西省中国特色社会主义理论体系研究中心”名义在《人民日报》《光明日报》等重要报刊发表重要理论文章7篇，发表各类学术论文286篇，出版学术专著9部、编著7部。《领导论坛》刊发的调研报告获省领导肯定性批示31篇次。根据上海社会科学院智库研究中心发布的《2018中国智库报告——影响力排名与政策建议》，校院在全国地方党校（行政学院）系统智库影响力排列6位。由省党建研究会牵头组建的“江西省基层党建协同创新中心”落户校院，成为全国首家打造集理论研究、创新实践、党建服务、人才培养四位一体的省级基层党建协同创新平台。成立党建研究所，入选省级重点智库。

【开展习近平新时代中国特色社会主义思想和中共十九大精神专题培训】 2018年，省委党校完成全省副厅级以上以及省直机关处级干部深入学习贯彻习近平新时代中国特色社会主义思想和中共十九大精神培训轮训任务。举办全省副厅级以上领导干部学习贯彻中共十九大精神专题研讨班10期，培训学员856人；举办县处级干部学习贯彻中共十九大精神专题研讨班7期，培训学员1501人；补训班和兜底班培训县处级以上领导干部652人。

（刘艺）

信　访

【概　况】 2018年，全年进京非接待场所访同比下降24.1%，进京越级访人次下降42.4%，到省访人次下降4.8%，到省行政中心上访人次下降22.3%，到省集体访批次和人次分别下降26.1%和10.1%。全省网上信访数量占全省信访总量67.52%，更好地实现“数据多跑路、群众少跑腿”，网上信访成为群众表达诉求的主渠道不断巩固。

【信访矛盾化解】 2018年，为打好重点领域、重点群体、重点问题、重点人员信访矛盾化解攻坚战，省委、省政府强力高位推动，成立以省领导担任组长、副组长的省级信访矛盾化解攻坚战领导小组。省信访工作联席会议制定下发总体方案和实施方案，省信访工作联席办公室先后召开3次全省信访矛盾化解攻坚战工作推进会。全省各级各部门聚焦4个重点方面突出问题，加强组织领导，严格落实责任，创新方式方法，增强化解实效。中央信访工作联席办公室交办全省180件信访事项，全部办结化解。省、市、县三级自行排查2182件信访事项，办结化解率100%。

【“人民满意窗口”创建活动】 2018年，按照国家信访局的倡议要求，全省信访系统开展“人民满意窗口”创建活动，以“精研业务、精准接谈、精建队伍”为着力点，助推全省信访基础设施标准化、基础业务规范化、信访工作队伍专业化建设。结合实际规范接待场所，合理设置功能区，增设便民服务设施，开辟绿色通道，完善自助服务区，为到访群众提供周全服务。推行信访工作联席办主体部门合署集中办

2月23日,全省信访工作电视电话会议在南昌召开

张剑锋供

公,严格实行首接负责、服务承诺、一次性告知、限期办结等"一站式"工作流程,主动提供心理咨询、法律援助、访调对接等服务,力求初访首办首结。完善坐班接访、领导接访、视频接访、律师接访、信访引导员等制度,着眼信息预警早、联动化解快、督办推进实,依法及时就地解决群众合理诉求。

【全省信访工作电视电话会议召开】 2月23日,全省信访工作电视电话会议在南昌召开。会议主要任务是贯彻落实中央、省相关工作会议及省领导对信访工作的重要批示精神,总结2017年信访工作,安排部署2018年信访工作,通报表扬全省信访工作"三无"县及11名江西最美信访干部,并颁发荣誉证书。会议由省委常委、省政法委书记尹建业主持,省委常委、常务副省长毛伟明出席会议并讲话。省信访局领导班子成员,全省各设区市、省直管县(市)信访工作联席会议第一召集人和信访局局长,省委有关部门、省直有关单位分管领导和办公室(信访处、室)负责人,省信访局机关副处级以上干部参加会议。各设区市、县(市、区)信访工作联席会议召集人,各设区市、县(市、区)信访工作联席会议成员单位分管领导、各乡镇党委书记和市、县(市、区)信访局全体机关干部在当地分会场参加会议。

【全省深化推进网上信访工作会议召开】 8月17日,全省深化推进网上信访工作电视电话会议在南昌召开。省委副秘书长、省信访局局长王新有出席会议并讲话。省信访局正厅级督查专员孙解生主持会议。会上,省教育厅、九江市信访局和浮梁县信访局作大会交流发言。省信访局领导班子成员、省直有关单位信访处(办公室)负责人、省信访局处室主要负责人在省信访局主会场参加会议;各市、县(市、区)信访局全体干部、有关直属单位负责人在当地视频会议室参加会议。

【全省信访督查工作会议召开】 9月19日,全省信访督查工作电视电话会议在南昌召开。会议学习传达全国信访督查工作会议精神,总结江西省信访督查工作情况,研究部署全省信访督查。省委副秘书长、省信访局局长王新有出席会议并讲话。省信访局副局长张明主持会议。省信访局副处以上干部在省信访局主会场参加会议,各市、县(市、区)全体信访干部在当地视频会议室参加会议。

(省委信访局)

老干部

【概　况】 截至2018年年底,全省有离退休干部40.82万人。其中,离休干部7189人,最大年龄104岁,平均年龄89岁;退休干部40.1万人。省级老干部58人,其中正省级7人、副省级51人;老红军5人。离退休干部党组织5936个,占全省基层党组织总数1/19;离退休干部党员23.54万人,占全省党员人数10.8%。

【离退休干部组织建设】 2018年,省老干部局把政治建设摆在首位,引导离退休干部树牢"四个意识",坚定"四个自信",做到"两个维护"。开展"追忆初心——难忘我的入党纪念日和参加革命工作纪念日"主题党日活动;举办全国两会精神离退休干部专场报告会和"长青藤"讲堂;利用自办媒体"两网两微两刊一号一头条"及时推送习近平新时代中国特色社会主义思想,引导离退休干部进一步坚定政治信仰。组织"美丽江西幸福行"参观考察活动,让老干部感受、体验和畅谈江西发展变化。举办离退休干部党建工作培训班和离退休干部先进代表读书班,健全完善离退休干部党组织,新建临时党组织700余个,督促落实支部书记和委员工作补贴。

【老干部"正能量"传递活动】 2018年,省老科协选配千名老科技特派员对接基地,服务农民,点对点、一对一提供服务。开展城乡环境综合整治志愿活动,全省2.18万名老干部志愿者共同参与,帮助整改问题9086件。组织4.3万名老干部开展"珍爱生命,防止溺水"活动,全省青少年溺水事故下降45.3%,得到中国关工委肯定。"一对一"结对帮扶帮教工作被省文明办评为"全省优秀志愿活动项目"。举办第二届全省"最美老干部"颁奖仪式,表彰20名老干部,省领导赵爱明、殷美根、刘卫平出席,26家中央、省级媒体同步宣传。开展"我看改革开放新成就"专题调研和"我与改革开放共成长"征文活动,引导老干部忆改革、说发展、谈变化、献良策。组织开展庆祝改革开放40周年全省离退休干部合唱比赛,展示离退休干部的时代风采。

【离退休干部服务管理】 2018年,全省各级老干部工作部门走访慰问帮扶困难离退休干部8438人次,发放困难补助金1100余万元,省本级下发省属企事业单位离休干部生活补贴

4847.36万元，为236名省（中）直单位离休干部办理瘫痪护理费。出台相关文件，提高离休干部高温补贴和部分抗战离休干部医疗待遇，会同有关单位对困难企业进行界定，并将其离休干部医药费纳入财政支持范围。加强活动阵地建设，改造升级的省老干部活动中心正式开放，使用面积增加7000平方米，江西老年大学顺利搬迁，面积增加3.5万平方米，市县老年大学和老干部活动中心建设规模以两位数的速度增长。筹建"银耀赣鄱——离退休干部信息化平台"，完成可研论证。

【老干部队伍建设】 2018年，省老干部局开展"大学习、大调研"活动，强化理论武装，促进学用结合，推动工作提升。通过开展"转作风、强服务、提效能"作风整治专项活动、举办培训班、深入市县调研、派员到外省学习考察等方式，加强党性修养，提升业务水平，改进工作作风。举办"道德讲堂"，用身边的人讲身边的故事，引导机关干部传承优良家风，牢记使命担当。在全国率先完成省、市、县三级老干部局连通大组工网工作，"老干部工作"栏目同步上线，推动工作宣传交流。

【全省老干部工作精准化信息化电视电话会议召开】 8月28日，全省老干部工作精准化信息化电视电话会议在南昌召开。专题研究部署推进全省老干部工作的精准化信息化。省委老干部局局长兼省委组织部副部长肖洪波出席并讲话。会上，陈渊平解读全省离退休干部信息化平台建设方案，省委党校老干部处、赣州市委老干部局、宜春市委老干部局3家单位围绕精准化信息化分别作交流发言。11个设区市、100个县（市区）、180个省直单位从事老干部工作人员共2000余人参会。

【举办第二届"最美老干部"评选表彰活动】 10月16日，省委组织部、省委宣传部、省委老干部局联合举办第二届"最美老干部"评选表彰活动。此届"最美老干部"评选活动自6月启动后，全省共推荐"最美老干部"候选人76人。通过初评、考察、投票、公示等程序，最终确定老红军王承登为全省"最美老干部"特别荣誉，李千根、谭策铭、段华胜、刘新、廖祖彬、熊伟生、贺宗鑫、黄寿孙、方梅、毛本义10名老干部为全省"最美老干部"，黄新发、周作柱、尹先明、周华保、魏锋、王贤才、谢望礼、彭美珍、华有良9名老干部获全省"最美老干部"提名奖。省委常委、省委组织部部长赵爱明，省委常委、南昌市委书记殷美根，省政协副主席刘卫平等出席并与"最美老干部"合影。

【省级老干部纪念改革开放40周年座谈会召开】 11月2日，省级老干部纪念改革开放40周年座谈会在景德镇召开。省政协原主席傅克诚，省人大常委会原副主任卢秀珍、陈达恒、张克迅、张逢雨等22名省级老干部参加座谈会。省委老干部局局长兼省委组织部副部长肖洪波主持会议。会上，老干部围绕改革开放40年和赣鄱大地的发展变化，畅谈改革开放取得的新成就，热议省委十四届六次全会的工作部署。老干部充分肯定江西省在改革开放40年来取得的成绩，对建设富裕美丽幸福现代化江西，实现高质量跨越式发展，提出许多建设性建议。

（谢高龙）

党　史

【概　况】 2018年，省委党史研究室按照省委部署，起草《关于加强地方党史工作的实施意见》并下发。编辑《数说江西党史》《数字江西党史》两本小册子，受到领导好评。与省人大常委会共同完成的《传承红色基因　坚定制度自信——全国苏维埃代表大会的探索实践对坚持和完善人民代表大会制度的启示》课题，获得全国人大常委会委员长栗战书、全国人大常委会副委员长王晨批示。

【相关课题研究】 2018年，省委党史研究室围绕改革开放40周年等系列主题，推出《江西改革开放简史》《江西改革开放40年大事记》，江西新闻联播、《江西日报》分别予以报道；《回望峥嵘读初心》正式出版并产生广泛影响；在毛泽东题诗余江60周年，完成《毛泽东缘何题诗余江》课题并公开发表；编辑出版《初心祭——缅怀在江西红土地上牺牲的英雄们》专刊；与省委党建工作领导小组办公室、萍乡市委党建工作领导小组共同编著《安源红色家书》主题教育读本，发行量超过10万册。

【党史资料编研】 2018年，完成《中央革命根据地历史资料文库群团系统》初稿，共收录各类文献近400篇110余万字；《党史研究志》按照时间节点完成5大篇目19章共60万字的初稿；搜集、整理、编辑省委书记刘奇，省委副书记、省长易炼红，省委副书记李炳军2018年江西工作纪事，完成《江西党史大事记》2017年度合订本的编印以及《江西党史大事记》（2018年1月—12月）。

【意识形态工作】 2018年，抓好意识形态工作，严把党史作品政治关、史实关。全年审读党史著作、各类陈展大纲、影视剧本等500多万字，并分别出具审读意见，对1500余万字的《井冈山革命根据地史料大全》（共31册）提出修改意见；《党史文苑》进行全新改版，省政协主席姚增科赞誉期刊"选题立项好，抓眼抓心，特色、个性鲜明"。在《2018年中国学术期刊影响因子年报（人文社会科学）》公布数据中，《党史文苑》在省级党史期刊中排名第一；微博微信平台全年上传时政、党史、理论文章600余篇，平台关注人数稳中有升。

【《江西改革开放简史》《江西改革开放40年大事记》出版】 12月，由省委党史研究室组织编写的献礼之作——《江西改革开放简史》《江西改革开放40年大事记》分别由江西人民出版社、江西教育出版社出版。《江西改革开放简史》共29万字。该书以习近平新时代中国特色社会主义思想为指导，以中共中央总书记习近平关于改革开放重要论述为根本遵循，紧扣改革开放主题，把握改革开放40年历史的主题和主线、主流和本质，全面系统记述江西省委、省政府在中共中央、国务院的坚强领导下，团结带领全省人民进行改革开放的伟大实践，准确客观反映江西改革开放40年波澜壮阔的发展历程、伟大成就和宝贵经验。《江西改革开放40年大事记》共160万字，分上、中、下3册。该书采用编年体体例，以时间为经，以事件为纬，全面客观反映全省改革开放的历史线索和经济社会各项事业的历史全貌，重点突出反映中共十八大以来进入中国特色社会主义新时代的内容。

【开展主题调研活动】 2018年，以全国政协副主席卢展工为团长的全国政协委员考察团就“红色资源保护与利用”到江西省考察调研。省委党史研究室主任俞银先随同省政协领导全程参加并在座谈会上简述江西在中共党史、军史上的重要地位及江西人民为中国革命作出的突出贡献，对于红色资源的保护与利用提出意见和建议，并安排省委党史研究室专业骨干与省政协文史委相关人员共同启动江西红色资源保护与利用的课题研究。随同省委书记刘奇赴萍乡调研，在莲花参观考察时，对莲花党史特点作了“一支枪、一个人、一对夫妻、一所学校、一次会议、一批将军”等“六个一”的提炼，受到肯定。陪同中央委员、中央党史和文献研究院分管日常工作的副院长曲青山一行到赣州、吉安、南昌等地调研指导党史和文献工作。陪同中央党史和文献研究院副院长吴德刚赴萍乡调研革命精神进教材工作。

【《回望峥嵘读初心》发行】 2018年，由省委党建工作领导小组、省委宣传部和省委党史研究室联合编著的《回望峥嵘读初心——发生在江西红土地上的100个经典革命故事》发行，受到社会各界广泛关注，省委书记刘奇多次向全省党员干部荐读《故事》。省委组织部、省委宣传部、省委党史研究室联合发文，要求把《故事》作为“两学一做”学习教育常态化制度化和将要开展的“不忘初心、牢记使命”主题教育的必读读物，《故事》发行量超过25万册，被评为中文传媒2018年度十大好书第二名。省委组织部还在全省组织百名组织部部长读初心讲故事活动，并要求在党员活动中把该书列为重点学习内容。各级党政机关以及高校、企业、农村基层组织学习《回望峥嵘读初》。省委党史研究室主任俞银先撰写的“好故事要讲真道理——《回望峥嵘读初心》编著手记”一文发表在《博览群书》2018年第8期，并被江西组工微讯和新华社客户端转载，点击量超过100万人次，根据省政协主席姚增科批示，省政协把此文作为“抓好党建”的参阅材料在其《分享》刊物发表。

12月5日—7日，第五届湘鄂赣苏区历史研讨会在湖北通城县举行

彭志中供

【第五届湘鄂赣苏区历史研讨会举行】 12月5日—7日，第五届湘鄂赣苏区历史研讨会在湖北通城县举行。研讨会由湖南、湖北、江西三省省委党史研究室共同主办。研讨会宗旨是“继承、交流、合作、共荣”。研讨会上，原中央党史研究室副主任石仲泉作题为《以当年湘鄂赣革命精神为再造今日湘鄂赣之辉煌出力》的主旨学术报告，9名专家代表进行学术交流。革命先辈后代代表、罗荣桓元帅之子，原中国人民解放军第二炮兵部队副政委、中将罗东进，中国人民解放军军事科学院解放军党史军史研究中心副主任、大校翟清华，中国井冈山干部学院特聘研究员丁仁祥，湖南省委党史研究室原巡视员、湖南省中共党史人物研究会会长、研究员夏远生，江西省九江市委史志办副主任涂开荣，湖北省委党史研究室机关党委专职副书记李福珍，咸宁市委党史研究室主任李城外，通城县委党史办主任黄长平依次发言。此次研讨会在进一步确认湘鄂赣苏区历史地位、深化拓展湘鄂赣苏区历史研究、弘扬苏区精神、服务经济社会发展等方面，达成广泛共识、取得丰硕成果。

（彭志中）

本栏编辑　刘清林

江西省人民代表大会

综　述

2018年，江西省各级人民代表大会1515个，其中省级人民代表大会1个，设区市级人民代表大会11个，县级人民代表大会100个，乡（镇）人民代表大会1403个。各级人大代表10万多人，其中全国人大代表79人，省人大代表602人。省十三届人民代表大会常务委员会组成人员实有61人，其中主任1人，副主任5人，秘书长1人，委员54人。省十三届人民代表大会设有内务司法委员会、财政经济委员会、教育科学文化卫生委员会、农业和农村委员会、环境与资源保护委员会、法制委员会等6个专门委员会；省十三届人民代表大会常务委员会下设办公厅、法制工作委员会、选举任免联络工作委员会、外事华侨民族宗教工作委员会、预算工作委员会等5个工作机构。

省人大常委会高举习近平新时代中国特色社会主义思想伟大旗帜，深入学习贯彻中共十九大和十九届二中、三中全会精神，从更高层次贯彻落实中共中央总书记习近平对江西工作的重要要求，坚持党的领导、人民当家作主、依法治国有机统一，按照省委十四届六次、七次全会部署，深入实施“创新引领、改革攻坚、开放提升、绿色崛起、担当实干、兴赣富民”工作方针，围绕全省大局，认真履行法定职责，充分发挥职能作用，实现十三届常委会良好开局。

*认真组织开展专题活动，筑牢做好新时代人大工作的思想基础。*贯彻落实全国人大常委会委员长栗战书重要指示和全国人大常委会统一部署，按照省委要求，在全省人大系统组织开展“学习研究宣传贯彻习近平关于坚持和完善人民代表大会制度的重要思想”专题活动，引导全省各级人大常委会进一步深刻认识习近平关于坚持和完善人民代表大会制度的重要思想的时代意义、理论意义和实践意义，以理论大学习、思想大武装，促进全省人大工作大提升。根据栗战书指示，组织开展“全国苏维埃代表大会的探索实践对坚持和完善人民代表大会制度的启示”重大课题研究，栗战书对课题成果高度重视并作出重要批示，全国人大常委会副委员长王晨等领导也作出批示。

*发挥立法引领和推动作用，以良法促进发展、保障善治。*准确把握新时代全面依法治国新部署新要求，主动适应全省改革发展和民生需要，坚持把提高立法质量放在首位，深入推进科学立法、民主立法、依法立法，为改革发展提供有力法治保障。全年制定地方性法规6件，废止3件，一揽子修改地方性法规38件，批准设区市法规、决定21件。推进设区市立法工作和禁毒条例颁布施行入选第三届“江西十大法治事件”。

*实行正确监督、有效监督，推动中央和省委重大决策部署贯彻落实。*按照“依照法定职责、限于法定范围、遵守法定程序”的要求，聚焦中央和省委重大决策部署，聚焦人民群众普遍关切，加强法律监督和工作监督，增强人大监督的针对性和实效性。全年听取和审议专项工作报告12项，开展专项工作满意度测评1次，检查6部法律法规实施情况，对153件规范性文件备案审查。

*支持和保障人大代表依法履职，更好发挥代表主体作用。*始终坚持代表主体地位，不断创新举措、完善机制、拓展平台，更好发挥代表在参与管理地方国家事务中的重要作用。指导各地建成3377个人大代表联络工作站，实现乡镇街道建站全覆盖和县乡人大代表进站全覆盖，持续开展“脱贫攻坚人大代表在行动”专项活动，各级代表参与率达80%，展现新时代江西人大代表新风貌新作为。

*突出自身建设，夯实依法履职基础。*牢记中共中央总书记习近平“打铁必须自身硬”的指示，按照全国人大常委会委员长栗战书“加强学习、增强本领”的要求，坚持旗帜鲜明讲政治、认真贯彻新时代党的建设总要求、切实强化履职能力、主动加强工作联系，不断加强自身建设，着力塑造立场坚定、素质过硬、作风优良的履职新形象。

重要会议

【省十三届人大一次会议】　1月23日—29日，省十三届人大一次会议在南昌召开。大会应到代表607人，实到代表596人，符合法定人数。不是省十三届人大代表的在职省领导，曾担任正省级领导职务和历任省人大常委会副主任的老干部特邀参加会议。省政协委员和省直各部门的负责人等列席会议。大会听取和审议省长刘奇做的政府工作报告、省人大常委会副主任周萌做的省人大常委会工作报告、省高级人民法院院长葛晓燕做的省高级人民法院工作报告、省人民检察院检察长刘铁流做的省人民检察院工作报告，审查和批准关于江西省2017年国民经济和社会发展计划执行情况与2018年国民经济和社会发展计划草案的报告、关于江西省2017年全省和省级预算执行情况及2018年全省和省级预算草案的报告，批准江西省2018年国民经济和社会发展计划、江西省2018年省级预算，听取和审议省发改委主任张和平受省人民政府委托做的关于国家生态文明试验区（江西）建设情况的报告。大会经过认真审议，通过关于上述7项报告的决议。大会选举省十三届人大常委会组成人员，省人民政府省长、副省长，省高级人民法院院长，省人民检察院检察长和江西省出席第十三届全国人民代表大会的代表，通过省十三届人大各专门委员会主任委员、副主任委员、委员名单。省十二届人民代表大会内务司法委员会、财政经济委员会、教育科学文化卫生委员会、农业和农村委员会、环境与资源保护委员会、法制委员会分别向大会提交工作报告（书面）。

大会收到代表联名提出议案2件，其中1件不属于省人民代表大会及其常务委员会职权范围的事项，将其转为代表建议、批评和意见。连同此次大会期间收到的建议、批评和意见，共532件，闭会后，统一交由有关机关和组织研究办理。

【省十三届人大二次会议】 10月23日，省十三届人大二次会议在南昌召开。大会应到代表602人，实到代表577人，符合法定人数。不是省十三届人大代表的在职省领导，曾担任正省级领导职务和历任省人大常委会副主任的老干部特邀参加会议。大会补选刘奇为省人大常委会主任，易炼红为省人民政府省长。新当选的省人大常委会主任刘奇、省长易炼红分别进行宪法宣誓。

省委书记、省人大常委会主任刘奇在会上作讲话。大会强调全省人民要高举习近平新时代中国特色社会主义思想伟大旗帜，更加紧密地团结在以习近平为核心的中共中央周围，不忘初心、牢记使命，锐意进取、担当实干，为建设富裕美丽幸福现代化江西、共绘新时代江西物华天宝人杰地灵新画卷而不懈奋斗。

【省人大常委会会议】 2018年，举行常委会会议12次，即省十二届人大常委会第三十七次会议至第三十九次会议，省十三届人大常委会第一次会议至第九次会议。

省十二届人大常委会第三十七次会议于1月17日在南昌举行。省人大常委会主任鹿心社，副主任史文清、周萌、朱虹、谢亦森、马志武、龚建华、冯桃莲，秘书长魏民和委员共53人出席会议。副省长李利、省高级人民法院院长葛晓燕和省人民检察院检察长刘铁流列席会议。列席会议的还有省人大常委会副秘书长、省人大各专门委员会成员、省人大常委会各工作部门的负责人。鹿心社主持2次全体会议。会议审议江西省人民代表大会常务委员会工作报告（讨论稿），决定提请省十三届人大一次会议审议；审议省十三届人大一次会议议程（草案）、省十三届人大一次会议主席团和秘书长名单（草案），决定提请省十三届人大一次会议预备会议审议；审议通过省十三届人大一次会议列席人员范围；听取和审议省人大常委会代表资格审查委员会关于代表资格的审查报告、省人大常委会关于省十二届人大七次会议期间代表审议省人大常委会工作报告意见建议办理情况的报告、省人大常委会选任联工委关于省十二届人大七次会议代表提出的建议、批评和意见办理情况的报告；分别审议省人民政府、省高级人民法院、省人民检察院关于省十二届人大七次会议代表建议、批评和意见办理情况的报告（书面）；决定任命吴忠琼、秦义为省人民政府副省长；任命田云鹏为省人民检察院副检察长；免去刘和平的省人大内司委副主任委员职务，决定任命潘辛菱为省人大常委会外侨民宗工委副主任；通过其他人事任免事项。

省十二届人大常委会第三十八次会议于1月19日在南昌举行。省人大常委会副主任史文清、周萌、朱虹、谢亦森、马志武、龚建华、冯桃莲，秘书长魏民和委员共45人出席会议。列席会议的有省人大常委会副秘书长、省人大各专委会成员、省人大常委会各工作机构负责人。周萌主持2次全体会议。会议听取和审议省人大常委会代表资格审查委员会关于代表资格的审查报告。

省十二届人大常委会第三十九次会议于1月27日在南昌举行。省人大常委会副主任史文清、周萌、朱虹、谢亦森、马志武、龚建华、冯桃莲，秘书长魏民和委员共46人出席会议。周萌主持2次全体会议。会议决定免去李贻煌的省人民政府副省长职务。

省十三届人大常委会第一次会议于1月30日在南昌举行。省人大常委会主任鹿心社，副主任周萌、朱虹、龚建华、郑为文、冯桃莲，秘书长韩军和委员共57人出席会议。列席会议的有省人大常委会副秘书长、省人大各专门委员会成员、省人大常委会各工作部门的负责人。鹿心社主持2次全体会议并讲话。会议任命徐力为省人大常委会副秘书长、办公厅主任，周雍为省人大常委会法工委主任，任江南为省人大常委会副秘书长，裴忠彪为省人大常委会法工委副主任；免去张振球的省人大常委会副秘书长、办公厅主任职务，韩军的省人大常委会法工委主任职务；任命秦义为省公安厅厅长；免去郑为文的省公安厅厅长职务；任命潘东军、肖德福为省监察委员会副主任，肖良、何刚、魏晓奎、黄永茂、王爱东为省监察委员会委员。

省十三届人大常委会第二次会议于3月31日—4月2日在南昌举行。省人大常委会副主任周萌、朱虹、马志武、郑为文、冯桃莲，秘书长韩军和委员共58人出席会议。副省长吴忠琼、秦义，省高级人民法院院长葛晓燕，省人民检察院检察长田云鹏，省监察委员会有关负责人列席会议。列席会议的还有省人大常委会副秘书长、省人大各专门委员会成员、省人大常委会各工作部门的负责人，各设区市、省直管县（市）人大常委会的负责人，以及部分人大代表。部分公民到会旁听。周萌主持2次全体会议。会议传达学习中共中央总书记习近平在全国两会期间系列重要讲话精神、十三届全国人大一次会议精神、宪法修正案和监察法；审议通过《江西省禁毒条例》《江西省湖泊保护条例》《江西省人民代表大会常务委员会关于废止〈江西省司法机关错案责任追究条例〉的决定》和九江市人大常委会报请批准的《九江市立法条例》、景德镇市人大常委会报请批准的《景德镇市御窑厂遗址保护管理条例》、萍乡市人大常委会报请批准的《萍乡市燃气管理条例》、新余市人大常委会报请批准的《新余市仙女湖水体保护条例》、宜春市人大常委会报请批准的《宜春市立法条例》、抚州市人大常委会报请批准的《抚州市文明行为促进条例》；审议《江西省人大常委会2017年度地方性法规清理工作报告(书面)》；表决通过《江西省第十三届人民代表大会常务委员会代表资格审查委员会主任委员、副主任委员和委员名单》；听取和审议省人大常委会代表资格审查委员会关于代表资格的审查报告；决定接受李利辞去省人民政府副省长职务的请求，并报下一次省人民代表大会会议备案；决定任命张小平为省人民政府秘书长，张和平为省发展和改革委员会主任，杨贵平为省工业和信息化委员会主任，叶仁荪为省教育厅厅长，谢光华为省科学技术厅厅长，刘金接为省民政厅厅长，王国强为省司法厅厅长，刘三秋为省人力资源和社会保障厅厅长，张圣泽为省国土资源厅厅长，卢天锡为省住房和城乡建设厅厅长，王爱和为省交通运输厅厅长，罗小云为省水利厅厅长，胡汉平为省农业厅厅长，邱水文为省林业厅厅长，池红为省文化厅厅长，丁晓群为省卫生和计划生育委员会主任，欧阳泉华为省旅游发展委员会主任，辜华荣为省审计厅厅长，陈小平为省环境保护厅厅长，赵慧为省外事侨务办公室主任；通过其他人事任免事项。

省十三届人大常委会第三次会议于5月29日—31日在南昌举行。省人大常委会副主任周萌、朱虹、马志武、龚建华、冯桃莲，秘书长韩军和委员共59人出席会议。副省长胡强、秦义，省高级人民法院院长葛晓燕，省人民检察院检察长田云鹏，省监察委员会有关负责人列席会议。列席会议的还有省人大常委会副秘书长、省人大各专门委员会成员、省人大常委会各工作部门的负责人，各设区市、省直管县(市)人大常委会的负责人，以及部分人大代表。周萌主持2次全体会议。会议传达学习全国省、市两级人大常委会负责人学习班精神；审议通过《江西省人民代表大会常务委员会关于废止2件和一揽子修改17件地方性法规的决定》和宜春市人大常委会报请批准的《宜春市温汤地热水资源保护条例》、上饶市人大常委会报请批准的《上饶市农村居民住房建设管理条例》、吉安市人大常委会报请批准的《吉安市水库水质保护条例》；审议《江西省电信条例(修订草案)》《江西省气候资源保护和利用条例(草案)》；审查批准2018年省级一般公共预算和政府性基金预算调整方案以及2018年地方政府债务限额；听取和审议省政府《关于我省优化实体经济发展环境情况的报告》《关于实施河长制情况的报告》，省人大常委会执法检查组《关于检查〈中华人民共和国反间谍法〉实施情况的报告》《关于检查〈中华人民共和国预算法〉实施情况的报告》；决定任命刘强为省人民政府副省长；通过其他人事任免事项。

省十三届人大常委会第四次会议于7月25日—27日在南昌举行。省人大常委会副主任周萌、朱虹、马志武、龚建华、郑为文、冯桃莲，秘书长韩军和委员共59人出席会议。副省长刘强、吴晓军、孙菊生，省高级人民法院院长葛晓燕，省人民检察院检察长田云鹏列席会议。列席会议的还有省监察委员会和省高级人民法院、省人民检察院的有关负责人，省人大常委会副秘书长、省人大各专门委员会成员、省人大常委会各工作部门的负责人，各设区市、省直管县(市)人大常委会的负责人，以及部分人大代表。周萌主持第一次和第三次全体会议，朱虹主持第二次全体会议。会议传达学习贯彻全国人大常委会委员长栗战书视察江西工作时的重要讲话精神；审议通过《江西省电信条例》《江西省气候资源保护和利用条例》《江西省人民代表大会常务委员会关于修改部分地方性法规的决定》和新余市人大常委会报请批准的《新余市畜禽养殖污染防治条例》、赣州市人大常委会报请批准的《赣州市城市道路车辆通行管理条例》；审议《江西省家庭教育促进条例(草案)》；听取和审议省政府《关于2018年上半年国民经济和社会发展计划执行情况的报告》《关于2017年省级决算和2018年上半年预算执行情况的报告》《关于2017年度省级预算执行和其他财政收支的审计工作报告》，通过《关于批准2017年省级决算的决议》；听取和审议省政府《关于我省脱贫攻坚推进情况的报告》，省高级人民法院《关于生态环境资源审判工作情况的报告》，省人大常委会执法检查组《关于检查〈江西省非物质文化遗产条例〉实施情况的报告》《关于检查〈中华人民共和国大气污染防治法〉实施情况的报告》；审议通过《江西省人民代表大会常务委员会关于加强扬尘污染防治工作的决定》；免去王曼萍的省人大常委会副秘书长职务，李元生的省人大常委会选任联工委副主任职务，李雪的省人大常委会预算工委副主任职务；通过其他人事任免事项。

省十三届人大常委会第五次会议于8月6日在南昌举行。省人大常委会副主任周萌、朱虹、马志武、龚建华、郑为文、冯桃莲，秘书长韩军和委员共59人出席会议。副省长毛伟明，省高级人民法院院长葛晓燕和省人民检察院检察长田云鹏列席会议。列席会议的还有省监察委员会有关负责人，省人大各专门委员会成员、省人大常委会各工作部门的负责人。周萌主持2次全体会议。会议决定接受刘奇辞去省人民政府省长职务的请求，并报省十三届人大二次会议备案，任命易炼红为省人民政府副省长，决定易炼红代理省人民政府省长职务。

省十三届人大常委会第六次会议于9月28日—30日在南昌举行。省人大常委会副主任周萌、朱虹、马志武、龚建华、冯桃莲，秘书长韩军和委员共57人出席会议。副省长刘强、秦义，省高级人民法院院长葛晓燕、省人民检察院检察长田云鹏列席会议。列席会议的还有省监察委员会有关负责人，省人大各专门委员会成员、省人大常委会各工作部门负责人，各设区市、省直管县(市)人大常委会负责人，以及部分全国人大代表和省人大代表。周萌主持2次全体会议。会议传达学习贯彻中共中央总书记习近平关于坚持和完善人民代表大会制度的重要思想交流会精神，全国人大常委会立法工作会议和第二十四次全国地方立法工作座谈会主要精神；审议通过《江西省家庭教育促进条例》和南昌市人大常委会报请批准的《南昌市文明行为促进条例》、抚州市人大常委会报请批准的《抚州市住宅区物业管理条例》;审议《江西省实施河长制湖长制条例(草案)》《江西省宗教事务条例(修订草案)》;决定省十三届人大二次会议于2018年10月23日在南昌召开;听取和审议省政府《关于我省农业供给侧结构性改革情况的报告》《关于赣台经贸工作情况的报告》;任命何刚为省监察委员会副主任;通过其他人事免职事项。

省十三届人大常委会第七次会议于10月17日在南昌举行。省人大常委会副主任周萌、朱虹、马志武、龚建华,秘书长韩军和委员共50人出席会议。副省长胡强列席会议。列席会议的还有省监察委员会和省高级人民法院、省人民检察院的有关负责人,省人大各专门委员会成员、省人大常委会各工作部门负责人。周萌主持2次全体会议。会议审议省十三届人大二次会议议程(草案),省十三届人大二次会议主席团和秘书长名单(草案),决定提请省十三届人大二次会议预备会议审议;决定接受鹿心社辞去省人大常委会主任职务的请求,并报省十三届人大二次会议备案;听取和审议省人大常委会代表资格审查委员会关于代表资格的审查报告。

省十三届人大常委会第八次会议于11月1日—2日在南昌举行。省人大常委会主任刘奇,副主任周萌、朱虹、马志武、龚建华、冯桃莲,秘书长韩军和委员共59人出席会议。副省长刘强、孙菊生和省人民检察院检察长田云鹏、省监察委员会和省高级人民法院的有关负责人列席会议。列席会议的还有省人大各专门委员会成员、省人大常委会各工作部门的负责人,各设区市、省直管县(市)人大常委会的负责人。刘奇主持2次全体会议并讲话。会议审议通过九江市人大常委会报请批准的《九江市城市湖泊保护条例》和《九江市人民代表大会常务委员会关于修改〈九江市城区烟花爆竹燃放管理条例〉的决定》、宜春市人大常委会报请批准的《宜春市生活垃圾分类管理条例》;审议《江西省实施河长制湖长制条例(草案)(二次审议稿)》;听取省政府《关于省政府机构改革内容的报告》;决定任命万广明为省科学技术厅厅长,杨贵平为省工业和信息化厅厅长,朱斌为省财政厅厅长,张圣泽为省自然资源厅厅长,陈小平为省生态环境厅厅长,胡汉平为省农业农村厅厅长,刘翠兰为省商务厅厅长,池红为省文化和旅游厅厅长,丁晓群为省卫生健康委员会主任,欧阳泉华为省退役军人事务厅厅长,龙卿吉为省应急管理厅厅长,赵慧为省外事办公室主任;决定免去谢光华的省科学技术厅厅长职务。

省十三届人大常委会第九次会议于11月27日—29日在南昌举行。省人大常委会主任刘奇,副主任周萌、朱虹、马志武、龚建华、冯桃莲,秘书长韩军和委员共57人出席会议。副省长孙菊生、吴忠琼、胡强,省检察院检察长田云鹏和省监察委员会、省法院、省检察院有关负责人列席会议。列席会议的还有省人大各专门委员会成员、省人大常委会各工作部门的负责人,各设区市人大常委会负责人、省直管县(市)人大常委会主要负责人,以及部分省人大代表。刘奇主持第一次全体会议,周萌主持第二次和第三次全体会议。会议审议通过《江西省实施河长制湖长制条例》和新余市人大常委会报请批准的《江西仰天岗国家森林公园保护条例》、鹰潭市人大常委会报请批准的《鹰潭市信江饮用水水源保护条例》、赣州市人大常委会报请批准的《赣南客家围屋保护条例》、上饶市人大常委会报请批准的《上饶市大坳水库饮用水水源保护条例》、吉安市人大常委会报请批准的《吉安市烟花爆竹燃放管理条例》;审议《江西省实施〈中华人民共和国慈善法〉办法(草案)》《江西省实施〈中华人民共和国野生动物保护法〉办法(修订草案)》;决定省十三届人大三次会议于2019年1月22日在南昌召开;听取和审议省政府《关于〈江西省国民经济和社会发展第十三个五年规划纲要〉实施情况中期评估报告》《关于我省旅游强省建设情况的报告》;听取和审议省政府《关于2017年度省级预算执行和其他财政收支审计查出问题整改情况的报告》,并召开联组会议听取和审议省人大常委会预算工委《关于2017年度省级预算执行和其他财政收支审计查出问题整改督办情况的报告》,就12个部门预算执行和决算草案、工伤生育保险基金、12个县(市、区)人民政府财政惠农补贴"一卡通"资金和村级使用的涉农财政资金审计查出问题整改报告开展满意度测评;听取和审议省政府《关于赣江新区建设情况的报告》;听取和审议省政府《关于2017年度企业国有资产管理情况的专项报告》,审议省财政厅提交的《关于2017年度国有资产管理情况的综合报告(书面)》,听取和审议省人大财经委《关于〈江西省人民政府关于2017年度国有资产管理情况的综合报告〉和〈江西省人民政府关于2017年度企业国有资产管理情况的专项报告〉的初步审议意见》;听取和审议省政府《关于我省科技创新情况的报告》,省人大常委会执法检查组《关于检查〈江西省科技创新促进条例〉实施情况的报告》,省人民检察院《关于检察机关提起公益诉讼工作情况的报告》,省人大环资委《关于开展2018年环保赣江行活动情况的报告》;审议《关于〈江西省工会劳动法律监督条例〉立法质量评价结果报告(书面)》;通过有关人事任免事项。

监　督

【概　况】 2018年,省人大常委会听取和审议专项工作报告12项,开展专项工作满意度测评1次,检查6部法律法规实施情况,对153件规范性文件备案审查。

听取和审议专项工作报告。省人大常委会听取和审议省人民政府《关于优化实体经济发展环境情况的报告》《关于实施"河长制"情况的报告》《关于我省脱贫攻坚推进情况的报告》《关于我省农业供给侧结构性改革情况的报告》《关于我省赣台经贸工作情况的报告》《关于江西省国民经济和社会发展第十三个五年规划纲要实施情况中期评估的报告》《关于我省科技创新情况的报告》《关于我省旅游强省建设情况的报告》《关于赣江新区建设情况的报告》《关于2017年度企业国有资产管理情况的专项报告》,审议省财政厅提交的《关于2017年度国有资产管理情况的综合报告(书面)》;省高级人民法院《关于生态环境资源审判工作情况的报告》;省人民检察院《关于检察机关提起公益诉讼工作情况的报告》。

加强计划预算监督。省人大常委会听取和审议省人民政府关于2018年上半年国民经济和社会发展计划执行情况的报告、关于2017年省级决算和2018年上半年预算执行情况的报告、关于2017年度省级预算执行和其他财政收支的审计工作报告、关于2017年度省级预算执行和其他财政收支审计查出问题整改情况的报告，审查2018年省级一般公共预算和政府性基金预算调整方案以及2018年地方政府债务限额，通过《关于批准2017年省级决算的决议》，对省科技厅、省水利厅2017年部门决算草案进行重点审查；通过《江西省人民代表大会常务委员会关于批准2018年省级一般公共预算和政府性基金预算调整方案以及2018年地方政府债务限额的决议》。

开展法律法规实施情况检查。省人大常委会对《中华人民共和国反间谍法》《中华人民共和国预算法》《江西省非物质文化遗产条例》《中华人民共和国大气污染防治法》《江西省科技创新促进条例》进行执法检查。配合全国人大常委会开展农产品质量安全法执法检查。

【经常性监督项目】 2018年，省人大常委会策应长江经济带"共抓大保护"攻坚行动，以"呵护长江生态，保障饮水安全"为主题，开展"环保赣江行"监督活动，首次以执法检查与代表专题调研、网络监督与实地检查相结合的方式进行，省委书记、省人大常委会主任刘奇和全国人大代表中的省级领导带头履行代表职务，主动参加监督活动，为人大代表依法履职树立榜样，有力促进监督实效提升。加强规范性文件备案审查工作，建成省本级备案审查信息平台，率先与全国人大备案审查信息平台实现互连互通。

【改进监督工作】 2018年，协助省委建立省人民政府向省人大常委会报告国有资产管理情况制度，首次听取审议省政府关于企业国有资产管理情况的专项报告，审议国有资产管理情况综合报告，支持政府加强国有资产管理。协助省委出台人大预算审查监督重点向支出预算和政策拓展的实施意见，细化和明确重点审查内容和监督程序，增强支出预算和政策审查的针对性。以"互联网+"强化监督工作，建成预算审查监督网络平台，联通财政部门国库集中支付系统，自动捕捉预算执行相关信息，实现预决算审查监督智能化。建立环境资源保护监督系统，组织人大代表通过手机收集问题信息，实现"线上线下"监督有机结合。全国人大常委会委员长栗战书对这些创新做法给予肯定，《人民日报》专版予以报道。常委会还持续开展审计整改督办，首次将督办延伸至县乡基层，将整改压力传导到一线，通过召开督办会、听取审议工作报告、开展满意度测评等方式，推动审计整改措施更具体、监督更有力、成效更明显。

决定重大事项

【关于批准2018年省级一般公共预算和政府性基金预算调整方案以及2018年地方政府债务限额的决议】 省十三届人大常委会第三次会议审查省人民政府提交的2018年省级一般公共预算和政府性基金预算调整方案（草案）以及2018年地方政府债务限额，同意省人大财经委提出的《关于2018年省级一般公共预算和政府性基金预算调整方案（草案）以及2018年地方政府债务限额的审查报告》，决定批准2018年江西省省级一般公共预算和政府性基金预算调整方案，批准2018年地方政府债务限额为5491.2亿元。

【关于批准2017年省级决算的决议】 省十三届人大常委会第四次会议听取省人民政府《关于2017年省级决算和2018年上半年预算执行情况的报告》和《关于2017年度省级预算执行和其他财政收支的审计工作报告》，结合审议审计工作报告对《江西省2017年省级决算（草案）》和省级决算的报告进行审查，同意省人大财经委提出的《关于2017年省级决算草案的审查报告》，决定批准《江西省2017年省级决算》。

【关于加强扬尘污染防治工作的决定】 省十三届人大常委会第四次会议对加强扬尘污染防治工作作出决定，要求提高认识、狠抓落实，明确职责、齐抓共管，统筹推进、强化举措，加强主导、严格监管。该决定自公布之日起施行。

【关于召开江西省第十三届人民代表大会第二次会议的决定】 省十三届人大常委会第六次会议决定，江西省第十三届人民代表大会第二次会议于2018年10月23日在南昌召开，并提出会议议程建议。

【关于召开江西省第十三届人民代表大会第三次会议的决定】 省十三届人大常委会第九次会议决定，江西省第十三届人民代表大会第三次会议于2019年1月22日在南昌召开，并提出会议议程建议。

选举和任免

【概　况】 2018年，省人大常委会坚持党管干部与人大依法任免相结合，做好人事任免工作。坚持拟任人选任前到会见面并作表态发言，现场颁发任命书，举行宪法宣誓。

省十三届人大一次会议，选举鹿心社为省人大常委会主任，周萌、朱虹、马志武（回族）、龚建华、郑为文、冯桃莲（女）为副主任，韩军为秘书长，于果、马健、王庆（女）、毛祖逊、方永棣、邓辉、左和平、左继生、朱友林、朱希、任江南、刘义研、刘季春、李广振、李青华（女）、李保民、李晓亮、李舰海、杨辉、吴治云、沈谦芳、宋树欣、张振球、陈日武、陈松远、陈洪萍（女）、陈晓春、陈德寿、周山印、胡立文、胡永新、俞子荣、饶剑明、姚宝山（土家族）、聂道宏、徐力、徐余波、徐南凯、郭兵、郭学勤（女）、郭建晖、黄小华（女）、龚绍林、阎钢军、彭世东、傅小健（女）、傅克刚、傅春（女）、傅顺心、舒仁庆、蔡社宝、蔡媛媛（女）、廖维林、魏民为委员；选举刘奇为省人民政府省长，毛伟明、孙菊生、李利、吴晓军、吴忠琼（女）、秦义、胡强为副省长；选举孙新阳为省监察委员会主任；选举葛晓燕（女）为省高级人民法院院长；选举田云鹏为省人民检察院检察长。通过魏民为省人大内务司法委员会主任委员，胡永新、陈晓春、陈友锦为副主任委员，傅顺心、宋树欣、傅春(女)为委员；张振球为省人大财政经济委员会主任委员，李保民、蔡社宝、周山印、邓勤(女)、周华爱(女)为副主任委员，蔡媛媛(女)为委员；朱希为省人大教育科学文化卫生委员会主任委员，傅克刚、黄小华(女)、郭学勤(女)、傅小健(女)、舒仁庆、公艳萍(女)为副主任委员，刘季春为委员；阎钢军为省人大农业和农村委员会主任委员，毛祖逊、陈日武、罗小茶(女)为副主任委员，陈洪萍(女)、朱友林为委员；吴治云为省人大环境与资源保护委员会主任委员，陈松远、左和平、杨泽民为副主任委员，李广振为委员；刘义砾为省人大法制委员会主任委员，李舰海、郭兵、叶敏健为副主任委员，聂道宏、周山印、陈友锦、邓勤(女)、公艳萍(女)、罗小茶(女)、杨泽民、邓辉为委员。

省十三届人大二次会议，补选刘奇为省人大常委会主任，易炼红为省人民政府省长。

省十二届人大常委会第三十七次会议，决定任命吴忠琼、秦义为省人民政府副省长；任命田云鹏为省人民检察院副检察长；免去刘和平的省人大内司委副主任委员职务；决定任命潘辛菱为省人大常委会外侨民宗工委副主任；任命史瑞华为宜春新华地区人民检察院检察长，范清亮为副检察长、检察委员会委员、检察员；免去魏运亭的省人民检察院检察委员会委员、检察员职务，古毅华的省人民检察院南昌铁路运输分院检察委员会委员、检察员职务。

省十二届人大常委会第三十九次会议，决定免去李贻煌的省人民政府副省长职务。

省十三届人大常委会第一次会议，决定任命徐力为省人大常委会副秘书长、办公厅主任，周雍为省人大常委会法工委主任，任江南为省人大常委会副秘书长，裴忠彪为省人大常委会法工委副主任；决定免去张振球的省人大常委会副秘书长、办公厅主任职务，韩军的省人大常委会法工委主任职务；决定任命秦义为省公安厅厅长；任命潘东军、肖德福为省监察委员会副主任，肖良、何刚、魏晓奎、黄永茂、王爱东为省监察委员会委员。

省十三届人大常委会第二次会议，决定接受李利辞去省人民政府副省长职务；决定任命张小平为省人民政府秘书长，张和平为省发展和改革委员会主任，杨贵平为省工业和信息化委员会主任，叶仁荪为省教育厅厅长，谢光华为省科学技术厅厅长，刘金接为省民政厅厅长，王国强为省司法厅厅长，刘三秋为省人力资源和社会保障厅厅长，张圣泽为省国土资源厅厅长，卢天锡为省住房和城乡建设厅厅长，王爱和为省交通运输厅厅长，罗小云为省水利厅厅长，胡汉平为省农业厅厅长，邱水文为省林业厅厅长，池红为省文化厅厅长，丁晓群为省卫生和计划生育委员会主任，欧阳泉华为省旅游发展委员会主任，辜华荣为省审计厅厅长，陈小平为省环境保护厅厅长，赵慧为省外事侨务办公室主任；免去朱浔的省高级人民法院副院长、审判委员会委员、审判员职务；任命曾华为省高级人民法院审判委员会委员，徐英荣为省高级人民法院审判委员会委员、审判员，尧宇华为省高级人民法院刑事审判第三庭副庭长、审判员，夏晓媛为省高级人民法院审判员，何爱明为南昌铁路运输中级法院审判委员会委员、审判员，李晓珅为南昌铁路运输法院副院长、审判委员会委员、审判员；免去喻德红的省高级人民法院审判监督庭庭长、审判委员会委员、审判员职务，熊杰的省高级人民法院立案二庭副庭长、审判员职务，欧阳军、魏少华、王旭利的省高级人民法院审判员职务，何爱明的南昌铁路运输法院院长、审判委员会委员、审判员职务，姜玉娟的省人民检察院检察员职务，方干兴的省人民检察院南昌铁路运输分院检察委员会委员、检察员职务。

省十三届人大常委会第三次会议，决定任命刘强为省人民政府副省长；免去郭兵的省高级人民法院副院长、审判委员会委员、审判员职务；任命卢启哲、项伟、郑红葛为南昌铁路运输中级法院审判委员会委员，曾艾雪为南昌铁路运输法院审判员；王晖为南昌铁路运输检察院检察长，阚莉、郭丹鹏为南昌铁路运输检察院检察委员会委员，陈玉林为上饶珠湖地区人民检察院副检察长；免去易莉勤、王莉的省高级人民法院审判员职务，王晖的南昌铁路运输分院检察委员会委员、检察员职务，董波的南昌铁路运输检察院检察长职务，王立豪的南昌铁路运输检察院检察员职务。

省十三届人大常委会第四次会议，决定免去王曼萍的省人大常委会副秘书长职务，李元生的省人大常委会选任联工委副主任职务，李雪的省人大常委会预算工委副主任职务；任命李彬、陈荣华、方石清、高治、方丽娟、曾光、肖童亮、张丽敏、胡建文为省高级人民法院审判员；免去甘登虎的省高级人民法院审判员职务。

省十三届人大常委会第五次会议，决定接受刘奇辞去省人民政府省长职务，并报省十三届人大二次会议备案；决定任命易炼红为省人民政府副省长，代理省人民政府省长职务。

省十三届人大常委会第六次会议，任命何刚为省监察委员会副主任；免去唐旭东、廖志华的省人民检察院检察员职务。

省十三届人大常委会第七次会议，决定接受鹿心社辞去省人大常委会主任职务，并报省十三届人大二次会议备案。

省十三届人大常委会第八次会议，决定任命万广明为省科学技术厅厅长，杨贵平为省工业和信息化厅厅长，朱斌为省财政厅厅长，张圣泽为省自然资源厅厅长，陈小平为省生态环境厅厅长，胡汉平为省农业农村厅厅长，刘翠兰为省商务厅厅长，池红为省文化和旅游厅厅长，丁晓群为省卫生健康委员会主任，欧阳泉华为省退役军人事务厅厅长，龙卿吉为省应急管理厅厅长，赵慧为省政府外事办公室主任；决定免去谢光华的省科学技术厅厅长职务。

省十三届人大常委会第九次会议，任命李晓珅为南昌铁路运输法院院长；免去刘建玲的南昌铁路运输中级法院审判委员会委员、审判员职务，吴伟祥的省人民检察院检察员职务，刘军的南昌铁路运输检察院检察委员会委员、检察员职务。

【完成省十三届人大代表换届选举】 2018年，依照《中华人民共和国全国人民代表大会和地方各级人民代表大会选举法》《中国人民解放军选举全国人民代表大会和县级以上地方各级人民代表大会代表的办法》《江西省各级人民代表大会代表选举实施细则》,各设区市、驻赣人民解放军分别召开人民代表大会和军人代表大会或军人大会,采取差额选举和无记名投票的办法,选举产生江西省第十三届人民代表大会代表共608人。省十二届人大常委会代表资格审查委员会对608名代表的代表资格进行审查,认为江西省第十三届人民代表大会代表的选举符合法律、法规的规定,除其中1名代表的代表资格延迟确认外,其余607名代表的代表资格有效。江西省第十三届人民代表大会代表实有607人。

4月8日—12日,省人大常委会在上海国家会计学院举办省十三届人大代表第一期履职培训班

李灶钦供

代表工作

【概 况】 省十三届人大一次会议期间,代表围绕全省经济、政治、文化、社会、生态文明建设方面建言献策,共提出建议532件。会后,省人大常委会及时将建议交有关机关、组织办理。交省政府系统办理502件,交省高院和省检察院办理7件,交其他机关和组织办理23件。建议办理工作涉及68个单位和11个设区市政府。在各承办单位的共同努力下,代表建议已办理完毕并答复代表。从办理结果看:代表所提问题已获解决或基本解决的(A类)294件,占办理件总数55.47%;正在解决或有关工作已经启动的(B类)215件,占办理件总数40.57%;因条件所限暂时难以解决或作参阅件的21件(C类),占办理件总数3.96%。从代表反馈意见来看,对办理工作表示满意或基本满意。

【组织闭会期间代表活动】 2018年,省人大常委会组织全省的全国人大代表集中视察。结合省人大常委会环保赣江行活动,组织全省的全国人大代表开展专题调研。搞好代表小组活动,印发《关于加强和改进省人大代表小组活动的意见》。做好香港特别行政区原任全国人大代表考察团到江西省考察省情和经济社会发展情况有关工作。协助做好全省的全国人大代表赴山西浙江视察司法工作以及省外全国人大代表到江西省视察的有关服务保障。

【代表培训】 2018年,省人大常委会举办全省市县(市、区)人大常委会主任学习班,111名设区市和县(市、区)人大常委会主任参加培训。先后在上海、厦门举办2期省人大代表履职培训班,参训代表达220余人次,实现三分之二新任代表和三分之一县(市、区)长参训。配合全国人大常委会办公厅做好全国人大代表培训工作,全省的全国人大代表参训39人次。

【开展“脱贫攻坚人大代表在行动”专项活动】 2018年,省人大常委会发挥各级人大代表作用,助推全省打赢脱贫攻坚战,继续开展“脱贫攻坚人大代表在行动”专项活动。通过座谈交流、调研督查、总结提高、强化宣传,引导代表宣传党的政策、提出务实建议、发挥能动作用,各级代表参与率达80%,展现新时代江西人大代表新风貌新作为,中央有关媒体进行专题报道。

·资 料·

2018年江西省地方性法规目录

法规名称	通过日期
一、制定修改地方性法规6件	
1. 江西省禁毒条例	2018年4月2日省十三届人大常委会第二次会议通过
2. 江西省湖泊保护条例	2018年4月2日省十三届人大常委会第二次会议通过
3. 江西省电信条例	2018年7月27日省十三届人大常委会第四次会议通过
4. 江西省气候资源保护和利用条例	2018年7月27日省十三届人大常委会第四次会议通过

续表

法 规 名 称	通 过 日 期
5. 江西省家庭教育促进条例	2018 年 9 月 30 日省十三届人大常委会第六次会议通过
6. 江西省实施河长制湖长制条例	2018 年 9 月 30 日省十三届人大常委会第六次会议通过
二、废止条例 3 件	
1. 江西省司法机关错案责任追究条例	2018 年 4 月 2 日省十三届人大常委会第二次会议通过
2. 江西省房屋登记条例	2018 年 5 月 31 日省十三届人大常委会第三次会议通过
3. 江西省建设项目环境保护条例	2018 年 5 月 31 日省十三届人大常委会第三次会议通过
三、一揽子修改地方性法规 38 件	
1. 江西省实施《中华人民共和国节约能源法》办法	2018 年 5 月 31 日省十三届人大常委会第三次会议通过
2. 江西省实施《中华人民共和国招标投标法》办法	2018 年 5 月 31 日省十三届人大常委会第三次会议通过
3. 江西省技术市场管理条例	2018 年 5 月 31 日省十三届人大常委会第三次会议通过
4. 江西省促进科技成果转化条例	2018 年 5 月 31 日省十三届人大常委会第三次会议通过
5. 江西省科技创新促进条例	2018 年 5 月 31 日省十三届人大常委会第三次会议通过
6. 江西省采石取土管理办法	2018 年 5 月 31 日省十三届人大常委会第三次会议通过
7. 江西省物业管理条例	2018 年 5 月 31 日省十三届人大常委会第三次会议通过
8. 江西省实施《中华人民共和国水土保持法》办法	2018 年 5 月 31 日省十三届人大常委会第三次会议通过
9. 江西省河道采砂管理条例	2018 年 5 月 31 日省十三届人大常委会第三次会议通过
10. 江西省森林公园条例	2018 年 5 月 31 日省十三届人大常委会第三次会议通过
11. 江西武夷山国家级自然保护区条例	2018 年 5 月 31 日省十三届人大常委会第三次会议通过
12. 江西省人口与计划生育条例	2018 年 5 月 31 日省十三届人大常委会第三次会议通过
13. 江西省爱国卫生工作条例	2018 年 5 月 31 日省十三届人大常委会第三次会议通过
14. 江西省实施《中华人民共和国母婴保健法》办法	2018 年 5 月 31 日省十三届人大常委会第三次会议通过
15. 江西省水产种苗管理条例	2018 年 5 月 31 日省十三届人大常委会第三次会议通过
16. 江西省农业生态环境保护条例	2018 年 5 月 31 日省十三届人大常委会第三次会议通过
17. 江西省审计条例	2018 年 5 月 31 日省十三届人大常委会第三次会议通过
18. 江西省实施《中华人民共和国煤炭法》办法	2018 年 7 月 27 日省十三届人大常委会第四次会议通过
19. 江西省促进发展新型墙体材料条例	2018 年 7 月 27 日省十三届人大常委会第四次会议通过
20. 江西省实施《中华人民共和国防洪法》办法	2018 年 7 月 27 日省十三届人大常委会第四次会议通过
21. 江西省河道管理条例	2018 年 7 月 27 日省十三届人大常委会第四次会议通过
22. 江西省水利工程条例	2018 年 7 月 27 日省十三届人大常委会第四次会议通过
23. 江西省法制宣传教育工作条例	2018 年 7 月 27 日省十三届人大常委会第四次会议通过
24. 江西省实施《中华人民共和国会计法》办法	2018 年 7 月 27 日省十三届人大常委会第四次会议通过
25. 江西省庐山风景名胜区管理条例	2018 年 7 月 27 日省十三届人大常委会第四次会议通过
26. 江西省三清山风景名胜区管理条例	2018 年 7 月 27 日省十三届人大常委会第四次会议通过
27. 江西省井冈山风景名胜区条例	2018 年 7 月 27 日省十三届人大常委会第四次会议通过
28. 江西省渡口管理条例	2018 年 7 月 27 日省十三届人大常委会第四次会议通过
29. 江西省古树名木保护条例	2018 年 7 月 27 日省十三届人大常委会第四次会议通过

续表

法 规 名 称	通 过 日 期
30. 江西省文物保护条例	2018年7月27日省十三届人大常委会第四次会议通过
31. 江西省机动车排气污染防治条例	2018年7月27日省十三届人大常委会第四次会议通过
32. 江西省人民代表大会常务委员会关于政府规章设定罚款限额的规定	2018年7月27日省十三届人大常委会第四次会议通过
33. 江西省实施《中华人民共和国人民防空法》办法	2018年7月27日省十三届人大常委会第四次会议通过
34. 江西省档案管理条例	2018年7月27日省十三届人大常委会第四次会议通过
35. 江西省防震减灾条例	2018年7月27日省十三届人大常委会第四次会议通过
36. 江西省实施《中华人民共和国气象法》办法	2018年7月27日省十三届人大常委会第四次会议通过
37. 江西省气象灾害防御条例	2018年7月27日省十三届人大常委会第四次会议通过
38. 江西省消防条例	2018年7月27日省十三届人大常委会第四次会议通过
四、批准设区市法规、决定21件	
1. 九江市立法条例	2018年4月2日省十三届人大常委会第二次会议通过
2. 景德镇市御窑厂遗址保护管理条例	2018年4月2日省十三届人大常委会第二次会议通过
3. 萍乡市燃气管理条例	2018年4月2日省十三届人大常委会第二次会议通过
4. 新余市仙女湖水体保护条例	2018年4月2日省十三届人大常委会第二次会议通过
5. 宜春市立法条例	2018年4月2日省十三届人大常委会第二次会议通过
6. 抚州市文明行为促进条例	2018年4月2日省十三届人大常委会第二次会议通过
7. 宜春市温汤地热水资源保护条例	2018年5月31日省十三届人大常委会第三次会议通过
8. 上饶市农村居民住房建设管理条例	2018年5月31日省十三届人大常委会第三次会议通过
9. 吉安市水库水质保护条例	2018年5月31日省十三届人大常委会第三次会议通过
10. 新余市畜禽养殖污染防治条例	2018年5月31日省十三届人大常委会第三次会议通过
11. 赣州市城市道路车辆通行管理规定	2018年5月31日省十三届人大常委会第三次会议通过
12. 南昌市文明行为促进条例	2018年9月30日省十三届人大常委会第六次会议通过
13. 抚州市住宅区物业管理条例	2018年9月30日省十三届人大常委会第六次会议通过
14. 宜春市生活垃圾分类管理条例	2018年11月2日省十三届人大常委会第八次会议通过
15. 九江市城区烟花爆竹燃放管理条例(修订)	2018年11月2日省十三届人大常委会第八次会议通过
16. 九江市城市湖泊保护条例	2018年11月2日省十三届人大常委会第八次会议通过
17. 江西仰天岗国家森林公园保护条例	2018年11月29日省十三届人大常委会第九次会议通过
18. 鹰潭市信江饮用水水源保护条例	2018年11月29日省十三届人大常委会第九次会议通过
19. 赣南客家围屋保护条例	2018年11月29日省十三届人大常委会第九次会议通过
20. 上饶市大坳水库饮用水水源保护条例	2018年11月29日省十三届人大常委会第九次会议通过
21. 吉安市烟花爆竹燃放管理条例	2018年11月29日省十三届人大常委会第九次会议通过

（省人大常委会办公厅）

本栏编辑　刘清林

江西省人民政府

综　述

2018年，全省政府系统坚持以习近平新时代中国特色社会主义思想为指导，从更高层次贯彻落实中共中央总书记习近平对江西工作的重要要求，按照"创新引领、改革攻坚、开放提升、绿色崛起、担当实干、兴赣富民"工作方针，坚持稳中求进工作总基调，践行新发展理念，落实高质量发展要求，以供给侧结构性改革为主线，统筹做好稳增长、促改革、调结构、优生态、惠民生、防风险各项工作，全省地区生产总值增长8.7%，财政总收入增长10.1%，一般公共预算收入增长5.6%；规模以上工业增加值增长8.9%；固定资产投资增长11.1%，社会消费品零售总额增长11%，城镇和农村居民人均可支配收入分别增长8.4%和9.2%。主要经济指标增速位居全国前列，社会事业全面进步，为与全国同步全面建成小康社会打下坚实基础。

*始终坚持对标看齐，政治定力和战略定力持续增强。*始终把学习贯彻习近平新时代中国特色社会主义思想作为首要政治任务，不断强化"四个意识"，坚定"四个自信"，坚决做到"两个维护"。对中共中央总书记习近平的重要讲话、重要指示批示，国务院总理李克强等中央领导的讲话精神，以及省委作出的各项部署，及时传达学习，研究提出落实举措。围绕推进江西高质量跨越式发展首要战略，摸排出449个瓶颈问题，制定分期解决的具体方案，首批141个问题全部办结。认真谋划2019年政府工作，使中央大政方针和省委制定的各项目标任务、重要举措、重点工作、重大项目得以落实和推进。

*全力打好三大攻坚战，全面小康步伐坚实稳健。*围绕打好防范化解重大风险攻坚战，制定政府隐性债务化解风险实施方案，建成"赣金鹰眼"非法集资监测预警平台；建立房地产市场会商机制，全面推行房地产市场稳控目标管理；推进市场化债转股，规模以上工业企业资产负债率下降0.4个百分点，重点领域风险总体可控。围绕打好脱贫攻坚战，推进"十大扶贫工程"，实现42万贫困人口脱贫、1000个贫困村退出、10个贫困县达到摘帽条件，2017年申请退出的瑞金等6个贫困县（市）实现脱贫摘帽。围绕打好污染防治攻坚战，深入推进国家生态文明试验区建设，形成26项生态文明制度建设成果；抓好中央环保督察"回头看"反馈问题整改，全力打好蓝天保卫战、城市黑臭水体治理、长江保护修复等七大战役；科学划定生态保护红线，推动出台河长制湖长制条例，全面推行林长制；全省PM2.5浓度均值下降17.4%，空气优良天数比例88.3%，国考断面水质优良比例92%。

*积极推进转型升级创新，经济运行稳中提质。*狠抓项目投资，省市县联动推进1315个亿元以上项目，省大中型项目完成投资6075亿元，省重点工程完成投资2270亿元。实施消费升级行动计划，大力发展电子商务，7个县（市、区）入选全国电商示范百佳县。强化企业帮扶，出台降成本优环境第四批"22条"、支持民营经济健康发展"30条"等政策措施，为企业减负1200亿元以上。实施企业上市"映山红行动"，新增6家上市公司。启动创新型省份建设三年行动，R&D经费支出占地区生产总值比重1.4%，工业技改投资增长39.1%。高新技术产业、战略性新兴产业增加值占规模以上工业增加值比重分别达到33.8%和17.1%，服务业增加值占地区生产总值比重达44.8%。

*全面深化改革开放，发展动力活力持续释放。*省级机构改革基本完成，市县机构改革稳步推进。省本级行政权力事项精简率达82.5%，"赣服通"开通运行，企业注册登记时间压缩至5个工作日。国有企业公司制改革全面完成，省属国企混改率73.5%。稳妥应对中美经贸摩擦，实施"优商优品"培育工程，自营出口增长19%。加强与"一带一路"沿线国家产能合作，推进印尼东加电厂扩建、晶科能源马来西亚工厂等项目。举办首届世界VR产业大会、第五届世界绿色发展投资贸易博览会、世界中医药大会第四届夏季峰会、2018国际产学研用合作会议、亚布力中国企业家论坛2018年夏季高峰会、第十五届中国景德镇国际陶瓷博览会等重大活动。中国（南昌）跨境电商综合试验区、九江综合保税区、赣州进境肉类和汽车整车功能性口岸获批。全省实际利用外资增长9.7%，利用省外项目资金增长10.8%，外贸出口339.6亿美元、增长4.5%，金融机构本外币贷款余额突破3万亿元、增长18.1%。

大力统筹区域城乡，全域发展更加协调。"一圈引领、两轴驱动、三区协同"区域发展战略全面实施，大南昌都市圈建设扎实推进，沪昆、京九高铁经济带加快建设，赣南等原中央苏区振兴发展成效明显，赣东北开放合

作、赣西经济转型迈出更大步伐。乡村振兴提档加速，建成高标准农田19.63万公顷，粮食总产量达到219.05亿千克，实现“十五连丰”，“三品一标”总量达到5335个；新农村建设和农村人居环境整治加快推进，完成改造农村公路7067千米，新建改造农村电网1.75万千米，光纤通达所有行政村；农村承包地“三权”分置、农村集体产权制度等改革统筹推进，余江宅基地制度改革继续走在全国前列。启动城市功能与品质提升三年行动，多规合一、城市“双修”、城市设计等试点有序开展，地下综合管廊、海绵城市、智慧城市等建设加快推进。

切实保障和改善民生，人民群众福祉不断增进。50件民生实事全面完成，全年民生支出占财政总支出比重达80.1%。稳定重点群体就业，推进大众创业万众创新，城镇新增就业55.32万人、新增转移农村劳动力62.25万人，城镇登记失业率3.44%。社会保险全民参保登记计划全面实施，企业退休人员基本养老金水平连续14年提高。教育事业全面进步，在全国第13个全域实现义务教育发展基本均衡，南昌大学实现部省合建。健康江西战略深入实施，基层医疗卫生机构达标率98.4%，建立短缺药品供应保障机制，17种国家谈判抗癌药纳入医保报销，按世界卫生组织标准在全国率先通过消除疟疾终审评估。文化强省建设步伐加快，启动现代公共文化服务体系建设等六大工程，景德镇国家陶瓷文化传承创新试验区获批创建。加强和创新基层社会治理，深入开展扫黑除恶专项斗争，公众安全感、满意度分别达到96.64%和96.91%。

大力开展“五型”政府建设，行政效能加快提升。深入推进“两学一做”学习教育常态化制度化，严格执行中央八项规定及其实施细则精神和省委若干意见，全面落实国务院“约法三章”。在全省政府系统开展忠诚型、创新型、担当型、服务型、过硬型政府建设，坚决纠正“怕、慢、假、庸、散”等作风顽疾，倡导“事事马上办、人人钉钉子、个个敢担当”“不为不办找理由，只为办好想办法”，着力打造政策最优、成本最低、服务最好、办事最快的“四最”营商环境。全面彻底肃清苏荣案余毒，深刻汲取莫建成、李贻煌等腐败案教训，持续建设风清气正的政治生态。

（省政府研究室）

重要会议

【省政府全体会议】 1月12日，省长刘奇主持召开省政府全体会议，讨论《政府工作报告》。副省长毛伟明、谢茹、郑为文、李利、吴晓军，省政府秘书长张勇，省政府党组成员潘东军出席会议。会议强调，要认真学习、深刻领会，贯彻好中共十九大、中央经济工作会议和中共中央总书记习近平“1·5”重要讲话精神，以习近平新时代中国特色社会主义思想为指导，在中央和省委坚强领导下，坚持发展为本、实干为先、以上率下，高质高效完成全年各项工作任务，加力奋进、务求一年比一年干得好，加快建设富裕美丽幸福现代化江西，谱写好新时代中国特色社会主义事业的江西篇章。

9月21日，省长易炼红主持召开省政府全体会议，副省长毛伟明、刘强、孙菊生、吴晓军、秦义，省政府秘书长张小平出席会议。省委常委、省纪委书记、省监委主任孙新阳，省人大常委会副主任、省总工会主席龚建华，省政协副主席陈俊卿应邀参加会议。会议深入学习贯彻习近平新时代中国特色社会主义思想和中共十九大精神，从更高层次贯彻落实中共中央总书记习近平对江西工作的重要要求，分析总结2018年以来的政府工作，研究部署下一阶段工作，在全省政府系统推进忠诚型、创新型、担当型、服务型、过硬型政府建设，加快推动全省高质量跨越式发展。

【省政府常务会议】 1月10日，省长刘奇主持召开第95次省政府常务会议。副省长谢茹、郑为文、李利、吴晓军，省政府秘书长张勇出席会议。省政府党组成员、省监察厅厅长潘东军列席会议。会议深入学习贯彻中共中央总书记习近平在中央政治局民主生活会上的重要讲话和中央政治局民主生活会情况通报精神，传达学习习近平在新进中央委员会的委员、候补委员和省部级主要领导干部学习贯彻习近平新时代中国特色社会主义思想和中共十九大精神研讨班开班式上的重要讲话精神，听取《关于省政府及其部门任命的国家工作人员宪法宣誓组织实施办法》的汇报，听取并原则同意《关于政府工作报告》《关于国家生态文明试验区（江西）建设情况的报告》《关于深入实施工业强省战略推动工业加速崛起实现高质量发展若干意见》《关于宜春市深化综合行政执法体制改革试点工作实施方案》的汇报。

1月30日，省长刘奇主持召开第1次省政府常务会议。副省长毛伟明、孙菊生、李利、吴晓军、吴忠琼、秦义、胡强，省政协副主席、省政府秘书长张勇出席会议。会议听取并原则同意《关于实施乡村振兴战略意见》《关于推进环境污染第三方治理工作实施细则》的汇报，研究省政府2月份重点工作。

2月24日，省长刘奇主持召开第2次省政府常务会议。副省长毛伟明、孙菊生、李利、吴晓军、吴忠琼、秦义、胡强，省政协副主席、省政府秘书长张勇出席会议。会议学习贯彻中共中央总书记习近平在打好精准脱贫攻坚战座谈会上的重要讲话精神，听取并原则同意《关于创建鄱阳湖国家自主创新示范区总体方案》《关于进一步做好城镇贫困群众脱贫解困工作》的汇报，研究省政府3月份重点工作。

3月30日，省委书记、省长刘奇主持召开第3次省政府常务会议。副省长孙菊生、吴晓军、吴忠琼、秦义，省政协副主席、省政府党组成员张勇，省政府秘书长张小平出席会议。会议听取并原则同意《关于全面推进全域旅游发展》、关于废止2件和修改17件地方性法规的汇报，研究省政府4月份重点工作。

4月28日，省委书记、省长刘奇主持召开第4次省政府常务会议。副省长吴晓军、秦义、胡强，省政府秘书长张小平出席会议。会议听取并原则同意《关于江西省电信条例（修订草案）》《江西省气候资源保护和利用条例（草案）》《废止江西省著名商标认定和保护办法》的汇报，研究省政府5月份重点工作。

5月30日，省委书记、省长刘奇

主持召开第5次省政府常务会议。副省长毛伟明、孙菊生、吴晓军、秦义、胡强，省政协副主席、省政府党组成员张勇，省政府秘书长张小平出席会议。会议听取并原则同意《关于进一步加大中央环保督察问题整改力度》《关于一揽子修改21件地方性法规》《关于江西省机关事务管理办法》《关于将省军工控股集团有限公司划转为省出资监管企业》《关于优化企业注册开办工作》的汇报，研究省政府6月份重点工作。

6月28日，省委书记、省长刘奇主持召开第6次省政府常务会议。副省长毛伟明、刘强、孙菊生、秦义、胡强，省政府秘书长张小平出席会议。会议听取并原则同意《关于江西省"厕所革命"三年攻坚行动方案》《江西省英雄烈士纪念设施保护管理办法》的汇报，听取《关于我省推荐改革开放杰出贡献表彰人选工作情况》的汇报，原则同意龚全珍、江风益、张果喜、程维、邱娥国5名"改革先锋"推荐人选，研究省政府7月份重点工作。

7月27日，省委书记、省长刘奇主持召开第7次省政府常务会议。副省长毛伟明、刘强、孙菊生、吴晓军、吴忠琼、胡强，省政府秘书长张小平出席会议。会议听取并原则同意《关于省属国有企业高质量发展行动方案》《推进城市安全发展》《贯彻促进两岸经济文化交流合作若干措施》《江西省宗教事务条例》《江西省实施河长制湖长制条例(草案)》的汇报，研究省政府8月份重点工作。

8月16日，代省长易炼红主持召开第8次省政府常务会议。副省长毛伟明、刘强、孙菊生、吴晓军、吴忠琼、秦义，省政府秘书长张小平出席会议。会议学习贯彻中共中央总书记习近平在中央财经委员会第二次会议上的重要讲话精神，传达学习国务院总理李克强在分析当前经济形势部署相关工作有关会议上的讲话精神。

8月27日，代省长易炼红主持召开第9次省政府常务会议。副省长毛伟明、刘强、孙菊生、吴晓军、吴忠琼，省政府秘书长张小平出席会议。会议学习贯彻8月16日中央政治局常务委员会会议精神、中共中央总书记习近平重要指示精神。听取并原则同意关于修订《江西省人民政府工作规则》、全国发展改革系统视频会议主要精神、2017年度市县科学发展综合考评结果和2018年度江西省高质量发展考核评价实施意见、《华赣环境集团有限公司组建方案》《打赢脱贫攻坚战三年行动实施意见》的汇报，听取关于2017年度江西省科学技术奖评审工作的汇报，原则同意评出的授奖项目，听取并原则同意《关于江西省企业投资项目核准和备案管理办法》《江西省高速铁路安全管理规定》、修改《江西省科学技术奖励办法》的汇报，研究省政府9月份重点工作。

9月10日，代省长易炼红主持召开第10次省政府常务会议。副省长毛伟明、刘强、吴忠琼、秦义，省政府秘书长张小平出席会议。会议传达学习中共中央总书记习近平、国务院总理李克强重要批示精神，传达学习中发〔2018〕33号文件精神，听取关于中央环境保护督察"回头看"有关情况的汇报，听取并原则同意《关于在全省政府系统大力开展忠诚型创新型担当型服务型过硬型政府建设加快推动江西高质量跨越式发展实施方案》的汇报，听取关于2017年度中央、省级预算执行和全省11个设区市中心城区民生保障资金、惠民项目专项审计调查查出主要问题及初步整改情况的汇报，听取并原则同意《关于加快推进全省政务数据共享工作方案》《加快人力资源服务业发展意见》的汇报。听取关于2018年享受政府特殊津贴人选评选工作的汇报，原则同意评出的66名享受国务院特殊津贴人选和100名享受省政府特殊津贴人选。

9月28日，代省长易炼红主持召开第11次省政府常务会议。副省长毛伟明、刘强、吴晓军、吴忠琼、秦义、胡强，省政府秘书长张小平出席会议。会议传达学习全国教育大会、中发〔2018〕35号文件、中纪阅〔2018〕20号文件精神，听取并原则同意《关于依托南昌昌北国际机场建设区域性智慧空港物流中心》《推进投资项目审批提质增效改革》《江西省生产安全事故隐患排查治理办法》的汇报，听取关于2018年度全省脱贫攻坚奖评选工作的汇报，原则同意评出的20名表彰人选，听取关于2018年全国医改工作电视电话会议精神的汇报，原则同意提出的下一步贯彻落实工作建议，听取关于2018年度江西省主要学科学术和技术带头人资助计划的汇报，原则同意提出的36名资助人选，听取并原则同意《关于建立残疾儿童康复救助制度》的汇报，研究省政府10月份重点工作。

10月11日，代省长易炼红主持召开第12次省政府常务会议。副省长刘强、孙菊生、吴忠琼、秦义，省政府秘书长张小平出席会议。会议传达学习中办通报〔2018〕第27期文件、中共中央总书记习近平对第一个中国农民丰收节的重要指示、中纪办发〔2018〕8号文件精神，听取省发改委、省统计局、省工信委、省财政厅、省农业厅、省商务厅、省政府金融办关于前三季度经济运行情况的汇报，分析前三季度经济形势，部署下一阶段经济工作，听取关于推动高质量跨越式发展亟待解决主要困难问题的汇报，原则同意提出的下一步工作建议。

10月26日，省长易炼红主持召开第13次省政府常务会议。副省长毛伟明、刘强、孙菊生、吴忠琼、秦义，省政府秘书长张小平出席会议。会议传达学习中共中央总书记习近平在中央财经委员会第三次会议上的重要讲话、习近平给"万企帮万村"行动中受表彰的民营企业家的重要回信、习近平在中央军民融合发展委员会第二次会议上的重要讲话精神，听取并原则同意《关于进一步降低实体经济企业成本补充政策措施》《江西省党政机关办公用房管理实施办法》《江西省党政机关公务用车管理实施办法》的汇报，听取关于2018世界VR产业大会情况的汇报，原则同意提出的下一步工作建议，听取并原则同意《关于做大做强农产品加工业推动农业高质量发展实施意见》《江西省党政领导干部安全生产责任制实施细则》《关于依托高校科研平台推动产学研用发展实施意见》《关于支持部省合建南昌大学实施意见》、江西省实施《中华人民共和国慈善法》办法(草案)、江西省实施《中华人民共和国野生动物保护法》办法(修订草案)、修改《江西省城市维护建设税实施细则》《江西省房产税施行细则》《江西省城镇土地使用税实施办法》《江西省耕地占用税实施办法》的汇报，研究省政府

11月份重点工作。

11月15日，省长易炼红主持召开第14次省政府常务会议。副省长毛伟明、刘强、孙菊生、吴忠琼，省政府秘书长张小平出席会议。会议听取并原则同意《关于进一步完善政务服务机制提升政务服务效能》《江西省贯彻落实中央环境保护督察“回头看”及鄱阳湖水环境问题专项督察反馈意见整改方案》《江西省城市品质提升三年行动方案》《江西省农村中小学校闲置校园校舍处置工作指导意见》《江西省节约用水办法》的汇报，听取关于2017年度省直机关绩效考核情况的汇报，原则同意评定的考核结果。

11月29日，省长易炼红主持召开第15次省政府常务会议。副省长毛伟明、刘强、孙菊生、吴忠琼、秦义、胡强，省政府秘书长张小平出席会议。会议传达学习中共中央总书记习近平在中央政治局常委会会议、中央政治局会议上关于前三季度经济形势的重要讲话精神，习近平在首届中国国际进口博览会上的重要讲话精神，习近平在中央全面深化改革委员会第五次会议上的重要讲话精神，听取并原则同意《关于江西省乡村振兴战略规划（2018—2022年）》的汇报，听取《关于省政府文史研究馆馆员选聘工作》的汇报，原则同意聘任陈石俊、陈晓云、王志国、刘元敏、徐奔、范坚、詹祥生、徐林晃、夏汉宁、方国兴等10名人员为省政府文史研究馆馆员，研究省政府12月份重点工作。

12月21日，省长易炼红主持召开第16次省政府常务会议。副省长毛伟明、刘强、孙菊生、吴晓军、吴忠琼、秦义、胡强，省政府秘书长张小平出席会议。会议传达学习中共中央总书记习近平在12月13日中共中央政治局会议上的重要讲话精神、在第五个国家宪法日之际作出的重要指示精神，传达学习国务院总理李克强关于全国冬春农田水利基本建设电视电话会议的批示精神、在分析当前经济形势和部署近期工作时的讲话精神，听取并原则同意关于江西省人民政府领导班子2018年度工作总结、易炼红在省委十四届七次全体（扩大）会议上的讲话、2018年全省计划执行情况和2019年经济工作建议、支持民营经济健康发展若干意见、江西省中长期青年发展规划（2018—2025年）、2016年江西主要自然资源资产状况、2019年全省财政预算安排意见的汇报，研究省政府2019年1月份重点工作。

12月22日，省长易炼红主持召开第17次省政府常务会议。副省长毛伟明、刘强、孙菊生、吴晓军、吴忠琼、秦义、胡强，省政府秘书长张小平出席。会议听取并原则同意关于发放2017年度省直机关绩效考核奖等有关事项的汇报。

【省政府党组会议】 1月21日，省政府党组书记刘奇主持召开省政府党组会议，党组副书记毛伟明，党组成员郑为文、李利、吴晓军、吴忠琼、秦义、张勇、潘东军出席会议。会议学习贯彻十九届二中全会精神特别是中共中央总书记习近平的重要讲话精神，切实加强省政府党组党风廉政建设，进一步提高依法行政水平，促进全省经济持续平稳健康发展和社会和谐稳定。

1月30日，省政府党组书记刘奇主持召开省政府党组会议，党组副书记毛伟明，党组成员李利、吴晓军、吴忠琼、秦义、胡强、张勇出席会议。会议研究省政府领导班子分工。

2月11日，省政府党组书记刘奇主持召开省政府2017年度民主生活会。党组副书记毛伟明，党组成员刘强、李利、吴晓军、吴忠琼、秦义、胡强、张勇出席会议。副省长孙菊生，省纪委肖德福、省委组织部汤乐毅列席。

8月3日，省政府党组书记易炼红主持召开省政府党组（扩大）会议。党组副书记毛伟明，党组成员刘强、吴晓军、吴忠琼、秦义、胡强、张小平出席会议，副省长孙菊生列席会议。会议传达学习7月31日中央政治局会议、中共中央总书记习近平在中央政治局第七次集体学习时的重要讲话精神，学习贯彻省委十四届六次全体（扩大）会议精神。

8月31日，省政府党组书记易炼红主持召开省政府党组“坚决全面彻底肃清苏荣案余毒持续建设风清气正政治生态”专题民主生活会，党组副书记毛伟明，党组成员刘强、吴晓军、吴忠琼、秦义、胡强、张小平出席会议，省纪委常务副书记、省监委副主任潘东军，省委组织部副部长肖洪波列席会议。

8月31日，省政府党组书记易炼红主持召开省政府党组（扩大）会议，党组副书记毛伟明，党组成员刘强、吴晓军、吴忠琼、秦义、胡强、张小平出席会议。会议传达学习中共中央总书记习近平、国务院总理李克强有关重要批示精神、推进“一带一路”建设工作5周年座谈会精神、习近平在中央全面依法治国委员会第一次会议上的重要讲话精神。

11月5日，省政府党组书记易炼红主持召开省政府党组（扩大）会议。党组副书记毛伟明，党组成员刘强、秦义、胡强、张小平出席会议，副省长孙菊生列席会议。会议传达学习10月31日中央政治局会议、中共中央总书记习近平在中共中央政治局第九次集体学习时的重要讲话、习近平在民营企业座谈会上的重要讲话、习近平对自由贸易试验区建设的重要指示、国务院总理李克强在市场监管总局考察座谈时的重要讲话、李克强在浙江企业经济形势座谈会上的重要讲话精神，学习观看纪律教育专题片《铁纪强军》。

（省政府办公厅）

重大政策

【概　况】 2018年，省政府深入学习贯彻习近平新时代中国特色社会主义思想和中共十九大精神，从更高层次贯彻落实中共中央总书记习近平对江西工作的重要要求，坚持稳中求进工作总基调，贯彻新发展理念，落实高质量发展要求，按照“创新引领、改革攻坚、开放提升、绿色崛起、担当实干、兴赣富民”工作方针，围绕做好稳增长、促改革、调结构、优生态、惠民生、防风险各项工作，作出一系列重要部署，出台一系列重要政策措施，推进一系列重要工作。

【印发《关于进一步精简省级行政权力事项的决定》】 1月2日，省政府印发该决定，取消和调整一批省级行政权力事项，其中取消194项，调整138项（含下放24项、改变管理方式114项）。

【印发《江西省流域生态补偿办法》】

1月29日，省政府印发该办法，主要采取整合国家重点生态功能区转移支付资金和省级专项资金，设立全省流域生态补偿专项资金，加强全省流域水环境治理和生态保护力度，不断提升水环境质量，保障长江中下游水生态安全，加快推进江西省国家生态文明试验区建设。

【印发《关于加快推进企业上市若干措施的通知》】 4月24日，省政府办公厅印发该通知，出台优化企业上市布局、拓宽企业上市渠道等15条措施，大力实施企业上市"映山红行动"，力争到2020年，全省境内外上市公司在2017年年底基础上实现倍增，总数达120家以上；全省上市公司直接融资总量累计突破2500亿元，证券化率接近全国平均水平，加速形成直接融资与间接融资均衡发展格局。

【印发《鄱阳湖生态环境综合整治三年行动计划（2018—2020年）》】 5月30日，省政府办公厅印发该行动计划，以生态优先、绿色发展为引领，牢固树立和践行"绿水青山就是金山银山"的理念，从生态环境突出问题入手，重点推进工业污染防治、水污染治理、饮用水水源地保护、城乡环境综合整治、农业面源污染治理、岸线综合整治、生态保护和修复7个方面工作。到2020年，全省化学需氧量、氨氮主要污染物排放量分别比2015年削减4.3%、3.8%以上，筑牢长江中游生态安全屏障，打造美丽中国"江西样板"。

【印发《关于发布江西省生态保护红线的通知》】 6月30日，省政府印发该通知，明确全省生态保护红线划定面积为4.69万平方千米，占国土面积比例为28.06%，坚决把严守生态保护红线作为生态文明建设的重要内容，实现一条红线管控重要生态空间，确保生态功能不降低、性质不改变、面积不减少，有效维护生态安全。

【印发《关于加快推进殡葬改革促进殡葬事业发展的实施意见》】 7月8日，省政府办公厅印发该实施意见，围绕建设惠民、绿色、文明殡葬，推动殡葬改革和殡葬事业更好地保障和改善民生、促进精神文明和生态文明建设、推进高质量发展。到2020年，基本实现"八化"目标（城乡居民基本殡葬服务均等化、殡葬服务优质化、殡葬管理规范化、骨灰处理生态化、殡葬习俗文明化、殡葬设施现代化、管理服务信息化、殡葬改革有序化）。

【印发《在全省政府系统大力开展忠诚型创新型担当型服务型过硬型政府建设加快推动江西高质量跨越式发展实施方案》】 9月11日，省政府印发该方案，决定在全省政府系统开展忠诚型、创新型、担当型、服务型、过硬型政府建设，以增强政府理解力、执行力、创造力和公信力为重点，大力弘扬井冈山精神和苏区精神，引导和推动全省政府系统及其工作人员铸牢忠诚之魂、勇闯发展新路、担当时代使命、提升服务效能、锻造过硬本领，进一步转作风、优环境，加快推动江西高质量、跨越式发展。

【印发《关于进一步降低实体经济企业成本的补充政策措施的通知》】 11月2日，省政府印发该通知，围绕打造政策最优、成本最低、服务最好、办事最快的"四最"发展环境，在抓好降低企业成本优化发展环境前三批130条政策措施落实的基础上，从降低企业税费、融资、物流、生产要素、运营等5个方面成本负担方面再出台30项措施，最大限度发挥政策集成效应，不断激发市场主体活力。

【印发《江西省促进开发区改革和创新发展三年攻坚行动计划（2018—2020年）》】 9月24日，省政府办公厅印发该行动计划，坚持"规划引领、市场主导、产业集聚、产城融合、错位发展"原则，大力开展创新强园、开放提升、集群式项目满园扩园、两型三化管理目标提标提档、体制机制创新、优化营商环境六大行动，推动全省开发区转型升级、提质增效，为推动江西实现高质量、跨越式发展提供强有力支撑。

【印发《关于依托高校科研平台推动产学研用发展的意见》】 11月22日，省政府印发该意见，围绕江西省高校"双一流"建设和重点产业发展需要，以科研平台为载体，大力引进培育高层次人才，建设"人才智力高度聚集、产学研用深度融合、服务能力加速提升"的高校创新平台建设新模式，以高质量创新引领支撑全省经济高质量跨越式发展。

【印发《江西省"请乡友回家乡请校友回母校请战友回驻地"推动开放提升工作方案》】 12月6日，省政府办公厅印发该方案，着眼于招商引资和招才引智，挖掘整合江西省在外发展的乡友、校友、战友资源，弘扬亲情、友情、乡情文化，着力搭建"资智回赣"平台，精心举办专题对接活动，充分展示江西开放提升的新姿态、新形象，以"三请"实现"多请"和"全请"，形成"大请进"的对外开放新格局，进一步提升江西对外吸引力和竞争力。

【印发《关于赋予赣州市部分省级管理权限和先行先试项目的通知》】
12月17日，省政府印发该通知，决定依法赋予赣州市经济调节、市场监管、社会管理、公共服务等方面44项省级管理权限，赋予赣州市城乡建设、生态文明、土地政策等方面实施6项先行先试项目，大力支持赣州建设省域副中心城市。

（省政府办公厅）

督　查

【概　况】 2018年，省政府办公厅围绕中共中央、国务院重大方针政策和省委、省政府重大决策部署，配合中共中央国务院开展督查、抓好全省重大决策部署、省政府年度重点工作、民生热点实事和领导批办交办事项5个方面开展督查，为推动中共中央、国务院和省委、省政府重大决策部署落地生效发挥重要作用。

【配合中共中央、国务院开展督查】
2018年，省政府办公厅积极对接、认真配合中共中央、国务院开展各项督查。

4月，省政府办公厅把国务院《政府工作报告》涉及江西省的22项工作任务分解落实到17个责任单位办理，及时跟踪调度，加强督办落实。

8月，国务院开展第五次大督查，

省政府办公厅协调省直各相关单位和部门做好自查和实地督查迎检工作。11月，江西省5项典型经验做法受到国办通报表扬，为通报表扬数量最多的省份之一。按照省长指示要求，省政府办公厅梳理出11项国务院第五次大督查立学立行典型经验做法，组织相关单位立学立行。

12月，省政府办公厅按照中办和国办要求，统筹规范全省督查检查考核工作，对2018年省政府系统348项各类督查检查考核事项进行专项清理，仅保留40项，最大限度减轻基层负担。

省政府办公厅对中共十八大以来中共中央总书记习近平、国务院总理李克强以及2017年以来其他中央领导对省政府工作的批示指示、2018年国务院和国办下发的113件文件的贯彻落实情况进行跟踪调度，促进中共中央、国务院重大政策措施在江西省全面落地生效。

【督办重大决策部署落实】 2018年，省政府办公厅继续开展《政府工作报告》重点工作任务督查。省"两会"后，省政府办公厅把《政府工作报告》细化分解为8个方面199项具体任务，落实到76个责任单位办理，明确完成时限，强化督办落实，推动各项目标任务完成。

6月，省政府办公厅加强督查调研，推进调研成果转化。针对萍乡市海绵城市建设试点现状，会同省工信委开展海绵产业调研，提出"加快产城融合"等5条行之有效的建议，为领导决策提供依据。

【重点工作专项督查】 2018年，省政府办公厅围绕省政府确定的重点工作开展专项督查，确保各项工作任务和部署要求全面落到实处。

组织开展全省"放管服"改革暗访专项督查。2017年年底至2018年年初，省政府办公厅组成5个回访督查组，对全省"放管服"改革工作会议通报的33个问题进行核查回访，对全省"放管服"改革暗访发现的238个问题进行抽查，推动全省"放管服"改革进一步深化。

组织开展全省消灭劣V类水专项督查。4月，省政府办公厅会同省水利厅、省环保厅等单位组成8个督查组，重点督查出现过劣V类水和V类水质的44个断面所在河流的设区市、县（市、区），推动全省实现省委、省政府确定用1年时间消灭劣V类水的工作目标。

组织开展全省城乡环境综合整治工作情况专项督查。7月，省政府办公厅会同省住建厅、省农业厅等单位组成8个督查组，采取明查暗访方式，对2017年、2018年全省城乡环境综合整治会议专题片曝光的17个正在整改问题和各地城乡环境情况进行现场查看，全省城乡环境面貌得到明显改善。

组织开展2017年度中央、省级预算执行和各设区市中心城区民生保障资金和惠民项目专项审计调查查出问题整改情况专项督查。10月，省政府办公厅会同省审计厅按照省政府常务会议要求对查出问题整改情况进行督查，涉及问题3652个，已整改3050个，整改率83.5%。

【督查民生实事】 2018年，省政府办公厅紧盯群众反应大、媒体曝光多、社会关注高的问题，深入基层了解真实情况，探寻有效破解方法，督促热点难点问题解决。

针对中央环保督察组开展整改情况"回头看"所反馈的问题，6月，省政府办公厅会同省委办公厅、省环保厅等单位组成省环保督察工作领导小组，分期分批对11个设区市组织开展环境保护督察。

针对群众反映强烈的"四风"问题反弹现象，11月，省政府办公厅配合省委办公厅对江西省贯彻执行中央八项规定精神情况进行全面调度梳理，驰而不息推动作风建设。

针对中共中央、国务院以及省委、省政府关于支持民营企业发展、持续深化"放管服"改革的政策落实情况，12月，省政府办公厅全面排查整改，推动支持民营企业发展政策落实。

6月起，省政府办公厅积极督导各设区市和省直有关单位，有序平稳推进驻赣部队全面停止有偿服务工作。截至2018年年底，全省1438个停偿项目、1343个终止回收项目全部关停回收，95个未停项目已完成债权债务清理工作。

聚焦民生热点，坚持"民有所呼，我有所应"，省政府办公厅对全省政府系统承办的1004件省人大代表建议和省政协提案办理情况进行部署和督办，办复率达100%。

【领导批办交办事项督查】 2018年，省政府办公厅严格落实《省长批办交办事项督办工作细则》，跟踪督办省长批办和交办事项420项，形成5次专报。按照省长指示要求，对南昌日新科技有限公司厂房被强拆问题进行深入核查。同时，针对省长调研或走访慰问时作出的指示和要求，均跟踪督办到位。

（省政府办公厅）

办理人大代表建议和政协委员提案

【概　况】 2018年，省十三届人大一次会议和省政协十二届一次会议期间，交由省政府系统办理的省人大代表建议、省政协提案共1004件，占总数的94.3%。其中，省人大代表建议502件，占总数的94.4%；省政协提案502件，占总数的94.2%。所有建议提案均在规定时间内办理完毕，办复率达100%。

【建议提案督查督办】 2018年，省政府办公厅把建议提案办理工作纳入年度督查计划，通过会议、电话、微信、实地等督查方式，及时掌握各承办单位的工作进度。同时与省人大、省政协密切沟通，协调推动部分涉及多个单位、办理难度大、进度滞后的建议提案办理工作。各承办单位也及时督查推进本单位的建议提案办理工作。通过多方发力、多管齐下，确保办理工作平稳推进。加强跟踪问效，建议提案办理工作基本完成后，及时组织各承办单位开展办理效果"回头看"工作。针对代表委员不满意的建议提案答复，督促相关承办单位重新研究办理，实行"二次答复"制度。强化考核评比，把各承办单位的建议提案办理情况纳入法治政府建设考评体系，通过考核评比，鼓励先进，鞭策落后，激发各承办单位和工作人员的内生动力，形成人心思进、人心思上、人心思干的良好氛围，推动建议提案办理工作完成。

【增强建议提案办理实效】 2018年，针对涉及面广、事关群众切身利益，反映重点热点问题以及短期难以解决的建议提案，各承办单位开展调查研究，组织力量深入实际、深入现场、深入群众，把情况弄清、把问题找准，有针对性地制定解决方案，提出切实可行的办理措施。坚持“走出去”与“请进来”相结合，通过会议座谈、走访上门、电话邮件等方式，变“文来文往”为“人来人往”，所有建议提案均与代表委员全程沟通，充分听取代表委员意见，共同推进建议提案办理，提高建议提案办理的满意率。结合重点工作，各承办单位把建议提案办理与落实重点工作相结合，确定一定比例重点办理建议提案，把建议提案办理作为服务全省发展的着力方向、出台政策措施的现实依据、深化改革开放的重要途径，通过办理一件建议提案，解决一方面问题，促进一个领域工作，取得办理实效。结合作风建设，各承办单位把建议提案办理与作风建设相结合，改进工作作风，端正办理态度，提高办理质量，促进履职尽责，坚持限时办复与注重实效相结合，在解决问题上下功夫，在改进工作上出实招。在答复代表委员时做到有计划、有根据、有分析，杜绝一纸空文，摈弃空话套话，凡有承诺的都要确保落实。

（省政府办公厅）

政策研究

【概　况】 2018年，省政府研究室围绕省委、省政府中心工作，推进“五型”政府机关建设，履行以文辅政职能，出台推动全省政府系统开展调查研究17项举措。围绕全省大局和省领导关注的重大问题，特别是经济运行中的突出问题，先后派出151人次，深入设区市、县（市、区）开展专题调研，到6个省（区、市）学习考察，形成调研报告17篇，其中《适应新时代阶段特征 努力提高江西产业创新竞争力》《全省用电量与经济发展的态势分析》《多措并举增强企业技改投资积极性》《优化发展环境激活民间投资》《大数据就是生产力竞争力》《江西VR产业发展调研报告》等11篇获省领导批示肯定，转化为制定相关政策的参考和依据。

【智库建设】 2018年，省政府研究室加强与国务院研究室和国务院发展研究中心的沟通联络，4次派员参加国务院发展研究中心举办的论坛、会议，承办“人口结构变化对宏观经济影响与应对”专题国际研讨在江西调研活动，并在北京会场作主题发言。邀请国务院发展研究中心副主任隆国强为全省市厅级领导干部培训班作辅导报告。参与国务院发展研究中心重点课题研究，《乡规民约与乡风文明之变》一文被国研中心纳入年度重点研究成果。启动省政府研究室第二届特约研究员选聘工作，增聘15名商会会长为特约研究员，优化特约研究员选聘、使用和经费补助机制。特约研究员承担省政府研究室发布的11个年度重点研究课题全部结题，《破解我省电子信息产业“四瓶颈、三制约”的思考与建议》《加快我省人工智能发展的对策研究》《江西地方政府债务隐患及风险防范对策研究》等11篇调研报告获省领导批示肯定。组织专家承担省委组织部《江西生态文明建设干部读本》的编撰工作。按规定接待省（区、市）研究机构到赣调研9批49人次。

【起草2019年省政府工作报告】 10月，省政府研究室组建起草小组，分赴11个设区市和赣江新区，深入园区、企业和基层一线开展实地调研。起草过程中，对标对表中央要求，贯彻落实省委决策部署，听取和吸纳干部群众、省直单位、专家学者等各方面的意见建议，做到目标明确、重点突出、措施务实、语言精炼，经省政府常务会议讨论、省政府全体会议讨论、省委常委会会议审议、省人大会审议修改后通过。

【机构改革】 2018年，根据《省委办公厅 省人民政府办公厅关于调整省政府研究室机构编制事项的通知》，省政府研究室由参公事业单位调整为省政府直属机构（正厅级），编制由原38人（干部36人、工勤2人）调整为32人（机关行政编制30人、工勤事业编制2人），职责和其他事项不变。

（胡真书）

机关事务

【概　况】 2018年，江西省机关事务管理局机构性质由直属事业单位调整为直属机构，增加办公用房集中统一管理及省直单位公务人员周转住房建设等职能，完成玉泉岛中心及玉泉岛大酒店成建制划转接收。先后推动出台1部政府规章《江西省机关事务管理办法》、2部党内法规《江西省党政机关办公用房管理实施办法》和《江西省党政机关公务用车管理实施办法》，印发《江西省机关事务标准化建设方案（2018—2020）》。

【《江西省机关事务管理办法》出台】 5月30日，经省政府第5次常务会议审议通过《江西省机关事务管理办法》，6月5日以省政府第233号令发布，自8月1日起施行。该办法共6章39条，作为江西省首部规范全省机关事务工作的政府规章，《江西省机关事务管理办法》对标《机关事务管理条例》，从经费管理、资产管理、服务管理3个方面对江西省机关事务工作进行全面规范，为机关事务管理部门依法行政提供法律依据，是全省机关事务工作改革发展进程中具有里程碑意义的大事。7月31日，省管局会同省政府法制办召开《江西省机关事务管理办法》出台新闻发布会。

【制定《江西省党政机关办公用房管理实施办法》和《江西省党政机关公务用车管理实施办法》】 10月26日，经第13次省政府常务会议研究并报省委审定，2个《管理实施办法》于11月29日以省委办公厅、省政府办公厅名义正式印发。作为全省首部规范党政机关办公用房管理的党内法规，《江西省党政机关办公用房管理实施办法》共8章67条，以推进集中统一管理为重点，以确保办公用房节约集约使用为主线，明确全省党政机关办公用房规划、权属、配置、处置“四个统一”，构建权属明晰、职责清晰、规划科学、配置合理、处置顺畅、监督有力的办公用房全生命周期管理科学体系。《江西省党政机关公务用车管理实施办法》共7章45条,以全面加强公务用车编制和标准管理为核心,坚持从严从紧,强化配备、使用、处置等全流程管理,健全完善公务用车管理体制机制,以党内法规的形式实现全省党政机关公务用车编制、标准、购置经费、采购配备管理等“四个统一”。

【事业单位公车改革】 2018年,省管局面对涉改事业单位4.18万家、涉改人员86.62万人的复杂情况,研究制定符合江西省情的实施方案。省直106家主管部门事业单位和省直行业事业单位车改方案备案工作基本结束,各设区市本级事业单位车改方案备案工作基本完成,县(市、区)车改方案审核备案工作正在收尾。注重做好涉改人员思想工作,完成司勤人员安置。有序开展取消车辆处置工作,省直1538辆取消车辆已完成处置548辆,其余车辆在按程序处理。省委书记刘奇、省长易炼红和常务副省长毛伟明对事业单位公车改革专门作出批示,给予肯定。

【省直机构改革办公用房保障】 2018年,省管局做好省直机构改革办公用房保障工作,该轮改革共涉及45家单位、22处办公地点,为做好办公用房清查登记工作,深入开展调研,摸清省直机关办公用房和土地房产底数,科学制定办公用房调配方案,共调配办公用房4.93万平方米,计划收储16.58万平方米,确保涉改单位挂牌及正常办公。

【公共机构节能】 2018年,深化节约型公共机构示范单位创建,6家单位被评为全国能效领跑者,51家国家级示范创建单位通过验收,60余家省级示范单位完成创建。全面推进公共

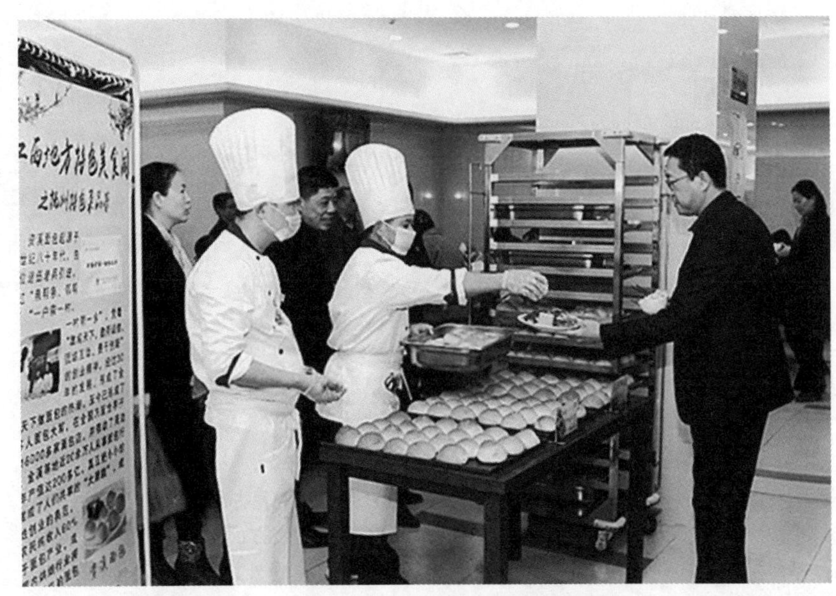

11月19日—23日,省管局与抚州市管局在省行政中心、阳明路及北京西路办公区共同开展“江西地方特色美食周”之抚州特色菜品鉴活动

鄢文芳供

机构生活垃圾分类,在国家考核验收时得分并列全国第三。承办全国首次公共机构节能宣传展示暨江西省公共机构节能10周年专题宣传活动启动仪式,举办《公共机构节能条例》10周年专题宣传、公共机构节能宣传大使评选等活动。

【规划建设管理】 2018年,协调办理省广电国际传媒中心、人民到访接待中心、应急指挥中心项目规划及选址事宜,做好江西网安中心机房楼、省人防办0717工程等项目规划审批、方案审核和规划验线工作,研究办理红谷滩公安分局业务技术用房等用地审批事宜,完成滨江项目室内装修改造、北京西路办公区机关食堂迁建、阳明路办公区食堂改造及省监察委办公用房修缮移交等工作。

【后勤服务保障】 2018年,省管局保障领导重要会议及活动63场次,协调处置各类上访事件1599起。推进省行政中心精细化保障,完成领导办公楼会议保障任务1321次,完成各项维修6000余次。完成阳明路办公区雨水排污管网改造、食堂修缮改造、中草药示范种植。争取南昌市政府支持,投入900万元,完成北京西路办公区大楼外墙装饰及清洗。开展“江西地方特色美食周”活动,全年保障112万人次安全用餐。组织2次专项安全大检查,安检车辆3000余台次,做好中央领导到赣视察、全国政协江西片区会议、省委第十四届六次及七次全会等重要会议和重大活动用车保障,承担赞比亚总统、博茨瓦纳总统访赣等外事接待任务。会议中心全年保障各类会议1106场次、参会人员共13.56万人次,其中副国级领导参会1次、省级领导参会446次。前湖小区全面完成避雷系统、车辆智能识别系统安装等工作;玉泉岛小区启动供水、供暖系统升级改造和周转住房电梯加装等工程;实施金盘路26号小区综合改造,改善小区居住条件。

(鄢文芳)

本栏编辑 刘清林

中国人民政治协商会议江西省委员会

综　　述

2018年，省政协深入学习贯彻习近平新时代中国特色社会主义思想和中共十九大精神，从更高层次贯彻落实中共中央总书记习近平对江西工作的重要要求，切实树牢"四个意识"，坚定"四个自信"，坚决做到"两个维护"，抓学习、抓党建、抓履职、抓质效，发生多方面新变化，实现良好开局，为建设富裕美丽幸福现代化江西作出贡献。

强化理论武装，坚定政治方向，筑牢新时代人民政协团结奋斗的共同思想政治基础。集中开展中共中央总书记习近平关于加强和改进人民政协工作的重要思想学习研讨活动。主席会议成员分赴设区市面对面宣讲答问；首次召开省、市、县三级政协视频会议，辅导解读，远程互动；总结出"讲、问、考、辩、网、做"六字促学法。加强和改进委员培训，举办2期委员培训班，确保委员培训全覆盖。全国政协对江西省以理论武装促高质量履职做法给予肯定，选定在江西省召开闽赣粤琼政协片区座谈会。江西省政协作为2个省级政协代表之一，在全国政协理论研讨会上作大会发言。

全面履行政治协商、民主监督、参政议政三大职能，用心用情做"政协答卷""委员作业"，工作质量逐步提升。围绕省委省政府中心工作，聚焦发展大事、民生实事，选准立项，靶向发力，形成一批具有政协特色建言资政成果。向省委省政府报送政协专报、建议案等50余件，收集社情民意信息1300余条，办理办结提案531件。在经济社会发展方面，开展"文明与美丽城市建设省内外比较研究"，服务《江西城市功能与品质提升三年行动方案》出台。开展乡村振兴和脱贫攻坚重点难点问题常委会专题协商，形成《乡村振兴和脱贫攻坚产业发展十方面问题与十方面对策建议案》和7个子报告。就"我省高新技术企业与产业发展"进行专题协商，形成20条对策建议；针对江西省获国家技术发明一等奖的硅衬底LED技术产业化问题，提出16条建议。在改革攻坚、开放提升方面，针对"余江宅改"经验存在"墙内开花墙外香"现象，研究全省农村改革红利问题，提出有关建议；推动加强和改进民主监督列入江西省156项改革任务、2018年省领导领衔推进落实的17个重大改革项目清单。在生态文明建设方面，围绕"打赢污染防治攻坚战"召开议政性常委会议，形成《"长江之肾"鄱阳湖生态环境整治三个"老大难"问题三十条对策建议案》和6个子报告；组织驻赣全国政协委员开展"河湖长制实施监督行"活动；开展全省工业园区污水处理、镇（乡）生活污水处理、11个饮用水源地违法违规项目整改落实情况调研。在文化建设方面，举办"人民政协的初心与使命"主题座谈会和书画作品展；就赣港澳青少年交流与红色文化教育开展调研协商，增强对红色文化的认同和自信；调研发现江西省重要古村落保护、乡村民居建设简单化"一刀切"问题。在社会治理方面，就社区矫正工作5个方面问题，提出向制度化、规范化、法治化迈进7条建议；就解决"办事窗口停车难，一停就罚款"问题调研提出6点建议；收集关于全省扫黑除恶专项斗争社情民意，助力红土地专项斗争向纵深发展。在民生实事方面，就江西省农村教师违规或不合理被借调问题专题调研，提出稳定农村教师队伍的6点建议；利用委员资源，组织捐款帮助全省贫困家庭儿童医治特殊疾病；依托省政协海外扶贫基金会力量，协助推进一批村卫生室标准化建设。

紧抓党建引领，推动政协自身建设，激发新时代新担当新作为，严起来紧起来动起来。抓党的建设，保证党的领导在政协系统全面加强。协助省委制定《关于加强新时代全省政协党的建设工作的实施意见》，召开全省政协系统党的建设工作座谈会，成立专委会分党组，调整充实机关党组。抓制度建设，完善适应新时代要求的政协工作体制机制。制定《省政协党组工作规则》《省政协领导班子成员讲规矩守纪律转作风做表率规定十八条》和全员谈心谈话制度，修订《省政协主席会议工作规则》《省政协全体会议工作规则》，建立省政协党组成员全面联系专委会党建工作制度。抓委员队伍建设，制定委员履职工作规则，规范委员履职行为，做到优化服务与加强管理并重。抓专委会建设，联合民主党派、工商联和无党派人士等，开展调研、视察、议政、监督工作。出台《关于进一步提高提案质量的实施意见》，促进提案数质量提升。抓政协机关建设，营造团结紧张、干事创业氛围。开展作风问题大检查、大起底，集中整治"怕慢假庸散"等机关病。推进机关文化建设，制作"机关二十四节气图"，创办《学习》《分享》《机关政治生活》等平台。加强对市县政协工作指导，召开市政协负责人座谈会、秘书长和办公厅（室）主任座谈会，不断提升全省政协机关工作水平。

重要会议

【**省政协十二届一次会议**】 1月22日—26日在南昌举行。省委书记鹿心社、省长刘奇等领导出席会议，听取大会发言，参加协商讨论，与委员们共商兴赣富民大计并提出殷切希望。会议审议并批准黄跃金代表政协江西省第十一届委员会常务委员会所作的工作报告；审议并批准李华栋代表政协江西省第十一届委员会常务委员会所作的提案工作情况报告；选举姚增科为十二届省政协主席，李华栋、谢茹、汤建人、刘晓庄、陈俊卿、张勇、肖毅、刘卫平、雷元江为副主席，汪爽为秘书长，上官新晨等101人为常委。委员列席江西省第十三届人民代表大会第一次会议，听取、讨论并赞同省长刘奇所做的政府工作报告；讨论并赞同省高级人民法院工作报告、省人民检察院工作报告和其他报告。通过省政协十二届一次会议决议；通过省政协十二届一次会议关于提案初步审查情况的报告。

【**省政协十一届第二十九次常委会议**】 1月17日—18日在南昌召开。省政协主席黄跃金主持并讲话，副主席姚亚平、蔡晓明、李华栋、汤建人、刘晓庄、郑小燕、胡幼桃、孙菊生、陈俊卿，秘书长肖为群出席会议。会议决定省政协十二届一次会议于1月22日—26日在南昌召开。省委统战部负责人做关于十二届省政协委员名额、界别设置、委员人选和有关建议名单的说明。会议听取省政协各专门委员会工作情况的汇报；审议并原则通过政协江西省第十一届委员会常务委员会工作报告（审议稿）和关于提案工作情况的报告（审议稿）；通过关于召开政协江西省第十二届委员会第一次会议的决定、政协江西省第十二届委员会第一次会议议程（草案）和日程、十二届省政协委员名额、界别设置的决定、十二届省政协委员名单，省政协十二届一次会议主席团、主席团会议主持人、秘书长人选的建议名单，省政协十二届一次会议提案审查委员会组成人员建议名单；决定授权主席会议审议本次常委会议未尽事宜的决定。

【**省政协十二届第一次常委会议**】 1月26日在南昌召开。省委副书记、省政协主席姚增科主持会议并讲话，省委常委、省委统战部部长陈兴超在会上作有关人事事项的说明，省政协副主席李华栋、谢茹、汤建人、刘晓庄、陈俊卿、张勇、肖毅、刘卫平、雷元江，秘书长汪爽出席会议。会议审议通过十二届省政协副秘书长任职名单；通过十二届省政协设置专门委员会的决定、十二届省政协专门委员会主任、副主任任职名单。会议任命叶舟为省政协办公厅副主任。

【**省政协十二届第二次常委会议**】 7月2日—3日在南昌召开。会议围绕“乡村振兴战略实施和脱贫攻坚重点难点问题破解对策”进行专题协商。省政协党组书记、主席姚增科出席并讲话。省政府副省长孙菊生、胡强先后到会听取发言。省政协副主席李华栋、谢茹、汤建人、刘晓庄、陈俊卿、张勇、肖毅、刘卫平、雷元江，秘书长汪爽出席。陈俊卿做关于“乡村振兴战略实施和脱贫攻坚重点难点问题破解对策”调研情况报告。中国社科院研究员党国英应邀做《尊重乡村发展规律 实现乡村全面振兴》辅导报告。李家祥、樊欣、余少良、刘立松、陈淦彬、黄加文、曾粮、刘木华、谢林翰、许忠华等常委、委员围绕协商议题先后发言。会议通过《中国人民政治协商会议江西省委员会常务委员会工作规则（试行）》《中国人民政治协商会议江西省委员会委员履职工作规则（试行）》和人事事项。

【**省政协十二届第三次常委会议**】 10月29日—30日在南昌召开。会议围绕“污染防治攻坚战重点难点问题破解对策”进行专题协商。省政协党组书记、主席姚增科出席并讲话。省委常委、副省长刘强到会听取发言并讲话。省政协副主席李华栋、汤建人、刘晓庄、陈俊卿、张勇、刘卫平、雷元江，省政协秘书长汪爽出席。会议审议通过《政协江西省委员会全体会议工作规则（修订）》《政协江西省委员会常务委员会工作规则（修订）》《政协江西省委员会委员履职工作规则（修订）》和人事事项。

重要活动

【**接续发展务虚座谈会召开**】 2月11日在南昌召开，就如何接续做好新一届省政协工作听取意见建议。省委副书记、省政协党组书记、主席姚增科出席并讲话，省政协副主席李华栋、谢茹、汤建人、刘晓庄、陈俊卿、刘卫平、雷元江，秘书长汪爽出席。会上，省政协机关8名人员分别代表专委会办公室和办公厅处室，围绕省政协协商计划、提案工作、政协宣传、机关建设等方面发言。

【**走访调研省政协机关**】 3月28日，省委书记、省长刘奇到省政协机关走访调研，并召开座谈会。刘奇强调，做好新时代省政协工作，要坚持用习近平新时代中国特色社会主义思想武装头脑、指导实践、推动工作。要旗帜鲜明讲政治，坚决维护中共中央总书记习近平在中共中央、全党的核心地位，确保人民政协事业始终保持正确方向。要充分发挥人才智力优势，聚焦在更高层次上落实习近平对江西工作重要要求，真诚协商、务实协商，道实情、建良言，使参政议政言之有据、言之有理、言之有度、言之有物，在会协商、善议政上取得实效。要切实加强协商民主建设，开展民主监督，画好最大同心圆，汇聚起促进全省跨越发展的强大合力。8月6日，省委副书记、代省长易炼红到省政协机关走访调研并座谈。易炼红强调，人民政府与人民政协虽然承担不同的职责，但共同的使命是推进江西高质量跨越式发展。在推进政府各项工作中，要发挥人民政协不可替代的重要作用，自觉接受人民政协民主监督，始终坚持有事好商量，广开言路，博采众谋，汇集民意，集中民智，为建设富裕美丽幸福现代化江西凝聚更加强大的力量。

【**举办十二届新任政协委员培训班**】 2018年，省政协先后举办2期新任委员培训班。4月18日—20日，第一期十二届新任政协委员培训班在南昌举办。省政协主席姚增科在培训班开班式、结业式分别作了讲话,并参加培训班分组研讨会。省政协副主席陈俊卿、张勇,秘书长汪爽出席开班式与结业式。培训班主要内容是学习贯彻习近平新时代中国特色社会主义思想和中共十九大精神。培训中,组织学习习近平新时代中国特色社会主义思想和全国两会精神专题解读,举办人民政协章程和经常性工作辅导讲座,并观看《不忘初心,继续前进》主题系列片《为有牺牲多壮志》《海棠依旧》《映山红》、"走进井冈话初心"和"助民致富经"报告视频。7月3日—4日,第二期十二届新任政协委员培训班在南昌举办。省政协党组书记、主席姚增科出席并讲话。省政协副主席李华栋、谢茹、汤建人、刘晓庄、陈俊卿、张勇、刘卫平、雷元江出席。培训班主要内容是学习习近平关于加强和改进人民政协工作的重要思想。培训中,刘晓庄做《新型政党制度 伟大政治创造》、汪爽做《新时代人民政协事业发展的制度保障——关于新修订的政协章程的若干解读》的辅导报告。培训班还组织观看《理想信念高于天》《苏区干部好作风》等专题教育片。

【中共中央总书记习近平关于加强和改进人民政协工作的重要思想学习研讨情况闽赣粤琼政协片区座谈会召开】 7月20日,中共中央总书记习近平关于加强和改进人民政协工作的重要思想学习研讨情况闽赣粤琼政协片区座谈会在南昌召开。全国政协副主席李斌主持会议并讲话。江西省委常委、省委统战部部长陈兴超致辞,全国政协文化文史和学习委员会驻会副主任刘晓冰,省领导施小琳、李华栋、谢茹、汤建人、刘晓庄、陈俊卿、张勇、肖毅、刘卫平、雷元江,省政协秘书长汪爽出席会议。会上,江西省政协主席姚增科、福建省政协主席崔玉英、广东省政协主席王荣、海南省政协主席毛万春、深圳市政协主席戴北方、厦门市政协主席张健等15人作了发言。会议期间,李斌会见驻赣全国政协委员,要求驻赣全国政协委员要做学习研讨的表率,做履职尽责的表率,做遵规守纪的表率,不辱使命,不负重托,交出一份有意义的委员答卷。

【全省政协系统开展中共中央总书记习近平关于加强和改进人民政协工作重要思想学习研讨活动视频会召开】

6月5日,全省政协系统开展中共中央总书记习近平关于加强和改进人民政协工作重要思想学习研讨活动视频会在南昌召开。省政协党组书记、主席姚增科出席会议并作讲话,省政协副主席汤建人、刘晓庄、陈俊卿、张勇、肖毅、刘卫平、雷元江在主会场参加会议。省、市、县三级政协委员和机关干部1万余人在各分会场参加会议。会上,姚增科从10个方面阐述中共中央总书记习近平关于加强和改进人民政协工作重要思想的精神要义。

【"从毛泽东《寻乌调查》到中宣部《寻乌扶贫调研报告》——习近平总书记关于寻乌调研报告重要批示集中学习"座谈会召开】 4月14日,"从毛泽东《寻乌调查》到中宣部《寻乌扶贫调研报告》——习近平总书记关于寻乌调研报告重要批示集中学习"座谈会在南昌召开。省政协党组书记、主席姚增科主持研讨会,副主席李华栋、谢茹、刘晓庄、陈俊卿、张勇、雷元江,秘书长汪爽,各专委会主任、副主任,办公厅负责人参加,中宣部调研组特邀成员、赣州市委常委、宣传部部长、章贡区委书记胡雪梅,寻乌县委书记柯岩松受邀参加研讨。会上,与会人员认真学习贯彻中共中央总书记习近平重要批示精神,重温"两个寻乌"经典调研报告,谈体会、议方法、说思考,谋求新时代做好政协调研这篇大文章的佳方良策。

【举办全省政协系统书画作品展】 7月31日,全省政协系统书画作品展在南昌举办。省政协党组书记、主席姚增科出席并讲话。省政协副主席李华栋、汤建人、刘晓庄、张勇、刘卫平、雷元江,全国政协人口资源环境委员会副主任黄跃金,省人民政协理论研究会会长陈清华,省政协秘书长汪爽出席。省政协副主席、党组副书记陈俊卿主持。部分在南昌省政协常委,省政协各专委会和办公厅主任、副主任,南昌市政协领导,部分作品作者代表,省政协机关全体干部参观展览。书画展以"人民政协的初心与使命——庆祝中国共产党成立97周年、纪念改革开放40周年"为主题,从全省政协系统征集的500余幅作品中精选作品展览。

【全省政协系统党的建设工作座谈会召开】 12月12日,全省政协系统党的建设工作座谈会在抚州召开。省政协党组书记、主席姚增科出席并讲话。省政协副主席张勇主持会议;省政协副主席、抚州市委书记肖毅致辞;省政协副主席刘卫平,秘书长汪爽出席。会上,黄晓波和赣州市政协党组书记、主席刘建平,南昌市政协党组书记、主席周关,上饶市政协党组书记、主席程建平,省政协人口资源环境委员会分党组书记、主任邓兴明,井冈山市政协党组书记、主席张伟,上高县政协党组书记、主席晏晓勤先后作交流发言。其后,姚增科做了题为《严起来、紧起来、动起来,切实担当新时代人民政协的责任与新使命》的讲话。会议期间,与会人员围绕全面加强政协系统党的建设工作进行交流探讨、建言献策。组织集中观看《记忆红色经典》视频短片。姚增科传达中共中央总书记习近平近期关于人民政协工作的重要讲话精神,并畅谈观看视频短片后的感受和心得体会。刘卫平传达中共中央政治局常委、全国政协主席汪洋在全国政协十三届常委会第四次会议闭幕会上的讲话要点;汪爽传达省委书记刘奇在省委常委会会议上的讲话精神。

【江西省人民政协理论研究会第三次会员大会召开】 12月21日,江西省人民政协理论研究会第三次会员大会在南昌召开。会议总结部署江西省人民政协理论研究工作,修改研究会章程,选举产生新一届理事会,改选汪爽、梁勇、梅国平、张玉清、徐景坤、刘木华担任研究会副会长,汪爽兼任研究会秘书长,叶舟任研究会副秘书长。省政协党组书记、主席姚增科对大会召开提出要求,并强调要把握新时代人民政协的新方位新使命,增强做好政协理论研究工作的责任感。省政协副主席刘卫平出席会议并讲话。省人民政协理论研究会会长陈清华作工作报告。汪爽主持会议。

调查研究

【“文明与美丽城市建设省内外比较研究”调研】 4月，省政协采取“三位一体”方式，组织委员、省政府职能部门有关专家及南昌、宜春等市政协主席成立课题组，赴省内外开展调研，形成《文明与美丽城市建设省内外比较研究》的调研报告。调研报告重点研究外省实现城市高质量净化、高水平亮化方面的成效、举措、经验；突出问题导向，调研省内11个设区市城区和庐山等十大国家5A级景区，发现江西省净化、亮化方面不同程度存在8个方面的问题；就如何扎实有效推进江西省文明和美丽城市建设，提出10个方面的启示与建议。

【“乡村振兴战略实施和脱贫攻坚重点难点问题破解对策”调研】 5月，省政协经济委员会牵头，其他7个专委会协调配合，分头开展调研，形成一个主报告和7个子报告，提出意见和建议50余条。7月2日—3日，省政协十二届第二次常委会议进行专题协商。会后，形成《关于乡村振兴和脱贫攻坚产业发展十方面问题和十方面对策的建议案》，报送省委省政府供决策参考。《建议案》梳理出全省农村产业发展中存在的产业结构、精深加工、品牌建设、融合发展等10个方面问题，并提出10个方面50条对策建议，具体深入且有数据支撑，兼具可读性和可操作性，得到多名省领导批示。

【“污染防治攻坚重点难点问题破解对策”调研】 7月，省政协人口资源环境委员会牵头，联合7个专委会和6个民主党派省委会、省工商联，围绕“鄱阳湖生态环境综合整治重点难点问题破解对策”开展省内外联合调研。10月29日—30日，召开省政协十二届第三次专题议政性常委会议。会上，省政府副省长刘强介绍省委省政府打好污染防治攻坚战取得的成效和下步工作部署；省政协副主席刘卫平做了《关于“鄱阳湖生态环境综合整治重点难点问题破解对策”的调研报告（草案）的说明》；朱来友、徐跃进、吴财锋、林凯、赵波、肖礼庆、吴代放、罗小璋、陈荣等常委和委员作交流发言。

【“江西高新技术企业与产业发展”调研】 2018年，省政协教科文卫体委员会召开专题培训会，组织部分委员和专家学者赴广东省学习考察，并深入南昌、九江、吉安等地开展调研，形成调研报告。9月20日，在南昌召开专题协商座谈会，围绕“江西高新技术企业与产业发展”建言献策。省政协党组副书记、副主席陈俊卿主持会议。副省长孙菊生，省政协副主席汤建人出席会议并讲话。会上，省科技厅、省工信委负责人介绍江西省高新技术企业、产业和江西省LED产业发展情况。罗莹、王敏、肖为群、李淑英、陈焕文、欧阳剑雄、蓝赟等省政协常委、委员围绕协商主题从不同角度作发言。

【“残疾人基本生活兜底保障制度完善与脱贫攻坚”调研】 2018年，省政协社会和法制委员会在与省政府相关职能部门沟通、研究的基础上，组成调研组赴南昌、九江、赣州、抚州4个设区市17个县（市、区）开展实地调研，结合残疾人脱贫致富等事例，形成调研报告。9月26日，召开专题协商座谈会，围绕江西省“残疾人基本生活兜底保障制度完善与脱贫攻坚”建言献策。副省长胡强，省政协党组副书记、副主席陈俊卿出席会议并讲话。省政协副主席雷元江主持。会上，省政协委员与相关省直部门负责人从残疾预防、康复及残疾人就业、医疗、教育、法治等不同角度提出意见建议，开展互动交流。

【“加快特色民俗博物馆建设，服务江西经济社会发展”调研】 2018年，省政协文史和学习委员会组织由部分委员、专家组成的专题调研组，采取上门面商、实地调查、召开座谈会、发放调查问卷等方式进行深入调研。专题调研组赴省直有关部门和新余、吉安、南昌、上饶等设区市部分县、乡镇、村开展专题调研，形成调研报告。11月20日，召开界别协商会议，围绕“加快特色民俗博物馆建设，服务江西经济社会发展”进行协商。省政协副主席李华栋出席会议并讲话。会上，省政协文史和学习委员会副主任肖华茵对专题调研情况作了说明。郭一淳、张萌、梅联华、曹国新、艾明辉、喻凤林、钟清滨、刘玲华、杨西等省政协委员和专家学者从不同角度与相关省直部门负责人就江西省民俗博物馆建设现状、特点、存在的问题和推进建议开展互动交流。

专门委员会工作

【概　况】 2018年，省政协8个专门委员会聚焦全省中心工作，解放思想，开拓创新，各方面工作取得新进展。全年征集和处理提案563件，经审查，立案531件，并全部办复。完成“乡村振兴和脱贫攻坚产业发展问题破解对策”“鄱阳湖生态环境综合整治重点难点问题破解对策”2个议政性常委会专题协商课题，“江西高新技术企业与产业发展”等2个专题协商课题，“加快特色民俗博物馆建设，服务江西经济社会发展”“赣港澳青少年交流与红色文化教育”等4个对口和界别协商课题，组织委员开展“降成本、优环境”专项调研、侨资企业发展等专题视察界别活动60余次，提出意见和建议400余条。

【走访调研“乡村振兴”工作】 2018年，为搞好“乡村振兴”常委会议协商议题的调查研究，省政协经济委员会开展走访调研活动，组织以委员和专家学者为主体的课题组。课题组赴省内20个市、县开展实地调研，召开各类情况通报会、研讨会、调研座谈会45个，调研走访1000余人。组织开展蹲点调研活动。经济委员会组织办公室5名干部分赴瑞金、万年、泰和、德兴、武宁等地开展为期7天的乡村蹲点调研，进村入户，解剖麻雀，每人形成1篇调研报告。组织第三方抽样调查，摸清乡村产业发展底数。引入国家统计局江西调查总队，开展覆盖全省40个县80个乡镇160个行政村的第三方抽样调查，从数字维度深入查摆制约江西乡村振兴战略实施的主要问题。

【开展"我省农村教师借调问题"联合调研】 2018年，省政协教科文卫体委员会与民进江西省委会就"我省农村教师借调问题"联合开展专题调研，组成11个调研小组，分赴全省各设区市农村学校明察暗访、解剖麻雀，形成《关于我省农村教师不合理和违规被借调问题的专题调研报告》。报告在九三学社中央和北京师范大学联合主办的首届"九三教育论坛"征文评选活动中获特等奖。报送省委、省政府后，省委副书记、省长易炼红，省委常委、常务副省长毛伟明，副省长孙菊生分别作出肯定性批示。

【组织会中办案活动】 2018年，省政协全体会议期间，省政协提案委员会组织提案办理协商（即"会中办案"）活动，选择"实施乡村振兴战略"这一委员关注度高、提案比较集中的问题，举行提案办理协商会，邀请部分提案者与省委农工部等13个承办单位负责人面对面协商，促成提、办双方达成共识。省委常委、常务副省长毛伟明到会听取意见，并就认真落实好提案建议提出明确要求。

【视察全省宗教院校】 3月和10月，省政协民族和宗教委员会组织委员先后开展"我省宗教院校建设情况"的专题视察，实地视察江西佛学院曹洞佛学院、江西佛学院大金山尼众佛学院、江西佛学院宝峰佛学院、江西佛学院东林净土学院、江西圣经学校和龙虎山道教学院（筹）6所宗教院校，全面了解上述学校的教学设施、教学计划、师资力量和生员情况，并围绕宗教院校建设存在的困难和问题形成"关于当前宗教院校建设的建议"提案，提出"强化政治教育、强化经费保障、强化师资力量"建议。

【停车情况暗访式调研】 4—5月，省政协社会和法制委员会牵头成立暗访调研小组，先后深入到省厅办事单位、南昌市城区、于都县、会昌县、乐安县等省、市、县、乡四级办事窗口，对停车情况进行暗访式调研。根据调研掌握的情况并听取各方面意见建议，形成《"办事窗口停车难，一停就罚款"情况的调研报告》，以《政协专报》形式呈报省委书记刘奇阅示，刘奇批示："请美根、建洋同志阅研，积极探索努力解决。"

【举办省政协提案委员会设区市政协提案工作座谈会暨提案专职干部培训会】 5月17日，省政协提案委员会设区市政协提案工作座谈会暨提案专职干部培训会在萍乡举办。会议总结交流经验做法，全面研究部署做好新形势下的政协提案工作，并对提案工作专职干部进行业务培训。省政协副主席张勇出席并讲话。省政协提案委主任刘定明主持会议。省政协提案委副主任张国轩、黄建新，专职副主任张康平，萍乡市政协主席吴运波、副主席何义萍出席会议。各市（县、区）分管提案工作的副主席、提案委主任共120余人参加会议。

【开展"河湖长监督行"活动】 9—11月，由省政协副主席刘卫平带队，省政协人口资源环境委员会联合省水利厅成立活动组，围绕市县落实河湖长制成效与问题开展"河湖长监督行"活动。活动组首次采取河长巡河督导与委员视察相结合、视察与调研相结合方法，赴南昌、九江、宜春、上饶等市踏河视察。针对了解到的突出问题，委员会提出加强农村黑臭水体专项整治、完善河湖长制工作机制、建立跨境河湖管理沟通协调机制、完善考核机制、推进市县跨境流域联动管理、加强基层河长办规范化建设、加强信息化综合管理与服务平台建设等具体建议。

【港澳委员视察"我省健康扶贫再提升工程"】 10月，省政协港澳台侨和外事委员会组织港澳委员、特邀海外侨胞代表，赴赣州市开展以"我省健康扶贫再提升工程"为题的视察活动。针对就补充保险资金兜底保障压力大、部分贫困患者门诊保障水平相对偏低、有签约无服务、贫困慢病患者随访管理与临床治疗有脱节、基层医疗卫生资源不平衡不充分等问题，委员和代表向省政府及相关部门提出提升综合兜底保障、完善医疗服务体系、强化保障机制、加强人才培养、做实签约服务5个方面建议。

【"赣港澳青少年交流与红色文化教育"考察调研】 11月，省政协副主席谢茹带队，部分省政协常委、委员及有关专家学者组队，沿着"井冈山—延安—西北坡"的红色足迹，深入省内外多处爱国主义教育基地、革命旧址、革命纪念馆实地考察调研，与当地有关部门进行座谈交流，听取各方面的意见建议，认真分析研究相关情况，并提出对内加强统筹协调、对外加强联系沟通，加大政策支持力度、培育一批重点项目，以青年需求为导向、创新交流内容和方式，依托红色资源"请进来"、推动红色文化"走出去"4个方面的意见建议。

【文史资料征编工作】 2018年，省政协文史和学习委员会按照全国政协文化文史和学习委的文史资料征编协作要求，参与全国政协文史资料征编大协作，参与"改革开放40周年纪事""人民政协70周年纪事""海外侨胞和归侨侨眷投身祖国建设纪事""脱贫攻坚工作纪事"4个协作课题的史料征集工作，按时向全国政协提交史料。组织开展富有本地特色的资料征编。相继开展"我与'共大'""我的98抗洪""我与改革开放""我与'三线'建设"等史料的征编工作。结合调研课题征集文史资料，在开展乡风文明建设调研的同时，把"家风家训"资料征集融入调研工作，边调研、边征集文史资料。共征集相关史料80余万字，图片100余幅。

（省政协办公厅）

本栏编辑　刘清林

纪检监察

综述

2018年,全省各级纪检监察机关认真贯彻中央纪委国家监委和省委决策部署,坚持稳中求进工作总基调,忠实履行党章和宪法赋予的职责,持之以恒正风肃纪,深入推进反腐败斗争,持续建设江西风清气正的政治生态,为建设富裕美丽幸福现代化江西提供坚强保证。

强化政治监督。省纪委省监委坚持把深入学习习近平新时代中国特色社会主义思想和中共十九大精神作为全省纪检监察系统首要政治任务,推动全省从更高层次贯彻落实中共中央总书记习近平对江西工作的重要要求,坚决做到"两个维护"。深入推进风清气正政治生态建设,坚决全面彻底肃清苏荣案余毒,深刻汲取李贻煌等人案件教训,对"七个有之"问题始终保持高度警觉,全省立案审查违反政治纪律案件304件326人。

健全完善监督体系。深入推进纪检监察体制改革,省、市、县三级监委按期组建到位。探索推动监察职能向基层延伸,乡镇监察机构覆盖率达100%。稳步推进全省乡镇纪委标准化规范化建设,按照有队伍、有制度、有场所、有设备、有经费、有作为的"六有"标准,逐步实现规范化管理,为打通监督全覆盖"最后一公里"奠定扎实基础。

持续加强作风建设。按照中央八项规定及其实施细则精神和江西省若干意见要求,紧盯"四风"隐形变异,坚持纠"四风"转作风不止步。对"一桌餐"场所进行拉网式排查,严肃整治"谢师宴""升学宴"变味走样乱象和领导干部利用名贵特产类特殊资源谋取私利问题。下大气力整治"怕、慢、假、庸、散"作风问题和形式主义、官僚主义突出问题。

巩固发展反腐败斗争压倒性态势。坚持无禁区、全覆盖、零容忍,始终保持惩治腐败高压态势,"打虎""拍蝇""猎狐"多管齐下,查处李良仕等一批腐败分子,运用监督执纪"四种形态"处理5.43万人次。坚决整治群众身边腐败和作风问题,深入开展扶贫领域腐败和作风问题专项治理。把惩治涉黑涉恶腐败和"保护伞"作为反腐败斗争重要内容,精准发力、重拳出击。认真梳理中央环保督察办移交问题线索,指导、督促市县纪委监委严肃查办生态环保方面问题736起。

强化自身建设。省纪委省监委坚持党管干部原则和好干部标准,统筹做好干部培育、选拔、管理、使用工作,不断加强忠诚干净担当的高素质干部队伍建设。通过问卷调查,谈心谈话,全方位、多渠道、近距离了解干部。进行轮岗交流,搅动"一池活水"。强化自我监督,严肃查处付策群等人违纪违法问题,保持队伍纯洁性。

重要会议

【省纪委十四届三次全会召开】 2月1日—2日,中国共产党江西省第十四届纪律检查委员会第三次全体会议在南昌举行。出席会议的省纪委委员43人,列席189人。省委书记鹿心社出席全会并发表讲话。省委常委和省人大常委会、省政府、省政协领导出席会议。

全会主要任务是:深入贯彻落实中共十九大和十九届中央纪委二次全会、省委十四届五次全会精神,总结2017年全面从严治党工作,部署2018年任务。全会由省纪律检查委员会常务委员会主持,审议通过孙新阳代表省纪委常委会所做的《坚决落实党的十九大全面从严治党战略部署,为谱写新时代中国特色社会主义江西篇章提供坚强保证》工作报告。全会认真学习、深刻领会中共中央总书记习近平重要讲话和中央纪委二次全会精神。

全会提出,2017年是新一届省委和省纪委工作全面开局之年。省纪委和全省各级纪检监察机关深入落实全面从严治党各项要求,全面履行监督执纪问责职责,推动全省党风政风向上向好,政治生活气象更新,政治生态持续优化。2018年工作的总体要求是:高举中国特色社会主义伟大旗帜,以习近平新时代中国特色社会主义思想为指导,认真贯彻落实中共十九大战略部署和十九届中央纪委二次全会、省委十四届五次全会精神,不忘初心、牢记使命,增强"四个意识",坚定"四个自信",大力弘扬井冈山精神,忠实履行党章和宪法赋予的职责,紧紧围绕坚持和加强党的全面领导,紧紧围绕维护中共中央总书记习近平在中共中央和全党的核心地位,紧紧围绕维护中共中央权威和集中统一领导,坚持稳中求进工作总基调,监督检查党章执行和中共十九大精神贯彻落实情况,以党的政治建设为统领,全面推进党的各项建设,深化国家监察体制改革,持之以恒正风肃纪,深入推进反腐败斗争，持续建设江西风清气正的政治生态，锻造忠诚干净担当的纪检监察干部队伍，为决胜全面建成小康社会、建设富裕美丽幸福现代化江西、奋力谱写新时代中国特色社会主义江西篇章提供坚强保证。

【全省纪检监察工作座谈会暨设区市纪检监察工作半年报告会召开】 8月6日，全省纪检监察工作座谈会暨设区市纪检监察工作半年报告会在南昌召开。省委常委、省纪委书记、省监委主任孙新阳出席会议并讲话。省纪委常务副书记、省监委副主任潘东军主持会议。省纪委省监委领导班子成员，各设区市纪委书记、副书记(秘书长)，省纪委省监委机关各部门牵头负责人，省委巡视办主任、副主任，省纪委省监委各派驻(派出)机构主要负责人，省属国企、省管高校纪委主要负责人参加会议。

会议传达学习省委十四届六次全会精神，系统总结全省纪检监察机关上半年工作，深入分析形势任务，研究部署下半年工作。11个设区市纪委监委主要负责人作半年工作情况汇报，潘东军、肖德福、肖良分别对分管工作进行现场点评。

孙新阳听取汇报和点评后作了总结讲话，要求全省纪检监察机关要深入学习贯彻习近平新时代中国特色社会主义思想和中共十九大精神，既要守住“稳”的基调大局，保持全面从严治党战略定力，又要坚持“进”的目标指向，找准工作突破点和着力点，按照省纪委三次全会部署，扎实做好下半年纪检监察各项工作，努力推动新时代纪检监察工作实现高质量发展。

廉政建设

【概　况】 2018年，全省各级纪检监察机关查处违反中央八项规定精神问题3951起，处理5684人，给予党纪政务处分2474人。紧盯“四风”隐形变异问题，对全省高档住宅小区、写字楼“一桌餐”场所进行拉网式排查。针对“谢师宴”“升学宴”变味走样乱象，及时制定下发通知，明确“六个严禁”纪律要求。部署开展严肃整治领导干部利用名贵特产类特殊资源谋取私利问题，坚决查处靠山吃山、假公济私、以权谋私、利益输送等问题。认真落实全省作风建设工作会议精神，下大气力整治“怕、慢、假、庸、散”等作风问题。重点聚焦中共中央总书记习近平重要讲话和批示中指出的形式主义、官僚主义突出问题，开展调研排查，进行集中整治。中共十九大以来，全省查处形式主义、官僚主义和“怕、慢、假、庸、散”问题2910起，处理4619人，给予党纪政务处分1535人。把握全省党内政治生态状况，动态研判领导班子、领导干部廉政情况，省纪委共办理征求党风廉政意见1200余人次。

【执纪审查】 2018年，省纪委省监委机关严明政治纪律，把违反政治纪律问题作为执纪审查的重点，牢牢把握监督基本职责，使监督执纪由“惩治极少数”向“管住大多数”拓展，失责必问、问责必严成为常态。严肃党内政治生活，派员对全省153个市厅级单位领导班子2017年度民主生活会和“坚决全面彻底肃清苏荣案余毒持续建设风清气正政治生态”专题民主生活会进行全覆盖督导。全省纪检监察机关共接受信访举报件6.95万件，处置问题线索4.65万件，立案1.40万件，给予党纪政务处分1.39万人，移送司法机关处理350人，同比分别增长50%、31.6%、32.4%、10%、28.7%。查处李良仕等一批腐败分子。中央追逃办确定的江西省7名外逃国家工作人员已经追回6人，20名失踪国家工作人员追回17人。“猎狐”行动从国境外追回在逃经济犯罪嫌疑人33人。深化运用监督执纪“四种形态”，全省运用“四种形态”处理5.43万人次，同比增长19.6%，其中第一、二、三、四种形态占比分别为73.7%、21.4%、2.6%、2.3%。首次对江西省驻境外工作机构开展党风廉政建设工作情况监督检查。对重大改革、重点工作中推诿应付等不担当、不作为问题，坚决追责问责，全省查处落实“两个责任”不力问题6304起，问责党组织2228个，问责领导干部6305人，纪律处分925人。启动“天网2018”行动，深化“三会一书两公开”警示教育，切实做好查办案件。

【正风肃纪】 2018年，省纪委省监委机关深入开展扶贫领域腐败和作风问题专项治理，常态化深入贫困乡村、贫困家庭了解脱贫攻坚实情，督导推进专项治理工作不断深化。全省查处扶贫领域腐败和作风问题1.09万个，处理1.63万人，省纪委省监委通报10起扶贫领域腐败和作风问题典型案例。把惩治涉黑涉恶腐败和“保护伞”作为反腐败斗争的重要内容，精准发力、重拳出击。全省立案查处涉黑涉恶腐败和“保护伞”问题347起，党纪政务处分158人，移送司法机关处理44人。建立“联点包案”机制，梳理出7个涉黑涉恶重点地区、7个涉黑涉恶重点行业、11个涉黑组织案件，分别由省纪委省监委领导分工联系挂点，进行包案“挖伞”“打伞”。与公安机关建立协作配合和“签字背书”机制，在全国扫黑除恶专项斗争推进会上受到全国扫黑除恶专项斗争领导小组和中央纪委国家监委肯定。认真梳理中央环保督察办移交的问题线索，深入调查核实，指导、督促市县纪委监委严肃查办生态环保方面问题736起，处理1244人，给予党纪政务处分453人，移送司法机关14人。

【纪检监察队伍建设】 2018年，省纪委省监委班子成员以党的政治建设为统领，严格落实双重组织生活、请示报告等制度，认真履行“一岗双责”。全年对全省8056名纪检监察干部开展问卷调查，与450余名纪检监察干部进行谈心谈话，全方位了解干部。机构改革期间，省纪委按照人事相宜、急用先配的原则，推荐和选拔使用一批各层级干部。轮岗交流干部59人，系统内外交流干部33人。全面推行政治家访，强化自我监督，全省纪检监察机关共处理纪检监察干部314人。严肃查处驻省国资委纪检监察组原主任科员付策群等人的违纪违法问题，清除害群之马，保持队伍纯洁。

制度建设

【下发《关于建立扫黑除恶专项斗争监督执纪问责工作机制的通知》】 为深入贯彻落实中共十九大部署和中

共中央总书记习近平重要指示精神，坚决惩治涉黑涉恶腐败问题，2月26日，省纪委省监委印发《关于建立扫黑除恶专项斗争监督执纪问责工作机制的通知》，建立扫黑除恶专项斗争监督执纪问责的组织协调、线索排查、线索移送和查办结果反馈、线索处置、问责追责、报告通报6项工作机制。

【修订《中共江西省纪委常委会工作规则》】 为坚决落实全面从严治党政治责任，加强和规范省纪委常委会工作，5月20日，省纪委修订《中共江西省纪委常委会工作规则》，对职责、会议、文件审批、组织原则等进行部分修订。

【制定《江西省纪委省监委领导班子关于改进工作作风的实施办法》】 为落实中央八项规定及其实施细则精神和中央纪委、省委关于进一步改进作风的有关规定，5月20日，省纪委省监委印发《江西省纪委省监委领导班子关于改进工作作风的实施办法》。该办法就不断改进调查研究、严格精简会议活动、大力压缩文件简报、注重改进新闻报道、切实加强外事管理、厉行勤俭节约作出规定。

【制定《关于加强和推进乡镇纪委标准化规范化建设的指导意见》】 为持续深化乡镇纪委“三转”，推动全面从严治党在基层落实，8月24日，省纪委印发《关于加强和推进乡镇纪委标准化规范化建设的指导意见》。该意见指导乡镇纪委按照“有队伍、有制度、有场所、有设备、有经费、有作为”的“六有”标准，开展标准化规范化建设，提出具体要求，明确组织实施方法步骤，使全省乡镇纪检监察组织机构进一步健全，工作职责和制度机制等得到进一步明确和完善。

【制定《关于加强派驻监督与巡视监督协作配合的意见》】 为健全完善省纪委省监委派驻监督与省委巡视监督的协作配合机制，形成监督合力，8月21日，省纪委印发《关于加强派驻监督与巡视监督协作配合的意见》。该意见对省纪委省监委派驻（派出）机构和省委巡视组、省委巡视办之间的信息沟通、协作联动、整改落实和其他事项予以明确。

【制定《江西省纪检监察机关审查调查场所建设管理监督工作暂行办法》】 为规范全省纪检监察机关审查调查场所建设、管理和监督，根据有关法律法规和制度规定，11月30日，省纪委省监委印发《江西省纪检监察机关审查调查场所建设管理监督工作暂行办法》。该办法对审查调查场所的范围进行定义，明确审查调查场所安全监管工作实行监督、管理和保障职能相对分离，并对场所建设要求和管理、监督职责分工等作了具体规定。

【制定《江西省监察委员会特约监察员工作办法》】 为规范特约监察员工作，推动监察机关依法接受民主监督、社会监督、舆论监督，11月29日，省监委印发《江西省监察委员会特约监察员工作办法》。对特约监察员的聘请、换届、解聘、职责、权利、义务和履职保障等明确予以规定。

【制定《江西省纪委省监委机关档案管理办法（试行）》】 为进一步加强和规范省纪委省监委机关档案管理工作，确保机关档案收集齐全、整理规范、保管安全和有效利用，8月15日，省纪委省监委印发《江西省纪委省监委机关档案管理办法（试行）》。该办法对档案管理机构人员及其职责、文件材料收集归档、归档文件材料整理、档案保管保密、鉴定销毁、信息化建设和查阅利用等进行明确规范。

监　察

【监察体制改革】 2018年，全省各级党委、纪委主动扛起政治责任，党委书记当好“施工队长”，一体推进国家监察体制改革和纪检监察机构改革。省、市、县三级监委于2月10日全部组建到位，推进职责、人员、工作深度融合，实现“形”的重塑、“神”的重铸。加强宪法、监察法的学习贯彻，全面履行监督执纪问责和监督调查处置职能，全要素使用12种调查措施，集中统一、权威高效的监察体系初步建立。省纪委省监委派驻机构统一更名为派驻纪检监察组，履行纪检、监察两项职责。省、市两级纪委监委实行监督检查与审查调查部门分设，增强案件监督管理、案件审理等部门力量。探索推动监察职能向基层延伸，乡镇监察机构覆盖率达100%。推动纪法贯通、法法衔接，制定审查调查措施使用规范、职务犯罪证据收集指引等制度规定。

【监察履职监督问责】 2018年，江西省监察委把握监督职责，探索有效履职的方式方法。把定位向监督聚焦、责任向监督压实、力量向监督倾斜。推动日常监督与执纪问责、审查调查、巡视巡察相衔接，认真处理监督中发现的问题线索。强化党委对反腐败工作全过程、常态化领导，修订《中共江西省委反腐败协调小组工作规则》等制度，发挥反腐败协调小组职能作用。坚持受贿行贿一起查，始终保持惩治腐败高压态势。全省纪检监察机关共立案1.39万件，给予党纪政务处分1.38万人，移送司法机关处理350人，同比分别增长32.4%、10%、28.7%。对308名被调查人和涉案人员采取留置措施进行调查，其中涉及厅处级领导干部56人，果断查处李良仕、姚迪明、应勤进、杨玲玲、王四华等一批腐败分子。

【监察制度】 2018年，出台《关于办理职务犯罪案件加强协作配合的意见（试行）》，进一步加强纪法衔接。及时梳理审查调查、巡视巡察中发现的体制机制问题和制度漏洞，提出纪检监察建议，推动以案促改。牢固树立“没有安全就没有审查调查”的理念，推动全省各级纪检监察机关审查调查场所监管分离，规范“走读式”谈话、看护队伍建设等工作，开展经常性审查调查安全监督检查。建立特约监察员制度，出台《江西省监察委员会特约监察员工作办法》，推动纪检监察机关依法接受民主监督、社会监督、舆论监督。

（陈超）

本栏编辑　刘清林

民主党派和工商联

中国国民党革命委员会江西省委员会

【概　况】　2018年，民革江西省委会共有地方组织12个，其中省级组织1个，设区市组织11个；基层组织297个，其中基层委员会10个，总支委员会36个，支部251个。全省民革党员总数5013人。党员中担任各级人大代表、政协委员671人，占党员总数13.39%。其中，全国人大常委会委员1人，全国人大代表1人，全国政协委员2人，省人大代表10人（其中省人大常委会副主任1人、省人大常委会委员2人），省政协委员30人（其中常委7人）。担任副处级以上干部175人，其中省部级2人、厅局级15人、县处级158人。

【组织建设】　2018年，民革江西省委会新发展党员286人，平均年龄36.5岁。其中，大学以上学历248人（含博士6人，硕士39人），占新党员总数86.7%；具有中高级职称101人，占新党员总数35.32%；有市人大代表1人，市政协委员1人，县区人大代表2人（含县区人大常委会委员1人），县区政协委员9人（含县区政协常委1人）；新发展社会与法制专业人士21人，占新党员总数7.35%。省委会制定示范支部创建活动实施方案，下发《支部工作手册》，确定20个基层组织为2019年争创示范支部名单。已建成民革党员之家42家（其中市委会24家，省直18家），在建8家。推荐民革党员14人参加中共中央统战部、民革中央、中共江西省委统战部举办的各类培训，举办1期民革全省基层骨干培训班。

【建言献策】　2018年，民革江西省委会在省政协十二届一次会议上，报送大会发言5篇，集体提案16篇，《提升小区物业管理服务水平，创造和谐城市生活》被列为“省政协重点督办提案”。参加各类政治协商会10余次，向民革中央报送社情民意20篇，采用3篇，向省政协报送社情民意63篇，采用15篇，其中转送全国政协综合采用3篇。《东湖区探索时间银行志愿服务模式解决高龄老人养老难》获省委主要领导批示，《关于推动赣州市旅游发展的建议》《关于加快推进南昌城市品牌建设的建议》获省领导批示。

【思想宣传】　2018年，民革江西省委会把思想政治建设放在首位，及时组织传达学习中共中央总书记习近平新时代中国特色社会主义思想及中共十九届二中、三中全会和中共江西省十四届六次、七次全会精神。继续开展“不忘合作初心、继续携手前进”主题教育活动，举办文艺汇演、摄影展、主题征文活动。组队参加民革中央举办“不忘合作初心，继续携手前进——纪念民革成立70周年”知识竞赛活动，获全国第5名。组织参加民革中央举办“庆祝改革开放40周年”主题征文活动，获二等奖1篇、三等奖2篇。组织参加中共江西省委统战部举办“携手迈进新时代，同心共筑中国梦”征文活动和“我与改革共成长”征文活动，分别有12篇、3篇获奖，省委会获组织奖。在中共江西省委统战部举办“全省统一战线学习党的十九大精神网上知识竞赛”中，民革党员4000多人次参加，省委会获组织奖。全年刊发《江西民革》4期，获省新闻出版广电局通报表扬；“江西民革”微信公众号全年推送114次，发表文章364篇，全年阅读量过万次，勤勉度超越81%的公众号。江西民革网站发稿530篇，被民革中央网站采用122篇，其中首页推荐稿件7篇。《团结报》用稿量、征订率均有所上升，民革南昌市委会、上饶市委会分别获2018年度《团结报》征订先进集体一等奖和进步奖。

【社会服务】　2018年，民革江西省委会推动广昌县新安村公共文化活动中心整体竣工并投入使用，推动新安村自来水管网对接工程完工，促成覆盖163户贫困户食用菌产业帮扶项目。实地走访赣州市南康区、上犹县40个村，发放调查问卷100份，形成调研成果《加强教育扶贫，坚决阻断贫困代际传递》。全省各级组织开展“博爱·牵手”相关活动70余次，受益4000余人。全省各地中山法律援助工作站开展法律援助案件30余件，累计受益群众500余人。省委会、江西中山书画院举办纪念中共“五一口号”发表70周年书画作品展，承办庆祝改革开放40周年“翰墨传薪·齐聚八大——四馆馆藏书画精品合作交流展”。

【促进祖国统一工作】　2018年，民革江西省委会涉台参政议政成效显著。5月22日，台湾高雄市工商联合会参访团一行在南昌参访交流，民革省委会专职副主委陈春平代表省委会接待到访客人。5月29日，中国国民党大陆事务部副主任、青年部副主任、台湾青年联合会理事长何溢诚博士一行拜访民革省委会并召开座谈会。7月6日，民革省委会、省台办、省教育厅主办，南昌市台办台联、南昌职业学院承办第五届海峡两岸(南昌)青年学生夏令营。7月14日，江西省台联主办，民革省委会祖国统一委员会、南昌职业学院承办2018年全国台联台胞青年千人夏令营江西分营，江西省人大常委会副主任、民革省委会主委马志武出席开营式并颁授江西分营营旗。民革全省各级组织和广大党员接待到赣回乡探亲、交流参访、投资考察的台胞台属400余人次。

【民革江西省十三届二次全委会召开】 4月18日，民革江西省十三届二次全委会在南昌召开。中共江西省委常委、省纪委书记、省监察委员会主任孙新阳出席并讲话。江西省人大常委会副主任、民革省委会主委马志武致辞并作工作报告。中共江西省纪委驻省委统战部纪检组组长廖元柱应邀出席。民革江西省委会副主委胡汉平、陈春平、徐景坤、李家祥、熊皓、傅春出席会议。民革江西省十三届委员会委员参加会议，民革江西省内部监督委员会委员、部分民革市委会专职副主委、省直支部负责人及省委会机关处级干部列席会议。会上，传达学习中共中央总书记习近平在全国两会期间的重要讲话精神和全国两会精神，听取民革江西省监督委员会工作报告，表彰2017年度民革全省先进单位和先进个人。会议通过民革江西省十三届二次全委会决议。

【调研活动】 5月23日—25日，全国人大常委会副委员长、民革中央主席万鄂湘率民革中央调研组到江西，就“赣江与长江生态保护、检察公益诉讼工作以及人民法院组织法、人民检察院组织法修改”等主题开展调研活动，并召开座谈会，听取江西省推进长江大保护与可持续发展、检察公益诉讼的有关情况，以及专家学者对“两院”组织法修改的意见建议。在赣调研期间，中共江西省委、省长刘奇，中共江西省委常委、省委统战部部长陈兴超会见万鄂湘一行。中共江西省委常委、常务副省长毛伟明参加座谈会。江西省人大常委会副主任、民革省委会主委马志武全程陪同。省法院、省检察院主要负责人出席座谈会。

【举办纪念中共中央“五一口号”发布70周年文艺演出】 5月25日，民革江西省委会举办“不忘合作初心、继续携手前进”——纪念中共中央“五一口号”发布70周年文艺演出。江西省人大常委会副主任、民革江西省委会主委马志武出席并致辞。江西省政协理论研究会会长、江西省政协原副主席、民革江西省委会原主委陈清华，中共江西省委宣传部常务副部长、省委网信办主任郭建晖，中共江西省纪委驻省委统战部纪检组组长廖元柱，民革江西省委会副主委陈春平、徐景坤、熊皓，民革江西省委会原副主委李友祥、朱江以及民革全省各基层组织的民革党员共500余人观看演出。来自民革全省各基层组织的党员通过歌伴舞、群舞、歌曲、诗朗诵、武术表演、器乐合奏、太极拳表演等形式，展现全省民革党员迈进新时代、展现新作为的精神风貌和不忘合作初心、继续携手前进的责任担当。

【民革江西省企业家联谊会成立】 1月3日，民革江西省企业家联谊会成立大会在南昌召开。民革省委会领导马志武、胡汉平、陈春平等参加会议。姚全保被选举为首届联谊会会长。联谊会先后召开企业家座谈会，开展非公企业调研，捐资6万元改善新安村办公条件，捐资4万元走访困难民革党员。截至2018年年底，已有南昌等7个市委会成立民革企业家联谊会分会。

(陈舟)

中国民主同盟江西省委员会

【概　况】 截至2018年年底，全省有民盟基层组织265个，11个设区市均设有市委会。全省有盟员8411人，中上层人士有7010人，占83.3%；中高级职称盟员有6390人，占76%。盟员中担任省政协副主席1人；正厅级领导2人，其中省政协专委会主任1人、省教育厅巡视员1人；副厅级领导9人，其中省政协副秘书长1人，设区市副市长1人，省工商联副主席1人，设区市人大常委会副主任2人，设区市政协副主席3人，大学副校长1人。担任各级人大代表、政协委员914人次，占盟员总数11.2%。其中，全国人大代表3人，全国政协委员2人(常委1人)；省人大代表13人(常务委员会委员2人、专委会副主任1人)，省政协委员45人(常委9人、专委会主任1人、副主任1人)，市人大代表69人(常务委员会委员12人)，市政协委员265人(常委42人)；担任副处级以上盟员230余人，其中在政府及司法部门担任副处以上职务30余人；担任省级及以上特约监督员21人(其中最高人民法院特约监督员1人)，担任省政府参事4人，担任省文史馆馆员7人。

【组织建设】 2018年，民盟江西省委会大力推进代表人士队伍、高校基层组织和基层组织领导班子建设。制定并实施2018—2022年组织发展规划，全年发展新盟员386人，平均年龄36.5岁。新增“盟员之家”9个，总数达到61家。广大盟员爱盟兴盟，在本职岗位上建功立业，毛国典、刘林芽、汪生权等一批盟员荣获国家级、省级荣誉称号。

【参政议政】 在中共江西省委、省政府、省政协及省委统战部召开的各类协商会上，围绕事关全省改革发展稳定大局的重要问题提出意见和建议。提交的《关于加快推进我省金属材料产业高质量发展的建议》《创新我省“互联网+政务服务”须加速信息“破壁”步伐》专报获省委省政府主要领导批示。完成《依托“一带一路”，加快推动我省建筑企业“走出去”》《城镇托幼事业发展与政策建议》等重点课题调研，成果受到民盟中央、中共江西省委领导的肯定。全国两会期间，盟员人大代表、政协委员多次接受中央电视台等主流媒体采访，相关建议、提案被国家级、省级媒体转载；民盟省委会领导还作了《让乡村文明蔚然成风》的政协大会发言。在省政协十二届一次会议上，共提交集体提案11件和大会发言10篇，其中2件被定为重点督办提案。组织广大盟员参与民盟中央各类论坛，《整治农村人居环境，让更多群众"记得住乡愁"》等4篇论文被评为优秀论文。向民盟中央、省政协、省委办公厅、省委统战部报送信息500余篇次，其中被省政协采用48篇，全国政协采用2篇，民盟中央采用20余篇，省领导批示7篇。民盟省委会被评为省政协"反映社情民意信息工作先进单位"，在2018年度省政协信息工作考评中名列第一。

【思想宣传】 以开展"不忘合作初心，继续携手前进"专题教育为抓手，通过"刊、网、号"立体平台，有效引导盟员深刻领会习近平新时代中国特色社会主义思想。踊跃参与中共江西省委统战部等部门举办的中共十九大知识竞赛、"同心共筑中国梦 携手迈进新时代"主题征文等活动，民盟省委会荣获多项组织奖。《谷霁光传》荣获民盟中央2017年研究课题一等奖；举办参政党理论研究会换届会议和参政党理论研讨会，选举产生新一届领导机构。民盟省委会荣获全盟思想宣传工作先进集体称号。

【社会服务】 支持"同心·振兴广昌示范区"建设，通过持续开展产业、教育、健康等扶贫事业，为广昌县脱贫摘帽贡献民盟力量。组织盟员专家在省女子监狱开展法律咨询、医疗义诊、心理健康、就业推介等大型综合帮教活动。联系新东方教育集团，在南昌市新建区举行民盟"烛光行动——新东方教师社会责任行"义务培训；"公明·爱迪生"项目和"烛光照亮希望·爱心助力梦想"活动共资助20名贫困高中生。

【举办纪念中共中央发布"五一口号"70周年专题讲座】 4月27日，民盟省委会、民盟南昌市委会在南昌联合举办纪念中共中央发布"五一口号"70周年专题讲座。省政协副主席、民盟省委会主委刘晓庄出席并作题为《汲取历史力量 续写时代篇章》的辅导讲座。省直基层组织和南昌市盟员代表以及省、市盟机关干部共100余人参加。活动由民盟省委会专职副主委刘新农主持。

【纪念改革开放40周年书画展暨民盟中央美术院江西分院揭牌仪式举行】

9月29日，"美美与共·盟墨飘香"——纪念改革开放40周年书画展暨民盟中央美术院江西分院揭牌成立仪式在江西科技师范大学图书馆举行。全国人大常委会委员、民盟中央副主席、中国文联副主席张平，省政协副主席、民盟省委会主委刘晓庄出席仪式并共同为民盟中央美术院江西分院揭牌。民盟中央宣传部部长曲伟，省委统战部副部长高鹰群，省文联副主席鄢平原，江西科技师范大学校长左和平、副校长李玉保，民盟省委会副主委黄菊花、张国新，中国书协副主席、省书协主席毛国典，省教育厅人事处调研员杨联愚等出席仪式，仪式由民盟省委会专职副主委兼秘书长刘新农主持。"美美与共·盟墨飘香"——纪念改革开放40周年书画展，共展出江西盟员书画家山水、花鸟、人物、书法、篆刻等作品71幅。民盟中央美术院江西分院理事，此次书画展作品创作者，民盟江西科技师范大学委员会和民盟南昌市委会盟员代表，江西科技师范大学美术学院师生以及民盟省委会机关全体工作人员，共100余人参加活动。

【庆祝改革开放40周年暨民盟江西省艺术团成立文艺演出举行】 11月10日，庆祝改革开放40周年暨民盟江西省艺术团成立文艺演出在南昌航空大学剧场举行。省政协副主席、民盟省委会主委刘晓庄，中共江西省委统战部副部长、省工商联党组书记李青华，南昌航空大学党委副书记黄士安等出席活动。民盟省委会副主委何建洋、黄菊花、陈文华、刘新农、张国新和副巡视员胡淑玉出席活动。民盟江西省艺术团理事和部分盟员艺术家，民盟省委会机关全体干部职工，民盟省直基层组织和南昌市盟员代表，以及南昌航空大学师生共500余人观看文艺演出。

【开展脱贫攻坚专项民主监督】 10月18日—19日，省政协副主席、民盟省委会主委刘晓庄率调研组，到永新、万安开展脱贫攻坚民主监督调研。民盟省委会专职副主委兼秘书长刘新农，民盟省委会社会服务工作委员会副主任、江西时代高科节能环保建材有限公司董事长舒文峰等随同调研。中共吉安市委常委、市委统战部部长卢正大，吉安市人大常委会副主任、民盟吉安市委会主委龙新以及两县相关领导分别陪同。调研期间，民盟省委会分别向两县捐赠5万元爱心款。

【民盟江西省委十四届七次常委（扩大）会议暨全省"盟员之家"建设经验交流会召开】 12月14日，民盟江西省委十四届七次常委（扩大）会议暨

11月10日，庆祝改革开放40周年暨民盟江西省艺术团成立文艺演出在南昌航空大学剧场举行

李冰洁供

全省“盟员之家”建设经验交流会在弋阳县方志敏干部学院召开。省政协副主席、民盟省委会主委刘晓庄出席并讲话。中共上饶市委常委、市委统战部部长陈洪生,中共弋阳县委副书记、方志敏干部学院常务副院长刘伟明应邀出席并致辞。民盟省委会副主委何建洋、黄菊花、陈文华、张国新,中共上饶市委统战部副部长张著权等出席。民盟省委会专职副主委兼秘书长刘新农主持。会议对2018年年底及2019年工作作了安排部署,明确主要任务和工作重点。

【民盟华东六省一市盟务工作会议召开】 10月25日,民盟华东六省一市盟务工作会议在景德镇市召开。省政协副主席、民盟省委会主委刘晓庄出席会议并讲话。中共景德镇市委常委、市委统战部部长张春萍致欢迎辞。民盟华东六省一市省级组织专职副主委(秘书长)及机关各部(处)室负责人,景德镇市盟员代表共80余人参加会议。会议主题是“发挥民盟文化界别特色,服务经济社会发展”。会上,各省市民盟盟员代表围绕会议主题,就做好新时代盟务工作进行交流与讨论。会议期间,全体与会人员还调研参观中国陶瓷博物馆、宝瓷林、陶溪川、皇窑博物馆和御窑博物馆,对景德镇市的文化事业发展有了直观印象与生动体验。

【调研活动】 7月19日,全国人大常委会委员、民盟中央专职副主席徐辉到赣就民盟高校基层组织建设进行调研。调研组在南昌大学召开座谈会,省政协副主席、民盟省委会主委刘晓庄主持。民盟省委会副主委黄菊花、刘新农,民盟省委会常委、南昌大学副校长朱友林以及11所在昌高校民盟组织负责人参加。

【举办全省新盟员培训会】 8月26日—27日,民盟省委会在南昌举办全省新盟员培训会。全省100余名新盟员参加培训。其间,省政协副主席、民盟省委会主委刘晓庄为新盟员作《民盟的苦难辉煌(1941—1949)》盟史讲座并讲话;省政府参事、民盟省委会原副主委王东林作参政议政讲座。15名新盟员代表结合自身实际,畅谈入盟感想体会。民盟省委会专职副主委刘新农作总结讲话。

(孙超洋)

中国民主建国会江西省委员会

【概　况】 2018年,民建江西省委会共有地方组织12个,其中省级组织1个,省辖市级组织11个;基层组织249个(其中基层委员会5个,总支部34个,支部210个),另有小组3个,会员4735人,当年会员发展率5.3%,净增率4.8%。会员中大专以上学历占84.8%,中、高级职称占46.5%,中上层会员占66%,经济届会员占74.4%,非公经济人士占20.4%,新的社会阶层会员占11.7%,担任政府机关及司法部门科级以上领导职务321人。全国人大代表2人,全国政协委员3人;省人大代表17人,省政协委员33人。

【主题教育活动】 2018年,民建江西省委会组织开展“五一口号”发布70周年书画展和主题征文活动,共收集书画作品37幅、征文115篇。开展以“深化政治交接,弘扬优良传统,推动新时代统一战线和多党合作事业实现新的更大发展”为主题的重点理论研究,共上报理论研究成果54篇;在省委统战部组织的纪念中共中央发布“五一口号”70周年“携手迈进新时代同心共筑中国梦”主题征文活动中,共报送作品107篇,有14篇作品获奖;“新时代,你好!”主题征文活动中选送的征文有4篇被评为优秀作品,获优秀组织奖;在“凝心聚力话改革同心筑梦再启航”江西统一战线致敬改革开放40周年微信征文活动中,共报送征文52篇,获优秀组织奖,其中有2篇被评为优秀作品,并被制作成音像资料参加朗诵活动,获得朗诵活动三等奖;向民建中央报送庆祝改革开放40周年征文活动征文106篇。

【专题调研】 2018年,民建江西省委会制定下发《民建省委会课题调研工作管理暂行办法》,形成《做好加减法 着力破解我省工业园区污水处理难题》的调研成果。开展课题征选,全年征集调研成果58篇。形成的调研成果《关于光伏扶贫工程的几点建议》报送民建中央,《光伏扶贫工程的一些“不良”苗头需引起关注》获省政协采用。省委会提交的“脱贫攻坚民主监督”专题调研报告《打好“后三年、三年后”脱贫攻坚战必须转变几个理念》,获得省委书记刘奇、省长易炼红、副省长胡强等省领导重要批示。

【大会发言与提案】 2018年,民建江西省委会在江西省政协十二届一次会议上,提交口头发言2篇,书面发言16篇,集体提案17件,省委会副主委赵波代表省委会作了题为《创优工业园区服务环境 增强对资源要素的吸引力》的大会口头发言,省委会副主委刘木华就《贯彻落实十九大精神全力创造江西发展新动能》作大会口头发言。在江西省政协2018年的表彰通报中,民建省委会的2篇大会发言和4篇会员个人建言献策成果受到表彰。

【社会服务】 2018年,民建江西省委会共收到社情民意信息340多篇,向江西省政协、民建会中央编辑报送150余篇,1篇被省委常委、副省长刘强批示,3篇被民建会中央采用。组织全省民建组织为“三农”办实事85件(次);捐资建校2所;捐资助学1050人;会员办校10所,在校生2万多人;举办各类培训班73期,为社会培养各类人才2243人;吸纳劳动力1.05万人;慈善公益事业捐款捐物786万元。

【民建江西省第九届委员会监督委员会第一次会议召开】 1月16日,民建江西省第九届委员会监督委员会第一次会议在南昌召开。省委会主委孙菊生出席会议并讲话,省委会副主委、监督委员会主任刘木华主持会议。民建江西省第九届委员会监督委员会副主任刘立新、廖县生和监督委员会委员参加会议。会议学习中共十九大精神、民建全国十一大精神,传达学习民建十一届中央监督委员会一次全会精神;学习民建全国十一大新修订的会章、民建会内监督条例;会议讨论通过《民建江西省委员会监督委员会工作

2月25日,江西省民建同心扶贫基金会慈善晚会在南昌举行

黄欣兴供

规则(修订稿)》;决定戴玲玲为第九届委员会省委监督委员会办公室主任;讨论研究2018年省委会监督委员会工作安排;与会人员还对如何进一步加强工作进行探讨交流,提出建议。

【江西省民建同心扶贫基金会慈善晚会举行】 2月25日,江西省民建同心扶贫基金会慈善晚会在南昌举行。晚会由江西省民建企业家协会和江西省民建同心扶贫基金会主办。副省长、民建省委会主委孙菊生出席晚会并讲话。中共省委统战部常务副部长张勇,省工商联副主席刘星平应邀出席晚会。省委会副主委胡淑珠、赵波、刘木华出席晚会。慈善晚会上,该基金会还启动"音乐响起"乡村音乐教室工程和"爱心时光银行"志工项目,现场募集"音乐响起"乡村音乐教室19个,募集720个小时存入"爱心时光银行",慈善拍卖募集资金40万元。

【民建江西省九届二次全会召开】 4月2日,民建江西省第九届委员会第二次全体会议在南昌召开。会议深入学习贯彻中共十九大精神和中共中央总书记习近平3月4日参加全国政协十三届一次会议联组会时的重要讲话精神;传达学习全国两会精神。中共江西省委常委、常务副省长毛伟明到会祝贺并讲话。省委会主委孙菊生向大会作题为《肩负新使命 履职新作为 为建设富裕美丽幸福现代化江西贡献力量》的工作报告。省委统战部常务副部长张勇应邀出席会议。省委会副主委胡淑珠、杨文龙、左继生、赵波、刘木华出席会议。会议审议通过民建江西省第九届委员会常委会工作报告、民建江西省第九届委员会监督委员会工作报告、民建江西省第九届委员会第二次会议决议;会上表彰2017年度民建市级组织和省直基层组织工作先进单位。

【举办纪念中共中央"五一口号"发布70周年活动】 4月21日,民建江西省委会在南昌举办纪念中共中央"五一口号"发布70周年活动。副省长、民建省委会主委孙菊生出席活动并讲话。省委会副主委胡淑珠、刘木华,省教育厅副巡视员张爱萍和南昌市委会主委黄清玉参加活动。省委会副主委赵波主持。活动中,会员自编自导自演丰富多彩的文艺节目。纪念活动期间,还举办纪念中共中央发布"五一口号"70周年书画展、主题征文活动。书画展由省委会主办、南昌市委会承办。应邀参加活动的还有省委统战部一处处长邱钧、南昌市委统战部副部长麦建宁。省直和南昌市民建会员共300余人参加活动。

【民建江西省第九届委员会专门委员会成立大会召开】 7月24日,民建江西省第九届委员会专门委员会成立大会在南昌召开。副省长、省委会主委孙菊生出席会议并讲话,副主委胡淑珠传达民建中央十一届专门委员会成立大会精神,副主委杨文龙出席会议,副主委左继生宣读《关于设立民建江西省第九届委员会专门委员会的决定》,副主委赵波主持会议。该届委员会设立9个专门委员会,分别是:理论研究委员会、环境资源委员会、经济委员会、社会法制工作委员会、新的社会阶层人士委员会、企业委员会、妇女委员会、农业农村委员会和老干部委员会,专委会委员共251人。各专委会主任、副主任、委员、秘书长,以及省委会机关干部共200余人参加会议。

(黄欣兴)

中国民主促进会江西省委员会

【概 况】 2018年,民进江西省委会有市级委员会9个,市级工作委员会2个,省直工作委员会1个;基层组织264个,其中基层委员会11个,总支委员会20个,支部231个,小组2个。全年发展新会员198人,平均年龄37.8岁,其中具有高中级职称104人。全年全省民进会员4194人,平均年龄51.5岁,高中级职称和中上层人士会员分别占总数78.1%和88.4%,教育文化出版等主界别会员占总数71.1%。担任政府和司法机关县(处)级以上实职人员28人,担任全国人大代表、全国政协委员有4人,担任省人大代表、省政协委员有43人,担任市人大代表、市政协委员有257人,担任县(市、区)人大代表、县(市、区)政协委员有297人。民进省委会获"民进全国参政议政工作先进单位"称号。"1%工程"持续开展"爱心圆梦""把清爽的爱带回家——1%工程关爱环卫工人公益行""脱贫攻坚 你我同行""扶智助学"等活动,发放317.5万元爱心款物助学帮困。继续开展"放飞足球梦想"活动,为农村学校赠送足球1045只;继续实施"江西省青少年校园足球星级裁判员培训计划",并为参与培训的师生发放足球裁判服。民进中央常务副主席刘新成到赣围绕"开展校园足球运动促进青少年全面发展"进行座谈调研,对江西校园足球星级裁判员培训工作给予肯定和表扬。截至 2018 年年底,“1%工程”已累计募集爱心捐款、慈善捐助物品、服务项目总价值 3251 万元,发放助学助困资金和物资 3127.98 万元,现金资助贫困大中小学生及贫困家庭人口 6333 人,惠及 100 余万困难群众。

【思想建设】 深入学习宣传贯彻中共十九大和十九届二中、三中全会精神,树牢“四个意识”,坚定“四个自信”,坚决做到“两个维护”。扎实开展“不忘合作初心 继续携手前进”为主题的思想政治教育主题年工作,省委会领导领学在前,撰文《不忘初心跟党走 团结奋斗再起航》在《江西日报》刊登。举办“纪念改革开放四十周年暨‘1%工程’十周年书画摄影作品展”,全国人大常委会副委员长、民进中央主席蔡达峰出席并宣布画展开幕。联合江西日报社、江西省教育学会组织开展“纪念改革开放 40 周年庆祝第 34 个教师节暨 2018 年教育改革创新研讨会”,收集教师论文 188 篇、学生投稿 2000 余篇,评选出获奖论文 168 篇。参加民进中央和省政协“习近平总书记关于加强和改进人民政协工作的重要思想”理论研讨会,征集报送论文 17 篇。参加民进中央、省委统战部纪念中共中央发布“五一口号”七十周年征文活动,有 18 篇征文获奖。参加省委统战部“诵读红色家书 汇聚统战力量”微信朗诵活动,11 篇优秀朗诵作品被“赣鄱统战”微信公众号分期刊出,省委会获组织奖。继续拍摄“我身边的先进”电视宣传片,浓厚“讲先进、学先进、赶先进”氛围。

【组织建设】 加强市级组织领导班子建设,完成抚州市工委、上饶市委会届中调整工作。做好南昌航空大学基层委员会、江西科技学院总支、南昌工程学院支部、东华理工大学支部、省直学院支部、省文联支部等省直基层组织的换届工作。民进中央主席蔡达峰参加省直教育综合总支组织生活会,对总支工作给予高度评价。省委会下拨主题教育活动经费 23.71 万元、省直基层组织活动经费 19.86 万元,支持基层组织开展活动。省委会副主委卢天锡任省住建厅厅长,实现会员担任省政府组成部门正职零突破。一批会员在全国人大常委会、国家自然资源部、上海市杨浦区、江西省实践锻炼基地挂职,一批会员荣获基础教育国家教学成果奖二等奖、省五一劳动奖章、省科学技术进步奖一等奖、省特级教师等奖励和荣誉称号。推进会内监督工作,指导赣州、宜春两地成立监督委员会。

【参政献策】 2018 年,省委会年度大调研成果《打造赣商返乡兴业升级版 助推江西经济高质量发展》,获中共江西省委书记刘奇,省长易炼红,省政协主席姚增科,省委常委、常务副省长毛伟明,副省长吴忠琼批示。《擦亮“万寿宫”千年品牌 提振文化自信 助推江西崛起》获省长易炼红、副省长吴忠琼批示。《关于江西省高校大学生艾滋病防控的调研报告》获副省长孙菊生批示。承接民进中央年度重点调研课题“基层协商推动基层社会治理:民主党派履行职能的新探索”到赣调研,获全国政协副主席、民进中央常务副主席刘新成和副主席朱永新的肯定。配合民进中央社会和法制委员会到赣开展“基层社区治理问题与创新研究”专题调研。开展“我省 11 个饮用水水源地违法违规项目整改落实情况跟踪专题调研”“我省农村教师借调问题的调研”“江西高新技术企业与产业发展”等专题调研,形成一批有价值的调研成果。

【政协平台建言】 2018 年,省委会提供的《关于加强网络交易中食品安全监管的提案》,被民进中央采用作为党派提案,在全国政协十三届一次会议上提交,并被评为民进中央参政议政成果二等奖。向政协江西省十二届一次会议提交大会发言 12 篇,其中大会口头发言 2 篇;集体提案 18 件。《关于培育现代蔬菜全产业链体系的建议》被省政协列为重点督办提案,助力赣州市在全省各设区市率先把蔬菜产业作为支柱产业大力发展,为赣州市脱贫攻坚作出贡献。提案《关于强化规则意识 大力开展青少年校园足球班际校际联赛的建议》得到省教育厅重视并制定相关政策措施。提案《关于在未成年服刑人员中实施职业高中(中专)教育的建议》,促成江西启明学校成为全国首所纳入国家教育规划高墙内中等职业学校,开创这一领域全国职业教育的先河,民进中央副主席兼秘书长高友东出席该校开学典礼并揭牌。

【民主监督】 2018 年,省委会按照中共江西省委的部署和要求,以高度的政治责任感,集智聚力对石城县和瑞金市两地脱贫攻坚开展民主监督。省委会连续 2 年的监督报告提出要把党委和政府主导脱贫攻坚的伟大实践与爱党爱国教育相结合,把感恩教育融于扶贫事业中。中共江西省委书记刘奇在省委十四届七次全会工作报告中明确提出要大力开展脱贫攻坚“感恩教育”。省委会在两地调研中发现,农村感恩教育明显增强,农民感恩意识正在提升,人民群众对中国共产党领导的扶贫实践给予认可和赞许。

【承办庆祝第三十四个教师节暨 2018 中国教师发展论坛】 9 月 6 日—7 日,庆祝第三十四个教师节暨 2018 中国教师发展论坛在江西师范大学举行。论坛由民进中央主办,民进江西省委会等单位承办。民进中央主席蔡达峰、常务副主席刘新成和副主席朱永新、庞丽娟、高友东等出席论坛,中共江西省委书记刘奇汇报有关工作并会见出席会议的民进中央领导,中共江西省委常委、省委组织部部长赵爱明出席论坛并致辞。论坛主题为“义务教育城乡一体化背景下的教师队伍建设”。论坛期间,与会专家学者通过分论坛主题发言、讨论交流等多种形式,围绕推进城乡义务教育教师资源一体化配置、教师队伍协同发展,提高乡村义务教育教师队伍素质等议题,结合各自研究成果,对相关工作现状、存在问题以及对策建议进行深入研讨。

【民进江西省八届二次全委会议召开】 3 月 26 日—27 日,民进江西省八届二次全委会议在南昌召开。中共江西省委常委、省委组织部部长赵爱明出席并讲话,省政协副主席、民进省委会主委汤建人主持会议并作工作报告。民进省委会副主委梅国平、卢天锡、张国轩、欧阳剑雄、刘菊娇、崔传鹏,副巡视员、秘书长陈洪萍出席会议。第八届委员会委员出席会议,第八届监督委员会委员，各市级组织、省直基层委员会、各专委会、机关各部门负责人列席会议。会议传达学习中共中央总书记习近平在全国两会期间重要讲话精神和全国两会精神，传达学习全省领导干部会议精神，表彰市级组织工作先进单位，总结工作，部署任务。

【开展年度大调研】 2018年，民进省委会围绕“引导支持赣商返乡兴业助推江西经济高质量发展”统一战线大调研课题，先后赴南昌、吉安、上饶和广东等地调研，走进中智互联网金融、合力泰科技有限公司、东源箱包、星盈科技等企业考察调研，与省商务厅、赣商联合总会进行交流研讨，最终形成调研报告《打造赣商返乡兴业升级版助推江西经济高质量发展》，受到省委省政府领导肯定，中共江西省委书记刘奇，省长易炼红，省政协主席姚增科，中共江西省委常委、常务副省长毛伟明，副省长吴忠琼分别作出批示。

【“1%工程”志愿服务活动】 9月6日，民进中央主席蔡达峰为景德镇市第一人民医院“1%工程”志愿服务站授牌。10月11日，“1%工程”瓷都杏林基金启动暨景德镇市第一人民医院志愿服务站揭牌仪式举行，省政协副主席、民进省委会主委、“1%工程”基金理事会名誉理事长汤建人出席。“1%工程瓷都杏林基金”募集现金和物资240余万元，为农村建档立卡贫困户和城市低保户患病家庭提供资助；该站有“1%工程”志愿者919人，为到院就诊患者提供志愿服务。截至2018年年底，全省已成立46家“1%工程”志愿服务站，登记在册志愿者达3000余人，开展“江西省禁毒知识进校园宣讲”“与爱同行”“服刑人员未成年子女专项帮扶行动”“音体美大学生赴农村学校支教”“春联万家”等志愿服务活动，向社会传递正能量。

（杨永清）

10月11日，“1%工程瓷都杏林基金”启动暨“1%工程”景德镇第一人民医院志愿服务站揭牌仪式在景德镇举行

杨永清供

中国农工民主党江西省委员会

【概　况】 2018年，农工党全省组织有省级委员会1个，设区市委会11个，县级市委会1个，县级基层委员会1个，基层组织321个；全年发展新党员364人，平均年龄37.7岁。其中，高级职称69人，中级职称159人；硕士研究生64人，博士研究生17人。全省党员总数5554人。其中，医药卫生界占47.8%，人口资源生态环境界占4.4%，文化教育和经济科技界占29.6%，政府机关占9.4%；担任各级人大代表136人，各级政协委员704人，公安部特邀监督人员1人，省政府有关部门特约人员11人，省高级人民法院、省高级人民检察院特约人员5人，在职副省级领导干部1人，厅级领导干部20人，县处级领导干部148人。中共江西省委书记刘奇专程走访省委会机关，对省委会工作予以肯定。省领导刘奇、易炼红等对省委会建言献策作出批示；农工党中央主席陈竺、常务副主席何维、副主席龚建明先后4次到江西视察指导工作，并肯定农工党江西省委会工作成绩。

【建言资政】 2018年，农工党江西省委会向农工党中央报送集体提案候选材料35件，报送件列全国第一，采用件列全国第二；向省政协提交大会发言材料35件、集体提案45件。省委会关于《推进三产融合，加快我省中医药产业高质量发展》大会发言材料，分别得到省长易炼红、副省长吴晓军的肯定和批示。《关于加快大健康产业发展的建议》《关于我省社会养老服务体系建设的建议》2篇集体提案和《关于推进我省移动物联网发展的几点建议》《关于加强乡镇卫生事业发展的建议》2篇个人提案，被列为省政协重点督办提案。

【调查研究】 2018年，农工党江西省委会就推进全省中药产业高质量发展开展统战大调研工作，承办2018年世界中医药大会第四届夏季峰会暨江西统一战线“同心大讲堂”和“江西省中医药产业高质量发展研讨会”两大活动，形成《推进我省中医药产业高质量发展，加快建设中医药强省》调研成果，得到副省长吴晓军肯定。紧扣创新型江西建设，提出《关于在江西建立院士等高层次人才联络站的建议》，得到中共江西省委书记刘奇、省长易炼红，以及省领导毛伟明、赵力平等批示和肯定。围绕“健康江西”“美丽江西”决策部署，邀请农工党中央主席陈竺、农工党中央常务副主席何维就“癌症综合防治”“长江大保护与可持续发展”到赣开展专题调研，并与省政协联合开展“鄱阳湖生态环境综合整治重点难点问题破解对策”课题调研，在省政协常委会上作大会发言。

【基层组织建设】 2018年，农工党江西省委会开展创建优秀支部活动，全省26个基层组织荣获“优秀基层组织”称号、82名党员分别荣获“优秀党务工作者”和“优秀党员”表彰。高标准建设省委会"党员之家"示范点,南昌、赣州、新余、吉安、抚州市委会和省肿瘤医院支部等相继跟进,全省建成9个"党员之家",并把每月9日确立为"党员活动日"。

【社情民意】 2018年,农工党江西省委会从抓好关键少数入手,对各级组织、领导班子成员和骨干党员提交社情民意提出要求,全年收到社情民意信息稿579篇,比2017年增加240篇、增幅达70.8%,《关于无偿献血的几点意见》等2篇被中共江西省委办公厅采用,实现被省委采用零的突破;《从五个方面综合治理水污染》等35篇分别被全国政协、农工党中央、江西省政协采用,实现信息工作"量质"双升。

【专题教育活动】 2018年,农工党江西省委会在全省组织深入推进"不忘合作初心,继续携手前进"主题教育和以"学思想、学精神、学党章、学党史,学本领,领导干部带头讲党课,创建优秀支部,争做合格农工党员"为主要内容的"五学一讲一创一做"专题教育活动。省委会主委带头就深入学习贯彻习近平新时代中国特色社会主义思想和中共十九大精神、学习统一战线和多党合作历史等,为全省党员讲授"五学一讲一创一做"专题党题,市级组织全面铺开,基层组织纷纷跟进,全省开展领导干部讲党课达143次、参与党员达3600余人。省委会创新学习习近平新时代中国特色社会主义思想新模式,与国家行政学院合作举办党员思想建设网络云课堂培训班,运用"互联网+"模式组织党员开展远程学习。

【推进脱贫攻坚民主监督】 2018年,农工党江西省委会按照中共江西省委部署,推进对口都昌县脱贫攻坚民主监督工作,组成调研组多次深入都昌县召开民主监督调研座谈会,查验和了解当地脱贫工作情况,形成"脱贫攻坚民主监督工作报告",向中共江西省委作专题汇报,并向相关部门报送《开展"互联网+电商扶贫",助力我省精准扶贫工作》等意见对策,推动脱贫攻坚工作;大力实施脱贫攻坚"三年行动"计划,联合南昌大学二附院启动"远程医疗会诊"项目,为首批帮扶的广昌县驿前镇、塘坊镇和都昌县西源乡配备20余万元的远程会诊设备;开展帮扶工作,借力农工党浙江省委会为都昌县引进扶贫车间项目和销售渠道,争取中国水产协会和江西省科协支持,在都昌县建立小龙虾种苗繁育基地,并成立院士工作站,编印《小龙虾养殖100问》。

【社会服务】 2018年,农工党江西省委会以"互联网+"为载体,创新社会服务模式,联合网易江西推出"健康江西大讲堂"系列活动,邀请党员专家作专题讲座,42万余名网友通过网易直播平台收看节目。参加农工党中央定点帮扶的贵州省大方县精准扶贫工作,并牵头组织扶贫调研组赴大方县达溪镇进行调研;争取农工党中央和中国初级卫生保健基金会支持,为都昌县乡镇卫生院捐赠医疗设备,为吉水县9名困难癫痫病患者争取到"杏林春雨"公益项目救助;组织党员法律专家赴都昌县西源乡开展法律扶贫公益活动,联合江西省交通职业技术学院赴九江市永修县艾城镇开展"助力脱贫攻坚·捐资助学"活动等。

【纪念中共中央"五一口号"发布70周年座谈会召开】 5月8日,纪念中共中央"五一口号"发布70周年座谈会在南昌召开。江西省科协主席、农工党江西省委会主委史可主持会议并讲话。农工党江西省委会副主委罗胜联、专职副主委林凯,农工党江西省委会常委出席会议。农工党江西省委会机关全体干部参加会议。与会人员深入学习贯彻中共中央总书记习近平关于组织中共中央发布"五一口号"70周年系列纪念活动的重要指示精神和新型政党制度的重要论述精神,传达学习中共中央政治局常委、全国政协主席汪洋在纪念中共中央发布"五一口号"70周年座谈会上的讲话精神,江西统一战线纪念中共中央发布"五一口号"70周年座谈会和农工党中央纪念中共中央发布"五一口号"70周年座谈会精神,重温"五一口号"发布的光辉历史,畅谈对"五一口号"发布的重大意义和深远影响的认识与体会。座谈会上,省委会领导班子成员和省委会常委围绕"五一口号"发布的历史背景和重大意义,畅谈中国统一战线与多党合作事业发展的历程,以及农工党与中国共产党风雨同舟、亲密合作的历史。

(俞晗)

九三学社江西省委会

【概　况】 2018年,九三学社在江西的组织有省级委员会1个,市级委员会9个,市级工作委员会2个,省直基层组织24个,全省支社162个。社员总数3674人,主体界别占86.1%,高中级职称占51.81%。选派110名社员参加在省社会主义学院举办的基层骨干培训班和组宣干部培训班的学习。社员中,有省政府参事2人,特邀监察员13人。有全国人大代表1人,全国政协委员1人;省人大代表11人,省政协委员11人;市级人大代表40人,市级政协委员174人;县(区)级人大代表25人,县(区)级政协委员195人。组建江西"梦九"合唱团,活跃中年社员业余生活。完成赣州、景德镇市委会和省直建设委员会主委届中调整。成立省直江西财经大学基层委员会、江西广播电视大学基层委员会和江西科技学院支社。

【思想政治建设】 2018年,九三学社组织参加"五个一活动"和纪念中共中央发布"五一口号"70周年活动。"五个一活动",即召开一次座谈会、举办一次"同心大讲堂"活动、组织一次参观学习及谈心活动、开展一次征文活动、举办一次书画展。召开庆祝改革开放40周年专题座谈会,邀请老中青社员代表畅谈对改革开放的认识体会和参与改革开放的生动实践。组织庆祝改革开放40周年主题征文和摄影作品征集活动,社省委被社中央和省委统战部授予优秀组织奖,64篇获奖。开展红色家书诵读活动,缅怀革命先烈,传承红色基因。推进"许德珩生平事迹展"项目建设,成功申报第二批"九三学社全国传统教育基地"。参加"江西统战聚焦十九大新春发现家乡新变化"微信朗诵和随手拍活动,6篇获奖,社省委获组织奖。全年社省委网站上传各类文章620篇，向各主流媒体供稿300余篇，社中央网站采用290篇。微信公众号推送文章478篇，累计关注人数8000余人。

【履职资政】 2018年，九三学社对兴国、会昌两县的脱贫攻坚工作开展民主监督，聚焦“内生动力不足抓扶志”开展调研，形成专报。承接社中央6项联合课题调研，调研报告报送社中央。开展赣鲁皖三省联合调研，形成3份综合调研报告。与省科学院、省科协赴广州、深圳、东莞调研，形成《深化科研院所改革 构建新型研发机构》省政协大会口头发言材料。向省政协十二届二次会议报送大会发言18件，其中口头发言1件，联组发言5件。提交集体提案21件。3件提案被省政协评为优秀提案，获表彰。提交《关于提升区域科技创新能力的建议》等7篇调研报告，被社中央采用作为全国政协十三届一次会议提案。报送社情民意信息263件，有67篇被社中央、省政协、中共省委办公厅采用。其中，《村级医疗服务保障水平仍需持续提升》获中共江西省委书记刘奇批示。6篇信息被省政协评为“优秀社情民意信息”，社省委获“反映社情民意信息工作先进单位”称号。参加社中央首届“九三教育论坛”，报送论坛征文8篇，其中1篇获特等奖，7篇分别获一、二、三等奖。

【走访活动】 5月8日，全国人大常委会副委员长、九三学社中央主席武维华走访社省委机关，看望社员代表，出席座谈会听取意见建议。全国政协副秘书长、九三学社中央副主席赖明陪同走访。座谈会上，听取大家发言后，武维华指出，要不断加强学习，加强自身建设，切实提高各种能力，特别是解决自身问题的能力。要脚踏实地，求真务实，从一点一滴做起，把社内好的“典型模式”向全社推广。座谈会由省政协副主席、社省委主委李华栋主持。中共江西省委常委、省委统战部部长陈兴超及省委统战部副部长高鹰群，社中央参政议政部副部长张瑛随同走访。社省委副主委李广振、张玉清、辛洪波、肖礼庆、张伟，各市级组织、省直基层组织主委，省社委监委会、青工委部分委员共40余人参加座谈。

【首届“九三杯”全国象棋比赛在宜春举行】 9月20日—22日，首届“九三杯”全国象棋比赛在宜春举行。比赛由九三学社中央文化工作委员会、中国象棋协会主办，九三学社江西省委、九三学社宜春市委和江西省社体中心承办，江西省象棋协会、宜春市象棋协会协办。全国8省9市12支九三学社组代表队和14支社会公开组代表队130余人选手参赛。省政协副主席、社省委主委李华栋，中共宜春市委常委、常务副市长王宏安，省体育总会原会长聂明阮，宜春市人大常委会原主任杨晓宁，社中央宣传部负责人张培富，社中央文化工作委员会副主任何深思，社省委副主委、华东交通大学副校长张玉清，省政协副秘书长、社省委专职副主委肖礼庆，社省委副巡视员、秘书长田荣，中国象棋协会秘书长郭莉萍出席。宜春市副市长、社宜春市委主委兰亚青主持。经过激烈对弈，共决出男子个人、女子个人前8名和男子团体、女子团体前6名。江苏队包揽九三学社组男子、女子团体和个人4个比赛项目第一名，其中刘子安、黄薇分别获男子、女子个人第一名。九三学社组河北队、江西队获体育道德风尚奖，九三学社组安徽一队、江苏队、重庆队获优秀组织奖。

【举办渝赣社务工作培训班】 7月31日至8月2日，社省委与重庆市委联合在井冈山举办渝赣社务工作培训班。全国政协委员、社省委副主委张玉清出席开班仪式并作动员讲话。省政协副秘书长、社省委专职副主委肖礼庆主持开班式。社省委副巡视员、秘书长田荣，社重庆市委副巡视员涂慧琼出席。培训班邀请理论知识与实践经验丰富的第四届九三楷模、社江苏省委原专职副主委叶勇，多次受社中央表彰的参政议政先进个人、鹰潭市余江县社员吴清萍，省政协《光华时报》一线记者李德伦授课，分别从做好党派机关工作、撰写社情民意信息、新闻写作等方面有针对性地开展理论与实践培训。两地学员还开展分组讨论交流，介绍各自机关建设好做法、好经验。学员还参观井冈山革命博物馆，拜谒井冈山革命烈士陵园，追忆革命历史，缅怀革命英烈，弘扬井冈精神。社重庆市委、各区委机关专职干部，社江西省委、各市级组织机关专职干部，以及省直基层组织负责人110余人参加培训。

（闵国华）

江西省工商业联合会

【概　况】 2018年，省工商联围绕中心，服务大局，不断为促进非公经济健康发展和非公经济人士健康成长作出新贡献，各项工作取得新成效。全年全省非公经济增加值1.32亿元，增长8.9%，高于同期全省地区生产总值增速0.2个百分点，占全省地区生产总值59.8%，比上年同期提高0.3个百分点。非公经济对地区生产总值增长的贡献率为60.0%，拉动地区生产总值增长5.3个百分点。第一产业非公增加值398.23亿元，增长1.4%，占第一产业增加值21.2%；第二产业非公增加值7779.03亿元，增长9.3%，占第二产业增加值75.9%；第三产业非公增加值4980.21亿元，增长9.1%，占第三产业增加值50.5%。非公有制经济固定资产投资增长13.0%，占全省固定资产投资76.6%；非公有制经济上缴税金2501.87亿元，增长21.8%，占全省税收总额76.3%。

【非公经济发展】 中共江西省委书记刘奇分别于1月、11月召开2次民营企业座谈会并讲话，省长易炼红于8月召开民营企业座谈会并讲话，支持非公经济发展。贯彻落实中共中央25号文件精神，加强对优秀企业家的宣传表彰，98家民营企业和145名个人获得省委、省政府表彰。加强与公检法司和纪委监委形成民营企业助力保护机制，与发改委、工信委、商务厅、科技厅等部门构建民营企业助力发展机制。采取“银行+商会+企业”合作模式，与23家银行签署战略合作协议，为民营企业、商会共同授信2000亿元，缓解民营企业融资难题。采取“引进来”和“走出去”方式，帮助民营企业引进资金、技术和合作项目。组织民营企业家参与“绿发会”“西博会”、民营企业高质量发展国际合作峰会、亚欧博览会等经贸活动。扩大全球赣商网络,已有11个国家组建境外江西商会。组织援疆商务考察,达成多个投资合作协议。

【新时代赣商精神】 2018年,省工商联组织开展纪念改革开放40周年系列活动。编辑出版《"我与改革开放40周年"赣商故事》,组织拍摄"赣商赞"视频,举办"春华秋实——庆祝改革开放40周年非公经济发展图片展",展现江西非公经济发展历程和伟大成就。举办江西民营企业100强发布会暨纪念改革开放40周年2018全球赣商高质量发展论坛。开展非公经济历史和理论研究。拍摄《江右商帮》纪录片并在江西卫视播出,编辑出版《赣商志》《江西商会志》《民营经济发展蓝皮书》,出版第一批《当代赣商》丛书并在全国发行,编辑出版《赣商春秋》《新中国非公经济史》《新中国非公有制经济论》。

【工商联改革】 2018年,省工商联根据全国工商联改革方案,结合江西实际制定省工商联改革方案,推动所属商会改革发展。制定《关于促进工商联所属商会改革和发展的实施办法》,指导成立省科技装备业商会和省地基基础协会,省级以上"五好"县级工商联达到70个。组建工业园区工商联分会。贯彻落实《关于推进全省工业园区设立工商联分会(企业商协会)的指导意见》,全省已有19个国家级工业园区和79个省级工业园区成立工商联分会。夯实民营经济研究基础,形成以省民营经济研究中心和研究会为平台的非公经济研究体系,建立涵盖4700余家各级工商联执常委企业的民营企业调查系统。

【开展精准扶贫行动】 2018年,省工商联推进"千企帮千村"精准扶贫行动,聚焦深度贫困地区,实现269个深度贫困村民营企业结对帮扶全覆盖;实施教育扶贫,全省已结对帮扶贫困学生5761人,帮扶资金2504.9万元;政策性金融支持力度持续加大,50个扶贫项目入选农发行总行项目库,投放贷款12.64亿元;继续加大宣传表彰力度,46家民营企业先后获得全国和省级精准扶贫行动先进民营企业称号。全年全省民营企业参与行动3550家,帮扶贫困村4262个,帮扶贫困人口47.25万人,实施帮扶项目7571个,投入资金24.03亿元。

【设立非公企业维权中心】 2018年,省工商联推动出台《关于设立省非公有制企业维权服务中心进一步优化营商环境的意见》,在全国率先设立企业维权中心并于5月17日正式运行。截至12月31日,累计受理企业有效诉求177件,向各设区市政府、省直部门分办56件,办结20件;涉法涉诉60件移交司法机关处理,18件正在审核分办,提供政策法律咨询135次。中共江西省委书记刘奇、省长易炼红重视企业维权工作,分别在维权中心工作专报上作出批示,省领导孙新阳、陈兴超、秦义、葛晓燕、田云鹏等先后到维权中心调研指导。

【第三方评估工作】 2018年,对全省营商环境和民间投资政策落实情况进行评估,实地走访全省11个设区市和60多个县(市、区),召开政企座谈会100余场,收集企业有效问卷1038份,提出针对性的意见建议,形成综合评估报告和南昌、九江、萍乡、赣州、上饶5个设区市民间投资政策落实情况专项报告。评估报告分别得到中共江西省委书记刘奇和省长易炼红批示肯定,并批转给各省直单位及全省各设区市,推动一批制约民营企业发展难题的解决。

【十佳营商环境县(市、区)推选】 2018年,省工商联深化与江西日报社合作,动员各级工商联、广大非公经济人士和200余万社会公众广泛参与,科学设置评价体系和推选程序,推选出南昌县等10个"十佳营商环境县(市、区)"和西湖区等13个"营商环境优化县(市、区)",并把营商环境推选情况纳入全省发展非公有制经济先进市、县(市、区)考评指标。

【"大力弘扬新时期赣商精神,助推江西经济高质量发展"民营企业家座谈会召开】 1月27日,"大力弘扬新时期赣商精神,助推江西经济高质量发展"民营企业家座谈会在南昌召开。会议主要听取省两会代表委员中的非公有制经济代表人士、特邀代表的意见建议。省长刘奇出席并讲话,中共江西省委常委、省委统战部部长陈兴超主持。省领导陈兴超、孙菊生出席。会上,陈康平、游建平、李良彬、唐春山、郭坚华等民营企业家代表先后发言。座谈会推动市、县两级党委政府与民营企业家建立对话常态机制,践行亲清新型政商关系,向广大民营企业传递信心、传递力量。

【全省民营企业座谈会召开】 11月8日,全省民营企业座谈会召开。中共江西省委书记刘奇主持并讲话,省领导毛伟明、陈兴超、孙菊生、雷元江出席,全省百强民营企业和商协会负责人、省直有关单位和有关金融机构主要负责人200余人出席会议。座谈会主要是倾听民营企业家的意见建议,推动解决民营经济发展中的困难和问题。会上,正邦集团董事局主席林印孙、晶科能源总裁陈康平、赣州孚能科技董事长王瑀、江西方大钢铁集团总经理黄智华、赣西科技职业学院董事长詹慧珍、济民可信董事长李义海、江特电机董事长朱军、安泰物流董事长饶英跃、江西省浙江总商会会长陈志胜、江西省福建总商会会长韩世忠10名代作发言。

(乐志为)

本栏编辑　刘清林

人民团体

江西省总工会

【概　况】　2018年，全省各级工会强化思想政治引领，深化职工建功立业，提升维权服务实效，扎实推进改革创新，把学习贯彻习近平新时代中国特色社会主义思想和中共十九大精神作为首要政治任务，利用工人报刊、网站、微信公众号三大平台，走进工业园区、企业、车间、班组，广泛开展面向基层的理论阐释和宣讲。省委常委会听取工会工作汇报3次，省委、省政府领导对工会工作作出批示22次。举办全省职工"双创"和"五小"成果展，联合相关单位主办全民学艺术公益活动、全省职工广场舞决赛、退休干部职工歌咏大赛等，制定下发《关于加强新时代全省工会系统党建工作的意见》，开展"肃余毒、改作风、增活力"专题活动。召开全省工会意识形态暨新闻宣传工作会议，加大工会系统报刊、网络、学校、职工书屋以及文化宫、俱乐部等意识形态阵地建设力度，新建全国、全省职工书屋260家，承办全总"网聚职工正能量 争做中国好网民"评选表彰活动，全省40余家单位受表彰。

【劳动竞赛活动】　2018年，全省各级工会共组织劳动竞赛和技术创新活动2568场次，参赛职工615万人次，收集合理化建议31万余条，培育全国示范型创新工作室6家、省级工作室134家。与省人社厅等单位共同选树首届"赣鄱工匠"16人、"能工巧匠"80人。全年下拨省劳模专项补助金1964.5万元，全国劳模专项补助资金820万元。组织11批次120余名全国劳模、9批次380余名省劳模进行疗休养。

【工会改革创新】　2018年，市、县两级工会改革任务基本如期完成。选派16名劳动模范、优秀年轻干部上挂到省总工会机关各部门，省、市、县三级工会领导班子共配备兼挂职副主席340余人。产业工人队伍建设改革力度加大，成立由省委副书记任组长的全省产业工人队伍建设改革协调小组。深入开展"一提升两强化"专项行动，组织实施物流货运司机等"九大员"（物流货运司机、快递员、网约送餐员、商场信息员、护工护理员、家政服务员、房产中介员、保安员、创客）入会行动，新建立基层组织1244家，发展会员11.4万人，其中货运司机3.56万人，创客1.56万人。推进工会实名制管理，全省录入工会管理机构7592个，基层工会单位数3.26万个，会员信息数575万人，"六有"基层工会示范点1000个。建设覆盖全省工会系统的"一网一微一端"的立体架构，省、市、县三级频道和省总"赣工惠"APP全部上线运行，加强对社会组织工作的联系引导，梳理出劳动关系领域社会组织3264家，打造43个示范点。

【履行维权服务职责】　2018年，深化"三师一室"建设，全省1436名"三师"为35.1万名职工提供维权服务，涉及金额2.25亿元。做好职工信访接待工作，全年省、市两级工会共受理职工信访4817件次，涉及职工5134人次，信访结案率94%。组织"尊法守法携手筑梦"法治宣传和服务活动130余场次，开展第六届全省百万职工学法用法知识答题竞赛，参赛人数169万人次。组织开展"安康杯"竞赛活动，参赛职工数累计104.75万人次。提请和配合省委、省政府出台《关于加大城镇贫困群众脱贫解困力度的意见》。持续开展"四送"活动，共发放款物9497万元，慰问困难企业2932个、困难职工家庭9.44万户；开展免费技能培训2.8万人次，提供职业介绍11.4万人次、创业扶持2.7万人次；对困难职工开展精准识别，全省困难职工档案数从14.2万户下降到3.35万户。工会普惠服务卡累计发放127万张，发展合作单位（商户）2000余家，职工累计消费33.9亿元。

【纪念"三八"国际劳动妇女节108周年表彰大会暨学习宣传贯彻中共十九大精神报告会举行】　3月7日，纪念"三八"国际劳动妇女节108周年表彰大会暨学习宣传贯彻中共十九大精神报告会在南昌举行。省总工会主席谢亦森出席活动并颁奖，省总工会党组书记、常务副主席饶剑明出席会议并致辞，省总工会巡视员林玉华主持会议，省总工会领导陈文明、吴海平、吴福才、吴峰、吴丽云、揭安全、刘克琦、向东、刘伟平出席会议。会上，省总工会党组成员、副主席陈文明宣读《关于表彰2017年度江西省五一巾帼标兵岗（标兵）、江西省女创业带头人的决定》，表彰140个（名）先进女职工集体和个人，江铃汽车股份有限公司小蓝分公司检验工胡江荣、江西洪都航空工业集团有限责任公司科技部科技管理室情报组代表金玲、洪城大市场女农民工带头人杨青芸在会上作典型发言。表彰会结束后,还召开学习宣传贯彻中共十九大精神报告会,中共十九大代表、圆方集团董事长薛荣为在场的女职工做中共十九大精神宣传报告。

【庆祝“五一”国际劳动节暨全省“五一”劳动奖表彰大会召开】 4月26日,庆祝“五一”国际劳动节暨全省“五一”劳动奖表彰大会在南昌召开。省委常委、省委秘书长刘捷出席大会并讲话,副省长吴晓军出席会议并宣读表彰决定,省总工会党组书记、常务副主席饶剑明主持会议。大会对2个全国五一劳动奖状获得单位、18个全国工人先锋号获得单位、46个省五一劳动奖状获得单位、95个省工人先锋号获得单位、16名全国五一劳动奖章获得者、125名省五一劳动奖章获得者进行表彰。郑建军代表受表彰集体和个人宣读《倡议书》。刘捷强调,全省各级工会组织和广大职工要坚持用伟大精神支撑伟大事业,弘扬劳模精神、劳动精神、工匠精神;要充分发挥工人阶级主力军作用,强化主人翁角色意识,投身改革发展主战场,建设高素质劳动者大军;要始终实现好、维护好和发展好劳动者权益,多做聚人心、暖人心和稳人心的工作,维护职工群众的根本利益。

【江西省工会第十四次代表大会召开】 6月27日—28日,江西省工会第十四次代表大会在南昌召开。省委书记、省长刘奇,中华全国总工会副主席、书记处书记江广平出席会议并讲话。李炳军、孙新阳、赵爱明、刘强、殷美根、陈兴超、赵力平、施小琳、周萌、刘卫平、葛晓燕、田云鹏、姚亚平、张海如出席。省人大常委会副主任、省总工会主席龚建华主持并代表省总工会第十三届委员会向大会作报告。省妇联主席王庆代表省人民团体向大会的召开表示祝贺。会议主题是:以习近平新时代中国特色社会主义思想为指导,全面贯彻中共十九大和十九届二中、三中全会精神,认真落实省第十四次党代会和十四届四次、五次全会精神,坚定不移走中国特色社会主义工会发展道路,团结动员全省广大职工践行新思想,建功新时代,为决胜全面建成小康社会,开启全省发展新征程而努力奋斗。大会选举产生江西省总工会十四届委员会和十四届经费审查委员会,选举44名江西省出席中国工会十七大的代表,表决通过《关于江西省总工会第十三届委员会工作报告的决议》《关于江西省总工会第十三届委员会财务工作报告的决议》《关于江西省总工会第十三届委员会经费审查委员会工作报告的决议》。

【省总工会十四届一次全委会召开】

6月28日,省总工会十四届一次全委会在南昌召开。省委副书记李炳军出席会议并讲话。省领导冯桃莲、吴晓军、陈俊卿出席会议。会议选举产生新一届省总工会领导班子和领导机构,龚建华当选为省总工会主席,饶剑明、吴海平、饶冬梅(女)、吴福才、揭安全(挂职)、樊胜(兼职)、刘克琦(兼职)、向东(兼职)、刘伟平(兼职)当选为副主席。省人大常委会副主任、新当选的省总工会主席龚建华作表态发言。李炳军对新当选的委员、常委和主席、副主席表示祝贺,并强调省总工会新一届委员会要坚持以习近平新时代中国特色社会主义思想和中共十九大精神为统领,从更高层次贯彻落实中共中央总书记习近平对江西工作重要要求,团结带领全省广大职工,奋力开创新时代工会工作新局面,为建设富裕美丽幸福现代化江西作出新的更大贡献。

【2018年江西工会“金秋助学 铸魂圆梦”培训班活动启动仪式举行】 8月15日,2018年江西工会“金秋助学 铸魂圆梦”培训班活动启动仪式在井冈山举行。此次启动仪式由省总工会主办,吉安市总工会协办,井冈山职工教育培训中心承办。省总工会党组书记、常务副主席饶剑明出席仪式并讲话,吉安市委常委、市总工会主席肖玉兰致辞,省总工会党组成员、经审会主任吴丽云主持,井冈山管理局党工委书记、井冈山市委书记刘洪出席。全省各地140多名受助学生参加为期3天的培训。仪式上,饶剑明为“金秋助学 铸魂圆梦”培训班授旗,这是江西工会首次在金秋助学活动中增加“铸魂圆梦”革命传统教育,全省其他10个地市同步举办“金秋助学资金发放仪式”。全年全省各级工会组织筹集资金1778.8万元,资助4655名困难职工和困难农民工子女上学。

【举办江西省工会干部“新时代群众工作能力提升专题培训班”】 10月10日—14日,江西省工会干部“新时代群众工作能力提升专题培训班”在清华大学社会科学学院举行。省总工会党组书记、常务副主席饶剑明出席有关活动。省总工会领导林玉华、饶冬梅、吴福才、吴丽云、揭安全、向东、汤御奎以学员身份参加培训。各设区市工会主席、常务副主席(副主席),部分省产业(局、系统)工会、省总工会直属基层工会主席及县(区)工会主席,省总工会机关各部门和直属各单位主要负责人等60余人参加培训。此次学习培训主要安排习近平新时代中国特色社会主义思想的解读,还安排中美贸易摩擦与中国经济形势分析、全面从严治党、大数据和新时代维护职工群众权益等全面丰富的学习内容,授课教师为清华、北大、人大、央视等知名高校、机构的博士生导师、该领域的顶尖学者。

【《江西省总工会关于支持民营经济发展的若干措施》新闻发布会召开】

12月26日,省总工会、省政府新闻办在南昌联合召开《江西省总工会关于支持民营经济发展的若干措施》新闻发布会。省总工会党组书记、常务副主席饶剑明作为主发布人,通报《若干措施》主要内容,介绍出台背景和特色亮点。省总工会巡视员陈文明,省总工会副主席揭安全,省总工会经济技术部部长任春山,省总工会宣教网络部部长万年辉出席发布会,并回答记者提问。省政府新闻办新闻发布处处长陈惠龙主持发布会。《若干措施》共7大部分24个方面,主要从推行“赣工贷”业务、深化“春送岗位”活动、开展“就业创业援助月”活动等3个方面提出支持措施,包括联合中国邮政储蓄银行江西省分行试点免担保无抵押的“赣工贷”业务,提供2000万元助广大职工创新创业;联合人社等部门,每年春季组织民营企业专场招聘会;开展“订单式”“定向式”培训,扶持有创业能力和创业意愿的劳动者通过创业实现就业。

(胡靓怡)

共青团江西省委会

【概 况】 2018年,团省委贯彻落实中央、团中央和省委各项部署要求,深化共青团改革和从严治团,推动全省共青团工作和青少年事业取得新发展。全年新发展团员16.03万人。截至2018年年底,全省有各级团组织8.53万个,其中团的领导机关112个,团委4490个,团工委313个,团总支2932个,团支部7.74万个。有共青团员172.57万人,专职团干部4153人,挂职团干部151人,兼职团干部10.81万人。

【省外优秀赣鄱青年人才2018年新春座谈会召开】 2月11日,省外优秀赣鄱青年人才2018年新春座谈会在南昌召开。座谈会由省委组织部、团省委共同主办,省外赣籍高校学子团工委具体承办。团省委书记马健出席并讲话,团省委副书记伍复康主持。省委人才办,省就业局,南昌市委组织部相关负责人,北大、清华等全国34所重点高校的赣籍青年教师、学生代表,返乡选调生及创业就业优秀青年代表共130余人参加。座谈会上,组织与会人员观看全省人才工作宣传片,省外高校赣籍学子团工委负责人作工作汇报,部分赣籍重点高校青年教师代表,本、硕、博学生代表,选调生代表,创业就业青年代表作发言。省劳动就业服务管理局、南昌市委组织部相关负责人就创业就业、人才引进政策作宣讲解读。各青年人才代表还就青年人才建设进行交流讨论,从江西经济发展、青年人才发展、创业发展环境等方面建言献策,提出意见建议。

【"南昌高新"杯第四届"创青春"暨"赢在江西"青年创新创业大赛总决赛暨颁奖仪式举行】 4月23日,"南昌高新"杯第四届"创青春"暨"赢在江西"青年创新创业大赛总决赛暨颁奖仪式在南昌举行。省政协副主席、省工商联主席、省总商会会长雷元江出席并为大赛总冠军颁奖,团省委书记马健、副书记廖良生出席并为获奖人员颁奖。大赛评委、省内外风投机构代表、大赛获奖选手代表、创业青年代表以及中央驻赣和省内20余家媒体近300余人参加。此届大赛于2017年7月启动,吸引省内外2000余家企业和团队报名参赛,近100名国家级、省级专家参与评审。大赛通过"选手路演+评委点评+风投对接+现场投票"形式进行,历时10个月,经过多轮比拼,6名选手角逐大赛冠、亚、季军。经过评委、风投两轮评分,大众评审现场投票,万洲焊接-智能多自由度搅拌摩擦焊接项目获大赛总冠军,全自动图像选矿机的研制及应用、全网球项目获大赛综合赛成长组亚军,吉内得天然富硒米、城市光环境综合解决方案、IN-UP AR云计划项目获大赛综合赛成长组季军。

【第21届"江西青年五四奖章"表彰座谈会召开】 5月3日,第21届"江西青年五四奖章"表彰座谈会在南昌召开。团省委书记马健出席会议并讲话,团省委副书记孙鑫、廖良生、伍复康出席。第21届"江西青年五四奖章"获得者、提名奖获得者及"江西青年五四奖章集体"代表等60余人参加会议。会上,表彰第21届"江西青年五四奖章"获得者、"江西青年五四奖章集体"及提名奖获得者,4名来自基层一线的受到表彰优秀青年代表,结合5月2日中共中央总书记习近平在北京大学考察时的重要讲话精神和自身经历,分别同与会青年分享各自的奋斗事迹和追梦故事,马健还与受到表彰的优秀青年作互动交流。"江西青年五四奖章"是共青团江西省委和江西省青联授予江西优秀青年的最高荣誉,该届受表彰的对象涵盖一线职工、科研人员、带领群众脱贫致富的"第一书记"、青年企业家、优秀医务工作者、教师、公安战士以及社会爱心人士。

【共青团江西省第十六次代表大会召开】 5月10日—12日,共青团江西省第十六次代表大会在南昌召开。省委书记、省长刘奇,团中央书记处书记傅振邦出席大会并讲话。省领导姚增科、李炳军、孙新阳、赵爱明、毛伟明、殷美根、陈兴超、施小琳、周萌、雷元江出席,省委副书记李炳军出席会议并讲话。省总工会党组书记、常务副主席饶剑明代表人民团体向大会致辞。大会主席团常务主席马健代表共青团江西省第十五届委员会作工作报告。大会选举产生共青团江西省第十六届委员会委员和候补委员,并通过《共青团江西省第十六次代表大会关于共青团江西省第十五届委员会报告的决议》。马健当选共青团江西省委书记,伍复康、杨志、易军当选团省委副书记,罗华当选团省委副书记(挂职2年),潘建文、邹志刚、杨文军当选团省委副书记(兼职)。

5月10日—12日,共青团江西省第十六次代表大会在南昌召开

周颖供

【“我是‘河小青’生态江西行”志愿服务启动仪式举行】 5月23日,由团省委、省水利厅、省河长办联合主办的“我是‘河小青’生态江西行”志愿服务启动仪式在南昌举行。省水利厅厅长、省河长办主任罗小云,团省委书记马健、副书记易军,省河长办专职副主任姚毅臣参加活动。启动仪式由省水利厅副巡视员张鲁江主持。省水利、住建、环保、国土、交通、农业等部门“河小青”志愿服务队伍,以及在南昌环保组织代表共450余人参加。启动仪式上,马健宣读《关于成立“江西省河小青志愿服务机构”的决定》;参加仪式领导分别为水利、环保、住建、交通、团南昌市委、部分在南昌高校及环保组织等16支“河小青”志愿服务队授旗;省水利厅“河小青”代表宣读倡议书。现场参观省水利厅、省河长办准备的江西水利“河小青”活动展,了解江西水利“河小青”的创建、构架和行动。通过实物展示、互动结合及图文展板等多种形式,展现水利人呵护河湖健康、协助河长开展水资源保护、水环境改善、水污染防治及水生态修复等方面工作情况,现场还进行巡河护河活动。

【举办2018年浩瀚杯“创青春”江西省大学生创业大赛】 6月2日—3日,2018年浩瀚杯“创青春”江西省大学生创业大赛在南昌举办。此届大赛由团省委联合省教育厅、省人社厅、省科协、省学联共同主办,江西应用科技学院承办。省政协副主席、省工商联主席雷元江出席大赛,并为大赛金奖项目获奖团队代表颁奖。团省委党组书记、书记马健,省人社厅党组成员、副厅长刘克琦,省科协副主席梁纯平,团省委副书记罗华,江西应用科技学院董事长黄玉林,江西应用科技学院党委书记、督导专员汪毓华,团省委学校部、省人社厅劳动就业服务管理局、省科学技术协会普及(青少)部、省学联负责人,以及部分参赛高校负责人出席。全省74所参赛高校指导教师、参赛选手以及部分高校学生代表共1000余人参加。2018年浩瀚杯“创青春”江西省大学生创业大赛分为本科组和高职专科组。自3月启动,先后吸引全省74所高校参与,校级赛、省级赛共收到参赛作品4000余件,覆盖学生超过3.5万人。经过对参赛作品的资格审查、初评、复审等环节,评出金奖作品38件,银奖作品66件,铜奖作品223件。其中,31件作品代表江西参加全国决赛。南昌大学、九江职业技术学院等25个单位获优秀集体组织奖。江西财经大学周妍、南昌工学院夏育盛等30名人员获优秀个人组织奖。江西应用科技学院获大赛突出贡献奖。南昌大学、江西师范大学、东华理工大学荣获“本科组团体总分前三名”。九江职业技术学院、江西工业贸易职业技术学院、江西外语外贸职业学院荣获“高职专科组团体总分前三名”。

【举办2018年“挑战杯——彩虹人生”江西省职业学校创新创效创业大赛】 6月11日—12日,2018年“挑战杯——彩虹人生”江西省职业学校创新创效创业大赛在南昌举办。大赛由团省委、省教育厅、省人社厅、省科协、省学联共同主办,江西工业贸易职业技术学院承办。团省委党组书记、书记马健,省委教育工委委员、省教育厅副厅长杨慧文,省科协副主席梁纯平,团省委党组成员、副书记罗华,省学联主席吴齐凯出席,并为获奖单位和团队代表颁奖。团省委、省教育厅、省人社厅、省科协相关处室人员,以及各职业学校参赛团队代表共200余人参加。大赛经过专家评审、对参赛作品的初评、问辩、复审等,评选出特等奖作品2件,一等奖作品10件,二等奖作品26件,三等奖作品35件,其中34件优秀作品代表江西省参加全国大赛。江西工业贸易职业技术学院获大赛突出贡献奖。九江职业技术学院、江西旅游商贸职业学院等8个单位获优秀集体组织奖。江西青年职业学院戴雨辰、江西应用技术职业学院胡胜龙等8名人员获优秀个人组织奖。江西工业贸易职业技术学院、九江职业技术学院、江西制造职业技术学院荣获“高职组团体总分前三名”。江西现代技师学院、江西省冶金工业学校、江西省机械高级技工学校荣获“中职组团体总分前三名”。

【“赣青创贷”新闻发布会暨“青创金融服务站”揭牌仪式举行】 6月15日,“赣青创贷”新闻发布会暨“青创金融服务站”揭牌仪式在南昌举行。团省委书记马健、交通银行江西省分行党委书记、行长林骅出席并为“青创金融服务站”揭牌。团省委党组成员、副书记杨志主持。会上,交通银行江西省分行党委委员、副行长周志东作“赣青创贷”新闻发布,团省委党组成员、副书记杨志,交通银行江西省分行党委委员、副行长谢金海共同为首批授信企业代表颁发授信牌。江西拓世智能科技有限公司、江西老有所养智能科技有限公司等10家江西青创企业获得“赣青创贷”首批授信贷款。团省委与交通银行江西省分行共同推出“赣青创贷”金融产品,通过授信,创新担保方式、落实优惠政策,构建有

6月15日,“赣青创贷”新闻发布会暨“青创金融服务站”揭牌仪式在南昌举行

周颖供

效“团银”信贷合作机制而推出来的专属化青创金融产品，解决青年创业贷款难、贷款贵、贷款慢等问题，首批提供不低于2000万元的授信额度，单笔授信额度可达100万元，符合贷款条件的，10万元之内授信放贷，免担保或抵押，逐步加大授信额度，灵活合作机制。全省首个“青创金融服务站”的设立，交通银行江西省分行在资源配置、综合服务、金融创新上给予全省创业青年优先支持，对接各级青创团工委，及时掌握了解有金融服务需求的青年创业人员信息，主动做好相应金融服务接洽。

【全省预防青少年违法犯罪工作会议召开】 7月17日，全省预防青少年违法犯罪工作会议在南昌召开。省委常委、省委政法委书记尹建业出席会议并讲话。省委政法委副书记、省综治办主任刘烁，团省委书记马健，南昌市委常委、市委政法委书记刘家富，团省委副书记杨志等领导出席。刘烁主持会议。省市预青专项组成员单位分管人员，各设区市委政法委、综治办、教育局、团委主要负责人参加。会上，江西省综治委预防青少年违法犯罪专项组组长马健作未来江西省预防青少年违法犯罪工作部署。与会人员还现场考察南昌市阳光学校和“双零社区”示范点——新建区文教路社区。

【2018年赣陶两地青少年“手拉手”融情实践夏令营举行】 7—8月，2018年赣陶两地青少年“手拉手”融情实践夏令营举行。7月26日至8月1日，新疆阿克陶县165名师生在江西开展为期7天的“手拉手”融情实践夏令营活动，师生分别走进南昌、井冈山、瑞金开展学习参观、结对交流等活动，接受江西红色教育、领略江西秀美风光、体验江西风土人情，增进两地青少年深厚友情和民族情谊。8月4日—10日，江西省各地25所中小学50多名营员在新疆阿克陶县开展为期7天的2018赣陶两地青少年“手拉手”融情实践夏令营活动，与阿克陶县师生代表共同体验一段难忘的民族团结之旅。这是两地连续四年举办的夏令营活动，通过两地青少年互访交流和实地考察，进一步激发赣陶两地青少年儿童对中华民族的认同感，培养两地青少年对党、对祖国的感恩之情。

【举办“新时代 新气象 新作为”青联委员走基层、进青年学习中共十九大精神省级示范分享交流活动】 7月12日，由省青联、团省委主办的“新时代 新气象 新作为”青联委员走基层、进青年学习中共十九大精神省级示范分享交流活动在南昌举办行。活动期间，团省委书记、省青联名誉主席马健同省级分享交流团全体成员见面交流，向分享交流团全体成员颁发聘书。省青联副主席、中国铁路南昌局集团公司南昌南车辆段工程师刘发根，省青联常委、江西省人民医院重症医学科主任杨春丽，省青联常委、亚马逊（中国）餐饮管理有限公司董事长余军飞，全国青联委员、省青联常委、景德镇青年陶瓷艺术家欧阳敏分别围绕学习中共十九大精神、中共中央总书记习近平关于青年工作的重要思想以及团十八大精神，与大家分享自己工作感悟和成长经历。团省委副书记、省青联副主席伍复康出席活动，省级示范分享交流团全体成员、部分省市青联委员和航空工业洪都青年代表共200余人参加活动。

【第五届“创青春”中国青年创新创业大赛（互联网组）举行】 6—9月，第五届“创青春”中国青年创新创业大赛（互联网组）举行。大赛先后经历省级选拔赛和全国半决赛、决赛、总决赛。6—7月，全国各省分别举办省级选拔赛，选拔出200个项目入围全国半决赛。8—9月，在江西举办全国半决赛、决赛、总决赛。9月28日，总决赛暨颁奖仪式在共青城市举行，团中央书记处书记傅振邦、副省长孙菊生、团省委书记马健、团省委副书记杨志、潘建文出席总决赛暨颁奖仪式，并为获奖选手颁奖。大赛共有6088个创业项目、3万名创业青年参赛，最终“踏歌智行-露天矿无人驾驶先行者”项目获总冠军，“帝视科技-基于人工智能的图像视频压缩与增强”“粒界科技”“酷陆智慧环境云”“权大师”“吾来智能对话式运营解决方案”5个项目获金奖，同时评出银奖12个、铜奖30个，北京、江西等10个省级团委获“优秀组织单位”。

【举办改革开放40年中国青年运动理论研讨会暨第三届共青团与青年发展论坛】 10月20日，改革开放40年中国青年运动理论研讨会暨第三届共青团与青年发展论坛在南昌举办。由共青团中央青运史档案馆和江西青年职业学院（江西省团校）共青团理论研究中心主办。团省委书记马健出席并致欢迎辞，省教育工委委员、教育厅副厅长杨慧文代表教育厅到会祝贺并致辞，团省委副书记罗华出席。全国16个省市理论工作者、江西省部分高校专家学者和青年工作者100余人参加。会上，田杰、郗杰英、杨雄、廉思、李玉琦、周金堂、胡献忠等20多名专家学者进行主旨发言，围绕不同专题与大家交流分享自己最新研究成果。

【“儒乐杯”2018年江西青年科技创新项目大赛总决赛暨颁奖仪式举行】 12月3日，“儒乐杯”2018年江西青年科技创新项目大赛总决赛暨颁奖仪式在南昌市举行。大赛由省委人才办、团省委、省人社厅、省工信厅、省科技厅、省科学院共同主办，赣江新区经开组团管委会，南昌经开区管委会承办，省青企协等单位协办。省人大常委会副主任冯桃莲出席并为大赛冠军颁奖，团省委书记马健、副书记杨志出席并为获奖选手颁奖。大赛主办单位、承办单位相关负责人，评委嘉宾、入围决赛的参赛项目团队、青年企业家、地市团委和经开区观摩代表、创业青年以及新闻媒体记者等200余人参加。此次比赛总决赛采取“选手路演+评委点评”方式进行，由进入总决赛的产业组9个项目争夺大赛冠军。经过角逐，稀土冶炼机器人研发与产业化项目获一等奖，羽扇豆引种筛选与工厂化生产关键技术转化及应用、环境治理靶向纳米材料及其配套应用技术、数澜大数据集成开发平台获二等奖，利用低品位锂矿提取碳酸锂、VR焊接（机器人）培训系统、智能创意灯光项目等5个项目获三等奖。

（周颖）

江西省妇女联合会

【概　况】 2018年，省妇联组织开展“我与中国梦”“巾帼心向党 建功新时代”“巾帼建功网上故事汇”“巾帼志愿暖心故事”等群众性主题教育活动,其中“百千万巾帼大宣讲”活动开展9700余场,受众人数达580万人次,传播党的声音,讲好江西故事,筑牢广大妇女听党话、跟党走的思想基础。举办全省家庭服务技能培训和技能竞赛、农村女经纪人培训班、新型女职业农民培育试点工作培训班等,在赣州市举办“菁英人才汇、巾帼助振兴”江西省妇女创新创业大赛,开展“清洁家庭”创建活动,增强妇女脱贫发展新动力。出台加强妇女平等就业权益保障工作意见,培养近1万名农村妇女“法律明白人”,在全国率先推出城镇贫困妇女全面脱贫解困系列举措。推动开展免费婚检工作,提升全省婚检率至84.39%。召开江西省妇女第十二次代表大会,选举产生省妇联新一届领导班子,实现专挂兼结合,优化结构,增强活力。把省妇联组织部和机关党委进行合并,新成立机关党委(人事部)和基层工作部,理顺部门职能。推动设区市妇联改革全面完成换届6个,县级妇联全部完成换届。巩固乡镇妇联组织区域化建设和村(社区)妇代会改建妇联的成果。全省各级妇联有执委16万余人、挂兼职干部2万余人。

【调研活动】 1月31日至2月2日,全国人大常委会副委员长、全国妇联主席沈跃跃到赣调研妇女工作。省领导鹿心社、刘奇、姚增科、殷美根、冯桃莲、谢茹等分别陪同。全国妇联书记处书记杨柳随同调研。沈跃跃先后到南昌市新建区望城镇小桥村、长埈镇凤凰山社区和吉安市遂川县草林镇大坪村、枚江乡高升村,向基层妇联干部面对面宣讲习近平新时代中国特色社会主义思想和中共十九大精神,仔细了解基层妇联组织建设及作用发挥等情况,走访慰问贫困妇女。调研期间,沈跃跃与省、市、县妇联干部深入交流座谈,对江西高度重视发挥妇联组织在脱贫攻坚中的作用以及全省妇联工作给予肯定。在遂川县,全国妇联开展“送温暖三下乡”活动,赠送价值500万元的物资。

【《江西性别视界》出版】 3月,省妇联、省妇女研究所编辑出版理论专辑《江西性别视界》。这是中共十八大以来江西省出版的第一本全国公开发行的女性学术理论著作。专辑收集中共十八大以来江西妇女理论研究成果35篇,总字数约30万字,分为妇女与政治、妇女与法律、妇女与经济、妇女与家庭、妇女与儿童等专栏。4月,全国妇联研究所专门发函对《江西性别视界》进行肯定。

【江西省妇女第十二次代表大会召开】

7月10日—11日,江西省妇女第十二次代表大会在南昌召开。省委书记、省长刘奇出席并讲话,全国妇联副主席、书记处书记张晓兰到会祝贺并提出希望。省领导姚增科、李炳军等出席,出席大会的正式代表536人。大会的主题是:高举中国特色社会主义伟大旗帜,以习近平新时代中国特色社会主义思想为指导,全面落实中共十九大精神,团结引领全省广大妇女奋进新时代、担当新作为,为决胜全面建成小康社会、建设富裕美丽幸福现代化江西贡献巾帼力量。会上,省妇联主席王庆代表省妇联第十一届执委会做工作报告。会议选举王庆为江西省妇联第十二届执行委员会主席,肖晓兰、刘丽、吴艳玲为副主席,朱彦为挂职副主席,江怀玉、甘公荣、胡秀筠为兼职副主席,选举23名常务委员和110名执行委员,还选举40名江西省出席中国妇女第十二次全国代表大会代表,通过《关于江西省妇女联合会第十一次执行委员会报告的决议》。

7月10日—11日,江西省妇女第十二次代表大会在南昌召开

省妇联供

【《关于充分发挥妇联组织在实施全省农村“法律明白人”培养工程中作用的意见》出台】 7月,省妇联、省法建办、省司法厅联合出台《关于充分发挥妇联组织在实施全省农村“法律明白人”培养工程中作用的意见》。该意见明确提出,组织村妇联主席、执委等村妇联干部以及巾帼志愿者参加农村“法律明白人”遴选及培养,村妇联干部100%为农村“法律明白人”,到2020年年底,要把全省农村各行政村妇联干部全部培养为农村“法律明白人”骨干。

【举办第6期江西省女性人才研修班】

8月26日—31日,由省委组织部、省妇联联合举办的第6期江西省女性人才研修班在上海交通大学举行。省妇联党组书记、主席王庆出席并讲话,上海交通大学国际与公共事务学院党委副书记谢玮致辞。省妇联党组成员、副主席肖晓兰,省妇联领导黄海燕,副巡视员孙颖参加。全省各行业各领域60多名自然科学和先进创新类女性人才、企业创业类女性人才、人文社科类女性人才、金融类女性人才、外专类女性人才、高技能类女性人才参加研修学习。培训课程紧密贴近女性人才综合能力和素质提升的需求,采取课堂教学与现场教学相结合形式,既开设《习近平人才思想研究》《生态文明视野下的城乡发展转型》《科技发展趋势与协同创新》《当前宏观经济形势分析》《中国传统文化与素养》等热点难点理论讲座,又结合女性特点开设《女性人才的心理资本与幸福力》《互联网+大数据》等。研修班还安排学员在上海自贸区现场教学。

【《江西省家庭暴力告诫制度实施办法(试行)》出台】 10月26日,省公安厅、省高院、省妇联联合出台《江西省家庭暴力告诫制度实施办法(试行)》。该办法明确在家庭暴力案件中公安机关、法院和妇联的职责,对四种家庭暴力行为应作出告诫,具体包括家庭暴力情节特别轻微,依法不予行政处罚的;主动消除和减轻违法后果,并取得受害人谅解,依法不予行政处罚的;情节较轻,经公安机关调解处理,当事人达成协议,依法不予行政处罚的;其他不宜直接作出行政处罚的家庭暴力行为。明确基层派出所的接处流程和处置规范,对于预防和制止家庭暴力,维护家庭和谐与社会稳定起到积极作用。

【举办全省女领导干部(县处级)培训班】 11月26日—30日,省委组织部、省妇联联合在方志敏干部学院举办全省女领导干部(县处级)培训班。省妇联党组书记、主席王庆出席并讲话。方志敏干部学院常务副院长、弋阳县委副书记刘伟明致辞。方志敏干部学院副院长吴晓俊主持。省妇联党组成员、副主席刘丽,党组成员、省妇儿工委办常务副主任李景芝参加。共培训全省各地各单位县处级女干部55人。课程安排《习近平新时代中国特色社会主义思想和品格》《方志敏精神和中国共产党人的初心》《乡村振兴与脱贫攻坚》等专题内容,与现场教学、体验教学相结合,使红色精神真正融入血脉,为打造忠诚干净担当的干部队伍补好精神之钙,筑牢信仰之基。其间,王庆就中国妇女第十二次代表大会精神进行专题授课。

【江西省妇联第十二届执委会二次会议召开】 12月24日,江西省妇联第十二届执委会二次会议在南昌召开。省妇联党组书记、主席王庆出席会议并做题为《强化思想引领 凝聚妇女力量 共绘新时代江西物华天宝人杰地灵新画卷》的工作报告。省妇联党组成员、副主席肖晓兰主持会议。省妇联党组成员、副主席刘丽、吴艳玲、朱彦,兼职副主席甘公荣、江怀玉、胡秀筠,副巡视员孙颖,省妇联党组成员、省妇儿工委办常务副主任李景芝出席。省纪委驻省总工会机关纪检组副组长万琴应邀出席。会上,王庆传达中共中央总书记习近平在同全国妇联新一届领导班子成员集体谈话时的重要讲话精神和中国妇女十二大精神。肖晓兰传达省委对妇联工作的要求、批示。刘丽宣读《关于表彰全省"我是妇联执委 我为妇女办实事"活动先进个人的决定》。廖丽萍、王菡、黄花云、詹慧珍和熊玉冰5名执委作了典型发言。

(凌云)

江西省科学技术协会

【概　况】 2018年,江西省科学技术协会(简称省科协)组织开展中国科协科学家宣讲中共十九大精神江西站活动和"弘扬爱国奋斗精神、建功立业新时代"活动。在瑞金举办2018年中国科协九大驻赣代表"不忘初心、牢记使命"党性教育活动。组织开展科学道德和学风建设宣讲教育,弘扬社会主义核心价值观。组织2018年全国科技工作者日活动。5月30日,在南昌召开江西省2018年"全国科技工作者日"暨科技界纪念改革开放40周年座谈会。省委书记、省长刘奇作出批示,并代表省委、省政府向全省广大科技工作者致以节日问候,省委副书记李炳军出席会议并讲话,省政协副主席汤建人出席。走访慰问一线科技工作者,赴企业调研并召开企业科技工作者座谈会,举行江西省2018年度"百人远航工程"启航仪式等,在全社会营造"尊重知识、尊重人才"的氛围。成立科技社团党委,加强对学会党建工作指导。举办2018年省级学会党务工作者培训班,共有党员688人参加。九江、新余、赣州3个设区市科协相继成立科技社团党委,鹰潭、萍乡出台《关于加强市科协所属学会党的建设工作意见》。139个市级学会成、5个县级学会成立党组织。

【服务全民科学素质提升】 2018年,省科协制定年度工作要点和任务分工,编印工作简报;召开省纲要办联络员会议,并赴赣州、宜春、新余举办全民科学素质专项推进座谈会,抓好全民科学素质工作部署落实,优化工作机制。赣州市还把全民科学素质提升纳入对县(市、区)高质量发展综合考评。开展《全民科学素质行动计划纲要》实施工作"十三五"中期评估相关工作和江西省公民科学素质调查。中国科协公布第十次全民科学素质状况调查结果显示,江西省公民具备科学素质比例为7.58%,比2015年的5.10%提高2.48个百分点。加大科普信息化力度,推进"科普中国·百城千校万村行动",建成科普e站325个,向全社会提供"科普中国"信息资讯,并与省气象局共同推进"科普中国"落地应用。全省11个设区市科协均建立科普微信公众号。完善现代科技馆体系建设,省科技馆新馆建设加速推进,市县科技馆建设步伐加快。组织开展多项青少年科技教育活动,推动基层科普公共服务普惠共享。

【科协学术交流活动】 2018年,江西主办"2018海峡两岸暨港澳大健康论坛"等大型学术交流论坛活动。省微生物学会、华东交大科协等30余个省级学会、高校科协分别主办、承办一批有影响力的学术交流活动,60余名院士到赣交流,开展科技合作。加强与国外有影响的科研机构开展合作交流。与澳大利亚新南威尔士州教育部中国战略合作中心、日本华侨华人博士协会签订合作备忘录。推动海峡两岸科技交流与合作,和台湾中华青年交流协会联合在江西举办第11届赣台大学生科技文化夏令营。联合主办或支持有关单位举办"第十四届国际亲水胶体大会"等国际学术交流活动。与省委组织部实施"百人远航工程",全年选拔88名中青年科技人员赴境外学习和交流,资助总额达440万元。

【服务创新驱动发展】 2018年,省科协开展创新驱动助力工程示范,在宜春召开全省科协系统服务创新驱动发展工作推进会,引入国家级学会进江西。支持赣州市、宜春市创建全国创新驱动助力工程示范市工作。与省发改委等相关单位联合举办2018年江西省大众创业万众创新活动周活动。与省发改委共同主办"创响中国"活动,组织主题演讲、项目路演、创业之路访谈、圆桌论坛、点燃智能之光、意向签约等系列活动。推动省科协"科创中心"建设,全省新增"创客之家"15家,总数达28家。与省委组织部、省人社厅共同推进"海智计划"实施。全年引进海外专家34人、团队8个,接待海外专家团体147人次,组织开展学术交流和引智对接活动36场次。全年新建10家海智工作站,实现11个设区市和赣江新区建站全覆盖。投入海智工作项目经费约440万元,全省共建"海智工作站"40家,其中高校、科研院所等事业单位13家,企业25家,经开区2家。新建院士工作站65家,累计达到225家(省级122家,市级103家),柔性引进院士181人,获诺贝尔奖外国专家1人,院士团队专家1200余人,覆盖全省11个设区市、十大战略性新兴产业。院士工作站共签订合作项目685项,实施完成268项;取得专利授权1662项,其中发明专利500项;转化科研成果561项,创造直接经济效益151.89亿元。新建企业科协120家、园区科协6家。全省有企业科协247家、园区科协84家。首次联合省科技厅举办首届中国创新方法大赛江西企业创新方法区域赛。首次举办为期6天的"企业技术人员创新方法带题实战培训"活动。组织参加首届中国创新方法大赛,省科技咨询服务中心获大赛"优秀组织奖",江西参赛团队在全国总决赛中获三等奖1个、优胜奖3个。推荐6家民营企业分别获得中国民营科技促进会民营科技发展贡献奖、科技进步优秀奖、钟南山优秀奖、优秀民营企业奖。举办"知识产权战略巡讲"活动1场,参加人员274人。新增中国科协专利信息"数据库"注册应用企业698家,累计达到3235家;免费培训专利应用工程师1006人,累计达到5030人;企业转化应用科技信息产生新技术、新产品、新专利分别为85个、74个和116个;产生直接经济效益4.27亿元,间接经济效益4.73亿元;节约研发成本7859.7万元。组织专利应用企业参加2018年中国科协企业创新服务成果展,入选数量全国第一,获全国"十佳组织单位",江西益盟科技有限公司荣获全国"十佳参展单位"。

【科技助力精准扶贫】 2018年,联合省农业厅、省扶贫和移民办推进全省科技助力精准扶贫帮困工作。组织1845名科技专家和71个科技团队与建档立卡贫困户结对帮扶。全省"基层科普行动计划"资金实行因素法分配,向全省25个贫困县倾斜。争取科技服务扶贫专项资金,6个贫困县与中国科协签订项目实施协议,项目总额达153万元,筹集投入科技助力精准扶贫项目资金940余万元。开展"中国农技协助力乡村振兴试点"项目;支持贫困地区建立农技协组织294个、农技协联合会43个。发挥农函大提升农民致富技能培训平台作用,普及推广各类种养殖实用技术。全省科协系统助力建档立卡贫困户脱贫达2.61万人,完成全国科技助力精准扶贫工程领导小组办公室建议江西省完成的目标任务。在中国科协、农业农村部、国务院扶贫办联合组织的2018年度科技助力精准扶贫考核评估中,江西省科技助力精准扶贫领导小组办公室(江西省科协、农业厅、扶贫办)被评为优秀组织单位(省级仅6个),江西推荐的万安县农业局科技扶贫技术服务队等2个科技组织被评为扶贫工作先进团队,徐步云等5名科技工作者被评为扶贫工作先进个人。

【服务党和政府科学决策】 2018年,省科协引导决策咨询与创新发展融合,规范决策咨询工作机制,初步形成科技创新智库人才体系。举办"院士专家共话江西航空产业高质量发展"高端对话、"2018长江经济带(九江)石化产业绿色发展峰会"等活动,为江西航空石化产业发展提供智力支持。全年编辑《决策咨询专报》12期。"金融支持我省航空产业发展"等4篇对策建议获省领导批示5人次并要求有关部门阅研借鉴。9个设区市科协、40个县(市、区)科协128条决策咨询建议得到市县领导批示。加强科技工作者状况调查站点建设,报送的相关科技工作者要情与政策建议信息有7篇被中国科协刊发,位居全国各省市前列。赣州市科协打造互联网+智库,涵盖"电子信息、智能制造、新能源、新材料、生物科技"5个子库。新余市科协牵头建立新余市博士智库协会。吉安市科协推荐"两院"院士为市政府智库成员并牵头建立吉安籍在外高端人才智库。抚州市科协推动建立政府科技顾问制度。

【江西省科协提升基层科协组织力"3+1"试点工作推进会召开】 6月14日,江西省科协提升基层科协组织力"3+1"试点工作推进会在新余召开。省科协主席史可出席会议并讲话,省科协副主席梁纯平作工作部署讲话,新余市委副书记曾萍出席会议并致辞,省科协组织人事部负责人主持会议。各设区市科协党组书记、主席和相关基层组织建设负责人,以及确定为2018年试点单位县(区、市)科协

6月14日,省科协提升基层科协组织力"3+1"试点工作推进会在新余召开

杜春发供

主席共70余人参加。会议传达学习中国科协提升基层科协组织力"3+1"试点工作座谈会精神，中国科协组织人事部组织处副处长齐晓楠就"中国科协提升基层科协组织力'3+1'试点工作"有关要求进行授课辅导，并与参会人员互动交流，现场解答各级科协在推进试点工作中遇到的问题。

【江西省科协工作会议召开】 2月2日，江西省科协工作会议在南昌召开。省科协党组书记、常务副主席罗莹出席会议并讲话。省科协主席卢天锡出席会议并做工作报告。省科协党组成员、副主席彭玲华主持会议。省科协七届委员会常委、委员，各省级学会理事长或秘书长，各设区市科协主席、党组书记，各县（市、区）科协主席、党组书记，各院校科协和部分园区科协、企业科协主席，省科协机关全体干部和直属单位副处级以上干部共330余人参加。会上，梁纯平传达《中央书记处关于科协工作的几点意见》和王沪宁在工青妇科侨群团组织班子成员会上的讲话精神，孙卫民传达中国科协第九届全国委员会第四次会议精神。省公路学会、赣州市科协、德安县科协、江西理工大学科协、航空工业洪都集团有限责任公司科协、宜春经济技术开发区科协6家单位作交流发言。

【2018海峡两岸暨港澳大健康论坛在大余举行】 10月19日—20日，由省科协、赣州市政府主办的2018海峡两岸暨港澳大健康论坛在大余县举行。省政协副主席谢茹，中国科学院院士杨焕明，中国人民解放军总医院（301医院）原院长、少将朱士俊，全国老龄办副主任肖才伟，国务院港澳事务办公室交流司巡视员黄光，国家卫健委规划发展与信息化司副巡视员卢春山，省科协主席史可，省民政厅党组成员、省老龄办专职副主任罗良意，赣州市委常委、副市长高世文，赣州市政协副主席姚勇出席。省科协党组书记、常务副主席罗莹主持开幕式。中国科协国际科技交流中心、省卫计委、省政协港澳台侨和外事工作委有关负责人出席。中华中医药学会副会长曹正逵，全国政协委员、中华医学会副会长金大鹏，中国老龄产业协会副会长张恺悌，中国老年协会副会长、原卫生部保健局常务副局长王悍峰等应邀出席。580余人参加论坛。论坛主题是："走进'互联网+大健康'时代——携手共建美好幸福健康中国"。论坛入选中国科协"海峡两岸暨港澳青年科学家学术活动月"活动项目并获中国科协项目资助经费，采取"主旨报告+分论坛学术交流"方式，主要围绕"特色小镇+康养产业融合发展"及"互联网+医疗健康"等2个方面进行交流，设"康养产业融合发展""互联网时代康养新模式""互联网+医疗健康"及"中医药产业发展"四场平行论坛。院士杨焕明等4名大健康领域知名专家作论坛主旨报告，来自海峡两岸大健康领域40余名专家学者进行演讲和交流。论坛期间，签约2个国家级学会驻赣工作站和总投资额超130.2亿元的5个大健康领域项目。闭幕式上，向优秀论文作者代表颁发优秀论文证书。3篇优秀论文获一等奖，6篇优秀论文获二等奖，15篇优秀论文获三等奖，共91篇论文入选《2018海峡两岸暨港澳大健康论坛论文集》。

【"院士专家共话江西航空产业高质量发展"高端对话活动举行】 11月14日，由省科协主办、中国航空学会支持、北航江西通航研究院协办的"院士专家共话江西航空产业高质量发展"高端对话活动在南昌举行。副省长吴晓军、中国航空学会理事长林左鸣出席并讲话。省政府副秘书长陈敏、中国工程院院士刘大响、甘晓华、孙聪、王振国、赵振业、李明、何友等及有关专家出席活动。省科协党组书记、常务副主席罗莹主持高端对话活动。省委组织部、省发改委、省工信厅、省财政厅、省商务厅、省科技厅、省地方金融监督管理局、省委军民融合办、省科协、洪都航空工业集团、中航工业昌河飞机工业（集团）有限责任公司、南昌航空大学、中国航空研究院602研究所、北航江西通航研究院等部门、企事业单位和科研院所负责人出席活动。高端对话结束后，省科协主席史可代表省科协与中国航空学会签署战略合作协议。省委常委、副省长刘强，省政府副秘书长宋迪维会见院士、专家一行。此次举行"院士专家共话江西航空产业高质量发展"高端对话，通过院士、专家对江西省航空产业发展的建言献策，对江西省加快构建航空制造、民航运输、通用航空、临空经济协同发展的航空产业体系，推动军民融合，有着积极影响。

【2018长江经济带（九江）石化产业绿色发展峰会召开】 11月21日—22日，2018长江经济带（九江）石化产业绿色发展峰会在九江市召开。陈新滋、钱旭红、钱锋、陈芬儿、刘云圻、谢在库、杨万泰、郑裕国8名院士出席大会，省科协主席史可、中国化工学会副理事长兼秘书长华炜、九江市委副书记熊永强等出席会议并分别致辞。九江市政府副市长罗文江主持。全国科技界、产业界的院士专家、300余人代表参加大会。大会主题是："打造石化产业千亿集群，促进绿色发展"。大会邀请九江市政协副主席、九江学院化环学院院长严平作《九江石化产业现状及发展前景》报告，中国科学院院士、中国科学院化学研究所研究员刘云圻作《高性能石墨烯制备与应用研究》报告，中国科学院院士、清华大学教授杨万泰作《石化废弃烯烃利用新技术——自稳定沉淀聚合》报告，中国工程院院士、浙江工业大学生物工程学院院长郑裕国作《生物精细化工的发展与实践》报告，原环保部总工程师万本太作《石化产业绿色发展路径》报告。省科协副主席孙卫民主持主题报告会。会上，中国化工学会与九江市政府签订《九江石化产业绿色发展战略合作框架协议》，还与九江学院签订共建国家级科技服务站协议，九江石化企业代表宣读《打造长江最美岸线，促进石化产业绿色发展倡议书》。院士陈芬儿与九江市有关单位签署院士工作站建站协议。峰会期间，召开长江经济带（九江）石化产业绿色发展座谈会、技术需求和成果对接会等专题分会，组织参观考察中石化九江分公司、中科新鑫新材料有限公司等示范企业。在长江经济带（九江）石化产业技术需求和成果对接会上，九江市9家企业同国内知名科研院所达成初步合作意向。

（杜春发）

江西省归国华侨联合会

【概　况】　2018年，省侨联深入贯彻落实习近平新时代中国特色社会主义思想和中共十九大精神，组织召开党组会、中心组学习、支部大会42次。全省县（区）侨联组织增至96个，侨界社团组织增加41个。落实省委、省政府“三请三回”工作部署会精神，为海外侨胞搭建平台，先后出访印度尼西亚、日本、泰国、俄罗斯、匈牙利、芬兰等国，促进“一带一路”建设及交流。接待来自美国、英国、加拿大等20多个国家及中国港澳地区的侨社团（企）到江西访问。推荐专家参加第七届新侨创新创业成果交流大会，南昌大学教授李永绣等3人荣获二等奖；省侨联荣获组织工作奖。深入南昌市高新区、经开区、湾里区，乐平市，德兴市，万年县等10多个市县（区）所在侨资企业开展考察调研，召开座谈会20余次，为企业排忧解难。依据中央和省委改革部署中“海外华人华侨社团联谊等职责划归侨联行使”的规定，落实省委办公厅印发的《关于调整省归国华侨联合会机关机构编制事项的通知》精神，强化海外联谊工作职能，加强基层侨联组织建设，增强侨联工作力量。

【江西省第八次归侨侨眷代表大会召开】　7月24日—25日，江西省第八次归侨侨眷代表大会在南昌召开。省委书记、省长刘奇，中国侨联党组成员隋军出席并讲话，各设区市分管领导、省直有关部门和各人民团体、各民主党派、工商联领导，以及全省归侨侨眷代表及海外侨界代表400余人参会。省人大常委会副主任、省侨联主席马志武代表江西省侨联第七届委员会做题为《凝聚侨界力量 奏响时代强音在改革创新中奋力谱写全省侨联事业发展新篇章》工作报告。大会表彰40名全省归侨侨眷先进个人，选举产生江西省侨联第八届委员会及领导班子，张知明当选为江西省侨联第八届委员会主席，王强、罗丽都、郑兆国、辛洪波、于集华、李江山、梁安琪、万志新、徐余波、吴世伟、周亮、胡军华、陈桂辉为副主席，蔡峻为秘书长。

【参加第十次全国归侨侨眷代表大会】　8月29日至9月1日，第十次全国归侨侨眷代表大会在北京召开。江西代表团24名代表在以省侨联党组书记、主席张知明为团长的带领下参加大会。会上，江西省受中国侨联、国务院侨办联合表彰的全国归侨侨眷先进个人24人，受国务院人社部、中国侨联联合表彰的全国侨联系统先进集体2个、全国侨联系统先进工作者1人，受中国侨联表彰的全国侨联系统先进组织5个、先进个人5人。赣州市侨联主席池峰龙代表基层侨联在大会上接受颁奖。张知明被推选为大会主席团成员，张知明、王强、罗丽都、郑兆国、于集华、刘小坚、罗鸿、刘杜梅、赖晓琳当选中国侨联第十届委员会委员。张知明、于集华当选中国侨联第十届委员会常委。

【举办“新时代、新气象、新作为”庆祝改革开放40周年成果和文化交流展】
7月24日—25日，省侨联在南昌举办“新时代、新气象、新作为”庆祝改革开放40周年成果和文化交流展。省委书记、省长刘奇，中国侨联党组成员隋军，省领导姚增科、李炳军、孙新阳、赵爱明、毛伟明、刘强、殷美根、陈兴超、赵力平、施小琳、周萌、马志武、吴忠琼等参观展览。省侨联党组书记张知明，副主席王强、罗丽都，各设区市分管领导、省直有关部门和各人民团体、各民主党派、工商联负责人，以及全省归侨侨眷代表及海外侨胞代表400余人参观展览。此次展览展示近5年来，江西省各级侨联在全面深化改革、服务经济发展、参与社会建设、依法维护侨益、拓展海外联谊、弘扬赣鄱文化等方面的工作成就。展出书画、漆画、瓷板画艺术精品66件，展现江西人文精粹、山水大美与历史芳华，表达对改革开放40年所取得巨大成就的赞美。

【“侨联四海 祝福江西”大型电视节目播出】　2月16日—19日，省侨联和江西广播电视台联合主办“侨联四海 祝福江西”大型电视节目，在江西卫视《江西新闻联播》节目中播出。来自美国、英国、法国、意大利、日本、迪拜、科威特、博茨瓦纳等15个国家20余个海外侨社团通过组织新春巡游、舞龙舞狮、做家乡菜、写对联、组织社区表演、举办联欢会等多种形式的节目，为江西人民送上新春祝福。省侨联借助春节紧密团结海外侨胞，贯彻落实中共中央总书记习近平对侨务工作的重要指示，宣扬十九大精神和习近平新时代中国特色社会主义思想，凝聚侨心侨力同圆共享中国梦，展示中国传统文化的魅力，体现中华文化和世界文化的交融汇通，向世界展示真实、立体、全面的中国。

【2018年侨界专家学者座谈会召开】
3月1日，省侨联与省科协联合举办的2018年侨界专家学者座谈会在南昌召开。省侨联党组书记张知明出席并讲话，省科协副主席彭玲华，省侨联副主席王强，省侨联特聘专家委员会副主任、南昌大学副校长辛洪波，省侨联党组成员许晓燕，省侨联秘书长蔡峻出席会议。彭玲华在会上对“百人远航工程”“海智计划”工作做了详细的介绍，对11名专家学者能够加入省侨联特聘专家委员会表示祝贺。王强介绍省侨联特聘专家委员会的相关情况，辛洪波在会上发言，继续在省侨联特专委平台上履职尽责，发挥特专委“智库”作用，为促进江西科学发展、绿色崛起贡献智慧和力量。

【“侨联四海 情满赣鄱”爱心助学行动启动仪式举行】　6月1日，由省政协港澳台侨和外事委员会与省侨联、豫章师范学院共同主办的“侨联四海 情满赣鄱”爱心助学行动启动仪式在豫章师范学院举行。省侨联党组书记张知明，豫章师范学院党委书记贺瑞虎出席仪式并讲话。省侨联副主席王强、罗丽都，党组成员许晓燕，豫章师范学院副校长吴龙、张海涛、范雯芩，江西省海创会会长胡军华、省侨联青委会会长周世鹏及杨威、秦洁、刘芳琪、陈桂平、徐雷、罗贤宾等海内外侨商、爱心人士出席启动仪式。仪式上，与会嘉宾与学生代表共同朗诵《希望不要忘记你的母亲是为国牺牲的！——赵一曼就义前给儿子的遗书》《别让子规口血蒙了眼，别用泪水送儿别人间——夏明翰给母亲的信》等2篇红色家书。来自美国、英国及

6月1日，“侨联四海 情满赣鄱”爱心助学行启动仪式在豫章师范学院举行
省侨联供

中国港澳地区的侨商向150名贫困学生捐赠助学资金45万元。省侨联向豫章师范学院捐赠由澳大利亚魏基成天籁列车提供的助听器180副。

【“美国华人专家会江西分会”揭牌仪式举行】 9月2日，“美国华人专家会江西分会”在省侨联举行揭牌仪式。省侨联党组书记、主席张知明，江西省侨联海外委员、美国南加州江西同乡会会长曾洁出席。美国华人专家会于2015年在美国洛杉矶成立，是由海外华人专家、教授、学者组成的民间团体，宗旨是维护华人华侨的合法权益，全面服务于海外华人华侨回国发展，为国内企业提供人才和技术服务。该会在海内外各地有24个分会，主要分布于洛杉矶、纽约、北京、上海、杭州等地，会员1400人，博士及博士后420余人，律师30多人，硕士及企业家和政府官员540多人。

【“亲情中华”走侨乡慰问演出举行】

3月8日—10日，由中国侨联、省侨联与上饶市委、市政府和宜春市委、市政府联合主办的“亲情中华”走侨乡慰问演出在上饶和宜春举行。中国侨联顾问、原副主席唐闻生代表中国侨联致辞，中国侨联文化交流部副部长邢砚庄，省侨联党组书记张知明、副主席郑兆国、顾问黄荣福等出席演出活动，上饶市人大常委会主任汪东进，上饶市委常委、市委统战部部长陈洪生，宜春市人大常委会副主任邱玉，宜春市政协副主席刘益民以及两地归侨侨眷、海外侨胞和热心观众近2000人观看现场演出，13万人通过网络直播平台观看。“亲情中华”走侨乡慰问演出首次走进江西，为上饶、宜春两地侨界群众奉献2台欢快喜庆的文艺节目，表达对侨界群众的关爱和祝福。

（刘晋）

江西省台湾同胞联谊会

【概　况】 2018年，省台联围绕两岸关系和平发展主题，贯彻落实中央、省委对台决策部署，服务全省台胞，服务经济社会发展，深入推动赣台民间交流交往，增强台胞凝聚力。加强与岛内、海外台胞和在赣台商的联系，注重与台湾社团和基层人士的联络交往。参与第十六届“赣台会”各项筹备工作，邀请多家台企到赣参会和考察。先后接待金门列屿小学教师参访团、台北跆拳道协会参访团、巴西和平统一促进会、高雄海内协进会、欧洲台商协会、苗栗刘氏宗亲会、台湾抗日志士亲属联谊会等团组到赣交流。全年接待台湾地区各界人士达200余人次。

【参政议政建言】 2018年，省台联加强与岛内相关专家学者联系，借鉴台湾地区在医养服务方面的经验积累和技术储备，并结合江西实际，完成《大力引进台湾优势产业人才 助推江西高质量跨越式发展》的课题调研。省“两会”期间，6名台籍省政协委员共上报《借鉴台湾医养服务经验 完善我省健康养老产业》《依托大数据应用 助力脱贫攻坚战》《关于推进普惠金融发展振兴江西实体经济的几点建议》等10余篇提案，提案得到有关职能部门肯定，并转化为具体工作措施。注重发挥专家学者的参谋咨询、台籍政协委员的主体作用和青年台胞的生力军作用，积极献计献策，逐步形成目标明确、团结协作、整体推进的参政议政工作格局。台盟江西省筹委会荣获台盟中央省级参政议政先进集体特等奖、参政议政突出进步奖和先进个人奖。

【助力脱贫攻坚】 2018年，省台联着重构建精准脱贫工作机制，从“特色产业、民生事业、基础设施、生态环境”等方面开展帮扶工作。助推物流行业跨越发展，牵线江西省物流行业协会，与广昌县共同搭建物流战略平台。协同省红十字会牵线爱心企业为广昌县大株学校捐资15万元，援建“未来教室”项目。走访慰问省内老台胞和困难台胞家庭，发放慰问金（品）近15万元。

【服务在赣台企】 2018年，省台联坚持围绕中心，服务大局，做好与台商联谊和服务工作。深入开展“精准、精心、精细”服务台企活动，加强与在赣投资的台商服务。多次深入到赣州、宜春、九江、抚州、景德镇、上饶等设区市台协、台企考察和座谈，听取台商意见和建议，了解台资企业的生产经营状况和赣台会签约项目落实情况，帮助台商协调解决生产生活方面遇到的困难和问题。

【承办中华（江西红色）文化研习营活动】 4月7日—12日，省台联承办中华（江西红色）文化研习营活动。来自台湾中华基金会、苗栗五湖村发展协会、台湾远望杂志社、台湾刘氏宗亲会等团体的岛内台胞参加研习营。研习营人员先后到南昌、井冈山、赣州、瑞金等地参访，在八一起义纪念馆、小平小道陈列馆、井冈山革命根据地旧址、赣州客家文化博物馆、瑞金苏维埃革命旧址等历史文化场馆实地参观、考察、学习，缅怀革命烈士不屈不挠的精神，亲身感受革命先烈为中华民族的希望而进行的艰苦斗争，感受客家文化,加深两地民众有着许多割舍不断的感性认识和"两岸一家亲"的血脉亲情。

【"龙脉相传·青春中华"——全国台联 2018 年台胞青年千人夏令营江西分营活动举行】 7月14日—18日,"龙脉相传·青春中华"——全国台联2018年台胞青年千人夏令营江西分营活动在南昌职业学院举行。30余名来自台湾清华大学、辅仁大学、成功大学、中正大学等22所台湾高校的青年学生以及南昌职业学院的200余名大学生青年参加。省人大常委会副主任、民革江西省委会主委马志武出席开营仪式并授旗,省政协副主席、民盟江西省委会主委、省社会主义学院院长刘晓庄,省政府台湾事务办公室主任邓保生出席活动。在赣期间,赣台青年学生互动联欢,共同表演近10个歌舞节目,一同游览祖国秀丽江山、感受中华传统文化的博大精深外,还为两岸青年搭建创新创业交流与分享的平台。此次活动以文化同根为基础、以血脉同源为纽带,在尊重差异、相互学习的基础上,推动赣台青年的文化交流,增进双方的情感互动,强化青年一代为海峡两岸新时代的建设不断奋进的意识。

【大江论坛·第三届两岸养老与健康产业论坛在南昌举行】 11月14日—17日,由台盟中央主办、台盟江西省委筹委会承办的大江论坛第三届两岸养老与健康产业论坛在南昌举行。全国政协常委、台盟中央副主席杨健出席论坛并致辞,江西省台办副主任徐建星出席论坛,并向与会两岸嘉宾介绍赣台经贸合作与人员往来的有关情况,江西省政协副主席刘卫平、台盟中央联络部部长潘新洋、台盟中央研究室副主任马宇鹏、台盟江西省委筹委会主委曾鲁台,台盟江西省委筹委会副主委、江西省台联会长徐友洪,全国台企联副秘书长、江西福建片区执行长庄秋万,以及台盟中央有关专委会、台盟地方组织有关人员近100人参加论坛。论坛会上,台湾阮综合医院董事、辰妍生物科技股份有限公司董事长阮建维、台湾达亚生化科技股份有限公司执行董事郑碧海、江西迪斯基因诊断技术有限公司技术总监蔡金津、江西中医药大学教授蒋力生等两岸专业人士,从各自领域介绍养老与健康产业相关理论、技术和趋势,并对两岸养老与健康产业融合发展提出意见建议。两岸养老与健康产业论坛是台盟中央着力打造的两岸民间交流——大江论坛的重要分项活动,旨在通过两岸养老与健康产业人士的研讨,聚焦两岸民众健康福祉,交流两岸养老与健康产业发展的新观念、新路径、新模式,搭建两岸产业合作新平台。

(聂冬晖)

江西省文学艺术界联合会

【概　况】 2018年,省文联开展大调研,办好《星火》《创作评谭》等文艺报刊和文联、协会网站、微信公众号。落实《省文联、省作协深化改革方案》,编印《深化改革工作手册》,各项改革举措全面推进。经省委编办审核并报省委批准,明确省作协机关内设2个正处级机构、事业编制11人。推行协会工作秘书长负责制,实施内部工作片组制,加强业务主管文艺类社会组织管理。实施文艺联高校举措,与江西师大等签订战略合作协议。推动各设区市文联深化改革,全年全省11个设区市文联的深改方案全部正式印发。

【文艺作品展示】 2018年,省文联为庆祝改革开放40周年,举办"瓷画赣鄱"——江西省优秀陶瓷绘画作品展,摄影图片、美术、书法"三合一"大型综合展览,"俊采星驰"——江西美术作品学术邀请晋京展,第十一届中国民间艺术节暨山歌大赛,"心怀梦想再出发"文艺精品进高校,优秀微电影展播,《八十个江西人的四十年》主题征文,系列评论座谈会等重点文艺活动,歌颂党的丰功伟绩。还举办谷雨诗会、中国(新余)七夕节民俗展演、全省企业职工书法美术摄影作品巡展等文艺活动,讲好江西精彩故事。赴突尼斯举办"中国彩·中国梦"——景德镇瓷器绘画艺术国际巡展,赴澳门举办"庄严气象 颜楷千年——江西陕西颜体书法"展览,推动对外文化交流。

【主题文艺实践】 2018年,省文联持续推进"深入生活、扎根人民"主题实践,组织开展"走进峡江水利枢纽工程""走进橙乡 讴歌时代"散文笔会,深入遂川、信丰等地进行美术采风写生,在中国文联举办"血脉传承 不忘初心"——江西美术家"深入生活、扎根人民"主题实践活动汇报展。发扬红色文艺轻骑兵精神,广泛开展文艺志愿服务活动。

【文艺创作活动】 2018年,省文联开展"江西故事中国梦"文学重点扶持工程,举办第三届汤显祖戏剧奖·优秀小戏小品曲艺大展、第二届"黄庭坚奖"书法作品展、第十届青年美术作品展、第24届摄影艺术展、"春风又绿——醉美江西"主题歌曲创作、第二届"白鹭奖"高校舞蹈新人新作展演等创作活动。加强评论工作,召开江西省现实题材创作座谈会、"新时代现实主义诗歌"主题研讨会、"文艺评论与学术传播"交流会。鄱阳大鼓《晒秋》获第十届中国曲艺牡丹奖文学奖;江子长篇散文《青花帝国》获第七届鲁迅文学奖提名;剧目《搭船巧遇》获第二十二届"中国少儿戏曲小梅花荟萃"传承类第一名,2名获得"金花"称号;4件作品获第五届亚洲微电影节"金海棠"奖;《井冈山组歌》获省委宣传部精品工程扶持;双人舞《梨·缘》获六省(自治区)青年舞蹈精英展演金奖,《踩水乐》获2018"舞动中国梦"少儿舞蹈展演二等奖;62人次入展第八届篆刻艺术展、第二届行书作品展等全国书法展。

【人才队伍建设】 2018年,省文联举办第五、第六届全省青年作家改稿班、《星火》诗歌品读研讨会、主题美术创作培训班、全省歌曲创作研修班、"音乐听力"师资培训班、企业职工歌曲创作人才培训班,承办中国书协全国基层书法骨干培训班,成立杂技发展工作委员会和魔术工作委员会,组建少儿戏曲工作委员会。在北京举办"新时代新作为"——江西省文联系统干部履职能力提升专题研修班。召开省剧协、影视协、音协、舞协代表大会,4个协会如期换届。

【"俊采星驰"——江西省美术作品学术邀请晋京展举行】 6月2日—12日,省文联与中国美协、南昌市红谷滩新区管委会在中国美术馆联合主办"俊采星驰"——江西美术作品学术邀请晋京展。展览共展出国画、油画、漆画、雕塑、陶艺等各类艺术作品230余件,是改革开放40年来,江西省在中国美术馆举办的规模最大、规格最高的一次文化盛会。展览还举行"改革开放40年来的江西美术发展"学术研讨会。全国政协副主席刘奇葆参观展览。中国文联党组书记、副主席、书记处书记李屹,中国文联党组成员、副主席、书记处书记左中一,省政协副主席刘卫平,省政协原党组副书记、副主席王林森等领导出席展览。省文联党组书记郑翔,省文联党组成员、副主席鄢平原等近300人参加。此次展览展出的作品是江西籍艺术名家及当代江西老中青三代艺术家的国画、油画、版画、雕塑、漆画、陶瓷、水彩、剪纸、剔彩等精品力作。其中,有老一辈艺术家的经典作品,有历届参加全国美展的优秀作品。这些作品题材各异、内涵丰富、形式多样,展现江西美术继往开来、蓬勃发展的辉煌成就。

【4个协会代表大会召开】 9月30日,省戏剧家协会第九次代表大会、省电影家电视艺术家协会第六次代表大会、省音乐家协会第八次代表大会、省舞蹈家协会第七次代表大会在南昌召开。副省长吴忠琼出席大会并讲话。全省各地近500名代表参加会议。会议分别审议通过省剧协、影视协、音协、舞协的《工作报告》,修订章程,选举产生新一届领导机构。龙红当选为省剧协主席,万华南、卢川、宋运成、张怀群、张斯栋、肖晓、林翰、黄海红为副主席。马玉玲当选为省影视协主席,王志奇、张龙、张金洁、肖志鹏、陈谦、曾佳为副主席。葛平波当选为省音协主席,王洋、伍润华、张翔、杨丁、涂晓路、潘庆蓓、杜欢、熊小玉为副主席。刘永红当选为省舞协主席,吴忠、钟林、艾民、吴翔、蓝文、廖祖峰、张栗娜、陈丽为副主席。

【纪念改革开放40周年摄影图片、美术、书法大型综合展览暨主题文集《八十个江西人的四十年》首发式举行】 10月22日,省文联在省展览中心举行纪念改革开放40周年摄影图片、美术、书法大型综合展览暨主题文集《八十个江西人的四十年》首发式。此次大型综合展览分为摄影、美术、书法三大展览和主题文集首发4个部分,3个艺术展和作品集同时同地举行。摄影图片展展出100组大致相同地点、相同人物、相同环境下的新旧照片,使人从衣食住行等方面直观地感受到改革开放带给人们生活的便捷;美术展展出的11个设区市的"新风貌"长卷、40位"井冈先锋"人物风采和40幅现实题材作品;书法展展出100幅体现改革开放和时代风貌的自作诗文;主题文集从征集到的500多篇来稿中评选出80篇作品集结出版,通过对各行各业各方面以及个人与家庭重要变化的记述,回顾40年中难忘的见闻和感悟。活动得到文艺家和文艺工作者响应,直接参加创作的摄影家、美术家、书法家、诗词作家达2000余人。

【"瓷画赣鄱"——江西省庆祝改革开放40周年优秀陶瓷绘画作品展举行】

12月8日—21日,省文联与省委宣传部、省文化和旅游厅、中国美术家协会陶瓷艺术委员会联合主办的"瓷画赣鄱——江西省庆祝改革开放40周年优秀陶瓷绘画作品展"在江西省展览中心举行。展览共展出陶瓷艺术作品265件,展陈面积3400平方米,是历年来江西省规模最大的陶瓷艺术展览之一,按不同题材分为《序篇·窑火千年》《初心》《奋斗》《富裕》《美丽》《幸福》等6个篇章。展出的作品既有中国工艺美术大师、中国陶瓷艺术大师、中国陶瓷设计艺术大师以及大学美术专业教授的精品力作,也有中青年艺术工作者、高校学子、"景漂"代表的倾心之作。展览反映改革开放40年来,特别是中共十八大以来,全省经济社会发展取得的成就。70多家省直机关、企事业单位把参观展览作为党员教育平台,组织党员干部参观学习。

(徐健)

10月22日,省文联在省展览中心举行纪念改革开放40周年摄影图片、美术、书法大型综合展览暨主题文集《八十个江西人的四十年》首发式

省文联供

江西省红十字会

【概　况】 2018年,江西有县级以上地方红十字会112个,基层红十字会1451个。红十字会团体会员1831个,成人会员13.46万人,青少年会员13.49万人,志愿者4.04万人。截至12月31日,已有11个地级市红十字会和99个县(市、区)红十字会理顺管理体制,为红十字事业发展提供组织保障。全省筹集款物共1.86亿元,"99公益日"筹款392.15万元,名列全国省级红十字会第三名。江西成为全国人道资源动员唯一试点省份。

培训应急救护员15.33万人，位列全国第7名。井冈山市神山村“博爱家园”项目被评为全国红十字会十大“助力脱贫攻坚精品项目”，2个应急救护培训基地评为全国示范基地。

江西省红十字会综合业务管理平台试运行效果良好，项目已经通过初验和终验，平台覆盖省、设区市、省直管县（市）共19个单位。

【两项捐献】 全年实现造血干细胞捐献27例，器官捐献110例，均创历史新高，并为全国唯一案例报告数与实际捐献数完全相符的省份。出台《江西省遗体捐献见证制度》，填补省内遗体捐献见证制度空白，得到国家管理中心肯定。

【人道文化传播】 全年“两微一网”发布信息累计1354篇（次），公共媒体发布475篇（次），微信公众号关注数新增至10万人。《中国红十字报》刊登工作信息127篇（次），刊发理论及业务探讨文章40余篇，三版理论文章全国排名第三。

【助力精准脱贫】 2018年，实施14个“博爱家园”项目，争取国家彩票公益金支持560万元，筹资助老资金308万元。先后救助90户困难器官捐献者家庭，慰问老人、困难户、贫困小学生507人，救助金额515.85万元，发放慰问品1165份。开展扶贫“慈善一日捐”，为分宜县洞村乡中心小学援建“梦·享图书馆”等。组织党员干部与35户定点扶贫村贫困户“结亲结对”，帮助解决实际困难。为189名14周岁及以下的白血病及先心病患儿争取救助款达633万元，救助总额累计突破3000万元。

【健康养老服务】 2018年，全省创建35个健康养老服务示范点，建立养老志愿服务队15支，开展助老志愿服务5万余人次，带动参与志愿者近1万人次。培训养老服务师资227人，培训养老护理员1073人，老年介护普及培训2.9万余人次，经验做法在全国推广借鉴。

【江西省红十字会第七届理事会第三次会议召开】 6月11日，江西省红十字会第七届理事会第三次会议在南昌召开。会议选举副省长孙菊生为会长，聘请省委副书记李炳军为名誉副会长，增补常务理事3人、兼职副会长，递补常务理事3人，递补理事19人。会议审议通过《七届理事会2017年度工作报告》和《2017年度全省红十字会财务收支情况报告》。会上，聘请南昌市崛美公益发展中心创始人阎志强为项目首席顾问，公益名人金紫薇、胡剑云为项目形象大使，授予江西省红十字心理救援队等20个单位“江西省红十字博爱单位”、万成浩等20名个人“江西省红十字博爱大使”称号。省红十字会第七次理事会理事，各设区市红十字会会长或分管市领导、常务副会长，理事候选人，团体会员单位代表、专门委员会成员、志愿者等近200人参加会议。

【举办“瑞康杯”江西省首届红十字志愿者趣味运动会】 12月1日，省红十字会、省体育局在南昌联合举办“瑞康杯”江西省首届红十字志愿者趣味运动会。省文明办、省教育厅、省体育局和省红十字会相关领导出席开幕。全省39支红十字志愿者代表队参赛。省体育局副局长李小平代表主办单位致开幕辞。省文明办专职副主任邬定忠向运动会捐赠方瑞康医药股份有限公司江西分公司颁发荣誉证书。省教育厅巡视员何建洋向红十字青少年志愿者代表授旗。经过角逐，吉安市永丰县红十字应急救援队获得冠军，新余市分宜县红十字志愿服务队、吉安市红十字应急救援队获第二名，省本级志愿服务队、抚州市乐安县红十字一路有你志愿服务队、萍乡市上栗县红十字志愿服务队、吉安市红十字水上救援队、萍乡市红十字志愿服务一队获第三名。省红十字会党组书记、常务副会长周海涛为获奖队伍颁奖。

【中国红十字会“世界急救日”纪念活动在南昌举行】 9月8日，中国红十字会“世界急救日”纪念活动在南昌举行。由中国红十字会主办，江西省红十字会承办，南昌市红十字会等单位协办。江西省政协副主席刘卫平和中国红十字会副会长王海京等领导共同启动此次“世界急救日”主题活动。活动主题是：交通安全“救”在身边。活动现场，红十字志愿者表演与交通安全现场急救相关的情景剧、诗朗诵、手语舞等文艺节目，举行“CPR”挑战赛和救护演练等。并向新成立的“江西省红十字应急救护服务中心”授旗，江西省红十字会和南昌市红十字会还组织部分医疗专家，面向广大市民开展现场义诊活动，发放宣传资料。这是江西省新组建的一支省级红十字应急救护队伍，参与相关体育赛事和重大活动现场应急救护服务工作。

【“纪念世界人道主义日暨江西省99公益日全民乐捐倡议大会”举行】 8月19日，“纪念世界人道主义日暨江

9月8日，中国红十字会“世界急救日”纪念活动在南昌举行

熊学鹏供

西省99公益日全民乐捐倡议大会”在南昌嘉佑健康城举行。会上，省红十字会接受各界捐赠款物达1600余万元。副省长、省红十字会会长孙菊生出席会议并讲话。来自全省各地的捐赠方、志愿者、红十字工作者代表共200余人参加会议。省红十字会借助腾讯“99公益日”乐捐平台，逐步探索“互联网+人道资源动员”新模式。通过红十字会发起、明星代言、企业配捐、全民参与的方式，发起众筹乐捐项目5个，动员2万余人次参与，筹集小额捐款80余万元。

【开展“红十字博爱送万家”活动】 12月20日，全国人大常委会副委员长、中国红十字会会长陈竺在赣南原中央苏区开展“红十字博爱送万家”活动，走访慰问部分困难群众，送上党和政府以及红十字会的关怀和温暖。红十字会作为党和政府在人道领域联系群众的桥梁和纽带，着眼老少边穷地区，着眼民生领域，着重当地人道服务的供给侧改革，发扬“人道、博爱、奉献”的红十字精神，提高人道服务能力。

【举办“曜阳关爱行动——走进兴国”支持失能老人养老服务捐赠慰问活动】 12月12日，“曜阳关爱行动——走进兴国”支持失能老人养老服务捐赠慰问活动在赣州兴国县举办。由中国红十字会总会事业发展中心与江西省红十字会联合举办。活动现场，向兴国县崇贤光荣敬老院、夕阳红老年公寓等17个养老机构捐赠价值350万元的养老设备和物资，惠及失能失智老人900人，其中贫困老人约500人。总会事业发展中心还在兴国县组建“曜阳养老志愿服务队”，定期深入养老机构和家庭，为老年人提供生活照料、心理慰藉等形式多样的志愿养老服务。

（熊学鹏）

江西省社会科学界联合会

【概　况】 2018年，全省获批国家社科基金年度项目124项，比2017年新增13项，立项率14.6%。在全省立项单位中，江西师范大学、南昌大学和江西财经大学3个单位立项数进入全国前100名，学科立项数排名均在全国前列。全省获国家社科基金重大项目3项、冷门“绝学”和国别史等研究专项课题1项、后期资助项目9项、中华学术外译项目3项。项目的立项不断提升全省哲学社会科学研究水平，并培养一大批具有全国影响力的哲学社会科学研究人才。

【省级重点智库建设】 2018年，省社联与省委办公厅、省委政研室、省政府研究室、省发改委、省工信委等部门负责人会商，研究布建重点新型智库领域和试点单位数量。根据省直相关部门提出的布建重点领域和范围，深入省委党校、南昌大学、南昌航空大学、江西中医药大学、江西财经大学、江西理工大学等进行实地调研考察，了解实际情况，指导各有关拟建智库的主管单位整合力量，发挥特色优势，加强同省直实际工作部门协作，加快建设一批紧贴中心、发展急需、特色鲜明的新型智库。经广泛征求省新型智库建设指导委员会成员单位对重点新型智库试点单位名单的意见建议，与各智库单位就智库名称、研究方向、协作单位等进行深入沟通和反复协商，形成研究范围涵盖全省经济社会发展各个方面省重点新型智库试点单位名单。贯彻落实省委省政府文件精神，做好全省智库成果汇编工作，与原省新闻出版广电局沟通协调，把《内部论坛》更名为《智库成果专报》，全年出刊20期，获肯定性批示34次。

【开展江西省社会科学普及“四项评优”活动】 2018年，省社联与省委宣传部、原省新闻出版广电局和省出版集团联合行文开展江西省社会科学普及“四项评优”活动。经个人申报、组织推荐、专家评审、公示监督等程序，共评选出江西省优秀社科普及专家10人、优秀社科普及工作者15人、优秀社科知识普及宣传基地10家、优秀社科普及读物16部。

【基层社联发展管理】 2018年，省社联组织对66个省属学会进行年检；围绕组织架构、学会发展、人员和经费保障等问题，先后到省红色文化研究会、省国防文化教育学会、省新四军研究会、省人力资源和社会保障学会、省城市金融学会等开展调研，了解学会建设情况；指导省高校后勤协会、省文艺学会、省钱币学会、省档案学会、省老年体育科学学会等召开会员大会，进行换届选举；指导省立法学会、省人民政协理论研究会等20余个省属学会开展学术交流、展览展演、公益论坛等活动；指导批复成立江西江夏文化研究会。

【社会组织管理】 2018年，省社联贯彻落实中办《关于加强社会组织党建工作的意见》，加强社会组织团体会员的规范化管理。研究制定《2018年省社联业务主管社会组织党建工作要点》，持续深入推进“两个覆盖”工作落实，指导学会党组织发挥把好政治方向、助力学会发展的重要作用。全年以省社联为业务主管的学会新增申请成立党组织8个，实现党建工作覆盖率100%。

【学术阵地宣传】 2018年，省社联加强《老区建设》（学术版）宣传作用，开设“习近平新时代中国特色社会主义思想研究”“庆祝改革开放四十周年”等专栏。通过广泛宣传、积极组稿，推出系列理论学习文章；《老区建设》工作版适时开辟“学习进行时”“改革开放四十年 革命老区看变化”等专栏，刊发《习近平在参加内蒙古代表团审议时，对脱贫攻坚作出重要指示》《脱贫攻坚“成效考核”：习近平为何如此重视这件事》以及《风景独好会昌县 脱贫攻坚进行时》《产业扶贫遂川美》《红土青山鏖战急——泰和县脱贫攻坚工作纪实》等系列专题文章，及时宣传传递党和政府的扶贫政策，系统宣传展示江西省脱贫攻坚工作成就和经验。

（邓碧）

本栏编辑　刘清林

军　事

江西省军区

【概　况】 2018年，省军区扎实练兵备战，持续深化改革，狠抓安全稳定，落实年度工作任务，部队建设保持发展势头。

思想政治工作。学习贯彻习近平新时代中国特色社会主义思想和习近平强军思想，落实每季度理论学习制度，举办2期师团职干部理论培训学习中共十九大精神，研究制定贯彻军委主席负责制16条具体措施，推进军委专项巡视反馈问题整改。抓实“传承红色基因、担当强军重任”主题教育，开展庆祝改革开放40周年活动，打牢官兵维护核心、听党指挥的思想政治基础。持续深化井冈山市人武部典型宣传，在省军区、国防动员系统召开先进事迹报告会。举办2期县处级领导干部国防专题培训，开展首届“强国・英雄”军营开放日活动，参加全国高校“爱我国防”主题演讲大赛，获个人一等奖、单位优秀组织奖。

征兵工作。创新建设“五好三满意”（政策宣传好、服务态度好、军地协调好、优抚落实好、矛盾化解好，人民群众满意、应征青年满意、接兵部队满意）服务型兵役机关，常态设置兵役服务站，受理各类信访咨询，经验做法被国防部征兵办转发。完善各级征兵领导机构，协调出台《高校征兵实施办法》《征兵宣传教育实施意见》，10个市32个县制定特色征兵优待政策。落实全国征兵体检系统联网实时监管试点任务，推行女兵公开自主选择服役方向。

后装保障。推进全面停止有偿服务工作，抓好终止收回项目清停和委托管理项目整改协议签订，完成终止收回项目的善后工作。持续开展军需能源、医疗卫生、物资采购行业和油料系统专项清查整治。组织征兵被装精确供应保障模式改革试点，实施后勤力量调整改革4个单位转隶交接。协调南昌市政府重点工程建设占用干休所土地置换，抓好10宗军用房地产兑换工作。

【民兵调整改革】 根据军委国防动员部统一部署，省军区联合省委、省政府下发民兵调整改革实施意见，召开任务部署会，指导赣州、九江、宜春军分区开展民兵基层建设、基层人武部规范化建设和集中轮训“三项试点”工作。9月17日，在九江市组织召开全省民兵经验成果交流会。先后3次组织民兵调整改革情况检查验收，完成全省民兵调整改革阶段任务。11月，接受军委国防动员部检查考评，全国排名第八。

【组织防汛勘察】 省军区采取“军地结合、点面结合、实地查看、现场讲评”的方法，筹划组织指挥员，先后对16个江河、水库、城防工程和山洪地质灾害隐患点进行勘察，下发《2018年防汛工作指示》，指导各单位及时更新完善辖区防汛重要地段、重点部位和抗洪抢险应急力量、装备器材等数据，紧前展开针对性训练，做好防汛行动各项准备。先后与军地9家单位联合现地勘察4个险工险段，研究确定入赣支援兵力机动路线、宿营点位、任务地段和力量使用等问题，面对面对接方案修订、汛情互通、装备保障等重点工作，为部队入赣支援防汛奠定基础。

【学生军训工作】 省军区联合省教育厅、驻赣部队联合制定259所院校47.33万人军训计划，按照统筹安排、均衡任务、就近分配的原则，区分自训、帮训两种形式，采取指导帮带、下达任务、函调商请等方法，指定省军区系统选派现役、专武和民兵骨干担负22所学校2.1万名学生军训任务；协调驻赣部队选派官兵担负60所学校11.38万名学生军训任务；指导191所学校33.6万人展开自训。

【开展基层武装部规范化建设试点】 2月起，省军区区分乡（镇、街道）、企业、高校、行业系统和开发区5个类别，开展基层武装部规范化建设试点。突出解决组织机制不够健全、专武干部队伍建设不够规范、基层党组织作用发挥不够明显、经常性基础性业务工作不够落实、基层武装部场所设施不够完善等问题，全面提升基层武装部规范化建设水平。

【全省“智慧动员”推广建设领导小组第一次会议召开】 3月9日，省军区会同省委军民融合发展委员会办公室组织召开全省“智慧动员”推广建设领导小组第一次会议，部署推广建设任务，明确领导小组组成人员、职责分工等具体事项，通报前期工作进展情况，围绕项目建设主体、立项报批、实施程序、安全保密等问题进行讨论交流，研究解决矛盾问题，军地合力推进工作落实。省军区机关、省委军融办、省国防动员委员会“八办”、省委保密局、新余市等相关单位共26人参加会议。

【组织全省新任职专武干部集训】 3月20日至4月18日，省军区依托省人民武装学院组织全省新任职专武干部200人集训。该次集训的主要任务是适应基层武装工作岗位任职需要，设置8个专题、19个课目、194课时，提高新任职专武干部讲政治的能力、依法抓建能力、应急应战能力、统筹协调能力、破解难题能力5种必备能力，引导专武干部当好基层武装工作的“主心骨”和“排头兵”。

【开展设区市党管武装工作考评】 6月下旬至7月中旬，省委常委、常务副省长毛伟明和省军区司令员吴亚非分别带领军地联合工作组，对11个设区市2016年以来党管武装工作进行考评，围绕贯彻落实中共中央、中央军委和习近平关于党管武装一系列决策部署，采取听取汇报、座谈了解、查阅资料、现地察看、综合评定等方法，掌握了解设区市党管武装工作情况，强化党管武装意识，理清管武建武思路，推动事关备战打仗重难点问题解决。8月24日，省委常委议军会听取考评情况报告，研究制定《关于全面加强新时代拥军支前工作聚力服务备战打仗的意见》。

【承担全军首次面向社会公开招考文职人员统一考试第128考场的组织工作】 8月，根据军委统一部署，省军区承担全军首次面向社会公开招考文职人员统一考试第128考场的组织工作，成立考务工作领导小组和办公室，对组考方案和工作细则进行反复研究推演，组织全体考务人员进行强化培训和现地模拟演练。26日，考试开始，考点设在南昌理工学院，实现零差错、零违纪、零事故的目标。

（张序　赵子龙）

武警江西省总队

【概　况】 2018年，武警江西省总队抓看齐铸军魂、抓备战强能力、抓基层厚底蕴，部队建设稳中有进、稳中向好。

思想政治建设。学习习近平新时代中国特色社会主义思想、中共十九大精神和习近平强军思想，派出星火传播小分队巡讲巡演。开展“学训词、铸军魂、开新篇”专题教育，组织“传承红色基因、担当强军重任”主题教育和军事政策制度改革中思想政治教育。推进强军网建设，创办“江西武警”微信公众号，搞好意识形态领域斗争形势分析和“四反”（反渗透、反心战、反策反、反窃密）教育。

练兵备战。狠抓执勤阵地建设，连续19年执勤无事故。强化战备值班力量配置，抓好新型力量建设和新时代反恐怖工作，常态组织不打招呼突击检查和整建制战备拉动。先后组织新大纲、参谋人员、教练员等各类集训培训，参加武警部队各类比武竞赛，完成“8·20”捕歼战斗。

强基固本。召开表彰大会宣扬吉安支队井冈山中队先进事迹，开展“大调研”“当兵蹲连”活动，落实抓建基层联系点机制。开展“条令年”活动，以承办武警部队新条令集训为契机，探索按条令法规管理和建设部队的方法路子。组织安全员网上培训，集中开展安全工作大检查、百日安全竞赛和重难点问题专项整治。

后勤保障。组织保障处（部）长集训，深化运力支援、物资储备、医疗后送等军民融合应急协作机制，逐级抓好保障分队模块化抽组和远程投送、野外保障等科目训练演练。深化行业领域整治，印发《物资采购委托招标暂行办法》，推行军队网上商城采购，组织后勤领域重点问题“清仓归零”活动。

【第七届“十佳军嫂”“最美家庭”颁奖典礼举行】 3月7日，武警江西省总队在南昌举行以“强军路上有你”为主题的第七届“十佳军嫂”“最美家庭”颁奖典礼。武警江西省总队政委徐云飞及部门以上领导，省妇联副主席黄海燕、“好军嫂”所在单位领导和部队官兵参加。冯园、王欢、艾霞、许敏、戴荣明、熊成玲、朱艳、章璟、郭红、张艳获“十佳军嫂”称号，张剑家庭（萍乡）、张剑家庭（九江）、杨骏家庭、王海松家庭、沈鸿鹏家庭、詹谦家庭、彭见阳家庭、胡浩家庭、姚芳家庭、章兴达家庭获“最美家庭”称号。

【井冈山中队荣获武警部队基层建设标兵中队暨荣立一等功表彰大会在吉安召开】 4月4日，武警江西省总队在吉安召开井冈山中队荣获武警部队基层建设标兵中队暨荣立一等功表彰大会。大会宣读武警部队表彰通报、通令和武警江西省总队作出向井冈山中队学习的决定。武警江西省总队政委徐云飞、吉安市委书记胡世忠出席会议并讲话。

【贯彻落实新条令集训在南昌举行】 7月9日—13日，武警部队在南昌举行贯彻落实新条令集训。此次集训由武警江西省总队承办，以习近平强军思想为根本引领，以“贯彻落实新条令，塑造军队好样子”为主题，深入推进依法治军、从严治军，加快推动治军方式根本性转变，深化以效能为核心的军事管理革命，对新体制下贯彻落实新条令的标准要求和方法路子作出全面系统规范。

【上高“8·20”捕歼战斗】 8月20日，上高县接连发生3起持枪杀人事件，犯罪嫌疑人况玉林（男，43岁，上高县人）持枪行凶杀害4人后持枪出逃。武警江西省总队派出兵力，协同公安机关担负抓捕任务。21日22时，经过近36个小时的拦截追捕，犯罪嫌疑人在锦江镇南源村附近被击毙。

（董琦）

人民防空

【概　况】 2018年，抓好引资建设和兼顾建设人防工程。南昌市以地下空间开发利用有限公司为平台，融资开发兼顾人防要求的地下空间，启动4个项目，总投资5.4亿元。宜春市引进社会资金4100万元，开工建设赣西人防疏散基地项目。发挥人防工程使用价值，全省人防工程平时使用率超过70%，为社会提供停车位。建立全省人防工程重点建设项目库，储备人防发展重大项目，多个项目被省委军民融合办列入省军民融合重大项目。各地发挥街道社区就近便于管理优势，将人防工程移交当地街道社区管理。推进应战应急指挥中心建设，多个县级人防应急应战指挥中心正在建设或收尾。

抓好人防专项规划和地下空间开发利用规划“两规合编”试点。赣江新区将人防建设纳入《赣江新区集中起步区儒乐湖新城人防专项控制性详细规划》和《赣江新区总体人防专项规划》,并通过专家评审。南昌市对新人防工程规划进行补充完善,对人防工程进行控制性详细规划修编。萍乡市将人防建设纳入土地出让条件。新余市将结合民用建筑防空地下室建设事宜作为商品房预售中“公建配套设施的把关程序”之一,落实人防前置审批条件。省人防办会同省发改委部署开展重要经济目标防护建设试点,省级和11个设区市各组织一个重要经济目标防护试点。鹰潭市将“智慧人防”项目纳入全市智慧新城建设总体方案,统一进行规划、部署、检查、考核。

【“放管服”改革】 经过几轮简政放权,省人防办行政许可事项已由11项精简到1项,公共服务事项已由15项精简到2项,精简率分别为90.91%、86.67%。对保留事项实行告知承诺制,办理时限由原来承诺的10个工作日缩短为1个工作日,基本实现“一次不跑”或“只跑一次”。对直属单位和市、县两级人防办行政许可,人防工程质监材料已由17项缩减为9项,办理时限由原来承诺的5个工作日缩短为1个工作日;防空地下室建设审批材料已由10项缩减为6项,办理时限由法定10个工作日缩短为3个工作日。开展人防“减证便民”工作,对申请人防工程建设乙级监理资质认定、省外人防工程甲级监理资质单位和人防工程甲级设计资质单位进赣备案所涉及的养老保险等证明均予以取消,其他证明事项推行告知承诺制。

【3个首次高位推动人防工作】 3月,省政府办公厅首次向人防指挥工程尚未立项的1市2县(吉安市、宜黄县、资溪县)政府下发督办函,要求抓紧推进并完成人防指挥场所建设。6月,省委、省政府、省军区首次将人防工作纳入党管武装考评,省委常委、常务副省长毛伟明,省军区司令员吴亚非带队到设区市进行考评。人防工作首次纳入省委督查,省委督查室、省人防办、省军区战备建设局对11个设区市和省住建厅、省发改委、省财政厅、省国土资源厅4个省直单位落实省委、省政府、省军区关于人防改革发展意见的情况进行督查,对南昌市、鹰潭市、吉安市、宜春市4个设区市及其所辖6个县(市、区)进行实地督查。

【开展人防项目经费预算执行情况检查】 5月21日至6月29日,省人防办组织人员分别对11个设区市和鄱阳县、瑞金市、丰城市3个直管县(市)人防办2016年至2017年人防项目经费预算执行情况进行检查。检查组通过查阅、核对和记录方式,重点检查了解易地建设费收支(财政网数)、2016年至2017年人防预算执行和项目建设以及人防资金存量、人员等情况,发现被查单位主要存在预算不精准、不科学,国库集中支付账户存量资金过大、处理不及时,执行预算不严谨、超预算支出,人防工程(尤其是人防指挥工程)没有及时进行竣工决算审计、长期挂账等问题。

【开展“百万网民学人防法”活动】 9—10月,省人防办、省普法办、新法制报社联合开展“百万网民学人防法”活动,参与者可登录江西法制网、法治江西网、江西普法网任一网站,进入“江西省百万网民学法律人防法律法规专场”即可参与答题;也可通过关注“江西人防”“新法制报”或“法治江西”微信公众号,点击“百万网民学法律人防法专场”专栏参与答题。全省有18.68万人次参赛,其中14.68万人分数在90分以上,获得抽奖资格。活动设特等奖1名、一等奖3名、二等奖10名、三等奖30名、优秀奖30名,其中信丰县信丰中学邹艳春获特等奖。

【开展人防工程行业从业企业质量行为和从业行为检查】 10月24日—31日,省人防办组织开展人防工程行业从业企业质量行为和从业行为检查。此次执法检查通过省法制办“双随机一公开”行政执法监督平台线上随机抽取14名检查人员和41家被检查企业。被抽查的企业包括监理企业13家,质量检测机构3家,设计单位7家,施工图设计审查机构3家,防化设备企业6家,防护设备定点生产企业9家。检查组采取临时通知的方式,到企业驻地或施工现场检查企业的人员配备、经营资质、管理制度、档案资料、质量行为等情况。

【举办全省人防落实总体国家安全观暨人防业务培训班】 12月10日—14日,全省人防落实总体国家安全观暨人防业务培训班在南昌举办。培训班邀请国防大学、南京陆军指挥学院、省法院、省司法厅、省保密局等有关专家,重点讲授总体国家安全观和国家安全形势、信息化战争与人民防空、人民防空法规政策、人防建设基本业务等内容。县(市、区)政府分管领导和市、县人防干部共260余人参加培训。

(张国凤)

本栏编辑　詹跃华

法　治

地方立法

【概　况】　2018年，省人大常委会制定地方性法规6件，废止3件，一揽子修改地方性法规38件，批准设区市法规、决定21件。省人大常委会加强重点领域立法，相继制定修改河长制湖长制条例、气候资源保护和利用条例、家庭教育促进条例、电信条例等一批重要法规。健全立法体制机制，编制5年立法规划，报请省委批转实施，并协助省委召开全省立法工作会议，推动5年立法规划贯彻落实。健全人大主导立法工作机制，制定地方立法中涉及的重大利益调整论证咨询、争议较大的重要立法事项引入第三方评估等方面的工作规范，坚持开展“人大立法在进行”。按照中央部署和省委要求，重点对军民融合发展和生态环保领域地方性法规进行清理。推进设区市立法工作，建立省、市两级人大常委会立法工作机构常态化沟通协调机制，提前介入法规起草、调研。依法履行对设区市法规的审查批准职能，进一步规范审查程序，重点加强对报批法规的合法性审查，各设区市均制定立法条例、出台实体法规。

【首次组织立法专题视察调研】　7月12日，省人大常委会组织部分省人大常委会组成人员、省人大法制委组成人员开展电信立法专题视察调研。这是省人大常委会首次就一部地方性法规的审议修改组织立法专题视察调研。省人大常委会党组书记、副主任周萌，省人大常委会党组副书记、副主任朱虹，副主任马志武、龚建华、冯桃莲参加视察调研。视察调研组分组考察中国电信江西公司、中国移动江西公司、中国联通江西省分公司，了解全省电信行业发展现状，并围绕全省电信业发展和修改完善《江西省电信条例(修订草案)》进行座谈交流。

【举办2018年全省立法培训班】　6月4日—8日，省人大法制委、省人大常委会法工委在瑞金干部学院举办2018年全省立法培训班，省人大法制委、省人大常委会法工委，11个设区市人大常委会、省人大常委会基层立法联系点相关人员共120余人参加培训。全国人大常委会法工委副主任张勇为培训班作专题辅导第一讲《宪法监督与备案审查》。培训班还邀请省人大法工委、省博物馆领导以及江西理工大学、江西师范大学专家，就设区市立法、生态环境立法、城乡规划管理、文物保护利用等内容进行专题授课。

(省人大常委会办公厅)

政法委

【概　况】　2018年，出台并落实《关于进一步营造公平公正法治环境为全省高质量跨越式发展提供优质高效法治服务保障的实施意见》和《江西省委政法委关于依法保障民营企业健康发展的实施意见》。推动成立中央苏区法制研究会。出台《关于加强法官检察官正规化专业化职业化建设全面落实司法责任制的实施意见》以及系列配套制度，组织开展首次常态化法官检察官遴选，共遴选173名员额法官、19名员额检察官，推动全省司法责任制改革向纵深发展。推进综治中心实体化建设，在全省全面推进社会治理“多网合一”，科学调整全省10万余网格和10万余名网格员，制定全省统一的社会治理网格编码规范地方标准。推进“雪亮工程”建设，组织开展系列严打行动和专项治理，全省立刑事案件同比下降13.5%，整治治安重点地区及突出治安乱点518处。推进扫黑除恶专项斗争，在全国率先将扫黑除恶知晓率、满意度纳入全省公众安全感、政法满意度测评范畴，全省扫黑除恶知晓率80.41%，满意度94.48%。深化全省电信网省际出入口诈骗电话防范拦截系统建设，累计拦截640.8万余条。全省公众安全感、满意度分别为96.64%和96.91%，均创历史新高，连续14年被评为全国综治优秀省。

【风险管控化解】　推动《江西省重大决策社会稳定风险评估实施办法》等制度机制落地生根，做到“应评尽评”。将常态化开展影响社会稳定矛盾问题摸排调研化解活动，纳入年度综治工作目标考评。研究起草并会同省委宣传部出台政法工作“三同步”实施意见，组织编印“三同步”工作案例与工作经验，为全省政法机关应对处置舆情工作提供借鉴。

【开展扫黑除恶专项斗争】　按照中央统一部署要求，强力推进专项斗争。全年全省侦办黑社会性质组织案92起(居全国第1位)，打掉恶势力犯罪集团304个(居全国第10位)，打掉恶势力团伙341个，查封、冻结、扣押涉案资产8.3亿元;提起公诉313件1595人,判决86件589人。全省纪检监察机关查处涉黑涉恶腐败问题347个,党纪政务处分158人,移送司法机关处理44人,组织处理98人;组织部门排查整顿软弱涣散村党组织1397个,联审取消9568人村"两委"参选资格。全省刑事案件下降12.7%,治安案件下降1.4%。省扫黑除恶专项斗争领导小组被评为2018年度全国先进。

【基本解决执行难工作通过第三方评估】 3月26日,省解决执行难工作领导小组召开会议,审议通过2018年工作要点,并就打好基本解决执行难攻坚仗作出部署与安排。8月26日—30日,中国社科院评估组受最高人民法院委托,对江西省基本解决执行难工作进行评估。12月,向江西省反馈评估结论:"江西法院用两到三年的时间基本解决执行难,在制度建设、行为规范、执行公开、执行质效方面成效显著,工作扎实,执行面貌明显改观。在几个核心指标方面,全省有财产可供执行案件实际执结率、2018年终本合格率、信访办结率、三年整体执结率的数据均达到最高法院预设的要求。"

【举办全省政法领导干部学习贯彻习近平新时代中国特色社会主义思想专题研讨班】 7月17日—21日,省委政法委会同省委组织部、省委党校举办全省政法领导干部学习贯彻习近平新时代中国特色社会主义思想专题研讨班。省委常委、省委政法委书记尹建业,副省长、省公安厅厅长秦义,省法院院长葛晓燕,省检察院检察长田云鹏等出席开班式,并分别为学员作专题辅导。省委政法委、省政法各单位厅级干部,各设区市政法委书记、常务副书记和政法单位主要负责人,各县(市、区)委政法委书记共290余人参加学习研讨。

【开展平安江西志愿者行动】 9月30日,省委办公厅、省政府办公厅转发省委政法委《关于开展平安江西志愿者行动的指导意见》,在全省部署开展平安江西志愿者行动。通过志愿者行动,调动广大群众参与基层社会治理的积极性、主动性、创造性,打造共建共治共享的社会治理格局。至12月,全省实名注册平安志愿者40.1万人,其中省直单位平安志愿者2.7万人。

【推进基层综治中心实体化建设】 10月10日,全省深入推进基层社会治理工作暨综治中心实体化建设现场会在上饶召开,省委书记刘奇和省领导尹建业、赵力平、龚建华、秦义、雷元江出席会议,会议强调全省基层社会治理要以综治中心实体化建设为切入点,实行自治、法治、德治相结合,推动民生民安深度融合。改造升级省综治信息平台和平安江西专业版APP,开发公众版(平安江西志愿者)APP。12月11日,发布《社会治理网格划分和编码规则》地方标准,成为全国首个专门就社会治理网格划分和编码发布地方标准的省份。同时,拟以省委办公厅、省政府办公厅名义下发《关于进一步加强和改进基层综治中心实体化建设的指导意见》,将综治中心定位为新时代基层社会治理的组织模式和运转平台。

【第十一届"中部崛起法治论坛"在南昌召开】 10月25日,第十一届"中部崛起法治论坛"在南昌召开。省委常委、省委政法委书记尹建业为论坛致辞,中国法学会副会长张鸣起出席论坛开幕式并讲话,省法学会会长刘铁流主持开幕式。论坛由江西省法学会承办,以"乡村振兴战略与法治服务保障"为主题,共征集论文1330篇,评选优秀论文194篇。山西、安徽、河南、湖北、湖南、江西6省专家学者围绕论坛主题深入研讨交流,为乡村振兴战略建言献策。中部6省法学会领导、获奖作者代表,江西省法学法律工作者共170余人参加论坛。

(王麒)

公 安

【概 况】 2018年,开展严打整治专项行动,严打盗抢骗、黄赌毒、食药环等违法犯罪活动,全省破获各类刑事案件数万起、查处各类治安案件数万起。组织"亮剑"、命案积案攻坚等行动,抢劫、抢夺、盗窃等多发性侵财犯罪同比分别下降36.3%、49.6%、23%,现行命案破案率99.15%,抓获各类逃犯7479人。部署"双百"缉毒会战、"秋季扫毒风暴",破获团伙案件数、缴获毒品数、刑拘人数同比分别上升753%、559%、202%,制毒案件数同比下降77%。开展"净网2018"专项行动,侦破部督案件14起,抓获犯罪嫌疑人2147人。开展治安整治,全省黄赌警情下降12%,"医闹""校闹"分别下降13.7%、6.1%。依法查处非法入境、非法就业、非法居留,抓获"蛇头"、违法企业主47人,遣返"三非"外国人625人。加大社会治安防控力度,全年出动巡逻力量63万余人次,抓获现行违法人员1200余人,服务群众27万余人次。建设"雪亮工程",接入视频监控资源近19万路。加强道路交通安全管理,依法查处各类交通违法行为519.6万起,全省一次死亡3人以上的道路交通事故起数、死亡人数分别下降34.2%、36%。开展危爆物品安全监管,排查整改安全隐患4700余处。开展全省地铁公交安保工作大检查,推动寄递物流行业"三个100%"制度落实,发现并整改隐患420处。全省公众安全感96.64%,群众对公安工作满意度94.80%,分别上升0.39、1个百分点。

【维护社会大局稳定】 对重点利益群体进行动态管控,健全完善与相关部门的维稳协作工作机制。完善落实依法办理、舆论引导、社会面管控"三同步"机制,推动舆情特别是涉警舆情从事后引导处置向事前事中预警防范转变,全年涉警舆情下降39.3%。防范化解经济金融风险,会同有关职能部门对省内200余家风险企业和23家P2P网贷平台开展分级分类评估处置,开展"云端2018""猎狐2018"专项行动,严打非法集资、网络传销、"校园贷""套路贷"等,全省破获经济犯罪案件2272起,挽回直接经济损失4.12亿元;缉捕劝返境外逃犯34人。开展矛盾纠纷排查化解,化解各类矛盾纠纷数万起。

【推进数据强警】 完成省公安厅信息资源服务平台与82个业务系统数

据对接工作,汇聚整合公安内外部数据数百亿条。开发公安移动APP 227个,提升公安智能化水平。全年应用大数据平台1570余万次、警综平台2384万余次;通过移动警务终端处警151万余次、同比上升296%,移动处警率达72.68%,巡逻盘查采集人员、车辆数据589万余次。举办首届公安科技信息化成果展,7个科技创新项目获全国基层技术革新奖。

【健全执法权力运行机制】 推进执法规范化建设,着眼公安现实斗争推动公安立法,《江西省禁毒条例》经省人大常委会审议通过并入选"江西十大法治事件"。围绕以审判为中心的诉讼制度改革,全面落实受立案改革,在全省建立实行刑事案件"两统一"工作机制,推进行政执法与刑事司法"两法衔接",全年归口接收行政机关移送案件1206起。强化对执法活动的日常检查、集中评查、网上考评和复议复核,健全完善网上办案系统,升级改造涉案财物管理平台,加快推进全省138个执法办案管理中心精细化、集成化、智能化建设。以打造"忠诚、安全、法治、文明、智慧、有为"6个监管为抓手,强化监所安全文明管理,连续6年实现全省公安监管场所安全无事故,看守所安全管理工作持续排名全国第一。

【开展扫黑除恶专项斗争】 坚持"有黑必扫、有恶必除、有'伞'必打、有腐必反、有乱必治",在各级公安机关组建扫黑除恶专业队,强化线索摸排核查,对照威胁政治安全、把持基层政权、强揽工程、操纵经营黄赌毒等18类打击重点,全面排查涉黑涉恶线索1.47万条。开展黑社会性质组织案件、清理农村"两委"、新型黑恶势力犯罪、严查"保护伞"、追捕黑恶逃犯、统一集中收网六大攻坚战,发动"赣鄱霹雳"1号、2号集中打击收网及境外追逃"长缨行动",侦破抚州"712"、南昌"918"等典型案件,打掉黑社会性质组织91个、恶势力犯罪集团305个、恶势力团伙341个,破案6081起,刑拘犯罪嫌疑人1.5万人,查扣涉案资产8.3亿元,查处涉黑涉恶或充当"保护伞"的国家公职人员198人、农村"两委"干部112人。"赣鄱霹雳"1号集中打击收网行动被评为"江西十大法治事件"。

【信息化警务(勤务)机制改革】 按照信息化、加强型、常规型3种勤务模式,在省、市、县三级公安机关全面推行信息化警务(勤务)工作机制改革,实行24小时勤务,建立合成化现代警务(勤务)工作机制。在重大风险预警方面,全省公安有关信息总量同比上升26.05%。推进省、市、县指挥中心实战对接和情指行一体化联动,建立完善推送、核查、调度、处置、反馈等实战指挥机制,推送信息15分钟内签收率环比上升45.93%,24小时内信息核查反馈率环比上升68.77%。打造合成化作战体系,统筹刑侦、网侦等资源,在风险防控、反恐维稳、打击犯罪、服务基层、服务群众等方面发挥重大作用。

【公安"放管服"改革】 出台服务保障脱贫攻坚10项措施和支持服务民营企业发展12条举措等,以"公布一本服务清单、制定一套服务标准、上网一个服务平台、上线一批服务APP、进入一扇服务大门、优化一窗服务办理"为重点,推出25项治安管理、36项道路交通管理、21项出入境管理等便民利民举措,整合升级"为民服务网上办事系统",依托"赣服通"平台上线32项公安办事服务项目,提供网上办事服务470余万件次。全省户籍人口城镇化率39.78%,全省签发公民因私出入境证件531万本(件),网上、掌上办理交管业务量3800余万件。

(刘立柱)

检 察

【概 况】 2018年,全省检察院批准逮捕各类刑事犯罪嫌疑人3.36万人,提起公诉4.43万人,同比分别上升19.8%和8.4%。开展扫黑除恶专项斗争,建立提前介入、挂牌督办、线索管理等工作机制,省检察院统一对涉黑和重大涉恶案件严格把关,确保案件质量,并将排查线索、深挖"保护伞"纳入检察官司法责任,办理监委移送涉"保护伞"犯罪案件19件21人,已起诉17件17人;出台办理黑恶势力犯罪案件规范性文件,编发典型指导案例,促进依法规范办案。严厉打击危害国家安全、邪教组织、冒充国家机关工作人员招摇撞骗等犯罪,依法起诉102人;严厉打击危害群众生命财产安全犯罪,起诉故意杀人、绑架、抢劫等严重暴力犯罪1419人,起诉盗窃、诈骗、涉毒等犯罪1.35万人,起诉电信网络诈骗犯罪457人,起诉危害安全生产犯罪50人,起诉危害食品药品安全犯罪70人。依法妥善化解社会矛盾,强化检察长接访、带案"下访"、落实信访首办负责制,建立信访法治化工作考核评价体系,促进矛盾化解在基层和首办环节,实现赴省访、重复访、集体访全面下降。

【服务保障大局】 防范化解重大风险,参与打击非法集资专项行动和互联网金融风险专项整治。服务保障精准脱贫,严厉打击扶贫领域犯罪,为158名刑事被害人提供司法救助。服务污染防治攻坚战,参与蓝天碧水净土保卫战、环保赣江行、鄱阳湖生态环境综合整治等活动,批准逮捕盗伐滥伐林木、非法采砂及污染水源、大气、土壤等破坏环境资源犯罪559人,起诉1791人,起诉人数上升23.6%;推进破坏环境资源犯罪专项立案监督,监督侦查机关立案67人;主动跟进中央第四环保督察组"回头看"反馈问题,立公益诉讼案件123件,挂牌督办重大环境污染刑事案件7件。服务经济高质量发展,参与省委、省政府"降成本、优环境"专项行动,打击生产销售伪劣商品、合同诈骗等破坏市场经济秩序犯罪,批准逮捕1996人,起诉2551人;依法起诉侵犯商标权、专利权、著作权和商业秘密等犯罪169人,办理涉及产权的刑事、民事、行政申诉案件377件。服务民营经济发展,健全与省工商联、省非公有制企业维权服务中心联系机制,在全省检察机关成立民营企业维权工作办公室,在全省103个工业园区设立民营企业联系点,对涉及民营企业维权案件、申诉案件进行集中研判、审慎办理,及时回应企业合法诉求。

【法律监督工作】 推进公益诉讼工

作,围绕美丽中国江西样板建设、"保障千家万户舌尖上的安全"、国有财产保护、英雄烈士权益保护,共立公益诉讼案件1666件,向行政机关发出诉前检察建议1554件,提起公益诉讼87件,83.1%的案件通过诉前程序解决。加大刑事诉讼监督力度,依法履行立案、侦查、审判监督职能,监督侦查机关立案186件,监督撤案117件,纠正漏捕604人,纠正漏诉447人,监督纠正违法取证、违法适用强制措施等侦查活动违法情形366件次,提出刑事抗诉200件;依法履行刑事执行监督职能,部署开展深化推进判处实刑罪犯未执行刑罚、财产刑执行、监督维护在押人员合法权益等专项监督活动。强化民事行政诉讼监督,审查不服民事行政生效裁判申请监督案件2385件,提出抗诉69件,提出再审检察建议65件,针对虚假诉讼提出监督意见29件,针对民事行政审判程序和执行活动中违法情形提出监督意见534件。

【体制机制建设】 落实国家监察体制改革部署,全省三级检察院反贪、反渎和预防职能、机构及1350名检察人员全部按时完成转隶;配合省监察委员会建立提前介入、案件移送、留置措施与刑事强制措施衔接等工作机制,受理监委移送案件280件356人,已提起公诉211件277人。深化司法体制改革,出台配套制度18项,开展两轮督导检查,对改革落实不力的予以通报并实行评先评优"一票否决",推动人员分类管理、员额动态调控、办案组织建设、司法办案责任、内部监督制约等改革要求落到实处。统筹推进工作机制改革,落实刑事诉讼制度改革要求,健全证据审查机制,全面推行基层检察院"捕诉一体"办案模式,开展重大监督事项案件化办理试点,与省法院共同开展认罪认罚从宽制度改革试点。

【《关于充分发挥检察职能为打好"三大攻坚战"提供司法保障的实施方案》出台】 7月5日,制定出台《关于充分发挥检察职能为打好"三大攻坚战"提供司法保障的实施方案》,从加强组织领导、服务实体经济、加强生态环境司法保障、落实精准扶贫任务、提高办案质量、加强总结宣传6个方面,提出22条具体举措,要求全省检察机关按照方案统一部署,细化工作措施,压实工作责任,推动服务保障"三大攻坚战"(防范化解重大风险、精准脱贫、污染防治)各项任务落实。

【全省检察机关服务长江经济带发展工作会议召开】 7月22日,省检察院召开全省检察机关服务长江经济带发展工作会议,传达学习最高人民检察院召开的长江经济带检察工作座谈会精神,研究贯彻落实措施。省检察院党组书记、检察长田云鹏主持会议并讲话。各市分院检察长,省检察院各部门主要负责人参加会议。会议要求,全省检察机关要立足打好"共抓大保护"攻坚战、歼灭战,主动融入大局、服务大局、保障大局,把生态环境保护摆在突出位置,在公益诉讼、服务脱贫攻坚和乡村振兴战略、优化经济发展环境等方面履职尽职,助力打造美丽中国"江西样板",为长江经济带发展提供司法保障。

【《关于充分发挥检察职能保障和促进非公有制经济健康发展的八条措施》出台】 11月8日,省检察院出台《关于充分发挥检察职能保障和促进非公有制经济健康发展的八条措施》,引导全省检察机关更加注重平等保护非公有制经济主体权益,更加注重对侵害涉及非公有制经济主体刑事诉讼、民事行政诉讼活动的监督,更加注重为非公有制经济发展营造平安稳定的社会环境,更加注重开展公益诉讼工作加强对非公有制经济的保护,更加注重加强非公有制经济司法保护的机制建设,更加注重畅通非公有制经济主体诉求表达渠道,更加注重改进和规范司法行为,更好地服务和保障全省非公有制经济健康发展。

【庆祝改革开放40周年暨检察机关恢复重建40周年座谈会召开】 12月14日,省检察院召开庆祝改革开放40周年暨检察机关恢复重建40周年座谈会,学习领会最高人民检察院庆祝检察机关恢复重建40周年暨全国检察机关第九次"双先"表彰大会精神,回顾改革开放40周年历程,总结全省检察机关恢复重建40周年发展业绩,动员激励检察人员坚定理想信念、增强行动自觉,推动新时代江西检察工作创新发展。省检察院党组书记、检察长田云鹏出席会议并讲话。最高人民检察院咨询委员会委员、省检察官文联主席、省检察院原检察长曾页九,部分省人大代表、政协委员、人民监督员、特约检察员、专家咨询委员会委员出席会议。

【江西首例涉产权刑事申诉案】 2008年起,台商独资企业咏富公司在萍乡投资生产运动鞋等产品,出口日本和东南亚等国。原审被告人咏富公司原司机曾建华伙同其他4名司机,通过虚假签单加油,侵占单位资金100余万元,个人分得25万余元。公安机关以曾建华等人涉嫌职务侵占罪立案侦查,经检察机关提起公诉后,一审法院判处曾建华有期徒刑1年,缓刑2年。咏富公司认为一审判决畸轻,向检察机关申诉。2018年4月,省检察院对该案挂牌督办,并先后5次对案件办理提出指导意见。5月,萍乡市检察院依法对该案提出抗诉。9月,经萍乡市中级法院指定萍乡市湘东区法院再审,以职务侵占罪判处曾建华有期徒刑1年、缓刑2年,并责令退赔咏富公司经济损失25万元。

【郭奕良生产、销售不符合食品安全标准辣椒民事公益诉讼案】 2017年8月,信丰县公安局、大阿工商分局在郭奕良家中查获7471.5千克硫黄熏制的辣椒。信丰县检察院在履行批捕职能中发现,熏制辣椒销售流入市场侵害众多消费者合法权益,损害社会公共利益,遂将线索移送赣州市检察院。2018年7月,赣州市检察院针对干辣椒对不特定消费者造成侵害的问题,对郭奕良提起民事公益诉讼,诉求判令被告承担侵权责任,实行惩罚性赔偿。10月,赣州市中级法院一审判决全部支持检察机关诉讼请求,判令被告支付赔偿金32.99万元,并在《赣南日报》或赣州广播电视台公开向社会公众赔礼道歉。该案入选最高人民检察院检察公益诉讼十大典型案例。

(省检察院)

法　院

【概　况】　2018年,全省法院新收案件58.18万件,同比上升26.44%,增幅超过全国平均水平15.59%;旧存案件4.58万件,下降57.45%;审结案件59.59万件,上升14.16%;结案率94.95%,位列全国第二;结收比102.42%,位列全国第六。省法院受理案件7076件、结案6461件,分别上升44.91%和49.32%。全省法院基本解决执行难、智慧法院建设、基层基础建设、司法风险防控4项工作举措在全国法院推广,扫黑除恶、环资审判、行政审判等7项工作在全国法院会议上作经验介绍,司法警察技能在全国法院竞赛中获第5名,4个案例入选最高人民法院指导性(典型)案例。

【保障发展大局】　规范适用查控、惩戒措施,化解权属争议、股权纠纷等案件8501件;开展"降成本优环境"专项活动。推进知识产权案件"三合一"审判机制改革,审结案件1779件;成立南昌知识产权法庭;参与建立知识产权多元化纠纷解决机制,助力创新型省份建设。落实供给侧结构性改革部署,妥善处置"僵尸企业",审结破产案件103件;落实金融领域改革部署,成立南昌市第一、第二金融法庭等审判组织,审结借款、保险、证券等案件8.94万件;落实中央全面停止军队有偿服务改革部署,完成涉军停偿案件的办理任务。服务"一带一路"建设,审结涉外、涉港澳台民商事案件228件,办理司法协助案件309件;联合省司法厅等单位,探索建立涉外商事纠纷诉裁对接机制。参与污染防治攻坚战,审结各类环资案件1489件;明确非法采矿、破坏性采矿罪的具体数额标准,完善生态环境损害赔偿诉讼规则,设立32个生态修复示范基地、41个司法保护基地,服务国家生态文明试验区建设;推进环境公益诉讼,审结公益组织和检察机关提起的公益诉讼案件48件。

【维护社会稳定】　开展扫黑除恶专项斗争,成立专门审判团队,一审审结涉黑涉恶案件66件432人;联合成员单位,在全国率先出台案件办理指导意见、证据标准指引等规范性文件。配合监察体制改革,联合出台协作配合文件,促进司法审判与国家监察的有机衔接;一审审结职务犯罪案件438件739人,其中原县处级以上干部54人。审结间谍、利用邪教组织破坏法律实施等案件53件;参与整治枪爆违法犯罪专项斗争,审结杀人、绑架、抢劫、故意伤害等严重暴力刑事犯罪案件4243件;加强对妇女儿童的刑事司法保护,审结强奸、拐卖、猥亵妇女儿童犯罪案件597件;审结电信网络诈骗、非法集资等涉众型经济犯罪案件302件;审结"毒辣椒""毒牛肚"等危害食品药品安全犯罪案件59件;审结毒品犯罪案件3303件。严格落实罪刑法定、疑罪从无、证据裁判等原则,对44人依法宣告无罪;试行律师代理刑事申诉工作,依法再审改判刑事案件23件;依法办理减刑案件1.51万件,假释案件638件。

【保障民生权益】　审结一、二审民事案件31.48万件,上升15.69%。开展法官驻村、法律扶贫等活动。加强涉民生案件审理,审结房屋买卖、劳动争议、医患纠纷等案件3.21万件;联合省公安厅、省妇联建立家庭暴力告诫制度,审结婚姻家庭案件4.78万件;依法制裁拖欠农民工工资等行为,追索劳动报酬2亿余元;依法化解涉诉信访3586件,推进律师参与化解和代理涉诉信访案件;规范司法救助流程,统一救助标准,发放司法救助金4925万元。

【基本解决执行难】　全省法院受理执行案件21.07万件,执结19.40万件,执行到位金额691.18亿元,分别增长10.95%、12.65%、20.66%。开展"金融利剑""涉民生集中执行"等专项活动,执结普洛德公司强制清场案等一批"骨头案"。健全执行案件集中推送机制,开展涉党政机关执行工作,实际执结率和执行到位率位列全国第二。与省国土资源厅、省教育厅等9个单位,就不动产交易、子女就读高收费民办学校等13个方面,联合惩戒失信被执行人,累计发布失信被执行人名单34.95万例,其中1.2万人迫于压力自动履行义务。与省检察院、省公安厅联合开展"打击拒执犯罪"专项行动,对356名被告人判处刑罚。联合开展"法媒银"进基层系列公益活动,曝光典型失信被执行人4.1万人;率先探索保全财产预评估、拍卖询价等新方法,提高被执行人财产处置效率。全面推进网络司法拍卖,涉及拍品1.94万件,成交金额142.8亿元,成交率66.9%,溢价率31%,为当事人节省佣金5.2亿元。

【全省三级法院"法官e助理"平台试点法院培训推广视频会召开】　5月18日,省法院召开全省三级法院"法官e助理"平台试点法院培训推广视频会,40余家试点法院100余名相关院领导、900余名法官参加培训会。会上,省法院司法技术处副处长杨崇华介绍"法官e助理"平台建设背景、目标和内容,"法官e助理"相关模块开发工程师讲解该平台框架结构功能和智能辅助能力使用的方法与技巧,省法院技术处对"法官e助理"平台的下一步试点工作作出安排。

【涉库伊图芬兰有限公司在全球多起股权回购关联诉讼】　2017年7月24日,库伊图芬兰有限公司诉请外商合资企业赛得利江西化纤公司回购其所持的18.87%股权,争议标的2.92亿元。省法院审理发现,芬兰有限公司与实际控制人赛得利新加坡公司在全球有多起关联诉讼,案件极为复杂,处理不当将严重影响企业生产经营。经组织当事人多轮全球性谈判,2018年8月28日,最终促成双方达成协议,一揽子解决全球多个纠纷。

【欧阳文明等涉黑案】　2009—2015年,欧阳文明等17人在高安市有组织地实施故意伤害、寻衅滋事、开设赌场等犯罪行为,严重破坏当地经济社会秩序。2017年9月20日,高安市法院作出一审判决,被告人欧阳文明等提出上诉。2018年2月5日,宜春市中级法院作出二审判决,以组织领导黑社会性质组织罪、故意伤害罪等数罪并罚,判处欧阳文明有期徒刑15年,并处罚金;对其他人分别判处有期徒刑14年至2年不等,并处罚金。这是全国扫黑除恶专项斗争开始后,江西审判的首个涉黑大案，央视《焦点访谈》进行正面报道。

【“毒辣椒”案】 2017年8月18日，郭奕良被公安、工商行政管理部门在家中查获用硫黄熏制的辣椒7.47吨。案件经信丰县法院刑事一审，以生产、销售不符合安全标准的食品罪判处郭奕良拘役，并处罚金。其后，由赣州市检察院提起民事公益诉讼。2018年10月，赣州市中级法院民事一审判决郭奕良赔偿32.99万元，并在媒体上向社会公众赔礼道歉。这是全省首例食药领域民事公益诉讼案。

（省法院）

司法行政

【概 况】 2018年，出台《关于加强我省人民调解员队伍建设的实施意见》，开展“访调对接”试点工作，全省调处调解矛盾纠纷17.4万件。创新行政行为监督机制，开展行政执法“三项制度”试点，实施“双随机一公开”行政执法监督，发挥行政复议纠错功能，推进“两法衔接”信息共享平台建设，以省政府为被告的行政应诉案98件、为被申请人的行政复议裁决案40件，无一败诉。全省监所连续12年实现“无脱逃、无在全国全省有重大影响的狱所内案件、无重大安全生产事故、无重大疫情”目标。开展社区矫正官试点和监狱戒毒民警参与社区矫正试点，推进社区矫正执法规范深化年活动，健全指纹报到通报制度，创新“平台+微信公众号+APP”教育方式，给予社区服刑人员警告处分454人次，提请收监执行28人；开展教育4.8万人次；重新违法犯罪率0.08%，低于全国0.2%平均数。落实刑释人员必接必送制度和安置帮教措施，刑释人员安置率92.82%、帮教率94.43%，重新违法犯罪率1.4%，低于全国3%平均水平。参与扫黑除恶专项斗争，对关押的涉黑涉恶罪犯全部落实专管措施，成立专项斗争律师辩护代理业务指导委员会和律师工作专班，举办专项培训32期，培训5134人次，建立黑恶势力犯罪案件刑事辩护律师库，组织律师办理黑恶势力犯罪案件910件。

【司法行政改革】 出台《关于加快推进司法行政改革的实施意见》，提出75项任务86条举措；省政府印发《关于进一步深化行政复议体制改革的意见》，基本实现“一级政府一个复议机构对外”改革目标；出台《关于健全完善全省统一司法鉴定管理体制的若干意见》，办理司法鉴定案件11.5万件；出台《江西省贯彻执行国家统一法律职业资格制度的实施意见》，累计1.23万人次参加国家统一法律职业资格考试，通过率21.7%。深化监狱制度改革，办理减刑1.23万件、假释557件，暂予监外执行45件；深化律师制度改革，出台《关于以党的十九大精神为引领纵深推进律师协会改革发展的若干意见》；拓展公证改革成果，印发《关于进一步推进全省公证体制改革机制创新工作的意见》，开展合作制公证机构试点，制定公证“减证便民”行动方案，办理公证事项24.3万件；推进“放管服”改革，3件事项实现“一次不跑”，23件事项实现“只跑一次”，39件事项实现“最多跑一次”，取消证明材料4项；人民监督员参与监督评议案件等履职活动193起713人次。完善执法权力运行机制，在省永桥强戒所试点建立戒毒执法、人事管理、基层工程、物资采购、经济运行、监督问责“六大权力”规范运行体系。

【推进依法治省】 做好省委全面依法治省办筹备工作，出台《关于进一步把社会主义核心价值观融入法治建设的实施意见》，举办首个“宪法宣传周”和司法行政系统首届开放日活动，建立落实国家机关“谁执法谁普法”联席会议制度、普法责任清单制度，开展百万网民学法律知识竞赛，17个县（市、区）被评为全国法治县（市、区）创建活动先进单位，24个村（社区）被命名为全国民主法治示范村（社区）。发挥立法引领和推动作用，完成16件地方性法规、省政府规章的立法任务。推进法治政府建设，开展《法治政府建设实施纲要》中期评估，对165件地方性法规和113件省政府规章进行清理，提出意见100余条。审查行政权力、审批和服务事项856项，备案审查政府规章、规范性文件120件，向国务院和省人大常委会报备9件政府规章，对500余项证明事项取消建议进行审核论证。创新实施“法律明白人”培养工程，出台《关于在全省农村实施“法律明白人”培养工程的意见》，全省遴选农村“法律明白人”231.87万人，颁证上岗175.67万人。“法律明白人”参与法治宣传、法治实践62.12万次。

【公共法律服务】 印发《关于深入推进公共法律服务平台建设的实施意见》，建立月报告调度机制，市、县、乡、村公共法律服务实体平台全部建成，“12348”热线平台功能扩展到法律咨询、法治宣传和法律服务各领域，江西公共法律服务网汇聚近3000家法律服务机构、1.4万名法律服务人员，为群众提供法律服务20.3万件次，开放法律服务等数据27.53万项，社会查询次数突破100万人次；远程会见系统延伸到413个乡镇。开展“精准法律援助服务年”等系列活动，办理法律援助案件3.6万件，受援3.8万人次，为群众挽回或避免损失6.4亿元；举办“公益律师进社区”活动45期。出台关于服务民营企业发展的实施意见，提出16条具体举措。出台打赢脱贫攻坚战三年行动工作方案和帮扶深度贫困村工作方案，成立江西省生态文明律师服务团，批准设立3家环境损害司法鉴定机构，建立发展涉外法律服务业联席会议制度，为全省企业“走出去”提供法律服务。

【《关于开展法律援助值班律师工作的实施意见》印发】 2月3日，省司法厅、省法院、省检察院、省公安厅、省国家安全厅联合印发《关于开展法律援助值班律师工作的实施意见》，全面推进法律援助值班律师工作，发挥法律援助在以审判为中心的刑事诉讼制度改革中的职能作用，依法维护犯罪嫌疑人、刑事被告人诉讼权利，加强人权司法保障，促进司法公正。

【法治江西建设领导小组第四次会议召开】 4月19日，省委书记、省长刘奇主持召开法治江西建设领导小组第四次会议。省领导尹建业、秦义、葛晓燕、田云鹏出席。会议听取法治江西建设2017年工作及考评情况、2018年工作要点汇报,审议通过《“弘扬宪法精神树立法治信仰”主题宪法宣传实践活动方案》《关于在全省农村推行“法律明白人”培养工程的意见》《关于进一步把社会主义核心价值观融入法治建设的实施意见》等文件。

【瑞金中华苏维埃共和国司法人民委员部旧址入选首批全国法治宣传教育基地】 6月11日,全国普法办印发《关于命名首批全国法治宣传教育基地的通知》,确定首批8个全国法治宣传教育基地,其中江西省瑞金市中华苏维埃共和国司法人民委员部旧址入选。1931年11月,中华苏维埃第一次全国代表大会在瑞金召开,成立中华苏维埃共和国临时中央政府,作为最高行政机关的中央人民委员部内设“九部一局”,中央司法人民委员部是当时“九部一局”的组成部分。中央司法人民委员部旧址占地面积3138平方米,建筑面积约2300平方米,保留了原客家祠堂的建筑风貌。旧址内通过史料图片和实物展陈,再现苏区军民开展法治建设的实践和探索。旧址修复开放以来,每年接待全国各地青少年学生、机关干部、社会各界群众100多万人次。

【江西启明职业中等专业学校揭牌仪式暨开学典礼举行】 9月7日,全国首家狱内职业中专学校——江西启明职业中等专业学校揭牌仪式暨开学典礼在江西省未成年犯管教所举行。全国人大常委会委员、民进中央副主席兼秘书长高友东,省政协副主席、民进省委主委汤建人,省政协原副主席、江西启明学校名誉校长刘运来等出席揭牌仪式。学校按照罪犯改造岗位技术要求和刑满释放就业创业的需求,开设服装制作与生产管理、计算机与数码产品维修、电子电器运用与维修、动漫制作4个专业。对经学校考核成绩合格并获初级以上职业资格等级证书的学员,由南昌市教育局颁发国家承认的中等职业教育文凭。

12月25日,第七届“江西十大法治人物”暨第三届“江西十大法治事件”颁奖仪式在南昌举行

省司法厅供

【省委全面依法治省委员会第一次会议召开】 12月4日,省委书记、省委全面依法治省委员会主任刘奇主持召开省委全面依法治省委员会第一次会议。省领导易炼红、孙新阳、尹建业、赵力平、周萌、秦义、田云鹏出席。会议传达学习中共中央总书记习近平在中央全面依法治国委员会第一次会议上的讲话,审议并原则通过《省委全面依法治省委员会工作规则》《省委全面依法治省委员会协调小组工作规则》《省委全面依法治省委员会办公室工作细则》等文件。

【江西十大法治人物(事件)颁奖仪式举行】 12月25日,第七届“江西十大法治人物”暨第三届“江西十大法治事件”颁奖仪式在江西日报传媒大厦举行。省委常委、省委政法委书记、省委依法治省办主任尹建业出席并为获奖者颁奖,副省长、省公安厅厅长秦义讲话。自7月启动评选活动以来,共收到推荐人物150人、推荐事件82件。经过评选,刘平、许诺、张爱群、陈亚、姚石玉、戴传高、袁丽明、郭娟、宜春市中级人民法院刑事审判第一庭群体和崇仁县消防大队群体当选第七届“江西十大法治人物”,江西推进党政主要负责人履行法治建设第一责任人职责、江西首创“双随机一公开”行政执法监督平台、鄱阳湖区建立依法治理新模式、法治护航让遂川千年鸟道成为“黄金通道”、江西扎实有序推开司法责任制改革、江西开展“赣鄱霹雳1号”集中打击行动、南昌东湖检察院破解“三大难题”保障“舌尖安全”、江西全面实施农村法律明白人培养工程、省人大常委会积极推进设区市立法工作、《江西省禁毒条例》正式颁布施行入选第三届“江西十大法治事件”。 (胡大德)

本栏编辑 詹跃华

应急管理

安全生产

【概　况】　2018年，全省安全生产形势保持总体稳定，主要表现为“三下降、两平稳”：事故总量下降，发生各类事故2160起，死亡1333人，同比减少566起和298人，分别下降20.76%和18.27%；较大事故下降，发生较大事故17起，同比减少10起，下降37.04%；重大事故下降，发生重大事故1起，同比减少1起，下降50%；大部分行业安全状况平稳，危险物品、建筑施工、交通运输等7个行业领域事故死亡人数同比下降；大部分地区安全状况平稳，11个设区市事故死亡人数全部下降，萍乡、鹰潭、抚州3市未发生较大以上事故。

【责任体系建设】　省政府调整省安委会组成人员，省长任主任，所有副省长任副主任；首次按行业（领域）设立12个安全专业委员会，分管副省长任第一主任，牵头部门主要负责人任主任。所有市、县（区）均按照此模式，调整安委会组成人员并设立相应专业委员会。出台实施《江西省党政领导干部安全生产责任制实施细则》，推动党政领导干部责任落实。首次对11个设区市和赣江新区开展全覆盖巡查督导；首次对市、县两级政府开展年中综合考评，并根据考评结果对2个市、22个县（区）政府主要负责人进行集中约谈，推动属地管理责任落实。推广企业安全履职情况“一报告、双签字”、监督检查“双随机、一公开”办法，推动企业履行主体责任。

【推进依法治安】　8月23日，印发《关于推进城市安全发展的实施意见》；10月10日，发布《江西省生产安全事故隐患排查治理办法》；金属非金属矿山有关安全标准获应急管理部批准发布，地方性安全生产法规制度体系日趋完善。推进执法专业化、规范化、信息化建设，惩治非法违法行为，全省取缔关闭非法企业515家，责令停产整顿企业5081家，关闭不符合条件企业2406家，罚款1.77亿元，追究责任人3191人，约谈单位1.97万家、通报2276家，曝光企业7637家。

【实施专项整治】　在煤矿、非煤矿山、烟花爆竹、危险化学品、城市运行、交通运输、建设工程施工、消防、冶金、特种设备等10大行业领域，开展10大专项整治行动，经过“扫雷”“清零”和巩固提升3个阶段，全省辨识管控风险点39万余处，排查治理隐患134万余条，实现“查大风险、除大隐患、防大事故”的目标。此外，在煤矿领域，开展依法打击和重点整治煤矿安全生产违法违规行为专项行动；在危险化学品领域，推进危险化学品综合治理，重点推进危化品安全风险“一图一表”信息摸排工作和城镇人口密集区危险化学品生产企业搬迁改造，完成搬迁18家，正在搬迁2家，81个化工园区全部开展整体性风险评估工作；在烟花爆竹领域，持续整治烟花爆竹生产企业“三超一改”、分包转包、多股东各自组织生产等违法行为，推进“打非治违”行动。

【安全防控】　全省确定安全生产标准化企业1487家、安全风险管控示范企业1533家。通过典型引路、建立激励约束机制等办法，推动全省企业安全生产标准化建设；持续推进隐患排查治理体系建设，建成江西省安全生产监管信息系统，线上注册企业1.24万家，登记隐患21万条，其中企业自查登记20万条。纵深推进安全生产诚信体系建设，累计实施联合惩戒950家次，其中推送“黑名单”企业50家。协助推进淘汰落后产能工作，煤矿关闭退出84处、退出产能423万吨，分别完成全年任务的168%和164.6%；烟花爆竹方面，上饶、抚州已制定烟花爆竹生产企业整体退出方案，137家生产企业签订退出协议。

（省应急厅）

消防救援

【概　况】　2018年，全省发生火灾8630起，致亡45人，受伤17人，直接财产损失2.03亿元，同比火灾总量实现“三连降”，亡人数、伤人数分别下降32.8%和34.6%。累计处置各类警情3.23万起，出动消防车6.3万辆次、指战员41.1万人次，抢救保护财产价值20.8亿元，分别上升77.0%、85.3%、82.7%、114.4%；营救遇险群众5663人，疏散被困群众3.4万人。

【火灾防治】　开展冬春火灾防控、春夏火灾防控、消防安全专项整治以及高层建筑、电气火灾、电动自行车、大型商业综合体、博物馆和文物建筑等专项治理。推动修订《江西省消防条例》，出台《歌舞娱乐场所消防安全技术标准》《建筑消防设施维护保养管理规范》《物业消防安全管理规范》

《电动自行车停放充电场所消防安全规范》《微型消防站建设与管理规范》5部消防管理“地方标准”。建立“依法强改、挂牌督改与公示促改”相结合的隐患整改机制,引入诚信平台约束惩戒手段,消除一大批顽症痼疾。全年检查单位32万家,督改隐患53万余处,重大隐患整改销案205家,整改率达99%以上。推进落实“03专项”部署,开展“智慧消防”试点示范工作,启动7个市(区)的消防物联网项目,建成消防物联网平台14个,接入建筑固定消防设施监测点700余万个。创新开展“一警六员”实操实训,培养“见火不慌、抬手就打”的准消防员59万余人。

【应急救援】 开展执勤岗位大练兵,抓实基础体能、基本技能和应知应会训练,分层组织全员实战练兵竞赛49次,分专业培训执勤一线“五类人员”2200余人。结合省情实际和灾害特点,分区域组建17支地震、山岳、水域、化工、地下等灭火救援专业队,分类制定应急预案及响应手册,不断强化“高(高层建筑)、低(低下空间)、大(城市大型综合体)、化(石油化工)”特殊火灾处置以及山岳水域、地震、轨道交通等应急救援技战术攻关研究,举办以森林火灾扑救及洪涝、泥石流、台风等灾害处置为主题的“战训大讲堂”12期、战例研讨9次,常态化开展11轮“三随三实”实战拉动演练,考核基层队站660余个次、指战员1.39万人次,组织赣中战区高层建筑和赣北战区石油化工灭火救援跨区域实战演练,开展多个部门和队伍参与的应急救援联合演练53次。同时,还将全省251支政府和企业专职队及1100余个具备24小时执勤条件的微型站纳入各级119统一调度指挥,实现“联勤、联训、联调、联战”;其他尚不具备24小时执勤条件的1.6万个微型站纳入辖区中队列管,实现“联勤、联调”,形成作战合力。

【战勤保障】 按照“大站建强、小站建密、微站建广”思路,全省新建各类消防队站313个,100%地市建成训练基地,力量盲区不断消除、作战半径不断缩短,城乡消防服务逐步均等化。投入3亿元,购置各种灭火救援车辆489辆,装备19万余件套。开展举高类消防车技术服务和装备巡检服务下基层活动48次,现场解决各类问题1515个,提出各类指导意见488条。完善战勤保障体系建设,结合省情灾害特点,组织战勤保障实战拉动演练23次。

【“放管服”改革】 研究制定《关于推进投资项目审批提质增效改革的实施意见》,不断深化消防行政审批改革,推行“双随机一公开”抽查、“马上办、网上办、就近办、一次办”等便民惠企措施,取消2项审批事项、17项证明事项,下放3项审批权限,缩减1/4审批时限,赣江新区试点将验收及备案抽查审批时限缩减一半以上,进一步优化营商环境,增强群众获得感。

【2018年江西省“119”消防宣传月启动仪式举行】 11月7日,由省消防总队主办、南昌市消防支队承办、中国江西网协办的2018年江西省“119”消防宣传月启动仪式在南昌市红谷滩绿地中央广场举行。省委常委、副省长刘强,省政府副秘书长宋迪维,省应急管理厅厅长龙卿吉,省公安厅党委委员、南昌市副市长、市公安局局长万秀奇,省消防总队总队长宋树欣、副总队长肖纯栋等出席启动仪式,并为获评2018年度江西省“身边灭火英雄”人员颁发证书。活动主题为“全民参与防治火灾”,现场设有消防历史展览、智慧消防展示、消防VR体验、火灾成因试验、灭火技能体验、破拆救援演示、搜救犬表演、消防器材装备展示8个展区,刘强一行观摩了各展区。

【“4·16”上饶市信州区亿升广场商铺火灾扑救】 4月16日1时13分,上饶市信州区亿升广场4楼南部商铺发生火灾,大量人员被困。上饶支队接到报警后,调集7个大(中)队、17辆消防车、95名指战员赶赴现场处置,支队全勤指挥部遂行出动。经过2个多小时战斗,火势基本扑灭,营救被困群众48人,现场无人员伤亡,过火面积约2470平方米。

【“10·9”吉安市新干县博派箱包基地仓库火灾扑救】 10月9日12时4分,吉安市新干县博派箱包基地B4栋一楼成品仓库起火。吉安支队接到报警后,先后调派7个大(中)队、22辆消防车、107名指战员赶赴现场处置,支队全勤指挥部遂行出动。经过10多个小时施救,火场被清理完毕,现场无人员伤亡,过火面积约9000平方米。

【“11·27”新余高新区赛维LDK太阳能高科技有限公司厂房火灾扑救】 11月27日12时16分,新余高新区赛维大道江西赛维LDK太阳能高科技有限公司三期厂房发生火灾。新余支

11月7日,2018年江西省“119”消防宣传月启动仪式在南昌举行

省消防总队供

队接到报警后,调集6个中队和1个战勤保障大队、15辆消防车、1台消防机器人、1架无人侦察机、2吨泡沫液、90余名指战员赶赴现场处置。经过近3个小时奋战,大火被扑灭,现场无人员伤亡,疏散群众30余人。

【"12·9"万载县工业园区亚太科技发展有限公司车间火灾扑救】 12月9日16时10分,万载县工业园区亚太科技发展有限公司生产车间爆炸起火。宜春支队接到报警后,先后调派3个大(中)队、11辆消防车、2台消防机器人、55名指战员到场处置,支队全勤指挥部遂行出动。经过9个多小时奋战,火灾扑灭,现场无人员伤亡。

(省消防救援总队)

防灾救灾减灾

【体制机制改革】 在全国率先将防灾减灾救灾工作及体制机制改革情况纳入2018年市、县高质量发展考评体系。省减灾办专门制定《2018年度防灾减灾救灾考评办法》,《中国应急管理报》和《中国减灾》杂志相继报道江西做法。会同省委组织部推动将领导干部应对重大灾害能力教育纳入各级党校、行政学院、干部学院主体班次教学内容,举办全省领导干部减灾管理研讨班。创新推动社会力量参与救灾工作,在全国社会力量参与救灾工作座谈会、社会救援力量参与应急工作座谈会上作经验介绍。推动农村住房保险工作在全省铺开,共为103.45万户次参保农户提供风险保障259.35亿元,实现保费收入931.03万元,已决赔款612.91万元,受益农户1896户次。

【灾害救助】 全年启动救灾应急响应5次,下拨中央和省级救灾应急资金9500万元,并向重灾区调拨一批救灾物资。会同省财政厅修订《江西省自然灾害生活救助资金管理办法》,大幅度提高自然灾害救助标准。争取中央冬春救助资金3.99亿元。完成2018年全省1059户因灾倒房重建工作,竣工率100%。引导蓝天救援队、曙光救援队等20余支专业社会力量参与抗灾救灾,引导雄鹰救援队等跨省赶赴广东汕头、惠州等地协助开展救灾救援工作。

【综合减灾】 开展减灾示范单位创建,向应急管理部推荐命名江西省全国综合减灾示范社区56个,命名全省示范社区110个、示范乡镇10个、示范县2个,安排创建补助资金550万元。联合南昌市减灾委在八一广场举办大型防灾减灾科普宣教活动;会同省地震局在东湖区育新学校组织大型地震疏散和应急救援演练,副省长胡强率省直有关部门负责人现场指导和观摩演练。加强减灾科技支撑能力建设,在第四届"中国减灾杯"减灾救灾摄影大赛中,江西获省级集体奖,5幅参赛作品获一等奖,一等奖获奖数量位居全国第一。针对萍乡、宜春等地旱情,指导省减灾中心首次启动无人机应急响应机制,得到应急管理部风险监测与综合减灾司、救灾和物资保障司领导肯定。

【推进项目建设】 争取专项资金1550万元,以省减灾救灾应急指挥信息平台为支撑,重点打造应急指挥中心、灾情会商中心、灾情评估中心以及防灾减灾救灾文化展示厅。10月24日,江西省减灾救灾应急指挥信息平台通过专家验收。推进全省救灾储备体系建设,省级救灾物资储备库迁建工程主体建设基本完工,项目总投资1.22亿元,建筑面积1.63万平方米。督促做好中央预算内支持江西省的市、县级储备库项目建设,对2016年、2017年开工建设的25个市、县储备库建设实行月报制度,指导2018年支持建设的万年、余干、万载、全南加快项目实施。

(省应急厅)

地质灾害防治

【概　况】 2018年,全省接到地质灾害灾情险情报告161起,无人员死亡,有2人轻伤,直接经济损失555.16万元。地质灾害发生数量、直接经济损失与2017年相比分别减少58.6%和70.3%,地质灾害灾情比常年水平偏低。集中性强降雨、山区傍山建房及修路切坡仍是地质灾害的主要诱发因素。地质灾害发生时间主要集中于6—7月强降雨期间,空间上主要分布于景德镇、吉安和抚州等地。各地开展专业排查5450人次,基层及群众巡(排)查地质灾害隐患点6.75万点次,发放防灾明白卡6.85万份。新增隐患点1122处,核销隐患点1289处。至年底,全省2.58万处隐患点,共落实群测群防员1.40万人。全年发布省级地质灾害气象风险预警14次,市、县级地质灾害气象风险预警1540次。其中,3处地质灾害隐患点在人员转移后,房屋被崩塌、滑坡摧毁,19人成功避灾。

【应对突发地质灾害】 制定《江西省2018年度地质灾害防治方案》,确保各项防灾工作落到实处。全年启动Ⅳ级应急响应48次,未启动Ⅲ级以上应急响应,派出应急专家组346批次,对重要突发地质灾害灾情、险情及重要地质事件,均及时开展应急调查。

【地质灾害搬迁治理】 中央财政下达江西省中央特大型地质灾害防治专项补助资金2000万元,对4处重要隐患点进行治理。地方投入治理资金1.66亿元,对198处隐患点进行治理,保护人员1.06万人;搬迁235处地质灾害隐患点,使1592名受威胁群众搬离危险区。

【开展宣传培训及应急演练】 各地以"4·22"世界地球日、"5·12"防灾减灾日等为契机,加强《江西省地质灾害防治条例》等法规和防灾减灾科普知识的宣传普及。组织开展形式多样的地质灾害应急演练。全年各地开展地质灾害防治科普宣传552次,接受防灾知识科普教育35.70万人;组织专业培训246次,培训人员2.5万人;开展应急演练139次,参加演练人员4.85万人。社会公众防灾意识得到明显提高。

·资 料·

2018 年江西省地质灾害发生情况

地区	灾害(起)							人员伤亡(人)		直接经济损失(万元)
	总数(起)	按类型分				按规模分				
		滑坡	崩塌	泥石流	地面塌陷	中型	小型	死亡	受伤	
江西省	161	108	29	8	16	7	154	0	2	555.16
南昌	0	0	0	0	0	0	0	0	0	0
九江	13	8	3	1	1	0	13	0	0	52.91
景德镇	32	26	6	0	0	0	32	0	0	51.80
萍乡	4	1	0	0	3	0	4	0	0	5.90
新余	0	0	0	0	0	0	0	0	0	0
鹰潭	5	2	2	0	1	0	5	0	0	8.80
赣州	22	16	6	0	0	2	20	0	1	40.30
宜春	11	3	0	0	8	0	11	0	1	51.80
上饶	20	16	2	0	2	2	18	0	0	33.50
吉安	28	17	6	4	1	1	27	0	0	93.15
抚州	26	19	4	3	0	2	24	0	0	217.00

（省应急厅）

防汛抗旱

【概　况】　2018 年，江西平均降雨量 1441 毫米，比多年均值偏少 12%，强降雨过程 7 次。赣江中游支流蜀水发生洪峰水位超历史 1.63 米的大洪水，但超警戒洪水站次为 2008 年以来最少。水库蓄水总体偏少，汛期 20 站水位或流量创历史新低，鄱阳湖星子站水位持续低于均值，提前进入枯水期。洪涝导致 195.3 万人受灾，因灾死亡 4 人，直接经济损失 29.9 亿元。干旱情况偏重，农作物受旱，最严重时 19.4 万人、1.4 万头大牲畜出现饮水困难，直接经济损失 20 亿元。先后启动防汛 IV 级和 III 级应急响应，派出近 50 个工作组、专家组协助指导应急抢险和防旱抗旱，7 个应急工作组和有关成员单位 24 小时集中办公，全力防汛抗洪抢险和保障抗旱救灾。

【实施防汛隐患动态销号管理】　省防办对照 2 次省级防汛检查按“一市一单”下达的问题整改清单，进行重点督查，实行动态销号管理，对发现的 150 个重点隐患问题，已整改 141 个，整改率 94%。汛前梳理出的 310 处在建涉水工程，已完工 119 处，确需跨汛期施工的，已跟踪落实安全度汛措施。组织开展水库堤防清杂清障专项行动，完成 1.04 万座水库、6752.99 千米堤防清杂清障任务。

【推进防汛抗旱规范化管理】　推动《江西省实施〈中华人民共和国防洪法〉办法》修订。7—8 月，出台《江西水文服务防汛抗旱工作制度（试行）》《江西省入汛日期确定办法（试行）》等相关文件，明确各方责任，规范工作程序。印发《应急预案和度汛方案编制指南》，规范防汛各类应急预案及水工程度汛方案编制和管理，完善内部管理制度，制定汛期值班制度，对值班提出明确要求。

【《江西省防御暴雨山洪提前转移联动机制（试行）》印发】　7 月 3 日，印发《江西省防御暴雨山洪提前转移联动机制（试行）》。该机制对省气象局和省防办在防灾减灾中保证信息交流高效、发挥配合协调作用、形成联动防御合力提出具体要求，明确当预报未来 24 小时全省范围有区域性暴雨，气象部门应提供逐 6 小时降雨落区预报，遇防汛关键时期或实际需要，加密提供预报，省防办结合前期降雨情况，部署做好提前转移准备等工作，强化部门间信息沟通，督促强降雨区落实防灾减灾措施，使群众提前转移更具针对性和有效性，确保山洪灾害防御落到实处。

【建立水库常态化巡查督导机制】　7 月 16 日，印发《江西省水库安全管理和度汛措施落实情况巡查督导方案》。各级水行政主管部门建立由领导带队、全员参与的长效机制，成立巡查督导组，紧扣落实防汛行政、直接、技术和巡查责任人，以及落实水雨情监测预报措施、水库调度运用方案和防洪抢险避险应急预案、应急抢险队伍物资和转移避险演练等基本要求，关注安全风险隐患，采取不发通知、不打招呼、不听汇报、不用陪同接待，直奔现场、直面责任人的方式，开展分片巡查督导。县级负责辖区内所有水库，市级和省级负责直接管辖水库。县级巡查每年全覆盖，市级核查 3 年内全覆盖，省级每年 5% 以上不定期督查，加强水库安全管理，督促度汛措施落实。

（省应急厅）

森林防火

【概　况】 2018年,全省发生森林火灾58起,过火面积803.75公顷,受害面积478.67公顷,因灾死亡1人,全省森林火灾的受害率、发生率、控制率和查处率均在国家下达的控制指标以内,没有发生重特大森林火灾和人员伤亡事故。

【开展森林防火业务培训】 5月7日—18日,省防火办分2期,每期5天,组织全省32支机动专业队共160人进行集训,内容有林火理论知识、灭火组织指挥与安全避险、常规灭火机具操作,以及单兵(班组)灭火行动战术战法等。6月,组织市、县防火办主任120余人,围绕如何当好防火办主任和推进市、县防火办规范化建设2个主题开展培训,强化防火办主任的履职能力。6—7月,先后组织市、县防火办业务骨干2批次260余人,就如何做好森林防火业务工作展开培训,提升业务骨干的综合素质和业务能力。

【《关于推进市县森林防火指挥部办公室规范化建设的意见》印发】 6月7日,印发《关于推进市县森林防火指挥部办公室规范化建设的意见》。该意见从工作运行、队伍建设、办公场所、制度保障等4个方面,进一步明确市、县防火办规范化建设的总体目标、重点任务和工作要求,用2~3年左右时间,使全省各级防火办制度更完善、管理更到位、工作更规范,逐步实现“人员精干、素质专业、指挥畅通、工作高效”的目标,全面提升各级防火办规范化建设水平。

【全省春季森林防火总结会暨专业森林消防队正规化建设现场推进会在玉山召开】 7月17日—18日,全省春季森林防火总结会暨专业森林消防队正规化建设现场推进会在玉山召开,各设区市、省直管县(市)林业局分管领导、防火办主任,省防火办、省航空护林局和江西森林武警部队相关负责人参加会议。会上,通报1—6月全省森林防火情况,听取11个设区市和6个省直管县(市)春季森林防火工作汇报,玉山县、万载县、余江县重点汇报专业森林消防队正规化建设进展情况、主要经验和存在的问题。并对全省专业队正规化建设再部署、再推进。

【开展森林防火宣传月活动】 10月,开展以“提升全民森林防火意识、营造平安稳定社会氛围”为主题的森林防火宣传月活动,调派驻赣武警森林部队宣传小分队,深入新余、宜春、吉安、抚州4个设区市6个县(市、区)林区重点区域巡回宣传,通过进林区、进校区、进社区、进村入户和摆摊设点等形式,向群众发放宣传单、宣传册、宣传袋,宣传森林防火知识,营造森林防火氛围。

【全省森林防火工作座谈会召开】 12月18日,省应急厅和省林业局联合召开全省森林防火工作座谈会。省应急厅厅长龙卿吉、副厅长钟世富,省林业局局长邱水文、副局长胡跃进出席座谈会。各设区市、省直管县(市)林业局局长、防火办主任,部分重点林业县林业局局长参加会议。会议总结2018年森林防火工作,研究部署今冬明春特别是森林火灾风险隐患排查整治“十查十看”活动。

(省应急厅)

救援协调

【建立应急救援基地】 省政府应急办经多次协调、研究、论证,最终选定昌河飞机工业(集团)有限公司、江西航空投资有限公司、上海金汇通用航空股份有限公司江西分公司,其中昌河飞机工业(集团)有限公司是军工公司。3家公司以省政府应急办的名义授牌成立江西通航应急救援基地,并建立通航应急救援的紧急调用、日常演练机制,明确相应职责。3家公司发挥通航专业技术力量和资源优势,参与突发事件应急救援工作。

【应急管理培训】 4月,对县(市、区)49名应急办主任进行为期7天培训;5月,对省卫生部门54名应急办主任进行为期7天培训;9月,对50名县处级分管应急管理工作的领导进行为期10天培训;10月,对50名乡镇长、街道办主任进行为期10天培训。通过专家讲授、案例教学、论坛式教学、现场教学、结构式研讨、演练式教学、情景模拟等教学形式,结合应急管理新形势,研修应急管理的前沿问题,安排应急管理工作形势与任务分析,公共突发事件的情景构建与处置、媒体沟通与应对等课程,提升领导干部、业务骨干应急管理工作能力。

【应急管理考评】 根据《省委办公厅省政府办公厅关于印发〈2018年度江西省高质量发展考核评价实施意见〉的通知》要求,省政府应急办安排部署2018年应急管理综合考评工作,要求各市、县(区)政府应急管理部门根据应急管理考评工作要求组织考评。在机构改革后,经请示省高质量发展考评领导小组办公室同意,全省应急管理考核工作调整到省应急厅进行考评。

【开展应急演练】 督促各地有关部门按照《江西省突发事件应急预案管理办法》要求,上报预案编修和演练计划。各设区市上报综合演练、专项演练计划300余个,省政府有关部门开展专项演练30多个。指导鹰潭市综合演练、丰城市危化综合演练、昌北机场集团公司飞行安全桌面演练、南昌市轨道交通运营突发事件综合应急演练等6次。

【加强突发事件应对工作评估】 组织各地有关部门汇总编写《江西省2017年度突发事件应对工作总结评估报告》,共3万多字,上报国务院应急办。为加强评估监测,做好预防工作,组织相关部门开展对危险源、危险区域的风险评估和隐患排查工作,做好风险调查、登记、评估和整改,做到防患未然。

(省应急厅)

本栏编辑　詹跃华

外事侨务

外事工作

【概　况】　2018年，对接中非合作论坛北京峰会，赞比亚总统伦古和博茨瓦纳总统马西西访赣，推动江西省与两国地区多领域合作。参与“中俄地方合作交流年”活动，在俄举办江西海外教育展和江西油画展。配合周边外交，省政府代表分别出席中日省长知事论坛和中韩省长知事会，深化与日韩的友好合作。争取外交部“点对点”项目，与保加利亚开展实质性交往，并加入中国-中东欧国家地方省州长联合会。推动江西省在葡萄牙设立欧洲中医文化体验中心。完成世界VR产业大会、绿发会、瓷博会、世界中医药大会等活动的涉外邀请和接待任务。在菲律宾、泰国举办江西旅游推介活动，并组织缅甸、汤加、斯洛伐克等11个国家驻华使节走进景德镇和抚州。邀请和接待越南副总理王庭惠、柬埔寨副首相贺南洪等党宾国宾团组33批591人次，外国驻华使领馆官员22批100余人次。

【外事管理】　因公出国（境）审批实行一站式服务，对符合政策规定的团组做到“只跑一次”，对涉外公众服务事项提供延时预约服务。紧扣江西省“一带一路”开放布局，谋划和设计省领导出访路线图，完成省级领导出访任务19批，出访日本、俄罗斯、白俄罗斯、捷克、德国等“一带一路”沿线国家和地区13个，推动江西与沿线国家和地区在友城、旅游、经贸、交通、卫生等领域交流合作。严格“因事定人”原则，全省因公临时出国1564批4748人次，劝退团组177批547人次，核减团组境外天数437天。协调处置领保事件和涉外案件99起，增长13.8%。其中，协调处置涉及28个国家领保事件39起，处理外国人在江西涉外案件60起。指导协调和接待外国记者到赣采访报道4批44人次。

【国际友城合作】　江西省与35个国家建立95对国际友城关系，与外国9个省州签署友好备忘录。俄罗斯巴什科尔托斯坦共和国、菲律宾保和省、韩国全罗南道、德国黑森州等友城先后访赣。俄罗斯彼尔姆边疆区、日本岐阜县到江西省举办友城合作活动，并达成系列交流合作协议。

【江西文化旅游推介会暨“美丽江西秀天下”图片展在雅典举行】　3月12日，由省政府主办的江西文化旅游推介会暨“美丽江西秀天下”图片展在希腊首都雅典举行。副省长吴忠琼、中国驻希腊使馆临时代办王强、希腊国家旅游组织主席卡利马里斯、中希企业联合会主席阿夫罗季蒂及希腊旅游部门、地方政府、友好组织、中资机构、华侨华人及媒体代表等约200人出席。推介会上，江西艺术家表演二胡独奏《赛马》、笛子独奏《南词》、赣剧《姹紫嫣红》、采茶戏片段《补皮鞋》。推介会期间，还举办“美丽江西秀天下”主题图片展，展出摄影作品40多幅。

【遇见中国——纪念马克思诞辰200周年系列文化展在特里尔举行】　6月1日至9月30日，由全国友协、江西省政府、德国莱法州文化遗产保护与研究总会、德中友协联合会主办的遇见中国——纪念马克思诞辰200周年系列文化展在德国马克思故乡特里尔举行。系列文化展包括“江西神韵·中国味道”主题展、“北京印记”与“孔子和千年汉字”联展、“巴蜀文明与天府文化”与“温润保山，美玉神汤”联展、“中华水塔——三江源”与“鲁迅文学之路”联展4场展览，每场持续约1个月。“江西神韵·中国味道”江西文化展作为中国文化展的首展，展出具有江西地标特色的文化精品：以万安农民画为代表的书画艺术，以景德镇和吉州窑为代表的陶瓷文化，以新余夏布绣为代表的刺绣艺术，以抚州蛋雕和傩雕为代表的雕刻艺术。

【世界中医药大会第四届夏季峰会在南昌举行】　6月23日—24日，世界中医药大会第四届夏季峰会在南昌举行，20多个国家嘉宾和专家学者出席。峰会以“中医药国际化的新时代、新机遇、新发展”为主题，包括国医大师（校长）论坛、全球中医药立法高峰论坛、中医药事业产业融合发展论坛、体质医学与全民健康学术论坛、2018年中国中药制剂大会、热敏灸学术论坛、中药材流通产业发展论坛等系列活动，涉及中医药基础理论、临床实践、中药产业等多个领域。

【2018年汤显祖戏剧节暨国际戏剧交流月活动在抚州举行】　9月28日至10月底，由全国友协、省外侨办、抚州市政府主办的2018年汤显祖戏剧节暨国际戏剧交流月活动在汤显祖故里抚州举行。全国政协副主席刘奇葆出席开幕式并讲话，省委副书记、代省长易炼红致辞。汤加、斯洛伐克、赞比

9月28日至10月底，2018年汤显祖戏剧节暨国际戏剧交流月活动在汤显祖故里抚州举行

省外办供

亚、西班牙、英国等驻华使领馆官员，以及国内外专家学者、社会各界人士代表参加开幕式。活动期间，举行中外戏剧展演、全国采茶戏汇演、汤显祖戏剧奖·优秀小戏小品曲艺大展等一系列活动。

（周江）

华侨事务

【概　况】　2018年，加强与省海外交流协会理事和世界江西同乡联谊会成员的交流联谊，先后邀请菲律宾总统中国特使施恭旗、菲律宾航空公司董事长陈永栽、马来西亚完美（中国）有限公司董事长古润金等海外华商到赣出席VR产业大会、瓷博会等活动，促成上好佳集团与江西省达成竹产业、医疗器械、酒店、中医药等项目合作意向。组织“海外博士江西行”活动，为有意回国及到赣发展的海外高层次人才提供创业实务指导和投资项目对接服务，吸引13名海外博士参加，项目涵盖智能制造、医疗器械、生物科技、新材料、精密仪器、智慧农业、养老等领域，与江西省航空、医疗、教育等部门达成合作意向。组织演艺团队赴美国中西部地区举行“欢乐春节——祖国陪你过年”慰侨演出，吸引6000余名华侨华人、留学生、美国当地政要和民众观看；组织江西省中医关怀团走进葡萄牙、尼日利亚和坦桑尼亚，为当地华人华侨和外国友人开展中医义诊、中医健康咨询和中医知识讲座活动。完成国侨办华文教育发展中心外派教师相关工作任务，派出9名外派教师赴泰国、菲律宾和印尼华校任教。承办“海外华裔青少年中国寻根之旅”地方合作营，吸引1200余名华裔青少年到赣参营交流；组织承办“2018海外红烛故乡行——江西之旅”，2018年“华文教师证书”团赴印尼梭罗、日惹讲学活动。

【服务侨胞】　推进江西省侨务立法工作，分别向省人大常委会法工委和省政府法制办报送《省外侨办关于报送〈江西省华侨权益保护条例〉立项申请报告》。进一步落实“放管服”要求，简化各项涉侨审批事项办理，落实“三侨生”高考加分身份认定省本级现场办理“只进一扇门、最多跑一次”。完成全省2018年度华侨事务预算经费下拨和全省老年归国华侨生活补贴发放工作。

【组织开展“江西侨商援疆行”活动】

5月31日至6月3日，省外侨办组织部分参与慈善捐助的侨商前往新疆克州开展“江西侨商援疆行”活动。活动期间，向江西对口援助的克州阿克陶县雪松中学捐赠奖（助）学金50万元，用于资助、奖励雪松中学品学兼优的贫困家庭学子；向克州阿克陶县奥依塔克镇乡村旅游合作社捐助爱心善款60万元，用于增加景区4个贫困村旅游就业和收入。省海外交流协会副会长、厦门国鼎集团董事长丘鸿彬还现场追加善款10万元，并受聘为奥依塔克村荣誉村长。澳大利亚澳中文化科技促进会会长王增华、厦门标华科技股份有限公司董事长廖世云、巴西科林蒂安（厦门）足球俱乐部董事长苏国历3名企业家分别受聘为阿克陶县巴仁艾日克村、英其开艾日克村、央其买里村名誉村长。

【举办2018江西海外侨领研习班】

9月26日—29日，由省外侨办、省海外交流协会主办的2018江西海外侨领研习班在南昌和鹰潭举行，美国、意大利、法国、新加坡等25个国家和地区的40余名海外侨领参加。研习期间，学员聆听《“一带一路”建设与华侨华人》《新时期江西经济社会发展概况与展望》两堂主题演讲，观看鹰潭移动物联网产业园人才服务中心宣传片，并到鹰潭龙虎山等地参观交流。

（省委统战部）

本栏编辑　詹跃华

港澳台事务

港澳事务

【概　况】　2018年，全省审批因公赴港澳266批1215人次，审核办理因公赴港澳通行证1173本，退审38批次。找准与港澳交流合作的切入点和主攻方向，鼓励江西与港澳有实质性合作内容的经贸和人文交流，确保取得实效。

【第十七届赣港经贸合作活动在香港举行】　5月17日—19日，由省政府主办的第十七届赣港经贸合作活动在香港举行。此次经贸合作活动以“创新互动、开放崛起”为主题，分为赣港经贸合作交流会和航空（通航）产业投资合作专题推介会、江西省国有企业引进战略投资者对接洽谈会、赣港合作“一带一路”建设洽谈会、“江西风景独好”赣港游学旅游宣传推广暨招商会、赣江新区绿色创新发展推介会5场专题招商活动。省国资委集中筛选并推介重点项目36个，投资总额1542亿元。各设区市也利用赣港经贸合作活动平台，瞄准当地重点产业，精准出击。活动期间，赣港双方共签约项目92个，投资总额108.3亿美元。

【第四期江西省涉外干部港澳事务研讨班在香港和澳门举行】　9月12日—18日，由省外侨办与香港管理学院主办的第四期江西省涉外干部港澳事务研讨班在香港和澳门举行，11个设区市和部分省直单位的33名学员参加研讨。研讨班邀请香港特别行政区基本法委员会副主任、两届立法会主席、廉政公署前副廉政专员等香港知名人士进行专题授课，并通过案例分析、研讨交流，以及外交部驻港特派员公署、凤凰卫视、香港大学、澳门历史文化遗产等现场教学方式，让学员全面了解港澳地区经济、法律、文化、社会治理等方面情况。

（周江）

台湾事务

【概　况】　2018年，围绕江西产业布局，推动各地入岛和赴沿海地区招商，全省新增注册台资企业82家，实际进资8.33亿美元。增进赣台基层往来，两地基层结对达82对。组织实施中台办立项批准的20项对台交流重点项目，为历年之最。社会各界开展赣台民间交流，2000多名台胞应邀到赣参访交流。审批赴台经贸考察及交流团组212批1233人次。开展涉台信访、矛盾纠纷调处和法律服务，全年受理涉台投诉信访案件110件，解决102件，结案率92.7%。

【赣台经贸合作】　搭建赣台经贸合作新平台，5月，中台办正式批复在井冈山经济技术开发区、景德镇陶溪川文创街区设立海峡两岸青年就业创业基地。抓好沿海台企向内地梯度转移，加强与全国台企联和沿海台协的联系沟通，赴上海、昆山、厦门、东莞、深圳等地，拜会台协、走访台企，为台商台企到赣发展牵线搭桥。组织省内44家优秀台企参加中国首届国际进出口博览会，邀请22家沿海台企到赣出席第五届绿发会，吸引更多台商关注江西、投资江西。至2018年年底，全省累计引进台资项目3514个，实际进资139.49亿美元，位居中部地区前列。

【赣台人文交流】　密切赣台青年互动，先后举办第五届海峡两岸（南昌）青年学生夏令营、第十届两岸青年学生中华传统文化（吉安）研习营等14项赣台青年交流活动，支持江西师大、江西财大等高校与台湾中正大学、实践大学等院校开展交流合作，约730名台湾青年到赣交流。加强赣台文化交流，开展海峡两岸（景德镇）陶瓷艺术创作交流会等两岸文化交流活动，举办海峡两岸（抚州）秀美乡村建设交流论坛、第八届赣台（吉安）基层农会交流等活动。指导鹰潭龙虎山、景德镇中国陶瓷博物馆2个海峡两岸交流基地加大建设力度，完成一系列对台交流活动任务。

【对台宣传】　加大入岛宣传力度，一批优秀稿件在中台办《台湾工作通讯》《两岸关系》和《江西日报》等媒体刊发，省台办被中台办评为2018年两刊对台宣传工作先进单位。向台湾《联合报》等岛内媒体输送稿件200余篇。推动《江南都市报》与台湾《旺报》合作并推出每周一期专版推介江西，协调岛内电视媒体首次制作并播出江西西汉文化——海昏侯墓电视专题节目，继续推动两岸共同拍摄30集电视连续剧《汪山土库》。开展赣台新闻交流，举办两岸青年VR产业看江西、两岸青年新媒体江西客家行等特色新闻交流活动，台湾《联合报》《中国时报》等28家媒体57名记者，新华社、中新社等9家大陆媒体23名记者应邀参加。持续拓展对台网络宣传平台，全年在华夏经纬网、中国台湾网等专业涉台网站发稿量超过1000条，发稿量和点击率位居全国前列。

【出台和落实“江西惠台60条”】 8月，经省政府常务会审定，《江西省贯彻关于促进两岸经济文化交流合作若干措施的实施办法》（简称“江西惠台60条”）正式发布。“江西惠台60条”出台后，省台办借助新华社等中央媒体、《江西日报》等省内媒体和《中国时报》等岛内主流媒体，扩大其在岛内影响。举办全省台办系统落实“江西惠台60条”专题培训班，制订解读细化读本，督促指导各地尽快出台具体实施办法，并抓好贯彻落实。至2018年年底，已有687名台胞申领台湾居民居住证。九江等地开始为台商落实“五险一金”及高龄补助、教育医疗、申请公租房等待遇。中台办《对台工作简报》和《两岸关系》刊登江西省经验做法。

【江西涉台商事仲裁中心成立】 8月23日，江西涉台商事仲裁中心在南昌揭牌成立。该中心是经南昌仲裁委员会批准并设立的直属分支机构，接受省台办和南昌仲裁委员会管理。中心依据《中华人民共和国仲裁法》《中华人民共和国台湾同胞投资保护法》等相关法律法规，以仲裁的方式，化解涉台商事纠纷，维护当事人的合法权益。

【第十六届赣台（南昌）经贸文化合作交流大会在南昌举行】 8月30日至9月2日，由国务院台湾事务办公室和江西省政府共同主办的第十六届赣台（南昌）经贸文化合作交流大会在南昌举行。大会以“携手新时代·推动新融合·共谋新发展”为主题，重点举办涉及新能源、智能制造、旅游、现代农业等多项产业对接活动，共签约项目77个，签约金额41.2亿美元，创历史新高。其中，工业项目54个，占70.13%，主要涉及新型电子、智能装备、新材料、节能环保等产业；服务业项目8个，占10.39%，涉及商贸、教育、健康养老、旅游等产业；农业项目15个，占19.48%。全国政协副主席苏辉，省委书记刘奇、省长易炼红，海协会副会长李亚飞等出席大会，台湾知名人士和企业家以及海外台商代表等两岸嘉宾共800余人参加活动。

11月19日—23日，第十届海峡两岸（鹰潭）道文化艺术交流论坛在鹰潭举行

省台办供

【开展“精准服务台企月”活动】 2018年年底，在全省范围开展以“抓政策落实、助银企对接、促项目落地、优服务环境”为主题的“精准服务台企月”活动。通过省、市、县三级联动，实现对重点台企走访全覆盖；联合省地方金融监管局举办台企专场银企对接会，帮助台企解决融资问题。活动期间，全省走访台企464家，帮助14家台企融资9100万元，解决实际问题208个。

【第十届海峡两岸（鹰潭）道文化艺术交流论坛在鹰潭举行】 11月19日—23日，由省台办、鹰潭市政府主办，鹰潭市台办、江西师范高等专科学校等承办的第十届海峡两岸（鹰潭）道文化艺术交流论坛在鹰潭举行。论坛以“道承古今，德泽两岸”为主题，突出以道文化为纽带，举办了开幕式、知名宫庙参访交流、道文化学术研讨会、台湾媒体道教祖庭江西行、嗣汉天师府授箓、市内考察和景区参访等多项活动。台湾中华道教总会、台湾中华道教联合总会、台湾省道教会等道界人士和学者，以及台湾有关媒体记者共70余人到赣参加活动。

【寻根圆梦——2018两岸新媒体客家行活动在赣州举行】 6月15日—21日，由国台办立项，省台办、赣州市台办举办的寻根圆梦——2018两岸新媒体客家行活动在赣州举行，新华社、中新社、台湾讲客电台、世界客家杂志、《台湾商报》、台湾东森新闻云等14家两岸媒体记者参加活动。活动以传承客家文化为主旨。参访团走访了兴国县、赣县、龙南县、会昌县等地，吃客家饭、唱客家歌、住客家屋、聊客家事，增强了两岸同根、同祖、同宗、同亲的民族认同感。

（曾谦）

本栏编辑　詹跃华

人力资源

综述

2018年，省人社厅坚持新发展理念，着力抓重点、补短板、强弱项、防风险、稳预期，围绕年度目标任务，有效应对风险挑战，各项工作取得成绩。

全面推进法治人社建设。印发《江西省2018年法治人社建设工作要点》《省人力资源和社会保障厅法治江西建设2018年工作计划》。将《江西省劳动力市场管理条例》《江西省劳动保障监察条例》《江西省农民工权益保障条例》3个项目纳入江西省十三届人大常委会立法规划，开展《江西省实施〈工伤保险条例〉办法》实施三周年情况调研和督查评估。对各类文稿和事项进行合法性审查280件(次)，向省政府报备规范性文件6件，召开专家咨询论证会10场，法律顾问出具法律意见书64件次、专项咨询5次。编制《江西省人力资源和社会保障厅2018年度普法责任清单》《江西省人力资源和社会保障厅2018年法治宣传教育工作计划》。组织开展以“弘扬宪法精神，促进公平就业，构建和谐劳动关系”为主题的“江西省百万网民学法律”活动，组织开展“七五”普法中期检查，抓好“四法一党章一条例”的贯彻学习，组织开展全省人力资源和社会保障法治知识竞赛活动。稳妥处理行政争议，省本级共收到行政复议申请26件、受理19件、审结15件；办理被行政复议案件5件、审结3件(均维持结案)；处理一审行政应诉案件21件、审结17件，其中驳回原告诉讼请求12件、原告主动撤诉1件、司法调解1件、撤销案件3件，有效化解了社会矛盾纠纷。

加快推进人社公共服务体系建设。启动全面推进人社公共服务体系建设，通过实施“服务事项标准化、服务手段信息化、服务渠道多元化、服务能力专业化”四大任务，力争用两年时间基本建成全省标准统一、公平普惠、方便快捷、优质高效的人社公共服务体系，构建线上线下融合互通、跨部门跨地区跨层级协同办理的服务新模式，做到“一网通办、一卡(证)通办、全程网办、全省通办”。开展“减证便民”专项行动，重点取消调整35项证明事项，全面取消社会保险待遇领取资格集中认证。全面解决涉及人社领域的群众办事堵点问题，建立省本级业务“一次不跑”清单19项、“只跑一次”清单37项，进一步精简各类证明手续，对没有法律法规依据的证明和盖章环节全部予以取消。将高频业务、即办件业务纳入延时服务和预约服务，让群众在非工作时间能办事、办成事。

稳妥有序推进机构改革。根据省委办公厅、省政府办公厅关于印发《江西省机构改革实施方案》的通知和省委办公厅、省政府办公厅《关于调整省人力资源和社会保障厅职责机构编制事项的通知》划出军队转业干部安置职责至省退役军人事务厅，划出城镇职工和城镇居民基本医疗保险、生育保险、长期护理保险职责及新型农村合作医疗职责至省医疗保障局，划出省公务员局职责至省委组织部，划出外国专家管理职责至省科技厅。继续承担全省评比达标表彰工作的综合管理工作职责，负责以省委、省政府名义开展的表彰奖励活动的评选和审核，承办省政府任免人员的有关任免事宜；省社会保险管理中心、省劳动就业服务管理局、省职业技能鉴定指导中心等厅属事业单位承担的行政职能回归厅机关，不再管理省公务员局、省外国专家局。

(朱增祺)

人力资源市场

【概　况】 2018年9月，以省政府名义出台《关于加快人力资源服务业发展的意见》，设立省级人力资源服务业发展扶持资金。制定《江西省人力资源服务业发展行动计划(2018—2020年)》。中国(南昌)人力资源服务产业园建设顺利推进，截至年底，有114家人力资源服务企业入驻，累计实现产值96亿元，税收超2亿元，帮助企业招聘各类人才和用工人数130万人。出台《江西省级人力资源服务产业园评估认定暂行办法》，已建成并投入运营省级、市级、县级产业园8个，产业集聚效应显著。截至年底，全省有人力资源服务机构1334家，从业人员15809人，实现产值268亿元，同比增长41%。

【《关于加快人力资源服务业发展的意见》出台】 9月，首次以省政府名义出台《关于加快人力资源服务业发展的意见》，从产业综合实力、产业集聚效应、专业化水平、市场配置效能、信息化水平和创新能力、市场体系等方面提出六大发展目标任务。围绕目标任务，提出发展各类人力资源服务机构、推进人力资源服务产业园建设、促进人力资源服务业态和产品创新、拓宽投融资渠道、加强行业高层次人才队伍建设、鼓励人力资源服务机构开展引才引智活动、优化人力资源服务机构公共服务功能、搭建人力资源服务供需对接平台、加大对外开放和合作交流力度、加大财政资金投入等10项力度空前的支持政策措施。明确从2018年起,省财政每年安排2000万元人力资源服务业发展扶持资金。

【《实施人力资源服务业发展行动计划(2018—2020年)》出台】 11月,省人社厅制定出台《江西省人力资源服务业发展行动计划(2018—2020年)》,明确近3年江西省人力资源服务业发展的时间表和路线图,全面实施"三计划"(骨干企业培育计划、领军人才培养计划、产业园区建设计划)和"三行动"("互联网+"人力资源服务行动、诚信主题创建行动、"一带一路"人力资源服务行动)。

【举办中国(江西)人力资源服务创新发展论坛】 9月26日,以"新时代·新动能·新沃土"为主题的中国(江西)人力资源服务创新发展论坛在南昌市举办。这是全国首次由省级政府主办的人力资源服务业论坛,邀请14名国内顶级行业专家、200家知名人力资源服务机构和省内354家实体企业参与,1000余人参会。论坛期间省内人力资源服务机构共与省内实体企业洽谈233家次,达成初步意向106家次;省外机构与省内实体企业洽谈205家次,达成初步意向34家次,实现供需双方的有效对接。

【贯彻落实《人力资源市场暂行条例》】 6月29日,国务院颁发《人力资源市场暂行条例》(以下简称"条例"),10月1日起正式实施。江西省积极做好"条例"的贯彻落实工作,开展学习宣传,举办全省学习贯彻"条例"专题培训班,提高全省人力资源市场管理人员政策水平和业务能力;从立法层面启动贯彻落实"条例"的有关准备工作;制定下发江西省贯彻落实"条例"的具体方案;根据"条例"规定,明确江西省人力资源服务行政许可和备案的工作流程及有关要求,进一步规范人力资源市场管理。

(朱增祺)

人才队伍建设

【概　况】 截至年底,全省专业技术人才总量282万人,增长5.2%。年内,选拔产生66名享受国务院特殊津贴专家、99名享受省政府特殊津贴专家、120名省级百千万人才工程人选。全年6557名省外海外高层次人才与江西省用人单位签订刚性引进协议,其中博士以上高层次人才1444人,增长73.3%。全年获得中国博士后科学基金资助57人、资助金额478万元,均比上年增长10%。其中一等资助16人、特别资助9人,均比上年翻一倍;全年招收博士后149人、累计招收1021人,增长5%、17%。新设博士后科研工作站6家。举办第51批中国博士后科技服务团(江西樟树行)和第2批江西博士后科技服务团(南昌轨道交通集团行)活动,举办"2018健康中国·中药科研与产业化研究"博士后学术论坛,加强学术交流和博士后科技服务工作。

截至年底,全省拥有技能人才470万人,增长4.0%。其中高级工以上高技能人才143万人,占技能劳动者的30.4%,增长2.9%。高技能人才培养取得重大突破,龙建军获得中华技能大奖。评选表彰第五届优秀高技能人才,表彰16名"赣鄱工匠"、80名江西省"能工巧匠"。全省有86所技工院校,在校生13.94万人,新招生5.48万人,增长4.7%。全省共建有国家级高技能人才培训基地24家,省级高技能人才培训基地71家;国家级技能大师工作室30家,省级技能大师工作室123家。开展职业技能竞赛活动,3个项目获第45届世界技能大赛全国选拔赛第一名、19名选手进入国家集训队。

严格人事考试考务组织管理,全年共组织实施各类人事考试60项、报考人数59.66万人,考试总科目数120.45万科次。全年全省完成职业技能考核鉴定20.1万人次,核发职业资格证书18.1万人次,分别减少35.7%、37%。其中高级工以上鉴定4.5万人次,核发职业资格证书3.4万人次,分别减少2.17%、8.46%。

【《关于加强全省航空产业人才队伍建设的若干措施》出台】 10月,省人社厅会同省委人才办等9部门印发《关于加强全省航空产业人才队伍建设的若干措施》,从人才引进培养、子女入学、住房保障和税收优惠等15个方面加强全省航空产业人才队伍建设,形成人才发展与航空产业发展同频共振的新格局。

【江西省高层次人才北京专场对接招聘会在清华大学举办】 11月25日,省人社厅联合省委组织部和省政府驻京办在清华大学举办江西省高层次人才北京专场对接招聘会。中央驻赣单位、省内高校、科研院所、医院及高新企业的145家单位参加,征集5136个岗位,现场共收到简历1252份。

【新增120名"百千万人才工程"省级人选】 组织"百千万人才工程"省级人选评选,共选拔120人入选2018年度江西省"百千万人才工程"。入选人员全部为一般专业技术人才,分布在全省各行各业特别是基层和企业等一线岗位,直接从事科学研究、成果开发、技术推广。其中,企业人才人选36人,占入选人数的30%。截至年底,江西省百千万人才工程省级人选共有1663人。

【博士后活动交流平台搭建】 7月,省人社厅与全国博士后管委会办公室、中国博士后科学基金会联合主办中国博士后科技服务团(江西樟树行)活动;9月,在南昌轨道交通集团举行江西省第二批博士后科技服务团入企活动,11位博士后深入企业一线进行项目诊断与对接;10月,省人社厅与全国博士后管委会办公室、中国博士后科学基金会联合主办"2018健康中国·中药科研与产业化研究"博士后学术论坛。

【进一步完善技能人才培养体系】 2018年,全省新增国家级高技能人才培训基地3家,省级高技能人才培训基地3家。截至年底,全省共建有国家级高技能人才培训基地24家,省级高技能人才培训基地71家。全省新增国家级技能大师工作室5家,省级技能大师工作室20家。截至年底,全省共建有国家级技能大师工作室30家，省级技能大师工作室123家。

【职业技能竞赛】 2018年，全省选拔65名参赛选手参加第45届世界技能大赛全国选拔赛，有16个项目19名选手入围第45届世界技能大赛中国集训队，大赛获飞机维修、电气装置、水处理技术3个项目的第一名。组织开展2018年江西省"振兴杯"职业技能大赛，涉及44项、335个职业（工种），省级决赛人数6.2万人，带动技术比武岗位练兵60万人。

（朱增祺）

就业创业

【概 况】 2018年，全省实现城镇新增就业55.32万人，城镇登记失业率3.44%，就业困难人员就业5.35万人。新增转移农村劳动力62.25万人，其中省内转移42.02万人，全部超额完成年度目标任务。实施失业保险援企稳岗"护航行动"，全年共为1793户企业发放稳岗补贴1.15亿元，为企业脱困发展、减少失业、稳定就业护航。实施失业保险技能提升"展翅行动"，全年共为13101名企业职工发放技能提升补贴1995.55万元，增长821.31%。以省政府名义出台《关于做好当前和今后一个时期促进就业工作的若干政策措施》，并制定《江西省"十三五"促进就业规划》《关于推行终身职业技能培训制度的实施意见》，为经济发展提供人才支撑。出台《江西省高校毕业生基层成长计划实施方案》，促进高校毕业生服务基层、扎根基层、在基层成长成才。在人社部组织的2018年人力资源社会保障政策满意度调查中，江西省就业政策满意度位居全国前列。实名登记2018届高校毕业生44957人，40193人通过帮扶实现就业，高校毕业生年底就业率95.75%。扩大一次性求职补贴受益人群范围，33088名高校毕业生直接受益，占毕业生人数的比例由上年的9.22%提高到10.4%，发放一次性求职补贴3300余万元，金额较上年增长16.93%。稳妥推进去产能职工安置，关闭退出84家去产能煤矿企业，2210名拟分流安置职工全部分流安置到位。累计认定促进就业基地712个，吸纳就业困难人员就业6.57万人。

【公共就业服务】 组织开展就业援助月、春风行动、春暖赣鄱、民营企业招聘周、高校毕业生就业服务月、金秋招聘月、就业扶贫日等活动，全年举办各类招聘会1864场次，提供就业岗位123.04万个，达成就业意向42.54万人。打造"互联网+公共就业创业"服务平台，3月，"江西省失业保险服务e平台"上线运行，参保对象"一次不跑"通办失业保险业务。至年底，全省共有5045户企业在平台注册，1019户企业通过平台申领稳岗补贴，4394人通过平台申领失业保险金，4215人通过平台申领技能提升补贴。

【举办首届"江西省青年创业风云人物"评选活动】 "江西省青年创业风云人物"评选活动是经省评比达标表彰工作领导小组审议通过的表彰项目，是全省实施"以创业带动就业"的重要举措。全省各级团组织和人社部门、各地青创空间（创业孵化基地）层层推荐，经专家初评、实地考察、媒体公示、网络投票、专家终评、第三方权威机构征信调查等环节，最终10人获首届"江西省青年创业风云人物"称号，20人获首届"江西省青年创业风云人物"提名奖称号。

【五项就业创业工作被评为"2017年全国地方就业创新事件"】 1月，2017年度中国就业10件大事及地方就业创新事件推荐评选活动结果揭晓，经地方推荐和专家评议，江西省5项就业创业工作被评为"2017年度全国就业地方创新事件"，入选数量位居全国前列。被评为"2017年度全国就业地方创新事件"的5项就业创业工作分别是：打造"6+1"就业扶贫模式，打造贫困劳动力15分钟工作圈；实施"六个一"工程，通过打造100个返乡创业品牌，评选100名返乡创业典型，发放100亿创业担保贷款等6项措施推进返乡创业就业工作；启动"创业百福e贷""创业微信贷"服务平台，形成创业担保贷款综合服务体系；组织优秀毕业生创业就业典型赴高校巡回宣讲、青年创业实训直播公开课等活动，帮助青少年创客了解真实创业生态，提升创业创新能力；宜春市构建"15分钟公共就业服务圈"。

【江西省失业保险服务e平台启动】 3月12日，江西省失业保险服务e平台启动仪式在抚州市举行，江西省失业保险经办服务工作由线下办理步入信息化线上服务。江西省失业保险服务e平台是全国较早创建全省统一的集稳岗补贴、失业保险金、技能提升补贴申报为一体的网上经办服务平台。涵盖企业服务平台和个人服务平台。其中，企业服务平台可在线办理失业保险人员新增、失业保险人员减少、稳岗补贴申请、参保人员查询以及应缴账单查询等业务；个人服务平台可在线办理个人基本信息维护、失业保险金申请、技能提升补贴申请以及参保记录查询等业务。

【举办第三届"中国创翼"创业创新大赛江西省选拔赛】 4月，第三届"中国创翼"创业创新大赛江西省选拔赛启动，大赛由省人社厅联合省发改委、省科技厅、团省委、省残联、江西广播电视台举办，主题是"创响新时代 共圆中国梦 创领新赣鄱"。共有1022个项目报名，比上届增长24.3%。791个项目参加设区市选拔赛，比上届增长56.9%。经过设区市选拔赛、省级选拔赛、省级决赛等历程，最终评选出主体赛创新组、主体赛创业组和专项赛一、二、三等奖共21个项目。8月16日，第三届"中国创翼"创业创新大赛江西省选拔赛暨江西省首届"创领美好"创业大赛决赛及颁奖仪式在南昌举行，75万人次观看现场直播。

【七个项目进入第三届"中国创翼"创业创新大赛】 10月10日—15日，由人社部、国家发改委、科技部、共青团中央、中国残联共同举办的第三届"中国创翼"创业创新大赛全国选拔赛、决赛在河南省郑州市举行。江西省7个项目进入全国选拔赛，其中5个项目进入决赛，晋级率71.43%，高出全国平均32个百分点。宜春市的建筑装饰浮法微晶玻璃项目获得创新组一等奖，是江西省在"中国创翼"大赛中首次获一等奖。抚州市的虎奶菇栽培技术获得专项组二等奖。上饶市的固体废弃物稻壳灰高质开发项目、萍乡市的江西岳峰集团环保新材项目、新余市的利用低品位矿石提炼碳酸锂项目获得优秀奖。同时,江西省还获得大赛组委会颁发的“优秀组织奖”。新余市支点创业创新孵化器获得优秀创业服务机构奖,为全国十个获奖机构之一。

【首届“赣台青年创业论坛”在南昌举办】 8月31日,由第十六届赣台(南昌)经贸文化合作交流大会组委会主办,省人社厅、省政府台湾事务办公室承办的首届“赣台青年创业论坛”在南昌举办。“赣台青年创业论坛”为第十六届赣台(南昌)经贸文化合作交流大会的六项专题活动之一。活动现场签订多项协议,涉及赣台就业合作、赣台高校就业创业合作、到赣台湾青年就业、实习等方面。为促进台湾青年在江西就业,省人社厅广泛征集就业、实习岗位800余个并编印成册向台湾青年推介。

【创业担保贷款发放总量突破千亿元】 2018年,新增发放创业担保贷款138.9亿元,直接扶持个人创业10.2万人次,带动就业36.7万人次。截至年底,全省累计发放创业担保贷款1053亿元,突破千亿元大关,累计扶持个人创业103万人次,带动就业402万人次,江西省创贷工作凭借“贷得出、用得好、收得回”的良好成效,被人社部誉为创业担保贷款“江西模式”。10月26日,省人社厅举行“向改革开放40周年献礼——江西创业担保贷款发放总量突破1000亿元”主题宣传活动,中国劳动和社会保障科学研究院发布江西省创业担保贷款政策效应评估结果,创业担保贷款每1万元贷款带动0.39人就业;通过贷款扶持的小微企业,平均每家企业可增加16.8人就业;每1万元贴息资金可带动创业担保贷款15.7万元,对应创业资本投入为47.2万元;被扶持对象对政府创业政策的满意度为84.4%。

【实施高校毕业生“三支一扶”计划】 继续做好“三支一扶”人员选拔招募工作,全年招募“三支一扶”人员2099名,超额完成省民生工程任务;妥善安置1819名服务期满的“三支一扶”人员,安置率100%;举办1期全省“三支一扶”人员能力提升专项计划示范培训班,首次举办1期全省“三支一扶”人员脱贫攻坚专项计划示范培训班,共培训300名在岗“三支一扶”人员;开展第三轮高校毕业生“三支一扶”计划实施情况中期评估工作;会同省财政厅制定出台《江西省实施高校毕业生“三支一扶”计划补助资金管理办法》,进一步加强“三支一扶”计划补助资金管理。

(朱增祺)

人事管理

【概　况】 坚持依法公平科学安全考录,推进公安机关人民警察招录培养制度改革,组织实施全省录用公务员四级联考、公安机关面向公安院校公安专业毕业生考试录用人民警察等考试,全省录用公务员5679人。继续落实艰苦边远地区基层公务员考试录用工作实施意见,出台和完善稳定贫困县公务员队伍举措,2018年,全省贫困县录用乡镇公务员635人。推荐邱娥国为中共中央、国务院庆祝改革开放40周年表彰人选并被授予“改革先锋”奖章。设立临时表彰活动1项,会同相关单位推荐10项国家部委表彰、承办10项省委、省政府名义评选表彰。启动江西省公安机关职务序列改革。落实宪法宣誓制度,出台《江西省人民政府及其各部门任命的国家工作人员宪法宣誓组织实施办法》。

【事业单位人事制度改革】 出台《关于在全省高等学校建立岗位动态管理机制的指导意见》,打破岗位聘用“终身制”,争取用3年左右时间,在全省高校全面建立岗位动态管理机制。在九江市柴桑区推进县以下事业单位管理岗位职员等级晋升制度试点工作。分行业分类别开展事业单位公开招聘工作,完成2018年全省中小学教师招聘工作,组织开展全省首次卫生专业技术人员统一招聘工作。

【职称制度改革】 分类推进中小学、卫生、高等院校、技工院校教师职称制度改革,促进职称评审与岗位聘用有效衔接。畅通职称申报渠道,鼓励新型职业农民、自由职业者、产业工人、编外人员参加职称评审。指导职称系列主管部门根据各自领域特点和行业发展需要修订职称评审标准,印发公证员、社会科学研究职称评审条件。改进职称管理服务方式,调整高级职称申报材料受理方式,简化初级职称评价程序,编制发布社会化高评会年度评审计划。

【引导人才向基层流动】 在中小学校教师、卫生专业技术人才队伍中,实行“凡上必下”政策,在晋升高级职称时,应具有基层单位工作经历。在划定全省卫生高级专业技术资格考试成绩合格标准时,适度降低贫困县专业技术人才考试合格分数线,降低2分,全年110名贫困县卫生技术人员享受此项优惠政策。

【职称申报评审全流程网上办理】 建成集申报、审查、评审、批复、发证、查询等功能于一体的职称系统,实现职称业务全流程网上办理,向评审通过人员发放职称电子证书和电子评审表,不再发放纸质证书、不再使用纸质评审表。全年全省高级职称和南昌市、省直单位中级职称申报评审使用系统,有3.99万人在线申报职称,1.9万个单位、2.4万名工作人员在线审查,134个高评会、117个中评会、2967名专家在线评审,向1.5万人发放电子证书。

【事业单位公开招聘】 分行业分类别开展事业单位公开招聘工作。组织开展2018年全省中小学教师招聘工作,全省共计划招聘中小学教师18791人,其中含国家“特岗计划”教师6480人。全省共有104710名考生参加考试,报名人数创历史新高。首次组织开展2018年全省卫生系统专业技术人员公开招聘工作,发布招聘岗位3137个,招聘4890人,共有23672名考生参加考试。完成高层次人才招聘备案1488人。

【随军家属就业安置】 2018年,落实安置随军家属1650名,其中通过调配方式落实安置体制内随军家属81名,享受生活补助随军家属1569名,各级财政共发放生活补助金 876 万元，年人均发放 5583 元。全省各级公共就业服务机构为体制外未就业随军家属举办专场招聘会 163 场次，有针对性地组织 3500 多个就业岗位供随军家属应聘，为 700 多名随军家属提供了就业服务，推荐 89 名随军家属实现就业。

【进一步完善机关事业单位工资待遇】 完善体现不同职业群体的机关事业单位工资收入分配政策，落实政法委机关工作津贴、人民警察值勤岗位津贴、人民警察法定工作日之外加班补贴等政策；扩大公立医院薪酬制度改革试点范围，全省 41 家市级公立医院全部纳入试点范围。印发《江西省调整机关事业单位工作人员基本工资标准和增加机关事业单位离休人员离休费三个实施意见的通知》，全省 110 余万机关事业单位工作人员基本工资标准如期调整到位；完善省直事业单位绩效工资核定办法，对省直事业单位绩效工资总量申报办法进行改进完善，对高校、医院、科研院（所）等予以适当倾斜，核定 220 余家省直事业单位绩效工资总量。

（朱增祺）

劳动管理

【概　况】 3 月，成立江西省协调劳动关系三方委员会。开展第一届江西省模范劳动关系和谐企业、工业园区、乡镇（街道）评选表彰活动。实施“和谐劳动幸福江西”3 年行动计划（2018—2020 年），推进构建和谐劳动关系综合试验区建设。对《江西省工资支付规定》《江西省女职工劳动保护特别规定》修订实施效果进行政策评估。持续做好劳动关系领域的风险防范。建立全省劳动关系领域风险矛盾隐患排查报告制度，指导企业依法依规妥善处理职工劳动关系。发布 2018 年度省属国有企业负责人薪酬计算基数，实现第二轮国有企业负责人薪酬监督检查全覆盖。建立省、市两级企业薪酬调查和信息发布制度。

【第一届全省模范劳动关系和谐单位评选表彰】 2 月，省政府发布《关于表彰第一届江西省模范劳动关系和谐单位的决定》，对获得第一届模范劳动关系和谐单位称号的 60 个单位进行通报表彰。其中，江西铜业集团有限公司等 30 户企业被省政府授予“江西省模范劳动关系和谐企业”称号，昌南工业园区等 12 个工业园区被授予“江西省模范劳动关系和谐工业园区”称号，西湖区南浦街道等 18 个乡镇（街道）被授予“江西省模范劳动关系和谐乡镇（街道）”称号。

【高温津贴标准和计发方式调整】 6 月，省人社厅、省财政厅联合下发通知，对全省高温津贴标准及计发方式进行调整。从 2018 年起，用人单位选择按月发放高温津贴的，从事室外作业和高温作业的劳动者高温津贴标准由原来的每人每月 240 元调整为每人每月不低于 300 元；室内非高温作业的劳动者由原来的每人每月 160 元调整为每人每月不低于 200 元。用人单位选择按照劳动者实际从事高温作业天数计发高温津贴的，凡安排劳动者在 35℃以上高温天气从事室外露天作业以及不能采取有效措施将工作场所温度降低到 33℃以下的，应当按照每人每天不低于 20 元的标准向劳动者发放高温津贴。其中，非全日制用工的，用人单位应当按照每人每小时不低于 3 元的标准发放高温津贴。

【开展《江西省女职工劳动保护特别规定》评估】 6 月，省人社厅、省安监局、省卫计委、省总工会联合下发通知，开展全省《江西省女职工劳动保护特别规定》立法后评估。8 月 20 日—23 日，省人社厅等 4 部门组成工作组，赴九江市、新余市县区女职工较多的企业、学校、医院开展省级检查评估工作。11 月，省人社厅、省卫健委、省总工会联合向省政府提交《〈江西省女职工劳动保护特别规定〉立法后一年来实施情况的评估报告》。

【国有企业工资决定机制改革】 8 月 30 日，省政府出台《江西省人民政府关于改革国有企业工资决定机制的实施意见》，10 月，省人社厅、省财政厅启动省出资监管企业工资总额管理办法审核工作，审核批复省委宣传部文资办、省发改委、省交通厅、省水利厅、省国资委监管企业工资总额管理办法。12 月，省国资委同意并报省人社厅备案，江西铜业集团公司被批准为工资总额负面清单管理试点企业，成为全省第一家、也是全国第一家开展工资总额负面清单管理试点的企业。江铜集团从 2019 年起依法依规自主制定工资总额预算方案、试点期间自主进行工资总额清算，试点期限为 5 年，在 5 年内工资总额实行周期性管理。

【调整最低工资标准】 根据省政府办公厅《关于调整最低工资标准的通知》，2018 年 1 月 1 日起全省执行新的最低工资标准：一类区域为 1680 元/月，二类区域为 1580 元/月，三类区域为 1470 元/月。同时，相应提高非全日制用工小时最低工资标准，一类区域 16.8 元/小时，二类区域 15.8 元/小时，三类区域 14.7 元/小时。

【2018 年度企业工资指导线发布】 7 月 12 日，江西省发布 2018 年企业工资指导线，明确企业年度货币平均工资增长基准线为 8%，增长下线为 3%，企业年度货币平均工资增长不设上限。企业工资指导线适用于企业在岗职工工资分配。

（朱增祺）

本栏编辑　邓玉兰

国家区域发展战略

生态文明试验区建设

【概　况】　2018 年，国家生态文明试验区"两年有变化"目标基本实现。环境质量持续向好。全省 $PM_{2.5}$浓度 38 微克/立方米，同比下降 17.4%，降幅居全国前列；空气质量优良天数比例 88.3%，提高 5%。11 个设区市空气质量首次全面完成考核目标任务，南昌市、景德镇市空气质量达到国家二级标准。国家考核断面水质优良率 92%，高出国家考核目标 9.3%，基本消除监测断面劣 V 类水体。全省节能环保支出 163.4 亿元，增长 14%。森林覆盖率、湿地保有量保持稳定，成为全国唯一"国家森林城市"设区市全覆盖省份，森林、湿地生态系统综合效益 1.5 万亿元。绿色动力不断增强。服务业占地区生产总值比重 44.8%，提高 2.1%；高新技术产业占规模以上工业比重 33.8%，提高 2.9%；战略性新兴产业占规模以上工业比重 17.1%，提高 2%；化学需氧量、二氧化硫、氨氮、氮氧化物排放量均下降 1% 左右。改革创新走在前列。中央确定的 38 项重点改革任务中，江西省出台 26 项，环保垂管改革进度位列非试点省第一，自然资源统一确权登记、自然生态空间用途管制、五级林长制等工作走在全国前列。靖安生态文明建设实践得到中共中央总书记习近平肯定，萍乡海绵城市建设、景德镇"城市双修"获国务院通报表扬，赣州山水林田湖草保护修复、新余生态循环农业、鹰潭城乡生活垃圾第三方治理、抚河流域水环境综合治理等形成"江西经验"。

【制度体系建设】　颁布实施《江西省湖泊保护条例》《江西省节约用水办法》《江西省气候资源保护和利用条例》《江西省实施河长制湖长制条例》等地方性法规；《江西生态文明建设促进条例》形成成果，加快农村饮水管理、生态公益林和天然林保护、土壤污染防治等立法进程。组建自然资源与生态环境部门，国土空间管控、生态保护修复、城乡污染治理等职责进一步理顺；赣江流域环境监管体制改革全面推开，省以下环保机构垂管改革基本到位；环境资源审判、生态检察、生态综合执法模式在全省推行，两起恢复性司法案件入选全国环资审判十大典型案例，检察机关立案环境公益诉讼案件 1012 件。完成自然资源统一确权登记试点、自然生态空间用途管制试点，启动编制自然资源产权主体权利清单；初步划定生态保护红线 4.6 万平方千米，占国土面积 28.06%，省级以上重点生态功能区全部实行产业准入负面清单；以河长制、湖长制、林长制为主体的全域监管责任体系基本建立。推进赣江新区绿色金融改革，完善绿色企业、绿色项目认定和环境信息披露制度；建设用地"增存挂钩"、开发区"以亩产论英雄"等节约集约用地制度全面施行；绿色生态技术标准创新基地有序推进；用能权有偿使用和交易试点、排污权交易等市场化改革稳步推进。全面开展自然资源资产负债表编制工作，落实环保"一票否决"制度，领导干部自然资源资产离任审计、党政领导干部生态环境损害责任追究制度全面施行，首次开展全省生态文明建设目标考核。

【污染防治】　开展城市"四尘""三烟""三气"专项整治，超额完成火电机组超低排放改造任务，实施成品油质量升级、工业锅炉煤改清洁能源行动，全面实施秸秆禁烧，全省 $PM_{2.5}$、PM_{10}分别下降 17.4% 和 12.3%；推进生态鄱阳湖流域建设，全面建成覆盖规模以上入河排污口、水质监测站、重点排污企业在线监测系统，完成重点区域 14 个城镇生活污水处理厂一级 A 提标改造，所有开发区建成污水处理设施，运营开发区污水处理厂全部达到一级 B 排放；加快推进南昌、宜春垃圾分类试点，编制《全省生活垃圾焚烧发电设施布点规划》，建成垃圾焚烧处理设施 10 座，垃圾焚烧日处理能力达到 6400 吨，全面推行城乡垃圾一体化处理和政府购买服务；划定畜禽养殖禁养区 5.12 万平方千米，累计关闭、搬迁畜禽养殖场 3.8 万个。坚持"三水共治"、水岸联动、系统整治，推进长江干流及重要支流、湖泊岸线综合治理；整治化工污染问题 592 个、固废处置问题 336 个、规模以上入河排污口 366 个，搬迁重污染企业 20 家；完成长江沿岸非法码头整治工作，拆除 74 座非法码头、恢复岸线 7529 米、完成复绿种植面积 65.9 万平方米；加快推进长江经济带九江绿色发展示范区建设，推动石化、轻纺等传统产业技改升级，发展新型电子、新材料、新能源等新型临港产业，打造百里长江"最美岸线"。落实中央环保督察要求，基本完成整改问题 36 个；围绕贯彻落实中央环保督察"回头看"及鄱阳湖水环境问题专项督察反馈意见，制定整改方案，"回头看"期间，全省责令整改企业 2337 家，立案处罚 545 家，约谈 91 人，问责 224 人。

【生态保护】 加快重点区域森林绿化美化彩化珍贵化建设，完成造林137.2公顷；签订天然商品林停伐、管护协议面积152万公顷；筹措补偿资金10.9亿元，将生态公益林补偿标准提高到21.5元/亩，居全国前列、中部第一；在20个县开展近自然森林经营试点。启动新一轮高标准农田建设，累计完成高标准农田建设任务130.47万公顷；深入推进"节地增效"行动，消化批而未用土地2.16万公顷，全省土地开发复垦超过1.33万公顷；实施农药化肥"减量化"行动，农药化肥使用量连续3年负增长。划定湖泊水库禁养区10.14万公顷、限养区9.64万公顷；启动鄱阳湖退耕还湿试点，全省湿地保护率提升至53.75%；治理水土流失面积8.4万公顷，新增矿山恢复治理面积1700公顷。开展自然保护区"绿盾2018"、鄱阳湖区"雷霆2018"联合执法督查，查处问题925个；实施长江江豚、候鸟及水生生物资源保护工程；全省建立各类自然保护区191个，创建森林公园182个、湿地公园93个，数量均居全国前列。

【绿色发展】 推进新兴产业倍增计划，发展数字经济，光伏、锂电、新能源汽车等新兴产业主营业务收入实现两位数增长，5G试点及"03专项"试点示范加快推进；全省国家级高新区数量达9个，居全国第5位；加快全域绿色有机农产品示范基地建设，发展"三品一标"农产品5335个，创建绿色有机农产品示范县25个；建设国家三产融合发展先导区等综合性农业发展平台11个；林下经济总产值达到1533亿元；依托生态优势发展生态旅游、休闲康养等产业，全省旅游接待总人次和总收入分别增长19.7%和26.6%。实施工业企业技改三年行动计划，工业技改投资增长39.1%；新增国家级绿色园区5家；开展重点用能单位"百千万"行动、重点用水企业水效领跑者行动、资源综合利用促进行动，单位生产总值能耗、水耗分别下降4.6%和5%，秸秆综合利用率88.76%，畜禽废弃物资源化利用率87.5%。在赣江新区设立各类绿色基金500亿元，开展重点行业企业环境污染责任保险试点；全省上市绿色企业10家、新三板挂牌绿色企业36家，绿色信贷余额1764亿元，发行绿色金融债120亿元；组建华赣环境集团。修订完善江西省流域生态保护补偿办法，提高贫困县补偿系数，2018年筹集下达补偿资金31.25亿元，比上年增加4.35亿元，新增东江流域跨省生态补偿资金6亿元；搬迁安置建档立卡贫困人口2.94万人，聘用生态护林员1.4万人。

【推动建设绿色发展平台】 举办第五届世界绿色发展博览会、国家生态文明试验区（江西）论坛等活动，东华理工大学核资源与环境国家重点实验室获批，江西农业大学鄱阳湖流域森林生态系统保护与修复实验室成为国家林业局重点实验室，中科院在吉安设立生态环境研究院。推广绿色交通，全省新能源汽车保有量5.34万辆，建成充电站470座；发展绿色建筑，城镇新开工项目绿色建筑比例43.7%，城市建成区绿地率42.2%，推动全省所有国有5A级旅游景区和国家级风景名胜区门票降价；开展节能宣传周、环境与健康宣传周、环境保护日等活动。举办国家生态文明试验区建设系列专题培训班，在江西干部网络学院开设"生态文明建设"培训专题，编写义务教育省情教材《美丽江西》，开展绿色企业、绿色学校、绿色家庭等创建活动，成立首个"鄱阳湖江豚自然学校"，启动"河小青"志愿服务行动。婺源县被评为第二批国家"绿水青山就是金山银山"实践创新基地，井冈山市、崇义县、浮梁县获批第二批国家生态文明建设示范市县，上犹县、武宁县、龙虎山风景区等评为"中国天然氧吧"，吉安市率先出台全国首部全域水库水质保护条例。

（罗斌华）

鄱阳湖生态经济区建设

【概 况】 2018年，以实施支持鄱余万都滨湖四县小康攻坚战略为主线，深入推进鄱阳湖生态经济区建设。滨湖四县小康攻坚基本实现"两年见成效"计划目标。滨湖四县实现地区生产总值690亿元，增长8.5%；财政总收入73亿元，增长6.8%；城镇居民人均可支配收入2.6万元，农村居民人均可支配收入1.03万元；2.30万户、8.39万农村贫困人口脱贫；定期调度的251个重大项目中，177个项目开工建设，其中竣工34个。

【基础设施建设】 九景衢铁路通车，滨湖地区结束不通快速铁路历史；昌景黄高铁开工建设，分别在余干、鄱阳设置站点；余干工业园铁路专用线第一条普货线开通货物运输。鄱阳湖二桥合龙，都九高速即将全线通车；推进鄱（阳）余（干）高等级公路建设；推进都昌至南昌高速公路项目论证工作；加快协调交通厅支持南（鹰潭）北（鄱阳）一级公路项目纳入省级公路规划；鄱阳仙莲线、台小线等国道升级改造全面完成；都昌苏流公路升级改造全面完成。推进信江双港航运枢纽、八字嘴航电枢纽工程建设，推进界牌至双港渠化航道配套整治、双港至褚河口湖区航道整治工作，鄱阳港口码头开工建设。鄱阳、万年通用机场项目列入江西省通用机场近期布局规划（2016—2020年），余干通用机场项目列入江西省通用机场远期布局规划（2021—2030年）。滨湖四县建成充电站5座，充电桩40根，总充电功率3700千瓦；鄱阳陈家山、都昌蔡鄱线220千伏和鄱阳团林、都昌坡垅110千伏输变电工程建设完工；九景衢电铁江西鄱阳牵引站220千伏外部供电工程建设完成，启动500千伏鄱余变电站规划编制工作；推进通达滨湖四县县城天然气省级管网建设。完成省水利厅下达的水利建设项目计划任务。鄱阳县实施120座新出现小型病险水库、9座万亩圩堤除险加固；万年县推进夏营水库备用饮用水建设；都昌县12座新增一般小（2）型水库除险加固工程、108座重点山塘整治基本完成；滨湖四县农村饮水安全巩固提升工程基本完工。

【民生建设】 鄱阳县通过义务教育均衡发展国家评估认定；余干县筹措整合1.5亿元资金支持学前教育、县城中小学和农村义务教育薄弱学校改造；都昌县创建全国义务教育发展基本均衡县成功；万年县新保育院、六〇小学总校、万年县第一中学建成并投入使用;鄱阳思源实验学校二期建设项目稳步推进;都昌职业技术学校升格为都昌中专。都昌县县中医院康复楼、县第二人民医院建成并投入使用;余干县疾病预防控制中心综合业务楼项目基本建成;鄱阳县妇幼保健院整体搬迁工程建成并投入使用,县人民医院内儿科大楼开工建设,县中医院住院综合大楼项目纳入中央预算内投资备选项目;万年县中医院获评“江西省 2018 年群众满意的基层卫生计生机构”,通过省级卫生应急综合示范县创建评审、全国健康促进县验收。滨湖四县医疗保险基本实现全覆盖,异地就医直接结算制度有效对接稳步推进。余干县社会福利中心一期、都昌县苏山敬老院建设完工;鄱阳县区域中心敬老院、万年县养老服务中心项目建设稳步推进。文化惠民平台日趋完善,村级文化服务中心建设全面铺开。鄱阳县根亲文化园基本建成,鄱阳湖博物馆建设项目加快推进,在全省率先实现村委会(社区)宣传文化员全覆盖;余干县 343 个行政村及 43 个社区文化服务中心建设全部完工;万年县全面启动 12 个乡镇综合文化站、164 个村(社区)综合文化活动中心新建工作,城乡一体化的现代公共文化服务体系逐步完善;都昌县通过国家公共文化服务体系示范区创建,乡镇综合文化站、农家书屋、村级活动室实现全覆盖。

【产业发展】 鄱阳县粮食总产量连续 6 年被评为全国“超级产粮大县”,水产品总量继续位居全省首位;余干县落实资金 4.8 亿元,全面推进 1.07 万公顷高标准农田建设,完成建设任务的 82.3%;万年县国米产业园、云河油茶产业园、仙农雷竹产业园被省农业厅认定为“省级现代农业示范园”,万年贡集团入选 2018 中国农业产业化龙头企业 500 强;都昌县全面开展绿色农业高质高效示范点创建工作,推进一批绿色农产品生产基地建设。滨湖四县机械电子、现代纺织、食品药品、五金机电产业等百亿产业集群逐步发展壮大。鄱阳无人直升机产业基地建成并实现首飞,光伏发电总规模达 600 兆瓦,建成 300 兆瓦;万年县高新区被授予“全国纺织产业转移示范园区”称号;鄱阳县城市总体规划修编、余干县工业园区扩区调区、万年水泥厂技改环保搬迁有序推进。鄱阳湖大草原景区、余干大明湖花海景区创评为国家 4A 级旅游景区;《鄱阳湖国家湿地旅游区创建国家 5A 级旅游景区提升规划》通过专家评审;余干忠臣庙景区、都昌南山景区创建国家 4A 级景区稳步实施;万年县推进越溪田园综合体、贵澳农旅等 9 个旅游项目建设,推进通往神农源景区全长 19.8 千米的大源至裴梅旅游公路建设。

【城乡环境整治】 2018 年,滨湖四县争取流域生态补偿资金 1.47 亿元,其中鄱阳县 4778 万元、余干县 3868 万元、万年县 2086 万元、都昌县 3924 万元;滨湖四县累计创省级生态乡镇 25 个、省级生态村 35 个。基本建立地表水环境质量自动监测网络;城镇污水管网建设快速推进,鄱阳、都昌县城污水处理厂提标改造工程、截污管网等项目建成投入使用;鄱阳县东湖环境综合治理开工建设;万年县加快城市水生态综合治理和滨溪河、珠溪河景观提升工程建设。鄱阳县“五湖连通”棚户区改造基本完成征迁工作;都昌县与省水投集团推进城乡供水一体化合作;万年县建成垃圾焚烧发电项目;鄱阳、余干垃圾焚烧发电厂项目完成申报和评审工作;滨湖四县基本实现城乡环卫一体化,稳步推进绿色殡葬和农村宅基地改革。

(宁嘉)

赣南等原中央苏区振兴发展

【概　况】 中央国家机关及有关单位开展对口支援,推动扶持政策落地见效。国家发改委到赣南等原中央苏区调研指导,组织召开部际联席会议,对《国务院关于支持赣南等原中央苏区振兴发展的若干意见》《赣闽粤原中央苏区振兴发展规划》实施情况开展评估;江西省委召开省赣南等原中央苏区振兴发展工作领导小组第七次会议,省直单位继续在政策、资金、项目上倾斜支持,推进赣南等原中央苏区振兴发展。2018 年,赣州、吉安、抚州 3 市地区生产总值同比分别增长 9.3%、8.9%、8.0%。

【发展现代产业体系】 赣州“两城两谷一带”加快建设,赣州高新区稀有金属新材料国家新型工业化产业示范基地获批授牌,南康家具集体商标获核准注册;吉安合力泰、立讯射频主营业务收入过百亿元,电子信息产业成为吉安首个千亿元产业;抚州国家知识产权优势企业位列全省第一,黎川入选国家中医药健康旅游示范基地创建单位。建设高标准农田 9.05 万公顷,赣南脐橙、南丰蜜橘入选 2018 年度中国最受欢迎的区域公用品牌 10 强榜单,赣州蔬菜直供广州、深圳、香港等地,赣南茶油获核准注册为地理标志证明商标,井冈红茶实现自主品牌出口零的突破,崇仁麻鸡入选中国特色农产品优势区名单,崇义列为国家有机食品生产基地建设示范县,南丰、广丰纳入全国一二三产业融合先导区创建名单,樟树获批创建国家现代农业产业示范园。成立赣南苏区路演中心,金力永磁在深交所挂牌上市,新增 6 家新三板挂牌企业。赣州区块链金融产业沙盒园入驻 21 家企业,光大、兴业银行在吉安设立二级分行,抚州村镇银行实现县域全覆盖。赣州获批全国供应链创新与应用试点城市,国家现代物流创新发展试点城市深入推进,16 个物流中心加快建设。赣州、吉安、抚州三市创建国家 4A 级旅游景区 11 个。南丰县、吉水县、分宜县、贵溪市 4 个县(市)列入国家电子商务进农村综合示范县名单。

【基础设施建设】 昌吉赣、赣深客专和兴泉铁路、蒙华煤运通道建设加快推进,长赣铁路纳入国家发改委新开工计划,瑞梅铁路纳入中铁总勘察设计计划。广昌至吉安高速公路建成,萍乡至莲花、兴赣北延、抚州东外环高速加快建设,改造升级普通国省道 1719 千米。赣州黄金机场、井冈山机场改扩建工程接近完工,宜春明月山机场改扩建工程进展顺利,瑞金民用机场获国务院、中央军委批复。分宜电厂扩建开工,瑞金电厂二期准备复工,新余电厂二期容量补齐方案通过国家审查,信丰电厂项目合资协议签订，赣州红都500千伏变电站扩建等一批输变电工程建成，省天然气管网工程井冈山支线建成供气。寻乌县太湖水库通过验收下闸蓄水，廖坊灌区二期进入收尾阶段，宜春四方井水利枢纽工程、莲花寒山水库建设加快推进，峡江石洞、定南洋前坝水库开工建设。

【生态文明建设】 赣州国家山水林田湖草保护修复试点、抚河流域水环境综合治理深入推进；赣州治理水土流失面积368平方千米，基本完成废弃稀土矿山治理任务；实施营造林工程14.31万公顷，生态公益林补贴标准提高到21.5元/亩，推进流域生态综合治理项目275个、投资307亿元。大力发展林下经济、生态旅游、休闲康养等幸福产业；实施工业企业技改三年行动计划，新增章源钨业、晶科能源、金利达钾业3家国家绿色工厂；井冈山市、崇义县被评为国家生态文明建设示范市县，上饶经开区等10个园区入选省级园区循环化改造试点，大余等15个县列为省级生态文明示范县。吉安市、抚州市、安福县等自然资源资产负债表试点深入推进；遂川县开展重点生态区非国有商品林赎买改革试点，赎买、租赁非国有商品林214.47公顷。东江流域上下游横向生态补偿试点争取补偿资金6亿元。

【经济发展环境】 赣州市出台“优化发展环境50条”，为企业减负66.3亿元，农村土地承包经营权确权登记全面完成。吉安市本级行政审批事项精简率80%。抚州市“最多跑一次”政务服务事项达477项。赣州港获批筹建进口肉类、汽车整车进口口岸，纳入国家铁路网运营并命名为“赣州国际港站”，开通19条中欧（亚）班列，年吞吐量突破40万标箱，成为全国铁海联运外贸集装箱吞吐量最大的内陆港。赣州综合保税区开通赣港货运直通车，抚州海关获批设立，龙南保税物流中心封关运行，吉安在香港成立公共海外仓。赣州、龙南、瑞金经开区与广州、上海、昆山等国家级经开区开展对接共建，赣闽产业合作示范区、新宜吉跨行政区转型合作试验区稳步推进。

【民生工程】 2018年，原中央苏区25.89万人脱贫，占全省61.3%；636个贫困村退出，占全省63.6%；瑞金、万安、永新、广昌、上饶、横峰6个县（市）脱贫摘帽，石城、遂川等9个贫困县达到摘帽条件。全国互联网+社会扶贫现场会在赣州召开，吉安产业扶贫被列为国务院第五次全国大督察典型经验做法。新改建农村公路2154千米、危桥789座，改造农村危房1.8万户，建设农村安全饮水巩固提升工程项目835个。江西理工大学获批博士学位授予单位，改造薄弱学校1000余万平方米，实施医疗卫生项目27.89万平方米。下达困难群众基本生活救助补助资金50.64亿元，建设福利院、敬老院21个，养老服务设施265个。赣州市城镇、农村居民人均可支配收入增速持续位居全省前列。

（赖红军 吕瑞林）

对口支援新疆阿克陶县

【概 况】 2018年，江西省规划项目46个，安排援助资金3亿元，助推阿克陶县经济社会发展。阿克陶县地方财政收入3.40亿元；城镇居民人均可支配收入3.06万元，农牧民人均纯收入7423.39元；社会消费品零售总额5.43亿元。

【援助脱贫攻坚】 2018年，安排脱贫攻坚项目37个，援建资金2.42亿元，占年度援建项目资金83.5%。在基础设施、教育、就业、医疗卫生、文化、产业、旅游、人才、党建扶贫九大援疆扶贫工程中，充分发挥江西省对口援疆工作综合效益，有效帮助建档立卡贫困户实现“两不愁、三保障”，为阿克陶县2018年脱贫6967户2.85万人贡献江西力量。出台助推阿克陶县脱贫攻坚“1+3”文件。继上年制定实施《江西省对口支援阿克陶县脱贫攻坚工作方案》后，出台《关于开展江西援疆干部人才挂点帮扶阿克陶县深度贫困村工作方案》《关于鼓励引导江西非公有制经济人士助力阿克陶县脱贫攻坚的意见》《关于赣新两地镇村结对助力阿克陶县脱贫攻坚的实施方案》3个配套文件，初步形成“干部挂点、民企帮扶、镇村结对”的助推阿克陶县脱贫攻坚帮扶机制。提升受援地群众就业创业能力。截至2018年年底，帮扶阿克陶县规范有序转移劳动力2462人（含建档立卡贫困劳动力1187人）赴内地就业，全县实现建档立卡贫困劳动力转移就业2658人，完成自治区就业扶贫任务1250人的212.6%，实现“转移一人、脱贫一户、带动一片”。推进“两居”工程建设。安居富民工程建设3033户（其中建档立卡贫困户740户），全部竣工；入住3009户，入住率99.2%；定居兴牧工程建设756户，全部竣工。

【产业援疆】 发挥援受双方互补优势，持续加大产业扶持力度。2018年，安排产业支援促就业类项目16个，资金8175万元。重点推进阿克陶（江西）工业园区、农业园区、卫星工厂、旅游服务业基础设施建设和政策扶持阿克陶县产业发展，增强阿克陶县产业经济内生动力和自身造血功能。阿克陶（江西）工业园区完成固定资产投资35亿元，新增1.32亿元；完成工业总产值6.2亿元，工业增加值2.17亿元；吸纳就业4000余人。现代农业示范园新建成大棚18座，就业人数200余人，带动从业人员600余人。阿克陶县新增入驻江西企业16家，其中“卫星工厂”14家、产业园区2家；新增就业2600余人，其中“卫星工厂”吸纳1312人就业（含建档立卡贫困户873人）。建设完善白山湖湿地公园和奥依塔克冰川公园等景点旅游基础设施，全年接待游客62.13万人次，实现旅游收入1.79亿元。

【教育援疆】 2018年，安排项目6个，资金4305万元，提升受援地教育教学水平。以培养高素质双语教师队伍为重点，提升受援地师资力量。采用邀请援疆教师和克拉玛依市优秀教师、阿克陶优秀教师参与授课方式，利用援疆资金345万元，安排630名幼儿园、中小学和高中优秀教师进行集中培训；实施援疆“双语”教育优教优学“十百千”表彰奖励项目，安排资金160万元，激发受援地教师学双语、用双语积极性。加强教育基础设施建设。安排援助资金2500万元，建设雪松中学二期新建教学楼、行政楼办公室及图书馆、科技楼、学生宿舍楼及配套设施。加大“组团式”教育援疆力度。新增165名优秀教师赴阿克陶县6所中小学开展支教工作，援疆教师组织开展师徒结对、名师名校长工作室建立、优质课示范、送课下乡、品牌学校打造、结困捐赠帮扶等一系列活动。推进贫困学生资助。安排资金200万元，支持南昌莲塘一中继续办好“内高班”；安排资金300万元，资助阿克陶500名内地就学大学生。

【干部人才培养】 利用江西独特的红色教育资源，分2批选派100名克州州直、阿克陶县副科级以上党政干部赴井冈山江西干部学院，接受革命传统教育，加强党性锻炼；柔性引进15名江西扶贫专家挂点阿克陶县深度贫困村，开展为期3个月的脱贫攻坚现场指导；选派10名技术民警到阿克陶县进行为期半年的技术指导，支持维稳工作；组织13名克州和阿克陶县纪检监察干部到井冈山接受红色传统教育和纪检监察业务培训；邀请8名江西省组织系统党建专家，赴克州、阿克陶县开展党建业务经验交流，指导基层单位开展党建工作。全年累计培训当地教师1500余人次，选派15名优秀教师赴赣跟班助教、高中骨干教师跟班、中小学教研员研修培训1年；全面落实“组团式”医疗帮带工作机制，援疆医生重点培养本地种子医生，并广泛开展临床教学、学术讲座、技术培训、教学查房、手术带教、疑难病例讨论等活动，全年培训当地医护人员670余人次；邀请3名专业骨干人员赴阿克陶县18个乡镇卫生院开展为期3个月的现场帮带培训；受援地干部人才将江西的经验做法通过培训等方式传授给当地干部，以及接受江西专家现场帮带的当地基层干部在实际工作中将先进理念和务实措施传授给其他同事，起到“以点带面”的效果。

【基层建设】 拨付援疆资金600万元，建设阿克陶县便民服务中心，方便乡镇便民服务工作开展；拨付2000万元用于基层党组织政权建设和发展乡村集体经济，新建14个村惠民超市和改造提升50个村惠民超市，提高群众服务能力。选派10名技术民警到受援地进行技术指导，选派150名民警赴阿克陶县支援反恐维稳工作，促进赣新两地维稳力量交流；拨付全县技防建设资金500万元，在阿克陶全县范围内重要交通路段、单位办公楼、清真寺等重要位置安装完善视频监控系统、动中通无线图传系统和智能卡口抓拍系统，加强技防物防设施建设。

10月9日，“赣新一家亲·共圆中国梦”克州歌舞团赴江西省文化艺术交流正式演出在江西艺术中心大剧院举行

省援疆办供

【赣新交流交往】 2018年，江西省安排资金1050万元，推进赣新两地各族群众交流交往交融。推进赣新两地青少年“手拉手”和千校“手拉手”活动。140余所学校结对开展活动，累计800名教师参与；165名阿克陶青少年和51名江西青少年参加夏令营活动；3.1万余人次少先队员结对交友，往来书信8万余封；20余万人次中小学生开展远程手拉手结对。创新文化艺术交流形式。组织江西省优秀美术家、陶瓷艺术家和摄影家在阿克陶奥依塔克画家小镇、塔县、阿图什等地进行“丝路瓷画·大美新疆”相关主题创作活动；分别在克州、阿克陶和江西南昌、萍乡等地上演“赣新一家亲·共圆中国梦”文艺汇演；江西省委宣传部组织宣传思想文化领域10名专家学者赴新疆克州及阿克陶县开展为期一周的讲学送教活动，克州、阿图什市各单位宣传文化干部400余人参加学习。拓展交流交往维度。组织近百名政法系统、医疗系统、教育系统、文旅系统等行业领导、专家、学者开展交流互访活动；动员51名涵盖10余个行业的江西企业家到克州、阿克陶县进行商务考察，增进彼此了解。开展双带帮扶、惠民连心项目。安排援疆资金80万元，开展“乡镇帮扶”“结对认亲”“民族团结一家亲”等活动，筑牢各民族团结稳定的感情基础。

【推进援疆工作】 7月，省委书记、省长刘奇率党政代表团赴疆考察指导推进援疆工作，在乌鲁木齐会见新疆维吾尔自治区党委书记陈全国，在克州召开江西援疆工作座谈会，代表江西省委、省政府向阿克陶县捐赠1000万元；省人大常委会副主任、省总工会主席龚建华，副省长胡强先后赴疆考察、指导援疆工作；省委、省政府印发《江西省2018年援疆涉疆工作要点》，汇聚全省力量，协同推进援疆工作。2018年省市县各单位及企业赴克州90余批次1000余人，捐赠资金及物资约1624.66万元。援受双方进一步完善《自治州对口援疆工作联席会议制度》和《江西省对口支援新疆工作前方指挥部联席会议制度》，全年省援疆前方指挥部与克州州委召开联席会议2次，与阿克陶县委召开联席会议7次。

（李庆　张融融）

本栏编辑　邓诚君

农业农村

综述

2018年，全省农林牧渔业总产值3148.6亿元，同比增长3.5%。农村居民人均可支配收入1.45万元，同比增长9.2%。

综合生产能力稳步提升。粮食总产量219.1亿千克，连续7年稳定在210亿千克以上；“两区”划定任务全面完成，“7+2”稻米区域品牌培育计划有序实施，带动种植优质稻69.14万公顷，增长29.6%。“菜篮子”产品供给有效，肉类、水产品、蔬菜、水果、茶叶产量分别为325.7万吨、255.9万吨、1537.0万吨、470.2万吨、6.5万吨。农田基础设施加快完善，新建高标准农田19.63万公顷，累计建成高标准农田130.77万公顷，占全省耕地面积44.6%，位居全国前列。良种良法良技广泛应用，建成现代农业产业技术体系20个，实现优势特色产业全覆盖。农业科技贡献率、主要农作物综合机械化率、水稻耕种收机械化率分别是59.02%、72.8%、77.7%，均超全国平均水平。

产业转型升级成效明显。启动实施农业结构调整“1+9”行动计划，集中打造一批优质稻、设施蔬菜、特色水果、标准茶园、道地中药材、草地畜牧业、稻渔综合种养基地，调整农业结构面积29.98万公顷，牛羊肉产量占肉类总产比重提升至4.5%，名特优水产品产量占水产品总产比重提升至36.1%。创建国家现代农业产业园2个，省级现代农业示范园233个；启动实施农产品加工提升工程，规模以上农业产业化龙头企业销售收入5556亿元，增长7.9%，农产品加工业与农业产值比为2.3∶1。举办首届中国农民丰收节江西活动，休闲农业和乡村旅游总产值931亿元；智慧农业“123+N”建设保持全国领先，PPP项目取得实质性突破；推进信息进村入户工程，建成农产品运营中心102家、益农信息社8000家，“赣农宝”上线品种3500余种。

绿色生态优势更加凸显。化肥、农药连续3年保持“负增长”，使用量分别下降1.5万吨（折纯）、350吨。畜禽粪污资源化利用率77%，经国家考核评为优秀。规模场粪污处理利用设施配套率83.4%，建成27个病死畜禽无害化集中处理场。9.41万公顷湖泊水库退出集约化养殖，清理围网5960公顷、围栏4026.67公顷、网箱250.69公顷。开展农业质量年活动，累计制定颁布农业地方标准464项，占全省地方标准总数67%；发展“三品一标”农产品5335个、新增623个，创建省级绿色有机农产品示范县25个，“扫码入市”农产品1881个，主要农产品监测合格率98.5%。

乡村风貌面貌焕然一新。全面实施农村人居环境整治三年行动，农村生活垃圾“第三方治理”逐步推行，43个县（市、区）实现农村生活垃圾“全域一体化”第三方治理；农村生活污水治理梯次推进，2000余个村组建设生活污水处理设施；农村厕所革命深入开展，578.72万户农户用上水冲式卫生厕所，占农户总数73.5%。统筹整合省市县财政资金60亿元，以“七改三网”为重点，全年2万个村组整治建设任务全面完成，全省新农村建设覆盖到69%村组；45个县（市、区）建立新农村建设促进会，累计筹措资金近10亿元，为农民群众和社会各界参与新农村建设提供新平台。健全完善“五个一”产业扶贫模式，81.85万户贫困户获得产业扶持；5464个贫困村组和805个深度贫困村组纳入新农村建设指标，并全部整治到位。

改革开放步子提挡加速。农村集体产权制度改革清产核资工作基本完成，核实集体资产958.2亿元，全年消除集体经济“空壳村”5499个；“三权分置”改革稳步推进，建成11个市级、102个县级和1454个乡级流转服务中心，基本实现“全覆盖、互联互通”；农地流转率45.7%，比上年提升5.2%。新型农业经营主体进一步壮大。推动出台《加快构建政策体系积极培育新型农业经营主体实施意见》，累计培育新型职业农民13.8万人、农民合作社7万家、家庭农场3.9万个；培养“一村一名”大学生4.7万人，其中37.1%成为村“两委”干部，42.5%在农村创新创业；86个县成立乡村大学生创新创业协会，协会会员带动1.39万户贫困户脱贫、7.84万户农民致富。财政支农总量稳中有增，争取省级以上财政资金150亿元以上；“财政惠农信贷通”规模不断扩大，累计发放贷款503.14亿元，贷款余额145亿元，受益新型经营主体12.16万个；农业对外开放持续深化，引进投资新项目240个以上，实际进资280亿元、增长20%，农产品出口13亿元、增长2%。

（黄大山）

种植业

【概 况】 2018年,全省粮食总产量219.1亿千克,同比减少3.05亿千克;播种面积372.1万公顷,减少6.4万公顷;粮食单产392.5千克/亩,减少1.3千克/亩。全省油菜总产量69.10万吨,增加1.4万吨;播种面积48.30万公顷,减少933.33公顷;单产94.4千克/亩,增加2.1千克/亩。全省经济作物总播种面积155.33万公顷,增加10万公顷;产量2400万吨,增加100万吨;产值937亿元,增加70亿元,为农民人均增加纯收入100元以上。其中,蔬菜播种面积63.30万公顷,产量1537万吨;水果面积43.2万公顷,产量470万吨;中药材种植面积8万公顷,产量37.8万吨;植棉面积4.67万公顷;花卉苗木种植面积5.8万公顷;桑园面积1.07万公顷;苎麻种植面积3400公顷;糖料种植面积1.47万公顷。

【惠农政策】 下拨耕地地力保护补贴资金41.8亿元,稻谷补贴资金14.4亿元。配合省粮食和物资储备局、中储粮江西分公司,及时启动最低收购价执行预案,全面落实国家粮食最低托市收购价政策,稳定稻谷收购市场价格。

【供给侧结构性改革】 2018年,省级财政安排2.19亿元专项资金,用于优质稻、蔬菜、水果、茶叶、中药材产业发展工程。以订单为抓手,促进全省优质稻生产,全省优质稻订单面积69.14万公顷。打造以城郊、供港、供沿海及"一带一路"、特色、水生为主的五大蔬菜产区;以柑橘为主,猕猴桃、葡萄等高效特色水果同步发展的"一主多特"水果产区;以"四绿一红"为主的茶叶产区;"三子一壳"道地中药材、特色中药材、药食同源中药材共同发展的中药材产区。

【高效种植技术】 结合粮油绿色高质高效创建项目,遴选推出18套粮油绿色高效主推技术,全面提升绿色高效技术普及率。开展经济作物新品种的选育、引导、示范、推广,提高蔬菜集约化、柑橘无病毒等经济作物良种繁育能力,在遂川县开展绿色高产高效创建示范。2018年新推荐宜春市袁州区、铜鼓县、遂川县3县(区)开展水果、茶叶有机肥替代化肥试点,示范推广"有机肥+水肥一体化""有机肥+机械深施"等技术。

【高标准农田建设】 2018年,高标准农田建设项目进展顺利。截至年底,全省高标准农田建设总体投资完成率54.16%,项目区土地流转率60.1%,带动产业结构调整面积占比44.2%。在全省732个贫困村,建设高标准农田4.56万公顷,惠及贫困户4.12万户。

【粮油茶绿色高质高效示范创建】 依托粮油茶绿色高质高效示范创建项目,在全省13个县(市、区)试点开展粮油茶订单创建,落实订单面积14.1万公顷,其中水稻订单面积10.57万公顷,油菜3.2万公顷,茶叶3333.33公顷。

【稻米区域公用品牌建设】 安排资金2.55亿元,开展稻米区域公用品牌建设。对鄱阳湖大米、宜春大米、万年贡米、永修香米、井冈大米、麻姑大米和奉新大米7个稻米区域公用品牌,以及凌代表、吉内得2个绿色特色品牌,进行重点扶持。2018年,稻米区域品牌核心企业签订订单面积11.73万公顷,核心企业带动新型经营主体超2000家,引导10万余户农户开展优质稻种植,订单价格高于市场价10%~20%,带动农户增收效益明显。

【新型经营主体】 全省50亩以上种粮大户3.9万户,比上年增加11.33%;水稻种植面积突破60万公顷,增长5.43%。全省粮食产业农民合作社近2.8万家,比上年增加8700家。100亩以上经济作物基地1.2万个,比上年增加20%。规模经济作物面积38.33万公顷,增长15%。

【防灾减灾】 年内,加强与气象、水利等部门沟通会商,及时发布预警信息,适时启动应急响应。争取中央农业生产救灾资金1.08亿元,免费发放救灾种子28万千克。建立病虫害实时自动监测系统,省级发布病虫情报17期次。推广应用"江西微农"微信服务平台,开展病虫预报服务69期,农业气象服务4889期。

(刘松 王晨)

茶产业

【概 况】 2018年,围绕茶叶品牌建设主线,江西省实施结构调整茶产业工程,开展茶叶广告宣传和茶事活动,持续提升茶产业综合实力和茶叶品牌影响力。全省茶园面积11.47万公顷,同比增长14.8%;全年干毛茶总产量6.54万吨,增长9.6%;干毛茶一产产值62亿元,增长11.8%。其中,"四绿一红"所在市县茶叶总面积6万公顷,总产量4.4万吨,一产总产值30余亿元。

【提升茶叶品牌影响力】 2018年,安排省级财政资金4000万元,在中央电视台、江西卫视等主流媒体进行宣传。2018中国茶叶区域公用品牌价值榜评估,"四绿一红"品牌总价值95.52亿元,增长17%,平均排名上升1位。其中,庐山云雾茶列第19位,是首个江西品牌进入前20强;浮梁茶第25位,被评为最具经营力的三大品牌之一;狗牯脑茶第32位,被评为最具资源力的三大品牌之一。江西宁红茶被认定为第18届亚运会官方唯一指定茶叶,是中国20个合作品牌之一和唯一入选的农业品牌,江西茶叶首次登上亚运会官方舞台。庐山云雾茶进入全国农产品区域品牌排行榜百强,列第53位。

【农业结构调整茶产业工程】 出台《关于加快农业结构调整的实施意见》,其中茶叶以《江西省经济作物"十三五"产业发展规划》为基础,对产业发展布局进行优化调整,省级财政安排3000万元专项资金,重点打造以"四绿一红"为主的茶叶产区。2018年,通过项目扶持,全省新建茶叶良繁基地各1个,新建标准生态茶园2933.33公顷。

【推广茶叶绿色生产模式】 江西省以建设全国"绿色有机农产品示范基地试点省"为契机，推广绿色生产技术，推进茶叶绿色发展。以遂川县为试点县，整县开展茶叶绿色高产高效创建，示范推广茶园土肥优化管理、病虫草害物理和生物防控等绿色有机高效种植模式，以及茶园耕作、除草机械化等作业技术。新推荐铜鼓县、遂川县2县开展茶叶有机肥替代化肥试点，示范推广"有机肥+水肥一体化""有机肥+机械深施"等技术。在铜鼓县、遂川县建设3个茶叶全程绿色标准化生产示范基地，示范推进茶叶标准化生产、品种改良、品质提升、品牌创建。

【举办2018第二届中国(南昌)国际茶业博览会】 5月31日至6月3日，2018第二届中国(南昌)国际茶业博览会在江西省展览中心举办。此届茶博会由中国茶叶流通协会、江西省农业厅、南昌市、九江市、景德镇市、上饶市、吉安市人民政府共同主办，展示面积1万平方米。茶博会邀请195家省内茶企、85家省外茶企、10家境外茶企和若干茶周边企业参展。展会以"江西茶·香天下"为主题，举行"江西茶·香天下"专场推介会、"国内国际茗茶"专场推介会。茶博会开幕前，在九江市举办茶叶评比暨第五届庐山问茶会，在浮梁县举办工匠评比暨首届"浮梁茶杯"绿茶手工制作大赛，在修水县举办工匠评比暨首届"宁红杯"红茶手工制作技能大赛及品茶尚文暨首届宁红论茶会，在婺源县举办茶艺竞技暨首届"婺源绿茶杯"茶艺技能表演大赛等分活动。

（王晨）

林 业

【概 况】 2018年，全省加快林业产业结构调整和林下经济发展，深化林业改革，实施科技兴林，强化林业基础建设。全年完成林业投资114.85亿元，人工造林8.86万公顷，推广林业科技成果22个，实现林业总产值4502亿元，其中林下经济总产值1534亿元。江西省林业调查规划研究院等5单位被评为全国林业系统先进集体，江西庐山国家级自然保护区管理局高级工万金荀等5人被评为全国林业系统先进工作者。10月24日，根据《江西省机构改革实施方案》，将省林业厅职责，以及省国土资源厅、省住房和城乡建设厅、省水利厅、省农业厅等部门的自然保护区、风景名胜区、自然遗产、地质公园等管理职责整合，组建省林业局。11月4日，江西省林业局挂牌。

【森林培育】 全年人工造林8.86万公顷，封山育林7.02万公顷，退化林修复14.48万公顷，人工更新4559公顷；森林抚育37.81万公顷；重点防护林体系工程6.16万公顷；国家造林补助项目4.73万公顷；中央森林抚育补助项目8.67万公顷；项目造林1.36万公顷；欧洲投资银行贷款项目造林8285公顷、抚育1.97万公顷。建成乡村风景林示范点6658个、面积2.82万公顷。

【产业发展】 全年实现林业总产值4502亿元，增长7.93%。其中，第一产业1195亿元，增长4.73%；第二产业2120亿元，增长7.77%；第三产业1187亿元，增长11.77%。生产商品材257万立方米、大径竹2.13亿根、小杂竹39万吨，生产木竹加工产品4651万立方米、林产化工产品48吨、各类经济林产品568万吨。全省林产工业企业1.2万家，其中国家级林业重点龙头企业27家，省级林业龙头企业364家。中国驰名商标9个。7家企业登陆全国中小企业股份转让系统"新三板"。形成以抚州大亚等企业为龙头的人造板加工制造业产业集群，以南康实木家具和广丰、瑞昌红木家具为主的家具产业集群、以南城园林建筑及教学校具为主的产业集群。参加第十五届中国林产品交易会，获优秀设计奖和优秀组织奖。

【资金投入】 全年争取中央和省级林业项目资金39.47亿元，增长2.8%。全年完成林业投资114.85亿元，其中中央财政资金23.88亿元、地方财政资金38.24亿元、国内贷款4.32亿元、利用外资0.97亿元、自筹资金19.20亿元、其他28.24亿元。全年完成林业固定资产投资1.61亿元，新增固定资产85.38亿元。全年林业招商引资项目73个，累计签订协议资金139.37亿元，实际进资38.46亿元。林业利用外资项目10个，实际利用外资1408万美元，协议利用外资6054万美元。全省落实贴息贷款30亿元，下达贴息补助4329万元，获扶持林业企业130家、造林大户340个、农户和林业职工4200人。落实农户和林业职工小额贷款贴息1176万元，惠及林农林业职工4200余户，户均增收2747元。吉安市国家储备林项目通过国家开发银行行总贷审，总投资83亿元，其中利用政策性贷款67亿元。森林植被恢复费征收19.83亿元，增长29%。为全省1.4万名生态护林员免费赠送意外险，保险赔付总额63亿元，人均保障额45万元。

【林下经济】 全年林下经济完成投资3.7亿元，实现总产值1534亿元。新增省级林业补助专项资金1亿元。油茶、竹类、香精香料、森林药材、苗木花卉、森林景观利用等产业集群初步形成。全年新增林下经济种植4.31万公顷；实施油茶低改、竹类改造、林相改造7.91万公顷，占年度计划242%。新建林区通达工程50项，共151千米。油茶年产值320.9亿元。全年新造高产油茶林2.44万公顷，改造低产油茶林0.72万公顷。省级投资0.8亿元，补助新造、低改油茶林1.53万公顷；整合国家重点长、珠防林工程项目5170万元，兜底扶持新造油茶林0.7万公顷。全省主推高产油茶优良无性系品种25个，高产油茶定点采穗圃17个。全省油茶种植专业大户1128户，家庭林场145个，林业合作社185个，带动参与农户数6万多户。"袁州油茶"获全国经济林产业区域特色品牌建设试点单位。"遂川茶油"注册成为地理标志证明商标。全省竹产业产值299亿元，增长17.8%。全省竹林98.6万公顷，立竹23亿株。全年新造雷竹0.13万公顷；改造毛竹低产林、笋用林(笋材两用林)2.53万公顷；完成毛竹低产林改造2.47万公顷、笋用竹(笋材两用林)基地建设655.93公顷。"弋阳竹笋"获全国经济林产业区域特色品牌建设试点单位。香精香料及其他林化原料林种植0.15万公顷。森林药材种植面积1.28万公顷，占计划127.9%。全省有野生动物驯养繁殖企业1054个，野生动物经营利用企业694个。全省苗木花卉产业总产值300亿元。苗木花卉种植面积10.8万公顷，增加2.56%。新增苗木花卉种植面积0.27万公顷。完成低产低效林改造1.24万公顷。确定7家以"四化"苗木为主的省保障性苗圃，累计全省保障性苗圃54处，花卉市场336个，花卉企业1875个。全省林木种苗投资4580万元。核发林木种子生产经营许可证676份，注销208份。全省森林旅游与休闲接待1.64亿人次，森林旅游与休闲产业产值937亿元、增长12%，直接带动其他产业产值1904亿元。全年新增5A级乡村旅游点7个、4A级乡村旅游点27个。累计全省5A级乡村旅游点15个，4A级乡村旅游点138个。

【林业改革】 林权流转服务体系实现重点县全覆盖，75个县433个乡1397个村建立服务平台。全省公共资源交易平台成交林权项目119项，涉及林地259宗、面积0.42万公顷，交易金额2.47亿元。新增林权抵押贷款15.66亿元，累计发放198.65亿元，贷款余额57.88亿元。继续试行林地经营权流转证制度，全年新增办理流转证1036本，涉及流转面积0.77万公顷。森林保险在保面积800万公顷，占全省林地面积87.6%。培育新型林业经营主体，形成林业专业大户4855户、林业企业1.01万家、家庭林场934个、农民专业合作社2932家。吉安市纳入全国集体林业综合改革试验区。加快国有林场转型发展，全省新增场外造林7400公顷。新增林业企业纳入林地适度规模经营奖补范围，奖补面积5000公顷，补助224.28万元，分别增长121.4%和69.9%。25个国有林场申请开展省级示范林场创建。铜鼓县茶山生态公益型林场和安福县明月山林场列入首批国家森林小镇建设。开展国有林场管护用房建设试点，对50个林场100个管护站管护用房进行改造，开工建设73个。完成国有林场危旧房698户改造任务。完成第二批43项政务服务事项标准化"放管服"改革。推进"减证便民"专项行动和继续推行"一次不跑""只跑一次"改革，全年"一次不跑"事项办理159起，"只跑一次"事项办理1154起。林业立法稳步推进，《江西省实施〈中华人民共和国野生动物保护法〉办法》经过省人大常委会一审，《江西省林木种子条例》于2018年1月1日正式实施；开展"绿盾2018"自然保护区监督检查专项行动，全年排查违法违规建设问题716个，完成问题整改452个，整改完成率63%；3月，省林业局与省法院、九江市法院、永修县法院在江西省鄱阳湖国家级自然保护区联合成立全国首家生物多样性司法保护基地；10月，法治护航让遂川千年鸟道成为"黄金通道"被评为第三届"江西十大法治事件"。

【林业科技发展】 原省林业厅与北京林业大学签署战略合作协议，与日本岐阜县林政部签订交流合作备忘录。首获国家林业局批准建立"鄱阳湖流域森林生态系统保护与修复国家林业局重点实验室"和组建成立"樟树国家创新联盟"。全省实施中央财政林业科技推广项目19项，新增项目资金1900万元，推广林业科技成果22个，建设标准化示范区2个。2017年度17个项目开展第三方绩效评价，最高96.6分，最低72.1分，评价A级14个。国家林业行业标准立项1项、报审2项、报批3项。地方标准立项47项，修订完成7项，报审5项。6家企业被确定为2018年国家林业标准化示范企业。公布修订《江西省森林食品基地认定办法》。认定第四批江西省森林食品基地17家，面积2771.53公顷，产品涉及茶叶、竹笋等7个品类。完成对63个森林食品基地产地环境监测，80份水样全部合格，14份土样不合格。3个植物新品种获国家林业局授予植物新品种权，全省累计植物新品种21个。3个知识产权转化运用项目获国家林业和草原局批准立项。国家林业专利产业化推进项目"天然右旋龙脑提取设备产业化推广应用"通过验收，龙脑樟鲜枝叶提取率由0.9%提升到1.08%，建成40吨年生产能力生产线。全省开展打击侵犯林业植物新品种权专项行动，未发现侵权假冒。建设"良种良法骨干示范基地"20个，省级森林药材类科技示范基地10个，森林景观改造提升科技示范基地10个。建成空气负(氧)离子监测点30处，开发空气负(氧)离子浓度监测发布系统，注册认证"江西富氧"微信公众号，及时发布江西优质生态指标。《江西省第二次全国重点保护野生植物资源调查报告》通过国家林草局检查验收。"农林剩余物功能人造板低碳制造关键技术与产业化"合作项目获国家科学技术进步二等奖。亚林所用材树种团队主持的"木荷育种体系构建和良种选育"技术成果获第九届梁希林业科学技术奖二等奖。安福县被授予"中国樟树之乡"。江西省智慧林业大数据中心建成并投入使用，国内首款昆虫识别软件"江西昆虫"APP上线，100种常见林业有害生物识别准确率80%。组织开展"2018年科技活动周"活动。江西赣南树木园被命名为第四批全国林业科普基地。江西环境工程职业学院获批江西省10所高水平高职院校建设单位，入选世界技能大赛家具制作项目中国集训基地。

【林业生态扶贫】 从加快发展现代农业、加强生态环境保护与治理、加快推进绿色发展、完善生态文明制度4个方面支持赣南等原中央苏区振兴发展，全年安排赣南等原中央苏区中央、省级林业资金20.58亿元，占全省总量54%；安排25个国定贫困县(含都昌县)和罗霄山特困片区县中央和省级林业投资14.49亿元，占全省总量36.7%。争取非国有林商品林赎买试点补助2800万元，试点范围从3个县扩大至5个县，完成非国有林商品林赎买面积381.96公顷。在集中连片困难地区、国家扶贫开发工作重点县和重点生态功能区补助转移支付县等40个县建档立卡贫困人口中，提供1.4万个生态护林员岗位，平均每人每年补助1万元，带动近5万余贫困人口基本脱贫，脱贫贡献率10%。全省建立50个科技扶贫示范基地。参加林下经济农户超过300万人，其中贫困人口超过40万人，建档贫困人口超过35万人。油茶产业带动用工87.2万人，参与贫困户4.2万户，户均增收2667元；森林药材产业带动用工60.5万人，参与贫困户0.61万户，户均增收1.56万元。

【林业调查研究】 4月12日，省林业厅成立调查研究室。7月25日，印发《江西省林业厅关于加强和改进林业调查研究工作的意见》，要求各级林业主管部门建立调研工作机制，使调研工作制度化、规范化。2018年，厅级领导领题10项专题调研活动，调研范围覆盖全省11个设区市45个县（市、区），调研选题包括重点区域森林绿化美化彩化珍贵化建设、“林长制”推广、基层林业人才需求、林业项目资金使用、国有林场场外造林、湿地生态效益补偿、林木良种繁育研发、竹产业转型升级、森林公安执法机制创新、野外火源管理10个方面。11月，10项专题调研全部完成，形成一批调研报告，4项调研成果转化成政策文件。

【省校林业发展战略合作框架协议签署】 4月20日，副省长胡强走访北京林业大学，交流开展省校林业发展战略合作事宜。6月20日，省林业厅与北京林业大学签订林业发展战略合作框架协议。协议双方围绕林业战略规划研究，重点领域联合科技攻关，鄱阳湖流域水土保持与生态修复技术，林业科技创新平台共建，高校和科研院所教学科研人才培养，关键湿地保护、修复与管理以及国家公园建设，现代木结构建筑研究、检测以及产业化开发利用，林科大学生到江西就业创业引导和扶持8个重点领域深入开展合作。双方明确合作机制，制定完成专项工作方案，共同商定并启动2019年度战略合作重点项目10余项。

【举办中国（赣州）第五届家具产业博览会】 6月21日—27日，国家林业和草原局在赣州市南康家居小镇主办中国（赣州）第五届家具产业博览会，观展人数101.5万人次，签约成交101.4亿元，超过前四届家博会总和。家博会首次采用“线下线上”方式，同步举办“数字家博、云上小镇”活动，参与网络直播超100万人次；阿里巴巴、京东两大电商平台网页浏览量超360万次，销售额超2.3亿元。家博会首次在南康家居小镇举办，主会场6.1万平方米，分会场220万平方米，并建成全国唯一京东线上线下品牌家居体验馆。入驻参展品牌企业（机构）数量是上届2.4倍，包括意大利、芬兰等国全球一流设计研发、产销机构，索菲亚、曲美等数十家国内一线品牌。赣州市南康区是全国最大实木家具生产基地、全国知名品牌创建示范区、国家家具产品质量提升示范区，南康家具产业形成集研发设计、智能制造、批发零售、物流仓储、电子商务、展览体验于一体的全产业链集群。2018年，南康区获批“国家南康家具产业示范园区”称号，“南康家具”成为全国首个以县级行政区划命名的工业集体商标，产业集群产值突破1600亿元。

【全省森林和湿地生态系统综合效益评估成果发布】 5月30日，省政府召开“江西省森林和湿地生态系统综合效益评估成果新闻发布会”，发布全省森林和湿地生态系统综合效益评估报告。评估结果显示，2016年，全省森林和湿地生态系统综合效益14951.34亿元，其中森林生态系统综合效益13510.22亿元，湿地生态系统综合效益1441.12亿元；全省森林年调节水量、净化水质631.15亿立方米，相当于2个三峡水库蓄水量。此次评估结果与2011年比较，森林生态效益增加1863.22亿元，增幅23%，年均增长4.5%。同期中央和省级财政投入林业建设资金181.4亿元，投入产出比1:10.3。

【《关于加快推进国有林场场外造林的指导意见》出台】 7月23日，省林业厅出台《关于加快推进国有林场场外造林的指导意见》。该意见旨在开展场外造林，探索集体林地和森林经营托管制度，发展壮大国有森林资源。该意见提出坚持“三权”分置、稳定权属，坚持尊重意愿、利益共享，坚持科学经营、健康发展，坚持政府引导、市场主导四项原则；采用股份制林场形式、国有林场+合作社+农户（家庭林场）形式、国有林场+村（组）+农户形式、赎买形式、托管形式五项改革创新机制；力争到2022年，全省国有林场场外造林面积达到100万亩，主要造林树种良种使用率达到85%的目标。

（卢建红 黄柏祯）

畜牧业

【概 况】 2018年，全省肉类总产量325.7万吨，禽蛋产量47.0万吨，鲜奶产量9.6万吨。生猪出栏3124.0万头、存栏1587.3万头，其中能繁母猪存栏140.8万头；家禽出栏4.54亿只、存栏1.86亿只；牛出栏119.4万头、存栏246.5万头；羊出栏131.5万只、存栏100.3万只。

【畜牧业结构调整】 落实生猪调出大县奖励等政策，推进南方现代草地畜牧业发展、草地畜牧业发展工程、种质资源保护等项目实施，加快畜牧业结构调整。落实生猪调出大县奖励资金1.19亿元，推动32个生猪大县实施标准化改造，建设一批高标准、高水平、高科技含量的现代化养殖场和养殖小区。通过实施南方草地畜牧业项目，项目区牛出栏量增长15%、羊出栏量增长10%。草地资源清查工作基本完成，通过国家验收。赣西两头乌猪保种场通过国家级保种场现场审验，全省国家级保种场达到8个。

【畜禽养殖废弃物处理与资源化利用】 全省禁养区需要关闭（搬迁）的4974家规模猪场全部完成关闭（搬迁）。2016年中央环保督察反馈的未配套建设粪污处理利用设施的2634家猪场基本整改到位，其中关闭（搬迁）1670家，完成治污设施改造964家。进贤县、高安市等一批畜禽粪污资源化利用整县推进项目实施，推进吉安市畜牧业绿色发展整市创建，完成畜禽养殖废弃物资源化利用工作考核。新增畜禽标准化示范场31家，全省示范场总数775家，畜禽养殖废弃物资源化利用率87.5%，规模场粪污处理利用设施配套率92.6%。全省立项备案病死畜禽无害化集中处理体系项目48个，建成无害化集中处理场31个，日处理能力233吨，全省病死猪无害化集中处理率75%以上。

【非洲猪瘟防控】 2018年，中国发生非洲猪瘟疫情。全省各地加强监测排查、调运监管、督查巡查、应急管理、联防联控,落实各项防控措施。全省累计排查生猪养殖场86.6万个次、生猪交易市场1005个次、生猪屠宰场3.7万个次、生猪无害化处理场5937个次。设立动物卫生监督临时检查站(点)289个,其中省际检查站83个。全省落实专项经费6000余万元,增加应急消毒药品620余吨、防护用品6万余套、消毒器械1000余台、帐篷120余顶、装尸袋3万余只。先后7次派出30多个督查组,对非洲猪瘟应急防控工作进行现场督导。全省非洲猪瘟疫情得到及时有效处置,疫区舆情平稳、社会稳定。

【重大动物疫病防控】 组织开展春秋两季动物防疫集中行动,全面落实免疫消毒、疫病监测、疫病净化、检疫监管、应急处置等措施,实现国家和省级确定的防控目标。推进强制免疫先免后补,优化制度机制。全省建立90个健康种猪群、16个健康种鸡群,健康群种猪4.1万头、种鸡3.8万只。4家种畜禽场入选国家动物疫病净化创建场,其中1家通过国家级动物疫病净化示范场现场评估,15家种猪场入选省级动物疫病净化示范场。贯彻落实农业农村部第2号公告,切实加强检疫监管,推进检疫申报点规范化建设和检疫电子出证,提升动物卫生监督水平。

【畜产品质量安全监管】 推动定点屠宰资格审核清理工作,淘汰一批小型屠宰场点。组建畜禽屠宰技术专家库,推进生猪定点屠宰标准化示范企业创建,5家屠宰企业通过验收并授牌。推进兽药经营二维码追溯管理,946家兽药经营企业完成追溯系统网上注册。组织5家规模养殖场开展兽用抗菌药使用减量化行动试点,开展"科学使用兽用抗菌素"百千万接力公益行动。开展饲料产品质量安全监测,严厉打击违法添加兽药、"瘦肉精"等违禁添加物行为,坚决查处"三无"饲料产品及生产经营企业,依法查处生产经营假冒伪劣饲料产品的违法行为。强化官方兽医、执业兽医、乡村兽医管理,确认官方兽医资格322人,清理并注销277人官方兽医资格。截至年底,全省官方兽医4709人、执业兽医1168人、助理执业兽医715人、备案乡村兽医4819人。

(徐轩郴)

水产业

【概　况】 2018年,江西省实现渔业经济总产值1030亿元,同比增长3%。水产品产量255.94万吨,增长2.15%。其中,养殖产量233.54万吨,增长2.45%;捕捞产量22.40万吨,下降0.90%。全省渔民家庭人均纯收入1.48万元,增长7.0%。养殖面积40.84万公顷,减少4380公顷。水产品市场供应充足,价格综合指数98.9,总体运行平稳,略有下降。水产品出口额2.08亿美元,与上年持平。

【推行水产养殖绿色发展理念】 制定《江西省水产养殖绿色发展的意见》,完成94个县(市、区)养殖水域滩涂规划编制并以政府名义发布。创建126家水产健康养殖示范场、2个渔业健康养殖示范县,全省健康养殖示范面积9万公顷,占全省水产养殖总面积22%。开展健康养殖模式试点示范与推广,建成池塘循环流水养殖水槽60余条、鱼菜共生133.33余公顷、养殖尾水处理133.33余公顷。9.41万公顷湖泊水库退出集约化养殖,9.64万公顷湖泊水库划定为限养区,清理围网5960公顷、围栏4026.67公顷、网箱250.69公顷。

【稻渔综合种养】 总结推广稻虾、稻鳖、稻蛙、稻鳅、稻鱼、稻蟹六大模式,创新集成"莲田—小龙虾""莲—鳖""稻—虾—鳜"混养等多种模式。创建10个整县推进稻渔综合种养示范县,近40个县将稻渔工程纳入高标准农田建设,建设规模4万余公顷,稻渔综合种养面积突破6.67万公顷。增加水产品9万吨,亩均增效1600元以上,带动农民增收16亿余元,减少化肥农药使用量30%以上。

【产业融合发展】 以"鄱阳湖"水产品牌建设为重点,进一步规范品牌授权程序及管理办法,新增33家鄱阳湖品牌授权使用单位,新建30余家鄱阳湖品牌专卖店,全省商标授权企业达87家、品牌专卖店107家。组织省内外优势企业跨域、跨界合作,开发十大类水产加工产品,新增鳗鱼、鱼糜深加工企业各1家,加工能力提升1万吨,全省水产品加工企业达190家,加工品总量近40万吨。创建6家国家级休闲渔业示范基地,新建20余家"鄱阳湖"休闲渔业示范基地,助推全省休闲渔业发展。

【渔业科技服务】 先后先引进曹文宣、唐启升、赵法箴、桂建芳4名院士,在江西省建立10余个院士工作站。组建大宗淡水鱼产业、特种水产、稻田综合种养及水产业重大技术协同推广等地方团队,打造12316惠农直播、病害远程诊断网、江西省家庭农场联合会稻虾产业分会等平台,围绕种业、养殖、病害、加工、流通等方面开展科研攻关和技术培训。累计开展技术培训45期,受训人数3000余人次,发放技术资料0.6万份。

【渔业资源保护】 承办"呵护生态鄱阳湖、共抓长江大保护"全国放鱼日主会场活动,省委书记刘奇、农业农村部部长韩长赋共同出席活动。全省60个县(市、区)开展人工增殖放流,投放各类鱼苗2亿尾。鄱阳湖长江江豚种群数量稳定向好,湖内种群数量升至457头。抓好禁渔期制度实施,加强与公安联合执法和办案。查获电捕鱼案件1138起、炸(毒)鱼案件18起;查获违法捕捞船832艘,其中电捕鱼船146艘、非法捕螺船64艘;查处电捕器具2252台套,销毁取缔定置网具3824部、大型底拖网87部;办理行政处罚案743件,协助刑事处罚案41件,刑拘74人。

【渔业渔政安全】 开展30个县(市、区)病害监测,发布7期水生动物病害预测预报,指导渔民科学防病。开展产地抽检、市场抽检、苗种抽检、稻渔综合种养风险监测等,累计抽检670批次,产地、苗种、稻渔抽检合格率均为100%。建设50余家智慧渔业物联网基地,开展全程可追溯试点,提高水产品质量安全管理水平。制定《鄱阳湖区渔政协同管理执法公约》,完善渔业纠纷和安全生产调处工作机制。全省安全生产形势平稳、鄱阳湖区渔业生产秩序平稳，没有发生重大渔业纠纷群体事件和重大渔业安全责任事故。

（傅雪军）

农　垦

【概　况】　2018年，全省农垦系统拥有独立核算单位163个。其中，垦殖场、企业集团156个，独立核算工业企业2个，独立核算农垦农工商公司5个。垦殖场（企业集团）办工业企业1050个、商业企业3182个、建筑企业79个、运输企业273个。拥有土地总面积69.65万公顷，其中耕地面积8.44万公顷，林地面积48.81万公顷，水面面积2.51万公顷，茶桑、果园面积1.49万公顷，宜林荒山面积0.67公顷，分别占土地总面积12.12%、70.09%、3.6%、2.14%、0.96%。年末总人口130.71万人，从业人员27.25万人。居民年人均可支配收入1.51万元，增加1176元，增长8.47%。

全系统实现生产总值247.11亿元，增长3.34%。其中，第一产业增加值29.15亿元，增长2.08%；第二产业增加值161.14亿元，增长3.83%；第三产业增加值56.82亿元，增长2.64%。完成工农业总产值841.22亿元，增长1.67%。固定资产总投入307.5亿元，增长0.89%。实现利润7.33亿元，增长10.1%。163个独立核算单位中，盈利104个，盈利面63.8%，盈利总额8.2亿元；亏损59个，亏损面36.2%，亏损总额0.87亿元。

全年实现农业产值60.02亿元，增长2.18%，占工农业总产值7.1%。其中，种植业产值29.81亿元，占农业总产值49.67%；林业产值5.22亿元，占农业总产值8.7%；牧业产值15.21亿元，占农业总产值25.35%；渔业产值5.91亿元，占农业总产值9.84%；服务业产值3.87亿元，占农业产值6.44%。种植业方面，农作物总播种面积13.63万公顷，减少0.49%。其中，粮豆播种面积10.43万公顷，减少0.36%；油料播种面积1.36万公顷，减少1.11%；棉花播种面积1393.18公顷，减少6.02%；茶叶种植面积5702.7公顷，减少0.16%；水果种植面积8943.01公顷，减少1.79%；粮豆产量71.35万吨，减少1.21%；油料产量2.88万吨，增长4.15%；棉花产量3205.54吨，减少5.04%；茶叶产量4275吨，增长0.14%；水果产量8.67万吨，增加7.35%。畜牧业方面，大牲畜年末存栏3.91万头，减少2.49%；生猪出栏72.52万头，减少21.9%；牛奶产量1.29万吨，增长3.97%；肉类总产量6.51万吨，减少30%。水产业方面，水产品产量5.1万吨，减少1.87%。其中，养殖产量3.84万吨，占水产品总产量75.2%。

轻工业是农垦工业主体，规模较大、上5亿元的行业22个，累计完成工业产值762.5亿元，占工业总产值97.6%。

永修县江西云山集团东庄农场、宜丰县黄岗山垦殖场炎岭村、奉新县东风垦殖场上富分场厚田大队3个农垦系统乡村入选第二届中国美丽乡村百佳范例名单。

【农垦重大项目落地】　全省农垦系统招商引资规模进一步扩大，一批农垦重大项目落地。保利文化集团在新余垦区投资65亿元建设综合开发项目。中铁中基控股集团投资150亿元，在抚州垦区、南昌垦区开工建设猕猴桃产业基地。恒大农牧集团向上饶垦区投资100亿元，搭建上饶农业产业发展投融资平台，并在吉安垦区投资40亿元，建设白凤小镇，开发乌鸡白凤产业。

【农垦“两个3年”任务完成】　2018年，“基本完成农垦国有土地使用权确权登记发证任务和将国有农场承担的社会管理和公共服务职能纳入地方政府统一管理”两个2015年开启的任务基本完成。全省农垦全面推进国有土地确权登记发证工作。全系统完成国有土地权籍调查面积46.38万公顷，权籍调查率105.3%；登记发证面积45.05万公顷（其中已确认给非农垦单位土地面积2.45万公顷），发证率102.5%。全省农垦全面推进农垦场办社会职能改革工作。全系统公检法机构全部纳入地方政府统一管理，全省农垦场办中小学和医疗机构基本移交，其中移交场办中小学503所、教职工1.30万人，移交医疗机构497所、医疗人员及职工2473人。

【农垦绿色生态家园标准化建设】　省农垦办联合质监部门在农垦系统率先开展绿色生态家园标准化建设试点工作，探索标准化支撑生态文明建设的有效模式。制订颁布《农垦绿色生态家园规划建设规范》（DB36/T 1050-2018）地方标准，确定14家单位为全省农垦首批绿色生态家园标准化建设试点单位。

（汪志磊）

绿色食品

【概　况】　截至2018年年底，全省有“三品一标”产品5335个。其中，无公害农产品2780个，绿色食品647个，有机食品1825个，农产品地理标志83个。全国绿色食品原料标准化生产基地46个，面积56.02万公顷。全国有机农业（德兴红花茶油）示范基地1个，面积2533.33公顷。国家级农产品地理标志示范样板（崇仁麻鸡、余干辣椒）2个，省级绿色有机农产品示范县38个。

【绿色食品产业】　安排“三品一标”证后监管经费75万元，委托检测机构抽检无公害农产品41个、绿色食品97个、农产品地理标志32个。安排“三品一标”展示展销费40万元，组织企业参加农业农村部举办的3个专业展会，对参展展位费和特装设计进行补贴。奖励省级绿色有机食品示范县，对2017年度创建10个省级绿色有机农产品示范县给予每个示范县100万元奖励。

【奖补“三品一标”获证企业】　级省财政在2018年农业技术应用与公共服务专项（农产品质量安全专项）经费中安排“三品一标”认证奖补经费1000万元，对全省2018年度新获证及换证的“三品一标”企业、全国绿色食品原料标准化生产基地等进行补助。

【无公害农产品认定】　根据农业农村部有关无公害农产品认证下放改革

要求，制定印发《江西省无公害农产品认定实施办法(试行)》。2018年，全省组织3次无公害农产品认定，认定无公害农产品1011个(种植业产品642个、畜牧业产品221个、渔业产品148个)，其中复查换证产品452个。

【专业技术人员队伍建设】 全年举办培训班4次，培训人员1382人次，选派23人次参加农业农村部举办的各类培训班。配合国家中心在吉安市举办一期全国绿色食品检查员技能提升培训班，34个省级绿色食品工作机构负责人和业务骨干70余人参加培训。截至12月，全省有无公害农产品检查员581人、绿色食品检查员85人、绿色食品标志监管员51人、有机产品检查员10人、农产品地理标志核查员10人。

【创建原料基地与示范样板】 创建全国绿色食品原料标准化生产基地，完成1个新创建基地的现场检查，组织1个创建期基地的现场验收。创建农产品地理标志示范样板，余干辣椒被农业部授予“国家级农产品地理标志示范样板”称号。继续创建省级绿色有机农产品示范县，南昌县等13个县(区)被授予“2018年度省级绿色有机农产品示范县”称号。

【组织“三品一标”宣传推介】 4月28日，联合南昌市文教路社区组织举办“春风万里 绿食有你——绿色食品宣传月进社区”活动，全省12个设区市、省直管县推荐的28家企业48个获证产品参加现场推介。8月16日—17日，组织部分绿色有机企业参加北京中绿华夏有机食品认证中心在辽宁本溪举办的2018全国有机企业家高级研修班暨源食俱乐部产销对接会。广昌白莲等4个农产品地理标志获2018年中国品牌价值评价，广昌白莲、南丰蜜橘列入《第二批中欧农产品地理标志产品互认推荐清单》。

【组织江西绿色食品品牌参展】 9月6日—8日，组织15家企业参加农业农村部在河南驻马店举办的第21届中国农产品加工洽谈会中部六省绿色食品展，江西展团获最佳组织奖，4家企业产品分别获金质产品奖和优质产品奖。11月1日—5日，组织余干辣椒等10个地理标志农产品参加长沙第十六届中国国际农产品交易会农产品地理标志专展，江西获农产品地理标志展团最佳组织奖，“王桥花果芋”获金奖。12月7日—9日，组织49家绿色有机食品企业参加在厦门举办的“第十九届中国绿色食品博览会暨第十二届中国国际有机食品博览会”，江西获最佳组织奖，有13家企业分别获产品金奖、优秀奖和优秀商务奖。

(康升云)

花卉业

【概　况】 2018年，全省花卉苗木种植面积5.08万公顷(不含广义食用花卉)，花卉销售收入46.9亿元，出口创汇约50万美元。全省花卉苗木企业1368家，其中大中型企业260家。

【筹备参展2019年中国北京世界园艺博览会】 省财政安排经费2000万元，专项用于江西园方案设计、室外、室内展区建设及有关活动组织等。3月，完成室外展园建设招标工作，确定江西鼎和环境发展有限公司为项目建设单位，入场施工并完成主体工程的建设。江西省作为第一批入场施工的参展省，在3月30日组委会第二次协调会上，做大会典型发言(全国2个)，施工现场被选为现场参观示范点(全国2个)。江西室外园土建设及大树种植工作完成，进入成品保护阶段。组织专家在全省范围内3次踏勘、调研，评选出能体现江西省绿水青山、蓝天白云寓意的赣州上犹青花石原石代表江西参展，并将该赏石送达北京同行广场。起草江西省“省区市日”活动方案。根据组委会要求，各省“省区市日”时间为3天，江西省具体安排时间为2019年6月16日—18日。按照《江西省参加2019年中国北京世界园艺博览会工作方案》要求，对活动进行初步安排。

(车洪杰)

农业机械化

【概　况】 2018年，全省农机总动力2382万千瓦，水稻机械化种植率33.31%，水稻耕种收综合机械化率77.7%，主要农作物综合机械化率72.8%。

【农机推广服务】 开展110场水稻机械化种植观摩培训暨“百万农机闹春耕”、50余次水稻精量穴直播现场演示等活动，推进水稻机械化种植。在6个县实施部级农机化试验示范项目，争取省级资金2600万元在25个县开展水稻生产绿色机械化试验示范，推广机插、秸秆综合利用等绿色环保机械化技术示范。新增农机合作社80余个，全省农机专业合作社达1100余个。

【农机购置补贴】 印发《江西省2018—2020年农业机械购置补贴实施方案》，办理农机购置补贴。全年实施补贴资金5.12亿元，受益农户4.33万户，补贴各类农机具4.80万台(套)。在全国农机购置补贴座谈会上，江西省作题为“大力推行农机购置补贴机具‘一机一码’”的典型发言。新增秸秆还田离田等14个农业节本增效、绿色发展所需机具。将温室大棚和水果分级机纳入新产品补贴试点，成为全国两个开展设施大棚补贴的省份之一。扩大植保无人飞机购置补贴试点范围和分档。江西省作为牵头单位，承担全国农机购置补贴“手机APP+二维码+物联网确认”的“三合一”试点工作，以实现农机购置补贴办理“一次不跑”。

【农机安全生产】 启用新的农机安全监督管理信息系统，实现监理业务全省联网、全国联通。全省发生2起农机安全生产事故，死亡1人、受伤1人，造成经济损失10万元，全省农机安全生产形势稳定向好。7个县获评全国“平安农机”示范县、8人获评农机安全监理示范岗位标兵。作为全国19个开展农机报废更新补贴试点的省市之一，试点工作获农业农村部通报表扬。

【2018 年江西省“振兴杯”·“东方红”农机职业技能竞赛在新余市举行】 9 月 6 日—7 日，由省农业厅、新余市政府主办的 2018 年江西省“振兴杯”·“东方红”农机职业技能竞赛在新余市青园农机城举行。全省 13 支代表队 200 名农机手，参加拖拉机倒机移库赛、拖拉机挂接农具赛、拖拉机模拟开沟作业技能赛和农机具维修技能赛 4 个单项赛事比赛。宁都县范贞新获全能冠军，授予“江西机王”称号；奉新县戴隆斌获全能亚军，奉新县帅冬冬获全能季军；宜丰县陈强等 11 名选手获单项前三名。对获奖选手将按程序向省人社厅、团省委、省妇联等单位申报“江西省技术能手”和“江西省青年岗位能手”“巾帼建功标兵”称号。赣州市代表队、省邓家埠水稻原种场代表队和鹰潭市代表队分别获团体前三名，授予最佳组织奖，宜春市代表队等 10 个单位获优秀组织奖。

（黄兰）

农业综合开发

【概　况】 2018 年，全省农业综合开发投资保持稳定增长，全年中央财政投资累计 14.38 亿元，同比增长 2.5%。全年统筹整合发改、财政、农业、水利、国土等部门中央和省财政资金 35.42 亿元，向农业发展银行融资 60 亿元，共 95.42 亿元，确保 19.33 万公顷高标准农田建设。安排财政补助资金 9706.7 万元，实施各类产业化发展项目 166 个；项目区农业生态环境明显改善，实施小流域生态综合治理 1.17 万公顷，控制水土流失面积 117 平方千米。12 月，省农业综合开发办公室由省财政厅划归省农业农村厅管理。

【推进“放管服”改革】 进一步下放审批权限，将项目评审、批复权全部下放至市级农业综合开发机构，省级不再直接安排具体项目资金指标，不再直接审核、批复项目，主要对资金总量和资金投向进行控制。进一步转变工作职能，逐步把省级管理职责由项目管理向资金监管转变。发挥市级评审、审核职能，引导、鼓励市县两级在项目审核、审查中引入第三方参与的工作机制。

【高标准农田建设】 截至 12 月底，实际整合并下达高标准农田建设财政资金 35.42 亿元，比上年增长 11.3%。其中农业发展资金 3.65 亿元、水利发展资金 8.35 亿元（含中央预算内投资用于“三农”建设资金 0.56 亿元）、农业综合开发补助资金 8.4 亿元、新增千亿斤粮食生产能力规划田间工程资金 6.21 亿元、土地整治工作专项资金 5.81 亿元、省级国土新增用地有偿使用费约 3 亿元。

【支持农业优势特色产业】 按照“三聚、三新、三合”项目立项原则，支持资源节约型、环境友好型、生态保育型优势特色农业项目建设。2018 年，安排财政补助资金 9706.7 万元，实施各类产业化发展项目 166 个，其中 151 个项目向优势特色产业、农业园区和小康示范村、省级贫困村等地的新业态、新主体、新产业聚集，重点支持资金整合、三产融合、利益合享新模式。

【开展创新试点】 通过拓展产业链和价值链，推进农发两类项目结合的生态田园示范项目试点。2018 年，投入财政资金 4.3 亿元，启动实施 17 个两类结合创新试点项目，建设各类基地 1.12 万公顷；安排财政资金 2016 万元，支持宜丰、袁州两县（区）三地开展以乡村建设为平台，集生态农业，循环农业、创意农业、农事体验、美丽乡村建设于一体的生态田园示范项目建设。

【世界银行贷款可持续发展农业项目】 累计完成项目投资 2.55 亿元，其中利用世行贷款 1.83 亿元。建成高标准农田 1.51 万公顷，完成平整土地 5200 公顷，深松土壤 4800 公顷，开展秸秆还田 3733.33 公顷，平衡施肥 4600 公顷，在项目区初步建立适应和减缓气候变化的可持续发展农业生产体系。

【加强项目资金监管】 创新检查方式，把以往由农发办主导的检查方式，改为由专员办或中介机构主导，省农发办配合；全面推行“双随机一公开”机制，随机抽取第三方检查机构，随机抽取被检查县，公开被检查县和检查结果。健全整改机制，收回上饶市弋阳县项目财政资金 57.4 万元，扣减弋阳县 2018 年度中央资金 454 万元，对宁都恒盛会计师事务所、长期借用服务对象汽车的信丰县农发办移送有关监察监管部门处理。

【全省首期农业综合开发办主任培训班在井冈山举行】 5 月 7 日—10 日，全省首期农业综合开发办主任培训班在井冈山财政干部教育基地举行。省农发办全体班子成员、各处室负责人和 11 个设区市、89 个开发县农发办主任等 140 余人参加培训。国家农发办土地处有关负责人，江西财经大学、江西农业大学、江西科技师范大学有关专家分别就宏观经济政策、传统文化与家风家训、田园综合体以及农业供给侧结构性改革与乡村振兴战略等有关问题进行解读。南昌市、宜春市、石城县等 8 个市县分别作会议发言。培训期间，与会人员实地考察井冈山市农业综合开发产业化经营以及田园综合体项目。

（刘文武）

科教兴农

【概　况】 2018 年，全省农业科技贡献率 59.02%，超过全国平均水平。江西省新型职业农民培育、农业重大技术协同推广两项工作被农业农村部列为全国试点工作，江西省为 8 个试点省份之一。4 人获“全国百名杰出新型职业农民”称号。

【现代农业产业技术体系建设】 江西省现代农业产业技术体系新增建设中药材、稻田综合种养、牛羊、蜂业、休闲农业、葛业、花卉、花生芝麻、薯类和食用菌 10 个产业技术体系，总数达到 20 个。设立首席专家 20 名，岗位专家 84 名，综合试验推广站 67 个。引进和培育优新品种 216 个，筛选推广优新品种 62 个，研发新技术新工艺 4

项,新产品新装备6个,帮助解决产业发展和生产实际问题28个,集成示范与推广高效技术9项,建立体系技术创新和集成示范基地29个,制定和颁布标准规程27个,申请和授权专利28项。

【一村一名大学生工程】 完成7016名年度招生任务。截至2018年年底,招收培养5.2万名学员,实现全省每个行政村平均有3名农民大学生。举办50场"送科技下乡、送知识入班"精准培训活动,组织科研、技术人员和专家教授下到乡村田间,向学员传技术、教办法、解难题。制定《关于加快和规范乡村大学生创新创业协会建设的意见》,推动协会规范健康发展,实现全省92个农业县(市、区)全覆盖。

【新型职业农民培育】 继续在92个农业县推进新型职业农民培育工程。全年累计举办培训班400余期,培育各类新型职业农民2万余人。支持铜鼓县、高安县、宜春市袁州区等地开展全面建立新型职业农民制度试点工作。加强培育基础条件建设,将优质机构选择进入培育机构库,将优秀"土专家"、企业管理人员、专业技术人才遴选进入培育师资库,将优质培育教材录入教材库,实现优质资源共享,提升培育条件能力。加强培育宣传,与江西广播电视台公共农业频道合作宣传优秀职业农民典型。通过培育工程实施,全省职业农民队伍进一步壮大,有3人获"全国百名杰出新型职业农民"称号。

【农技推广服务】 结合江西省实际,选择优质稻米、蔬菜、果业、草地畜牧业、水产5个产业进行试点,重点推广16项重大技术,在42个县重点实施协同推广试点,建立93个示范基地。全省各级农业部门培训基层农技人员5554人,培育成为基层农技推广骨干人才;采取"定向招生、定向培养、定向就业"的办法培养基层农技员,至2018年累计招录学生1565名。开展农技推广服务特聘计划。在莲花县、修水县、都昌县、赣县区、会昌县、宁都县、石城县、寻乌县、井冈山市、乐安县、广昌县、横峰县12个国家扶贫开发工作重点县(市)开展农技推广服务特聘计划,2018年招募特聘农技人员59人。

【农业送科技下乡服务】 2月,以"科技助力精准扶贫,大力实施乡村振兴战略"为主题,开展为期两个月的进村入户指导和示范性培训等农业生产科技服务活动。活动期间,全省有万余名农技人员深入到95个县(市、区)107个乡镇近千个村组开展服务,举办各类讲座和培训240多场,培训和指导农民19万人次,发放各类农业科技书籍、资料60余万份,赠送种子、化肥、农药、兽(渔)药、果树苗木及植保用具等物资价值近400万元,组织农机展示及机具现场维修1350余架(次),为农民解决各类技术难题850多个,辐射服务农民超过300万人。

【江西农业大讲堂下基层宣讲活动】 7月,组织1000名农业干部专家,深入93个农业县1440个乡镇1.14万个村,开展为期一个月的江西农业大讲堂下基层宣讲活动。通过深入乡镇村组、田间地头和上门访谈,开展大宣讲、大调研、大服务,送思想、送政策、送技术、送服务,现场宣讲4157场次,入户宣讲1.79万户,受众24.39万人次,示范服务3078次,帮助解决农业生产问题4734个,调研2648次。

(范利　吴加发)

扶贫开发和水库移民

【概　况】 2018年,全省各级投入财政扶贫资金68.98亿元。全省6个贫困县(市)通过国家考核评估实现脱贫摘帽,累计8个贫困县(市)摘帽。实现42.26万人脱贫,全省贫困人口减至50.9万人,贫困发生率降至1.38%。1000个贫困村退出,累计退出贫困村2671个。贫困地区农民年人均可支配收入增幅持续高于全省平均水平。

全年全省大中型水库移民人口核定为166.45万人,下达后期扶持资金和基金16.59亿元、库区基金1812万元、小水库解困资金4365万元,大中型水库移民后期扶持项目1.26万个。大中型水库移民人均可支配收入1.37万元,比上年增长9%。

【精准扶贫】 全省各级投入财政扶贫资金68.98亿元,其中省级财政扶贫投入28.79亿元,按中央考核口径比2017年增长16.4%;市县投入财政扶贫专项资金40.18亿元。安排村庄整治资金49.37亿元,加快贫困村特别是269个深度贫困村道路、饮水安全、电力、通信、文化、卫生等设施建设,新改建农村公路2185千米,25户以上自然村实现"村村通"水泥路,3058个贫困村村部所在地全部实现4G网络覆盖和通光纤宽带。下达农村饮水安全巩固提升省级以上投资7.55亿元,其中安排贫困县4.11亿元,解决和保障贫困人口饮水安全40.8万人。结合村庄整治推进生态补偿扶贫,2018年累计下达财政补偿资金13亿元,实施东江流域生态环境保护和治理工程项目62个,总投资12.31亿元,完成工程项目21个、投资8.93亿元。江西省本地户籍34.9万未脱贫劳动力中,有24.7万人通过帮扶实现就业,占比71%。全省资助建档立卡贫困家庭学生47.23万人,发放资助资金10.54亿元。全省贫困人口城乡居民基本医保累计报偿238.9万人次,大病保险报偿94.7万人次,医疗补充保险报偿102.6万人次,医疗救助87.4万人次。实施建档立卡贫困户危房改造任务3.89万户,全省"十三五"易地扶贫搬迁建档立卡贫困人口13.5万人,完成搬迁入住13.06万人,搬迁入住率96.74%。

【社会扶贫】 2018年,江西民营企业参与全国"万企帮万村"精准扶贫行动总数达到3546家,实施帮扶项目7542个,投入资金总额23.99亿元,帮扶村数4244个,帮扶贫困人口总数47.05万人。其中,江西省269个深度贫困村实现民营企业结对帮扶全覆盖。通过"社会扶贫网"精准扶贫行动,全省有1308家民营企业网上帮扶贫困户2.70万户,线上对接贫困户需求5678个,线上对接众筹263个,线下帮扶贫困户需求2.36万个。

【《关于打赢脱贫攻坚战三年行动的实施意见》出台】 9月3日,省委、省政府出台《关于打赢脱贫攻坚战三年行动的实施意见》。该意见明确2018年为深化落实年,加大攻坚力度,瞄准269个深度贫困村,完成120个深度贫困村村庄整治,实现40万贫困人口脱贫、1000个贫困村退出、10个贫困县摘帽的年度目标。2019年为巩固提升年,逐步建立稳定脱贫长效机制,调整脱贫规划,加快推进剩余贫困村基础设施建设和公共服务延伸,再实现40万贫困人口脱贫、6个国定贫困县和1个省定贫困县摘帽的目标。2020年为全面决胜年,如期完成脱贫攻坚任务,确保现行标准下农村贫困人口实现脱贫,消除绝对贫困;确保贫困县全部摘帽,解决区域性整体贫困;确保实现贫困地区农民人均可支配收入增长幅度高于全省平均水平,贫困地区基本公共服务和社会保障主要领域达到或接近全省平均水平。该意见重点明确实施精准帮扶"十大行动",即以产业扶贫提质增效行动、就业扶贫拓展扩面行动为载体,统筹推进产业就业扶贫精准到户;以教育扶贫精准对接行动、健康扶贫巩固提升行动、保障扶贫兜底覆盖行动为载体,筑牢贫困群众医疗救助保障线;以搬迁扶贫后续提效行动、危房改造稳固安居行动、基础设施全面改善行动、生态扶贫示范促进行动、深度贫困村堡垒攻克行动为载体,改善贫困地区发展。

(龚亮保)

农村工作

【概　况】 2018年,江西省推进乡村振兴战略,打造新时代"五美"乡村。全省农村居民人均可支配收入1.45万元,增长9.2%,高出全国平均水平0.4个百分点,高出全省城镇居民收入增速0.8个百分点。建成高标准农田19.63万公顷,累计建成130.77公顷。稳定粮食播种面积,全省粮食总产量219.05亿千克。农村集体资产清产核资工作基本完成,核实集体资产958.2亿元。全省建成符合标准的村综合性文化服务中心1.25万个。全年实现42万贫困人口脱贫、1000个贫困村退出、10个贫困县达到摘帽条件。

【发展现代农业】 实施九大产业发展工程及林下经济发展行动计划,全省调整农业结构面积29.98万公顷,油茶、毛竹、雷竹、森林药材、香精香料、苗木花卉等林下经济产业集群初步形成。产业集聚效益加速形成,新增1个国家现代农业产业园、总数2个,新增省级现代农业示范园74个、总数233个。启动实施农产品加工提升工程,农产品加工业与农业产值比为2.3:1。推进一二三产融合发展,完善就业带动、保底分红、股份合作等利益联结机制,休闲农业和乡村旅游总产值931亿元。实施农业"三十双百"创新工程,建成20个农业产业技术体系,实现优势特色产业全覆盖,农业科技贡献率、主要农作物综合机械化率、水稻耕种收机械化率分别是59.02%、72.8%、77.7%。持续实施绿色生态农业"十大行动",完善农产品质量安全监管体系,建设全国重要绿色农产品生产区和绿色农业示范区,"三品一标"总量达5335个,创建省级绿色有机农产品示范县25个,农药化肥连续3年保持"负增长",主要农产品监测合格率98.5%。

【改善农村人居环境】 持续实施新农村建设行动,完成2万个村组整治建设,全省累计65%村组开展新农村村庄整治建设。全面打好农村生活垃圾治理攻坚战,大部分县基本落实"户分类、村收集、镇转运、县处理"四级运行机制,实现城乡环卫"一把扫帚扫到底",43个县(市、区)实现农村生活垃圾"全域一体化"第三方治理。梯次推进农村生活污水治理,2000余个村组建设生活污水处理设施。推进农村厕所革命,578.72万户农户用上水冲式卫生厕所,占农户总数73.5%。开展农业生产废弃物资源化利用,全省畜禽养殖废弃物资源化利用率77%,规模养殖场粪污处理利用设施配套率83.4%。加快推动农村水、电、路等提挡升级,促进城乡公共服务均等化。农村饮水安全工程受益贫困人口30.6万人,完成新改建农村公路7067千米、农村电网1.75万千米,光纤通达所有行政村。完成新建、改扩建农村义务教育学校725所,公有产权村卫生计生服务室达4509个。

【农业农村改革】 推进农村集体产权制度改革,农村集体资产清产核资工作基本完成,核实集体资产958.2亿元,全年消除集体经济"空壳村"5499个。"三权分置"改革稳步推进,建成11个市级、102个县级和1454个乡级流转服务中心,基本实现"全覆盖、互联互通";农地流转率45.7%,比上年提升5.2%。加快推进农村房地一体确权登记,完成1316万幢房屋调查,调查完成率98.34%。统筹推进余江农村土地制度改革试点,宅基地制度改革试点共退出宅基地3.42万宗340.53公顷,95.5%试点自然村完成宅改任务。

【培育乡风民风】 推动建立"新时代文明实践中心",促进习近平新时代中国特色社会主义思想和中共十九大精神走进乡村、走进群众。实施文化惠民工程,繁荣农村文化生活,全省建成符合标准的村综合性文化服务中心1.25万个,约占建设总任务数60%。推进文化科技卫生"三下乡"和文明村镇、村史馆建设。推动农村移风易俗,稳步推进殡葬制度改革,全省整治散埋乱葬和违规坟墓33.64万余穴,将婚事新办、丧事简办等内容纳入村规民约,建立红白理事会1.35万个,占行政村总数79.73%。

【完善乡村社会治理体系】 推进村"两委"换届选举,选优配强带头队伍。建立健全自治德治法治相结合的治理体系,引导各地制定完善村规民约,开展先进道德典范宣传。推进农村"法律明白人"培养工程,行政村全部建立"一村一法律顾问"制度,发挥农民和新乡贤在乡村治理中的作用。45个县(市、区)组建新农村建设促进会,累计筹措资金近10亿元,全社会共建共享新农村的氛围进一步浓厚。

【开展"财政惠农信贷通"工作】 创新财政支农投入机制,开展"财政惠农信贷通"工作。截至2018年年底,贷款余额145亿余元,全省累计发放贷款503.14亿元,为12.16万个新型农业经营主体解决融资难融资贵问题,为新型农业经营主体减轻融资成本近10亿元。全省各级共占用18.48亿元财政资金,撬动银行贷款503亿余元,财政资金使用效益实现数十倍增长。2018年,新增不良贷款2.53亿元,当年不良贷款率1.68%;4年共发生不良贷款5.78亿元,年均不良贷款率0.95%。

【实施“一村一名大学生工程”】 抓好学员教育,培养农村实用人才,全年招生7016人,7年共培养有专业种养知识的农民大学生4.7万人,其中37.1%成为村“两委”干部,42.5%在农村创新创业,成为种养大户和合作社领办人。坚持把工作重心由重招生培养转到招生培养和推动创新创业并重,以“一村一名大学生工程”学员为主体,86个县组建乡村大学生创新创业协会,协会会员帮助1.38万户贫困户脱贫,带动7.84万户农民致富。

【全省农村工作会议暨新农村建设现场推进会在上饶召开】 2月6日—7日,全省农村工作会议暨新农村建设现场推进会在上饶召开。省委书记鹿心社出席并讲话,省委副书记、省长刘奇讲话,省委副书记、省政协主席姚增科主持。省委、省人大常委会、省政府、省政协领导班子成员,省法院、省检察院主要负责人在主会场或分会场出席。会议指出,全省上下按照“稳粮、优供、增效”目标要求抓农业发展,按照“整洁美丽、和谐宜居”目标要求推进农村建设,按照“脱贫、致富、文明”目标要求做好农民工作,农业农村发展取得新成效。会议强调,全省上下要坚持农业农村优先发展,深入贯彻新发展理念,走出一条具有江西特色的乡村振兴之路,为建设富裕美丽幸福现代化江西奠定基础。

【全省实施乡村振兴战略暨改善农村人居环境工作推进会议召开】 8月17日,全省实施乡村振兴战略暨改善农村人居环境工作推进会议在南昌召开。省委书记刘奇出席并讲话,省委副书记、代省长易炼红主持,省领导刘强、赵力平、周萌、胡强、刘卫平出席。会议传达学习全国实施乡村振兴战略工作推进会议和全国改善农村人居环境工作现场推进会议精神,特别是中共中央总书记习近平重要指示精神。会议强调,全省上下要学习贯彻习近平关于做好“三农”工作的重要论述,以新理念谋划实施乡村振兴战略,以新举措加快推进农业农村现代化,促进农业全面升级、农村全面进步、农民全面发展,绘就新时代美丽乡村新画卷。

(陈昱)

社会主义新农村建设工作

【概　况】 2018年,江西省投入财政专项资金90亿元,推进19966个省级村点(涉及17716个村组)、12159个市县自建村点(涉及9842个村组)整治建设,提升村容村貌,完善基础设施。

召开全省农村工作会议暨新农村建设现场推进会,将新农村建设纳入《江西市县高质量发展考核评价实施意见》。印发《关于全面落实“四精”理念高质量推进新农村建设的实施意见》,累计启动建设47条美丽宜居市级示范带、165条县级示范带和997个美丽宜居试点村庄,形成资溪大觉溪乡村旅游综合示范区、上犹南河湖风光、武宁幕府风情等一批精美村庄。开展贫困村组整治建设、“空心村”整治建设、新农村建设促进会、发挥农民主体作用等专题调研,破解涉及新农村建设全局的重大问题。建立每季一调度、半年一督查、年终一考评的督查调度机制。10月初组织开展全省新农村建设“60日攻坚战”,11月30日前全面完成省级村组整治建设任务。召开3次会议,对市县新村办主任进行业务培训。市、县两级通过以会代训、现场观摩、座谈交流等形式,加大对乡村干部和专业技术人员的指导培训。

【村庄整治】 巩固全省“连点成线、拓线扩面、突出特色、整体推进”新农村建设格局。按照“七改三网”和“8+4”建设要求,累计完成改路2.7万千米、改水53万户、改厕60万户、修建排水沟1.7万千米、改塘1.1万口,新建或改造综合公共服务平台、文体休闲、医疗卫生、农家书屋等设施3万余个。

【农村垃圾治理】 健全城乡环卫一体化体系,基本落实“户分类、村收集、镇转运、县处理”四级运行机制。创新农村生活垃圾治理模式,实现农村生活垃圾治理“两同步四统一”,即城市与农村同步推进市场化、清扫与清运同步推进市场化,城乡生活垃圾统一清扫、统一收集、统一转运和统一处理。43个县建立城乡生活垃圾“全域一体化”第三方治理机制,有效破解农村生活垃圾“反弹”难题。全省建成垃圾焚烧发电厂8座,建设城乡垃圾中转站1723个,配备压缩式运输车943辆、勾臂式或挂桶式运输车2287辆、农用车或电动车1.67万辆,布局垃圾集中收集点25万个,放置公用收集桶(箱)134万个、户用收集桶850万个,配备农村保洁员14.2万名。

【脱贫攻坚】 制定《大力推进贫困村人居环境整治三年行动的工作方案》,把全省269个深度贫困村中未开展新农村建设的805个25户以上村组全部纳入2018年计划,优先改善贫困村村容村貌和农民群众居住条件。列入2018年新农村建设省级村点指标支持的5464个贫困村组和805个深度贫困村组,投入省级新农村建设专项资金8.65亿元,全部完成整治建设任务。

【组建新农村建设促进会】 出台《关于加快培育新农村建设促进会发挥新乡贤作用助推乡村振兴的意见》,鼓励和引导各地组建新农村建设促进会,发挥新乡贤作用,支持家乡建设。各地按照有办公地点、有机构章程、有专人管事、有工作制度、有信息平台、有筹资成果、有服务参与“七有”标准,组建45个新农村建设促进会,发展会员6000多人,筹措资金近10亿元,带动农民群众捐资捐赠,参与家乡建设。

(王学铭)

本栏编辑　邓诚君

工 业

综 述

2018年,全省规模以上工业增加值同比增长8.9%,比全国平均水平高2.7个百分点,增速列全国第8位、中部第2位,连续5年保持在全国"第一方阵";实现主营业务收入32077.4亿元,增长12.0%,比全国平均水平高3.5个百分点;实现利润总额2157.8亿元,增长16.5%,比全国平均水平高6.2个百分点。

工业强省战略不断完善。省委、省政府高位推动工业发展,出台《关于深入实施工业强省战略推动工业高质量发展的若干意见》,是江西省推动高质量发展的第1份文件。成立省政府主要领导任组长的工业强省建设领导小组,召开全省工业强省推进大会,制定江西省工业高质量发展考核评价办法,营造全省大抓工业的氛围。

工业运行态势保持良好。全省38个行业大类中,有35个行业增加值保持增长,增长面达92.1%;其中电子信息、航空、钢铁、有色、建材、装备、光伏、石化等行业实现2位数增长。全省重点监测的370种主要工业产品中,有216种工业产品产量实现增长,增长面达58.4%。全省工业用电904.1亿千瓦时,增长7.38%。其中,制造业用电567.2亿千瓦时,增长8.49%。工业新产品中,LED管、中成药、智能手机等工业新产品产量分别增长23.1%、17.8%、10.6%。每百元主营业务收入中成本86.61元,下降0.17元。规模以上企业主营业务收入利润率6.73%,提高0.26个百分点,比全国平均高0.24个百分点;工业税收累计完成1130.9亿元,增长15.6%。企业资产负债率51.7%,下降0.7个百分点。全省工业生产者出厂价格指数12月上涨0.2%,全年累计上涨4.2%。

产业结构调整步伐加快。全省战略性新兴产业、高新技术产业增加值分别增长11.6%和12.0%,比规模以上工业快2.7个百分点和3.1个百分点,占规模以上工业的17.1%和33.8%,比上年提高2.0个百分点和2.9个百分点。装备制造业增加值增长15.2%,比规模以上工业快6.3个百分点,占规模以上工业的26.3%,比上年提高0.8个百分点。编制新兴产业四图和100个产业链全景图。电子信息方面编制京九(江西)电子信息产业带发展规划并召开推进会。航空形成集研发、设计、制造、试飞、适航取证于一体的民机产业体系。中医药科创城建设实现1年定框架。新能源汽车及锂电实现2位数增长。省政府印发《江西省传统产业优化升级行动计划(2018—2020年)》,确定在有色等8大产业实施技术改造等8大提升行动,在九江市和南昌市青山湖区等"1+8"市县开展省级综合试点和分行业试点。制定《江西省工业企业技术改造三年行动计划(2018—2020年)》,确定实施技改3年行动计划,在电子信息、汽车、冶金、有色等12个行业制定智能化改造技术路线图。"03专项"推广应用300多项,NB-IoT和eMTC两张网全省全域覆盖,物联网产业突破500亿元。中国稀金谷产业大数据平台、江西新能源汽车大数据中心上线运行。江西工业设计中心开工建设,举办第三届"天工杯"工业设计大赛,中国航空研究院602所的AV500无人直升机项目获中国工业设计金奖。打好工业污染防治攻坚战,开展长江经济带化工企业摸底调查,制定化工企业清理整顿退出方案,调整沿江沿湖市县首位产业。

集群集约水平明显提升。全省89个工业重点产业集群,集群内投产企业14639家,实现主营业务收入1.57万亿元,增长13.7%,高出全省规模以上工业1.7个百分点。其中,南康家具(1591亿元)过千亿元,新余钢铁及钢材加工(691.5亿元)、樟树医药(552亿元)、南昌高新区光电及通信(550亿元)3个集群过500亿元,48个集群过100亿元。新增国家新型工业化产业示范基地3个,分别是赣州高新区新材料(稀有金属)、鹰潭市电子信息(物联网)和上饶经开区电子信息(光伏);全省总数达15个,数量居中部第3位。新增省级重点工业产业集群12个,分别是彭泽工业园区精细化工产业集群、上饶经开区汽车产业集群、湘东产业园节能环保产业集群、安源产业园五陂海绵产业集群、贵溪经济开发区高端线缆线束生态科技产业集群、万载工业园区有机食品产业集群、景德镇高新技术产业开发区家电产业集群、南昌高新技术产业开发区智能装备制造产业集群、湖口高新技术产业园区新材料产业集群、峡江工业园区生物医药产业集群、德兴高新技术产业园区黄金产业集群、赣州经济技术产业开发区电子信息产业集群;总数达89个。新增省级战略性新兴产业集聚区4个,分别是九江经济技术开发区智能家电产业集聚区、龙南经济技术开发区电子信息产业集聚区、南昌小蓝经济技术开发区汽车及零部件

产业集聚区、宜春经济技术开发区锂电新能源产业集聚区;总数达12个。组建产业创新服务综合体5个,分别是南昌高新技术产业开发区航空产业创新服务综合体、南康经济开发区家具产业创新服务综合体、樟树工业园区医药产业创新服务综合体、九江经济技术开发区电子电器产业创新服务综合体、井冈山经济技术开发区电子信息产业创新服务综合体。新认定南昌高新区电子信息、高安市光电等4个省级基地,全省总数达75个。确定南昌小蓝经开区汽车及零部件、芦溪电瓷等5个基地为2018年省级新型工业化产业示范基地。

企业发展活力有效释放。全年新增入规企业超1000家,总数达1.16万家,实现主营业务收入3.21万亿元,增长12.0%;实现利润2157.8亿元,增长16.5%。主营业务收入和利润分别高出全国平均水平3.5个百分点和6.2个百分点。全省重点调度的工业企业实现主营业务收入9498.64亿元,增长11.6%;利润总额637.21亿元,增长19.67%。全省主营业务收入过100亿元企业增加2家,分别是胜华金属、建材集团,总数达21家。其中,江铜集团实现主营业务收入2327.2亿元,连续6年进入世界500强榜单,2018年排名第370位;江铃集团主营业务收入突破千亿元。新认定"专精特新"企业350家、小巨人企业60家、单项冠军企业13家,远大保险设备集团入选全国单项冠军。江铃底盘、崇义章源、赣锋锂业、晶科能源等获国家技术创新示范企业,北航江西研究院揭牌成立,通航飞行服务院士工作站落地,认定30家省级企业技术中心,筹建4个产业研究院,组建4个省级制造业创新中心,评审发布5项关键共性技术项目。完成省级新产品立项610项,验收120项,评选和表彰2017年度省级优秀新产品167项。深入开展降成本优环境专项行动,落实152条惠企政策,全年减负约1200亿元。开展智能制造服务进企业活动,智能制造"万千百十"工程累计应用智能装备1.06万台(套),建成749个数字化车间及智能工厂,培育2个省级两化融合园区和50家示范企业,新增16家企业通过国家两化融合管理体系评定,"上云"企业突破7000家,制造业双创平台普及率

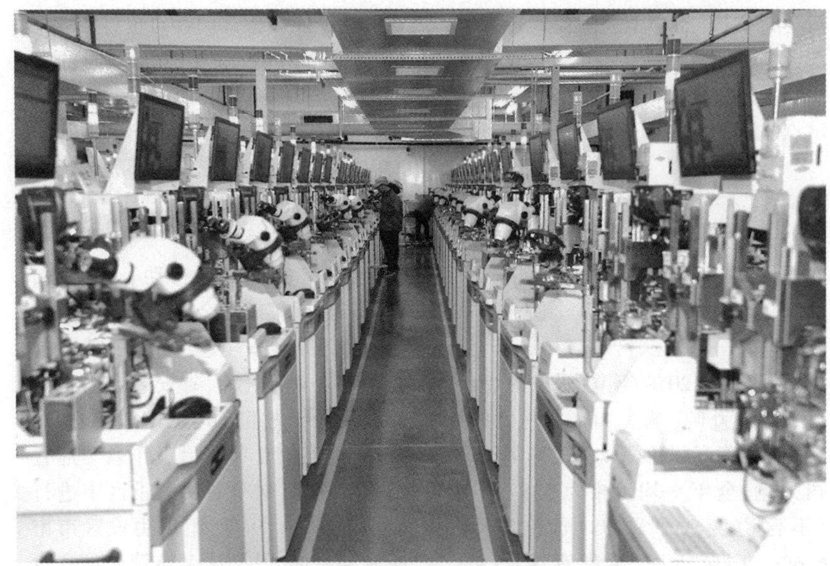

吉安木林森光电有限公司大力推进LED绿色材料的研发使用,成功入选国家绿色工厂。图为11月17日,吉安木林森光电有限公司的工人在生产LED元件

林君摄

78.8%。推荐的9人全部入选中国工艺美术大师。

工业项目建设稳步推进。全省工业投资增长13.1%,占全省固定资产投资48.9%;其中工业技术改造投资增长39.1%,占工业投资27.7%,比上年提高5.2个百分点。全省实施亿元以上工业项目3398项,总投资1.97万亿元,累计完成投资9466.7亿元,占比48.1%;其中2018年完成投资6118.0亿元。投资500万元以上技改项目1708个,其中亿元以上技术改造项目1078个。全省重点推进的100项投资10亿元以上重大工业项目中,美晨通讯整机研发及生产基地等29项重大项目开工建设;赣锋锂业年产1.5万吨电池级碳酸锂等35项重大项目已完工或部分投产。举办2018世界VR产业大会,中共中央总书记习近平致贺信,现场签约项目157个,签约资金631.5亿元。全国首个省局共建民航适航审定中心、首张无人机航空运营许可证等重大平台落户江西,"江西快线"获得135部载客类经营许可和运行许可,C919飞机成功转场试飞瑶湖机场核心试飞基地。推动与葡萄牙共建欧洲(葡萄牙)中医药文化体验中心和中医联合研究实验室。组织国际麻纺博览会、国际锂电新能源产业展览会、高分卫星遥感技术应用推广会、绿发会电子信息推介和中医药论坛、海绵产业推介会、"03专项"成果产业对接会等,支持赣产赣企赣品走出去,扩大国际知名度。

园区承载能力显著增强。全省园区实现主营业务收入2.58万亿元,增长12.4%;实现利润1860.8亿元,增长15.7%。全省63个省级工业园区(产业园)实现主营业务收入5953.8亿元,实现利润585亿元,分别占全省开发区的23%和31.4%。全省园区投产工业企业1.17万家,工业增加值增长9.3%,高出全省规模以上工业0.4个百分点。主营业务收入过千亿元园区4个。其中,南昌高新区2381.7亿元,增长11.0%,是全省首个过2000亿元的园区;南昌经开区1329.9亿元,增长11.7%;九江经开区1149.9亿元,增长11.1%;南昌小蓝开发区1062.6亿元,增长15.9%。过500亿元园区8个。其中,井冈山经济开区938.2亿元,上饶经开区746.7亿元,瑞金经开区587.0亿元,赣州经开区585.2亿元,景德镇高新区556.1亿元,丰城高新区551.6亿元,贵溪工业园区535.8亿元,萍乡经开区521.7亿元。全省园区累计规划建设标准厂房5900万平方米,实际建成2800万平方米,入驻企业2400多家,解决就业16万人,带动社会投资220多亿元。培育省级绿色园区6个、绿色工厂36家,国家级绿色园区4个、绿色工厂14家。晶科能源成为全国"质量标杆",新干箱包皮具、樟

树金属家具、湘东工业陶瓷入选国家产业集群区域品牌建设试点。青山湖纺织基地获批国家纺织服装创意设计试点。

（梅斌）

煤炭工业

【概　况】　2018年，江西省原煤产量542.9万吨，减少109万吨，降幅16.7%。商品煤价格以省能源集团公司为例，全年平均价格为535元/吨（不含税价），下跌38元/吨，降幅6.6%。截至年底，全省有煤矿121处、产能1017万吨，其中省属煤矿9处、产能418万吨，市县属和乡镇煤矿112处、产能599万吨。

【煤矿安全改造项目获中央预算内投资】　2018年，省发改委组织开展煤矿安全改造中央预算内投资项目申报工作，指导丰城曲江煤炭开发有限公司获中央预算内投资1903万元，专项用于安全改造项目。

【煤炭去产能年度目标任务超额完成】　2018年，全省煤炭去产能目标任务为关闭煤矿50处、退出产能257万吨。7月19日，经省政府同意，省发改委等7部门出台《江西省深化2018年化解煤炭过剩产能工作实施方案》，围绕工作目标，明确重点任务，细化工作措施。根据该方案要求，各产煤地区、各有关部门综合运用法治化、市场化手段推进煤炭去产能工作，全年实际关闭煤矿84处、退出产能423万吨，分别完成年度目标任务的168%和164.6%。其中9万吨/年及以下落后小煤矿关闭83处、淘汰产能384万吨，受到国家淘汰落后产能督查组肯定。

【煤炭产能指标交易收益】　4月23日，省化解过剩产能工作领导小组办公室制定印发《关于认真组织开展煤炭产能置换指标交易工作的通知》；6月11日，制定印发《关于加强煤炭产能置换指标交易工作的指导意见》，进一步完善煤炭产能指标交易制度。依据文件精神，各产煤设区市化解煤炭过剩产能牵头部门针对全省产能指标“点多量小”、市场竞争力弱的特点，集中本地区退出的煤炭产能指标，统一委托省产权交易所进行公开交易，帮助全省84处退出煤矿完成指标交易，获得总收益5亿元。

【开展煤矿安全专项行动】　年内，江西省开展煤矿安全专项整治行动和打击整治煤矿安全违法违规行为专项行动。自4月开始，省安委会组织由副厅级领导为组长的7个安全生产巡查组，把煤矿专项整治工作列为巡查的重要内容，对全省所有设区市进行全覆盖巡查。9月，组织由设区市市级领导带队、共267名监管人员和专家组成的11个检查组，对全省11个设区市开展交叉检查，检查覆盖全省24个产煤县。对所有查出的隐患均由煤矿逐条建档，闭环管理；对各级煤矿监管监察部门检查出的隐患，按照“谁查出、谁建档、谁跟踪”的原则建档管理，跟踪督办；对查出的重大隐患，实行企业、县、市、省四级建档，明确整改时限，市、县两级安委会跟踪督办、督促企业在规定时限内完成整改的措施。同时，在全省煤矿持续开展“五个一”活动，即一次安全风险辨识评估并登记造册，一次全面安全隐患排查并上线运行，一次安全规程、操作规程和应急预案对标树立并补充完善，一次全员安全教育培训，一次彻底的反“三违”行动。

【开展煤矿打非治违和执法活动】　2018年，江西省坚持两个“专项行动”与严执法相结合，狠抓煤矿严格执法，严格落实“四个一律”执法措施，严厉打击各类煤矿安全生产违法违规行为。针对全省大部分煤矿于2020年前淘汰退出的实际，将打击煤矿违法违规生产行为作为整治的重要内容，加大对无证或证照过期矿井、停工停产矿井、列入2018年退出计划矿井的检查执法力度。省安全生产巡查督导组、省安监局加大对煤矿安全生产违法违规行为的查处检查力度，对检查发现的问题立即全省通报，在媒体曝光。各产煤市县强化明查暗访和盯守巡查，采取上限处罚、通报曝光、治安拘留等措施，严厉查处一批违法违规生产煤矿，有效遏制违法违规生产行为抬头势头。全年全省下达执法文书1252份，责令停工停产、停产整顿67处，责令局部停止作业90处，对企业管理人员问责28人次，推送联合惩戒1处，约谈58处，通报23处，罚款1378.2万元，罚款额同比大幅度上升。

（陈小飞）

电力工业

【概　况】　2018年，江西全口径发电总装机容量3553.6万千瓦，增加386.6万千瓦。其中，火电2165.3万千瓦，增加231.6万千瓦；水电626.7万千瓦，增加11.6万千瓦；风电225.4万千瓦，增加56.6万千瓦；光伏发电536.2万千瓦，增加86.8万千瓦。统调装机容量2543.1万千瓦。其中，火电1894.0万千瓦，新增200万千瓦；水电301.8万千瓦，新增4.8万千瓦；风电220.4万千瓦，新增56.5万千瓦；光伏发电126.9万千瓦，新增4.1万千瓦。全口径发电量1301.5亿千瓦时，增长9.8%。统调发电量1048.9亿千瓦时，增长12.8%。其中，水电发电量50.1亿千瓦时，下降16.9%；火电发电量945.3亿千瓦时，增长14.1%；风电发电量40.4亿千瓦时，增长31.4%；光伏发电量13.1亿千瓦时，增长31.4%。共有500千伏变电站22座，主变37台，总容量2875万千伏安；线路63条，总长4899千米。220千伏变电站158座，总容量4476万千伏安；线路513条，总长12856千米。

【购入电量】　全年购入电量128.6亿千瓦时，增长15.8%。购入电量中，三峡电量71.5亿千瓦时，增长2.3%；葛洲坝电量6.0亿千瓦时，下降9%；华北特高压电量8.0亿千瓦时，下降22.4%；西北电量28.0亿千瓦时，增长165.2%；河南、湖北及水电应急交易等临时购入电量15.1亿千瓦时。

【投产电网项目】　年内，全省投产云峰（东乡）输变电、红都扩建、锦江扩建3项500千伏电网项目，变电容量300万千伏安，线路190.51千米。投产21项220千伏项目，变电容量321万千伏安，线路369.7千米。

2018年220千伏项目投产情况统计

序号	项目名称	线路长度（千米）	变电容量（万千伏安）	投产时间
1	江西七琴城上—五老峰风电厂220千伏送出工程	12.7		2018-01-18
2	新余南部220千伏网架优化工程	89.0		2018-01-26
3	江西九江杨家岭220千伏变电站2号主变扩建工程		18	2018-03-28
4	东乡500千伏变电站220千伏送出工程（温圳—松源π入东乡变220千伏线路工程）	23.0		2018-03-28
5	景德镇何家220千伏变电站2号主变扩建工程		18	2018-03-28
6	抚州宜黄220千伏输变电工程	57.9	18	2018-03-29
7	江西抚州东乡500千伏变电站220千伏送出工程	61.2		2018-04-28
8	江西抚州黄州220千伏变电站2号主变扩建工程		18	2018-06-28
9	220千伏城南主变扩建		18	2018-06-28
10	220千伏前湖主变扩建		18	2018-06-27
11	九江江州风电220千伏送出工程	10.7		2018-06-29
12	江西赣州金星220千伏输变电工程（红都—金星Ⅱ回220千伏线路工程）	7.1	36	2018-06-29
13	江西赣州稍江220千伏输变电工程	56.0	36	2018-08-30
14	江西吉安泽泉220千伏变电站2号主变扩建工程		18	2018-09-29
15	江西赣州金星220千伏输变电工程	4.1		2018-09-30
16	景德镇鄱北220千伏变电站2#主变扩建工程		15	2018-09-29
17	江西九江威家220千伏输变电工程	13.2	36	2018-09-30
18	江西萍乡柳江（渡溪岭）220千伏变电站2号主变扩建工程		18	2018-11-27
19	樟山220千伏输变电工程	34.8	18	2018-12-21
20	江西南昌220千伏蒋巷扩2#主变扩建工程		18	2018-12-20
21	抚州孝岗220千伏开关站扩建主变工程		18	2018-12-21

【全社会用电量】 全年全社会用电量1428.8亿千瓦时，增长10.4%，增速列全国第九位。其中，第一产业用电量7.3亿千瓦时，增长17.3%；第二产业用电量922.9亿千瓦时，增长7.8%；第三产业用电量236.0亿千瓦时，增长16.7%；城乡居民生活用电量262.6亿千瓦时，增长14.3%。

【投产神华九江电厂】 投产神华九江电厂2台100万千瓦机组。该项目是神华集团在江西首个煤电项目，也是江西第二个百万千瓦机组煤电项目，2014年12月获得核准。

（刘炳均）

钢铁工业

【概　况】 2018年，在全国持续深入推进供给侧结构性改革的大背景下，江西钢铁行业严厉打击防范“地条钢”死灰复燃，应对国内外市场变化，全行业运行保持整体平稳、稳中向好的发展态势。全年生铁产量2204.17万吨，增长2.8%；粗钢产量2499.18万吨，增长4.0%；钢材产量2571.34万吨，增长7.9%。主营业务收入2333.85亿元，增长16.26%。实现利润238.83亿元，增长18.25%；销售利润率10.23%，比上年提高1.14个百分点，重点钢企实现利润199.50亿元，增长54.00%。新钢、萍钢和方大特钢3家重点钢铁企业的钢产量占全省钢产量的99%。

【钢材出口量减价增】 2018年，全省钢材出口量111.77万吨，下降

13.24%,出口值 58.97 亿元,增长 3.64%;铁合金出口量 2748 吨,下降 1.68%,出口值 5.56 亿元,增长 3.15%。

【钢材价格】 2018 年,全省钢材价格前三季度波动上升,10 月涨到最高点后有较大幅度回落。以 Φ6.5 毫米高线价格为例,年初价格为 4140 元/吨,8 月中旬到 10 月下旬期间一直在 4900 元/吨左右波动,12 月末跌至 4040 元/吨,比年初下跌 2.42%。

【循环经济】 2018 年,全省钢铁行业重点钢企自发电量 45.21 亿千瓦时,增长 37.34%,占重点钢企总用电量 51.45%,为企业创效 22.60 亿元,可节约标准煤 555 万吨,减少温室气体 CO_2 排放量 595 万吨。

【开展“地条钢”大排查】 年内,全省组织开展 2 次全面大排查,明确重点区域,扩大排查范围,建立台账并向社会公告。截至年底,全省中频炉企业 474 家、中(工)频炉设备 1044 台(套)已全部列入用电监管和巡查的重点监控名单。建立并完善中频炉设备清单公告制度、联动工作机制、联合查处迅速响应机制、月报制度、巡查工作机制、用电监管、举报核查等长效工作机制,把取缔“地条钢”工作常态化、制度化、规范化。建立省、市、县三级打击“地条钢”非法生产巡查队伍,负责对各地重点监控企业进行日常巡查,省级巡查每季度全覆盖,市级巡查每月全覆盖。8 月以来,省级巡查小组共开展巡查 24 次,现场抽查中频炉企业 179 家。严格做好涉及中频炉项目备案报批工作,做好事前监管;强化用电分析,每半个月对全省中频炉企业用电情况进行分析研判,对出现用电异常情况的企业由省巡查小组进行检查核实,通过用电监控共发现并核查用电异动企业 52 次。修订并印发“地条钢”知识手册,召开全省视频培训会,对省、市、县三级工作人员进行“地条钢”知识的授课培训,加强政策宣贯,增强防范打击“地条钢”的敏感性和辨别力。向社会公告举报电话及有奖举报政策,强化社会监督,持续保持高压态势。

【推动钢铁产业优化升级】 年内,印发《江西省钢铁产业优化升级实施方案(2018—2020)》,并制定《2018 年钢铁产业优化升级推进方案》,推动行业转型升级;拟定《2018 年江西省钢铁行业技术改造工作方案》,提出技术改造的主要目标、主要措施和工作安排,重点推进技术改造项目 15 个,完成重点项目投资超过 20 亿元;编制新材料产业钢铁新材料的四图作业,进一展拓展钢铁产品的应用领域;草拟《江西省钢铁行业智能化改造实施方案》,提出建设智能化示范工程、推进钢铁生产大数据平台建设与示范等方面的技术推广方向;做好传统产业优化升级钢铁产业试点相关工作,评定新余市渝水区作为传统产业优化升级省级(钢铁)产业试点,并进行实地调研,督促、指导试点地区做好传统产业优化升级产业试点相关工作。

(董琳琳)

有色金属工业

【概　况】 2018 年,有色金属产业规模以上企业 739 家,实现主营业务收入 6068.8 亿元,增长 15.7%;利润 223.9 亿元,增长 18.7%。其中,铜产业规模以上企业 232 家,实现主营业务收入 4441 亿元、增长 16.2%,利润 127.4 亿元、增长 28.1%;钨产业规模以上企业 131 家,实现主营业务收入 317.7 亿元、增长 18.1%,利润 20 亿元、增长 15.3%。全省铜精矿铜累计生产 31.5 万吨,上升 22%;电解铜累计生产 130.5 万吨,上升 0.6%;铜材累计生产 365.7 万吨,增长 51.8%。钨精矿产量减少 4.5%。

【稀土行业规范化发展】 省工信厅、省公安厅等 7 部门联合印发《关于组织开展打击稀土违法违规行为专项的函》,部署 2018 年度打非治违有关工作。开展专项核查,处置违法违规企业。对有关地区进行核查,发现存在问题企业,依法处置。促进行业规范化发展,加强打击稀土违法违规行为。发现永修县赣宇有色金属再生有限公司使用生产原料和工艺设备不符合备案文件要求,并存在放射性污染等问题。省工信厅即刻要求九江市工信局、中国南方稀土集团督促该企业停产整改。整改完成后,组织专家对其进行验收。赴赣州能赞稀土材料有限公司核实其违规进口稀土矿问题,经与当地税务等有关部门沟通,了解到该公司计划从缅甸进口稀土矿产品并销售至江西境内,但因其只领取稀土专用发票,尚未开展实质性交易,要求其按照《关于进一步加强稀土生产经营管理的通知》开展相关经营。在核查江西正谭新材料股份有限公司时,发现该公司“未正常生产,但仍购入了大量原料,且现场未发现这些原料”“销售大量氧化镨钕、氧化镝,且产品来源资料不齐全,无法判定产品来源”,涉嫌非法买卖、使用稀土产品。为进一步调查有关情况,已将相关线索移交至省公安厅,请其对该公司立案侦查。

【有色产业平台建设】 2018 年,省工信厅支持赣州建设江西省稀土功能材料研究院、国家级新材料测试评价平台(稀土行业中心),支持鹰潭和江西理工大学共建“江西先进铜产业研究院”,推进中国稀金(赣州)新材料研究院建设。3 月,江西省稀土功能材料创新中心通过省级认定并获 250 万元资金支持。创新中心是由江西稀土功能材料科技有限公司、中国稀土功能材料产业创新联盟组建,按现代企业治理结构设立股东会、董事会和监事会,下设规划发展部、综合管理部、成果转化部、七大研究所及其产业公司、大数据中心和分析检测中心。

【江西先进铜产业研究院成立】 9 月 29 日,鹰潭市政府与江西理工大学共建的江西先进铜产业研究院在鹰潭市揭牌成立。这是全省推动铜产业转型升级,加快鹰潭打造世界铜都步伐的重大举措,有利于发挥高校的学科优势、人才优势和鹰潭市的资源优势、产业优势,推动科技成果转化,促进产学研用结合。

【赣州“中国稀金谷”建设】 2018 年,中国稀金谷共引进寒锐钴业锂电池新材料、拓又达伺服电机机器人、正和高性能磁性材料等 20 个产业项目,总投资 141.4 亿元。在新材料产业专项方面支持龙南新晶钛业有限公司高强度耐腐蚀钛合金精密铸件生产、赣州澳克泰工具技术有限公司年产600吨高性能整体硬质合金钻具技改项目、龙南龙钇重稀土科技股份有限公司年产2万吨高性能稀土镁合金材料3个产业化项目，资金150万元。

【鹰潭“世界铜都”建设】 2018年，省工信厅将贵溪列为有色产业优化升级试点县，支持“江西先进铜产业研究院”“江西铜产业大数据平台”建设。在2018年新兴产业倍增新材料产业专项中支持鹰潭市铜基新材料项目，支持鹰潭铜企业申报工业转型升级有关项目。支持鹰潭建设贵溪铜及铜加工、高新区铜合金材料、贵溪经开区高端线缆线束生态科技3个产业集群，进一步向精深加工集聚、集群、集约发展。

【新材料首批次保险工作】 推进首批次保险工作。组织拟获2017年度保险补偿资金支持的企业填写《新材料首批次保费补贴资金情况表》。2017年全省拟获得1300万元资金补贴，保额、保费均列全国第5位。组织参加2018年度首批次应用保险工作宣贯会，启动年度相关保险工作。组织参加新材料产业高级研修班，交流探讨江西省新材料产业发展情况并提出相关保险工作及有关产业发展建议。

（尚晓霞）

机械工业

【概 况】 2018年，全行业主营业务收入4920.1亿元，增长11.9%；利润282.8亿元，增长5.4%。电工电器行业受益于国家“一带一路”建设及国家加大基础设施建设投资的拉动，增长较为明显，主营业务收入1116.6亿元，增长12.7%；利润62.8亿元，增长14.4%。受全国汽车市场产销低迷的影响，汽车产业下行压力较大，全年整车产量55.0万辆，下降8.6%；销售55.5万辆，下降7.6%；营业收入1678亿元，增长11.5%；利润70.1亿元，下降10.8%。全省机械工业规模以上企业1808家，从业人员约53万人，机械产品品种数8000余种。

【新能源汽车】 2018年，全省新能源汽车产销量达5.4万辆和5.6万辆，分别增长8%和25%。动力电池产量2.5 GWh，增长25%。产业主营业务收入120亿元，增长20%。江铃新能源纯电动乘用车销量50011辆，在纯电动乘用车市场排名第6位；江铃股份纯电动轻卡销量3593辆，在同行业排名第3位。孚能科技三元软包动力电池产量2 GWh，装机量排全国第3位。同时，新能源汽车产品性能稳步提升，孚能科技动力电池继续占据行业领先地位，成为国内动力电池主流供应商。江铃新能源主力车型续驶里程300千米以上，百千米电耗指标位于同行业前列；江铃股份纯电动物流车特顺EV单位载质量能耗系数（EKG）为0.21，低于标准值40%，最大续航里程505千米，在第三届新能源汽车物流车挑战赛上获最佳节电能力、最佳续航能力等10多项大奖。

【智能制造】 2018年，全省企业生产设备数控化率37.7%，关键工序数控化率43.9%，工业云平台应用率39.1%，跻身全国中上水平。全省持续实施智能制造“万千百十”工程，共带动125个智能化改造项目实施，投资126亿元。全年全省应用智能装备5967台（套），建设339个数字化车间及智能工厂，从2016年“万千百十”工程实施以来，累计应用智能装备11592台（套），建设820个数字化车间及智能工厂。争取国家支持取得新突破，煌上煌、九江巨石、华意压缩、昌河飞机4个企业的项目入选智能制造综合标准化验证和新模式应用项目；华意压缩的技术改造项目列入国家发改委、工信部技术改造专项中央预算内投资项目（智能化改造及质量提升工程）；汉腾汽车、华意压缩、赣州国泰3家企业的项目入选工信部智能制造试点示范；晶科能源、中广核贝谷2个企业的项目列入工信部2018年人工智能与实体经济深度融合创新项目。

【开展智能制造服务进企业活动】 4月起，省工信化厅组织开展智能制造服务进企业活动。选取300家左右不同行业不同规模企业作为服务对象，组织专家团队进行实地调研与评估分析，全年调研30家医药企业和14家光伏企业，为企业实施智能制造的路径提供免费咨询诊断。专家团队针对弘益药业的生产设备数据采集接口标准化问题、赛维公司的底层生产数据采集和智能监控问题、三鑫医疗的智能化生产计划与调度问题等26个企业在实施智能化改造过程中遇到的难题提出解决指导方案。服务进企业活动既为企业解决实际技术难题，也为推进智能制造提供决策依据。

【江西省智能制造产业对接推介会召开】 9月，省工信厅组织召开江西省智能制造产业对接推介会，邀请航天云网、东软集团、浪潮集团、海康威视、深圳德富莱、精智机电、佳时特数控等20余家企业，相关高校科研院所、智能制造产业相关企业代表约600人参会。会后，航天云网、深圳德富莱等16家企业就产线方案设计的技术、成本等问题与需求方进行深入交流。洪都智能工程研究所为江钨集团设计的智能化改造线、佳时特数控为洪钢公司设计的生产自动化升级线、深圳德富莱为佛吉亚好帮手公司设计的汽车导航装配线等项目已进入实施阶段。

【技术创新】 2018年，江西机械行业有汉腾汽车有限公司技术中心、江西五十铃汽车有限公司技术中心、康富科技股份有限公司技术中心等8家企业技术中心获批为省级企业技术中心，省级企业技术中心增加到70家。江西昌河航空工业有限公司AC311A型直升机等10个新产品获省优秀新产品一等奖，永通力电梯（中国）有限公司无机房客梯YTLW1600等24个新产品获省优秀新产品二等奖，江西清华泰豪三波电机有限公司2×25kW高原高效型低噪声电站等37个新产品获省优秀新产品三等奖，全行业获奖产品数约占全省获奖产品的25%。

（罗冰）

国防工业

【概　况】 2018年，全省军品任务完成，军工经济继续增长，军民融合纵深推进，创新发展和发展动能明显增强，军工环境不断优化。

【江西省国防科工办相关职能划转省工信厅】 3月6日，省机构编制委员会办公室批复省工信委机关内设机构设置和调整。其中，新设立4个业务处室，分别为军工发展处、军民融合产业推进处、航空和船舶工业管理处（省船舶工业管理办公室）、安全生产和民爆物品管理处（省民爆器材监督管理局）。根据省编委办批复，省国防科工办国防科技工业相关职能划入省工信厅。省工信厅挂江西省国防科学技术工业办公室牌子。

【中国国产大飞机C919在瑶湖机场成功试飞】 10月27日，中国国产大飞机C919大型客机第2架机平稳降落在南昌瑶湖机场，完成转场飞行任务。航空工业江西洪都航空工业集团有限责任公司承担了C919飞机前机身、中后机身的研制，航空工业昌飞公司负责C919飞机的前缘缝翼、襟翼的制造。中国商飞公司联合航空工业直升机所在复合材料后机身结构与强度设计、构型管理技术风洞模型加工等方面开展技术合作。

【东华理工大学核资源与环境国家重点实验室获批建设】 9月21日，科技部与江西省政府联合发文，批准依托东华理工大学共建核资源与环境国家重点实验室。这是江西省国防科技工业领域第1个国家重点实验室，全省第二家省部共建国家重点实验室。实验室是集"科学研究、人才培养、学术交流、社会服务"于一体的国家一流重点实验室。实验室5年建设运行期内，省政府按照"省部共建、以省为主"的原则重点支持实验室建设，每年提供500万元专项经费。

【北京航空航天大学江西研究院成立】 8月2日，北京航空航天大学江西研究院在南昌揭牌成立。根据省校合作协议，江西省与北京航空航天大学以北航江西研究院为合作实施载体，合作共建科技创新平台、高端人才培养平台、科技成果转化平台。一期在南昌高新区建设北航江西研究院总部基地，挂牌成立北航江西研究院，逐步启动北航江西研究院鹰潭分院、北航江西研究院景德镇分院建设，原合作实施载体的通航研究院纳入北航江西研究院管理框架。

【2018江西高分遥感应用推广会召开】 10月29日，由省工信委与中国遥感应用协会联合举办的2018江西高分遥感应用推广会在南昌召开。会上，省国防科技信息和卫星应用中心与南昌大学等12家单位签署协议，成立高分辨率对地观测系统江西数据应用产业技术创新战略联盟。江西在鄱阳湖水资源管理、数字江西和智慧城市建设、农业耕地监测和粮食安全预警、有色金属矿床精确定位、生态环境保护和治理、旅游资源开发、应急管理保障、测绘、土地利用、重大工程等领域都可运用高分专项卫星遥感数据。

【中国直升机设计研究所、泰豪三波电机公司分获第三届军民两用技术创新应用大赛铜奖】 11月28日，由工信部、财政部、国家国防科工局、军委装备发展部、军委训练管理部、全国工商联、湖南省政府共同主办的第三届中国军民两用技术创新应用大赛颁奖活动在湖南长沙举行。国家部委、军队、地方政府、军工单位、民营企业、投融资机构等千余名代表参赛。中国直升机设计研究所"磁悬浮旋翼无人机"、江西清华泰豪三波电机有限公司"83kW高效碳化硅变频交直流柴油精密电源机"2个项目获大赛铜奖。

【江西省军民融合高技术产业联盟成立】 4月21日，江西省科技装备业商会（江西军民融合高技术产业联盟）成立大会暨军民融合发展形势论坛在南昌召开。联盟由泰豪集团所属江西泰豪军工集团有限公司牵头，联合昌河飞机、直升机所、江西航天云网，省大型国企江西铜业、江西国科，以及省优势民营企业华伍股份、方大特钢、三川智慧等60家单位发起成立。商会以"服务立会、资源兴会、规范治会、品牌强会"为宗旨，汇聚会员单位资源，发挥军民口各自优势，促进会员单位交流与合作，打造成企业智库、产业联盟和政军企互动纽带桥梁，助力军民融合深度发展。各商会会员单位代表及相关单位共200余人参会。

【AV500无人直升机系统获中国优秀工业设计金奖】 11月23日，由工信部国际经济技术合作中心、武汉市经济和信息化委员会联合主办，工信部信息中心、中国工业设计协会共同协办的第二届中国工业设计展览会在武汉举行，这是全国唯一一个"国字号"工业设计类展会。展会共有国内外554家工业设计单位参展，收到符合条件的产品和概念作品2528件，最终评出9个产品金奖和1个概念作品金奖，其中航空工业直升机所研发的AV500无人直升机系统获中国优秀工业设计金奖。AV500是一款军民通用型无人直升机系统，在同级别产品中处于国内领先、国际先进水平，可应用于海事监管、环境监测、搜索救援、农林防护、管道巡线、地质勘查、航空拍摄等军民用领域。

【直10ME武装直升机参加珠海航展】 11月6日—11日，第12届中国国际航空航天博览会在珠海举行，航空工业昌飞公司生产的直10ME武装直升机首次参展。直10ME具有卓越的飞行性能、良好的战场生存力、高度综合的航电、火控系统和强大的武器配置，综合作战效能与国外现役先进武装直升机相当，在国际市场具有广阔的市场前景。

【"中油应急103"号参加天津市海上突发事件综合应急演习】 8月30日，由天津市海上搜救中心主办，南疆海事局承办的2018年天津市海上突发事件综合应急演习在天津南疆水域举行。"中油应急103"号在演习中担纲"主角"，完成2018年海上应急综合演练科目。"中油应急103"号由同方江新造船有限公司建造，集溢油回收、海上消防及搜救等多功能于一体，是国内最为领先的海上溢油回收、应急救助船。

（罗也）

轻工业

【概 况】 2018年,江西省轻工行业经济总量和效益实现平稳增长,全省轻工业(不含食品)规模以上工业企业主营业务收入4447.3亿元,增长6%;利润总额340.7亿元,增长2.7%。

【轻工重点行业生产效益】 2018年,全省皮革、毛皮、羽毛(绒)及其制品业主营业务收入505.3亿元,增长7.8%;利润总额38.8亿元,增长4.6%。塑料制品业主营业务收入471.6亿元,增长5%;利润总额40.9亿元,增长23.3%。电池制造业主营业务收入458.4亿元,增长6.4%;利润总额27.4亿元,减少31.1%。陶瓷制品制造业主营业务收入396.8亿元,增长3.8%;利润总额36.3亿元,增长3.6%。家具制造业主营业务收入370.2亿元,减少10%;利润总额28.2亿元,减少5.7%。造纸及纸制品业主营业务收入314.1亿元,减少1.1%;利润总额25亿元,增长5.6%。照明器具制造业主营业务收入303.8亿元,增长14.2%;利润总额24.3亿元,增长21.3%。金属工具及金属制轻工制品制造业主营业务收入297.6亿元,增长19%;利润总额23.1亿元,增长21.5%。工艺美术及礼仪用品制造业主营业务收入226.6亿元,减少0.9%;利润总额18亿元,减少8.4%。烟草制品业主营业务收入220.4亿元,增长11.8%;利润总额15.1亿元,减少15.2%。家用电力器具制造业主营业务收入130.4亿元,增长1.5%;利润总额3.9亿元,减少37.3%。焰火、鞭炮产品制造业主营业务收入122.8亿元,增长9.9%;利润总额12.3亿元,增长11.8%。

【轻工主要产品产量】 2018年,全省灯具及照明装置产量2.04亿套,增长99.2%;食用盐产量21.7万吨,增长41.1%;房间空气调节器产量582.5万台,增长28.7%;塑料制品产量95.1万吨,增长11.6%;机制纸及纸板产量214.5万吨,增长5.3%;家具产量3899.2万件,增长0.8%;纸浆产量15.8万吨,减少2.6%;卷烟产量638亿支,减少3.1%;眼镜成镜产量3475.4万副,减少12.2%;轻革产量2747.1万平方米,减少22.4%;铅酸蓄电池产量310万千伏安时,减少24.9%;卫生陶瓷制品产量247.1万件,减少43.7%。

【轻工行业重点产业集群】 2018年,赣州南康家具产业集群主营业务收入1591亿元,增长26.3%;利税总额31.7亿元,增长24.9%。萍乡经开区新材料产业集群主营业务收入350亿元,增长50%;利税总额84.5亿元,增长28.9%。樟树金属家具产业集群主营业务收入220亿元,增长16.5%;利税总额15.3亿元,增长17.2%。武宁节能灯产业集群主营业务收入163亿元,增长4.5%;利税总额19.9亿元,增长5.2%。九江经开区智能家电产业集群主营业务收入161.9亿元,增长10.9%;利税总额15.1亿元,增长24.2%。宜丰绿色高效储能系统产业集群主营业务收入152亿元,增长1.9%;利税总额21亿元,增长2.6%。景德镇高新区家电产业集群主营业务收入121.9亿元,增长8.8%;利税总额4.7亿元,增长1.3%。景德镇陶瓷产业集群主营业务收入120亿元,增长11%;利税总额11.7亿元,增长9.9%。金溪香料产业集群主营业务收入108亿元,增长6.9%;利税总额7.3亿元,增长0.5%。上高制鞋产业集群主营业务收入87亿元,增长5.6%;利税总额12.9亿元,增长6.6%。广丰红木产业集群主营业务收入63.2亿元,增长5.1%;利税总额6.2亿元,增长4.7%。新干箱包皮具产业集群主营业务收入49.8亿元,增长14.1%;利税总额5.9亿元,增长12.3%。黎川陶瓷产业集群主营业务收入33.6亿元,增长11.2%;利税总额3.3亿元,增长14.6%。永新皮制品产业集群主营业务收入27.5亿元,增长9.1%;利税总额3.2亿元,增长8.9%。余江眼镜产业集群主营业务收入20.3亿元,增长15.2%;利税总额1.1亿元,增长19.8%。鹰潭高新区水工产业集群主营业务收入17.3亿元,增长4.3%;利税总额2.4亿元,增长12.6%。

【烟草产业逆势增长】 2018年,在全国卷烟市场不景气、全省卷烟销售总量下降的大环境下,江西烟草行业实现逆势增长。全省烟草制品业主营业务收入220.4亿元,增长11.8%;利润总额15.1亿元,减少15.2%。其中,江西中烟工业公司累计销售卷烟131.2万箱,增长2.42%;销售收入203.6亿元,增长16.2%;利税总额138.8亿元,增长16%;上缴税金总额138.7亿元,增长19.7%。省产烟销售61.1万箱,增长8.86%,增幅排全国第1名;省产烟销量占全省烟草销量46.4%,上升3.19个百分点,增幅排全国第2名。"金圣"牌卷烟销售44.9万箱,增长17.52%,增幅高于全省重点品牌增幅13.59个百分点。"金圣"牌卷烟占全省商业1~3类烟销售市场份额41.97%,同比增加3.73个百分点。

【江西9人入选第七届中国工艺美术大师】 5月14日,中国轻工业联合会公布第七届中国工艺美术大师名单。江西省推荐的傅长敏、陈军、孙燕明、刘文斌、王叔凝、程飞、汪明、周信兴、杨青9人全部入选,占全国入选总人数的十分之一强(全国共89名),成为全国唯一一个推荐人员全部入选的省份(全国34个省市区共推荐206名),也是江西省历届评选推荐中国工艺美术大师中入选人数最多和比例最高的一次。

【家具产业优化升级】 2018年,省政府出台《江西省家具产业优化升级实施方案(2018—2020年)》,从企业发展、品牌打造、科技创新、人才发展、节能环保、金融扶持等方面提出具体扶持措施。省工信厅出台《江西省家具产业智能化改造实施方案》,提出行业智能化改造路线图,确定重点改造项目,以提升企业智能化水平。开展家具产业试点评选推荐工作,将南康区作为家具产业省级试点区,推动南康家具产业加快发展。全省家具生产企业8000余家,其中年主营业务收入10亿元以上企业3家、亿元以上企业42家,规模以上家具制造企业1180家,从业人员45万余人,全省家具行业实现主营业务收入1900亿元,排全国第四位,增速排全国第1位。

南康家具产业集群实木床产量占全国同类产品三分之一以上，是全国最大的实木家具制造基地。“南康家具”品牌价值突破100亿元，成为全国首个以区域命名的工业集体商标，也是全国最大的区域性家具品牌。

【盐业管理】 6—7月，省工信厅牵头，会同省发改委、省财政厅对全省食盐储备情况进行全面检查，并对检查情况进行通报，提出存在的问题和整改要求，进一步加强储备食盐的规范管理。根据《中华人民共和国工业和信息化部公告》规定，省工信厅组织专家对江西九二盐业有限责任公司、江西晶昊盐化有限公司、中盐新干盐化有限公司、江西富达盐化有限公司4家企业进行现场审核，及时为全省食盐定点生产企业换发生产许可证，并在政府门户网站进行公示。全年全省盐业生产企业主营业务收入8.6亿元，增长12.1%；利润1.13亿元，增长10.6%。食用盐产量21.7万吨，增长41.1%。

（王茜）

陶瓷工业

【概　况】 2018年，全省陶瓷制品制造业规模以上工业企业主营业务收入396.8亿元，增长3.8%；利润总额36.3亿元，增长3.6%。其中，日用陶瓷制品制造业主营业务收入60.8亿元，减少17.9%；利润总额6.6亿元，减少4.2%。卫生陶瓷制品制造业主营业务收入21.1亿元，增长0.2%；利润总额2.2亿元，减少3.5%。特种陶瓷制品制造业主营业务收入266.8亿元，增长10.5%；利润总额25亿元，增长6.3%。陈设艺术陶瓷制造业主营业务收入35.6亿元，增长6.2%；利润总额2亿元，增长2.5%。萍乡湘东工业陶瓷产业集群主营业务收入166亿元，增长8.3%；利税总额7.2亿元，增长3.7%。景德镇陶瓷产业集群主营业务收入120亿元，增长11%；利税总额11.7亿元，增长9.9%。黎川陶瓷产业集群主营业务收入33.6亿元，增长11.2%；利税总额3.3亿元，增长14.6%。

【第15届中国景德镇国际陶瓷博览会召开】 10月18日—22日，由商务部、中国国际贸易促进委员会、中国轻工业联合会和江西省政府共同主办的2018第15届中国景德镇国际陶瓷博览会在景德镇召开。英国、俄罗斯、荷兰、德国等国家和地区的近500家陶瓷企业参展，3000多名客商参会。其中，国内参展的规模企业468家；境外参展企业21家，而意大利法恩扎、土耳其伊兹尼克、欧洲陶瓷联盟首次参展，形成国内外品牌陶瓷企业汇聚的态势。瓷博会期间，还举办了传承与超越——“一带一路”瓷都再出发国际研讨会、中国景德镇国际陶瓷设计展和洛客发布·陶瓷专场等学术类活动；开展青花大王王步诞辰120周年纪念展、第三届景德镇原创陶瓷艺术作品大赛暨作品展、日本名瓷——“九谷烧”展等文化类活动，并组织希尔顿、万豪等国内外有影响力的连锁酒店集团以及境外采购商团到会观摩和采购，全面引入网上支付交易平台系统。

【“高岭杯”第四届全国陶瓷职业技能竞赛总决赛暨全国职业院校陶瓷专业学生技能竞赛在景德镇举行】 10月20日—21日，由中国陶瓷工业协会、中国就业培训技术指导中心、中国轻工业职业技能鉴定指导中心共同主办的2018年中国技能大赛——“高岭杯”第四届全国陶瓷职业技能竞赛总决赛暨全国职业院校陶瓷专业学生技能竞赛在景德镇市举行。竞赛分为陶瓷装饰工、陶瓷产品设计师2个职业（工种），全国11个赛区156名选手参加陶瓷职业技能竞赛总决赛，全国各职业院校143名选手参加全国职业院校陶瓷专业学生技能竞赛。江西省选派的黄晓红、王卫平分获陶瓷装饰工第1名、第3名，王景东获陶瓷产品设计师第2名；全省有17人获全国陶瓷行业技术能手，其中陶瓷装饰工12人、陶瓷产品设计师5人。

【景德镇陶瓷集团有限责任公司新厂点火投产】 12月28日，景德镇陶瓷产业“新航母”——景德镇陶瓷集团有限责任公司新厂正式点火投产，标志着景德镇陶瓷产业迈入高端化、品牌化、国际化、规模化产业转型升级行列。景德镇陶瓷集团有限责任公司于6月28日完成注册登记，7月1日授牌成立。新组建的景德镇陶瓷集团有限责任公司整合景德镇红叶陶瓷股份有限公司、江西省陶瓷进出口有限公司、国瓷馆陶瓷有限公司、金品陶陶瓷有限公司和国家用瓷办公室、景德镇陶瓷协会等多个国有企事业单位，是集陶瓷研发、设计、生产、销售和品牌推广于一体的骨干龙头企业。新厂项目规划用地14.30公顷，总建筑面积13.83公顷，投资4亿元，项目分2期建成。

【黎川陶瓷产业】 2018年，黎川县共引进陶瓷企业8家，投产4家。黎川县陶瓷及配套企业达89家，其中规模以上工业企业13家。完成工业总产值42亿元，增长25%；实现税收1.5亿元，增长24%。其中兆峰陶瓷原料公司的投产填补黎川陶瓷釉料生产的空白，降低了黎川陶瓷企业釉料采购成本、缩短采购周期，促进黎川陶瓷品质的提升。乐中瓷泥日产陶瓷泥料150吨，满足黎川的酒店陶瓷泥料供给，为企业节约泥料成本10%。

【江西2企业获中国陶瓷行业表彰】 12月18日，由中国陶瓷工业协会、陶瓷资讯、厨卫资讯、陶卫网主办的2018年中国陶瓷行业表彰大会在广东佛山举行，江西省玉风瓷业有限公司被授予“中国日用艺术陶瓷标杆品牌企业”称号，景德镇市望龙陶瓷有限公司被授予“青花玲珑陶瓷标杆企业”称号。

【江西3人1企业获中国陶瓷工业协会表彰】 12月13日，中国陶瓷工业协会第7次会员代表大会在长沙铜官召开，会上表彰一批陶瓷行业先进个人和集体。其中，江西陶瓷工艺美术职业技术学院院长陈华龙被授予“中国陶瓷行业杰出科技工作者”称号，江西博鑫精陶环保科技有限公司总经理吴汉阳、景德镇逸品天合陶瓷有限公司董事长付碧林被授予“中国陶瓷行业杰出企业家”称号，景德镇红叶陶瓷股份有限公司被授予“中国陶瓷行业科技创新型先进企业”称号。

（王茜）

石化行业

【概　况】　2018年,全省石化行业主营业务收入2670.2亿元,增长10.3%;利润232亿元,增长23.9%。石化行业各重点子产业平稳发展,石油化工产业主营业务收入478亿元,增长25.5%;利润21.4亿元,增长19.2%。有机硅产业主营业务收入242亿元,增长22.2%;利润30.5亿元,增长38.2%。盐化工产业主营业务收入527亿元,增长10.5%;利润38.9亿元,增长23.3%。氟化工产业主营业务收入131亿元,增长12.4%;利润10.3亿元,增长19.5%。

【重点项目】　12月29日,中石化股份九江分公司举行PX项目系统配套物资仓库拆还建工程启动仪式,PX项目开始建设。九江中科鑫星新材料有限公司年产6万吨超高分子量聚乙烯新材料项目一期工程完工投产,二期工程正推进,企业产品填补国内多项空白,应用于军事、航天、化工等领域。

【重点企业主要指标】　2018年,中石化股份九江分公司主营业务收入457.4亿元,增长29.1%;利税144.6亿元(位居全省第一位),增长13.9%。其中利润20.2亿元,增长24.7%。有机硅龙头企业江西蓝星星火有机硅有限公司经济效益大幅增长,全年主营业务收入57.4亿元,增长44.2%;利润16亿元,增长865.3%。江西理文化工有限公司产销两旺,主营业务收入18.45亿元,增长38.3%;利润6.98亿元,增长51%。

2018年石化行业部分重点企业主要经济指标

序号	企业名称	主营业务收入(亿元)	同比增长(%)	利润总额(亿元)	同比增长(%)
1	中石化股份九江分公司	457.40	29.1	20.20	24.9
2	江西蓝星星火有机硅有限公司	57.40	44.2	16.00	865.3
3	江西理文化工有限公司	18.45	38.3	6.98	51.0
4	江西世龙实业股份有限公司	12.60	6.3	0.66	-63.8
5	江西添光钛业化工有限责任公司	6.80	16.7	0.97	24.8
6	卡博特蓝星化工(江西)有限公司	4.15	8.9	1.81	33.3
7	中盐江西兰太化工有限公司	4.02	42.5	0.53	1586.3

【城镇人口密集区危化品生产企业搬迁】　1月,省工信厅会同省应急管理厅赴有关设区市对危化品生产企业搬迁改造情况逐一进行现场核实。2月,为响应《国务院办公厅关于推进城镇人口密集区危险化学品生产企业搬迁改造的指导意见》,成立江西省城镇人口密集区危险化学品生产企业搬迁改造工作领导小组,省政府分管副省长任组长。9月和11月,省工信厅赴吉安、赣州、鹰潭、景德镇对危化品生产企业搬迁情况再次进行实地调研。高标准严要求推进全省危化品生产企业搬迁工作,要求做到"人清、设备清、垃圾清、土地清,彻底根除污染隐患",确保已搬迁企业"四清"到位,不留任何污染和安全隐患。截至年底,20家企业中完成搬迁改造18家,正在搬迁2家。

【长江经济带化工企业污染整治】　加强化工投资项目监督管理。6月27日,省工信厅同省发改委、省安监局、省环保厅联合下发《关于加强化工投资项目监督管理的通知》,规定在省政府开展化工污染整治期间,至12月31日各地暂停审批新改扩建化工项目,确有必要建设的,报省发改委、省安监局、省环保厅联合审核,从源头上加强对化工项目的监督管理。联审以来,共完成项目审查43个,其中主办27个、协办16个。督促基层工信部门加强化工企业监管。在化工项目布局和建设上,严格落实"1公里"政策;在办理(改、扩建)化工项目备案时严格把关,对不符合产业政策、产能严重过剩等化工项目不予办理备案手续。组织开展全省化工生产企业、化工园区基本情况及问题排查。摸清全省1063家化工企业、56个化工园区(含化工集中区)有关情况并专报分管副省长,为下一步在全省开展化工产业清理整顿专项行动奠定基础。

(省工信厅石化工业处)

纺织工业

【概　况】　2018年,全省纺织服装行业在复杂严峻的发展环境下,行业总体呈现"高开低走"的走势。全行业1474家规模以上企业主营业务收入1918亿元,增长4.5%,低于年内最高值8个百分点;利润125亿元,与上年同期持平,低于年内最高值11.4个百分点;实际出口40.1亿美元,下降10.6%,低于年内最高值32个百分点。以上3大指标分别占全省工业的6%、5.8%和11.8%。主要子行业中,服装行业主营业务收入956亿元,增长2.1%;棉纺行业596亿元,增长8.8%;化纤行业87亿元,增长0.7%;针织行业73亿元,增长13.2%。主要产品产量有增有降。其中,纱产量140.3万吨,增长9.8%;化学纤维产量 54.6 万吨，增长 23.7%；服装产量 7.5 亿件，下降 1.8%；布产量 7.8 亿米，下降 40%。

【组织制定多个纺织产业文件】 组织制定《江西省纺织产业优化升级实施方案(2018—2020 年)》，提出“高端、智能、绿色、时尚”的发展方向，制定目标任务和相关发展路径。为贯彻落实 2018 年省工信厅“2+5+5+X”重点工作计划，全面提升纺织行业发展质量，制定《纺织行业技术改造专项行动实施方案》。制定《纺织服装行业智能化改造实施方案》，完成全省纺织服装行业“十三五”规划中期评估。组织专家开展《江西省纺织产业跨越式发展五年行动方案》制定工作。

【举办 2018 江西国际麻纺博览会】 10 月 26 日—28 日，省工信厅和中国国际贸促会纺织行业分会、中国麻纺行业协会、江西省贸促会、新余市政府联合主办的 2018 江西国际麻纺博览会在新余市举行。博览会主题为“生态江西、时尚麻艺”，吸引全国百余家企业参展，参展参会人数超过 2000 人，共签约项目 10 个，签约金额 9.9 亿元。其间，还安排 2018 年麻纺织技术推广会、“恩达杯”中国麻纺产品设计邀请赛、2018 中国麻纺时尚发布季等一系列活动。

【部分企业实施智能化改造】 2018 年，面对发展环境的深刻变化，部分企业谋求变革。赢家服装引入全渠道智能定制项目，采取线上与线下相结合、C2B2M 与 C2M 相结合，实现先销后产，满足顾客个性化需求，减少库存风险；江西昌硕与中国工程院院士姚穆、俞建勇等专家学者长期合作，推动科技成果转化，已拥有 56 项授权专利，参与制定 3 项国家标准，公司生产的印花面料获中国优秀印花面料金奖；明恒纺织投入 2.3 亿元实施智能化改造，选用世界上先进的带自调匀整功能的德国特吕斯勒并条机、意大利萨维奥自动络筒机、喷气涡流纺纱机及国内外领先的智能化物流传输系统，使产品质量和设备自动化、智能化程度达到国内先进水平。

【骨干企业支撑行业发展】 2018 年，全省纺织服装行业重点联系的 50 家过 3 亿元企业共实现主营业务收入 351 亿元，占全行业的 18.3%，比上年提高 0.5 个百分点。50 家企业中，有 44 家实现同比增长，34 家企业增幅超过 10%。其中，赛得利(九江)主营业务收入 32.7 亿元，增长 87%；恒昌棉纺 17.1 亿元，增长 30%；华春色纺 11.2 亿元，增长 22.8%；赢家时装(赣州)10 亿元，增长 12.3%；曼妮芬 7.5 亿元，增长 6.5%；恩达麻世纪 5.6 亿元，增长 16.5%。此外，鸭鸭股份 32.8 亿元，下降 11.9%；赛得利(江西)27.8 亿元，下降 1.9%。

【于都县获“全国纺织产业转移示范园区”称号】 4 月，中国纺织工业联合会对于都县承接产业转移情况进行调研及评审，授予于都县“全国纺织产业转移示范园区”称号。于都县结合当地纺织服装产业工人多、产业基础实的实际，将纺织服装产业作为该县首位产业来抓。通过出政策、强规划、搭平台、创品牌，服装产业呈快速发展势头。2017 年以来，共签约服装项目 94 个，签约金额 102.79 亿元，汇美智能制造产业园、日播时尚智能智造研发产业园，厦门宝姿集团、海澜集团、深圳歌力思等一批优质知名企业相继入驻。

【纺织行业发展制约因素】 招工难。由于纺织企业工作强度大(每天工作 10 小时以上，每周单休)、工作环境差(噪音大、灰尘多)、工作待遇不高，很难吸引 80、90 后工人，纺织企业的主力军仍是 70 后，企业劳动力缺口普遍在 20%以上。劳动力成本高。工人工资普遍超过 4000 元/月，而越南纺织工人平均工资为 1500 元/月。融资难融资贵。金融机构普遍对纺织企业“低看一眼”，企业以土地抵押贷款，额度打两折，且不能以设备抵押贷款。同时，纺织企业普遍承受较高的融资利率，环球纺织融资利率达 10%，新维美染织融资利率 7.2%，比 4.35% 的基准利率均大幅上浮。

(郑宜涛)

建材工业

【概　况】 2018 年，全省建材行业克服原材料价格上涨、产能受限等因素影响，总体保持产销平稳、效益增长的态势。全省建材行业主营业务收入 2757.2 亿元、增长 14.6%，利润 274.0 亿元、增长 37.5%。其中，水泥行业主营业务收入 424.6 亿元、增长 22.6%，利润 88.5 亿元、增长 105.2%；建筑陶瓷行业主营业务收入 340.6 亿元、下降 1.3%，利润 23.2 亿元、增长 3.2%；玻璃纤维及制品制造行业主营业务收入 110.9 亿元、下降 0.6%，利润 9.3 亿元、增长 2.4%。

【主要产品产量及价格】 2018 年，全省水泥产量 8813.6 万吨、增长 4.7%；玻璃纤维纱产量 55.1 万吨、增长 7.4%；瓷质砖产量 9.0 亿平方米、下降 10.0%。随着去产能政策效果显现以及错峰生产的推行，水泥价格始终高于往年，出厂价 455 元/吨，高于上年同期 35.0%；平板玻璃产品出厂价 80 元/重量箱，比上年同期高 10 元/重量箱；玻璃纤维纱出厂价 5500 元左右/吨，同比持平；建筑陶瓷受市场因素影响，产品价格总体略有上升。

【绿色发展】 年内，省工信厅联合省环保厅下发《关于在全省水泥行业推行错峰生产的通知》，指导省水泥协会制定具体实施方案，全省所有水泥熟料生产线均实行错峰生产，年度停窑错峰生产时间 55 天。落实水泥企业阶梯电价，推动省电力公司及时收缴 2 家水泥企业 2017 年加价电费资金，确定纳入 2018 年水泥企业阶梯电价检查企业名单，并由省节能监察总队进行年度能耗核查。

【举办 2018 江西·萍乡海绵产业投资与发展对接会】 12 月 2 日，作为第五届世界绿色发展投资贸易博览会的重要活动之一的 2018 江西·萍乡海绵产业投资与发展对接会在萍乡市举行。对接会活动由省工信厅与省住建厅、省商务厅、省科技厅、萍乡市政府共同主办，邀请国内高校科研院所知名专家、海绵产业领域知名企业家、有关商(协)会和省内各设区市领导以及中国建材集团、中铁建大桥工程局等央企负责人等约500人参会。共签约22个海绵产业项目,签约总金额67.3亿元。

【组织全省建材公告企业规范管理】 按照工信部《建材行业规范公告管理办法》要求,2018年省工信厅组织全省所有建材公告企业对保持规范条件情况进行自查、初核,督促企业报送年度自查报告。共有44条生产线参加自查,其中25家水泥企业41条生产线符合《水泥行业规范条件》、1家玻璃企业2条生产线符合《平板玻璃行业规范条件》。

【启动产业优化升级】 年内,省工信厅组织专家在实地调研和对全省建材行业重点企业基本情况、优化升级重点项目、未来3年拟研发的新产品以及实施智能化改造等情况进行全面调度的基础上,完成《江西省建材产业优化升级实施方案(2018—2020年)》编制工作;完成战略性新兴产业新材料产业中涉及建材产业的四图(产业链图、技术路线图、应用领域图、区域分布图)编制工作;制定《2018年度建材行业技术改造工作方案》和《建材行业智能化改造实施方案(2018—2020年)》。

(毛敦)

医药工业

【概 况】 2018年,江西医药产业克服医保控费、原材料涨价、环保压力加大等诸多因素的影响,总体保持平稳增长态势。全年医药产业实现主营业务收入1125.63亿元,增长4.19%;利润116.87亿元,增长6.88%。

【各子行业发展】 化学药品行业主营业务收入420.50亿元,增长3.66%。其中,原料药子行业主营业务收入242.74亿元,增长3.86%;制剂子行业主营业务收入177.76亿元,增长3.38%。中药子行业主营业务收入413.98亿元,增长0.69%。其中,中成药主营业务收入322.32亿元,下降0.51%;中药饮片主营业务收入91.66亿元,增长5.15%。医疗设备大类主营业务收入203.48亿元,增长13.02%。其中,医疗仪器设备及器械子行业主营业务收入103.32亿元,增长11.35%;卫生材料及医药用品主营业务收入88.96亿元,增长17.34%;药用辅料及包装材料主营业务收入为9.95亿元,下降4.56%;制药专用设备制造主营业务收入1.25亿元,增长24.60%。生物药品子行业主营业务收入87.67亿元,增长5.00%。

【重点企业增长】 2018年,全省医药行业规模以上企业392家,比上年减少13家。主营业务收入过亿元企业69家,比上年增加3家。其中,主营业务收入超过10亿元的企业8家,分别是济民可信集团(增长12.16%)、仁和集团(增长8.29%)、天新药业(增长3.77%)、青峰医药集团(减少27.81%)、江中药业(增长1.07%)、洪达医疗器械(增长0.06%)、益康医疗器械(增长4.77%)、天齐堂中药饮片公司(增长14.97%)。

【优势品种销售】 2018年,全省医药行业单品种年销售额过亿元的品种有49个,其中10亿元以上5个,均为中药品种,分别是济民可信集团的金水宝(增长14.96%)、济民可信集团的康莱特(增长17.98%)、济民可信集团的醒脑静注射液(增长16.44%)、青峰医药集团的喜炎平注射液(减少35.63%)、江中药业的健胃消食片(减少18.36%)。

【产业集群总体规模有所缩减】 2018年,受统计口径调整、退规企业增加等因素影响,产业集群的总体规模有所缩减。由省工信厅审批的樟树医药产业集群、进贤医疗器械产业集群、袁州医药产业集群、小蓝医药产业集群4个重点医药制造业产业集群共实现主营业务收入415.28亿元,增长10.46%,占全行业36.89%,与上年相比,主营业务收入缩减251.22亿元,增幅下降4.36个百分点,占比下降11.65个百分点。

【青峰药业2个品种通过仿制药一致性评价】 2018年,江西青峰药业的恩替卡韦分散片和恩替卡韦胶囊通过仿制药一致性评价并获国家食品药品监督管理总局的批件,成为国内首批通过一致性评价的恩替卡韦生产企业,也是江西首家通过一致性评价的企业。省工信厅按《关于推进仿制药质量和疗效一致性评价有关事宜的通知》要求,对青峰企业进行奖补。

【中国(南昌)中医药科创城建设现场推进会召开】 10月9日,经省委、省政府同意,省工信厅以中医药推进协调小组办公室名义承办的中国(南昌)中医药科创城建设现场推进会在科创城江中药谷核心区、桑海核心区召开。会上,新签约29个项目、挂牌10个平台,并总结交流科创城“一年定框架”发展目标的建设成效,全面部署下阶段科创城建设的工作任务,进一步形成科创城建设“双核驱动、协同发展”的氛围。

【举办中医药产业论坛】 12月1日,作为第五届世界绿色发展博览会重要活动之一的中医药产业论坛在南昌召开。省工信厅从江西中医药产业发展优势、发展中医药产业的总体考虑、中医药产业重点推介合作领域,对江西中医药产业进行推介。参会的专家、学者和企业家代表围绕中医药产业发展趋势和政策等方面进行演讲。

(熊燕)

食品工业

【概 况】 2018年,江西省拥有规模以上食品工业企业900家,实现总产值2357.7亿元,增长6.2%,产品销售率100.0%;主营业务收入2334.1亿元(不含烟草制品业),增长6.0%,增速比上年同期提高0.9个百分点,高出全国食品工业平均水平0.7个百分点;利润总额182.4亿元(不含烟草制品业),增长4.4%;资产1541.5亿元(不含烟草制品业),增长14.1%;出口交货值57.5亿元,增长10.6%。

【3大子行业】 全省食品制造业212

家规模以上企业主营业务收入 328.0 亿元,增长 14.6%;利润总额 30.1 亿元,增长 22.9%。2 大指标分别高出全省食品工业平均水平 8.6 个百分点和 18.5 个百分点。酒、饮料和精制茶制造业 132 家规模以上企业主营业务收入 276.2 亿元,增长 7.9%;利润总额 44.6 亿元,增长 31.1%。2 大指标分别高出全省食品工业平均水平 1.9 个百分点和 26.7 个百分点。556 家农副食品加工业规模以上企业主营业务收入 1730.0 亿元,增长 4.2%;利润总额 107.76 亿元,下降 7.4%。

【主要食品工业产品产量】 截至年底,全省 12 种主要食品工业产品实现 6 升 6 降。其中,增长较快的有软饮料 427.2 万吨,增长 23.4%;包装饮用水 181.6 万吨,增长 11.3;冷冻饮品 10.3 万吨,增长 10.6%。下降最多的是精制食用油 164.3 万吨,下降 15.5%。

2018 年江西省食品工业主要产品产量

产品名称	单位	产量	同比增长(%)
软饮料	吨	4271928	23.4
包装饮用水	吨	1816070	11.3
冷冻饮品	吨	102884	10.6
精制茶	吨	88691	8.5
啤酒	千升	836176	1.7
饮料酒	千升	961536	1.1
大米	吨	4424862	-1.1
液体乳	吨	171686	-1.7
乳制品	吨	174936	-2.7
白酒	千升	111649	-6.2
罐头	吨	124193	-7.4
精制食用油	吨	1642604	-15.5

【食品价格温和上涨】 2018 年,江西省居民消费价格指数(CPI)上涨 2.1%,涨幅比 2017 回落 0.1 个百分点。食品价格上涨 0.6%,影响 CPI 上涨约 0.12 个百分点;全年早晚籼米、桶装食用油价格走势平稳;生猪收购价、鲜猪肉价格下跌;活禽、禽蛋价格上涨;饲料价格小幅上涨。

【江西食品安全工作获国务院考核最高等次】 1 月,省工信厅作为省食品安全委员会成员单位参加 2017 年度国务院考核省政府食品安全工作的迎检工作,完成全省食品工业企业诚信体系建设考核任务,取得考核指标“得分拿满、获得加分”的成绩。江西食品安全工作获国务院考核最高等次。

【2 家食品企业获国家食品企业诚信管理体系证书】 年内,由省食品办牵头推进,江西阳光乳业股份有限公司、江西蒙山乳业有限公司 2 家食品企业通过国家市场监督管理总局认证认可技术研究中心诚信管理体系评价并获得诚信证书。截至年底,全省已有 15 家食品工业企业通过诚信管理体系评价并获诚信证书,进一步促进全省食品工业的健康发展,确保食品安全。

【开展行业交流】 7 月 8 日至 14 日,省食品工业办公室、省食品工业协会组织全省 30 家酿酒企业领导、管理人员和技术人员赴河南省白酒企业学习考察。学习考察团一行 50 人先后学习考察河南仰韶酒业有限公司、洛阳杜康控股有限公司、河南宝丰酒业有限公司、赊店老酒股份有限公司、河南省宋河酒业股份有限公司;实地参观党建展览馆、技术中心、酿造车间、灌装车间、藏酒洞(库)、酒博馆,探讨产品研发,生产设备,酿造工艺、特点、原料等经验。9 月 12 日—14 日,省食品工业办公室、省食品工业协会组织全省 8 家食品企业赴长沙参加 2018 年中国国际食品餐饮博览会并开展观摩交流活动。

(史红)

本栏编辑 游桃琴

信息化建设

综　述

2018年，江西以建设物联江西为主线，以融合发展为路径，夯实信息网络支撑基础，深入拓展信息技术应用，加快推进全省信息化建设，发展数字经济。

信息基础设施建设及应用。2018年，江西省电信业务总量1607.6亿元，增长143.2%。电信业务收入300.8亿元，增长9.1%。固定资产投资75.5亿元。全省光缆线路长度178万千米，其中长途光缆线路长度3.2万千米。全省电话用户总数4509.6万户。其中，移动电话用户4043.5万户，固定电话用户466.1万户。固定互联网宽带接入用户1323.4万户。其中，光纤到户(FTTH)用户1010.9万户，FTTH用户占比76.4%。全省广播综合人口覆盖率98.54%，电视综合人口覆盖率99.09%。

推进信息化发展顶层设计。省政府先后出台《关于加快建设物联江西的实施意见》《关于深化"互联网+先进制造业"发展工业互联网实施意见》《关于进一步扩大和升级信息消费持续释放内需潜力的实施方案》《关于推进互联网协议第六版(IPv6)规模部署行动实施方案》《移动物联网发展规划(2017—2020年)》等文件，夯实物联江西、工业互联网等政策体系，强化对全省信息化发展政策指导。

"03专项"建设取得积极进展。江西省通过引进和培育相结合、典型示范引导等方式抓产业、建平台、促应用，全面推动"03专项"("新一代宽带无线移动通信网"国家科技重大专项)建设，加快成果转移转化，移动物联网成为江西发展的新名片和新高地。举办"03专项"重大成果转移转化对接会，邀请工信部、信通院相关领导及部分成果拥有企业参会，推进专项成果转移转化，促成一批重大成果对接；召开全省"03专项"试点示范工作推进会，促成一批重大项目签约及专项工作的深入推进。

两化融合迈上新台阶。通过政策引导、管理体系贯标、典型示范等方式推进新一代信息技术与产业融合发展，两化融合深度和广度迈上新台阶。2018年全省规模以上企业制造业双创平台普及率78.8%，工业电子商务普及率49.8%，生产设备数字化率37.6%，企业生产执行系统(MES)普及率45.38%，供应链管理(SCM)普及率86.55%，数字化研发设计工具普及率52.3%。通过国家两化融合管理体系评定企业数量达39家，新增26家，位列全国第14位，14家企业被列入国家两化融合管理体系贯标试点。培育和打造3个省级两化融合园区和51家示范企业，扶持16个两化深度融合示范项目。

企业"上云"加速推进。出台《江西省企业上云行动计划(2018—2020年)》，指导企业"上云"。在全省11个设区市开展企业"上云"启动活动，对企业"上云"政策进行解读和宣贯。遴选并公布全省首批云服务商目录，组织6家云服务商与企业现场推介和对接，支持云服务商通过发放上云券、创新券等方式推动企业"上云"，推动工业企业将信息基础设施、工业设备、应用系统等向云平台迁移，支持小微企业和创业企业使用云服务产品。全省使用云服务企业7000余家。

工业互联网建设有序开展。省政府出台《关于深化"互联网+先进制造业"发展工业互联网实施意见》。成立江西省工业互联网发展研究院，提升技术支撑和咨询服务能力。利用省级工业转型专项资金，加大对工业互联网平台和企业"上云"、企业内外网改造升级的支持，引进用友精智工业互联网平台等跨行业跨领域平台，遴选培育电信天翼云等6家工业云平台，指导云服务商丰富平台资源和功能，强化供给服务能力。举办全省工业互联网发展论坛，邀请国内权威专家做专题讲座，深入探讨全省工业互联网发展路径和重点。与阿里巴巴集团联合开展工业互联网"1+30+N"行动，开展工业互联网应用试点示范。

移动物联网产业加快发展。编制《江西省移动物联网产业发展报告》，提出产业发展重点和方向，并结合全省实际编制物联网产业链图、技术路线图、应用领域图、区域分布图，以指导物联网产业发展和精准招商。2018年，全省物联网企业增至320余家，产业产值突破500亿元，物联网在产业及智慧城市建设中的应用逐步普及，其中在工业企业中的应用示范超过100家，三川智慧的NB-IoT智能水表应用样板工程成为国内首个城市级智能抄表应用工程。

进一步扩大和升级信息消费。省政府出台《进一步扩大和升级信息消费持续释放内需潜力的实施方案》，推动全省信息消费快速健康增长，充分释放内需潜力，加快信息基础设施改造提速升级，提高信息产品供给水平，提升信息消费服务能力，优化信息消费环境,推动互联网、大数据、人工智能和实体经济深度融合,培育信息消费新产品、新业态、新模式,扩大信息消费覆盖面。

开展全省政府网站绩效评估和监测。2018年,按照《政府网站发展指引》要求,加入“网页设计规范”“集约化平台建设”“创新发展”等一些政府网站发展提升的新指标。全省政府网站绩效评估覆盖39个省直部门、赣江新区、11个设区市政府和100个县(市、区)政府网站,并对其中成绩优秀的省工信厅等25家省直单位、6个设区市以及30个县(市、区)政府予以通报表扬。江西省通过国务院办公厅开展的政府网站监测抽查,合格率100%。在省级层面抽查检查1353个政府网站,全年平均合格率91.57%,比上年提高5.22%。

电子信息制造业快速发展。全年电子信息制造业主营业务收入2844.2亿元,超额完成年初制定的2400亿元目标任务,增长23.94%;利润166亿元,增长26.04%。全省电子信息制造业三大主导产业持续加速发展,完成主营业务收入1800亿元,增长20.3%,占全行业70%。其中,半导体照明产业规模快速壮大,完成主营业务收入549亿元,增长25.9%;移动智能终端产业主营业务收入850亿元,增长23%;数字视听产业主营业务收入487.7亿元,增长20.5%。南昌、吉安电子信息制造业规模超1000亿元。

软件服务业发展势头良好。2018年,软件服务业营业收入213亿元,增长18.3%;软件业务收入147.5亿元,增长37.5%。其中,软件产品收入47.1亿元,增长27.6%;信息技术服务收入98.3亿元,增长42.5%;嵌入式系统软件收入2.17亿元,增长67%;软件业务出口0.7亿美元,下降23.9%。全省软件产业实现利润19.92亿元,软件从业人员3.59万人,增长28.2%。

无线电各项工作扎实开展。2018年,全省入库无线电台站18.87万台部。其中,公众移动通信基站15.89万个、广播电台419部、超短波固定台2268个、超短波移动电台2.30万个、数传电台260部、卫星地球站155个、微波接力站362个、业余电台689个,其他各类台(站)2591个,新增各类无线电台站7611部、增长8.3%,无线电业务继续保持快速增长的势头。频谱资源管理进一步提高,各类无线电业务维持良好秩序。

网络信息安全检查持续开展。2018年,省工信厅发布全国首部省级《工业信息安全白皮书》。省工信厅聚焦全省网络安全重点,围绕工业信息安全、政府信息安全、物联网移动应用安全和金融信息安全4个领域开展工作。检查规模以上工业企业129家,现场核查企业37家,检查工控系统627套、工控设备产品10.32万台(件)。突出重点保障政府网站安全,全年发现400余家单位存在600多个安全问题,累计下发整改通知200余份。开展江西省物联网设备和移动应用安全态势研究,编写《江西省移动应用信息安全态势报告》,从政府部门、媒体和金融机构抽取56个单位移动应用,共发现漏洞1338个。对江西银行、中国邮政储蓄银行江西分行等20余家金融机构进行金融领域网络安全专项检查,发现并排查大量直接性金融领域安全风险。

江西省工业互联网产业联盟成立。由省工信委指导江西联通发起的江西省工业互联网产业联盟成立,联盟成员包括阿里巴巴、腾讯、华为、中兴等ICT企业以及省内江钨控股、泰豪集团、江西航天云网等65家单位,致力于推广工业互联网网络、平台、安全三大核心体系,实现企业内、外的泛在网络互联,构建工业网络基础设施及应用开发环境,贯通产业上下游、实现跨领域广泛互联互通,助力企业数字化、网络化、智能化改造。

举办2018世界VR产业大会。10月19日—21日,2018世界VR产业大会在南昌召开。中共中央总书记、国家主席、中央军委主席习近平向大会致贺信,全国政协副主席卢展工莅临大会并宣读贺信。来自全球1000多家企业、170多家高校和研究机构、行业协会的代表近5000人参会,大会上有157个VR产业协议和项目达成意向,总投资额631.5亿元。

(申甲林)

信息基础设施

【概　况】 2018年,全省实施“宽带中国”江西工程,贯彻落实宽带网络提速降费,落实电信普遍服务补偿机制试点,推进有线电视数字化整体转换,加速布局移动物联网网络布局,推进互联网协议第6版规模部署,建设信息通信基础设施。江西省电信业务总量1607.6亿元,增长143.2%。电信业务收入300.8亿元,增长9.1%。全省广播综合人口覆盖率98.54%,电视综合人口覆盖率99.09%。全省IPTV用户450万户。

【信息接入水平】 2018年,江西省电话用户总数4509.6万户。其中,移动电话用户4043.5万户,固定电话用户466.1万户。固定互联网宽带接入用户1323.4万户,其中光纤到户(FTTH)用户1010.9万户,占比76.4%。固定互联网宽带接入用户中,接入速率在20 M及以上用户占比96.8%,50 M及以上用户占比91.1%,100 M及以上用户占比59.6%。

【电信信息基础设施建设】 2018年,省际出口带宽2.33万G,固定宽带家庭普及率92部/百户,人均移动互联网使用流量6678.6 M/(户·月)。全年完成固定资产投资75.5亿元,全省光缆线路长度178万千米。其中,长途光缆线路长度3.2万千米,本地网中继光缆线路长度69.8万千米,4G基站10.8万个。WLAN公共运营接入点(AP)数8.2万个。

【电信基础设施共建共享】 2018年,全省电信基础设施共建共享持续推进,共建站址3204个,共建杆路109.3线路千米,共建管道105.99线路千米,共建室内分布系统13个。共享站址5560个,共享杆路390.45线路千米,共享管道10.28千米,共享室内分布系统17个。

【广电信息基础设施建设】 2018年,全省有线广播电视传输干线总长超40万千米。村村通工程采用直播卫星接收方式在全省完成420个村(场)的村村通工程建设,项目总投资318万元,共采购9730套直播卫星接收设备,全省广播综合人口覆盖率98.54%,电视综合人口覆盖率99.09%。

【有线电视数字化整体转换】 2018年,全省有线电视数字化整体转换继续推进,有线广播电视用户829.51万户,入户率67%。其中,城市有线广播电视用户490万户,农村有线广播电视用户数339.51万户。数字电视用户761.2万户,增加115万户,数字电视入户率53.88%,全省有线电视数字化整转率95.2%。全省高清互动机顶盒约92.1万台,网内传输的高清频道数量增加到59套,数字电视节目频道达到202套。全省有线电视双向覆盖用户730万户。其中,CMTS覆盖用户40万户,BOC覆盖用户200万户,LAN覆盖用户35万户。全省城市影院347家,银幕1821块。

【互联网协议第6版(IPv6)规模部署】 8月,省委办公厅、省政府办公厅印发《关于推进互联网协议第六版(IPv6)规模部署行动实施方案》,在全省规模部署IPv6,升级改造移动和固定网络及城域网和接入网。年底,基础电信企业完成全省范围LTE核心网、接入网、承载网、业务运营支撑系统等IPv6改造并具备IPv6业务承载功能,为移动终端用户数据业务分配IPv6地址,提供端到端的IPv6访问通道。

【工业互联网网络建设】 8月,省政府出台《关于深化“互联网+先进制造业”发展工业互联网实施意见》,对工业互联网网络、平台、安全及应用进行部署,推动工业企业内网改造升级,加快工业企业外网建设,推进工业领域全面部署IPv6,建设工业互联网标识解析体系二级节点。

【移动物联网网络覆盖建设】 鹰潭市作为新一代宽带无线移动通信网国家科技重大专项转移转化试点示范城市,率先推进移动物联网网络建设,已建成NB-IoT基站1099个,新建成eMTC基站939个,成为全国首个实现低速、中速2种不同速率的移动物联网全域覆盖城市。吉安、赣州等市窄带物联网工程完成县城及以上城区信号全覆盖。上饶市建成NB-IoT移动基站3600余个,并正式商用。新余市完成NB-IoT站点1812个,网络覆盖全市城区、县区、乡镇和64%的行政村,全省县城及以上城区信号全覆盖。南昌、鹰潭作为全国首批5G应用示范城市之一,5G基站和网络建设启动布局。

(申甲林)

信息技术应用

【江西使用全国志愿服务信息系统实现全省“一张网”管理】 1月,省文明办、省民政厅等9部门按照全国《志愿服务信息系统基本规范》(MZ/T061-2015),统一志愿服务管理平台,对江西已有志愿服务管理平台进行整合,采用全国志愿服务信息系统(http://jx.chinavolunteer.cn)实现全省“一张网”管理,为志愿服务组织管理志愿者、开展志愿服务记录工作提供技术支撑。

【鹰潭建成江西省首家智慧加油站】 2月,江西首家智慧加油站在鹰潭市信江新区建成。该加油站以传统加油站销售体系和网络为基础,为市民提供智能导航、车辆自动识别、第三方服务以及移动支付加油等各类智慧化服务。客户打开加油站微信客户端,系统自动推荐显示最近的加油站和油品价格,客户在手机上选择加油站点,输入油品号、金额,即可完成下单。客户根据智能导航到相应加油点,车辆停入加油机后即可触发智慧加油,系统自动解锁油枪,车主输入唯一密令,提枪完成1次加油,从而实现市民网上下单、加油站车辆“刷脸”安全认证即加即走的智慧便捷服务。

【江西省备案首个网络食品交易第三方平台商】 3月,江西省首家网络食品交易第三方平台商在省食品药品监督管理局备案,平台提供者为江西赛宝网络科技有限公司,备案号为赣网食A3601000001。根据《江西省食品药品监督管理局关于开展全省网络食品交易主体备案工作的通知》要求,在江西的网络食品交易第三方平台提供者、通过自建网站进行交易的食品生产经营者经食品药品监管部门备案,取得备案号后,可提供网络食品交易第三方平台服务或从事网络食品交易。

【江西启用网络交易监管中心】 3月,省工商局网络交易监管中心启用,标志着江西网络交易监管进入“以网管网”新时代。该中心包括省工商局网络交易监管指挥中心和省网络交易监管平台。指挥中心主要实施对全省工商和市场监管部门网络交易监管指挥调度、研判分析、电子取证、报表统计及数据分析等工作。省网络交易监管平台包括“两网一中心”,即全国网络交易平台监管服务系统江西专版、省工商局网络交易监管服务网和搭建在省工商局电子政务云服务平台上网监系统的数据中心。

【全国首批SIMeID贴膜卡在共青城市发放】 4月,公安部在共青城市举办全国SIMeID贴膜卡首发仪式,向共青城市发放5万张SIMeID贴膜卡。贴上厚度0.19毫米的贴膜卡,手机用户就可以在不更换原SIM卡的情况下,把电子身份标识加载在手机SIM卡中,便捷使用网络个人身份标识。SIMeID贴膜卡是以密码技术为基础,以智能卡芯片为载体,由公安部门审核、统一签发给公民的网络身份证件,专用于在互联网上远程身份认证。借助这张卡,用户可享受包括“港澳通行证线上二次签注”“户政夫妻网上投靠落户”“交通违法在线学习”等行政许可事项和公共服务事项服务。

【江西省“一窗式”综合服务平台上线运行】 8月,“一窗式”综合服务平台在省本级上线运行,平台打通不同层级、不同部门之间信息系统的共享通道,推动江西省企业名称库、江西省工商企业登记网络服务平台、公安部门备案、税务部门金税三期系统等相关业务办理系统与“一窗式”综合服务平台实现数据实时共享传递。该平台与全省网上审批系统深度整合,涵盖原有全部功能,使用全省网上审批系统办件单位可直接使用该平台。省直有关单位使用该平台收、出件后,部门自有业务系统接件平台同步关闭。

【“赣金鹰眼”江西省非法集资监测预警平台上线运行】 11月,“赣金鹰眼”江西省非法集资监测预警平台上线运行。该平台采用国内领先的大数据、人工智能等信息技术,自动抓取分析互联网数据、工商登记数据、公检法数据和举报信息等海量信息资源,实时监测全省8万余家企业,覆盖互联网金融、类金融、养老机构等17类非法集资高风险行业企业,及时识别风险并分类提出预警。平台还建设举报线索管理、任务交办反馈、案件管理、黑名单管理4个子系统,为全省各级处非办和有关省直单位协同办公提供信息化支撑。平台自1月上线试运行以来,共预警189家高风险企业,查证确有风险企业126家,占比67%。其中,确有非法集资风险企业44家,占比23.3%,平台提前预警的案件占全省新发非法集资刑事案件的22%。

【鹰潭(江西)物联网平台、产业云平台开通】 11月,鹰潭市政府联合华为技术有限公司打造的鹰潭(江西)物联网平台、产业云平台开通,鹰潭(江西)物联网平台面向全省各级政务部门提供完善的物联感知平台管理服务和标准规范的物联网数据服务,面向全省物联网上下游企业提供安全、自主、可控的物联网云资源服务和软件快速研发、测试、部署的一站式开发环境。年底,鹰潭市智慧水表、智慧停车、智慧路灯、智慧消防等多个物联网应用场景,接入物联网应用平台的终端数近13.5万个。城市产业云是以云计算和大数据作为基础设施,主要支撑鹰潭市企业数字化转型以及城市新兴数字化产业重构,为城市走向智能化提供数字基础设施服务,从而实现产业数据化、数据产业化,支撑城市数字化转型和城市智慧化决策。

【江西政务服务“赣服通”上线运行】 11月,江西政务服务“赣服通”上线运行。“赣服通”是江西省推进“互联网+政务服务”、推动政务服务一网通办的创新举措,可实现政务服务“一机在手、走遍江西”。全省“赣服通”已接入各类便民利企应用110项,涉及企业投资、社会保障、住房公积金、医疗健康、公安户政、出入境、税务等一系列事项。“赣服通”上线运行,标志着江西与阿里巴巴在政务服务领域的合作取得突破性进展,有利于企业和群众办事。

【江西省实施手机携号转网业务新流程】 12月起,江西手机号码携号转网实现只跑1次。消费者通过手机短信在线查询携转资格(短信编辑CXXZ#用户名#证件号码,发送至归属运营商),查询符合条件后,通过手机短信申请授权码(短信编辑SQXZ#用户名#证件号码,发送至归属运营商)。收到授权码以后,凭有效证件和授权码到拟转入的运营商营业厅办理入网即可。新办理流程实施大大缩短携号转网业务办理时间,为全省通信消费者提供便利。

【江西采用移动物联网技术加快传统企业改造】 年内,江西省利用移动物联网网络、产业、应用优势,加快传统企业转型,加快移动物联网技术在工业等领域的推广应用,移动物联网应用场景不断增多。在工业制造领域,结合推进智能制造、工业互联网建设和万家企业“上云”行动,以生产装备和终端产品联网化改造为切入点,在80多家企业进行试点示范,开展机器设备互联、生产数据采集、产品远程监测、预测性维护等应用,降低企业生产成本,提高企业效益。其中鹰潭市运用移动物联网技术推进铜加工企业智能改造和转型升级,全年完成铜企业生产线改造30%,完成江南铜业、广信铜业等30余家企业的改造提升。

【江西开通二维码“扫描捐赠”】 11月,为提高慈善捐赠的便捷性,方便社会各界奉献爱心,省慈善总会开通“扫码捐赠”功能。爱心人士只需登陆江西慈善网,点击“我要捐助”,运用微信、支付宝、银联在线的便捷支付方式,动手“扫一扫”,便可以奉献一份爱心给需要帮助的人。二维码扫码捐赠,在技术上采取实时二维码,确保每一笔捐赠资金安全可靠。

【江西省公务消费网络监管平台开通手机版APP应用】 11月,江西省公务消费网络监管平台开通手机版APP应用。江西省公务消费网络监管系统于2017年3月1日正式上线运行,但只能通过办公室电脑才能进行处理,手机无法直接操作,不能进一步满足现代信息化社会的需求。通过开发手机版APP系统,使公务消费网络监管平台摆脱对固定办公场所、固定办公配套设备、固定工作时间的依赖,全省预算单位及财政监管部门使用手机移动客户端,可以实现定位注册商家、进行网上“三公”消费支出申请、“三公”经费支出查询等功能,随时随地进行“三公”经费支出信息化处理,进一步提高全省预算单位和财政监管部门的工作效率。

【江西省水利厅科研大型仪器设备共享服务平台上线运行】 9月,江西省水利厅科研大型仪器设备共享服务平台(http://kjgl.jxsl.gov.cn:8090)上线运行。平台主要包括设备查询、统计及信息展示、设备共享申请与受理、设备及信息更新、设备共享情况反馈等功能。用户可在线直接浏览、查询所有共享设备信息。平台拥有水文监测类、气象观测类、水质分析与检测类、工程测绘类、工程勘探类、建材室内外试验与检测类、水工建筑物与岩土工程现场监测类、土壤理化性质分析类、水土保持监测类、降雨模拟设施、科学实验设施及场所以及其他等12类设备(施),至年底共有469台(套)。

(申甲林)

电子信息制造业

【概　况】 2018年,江西省电子信息制造业主营业务收入2844.2亿元,超额完成年初制定的2400亿元目标任务,增长23.94%;利润166亿元,增长26.04%。江西省电子信息产业主营业务收入3697.7亿元,增长20.7%,产业规模排全国第10位,在中部地区列第2位。全行业规模以上企业新增138家,总数达713家。主营业务收入过百亿元的企业有4家。

【3大主导产业】 2018年,全省电子

信息制造业三大主导产业持续加速发展，全年主营业务收入1886.7亿元，增长20.3%，占全行业的70%。其中，半导体照明产业规模主营业务收入549亿元，增长25.9%；移动智能终端产业主营业务收入850亿元，增长23%；数字视听产业主营业务收入487.7亿元，增长20.5%。

【11设区市电子信息工业总产值实现2位数增长】 年内，全省11个设区市电子信息工业总产值实现增长。其中，南昌、吉安的电子信息制造业规模迈入1000亿元大关，分别增长31.1%和23.6%；其他设区市全部实现10%以上的增速。

【赣台移动智能终端产业对接会在南昌举行】 8月31日，省工信厅、南昌市政府共同举办的赣台移动智能终端产业对接会在南昌举行。会上，涉及新兴电子、智能装备、健康养老、旅游等产业的77个重点项目签约，投资总额41.2亿美元，创历届赣台会新高。其中南昌签约项目15个，投资总额10.54亿美元，项目涉及智能终端、现代农业、教育、旅游等产业。省工信厅、南昌市政府、萍乡市政府、南昌高新区、萍乡经开区以及来自台湾地区和南昌的智能移动终端相关企业负责人等共120余人出席会议。

【2家企业入围2018年全国电子信息百强企业】 7月31日，2018年中国电子信息百强企业发布会在长春召开。根据国家统计局和工息部联合统计的2018年电子信息产业年报数据，经省工信厅初审和推荐，中国电子信息行业联合会审定发布，智慧海派科技有限公司和江西合力泰科技有限公司入围2018年全国电子信息百强企业，分列第64位和第79位。

（省工信厅电子信息处）

软件服务业

【概　况】 2018年，全省软件服务业实现主营业务收入224.5亿元，增长24.3%；软件业务收入150.8亿元，增长40.5%。其中，软件产品收入80.6亿元，增长118.4%；信息技术服务收入66.2亿元；嵌入式系统软件收入1.39亿元，增长4.5%；软件业务出口0.7亿美元，下降23.9%。全省软件产业实现利润19.76亿元；全省软件从业人员3.59万人，增长15.8%。

【骨干软件企业】 重点企业支撑作用突出。全省软件产业共35家企业实现主营业务收入过亿元，占全省软件产业的79.6%。捷德（中国）信息科技有限公司、思创数码科技股份有限公司、先锋软件股份有限公司、江西省广播电视网络传输有限公司4家企业营业收入均超过10亿元，总计达到63亿元，江西贪玩主营业务收入超过30亿元，是全省第1家主营业务收入超过30亿元的软件企业。

【服务企业项目需求】 帮助中国（南昌）VR创新孵化中心、腾讯众创空间（南昌）、上饶高铁经济试验区3家软件园区及江西中至科技有限公司1家企业成功申报2018年全省现代服务业集聚区及服务业龙头企业；推动国家艺术基金资助的全国首个VR人才培养项目落地南昌，于11月1日在泰豪动漫学院结业；组织省内重点软件企业参加2018世界VR产业大会及第22届中国软件博览会。

【产业帮扶】 为南昌虚拟现实主题乐园有限公司等10个VR企业争取扶持资金600万元。安排江西蓝星星火有机硅有限公司基于生产工艺建模的虚拟工厂关键技术的项目200万元资金支持。落实国家《关于软件和集成电路产业企业所得税优惠政策有关问题的通知》精神，宣贯软件企业税收减免最新政策，对省税务局移交的企业减免税备案材料进行核查，为软件企业申请减免税收3.29亿元。

【先锋软件股份有限公司入围2018年全国软件业务百强企业】 11月7日，工信部发布2018年（第17届）中国软件业务收入前百家企业发展报告及名单，经江西省工信厅初步审核、工业和信息化部最终核定，先锋软件股份有限公司入围2018年全国软件业务百强企业，列第89位。

（艾九江）

电子政务

【概　况】 2018年，全省电子政务协调发展，新一代信息技术逐步应用到政府决策管理中。全省大数据产业重点区域发展凸显成效，大数据发展获工信部认可。

【开展《江西省“十三五”时期电子政务发展规划》实施情况中期评估】 6—7月，省工信厅对《江西省“十三五”时期电子政务发展规划》实施情况进行中期评估。从中期评估的情况看，规划正稳步实施，在电子政务协调发展，政务数据资源实现有效管理方面，新一代信息技术使政府决策管理更高效，政府网站服务能力稳步提升以及信息安全保障力度不断加大。评估还分析了规划实施过程中存在的困难，对促进电子政务发展的政策措施作出调整。

【大数据产业建设】 突出重点区域布局。2018年，省工信厅赴抚州、上饶、鹰潭、宜春等实地调研，指导和推进大数据规划布局和项目建设，对上饶、抚州、赣州、赣江新区等有关数据中心、平台和基地，重点给予支持。突出重大项目建设。4月，省大数据重点项目宜春市云数据中心开工建设。5月3日，中国稀金谷特色产业大数据中心平台对外发布并上线运行。5月30日，全省第1个工业综合信息和工业大数据平台——宜春智慧工业平台上线运行。11月，省重点推进项目抚州云计算数据中心一期工程投入使用。11月22日，首个省级大数据学院——江西省阿里云大数据学院以及首个省级大数据交易中心——江西省大数据交易中心在省级上饶大数据产业基地签约落地。

【大数据发展得到国家层面认可】 大数据发展得到国家层面认可，实现零的突破。江西省组织申报工信部的大数据发展试点示范项目和优秀案例，均实现零突破。其中上饶市普适科技有限公司的江西省高考“选志愿”平台入选2018年大数据产业发展试点示范项目中“大数据分析挖掘方向”项目。江西电信信息产业有限公司的《基于全民健康信息平台大数据的精准医疗 AI 服务整体解决方案》入选全国百家大数据优秀案例。此外,由中国信息协会在贵州主办、主题为“以大数据为支撑,提升政府管理和治理能力现代化”的 2018 中国政府信息化大会上,抚州市建设的智慧城市门户——“我的抚州”APP 产品获案例创新奖。

【全省政府网站监测抽查】 江西省通过国务院办公厅 2018 年对全国政府网站开展的所有监测抽查,合格率 100%。年内,省工信厅加大抽查比例、丰富抽查内容,针对网站域名、标识及互动交流情况等方面存在的问题开展 3 次专项检查,共抽查检查 1353 个政府网站,全年平均合格率 91.57%,比上年提高 5.22%。

(廖赛韩)

无线电管理

【概　况】 2018 年,全省入库无线电台站 18.87 万台部。其中,公众移动通信基站 15.89 万个、广播电台 419 部、超短波固定台 2268 个、超短波移动电台 2.30 万个、数传电台 260 部、卫星地球站 155 个、微波接力站 362 个、业余电台 689 个,其他各类台(站)2591 个。新增各类无线电台站 7611 部,增长 8.3%,无线电业务继续保持快速增长势头。同时,频谱资源管理得到进一步提高,各类无线电业务维持良好秩序。

【启动 5G 相关频率和台站清查核查工作】 6 月下旬,江西启动 5G 相关频段和台站清理核查工作,完成卫星地球站信息核查 565 个,为 5G 系统在全省商用部署创造条件;编制规划《江西省 1447—1467MHz 宽带数字集群专网系统频率规划方案》,经国家无线电管理局批复并对外发布实施;落实审批改革要求,探索实施无线电管理行政审批“一次不跑”、电子化证照等便民服务;修订无线电管理行政权力事项,将无线电发射设备销售备案列入行政权力清单,并根据国家部署在全省推动实施。全年全省各级无线电管理机构受理行政许可申请 125 次,批准频率申请 39 个,审批台站 1.70 万个,收回频率 55 个,撤销台站 258 个。

【组织开展无线电频率使用率评价活动】 7—11 月,江西省开展无线电频率使用率评价工作,聘请中国信息通信研究院作为无线电频率评价工作的技术支撑单位,完成全省监测数据分析,形成频率评价报告,并针对活动期间发现的部分非法用频设台情况,同步开展定位和执法,全省移动测试里程 3736.7 千米,形成符合国家规范格式监测数据 597 GB,为下一步做好频率管理提供科学依据。

【提升无线电行政执法能力】 3—12 月,江西省组织开展提升无线电管理机构执法能力专项行动,加强组织领导和协调,进一步规范和完善全省无线电管理执法工作机制,健全完善行政执法制定体系,加强和规范行政执法工作。在提升全国无线电管理机构执法能力专项行动中,江西省综合评价排全国第 5 位,“瑞昌市武山铜矿黑广播案”和“尧凤婷销售未取得型号核准的发射设备案”入选国家无线电管理局优秀案例汇编,其中“瑞昌市武山铜矿黑广播案”入选“十大典型案例”。

【开展打击“伪基站”“黑广播”专项活动】 5—12 月,省工信厅联合省公安厅、省通信管理局开展集中打击“伪基站”违法犯罪专项行动。同时,省工信厅联合省公安厅、省新广局开展打击治理“黑广播”违法犯罪和集中整治违规设置使用调频广播电台专项行动,加强“伪基站”和“黑广播”的排查和监测定位,加强与省公安厅、省广电局等单位的联合协作。全年,查处“伪基站”案件 12 起、“黑广播”案件 45 起,查获非法设备 69 台套;2 次对全省范围内广电系统设台单位发射设备进行现场检查,共检查设台单位 32 个、台站 156 个,下达责令整改通知书 3 份,保存频谱图 210 余张,有效维护空中电波秩序和航空通信秩序。

【无线电宣传】 以信息报送为重点,拓宽视野,广开渠道,聚焦主题日,开展形式多样的无线电宣传。全省累计开展现场宣传活动 166 场次,电视宣传达 2600 分钟,广播宣传 800 余分钟;制作宣传展板(易拉宝)417 块,宣传手册 4.3 万余份,各类宣传品 7 万余件。活动期间,接待群众来访 1.57 万人次,发送宣传短信 1250 余万条。

【查处各类无线电非法案件】 年内,省工信厅加大对非法用频违规设台的查处力度,重点查处扰乱无线电秩序、涉及民生、影响社会安全稳定等无线电违法行为,先后查处手机诈骗案件 17 起、手机屏蔽器案件 37 起,卫星干扰器案件 5 起,信号放大器案件 4 起,其他案件 29 起,查获非法设备 140 余台套。

【做好各类考试无线电安全保障】 全年全省无线电管理机构共保障高考、研究生考试、会计资格考试、卫生资格考试、二级建造师考试、公务员考试等 26 场次考试,出动保障人员 1750 余人次,保障考场 3.3 万余个,监测发现并阻断作弊信号 122 起,查处作弊案件 49 起,查获作案设备 56 台(套),涉案人员 18 人,配合查获考场内作弊考生 73 人,有力打击利用无线电发射设备进行考试作弊的行为,维护考试的公平公正。

【加强无线电干扰排查】 2018 年,全省各级无线电管理机构共排查各类无线电干扰 101 起,其中民航干扰 14 起、铁路干扰 20 起、公众移动通信干扰 51 起、卫星电视干扰 5 起、其他干扰 11 起。加强春节等 6 个节假日和 2018 世界 VR 产业大会产业对接会、中央电视台“中国诗词大会”节目录制等 11 次重大活动无线电安全保障,全年开展电磁环境监测 510 余次,行程 1.9 万千米,监测时长达 1.8 万小时,监测值班人数 720 余人次,监测频段 90 余段,频点 510 余个、保存监测频谱图 4250 余份,排查不明信号 14 起。

(朱智松)

信息安全

【概 况】 2018年,江西省信息安全机构分别从意识队伍培养、创新平台建设、行业态势研究、产业扶持培育、对外开放合作5个方面入手,实现信息安全"产业、队伍、平台"3大突破,支撑全省网络强省战略的实施。

【组建江西省网络信息安全讲师团】 年内,经省委网络安全和信息化委员会成员单位推荐并审核,江西省网络信息安全讲师团正式成立。12月17日,省工信厅会同省委网信办印发《江西省工业和信息化厅 中共江西省委网络安全和信息化委员会办公室关于成立江西省网络安全讲师团的通知》,讲师团主要面向全省各级党政机关、事业单位和国有企业,提供体系化网络安全意识与技能的培训,由省委网信办牵头,会同省工信厅等相关部门,组织讲师团成员赴各地开展网络安全宣讲。

【推动网络安全领域产教融合】 2018年,省工信厅引导企业和省内高校开展网络安全产教融合。南昌大学与浪潮集团、火眼信息技术有限公司、江西攻防网络科技有限公司合建江西省智能制造与网络安全工程技术研究中心,东华理工大学与江西攻防网络科技有限公司建设江西网络空间安全技术创新中心,南昌大学联合上海交通大学、南昌航空大学、东华理工大学、江西理工大学、江西警察学院、江西省国际关系研究中心、江西省网络空间与信息安全重点实验室、江西华安司法鉴定中心、360企业安全集团、无锡创新网络安全、品安世联科技、江西驭奔科技等公司共同合建江西省网络空间安全协同创新研究院。

【系统开展网络信息安全检查】 2018年,省工信厅重点围绕工业信息安全、政府信息安全、物联网移动应用安全和金融信息安全4个领域开展工作。2—5月,对全省11个设区市和赣江新区进行全覆盖检查,采取企业自查、地市审查、现场核查的方式进行,重点对全省装备制造、能源、汽车等两化融合程度较高、工控系统运用较广的行业进行检查。检查规模以上企业129家,现场核查企业37家,检查工控系统627套,工控设备产品10.32万台(件),并编撰全国首部省级《工业信息安全白皮书》。突出重点保障政府网站安全,每季度对全省600余个重点政府网站进行监测,全年对1400余家金融、教育、企事业单位重要网站分类进行监测通报,共发现400余家单位存在600多个安全问题,累计下发整改通知200余份。10—11月,组织移动安全服务机构开展针对全省物联网和移动应用安全的专项检查,从政府部门、媒体和金融机构抽取56个单位移动应用,从7大类指标进行监测,共发现漏洞1338个。在调研和核查的基础上,开展全省物联网设备和移动应用安全态势研究,编写《江西省移动应用信息安全态势报告》。8—10月,会同国家安全厅、省委网信办、人民银行江西分行联合行动,对江西银行、中国邮政储蓄银行江西分行等20余家金融机构进行金融领域网络安全专项检查,发现并排查大量直接性金融领域安全风险。

【举办江西省第五届国家网络安全宣传周活动】 9月17日—23日,省工信厅会同省委网信办等在南昌举办以"网络安全为人民,网络安全靠人民"为主题的江西省第五届国家网络安全宣传周活动。活动围绕互联网安全、移动通信安全、工业控制系统信息安全等社会关注的网络安全热点问题,开展网络安全现场展示、现场咨询、短信推送等宣传活动。其间,举办全省网络安全知识有奖竞赛,共20万人参与,收到有效答卷8.2万份,提高全社会网络安全意识和防护能力。

【举办信息安全专题培训】 3月,省工信厅举办面向全省工业企业的工控信息安全专题培训,300余人参训;11月,举办面向全省市县工业系统管理部门和重点工业企业的工业信息安全专题培训,400余人参训。

(陈昊)

邮政快递

【概 况】 2018年,全省邮政业业务总量完成176.6亿元,全国排第14位;增长36.3%,全国排第4位。业务收入116.26亿元,增长24.14%。其中,快递业务量6.20亿件,增长41.54%;业务收入67.09亿元,增长36.36%。全年收寄包裹总量7.35亿件,增长45%,增幅全国排第8位,支撑网络零售额1000亿元。全年收投包裹总量20亿件,年人均收发快递46件。全行业从业人数9.1万人,全年新增社会就业岗位1万个。邮政普遍服务和快递服务满意度稳中有升,全年处理有效申诉1597件,为消费者挽回经济损失91.15万元,消费者申诉处理满意率98.8%。快递业务经营许可全流程网上办理,实现"一次不跑"的目标,继续保持行政审批零超时。全年完成快递末端备案网点5304个,备案平均办理时限约1个工作日,比规定时限压缩近4个工作日,全省邮政行业"放管服"改革工作得到国务院督导组肯定。贯彻落实省委、省政府《关于推进安全生产领域改革发展的实施意见》,压实企业主体责任,聚焦收寄验视、实名收寄、过机安检3项制度,精准施策、重点发力,全省邮件、快件实名率稳定在99.5%以上,位居全国前列。完成全国两会、上合组织峰会、中非合作论坛、进博会、VR大会等重大活动期间寄递渠道安保任务,妥善处置多起突发事件,成功处置快捷快递网络阻断事件,得到国家邮政局主要领导批示肯定。

【基础设施建设】 2018年,全省邮政行业最高日处理量突破1200万件,"双十一"期间累计处理邮件快件量超过1亿件。全省11个地市基本建成快递物流园区,快递电商综合园县级覆盖率50%。南昌国际邮(快)件监管中心、南昌快递(电商)物流园、中国邮政(鹰潭)邮件处理及仓储物流中心、中国邮政(九江)11185呼叫中心、九江新能源物流产业园等一批重点项目加速推进。落地南昌的顺丰和邮政全货机每日增加到3架次。邮政行业基本实现全流程信息化、可视化作业,全省配置自动化分拣设备165套,13家品牌快递企业实现自动化分拣作业,赣州南康顺丰无人机项目试点取得进展。手持智能终端、实名收寄信息系统、X射线安检机、智能快件箱等设备在行业内广泛应用。

【县乡村三级农村邮政快递配送体系初步建成】 全省邮政支局(所)1896个,其中农村地区支局所1468个,实现乡乡设所。拥有邮路628条,邮路总长(单程)9.02万千米。全省16749个建制村全部直接通邮,实现村村通邮和县及县以上城市党政机关《人民日报》等主要党报当日见报。全省快递企业1108家,备案分支机构2198个,备案末端网点5304个,智能快递箱6391组,实现快递网点乡镇全覆盖。全省快递企业运输网路3363条,单程网路里程27.83万千米,初步建成县、乡、村三级农村邮政快递配送体系。

【产业融合发展】 全省"寄递+"单品年业务量超过千万件的金牌项目6个(赣南脐橙、文港毛笔、景德镇瓷器、九江理文纸业、艾美特电器、红星羽绒服),是全国数量较多省份之一。2018年,共打造邮政快递服务现代农业"一地一品"项目21个,业务量4540万件,带动农业总产值45亿元,带动农村人口就业超过200万人。脐橙邮件快件量2156万件,单品农产品快件量排全国第五名,支撑当地农民脐橙销售收入15.4亿元。赣南脐橙项目被评为全国快递服务现代农业金牌项目。打造邮政快递服务制造业项目31个,业务量超1亿件,带动产业总产值超200亿元。其中,景德镇陶瓷快件业务量2684万件、九江羽绒服快件业务量1200万件、文港毛笔(文房四宝)快件业务量1100万件。推动快递与电商协同发展,各地相继成立快递电商产业园,服务电商企业近10万家,出现余江左氏商贸、铜鼓捷一等一批协同发展的骨干企业。邮政、顺丰、中通、申通、圆通、韵达等企业利用自有电商平台线上线下销售农特产品,让廖奶奶咸鸭蛋、军山湖大闸蟹、南丰蜜橘、南康家具、文港毛笔等一批地标性产品成为"网红"。通过电商、快递线上线下平台,把4.3亿件农特产品、工业品卖到全国各地,有的走出国门,实现由"寄包裹"向"产包裹"转变,这一产业转型的"江西模式"得到国家邮政局认可。

【邮政助力脱贫】 全省推广"寄递+电商+农特产品+农户"的产业脱贫模式,带动贫困地区人口返乡创业、脱贫增收。邮政企业深入实施邮政电商扶贫工程,建成"邮乐购"站点1.3万个,电商扶贫站点1400余个,对接扶持农民产业合作社435个,覆盖近50%的贫困村,累计销售农产品3.63亿元,11.4万贫困人口受益。邮政企业打造"老俵情"品牌,为赣南脐橙、南丰蜜桔、井冈蜜柚、廖奶奶咸鸭蛋、广昌白莲等3800多种农特产品提供网上销售、寄递服务,特别是以瑞金凤岗村廖奶奶咸鸭蛋为代表的邮政电商扶贫项目在全国颇有影响,11月,廖奶奶咸鸭蛋项目入选庆祝改革开放40周年大型展览,并在央视《新闻联播》上亮相。民营快递企业开辟寄递专线,开设电商平台,打造农产品进城"直通车",帮助贫困村脱贫致富。

【江西省邮政业安全中心获批成立】 12月6日,江西省邮政业安全中心成立,由省邮政管理局代管,为正处级全额拨款公益一类事业单位,编制15名。主要负责全省邮政行业安全、应急管理等基础服务和技术支撑工作。安全中心的成立可解决行业监管力量不足问题,为开展全省邮政业安全监管工作提供支撑和保障。

(范志奇)

通　信

【概　　况】 2018年,全省电信业务总量首次突破1000亿元大关,达1607.6亿元,增长143.2%,增速排全国第16位,比2017年上升6位。电信业务收入300.8亿元,增长9.1%,增速排全国第2位,上升10位。全省电话用户总数4509.6万户,新增583.4万户,增量排全国第10位。其中,移动电话用户4043.5万户,新增594.3万户,增量排全国第11位。固定宽带用户1323.4万户,新增326.3万户,增量排全国第5位。

【网络提速降费】 6月,制定印发《江西省通信管理局关于深入推进网络提速降费加快培育经济发展新动能2018专项行动的实施方案》,组织基础电信企业开展网络提速降费2018专项行动,提速降费工作取得成效。全省光缆线路长度新增23.9万千米,达178.0万千米,排全国第10位;移动电话基站18.6万个,排全国第16位,其中4G基站新增1.0万个,排全国第17位。各通信运营企业7月1日全面取消流量漫游费;全省移动流量资费水平为8.2元/G,降幅61.2%,高于国务院《政府工作报告》要求的30%目标;固定宽带接入资费水平为33.5元/(户·月),长期处于全国较低水平,排全国第25位;中小企业互联网专线单位带宽资费价格降幅明显,3家通信运营企业降幅均超过20%。

【移动物联网建设】 按照省委、省政府《推进新一代宽带无线移动通信网国家科技重大专项成果转移转化试点示范实施方案》和2018年工作要点相关要求,5月,印发《江西省通信管理局关于贯彻落实〈2018年推进新一代宽带无线移动通信网国家科技重大专项成果转移转化试点示范工作要点〉的实施方案》,组织和协调各基础电信企业夯实新一代宽带无线移动通信网网络基础。全省部署NB-IoT基站6.04万个,其中开通2.53万个,基本实现全省NB-IoT网络全域覆盖,NB-IoT连接数57.9万个,是2017年的5.4倍。完成6.1万个eMTC基站设备硬件部署,其中开通1.57万个。

【争取5G试点】 3月,江西移动申报南昌市5G试点并得到国家发改委批复,计划建设30个5G基站,同时搭建传输网和核心网,用于开展5G业务应用示范;11月,鹰潭市获批成为中国电信"03专项"5G试点城市;12月,江西联通南昌、鹰潭5G试点获集团公司认可。

【IPv6升级改造】 年内,组织各通信运营企业推进信息通信基础设施

IPv6 升级改造和规模部署，全省通信网络完成 LTE 网络和固定宽带网络端到端、重点数据中心、DNS 域名递归解析系统的 IPv6 改造，数据中心有 10 个完成与国家 IPv6 发展监测平台对接，具备向个人用户、政企客户等提供基于 IPv6 的互联网接入能力。LTE 网络分配 IPv6 地址用户 1634 万户，固网宽带网络分配 IPv6 地址用户 295 万户。

【农村互联网发展】 以电信普遍服务为牵引，2018 年行业实现“双百”目标（100%行政村通光纤宽带、100%行政村 4G 覆盖），提前 2 年完成工信部关于贫困村光纤宽带覆盖率 98%的目标。全省农村固定宽带用户新增 106 万户，达 415.3 万户，带动全省固定宽带家庭普及率 92.0%，提前 2 年完成江西省“十三五”规划提出的 75%目标。制定通信行业推进网络扶贫 3 年行动实施方案，提出到 2020 年，实现全省 2900 个贫困村所辖自然村的宽带网络覆盖率在现有基础上提升 5%的总体目标。

【修订《江西省电信条例》】 7 月，《江西省电信条例》经省人大常委会审议通过，于 10 月 1 日施行。修订后的《条例》在加强保障网络安全、优化信息消费环境、保护用户权益、加强部门协同监管、通信设施建设和保护等方面都进一步完善和强化了相关措施和手段，特别是在防范骚扰电话方面，结合江西实际，在立法层面进行探索。

【开展骚扰电话专项整治】 7 月，开展骚扰电话专项整治工作，督促通信运营企业全面清查语音专线、“95”“96”“400”号码等码号资源使用情况，同时向社会公布商业广告骚扰电话和短信举报邮箱，针对用户举报依法进行核实处理，组织完成对 8198 个号码的处置工作。

【《江西省 2018 年电信行业行风建设暨纠风工作实施方案》出台】 3 月 22 日，省通信管理局出台《江西省 2018 年电信行业行风建设暨纠风工作实施方案》，全面部署 2018 年全省电信行业行风纠风工作。该方案明确 8 项重点任务：加快网络建设，保障有效供给；加强网络管理，保障通信畅通；规范服务行为，提升用户感知；强化争议化解，维护用户权益；完善技术手段，持续开展反诈工作；强化资费透明，规范计费收费行为；突出信用惩戒作用，营造信息通信市场良好秩序；强化制度标准落实，切实加强用户个人信息保护。

【开展“赣通—2018”突发事件通信保障应急演练】 6 月 13 日，省通信管理局组织各通信运营企业和铁塔公司开展“赣通—2018”突发事件通信保障应急演练。演练首次开展跨企业调度传输专线，检验各通信运营企业、铁塔公司在通信系统损毁和通信中断后的应急通信保障能力、部通信应急指挥调度系统管局一级、企业一级和应急通信指挥车、动中通的应急保障能力。演练模拟南昌市凤凰洲某地发生重大洪涝自然灾害，在接到指令后，省通信保障应急指挥部办公室立即启动通信保障应急预案，各通信运营企业迅速调集距离“灾区”最近的应急通信保障力量和装备赶赴现场。在“灾区”现场，迅速完成临时应急通信指挥所的搭建；在指挥所附近，相继开通 4G 移动通信基站、数据通信链路、宽带、卫星电话等多种通信手段。

（时鹿鸣）

互 联 网

【概　况】 截至年底，全省固定互联网宽带用户达 1323.4 万户，新增 326.3 万户，其中 FTTH 用户 1010.9 万户，新增 363.5 万户。固定宽带用户中，50 兆及以上接入速率固定宽带用户达 91.1%，提高 9.7 个百分点；100 兆及以上接入速率固定宽带用户达 59.6%，提高 27.8 个百分点；农村固定宽带用户 415.3 万户，新增 106.0 万户。全省 4G 电话用户 2970.0 万户，新增 493.2 万户。全省家庭宽带接入用户家庭普及率 92.0 部/百户，提高 24.3 个百分点；移动宽带用户普及率 70.6 部/百人，提高 11.4 个百分点。全省互联网宽带接入端口数 2067.9 万个，新增 81.9 万个，其中 FTTH 端口数 1835.2 万个，新增 123.3 万个。

【网络与信息安全保障】 组织通信运营企业完成春节、“两会”、上合峰会、中非合作论坛北京峰会、世界 VR 产业大会、上海进博会等重大活动的网络与信息安全保障工作。配合相关部门做好维稳工作，配合开展“清朗”、网上“扫黄打非”、打击网络谣言等专项行动，全年查处各类违法违规网站 701 个，列入黑名单网站 139 个。

【开展互联网网络安全威胁治理】 组织通信运营企业重点对僵尸网络、移动互联网恶意程序等开展集中治理，共处置木马和僵尸网络控制端 324 个、移动互联网恶意程序控制端 91 个、移动互联网恶意程序传播链接 3032 个。强化公共互联网网络安全应急管理，组织通信运营企业建立健全网络安全应急机制，提升公共互联网网络安全突发事件综合应对能力，确保及时有效控制、减轻和消除全省公共互联网网络安全突发事件造成的社会危害和损失，保障全省公共互联网持续稳定运行和数据安全。

【举办 2018（第四届）江西省互联网大会】 11 月 16 日，2018（第四届）江西省互联网大会在抚州召开。大会以“智慧江西、融合创新、绿色崛起”为主题，以“立足江西、放眼全国、推动发展”为定位。国家有关部委领导、省内外知名互联网企业精英、科研院校的专家学者、全省各设区市和部分省直单位负责人共 1000 余人出席活动，共同探讨江西互联网行业发展方略，加快推动江西数字经济产业发展。在为期 2 天的议程中开展环保区块链高峰论坛、5G 发展分论坛、数字经济发展分论坛、互联网+政务服务分论坛等 14 个分论坛活动。设置江西省部分厅局及相关地市信息化成果展示区、运营商展示区、互联网企业展示区、“数字抚州”展示区 4 个展示区，以及机器人围棋大赛、智能机器人 2 项展示活动，让全省民众触摸到有关互联网的最新知识和全新应用。

（时鹿鸣）

本栏编辑　游桃琴

园区经济

综　述

2018年，全省开发区（园区）以产业发展为核心，强化内涵发展，提升园区质量效益。全省园区实现主营业务收入2.58万亿元，同比增长12.4%；利润1860.8亿元，同比增长15.7%。全省63个省级工业园区（产业园）实现主营业务收入5953.8亿元，利润585亿元，分别占全省开发区23%和31.4%。

突出改革创新，提升园区产业优势。以转型升级为方向，出台《关于进一步促进产业集群转型升级的实施意见》，印发《开发区（园区）集群式项目“满园扩园”行动方案》，推动全省园区以项目为王，加快集聚集群集约发展。以首位产业和主攻产业为重点，引导支持每个设区市重点发展2~3个有望过千亿元的产业集群，每个县培育1~2个有望过百亿元的产业集群。首位产业主营业务收入占全省园区比重40%以上。以产业招商为路径，推进招商引资。89个省级重点工业产业集群招商引资签约项目527个、总投资2192.8亿元，其中投产项目289个、总投资679.9亿元。以产业对接为载体，服务保障产业做大做强做优。加强园区产业对接，聚焦产业链、供应链、创新链和生态链，组织开展全省园区产业集群“网上对接”活动月，推动省内园区产业集群合作对接。截至12月底，89个省级重点工业集群对接企业618家、科研机构105家，发布产品1383个，推介用工需求11.7万个。以产业培育为核心，推进省级重点产业集群和战略性新兴产业集聚区，实行“有进有退”动态管理，促进“一园一主业、一园一特色”。经申报认定，新增12个省级重点工业产业集群、4个省级战略性新兴产业集聚区。全省89个工业重点产业集群完成主营业务收入1.56万亿元，增长13.7%；实现利税1426亿元，增长14.2%。

完善功能服务，提升园区承载能力。强化顶层设计。突出建园即建城理念，出台《关于促进开发区功能完善提升的实施意见》，制定《开发区（园区）两型三化管理提标提档行动方案》，引导和支持各园区加快完善基础设施和功能配套，全域推进产城融合发展。建设产业创新服务综合体。借鉴浙江、上海等地产业创新服务综合体建设经验，出台《江西省工业园区产业创新服务综合体认定管理办法（试行）》，每年在全省选择3~5个园区开展试点，建设一批集技术创新、协同创新、创新创业、人才培养、融资服务等功能于一体，规划布局合理、功能层次明晰、创新链条全面、江西特色鲜明的产业创新服务综合体。推进标准厂房建设。坚持规模化开发、标准化建设、功能化配套、市场化推进。截至12月底，全省园区累计规划建设标准厂房5900万平方米，实际建成2800万平方米，入驻企业2400余家，解决就业16万人，带动社会投资220多亿元，成为项目集聚、产业集群、新动能培育的强力引擎。加快公共服务平台建设。重点支持检验检测、信息、研发设计、污水处理等32个公共服务平台建设，逐步建立园区公共服务支撑体系，促进功能平台体系化、专业化、公共化。推进智慧园区建设。建成全省工业园区智慧云平台，融合协同办公、园区动态、运行监测、产业对接、环保安全等功能需求，实现贯通92个园区，上线1.1万家企业，实现省、市、园区、企业四级互联互通，促进园区管理和服务水平提升。

推进绿色转型，提升园区生态文明和安全生产水平。坚持生态与产业和谐发展，推进工业绿色发展，加快构建绿色工业体系。实施绿色园区、绿色工厂示范工程。在全省范围内遴选省级绿色园区6家、绿色工厂36家，其中被工信部认定国家级绿色园区1家、绿色工厂13家。全省园区绿化覆盖率超过30%。坚持绿色发展，保障园区生态安全。严格园区项目准入门槛，明确投入产出强度、节能减排、环境保护和安全生产标准，严禁高耗能、高污染、低效益“两高一低”项目上马。打好工业污染防治攻坚战。建立调度督查、台账管理、整改落实等系列长效机制，加强“三废”治理，依法淘汰落后产能，全面整治“散乱污”企业。截至年底，全省100个园区污水处理厂基本建成，其中列入中央环保督察的89个全面建成运营，全部实现环保在线监测并与环保联网。

（江海）

赣江新区

【概　况】　2018年，赣江新区地区生产总值同比增长9.6%，规模以上工业主营业务收入增长17.5%，固定资产投资增长20.2%，社会消费品零售总额增长13.5%，财政总收入增长14.8%，一般公共预算收入增长10.2%。主要经济指标增速位居19

个国家级新区"第一方阵"。

【推进行政审批制度改革】 赣江新区深化"放管服"改革,推进行政审批制度改革先行先试。新区行政审批局集中行使省、市、县级260项权限,实现三级扁平化管理和"一颗印章审批"。建立分级审批、审管分离、联合会审等机制,完善审管联动组织体系。在全省率先开展投资项目承诺制改革,探索建设项目模拟审批,通过模式创新和流程再造,压缩工程建设项目办理时限,从选址到施工许可证核发压缩到27个工作日。推进政务服务"一网通办"和"减证便民"专项行动。公布154项"一次不跑"事项和151项"只跑一次"事项,取消203项证明材料,网上办理率80%以上。实行"多证合一、一照一码",截至2018年年底,实现"39证合一",企业开办时间压缩至2个工作日。

【人才计划】 2018年,赣江新区推出"赣江海智""赣江创新""赣江创业""赣江杰青"四项人才计划,5年安排50亿元人才发展经费,用于各类人才引进、培育和奖励。设立新区人才服务中心和组团人才工作站,开通人才服务信息化平台,增设8家海外招才引智中心,探索飞地共建共享和弹性使用人才机制,构建全方位人才服务体系。截至2018年年底,院士数量从新区成立前的5人增加至11人,国家"千人计划"专家从3人增加至10人,引进其他中高级工程技术人员3000余人,本科以上学历人员2万余人。

【科技创新】 赣江新区着力构建创新链、产业链、资金链、政策链"四链"融合新机制,推动产学研协同创新。联合中国科学院、北京理工大学、东华理工大学、澳大利亚蒙纳士大学等国内外科研机构和院所,建立国科医药工程技术研究院、新能源汽车实验室、直接质谱与精准诊断国际转化研究中心、工业过程智能化研究院等一批协同创新体,技术协同创新园综合研发大楼封顶。出台科技计划项目申报、科技创新券管理、知识产权综合改革等政策,与省内30所高校和科研院所、55家大型企业签订战略合作协议。截至2018年年底,新区高新技术企业数量从成立前的55家增至196家;科技部认定的中小型科技企业新增72家;省级以上研发平台从27家增至46家;发明专利拥有量从新区成立前的303件增至994件,每万人有效发明专利数量16.5件,是全省平均水平6.8倍、全国平均水平1.4倍。

【绿色金融改革】 赣江新区推进绿色金融改革创新试验区建设,加强绿色金融顶层设计,构建绿色金融标准体系;建立绿色项目数据库,入库项目171个,总投资1800余亿元;7家银行获批绿色银行,成为全国首批绿色支行网点;建立金融科技实验室、绿色保险创新实验室;发起设立技术成果转化基金、产业引导基金、城市发展基金;开展海绵城市、绿色建筑、清洁能源基金等金融创新;推出"政府救助保险""环责险""洁养贷"等绿色金融产品,构建市场化、多元化的生态补偿机制和风险防控机制。共青私募基金规模发展壮大,基金数量突破3300家,管理基金规模超1万亿元。

【打造绿色创新发展综合体】 2018年,赣江新区释放国家级绿色金融改革创新试验区、全国"双创"示范基地和国家级人力资源产业园三大"国字号"政策红利,打造集绿色金融示范街、"双创"集市和人力资源服务产业园为一体的绿色创新发展综合体。综合体项目总投资13.4亿元,建筑面积13万平方米。综合体运营后,吸引341家企业入驻,其中金融机构30家、人力资源服务企业60家、双创集市入驻企业251家,构建"1+1+1>3"协同创新机制。

【推进中医药科创城项目建设】 2018年,赣江新区推进中国(南昌)中医药科创城项目建设。组建科研和产业2个专家咨询委员会,聘请中科院院士黄璐琦、北京大学院士詹启敏和诺贝尔医学奖获得者巴里马歇尔等一批科研和产业顾问,引进一批高层次人才和专家学者。全年新签约项目11个,总投资400亿元。20栋标准厂房封顶,公共研发中心、公共服务中心、会展交易中心等工程进展顺利,华润江中生产基地、新绿药产业园等项目加快推进,中国中医药科学院江西分院、道地药材认证标准检测中心等国家级平台相继签约挂牌。

【招商引资】 赣江新区围绕主导产业,通过资源招商、资本招商、技术招商、以商招商、集成招商"五位一体"招商模式,纵向形成产业链。2018年,新区签约项目212个,合同总金额2007亿元。其中,超100亿元项目4个,50亿~100亿元项目3个,20亿~50亿元项目14个。赣江新区国科健康生命科技园、30万辆江铃新能源整车、万泽航空新材料产业园等54个签约项目开工建设,普热斯勒汽车用热成型零件、新型光源封装等30个项目建成投产,88个项目完成注册、规划设计,有序推进。

【探索产城融合新模式】 赣江新区将生态城市、海绵城市、智慧城市理念贯穿于集中起步区儒乐湖新城规划建设全过程,率先开展总体规划和各专项规划为一体的"多规合一"试点,初步建立"1+N"规划体系,同时科学划定"三区三线",为发展留足生态空间。按照产城融合理念和基础设施、产业、公共配套、环境"四个优先"建设原则,将儒乐湖新城划分为生活组团和产业组团,生活组团重点规划建设现代服务业聚集区和4个小镇,以及学校、医院、酒店等公共配套设施,统一布局涵盖医疗、育幼、养老、商业、文体等内容的微健康综合体;在产业组团规划建设4个园区,统筹布局工业邻里中心,提升园区配套水平。

【对外开放合作】 赣江新区融入"一带一路"、长江经济带、粤港澳大湾区、长三角一体化等国家发展战略,加大与北京中关村、深圳前海蛇口自贸片区等经济活跃地区合作力度,加快推进国科生命科技园、中技所赣江科创中心、赣深港青年梦工场等项目建设,打造经济合作示范区。依托"一区三口岸"建设国际多式联运中心,进一步复制推广自贸区改革试点成果,在江西率先建立同国际投资和贸易通行规则相衔接的制度体系,以高水平开放推动高质量发展。2018年,新区实际利用外资增长10.6%,实际利用内资增长18.7%。全年进出口总值增长49.04%。(陈龙　邓超勤)

南昌高新技术产业开发区

【概　况】　位于南昌市城东，辖2镇2管理处。总面积286平方千米。总人口52万人。2018年，实现地区生产总值664.49亿元，同比增长9.4%。园区总收入在全省开发区中率先突破3000亿元，主营业务收入2381亿元。财政总收入102.99亿元，增长22%，税收占财政收入95.1%；工业增值税占税收33.2%，增长38.1%。规模以上工业增加值增长10.1%；固定资产投资增长12.5%，其中工业投资增长30.5%。高新技术产值占主营业务收入60%以上，战略性新兴产业占工业比重60%以上；高新技术企业总数突破300家，参与申报的新企业增长110%。三次产业结构比为0.6：81.5：17.9。全区实际利用外资8.38亿美元，增长22.36%。实际利用内资219.34亿元，增长18.38%。其中，利用省外资金159.01亿元，增长20.81%。引进亿元以上新签约项目73个，投资总额741.44亿元，其中10亿元以上项目25个。全年累计为区内企业兑现补助资金22.3亿元，其中上级补助资金11.5亿元，区级补助资金10.8亿元。帮助欧菲科技、联创电子等企业解决纾困资金20亿元，为71家小微企业发放“财园信贷通”3.6亿元。全区企业总数近8000家，其中规上工业企业162家，高新技术企业309家，世界500强和中国500强企业36家，总部在高新区的上市公司15家。万元GDP能耗指标0.1228吨标准煤，下降4.14%。在科技部发布的全国157家国家级高新区综合排名中列第38位；在工信部赛迪研究院发布的2018年度“中国产业园区竞争力100强”排行榜中居第28位。

【产业发展】　2018年，高新区重点打造以航空装备、电子信息、生物医药、新材料等为主导“2+2”产业集群，成为全省战略性新兴产业集聚地。航空产业形成以大飞机制造研发为主体，以瑶湖机场为支撑，航空零配件研制、通用航空、航空航天科研和公共服务等为配套的国家级航空高技术产业基地。落户项目27个，在谈项目50余个。瑶湖机场正式建成并启动运营，取得A1级通用机场许可证，成为中国商飞大飞机重要的试飞基地，C919大飞机成功转场试飞；全国唯一一家省局共建的适航审定中心在高新区正式运营；中国商飞ARJ21飞机完工交付中心项目签约，江西华赣投资公司成立，与洪都整机配套的7个军民融合企业落户。电子信息产业以LED、移动智能终端等为主要特色，LED产业拥有国家级硅基LED工程技术研究中心，获国家技术发明一等奖的硅衬底蓝色发光二极管技术，以及打破国际垄断的中微半导体MOCVD设备项目，形成从设备、材料、芯片、封装到应用的完整产业链；移动智能终端产业集聚包括国内手机ODM排名前列的8家整机企业和40多家配套企业，摄像模组、触摸屏、主板贴片、芯片等90%的一级零部件可在区内生产。生物医药产业形成拥有医药产品、医疗器械、医疗保健品、生物制品等多细分产业，涵盖从研发、制造到配送销售的完整产业链；新材料产业依托江铜集团、江钨浩运等龙头企业，形成铜资源、钨产品深加工产业链。

【科技创新】　全区R&D经费占地区生产总值比重由上年2.7%上升到2.9%；财政科技支出超6亿元，增长50%；兑现科技奖励资金2385万元，增长32.5%；企业研发投入持续增强，万元销售收入中R&D经费支出增长5%。新增专利授权2500件，增长50%。万人当年新增知识产权数增长10%，欧美日专利增长22%。引导企业开发各类科技项目近200项，立项资金4456万元，其中获全省重大专项2个；13个项目获省级科学技术奖，其中一等奖5项，占全省获奖成果29%。新引进和培育14家科研平台，全区各类创新平台总数达150家。中科院江西产业技术创新与育成中心落户，成为中科院在江西第一个院级直属机构；天津大学MEMS研究院、北航研究院江西分院落户高新区；中山大学首次走出广东省，与高新区共建研究院、精密测量研发中心和附属医院。培育国家、省、市各类创新载体29家，其中国家级科技企业孵化器4家、省级科技孵化器6家，国家级众创空间6家、省级众创空间8家。新批博士后科研工作站1家、院士工作站4家。进一步完善双创政策体系，制定出台支持鼓励创新创业措施的实施办法、科技创新券管理使用暂行办法，打造创客三阶式孵化服务体系。大学生双创基地累计孵化毕业100余个创业团队，获批省级“创业实训基地”。实施“瑶湖英才”计划，制定出台具有高新特色的1+5+X人才政策体系。全年自主培养国家“外专千人计划”、国家“万人计划”专家各1人，引进“千人计划”专家4人，入选国家级、省级人才工程16人，入选“洪城特聘专家”5人。人才公寓全部交付使用，约500名各类人才拎包入驻，其中约70名外籍专家入驻国际社区。建立缺工企业和新投产企业用工调度机制，及时解决企业用工需求，共协助企业招工2.3万人。

【民生工程】　2018年，高新区财政用于就业、医疗、卫生、住房等保障民生民本支出10.5亿元，占一般公共预算支出39.9%。按照商品房标准重点推进安置房建设，全年在建安置房项目20个，总面积477万平方米，新开工面积130万平方米，完成竣工验收45万平方米，完成分配40万平方米。推进南昌三中高新校区二期、东湖路学校等一批重点校建项目，新增学位9030个；7所乡镇幼儿园完成提升改造；26所乡村中小学校全面提升。11个公有产权的村级卫计室和社区卫生服务站正式营业，医疗服务体系向基层延伸。出台《南昌高新区特困人员救助供养实施细则》《南昌高新区临时救助实施细则》。全区救助生活困难群众546人，发放救助金40多万元；发放医疗救助金417.2万元，惠及民政对象6021人次；按照居家养老建设标准打造蓝湾香郡社区、刘城村等13个城乡居家养老服务中心。

【天地一体化信息技术国家重点实验室揭牌】　1月25日，中国航天科技集团在江西首个重点科研机构——天地一体化信息技术国家重点实验室在南昌高新区揭牌。天地一体化信息技术国家重点实验室江西实验室是由南昌大学与中国空间技术研究院五〇三所共同建立，是中国航天科技集团落户江西的首个重点科研机构。其主要目的是结合双方优势，共同打造产学研用创新平台，开展天地一体化信息技术在江西的应用研究，推动空间技术应用产业在江西的发展。

【招商引资重大产业项目集中签约】 1月31日，南昌高新区举行招商引资重大产业项目集中签约仪式。签约项目总数36个，签约总额408亿元。此次高新区集中签约项目投资总额大，在36个项目中，10亿元以上项目达13个，其中60亿元项目2个，40亿元项目3个，20亿元以上项目2个。项目质量高，有上市公司16家、行业龙头企业1家，以及部分细分领域产销冠军企业。新兴产业全，项目聚焦电子信息、生物医药、航空航天产业，能有效助推高新区产业迈向中高端。延链项目多，有利于高新区完善产业体系、壮大产业集群。其中，中发天信航空发动机生产科研基地项目，实现高新区航空发动机研制“零”的突破。

【鲤鱼洲管理处成立】 2月8日，南昌高新区在五星垦殖场举行鲤鱼洲管理处揭牌仪式。五星垦殖场于1958年在鄱阳湖畔开荒建场，曾作为军垦、知青农场和北大清华“五七”干校所在地，后被改作为南昌市“菜篮子”工程重要基地，土地总面积55.27平方千米，人口约8000人。随着高新区产业快速壮大，需进一步拓展产业承载空间。2017年6月，南昌市政府将五星垦殖场划归高新区，改建为鲤鱼洲管理处，高新区辖区面积由231平方千米扩大至286平方千米。

【南昌国税自助办税服务菜鸟众创驻点仪式在南昌高新区举行】 4月28日，南昌国税自助办税服务菜鸟众创驻点仪式在南昌市高新区菜鸟众创空间举行，南昌国税自助服务首次落户中小型企业密集园区。作为国家级的众创空间，菜鸟众创旨在为有志于“众创”的小微企业及大学生创新创业者提供新型创业服务平台，依托社会资源，通过市场化机制、专业化服务和资本化途径，为创客、创业团队和创业企业等提供低成本、便利化、全要素、开放式的各类服务。在菜鸟众创，通过国税部门自助办服务站点内设立的自助终端机以及电子税局平台，企业可以办理报税、缴纳税款、发票认证等多项税收业务，可满足空间内及辐射周边科技型中小企业的办税需求。

【冠一通用飞机有限公司GA20型通用飞机完成首飞】 5月21日，由冠一通用飞机有限公司自主研制的GA20型通用飞机首架机在南昌高新区下线，并完成滑跑演示；9月19日，在南昌完成首飞。冠一GA20型4座固定翼螺旋桨通用飞机，由单发动机驱动，最大续航里程1200千米，最大速度每小时360千米，爬升率每秒3.4米，在2600米高度、75%功率情况下燃油消耗量每小时32升，其燃油经济性领先于全球大多数竞争机型。

【中国民航江西航空器适航审定中心揭牌】 5月31日，中国民用航空江西航空器适航审定中心揭牌并落户南昌高新区。作为全国首个省局共建的民航适航审定中心，江西航空器适航审定中心是继北京、上海、沈阳、西安之后设立的全国第5家适航审定中心。民航江西适航中心落户南昌高新区，有利于助推南昌航空工业城发展，促进江西省航空产业转型升级，助力经济实现高质量发展。

【南昌高新区企业家联合会成立】 8月10日，南昌高新区企业家联合会成立大会举行。会议审议通过《南昌高新区企业家联合会章程(草案)》《南昌高新区企业家联合会会费收取标准及管理办法(草案)》《南昌高新区企业家联合会第一次会员大会暨一届一次理事会选举办法(草案)》。会议选举产生第一届理事会会长、常务副会长、副会长，神起网络COO刘文阳当选为第一届理事会会长。联合会是区内企业、企业家和企业团体的联合组织，以为企业、企业家服务为宗旨。联合会有会员206人，会员企业涵盖电子信息、生物医药、新材料、智能装备、大数据及新一代信息技术等产业领域。

【中发天信小型航空发动机科研生产基地项目建设启动】 8月29日，江西中发天信小型航空发动机科研生产基地奠基仪式在南昌航空城举行，中发天信小型航空发动机科研生产基地项目建设正式启动。整体项目分两期建设，一期以建设生产线为核心目标，建成后可满足企业每年30台ZF850涡轮喷气发动机、15台ZF850G燃机生产以及4台11D样机研制试生产能力；二期以提升型号机型试验能力为目标，完善各项配套，建设集发动机研发、试验、生产、维修于一体的科技密集型产业基地。该生产基地落户南昌航空城，对打造高端航空产业聚集区具有重大意义。

【南昌市政府与中山大学签署市校战略合作框架协议及首批共建项目合作协议】 12月27日，南昌市政府与中山大学签署市校战略合作框架协议及首批共建项目合作协议。中山大学将其南昌研究院、中山大学(南昌)精密测量研发中心落户在南昌高新区。此次与中山大学签署市校战略协议，将围绕创新驱动发展主题开展“1 N”战略合作，利用中山大学科研、人才优势，促进更多科研成果落地南昌，助推南昌科技产业创新发展、提升城市功能。战略合作内容主要包括医疗卫生、产业研究院、人才交流合作等三大方面，南昌市将在硬件建设、研发及运营经费、人才保障等方面给予支持。首批共建项目包括中山大学南昌研究院项目、中山大学(南昌)精密测量研发中心项目、眼科医院项目，后续项目包括新药物研发中心、医学检验检测中心、电子信息与空间中心等。

(周文华　冯丽)

新余高新技术产业开发区

【概　况】 位于新余市城东，辖1镇2街道办事处。辖区面积266平方千米，园区规划面积100平方千米。总人口16万人。2018年，地区生产总值267.06亿元，增长8.6%。工业总产值445.7亿元，增长12.2%。财政总收入23.5亿元，增长9.8%；财政总支出16.16亿元，增长11.18%。主营业务收入414.82亿元，增长4.65%；

利税总额31.5亿元。规模以上企业实现主营业务收入408.81亿元,增长4.72%。工业增加值增长9.2%。进出口总额70.8亿元,增长5.68%。其中出口42.53亿元,增长12.71%。实际利用外资1.94亿美元,增长9.34%。在全国157个高新区中,新余高新区综合排名第94位。全年新签约项目112个,引进省外2000万元以上项目资金151.7亿元,增长17.7%。木林森LED灯具线路板三期、五金工具产业基地、赣锋锂业锂盐扩建项目、中田现代双孢菇、汇亿新能源18650电池等37个项目投产。

【产业发展】　园区产业集聚效应凸显,锂电产业实现主营业务收入46.05亿元,增长21%,锂电新材料产业获评"江西省战略性新兴产业集聚区";智能制造产业实现主营业务收入140.5亿元,增长23%,数控机床产业快速集聚,五金工具产业基地一期、新钢联天耐候钢结构等一批重大项目落户;新材料产业势头强劲,总投资56亿元的香料产业园和总投资30亿元的信诚集团电子陶瓷基板及元器件项目先后落户;食品医药龙头企业崛起,青春康源集团跻身全省民营企业百强,代表企业品信药业、天麦食品主营业务收入分别增长172%、155%。沃格光电4月在主板上市;赣锋锂业10月在香港上市,成为新余市首家、江西省第二家"A+H"股上市公司;泰达长林1月挂牌"新三板",东鹏新材料8月被上市公司中矿资源收购,实现间接上市;亿铂电子、天欣源等企业加快主板上市步伐,全区上市企业达7家。建立高新技术企业梯次培育体系,全年新增高新技术企业14家,总数达64家。全年新增规模以上工业企业21家,总数达157家。

【科技发展】　赣锋锂业、增鑫牧业分别获批国家级、省级企业技术中心。在2018年全省科技奖励大会上,高新区企业获5项科技奖,在全省所有园区中位列第一。全区建有国家级研发平台2个,国家级特色产业基地3个,省级工程技术研究中心6个,省级企业技术中心7个,省级重点实验室1个,院士工作站3个,博士后工作站5个,省级创新团队5个。全年引进高层次人才和急需紧缺人才78人,其中柔性引进"两院"院士1人、博士11人。全年新增国务院津贴待遇1人、中国技术市场协会金桥奖3人、省政府津贴待遇1人、省级"百千万人才工程"2人、省级学术和技术带头人3人。赣锋锂业、凯润达等公司3名个人和1个团队入选首批省"双千计划项目"。

【企业服务】　围绕优化企业发展环境,出台《新余高新区促进企业发展暂行办法》《新余高新区关于扶持工业龙头骨干企业发展实施意见》等文件,对企业进行差别化的资源配置和政策支持,全年兑现各项奖励1.17亿元。推进"降成本、优环境"专项行动,全年为企业减负近3亿元。清收盘活闲置低效土地59.98公顷、闲置厂房9.4万平方米。化解政府性存量债务10.48亿元,争取上级资金3.82亿元。完成全省"证照分离"改革试点工作,持续深化"放管服"改革,设立"一窗式"服务窗口,公布17项"一次不跑""只跑一次"政务服务清单,建成高新区"中介超市"网络管理系统。

【城市建设】　改善城市基础设施。全年完成城市基础设施投资2亿元,赛维大道改造工程竣工通车,阳光大道连接环城路工程全面启动,干三排洪渠6个污水处理站点投入运营,改造提升绿化面积20万平方米,完成道路维修面积3.57万平方米。完善园区就学、就医、购物、休闲、娱乐等功能。高新一中小学部(高新四小)投入使用,增设25个班级2500个学位;高新一中中学部艺体馆主体工程完工,其他工程设施加快建设;高新第一幼儿园主体工程竣工,高新一小、二小、三小等城区学校扩建工程以及高新第二幼儿园启动建设。水西卫生院新院异地搬迁项目完工并投入使用,马洪卫生院、城东社区卫生服务中心中医馆完成建设。7月,"喜盈门·范城"商业中心开业运营。

【乡村振兴】　发展新型农业经营主体,全区拥有农业企业128家,其中省级龙头企业15家;农民专业合作社221家,家庭农场123家,种粮大户51户。其中新增农民专业合作社14家、家庭农场9家、种粮大户4户。农业产业化龙头企业农产品加工年销售收入45亿元。发展特色农业生产基地,启动环城路十万亩农业产业化示范基地建设。该基地新增油茶20公顷、水果260公顷、蔬菜173.33公顷、中药材30公顷、其他34公顷,引进果树种植等规模农业企业2家。

【民生事业】　全年安排专项扶贫资金1452万元,300名贫困人口实现脱贫。城乡供水一体化工作进展迅速,率先在全市实现全域通自来水。整治农村环境,46个行政村全部实现垃圾集中收集处理。推进"拆三房、建三园"工作,全区拆除"三房"70.9万平方米,改造房屋50.78万平方米,建"三园"12.38万平方米。开展"保家行动""蓝天行动",全面完成畜禽养殖场生态化改造和山塘水库退养工作,全年空气优良天气数267天,优良率89.9%。全区城镇新增就业1.33万人,新增转移农村劳动力0.27万人。全区城乡居民养老保险参保人数4.72万人,城乡居民医疗保险参保人数11.92万人,参保率98.6%,筹集医保资金8283.91万元。

【园区重大项目】　2018年,园区一批重大项目签约落户。3月,新余华孚冷链物流股份有限公司冷链储运基地项目签约落户高新区,总投资8.5亿元,规划建设年产21万吨冷链储运能力。8月,新余新钢联天结构科技有限公司高端冷弯型钢生产制造及销售项目签约落户高新区,总投资10亿元,规划建设年产20万吨高端冷弯型钢的产能。12月,上海璞收实业有限公司年产2万吨香料生产项目签约落户高新区,项目总投资20亿元,涉及天然香料、酮麝香等多条生产线。园区一批重大项目开工、投产。2月,江西木林森光电科技有限公司LED灯具线路板项目试投产,该项目设计建设30条生产线。3月,高新区首家模具制造中心竣工投产,总投资2.3亿元,建设8个模具工作室,设计年产能600余套精密模具设备,弥补高新区装备制造产业链的关键弱项环节。4月,由新余清软海芯科技有限公司投资建设的全市首个3D打印项目投产,该项目主要从事智能三维塑形设备的生产和销售，设计年产能1500台设备。4月，总投资5亿元的星铝科技铝合金建筑模板项目开工建设，设计年产能35万平方米铝合金建筑模板。9月，由江西赣锋锂业股份有限公司投资新建的年产2万吨电池级氢氧化锂项目竣工投产，项目总投资3亿元，设计年产电池级单水氢氧化锂1.5万吨、工业级单水氢氧化锂5000吨。10月，华鼎集团香料产业园项目二期、三期举行开工仪式，总投资56亿元。华鼎集团香料产业园分3期建设，其中项目一期投资8亿元，年产香料3500吨；项目二期计划投资19亿元，年产香料5000吨；项目三期计划投资29亿元，年产香料1万吨。11月，新钢联天高端冷弯型生产制造及其销售项目举行开工仪式，总投资10亿元。11月，高新区龙头农业产业项目中田公司双孢菇工厂化生产项目一期竣工投产，该项目总投资8亿元，分3期建设，其中一期投资2亿元，设计年产双孢菇上万吨。12月，江西炬煌磁电科技有限公司硅钢及薄板生产项目一期竣工投产，该项目总投资10亿元，其中一期投资3.5亿元，设计年产15万吨硅钢及薄板。

【园区龙头企业上市】 4月，江西沃格光电股份有限公司在上海证券交易所首次公开发行A股上市，股票代码603773，核准首次公开发行不超过23648900股新股，为江西省2018年第1家A股上市公司。沃格光电公司是中国平板显示(FPD)光电玻璃精加工行业的领先公司之一，主营业务是FPD光电玻璃精加工等，是中国首家拥有In-Cell抗干扰高阻镀膜技术的国家高新技术企业，填补中国该项技术空白。企业获批国家级企业技术中心、国家知识产权优势企业、专精特新企业、省级博士后创新实践基地、省级工业设计中心、省管理创新示范企业、省服务型制造示范企业等多项称号。10月，高新区赣锋锂业公司在香港联交所举行“江西赣锋锂业股份有限公司香港(H股)上市仪式”，当日在香港联交所挂牌开始上市交易。赣锋锂业公司是中国锂行业首家上市公司，拥有14个全资子公司和7大生产基地，专业从事锂及锂化合物研发、生产与销售，产品涵盖锂及锂系列合金、锂盐、锂电材料、有机锂、锂电池5大类30余种，是国内锂系列产品品种最齐全、产品加工链最长、工艺技术最全面的专业生产商，产品远销美国、日本、韩国、欧盟及东南亚等国家和地区。公司获国家级企业技术中心、国家技术创造示范企业、中国锂业最具影响力品牌、中国中小板最具成长性上市公司十强、全国模范职工小家、省级绿色制造企业等称号。

（龚卫亮　黄永林　杨小明）

景德镇高新技术产业开发区

【概　况】 位于景德镇市西城区，园区规划面积30.85平方千米。2018年，规模以上企业77家，工业从业人员1.39万人，拥有上市公司1家(华意)，行业龙头企业2家。完成主营业务收入550亿元，同比增长10%。其中规模以上工业主营业务收入223.53亿元，增长7.84%。固定资产投资78.54亿元，增长11.1%。财政总收入突破15亿元，增长38.94%。实现签约项目27个，签约资金78.12亿元，增长44.37%。航空产业实现主营业务收入201.56亿元，增长11.8%；机械制造实现主营业务收入12.28亿元；电子信息产业实现主营业务收入6.97亿元；家电产业实现主营业务收入104.38亿元，增长7.4%。

【创新发展】 2018年，新增2家科技协同创新体、1个海智工作站、6家高新技术企业、20家国家科技型中小企业。昌飞建立全国首个低空空域管理暨通航飞行服务院士工作站。江西景昊新材料的石墨项目通过8个多月生产实验，产品性能达到国际一流水平，年生产能力达到3000吨。华讯特种陶瓷的碳化硼年生产能力达到20万片。全年科技投入3.6亿元，占地区生产总值3.5%。引进培养各类专业技术人才约290人，获得专利授权160项。昌南慧谷孵化园项目12万平方米厂房建成并投入使用。航空科技园项目完成6.5万平方米。

【产业集群】 2018年，园区签约项目27个，签约资金78.12亿元，增长44.37%。其中，亿元以上项目12个，航空产业项目11个。根据《关于新增省级重点工业产业集群的通知》，园区被认定为“景德镇高新技术产业开发区家电产业集群”。航空零部件产业园占地面积66.67公顷，投资20亿元。截至年底，引进企业24家，实现供地29.07公顷，有18家企业开工建设，盛宇航、瑞鑫盛凯2家企业投产，形成昌飞、北通航、德利3家直升机整机厂齐头并进，30余家直升机产业配套企业协同发展的规模化产业集群。

【院士工作站】 6月，全国首个低空空域管理暨通航飞行服务院士工作站在航空工业昌飞公司落地，引进中国工程院国家空域技术重点实验室主任陈志杰，引进院士及团队成员8人。昌飞公司投资先行先试低空空域管理系统，该系统将覆盖全省11个设区市，旨在为实现飞机“飞得起、落得下、管得住”目标提供保障与服务。景德镇高新区在低空空域规划设计、航空救援体系建设、通航产业发展等方面走在前列。

【航空科技园项目建设】 5月，航空科技园项目(一期)开工建设。该项目投资5.8亿元，总用地面积9.09公顷，规划建筑面积约15万平方米。截至年底，实现开工建设49栋建筑，面积6.5万平方米；主体封顶27栋，面积约4万平方米。

（程立梅）

鹰潭高新技术产业开发区

【概　况】 位于鹰潭市城区西南处，分为白露科技园、龙岗产业园。全年工业主营业务收入492.5亿元，增长15%；固定资产投资40.1亿元，增长3%；财政总收入23.4亿元，增长11%。全年引进产业项目99个，其中亿元以上项目51个，5亿元以上项目18个，合同资金272亿元；移动物联网项目41个，投资总额150亿元。全年实施项目127个，实现当年签约当年开工当年投产项目51个。新增规模以上企业14家，总数达80家，5家企业实现税收过亿元。获批省级移动物联网产业集聚区，并成为全省第二个金融创新示范区。9月，三川智慧科技股份有限公司以“全生命周期管理模式”入选工业和信息化部第二批服务型制造示范企业。

【移动物联网产业】 扶持移动物联网产业，编制出台《高新区移动物联网产业发展三年行动计划》。1月，高新区与苏州冠原峰精密机械有限公司签订项目投资协议，兴建智能工厂，生产高精密金属结构件。该项目总投资20亿元，利用物联网技术和全时智能监控技术加强信息管理和服务，建成物联信息系统，将产品制造、销售的信息数据化、网络化，提高生产过程可控性、生产排程合理性、产品精密度。2月，工信部公布第八批国家新型工业化产业示范基地名单，鹰潭高新区以电子信息（物联网）产业列入特色产业示范基地。6月，高新区与江西欧菲炬能物联网科技有限公司合作打造物联网模组制造基地项目签约。该项目主要建设年产3亿片模组生产项目，共安装SMT模组生产线20条。8月，“寻访小平小道 见证改革巨变 开启新的征程”纪念改革开放40周年网络主题活动中，人民网、新华网、央视网、光明网、新华视点、人民日报客户端等全国十余家网络媒体记者团先后到中国信通院鹰潭泰尔物联网研究中心和鹰潭移动物联网产业园采访，聚焦高新区移动物联网产业发展。9月，鹰潭移动物联网科技成果转化综合服务中心启动暨高新区与猪八戒网03重大专项科技成果转移转化服务平台合作项目签约，双方共同建设移动物联网科技成果转移转化综合服务中心，发挥猪八戒网品牌优势，建设移动物联网成果发布与对接平台、产权及技术交易平台、教育培训平台、专家咨询平台、产业金融平台、招商服务平台六大专业线上子平台及线下服务中心，推动相关企业、人才、技术向鹰潭集聚。2018年，移动物联网产业实现主营业务收入56亿元。

【智联小镇建设】 智联小镇是鹰潭高新区发展物联网产业的重要承载平台，位于白露科技产业园南部，小镇总体规划面积约11平方千米，起步区面积3.6平方千米，拓展区面积7.4平方千米。高新区利用承接国家03专项试点示范战略机遇，探索“兴产—建镇—促城”融合发展新模式，编制完成11平方千米“智联小镇”概念性规划，快速推进3.6平方千米起步区建设。小镇内近百万平方米标准厂房、小镇客厅和配套宿舍等房建项目全面进入施工阶段，中车交通、欧菲科技、普华鹰眼、明芳汽车等重大项目有序推进，欧菲炬能物联网模组、北源智能高精密金属结构件等项目建成投产。实施与华为合作开展的智能街区产品规模化示范应用，全国首个万物智联的智产旅居综合体初步形成。11月，总投资70亿元的中临鹰智能装备产业园、中车智慧交通装备生产项目开工仪式举行，成为首批入驻智联小镇的重大项目。

【科技创新】 全区全年规模以上企业研发投入6亿元。获批高新技术企业22家，其中新增高新技术企业14家；获批省科技型中小企业52家，培育瞪羚企业5家；研发省重点新产品30项、物联网产品35款。中国信通院泰尔物联网研究中心、华为鹰潭服务中心、三大运营商开放实验室、创新创业孵化基地等公共平台建成并投入使用，猪八戒网科转服务中心招商服务平台开始上线服务。获批国家级大众创业万众创新示范基地1个、省级工程技术研究中心（企业重点实验室）2家，引进知名高等院校、科研院所共建创新中心3个。

（严志征）

抚州高新技术产业开发区

【概　况】 辖1镇2街道办事处。总面积158.6平方千米，其中赣闽合作示范区面积21.9平方千米。2018年，实现主营业务收入447亿元，同比增长10%。完成财政总收入21.15亿元，增长20%。完成税收20.07亿元，增长23%，占财政总收入95%。新增规模以上工业企业16家，总数达147家。新增高新技术企业22家，总数达54家，增长59%。外贸出口总额3.25亿美元。实际利用外资8030万美元，增长13.7%。高新区获批全省首个“新型工业化产业基地（数字经济）”，在全国国家高新区中综合评价排第100名。

【生物医药产业集群获批国家创新型产业集群试点】 1月，科技部火炬中心下发《科技部关于开展第三批创新型产业集群试点的通知》，将抚州生物医药产业集群确立为创新型产业集群试点。此次评选，全国有29个产业集群入选，其中江西2个。生物医药创新型产业集群是抚州高新区重点产业，拥有规模以上医药工业企业37家，其中国家高新技术企业8家；拥有省级技术中心4个，建有院士工作站和博士后工作站各1个。

【江西铜博科技有限公司投产】 4月8日，江西铜博科技有限公司正式投试产。该公司由广东客商投资15亿元创办，64条生产线全部选用日本、韩国等知名厂商自动化先进装备，采用低温溶铜技术生产6～105微米高精超薄电子铜箔。公司主要客户群体是比亚迪、广州鹏辉、金安国纪等上市企业。根据设计产能，该公司产能位居同行业江西第一、全国第三，为江西最大锂离子电池铜箔生产基地，可实现年产能2万吨、年销售收入25亿元、年创税1亿元以上。

【优化不动产登记】 2018年，高新区全面实行不动产登记一窗受理，将审批环节由5个减少为3个，受理窗口由4个增加到8个，个人新房首次登记及按揭抵押2个业务合并办理；开设爱心窗口、营商服务窗口；对企业不动产登记实行“绿色通道”，推行容缺受理机制，证照免费包邮服务。全年高新区不动产登记中心办理不动产各类业务1.23万件，为120家企业办理登记，为155名老弱病残孕提供服务，通过包邮服务寄送25本证照。

【34个重大项目集中开工】 9月30日，高新区34个重大项目举行集中开

工仪式，总投资286.2亿元。此次开工项目投资规模大、科技含量高、产业集聚度高。其中，抚州高新数据中心建设项目由抚州市创世纪科技有限公司投资兴办，总投资230亿元，规划投入25万台计算服务器，参照国际行业组织及标准，建设T3级数据中心；总投资6亿元的抚州国家高新区才智科技园由抚州高新区发展投资集团有限公司投资，打造成可容纳5000名员工就业和创业的创新创业核心区；总投资5亿元的江西帝硕科技有限公司是一家主要从事研发、生产、销售新能源汽车充电桩及各类线束的高新技术企业，其产品被应用于新能源汽车、机器人、智能家居、3C产品、电脑、白色家电等各项领域；总投资10亿元的抚州智谷科技有限公司是一家主要从事智能移动终端电子产品及零部件生产制造、研发和运营的高科技公司，主要生产智能移动手机、智能穿戴、智能家居电子、物联网电子产品；总投资7.5亿元的抚州市星辰生物科技有限公司是一家集生产、研发、销售于一体的高新技术企业，主要生产医药原料药，主要产品为视黄醇微囊，规划建设年产2000吨视黄醇微囊；总投资20亿元的抚州联创恒泰光电有限公司是一家专业从事研发、生产及销售为智能手机、平板电脑、运动相机、智能驾驶、智能家居、VR/AR等配套的光学镜头、摄像模组及触控显示一体化等关键光学、光电子产品的高新技术企业，产品涵盖2D、2.5D、3D曲面盖板，可应用于智能终端、智能汽车、智慧家庭等领域。

【江西海利年产30万吨不锈钢冷轧板项目投产】 11月23日，江西海利30万吨不锈钢冷轧项目投产仪式在抚州高新区海利冷轧厂区举行。抚州市委书记肖毅出席并宣布正式投产，市委副书记、市长张鸿星致辞，市委常委、常务副市长、市委秘书长谭小平，副市长肖承贵及海利集团董事长李儒昌等出席仪式。该项目总投资15亿元，2017年6月开工建设。年产30万吨冷轧板项目投产后，江西海利形成不锈钢一条龙全产业链。

（龚伟明　蒋雨思）

赣州高新技术产业开发区

【概　况】 位于赣州市赣县区，由稀金谷智慧园、稀金谷钨与稀土产业园、稀金谷产业服务园组成，规划面积125平方千米。截至年底，园区有企业266家，其中规模以上企业108家，高新技术企业48家。全年完成工业增加值26.49亿元，增长9.0%。主营业务收入123亿元，增长16.3%。利税总额5.7亿元，下降13%。固定资产投资84.43亿元，增长10.7%。利用外资1.20亿美元，增长10.37%。利用省外资金65.09亿元，增长10.94%。实现外贸出口19.10亿元。新增竣工项目16个，新增开工项目22个。全年净增注册企业55家，共有注册企业336家。其中新增规模以上工业企业20家，总数达108家；净增国家高新技术企业20家，总数达48家。

【主导产业】 首位产业（稀土稀有金属新材料及应用）企业62家，规模以上企业49家，主营业务收入71.3亿元，增长17.1%，占高新区工业经济总量57.98%。新引进中科拓又达、珐玛珈等项目，填补高端智能装备制造产业空白。以军民融合有色金属新材料产业基地为着力点，加强“军转民”“民参军”“高精尖”项目军民协同创新。腾远钴业、伟嘉合金等5家企业获批省级军民融合企业，总数达7家。

【招商引资】 2018年，高新区相继在宁波、深圳、无锡、成都等地举办“中国稀金谷”大型专题推介会活动。新签约亿元以上项目23个，签约总资金157.9亿元，其中首位产业签约资金112.3亿元。引进中科拓又达、粤磁科技、深圳大华磁电等10亿元以上项目，签约50亿元寒锐钴业等重大项目。

【科技创新】 加快规划建设稀金科创城，推进与深圳高新区战略合作，谋划江西理工校友科技产业园、中国稀金谷留学人员创业园区建设，推进中国稀金（赣州）新材料研究院、国检中心建设，赣州稀金科创城科技要素加速聚集。新引进院士1名，院士工作站总数达4个。引进国家高层次人才1人，其研发的稀土冶炼机器人在2018年全省“儒乐杯”青年创新创业大赛中获冠军。新增20家高新技术企业，总数达48家。全区专利申请量1158件，其中，发明专利84件。专利授权量827件，其中发明专利29件。

【平台建设】 推进“中国稀金谷”建设，截至年底，“中国稀金谷”核心区完成新增工业用地1400公顷，场地平整1026.67公顷，拆房3300余栋，投入基础设施建设资金68亿元，推进钨和稀土产业园茅店平台、稀金科创城建设。全面实施中央环保督查问题整改红金一期企业搬迁工作，搬迁小散乱污企业101家，引导符合产业发展规划的15家规模以上企业异地技改升级。

【优化营商环境】 对新引进的项目实施责任包干制、每月调度制，由责任区领导带队，定期调度，提供保姆式服务，加快项目进程。通过“财园信贷通”融资平台解决6.59亿元贷款，覆盖157家次企业，引导43家次企业滚动使用政府“还贷周转金”3.09亿元。严格依据招商引资有关政策文件兑现合同政策4062万元。成立赣州高新区投融资发展有限公司，初期组建母基金5亿元，解决企业融资难、融资贵问题。

（林奇福　陈祥龙）

吉安高新技术产业开发区

【概　况】 2018年，实现主营业务收入425亿元，增长11.26%。利润32.6亿元，增长15.6%。工业增加值88.86亿元，增长12.9%。基础设施投入10.7亿元，增幅39.6%。新增就业4832人，增长12.3%。全年专利申请量343件，授权量283件。其中，发明专利申请量34件，增长30.77%；发明专利授权量34件，增长466.67%。兑现企业优惠政策6057万元，通过“降成本优环境”行动为企业减少成本3.67亿元。完成“财园通”贷款3.2亿元，惠及企业80户。园区新增10家高新技术企业，总数达39家，科技型中小企业入库20家。新增开工项目12个，新增投产项目15个。新增鑫泰科技、锅丰米业两家院士工作站，园区院士工作站达到3家。

【推进“四攻坚、两提升”行动】 2018年，推进基础设施项目、企业升级发展、产业项目建设、创新驱动发展“四大攻坚行动”，实施党建创优争先强基、环保安全综治管理“两大提升行动”。开展基础设施项目建设攻坚，成立高新区、凤凰镇征地拆迁联合指挥部。开展征地拆迁攻坚月和百日攻坚行动，集中力量攻坚克难。开展产业项目建设攻坚，举办深圳智能制造产业推介会和厦门产业招商推介会。全年签约伊戈尔磁电、安派新能源车业、正康电子、宏鑫智能照明、远大住工、昌新机械、天英机械、麦特微电子、龙宇精密等项目66个，其中10亿元以上项目9个、20亿元以上项目2个。开展企业升级发展攻坚，新增规模以上企业19家。以高新区各局室为单位组成帮扶工作组，对规模以上企业和新增投产企业实行一对一帮扶，解决企业融资、用工等难题。开展创新驱动发展攻坚，加快建立以企业为主体、市场为导向、产学研深度融合的技术创新体系。开展创优争先强基党建提升，完成支部撤并，实现党的组织“全覆盖”。保留非公经济组织党支部51个，吸收预备党员20个，协讯电子、鑫泰科技、娃哈哈等企业按“七化”标准打造活动场所。开展环保安全综治管理提升行动。“两张表”制度和“一图一牌三清单”实现全覆盖，通过省政府和省安全生产交叉检查组检查；凤凰污水处理厂迎接生态环境部现场核查，成功达标运营；强化环境监管，企业全面实现雨污分流。

【立讯射频二期竣工投产】 11月，立讯射频二期竣工投产。立讯射频二期项目主要从事SMT耳机贴片生产工作，是苹果公司蓝牙耳机生产线的重要一环。立讯射频二期项目工程于2017年12月开工建设，完成厂房建设40万平方米。该项目是电子信息产业补链延链的重要环节，有利于降低企业运输成本。

【江西汉威新能源科技有限公司竣工投产】 11月29日，江西汉威新能源科技有限公司举行开机仪式。江西汉威新能源科技有限公司项目由广东省战略性新兴产业骨干（培育）企业——广东力好科技股份有限公司投资兴建，总投资规模10亿元，占地面积14.2公顷，主要从事微电机、伺服电机、新能源汽车驱动电机及相关配套产品的研发、生产和销售。产品应用于工业机器人、数控机床、新能源汽车等领域，其中新能源汽车领域与13家新能源汽车动力总成商建立起稳定的合作关系。项目总规划建设面积15万平方米，一期于2018年3月开工建设，建设面积6.5万平方米。

（陈飞跃）

丰城高新技术产业开发区

【概　况】 开发区原名为江西丰城工业园区。2月28日，经国务院批准为国家级高新技术产业开发区。总面积23.99平方千米。2018年，完成主营业务收入551.56亿元，同比增长25.19%；利润总额47.1亿元，增长40.85%。高新区入园企业267家，其中规模以上工业企业183家，上市及上市背景企业30家。园区先后被评为“中国十佳最具投资营商价值园区”、江西省“两化”融合示范园区、江西省知识产权示范园区、全省首批循环经济试点园区和全省首批生态试点园区。

【高端装备制造产业】 2018年，高端装备制造产业主营业务收入98.77亿元。华伍股份坚持自主创新，拥有6项发明专利、18项专有技术，参与完成国家10项制动器行业标准，国内市场占有率80%，是行业内唯一能自主研制各类摩擦材料的企业，为全球规模最大的工业制动器企业；布兰森科技有限公司利用高频焊接工艺生产的新产品“高频焊铜管”获取多项国家专利；力磁电子生产的协振电感和一体成型储能电感专利产品以及无线无源测温系统，达到国际领先水平，用于智能电网、医疗、物联网等各个领域；好帮手电子科技有限公司拥有车载智能信息、多媒体娱乐、辅助驾驶等百款产品，获国家专利授权200余项。

【生命健康产业】 2018年，园区生命健康产业主营业务收入42.43亿元。江西恒顶食品建成大米蛋白肽生产线，以低值副产物米渣为原料，成为国内首家食品级大米蛋白肽专业生产企业；恒天食品是国内首家大米氨基酸生产企业；天玉油脂研发的“植物油酸”“硬脂酸”等产品通过江西省“重点新产品鉴定”，产品工艺国际领先；中澳食品“母乳化婴儿用粉末油脂”技术处于国内领先水平。园区恒天、中超、曼辰3家企业的生物糖浆年产量达20万吨，占全国糖浆生产总量12%，是全国最大的大米糖浆生产基地。

【新材料新能源产业】 2018年，园区新材料新能源产业主营业务收入356.19亿元。精品陶瓷领域通过引进广东唯美、东鹏和上海斯米克等一批行业龙头企业，产业发展迅速。唯美先后分3期投资园区，总投资50亿元，建设25条全自动化生产线，产量质量国际领先，其陶瓷“马可波罗”产品国际畅销；东鹏陶瓷引进国际先进技术设备，成为新兴市场开辟者。新型建材领域，景新漆业与美国陶氏化学建立全面战略合作关系，成为江西省唯一的全面使用全球标准化原料的涂料生产企业，其自主研发的“高耐污高耐候隔热复合涂料”通过省级重点新产品鉴定。天丰绿色环保材料利用废物粉煤灰生产的绿色节能墙体材料是国家重点推进项目。

【科技创新】 丰城高新区拥有省级科技企业孵化器、省级高新技术产业化基地、省级“双创”示范基地。园区有国家高新技术企业59家，院士工作站2个，博士后工作站1个，省级科技创新平台工程15家；国家驰名商标18个，申报国家级和省部级科技计划项目143项，实现专利申请3856件，获江西省首批“专利过千”园区和省级知识产权示范园区。园区与沈阳工业大学、上海科技大学、江西省科学院等多个院所建立长期战略合作关系，共建一批产业技术研究院和科技成果转移转化中心；与新加坡国立大学、清华大学、上海交大等36家科研院所开展产学研合作90余项。

（丰城市委史志办）

共青城高新技术产业开发区

【概　况】 2018年，高新区完成工业企业主营业务收入401.1亿元，增长8.9%；固定资产投资78.5亿元，增长12.2%；税收收入8.3亿元，增长21.5%；用电1.89亿千瓦时，增长40%。

【共青城高新技术产业园区升级为国家高新技术产业开发区】 2月，国务院批复同意九江共青城高新技术产业园区升级为国家高新技术产业开发区，定名为九江共青城高新技术产业开发区，实行现行的国家高新技术产业开发区政策。共青城高新技术产业开发区前身为成立于1992年5月的江西省共青开放开发区；1994年11月，省政府批准共青开放开发区设立台商投资区；2006年3月，经国家发改委审核，更名为江西共青城经济开发区；2016年2月，经省政府批复，江西共青城经济开发区更名为江西九江共青城高新技术产业园区。根据国务院批复，九江共青城高新技术产业开发区升级后规划面积为2.93平方千米，由2个区块组成。区块一规划面积0.73平方千米，四至范围：东至昌九高速，南至鸭鸭集团、汉能薄膜太阳能，西至工业二大道，北至北纬五路；区块二规划面积2.21平方千米，四至范围：东至工业大道、金淞电器，南至万瑞和、金通、金艺实业，西至龙泰运动、嘉州针织，北至中南科技。各区块的界址点坐标由科技部、国土资源部、住房和城乡建设部负责发布。

【产业发展】 按照“创新创业、集约高效、绿色生态”建设要求，园区形成以鸭鸭集团、诚鑫实业为代表的纺织服装，维信诺OLED、亚华电子为代表的电子电器和以共晶光伏、汉能薄膜为代表的新能源新材料三大主导产业。纺织服装产业坚持走“创意设计、标准化生产、机器换人、展示展演、电商销售”升级之路。全面建成出口服装产业园一期32万平方米，首批入驻投产企业17家；服装电子商务城入驻企业148家，全年服装电商营业额超过30亿元；按照“扩大品牌影响、增加市场份额、提升工厂形象、争取早日上市”思路，专门成立支持“鸭鸭”发展协调领导小组，进一步加强同维科集团沟通，加快“鸭鸭”振兴步伐。园区电子电器制造企业20余家，其中包括亚华电子（3D手机玻璃技术国内领先、电子绝缘胶带占据国内市场70%以上份额、正在推进主板上市工作）、维信诺科技（拥有1000余项发明专利，全球OLED行业最具竞争力和最重要的供应商）、天翌光电（触摸屏排名国内行业前十强、正在推进“新三板”挂牌）、航群电子（国内同行业第一家通过美国FDA认证）、金淞电器（移动空调占据欧美40%市场）、挪宝空调（江西唯一一家地源热泵主机制造企业）等重点优势企业。新能源新材料产业领域落地汉能光伏、共晶光伏、国家电投光伏发电、升凯新材料、松集运行科技等一批项目，初步形成产业发展的雏形。围绕人工智能、高端装备、大健康、工业设计等重点领域，引进和培育中信重工开诚机器人、金酷产业园、通用飞机研发制造、江中食疗产业园、大于出行创新产业园、乐尚科技创意中心等高端智能制造产业重点项目。

【基础设施建设】 高新区通过加大投入，不断完善基础设施，进一步优化硬环境。市场路南延伸项目（投资329万元）、科技一大道砼路面修复（投资700万元）等项目完工，启动雨污管网清淤检测、北片区污水管网加压提升项目，建成电子科技园、高新制造产业园共33万平方米标准厂房，建成高新区九年一贯制学校主体，高新区派出所投入使用。推进闲置厂房和土地集中盘整。全年收回及盘活汉能光伏、中科新能源、智远手袋、鸿宇实业14宗闲置用地，面积160公顷。

【项目建设】 建立健全内外沟通衔接机制，梳理项目手续办理流程、制作项目入园服务手册、制订项目推进表，实行挂图作战，推行大项目代办制，建立有效的项目推进机制，为入园项目提供保姆式全程跟踪服务。推动园区共青科技学院、齐家怡居等16个新签约项目开工；正邦科技、航天科技等27个在建项目进展顺利；江中食疗、亚华二期等10个在建项目建成或投产；林基环保、新邦服饰等19个租赁厂房项目投产。

【帮扶企业】 推行企业网格化帮扶，全年走访、调研企业1000余次，收集并解决企业困难问题500余件；为37家企业申请财园信贷通资金1.38亿元；为110家企业兑现招商合同等优惠政策，拨付扶持资金1.52亿元；帮助亚华电子、松集运动等企业解决用工400余人；全年召开安全生产各类会议、业务培训等10余次，开展安全生产大排查20余次，全年调解格力特、蓝十字等项目矛盾纠纷20余件。

（共青城市全国青年创业基地服务局）

南昌经济技术开发区

【概　况】 位于南昌市北郊，辖1镇3管理处，面积229平方千米。人口约45万人。2018年，园区生产总值490.87亿元，增长9.4%。实现工业主营业务收入1329.88亿元，增长11.7%。规模以上工业增加值增长9.4%。财政总收入70.39亿元，增长16.36%。一般预算收入17.4亿元，增长15.3%。完成固定资产投资371.95亿元，增长10.9%。社会消费品零售总额130.85亿元，增长12.3%。全年实际利用外资8.13亿美元，增长20.02%。实际利用内资330.2亿元，增长20.44%。其中，利用省外资金项目进资236.25亿元，增长19.17%。外贸出口8.58亿美元，增长20.90%。全年新引进项目83个，总投资498.29亿元。新开工项目36个，新竣工投产项目24个。其中100亿元项目1个、20亿元项目4个、

10亿元项目20个。形成电子信息、新能源汽车及汽车零部件、医药食品、新材料和家电五大百亿产业集群。五大百亿产业实现主营业务收入1225.11亿元,增长15.3%。

【城市建设】 推进市政工程项目86个(其中道路70个、污水管网9个、电力管网7个),皇姑南路、长征路等跨区断头道路打通,瀛上桥拓宽、220千伏安新目线迁改等综合性、复杂性和专业性的建设项目按计划推进。协调推进安置房项目17个,总建筑面积263.94万平米。其中续建项目10个、新开工项目3个、前期谋划项目4个。协调推进标准厂房项目13个,总建筑面积238.98万平米。其中续建项目6个、新建项目7个。年内竣工验收备案项目6个,总建筑面积近45万平方米。鸿博科技园项目获"全国建设工程项目施工安全生产标准化示范工地"称号(全国AAA级安全文明工地)。全年完成25.69万平方米房屋征收,用地出让22宗,收储土地14宗。

【民生工程】 2018年,经开区加强民生保障,探索"医养融合"养老模式,严格落实双拥政策,全面完成涉及就业创业、社会保障等九大项民生任务。全区发放孤儿资金2.88万元;发放重点优抚对象抚恤补助资金230万元,为101名退役士兵办理自主就业手续,4名服役满12年的转业士官安排工作岗位。新建盛世华庭小学、南天金源幼儿园投入使用;重建新宇学校一期,桑海小学完成主体工程;昌北二小异地重建等5个EPC校建项目有序推进;森林公园学校异地重建工程进行建筑规划设计。推进蛟桥医院异地重建项目;广州七喜集团(江西圣德医院)项目完成初步设计,进行"三通一平"。通过深化卫生体制改革,逐步扩大家庭医生签约服务面,推进"互联网+健康医疗"服务,全面落实国家基本药物"两票制";推进医疗联合体建设,确定南昌市洪都中医院为区医疗联合体牵头医院,建立稳定的技术帮扶和分工协作关系。加大社区民生投入,实施吉都居、丽景苑等4个社区办公用房的建设和提升改造工程。开展社区各类创建工作,青岚嘉园社区被评为全省"绿色社区"、金桥慧景及舍里甲社区被评为省级"综合减灾示范社区"。

【儒乐湖新城建设】 坚持生态城市、海绵城市、智慧城市发展理念,推进产城融合发展。推进城市建设,全年新建、续建市政道路、景观绿化、两房建设、总部配套、综合管廊等重点工程20余个。总投资26亿元的总部经济项目全面开工;总投资约50亿元的绿地CBD项目,为一个近200米超高层、高星级酒店、国际甲级办公楼等超大型、地标性的城市综合体;推进一号综合管廊、兴业大道等路网框架,在整个区域集中供暖,提高能源综合利用率。推进产业发展,在秀先路两侧布局儒乐湖光电信息产业园、新能源汽车产业园、军民融合示范产业园等系列产业平台,江铃、同兴达、无人机等20多个产业项目以及汽车工程院、中科院、科创城等近10个研发中心落户新城。

【中医药科创城建设】 2018年,全面铺开中医药科创城建设发展,重点推进"双十三百"工程,完成"一年定框架"各项目标任务。先后搭建创新研发、孵化转化、检测认证、会展交易、文化交流、公共服务、金融服务、人才服务、投资开发、临床应用十大平台。与省卫计委、省食药监局下属科研院所初步明确项目选址和临时办公场所,加快装修与中国中医科学院共建的道地药材认证标准检测中心,跟踪对接与北京中医药大学的合作项目,聘请詹启敏、黄璐琦两位院士及徐安龙、王国辰、诺贝尔奖获得者巴里马歇尔等为科创城发展顾问。协调推进路网、管网、电网、酒店、学校、医院等10余个基础设施建设项目。滚动引进华润、新绿药、新生源、国科控股、万泽、高济医药、中国中药,洽谈康美、以岭、印度卡迪拉、日本津村制药等龙头企业。累计签约医药产业项目30余个,总投资近400亿元。其中上市公司6家、龙头药企4家、研发机构10所。

【科技创新】 出台鼓励企业自主创新奖励专项政策,并累计兑现自主创新引导奖励资金2600多万元。创建各类研发服务平台110多个,其中国家级4个、省级86个。2018年新增高新技术企业56家,总数达120家。全区专利申请量3121件,增长43.1%;专利授权量1619件,增长30.46%。全区有效发明专利拥有量798件,每万人有效发明专利拥有量25.63件,比南昌市每万人有效发明专利拥有量(9.19件)多16.44件。南昌欧菲光科技有限公司累计申请专利4200余件,获得授权专利2400余件,2018年被国家知识产权局评为国家知识产权示范企业。

【优化园区营商环境】 推进"五型"政府建设,构建新型政商关系,提升服务效能。打造"阳光窗口",创新城市"网格化"管理,开展创业就业"春风行动",为服务群众、推动企业发展提供保障。实行"一站式""一条龙"服务、"一厅式"办公,推出"一窗受理"综合窗口,开发智能电子政务系统,缩短群众多头跑、重复跑的问题。其中,房产二手房过户由10.5个工作日压缩到5个工作日。结合"放、管、服"改革,推行并联审批、承诺审批等新做法。抓好项目服务,解决项目"落地难、落地慢"等问题。在项目推进上导入"亮灯机制",实行挂图亮灯式作战,项目进度正常亮绿灯,进度迟缓亮黄灯,进度再有迟缓亮红灯。2018年,在全省100个开发区评比中,南昌经开区"营商环境"指标获全省第一。

【帮扶企业】 2018年,争取国家扶持资金7767万元,省级扶持资金6400万元,市级(新区)扶持资金664.67万元。其中,南昌海立高效多联式空调(热泵)双转子压缩机绿色设计平台建设项目入选工信部2018年绿色制造系统集成重点支持项目,南昌海立获国家绿色工厂和省首批绿色工厂称号,江铃集团新能源汽车有限公司入选国家工信部2018年两化融合管理体系贯标试点企业。

【绿色发展】 按照"规范环境行为,助推产业发展"工作思路,以中央环保督查为契机,集中对水环境、大气环境等环境问题进行综合整治。推进长江经济带生态环境保护。针对国家审计署反馈的问题,进行整改,桑海片区启动的污水、道路整治PPP项目和水生态修复及水质提升项目完工,桐溪河断面水质明显改善;全区污水管网建设和维护全面实施,洪城监狱、英雄生活区、昌北大道、南昌水泥厂东侧、孔目湖等区域管网建设完工。开展“清废行动2018”专项行动。生态环境部督察组反馈28个点位问题,整改完成24个,剩余4个码头问题(中海码头、曹家码头、顺发码头、晨鸣港务码头)完成整改,提请解除挂牌督办。实施中央环保督察“回头看”整治。在2016年中央环保督察信访件中,涉及全区51件信访件,销案10件,剩余41件中,35件可申报销案;在2018年中央环保督察信访件中,涉及全区121件信访件(61件涉及麦园垃圾处理场),销案11件,剩余50件中,38件可申报销案;下沉督察反馈问题,9个问题4个销案,剩余5件中,3件可申报销案。

(万志平)

南昌小蓝经济技术开发区

【概　况】　位于南昌市昌南组团,辖2管理处。全区规划核准面积18平方千米,建成面积30平方千米。2018年,全区主营业务收入1051.10亿元,增长16%。工业总产值1069.13亿元,增长15%。税收收入64.5亿元,增长10%。实际利用外资、实际利用内资、外贸出口3项主要开放型经济指标分别增长15.22%、31.57%、7.69%。共签约引进60个亿元以上重大项目。在商务部公布的《2018年国家级经济技术开发区综合发展水平考核评价结果》中,小蓝经开区前移5位,居第95位。

【招商引资】　成立开放型经济工作领导小组及办公室,制定《南昌小蓝经开区招商引资项目洽谈落户流程》《南昌小蓝经开区企业落户要求》,提升招商引资工作质量和效应。9月21日,在浙江宁波举办2018南昌小蓝经开区汽车及零部件产业招商推介会,14个项目现场签约,其中现场签约项目12个、成果项目2个,涉及汽车零部件产业园、内外饰件、模具制造、自动化设备等领域,合同总投资额142亿元。全年签约引进传化物流、凌云股份、海南钧达、无锡威孚、扬州英奥、重庆睿博、朗坤医药、豪波科技等60个亿元以上重大项目。

【产业发展】　2018年,汽车及零部件、食品饮料、医药医器三大主导产业产值超600亿元,辐射带动能力增强。重点推进富山整车、济民可信、中科纳米、宁波华翔、铂瑞能源、茶百年、赣通汽车等总投资447.47亿元的45个重大重点项目建设,举行济民可信生物医药产业园等33个重大重点项目集中开工仪式。新增省级智能制造产业基地、省战略性新兴产业集聚区、省级汽车及零部件新型工业化产业示范基地在内的省级“名片”6块(另外3块为汽车零部件、食品及生物医药、省新型工业化产业基地),数量居全省开发区第一。新增高新企业56家(全区有122家)、规模以上企业45家(全区有243家)、“新四板”企业20家(全区有本土上市企业2家、“新三板”5家、“新四板”45家)、工程技术中心6家(全区有市级以上工程技术中心67家)、院士工作站2家(全区有院士工作站11家)。新能源汽车大数据中心、哈工大机器人项目、晶纳新材料等高新技术产业项目相继落户,江西德瑞光电首条柔性生产线上线,瑞能半导体南昌实验中心开业,小蓝经开区发展质量和效益不断提升。

【企业服务】　南昌小蓝经开区贯彻落实省“降成本、优环境”专项行动安排部署,打出“降本减负”系列“组合拳”。成立校(技工学校)企合作联盟,开展政校企联动招工、订单式人才培养、“两后生”免费培训、“大篷车”送岗下乡,年均帮助企业解决用工近万人,为中小微企业发展壮大提供人力支撑。建立创业培训制度,支持企业开展创业创新交流培训活动等,提高企业管理人员和创业者素质。紧扣全省开发区金融创新“5313”工程要求,全面启动以“一核一带”为空间布局的小蓝经开区金融创新服务区建设。遵循“节约集约、以用为先”和“因企制宜、分类分步”原则,对闲置用地和闲置厂房进行清理和处置。根据区域产业布局,采取“嵌入式”招商、产业链招商等方式“腾笼换鸟”,确保园区闲置土地和厂房二次有效使用,提升产业发展集聚效应。

【基础设施建设】　编制完成120平方千米《小蓝经开区用地整合规划》,加快推进小蓝经开区区域规划环评编制工作。拓展城市发展空间,取得设立省级汽车及零部件产业园省住建厅审查意见函;完善城市功能配套,通过《富山整车基地城市设计方案》;构筑城市生态环境屏障,生态环境部正式受理园区规划环评申报并通过生态环境部评审中心评审。金湖西路、富山二路新建道路竣工通车,北山路、振铃东路、振铃南路部分机动车道通车,富山基地配套路网、高新技术产业园配套路网等多个路网项目有序推进,实现与南外环高速、沿江快速路、金沙大道等主干道多向衔接。相继完成富山产业园双电源双回路电力专线、220千伏石蓝线迁改、振铃东南路电力迁改等11个电力工程。打造金湖、玉湖、雁沙湖三大公园,对金沙大道、金沙二路进行绿化提升,有序推进汽车南路和振铃东路明渠、银湖二路明渠、雄溪路明渠3条景观明渠建设。持续开展“美丽小蓝”环境保护专项行动,在“执法”“查管”“清河”“净气”“护土”等难点领域进行集中整治,对开发区560家企业雨污管网进行全面排查整改,完成园区第一阶段121千米排水管道检测及修复;开展第二阶段142.99千米排水管道潜望镜检测排查工作;对园区重点区域495家企业环保情况进行排查。

【33个重大重点项目集中开工】　4月3日,济民可信生物医药产业园等33个重大重点项目集中开工仪式在小蓝经开区举行。此次集中开工的33个项目,涉及到一产、二产和三产项目,总投资281.5亿元。其中,一产项目有莲武农业种植基地及深加工项目、绿源果蔬年加工配送5万吨农副食品项目和云鹏高效农业生态园项目等3个,投资总额8亿元;二产项目有济民可信(小蓝)生物医药产业园项目、闽发科技全铝车车身生产项目和迈瑞司年产200万平方米装配式预制构件项目等20个,投资总额202.5亿元;三产项目有洪大长薪河文化旅游

城项目、迅佳物流项目和万佶智慧物流平台项目等 10 个，投资总额 71 亿元。

【2018 南昌小蓝经开区汽车及零部件产业(宁波)招商推介会】 9 月 21 日，“2018 南昌小蓝经开区汽车及零部件产业(宁波)招商推介会”举行，现场签约项目 14 个，总投资 142 亿元，项目涵盖承载平台、汽车内外饰件、模具制造、智能装备等多个领域。其中，广东彩艳股份有限公司投资 30 亿元，建设汽车零部件产业园项目；海南钧达年产 60 万台套汽车内外饰件生产基地项目投资 12 亿元；浙江国祥股份有限公司投资 10 亿元，建设年产 1 万套轨道空调设备项目；上海精智“智能制造产业园”项目投资 10 亿元，主打智能制造、高端制造工艺装备；上海宝钢国际经济贸易有限公司与江铃集团共同投资 6 亿元，建设年产 10 万吨汽车钢材制品项目。

【哈工大机器人产业项目落户小蓝经开区】 8 月 12 日，哈工大机器人产业南昌项目签约仪式在哈尔滨工业大学举行。江西省委常委、南昌市委书记殷美根，市委常委、市委秘书长郭毅，副市长马骏，南昌县委书记、小蓝经开区党工委书记胡晓海，哈工大机器人集团董事王飞等出席签约仪式。根据双方项目合作协议，在小蓝经开区设立哈工大机器人(南昌)智能制造研究院，主要进行智能制造相关高新技术研发，贴近南昌当地产业发展进行项目孵化转化等；成立哈工大机器人(南昌)有限公司，打造南昌市智能制造展厅及智能制造公共服务平台，为南昌当地企业提供智能制造技改、科技成果转化、政府咨询、教育培训等服务。

(杨波)

九江经济技术开发区

【概　况】 2018 年，九江经济技术开发区实现工业主营业务收入 1149.9 亿元，同比增长 11.07%。财政总收入 112.8 亿元，增长 12.7%。固定资产投资 212.8 亿元，增长 11.5%。实际利用外资 2.9 亿美元，增长 10.28%。全年新签约项目 76 个，总投资额 388 亿元。其中，战略性新兴产业项目 55 个。全年清理低效、僵尸企业 50 家，盘活闲置土地 200 余公顷、闲置厂房 21.3 万平方米，报批项目用地 466.67 公顷。实施城建项目 70 个，总投资约 80 亿元。民生领域投入 50 亿元，增长 15%。

【九江综合保税区获批】 9 月 4 日，《国务院关于江西九江出口加工区整合优化为九江综合保税区的批复》下达，同意九江出口加工区整合优化为九江综合保税区，整合优化后的九江综合保税区规划面积 1.81 平方千米。按照批复，九江综合保税区享受相关税收和外汇管理政策。

【打造长江“最美岸线”】 全年整合各类资金 12.4 亿元，打造 23.6 千米长江“最美岸线”经开样板。重点实施 12 个项目，其中城西港区长江最美岸线工程、城西港区园林景观绿化工程、城西港区防洪排涝工程、滨江西大道景观工程 4 个项目全面竣工。开展城西港区和滨江西大道环境综合整治，依法拆除 493 处约 7 万平方米违章建筑。统筹推进阎家渡周边环境综合整治，依法关停“小、散、乱”商家 200 余家，“水美、岸美、产业美、环境美”四美成效凸显。

【中国巨石九江公司年产 35 万吨玻璃纤维生产基地投产】 7 月 12 日，中国巨石九江公司年产 35 万吨玻璃纤维生产基地投产仪式在九江经开区举行。2010 年 7 月，中国巨石集团九江有限公司投资的玻璃纤维生产基地项目一期工程建成投产，年产能 17 万吨。2016 年 10 月，该公司年产 12 万吨玻璃纤维的二期工程，对标世界最先进的行业标准开始建设，2018 年 3 月建成投产。公司二期工程投产后，对一期工程进行技改扩能，同年 6 月完成技改扩能任务，年新增玻璃纤维产能 6 万吨，玻璃纤维年产能达到 35 万吨。基地总投资 43 亿元，投产后产能跻身全球玻纤前 3，成为世界级玻纤生产基地。

(张双宝)

赣州经济技术开发区

【概　况】 位于赣州市中心城区西北部，辖 3 镇 1 乡 1 街道办事处 1 管理处。总面积 218 平方千米，其中建成区面积 46.85 平方千米。总人口 35 万人。2018 年，全区财政总收入 46.37 亿元，同比增长 13.1%；其中一般公共预算收入 22.53 亿元，增长 7.3%。规模以上工业主营业务收入 677.5 亿元，增长 19.55%。固定资产投资 265.74 亿元，增长 10.7%；工业固定资产投资 166.98 亿元，增长 17.8%。社会消费品零售总额 63.97 亿元，增长 10.6%。实际利用省外资金 115.1 亿元，增长 16.4%；实际利用外资 2.15 亿美元，增长 11.34%。出口总额 43.14 亿元，下降 16.8%。全年引进项目 78 个，总投资 1319 亿元。其中，亿元以上项目 75 个，10 亿元以上项目 21 个，10 亿元~50 亿元项目 18 个，50 亿元~100 亿元项目 4 个，超百亿元大项目有赣州新能源汽车小镇、赣州能源产业链和汉企电力“一带一路”3 个。新增高新技术企业 23 家，拥有高新技术企业 67 家，授权专利总量 2231 件，汇聚“千人计划”专家等国家级人才 25 人，国字号科技创新平台 19 个。

【工业发展】 新能源汽车首位产业全年实现主营业务收入 80 亿元，增长 20%；电子信息主导产业全年实现主营业务收入 160 亿元，增长 48.15%；两大产业实现主营业务收入 240 亿元，占全区工业份额上升到 38%，产业集群效应初步显现。赣州新能源汽车科技城作为首位产业承载平台，基础设施建设进一步完善，汇聚起国机、凯马等整车项目及孚能科技、亿鹏动力电池等一批零部件配套项目，形成“整车+关键零部件+研发+检测+汽车文化”新能源汽车生态链。国机智骏、凯马相继建成投入试生产，孚能科技被认定为全省唯一的国家“独角兽”企业并签约 200 亿欧元电池大单。电子信息产业园内形成“两横三纵”主干路网，智能终端和显示模组形成规模，汇聚同兴达电子、立德电子、江元电子、海富莱电子等一批超10亿元电子信息产业项目,形成智能终端产业链。赣州综合保税区落户海富莱、进出口木材中转交易中心、一峰电子等47家企业。2018年新增高新技术企业23家,拥有高新技术企业67家,授权专利总量2231件,汇聚“千人计划”专家等国家级人才25人,国字号科技创新平台19个。赣州新能源汽车科技城专家服务基地成为全省唯一入选的第四批国家级专家服务基地。

【产城融合】 加快推进五区道路互联互通,完成机场改扩建、高铁新区以及迎宾大道、东江源大道、客家大道西延等市级重大基础设施征迁工作,推进会展中心征迁工作。快速交通网络初步形成,建成岗边大道、城西大道等10余条主干道,打通滨江南路、湖边大道等10余条断头路,畅通与其他中心城区交通连接。建成旅游公路20千米,拓宽改造县、乡、村道29千米,实施33千米生命安全防护工程。农网改造工程完工率100%。金凤梅园开园,保利、恒大、中海等品牌房企入驻。新建或改扩建学校40多所、医院10余所,开工建设公园6个。

【现代服务业】 发展新经济新业态,初步形成物流、金融、旅游、创新创业四大服务业集聚区。赣州综合物流园正式运营,被评为“2018年全国优秀物流园区”。“吉集号”智慧物流平台注册司机用户突破30万人,辐射周边10余个省市。孚能科技获得C轮融资超10亿美元,刷新全球动力电池行业纪录。金力永磁在A股上市,全区上市企业达8家。全国首个区块链金融产业沙盒园正式运营,猪八戒网赣南总部园区正式开园。恒科东方引进孵化企业500余家,带动5000余人创业就业,创造税收5.2亿元。

【脱贫攻坚】 年内,全区832户3307名贫困对象实现脱贫,2个省级贫困村全部摘帽,贫困发生率降至2.94%。为贫困学生发放各类补助资金和贷款1796.05万元,代贫困家庭缴纳居民医保和商业补充保险1048.2万元,发放产业扶贫信贷通贷款3921万元,发放农业产业奖补535.41万元,完成71户农村危房改造任务。打造扶贫园区、扶贫基地、扶贫车间、合作社和专岗托底五大就业平台,实现7980名贫困劳动力就业。引导贫困户发展蔬菜、草皮等产业基地200余公顷,带动贫困群众脱贫致富。

【污染防治】 中央、省环保督察问题及“回头看”交办信访件基本完成整改。省环保督察反馈问题32件,完成整改28件。出台《空气质量提升整改攻坚行动方案》,$PM_{2.5}$年均浓度40微克/立方米,达到省下达的考核目标值。全面落实“河长制”“湖长制”,开展长江经济带饮用水源地专项清查和城市黑臭水体排查行动,中心城区集中式饮用水水源地水质达标率100%。开展生态环保基础设施建设三年行动,赣州新能源汽车科技城污水处理厂项目建设加快推进。实施农村饮用水源地环境综合治理。开展废弃、危废大排查,全年未发生土壤污染事件。全面实施大气污染防治环境监管网格化管理,整治“小散乱污”企业35家。

【防范化解重大风险】 对开发区债务金额、期限、结构等逐笔梳理,分年度制定每笔债务的化解计划,获得地方政府债券资金5.08亿元。全年全区化解政府性债务35.97亿元。梳理资产和债务总体规模情况,严格控制隐性债务增量,7月14日后无新增隐性债务。对全区60家金融、类金融企业存在的风险进行全面排查整治,非法集资陈案有效化解。年内完成27个在建项目资金监管额度的重新核定,重新签订78份资金监管协议,全区纳入监管的资金7.54亿元。对恒大悦府等19个商品房项目住宅进行定价,确保房地产市场保持平稳健康发展。

【乡村振兴】 规划建设占地53.7平方千米的北部农旅产业园,推进五彩城花博园等6个重大农旅项目建设。完成农村公路改扩建73.6千米,改造危桥8座,完善农村路网。实施农村人居环境整治三年行动计划,推进“厕所革命”,基本完成“空心房”整治。常态化开展乡风文明建设,破除各类陈规陋习和不良风气。引进投资3700万元的东坚米业婴幼儿有机米粉项目,一期建成投产,二期实现封顶。发展蔬菜产业,年内新增蔬菜基地40公顷。

【民生实事】 投入20亿元,办好32件民生实事。新建、改造学校11所、医院8所、公有产权卫生计生服务室21所;实施棚户区改造3607套(户),基本建成4016套(户);开工建设公园6个,建成2个。宅基地安置历史遗留难题实现突破,1054户拆迁户房屋安置问题得到妥善处理。新开通风岗镇、科技城公交线路,将公交路网拓展至农村。

【全面深化改革】 持续开展“降成本、优环境”专项行动,为企业减负超26.91亿元,解决融资需求13.44亿元。安排213名科级以上干部精准帮扶407家企业,解决问题554个。开展企业开办、工程项目审批、不动产登记“一窗办”改革;实行错时延时服务,清理取消证明事项133项,“最多一次办结”事项比例超过90%,企业群众业务办理时间压缩60%以上;省级“证照分离”改革试点深入推进,办件量在全省5个试点地区中排前列。推动区建投控股集团、区工发集团市场化转型。区建投控股集团成立14个市场化子公司,基本形成建筑全产业链,总资产达到547.34亿元,实现主营业务收入40.55亿元。深化人事制度改革,完成2批次211名雇员职员招录工作。全面完成农村集体资产清产核资、土地承包经营权确权登记工作。

(黄华赞)

井冈山经济技术开发区

【概　况】 位于吉安市城区。2018年,“一区四园”实现主营业务收入938.2亿元。其中经开区本部547.8亿元,增长11%。全年引进内资123.58亿元,利用外资2.40亿美元,规模以上工业增加值121.3亿元,分别增长10%、9.5%、10.1%。完成财政总收入22.5亿元,增长12.5%,税收占比94.6%。研发投入经费占主营业务收入0.8%。新增专利591件,增长15.8%。新增高新技术企业15家，总数达58家，高新技术产业产值占比48%。3月，整合吉州、青原2家省级开发区，形成“一区四园”发展格局。总规划面积114平方千米。

【首位产业发展】 全年签约电子信息产业优质项目15个，其中50亿元项目1个，10亿元以上项目9个。木林森半导体封装、生益电子高精密线路板、火乐科技激光电视生产等一批延链、补链、强链项目相继落户，产业引领度和根植性进一步增强。坚持资金、用工、政策等全要素保障，推动益丰泰TFT面板、木林森光电2个百亿项目开工建设，红板电子、航盛电子等10余家企业增资扩建。全区纳税超千万元企业26家，新增规模以上企业27家。工业技改投资力度加大，占全部工业投资32%。胜美达电机、瑞声电子等12家龙头企业逐步推进智能化技术改造。

【科技研发】 全年科研经费支出4.8亿元，研发投入占主营业务收入0.8%。全区专利申请量558件，增长17.4%；新增高新技术企业15家，总数达58家，高新技术企业产值占比48%。强化科技支撑，开发区列入国家知识产权试点示范园区名单，木林森成功申报国家级企业技术中心，新琪安、瑞鹏飞已申报省级工程技术研究中心，普正药业通过省级工程研究中心专家评审。获评省级电子信息产业创新服务综合体和省第二批大众创业万众创新示范基地。制定出台支持高质量发展、动能培育等系列政策，兑现科技创新资金近1000万元。

【改革创新】 在全省率先实施“一区四园”改革。全面启动“一区四园”整体规划和控制性详规编制工作，青原产业园职能承接、人事制度改革事项逐步落实，吉州产业园实行双重领导和管理。深化“放管服”改革，承接部分赋予国家级开发区全链审批事项、市政府赋予开发区县级经济管理权限，梳理“一次不跑”事项78项，“只跑一次”事项197项。行政审批服务大厅起步运行，统一受理服务事项381项，实现服务事项集中办理。深入开展“降成本、优环境”专项行动，帮助企业招工1.8万人，通过“财园信贷通”、吉庐陵担保公司贷款等方式帮助企业融资3.8亿元，兑现优惠政策资金近10亿元。协同推进招商，完善“一区四园”招商和项目落户管理办法，引进深圳新三板服务中心、上海东方龙招商服务中心等中介招商机构实施专业招商。

【重大项目建设】 全年完成项目协议征地423公顷，完成35万平方米标准厂房建设，人力资源服务产业园、物联网创客园投入使用，生产性配套逐步完善。举办重大项目开工竣工活动5次，开工项目21个，竣工项目16个。威尔高电子、蓝沛科技、吉晶微电子等一批工业项目实现当年建设、当年投产。出口加工区检验检疫设施、面积调整依次通过国家质检总局、海关总署验收。推进生活性配套建设，职工之家、里塘山商贸城投入使用，邻里中心竣工，仁安医院主体工程基本完工，城中村改造安置房、井冈山经开区学校扩建项目启动建设。

【打赢“三大”攻坚战】 围绕打赢风险防范攻坚战，推进财政预算管理、国库统一支付等改革，强化财政资金管理。规范园区举债行为，推动单一财政投入向撬动金融资本、产业基金转变。金融产业园投入运行，设立产业发展等各类基金，加强产业基金管理。消除存量债务48.3亿元。围绕打赢精准脱贫攻坚战，开展脱贫攻坚“春季攻势”“夏季整改”“秋冬会战”，加强扶贫对象动态管理，信息采集率达100%。通过产业合作社、产业信贷通等方式巩固产业扶贫成效，完成扶贫项目23个。完成中央、省脱贫攻坚督查、考核、评估，对督查反馈问题建立台账、逐一销号。围绕打赢污染防治攻坚战，抓好中央环保督查“回头看”、省环保督查问题整改，全部整改到位并销号。推进循环化项目改造，组织实施清洁化生产企业22家。持续推进“三禁”工作、秸秆焚烧、建筑扬尘等专项行动，全区空气质量优良率88.2%。

【井冈山经济技术开发区一体化发展】 2月28日，井冈山经济技术开发区一体化发展授牌揭牌仪式在吉安河东经济开发区管委会举行。5月，吉安河东经济开发区和富滩工业园成建制划转井冈山经开区，机构编制人员和债权债务完成交接。井冈山经开区青原产业园主要负责青原产业园和富滩产业园的开发建设、投资促进、企业服务，涉企行政审批和公共服务职能交由井冈山经开区负责，房屋土地征收、社会管理、民生事业仍由青原区负责。井冈山经开区吉州产业园实行双重领导管理体制，使用“国家井冈山经济技术开发区”品牌，根据产业定位和统一政策招引项目落户。

【“井冈山号”中欧班列首发仪式举行】 12月26日，吉安市在吉安火车站南站举行“井冈山号”中欧班列（吉安—莫斯科）首发仪式。吉安中欧班列从吉安火车站南站出发，经满洲里口岸出境到莫斯科，全程大约需要14天，比海运节省20天左右，比空运物流成本节省50%以上。“井冈山号”中欧班列（吉安—莫斯科）有利于提升吉安国际贸易便利化水平，为吉安开拓俄罗斯、中亚乃至欧洲市场，搭建起一座便捷的贸易桥梁。市委书记胡世忠宣布班列开通，市委副书记、市长王少玄为“井冈山号”授牌，副市长邓淑斌致辞。中国铁路南昌局集团有限公司、中铁集装箱运输公司有关负责人参加仪式。

（吴龙海）

上饶经济技术开发区

【概　况】 位于上饶市西郊，辖1乡1街道办事处。总面积176平方千米，其中规划建设面积58平方千米，建成区面积20平方千米，在建区面积26平方千米。总人口11万余人，其中产业工人6.3万人。2018年，实现主营业务收入746.7亿元，同比增长18%；固定资产投资116.8亿元，增长13.4%；工业利润总额29.3亿元，增长52.5%；财政收入19亿元，税收占比93%；利用外资2.7亿美元，生产型外贸出口17.5亿美元；投产工业企业325家，新增高新技术企业35家；厂房建设面积突破300万平方米；开工纳入统计项目数71个，实际进资

226.6亿元。开发区在商务部国家级经开区综合考评中位居全国第67、全省第2,在全省开发区综合考评中排名第4。成功申报国家新型工业化示范基地(光伏)、国家新能源汽车高新技术产业化基地、国家级绿色园区。

【主导产业】 光伏产业全年实现主营业务收入384亿元,增长15%。龙头企业晶科能源在全球光伏产能下行情况下组件出货量达到11.5GW,连续3年保持全球第一。光学产业全年实现主营业务收入24亿元,增长10%。以万维光电、维真显示、华芯科技等为代表的高端光学企业快速升级;汽车产业聚集6个整车厂、5大核心零部件、70余家零配件企业,全年实现主营业务收入74亿元,增长10%。汉腾二期竣工投产,汽车销往22国,全年实现整车销售6.4万辆。爱驰汽车设备安装完成,启动试生产。腾勒发动机全年销售5万台。安驰销售动力电池0.3GW。力能、天河汽配、瑞驰丰达等一大批汽车零配件企业投产见效。

【项目建设】 全年引进项目60个,合同资金338.57亿元,平均单个项目投资5.6亿元。完成土地征收713.33公顷,土地平整368.33公顷、土石方量1565万立方米,拆迁24.77万平方米。新开工厂房面积突破300万平方米,增长65%;新竣工厂房面积286万平方米,增长34%。投资145亿元实施思瑞达广场、蓝江小区等51个产城融合项目,新建道路31.7千米、主干道“白改黑”10千米,进一步夯实产业发展的承载力。重点引进投资146亿元的吉利新能源商用车、投资52.68亿元的新能源汽车综合试验场、投资20亿元的汉腾增程器等一批项目。重点推进晶科双倍增、汉腾二期、爱驰汽车、吉利商用车、中汽瑞华、博能商用车、汽车综合试验场7个百亿大项目。

【优化营商环境】 创新融资模式,通过企业化、市场化运作,加大对企业资金支持。全年通过产业基金等方式向企业投入66.86亿元,借助国际金融产业园为企业融资45亿元,发放“财园信贷通”贷款4.3亿元,有效缓解企业资金压力,支持企业发展。创新人才引进。制定“十百千万人才计划”,在全省第一个召开招才引智大会,引进伯乐遇马等人力资源专业服务机构20余家,打造全省首个人力资源产业园。创新安商服务,开展难题破解大攻坚。集中解决制约企业发展的难点问题400余项,实现开办企业3个工作日、不动产登记5个工作日、施工许可证办理35个工作日完成手续审批流程。

(陈鹏)

萍乡经济技术开发区

【概　况】 位于萍乡市中心城区东北部,辖15村14社区。总面积57.6平方千米,城区绿化率42%。总人口20万人。2018年,地区生产总值178.5亿元,增长9.4%。工业主营业务收入521.7亿元,增长18.48%;规模以上工业增加值增长9.5%。财政总收入24.31亿元,增长7.9%;财政支出22.87亿元,增长3.6%。固定资产投资增长12.6%。实际利用外资7798万美元,完成现汇1150万美元;外贸出口6.65亿美元。全年新引进省外2000万元以上项目32个,投资亿元以上经济项目18个。新建、续建重点项目57个,总投资320亿元。社会消费品零售总额40.96亿元,增长10.5%。城镇居民人均可支配收入3.77万元,增长8.23%;农村居民人均可支配收入1.85万元,增长8.69%。全区新增就业3689人,新增转移农村劳动力1855人,省内转移人数1435人。城乡居民养老保险参保率100%,城镇居民医疗保险参保率100%,农村居民医疗保险参保率100%。社会保险基金征缴总量1.02亿元。完成棚户区改造3294套。

【浙江星星科技股份有限公司落户】
年内,浙江星星科技股份有限公司落户园区。该项目位于萍乡经开区周江电子信息产业园,总用地面积66.67公顷,其中一期用地33.33公顷。该公司产品主要有视窗防护屏、触控显示模组等,可为智能终端部件提供一站式解决方案,是国内手机玻璃第一家上市企业。项目总投资60亿元,分3期在3年内建成。

【机器人产业基地项目落户】 该项目落户于萍乡经开区周江电子信息产业园,由哈工大机器人集团股份有限公司、马鞍山哲方智能机器人投资管理有限公司共同投资建设。项目总用地面积13.33公顷,建筑用地面积约10万平方米,总投资60亿元。主要经营工业机器人本体及其核心零部件生产、销售。项目分2期实施,一期于2019年年底试投产,2020年年底建成投产;二期于2021年建成投产,2023年建成达产。

【奥体中心建设启动】 萍乡奥体中心选址于萍实北大道西侧,尚贤中路北侧。项目投资15亿元,建设采用PPP模式,总用地面积26.65公顷,项目总建筑面积10.7万平方米,包含2.2万座综合体育场(建筑面积2.88万平方米)、4500座体育馆与训练馆(建筑面积2.15万平方米)、1500座游泳馆(建筑面积1.85万平方米)、户外全民健身与配套服务区。

【网是科技投产】 该项目总投资10亿元,位于万新新能源、新材料产业基地,占地4.57公顷,建筑面积4.4万平方米,主要生产智能家居路由器、以太网交换机、空气检测器等系列电子终端产品,是国内排名前三的路由器生产厂家。投产后年产值达15亿元,税收达5000万元以上。

【打造3大产业发展平台】 2018年,重点规划和打造周江、新三板、清泉3大产业园。周江电子信息产业园建设50万平方米标准厂房,主要用于支持星星科技、网是科技、百宏光电等龙头企业发展;新三板产业园以新材料为主导,一期28家企业全部落户,投产后产值可达100亿元;规划133.33公顷清泉智能制造产业园,为后期项目落地储备承载空间。

【企业规模与效益倍增计划启动】
2018年,启动企业规模与效益倍增计划。该计划主要内容为:在全区遴选30家企业与一定后备企业,通过建立“四个一”帮扶制度,设立10亿元“倍增计划”产业引导基金,给予最高500

万元财政补贴支持企业上市、智能化改造、自主创新、争创品牌、保障企业用地等，提升企业综合竞争力；力争到2020年，企业主营业务收入和实缴税收至少翻一番，企业规模与效益倍增，实现打造“千亿园区、百强经开”总体目标。

【助推企业转型升级】 以智能制造电子信息产业聚群为重点，引进星星科技、哈工智能、网是科技、百宏光电、乔科手机等龙头企业。建立10亿元不良资产处置基金，通过腾笼换鸟，处理僵尸企业16家，收回闲置企业用地34.6公顷。新制定创新型人才个人所得税先征后返、给予购房补贴等一系列政策，助力企业技术创新，促进科技成果转化运用。

（江文娟）

宜春经济技术开发区

【概　况】 位于宜春市中心城区北部，辖1街道办事处。园区概念发展规划及产城融合总体规划面积74.72平方千米，建成区面积约26平方千米。总人口约6万人，人口自然增长率7.3‰。2018年，地区生产总值155.4亿元，同比增长8.2%。实现工业主营业务收入270.4亿元，增长2%；工业增速3.6%；利润总额16.9亿元，下降7.5%；财政总收入27.28亿元，增长21%；进出口总额50.87亿元，增长11%；实际利用外资1.70亿美元，增长15.7%；利用省外资金143亿元，增长12.1%。全年新增签约项目30个，新增投产项目20个，新增开工项目25个。限额以上消费品零售总额34亿元，增长9.2%。全年净增注册企业711家，注册企业达2641家。其中新增“四上”企业85家，总数达329家；净增国家高新技术企业16家，总数达81家。共有中国驰名商标3件、江西省著名商标15件。全区新增就业人口5500余人，新增转移农村劳动力500余人。城乡居民医疗保险参保率98%。

【产业发展】 组建5个招商分局主攻产业招商，围绕锂电新能源、新材料、电子信息、先进装备制造、人工智能等产业招大引强，引进清陶能源、指芯科技等产业项目31个，签约资金近200亿元。引进的投资50亿元、年产10万辆新能源乘用车合众新能源汽车项目，实现锂电新能源产业整车项目重大突破。实施项目攻坚行动，推动远东福斯特21700动力电池、宇泽半导体、科丰新材料等一批重大项目建成投产；加强企业培育帮扶，促成兴发铝业、赣锋锂业、苏强格液压、倍特力新能源等一批重点企业扩产扩建。宜春经开区锂电新能源产业集聚区获批全省第三批战略性新兴产业集聚区。

【盘活闲置资源】 启动“三清三查”工作，全面摸排园区企业经营、固定资产、借款、合同履约等情况，并逐个评级定性，分类予以扶持、整改或关停。出台国有资产管理办法，堵塞监管漏洞，防范资产风险。采取“一企一策”制定处置方案，全年通过“腾笼换鸟”盘活项目27个，盘活闲置土地200余公顷、厂房近20万平方米。

【基础设施建设】 编制203平方千米概念性总体规划及70平方千米产城融合规划。启动一批基础设施建设，对经发大道、春一路等6条主干道进行提升改造，对22条道路同步改造，黑化总面积达100万平方米，对368万平方米闲置土地进行绿化美化。收购、改造污水处理厂一期项目，推动二期项目投入运行，启动三期项目建设。加快推进三期共100万平方米标准厂房建设，一期近20万平方米基本建成投入使用。做优园区平台，规划启动东扩五条路和春水路高架桥项目建设，加速推进G220经开区段贯通工程建设。

【企业服务】 注重金融服务实体经济，通过“财园信贷通”为企业发放贷款3.17亿元，设立2支产业基金，获批发行16亿元PPN私募债和5亿元综合管廊建设专项债券，全年贷款总额、融资规模均创历史新高。出台《人才引进暂行办法》，安排1500万元科技专项资金和1000万元人才专项经费，支持企业引进人才资源。先后出台鼓励企业做大做强奖励暂行办法、加大科技创新扶持力度、促进智能制造业发展等一系列扶持政策，一次性奖励企业2500余万元，扶持企业做大做强。深化“放管服”改革，简化审批流程，启动行政服务大厅智能化改造，倡导“一次办好”“一次不跑”，打造优良的行政服务环境。

（宜春经济技术开发区）

龙南经济技术开发区

【概　况】 位于龙南县境内。2018年，规模以上工业增加值43.8亿元，增长10.3%；主营业务收入192.3亿元，增长23.5%；利润总额8.8亿元，增长22.6%；工业固定资产投资额增长23.9%；工业用电量78833万千瓦时，增长90.2%；实现园区税收总额6.66亿元，增长11.23%；外贸出口47.96亿元，增长3.78%。

【巩固“一区多园”模式】 形成《“三南”园区一体化发展规划》等5个规划稿，规划三南示范地共建产业园（一期）面积20平方千米；在广东举行3次“三南”招商推介会，集中签约项目27个，签约金额395亿元；年度安排80万元日常工作经费，设立三南发展投资基金资本金4亿元。10月25日，“三南”一体化发展被作为全省国家级经开区创新提升工程优秀实践案例上报商务部，商务部将其作为全国国家级经开区创新提升优秀实践案例在全国印发推广。

【建优平台】 加快推进以赣州电子信息产业科技城为主平台的园区建设，总投资21.54亿元。年内，赣州电子信息产业科技城一期466.67公顷集聚用地全面建成。与工信部电子五所合作成功设立中国赛宝实验室（龙南）办事处并运营，龙南保税物流中心（B型）正式封关运营。

【招商引资】 年内，以赣州电子信息产业科技城为主平台，围绕电子信息、稀土新材料、食品药品、现代轻工四大主导产业进行精准招商，引进项目59个，签约资金362.45亿元。其中，亿元以上项目32个，签约资金356.32亿元；10亿元以上项目11个，签约资金294.5亿元;20亿元以上项目6个,签约资金231.3亿元;30亿元以上项目5个(氟新材料产业园项目、天奇股份新能源新材料项目、粤港澳大湾区农副产品配送中心项目、佳润科技食品产业园项目、新华盛高端电路板项目),签约资金206.3亿元;50亿元以上项目2个(氟新材料产业园项目、天奇股份新能源新材料项目),签约资金96.3亿元。总投资6亿美元的香港佳润食品科技是龙南自1996年起引进的投资总额最大、注册资本最高的港资工业项目。龙南经开区电子信息产业被认定为全省战略性新兴产业集聚区。

【产业升级】 强化政策扶持,推动电子信息、稀土新材料、现代轻工、食品药品四大主导产业企业增资扩产创业。新增规模以上企业17家,总数达108家;新增高新技术企业10家,总数达32家;36家企业认定为科技型中小企业。龙南格林庭园用品有限公司获批"江西省农用防护资材及生产设备工程技术研究中心",累计拥有省市级技术工程研究中心11家,国家级知识产权优势企业1家,省级"专精特新"中小企业11家。专利申请量700件,增长137.3%;专利授权量480件,增长150.0%;发明专利申请量42件;完成PCT国际专利申请1件,实现"零"突破。雪弗特新材料科技有限公司、汇森家具(龙南)有限公司、龙南彩艺装饰材料厂、龙南堉然科技有限公司4家公司产品获"江西省名牌产品"称号。

【安商服务】 深化安商服务,持续"降成本、优环境"。多次组织外出务工人员返乡就业招聘会、中小微型企业融资对接活动等系列活动,帮助解决企业用工难、融资难等问题。组织骏亚、志浩等企业与赣州应用技工学校等多家院校签订校企合作协议,与深圳市全顺人力资源公司等14家劳务派遣公司建立合作关系。年内,共为园区企业新招员工5669人次,"财园信贷通""小微信贷通"发放贷款5.5亿元,兑现优惠政策资金1.17亿元,惠及企业217家次。累计给比邦、瑞兴龙等17家园区企业融资借款14.12亿元,精准帮扶企业APP平台收集企业诉求314条,办结311条,办结率99.04%。

(刘和龙)

瑞金经济技术开发区

【概　况】 总规划面积66平方千米,其中中期规划面积25平方千米,近期规划11平方千米,已建成面积9.5平方千米。2018年,实现工业总产值160.42亿元,工业主营业务收入162.47亿元,工业税金9.12亿元,工业增加值33.68亿元,出口交货值22.48亿元,固定资产投资29.52亿元。建成"五横六纵"主干路网及标准厂房33.2万平方米,建有35千伏变电站、500千伏输变电站和日处理1.5万吨工业污水处理厂各1座。落户工业企业216家,其中规模以上工业企业58家,高新技术企业22家,初步形成以红都水产、大健康饮料加工、中藻生物、绿野轩生物等为代表的绿色食品产业,以得邦照明、安讯实业、金字电线、金富电力等为代表的电气机械及器材制造产业,以好莱克纺织、佳惠宝实业、金瑞发制品等为代表的现代轻纺产业。

【召开国民经济和社会发展"十三五"总体规划暨产业发展规划纲要评审会】 7月20日,经开区召开国民经济和社会发展"十三五"总体规划暨产业发展规划纲要评审会。会议邀请江南大学副校长顾正彪,江西财大财税与公共管理学院副院长张仲芳,中国电器工业协会电线电缆分会秘书长章立明,昆山开发区党工委副书记、管委会副主任陆宗元,宁波经开区发展和改革局副局长袁云峰,昆山开发区经促局原局长许晋等专家对"十三五"规划纲要进行评审。规划编制单位北京城市发展研究院汇报"十三五"规划纲要和产业发展规划编制情况及主要内容。专家组听取汇报后认为瑞金经开区《十三五规划纲要》与《产业发展规划》内容丰富,具有一定的创新性,对经开区"十三五"期间的发展有较好的适用性。并从招商引资、产业集聚、与瑞金市"十三五"规划的衔接等方面,提出意见和建议。

【9家企业入围高新技术企业】 7月,江西省2018年第一批拟报备高新技术企业名单公示结束,江西华强金源电气有限公司、江西金富电力科技有限公司、江西九华药业有限公司、瑞金市红都水产食品有限公司、瑞金市辉腾建筑材料有限公司5家企业入围;11月,江西省2018年第二批拟报备高新技术企业名单公示结束,瑞金市飞麦电子商务有限公司、江西聚道食品股份有限公司、江西开程电气有限公司、瑞金欣宸科技有限公司4家企业入围,区内高新技术企业达到9家。高新技术企业认定须同时满足注册成立、拥有核心产品(服务)核心技术知识产权、纳入国家重点支持的高新技术领域、科技人员比例、研发投入比、高新技术产品销售比、无重大违法事项等条件,履行企业自我评价、企业注册登记、提交申请材料、收件受理、专家评审等程序,其中高新企业资格有效期为3年,到期需重新认定。经认定的高新技术企业,在有效期内可以享受申请减按15%优惠税率缴纳企业所得税、申报国家级和省级各类科技项目优先扶持、优先在高新技术企业建立省级科技创新研发平台、重点支持高新技术企业参与政府购买服务,优先参加企业高层培训、专业展会等扶持政策。

【金橙产业小镇项目战略合作协议签署】 8月22日,瑞金经开区与德国中德产业转移中心金橙产业小镇项目战略合作签约仪式在瑞金宾馆举行。项目旨在通过整合双方优势资源,将金橙小镇打造成为国际一流、国内领先的脐橙产业基地,建设集脐橙种植、深加工、技术(离岸)研发、技术应用、体验展示、特色旅游于一体的综合性、国际化、绿色化产业小镇。德国中德产业转移中心为德国经济部下属机构,从事推动德国与中国中小企业之间在人才、技术、项目、金融、管理等领域的交流与合作。

【高档纺织服装生产项目签约】 11月16日,瑞金市政府与广东洪兴实业股份有限公司在瑞金签署年产1000万套高档纺织服装生产项目协议。该项目总投资6亿元,其中固定资产投资3亿元。根据设计产能,项目建成后主营业务收入5亿元以上,缴纳增值税和企业所得税2500万元以上。项目投资公司广东洪兴实业股份有限公司是国内家居服生产知名企业,拥有发明专利5项、外观专利1项、实用新型3项。公司旗下有芬腾、玛伦萨、芬腾可安、千线艺4个品牌,在全国各省市有销售网点8000个。

(胡振方)

九江出口加工区

【概　况】　2018年,园区在产企业50家,实现工业主营业务收入161.3亿元,利润总额13亿元。工业固定资产投资36亿元,对外投资100万美元。年内自主引进10个项目,合同资金62.7亿元。新增开工项目16个,竣工投产项目12个,新增规模以上企业8家,申报入库入统企业15家。通过实施"转型升级""二次招商""腾笼换鸟",引进项目8个,盘活存量土地3.73公顷,利用闲置厂房10万平方米。园区通过茶叙会、现场办公等方式为企业排忧解难,举办各类专题培训或讲座10场;为企业直接配送上岗6007人,开展岗位培训2600人。3月,省政府授予园区"第一届江西省模范和谐劳动关系工业园区"称号。

【重点项目建设】　年内,巨石集团九江有限公司完成二期项目建设及一期冷修技改并先后投产,全面建成35万吨玻璃纤维生产基地,是全球第三大玻纤生产基地。公司主要经营指标实现历史最佳,产量、降本、利润总额均超目标,其中完成玻纤总量超25万吨,实现利润超3亿元。盛祥电子发展迅速,公司产销两旺,收购下游企业,加快上市步伐,业务不断做大,企业呈现裂变式发展。万利通电镀集控区内入住企业20余家,企业环保平台发挥作用。

【五化协同创建生态园区】　年内,按照"五化协同"总要求,园区从亮化、净化、绿化、美化及雨污管网系统、市政公用设施等方面进行全方位升级改造,园区营商环境得到全面优化。高速沿线企业厂房外立面改造工程、新建汇源路人行道工程、改造北一路工程完成。污水处理厂提标改造后出水水质由原来一级B标准提高到一级A标准。使用CCTV井下机器人开展雨污管网排查,绘制雨污水管网分布图,雨污分流全面达标。探索建立"红橙黄蓝"四色安全风险管控机制,实施风险公示和分级管控工作。九江市第四水厂铺设专管及蓄水池建设完工,园区供电服务站设立,保障企业正常生产用水用电。

【转型升级】　9月4日,国务院下达《关于江西九江出口加工区整合优化为九江综合保税区的批复》。这是九江市开放型经济建设的又一重大平台,也是出口加工区转型升级的重大突破。年内,4家企业获批国家级高新技术企业,完成专利申报251件,授权量126件,新增有效发明2件;完成申报省级及以上研发机构2家;新增ISO 14000认证企业2家。鼓励企业扩线增产,汇源果汁总投资2亿元,新引进2条利乐包装生产线并投产,九江生产基地逐渐向汇源南方核心工厂地位迈进。支持博泰环保与海南大学合作建立博士工作站,鼓励迅通新能源与厦门大学研究院开展合作,实施成果转化。

(姜正生)

井冈山出口加工区

【概　况】　2018年,井冈山出口加工区完成进出区货物总额1.48亿美元,增长170.8%,首次突破1亿美元大关。对井冈山经开区及周边县(市、区)外向型企业起到辐射服务效应。

【完善区域功能】　3月19日,国家质检总局下发《质检总局办公厅关于井冈山出口加工区检验检疫设施通过验收的函》,明确井冈山出口加工区检验检疫设施符合要求,通过验收。2018年通过完成信息化系统升级改造,区内可以开展跨境产品保税展示销售、境外产品进区维修再制造、保税物流等新业态业务,实现国际贸易"单一窗口"办理业务及与海关"金关二期"系统对接。9月18日,井冈山出口加工区核减规划面积通过由南昌海关牵头的江西省9个厅局联合验收小组现场验收。11月3日,海关总署发文《海关总署关于同意江西井冈山出口加工区核减规划面积验收结果的批复》,同意井冈山出口加工区核减规划面积后0.48平方千米验收合格。

【招商引资】　2018年,井冈山出口加工区管理局开展出口加工区招商引资,聚焦经开区主导产业,为开发区引进配套服务项目。加工区与广州巴宝莉化妆品有限公司签订1.5亿元项目投资协议,主要从事化妆品销售业务。引进香龙生物科技有限公司总投资2.5亿元食品添加剂生产项目,一期投资1亿元,利用江西润井康生物科技有限公司厂房进行生产;二期投资1.5亿元,在井冈山经开区购地建厂扩大生产规模。

【综合保税区申报工作启动】　井冈山出口加工区启动在原地原址原面积上整合优化转型升级综合保税区相关工作。该项工作根据《国务院关于促进海关特殊监管区域科学发展的指导意见》《国务院办公厅关于印发加快海关特殊监管区域整合优化方案的通知》精神,旨在享受《国务院关于促进综合保税区高水平开放高质量发展的若干意见》中"推广增值税一般纳税人资格试点""允许新设综合保税区提前适用政策""允许综合保税区内加工制造企业承接境内区外委托加工""将在综合保税区内生产制造的手机、汽车零部件等重点产品从自动进口许可证管理货物目录中剔除""强化企业市场主体地位"等21项改革试点政策红利,推动外向型经济发展。截至年底,井冈山经开区管委会向吉安市政府、吉安市政府向江西省政府报送关于设立井冈山综合保税区的申请报告,江西省政府函报海关总署拟在井冈山出口加工区完善区域内各项基础和监管设施,申请转型升级设立井冈山综合保税区。

(肖思伟)

·资 料·

全省省级以上开发区(园区)一览

南昌市

1 南昌高新技术产业开发区(南昌综合保税区)
2 南昌经济技术开发区
3 南昌小蓝经济技术开发区
4 青山湖高新技术产业园区
5 新建长垵工业园区
6 安义工业园区
7 南昌昌南工业园区
8 进贤产业园

九江市

9 九江经济技术开发区(九江综合保税区)
10 九江共青城高新技术产业开发区
11 瑞昌经济开发区
12 九江沙城工业园区
13 武宁工业园区
14 修水工业园区
15 永修云山经济开发区
16 德安高新技术产业园区
17 庐山工业园区
18 湖口高新技术产业园区
19 都昌工业园区
20 彭泽工业园区

景德镇市

21 景德镇高新技术产业开发区
22 乐平工业园区
23 景德镇陶瓷工业园区

萍乡市

24 萍乡经济技术开发区
25 莲花工业园区
26 芦溪工业园区
27 萍乡湘东产业园
28 萍乡安源产业园
29 上栗产业园

新余市

30 新余高新技术产业开发区
31 分宜工业园区
32 新余袁河产业园

鹰潭市

33 鹰潭高新技术产业开发区
34 贵溪经济开发区
35 余江工业园区

赣州市

36 赣州经济技术开发区(赣州综合保税区)
37 章贡高新技术产业园区
38 赣州高新技术产业开发区
39 南康经济开发区
40 信丰高新技术产业园区
41 大余工业园区
42 上犹工业园区
43 安远工业园区
44 龙南经济技术开发区
45 定南工业园区
46 宁都工业园区
47 全南工业园区
48 于都工业园区
49 兴国经济开发区
50 会昌工业园区
51 瑞金经济技术开发区
52 寻乌产业园
53 崇义产业园
54 石城产业园

宜春市

55 宜春经济技术开发区
56 樟树工业园区
57 宜春丰城高新技术产业开发区
58 靖安工业园区
59 高安高新技术产业园区
60 奉新工业园区
61 上高工业园区
62 宜丰工业园区
63 万载工业园区
64 袁州产业园
65 铜鼓产业园

上饶市

66 上饶经济技术开发区
67 上饶高新技术产业园区
68 玉山高新技术产业园区
69 横峰经济开发区
70 铅山工业园区
71 弋阳高新技术产业园区
72 婺源工业园区
73 万年高新技术产业园区
74 鄱阳工业园区
75 余干高新技术产业园区
76 德兴高新技术产业园区
77 上饶信州产业园
78 上饶茶亭产业园

吉安市

79 井冈山经济技术开发区(井冈山出口加工区)
80 吉安河东经济开发区
81 吉州工业园区
82 吉安高新技术产业开发区
83 吉水工业园区
84 永丰工业园区
85 新干工业园区
86 安福工业园区
87 峡江工业园区
88 泰和高新技术产业园区
89 遂川工业园区
90 永新工业园区
91 万安工业园区
92 井冈山产业园

抚州市

93 抚州高新技术产业开发区
94 抚北工业园区
95 崇仁工业园区
96 金溪工业园区
97 南城工业园区
98 南丰工业园区
99 广昌工业园区
100 东乡经济开发区
101 宜黄工业园区
102 黎川工业园区
103 乐安产业园

(江海)

本栏编辑 邓诚君

旅 游 业

综 述

2018年，全省旅游行业围绕“创新引领、改革攻坚、开放提升、绿色崛起、担当实干、兴赣富民”工作方针，以“全域旅游”为抓手，实施旅游强省战略，供给侧结构性改革持续发力，旅游消费强劲增长，旅游综合产业特性全面释放，“旅游+”融合发展的新业态、新模式、新趋势不断涌现，主要旅游经济指标均再创历史新高。全省全年累计接待旅游总人数6.86亿人次，同比增长19.7%；旅游总收入8145.1亿元，增长26.6%；入境旅游、乡村旅游、红色旅游、全域旅游均实现突破。

11月5日，按照中共中央批复的《江西省机构改革实施方案》，江西省旅游发展委员会与江西省文化厅进行职责整合，组建江西省文化和旅游厅（加挂省文物局牌子）。

【全省旅游产业发展大会召开】 5月7日—8日，全省旅游产业发展大会在抚州召开。大会由省委、省政府主办，省旅发委、抚州市委、市政府承办。省委书记、省长刘奇出席并讲话，刘奇肯定了全省旅游产业发展取得的成绩，对全省旅游业发展作全面部署，并为2019年全省旅发大会承办地宜春市授旗。省领导姚增科、殷美根、朱虹、肖毅等出席，副省长吴忠琼主持。驻华使节参访团、全国各省（市、自治区）旅游部门负责人、境内外旅行商等200余人参加会议。会上，赣州市、上饶市、抚州市被授予“2017年度全省旅游产业发展先进设区市”称号，南昌市湾里区等19个县（市、区）被授予“2017年度全省旅游产业发展先进县（市、区）”称号，宜春市明月山温汤旅游度假区等8家单位被授予“2017年度全省品牌创建优秀单位”称号。会议期间，部分驻华使节、国际友人，国外及境外重点旅游机构、著名旅游网站旅行商到江西参观、对接旅游产品购销，全国22省市的旅发委（旅游局）负责人到江西参观交流，全国各省旅行社、国内重点媒体到江西踩线、采风、报道。举办江西旅游推介会、2018资溪面包国际旅游文化节、入境旅游工作专题会、武功山经营体制改革工作推进会等专题性会议，形成“政府主导、市场检验、社会参与、开放合作、成果共享”的新型办会模式。

【举办首届江西旅游消费节】 12月30日，首届江西旅游消费节在南昌举办，消费节共设8大主体活动、7大交易区、320余个展位，近万种商品参展。活动期间，累计到场人数超过10万人次，线上线下总交易金额10.9亿元，评选出一批特别贡献奖、畅销产品奖、创新营销奖、优秀参展企业等75个奖项的优秀展商和明星商品。该次消费节由江西省文化和旅游厅、江西省旅游集团主办，陕西、河北、浙江、广东等十余家国有大型省级旅游集团联合主办，江西省旅游集团首次与陕西省旅游集团联合在两地同时举办旅游消费节，形成“一省主办，多省联办，两地同时举办”的局面，吸引了70余家中央和省内主流媒体到场报道活动盛况，活动内容被各大媒体累计报道数千次。

（邹婷）

景区建设

【概　况】 2018年，全省旅游景区建设相关重点项目38个，占省重点项目总数的比例超过10%；旅游项目完成年计划的进度位居全省重点项目进度第二位，完成计划的130.3%。全省共有A级旅游景区407家，其中5A级景区11家、4A级景区140家、3A及以下景区256家。国有5A级旅游景区和国家级风景名胜区门票全面降价，惠民让利2亿元。

【全域旅游创建】 5月，《中共江西省委、江西省人民政府关于全面推进全域旅游发展的意见》印发，提出全域旅游发展目标；《江西省全域旅游示范区创建指南》《江西省全域旅游示范区管理办法》《江西省全域旅游示范区检查验收指标体系》出台，为设立省级全域旅游示范区品牌，构建省级层面的指导、监督、考核工作机制做好顶层设计，通过标准体系督导并推动各地高质量发展全域旅游。9月，全省全域旅游创建推进会在鹰潭市召开，进一步贯彻落实旅游强省战略。10月，组建全域旅游督察队伍赴各创建单位开展督导考核指导，推动鹰潭市、上饶市婺源县、南昌市湾里区、吉安市井冈山市、抚州市资溪县、九江市武宁县、宜春市靖安县、赣州市石城县8家单位成功创建江西省全域旅游示范区。

【智慧旅游创新】 8月，全省旅游大数据中心在上饶启动运营，成为全省旅游行业应用服务的重要阵地和旅游产业科学规划的重要数据来源，为实现旅游强省提供强大的技术和平台支撑。推进“一部手机游江西”工作，开展“新一代宽带无线移动通信网”国家科技重大专项（简称“03 专项”）在旅游行业中的试点示范，成立“03 专项”在旅游领域试点示范领导小组，编制了“全省旅游景区基于 NB-IoT 智慧停车管理服务联网系统”项目示范工程建设框架。9 月，全省部分 5A 景区基于窄带物联网智慧停车管理服务联网工作推进会在鹰潭市龙虎山召开，落实“03 专项”在旅游行业试点示范工作。全省旅游产业运行监测与应急指挥中心投入使用，全省建立统一的旅游产品互联网营销终端，一系列举措推动旅游大数据产业基础建设和发展。2018 年，江西被列为交通旅游服务大数据应用试点省份。

【乡村旅游】 4 月，联合省委农工部、省委宣传部共同推动安义县石鼻镇水南村等 50 家单位成功创建“江西省五十佳最具乡愁村庄”，南昌县三江镇后万村等 50 家单位成功创建“江西省最具乡愁村庄”。10 月，成功创建抚州市临川区仙盖山农业园等 7 家江西省 5A 级乡村旅游点、吉安市永新县洲塘书画村等 36 家江西省 4A 级乡村旅游点，认定上饶市上饶县翼天灵山工匠小镇等 15 家江西省旅游风情小镇。加大对贫困地区项目资金倾斜力度，推荐资溪、瑞金等贫困县申报的 9 个重点旅游项目获得国家市县旅游扶贫资金 4000 余万。

【旅游景区品牌创建】 11 月，滕王阁成功创建国家 5A 级旅游景区，江西省国家 5A 级旅游景区数量增至 11 家，位居全国第七位。此外，稳步推进萍乡武功山景区 5A 级旅游景区创建进程，推荐仙女湖、庐山西海、婺源篁岭、三百山创建 5A 级景区上报文化和旅游部，指导鄱阳湖湿地公园、御窑厂国家考古遗址公园、靖安三爪仑、大余丫山、吉安吉州窑等景区加快创建国家 5A 级旅游景区。同时，国家 4A 级旅游景区创建不断加强，培育了景德镇陶溪川文创街区等 20 家国家 4A 级旅游景区、4 家金树叶级绿色饭店、8 家四星级旅游饭店。

【旅游业态创新】 2018 年，全省全面推进旅游与农业、工业、研学、体育、商贸、会展、中医药养生等深度融合发展，不断扩大旅游产业辐射带动效应。文旅融合方面，《天下三清》《寻梦牡丹亭》《山水武宁》《明月千古情》4 台旅游演艺节目先后开演，相融相盛。医旅融合方面，与省卫计委携手加快发展中医药旅游产品，推动 4 家单位成功创建国家中医药健康旅游示范基地。研学品牌创建方面初见成效，南昌滕王阁、吉安渼陂古村等 5 家景区成功创建全省首批中小学生研学实践教育基地。体旅融合方面，江西直升机科技馆推出直升机高空游览、模拟体验直升机高空飞行，明月山景区推出滑翔伞飞行项目，梅岭狮子峰推出高空秋千、低空滑翔伞飞行等项目，更好地满足了年轻游客个性化、多元化的旅游需求。

【旅游服务质量提升】 9 月，全省优质旅游工作推进会在南昌召开，部署全省优质旅游工作。制定印发《江西省旅游行业服务质量督察员暗访检查工作办法》《江西省旅游景区优质旅游先锋行动三年计划（2018—2020）》，建立全省旅游行业服务质量督察员暗访制度，开展旅游市场秩序专项整治“利剑行动”，不断提升旅游服务水平，推进全省优质旅游发展。加强景区常态化管理，组织全省 A 级景区复核，开展假日景区暗访督查，通报全省 50 家高 A 级景区暗访情况。推进确保优质旅游资源高效开发，专门成立调研组对龙南进行调研，形成《龙南县收回小武当山旅游资源经营管理权进行高标准景区建设的调研报告》。全省旅游景区服务质量水平有效提升，实现建设精致化、管理规范化、服务标准化和人性化。

【旅游商品提档升级】 在 2018 年全国旅游商品大赛中江西省获最佳贡献奖，在“2018 中国特色旅游商品大赛”上江西省选送的“名镇瓷毯瑞鹤图”等 6 套商品获金奖，“忆千年古瓷片系列首饰”等 9 套商品获银奖，“昭萍有礼”等 13 套商品获铜奖。金、银、铜奖和获奖总数分列全国第四位、第六位、第一位和第六位。

【旅游厕所革命新三年行动启动】 2018 年，全省旅游厕所革命新三年行动计划全面启动，探索厕所管理新模式，共新建、改扩建旅游厕所 1061 座，超国家任务数 381 座，让旅游厕所成为景区的一道靓丽风景。

（廖旭）

市场促销

【概　况】 2018 年，全省围绕打响“江西风景独好”和“庐山天下悠、三清天下秀、龙虎天下绝”旅游品牌形象，创新推广营销方式，开展旅游营销和节事活动，拓展旅游客源市场。全年全省接待国内旅游者 6.86 亿人次，增长 19.7%；国内旅游收入 8095.8 亿元，增长 26.6%。接待入境旅游者 206.3 万人次，增长 9.2%；国际旅游外汇收入 7.5 亿美元，增长 18.3%。

【境外旅游宣传推介】 举办 2018“江西风景独好”赣港游学旅游宣传推广暨招商系列活动、“江西风景独好”2018 江西（德国法兰克福、捷克布拉格）旅游推介会暨江西旅游风光图片展等境外旅游宣传推广活动。组织参加第六届澳门国际旅游（产业）博览会、2018 台北两岸观光博览会、蒙古国乌兰巴托“万里茶道”国际旅游交易会、2018 韩国国际旅游展等境外会展、2018“美丽中国——魅力长江”美洲旅游推广活动，对接境外旅行商，借力境外媒体，向江西省主要客源市场国家，特别是“一带一路”沿线国家“讲好江西旅游故事”。在香港、澳门设立“江西旅游推广中心”，在捷克布拉格华文国际学校孔子课堂设立“江西旅游推广驿站”。江西境外宣传推广系列活动获评 2018 年度博鳌旅游奖年度文旅整合营销案例榜大奖。

【加大媒体宣传江西旅游力度】 组织全省重点景区在央视投放“江西风景独好”旅游广告，在南昌至北京高铁冠名“江西旅游号”，在浙江（杭州、宁波）、山东济南等重点高铁枢纽站点、沪昆高铁线部分高铁电视以及在北京地铁站、公交车身等户外媒体投放江西旅游整体形象广告。在京设立江西旅游(北京)服务咨询中心。在国际重要社交媒体平台Facebook(脸书)、Twitter(推特网)、Instagram(照片墙)开设“江西风景独好”官方账号,三大平台累计1600多万次的人数覆盖。在中国驻泰王国曼谷大使馆、驻新加坡大使馆、驻马来西亚吉隆坡大使馆3个签证大厅投放江西旅游宣传广告,11月起上刊,宣传期为6个月。

【举办2018“江西风景独好”(赣台)旅游推介会】 8月31日,第十六届赣台(南昌)经贸文化合作交流大会期间,2018“江西风景独好”(赣台)旅游推介会在南昌举办,台湾工商业、旅游业、农业及各地台协嘉宾120余人参加。推介会结合视频短片、旅游产业推介及别具地方特色的旅游文艺表演等多种形式,展现了一个风景独好、底蕴深厚的立体江西。

【开展2018“美丽中国·乡约江西”主题宣传推广活动】 通过“乡村旅游大斗艳”“乡村旅游新体验”“乡村旅游微扶贫”“乡村旅游故事汇”“乡村旅游全球乐”五大专题,全年以“线上预热传播、线下活动引爆、后期持续发酵”相结合的宣传营销方式,开展江西乡村旅游主题宣传推广。组织开展“美丽中国·乡约江西”全国网络媒体江西游活动,邀请全国60多家网络媒体参加报道,采访活动中,共发布网络专题36个,网络新闻报道600余篇,原创转发新58篇,抖音动态315条,抖音播放量超25万,朋友圈动态278条,百度搜索“第十届全国网络媒体江西游”关键字相关结果约142万条,覆盖人群超过1亿。在腾讯网开设“美丽中国·乡约江西”专栏进行宣传。编印《美丽中国·乡约江西》系列宣传手册、江西旅游英文、日文、韩文宣传册和宣传片等宣传品。“美丽中国·乡约江西”主题宣传推广活动获评“2018中国旅游影响力营销推广活动TOP10”。

【开展2018“中国旅游日”江西分会场活动】 5月19日,由省旅发委、上饶市政府主办的2018年“中国旅游日”江西分会场启动仪式暨三清山国际旅游文化月系列活动开幕式在三清山风景名胜区举行。活动围绕“全域旅游,美好生活”主题,集中开展58场活动,推出153项便民惠民措施,全省各地围绕2018“中国旅游日”开展活动,在全社会营造出关注旅游、参与旅游、支持旅游、推动旅游的良好氛围。

【开展旅游市场援疆工作】 8月1日,由省旅发委、江西援疆前方指挥部、新疆克州人民政府主办的2018新疆·克州阿克陶县(江西)旅游推介会在南昌举行。推介会对克州和阿克陶县的旅游资源、旅游发展进行了宣传推介,“克州(江西)旅游推广中心”挂牌成立。组织江西旅行社和媒体赴克州阿克陶踩线调研。7月26日,江西人“帕米尔游”援疆旅游包机首发团在南昌启程,160余名江西游客前往新疆喀什旅游。

【拓展旅游宣传渠道】 8月1日,由省旅发委与江西广播电视台联手打造的江西电视旅游频道正式开播。频道作为江西专业的旅游电视媒体与江西旅游资讯发布平台,在战略上立足江西省委、省政府“旅游强省”的发展目标,全面宣传江西旅游资源,传播江西旅游体验,打造旅游服务、旅游产品和旅游娱乐等系列功能节目,满足行业、市场和群众全方位的旅游资讯和娱乐需求。指导《旅游画刊》全年编印发行12期。

【加强自媒体建设】 2018年,“江西风景独好”官方微信累计阅读量超80万,在全国旅游政务微信号周平均排名全国前十位,并两次进入全国前五位,一次进入全国前三位,获评“2018中国旅游影响力微信公众号TOP10”。截至11月1日,“江西风景独好”官方微博,已发布博文3000余条,平均阅读量5000以上,在全国省级旅游政务微博中排名十二位左右,对江西美景、美食、文化进行大力宣传,获评新浪年度旅游内容营销奖。自媒体已成为旅游宣传的重要渠道。加强与省内外重要媒体的合作,全年各媒体对江西旅游宣传累计发稿约3000余条。

(罗维)

行业管理

【概　况】 2018年,全省旅游监管部门坚持质量第一、效益优先,转变市场监管服务理念,提升旅游监管服务能力,推进旅游高质量发展,实现旅游安全、市场秩序、文明旅游、服务质量同步提升。在全省范围内开展“文明旅游 为中国加分”全国百城联动活动,省文化和旅游厅与江西出入境检验检疫局在南昌昌北国际机场联合开展以“文明旅游 绿色出行”为主题的“十百千”国门生物安全宣传活动。开展全省2018“诚信兴商宣传月”主题活动启动仪式。

【旅游安全管理组织制度建设完善】 成立旅游安全专业委员会。成立旅游安全工作领导小组、安全应急管理领导小组、旅游应急综合分队、安全生产和防汛工作指挥部等安全机构。建立和完善各类突发公共事件快速反应机制,完善《江西省旅游发展委员会涉旅突发事件应急预案》,指导各地旅游部门和部分景区建立健全应急预案,提高安全应急处置能力。

【旅游安全监管】 印发《江西省2018年旅游安全整治行动工作方案》。通过整治行动,推动旅游企业主体责任有效落实,规范完善各旅游企业、设施和项目的安全管理制度。“五一”“十一”假期,旅游部门取消休假、全员加班,安排24小时现场值守。整治期间,共派出8个督查组,分赴全省各地开展旅游市场秩序和旅游安全专项检查。

【开展江西省2018年旅游安全整治行动】 3月,印发《江西省2018年旅游安全整治行动工作方案》,明确对旅游包车安全、高风险旅游项目安全、旅游消防安全、旅游景区范围内的建设工程安全、旅游景区餐饮食品安全开展专项整治,整治活动分为动员部署、自查自纠、集中整治、检查验收、总结完善5个阶段,从4月持续到11月。通过整治行动,全省旅游企业主体责任有效落实,各旅游企业、设施和项目的安全管理制度得到规范完善，旅游安全风险提示进一步健全，旅游企业安全事故防范能力不断提升，有效保障了广大游客的生命财产安全。

【创新旅游市场监管机制】 全省共成立22个旅游警察机构，其中设区市本级旅游警察机构2个；成立14个旅游工商机构，其中设区市本级旅游工商机构1个；成立47个旅游巡回法庭机构；成立婺源县诚信退赔中心、上饶县旅游综合执法大队、芦溪县人民检察院驻武功山管委会生态检察室等其他旅游综合监管机构9个。制定印发《江西省旅游行业服务质量督察员暗访检查工作办法》，聘请首批旅游服务质量督察员，建立全省旅游行业服务质量督察员暗访制度。

【旅游星级饭店标准实施】 全省评定批复四星级旅游饭店8家，向全国星评委推荐2家酒店为五星级饭店。同时，开展2018年全省星级饭店复核工作，取消27家不达标准饭店星级资格，16家星级饭店被责令整改。完成新一届全省省级星级饭店评定员换届工作，选聘100名具有专业知识和职业素养的省级星评员。评定南昌嘉莱特花园国际酒店、南昌万达铂尔曼酒店、鹰潭沁庐道苑酒店、上饶富力万达嘉华酒店等4家饭店为金树叶级绿色饭店。组织开展民宿标准宣贯培训，全省旅游管理部门和民宿业主近200人参训。

【开展江西省“百佳”导游评选活动】 4月29日，制定印发《2017年度江西省“百佳”导游员评选活动方案》，明确从4—6月开展江西省“百佳”导游员评选活动，活动主题为“评百佳导游，展旅游风采”。评选活动分3个阶段进行，第一阶段由各设区市、省直管县旅发委推荐，第二阶段进入评选、公示，第三阶段开展宣传表彰活动。活动挑选出一批思想道德素质好、导游业务能力强、工作业绩突出的导游。最终揭震昆、庞文娟等100名导游获江西省“百佳”导游员称号。

（章国宝）

风景名胜区

【概　况】 2018年，全省有庐山、井冈山、三清山、龙虎山、仙女湖、三百山、梅岭—滕王阁、龟峰、云居山—柘林湖、高岭—岐山等18处国家级风景名胜区和麻姑山、翠微峰、通天岩、青原山、梅关—丫山等27处省级风景名胜区，风景名胜区总面积4493平方千米，占全省国土总面积的2.7%。国家级风景名胜区数量全国排名第四位。抚州麻姑山、流坑风景名胜区申报国家级风景名胜区进展顺利，申报材料全部编制完成并已由省政府上报国务院。

【规划编制报批工作】 向国家林业和草原局上报《武功山国家级风景名胜区总体规划（2018—2035）》和《神农源国家级风景名胜区的总体规划（2018—2035）》修改稿，召开杨岐山、汉仙岩等国家级风景名胜区和船屋、相山、大华山、汉仙岩、百丈山—萝卜潭、象湖等省级风景名胜区的总体规划专家评审会，启动三清山风景名胜区总体规划实施评估及修编工作。《灵山风景名胜区水晶山和石人殿景区详细规划》《三清山风景名胜区八磜龙潭片区详细规划》《云居山—柘林湖风景名胜区桃花溪景区黄荆洞片区详细规划》3个国家级风景名胜区详细规划获住建部批复。编制完成《灵山风景名胜区天梯峰和茗杨湖景区详细规划》《云居山—柘林湖风景名胜区北部片区详细规划》，《梅关—丫山风景名胜区丫山片区中部组团详细规划》《梅关—丫山风景名胜区梅关片区中心区详细规划》2个省级风景名胜区详细规划获省住建厅批准。

【资源保护和规划监管工作】 完成风景名胜区规划实施和资源保护年度报告工作。对违反规划建设行为下发执法与整改通知。按照严格保护、科学规划原则，做好未下放项目核准的风景名胜区建设项目选址和建筑设计方案核准工作。核准井冈山游客服务中心停车场改造升级项目等7个项目选址方案。做好建设项目批后监管工作，开展2018年度风景名胜区“双随机一公开”检查工作。

（曹翰）

·资　料·

江西省国家级和省级风景名胜区基本情况

序号	名称	等级	所在位置	面积（平方千米）	批准年份
1	庐山	国家级	九江市	330.42	1982
2	井冈山	国家级	吉安市	333.00	1982
3	三清山	国家级	上饶市	229.50	1988
4	龙虎山	国家级	鹰潭市	220.00	1988
5	仙女湖	国家级	新余市	194.70	2002
6	三百山	国家级	赣州市（安远县）	197.00	2002
7	梅岭—滕王阁	国家级	南昌市	144.00	2004

续表

序号	名称	等级	所在位置	面积（平方千米）	批准年份
8	龟峰	国家级	上饶市(弋阳县)	97.00	2004
9	高岭—瑶里	国家级	景德镇市(浮梁县)	86.00	2005
10	武功山	国家级	宜春、萍乡、吉安市	139.00	2005
11	云居山—柘林湖	国家级	九江市	495.00	2005
12	灵山	国家级	上饶市(上饶县)	101.50	2009
13	神农源	国家级	上饶市(万年县)	43.13	2012
14	大茅山	国家级	上饶市(德兴市)	143.00	2012
15	瑞金	国家级	赣州市(瑞金市)	53.38	2017
16	小武当	国家级	赣州市(龙南县)	30.80	2017
17	杨岐山	国家级	萍乡市(上栗县)	57.20	2017
18	汉仙岩	国家级	赣州市(会昌县)	41.50	2017
19	通天岩	省级	赣州市	6.00	1995
20	翠微峰	省级	赣州市(宁都县)	16.00	1995
21	梅关—丫山	省级	赣州市(大余县)	61.00	1995
22	陡水湖	省级	赣州市(上犹县)	29.00	1995
23	聂都	省级	赣州市(崇义县)	110.00	1995
24	象湖	省级	南昌市	7.00	2007
25	麻姑山	省级	抚州市(南城县)	48.00	1995
26	秦山	省级	九江市(瑞昌)	103.00	1995
27	南崖—清水岩	省级	九江市(修水县)	50.00	1995
28	洪岩	省级	景德镇市(乐平市)	100.00	1995
29	白水仙—泉江	省级	吉安市(遂川县)	29.00	1995
30	青原山	省级	吉安市	19.00	1995
31	玉笥山	省级	吉安市(峡江县)	48.00	1995
32	玉壶山	省级	萍乡市(莲花县)	51.00	1995
33	灵岩洞	省级	上饶市(婺源县)	38.00	1995
34	葛源	省级	上饶市(横峰县)	31.00	2013
35	百丈山—萝卜潭	省级	宜春市(奉新县)	155.00	1999
36	华林寨—上游湖	省级	宜春市(高安市)	178.00	2006
37	洞山	省级	宜春市(宜丰县)	80.00	2006
38	潭湖	省级	抚州市(南丰县)	45.00	2013
39	流坑	省级	抚州市(乐安县)	51.00	2013
40	船屋	省级	抚州市(黎川县)	34.00	2014
41	天门岭	省级	抚州市(金溪县)	30.50	2016
42	相山	省级	抚州市(黎川县)	33.70	2016

续表

序号	名称	等级	所在位置	面积（平方千米）	批准年份
43	大华山	省级	抚州市(乐安县)	41.15	2017
44	车磨湖	省级	抚州市(南丰县)	48.00	2017
45	青龙湖—龙凤岩	省级	抚州市(广昌县)	115.00	2017

江西省五星级饭店名单表

序号	饭店名称	城市	评定时间	总机电话（含区号）	地址
1	江西宾馆(省)	南昌市	2003	0791-86206088	南昌市八一大道 368 号
2	九江远洲国际大酒店	九江市	2007	0792-8888888	九江市南湖路 116 号
3	锦峰大酒店(省)	南昌市	2007	0791-88867777	南昌市站前西路 281 号
4	嘉莱特和平国际酒店	南昌市	2007	0791-86111118	南昌市广场南路 10 号
5	泰耐克国际大酒店	南昌市	2009	0791-88828888	红谷滩新府路 28 号
6	园中源大酒店(省)	南昌市	2009	0791-88118888	南昌高新区火炬大街 539 号
7	东方豪景花园酒店	南昌市	2011	0791-86288888	南昌市民德路 411 号
8	紫晶宾馆	景德镇市	2013	0798-8599999	昌南大道紫晶路 9 号
9	赣州锦江国际大酒店	赣州市	2012	0797-8333333	赣州经济开发区金东北路 88 号
10	九江信华建国酒店	九江市	2012	0792-8189999	九江市滨江路 299 号
11	荣誉国际大酒店	抚州市	2013	0794-8200000	抚州市迎宾大道 566 号
12	力高皇冠假日酒店	南昌市	2013	0791-86699999	南昌市西湖区沿江中大道 266 号
13	南康大酒店	赣州市	2014	0797-6677888	南康市中心天马山大道 9 号
14	宜春迎宾馆	宜春市	2014	0795-3688888	宜春市卢州北路 669 号
15	新余市融城酒店	新余市	2014	0790-6699999	新余市劳动北路 799 号
16	明月山维景国际温泉度假酒店	宜春市	2015	0795-2177777	宜春市温汤镇江源北路 8 号

江西省四星级饭店名单表

序号	饭店名称	城市	评定时间	总机电话（含区号）	地址
1	赣江宾馆(省)	南昌市	2005	0791-8856888	南昌市八一大道 138 号
2	锦都皇冠酒店(省)	南昌市	2006	0791-6429999	南昌市洪城路 99 号
3	江西饭店(省)	南昌市	2006	0791-8858888	南昌市八一大道 356 号
4	江西师大白鹿会馆(省)	南昌市	2006	0791-8121888	江西师范大学瑶湖校区
5	国贸酒店(省)	南昌市	2007	0791-8855555	南昌洪城路 2 号
6	京西宾馆(省)	南昌市	2009	0791-8850666	省政府大院南一路 9 号
7	百瑞四季酒店(省)	南昌市	2009	0791-8688198	南昌洪都北大道 10 号
8	玉泉岛大酒店(省)	南昌市	2009	0791-88111111	南昌市文博路 33 号
9	七星商务酒店	南昌市	2005	0791-88866666	南京西路 225 号

续表

序号	饭店名称	城市	评定时间	总机电话（含区号）	地址
10	鑫峰假日酒店	南昌市	2008	0791-88827388	红谷滩会展路29号
11	唯客丽晶大酒店	南昌市	2012	0791-88599999	南昌市洛阳路70号
12	新吉花园酒店	南昌市	2012	0791-83822222	丰和北大道299号
13	立生国际酒店	南昌市	2013	0791-88213076	解放东路1888号
14	进贤皇庭大酒店	南昌市	2013	0791-85539666	进贤胜利中路68号
15	进贤军山湖国际酒店	南昌市	2014	0791-85680888	进贤胜利中路
16	南昌市君亭红牛酒店	南昌市	2014	0791-86300666	南昌市二七南路552号
17	江西锦怡大酒店	南昌市	2015	0791-86112720	南昌市洛阳路25号
18	江西鼎昇大酒店	南昌市	2015	0791-87788888	南昌市洪都大道207号
19	南昌市琴源山庄	南昌市	2016	0791-88681000	南昌湾里区乌井路28号
20	南昌洗药湖山庄酒店	南昌市	2017	0791-88682222	南昌市梅岭景区云顶路1号
21	江西万国国际大酒店	南昌市	2018	0791-86220618	南昌市八一大道1号
22	庐山西湖宾馆	九江市	2001	0792-8285850	庐山大林路719号
23	庐山天沐温泉度假村	九江市	2005	0792-2615888	星子县温泉镇
24	龙湾温泉度假村	九江市	2006	0792-2612222	星子县温泉镇
25	国脉宾馆	九江市	2006	0792-8282040	庐山大月山路15号
26	北戴河宾馆	九江市	2008	0792-3068888	柘林镇南岸
27	金轩益君大酒店	九江市	2009	0792-8907777	长虹大道
28	修水珠江大酒店	九江市	2011	0792-7833888	修水县城南秀水大道1号
29	九江山水国际大酒店	九江市	2013	0792-8199999	十里大道202号
30	修水君豪大酒店	九江市	2013	0792-7696666	修水县散源路1号
31	武宁宾馆	九江市	2013	0792-2781499	武宁县城古艾路1号
32	龙震饭店	九江市	2013	0792-2660888	星子县白鹿大道
33	湖口鄱阳湖大酒店	九江市	2014	0792-2300000	湖口县钟山大道
34	德安国际大酒店	九江市	2014	0792-4333333	德安县十力路雁湖新天地2号
35	上汤温泉度假村	九江市	2014	0792-2619888	星子县温泉镇
36	九江市锦都龙荷酒店	九江市	2017	0792-89139999	九江市庐山大道99号
37	开门子大酒店	景德镇市	2004	0798-8577777	瓷都大道1055号
38	朗逸酒店	景德镇市	2008	0798-8389292	德镇市珠山西路5号
39	乐平东方国际酒店	景德镇市	2013	0798-7058888	乐平市乐平大道5号
40	豪门大酒店	景德镇市	2013	0798-8595625	昌江大道西侧1号
41	萍乡市蓝波湾花园酒店	萍乡市	2005	0799-6654228	萍乡市经济开发区安源东大道16号
42	萍乡迎宾馆	萍乡市	2012	0799-6266666	萍乡经济开发区大冲路1号
43	赣甸大厦	赣州市	2001	0797-8202388	赣州市红旗大道27号

续表

序号	饭店名称	城市	评定时间	总机电话（含区号）	地址
44	上犹希桥酒店	赣州市	2007	0797-8528888	上犹县文兴路
45	大余章源宾馆	赣州市	2008	0797-8731888	大余县南安镇陶园路
46	崇义耀升国际饭店	赣州市	2007	0797-3818888	崇义县枫山路
47	山水大厦	赣州市	2008	0797-8329188	赣州市红旗大道 23 号
48	瑞金美瑞欧大酒店	赣州市	2008	0797-2558777	瑞金市金都大道市政府后
49	瑞金宾馆	赣州市	2010	0797-2522001	瑞金市象湖镇东升先街
50	兴国品禄园酒店	赣州市	2011	0797-5323081	兴国县潋江镇品禄园路
51	全南希桥酒店	赣州市	2012	0797-2688888	全南县金龙大道希桥路
52	赣州香江湾大酒店	赣州市	2012	0797-7077777	赣州市章江北大道 40 号
53	龙南富业大酒店	赣州市	2012	0797-3575888	龙南县金水大道 500 号
54	南康市宝辉酒店	赣州市	2013	0797-7788999	南康市工业一部
55	定南山水香格里拉酒店	赣州市	2015	0797-4268888	定南县迎宾大道
56	安远热泉河酒店	赣州市	2015	0797-3708888	安远县三百山镇虎岗村
57	石城县赣江源国际酒店	赣州市	2015	0797-5798888	石城县城北大道
58	江西桃江大酒店	赣州市	2015	0797-2055555	信丰县嘉定镇迎宾大道中段
59	于都枫叶花园酒店	赣州市	2017	0797-6299999	于都县贡江镇渡江中路
60	江西欧利酒店	瑞金市	2016	0797-2500616	瑞金市中心南路
61	瑞金市金和大酒店	瑞金市	2016	0797-7119818	瑞金市桦林北路
62	江西星洲湾国际酒店	瑞金市	2018	0797-2519999	瑞金市城北建材市场
63	北湖宾馆	新余市	2007	0790-6422222	新余市北湖中路 508 号
64	龙华国际大酒店	新余市	2013	0790-2182888	新余市仙女湖新码头
65	华侨饭店	鹰潭市	2006	0701-6696236	鹰潭市站江路 21 号
66	华盛大酒店	鹰潭市	2012	0701-6699999	鹰潭市站江路 25 号
67	江西骏安国际大酒店	鹰潭市	2014	0701-3529999	贵溪市象山路 8 号
68	江西锦都金源酒店	鹰潭市	2016	0701-6316699	鹰潭南站路 46 号
69	宜春德和大酒店	宜春市	2005	0795-3299999	宜春市朝阳路 36 号
70	丰城市洪州大酒店	宜春市	2011	0795-6666777	丰城市新城区
71	丰城市昌龙国际大酒店	宜春市	2011	0795-6666888	丰城市人民路 237 号
72	铜鼓皇庭国际大酒店	宜春市	2013	0795-7178888	铜鼓县城南西路
73	靖安江钨度假村	宜春市	2012	0795-7191111	靖安县高湖镇
74	奉新朝日大酒店	宜春市	2012	0795-4628888	奉新县潦河南路 368 号
75	江西银河假日酒店	宜春市	2014	0795-7370888	樟树市杏佛路 89 号
76	江西金乾大酒店	宜春市	2014	0795-7108888	万载县康乐大道 429 号
77	高安市希尔顿大酒店	宜春市	2014	0795-5287777	高安市高安大道 777 号
78	宜春泉月山庄度假酒店	宜春市	2014	0795-3139999	宜春市温泉路 999 号

续表

序号	饭店名称	城市	评定时间	总机电话（含区号）	地址
79	上高迎宾馆	宜春市	2015	0795-2488888	上高县镜山大道2号
80	江西新源大酒店	宜春市	2015	0795-7269888	万载县将军中大道202号
81	高安凤凰湖国际大酒店	宜春市	2017	0795-5727888	高安市解放路19号
82	华鼎铂涛菲诺酒店	宜春市	2017	0795-5217777	高安市高安大道
83	文山国际大酒店	吉安市	2004	0796-8289999	吉安市井冈山大道118号
84	映山红宾馆	吉安市	2005	0796-6550888	井冈山市茨坪长坑路5号
85	井冈山天乐府大酒店	吉安市	2006	0796-6566666	井冈山市茨坪天街C栋
86	井冈山锦江大酒店	吉安市	2006	0796-6560888	井冈山市茨坪红军北路41号
87	中建财富国际大饭店	吉安市	2007	0796-8113333	吉安市青原大道渼陂大道18号
88	井冈山市星期酒店	吉安市	2007	0796-6559700	井冈山市茨坪红军南路3号
89	井冈山景园大酒店	吉安市	2011	0796-7166888	井冈山茨坪红军南路37号
90	吉安开元洲际大酒店	吉安市	2011	0796-8269999	吉安市吉州区永叔路88号
91	吉安宏泰酒店	吉安市	2011	0796-8406511	井冈山经济技术开发区君山大道247号
92	遂川县伟业国际大酒店	吉安市	2012	0796-6319999	吉安市遂川县城东路大道61号
93	峡江县玉峡国际大酒店	吉安市	2018	0796-2128888	峡江县百花路4号
94	泰和凯莱酒店	吉安市	2018	0796-8952222	泰和县白凤大道261号
95	江西六一居国际酒店	吉安市	2018	0796-7128888	永丰县永吉大道人民路6号
96	京都国际大酒店	上饶市	2006	0793-8459999	上饶县旭日北大道8号
100	广丰永利国际大酒店	上饶市	2008	0793-2679999	广丰县永丰南大道1号
101	婺源江湾大酒店	上饶市	2008	0793-7343288	婺源县文博路37号
102	婺源宾馆	上饶市	2010	0793-7298888	婺源县蚺城路24号
103	上饶和平国际大酒店	上饶市	2009	0793-8158888	信州区五三大道88号
104	婺源茶博府公馆	上饶市	2010	0793-7366999	婺源县文博路33号
105	婺源清华婺国际酒店	上饶市	2011	0793-7392888	婺源县茶乡东路202号
106	上饶天龙山大酒店	上饶市	2011	0793-7165501	德兴市畈大乡付家湾
107	三清山水云山庄	上饶市	2011	0793-2186666	三清山东部
108	余干县金源大酒店	上饶市	2011	0793-3333333	余干县沿湖路50号
109	玉山县玉台国际旅游大酒店	上饶市	2012	0793-2259966	玉山县人民北路1188号
110	上饶市欣凯皇冠酒店	上饶市	2012	0793-8278888	信州区凤凰大道99号

续表

序号	饭店名称	城市	评定时间	总机电话（含区号）	地址
111	婺源县风景酒店	上饶市	2012	0793-7213555	婺源县环城南路 88 号
112	玉山华云大酒店	上饶市	2013	0793-2357888	玉山县龙庭嘉苑
113	三清山锦都南星宾馆	上饶市	2013	0793-2180373	三清山外双溪南部景区
114	三清山金沙湾大酒店	上饶市	2013	0793-2187888	三清山东部索道边
115	上饶维多利亚皇家酒店	上饶市	2013	0793-8257666	信州区带湖路 71 号
116	玉山皇朝国际大酒店	上饶市	2014	0793-2259999	玉山县人民北路 99 号
117	玉山县豪泰国际酒店	上饶市	2014	0793-7138888	玉山县怀玉大道 179 号
118	上饶市瑞弘酒店	上饶市	2014	0793-8788888	上饶县旭日南大道 101 号
119	三清山风景名胜区华克山庄	上饶市	2014	0793-2355999	三清山东部金沙服务区
120	德兴市东方国际大酒店	上饶市	2015	0793-6038888	德兴市银城镇滨河大道 18 号
121	豪盛国际大酒店	上饶市	2015	0793-2555555	玉山县冰溪镇三清山大道 555 号
122	婺源县星江湾假日酒店	上饶市	2015	0793-7345888	婺源县紫阳镇环城东路
123	铅山县福鑫国际大酒店	上饶市	2018	0793-7960666	铅山县河口镇城西龙门大道西段
124	抚州临川大酒店	抚州市	2007	0794-8258999	抚州市临川大道 429 号
125	波尔度假酒店	抚州市	2007	0794-5256888	金溪县 316 国道旁
126	宜黄国际大酒店	抚州市	2011	0794-7118888	宜黄县狮子湾大道
127	南城法莱德国际酒店	抚州市	2012	0794-7366666	南城县建昌南大道 1 号
128	江西法水森林温泉旅游度假村	抚州市	2013	0794-5666106	资溪县嵩市镇法水村
129	南丰琴湖花园酒店	抚州市	2013	0794-3333888	南丰县琴湖中路
130	黎川国安假日酒店	抚州市	2013	0794-6666666	黎川县国安大道 88 号
131	临川才子国际大酒店	抚州市	2015	0794-8826885	抚州市公园路行政中心旁
132	南丰县国安假日酒店	抚州市	2015	0794-7666666	南丰县国安路
133	南城县温馨九九迎宾馆	南城县	2016	0794-7399999	南城县迎宾大道 16 号
134	金溪大酒店	抚州市	2016	0794-7899555	金溪县秀分西大道 156 号

本栏编辑　邓玉兰

商贸服务业

综　述

2018年，全省消费品市场呈现“稳中有进”发展态势，实现社会消费品零售总额7566.4亿元，增长11%，增幅位居全国第五位，高于全国平均水平2个百分点。

消费促进深入推进。实施消费升级行动计划，开展消费促进活动，率先在全国开展45场“夏季消费促进季”活动，举办江西名优特产品上高铁、进机场销售对接会，深化与上海中军集团“赣品入沪”战略合作，组织11场“赣品网上行”产品对接活动，助推全省消费市场平稳增长。

实体零售创新转型。安排300万元资金引导全省实体零售创新转型发展。组织商贸企业参加中国国际进口博览会、赣品行天下（山东、新疆）展销会、全国农商互联大会、长三角农产品产销对接活动、赴南美投资考察等系列活动，拓宽贸易视野和销售渠道，促进内外贸融合发展。

老字号传承创新发展。开展中华老字号专项调查，推进老字号企业品牌建设，出版《赣商 老字号》，挖掘品牌的历史。召开全省老字号与知名电商平台及零售商对接会，组织企业参加全国老字号博览会，拓展省外市场。

城乡转型步伐加快。全省建设改造县乡农贸市场120个。投放股权资金1.22亿元，加快实施跨区域农产品流通基础设施建设。推动赣州市郁孤台街区获批江西省首个中国商旅文产业发展示范街区。在全国率先创建特色商贸小镇，工作经验在全国商务大会上做典型介绍。

电商示范发展提速增效。创新完善市县电商考核，设立全省电子商务研究中心，落实省政府与阿里巴巴电商达成的战略合作协议。全省建立电商园区（基地）146个，新增国家级电商进农村综合示范县4个，总数43个，共争取中央资金7.86亿元。南康、井冈山等7县（市）入围中国电商示范百佳县，入围数居中西部第二位、全国第三位；培育淘宝村12个，数量居中西部第二位、全国第八位；培育中国百名农村电商致富带头人典型13名，数量居全国第三位。

商贸物流快速发展。成立全省物流标准化技术委员会，在全国率先开展物流产业集群统计和发布物流业景气指数。推动京东、菜鸟、传化等16个重点物流项目落户江西。景德镇、赣州和正邦集团、晶科能源分别入选国家供应链试点城市和试点企业。新认定鹰潭、抚州为省级城乡配送试点城市，新增A级以上物流企业15家。

流通市场秩序更加规范。制定出台《江西省人民政府办公厅关于新形势下加强打击侵犯知识产权和制售假冒伪劣商品工作的实施意见》，进一步明确各地各部门的工作职责。指导南昌市肉菜流通追溯运维工作，保障江西省中药材流通追溯管理平台正常运行。

商务领域安全生产扎实推进。设立省安委会商贸安全专业委员会，印发工作方案、工作规则、应急预案等规范性文件，指导成员单位依法加强安全生产监督管理。组织开展商贸安全专项整治和隐患排查治理，查处安全生产违法行为。指导督促全省大型商场、大型超市、商品批发市场等商贸企业严格履行安全生产法定责任。联合省安委会消防安全专业委员会对各地进行商贸安全督导检查和专项考评。

（刘仁文）

市场秩序建设

【打击侵权假冒工作】 履行省打击侵权假冒工作领导小组办公室工作职责，结合贯彻落实《国务院关于新形势下加强打击侵犯知识产权和制售假冒伪劣商品工作的意见》和《全国打击侵权假冒工作领导小组办公室关于贯彻落实〈国务院关于新形势下加强打击侵犯知识产权和制售假冒伪劣商品工作的意见〉任务分工的通知》文件精神，于5月22日制定出台《江西省人民政府办公厅关于新形势下加强打击侵犯知识产权和制售假冒伪劣商品工作的实施意见》，进一步明确各地各部门的工作职责。8月23日，召开全省打击侵权假冒领导小组成员单位座谈会，总结上半年工作，分析形势，研究部署全省打击侵权假冒工作重点。同时，围绕“3·15消费者权益保护日”“4·26世界知识产权日”“食品安全宣传周”，曝光典型案例，报道优秀企业，协调播出打击侵权假冒公益广告，进一步增强广大群众抵制侵权假冒的意识。

【商务诚信体系建设】 开展以“弘扬诚信理念，优化营商环境”为主题的“诚信兴商宣传月”活动。印发《关于开展单用途商业预付卡领域非法集资风险专项排查的通知》，组织各设区市商务主管部门开展单用途商业预付卡领域非法集资风险专项排查工作。完善江西省商务领域信用信息系统建设,向国家企业信用信息公示系统(江西)推送2557条信用信息。

【商务市场监管】 下发《关于进一步深化全省商务综合行政执法体制改革的实施意见》,借鉴全国和总结推广新余市、瑞金市和信丰县商务综合行政执法体制改革经验。制定下发《关于进一步加强"双随机一公开"和"两法衔接"工作的实施意见》,把推行"双随机一公开"制度作为加强事中事后监管的重要内容组织实施。建立健全"一单、两库、一细则"等配套管理办法,实现除举报、上级督办交办、政府转办、情报交换等特殊案源外的"双随机一公开"检查机制。下发《关于进一步做好鄱阳湖水域成品油市场监管工作的通知》,要求环鄱阳湖各有关设区市及相关直管试点县(市)商务主管部门要按照《鄱阳湖区联谊联防工作规范(试行)》和《鄱阳湖区联合巡逻执法工作规范(试行)》要求,对鄱阳湖水域成品油市场矛盾纠纷和存在的隐患进行拉网式滚动排查,组织开展鄱阳湖水域成品油市场专项整治,打击非法水上加油行为。

【重要产品追溯体系建设】 启动江西省重要产品追溯体系省级管理平台建设工作,出台《关于加强2018年重要产品追溯体系建设工作的通知》等相关政策文件。南昌市财政每年安排专项资金用于肉菜流通追溯运维管理,引入第三方运维单位,对南昌市肉菜流通追溯体系进行服务外包,实现南昌市肉菜流通追溯体系建设运维工作专业化。全省中药材流通追溯管理平台运行正常,江西省种植企业45家,专业市场1个,市场商户100家,饮片生产企业6家,医院6家,药店21家,实现正常运转和按时上报数据。

(冷萧)

市场体系建设

【国家电子商务进农村综合示范县建设】 2018年,分宜县、贵溪市、南丰县、吉水县列入全国第五批电子商务进农村综合示范县。截至年底,全省累计43个县列入国家电子商务进农村综合示范,获得中央财政支持资金7.86亿元。前四批39个示范县电商交易额累计网销104.76亿元、网购732.78亿元,增长76.76%和86.25%;共建成县级电商公共服务中心75个、镇级231个、村级超5200个;建成物流配送中心51个。共培训各类人员约32.73余万人次,其中建档立卡贫困户8万人次、残疾人0.29万人次,带动27.1万余人就业。推动24个国贫示范县与阿里等11余家电商扶贫企业对接,共开设22个扶贫馆(地方特色馆)销售本县产品。

【县乡农贸市场建设改造】 省政府将县乡农贸市场建设改造工作继续列入全省重点民生工程,安排省级财政专项支持资金2500万元,建设改造县乡农贸市场99个。2013—2018年,累计安排省级财政专项资金1.4亿元,带动各地投资资金超18.5亿元,全省累计建设改造农贸市场超700个。

【供应链创新与应用建设】 12月,省政府办公厅出台《江西省供应链创新与应用的实施意见》。赣州市、景德镇市2个市;晶科能源、正邦集团2个企业分别被商务部等国家8部门认定为全国供应链创新与应用试点城市和试点企业。通过试点示范建设,有效推动江西省供应链平台和骨干企业发展,不断优化江西省产业和企业组织结构。

【评定第二批省级商旅文融合发展示范区】 4月,赣州市郁孤台街区被中国步行商业街工作委员会、中国商旅文产业联盟评定为中国商旅文产业发展示范区,成为江西省首个"国字号"商旅文产业发展示范街区。2018年,省商务厅、省文化和旅游厅在全省开展第二批省级商旅文融合发展示范区评审认定工作,评定江西省永修县云居山景区、景德镇三宝国际瓷谷、赣州赣坊1969文化创意产业园、上饶市婺源县篁岭景区、吉安市井冈山天街旅游商业文化广场等5个示范区为第二批"江西省商业旅游文化融合发展示范区"。累计培育省级商旅文融合发展示范区10个,国家级1个。

【评定第六批省级特色商业街】 2018年,省商务厅在全省开展第六批省级特色商业街评审认定工作,评定南昌市699艺术街区、鹰潭市凯翔新天地综合特色商业街区、上饶市十六道金街、吉安市庐陵老街、抚州市黎川古城明清老街、抚州市金溪县金源一品状元街、共青城市红宝石商业街、南城县王府大街等8条特色街为第六批"江西省特色商业街"。全省累计有省级特色商业街68条,国家级特色商业街4条。

【评定第二批省级商贸小镇】 2018年,省商务厅在全省开展第二批省级商贸小镇评审认定工作,评定进贤县李渡镇、瑞昌市码头镇、浮梁县瑶里镇、湘东区麻山镇、渝水区罗坊镇、余江县杨溪乡、余江县锦江镇、赣县区江口镇、樟树市临江镇、宜春市温汤镇、高安市八景镇、玉山县临湖镇、婺源县江湾镇、遂川县汤湖镇、吉水县八都镇等15个乡镇为第二批"江西省特色商贸小镇"。全省累计有省级特色商贸小镇25个。

(付蓉)

商贸服务管理

【举办"首届中国赣菜美食节"】 12月14日—16日,省商务厅联合中国饭店行业协会、上饶市政府共同举办"首届中国赣菜美食节"。美食节分为六大板块,举办10余场活动,现场美食长廊800米,面积2万余平方米。省内外350余家企业参展,1000余名代表参会,近5万名消费者参与,创下省内餐饮类活动参展企业最多、参与人数最多、搭建面积最大、领导巡展时间最长等多项之最。

【开展餐饮消费市场专项整治行动】 5—7月,由省商务厅牵头,会同省发改委、省工商行政管理局和省食品药品监管局等部门,在全省范围内联合开展餐饮消费市场专项整治行动,累计出动执法人员2万余人次,检查餐饮单位1.9万余家次,发放宣传资料6万余份,下达责令整改文书1800余份,查处违法案件267件,共罚没款近100万元。全省餐饮消费市场秩序进一步好转,各类违法违规问题得到有效遏制。

【开展"百城万村"家政扶贫】 引导动员全省25个国家级贫困县与福建、厦门、广东、深圳及南昌、赣州开展对接,全省4家参与家政扶贫的家政企业共对接12个国家级贫困县,培训10309人,实现就业4021人,其中建档立卡贫困户1233人,并与江西人财保险公司联合为从事家政的贫困人口及家政企业落实保险优惠政策。

【家政扶贫示范国际合作项目完成】 江西省作为商务部、联合国开发计划署共同开展"百城万村"家政扶贫示范国际合作项目的7个省份之一,以开班和完成时间最早、建档立卡贫困户比例和实际就业比率高等特点完成项目目标要求。截至10月24日,实际参加培训人数328人(均为女性),其中建档立卡贫困户204人。签订意向就业协议人员300人,实际上岗人员254人,其中建档立卡贫困户171人。就业率77.44%,建档立卡贫困户就业率83.82%。

【制订餐饮、家政服务行业地方标准】 坚持以推动绿色餐饮发展为突破口,推进江西省餐饮业转型升级,制订《生态江西绿色赣菜标准技术创新分基地规划方案》《江西饮食传承人与传承技艺 赣菜 红酥肉》等规划和标准。实施家政提质扩容行动,新出台《月子中心服务质量规范》《社区老年人日间照料中心服务规范》。《婴幼儿日托服务质量规范》和《家庭餐制作服务质量规范》已立项。下发《关于对家政服务领域相关失信责任主体实施联合惩戒的合作备忘录》的通知,建立健全失信联合惩戒机制。

(万能)

市场运行调节

【市场统计监测工作】 2018年,全省市场监测工作排名保持在全国前十位,市场监测数据报送率和及时率分别为97.45%和95.48%,"江西商务预报"发布市场运行分析文章3757篇,其中原创信息2412篇,商务部网站采用1050篇。"江西商务预报"网站月访问量40万余次。

【举办江西省地方特色商品(山东)展销会】 6月28日至7月2日,由省商务厅主办、省流通产业促进中心承办的"赣品行天下"——2018年江西省地方特色商品(山东)展销会在烟台市国际博览中心举办。展销会是借"2018第13届东亚国际食品交易博览会"契机举办,主题是"生态江西、绿色产品",11个设区市近90家企业参展。参展的江西地方特色名特优商品900多种,主要包括:竹木制品、高山茶叶、有机大米、野山茶油、乡村禽蛋、水产制品、饮料酒品、工艺陶瓷、蚕丝制品、休闲食品等。展销会现场销售115.3万元,采购商意向签约1967万元。其中,余江木雕制品、景德镇陶瓷制品、德安县孔雀系列产品、南昌东南饼庄食品糕点、庐山云雾茶、绿滋肴休闲食品等特色农产品深受广大消费者青睐。

【组织参加第六届新疆(国际)糖酒商品交易博览会】 7月19日—21日,第六届新疆(国际)糖酒商品交易博览会在新疆维吾尔自治区国际会展中心举行。江西省首次组织四特酒有限责任公司、上饶市碧源茶业有限公司等30多家酒类、茶叶等名优特产品生产、经营企业参展参会,现场销售金额114.5万元,签约金额3108万元,江西四特酒、赣酒、堆花酒、桑葚酒,江西神茶、天祥茶、碧源茶、武夷之源茶,江西辣椒酱等产品备受当地消费者和采购商欢迎。

【举办省产品对接活动】 6月,省商务厅在南昌先后举办江西名优特产品与上海中军集团销售对接会,江西名优特产品上高铁、进机场销售对接会,主动积极帮助省名优特产品生产经营企业扩大与上海、江西高铁与机场等方面的合作,将更多的江西特色商品加快推向全国。

【消费升级顶层设计】 围绕促进传统消费升级、加快电商物流和口岸发展、做大做强会展业3方面开展调研,形成《全省商贸领域消费升级课题调研报告》。在此基础上,推动省政府出台《江西省进一步激发商贸消费潜力促进商贸消费升级三年行动方案(2019—2021年)》,成为全省商贸工作具有顶层设计意义的纲领性文件。

(刘仁文)

现代物流

【城乡高效配送体系建设】 2018年,全省贯彻落实《商务部等5部委开展城乡高效配送专项行动计划》,创新推进城乡高效配送体系建设,确定抚州、鹰潭两个省级试点城市,推荐赣州、宜春、鹰潭申报并被商务部认定为全国城乡高效配送试点城市。同时,动员各类企业参与,提出试点思路,制定试点标准;委托赣物联等行业协会、大专院校对试点城市进行专题培训,宣传试点政策,普及试点知识,学习城乡配送典型案例。通过开展招商引资,引进京东、苏宁、唯品会、菜鸟等知名配送企业落户,带动一批城乡高效配送基础设施加快建设。

【物流产业集群发展】 2018年,全省50个物流产业集群主营收入2690.8亿元,增长8.6%,增速回落0.7个百分点。南康家具产业集群依托赣州港,打造成为"全国乃至世界的家具集散地"。全年实现主营收入89.5亿元,家具成品物流发出约28万车次,发送总量约为810万吨(约合4428万方立米),出口集装箱40.8万标箱,增长71.4%,家具产业实现产值1600亿元。向塘江西省物流中心年内开通3条中欧班列线路、4条铁路联运外贸班列线路,开行赣欧班列24列、铁海联运班列301列,发送集装箱1.69万标箱。铁路发送商品车5.39万辆,到达2.62万辆。召开江西省物流中心广州投资说明会,国美电商运营中心、苏宁易购江西运营中心、菜鸟网络江西运营中心等8个重大项目顺利签约,总投资108亿元。樟树医药物流产业集群依托樟树医药产业,形成全省最大医药物流集散中心。

【物流标准化试点完成】 2018年,

全省重点推广应用1200×1000毫米标准托盘和600×400毫米系列模数周转箱(筐)等单元化物流器具,建立标准托盘循环使用体系,推进南昌、九江物流标准化试点建设成效明显。南昌、九江物流标准化试点均达到良好水平,共验收合格项目31个,拨付财政资金8737万元。南昌市试点企业自购和租赁标准托盘12.36万块,标准托盘占比97.91%,标准托盘租赁率51.27%,试点企业带板运输率37.37%。九江市试点企业自购标准托盘9.4万片,租赁标准托盘7.1万片。试点企业托盘总量20.77万片,其中标准托盘16.5万片,约占总量的80%。首个地方标准实施,经江西省市场监管局批准,江西省物流与采购联合会组织专家编制江西省首个地方标准《开放式循环木质平托盘技术规范》(DB36/T 1045-2018)并于2019年1月4日实施。

【物流龙头企业】 2018年,全省A级物流企业总数突破200家,居中部省份第三位。其中,5A级物流企业2家,4A级物流企业85家。正广通、万佶物流成为全国无车承运人试点企业;赣州传化南北公路港、鹰潭市现代物流园被中物联评为“2018年优秀物流园区”;三志物流进入2018年全国零担物流30强,主营收入25亿元,列30强第五位。全省认定省级重点商贸物流园区(中心)2家,省级重点商贸物流企业10家。

(蔡金伟)

电子商务

【概　况】 2018年,全省网络零售额1107.8亿元,列全国第十五位,增长42.9%,高出全国平均增幅19个百分点;其中实物商品网络零售额870.5亿元,增长50.5%,高出全国平均增幅25.1个百分点,是同期江西省社零增速的4.6倍。

【开展“赣品网上行”行动】 研究制订《“赣品网上行”行动计划》,开展网销品牌培育、网销主体培育、网络产销对接、上行服务优化等四大行动,并争取省政府追加1000万元财政资金支持开展“赣品网上行”行动计划。先后与京东、阿里巴巴、苏宁等联合举办10场“赣品网上行”重点产业系列对接活动,推动景德镇陶瓷、新干箱包、庐山羽绒童装、南城校具等产业“触网”转型升级,引导800多家企业入驻平台开展网络销售。

【发挥电子商务示范效应】 开展国家级电商示范项目评价,完成南康家具市场等2个国家级电商示范基地和万佶物流等3个国家级电商示范企业综合评估,推荐3家电商示范基地参与全国评估,取得良好成效,其中南康家具市场、新余高新区电商基地综合得分分别为90.89分和82.49分,在全国100家国家级电商示范基地中分别排第七名和第三十一名,排位较上一轮评估均有大幅提前。自愿参与评价的井冈山经济技术开发区和南昌市大学生创业创新基地排名在全国前40名。万佶物流、网优科技、正邦科技等3家国家电子商务示范企业在全国评估中排名靠前。

【深化与阿里巴巴集团合作】 贯彻落实省政府与阿里巴巴集团签订的协议,协调调度相关项目进展。截至年底,已推动阿里巴巴农村淘宝项目在15个县(市、区)签约落地,累计覆盖45个县。“优商优品”工程启动以来,入驻企业近1000家,阿里巴巴国际站江西企业星级客户占比23%、列中西部省份第一位。推动南康区龙回商会、南康区光明家具城与阿里1688签订战略合作协议。先后开展“寻味中国——舌尖上的江西”农产品网络促销、名特优产品入驻淘乡甜、“老字号”与平台对接、智慧商圈(街区)试点、阿里巴巴零售通江西仓开仓等系列活动。

【实施电商精准扶贫工程】 以“电商扶贫+”为突破口,探索互联网参与扶贫新路径,不断优化组织、政策、平台(渠道)、人才、产品、品牌、配套体系等要素资源,推荐一批“电商扶贫优秀农特产品”和“电商扶贫重点扶持农特产品”入驻商务部“电商扶贫联盟”,多形式开展电商扶贫对接、江西省扶贫产品展销、“电商扶贫农特产品”品牌培育等活动,线上线下联动帮助贫困地区促销增收。2018年,全省电商扶贫覆盖2563个贫困村,新培训扶贫人才6.71万人次,电商扶贫促成农产品销售26.43亿元,带动5.57万户贫困户户均增收2018.6元。寻乌等7县入围“2018年全国贫困县农产品电商前50强”,入围总量全国第一。南康等11个县入围“2018年贫困县非农产品电商50强”,入围总量全国第二,其中南康区居首。周秋莲等13人入选2018中国农村电商致富带头人典型,入选人数居全国第三位。

【开展电商理论调查研究】 推动江西外语外贸职业学院成立省电子商务发展研究中心,启动全省电子商务数据监测系统搭建事宜,并组织赴杭州、合肥、九江、赣州等地开展调研,形成《消费转型升级课题电子商务调研报告》《关于现代商贸和商务服务业的调研报告》,摸清了全省电子商务发展瓶颈,找准差距和不足,提出针对性工作举措,并将相关举措纳入《江西省进一步激发商贸消费潜力促进商贸消费升级三年行动方案》。

(范超群)

粮食流通

【概　况】 2018年,全省共收购稻谷1050万吨,其中,市场化收购稻谷910万吨,占收购总量的87%;国家最低价收购稻谷140万吨。全年外销稻谷475万吨,比上年增加15万吨。年底稻谷库存总量1632万吨。江西省粮食安全省长责任制在国家考核中再次获第六名,连续两年被评为优秀等次。

【粮食收购】 2018年,国家粮食收储政策发生重大变化,粮食市场加快由政策性收储为主向政府引导下的市场化收购为主转变,国家连续2年下调稻谷最低收购价。江西省积极应对,省政府成立由分管副省长任组长的粮食收购协调小组,先后4次召开协调小组会议,对粮食收购工作进行商讨研究。为切实保护种粮农民利益,先后在8月9日、11月30日启动早籼稻、中晚籼稻最低收购价执行预案。全省合理布置委托收购库点801个,其中早稻489个、中晚稻312个。在符合条件的地区启动托市收购,早稻启动托市的市县83个,中晚稻启动托市的市县67个,全省没有出现"卖粮难"情况。推进市场化收购,春播前向农民推介市场畅销价好的稻谷品种10个,引导调优种植结构,对接市场化收购需求。加强政策宣传解读,通过多种渠道释放国家政策导向信号,引导多元主体入市,鼓励加工企业增加质优粮源收购。强化市场预期引导,发布粮食市场监测、收购进度等信息72期,为政府决策、企业收购、农民卖粮提供科学依据。

【粮食外销】 做好粮食库存消化工作,鼓励用粮企业参加政策性粮食竞价拍卖、大米竞价销售等,共销售最低价稻谷162.5万吨,稻谷库存同比减少33万吨。加强省际粮食产销合作,组织省内110家粮食企业参加中国粮食交易大会,成交各类粮油140万吨,与贵州省签订《赣黔两省粮食产销合作框架协议》,开拓江西省粮食西南销售通道,携手福建等11个省(自治区)主办第十四届粮食产销协作福建洽谈会,举办2018浙赣闽早籼谷产销对接(网上交易)大会。加强市县区域性产销对接,粮食主产市县均与销区市县签订长期稳定的粮食产销战略合作协议,部分设区市政府先后主办中国早稻网上交易会、赣西粮食产销协作洽谈会、吉安阳江粮食产销合作洽谈会、闽浙赣皖"四省九市"粮食经济协作会议暨粮食区域合作推介会等诸多产销对接活动,进一步活跃了粮食销售市场。

【粮食产业】 结合江西省实际,对全省发展粮食产业经济作出总体规划,明确围绕鄱阳湖区、赣抚平原、吉泰盆地和赣西粮食主产区,重点推动大米加工、米粉加工、稻米油和山茶油加工的产业布局。立足绿色生态优势,优化优质粮食供给,发展优质大米、富硒功能大米、有机大米等优势品种。在坚持培育现有"金佳""玉珠""万年贡"等品牌大米,"春丝"牌面条、"大观楼"牌腐竹等品牌的基础上,支持各地申报区域公共品牌,走品牌发展道路。开发粮食加工新产品和副产品及资源循环利用,增加大米蛋白、大米淀粉、大米糖浆、粉末油脂、稻壳生物质能源新型粮油食品及电力、化工产品等供给,打造完整循环粮食经济产业链条。通过大力扶持龙头企业、完善企业组织形式、丰富产业门类及拓展营销方式等,增强粮食产业发展潜力。全省入统龙头企业184家,其中国家级龙头企业40家。实施"放心粮油"惠民工程,不断完善主食加工、配送、销售网络,形成覆盖城乡的"放心粮油"配送体系。全省粮油加工业实现总产值890亿元。

【优质粮食工程】 江西省是第一批国家"优质粮食工程"重点支持省份,2017年确定的105个粮食产后服务中心项目建设基本完成,完成总投资5.54亿元;确定的30个县级粮油质检机构提升改造工作有条不紊推进;确定的"中国好粮油"行动2个示范县优质稻谷产量增加2.25万吨,2个示范企业订单优质稻谷收购量增加4万吨,销售量增加1.7万吨。根据国家要求和江西省"优质粮食工程"实施方案,一次性确定2018年、2019年两年"优质粮食工程"项目,其中确定2018年建设粮食产后服务中心101个,建设粮油质检体系项目18个;2019年建设产后服务中心120个,建设粮油质检体系项目17个;确定8个粮食主产县为2018年、2019年"中国好粮油"行动示范县,分2年安排中央补助资金。

【粮食流通监管】 2018年,江西省被列为全国政策性粮食库存大清查试点省之一,宜春、抚州2市作为试点市。省政府成立由分管副省长任组长,发改、粮食和储备、财政等7部门组成的省级大清查工作协调小组,统筹协调推进,对发现的问题即查即改,试点工作成效明显,得到国家粮食和物资储备局的充分肯定,在全国粮食和物资储备工作会议上作了典型发言。组织开展2018年粮食库存检查工作,做好2批定向销售超期储存粮销售监管工作。办理12325粮食流通监管热线反映的出库难问题案件,督促相关企业严格落实出库政策。推进"双随机一公开"、诚信评价和示范单位创建工作,调整并公布随机抽查事项清单,对全省2151家粮食企业组织开展守法经营诚信评价。加强粮食质量监管,安排部署2018年新收获粮食和库存粮食质量安全监测工作。加强粮食库存监管,组织对全省最低收购价粮、地方储备粮等政策性粮食的质量指标、储存品质指标、主要食品安全指标进行抽检。

（陈志伟）

供销合作

【概 况】 2018年,省供销合作系统销售总额1829.24亿元、汇总利润6.58亿元、年末所有者权益66.06亿元,同比分别增长13.39%、11.02%、9.52%。在2018年度全国供销合作社系统综合业绩考核中,省供销合作社连续第二年获"一等奖",位次前移两位,列全国供销合作社系统第九位,首次进入全国前10名。省委书记刘奇、省长易炼红、副省长胡强专门作出重要批示:再努力、再登高,保持良好势头,继续加倍努力,为农业强省建设和乡村振兴再作贡献。

【供销合作社综合改革】 省深化供销合作社综合改革领导小组先后研究制定全面深化供销合作社综合改革3年行动计划、消化与解决历史遗留问题意见等系列重要文件。80%以上的市、县(区)出台供销合作社综合改革3年行动计划和督察方案、召开供销合作社综合改革工作推进会。8月,在南昌举办全省全面深化供销合作社综合改革培训班。景德镇、鹰潭等9个设区市和77个县(市、区)制定了化解供销合作社历史遗留问题实施方案。10月,全国供销合作总社党组书记、理事会主任王侠到江西督导调研供销合作社综合改革工作时,给予高度评价,认为有些做法具有在全国复制推广的价值和意义。

【开展土地托管服务】 围绕破解"谁来种地""地怎么种"问题,推广以土地托管为主要形式的农业社会化服务,全系统土地托管服务面积20.97

万公顷。采取全托管和半托管两种形式,全托管的,农民只要向合作社或为农服务公司交纳服务费,就可以放心外出打工赚钱,土地收益归农民;半托管就是农民将农业生产的某个环节(如机耕机插、田间管理、打药等)交给供销合作社组建的为农服务公司和农民专业合作社管理,除了土地收益归农民,还可享受到低于市场价的服务。丰城市秀市供销社主任雷应国开展土地托管等系列化为农服务,深受农民欢迎,当选为中共十九大代表、全国供销合作社系统劳动模范,受到党和国家领导人接见。

【推行"供销 e 家""x+1"区域电商发展模式】 围绕破解农产品"买难""卖难"问题,省供销电子商务有限公司发展网上供销,推行"供销 e 家""x+1"区域电商发展模式,将日用消费品、生鲜农产品、农资、烟花爆竹等 x 项供销合作社传统流通业务进行电商化,整合一项第四方内向快递业务,构建县乡村同城电商配送网络体系。已建成 1 个省级运营中心、开通 50 个县级地方平台、建设网点数量超 5000 个,启动日用品新零售、生鲜农产品、农资、烟花爆竹、快递五大业务板块,年内在线运营交易总额突破 3 亿元。自主研发项目 5 至 6 项,成功申请知识产权 9 项,成果转化率高达 80%,获授"国家高新技术企业"。广昌县供销电子商务公司电子商务进农村乡村站点及物流配送项目建设获商务部优秀评价。上栗县"供销 e 家"烟花爆竹产业供应链服务平台,运用互联网思维和大数据管理手段,实现了传统高危行业源头治理与转型升级,2 月 27 日,得到省长刘奇批示。

【信用合作试点工作】 围绕破解农民和新型农业经营主体"融资难""融资贵"问题,稳妥推进信用合作试点工作。根据试点管理办法,坚持"社员制、封闭性、互助式"原则,建章立制、强化管理、规范流程、强化风险防控,确保社员信用合作资金收益和资金不受损失。新余市渝水区供销合作社领办的民钰种养农民专业合作社通过省金融办等5部门联合督导检查,成为全省 28 家被抽查单位中唯一合规运营信用互助业务的农民专业合作社,并被农业农村部、国家发改委、财政部、供销合作总社等 9 部委联合评为 2018 年国家农民合作社示范社。省、市、县 3 级供销合作社均被列为地方政府"财政惠农信贷通"工作小组成员单位。

【基层合作社建设】 在农民合作社联合社(简称农合联)县级全覆盖的基础上,引导农合联规范内部管理、开展实体化运作,上饶、萍乡、抚州等 10 个设区市已成立市级农合联,大余县农合联获"全省农业农村工作先进集体"称号,瑞昌、广丰、临川、石城等县级农合联分别探索形成了多种实体化运营模式。按照与综合型示范性基层社一体规划、一体建设、一体运营的原则,以省供销合作社合作发展基金为引领,推动各县级供销合作社试点兴建惠农服务中心。新建区推进惠农服务中心试点建设经验在全省农村工作会议上作书面交流。至年底,全系统共拥有基层社 1431 个、农民合作社 3929 个、各级农合联 182 个(共吸纳 1600 多个农民合作社入社)、规范化惠农服务中心 22 个。县及县以下完成销售额 1479.8 亿元、占全系统比重 80.9%,提高 6.45 个百分点。

【构建"双线运行机制"】 着力构建农合联机关主导的行业指导体系和社有企业支撑的经营服务体系,形成社企分开、上下贯通、整体协调运转的双线运行机制。调整完善供销合作社联合社机关"三定"方案,稳定县及县以上联合社机关参照公务员法管理,保持供销合作社组织体系和社有资产的完整性。省、市、县三级供销合作社机关已全部纳入参照公务员法管理。建立健全省、市、县三级联合社社员代表大会、理事会、监事会制度,全面落实供销合作社联合社规范冠名、召开社员代表大会和完善理事会、监事会机构等工作任务,建立和完善联合社对成员社工作考核机制、成员社对联合社工作评价机制。按照"政事分开、社企分开"的原则,落实联合社理事会履行社有资产所有权代表和管理者职责,建立社企分开、权责清晰、整体协调的理事会授权监督管理机制。截至年底,省、市、县三级供销合作社基本成立社有资产管理委员会、组建社有资产经营管理公司,南昌市供销合作社承担的全国供销总社"规范建立社有资产管理委员会"专项试点初显成效。省供销合作社本级和新余市、南昌县、德兴市开展了社有资本经营预算试点。

【社有企业】 省供销集团获省政府批准组建。全系统注册资本 1000 万元以上的企业 139 家、销售额超亿元的县级社有企业 25 个、各类在建项目 104 个、2018 年完工项目 85 个。江西沃尔得农资连锁集团股份有限公司实现公司资产证券化和传统农资企业向管理科学、运营高效的现代企业转型,并于 11 月重组收购抚州市东乡肥料基地,组建江西沃尔得新肥料科技有限公司;引进中科国兴(绵阳)科技有限公司专利技术,组建江西中科国兴科技有限公司。

【供销合作社扶贫攻坚工作】 采取"供销合作社+农民合作社+贫困户"模式,推动农民合作社参与产业扶贫,全省供销合作社领办的农民合作社共吸纳建档立卡贫困户社员 1.77 万人,带动建档立卡贫困户 2.71 万人,累计帮助 1.82 万建档立卡贫困户脱贫。依托"供销 e 家"采取"电商平台+生产基地+贫困户"模式,联结 50 余个县(市、区)的 300 个农产品生产基地,帮助贫困农民解决农产品卖难问题。通过争取中央、省财政项目资金,扶持贫困县产业扶贫项目 102 个。寻乌县社、安远县社精准扶贫工作得到全国供销合作总社表扬,峡江、吉水、安福等县社探索开展"一站式"服务"保险超市"试点。10 月 11 日,全国供销合作总社电商扶贫专题培训班在江西省供销合作社举办。

(刘行宾)

本栏编辑　邓玉兰

对外贸易与经济合作

综 述

2018年，全省对外贸易主要指标呈现总量增长平稳，结构优化，质量效益提高。口岸建设和服务贸易快速发展，开放型经济实现高质量跨越式发展。

扩大开放提升到新高度。中共江西省委将“开放提升”纳入24字工作方针，并首次提出“开放提升是江西发展的关键一招”。出台《关于进一步扩大开放推动经济高质量发展的若干措施》，举办全省全面深化改革开放工作现场推进会，推动全省思想再解放、改革再攻坚、开放再提升、环境再优化，努力打造新时代全面深化改革开放新高地。

建设高能级开放平台。举办第五届世界绿色发展投资贸易博览会，大会以“迈入高质量绿色发展新时代”为主题，共举办15场主体活动。大会参会规模、嘉宾规格层次、展览面积、签约成果均为历届之最。中国（南昌）跨境电子商务综合试验区、九江综合保税区获批。国家级经开区进位赶超态势明显，在2018年国家级经开区全国考评中，南昌、上饶、井冈山、九江、萍乡、小蓝6家国家级经开区进入全国百强，比上年增加2家，南昌经开区继续保持全国50强。

招商引资提质增效。抓好重大招商活动统筹。以第五届世界绿发会为统揽，先后举办第17届赣港会、首届赣深会、第二届赣京会、江西省与跨国公司（上海）合作交流会，承办亚布力中国企业家论坛2018夏季高峰会等9场省级层面重大招商活动，累计签约合作项目554个，签约投资总额5144.8亿元。创新招商方式。将举办招商活动与开展上门走访相结合，首次以委托招商方式建设经济联络和招商中心，依托境外商协会在欧美地区建设8个境外委托招商引才中心，拓展了招商引才工作渠道。推进招商小分队围绕重点产业开展精准化常态招商。开展访百企促增资行动，全省191家外资企业实现增资31.1亿美元。实施招大引强“三百工程”。精选100家跨国公司分解到各设区市和产业招商小分队，开展“一对一”精准招商。开展保护投资者合法权益专项行动。制定《江西省外商投资企业投诉工作联席会议制度》和《江西省外商投资企业投诉工作办法》，开展招商引资承诺兑现专项督查工作。开展对三峡库区的对口支援合作，参与闽浙赣皖（福州）经济协作区建设，区域经济合作交流不断深化。

对外贸易稳增长调结构。坚定不移调结构。引导各地坚持把政策资源、工作重点聚焦生产型企业和本省产品扩大出口，自营（省产品）出口实现量质双升。千方百计拓市场。开展“一带一路”沿线国家和“走进中西亚”经贸促进系列活动，组织2000余家企业参加广交会、华交会等重点境内外展会。建立省级层面贸易便利化联席会议制度，协调解决江西省贸易便利化工作中的问题。培育外贸新业态。推动3家省级外贸综合服务企业累计带动出口超5亿美元，为1000余家中小微企业降成本超过5000万元。新增省级服务外包产业示范园5家。联合阿里巴巴开展全省跨境电商“优商优品”工程。妥善应对贸易摩擦。第一时间响应并加强调研，分析研判中美贸易摩擦对江西省企业出口影响。协调处置南丰蜜橘出口印尼受阻难题，组织2074名采购商参加首届中国国际进口博览会，举办首届中国国际进口博览会江西省采购需求发布暨现场签约会。

“走出去”稳步发展。重点项目建设有序推进。江西企业在沙特签订1个10亿美元特大承包工程项目。江西首个境外经贸合作区——赞比亚江西多功能经济区项目破土动工。晶科能源马来西亚光伏组件工厂二期扩能、晶科能源美国光伏工厂等重点对外投资项目加快建设。“走出去”企业实力不断增强。江西国际、江西中煤等5家省内对外承包工程企业入选全球最大国际承包商250强，入选企业数量居全国第二、中西部第一。“走出去”联盟平台作用凸显。推动联盟设立境外经贸合作区建设等6个专业委员会，与22家境外江西商（协）会建立战略合作伙伴关系。实施援外项目取得新突破。举办36期援外培训班，为73个国家培训986名政府官员和专业技术人员。新中标的援马达加斯加公路项目创下江西省企业援外项目金额之最。加大规范企业海外经营行为力度。出台《关于规范企业海外经营行为的实施意见》《关于改进境外企业和对外投资安全工作的实施意见》。

构筑高水平开放通道。国际贸易“单一窗口”建设位居全国前列。全省实现关检融合一次申报，主要业务功能应用率80%以上，位居全国第一方阵，口岸通关作业信息化智能化水平得到极大提升。国际物流通道建设提速发展。赣州、南昌、鹰潭、上饶、景

德镇、吉安、抚州7个设区市开行赣欧班列。铁海联运班列共开行出口班列720列,发送集装箱5.84万标箱。航空通道进一步拓展。开通南昌—莫斯科首条洲际航线和南昌—新加坡定期国际航线。新增南昌—比利时洲际全货机航线和南昌—香港全货机航线。江西省已开通“一带一路”沿线国家和地区15条定期航线。口岸平台服务功能不断优化。赣州肉类指定口岸和赣州汽车整车进口口岸先后获准建设。赣州港基础设施大力推进,集装箱吞吐能力由20万标箱提高到120万标箱。加快推进南昌国际邮快件监管中心建设。推动外国人落地签和离境退税政策落实。

(林思思)

货物贸易

【概　况】 2018年,以人民币计价,全省累计实现外贸进出口3164.9亿元,同比增长5.1%。其中,出口2224.1亿元,增长0.7%;进口940.8亿元,增长17.3%。以美元计价,全省累计实现外贸进出口481.9亿美元,同比增长8.8%,其中,出口339.4亿美元,增长4.5%;进口142.5亿美元,增长20.5%。出口市场进一步优化,对“一带一路”沿线主要国家出口121.6亿美元,增长17.5%,占比35.8%,提高4.2个百分点。

【外贸发展由高速度向高质量转变】 全省自营出口增长高出全省出口增幅20.9个百分点,自营出口比重较2017年年底提升7.6个百分点。其中,生产型企业出口160.8亿美元,增长15%,增幅高出全省平均10.5个百分点,比重提升4.3个百分点。出口额5000万美元以上的生产企业58家,净增加11家。全省120家重点企业龙头作用明显,出口104.7亿美元,增长17.6%,占全省比重达30.8%,提升5.8个百分点。

【外贸商品结构更加优化】 机电产品出口141.5亿美元,增长15.2%,高出全省10.7个百分点,比重提升3.8个百分点。高新技术产品出口54亿美元,增长29.9%,高出全省25.4个百分点,比重提升3.1个百分点。

【培育外贸新业态】 推动共青羽绒服、景德镇陶瓷等地方优势特色产业与知名跨境电商平台合作,举办采购对接会,实现出口企业与境外采购商线上交流、线下面对面洽谈对接,促成了一批高质量订单。联合阿里巴巴开展全省跨境电商“优商优品”工程,提升江西省企业海外营销能力,带动企业开拓新的市场。大力扶持外贸综合服务企业发展,省级外贸综合服务企业服务中小微企业1000余家,累计带动出口超4亿美元,为中小微企业降成本超过5000万元。

【组织企业参加首届中国国际进口博览会】 11月5日—10日,首届中国国际进口博览会在上海举办,江西省组织企业家和采购商参会。会议期间,举办了“江西省采购需求发布暨现场签约会”,广受境内外企业关注,促成近百家境外参展商和百家采购商在高端装备、材料、消费等多领域达成晶科能源、江铜等30个采购项目。

【南昌市获批中国(南昌)跨境电子商务综合试验区】 2015年12月,以省政府名义向国务院提出中国(南昌)跨境电子商务综合试验区申请,江西省多次赴商务部就此事汇报沟通,通过3年的努力,2018年7月,中国(南昌)跨境电子商务综合试验区获国务院批准成立,实现江西省跨境电商综试区零的突破,这是外贸领域第一个由国务院批准的重大平台。为加强对中国(南昌)跨境电子商务综合试验区工作的领导,成立以南昌市主要领导为组长,南昌海关、省外管局等36家单位为成员的中国(南昌)跨境电子商务综合试验区工作领导小组,推动综试区建设相关工作,小组下设办公室,负责日常工作事宜。12月4日,省政府正式印发《中国(南昌)跨境电子商务综合试验区实施方案》。中国(南昌)跨境电子商务综合试验区正在建设。

【应对中美贸易摩擦】 第一时间响应并深入有关企业调研,分析研判对江西省出口影响,组织专门培训,帮助企业在力保美国市场的基础上开拓新兴市场。同时,主动前往各设区市听取企业意见,采取举办培训班、引导和支持开辟新的国别市场等措施,有针对性地做好帮扶工作。妥善应对美国硒鼓337调查、石英台面板“双反”调查等重大贸易摩擦,保护了企业的合法权益。建立省级层面贸易便利化联席会议制度,10月17日省领导召开外贸调度会后,联合税务部门加大对供货出口转回省内自营出口的帮扶力度,精准施策,让供货出口企业尽可能

11月8日,江西交易团在首届中国国际进口博览会期间举行江西省采购需求发布暨现场签约会

刘卫中供

多转回江西省出口。指导各地商务部门联系有关企业提供材料，协调南昌海关已经恢复5家企业3亿元暂缓出口统计数据。帮助企业缓解融资难问题，建立出口企业财园信贷通，推广完善出口退税周转金制度，推动信保保单融资。

（邓志刚）

服务贸易

【打造服务贸易发展平台】 省商务厅联合省工业和信息化委员会、省科学技术厅开展省级服务外包示范城市认定工作，经评审，并报经省政府同意，认定赣州市为江西省服务外包示范城市。省商务厅联合省工信委、省科技厅开展省级服务外包示范园区认定工作，2018年认定省级服务外包示范园区5家，全省共有省级服务外包示范园区19家。再次启动"中国服务外包示范城市"申报工作，指导赣州市申报国家级服务外包示范城市，4月，省政府再次向商务部报送了申报文件。

【组织企业参加服务贸易活动】 省商务厅联合省科技厅组成江西省代表团参加第十六届中国国际软件和信息服务交易会，重点展示智能制造和机器人运用。突出"江西文化"特点，帮助文化贸易企业创品牌，组织瓷器、陶艺、木雕、金属工艺、稀土新材料和文化创意类产品参加第五届中国（北京）国际服务贸易交易会。牵头组织省内文化贸易企业参加第三届海南国际旅游贸易博览会。全年共组织50家示范园区、智能制造企业和文化贸易企业参展。

【举办第六届（2018）江西省大学生服务外包创新创业大赛】 4—12月，省商务厅联合省教育厅、省科技厅、宜春市政府及各大院校开展第六届（2018）江西省大学生服务外包创新创业大赛。大赛以"融智融通 创想未来"为主题，以培养创新创业人才为目标，旨在进一步提升大学生的职业素养和就业能力，为服务外包产业提供人才和智力支撑，促进服务外包产业可持续发展，为产业发展培养具备创新创业思维和能力的应用型人才。大赛分预赛、复赛、决赛3个阶段进行。预赛于4月开始，历时半年多，来自全省43所高校的800多支队伍约3600名选手参赛，最终有80支参赛队进入决赛。决赛期间举办了创新创业大赛决赛评审、优秀作品展示、特等奖入围赛、论坛及颁奖典礼系列活动。大赛最终评出特等奖3个，本科组一等奖37个，二等奖46个，三等奖57个。专科组一等奖11个，二等奖13个，三等奖17个。宜春学院的《绿枢纽》项目、华东交通大学的《基于WSN和IOT的能源自助型智能路灯》项目、上饶师范学院的《快优停车》项目获得大赛特等奖。宜春学院、华东交通大学、上饶师范学院分别获本科组团体总分奖第一、二、三名。

（万能）

利用外资及中国港澳台资

【概　况】 2018年，全省新批外商投资企业594家，同比增长20%。合同外商金额88.84亿美元，同比下降12.26%。实际使用外资金额125.72亿美元，同比增长9.66%。其中，现汇进资18.92亿美元。新批港资企业594家，实际使用资金125.7亿美元；新批澳资企业26家，实际使用资金0.91亿美元；新批台资企业65家，实际使用资金6.2亿美元。2018年，到赣投资前五位国家（地区）现汇进资总额17.06亿美元，占全省现汇进资的90.18%。到赣投资前五位国家（地区）依次为：中国香港15.72亿美元、英属维尔京群岛4084万美元、挪威4000万美元、中国台湾省2662万美元、新加坡2647万美元。

【利用外资行业分布】 2018年，新设二产外商投资企业367家，合同外资金额58.23亿美元，实际利用外资金额81.6亿美元，分别占全省比重的61.78%、65.55%、64.91%；新设三产外商投资企业203家，合同外资金额27.37亿美元，实际利用外资金额37.44亿美元，分别占全省比重的34.18%、30.8%、29.78%；新设一产外商投资企业24家，合同外资金额3.24亿美元，实际利用外资金额6.67亿美元，分别占全省比重的4.04%、3.65%、5.31%。

【欧美日区域外资引进】 2018年，全省与欧美日主攻区域实际引进外资金额7.85亿美元，增长44.73%。引进的挪威江西蓝星星火有机硅有限公司合同外资6174万美元，已进资4000万美元；引进的德国格特拉克（江西）传动系统有限公司合同外资10696万美元，已进资1002万美元；引进的荷兰南昌亚洲啤酒有限公司合同外资2180万美元，已进资1000万美元。

【开发（工业园）区利用外资】 2018年，全省开发（工业园）区实际利用外资98.48亿美元，占全省的78.34%，其中19个国家级开发区实际利用外资41.69亿美元，增长13.92%，比全省平均增幅高4.26个百分点，占全省比重33.16%。排名前四位的分别为南昌高新技术产业开发区、南昌经济技术开发区、江西南昌小蓝经济开发区、九江经济技术开发区。

【十大新兴产业利用外资】 2018年，全省新批十大新兴产业外资企业68个。其中，风能、核能产业及节能技术和电子信息产业36个，新能源汽车及动力电池产业3个，半导体照明产业3个，金属新材料产业6个，非金属新材料产业5个，生物产业1个，绿色食品产业8个，文化及创意产业6个。全省战略性新兴产业合同外资金额和实际利用外资金额分别为24.39亿美元、18.68亿美元，分别占全省总量的27.45%、14.86%。

【外商及港澳台商投资企业增资扩股】 2018年，全省共有191家企业增资，增加合同外资31.14亿美元。其中，合同外资增资1000万美元以上企业有88家，增加合同外资金额26.11亿美元。趣分期（赣州）信息技术有限公司增资2.5亿美元，江西省通瑞新能源科技发展有限公司增资1.51亿美元，晶科能源有限公司增资1.5亿美元，孚能科技（赣州）有限公司增资 1.38 亿美元，龙工（江西）机械有限公司增资 1.05 亿美元。

【赣南苏区利用外资】 2018 年，赣南苏区新批外商投资企业 327 家，占全省总数的 55.05%，增长 28.24%；合同外资金额 40.13 亿美元，占全省总额的 45.18%，增长 28.43%；实际利用外资金额 40.34 亿美元，占全省总额的 32.09%，增长 10.38%。

【完善扩大开放政策】 在深入调研、广泛听取意见的基础上，省委、省政府研究制定《关于进一步扩大开放推动经济高质量发展的若干措施》，并经过省委十四届六次全会讨论通过，于 8 月 23 日印发实施。“若干措施”聚焦扩大开放领域和招商引资、外贸进出口、走出去、开发区、口岸建设、营商环境等 6 个方面，提出 30 条措施。

【优化外商投资营商环境】 推进“放管服”改革，复制沿海自贸试验区外资领域经验，落实准入前国民待遇加负面清单管理。简化外商企业设立程序，自 7 月 1 日起，企业可通过网络服务平台实现外资企业商务备案与工商登记“单一窗口、单一表格”办理，到年底，已有 165 家外商投资企业通过“一口办理”办理企业设立备案与工商登记业务。对全省 123 家外资企业开展“双随机一公开”监督检查，强化事中事后监管。完善外商投诉协调机制。印发《关于保护投资者合法权益进一步加强招商引资领域政务诚信建设的通知》《江西省外商投资企业投诉工作办法》，建立江西省外商投资企业投诉工作联席会议制度，规范并指导投资企业投诉协调工作。6 月，全省对招商引资承诺兑现情况进行自查和督查，涉及政府承诺事项 1.13 万项，已兑现 1.03 万项，兑现率 91.4%；正在办理手续 776 项，占 6.9%；未兑现承诺 192 项，占 1.7%，较好地维护了投资者的合法权益。

【举办第十七届赣港经贸合作活动】 5 月 16 日—18 日，在香港举办第十七届赣港经贸合作活动，省委书记、省长刘奇出席会议并讲话。大会以“创新互动、开放崛起”为主题，突出产业招商，省级层面采取主题活动和专题活动相结合方式，举办 1 场主题活动即赣港经贸合作交流会，5 场专题招商活动，分别是航空（通航）产业投资合作专题推介会、江西省国有企业引进战略投资者对接洽谈会、赣港合作“一带一路”建设洽谈会、“江西风景独好”赣港研学旅游宣传推广暨招商会、赣江新区绿色创新发展推介会。其间，签约项目 91 个，签约总额 108.24 亿美元。

（罗春宏）

对外经贸合作

【概 况】 2018 年，全省完成对外承包工程营业额 44.67 亿美元，增长 4.8%，总量排名全国第九位；对外直接投资 8.35 亿美元，增长 17.4%。其中，对“一带一路”沿线的 16 个国家实现非金融类直接投资 5457.11 万美元，占同期总额的 11.7%，主要投向泰国 1095.93 万美元、马来西亚 2018.47 万美元。在“一带一路”沿线的 23 个国家完成对外承包工程营业额 12.7 亿美元，增长 26.4%，占同期总额的 28.4%。全省对外承包工程（含实施对外援助项目）带动机械设备、原材料等各类生产、生活物资出口 2.9 亿美元，增长 75.8%。全省对外投资合作带动中国公民境外就业 1 万余人次，同期为所在国创造 3 万余个就业岗位。

【国际产能合作】 2018 年，江西企业签订 1 个 10 亿美元特大承包工程项目，5 个过亿美元承包工程项目。江西首个境外经贸合作区——赞比亚江西多功能经济区项目于 11 月 21 日在赞比亚破土动工。晶科能源马来西亚光伏组件工厂二期扩能、晶科能源美国光伏工厂、江西建工集团孟加拉 500 兆瓦太阳能发电站、江铜收购香港佳鑫国际资源投资有限公司 49% 股权获取巴库塔钨矿权益等重大国际产能合作项目有序推进。支持江西国际承建的赞比亚肯尼思・卡翁达国际机场升级扩建项目、江西中煤承担的援加纳 1000 口水井打井项目、晶科能源投资的马来西亚光伏工厂项目、江西久盛国际印尼东加三期 2×100 兆瓦燃煤电厂扩建工程项目以及江西华美建设的（马来西亚）现代农业科技产业园等 5 个项目打造商务部“丝路明珠”项目，发挥“丝路明珠”项目的示范带动效应。

【“走出去”企业国际竞争力提升】 江西国际、江西中煤、中鼎国际等 5 家省内对外承包工程企业入选全球最大国际承包商 250 强，其中江联国际、江西水建 2 家企业首次上榜，企业入围数量居全国第二位，中西部第一位，江西国际、江西中煤继续保持全球最大国际承包商百强地位。江西国际、江西中煤、中鼎国际、江西水建等 4 家省内对外承包工程企业入选 2018 年中国对外工程承包完成额 100 强企业，比上年新增 1 家（江西水建），其中江西国际排名第三十三位，比上年前移 3 位；江西中煤排名第四十位，比上年前移 6 位。

【“走出去”企业战略合作联盟】 2018 年，江西走出去企业战略合作联盟设立境外经贸合作区建设、基础设施合作、国际矿业合作、制造业合作、农业合作、新能源合作等 6 个专业委员会，还与 22 家境外江西商（协）会建立战略合作伙伴关系，促成联盟企业与安义铝型材企业合作开拓非洲、东南亚市场，促成泰国江西总商会与崇仁变电设备企业合作开拓东盟市场。

【对外援助】 2018 年，国际商务官员（江西）研修基地在江西举办 36 期援外培训班，为 73 个国家培训了 986 名政府官员和专业技术人员，并首次赴赤道几内亚举办 1 期援外培训班任务。江西财经大学招收 23 名发展中国家学员到华攻读硕士学位。截至年底，江西省累计为 126 个发展中国家培训 3890 名政府官员和专业技术人才。累计为发展中国家培养 87 名国际商务领域硕士。

江西省企业还在亚洲、非洲、大洋洲等地区承建一大批促进经济社会发展和民生改善援外工程项目，承担的援多哥农业示范中心实现可持续发展，由江西国际实施的援巴布亚新几内亚国际会议中心建设及升级改造项目，作为 2018 年亚太经合组织领导人非正式会议重要活动场地；江西中煤实施的援加纳1000口水井打井项目极大解决加纳大部分农村地区用水困难、没有清洁用水的问题；江西中煤中标1.89亿元援马达加斯加首都郊区公路项目，创江西省中标援外项目金额历史之最，于2018年8月开工；江西赣粮承担的援赤道几内亚示范农场种植的50亩水稻于2018年12月2日开镰测产，亩产593千克，结束了赤道几内亚不产水稻的历史。

【搭建企业国际合作平台】 举办走进安义工业园暨建材产业对接会、俄罗斯联邦彼尔姆边疆区代表团圆桌会议暨企业家对接会、赞比亚（江西）推介会、外国政府到赣培训官员与江西企业对接座谈会，组织企业参加澳门基础设施投资与建设高峰论坛、中国-东盟博览会、中国国际投资贸易博览会等"走出去"重大活动，拓宽国际合作渠道。联合国家开发银行江西省分行举办第三届开发性金融助力江西企业"走进非洲"暨加蓬、刚果（布）投资推介会，联合国家开发银行江西省分行、中国信用保险公司江西分公司举办政银企保共同推动江西企业参与"一带一路"建设交流对接会，推动和服务省内企业与金融信保机构对接合作。

（梁永红）

国内经济合作

【概　况】 2018年，全省实际引进省外项目资金7346.36亿元，增长10.8%。从产业看，全省引进省外资金亿元以上工业项目实际进资占比70%，电子信息产业、建材产业进资均超过700亿元，能源产业、汽车制造及其零配件产业进资均超过400亿元，绿色食品产业、生物医药产业进资均超过250亿元，引进省外资金亿元以上第三产业项目占比27%。从引资来源地看，实际引进省外项目资金排名前五名的是：广东省2066.16亿元、占28.12%；浙江省1557.57亿元、占21.2%；北京市886.32亿元、占12.06%；福建省563.75亿元、占7.67%，上海市516.33亿元、占7.03%。

【赣京绿色金融合作推介会暨项目签约仪式举行】 3月20日，赣京绿色金融合作推介会暨项目签约仪式在北京举行。副省长吴忠琼，北京市副市长殷勇出席并致辞，来自京津冀地区130多名知名金融类企业家参会。此次招商活动共签署合作和投资协议36项，投资项目签约金额430.1亿元。

【举办首届赣深经贸合作交流会】 5月16日，赣深经贸合作交流会在深圳举办。省委书记、省长刘奇出席会议并作主旨演讲，深圳市市长陈如桂，省委常委、赣州市委书记李炳军，省委常委、南昌市委书记殷美根，副省长吴忠琼出席大会。珠三角地区行业龙头企业和重要商（协）会代表、重点金融机构客商和有投资合作项目及合作意向的重点企业高层代表近600人参会。现场签约61个投资合作项目，投资总额819.7亿元。

【举办粤港澳企业家江西行活动】 8月15日，粤港澳企业家江西行活动在南昌举办。利用江西省作为泛珠三角合作主宾省的机会，通过泛珠合作机制"引进来"，邀请包括广东省商务厅、香港贸发局、澳门贸促局代表及粤港澳地区40多名企业家参加会议，期间企业家还分别赴赣江新区以及上饶、景德镇、吉安、赣州进行投资考察。9月4日，江西省组织省经贸代表团参加第十二届泛珠三角区域合作暨经贸洽谈会。

【举办亚布力论坛夏季高峰会知名企业家恳谈会】 8月24日，在南昌举办亚布力论坛夏季高峰会知名企业家恳谈会。省委书记刘奇出席并致辞。省长易炼红，省委统战部部长陈兴超，省委秘书长赵力平，副省长吴忠琼，省政协副主席、省工商联主席雷元江出席。亚布力论坛刘明康、丁立国、陈东升等嘉宾及企业家参加。江西省各地分别与亚布力中国企业家论坛组委会、有关企业签署8个合作、投资协议，投资总额93.4亿元。

【举办第五届世界绿色发展投资贸易博览会】 11月30日至12月3日，第五届世界绿色发展投资贸易博览会在南昌举办。全国人大常委会副委员长张春贤出席开幕式暨主旨论坛并致辞，省委书记刘奇作主旨演讲，省长易炼红主持。39个国家和地区的政要、驻华使节、友好省州、知名专家学者和企业代表2400余人参加博览会。其中，9个国家部委代表，21个省市自治区和计划单列市代表团，251家世界500强及跨国公司高管，55家国内500强民企创始人，20家央企高管，115家境内外商会、协会组织和贸促机构代表等1800余人参加开幕式暨主旨论坛。博览会参展企业2200多家，展馆面积7.5万平方米，现场签约重大合作项目118个，投资总额2094.51亿元。

【推进项目落地】 2018年，重点围绕全省重大招商活动签约项目，建立台账制度，实行动态管理，加强调度督查，坚持"一月一调度、一季一通报、半年一核查"制度，督促签约项目加快落地。全省重点围绕2018年赣京绿色金融合作推介会、首届赣深经贸合作交流会、世界VR产业大会、第五届世界绿色发展投资贸易博览会的签约项目，以及纳入全省利用省外资金系统项目等，完善重大招商引资项目信息报告制度，加大跟踪、服务、推进重大项目力度，推进项目早落地生效。

【区域合作活动】 2018年，落实国务院关于对三峡库区的对口支援合作有关精神，充分利用5月参加重庆西洽会时机，邀请重庆市江西商会部分企业家赴重庆武隆区、石柱县投资考察，达成2个投资意向。10月26日，参加闽浙赣皖福州经济协作区第二十次市长联席会议，加强与周边省份区域合作交流。

（喻敏辉）

本栏编辑　邓玉兰

交通运输

公路

【概　况】　2018年，全省交通固定资产投资完成628.4亿元，增长29%。其中高速公路101.7亿元、普通国省道296亿元、农村公路192亿元、内河水运32.1亿元、枢纽场站6.6亿元，分别增长53%、31%、12%、53%、94%。广吉高速公路基本建成，全省高速公路建成里程突破6100千米。提前2年半时间完成25户以上自然村通水泥路建设。累计建成农村公路6.4万千米，惠及7.4万多个自然村、1400多万人。全面启动实施"组组通"水泥路建设工程，全省269个深度贫困村自然村率先实现"组组通"。启动高速公路差异化收费试点，执行鲜活农产品运输"绿色通道"、重大节假日免费等8项优惠政策，全年减免通行费56.3亿元，增长8.4%。

全省公路总里程16.19万千米，其中高速公路5931千米、普通国道7693.90千米、普通省道1.09万千米、县道2.18万千米、乡道4.17万千米、村道7.39万千米。

全省公路桥梁累计2.79万座167.85万延米(含危桥2650座10.14万延米)，其中普通国道桥梁累计2466座13.63万延米(含危桥139座8566.96延米)、普通省道桥梁累计2829座13.39万延米(含危桥300座1.29万延米)。全省特大桥75座16.62万延米，大桥3401座83.54万延米，中桥7741座42.0万延米，小桥1.67万座25.69万延米。

全省公路隧道累计308座29.72万延米，其中普通公路隧道累计59座2.67万延米、普通国省道43座2.35万延米。全省特长隧道14座6.17万延米，长隧道83座13.95万延米，中隧道87座6.15万延米，短隧道124座3.45万延米。

全省公路客运量4.9亿人次、旅客周转量261亿人千米，分别下降6.1%和5.9%；公路货运量15.8亿吨、货物周转量3760亿吨千米，分别增长14.2%和9.5%；城市公交客运量12.85亿人次、出租汽车客运量5.7亿人次，分别减少1.36%和6.16%；南昌地铁全年运送乘客约1.42亿人次，比上年增长29.21%，其中1号线约1.17亿人次，2号线首通段约0.25亿人次。日均输送乘客38.84万人次，其中1号线32.07万人次，2号线首通段6.77万人次。

全省有道路客运业户493户，货运业户1.2万户，城市公交130户，出租汽车1121户，机动车维修业户1.1万户，驾校699户；载客汽车1.67万辆，载货汽车36.23万辆，出租汽车1.78万辆、公交车1.37万辆；等级客运站945个，货运站59个；道路运输从业人员68.38万人。

【道路交通安全监管】　开展安全隐患排查"扫雷"行动和"清零"行动。省道路交通安全专业委员会移交的安全隐患提前整治到位，整治"扫雷"行动发现的各类隐患51万处，整治率94%。推动公路安全生命防护工程建设。对达不到标准的一级公路全部实施降级管理。完成全省公路营运客车1.4万辆安装4G车载终端实时监控设备。道路运输事故起数下降33.33%，死亡人数下降29.55%，未发生水上交通亡人事故，未发生在建交通重点工程安全生产亡人事故。

【国内首个高速公路货车ETC在江西上线运营】　12月29日，高速公路货车ETC专用车道在江西省上线运营，这是国内首个正式运营高速公路货车ETC专用车道的省份。江西首次将ETC系统和整车式称重系统融合，达到车速10千米/时以内，称重误差±1%以内，称重时间小于2秒，ETC交易小于270毫秒，同时满足3车连续称重交易等设计技术指标，实现货车不停车收费。江西高速公路里程达6100千米，收费站330多个，ETC车道810多条，实现收费站ETC全覆盖，全省货车通行比例超过全省车辆通行比例的30%。货车ETC在江西上线运营不但便利货车司机，还推动货车非现金支付，节约管理成本。年内，全省有南昌东、杨家湖、塔城、瑶北、望城、九龙湖南6个收费站开通货车ETC专用车道，共通行货车1800余辆，收费金额约35万元。

【江西首个高速公路服务区智慧物流港建设】　1月24日，江西畅行高速公路服务区开发经营有限公司与北京天成恒通信息科技有限公司在北京签订《高速公路智慧物流港战略合作框架协议》，双方通过资源共享，建立多元化合作模式，推进高速公路共享智慧物流港项目，通过布点建设服务区智慧港，共同打造人车货路仓"五位一体"的创新运营体系，为货车司机和高速公路出行人员提供一站式服务，助推企业转型升级和可持续发展。同时，双方选择1~2个服务区作为示范点，建设江西首个前"店"后"仓"形式的高速公路服务区智慧物流港,即前“店”为“派来吧(货车司机之家)”,后“仓”为“派哥快运(智能分拨中心)”。该项目依托物流平台,优化配置线上和线下资源,由定时卡班承接在分拨中心经过分拆组合的零担货物,然后通过快运系统组织“落地配”车辆送往周边客户,实现接驳运输功能,提高零担运输的时效性,为客户提供更好的服务体验。

【江西高速集团财务有限公司成立】 12月26日,江西高速集团财务有限公司取得金融许可证,标志全省第3家财务公司正式成立。公司是全省资产规模最大的非金融企业,控股股东江西省高速集团。公司位于南昌市红谷滩金融商务区,注册资本51亿元,配备研究生起点以上学历的、具备丰富财务金融从业经验的高素质人才队伍。公司可为集团成员单位提供优质金融服务,助力集团发展升级和保障集团协同创新。同时,公司严格按照监管要求,加强金融风险管理,发挥产融结合功能,助力全省交通基础设施高质量发展。

【《江西高速公路建设实录》出版发行】 年内,《中国高速公路建设实录》系列丛书《江西高速公路建设实录》由省交通运输厅编纂完成,人民交通出版社出版。该书于2014年3月启动编纂,记载1989年至2017年间江西高速公路发展历史,主要包括全省公路建设和发展情况,高速公路建设发展,高速公路建设管理,高速公路科技创新,高速公路文化,人物、先进集体等。该书基本结构由编辑说明、图照、正文、统计表、附录等组成。

【江西省道路运输第三方安全监测平台上线】 2月1日,省运管局举行江西省道路运输第三方安全监测平台上线运行启动仪式。该平台对江西省籍近2.1万辆“两客一危”车辆的运行情况进行实时监测,对超速、凌晨2点至5点运行、疲劳驾驶、离线位移、疑似异地经营、数据掉线、数据异常等7项指标进行报警提醒,第三方平台通过拨打电话、发送短信等多种方式督促企业落实动态监控主体责任,采取措施及时消除道路运输安全生产隐患,并跟踪企业对交通违法动态信息的处理情况,提高对动态信息的处理率。各级运管机构根据第三方监测平台的监测结果,通过加强监管、严格执法、严厉处罚等措施,减少全省道路运输车辆违法违规行为,促进全省道路运输安全形势平稳向好。平台运行以来,累计推送报警信息175万余条,超速、疲劳驾驶、离线位移等违法违规行为报警情况以及数据异常情况呈逐月下降趋势。

【江西高速公路实现一码通行】 9月4日,江西省高速公路银联移动支付产品启动会在南昌召开。中国银联江西分公司联合省高速投资集团、省高速公路联网管理中心推出使用银联二维码支付高速通行费服务。即日起,在全省高速公路通行的车主只要提前通过“云闪付”APP进行1次车辆信息与银联卡账户的绑定,即可开通银联无感支付服务,以后车辆行驶至全省装有银联无感支付的人工收费站出口,车主无须准备现金、银行卡、手机或其他交易介质,仅需归还高速通行卡,即可基于车牌识别技术完成高速通行费自动支付,仅需几秒钟车主就基本可以收到扣款短信,同时抬杆通行,实现快速通行。截至年底,全省支持银联二维码的车道1200多条,覆盖所有人工收费车道,在330多个高速收费站已投入使用,银联支付15万笔,共收640多万元。实现一码通行,有效缓解高速公路出口拥堵。

【江西汽修档案APP上线】 9月,江西汽修档案APP正式上线。该款APP是省公路运输管理局基于汽车维修电子健康档案建设向社会开放的汽车维修集成软件,主要包含“我要修车”“维修记录与评价”“维修质量投诉”3大模块,车主可通过卫星定位,搜索附近的汽车修理店,并通过“维修数量”“用户评价”“行业考核”3大指标筛选汽车维修单位。车主通过手机就能享受车辆维修查询、评价、投诉、营运车辆查询等一站式快捷服务。

【南昌地铁移动支付“鹭鹭行”APP上线试运营】 10月15日,南昌地铁“鹭鹭行”APP上线启动仪式在地铁1号线秋水广场站举行,南昌地铁移动支付扫码过闸功能试运营。“鹭鹭行”APP是华中地区首个采用中国银联行业二维码标准并完成系统开发的地铁移动支付产品。用户在下载“鹭鹭行”APP后,绑定任意一张“62”开头的银联卡并进行实名认证,即可扫码进出站。南昌地铁1号线、2号线首通段共40个站点均已经实现两对进出站闸机扫码功能。“鹭鹭行”APP在为乘客提供扫码乘车服务的同时,还设置站点导航、班车查询、失物招领、城市生活等便民服务版块。

【井冈山市、横峰县获“四好农村路”全国示范县称号】 9月6日—7日,全国“四好农村路”管理现场会在浙江安吉召开。会议授予2018年新增的64个县(市、区)“四好农村路”全国示范县称号,井冈山市是其中之一。同时,横峰县获评“四好农村路”全国示范县并通过复核。井冈山市重点打造全市4条美丽示范路,高标准实施150个美丽乡村基础点和10个美丽乡村精品点的道路建设,推进以茨坪为中心,梨坪、罗浮、黄坳等6个区域为辐射的“1+6”特色旅游小镇,打造出案山等一批美丽乡村重点建设村,实现农村变景点,助推乡村振兴战略。截至6月底,井冈山市25户以上的自然村全部通公路,农村公路总里程已达752千米,实现所有农村公路串联全市所有旅游景点的目标。横峰县围绕“建好、管好、护好、运营好”四好目标,开展“四好农村路”创建工作,全县农村公路总里程643.93千米,建成4条示范路35.26千米,创建“四好农村路”示范乡镇1个,示范村10个。畅通的农村公路串起全县“秀美乡村”景点,打造国家AAAA景区1个,AAA景区2个、省级AAAA、AAA乡村旅游点14个。实施“美丽公路+农业”模式,“公路围着产业建,产业围着公路转”,建成现代农业示范园,助推葛和中药材产业加快发展;建成集中连片荷花景观带133.33公顷、葡萄基地66.67公顷、良种繁育基地1万亩。2018年,新增5个千亩以上示范基地,15个33.33公顷以上特色产业基地,助力全县精准脱贫。

【南昌长运昌南客运站关闭】 1月15日起,南昌长运昌南客运站关闭,市民可去南昌长途汽车站、徐坊客运站乘车。为方便群众出行，原昌南客运站始发2条班线抚州和罗针搬迁至南昌市青山湖区洛阳路345号的南昌长途汽车站（南昌火车站旁）发班。原昌南客运站的樟树、铅山、新干、吉水、于都、石城、资溪、余江、宁都、会昌、金溪、瑞金、龙岩、路桥、水头、玉环、温岭等17条班线搬迁至南昌市井冈山大道848号徐坊客运站发班。

（游小荣）

铁 路

【概 况】 2018年，中国铁路南昌局集团有限公司（简称南昌局集团公司）管辖赣闽2省全部和湘鄂浙皖4省部分铁路，管内车站459个（江西境内209个）。

铁路分界站（点）分别是：京九线北端（蔡山站）K1277+000处与武汉局集团公司分界，京九线南端（定南站）K2008+200处与广州局集团公司分界；沪昆线东端（新塘边站）K502+200处与上海局集团公司分界，沪昆线西端（株洲站）K1102+000处与广州局集团公司分界；皖赣线（倒湖站）K342+500处与上海局集团公司分界；武九线（西河村站）K185+809处与武汉局集团公司分界；合九线（孔垄站）K278+871处与上海局集团公司分界；漳龙线（琥市站）K143+037处与广州局集团公司分界；铜九线（香隅站）K164+000处与上海局集团公司分界；杭深线北端（苍南站）K664+589处与上海局集团公司分界，杭深线南端（诏安站）K1259+992处与广州局集团公司分界；吉衡线（严家垄站）K282+108处与广州局集团公司分界；赣韶线（珠玑巷站）K66+819处与广州局集团公司分界；沪昆高速线东端（江山站）K429+202处与上海铁路局分界，沪昆高速线西端（醴陵东站）K1006+798处与广州局集团公司分界；合福高速线（黄山北站）K1307+230处与上海局集团公司分界；武九客专（枫林站）K153+696处与武汉局集团公司分界；衢九线（德兴东站）K96+416处与上海局集团公司分界。

【营业里程】 年末，南昌局集团公司管辖营业里程8082.5千米（江西境内4134.4千米）。其中，国家铁路营业里程3756.5千米（江西境内2486.8千米），合资铁路营业里程4326.0千米（江西境内1647.6千米）。线路总延展里程16585.4千米。复线里程4884.3千米，复线率60.4%；电气化里程6485.7千米，电化率80.2%。区段线路允许时速200千米及以上铁路营业里程3268.4千米。

【客货运输】 全年，旅客发送2.33亿人（江西境内发送1.11亿人，增长8.9%），完成计划的98.4%，增长6.3%；货物发送8579.6万吨（江西境内发送5044.4万吨，增长5.4%），完成计划的102.1%，增长7.5%。换算周转量1869.47亿吨千米，完成计划的97.6%，增长1.8%。其中，旅客周转量1146.44亿人千米，完成计划的96.3%，增长1.8%；货物周转量723.04亿吨千米，完成计划的99.7%，增长1.8%。货车周转时间2.41天，完成计划的102.0%，同比压缩0.07天。货运列车平均总重2574吨，完成计划的100.9%，下降0.2%；货运机车日产量114.2万吨千米，完成计划的108.7%，增长3.6%；货运机车日车千米481千米，完成计划的108.2%，增长5.2%。

【重点物资运输】 全年运送煤炭2265.8万吨，增加220.6万吨，增长10.8%；运送粮食14.7万吨，减少27.0万吨，下降64.8%；运送化肥17.1万吨，减少25.3万吨，下降59.7%；运送石油269.2万吨，增加5.5万吨，增长2.1%；运送金属矿石1534.5万吨，增加31.6万吨，增长2.1%；运送钢铁856.0万吨，减少13.8万吨，下降1.6%。

【列车运行图编制】 年内，调整运行图5次，分别是2018年春运图、“4·10”第一阶段调整图、“7·1”第二阶段调整图、沪昆高铁施工分号图、2018年底图。其中，总公司组织编制运行图4次，管内编制运行图1次。年底，客车开行对数达543.5对，增加70对，运力增长12.9%。

【昌赣客专赣州赣江特大桥合龙】 8月31日，全国首座设计通过时速350千米大跨度高速铁路斜拉桥——昌赣客专赣州赣江特大桥合龙，标志着昌赣客专全线重难点控制性工程基本完成，为昌赣客专通车奠定基础。昌赣客专北起南昌，南至赣州，全长416.10千米，设南昌、横岗、丰城东、樟树东、新干东、峡江、吉水西、吉安西、泰和、万安、兴国西、赣县北、赣州西等13个车站，是规划中京九高铁的重要组成部分。昌赣客专赣州赣江特大桥位于赣江支流章江、贡江两江汇合口下游1.9千米处，全长2.16千米，具有“水深、桩长、塔高、大跨”等特点；主跨长300米，主跨塔底以上索塔全高120.6米，被誉为“千里赣江第一桥”。该桥在设计施工中创造出4个全国首次：首次将索塔钢锚箱结构应用于高速铁路大跨度斜拉桥；首次将锚拉板应用于高速铁路大跨度斜拉桥；首次将箱形钢—混凝土组合梁用于高速铁路大跨度斜拉桥；首次在高速铁路大跨度斜拉桥上运用新型的钢—混结合段构造连接技术。高铁列车能够以350千米设计时速通过大桥而无需降速。

【昌景黄高铁江西段开工】 12月25日，昌景黄（南昌经景德镇至黄山）高速铁路江西段建设开工大会在景德镇瑶里隧道出口处举行。昌景黄高铁是赣东北连接“长三角”地区的高速铁路客运通道，全长289.86千米（江西境内200.27千米），设计时速350千米，工期为48个月。全线设10个车站，江西境内为南昌东、军山湖、余干、鄱阳南、景德镇北、瑶里6个站，预留凰岗站；安徽境内为祁门南、黟县东、黄山北3个站。昌景黄高铁北端衔接合福、杭黄高铁，中部穿越九景衢铁路，南端衔接沪昆、昌赣高铁，对完善江西路网布局具有重要意义。

【江西首趟中俄果蔬班列开行】 11月28日10时，由抚州北站发往俄罗斯彼尔姆的江西首趟中俄果蔬班列开行。班列由中铁特货南昌分公司、世铁特货（北京）国际物流有限公司提供全程物流服务，装载16个40英尺（12.19米）冷藏集装箱（4个蔬菜冷藏箱、12个南丰蜜橘冷藏箱），15天可到达俄罗斯彼尔姆,大幅提高运输时效。货物由抚州市蔬菜产业化联合体、江西省梦龙果业有限公司共同组织,总价值约78万美金。

【顺丰首列中欧双向班列从赣州港开出】 1月14日,顺丰速运全国首列中欧班列(芬兰至赣州港、赣州港至俄罗斯)双向对开仪式在赣州港举行。芬兰至赣州港班列装载总价值约70万美元的芬兰松,由满洲里入境,16天后到达赣州港,这是芬兰首次通过中欧班列将木材出口到中国;赣州港至俄罗斯班列装载总价值约360万美元的家具、服装、家电等货物,由满洲里出境,12天后到达莫斯科的沃尔西诺站。

【赣州港—盐田港开行“同港同价”“海丝路”班列】 10月31日9时30分,赣州港—盐田港“同港同价”“海丝路”班列开行。班列搭载35个40英尺集装箱,货物为价值1300万元的南康家具。班列到达深圳平湖南站后,通过铁海联运方式销往欧美市场。与盐田港“同港同价”双向班列的开通,实现赣州港与沿海口岸“进境货物同价到港,出境货物同价启运”,进一步降低赣南地区进出口货物物流成本,加快赣南老区建设连接“一带一路”重要节点城市和国际货物集散地的步伐。

【南昌站首开高铁动车】 7月20日,南昌站开行至上海虹桥站的G1382次高铁动车,成为南昌站有史以来开出的首趟高铁动车。南昌站首开高铁动车,得益于南昌枢纽横岗联络线的开通启用。横岗联络线位于南昌市南昌县向塘镇境内,它将京九铁路与沪昆高铁相连。借助横岗联络线,京九线、沪昆高铁、合福高铁、九景衢铁路、昌九城际铁路围绕鄱阳湖形成一个圈。

【南昌站开行全国首趟环鄱阳湖动车】 7月20日起,南昌站开行全国首趟环湖动车(南昌至南昌)D6268/5、D6266/7次。该对动车从南昌站始发,环鄱阳湖绕1圈回到南昌站,用时6小时。“环湖”动车分顺环运行和逆环运行,即分别往九江方向和上饶方向开行,途经南昌、九江、鄱阳、景德镇、婺源、上饶、鹰潭、抚州等地,共停靠沿线16个市、县车站。

(曾进)

民　航

【概　况】 2018年,省、市政府累计投入航空发展资金逾10亿元。《江西省航空物流发展奖励暂行办法》《关于依托南昌昌北国际机场建设区域性智慧空港物流中心的实施意见》等文件出台。省机场集团公司完成运输架次14.44万架次,增长22.9%;旅客吞吐量1733.59万人次,增长22.5%;货邮吞吐量9.14万吨,增长43.7%。其中,南昌昌北国际机场完成运输架次10.74万架次,增长21.2%;旅客吞吐量1352.42万人次,增长23.7%;货邮吞吐量8.26万吨,增长58.1%。客货增速均列全国省会机场第1名。国际(地区)旅客吞吐量75.9万人次,增长22.3%。新开无锡、茅台等7个国内支线航点和莫斯科、新加坡、泰国清迈等国际定期航点。

【货运发展】 2018年,南昌昌北国际机场主动联系航空公司、物流公司及各类货代企业,开拓航空货源市场。南昌机场货运以同比近60%的速度增长,并首开南昌—比利时、南昌—中国香港等货运国际(地区)航线,完成年货邮吞吐量8.26万吨,打破以往货邮量长期徘徊在5万吨的局面。

【航线网络布局】 截至年底,南昌昌北国际机场过夜运力25架,同比增加6架;运营的境内外航空公司累计51家,增加4家。开通定期通航城市77个,增加10个;累计开通定期航线137条,增加21条。新开航点有无锡、茅台、宜昌、长白山、大庆、南充、万州7个国内支线航点和莫斯科、新加坡、泰国清迈等国际航点。

【成功应对“3·4”风灾】 3月4日15时30分,南昌昌北国际机场遭遇几十年一遇大风灾,T2航站楼二层人口区域部分屋檐装饰吊顶被大风吹落,受损严重,航站楼正面悬挑屋檐下装饰吊顶铝板及骨架脱落受损近1000平方米、屋面铝镁锰板破损近1000平方米,但航站楼主体结构安全,现场旅客及工作人员未有伤亡,航站楼主体结构未受损。16时16分,航班起降恢复,机场运行秩序总体正常。经省建筑设计总院专家组鉴定事故原因为风速太大(达37米/秒),超过设计标准(设计可承受风速为26.8米/秒)。风灾发生后,省机场集团公司领导第一时间赶赴现场指导抢修以保障旅客出行顺畅,同时,省及市领导和首都机场领导也在第一时间了解受灾情况,指导机场开展救灾工作,省市相关部门支持机场灾后修复工作,并帮助正确引导舆论,成功应对风灾。

(蒋护纹)

水　路

【概　况】 2018年,全省港航基础设施建设完成投资39.43亿元,其中交通项目32.06亿元、社会投资项目7.37亿元。赣江、信江高等级航道规划项目全部落地,11个水运重点项目平行建设,水运短板加快补齐。赣江新干航电枢纽、龙头山航电枢纽船闸建成,赣江三级航道南昌至吉安段具备通航条件。

全省拥有港口59个,港区71个;生产泊位1126个,泊位总长51937米;非生产用泊位73个,泊位总长3810米;千吨级以上泊位167个,最大靠泊能力5000吨级。全省通航里程5560千米。其中,Ⅱ级航道175千米,Ⅲ级航道284千米,Ⅳ级航道87千米,Ⅴ级航道169千米,Ⅵ级航道471千米,Ⅶ级航道1132千米,等外级航道3242千米。全省经核查的营运船舶1902艘232.296万载重吨13274客位,平均载重吨位1221吨。

全省港口完成货物吞吐量2.45亿吨,下降12.9%。其中,出口1.06亿吨、进口1.39亿吨,分别下降19.9%和6.7%。旅客吞吐量337.1万人次,下降10.1%。其中,出港168.7万人次,进港168.4万人次。货运量1.15亿吨、货物周转量238.1亿吨千米,分别下降0.07%和5.5%。集装箱吞吐量62.2万标准箱、857.7

万吨，分别增长32.9%和26.3%。

全省发生一般等级及以上水上交通事故1起，无人员死亡，渡运和水上客运、水上重点工程建设未发生伤亡事故。进一步规范航道及通航管理工作，赣江、信江和鄱阳湖区主要航道通航率95%。继续强化非法码头整治工作，长江江西段岸线复绿工作基本完成。

【江西“绿色水运”发展】 2018年，推进岸电技术、LNG混合燃料动力技术、太阳能技术等低碳技术水运应用，出台《江西省LNG水上加注站布局规划》。实施河长制、湖长制、水污染、大气污染防治、船舶修造企业排污监管整治、生态鄱阳湖流域建设等行动。对2014年至2017年全省老旧船舶拆解和生活污水防污染改造国家补贴资金进行全面清算，淘汰3艘老旧化学品运输船舶。深化防治船舶污染水域专项整治活动，共检查涉及防污染文书、设施设备缺陷1210项，涉污处罚303件，罚款金额91.42万元。强化干散货码头扬尘治理，加强港口码头垃圾、废污水治理，推进港口和船舶污染物接收、转运和处置设施建设。完成九江长江、赣江、信江沿线45家船舶修造企业的除锈排污督查工作。组织开展固废危废码头装卸和船舶运输倾倒排查工作，检查船舶1220艘次，港口码头130座次，水运企业135家，未发现港口码头非法装卸、船舶非法运输倾倒固废危废行为。

【鼓励和引导企业兼并重组】 2018年，江西港航鼓励和引导企业兼并重组，做大做强。支持引导九江振鑫船务公司完成兼并收购江苏常熟安捷化工物流有限公司、湖南常德城关航运有限公司、安徽世平航运公司3家危险品运输企业；江西天宜航运有限公司成功兼并星子县星驰航运有限公司，获得12000吨运力审批；江西华顺航运管理有限公司、江西省华强液化运输有限公司、江西东港航运有限公司通过兼并、收购等方式均获得运力审批；支持品牌龙头企业参与江海直达、江海联运及多式联运运输。

【开展企业信用体系试点工作】 2018年，全省开展企业信用体系试点运行工作，省港航局组织召开水路运输市场信用信息系统试运行会议，填报水路运输市场从业企业和从业人员信息表，做好交通物流公共信息平台项目建设各项调研工作，颁发《江西省水路运输市场信用信息管理实施细则（试行）》。开展诚信评价工作，江西华顺航运管理有限公司、江西省天宜航运有限公司、万安县航运公司、江西龙和国际物流有限公司获省级3A级诚信企业。

【江西神华九江电厂配套码头工程建成试运行】 1月10日，江西神华九江电厂配套码头工程建成试运行。江西神华国华九江电厂是神华集团与江西省政府战略合作的首个落地项目，配套码头工程位于九江港湖口港区银砂湾作业区，长江下游湖口水道下段右岸，九江长江大桥下游约37千米。建设规模为2个5000吨级散货进口泊位和1个5000吨级散货出口泊位（水工结构按10000吨级船舶靠泊设计）及相应的配套设施，年吞吐量730万吨，设计年通过能力855万吨。

【开展内河非法码头专项整治工作】 7月2日，省交通运输厅、省发改委联合印发《江西省内河非法码头专项整治工作方案》，启动全省内河非法码头专项整治工作。根据计划，2019年6月底前完成取缔类非法码头拆除工作，并同步开展取缔类非法码头的复绿工作；12月前完成规范、提升类码头的规范提升工作。截至2018年年底，共有137座非法码头列入整治任务清单，其中关停非法码头114家。

【港口岸线使用审批】 2018年，《江西省港口岸线使用审批管理实施意见》编制完成，全年批复非深水岸线730.4米，获交通运输部批复深水岸线2104米。8月28日，长江湖口港区金砂湾作业区九江萍乡钢铁有限公司以新代旧综合利用技术改造配套码头工程使用港口岸线获交通运输部批复，码头位于长江中游湖口水道右岸，九江长江大桥下游约28千米，建设2个5000吨级件杂货泊位和3个5000吨级散货泊位，设计年通过能力937万吨。10月12日，九江港城西港区赤湖作业区砂石集散中心码头工程使用港口岸线获交通运输部批复，码头位于九江长江二桥上游约12千米处，建设4个3000吨级散货泊位，水工结构按靠泊5000吨级船舶设计和建造，设计年通过能力937万吨

【赣江新干航电枢纽工程完成“一年三投”建设目标任务】 12月14日12时48分，赣江新干航电枢纽工程第三台（#3）水轮发电机组一次性并网成功，并于21:42分完成甩负荷等试验进入72小时试运行，标志着该工程提前16天完成2018年3台机组投产发电的目标任务。新干航电枢纽电站总装机容量112兆瓦（共7台水轮发电机组，每台装机容量16兆瓦），设计年平均发电量5.34亿千瓦时。截至12月14日，新干航电枢纽工程电站#1和#2机组已累计实现发电量2808万千瓦时。

【信江八字嘴航电枢纽导流明渠建成通水】 10月29日，信江八字嘴航电枢纽提前2天完成围堰闭气，至此，导流明渠建成通水。导流明渠全长550米、渠底宽度70米、开口宽度220米，土石方开挖共约87万立方米。其主要作用为连通东西大河，满足VII级通航要求，同时对东大河下游进行生态补水，维持东大河下游农业灌溉及渔业等社会自然生态平衡。

【南昌龙头岗综合码头外贸集装箱开港】 11月11日，“赣远39V”号货轮停靠南昌龙头岗综合码头，从英国进口的货物完成接卸，标志着南昌龙头岗综合码头开始运营外贸集装箱业务。南昌龙头岗综合码头以海运服务代替航空快递运输，大幅降低成本，为江西省进出口交易提供新途径。南昌龙头岗综合码头建有4个2000吨级泊位，设计年吞吐量集装箱20万标准箱/年，件杂货180万吨/年，港区内配备各种装卸专用设备34台，是江西省内河建设规模最大、靠泊能力最强的现代化综合码头。

（蒋少全）

本栏编辑　游桃琴

金　融

综　述

2018年，江西金融业坚持稳中求进的工作总基调和稳健中性的货币政策，按照高质量发展要求，统筹推进服务实体经济、防控金融风险、深化金融改革三项基本任务。做大金融总量，做活金融业态，做强金融机构，做优金融生态，优化融资结构，加强对民营企业、小微企业、“三农”等经济薄弱环节的支持。降低企业融资成本，加快区域金融改革，金融业在支持江西经济“六稳”上取得成效。年末，江西省共有银行业金融机构（不含“一行两局”监管部门）7169个，同比减少30个；从业人员104346人，下降0.3%。其中，政策性银行3家，机构99个，从业人员2275人；国有商业银行6家，机构3335个，从业人员52632人；全国性股份制商业银行9家，机构283个，从业人员5275人；城市商业银行5家，机构766个，从业人员12015人；农村商业银行87家，机构2452个，从业人员26892人；村镇银行76家，机构219个，从业人员3839人；非银行金融机构6个，其中，财务公司3家、从业人员208人，信托公司2家、从业人员888人，金融租赁公司1家、从业人员61人；金融资产管理公司4家，从业人员185人；外资银行4家，机构5个，从业人员76人。全省金融机构资产总额46276亿元，增长9.21%，负债44237亿元，增长8.83%。金融机构所有者权益总额增长18.25%，利润增长8.24%。

社会融资规模再创新高。2018年，江西省社会融资规模为5792亿元。比上年多增445亿元，增长8.3%，占全国比重3.01%，上升0.23个百分点，在全国排名第十二位，比上年前进2位。社会融资规模结构改善。全年直接融资占江西省社会融资规模的12.2%，提高10个百分点；间接融资占比高有所缓解。累计发行债务融资工具855.7亿元，增长205.0%，增速位列全国第一；企业债券净融资659.5亿元，多增581.2亿元，辖内企业在扶贫债、双创债、绿色债务融资工具发行方面均取得突破；地方政府专项债券542亿元；非金融企业境内股票融资44.61亿元，少增10.45亿元。12月末，全省普惠口径小微贷款余额3278.3亿元，增长19.1%，贷款户数新增19%，贷款加权利率四季度较一季度下降0.82个百分点；民营企业贷款余额（包含集体控股企业和私人控股企业贷款）增速有所回升；年末全省涉农贷款增长18.51%，连续两年高于全省各项贷款平均增速；全省科技类贷款企业、高技术产业制造业、先进制造业贷款余额同比增速均大幅高于同期贷款平均增速。

本外币存款余额突破3.5万亿元。年末，江西省金融机构本外币各项存款余额35069.51亿元，新增2755亿元，增长8.5%，增速在全国排名第六位，中部6省第二位。分结构看：一是住户存款同比多增，12月末，全省金融机构本外币住户存款余额17260亿元，多增163亿元，定期增加358亿元，活期减少195亿元。二是非金融企业存款大幅少增，减少905亿元，活期减少947亿元，定期增加42亿元。三是广义政府存款减少131亿元，机关团体少增212亿的同时财政性存款多增81亿元。四是非银行业金融机构存款下降幅度有所趋缓，由上年净减少215亿到年末减少29亿元。

本外币贷款保持较快增长。年末，江西省金融机构本外币各项贷款余额30358.38亿元，比年初增加4666亿元，多增676亿元，增长18%，增速全国排名第二位，中部6省第一位，贷款增量创历史新高，新增存贷比169%，为历史新高，贷款对经济的支持力度增强。主要特点有：一是中长期贷款增加而短期贷款减少，其中非金融企业及机关团体的中长期贷款增加50亿而住户短期贷款减少80亿元。二是票据融资发生逆转，由上年下降165亿到年底增加440亿元。三是房地产贷款增长29.6%，回落2.5个百分点，高于全省贷款平均增速11.6个百分点，新增贷款中有51.5%的比例投入到房地产市场，占比提高2.9个百分点，房地产市场与金融风险关联加大。

（曾省晖　贾健）

金融服务

【支持地方经济“六稳”】　一是支持“双创”促进“稳就业”。2018年，全省共发放创业担保贷款138.9亿元，直接扶持个人创业10.2万人次，带动就业36.7万人次。创设以来累计发放创业担保贷款1053亿元，累计扶持个人创业103万人次，撬动就业402万人次，贷款回收率高达99.94%。二是加快金融改革推动“稳金融”。全年全省绿色贷款余额1560.4亿元，比年初增长34.1%。2018年,全省获批发行绿色金融债70亿元,注册绿色中期票据20亿元;在赣江新区设立各类绿色基金总计500亿元,赣江新区绿色金融示范街入驻机构达到30家,带动辐射效应初步显现。创建国家级赣州、吉安普惠金融改革试验区。上饶开发区金融、抚州科技金融、鹰潭物联网金融等金融创新和6个县域金融改革加快推进。年末,全省银行机构表外资产比年初下降225.9亿元,而上年新增104.4亿元。三是保持跨境收支平衡支持“稳外贸”。全省银行跨境收支总额445.6亿美元,增长18.7%;跨境收支净流入55.0亿美元,增长26.9%。银行结售汇顺差39.1亿美元,增长28.5%。四是直接投资上升回暖“稳外资”。全省对境外直接投资流出3.4亿美元,增长1.3倍。其中,企业对外直接投资资本金流出5.2亿美元,增长2.1倍,上升趋势明显。全省外商到华直接投资流入13.3亿美元,增长34.6%,吸收境外直接投资形势较好,涉外金融服务便利化水平持续提升。五是重点扶持基建和制造业实现“稳投资”。全省基建类贷款新增1221.2亿元,增量占全年新增贷款的比重27.3%;基建类贷款增长19.5%,高于全部贷款增速1.5个百分点。全省先进制造业贷款余额增长43.6%,高技术产业制造业贷款余额增长56.5%,均大幅高于同期贷款平均增速。六是利率汇率稳定引导“稳预期”。12月,全省企业贷款加权平均利率5.50%,连续5个月环比下降,低于全省人民币贷款加权平均利率0.65个百分点,有力支持融资成本下降预期的形成。2018年,货物贸易购汇上升7.4%,外汇支出购汇率为61.8%,与上年基本持平,表明企业的汇率预期基本保持稳定,购汇意愿回归理性。

【金融精准扶贫攻坚】 印发《关于金融支持打赢脱贫攻坚战三年行动的实施意见》。修订《江西省扶贫再贷款操作规程》,明确扶贫再贷款优先支持建档立卡贫困户,重点支持带动贫困户就业发展的经济主体。强化金融扶贫评估督导,通过评估发现问题、补足短板,提升政策实施效果。开展金融助力江西脱贫攻坚“春季攻势”“夏季整改”和作风问题专项治理,启动金融助力脱贫攻坚“秋冬会战”。人民银行南昌中心支行会同江西银保监局、省政府地方金融监管局开展全省范围内金融扶贫政策落实情况专项督查,排查金融扶贫领域存在的风险,推动地方政府加强落实扶贫贷款风险释缓基金、落实财政贴息制度。组织开展现场对接会,开展25个贫困县、鄱余万都滨湖4县、新干县信贷投放监测。江西“金融+财政+产业”金融扶贫模式在全国推广。年末,金融精准扶贫贷款余额1740.3亿元,当年新增284.9亿元,余额增长19.6%,高于全部贷款平均增速1.6个百分点。

【普惠金融工作】 创建国家级赣州、吉安普惠金融改革试验区,不断探索地方特色的普惠金融发展路径,形成可复制、可推广的经验,促进江西省普惠金融工作深入发展。印发《江西省“农村普惠金融服务站”创建工作指导意见》《关于进一步规范“农村普惠金融服务站”创建和管理工作的通知》。印发《江西省普惠金融示范县评估管理办法》,建立评估和动态管理机制,推进示范县的规范创建和科学管理。总结推广县域普惠金融示范点建设经验,引导非示范地区探索创新符合当地实际的普惠金融工作模式,并组织开展普惠金融工作成果验收,发掘普惠金融典型经验,补齐普惠金融发展短板,努力提升普惠金融整体工作水平。年末,全省共建成“农村普惠金融服务站”3483个,其中在贫困村建成2902个,贫困村覆盖率94.9%。

【维护金融稳定】 出台《关于江西省重大金融风险处置预案》《金融风险工作建议责任分工》《江西省区域金融稳定协调合作领导小组办公室工作规则》等。研究制定《江西省区域金融风险分布图指引》,规范季度监测的流程、方向和结果运用,实现工作规范化、常态化管理。针对九大类金融风险进行调研制定预案。发挥省非法集资监测预警平台“赣金鹰眼”作用,开展防非法集资网格化管理试点,取得线索上升、案件下降的效果。推进互联网金融专项整治,妥善处置江西省P2P网贷平台风险。依托省高院“法媒银”平台,加大联动打击“老赖”力度。推进新余赛维公司破产重整,化解省能源集团兑付风险,成立省属企业联合纾困基金,帮助省内上市企业化解股权质押风险。江西省金融风险总体可控,防范化解有力有效。

【提高金融服务水平】 对辖内45家

12月28日,中国人民银行南昌中心支行联合中国农业银行江西省分行在南昌市生米镇开展以“国债下乡 利国利民”为主题的宣传活动

贾健供

银行业金融机构和非银行支付机构金融消费权益保护实行全覆盖的评估，并将评估结果纳入综合评价和执法检查的重要依据。全年全省共接受有效投诉417笔，咨询1377笔，投诉结案率98%。开展应收账款供应链线上融资和政府采购类线上融资等业务，全年交易284笔，金额432.4亿元。推进全省村镇银行机构总量的70%统一接入征信平台建设，征信窗口累计提供企业和个人信用报告查询132.4万次；征信系统累计收录省内企业和其他组织25.7万户、自然人3093.8万人，接入各类金融机构82家，小额贷款公司94家，融资性担保公司41家。地方性银行机构和预付卡支付机构“断直连”工作完成，辖内法人支付机构客户备付金100%集中交存。全年推动10起洗钱罪案件判决，支持打击虚开骗税专项行动，协助查实资金回流7.3亿元，挽回国家税款损失6.3亿元。全省二代TIPS和关、库、银、行横向联网系统在全省正式上线运行。人民银行南昌中心支行联合省财政在全省推广集中支付电子化系统，会同省税务局推进网签三方协议、移动端缴纳社保费等业务。做好国债投资者增源扩渠工作，继续推进国债到期约定转存和购买预约登记业务。深化反假货币工作和推进人民币净化工程，持续降低江西省金融机构回笼钱款假币浓度。

（曾省晖　贵健）

银行保险业监管

【概　况】　2018年，全省银行保险业机构围绕服务实体经济根本，加大有效资金投入，坚决牢守风险防控底线，持续加快改革转型步伐，为全省经济增长保持全国“第一方阵”提供了强有力的金融支撑。年末，全省银行业资产总额4.63万亿元，较上年末增加3896亿元，增长9.2%。本外币各项贷款余额3.06万亿元，增长18.02%，增幅列全国第一位，多增613亿元，增量4666亿元，创历史新高，居全国第二十二位，前进3位。保险业资产总额1289.48亿元，较上年末增长7.8%。实现保费收入754.52亿元，较上年末增长3.7%。其中，财产险公司保费收入269.9亿元，人身险公司保费收入484.6亿元。赔付支出264.47亿元，较上年末增长22%，风险保障能力持续增强。

【服务实体经济发展】　督促引领全省银行保险业机构精准对接国家及区域发展战略，主动服务基础设施、重点产业及民生工程等重大项目建设，及时转送省属补短板重大项目清单，满足重点领域金融服务需求。截至年末，全省银行业“一带一路”建设融资余额264.75亿元，支持长江经济带建设贷款1235.01亿元。全年出口信用保险支持全省企业出口52.9亿美元，其中支持企业融入中非经贸合作及“一带一路”项目金额20.1亿美元。年末，原中央苏区贷款余额10131.62亿元，较年初增长17.74%。大力推进险资入赣，年末，累计落地资金154.4亿元。年末，全省十大战略新兴产业贷款余额1171.74亿元，增长35.6%，高于各项贷款平均增速17.59个百分点。推进科技保险、扩大首台（套）重大技术装备保险和重点新材料首批次应用保险试点范围，分别为企业提供风险保障202亿元、3.8亿元和21.4亿元。

【支持供给侧结构性改革】　面对日益复杂的经济金融形势，引领银行保险业机构以助推供给侧结构性改革为主线，坚持疏堵结合、标本兼治，落实中央“六稳”工作要求，促进全省经济平稳健康可持续发展。发挥金融支持去产能联动机制作用，引导银行业机构多维度完善授信标准，助力出清“僵尸企业”、淘汰落后产能。年末钢铁、船舶、水泥等过剩行业贷款分别比年初下降10.15%、31.74%、9.05%。推进企业联合授信，在全国率先完成首批11家试点企业相关协议签订，获银保监会及中银协高度肯定。推进市场化债转股，首笔4.5亿元债转股项目落地。支持生态文明试验区建设，制定绿色金融发展3年规划，组织开展绿色分（支）行评选创建。启动赣江新区绿色保险创新试验区建设，引导3家保险机构在赣江新区设立绿色分支机构。全省绿色信贷余额1975.38亿元，较年初增加251.32亿元，增幅14.58%。

【推进普惠金融发展】　持续强化监管压力传导，加大资源倾斜力度，紧盯经济发展薄弱环节精准施策，提升普惠金融服务水平。参与、配合省委、省政府出台支持民营企业发展政策措施，推进“财园信贷通”“银税互动”“银商信贷通”等业务。完善监测考核机制和普惠金融服务体系，将普惠金融事业部建设纳入银行监管评价，增强服务小微企业、民营经济内生动力。年末，普惠型小微企业贷款余额3278.26亿元，增长19.05%。强化“三农”金融服务，助推乡村振兴。全年涉农贷款余额1.22万亿元，增长17.56%。出台《关于银行保险业支持江西实施乡村振兴的实施意见》，支持赣州、吉安普惠金融示范区建设。推动农业保险扩面提标增品，全省农险产品58个，为全省提供风险保障934.22亿元。巩固金融服务精准脱贫实效。年末，全省建档立卡贫困户扶贫小额贷款余额83.86亿元、户数23.47万户，分别比年初增长7.25%和32.67%。做好贫困县“一县一品”特色农险“以奖代补”试点，返贫责任险累计为46万户贫困户提供风险保障92亿元。配合政府将城镇贫困人口纳入重大疾病补充医疗保险，个人自付比例降至10%以内。

【完善金融服务组织体系】　围绕构建多样化金融组织体系，增强江西区域金融市场活力，加强与银保监会汇报请示，在引进及新设机构方面取得突破性进展。经过多方努力，江西高速财务公司批准开业，成为江西省第3家财务公司；江西省首家民营银行江西裕民银行组建获重大进展，已完成与中国银保监会的会商；股份制银行引进迈出实质性步伐，浙商银行南昌分行获批筹建，渤海银行在南昌设立一级分行规划获中国银保监会备案；消费金融公司、法人保险机构组建也在持续推进之中。支持江西银行、九江银行在香港上市，在全国城商行群体中走在了前列。随着“金融赣军”队伍不断壮大，江西省已初步形成体系完备、覆盖到位、分类明确、布局合理的银行保险业机构体系。

【改善企业营商环境】 出台《关于切实降低企业融资成本进一步提升金融服务水平的通知》，督促各银行保险业机构树立以客户为中心的理念，多措并举降低企业融资成本，优化省内企业营商环境。各级监管部门建立企业融资成本监测机制，突出重点环节、重点问题，有效落实主体责任，开展现场检查，对屡查屡犯不收手、整改问责不到位、监管检查不配合的机构，依法从严采取监管措施。全年取消收费项目204项、降低收费标准145项，为企业节省融资成本约54.2亿元。省内银行业机构四季度新发放普惠型小微企业贷款平均利率6.44%，比一季度下降0.82个百分点，5家大型银行分支机构四季度普惠型小微企业贷款平均利率为4.99%。

【防范化解金融风险】 突出抓好重点地区、重点领域、重点机构的风险防控和风险处置，深化整治银行保险业市场乱象，守住了不发生系统性风险的底线。引导督促银行业“降旧”“控新”双管齐下，充分暴露信用风险，真实反映不良资产，促进资产质量企稳向好。年末，全省银行业不良贷款余额730亿元，不良率2.39%，分别较上年末增加209亿元、上升0.38个百分点，不良率较近年峰值已有一定幅度下降，风险形成速度得到有效遏制，逾期90天以上贷款与不良贷款比例较上年末下降14.41个百分点。参与配合P2P网贷机构整治，指导存管银行协同应对风险事件。制定赣州银行风险处置规划，压降处置全口径风险资产17.14亿元。加强向银保监会、省委省政府沟通汇报，成立中江信托专门监管服务小组，密切监测经营管理和风险项目处置情况。推进银行保险业市场乱象整治，全年对各类违法违规问题罚没金额共计5093万元，是上年的1.78倍，深化整治市场乱象工作被中国银保监会评为“优秀”。

（何凤远）

外汇管理

【概　况】 2018年，江西省外汇收支总量实现较快增长，全省跨境收支总额和银行结售汇总额分别为445.6亿美元和289.4亿美元，分别增长15.1%和22.4%。跨境资金净流入规模保持增长，跨境收支顺差和结售汇顺差分别增长26.9%和40.2%。其中货物贸易净流入扩大，服务贸易净流出收窄，个人购汇理性有序，直接投资流入恢复增长，对外投资流出回升。

【外汇风险防控】 防范跨境资本流动风险，维护外汇市场稳定。加快健全跨境资本流动“宏观审慎+微观监管”两位一体管理框架，严厉打击外汇领域违法违规行为。加强联合监管、窗口指导和监测处罚等手段，逐步改善出口不收汇问题，全年全省出口不收汇总量下降15%。根据形势变化加大分析频次和力度，准确客观反映跨境资金流动的总体情况、结构特点及问题，为防范风险提供预警。依托贸易信贷调查、进出口企业问卷调查等手段，掌握外汇市场主体倾向性变化。加强对重点领域及异常交易数据的筛查和甄别，强化企业分类管理。开展经常项目银行专项核查、穿透式外债业务专项核查、银行卡境外交易核查，强化对涉汇主体的座谈和约谈指导，发挥考核评价推动作用和自律机制引导作用。外汇检查工作取得突破性进展，重点查处银行未履行真实性审核行为和企业虚假、欺骗性外汇交易，严惩个人分拆逃汇行为，联合公安机关破获江西省首起地下钱庄交易对手非法买卖外汇案件，全年全省共查处各类违规案件682起。

【外汇业务管理】 落实《外汇局江西省分局关于促进降成本优环境的若干措施》，深化外汇管理“放管服”改革优化外汇管理服务，稳妥有序引导企业“走出去”，促进贸易投资自由化便利化，支持区域开放创新和特殊区域建设，提高外汇市场监管技术的现代化水平。印发《关于进一步加强作风建设的通知》，实施“领导带头、精准对接”的联企帮扶机制，畅通外汇管理部门与社会公众的联系渠道。规范行政审批提升服务质效，梳理各项行政审批服务清单，创新在辖内试点通过手机扫描二维码进行满意度评价。完成全国企业联机接口服务系统研发升级和测试工作，组织开展信息安全自查和检查，强化应急演练，保障外汇系统信息安全。加强外汇数据管理，直接申报数据实现全年无差错。强化资本项下数据核对和异常数据管理，外商投资企业和境外投资企业存量权益登记申报率分别达到较高水平。开展全口径跨境融资宏观审慎绩效审计，自主研发并上线运行外汇管理内审依据查询系统。

【深化外汇改革措施】 推进外汇领域改革开放，完善合格境外机构投资者制度，扩大金融市场对外开放，规范外资参与上市公司外汇管理，完善外商投资企业外汇管理，实行高水平的投资自由化便利化政策。持续释放外汇管理改革红利。进一步推进全口径跨境融资宏观审慎管理政策实施，针对企业个性化需求，“量身定制”服务措施。全年全省中、外资企业全口径登记外债余额增长3.35%。帮促辖内江西银行、九江银行、赣锋锂业等3家市场主体境外上市融资。支持银行增设外汇业务网点。参与赣江新区对外改革开放建设。支持井冈山出口加工区升级和南昌跨境电商试点。

（曾省晖　贾健）

证券期货

【概　况】 截至年底，辖区共有上市公司42家，沃格光电、金力永磁2家公司过会发行，首发融资10.13亿元。另有22家拟上市公司正在辅导期，海能实业、九丰能源、明冠新材料、晶科电力等4家公司在证监会审核。新三板挂牌企业146家，进入创新层的挂牌企业13家，另有在审企业6家。辖区42家上市公司市值3084.92亿元，同比下降25.34%。

截至年底，辖区有证券公司2家，证券分公司35家，证券营业部321家；期货公司1家，期货营业部34家；备案的私募基金管理人244家，备案的基金产品539只，管理基金规模1353.79亿元。证券经营机构开立资金账户总数635万户，托管客户资产2837.86亿元，减少26.02%。全年累计证券交易金额41971.52亿元，减少18.25%。期货经营机构客户总数

4.93万户，客户总权益22.08亿元，减少19.21%；全年累计代理成交金额1.91万亿元，增长4.59%。辖区证券期货公司总资产428.44亿元，总负债290.87亿元，净资产137.62亿元；全年累计实现营业收入11.84亿元，减少47.52%；净利润-0.56亿元，减少106.34%。辖区证券分支机构全年累计实现营业收入14.27亿元，减少26.93%；净利润1.41亿元，减少73.50%。辖区期货经营机构全年累计实现营业收入1.08亿元，减少43.70%；净利润-379.98万元，减少1.27%。

【市场主体监管】 提升上市公司规范运作水平与质量。完善上市公司分类监管，筛选8家上市公司作为辖区重点监管公司，加强对公司持续经营能力、股票质押、高送转、股份减持、募集资金使用、并购重组等领域重点监管。把好市场入门关，严格审核拟上市公司及其中介机构辅导材料、实地走访新上市公司并开展"首月谈话"培训，传导监管压力。借力审计机构，做好年报监管工作，及时提醒审计机构重点关注事项，逐一约谈13家重点公司年审会计师，向3家公司下发年报问询函，下发审计监管备忘录3家次。强化监管协作和信息共享，向交易所移交上市公司违反自律规则线索3家次。及时传递政策导向，加强监管培训交流，召开监管工作会议，组织5场培训交流会，提升上市公司规范意识，了解公司意见诉求。

加强证券期货基金经营机构监管。加大压力传导，持续开展法人公司合规总监、首席风险官和分支机构负责人定期约谈及案例、信息通报，及时有效传递监管要求，保持监管压力。指导证券期货法人机构落实合规管理办法、全面风险管理、债券交易、资产管理、投行内控指引、行业廉洁从业规定等监管新规，尽快解决在落实过程中遇到的问题。督促法人机构完善公司治理，解决董监高任职及管理中存在的问题，强化三会运作和内控建设。探索私募机构分类分级监管，开展私募基金专项检查，对200余家私募机构开展"监管第一课"，强化监管协作，指导基金业协会加强自律监管。健全基金销售机构监管机制，重点关注独立基金销售机构，开展例行约谈。

做好其他市场主体的监管工作。对新三板挂牌公司采取分类监管方式，强化对存在持续经营问题、股东人数较多、融资交易活跃、出现负面舆情、被投诉举报等情况的重点公司的跟踪监管，年内完成"监管第一课"培训157家。以问题和风险为导向，加强公司债券全链条监管，及时通报债券监管形势和日常监管发现的主要问题和典型案例。严格审计与评估机构监管，推动其勤勉尽责，提升会计信息质量。加强区域股权市场监管，督促落实信息报送指引，定期做好统计分析，加强制度备案审核，约谈高管提示风险，加强与地方金融监管部门协作，构建监管合力。

【防范和化解市场风险】 开展辖区资本市场防范金融风险专题调研，掌握一手资料，查找风险、问题及根源，提出防范化解风险的具体措施。加强风险监测和预研预判。开展重点领域风险排查。在全面风险排查的基础上，结合市场形势和辖区实际，有针对性地开展重点领域专项排查。妥善化解风险事项。成功化解1家证券公司大额融资业务风险、2起债券违约风险，妥善处置1家公司资产支持证券专项计划兑付风险、1家证券公司资管产品违约风险等相关风险事项。

【打击违法违规行为】 严厉查处违法违规行为，全年共办理案件11件，其中自立案件3件，交办案件8件。截至年底，完成案件调查3件，其中2件已移送审理，1件已结案。严厉打击非法证券期货活动。对24件涉非举报进行核查并通报地方政府，开展非法证券投资咨询专项整治行动，组织开展各类打非、防非宣传。持续做好清理整顿各类交易场所工作。开展股权众筹风险摸排。

【投资者保护工作】 完善投资者保护工作机制，推动辖区证券期货基金经营机构及私募管理人签订投诉处理承诺函，压实投诉处理首要责任。完善多元纠纷调解机制，开展纠纷调解培训，全年指导协会成功调解证券期货纠纷6起，补偿金额10.98万元。开展"理性投资 从我做起"专项活动，组织市场主体、自律组织发放宣传资料、举办投教活动，实现辖区地域全覆盖和机构全参与。大力推动投资者教育纳入国民教育体系，辖区10所高校将投资者教育课程纳入学校课程体系。加强对省级投教基地的督导考核，支持中航证券网络投教基地筹备申报国家级投教基地，打造投教品牌。

【服务实体经济发展】 加大宣传和推动力度，培育市场成效显著。2018年，辖区新增沃格光电、金力永磁上市公司2家，神雾节能异地迁入；IPO在审企业6家，正常辅导企业22家。截至年底，辖区上市公司、新三板挂牌公司、债券发行人、资产证券化产品发行机构在资本市场实现融资260.95亿元，其中首发融资10.13亿元、上市公司股权再融资31.94亿元、新三板定向发行融资5.58亿元、债券融资147.20亿元，资产支持证券融资66.10亿元。上市公司实施并购重组1家次，有力支持了地方经济发展和转型升级。引导经营机构回归本源，突出主业，围绕实体经济加大服务力度。推进"一司一县"结对帮扶工作。搭建工作交流平台，各证券公司直接投入资金2268.28万元，帮助贫困县企业发债63.3亿元，设立产业基金6.8亿元。

（李齐）

本栏编辑 邓玉兰

财政税务

财政管理

【概　况】　2018年，全省各级财政部门围绕“六大突破、三大提升”发展思路，统筹推进稳增长、促改革、调结构、优生态、惠民生、防风险各项工作，促进全省经济社会平稳较快发展。全省财政总收入3795.8亿元，比上年增长10.1%。一般公共预算收入2373.0亿元，增长5.6%；总量列全国第十五位，比上年前移2位，超过天津、重庆。税收收入占财政总收入81.3%，提高2.5个百分点；税收收入占一般公共预算收入70.1%，提高2.7个百分点，为2015年来最高。一般公共预算收入超200亿元的设区市5个，一般公共预算收入超10亿元的县（市、区）66个，增加5个；超20亿元的16个，增加3个；超30亿元的6个，增加1个；南昌县70亿元。全省一般公共预算支出5667.5亿元，增长10.9%。支出进度加快、结构优化，工资、运转、基本民生等重点支出、应急支出得到较好保障。

【财税体制改革】　率先在基本公共服务、水利领域推开省与市县财政事权和支出责任划分改革，滚动编制2018—2020年省级中期财政规划。制定环境保护税省以下收入分成办法，并顺利开征。落实个人所得税提高起征点和增值税税率下调、统一小规模纳税人标准等政策。推进预算绩效管理，实现预算和绩效管理一体化，对50个中央转移支付项目开展绩效目标自评，选择社会关注的17个民生项目进行重点绩效评价，首次委托第三方开展项目事前绩效评估试点。

【财政“放管服”改革】　提高全省政府招标和采购限额，省本级政府采购推行“网上购物”模式；开展财政票据和非税收入收缴电子一体化管理改革试点。优化省级政府投资建设项目预决算评审机制，提高评审限额，简化评审程序；打造全新的“江西会计综合管理服务平台”，均实现“一次不跑”。

【加强国有资产管理】　首次向人大报告全省国有资产管理情况，全省各类国有资产价值总计9.4万亿元。7月8日，与省国土资源厅联合印发《江西省矿业权出让收益征收管理实施办法》（19号），推进矿产资源权益金制度改革。12月3日，报请省政府印发《关于贯彻企业职工基本养老保险基金中央调剂制度实施方案》，推动实现养老保险基金省级统收统支。

【财政监督管理】　省、市、县、乡四级公务消费网络监管平台上线运行，全省“三公”经费财政拨款支出下降9.64%。建设省级预算执行动态监控系统和非税收入收缴系统；压缩对基层督查考核评比检查项目，由11项缩减至5项；牵头开展乡镇“小金库”专项治理、会计信息和高校资产财务检查。

【争取中央财政支持】　2018年，中央财政下达江西省补助资金2493亿元，比上年净增102亿元。其中均衡性转移支付617.2亿元，比上年增长8.6%。全国重点领域基础设施补短板项目入围90个，获得补助18.2亿元。金砖国家新开发银行贷款江西天然气管网工程建设项目列入国务院贷款规划，贷款总额4亿美元，是江西省最大的政府利用外贷项目。

【支持脱贫攻坚】　2018年，省级财政专项扶贫资金投入28.8亿元，增长16.4%。进一步健全统筹整合财政涉农扶贫资金机制。支持开展春季攻势、夏季整改和秋冬会战行动。推进扶贫领域形式主义、官僚主义突出问题立行立改。江西省2017年度脱贫攻坚工作成效和财政专项扶贫资金绩效评价工作考核居全国前列，获得奖补资金5.1亿元。

【支持国家生态文明试验区建设】　2018年，安排31.3亿元开展全境流域生态补偿，安排4.5亿元重点支持长江沿线地区打造“最美岸线”，首轮东江流域横向生态保护补偿资金15亿元全部筹集到位，出资8亿元支持组建华赣环保集团。启动“林长制”工作，生态公益林补偿标准提高到21.5元/亩。抓好中央环保督察“回头看”反馈问题涉及省财政厅的工作整改落实。

【政府债务管理】　2018年，省财政厅对债务高风险地区进行预警提示和集中约谈，密切监控平台债务风险；全面摸底汇总全省隐性债务情况，制定化解风险实施方案并报经省委、省政府同意，于10月31日以《中共江西省委 江西省人民政府关于〈江西省政府隐性债务底数详细情况和化解风险实施方案〉的备案报告》上报中央；严格按中央规定对违规举债责任人员实行追责问责。

【助推乡村振兴战略】 统筹整合资金87亿元实施高标准农田建设,统筹资金30亿元用于“整洁美丽、和谐宜居”新农村建设,新增5亿元支持九大产业发展工程,统筹安排资金4.5亿元支持30个县发展村集体经济、建设美丽乡村。开展省级田园综合体试点,争取赣南等原中央苏区农村土地整治重大工程中央补助资金8.78亿元。11月13日,报请省政府出台《关于探索建立涉农资金统筹整合长效机制的实施意见》,推动实施乡村振兴和农业供给侧结构性改革。

【支持创新驱动和转型升级】 大幅度增加省级科技专项资金投入,全年全省科学技术支出147亿元,增长22.4%,占一般公共预算支出比重2.6%,提高0.3个百分点。共安排19.3亿元支持科技创新“5511”工程倍增计划、创新型省份建设、重点创新产业化升级工程等;安排10.6亿元支持工业转型升级,安排23.5亿元支持新能源及光伏产业发展。加大力度支持扩大开放、招大引强,研究制定促进军民融合财税政策,支持全域旅游、航空、现代服务业等产业发展。

【支持区域协调发展】 安排补助资金10.2亿元,支持赣南等原中央苏区振兴发展;安排5亿元用于赣江新区、鄱余万都滨湖4县小康攻坚、赣西转型等重大区域发展战略。省财政对行政村和社区居委会平均补助标准各提高1万元,分别为12万元、10.5万元。

【减轻企业负担】 2018年,省财政厅实施降成本优环境专项行动,累计为企业、居民减税659亿元;继续实行阶段性降低企业社保费率政策,企业职工养老保险单位缴费比例由20%降至19%,失业、工伤保险缴费率不同程度下降。

【加大融资支持力度】 自主发行1082.4亿元政府债券,基本完成国务院要求的政府存量债务置换工作,每年节约利息超过100亿元;新增债券重点支持扶贫、棚户区改造、普通公路建设等重大公益性项目。省发展升级引导基金新增11支子基金落地运作,重点聚焦人才创新、民企纾困、环境保护等领域。“财园信贷通”“财政惠农信贷通”年内发放贷款549亿元。推进全省农业信贷担保体系建设,共设立县级办事处46家。加快推进政府性融资担保体系建设。财政部门推广运用的PPP项目已入管理库304个,总投资2578亿元。

【加大民生投入】 2018年,用于民生领域支出4540.6亿元,占财政支出的比重80.1%,提高1.2个百分点。统筹1600亿元资金,集中力量办好50件民生实事。安排16.3亿元支持就业创业,加大创业担保贷款贴息及奖补政策支持力度。连续14年提高企业退休人员基本养老金水平,机关事业单位退休人员月人均养老金水平提高158元,城乡居民基础养老金最低标准提高到105元。城乡低保财政月人均补差水平分别提高到380元、255元,城镇残疾人生活补贴和护理补贴标准分别提高到每人每月60元、70元。统筹提高城乡孤儿、特困人员等群体生活补助标准。城乡居民医疗保险财政年人均补助标准提高到490元,基本公共卫生服务人均财政补助标准提高到55元。出台计划生育特殊家庭住院护理补贴保险政策。同时,加大力度支持教育、文化、体育等社会事业发展,支持做好棚户区改造、农村危房改造等工作。

(姜欢欢)

税 务

【概　况】 2018年,全省完成国税地税合并,确保机构改革平稳落地,在此基础上,抓实依法组织收入、服务经济发展、优化营商环境、推进个税改革、提升征管效能、建设法治税务、整顿税收秩序等大事要事,全年共获24项(次)省部级以上荣誉表彰和40余次省部级以上领导批示肯定。国家税务总局江西省税务局于6月15日挂牌成立,年度税务绩效考评成绩列全国36个省(市、自治区)和计划单列市第十名。

【国税地税征管体制改革】 省政府成立改革专项组,各市、县(区)政府召开320多次动员会和推进会,税务总局第14联络(督导)组驻江西开展工作。坚持“一幅蓝图明任务、一套机制保顺畅、一张清单抓落实、一份报告督进度、一个口径解难题、一种精神聚合力”,形成了机构改革工作小组统筹抓、7个具体工作组分工抓、12个联络(督导)组指导抓、N个纪律检查组随时抓、各级各部门具体抓的“1+7+12+N”落实体系,编制12个类别175个大项531个具体事项的总台账和分台账,实行挂图作战、对图推进、销号管理。省、市、县乡四级新税务机构分别于6月15日、7月5日、7月20日挂牌;省、市、县、乡四级“定职能、定机构、定编制”工作于10月25日落实到位。《人民日报》、新华社、中央电视台等媒体专程到江西开展税务机构改革集体采访和集中宣传。全系统开展谈心谈话3万多人次,784名“正转副”税务干部以大局为重、坚决服从组织安排,18名原国税局、地税局局长主动推荐对方担任“一把手”,自愿当好“第一助手”。

【社保费和非税收入征管职责划转】 根据中共中央办公厅、国务院办公厅印发的《国税地税征管体制改革方案》精神,自2019年1月1日起社会保险费由税务部门统一征收,2018年年底前要完成社会保险费等征管职责划转。江西省税务部门建立内外协调机制,制定路线图时间表,开展情况调研、数据交接、业务培训、文件梳理等各项工作。截至年底,社保费和非税收入征管职责划转各项工作有序推进,建设金税三期社保费征收子系统、电子税务局社保费征收子系统和社保费信息共享平台进展顺利,确保2019年1月1日起社保费由税务部门开征。新税务机构自此将同时服务纳税人、缴费人两大群体。

【个人所得税改革】 全省税务系统召开3次推进会,派出6个工作组,确保政策举措落实落地。围绕提高免征额、实施专项附加扣除等个人所得税新政策,通过新闻发布会、电视、报纸、新媒体等多种形式展开宣讲,各级税务局领导带队走访重点单位和企业,举办1200多场培训,覆盖97万余纳税人,“一对一”辅导2.3万户重点扣缴义务人,精准发放60余万册宣传资料。截至年底,自然人税收管理系统已经上线,第一步改革任务如期完成。

【依法组织税收收入】 以"零水分、零异常、零风险"为目标,制定促进收入平稳增长10项措施,开展4轮次督导检查,遏制少数行业、税种异常增长势头。落实省政府和税务总局稳控收入增幅的要求,实现收入增幅与经济发展、减税效应相协调。2018年,全省税务系统累计组织税费收入3186.5亿元(含海关代征增值税、消费税,未扣减出口退税),增收384亿元,增长13.7%。其中,国内增值税、国内消费税、企业所得税、车辆购置税分别入库1427.66亿元、240.3亿元、552.25亿元和99.18亿元,分别增收207.37亿元、33.15亿元、102.76亿元和12.88亿元。城市维护建设税、个人所得税、土地增值税、契税分别入库107.73亿元、222.53亿元、133.90亿元、177.89亿元,分别增收15.15亿元、48.43亿元、15.85亿元、9.72亿元。

【优化税收营商环境】 4月16日,实现12366纳税服务热线"一键咨询",4月19日,实现全省"一厅通办",其中70%办税服务厅实现"一人一窗一机"通办模式。常抓常新"便民办税春风行动",出台优化营商环境实施方案,制定5大类60项具体措施,发布"一次不跑"4大类43个事项、"最多跑一次"5大类128个事项,重点推动注销流程简化提速;研发推行不动产交易税收管理系统,实现房地产交易网签信息实时共享和"一窗受理""业务联办";开发"容缺事项服务系统",将127项业务纳入容缺受理清单;升级电子税务局,建设办税智能管控平台,纳税人上门次数减少62%,涉税资料重复报送减少87%,行政审批时间缩短75%。

【服务地方经济发展】 按照省委、省政府和税务总局关于简政减税降负的工作部署,推动国务院新出台的20余项减税政策在江西落地,制定助推江西省经济高质量跨越式发展20条措施、支持民营经济发展30条措施,促进了实体经济、民营经济、小微企业、高新技术企业加快发展。制定推进降成本优环境25条措施,协调解决4个对口园区企业反映的69个问题,开展纳税人大走访、"税收专家伴你行"等活动。全年共减免各项税收657.4亿元,增长13.1%;办理出口退(免)税137.4亿元,增长21.4%;为135户企业办理留抵退税17.1亿元。

【提升征管效能】 抓好金税三期征管信息系统的数据比对和流程调整,加快原国税、地税两个版本的"并库"工作。研发增值税发票风险识别防控系统,扩大出口退税无纸化试点范围,推动境外旅客购物离境退税政策在江西省成功落地。制发《企业所得税后续管理工作指引》,完善包括国际税收主要业务在内的风险管理指标模型,强化房产税、土地增值税、资源税、车船税等税种管理和非居民税收管理。全省首张环境保护税税票于4月2日开出。截至年底,全省税务系统征收管理服务的纳税人有108.98万户(不包括1500多万自然人),其中企业56.66万户、个体52.32万户。

【法治税务建设】 推行行政执法"三项制度"(行政执法公示制度、执法全过程记录制度、重大执法决定法制审核制度)改革,执法全过程记录工作得到司法部党组书记、副部长袁曙宏和省委常委、政法委书记尹建业的充分肯定。深化"两随机一公开"监管改革,入户检查同比下降27.2%。开展法规文件清理,宣布废止374件、修改91件、继续执行29件、新制发147件税收规范性文件。修订江西省税务行政处罚裁量权适用规则和执行标准,明确7类53种税收违法行为处罚裁量标准。税收执法资格统一考试通过率连续两年达到100%,位居全国第一。全省税务系统共有公职律师124名,聘任法律顾问181名。

【整顿税收秩序】 9月份开始,按照国家税务总局、公安部、海关总署、中国人民银行共同部署打击虚开增值税发票、骗取出口退税违法犯罪两年专项行动要求,省税务局组织多波次集中统一行动,查处虚开和接受虚开发票8.04万份,涉及金额86.1亿元、税额12.6亿元,破获亿元以上虚开大案16起,打掉犯罪团伙14个,抓获犯罪嫌疑人46名。规范影视行业税收秩序,开展扫黑除恶专项斗争,成功办结首个受控外国企业的反避税案件。坚持风险管理导向,规范重点行业和特定事项税收管理,实施风险应对共入库税款35.5亿元,进一步提升了税法遵从度。

【开展"新机构 新服务 新形象"系列活动】 按组织程序成立联合党委、改设党委,层层制定党委工作规则,明确新税务党建工作发展取向、目标导向、奋斗指向。梳理完善11项支部工作制度,组织实施党支部整体提升工程。创建"五型"税务机关,开展万名党员干部承诺践诺活动,举办"传承红色基因、践行税务精神、展示改革风采"主题巡回宣讲,全省142个党组织、276名党员被各级党委授予"两优一先"称号。聚焦原国税地税业务融合互补,开展培训46期,共计3200多人次参训。在全国办税技能竞赛中取得优异成绩,并获全国税务系统网络竞赛第五名。研发税务机关和税务人员职务违法违纪风险预警系统,推广使用内控监督平台,开展"以案促改""勤政廉政教育月"等活动。

(周宁)

本栏编辑 邓玉兰

经济管理与监督

综合管理与宏观调控

【概　况】 2018年,全省经济运行总体平稳、稳中有进、稳中提质。全年地区生产总值21984.8亿元,增长8.7%;财政总收入3795.8亿元,增长10.1%;一般公共预算收入2373.0亿元,增长5.6%;规模以上工业增加值增长8.9%;固定资产投资增长11.1%;社会消费品零售总额7566.4亿元,增长11.0%;外贸出口339.6亿美元,增长4.5%;实际利用外资125.7亿美元,增长9.7%;金融机构本外币贷款余额突破3万亿元,增长18.1%;粮食产量2190.7万吨,实现"十五连丰",主要经济指标增速继续位居全国前列。

【民生保障】 出台打赢脱贫攻坚战3年行动实施意见,开展春季攻势、夏季整改、秋冬会战,推进"十大扶贫工程",全年实现42万贫困人口脱贫、1000个贫困村退出、10个贫困县达到摘帽条件;2017年申请退出的瑞金、万安、永新、上饶、横峰、广昌6个贫困县(市)成功脱贫摘帽;在全国率先开展城镇贫困群众脱贫解困工作,老区人民小康梦一步步变成现实。棚户区改造开工27.79万套、基本建成22.35万套,农村危房改造6.47万户,提前超额完成国家下达任务。年初安排的50件民生实事全面完成,全省基本公共服务均等化水平不断提升。社会保险全民参保登记计划全面实施,企业退休人员基本养老金水平连续14年提高。城乡救助供养水平不断提高,养老服务质量明显改善。居民收入稳步增长,城、乡居民人均可支配收入分别为33819元、14460元,分别增长8.4%和9.2%。就业保持稳定,新增城镇就业人员55.32万人,新增转移农村劳动力62.25万人,分别完成年度计划的122.9%、124.5%。居民消费价格上涨2.1%,低于3%左右的控制目标。

【产业转型升级】 实施创新型省份建设三年行动,省部共建东华理工大学核资源与环境国家重点实验室获批组建,中国(南昌)知识产权保护中心、江中集团科研中心投入使用,建立全省首个"千人计划"人才产业园,新增共青城和丰城2个国家级高新区,民航江西航空器适航审定中心、中科院江西产业技术创新与育成中心、中国联通(江西)工业互联网研究院、江西北斗应用研究院、北航江西研究院、南昌大学和南昌航空大学国际创新研究院等挂牌成立,江西快线航空获颁"双证"并成功试运营,大飞机C919在瑶湖机场成功转场试飞,与阿里巴巴开展全面战略合作,在南昌智慧物流基地、上饶大数据学院等42个领域取得成效。R&D经费支出占GDP比重达到1.4%,同比提高0.12个百分点;专利申请量、授权量分别增长21.8%、60%。推进新兴产业倍增、传统产业优化升级、服务业发展提速等行动计划,强力推动江铜集团"创新倍增",电子信息、新能源汽车等新兴产业和有色、钢铁等传统产业主营业务收入均实现两位数增长,服务业、高新技术产业、战略性新兴产业占比分别达44.8%、33.8%、17.1%,分别提高2.1、2.9、2个百分点。质量效益稳步提升,税收占财政总收入、地方税收占一般公共预算收入比重分别达81.3%和70.1%。

【重大项目建设】 省大中型项目、省重点工程分别完成投资6075亿元和2270亿元,均完成年度计划。省、市、县三级联动推进1315个亿元以上项目开工。赣江新区伊顿电气产品生产基地一期、新钢优特钢带等重大产业项目建成投产,皖赣铁路浯溪口水库改线工程、广昌至吉安高速公路、瑶湖机场、神华九江电厂两台百万千瓦机组、东乡500千伏输变电工程等项目建成投运,昌景黄高铁、萍莲高速等项目开工建设。谋划实施综合交通、铁路、电力、天然气管网、信息通信、生态环保、公共服务7个补短板重点领域建设3年攻坚行动计划,滚动实施一批重大项目,对下一年度投资50亿元以上重大项目面临的突出问题进行全面梳理、协调解决,项目后劲进一步增强。争取地方政府专项债券额度,建立地方政府专项债券项目安排协调机制,确保专项债券资金重点支持在建项目和补短板项目。建立向民间资本推介项目长效机制,鼓励民间资本通过混合所有制、组建联合体、设立基金等多种方式参加PPP项目建设。

【"放管服"改革】 出台实施第四批22条降成本政策,全年为企业减负1200亿元以上,煤炭去产能超额完成年度任务,企业杠杆率保持在合理水平,重点领域风险总体可控,去库存、补短板工作扎实推进。以强作风优环境为关键深化"放管服"改革,启动投资项目审批提质增效改革,省本级累计实现1233项政务服务事项"一次不跑”或“只跑一次”,企业登记注册时间压缩至 5 个工作日。“赣服通”开通运行,203 项高频服务事项实现“掌上办理”。国有企业公司制改革全面完成,省属国企混改率达 73.5%。企业上市“映山红行动”成效明显,新增 6 家上市公司。出台支持民营经济健康发展 30 条等措施,成立省非公有制企业维权服务中心,为民营经济发展保驾护航。

【开放型经济】 出台进一步扩大开放 30 条举措。举办首届世界 VR 产业大会、亚布力中国企业家论坛 2018 年夏季高峰会、第五届世界绿色发展投资贸易博览会、世界中医药大会第四届夏季峰会等重大招商活动。九江综合保税区、中国(南昌)跨境电子商务综合试验区获批设立。赣州港纳入国家中欧班列运行版图,全年开行赣欧班列 202 列,赣州国际陆港年吞吐量达 40.8 万标箱、增长 71.4%;九江港年吞吐量达 42.9 万标箱、增长 28%;昌北国际机场开通外国人口岸签证业务、至比利时首条洲际货运航线,旅客吞吐量 1352 万人次、增长 23.7%,货邮吞吐量 8.26 万吨、增长 58.1%,江西开放的大门越开越大。

【生态文明试验区建设】 抓好中央环保督察“回头看”反馈问题整改,全力打好蓝天保卫战、城市黑臭水体治理、长江保护修复等七大战役,实施长江经济带“共抓大保护”十大攻坚行动,开展“五河两岸一湖一江”全流域系统治理,如期完成消灭监测断面劣Ⅴ类水任务,建成覆盖规模以上入河排污口、水质监测站和重点排污企业在线监测系统,鄱阳湖沿线 20 个试点乡镇生活污水处理设施及配套管网项目全部建成。生态环境质量保持稳定,国考断面水质优良率达 92%,全省 PM2.5 浓度同比下降 17.4%,空气优良天数比例 88.3%,节能减排完成国家下达任务。因地制宜推进造林绿化、美化、彩化、珍贵化,江西省成为全国唯一“国家森林城市”设区市全覆盖的省份。形成 26 项生态文明制度创新成果,全面划定生态保护红线,完成自然资源资产负债表编制试点并全面推开,建立五级林长制、湖长制,在全国率先开展生态文明建设目标考核。赣州山水林田湖草保护修复、抚河流域水环境综合治理与可持续发展等国家级试点扎实推进,婺源县获评第二批国家“绿水青山就是金山银山”实践创新基地,井冈山市、崇义县、浮梁县获评国家生态文明建设示范市县。

(宁全　谢巍)

重点工程建设

【概　况】 2018 年,全省分 2 批共安排省重点建设项目 315 项,总投资 10775.45 亿元,年度计划投资 2112.96 亿元。其中,建成投产项目 30 项,续建项目 96 项,建成 25 项。全年省重点项目建设共完成投资 2270.01 亿元,占年度计划 107.4%,工程进度较上年同期加快 3.2 个百分点。其中计划建成投产项目完成投资 222.52 亿元,占该计划的 101.6%;续建项目完成投资 1179.29 亿元,占该计划的 110.4%;计划新开工项目完成投资 868.2 亿元,占该计划的 105.1%。

【基础设施项目建设】 104 个项目累计完成投资 801 亿元,占年计划的 105.1%。建成皖赣铁路浯溪口水库段改线工程、九江长江大桥公路桥加固改造工程、神华九江电厂 2 台 1000 兆瓦超临界燃煤发电机组、赣江新干航电枢纽 1、2、3 号机组发电等项。昌吉赣客专进入挂网架线阶段、赣深客专路基土石方完成 97%,基本完成广吉高速公路路面摊铺、昌九改扩项目拓宽幅路床交验和昌南大道快速路昌南高架西至高新南段南半幅通车。完成昌北机场 T1 航站楼改造北区工程和宽带中国 4G 变速网络基站 7657 个。开工建设昌景黄高速铁路江西段、南昌地铁 3 号线、4 号线、界牌至双港渠化航道整治、双港至褚溪河Ⅲ级航道整治、万安枢纽二线船闸、九江港彭泽港区红光作业区综合枢纽物流园和中国移动(江西)数据中心一期等项目。

【产业项目建设】 177 个产业项目累计完成投资 1388.1 亿元,占年计划 111%。建成富山基地标准化厂房项目(南昌小蓝经开区)、年产 3600 万只美国伊顿电气产品生产基地一期项目(赣江新区)、青山湖万达广场(青山湖区)、景德镇御窑博物馆及御窑厂遗址保护设施建设等项目。

【社会民生项目建设】 22 个社会民生项目累计完成投资 42.9 亿元,占年计划的 65.6%。稳妥推进建设江西省文化中心、省属 5 所医院新区分院和南昌大学附属口腔医院红谷滩新院、南昌汉代海昏侯国遗址博物馆、国家法官学院江西分院建设项目和江西省人防工程等项目。

【生态环保项目建设】 12 个生态环保项目累计完成投资 37 亿元,占年计划的 105.5%。开工建设 4 个生活垃圾焚烧发电项目和鄱阳县环东湖综合治理项目(鄱阳县)、铜鼓县河湖水系保护与综合治理项目、赣西地区危废处置中心及工业废渣资源化清洁生产示范项目(分宜县)等。

【项目协调】 按照“重点建设、重点服务、重点保障、重点协调”的工作要求,省发改委主动会同有关部门和各级地方发改委统筹协调,沟通联系,强化服务,严格执行国家和省有关法律法规,严格执行基本建设程序,确保项目建设规范有序实施。规划、国土、环保、林业等部门衔接服务省重点项目规划选址、用地保障、环评审批、林地报批等有关工作,为项目按期开工创造条件。电力、通信、市政、交通等部门优先保障省重点项目的供电、通讯、供水、交通运输等配套条件,为项目实施建设提供支持。公安部门配合省重点项目严厉打击非法阻工、强揽工程、强买强卖和偷盗破坏等违法行为,为项目安全建设提供保障,确保项目按计划顺利推进。

省重点项目点多、线长、面广,省重点项目建设推进领导小组办公室提前部署、督促、协调各项目沿线政府和建设单位解决项目建设过程中存在的重大问题,定期和不定期地召开会议,推进项目建设。提前部署新开工项目先行段林地、土地报批和征迁标准及其征地拆迁等各项开工前准备工作,促进项目顺利开工建设。协调解决有关征地拆迁、电力迁改、站后牵引电力工程选址、厂矿征迁等问题,协调省属5所医院项目解决有关招标方案备案及投诉等相关问题;协调解决机场项目安检入驻等配套设施,以及有关因各种因素导致工程滞后的问题;并向有关设区市发函,解决通信项目站多面广的移动基站建设和疑难站点建设等问题。

【项目调度】 针对已开工的重点项目,实施全面调度和专项调度,详细掌握项目建设进展,发现项目建设过程中存在的问题,及时督促协调解决。对未开工的重点项目逐一调度分析原因,实施日常调度和重点调度相结合,制定对策措施,创造条件,争取项目尽快开工建设。为做好省重点工程项目调度工作,省重点项目建设推进领导小组办公室通过举办全省地市信息调度工作培训班,强调项目信息调度工作的重要性和时效性,要求各设区市、有关单位和部门对重点建设项目实施全面调度和专项调度、日常调度和重点调度相结合,督促管理推进项目建设,高效准确如实填报项目报表数据,及时掌握项目建设进展情况、投资计划完成情况,为项目建设推进提供有力支持。

【项目管理】 严格按照重点项目推进办务会制度集体研究、讨论、决策,大大提高了招投标监管力度。全年共召开办务会35次,对项目重大协调事项和各项目标段招标事项进行集体研究讨论,既保证了项目严格按照有关法律法规、政策性文件规范实施,又有效地防止了招标不合理的限制性条款,对招投标过程中易出现异议的地方提前研究、预测可能出现的问题,及时发现、有效预防,针对已出现符合投诉处理条件的投诉,依法依规进行受理、核实、妥善处理,坚持维护国家利益、社会公共利益和招投标活动当事人合法权益。贯彻落实江西省建筑施工安全专业委员会精神,持续推进省重点建设项目施工安全专项整治行动,督促项目抓好安全生产,安全建设,确保重点工程建设项目顺利、有序、有效推进。

(易飞)

国有资产管理

【概　况】 截至年底,全省国有企业资产总额30448.4亿元,增长16%。全年营业收入6884.7亿元、利润总额365.8亿元、累计完成增加值1188.7亿元、缴纳税费281.7亿元,同比分别增长14.4%、20.3%、13%、8.3%。省属国有企业资产总额13028.6亿元,全年营业收入4876.5亿元、利润总额246.1亿元、累计完成增加值812.6亿元、缴纳税费180.7亿元,分别增长12.8%、10.8%、33%、15.4%、14.8%,营业收入、利润总额两项指标均创历史新高。省属国有企业利润总额、净利润、应缴纳费增速分别高出全国国有企业20.1、28.2、11.5个百分点,增加值增速比全省规模以上工业高6.5个百分点,出口产品销售收入增速比全省出口高14.1个百分点,营业收入、利润总额、资产总额分别位列全国第十三位、第十三位、第十四位,均位列中部第三位。

【混合所有制改革】 印发实施《江西省国资委出资监管企业混合所有制改革操作指引(试行)》,为江西省国企混改提供操作指导。12家商业Ⅰ类监管企业中,4家已完成集团层面混改,4家已实现核心资产整体上市,省属国企混改率达到73.5%。完成江铜国贸、江西通航、中鼎国际、安源管道、江中医控等5家企业员工持股试点工作,兴铁资本、江钨股份试点工作有序推进。新余国科、江西国科等国有科技型企业探索实施企业重要技术人员和经营管理人员持股,通过设立员工持股平台公司,实现核心骨干员工入股企业。指导推动江铜集团等7户"双百企业"实施综合改革。在全省范围组织开展百户国企混改攻坚行动。省出资监管企业公司制改革全面完成,全省国有企业公司制改革总体完成率99.6%。

【市场化战略重组】 重组整合省军工控股集团,纳入省出资监管一级企业管理。实施华润集团战略重组江中集团,江中药业战略重组济生制药和桑海制药,推动江中集团打造形成江西中医药产业发展大平台。实施国泰集团与威源民爆、江铜民爆重组整合,打造民爆资产整体上市大平台。实施省投资集团与省能源集团战略重组,打造能源、环保产业发展大平台。组建江西广电传媒集团、江西报业传媒集团、江西省华赣环境集团有限公司等多家企业,为发展新产业经济夯实基础。推进能源集团、江钨控股集团等企业市场化债转股,中鼎国际集团4.5亿元债转股正式实施,成为江西省市场化债转股"第一单"。

【供给侧结构性改革】 推进驻赣央企"三供一业"分离移交,全省驻赣央企涉及供水、供电、供气、物业移交协议综合完成率99.6%,基本完成移交41.83万户,总体完成率98%。省属企业办医疗机构深化改革加快步伐,与华润健康集团达成战略合作协议。561户"僵尸企业"已处置完成475户,完成率84.7%。省能源集团累计淘汰落后产能575万吨,完成去产能任务。落实"映山红行动",江西银行、九江银行先后在香港联合交易所挂牌,江旅集团完成对上市公司国旅联合的收购,江西国科在证监会等待上发审会,智明星通完成"新三板"上市材料报审,江盐集团、江钨股份等企业完成股份制改造,国泰集团整合威源民爆、江铜民爆实现整体上市。

【实施降本增效】 指导督促企业以预算管理为突破口,对标先进提升管理水平,优化管控模式,严控成本费用,提升生产工艺,推进节能降耗,实行全员额、全要素、全过程的成本管控。截至年底,省属国有企业净资产收益率5.8%、成本费用利润率5.3%,分别提高1.2个、0.9个百分点;百元营业收入支付成本费用95.1元,减少0.4元。江铜集团下属贵溪冶炼厂围绕"打造世界炼铜标杆工厂"目标,不断提升生产技术水平,铜冶炼综合回收率、吨铜冶炼综合能耗等指标持续优化,分别跃居世界第一位、第二位;新钢集团提高煤气利用率降低燃料成本,跟进焦炭市场变化降低采购成本,成本费用利润率同比提高4个百分点;省建材集团坚持对标管理,改进技术经济指标,成本费用利润率大幅提高13.3个百分点。

【实施创新驱动发展战略】 开展“科技创新攻坚行动年”活动，着力推动研发投入、创新载体、发明专利“三个攻坚”，促进企业由要素驱动向创新驱动转变。2018年，省出资监管企业R&D研发投入43.5亿元，占比2.01%，增长34.3%。创新载体不断增多，新增国家级创新平台1家，省级创新平台4家，高新技术企业10家。截至年底，出资监管企业拥有国家级创新平台5个、省级创新平台36个，国家级企业技术中心4个；博士后工作站6个，院士工作站2个；高新技术企业43家。监管企业累计拥有专利总数2500余件，其中发明专利500多件，增长26.8%。2018年获国家发明专利奖1项，省科技进步一等奖2项、二等奖2项、三等奖4项。

【“走出去”步伐加快】 江西国际公司、中鼎国际分别列250家最大国际承包商第92位和第146位。江西国际公司海外项目本地化率超过95%，聘用外籍员工多达1.4万人，与菲律宾八达雁省签署总合同额31亿美元的系列项目合作备忘录。由江西国际公司牵头，江铜集团、新钢集团等参与的赞比亚江西工业园项目开工建设。江铜集团成立江铜国际贸易北美有限公司、江铜香港投资平台，开展海外资源并购。省建工集团在印度中标约6.7亿元的公路工程项目后，又与马来西亚BNG公司合作建设孟加拉500兆瓦太阳能发电站项目。

【赣港、赣台经贸合作】 举办2018年赣港经贸合作“国有企业引进战略投资者(香港)专题招商活动”，涉及项目36个，投资总额1542亿元。其中签约项目5个，计划投资27.4亿元。举办第十六届赣台(南昌)经贸合作“台商与江西国有企业战略合作对接会”，增进赣台企业之间的了解和合作。配合江西省总部经济战略部署，由江西省国资委牵头，与南昌市政府、启迪控股签署《共同设立启迪未来科技有限责任公司的合作协议书》，公司完成工商登记注册。

【监管职能改革优化】 调整优化监管职能，2018年，取消权力事项1项、部分下放1项，部分授权2项，取消和下放审批、核准、备案事项比例达64.5%。配合建立向省人大报告企业国有资产管理情况制度，受省政府委托，首次向省人大常委会报告企业国有资产管理情况，重点报告了省国资委监管企业国有资产管理情况。配合机构改革要求，将监事会成建制移交给省审计厅，同时统筹推进“三定”方案调整、内设机构优化、监管职能整合。配合省公共资源管理办公室对全省国有产权交易市场进行整合，省产权交易所交易系统与国务院国资委产权监测系统进行对接，实现产权交易实时监控。年内，企业国有产权项目成交1217宗，成交总额61.8亿元，竞价成交1081宗，竞价率89.93%。其中完成国有企业增资项目6宗，募集资金金额13.30亿元。构建违规经营投资责任追究工作机制，14家监管企业全部明确责任追究职能部门，制定出台违规经营投资责任追究办法，实现全覆盖。

【推动企业高质量发展】 把推进高质量、跨越式发展作为首要战略，出台《江西省省属国有企业高质量发展行动方案(2018—2020年)》及创新驱动、改革攻坚、绿色发展、开放发展、转型发展5个行动计划，规划高质量发展目标、路径和举措。同时强化考核评价，制定印发任务分工方案和高质量发展考核办法，将企业高质量发展实施情况纳入企业年度考核和任期考核，与企业领导人员的薪酬、任免、待遇挂钩，形成奖优罚劣长效机制。按照省委、省政府支持江铜集团实现“三年创新倍增”的战略部署，加强服务支持，形成工作合力。

(曾红梅)

煤矿安全监察

【概　况】 2018年，全省煤矿安全形势持续稳定，全省共有煤矿116处，其中省属煤矿9处、地方乡镇煤矿107处。全年共发生事故7起、死亡11人，同比事故起数少2起、多死亡1人，起数下降22.2%。原煤产量542.86万吨，百万吨死亡率2.03，杜绝了重大以上事故。

【落实监察计划】 按照国家煤监局统一部署，落实“双随机、一公开”要求，组织开展一通三防、水害防治、提升运输设备、关闭矿井(全省没有建设矿井)、安全培训和超能力生产、职业危害等专项监察，开展省际异地监察和交流执法，结合江西实际开展以瓦斯防治为重点的省内异地交叉监察。实施分类监察，落实国家煤监局15号文件要求，江西省煤矿大部分属C类矿井，坚持问题导向实施精准监察，加大执法频次。加大执法力度。严格落实“三个暂扣”和“四个一律停产整顿”要求。采矿许可证或矿长安全管理能力资格证过期、未实施正规开采或使用木支护、安全监控系统不能正常使用、没有按要求配备探放水钻机的矿井，依法暂扣安全生产许可证；对于煤矿存在瓦斯超限、透水征兆、超层越界、超能力突击生产等行为的一律停产整顿。

【执法方式方法完善】 改进执法方式，开展集中监察、超前预防性监察和表格式监察。针对国有煤矿系统复杂、开采范围大，制定方案、集中人员，实施全方位集中监察执法；对重点煤矿的采掘部署、接替计划、灾害治理提前介入进行超前预防性监察；每次将重点监察内容表格化，对标执法，重点查处18种常见的违法违规行为。加强执法信息化工作。完善江西省煤矿安全生产基础数据管理平台基础数据库，每季度对相关数据进行更新。推进煤矿事故调查系统应用，推进信息化监察，推动运用执法系统软件和执法记录仪，实现监察执法全过程记录，线下文书制作、线上统计分析，执法文书入库3926份，其中2018年执法文书入库2444份。采取措施增强执法效果。聘请专家参与监察和发证审查，提高执法精准性；联合地方监管部门实施联合执法，提高执法效能。

2018年对煤矿企业监察执法712矿次(完成计划647矿次的110%)，制作各类文书3680份，查处各类事故隐患与违法行为3726条，其中重大隐患9条，责令全矿井停产整顿11处，停止采掘作业头面223个，责令设备停止使用251台(件),累计暂扣煤矿安全生产许可证130矿次,实施行政处罚367次,行政罚款1168.3万元(监察罚款796.4万元、事故罚款371.9万元),比上年提高45.1%。

【开展打击整治煤矿违法违规专项行动】 按照国家煤矿安监局要求,会同省应急管理厅进一步细化打非治违工作方案,明确重点,强化督导检查,并根据省安委会安排,带队对上饶市、景德镇市、吉安市和赣州市4市进行煤矿安全专项整治考核。派员参加省政府组织的7个安全生产巡查督导组,对设区市政府实现全覆盖、全年不间断巡查督导,对巡查发现的问题及时通报全省各地市,举一反三进行整改。加大暗查暗访力度,严厉打击非法违法生产行为。在春节、两会、国庆等特殊时期,由省局领导和分局领导带头,利用周末、节假日和夜间,分别对重点产煤地区及部分煤矿企业进行暗查暗访、突击检查共136矿次,对查出的问题及时向地方政府反馈,督促落实整改措施、专人盯防、跟踪销号,实施煤矿作业区域、检修区域向监管监察部门备案,严防非法违法生产。

【开展安全会诊和体检工作】 会同省应急管理厅制定突出矿井会诊工作方案,明确会诊10个方面内容和3个工作阶段,由江西煤监局牵头,地方各级煤矿安全监管部门参加,聘请专家参与会诊。组织开展"六类高风险煤矿企业"体检式监察执法活动,制定工作方案,以省安委会名义下发,江西省共有39处矿井纳入体检范围。

【从严煤矿安全准入】 对标《煤矿安全规程》,严格发证标准,达不到煤矿安全规程等相关条件的矿井,一律不受理,从源头上把好安全准入关。严格落实国家发改委等6部委《关于做好2018年重点领域化解过剩产能工作的通知》和省化解过剩产能办公室的要求,对地方政府列入2019年至2025年关闭的9万吨/年及以下矿井,发证延期到关闭当年的6月底。安全生产许可证逾期未申请延期的矿井,10天内注销安全生产许可证并在网站公告,收回证照并通知地方政府和监管部门做好后续监管工作,防范非法生产。截至年底,全省矿井116处(省能源集团公司9处),其中持有安全生产许可证矿井91处,全年受理安全生产许可证延期69矿次、变更35矿次,通过审查同意延期50处煤矿,注销安全生产许可证85处。

【从严追责问责】 严肃查处事故。发生事故后加快调查结案,并向社会公布调查报告,严肃处理事故责任人,涉嫌违法的移送司法机关处理。年内发生的7起事故,已全部结案。共给予党政纪处理人员18人次,调整"五职矿长"9人次,撤职免职矿长18人,解聘1人次,移送司法机关2人,对80人次实施行政处罚,罚款24.874万元。九江市小泉煤矿"3·29"事故发生后,九江市吸取事故教训,将全市5处煤矿彻底关闭。对发生事故及时通报并通过短信发送所有煤矿,开展对事故煤矿及地区约谈,省局分局全年共约谈地方监管部门2次、煤矿企业10次、企业管理人员43人次。针对萍矿集团和新余市煤矿事故多发,江西煤监局会同省应急管理厅、省自然资源厅、省国资委、省能源局先后对萍矿集团、新余市进行3次约谈,并形成会议纪要,督促落实安全措施。开展警示教育。年初与省安监局联合召开会议,对全省煤矿矿长进行警示教育,宣贯中共中央、国务院和应急管理部、国家煤监局以及省委省政府关于煤矿安全生产工作的政策和措施。全年共召开事故警示教育会64场4082人次参加。推动和淘汰小煤矿关闭退出,全年关闭85处小煤矿。

【煤矿安全基础工作】 进一步摸清全省煤矿基本情况、按照安全保障程度从高到低将全省煤矿划分为A、B、C、D四类。其中,A类为安全保障程度较高煤矿,B类为安全保障程度一般煤矿,C类为安全保障程度较低煤矿,D类为长期停工停产煤矿。截至年底,共对全省121处煤矿进行了分类。其中,A类煤矿0处,B类煤矿3处、生产能力74万吨/年,C类煤矿95处、生产能力773万吨/年,D类煤矿23处、生产能力170万吨/年。

督促煤矿做好监控系统升级改造和提升设备改造工作,消除突出危险性,加强瓦斯超限管理,每周调度超限情况,瓦斯超限大幅度下降。瓦斯超限按事故处理,对丰矿集团曲江矿2次瓦斯超限进行立案调查处理。督促丰矿集团投资2500万元解决曲江矿、尚庄矿井下高温问题,督促丰矿集团曲江矿对水患进行治理,年底基本治理到位。对全省煤矿水患情况进行论证分析,形成分析报告,指导防治水工作。

【煤矿信息化工作】 年初,完善江西省205处煤矿安全生产基础数据管理平台基础数据库,每季度对相关数据进行更新,为煤矿安全监察提供依据。推进信息化监察。智能执法单机版开发技术方案变为现实,实现线下文书制作、线上统计分析,将定稿的文书上传至国家煤监执法信息管理系统,执法文书入库3926份,其中2018年执法文书入库2444份。推进使用煤矿安全监察执法系统软件,监察执法时使用执法记录仪,实现监察执法全过程记录;OA系统PC端和移动端的功能不断完善,相关工作实现网上运行。采取有效措施,推进煤矿事故调查系统的应用。7月26日系统上线试运行,江西煤监局立即投入使用,组织人员对年内发生的事故数据进行补录、上传等工作。

【地方监管责任落实】 组织开展对地方煤矿安全监管工作监督检查,省局领导带队对上饶市、九江市、景德镇市、新余市、宜春市、萍乡市等6个市级煤矿监管部门进行9次监督检查和指导,3个监察分局对28个产煤县(区、市)进行59次监督检查,及时下发监督检查意见函。对重点产煤设区市煤矿安全工作开展安全生产综合督查和巡查,6—7月,由省局领导带队对上饶、宜春、新余、萍乡等4个设区市煤矿分别进行为期10天的安全生产综合督查和巡查,并向设区市政府及煤矿安全监管部门下发督查通报。督促严格复工复产验收程序,复产煤矿必须经县(区、市)长签字后,方可恢复生产。

【煤矿安全依法治理】 强化依法行政约束体系,持续完善并公布权力和责任清单,2018年未发生行政诉讼和行政复议。推进干部学法常态化、系统化，通过安全生产月活动、日常监察执法宣讲等，向煤矿从业人员和社会各界宣传煤矿安全法律法规，牢固树立安全生产法治意识。强化执法监督。充实人员加强执法监督，做到前有监察、后有监督。对各分局监察执法情况进行执法监督，发生事故后，从安全评价、发证、执法等方面进行执法分析，查找工作中的薄弱环节和漏洞，进行整改规范。省局和各分局制定了规范执法、绩效考核办法，促进监察员严格、公正、文明执法。

（周华）

价格管理

【概　况】 2018年，江西各级价格主管部门以深化供给侧结构性改革为主线，紧扣价格机制改革重点任务，推进“放管服”改革，持续加强价格总水平调控，提升价格服务，完善价格管理，创新监管方式，为稳定市场物价、保障改善民生、促进江西经济社会可持续发展作出大量富有成效的工作。1—12月份，江西居民消费价格指数CPI同比平均上涨2.1%，与全国平均水平持平，低于年初3.0%左右的调控目标；工业生产者出厂价格指数PPI同比平均上涨4.2%，高出全国平均水平0.7个百分点。

【保持价格平稳运行】 重视价格监测，建立有效信息采集、分析、反馈系统和规范报告制度，为实现精准调控提供决策依据。做好信息发布，每月会同有关部门向社会通报CPI和PPI指数，做好月、季、年度价格形势分析，上报国家各类价格监测报告制度报表600余份，发布各类价格监测信息300余条，汇总编发《江西省居民生活必需品价格监测报表》107期，《江西省猪粮比价》52期。针对2月份江西CPI同比上涨2.9%，第一时间组织相关部门对价格形势进行深入分析，提出相关政策建议。针对中美贸易摩擦、非洲猪瘟疫情等事件，加强价格形势分析预警，形成多篇调研报告。严格落实国家稻谷最低收购价格政策，配合国家发改委开展实地调研，引导农民调整供给结构，改善供给质量。注重提升平价商店规范化建设水平，执行鲜活农产品运输绿色通道政策，降低鲜活农产品运输成本，加快产销对接，完善“菜篮子”保供稳价长效机制。及时启动价格联动机制，合计向126.37万人次发放价格临时补贴1623.32万元。

【重要领域价格形成机制完善】 印发《2018年江西省价格工作要点》，明确工作思路、提出重点任务。按照应由市场形成的价格坚决放开的原则，全面梳理政府定价、政府指导价项目，研究制定新的江西省定价目录。重点围绕污水处理、固体废物处理、节水、节电四大领域，推进资源环境价格改革，研究制定鼓励节约、遏制浪费、支持环保的价费形成机制。围绕水、电、气和医药、旅游、道路交通等领域，建立健全定价合理惠及民生的价格形成机制。对标2018年江西重点价格改革任务，建立工作台账，对24项重点价格改革任务及重点工作实行月调度、月通报、年销号制度，切实防止逐级衰减现象。开展专项督查指导，深挖地方工作好经验好方法，及时总结推广，建立健全典型经验总结推广常态化制度。出台2018版《江西省定价目录》，减少政府定价项目26%。明确2025年年底前对实行2部制电价的污水处理企业用电、电动汽车集中式充换电设施用电、港口岸运营商用电免收基本电费。出台加快建立非居民用水超定额超计划累进加价制度的文件。完成农业水价综合改革实施面积3.09万公顷。所有市县城镇污水处理费标准按国家要求全部调整到位。研究出台城市燃气配气价格政策，出台进一步加强道路客运价格管理文件。启动峰谷电价和居民阶梯电、气价政策评估，以及增量配电网配电价格核定等工作。均衡各方利益，形成统一武功山风景名胜区门票价格，调整中医医疗服务价格。

【供给侧结构性改革】 下放定价权限，62%政府定价事项下放到市、县人民政府定价。动态调整江西省经营服务性收费目录，最大限度减少收费项目。以减负降价为主线，以电力、燃气、交通为重点，出台一系列价格政策，全年共惠企惠民约32.64亿元。通过降低一般工商业目录电价、创造性提出“五个一”工作法，清理规范电网环节收费，年减轻企业用电成本24.14亿元；降低省内天然气短途管道运输价格，年减轻企业用气成本3亿元；开展高速公路实施差异化收费试点，年降低企业物流成本约3.5亿元；所有国有5A级景区和国家级风景名胜区门票全部降价的同时，降低景区索道、电瓶车等交通工具价格，年惠民让利2亿元。

【价格监管水平提升】 每周2次在江西有线电视向社会发布涉及消费者生产生活的商品和服务价格信息。抓好检查巡查，共查处价格违法案件761件，经济制裁总金额3352万元。畅通12358价格诉求渠道，依法依规处理南昌洗涤企业布草洗涤价格集体上涨等舆情事件，开展省内部分药企原料药价格反垄断协查。严格核减不应计入定价成本费用，仅省级成本监审共核减不合理成本6.39亿元。高质量完成重要农产品和农资的各类价格调查、成本收益预测调查，江西省成本调查监审局被评为2015—2017年全国农产品成本调查工作优秀集体。开展价格认定学习提升年活动，及时完成各类涉纪、涉案财物价格认定及复核工作，江西省价格鉴定监测管理局被评为全国价格认定学习提升年活动先进机构。开展《中华人民共和国价格法》实施20周年系列宣传活动，获得经济导报社组织的征文活动奖项14个，其中一等奖2个。参与省政府在线访谈、阳光江西《党风政风热线》，向社会传播价格好声音。开展理论研究，办好《价格月刊》。《运用价格杠杆扩大和升级六大领域消费》获得国家价格研究最高奖项——第七届薛暮桥价格研究奖。

（徐帆）

市场监督管理

【概　况】 2018年，全省市场监管部门继续深化商事制度改革，加强市场监管，实施质量强省战略，推进市场监管改革创新。全省新登记企业17.76万户、个体工商户38.7万户，分别增长

17.84%、15.9%。全省申请专利68376件、授权43461件，分别增长36.7%、67.2%。质量强省建设迈出坚实步伐，质量总体水平明显提升。井冈山旅游发展总公司、景德镇澐知味陶瓷文化有限公司胭脂红扒花班组获第三届中国质量奖提名奖，实现"零"突破。在国务院2016—2017年度省级政府质量工作考核中，江西省排名全国第九位，为历史最好成绩。市场监管执法扎实推进，市场环境更为规范有序。国家企业信用信息公示系统(江西)共归集45个省直单位和市县相关单位涉企信息2544.8万条，系统累计访问量达5980多万人次。质量安全形势持续稳定、稳中向好，消费环境明显改善。严格食品药品、特种设备和工业产品质量安全监管，守住了质量安全底线，全省质量安全态势平稳，全年未发生区域性、系统性质量安全事件，未发生责任事故，未发生因"三大安全"引发的群体性事件。食品安全和药品监管年度考核分别位居全国第六位、第五位，取得历史最好成绩；全省特种设备事故起数和万台特种设备死亡人数(0.12人)同比呈现"双下降"态势，低于全国平均水平。

【市场监管体制改革】 根据《江西省机构改革实施方案》，组建省市场监督管理局。将省工商行政管理局、省质量技术监督局、省食品药品监督管理局的职责，以及省发改委(省物价局)的价格监督检查与反垄断相关职责，省商务厅的反垄断相关职责，省知识产权局的行政职能等整合，组建省市场监督管理局，作为省政府直属机构，加挂省知识产权局牌子。组建省药品监督管理局，作为省市场监督管理局的部门管理机构。保留省食品安全委员会，具体工作由省市场监督管理局承担。不再保留省工商行政管理局、省质量技术监督局、省食品药品监督管理局。11月3日，江西省市场监督管理局(省知识产权局)成立并举行挂牌仪式，副省长孙菊生出席并讲话，省政府副秘书长吴龙强主持挂牌仪式。

【行政审批权限下放】 推进工业产品生产许可制度改革，先后将3批工业产品生产许可省级发证工作，委托给设区市、省直管试点县(市)。将冠省名企业名称登记核准权限有序下放设区市、省直管试点县(市)。在赣江新区等5个功能区开展改革试点基础上，在全省推开"证照分离"改革。开通创新医疗器械产品注册绿色通道，实现优先审评审批。新增公章刻制备案等15项备案事项，实行"39证合一"，全省已有4575户企业通过互联网完成"多证合一"备案信息填报。

【压缩办事程序时间】 实行省级发证工业产品生产许可后置现场审查，取消发证检验。联合省商务厅，将外商投资企业商务备案表格与注册登记申请材料全面融合，实现商务备案与注册登记"单一窗口、单一表格"受理。6月底实现全省企业注册开办时间压缩到5个工作日(注册登记3个工作日、刻制印章1个工作日，申领发票1个工作日)，初步实现"在国家要求基础上再缩短3.5个工作日"的预期目标。开通绿色通道，将研究用对照药品一次性进口受理审批时限由25个工作日减少至3个工作日。

【拓宽网上办事渠道】 运用"互联网+"等信息技术，推进办事服务"网上批、不见面、快递送"。相继上线运行企业登记网络、微信办照业务，市场主体登记注册业务均可全流程在手机端操作，无须再到窗口提交书式材料，"一次也不跑"全面落地。全年全省通过"江西省企业登记网络服务平台"办理各类企业设立12.87万户(含"无纸全程电子化")，占同期企业新设立总户数的72.47%。其中，采用"一次不跑"的无纸全程电子化方式设立企业2.77万户。启用食品生产许可信息管理系统，实现食品生产许可"一网"通办。执业药师注册工作全程网上办理。

【服务个体私营经济发展】 与省信用联社合作，推进"星级文明诚信个体户"创评活动，累计向4.2万户个体工商户发放无抵押、无担保信用贷款100亿余元。召开省个体私营经济协会第六次会员代表大会暨表彰大会，表彰先进典型，鼓励私营经济发展。提升企业登记全程电子化水平，开通微信办照、银行代办等线上线下渠道，实现"只跑一次"网上登记比重超过60%，推动更多"只跑一次"事项转化为"一次不跑"。推进"证照分离"改革，巩固"多证合一"改革成效，推动"照后减证"，解决民营企业"办照容易办证难"等突出问题。"江西工商创业咨询一点通暨小微企业名录系统"平台活跃度、知名度和社会关注度不断提升，打响江西省"扶小"品牌，"创业咨询一点通"累计访问量超过160万人次，"江西小微企业名录系统"累计访问量达153万人次。选择赣江新区、赣州市部分县区开展个体工商户简易登记改革试点，试行名称、经营场所、经营范围自主申报，探索名称、经营场所、经营范围禁限用规则和行之有效的监督纠正措施，截至年底，试点地区已办理个体简易登记3284户，占其同期新开业户数六成比重。

【实施质量强省建设】 围绕高质量、跨越式发展部署，抓标准引领，抓质量攻关，抓品牌建设，实施质量强省战略，推动江西制造向江西创造转变、江西速度向江西质量转变、江西产品向江西品牌转变。省委、省政府印发《关于开展质量提升行动 建设质量强省的实施意见》，提出建设质量强省，以及20条质量提升具体措施，标志着"质量兴省"正式向"质量强省"转变。同时，制定"质量提升行动年""百个产业集聚区、百种重点产品和服务""服务零距离、质量零缺陷"等质量提升行动工作方案，在全省开展质量提升行动。参与2018年全国质量月"苏浙皖赣沪"共同行动。在全省部署13项重点工作任务，各地共在36个重点行业、18个重点区域、99个重点产品和500余家中小企业开展质量提升行动，组织技术专家1500余人次进园区、进企业开展质量帮扶。

【质量基础建设】 强化基层检测机构建设，获批筹建国家油茶质检中心，完成验收进贤、信丰县等9个(区)级检验检测中心。加强直属检测院(中心)工作指导，投入资金升级改造检测检验设备，配全配齐检验检测专业人员，有效提升检测能力水平。推动国家城市能源计量中心(江西)在线监测平台建设。鼓励民营检测机构发展，推动形成公平有序的检测市场竞争格局。

【生态标准化建设】 推进国家技术标准创新基地建设,成立国家技术标准创新基地(江西绿色生态)专家委员会,由中国中医科学院院长、中国工程院院士黄璐琦担任总顾问,初步搭建江西省生态文明建设标准体系框架,启动研发一批支撑绿色发展、体现江西特色的关键标准,加快农产品标准化及可追溯体系建设。与中国标准化研究院、江西中医药大学等院校开展合作,构建生态文明科技创新标准化平台。发布支撑绿色发展、体现江西特色的地方标准164项,参与研制国家标准6项,新获批国际标准立项1项。推荐3个设区市入列全国“百城千业万企对标达标提升专项行动”城市。推进标准化试点示范建设,新获批15项国家级标准化试点示范项目。鼓励企业通过标准信息公共服务平台自我声明执行标准。组织开展31期“标准化进园区”活动,帮助企业夯实标准化技术基础。

【商标品牌建设】 截至2018年三季度,江西省商标新注册件数6.2万件,有效注册量26.1万件,增长38%。新认定中国驰名商标2件,全省有中国驰名商标163件。注册地理标志证明商标17件,获批国家地理标志保护产品4个。马德里国际商标注册114件。4个产品入围2018年品牌价值评价100强,其中“赣南脐橙”获地理标志区域品牌价值榜第九名。推进区域品牌建设,指导“江西米粉协会”“南康家具”“金溪面包”等成功注册集体商标。做好2018年江西名牌产品评审工作。

【药品疫苗安全监管】 组织开展疫苗全过程检查,封存长春长生其他批次“冻干人用狂犬病疫苗”20.9万支,销毁其他不符合规定疫苗2265支,确保全省舆情总体平稳可控。开展全省流通领域中药材中药饮片、医疗器械、冷链药品等专项整治工作。组织药品生产企业等飞行(跟踪)检查,建立健全抽检信息公布制度,即时发布药品质量公告。重点查处娄某婧利用互联网非法经营第三类医疗器械隐形眼镜、江西横峰“5·16”特大销售假冒微整形药械等药品违法案件,有力打击药品违法犯罪行为。

【食品安全监管】 加强食品安全全过程监管。强化监管经费保障,2018年,安排省级食品药品监督抽验经费2.15亿元,食品抽检监测18.36万批,达到4批次/千人。抓好高风险食品、特殊食品质量安全监管,做好婴辅食品临时限量值实施工作,即时下架召回相关产品合计2554.62吨。加强食品小作坊、小餐饮、小食杂店、小摊贩监管。联合20部门出台提升餐饮业质量安全水平实施意见。应对非洲猪瘟疫情,强化猪肉等动物产品质量安全监管,部署实施“放心肉菜示范超市”创建工程。

【特种设备安全监管】 省政府分管副省长兼任省特种设备安全专业委员会第一主任,将特种设备安全专项整治列为2018年全省安全生产十大整治行动之一。以省政府名义在全省范围内组织开展全省特种设备安全专项整治行动,全面排查整治特种设备安全隐患。构建双预防长效机制,开展特种设备安全使用风险分级管控集中行动。指导市县有序推进电梯应急处置平台建设,提升特种设备应急处置水平。

【保障工业产品质量安全】 江西省李渡烟花集团是唯一承担上合组织青岛峰会文艺演出焰火生产和燃放任务的企业,专供烟花产品质量要求比国际标准更加严格。省市场监管局高标准、严要求组织开展烟花产品质量监督,配合做好联合驻厂监管,督促和监督企业加强质量监管,强化企业质量安全主体责任,抽查检查烟火药23种23批次、2.6万千克,烟花产品65种110批次,涉及产品5.6万发(个),有效保障专供烟花产品质量安全。

【网络交易监管】 建成并启用网络交易监管中心,利用信息化手段,开展网监指挥调度、研判分析、电子取证、报表统计及数据分析等工作,为网监执法提供有力的技术支撑。加大对创建国家级示范区的赣州、泰和,以及创建省级示范区的抚州市东乡区、南昌市青云谱区、瑞昌市的支持和指导力度。组织开展网络市场监管专项行动、四季度网络集中促销整治活动,进一步加大网络市场违法行为的整治及查处力度,规范网络交易行为。

【广告监管】 全省开展各类虚假违法广告专项整治工作,查处各类虚假违法广告案件618件,增长83%;罚没金额1749.72万元,增长173%。全年受理违法广告投诉举报2065件,传统媒体广告条次违法率为0.01%、广告时长违法率为0.3%,远低于总局要求控制在1%以内的目标,分别位列全国第八名和第九名,跨入全国前三分之一的先进行列。及时应对“鸿茅药酒”突发事件,全面系统排查2008年以来江西省鸿茅药酒广告监管情况。在全省范围内集中开展互联网广告专项整治工作,以社会影响大、覆盖面广的门户网站、搜索引擎、电子商务平台、移动客户端和新闻媒体账户等互联网媒介为重点,共监测各类互联网广告1.87万条次。立案查处互联网广告案件116件,增长132%;罚没款930.76万元,增长435%。案件数和罚没款首次超过传统媒体。开展食品、保健食品违法广告整治工作,严厉查处食品、保健食品虚假标识标签和虚假广告,以及以健康养生讲座、专家热线等形式进行虚假宣传的违法行为,共查处食品、保健食品违法广告61件,罚没款106.77万元。强化房地产广告专项整治,共查处房地产广告案件120件,增长64%;罚没款共计704.12万元,增长290%。

【打击传销】 先后开展查处以直销和股权激励、资金盘、投资分红等形式实行传销违法行为,集中排查化解传销涉稳突出问题,取缔和打击精神传销,调查处置“云联惠”案件关联代理公司和联盟商家等专项工作,同时联合省公安厅开展江西省网络传销违法犯罪活动联合整治行动。查处上海衡丰计算机网络科技有限公司、北京金创康科技有限责任公司、天津联家兴物联网科技有限责任公司等网络传销案。全省工商和市场监管部门共立案查处网络传销案件19起,办结8起,罚没1.48亿元,移送公安机关案件6起。

【规范直销】 严格监管直销,引导直销企业规范经营,确保全省直销市场健康发展。开展直销企业在江西经营情况"双随机"抽查工作,检查直销企业江西分支机构4户,服务网点和经销商432户。南昌市市场和质量监管局检查20家直销企业的50余个店铺,督促直销企业加强管理,严格自律;景德镇市市场和质量监管局对景德镇地区的直销企业以培训、会议等形式开展活动予以备案,共备案直销会议24起;新余市市场和质量监管局检查7个直销品牌的23个服务网点、专卖店、工作室的退换货制度建设及落实情况。

【加强公平竞争执法】 推进公平竞争审查,组织召开全省公平竞争审查工作联席会议第一次全体会议,开展全省清理现行排除限制竞争政策措施专项督查。继续整治水电气等公用企业限制竞争和垄断行为突出问题。开展医药流通领域商业贿赂专项整治行动。落实打击传销"四步工作法",会同省公安厅开展网络传销专项整治,立案查处天津联家兴等3起网络传销案件(其中天津联家兴罚没7699万元)。开展"红盾护农保春耕"活动,严厉打击销售假冒伪劣农资行为;加强流通领域成品油质量监测,抽检成品油1710个批次。开展以房屋中介、旅游等行业为重点的合同格式条款专项整治。组织开展2018打击商标侵权"溯源"专项行动,推进打击侵权假冒工作。

【产品质量监管】 开展"质监利剑"行动,查处一批大案要案,切实保持严厉打击质量违法行为的高压态势。加强认证监管,依法撤销江西欧兰宝检测技术有限公司的资质认定证书。落实缺陷产品召回制度,建立召回工作联系人制度和省、市、县三级联动机制,召回缺陷消费品36万多件,在全国16个实际开展消费品召回案例的省市中排名第七位。开展水表、能效标识、加油机、农资、环境监测计量器具等专项监督检查。申报筹建国家产业计量测试中心。

【知识产权保护】 举办"专利周"等知识产权宣传活动,增强企业研发创新意识,全年全省申请专利68376件,增长36.7%;授权43461件,增长67.2%,万人发明专利拥有量2.36件。建成中国(南昌)知识产权保护中心并投入运行。组织申报国家知识产权优势企业和示范企业、中国专利奖。与省教育厅联合批复在华东交大设立江西省知识产权学院。开展2018年江西省专利执法维权"雷霆"专项行动。

【价格监管检查】 紧盯节假日等重点时段、粮油肉蛋奶等重点商品、水电气和通信等重点行业价格动态,精准开展价格监管检查,严厉查处价格违法违规案件。围绕降低企业办事成本,组织对全省19家商业银行及铁路部门和省交通厅所属8家单位涉企收费情况进行专项检查。健全12358价格监管平台运行机制,畅通电话、网站、微信等全方位投诉渠道,及时受理、解决价格举报、投诉,维护群众合法权益。

【消费维权】 优化统一投诉举报平台功能,提高接转效率,平台共受理咨询、投诉、举报72.5万件,为消费者挽回经济损失5078万元。开展放心消费示范店创建活动,推进投诉和解直通对接单位"百千万工程",省、市、县各设立100家对接单位。联合有关部门首次举办"网上3·15"活动,邀请有关行政执法部门、行业协会、公用企业等59家单位集中办公,接听处理消费者投诉,社会反映良好。派出公益律师支持消费者预付卡诉讼案件,打破预付卡赠送金额不退的"行规"。

【市场监管法制建设】 做好国家法律法规在江西省的配套制定工作,健全符合省情的市场监管法律规范体系。重点完成《江西省特种设备安全条例》的新闻发布和实施贯彻工作。制定适用于全省市场监管系统的《行政处罚程序规定》。统一市场监管行政执法程序和文书、行政处罚案件管理系统、统一基层监管分局基础建设标准,提升市场监管行政执法外在形象。梳理公布省市场监管局本级行政权力责任清单101项。牵头起草江西省"十三五"市场监管规划的实施意见,及时做好中期评估。

【创新监管模式】 按照省委深改小组部署要求,加快推进企业信用监管改革,持续加强企业信用信息归集和运用,截至8月31日,国家企业信用信息公示系统(江西)共归集企业信用数据2615.8万条,增加962.5万条,累计访问量6065万人次。推动建立以"双随机、一公开"为基本手段、以重点监管为补充、以信用监管为基础的新型监管机制。总结鹰潭等地网上网下网格一体化监管试点经验,创新监管模式,提高监管效率。

【基层规范化建设】 抓好省政府《关于深化市场监管体制改革加强基层规范化建设的意见》的贯彻落实,深入实施"五规范、五优化"工程,不断提高基层监管能力。推进基层监管分局规范化建设,用好财政专项奖补资金,鼓励各地又好又快推进规范化建设,确保实现3年达标建设任务。适应机构改革需要,充分利用网上网下资源,组织全系统干部教育培训。

(黄军根　吕雪金)

自然资源管理

【概　况】 截至2018年12月31日,全省土地总面积1669.36万公顷(16.69万平方千米)。其中,耕地309.22万公顷,占18.52%;园地31.76万公顷,占1.90%;林地1030.17万公顷,占61.71%;草地26.87万公顷,占1.61%;城镇村及工矿用地99.46万公顷,占5.96%;交通运输用地25.13万公顷,占1.51%;水域及水利设施用地124.99万公顷,占7.49%;其他土地21.76万公顷,占1.30%。全省共安排使用新增建设用地计划1.58万公顷,其中,农用地1.43万公顷(耕地6902.47公顷),未利用地1544.6公顷。全省土地供应8568宗,面积3.03万公顷。

截至2017年年底,全省发现各种有用矿产193种(以亚矿种计),查明有资源储量的矿产以亚矿种计共9大类153种,其中能源矿产5种、金属矿产49种、非金属矿产97种、水气矿产2种。列入2017年矿产资源储量统计的矿产131种。探明的矿产资源保

·资 料·

2017年主要矿产资源储量增减变化

序号	矿产名称	资源储量单位	较2016年增长(±%)	序号	矿产名称	资源储量单位	较2016年增长(±%)
1	煤炭	矿石 千吨	-1.13	8	钽矿	Ta_2O_5吨	-0.07
2	铁矿	矿石 千吨	6.41	9	银矿	银 吨	3.78
3	铜矿	铜 吨	2.69	10	金矿	金 千克	3.09
4	铅矿	铅 吨	4.78	11	盐矿	NaCl 千吨	-2.38
5	锌矿	锌 吨	9.28	12	高岭土	矿石 千吨	0.45
6	钨矿	WO_3吨	1.44	13	水泥用灰岩	矿石 千吨	-0.65
7	锡矿	锡 吨	-3.09				

有储量在全国居前十位的有89种,其中居首位的有:钨、钽、铷、锂云母、重稀土、碲、化工用白云岩、滑石、陶瓷土、玻璃用脉石英、粉石英、饰面用板岩等12种。居第二位的有:锂辉石、锂、铊、铯、伴生硫、保温材料用粘土、电气石、光学萤石、饰面用大理岩、麦饭石等10种。居第三位的有:铜、铍(绿柱石矿物)、银、锆、硒、轻稀土、普通萤石、冶金用砂岩、化肥用灰岩、叶腊石、水泥配料用页岩、水泥用辉绿岩、饰面用辉石岩、透闪石等14种。居第四位的有:铌(褐钇铌矿)、硅灰石、陶瓷用砂岩、冶金用白云岩等4种。居第五位的有:铌(Nb2O5)、铍(BeO)、锗、镓、化肥用蛇纹岩、高岭土、玻璃用砂岩、玻璃用砂、水泥配料用砂、伊利石粘土、建筑用大理岩、饰面用辉绿岩、饰面用角闪岩等13种。

全年全省矿产资源勘查工作共投入资金2.56亿元,下降25.16%。全省共实施矿产勘查项目311项,完成钻探工作量30.89万米,增长24.23%;完成坑探工作量3441米,同比增长13.53%;完成槽探工作量7.25万立方米,下降41.39%;完成浅井工作量962米,下降11.58%。全年共办理探矿权新立32个,变更325个,延续110个,保留18个、注销166个,收取探矿权价款2362万元;部、省级采矿权总数为708个,部级22、省级686个,采矿权新立5个,延续288个,变更26个,划定矿区范围11个,(预)划定矿区范围延期62个。

【江西省第三次全国土地调查】 《江西省第三次全国土地调查实施方案》正式印发,《江西省第三次全国国土调查技术指南》基本编制完成。省、市、县三级全面完成组建调查机构、印发实施方案、落实调查经费、确定作业队伍、工作人员培训和考核等基础工作。江西省自主购买的0.2米分辨率航空影像全部制作完成并下发各地使用。

【耕地保护】 省政府办公厅印发《江西省市县政府耕地保护责任目标考核办法》,进一步压实耕地保护责任。完成2017年度市县政府耕地保护责任目标考核,签订2018年度耕地保护责任状,全省292.73万公顷耕地保有量、246.20万公顷基本农田保护面积和19.33万公顷建设高标准农田的年度耕地保护目标任务分解到位。加大土地整治补充耕地力度,验收新增耕地再创历史新高,达1.33万公顷,增加10.7%;库存耕地占补平衡指标约1.82万公顷,增长近六成。

【高标准农田建设和农村土地整治】 共安排土地开发复垦项目455个,计划建设规模1.37万公顷,验收项目646个,验收建设规模1.59万公顷。组织开展2017年度高标准农田建设上图入库工作,26个县(市、区)完成项目验收阶段备案,4.72万公顷,占立项建设规模的24%。

【建设用地审批】 审批建设用地775件,总面积1.78万公顷。与上年相比,全省建设用地审批总面积增加3.31%,其中省政府审批面积增加11.11%,国务院审批面积减少59.9%。审批的建设用地中占用农用地1.41万公顷,占审批用地总面积的79.52%。其中,占用耕地6556.67公顷,占36.93%;建设用地2586.07公顷,占14.57%;占用未利用地1050.53公顷,占5.92%。获国务院批准项目4宗,用地面积624.8公顷,减少59.9%,占审批用地总面积3.52%。新增建设用地面积296.53公顷,减少80.66%,占审批用地总面积1.67%。

【节约集约用地】 推进消化批而未用土地专项行动,消化2008—2017年批而未用土地2.16万公顷,消化周期由4.7年降至3.2年(下降1.5年),批而未用率由33%降至22.83%(下降10.17%)。106个市、县(区)统计单元中,消化周期降至3年以内的从9个升至51个,消化周期在5年以上的由52个降至13个。根据自然资源部通报,江西省供地率84.20%,位居全国第六位;2017年江西省单位地区生产总值建设用地使用面积下降率为6.88%,位居全国第四位;消化处置闲置土地2933.33公顷,处置率达54.4%,处置率排名全国第三位。

【用砖用石用砂保障】 8—10月,会同省工信厅、省水利厅联合开展全省建筑用砖用砂用石保障能力专题调研,向省委、省政府提交《全省建筑用砖用砂用石保障情况调研报告》。12月18日,省政府召开提高全省用砖用砂用石保障能力协调会,形成《提高全省用砖用砂用石保障能力协调会议纪要》。

【矿山地质环境恢复治理】 推进江西省矿山地质环境恢复治理保证金退还工作和基金账户建立工作,符合退还条件的424家矿山除12家矿山因账户被司法冻结、或账户不符合要求无法退还处,其他412家共退还保证金6.16亿元。连续3年开展矿山地质环境保护与治理恢复义务双随机抽查工作,对2016—2017年抽查发现的52座未履行义务的矿山进行了专项督办。

【地质公园和矿山公园】 年内,石城地质公园通过国土资源部专家组验收,获国家地质公园命名。批复杨岐山地质公园、信丰香山地质公园省级地质公园建设资格。截至年底,全省有庐山、龙虎山、三清山3个世界地质公园,庐山、龙虎山、三清山、武功山、石城5个国家地质公园,景德镇高岭、萍乡安源、德兴、瑞昌铜岭铜矿遗址、大余西华山、于都盘古山6个国家矿山公园,柘林湖、铜鼓、万年神农源、上犹五指峰、乐平洪岩洞、贵溪象山、上饶灵山、兴国丹霞、杨岐山、信丰香山10个省级地质公园,公园总面积3194.60平方千米。

【自然保护区矿业权退出调查】 开展国家级省级自然保护区内矿业权依法有序退出情况调研。通过收集资料、问卷调查、座谈讨论等方式,对全省范围内与15处国家级自然保护区和40处省级自然保护区发生重叠的探矿权采矿权数量、范围、勘查或开采矿种、完成工作量及勘查成果、矿山开采及保有资源储量等勘查开发现状进行调查核实,了解矿产资源勘查或开采活动对自然保护区生态环境的影响,结合实际提出差别化退出方案。

【开展“大棚房”问题专项清理整治行动】 9月15日,农业农村部、自然资源部发布《关于开展“大棚房”问题专项清理整治行动 坚决遏制农地非农化的方案》,要求从9—12月在全国范围内集中开展“大棚房”问题专项清理整治行动,坚决遏制农地非农化。9月30日,省农业厅、省国土资源厅印发《关于开展“大棚房”问题专项清理整治行动坚决遏制农地非农化的方案》,进一步细化专项清理排查范围,明确整治整改要求、时间节点。建立清理整治行动进展情况联合通报制度。结合每年例行的巡查工作,9月25日至10月12日,派出5个工作组,对全省“大棚房”专项清理整治行动进行现场督导,指导市县开展“大棚房”专项清理整治行动,配合省农业农村厅在全省开展多次“大棚房”专项清理整治行动现场督导、明察暗访、“回头查”“深入查”、座谈调研等工作。下发《关于切实做好设施农用地专项清理工作的通知》,严格按照设施农用地管理有关规定,对违法违规问题坚决立案查处并整治整改到位,严防耕地非农化。

【“绿盾2018”专项行动】 印发《“绿盾2018”江西省自然保护区内矿产资源勘查开采监督检查专项行动实施方案的通知》,要求进一步全面排查全省16个国家级自然保护区和38个省级自然保护区内的矿产资源勘查开采行为,立即停止保护区范围内的矿产资源勘查开采,依法整改、分类退出与保护区范围内重叠矿业权。7月,完成自查自纠,与国家级、省级自然保护区重叠的27个采矿权全部停止开采,同时通过缩小矿区范围或经有关部门调整保护区范围解决17个重叠问题,其余矿山待省政府出台退出方案后依法退出。

【2017年度卫片执法监督检查】 土地方面,自然资源部下发江西省2017年度卫片检查图斑4.98万个(拆分合并后为5.72万宗),涉及土地面积3.13万公顷。经核查,违法用地6638宗,面积2160公顷(含耕地846公顷),违法用地宗数、面积、耕地面积分别比2016年度上升31.92%、63.64%、35.11%。截至2018年年底,全省各级自然资源主管部门已立案查处3127宗,非立案处理3511宗,合计履职到位率100%。已查处整改到位6058宗,整改面积1993.33公顷,按宗数和面积计算整改率分别为91.23%和92.37%。

矿产方面,自然资源部下发江西省矿产疑似违法图斑566个。经核实,合法图斑80个,伪变化143个,违法图斑343个。违法图斑中,无证开采175个,越界开采155个,以采代探2个,其他11个。已立案查处233起(结案222起),非立案处理100起,违法不处理10起,履职到位率100%。已整改到位322个,整改到位率93.9%。

【执法动态巡查】 土地方面,发现新发生违法用地243宗,面积203公顷,其中耕地62公顷(永久基本农田8公顷),未发现达到省自然资源厅查处权限的违法用地。巡查中未发现大面积的违法用地。

矿产方面,巡查共抽查矿业权102个,均为采矿权。巡查中新发现5个矿业权存在违法违规行为,较上年同比下降37.5%。其中,涉嫌越界开采的3个,存在矿权漂移问题的1个,存在偷采建筑用石料行为的1个。巡查中发现存在越界开采行为但市县已立案查处到位的采矿权9个。

【自然资源统一确权登记试点】 全省5个试点地区全面完成试点工作任务。新建区共划分赣江、鄱阳湖、南矶山湿地公园等20个登记单元,庐山市共划分庐山国家公园、鄱阳湖等10个登记单元,贵溪市共划分龙虎山国家地质公园、阳际峰自然保护区等34个登记单元,高安市划定锦江等16个登记单元,南城县共划分洪门湖湿地公园、黎滩河等26个登记单元。各地根据试点任务,总结试点经验,完成成果的总结、汇编。试点成果通过省自然资源统一确权登记工作领导小组办公室组织的省级评估预检。

编制《江西省自然资源统一确权登记试点工作总结》并报自然资源部。7月,江西省试点成果通过自然资源部组织的评估验收。在全面总结试点成果基础上,12月,完成编制《江西省自然资源统一确权登记办法(试行)》(送审稿),并报送省委全面深化改革委员会审定。

【矿业权出让制度改革】 省委办公厅、省政府办公厅印发《江西省矿业权出让制度改革实施方案》。8月,省国土资源厅会同省财政厅发布《江西省矿业权出让收益征收管理实施办法》,标志着江西省征收近20年的矿业权价款成为历史,矿业权出让制度改革正式落地,开始推行。7月,经省政府同意,省国土资源厅颁布《江西省矿业权出让收益市场基准价》。严格控制探矿权、采矿权的协议出让,全面实行探矿权、采矿权公开出让。组织实施勘查开采信息公示制度工作,组织矿业权人进行信息填报工作,按照“双随机一公开”的要求,对随机抽取的应检矿山进行实地核查,建立异常名录和违法违规名单,重点检查矿山实际生产情况、公示情况,强化对异常名录和违法名单的管理,督促矿山企业落实主体责任。

【“放管服”改革】 取消3项行政权力、停征或挂起4项行政权力,同时,对行政权力进一步合并,行政权力从最开始的195项精简至92项。开展“减证便民”专项活动,经省政府批准取消5项事项证明材料。建立预约延时服务制度,从2019年1月1日起对8项事项实行预约延时服务。推进“互联网+政务服务”,完善政务服务网各项信息。深化经济发达镇行政管理体制改革有关工作,开展实地调研并向省经济发达镇行政管理体制改革领导小组办公室报送落实经济发达镇行政管理体制改革任务3项政策措施。

加强社会信用体系建设。健全工作机制,制定《2018年社会信用体系建设工作要点》《2018年度江西省国土资源厅社会信用体系建设考核指标》。完成省自然资源厅公共信用信息数据库的建设,研发江西省自然资源厅公共信用信息上报系统,实现与省公共信用信息平台的系统对接。加强信息报送和信息公示,2018年共报送信息24次3367条。

【国土资源信息化建设】 建设江西省“国土资源云”支撑平台和省级不动产登记信息管理基础平台、全省国土资源“一张图”核心数据库,完成省自然资源厅“一张图”管理系统的升级改造。完成全省第三轮矿产资源总体规划数据库检查汇总。开展全省国土资源数据的2000国家大地坐标系转换工作。完成省政务服务网、省政府门户网站上的自然资源信息公开平台的信息更新和维护。实现全省市、县级自然资源部门向省自然资源厅直报电子公文。实现厅行政审批系统与省政府“一窗式”综合服务平台对接。

【不动产登记工作】 全年受理不动产登记业务230.01万件,办结224.93万件,累计颁发不动产权证书121.09万本,不动产登记证明95.3万份。实现一般不动产登记7个工作日内办结,抵押登记3个工作日内办结。各地不动产登记机构开展预约服务、延时服务、节假日“不打烊”服务、上门服务等便民服务,切实方便企业和群众办事。

10个市、县实现不动产登记和房产交易机构、职能整合。76个市、县不再需要房管部门出具交易告知单,67个市、县取消强制办理交易备案审核,79个市、县取消抵押强制备案审核、抵押确认告知审核等环节。推进全省不动产登记“一窗综合受理”窗口建设,全省市、县(区)不动产登记、房屋交易、税务“一窗综合受理”窗口达到94%。

编制发布《江西省不动产登记申请材料清单(2018版)》及《江西省不动产登记流程》,进一步精简申请材料,优化登记流程。规范全省不动产登记收费,严禁违规收费或“搭车”收费行为。出台《江西省国土资源厅关于规范林权类不动产登记有关问题的通知》《江西省国土资源厅关于农村宅基地和集体建设用地使用权确权登记的指导意见》等政策文件,为规范全省林权类不动产登记和房地一体确权登记发证工作提供有力政策依据。

加快推进房地一体农村宅基地和集体建设用地使用权确权登记发证工作,截至年底,全省房地一体确权登记调查工作基本完成,各地已陆续开始颁发房地一体不动产权证书。

【地质灾害防治】 全省共接到地质灾害灾情险情报告161起,无人员死亡,造成2人轻伤,直接经济损失555.16万元。地质灾害发生数量、直接经济损失与上年相比分别减少58.6%和70.3%,地质灾害灾情比常年水平偏低。集中性强降雨、山区傍山建房及修路切坡仍是地质灾害的主要诱发因素。地质灾害发生时间主要集中于6—7月强降雨期间,空间上主要分布于景德镇、吉安和抚州等地。

全年发布省级地质灾害气象风险预警14次,市、县级地质灾害气象风险预警1540次。其中3处地灾隐患点在人员转移后,房屋被崩塌、滑坡摧毁,19人成功避灾。启动Ⅳ级应急响应48次,未启动Ⅲ级以上应急响应,共派出应急专家组346批次,对全部重要突发地质灾害灾情、险情及重要地质事件均及时开展了应急调查。

2018年度中央财政下达江西省中央特大型地质灾害防治专项补助资金2000万元,对4处重要隐患点进行治理。地方投入治理资金1.66亿元,对198处隐患点进行治理,保护人员10607人;搬迁235处地灾隐患点,1592位受威胁群众搬离危险区。

【助力脱贫攻坚】 出台支持服务全省脱贫攻坚12条工作措施,印发《关于贯彻落实自然资源部办公厅2018年支持定点扶贫县脱贫攻坚和赣州经济社会发展意见的通知》《助力打赢脱贫攻坚战三年行动实施方案》。开展扶贫领域作风问题专项治理暨“脱贫攻坚作风建设年”专项行动。拨付8个扶贫帮建单位扶贫补助资金共计115万元。开展春节前走访慰问活动,走访贫困户、五保户、残疾人户、老党员、老村干部等困难群众,共发放慰问金14万元。

【降成本优环境专项行动】 制定《江西省国土资源厅降成本优环境专项行动2018年工作要点》。印发2018年落实省领导挂点联系企业工作方案,建立工作台账,组织帮扶工作组入企帮扶,对口帮扶园区企业20家,办理企业反映问题37个。对《江西省人民政府印发关于进一步降低实体经济企业成本补充政策措施的通知》《江西省优化发展环境三年行动方案(2018—2020)》涉及自然资源管理5条政策落地情况进行细化、跟踪,推动政策落地。

【自然资源信访工作】 2018年,群众来信、接待来访、集体访“三下降”,信访办结率、化解率“两提升”。全省自然资源领域信访量占全省信访总量,从2017年的7.2%,下降到2018年的6.6%。全年受理群众来信来访726件,其中来信502件,来访224批次660人次(其中集体访39批次341人次),按反映的问题分类,征地纠纷207批次,占信访总量的29%,违法占地203批次,占信访总量的28%。

【行政复议与行政诉讼】 全年收到行政复议申请32件,受理23件,案件受理数同比减少15%。部、省受理以省自然资源厅为被申请人或代省政府答复的行政复议申请165件,法院立案受理对省自然资源厅的行政诉讼案件48件。

【测绘地理信息工作】 重新修订《江西省涉密测绘成果提供使用审批程序规定》,受理成果提供审批事项316件,受理地图审核事项86件。开展涉密测绘成果跟踪监管,举办涉密管理人员岗位培训班。

组织开展"美丽中国"第四届国家版图知识竞赛和少儿手绘地图大赛,全省9346人参加国家版图知识竞赛个人赛网络答题,收集个人赛纸质答题16016人,少儿手绘大赛作品共计853份。

完成"天地图·江西(涉密版)"原型系统建设,在统一的空间基准上,集成各类自然资源信息及其他领域行业地理信息,打造成为"要素全、覆盖广、时相多、精度高"的地理信息数据大平台,并通过电子政务内网实现纵向、横向的互联互通。

完成无人直升机、数据终端、服务器采购及省区节点数据库建设等工作。为增减挂用地项目提供测绘应急保障服务,采用无人机进行低空航拍,飞行总架次35架次,分别获取了鄱阳、余干、吉安等10个县的高清影像883.1平方千米。与相关部队开展地理信息共享与合作。为部队提供测绘基准和大地控制测量数据、基本比例尺地形图等测绘地理信息成果。

承担1个行业标准、6个地方标准的编制,获得2018全国测绘科技进步奖二等奖一项、全国优秀地图作品裴秀奖铜奖一项、全国优秀测绘工程奖铜奖三项。

【重大测绘项目】 开展1:1万3D产品测制与更新,实现全省第三代1:1万数据库全省覆盖,提高数据库的现势性。制作全省0.2米与1米高分辨率数字航空正射影像,是全省首次获得的全覆盖、高精度、无缝隙的地理信息数据。推广使用2000国家大地坐标系,协助完成省、市、县三级自然资源数据向2000国家大地坐标系转换。推进新型基础测绘技术发展,开展新型基础测绘生产试验,探索联动更新、增量更新、按需更新技术。推动县级基础测绘发展,投入500万元支持横峰县、婺源县开展大比例尺测图,服务保障美丽乡村建设。

完成2018年度南昌市、九江市、宜春市及抚州市4个设区市基础性地理国情监测项目并通过自然资源部成果复核。组织开展长江经济带监测、赣江新区空间格局变化监测等2个国家级专题性地理国情监测项目。

【测绘法治与统一监管】 首次开展全省测绘地理信息执法与行政管理综合监督检查,对市县测绘行政管理重点工作落实情况进行全面检查。联合有关部门,对互联网、新闻媒体、展览(展会)、博物馆等登载、展示的地图以及公开出版和销售的地图、进出口地图等持续排查,巩固全覆盖排查整治"问题地图"专项行动成果。组织开展2018年度测绘资质巡查工作,对18家甲、乙级重点巡查单位进行跟踪检查。完成2018年全省测绘地理信息质量监督检查并公告。对140家各等级测绘资质单位的152个项目进行了监督抽查,实现全省测绘单位质量监督检查全覆盖。协助配合好2018年国家测绘地理信息质量监督抽查对南昌市测绘勘察研究院、地矿赣东北大队项目成果质量的检查工作。组织举办全省测绘地理信息质量管理及检验技术培训。

配合自然资源部做好测绘行业管理政策及测绘资质管理重大问题调研;加强对测绘资质审批权限下放后的监督指导,举办针对设区市主管部门的测绘资质管理培训班。组织完成测绘资质审批、信息变更审查等事项计380件。

开展测绘单位年度报告公示及项目备案等工作,年度报告公示率达97%。加强信用体系建设,通过行业信用信息管理平台公布15项不良信用信息、24项良好信用信息。

(罗艳)

统计管理

【概　况】 2018年,全省统计部门坚持以提高数据质量为主线、以改革创新为动力,抓好统计信息、咨询、监督三大职能落实,全面提高统计服务水平,完成了各项任务。

【统计管理体制改革】 制定时间表、路线图,确保统计改革各项重大举措不断落地见效。修订完善《统计数据质量管理工作规范》,各专业全部出台了统计数据质量管理控制的新办法并严格落实,工业数据"全程留痕管理"成效明显,加强全省统计数据质量管控工作;省统计局挂牌成立统计执法监督局,统计执法骨干库人员力量不断壮大。建立统计数据质量问责制,全省防范和惩治统计造假、弄虚作假责任体系基本扩张成网。共青城市单独设立统计局,庐山西海统计机构得到健全,全省100个县(市、区)政府已全部设置了独立的统计机构。强化赣江新区统计基础建设,新区统计区划范围得到确定,各组团统计数据联网直报平台技术问题成功解决,新区统计探索取得重大进展。完成统计局与调查队部分业务优化调整分工。

【统计法治建设】 2018年,全省贯彻中央防范和惩治统计造假、弄虚作假系列重大部署,及时召开全省统计法治工作会议专题研究落实。加大学习宣传力度,推动"统计进党校"工作。加强制度建设,推动《江西省统计管理条例》修订工作,制定实施《防范和惩治统计造假弄虚作假督察工作办法(试行)》《统计违纪违法案件移送制度》《统计监督检查规范》等多项法规配套制度,构建防范和惩治统计造假、弄虚作假的制度与管理体系。加强执法监督,落实统计执法"双随机一公开"方案。全省共检查单位4229个,立案224起,结案195件,罚款132万元,追究责任人员26名,公开曝光16家,公示失信企业12家,联合惩戒6家。省统计局直接查处统计违纪违法案件8起,现场核查单位413个,公示失信企业10家,公开曝光及联合惩戒6家。对贵溪市、安义县统计违法案件责任人员提出了处分处理意见,移送省纪检监察部门处理,26名责任人员全部处理到位,并严肃执行了"一票否决"。

【重点统计制度方法改革】 地区生产总值统一核算改革取得实质性进展,制定《江西省生产总值统一核算改革方案》,经省委办公厅、省政府办公厅印发实施。联合省发改委编制自然资源资产负债表,《江西省自然资源资产负债表编制制度(试行)》经省政府办公厅印发实施,完成2016年江西自然资源资产负债表编制工作并上报国家。开展地方资产负债表编制试点,完成《江西省广义政府部门资产负债表》编制任务,《江西省资产负债表编制工作方案》经省政府办公厅印发实施。构建现代化江西统计调查体系,开展"六大统计监测评价体系"试点工作,提高统计服务高质量发展的层次和水平。江西省高质量发展考核评价体系出台,效率高、效果好,得到省委、省政府的肯定。乡村振兴战略统计监测研究持续深入,评价指标体系框架设计基本完成。新经济核算取得阶段性成效,核算方法、资料来源、审核评估等制度逐步完善,首次报送三新经济核算结果专报;军民融合统计监测国家试点进展顺利,及时做好制度设计,首期统计成果已上报省委、省政府,得到省领导重要批示,位居全国前列。全面小康监测力度加大,制度体系进一步健全,推出了一批有分量的研究报告。

【重大普查调查】 举全省之力、集10万人队伍,全力以赴开展第四次全国经济普查各项准备工作。在南昌市东湖区、赣州市于都县开展国家试点工作,在上饶市横峰县开展省级综合试点工作。召开全省第三次全国农业普查表彰大会,发布农业普查公报,做好普查数据的发布与解读工作。2017年投入产出调查工作完成。民意调查的品牌越来越响,先后开展全省干部教育培训需求、生态环境保护、安全感等10多项民意调查,委托单位和媒体都给予积极评价。

【统计分析与服务】 密切关注经济运行的苗头性、趋势性问题,对全省经济形势进行监测预警,深化分析研判,提出有针对性的建议。省统计局全年提交182篇《统计专报》和《统计分析报告》,40多篇获得省领导批示或圈阅,统计参谋咨询作用有效发挥。在坚持"数据快递""统计提要""统计月报"等一些传统做法的基础上,主动对接省委、省政府和国家统计局的信息需求,创新方式,精准做好信息服务,为省委、省政府和有关部门提供高质量统计信息保障。加强统计新闻宣传和数据解读,坚持定期举办新闻发布活动和统计对外宣传,推出纪念改革开放40周年等系列统计资料,统计新闻宣传影响力不断扩大,省统计局连续3年被评为全省新闻发布先进单位。围绕统计"智库"作用发挥,强化统计分析研究能力建设,出台《进一步加强统计分析研究工作的意见》。重视统计课题全员研究,聚焦贯彻新发展理念、建设现代化经济体系、推动高质量发展等26个重点课题,组织开展全省统计大调研活动。

(涂姗华)

审计监督

【概　况】 2018年,全省共组织实施审计项目5543个,查出主要问题金额163.37亿元;审计发现非金额计量问题9198个;出具审计报告和专项审计调查报告6472篇;提出审计建议11679条,被采纳审计建议7615条;提交审计专题、综合性报告、信息简报等审计信息1286篇;向司法、纪检监察等部门移送处理事项589件,移送处理人员3428人。全国优秀审计项目评选再创历史佳绩,参评的永修县"一卡通"审计项目,在全国15个地方优秀审计项目中位列第二。审计在维护财经秩序、推动深化改革、保障民生利益、促进反腐倡廉等方面发挥了积极作用。

【设区市中心城区民生保障资金和惠民项目审计调查】 5—7月,组织22个审计组对11个设区市中心城区民生保障资金和惠民项目进行审计调查。查出违规金额38.42亿元;向纪检、司法等部门移送人员1278人,涉及金额17.97亿元。审计调查期间相关单位和个人主动上交、归还违规资金7.11亿元。针对存在的突出问题,注重从体制机制和制度建设层面提出审计建议,形成13篇审计专报呈送省领导,为省委、省政府决策提供参考。省政府对审计揭示的问题高度重视,省长易炼红主持召开省政府常务会议,专题研究部署审计整改工作。各地抓好问题整改,截至2019年1月21日,已追缴资金11.62亿元,其中缴入省级财政专户9050万元,归还原渠道资金4.13亿元;272人受到党纪政纪处分,223人被采取诫勉谈话等组织措施;建立健全规章制度289项。

【国家重大政策措施和项目落实情况跟踪审计】 进一步健全政策跟踪审计工作机制,推动政策跟踪审计常态化、长效化。从2018年起,省审计厅要求所有的审计项目将贯彻落实重大政策措施情况纳入审计范围。全年全省政策跟踪审计共审计部门单位1072个、项目1398个、资金278亿元。审计发现,部分地方"放管服"政策落实还不到位,存在违规收取费用现象,个别地方未对与国家环保政策不符的地方性规章制度进行清理;税收优惠政策执行还不到位,减税降费政策落实有待进一步加强;中央、省级专项资金未及时拨付或安排使用,部分建设项目推进缓慢。针对审计发现的问题,按季度向省政府和审计署及时上报4份跟踪审计综合报告,均获得省领导的肯定性批示,推动了重大政策措施落地见效。

【省级预算执行和决算草案审计】 组织开展省级财政管理、部门预算执行、保障性安居工程和国有企业的审计。审计发现,部分省级部门预决算管理不规范,预算执行进度偏慢,结余结转资金较大;"三公"经费及会议费、培训费管理不到位,存在超预算、无预算列支现象;政府采购、公务卡结算制度执行不够严格;个别部门及所属单位违规收取评审费、广告费等问题。省人大对审计工作报告给予了充分肯定,并要求持续跟踪督查问题整改。为切实抓好问题整改,及时分发问题整改清单,做好审计整改督查督办工作。省政府、省人大高度重视审计整改工作。省长易炼红主持召开省政府常务会议专题研究部署审计整改,责成有关部门和市、县认真落实整改责任,举一反三、以点带面,按照时间节点抓好整改落实。省人大常委会对13个省直部门、12个县(市、区)政府审计整改情况进行了满意度测评,现场通报测评结果,有力维护了审计整改工作的严肃性。

【经济责任审计】　全省审计机关共审计领导干部1630人,审计查出主要问题金额72.46亿元,提出审计建议3860条。严格按照《江西省2017—2021年省管领导干部经济责任审计项目五年规则》,安排确定审计项目,切实维护项目计划的严肃性。重新修订印发经济责任审计结果报告模板,进一步规范结果报告的格式和内容,提升经济责任审计结果报告质量。强化审计整改问效,省审计厅派出督导组对2015—2017年省审计厅实施的经责项目整改情况进行现场督导,推动问题整改落实。加强沟通协调,推动经责审计制度建设。省审计厅与省委巡视工作领导小组办公室联合出台《关于建立省委巡视办与省审计厅沟通协作机制的意见》。萍乡市出台《关于进一步深化领导干部经济责任审计 加大经济责任审计结果利用力度的意见》,吉安市出台《吉安市经济责任审计结果运用办法(试行)》,景德镇出台《关于加强领导干部经济责任审计工作的指导意见》。

【固定资产投资审计】　结合经济责任审计,对省高投集团、省盐业集团、省建工集团、江中集团债权债务及投融资情况进行专项审计。审计发现,部分企业缺乏风险意识,虚假收购、虚假转让国有资产,虚增销售收入,违规决策造成重大投资损失,违规融资、违规出借资金形成巨大财务风险。向省委、省政府提交专题报告,揭示了风险隐患,提出对策建议。8—9月对全省11个设区市所辖的彭泽、安义、分宜、浮梁、高安、广昌、吉安、宁都、上栗、余干、余江11个县(市、区)2017年度高标准农田建设情况以及2017—2020年期间高标准农田建设规划情况进行审计调查。审计发现,11个县(市、区)存在高标准农田重复建设、任务完成数量不实;资金拨付率不到50%,大量资金结余滞留;2119万元建设资金被挤占挪用;项目未履行招投标程序、违规分包转包现象严重,涉及项目投资5.20亿元;部分工程质量不达标等问题。省委书记刘奇、省长易炼红对审计反映的情况高度重视,作出重要批示,要求相关部门进一步查明情况,对不负责、不履职的要依规严肃追究责任。省高标办对审计反馈的问题进行了全面梳理,要求各地建立问题台账,实行销号整改,切实加强项目和资金管理,推动乡村振兴战略实施。10—11月对江西省文化中心项目建设指挥部负责建设的省文化中心建设项目投资的真实、合法、效益情况进行跟踪审计,揭示了建设单位在内部控制及其执行、项目招投标、合同订立、设计变更和计量支付方面存在的问题,向有关部门移送问题线索1起。

【民生资金(项目)审计】　围绕涉及群众切身利益的问题,重点组织开展扶贫资金、保障性安居工程审计,有力推动了民生政策和项目落地。组织吉安、上饶、赣州、九江等4个设区市审计局对6个县开展扶贫审计,揭示部分涉农资金拨付缓慢、效益不高、项目管理不规范等问题。针对发现的问题,主动加强与扶贫办等部门沟通,推动审计整改,形成问题清单,实行对账销号,督促立审立改,促进了精准扶贫、精准脱贫政策落到实处。组织省、市、县三级审计机关采取上审下、交叉审方式,连续第6个年头组织开展保障性安居工程审计。查处问题资金22.19亿元,推动取消保障对象资格或调整保障待遇5762户,清退违规分配使用的住房或提高租金、补收差价住房5375套,闲置住房投入使用9259套,党纪政纪处分或追究法律责任46人,制定、修改、废止有关制度或政策措施81项。

【资源环保审计】　按照审计署统一部署,对新余、鹰潭、抚州等3个设区市长江经济带生态环境保护情况开展审计。审计发现,部分生态环保项目建设进度缓慢、重点污染源监测不到位、雨污管网不配套等问题。针对存在的问题,提出进一步加强生态环境保护治理、加大污染防控力度、积极控制农业面源污染等审计建议。8—9月,组织对全省11个设区市中心城区及安义、彭泽、宁都、余干、吉安、高安、广昌、余江、分宜、上栗、浮梁等11个县(区)的城乡环境综合整治进行专项审计调查,重点调查2017年至2018年6月城乡环境综合整治决策部署落实情况、城市生活污水和城乡生活垃圾的污染及治理情况。审计发现,部分市、县雨污合流管网改造进度滞后,污水直排现象普遍存在;污水处理设施及配套管网运行效率不高,造成污水处理厂进水COD浓度偏低;垃圾处理设施环保未达标,存在污染隐患;污水处理费征收管理不规范,未足额征收或违规减免3926万元,未及时缴库、坐支、挪用9663万元。针对审计发现突出问题,向省委、省政府提交了专题报告,提出审计处理意见和建议。省委书记刘奇要求"常抓不懈,务求实效",省长易炼红评价"审计提出的五点建议很有针对性"。全省各地针对审计提出的问题和意见建议,积极整改,有力促进了"整洁宜居、和谐美丽乡村"建设。深入推进领导干部自然资源资产离任审计。提请省委办公厅、省政府办公厅出台《关于进一步加强领导干部自然资源资产离任审计的意见》,为全省推行领导干部自然资源资产离任审计提供了制度保障。全年全省审计机关开展领导干部自然资源资产离任审计项目140个,共审计领导干部186人,严肃揭露了重大环境污染、重大资源损毁、重大违纪违法问题。省长易炼红对省审计厅呈报的《新余市人民政府原市长自然资源资产离任审计意见》作出重要批示,指出审计意见客观、准确,发现问题不容忽视,具有普遍性,要求有关部门督促新余市认真整改,并举一反三,加强制度建设和防范工作。

【金融审计】　组织省、市两级审计机关对省农村信用社联合社及31家成员农商行资产负债损益情况进行审计。审计结果表明,31家农商银行整体系统性风险可控，但区域性风险值得警惕。部分农商银行存在法人治理结构不完善、政策执行不严格、风险管控不到位、多项指标数据超越监管红线、资产质量不实等问题。省委书记刘奇、省长易炼红、常务副省长毛伟明分别作出重要批示，要求全省农商行按照“整治违规、惩处违纪、分类处置、构建长效”的原则，深入整改审计查出的问题。此外，为加强对全省金融审计工作的统筹和指导，制定《农村商业银行审计操作指南》，建立全省金融机构基本情况台账，摸清金融审计家底。

【外资运用审计】 共实施审计项目17个（3个项目正在实施中），其中，国外贷援款项目11个，重大政策措施落实情况跟踪审计项目1个，专项审计调查项目2个，经济责任审计项目2个，财务收支审计项目1个。截至10月底，审计查出主要问题金额18.53亿元，向省纪委移送问题线索5起。

【审计信息化建设】 推进“金审三期”建设，省发改委已经批复同意工程初步设计。江西省数字化审计监督平台试运行，完成数据管理、指挥管理、审计管理模块建设，已上线财政、部门预算执行、金融、医保等审计分析应用模型351个，已入库省直部门一、二、三级874家预算单位财务数据和20个行业业务电子数据，实现省直部门财务数据横向到边。

【中共江西省委审计委员会成立】 12月26日，中共江西省委批复组建省委审计委员会，作为省委议事协调机构，省委书记刘奇担任委员会主任。委员会下设办公室，设在省审计厅，省审计厅党组书记、厅长辜华荣任办公室主任。

（周波）

口岸管理

【概　况】 2018年，江西省口岸共完成进出口货运量732.13万吨、国际集装箱41.72万重标箱，分别增长0.9%和3.37%。全省赣欧班列开行202列，铁海联运班列开行1064列。

【对接“一带一路”建设】 以“一带一路”建设统领口岸开放，全年昌北国际机场旅客吞吐量1352.42万人次，增长23.65%，货邮吞吐量8.26万吨，增长58.1%，增速位居全国千万级机场前列。通航俄罗斯、新加坡等“一带一路”沿线国家的航班，新增南昌至比利时烈日等国际货运航线。南昌至香港航线加密至每天1班。全年通航国际航点12个、地区航点3个。

【对接长江经济带发展】 以支持九江打造长江经济带区域物流中心为突破口，全力对接长江经济带建设。九江港上至重庆、下至上海的内支线始发班轮稳定开行。全年全省水运口岸完成进出口货运329.05万吨，下降18.42%。其中，九江港水运口岸进出口货运255.74万吨，下降21.12%。南昌港进出口货运73.31万吨，下降7%。

【铁海联运】 2018年，全省铁海联运快速班列共开行1064列，承运进出口集装箱10.62万标箱，促进了全省光伏、电子、机械配件、汽车配件等优势产品出口。其中，上饶（鹰潭）—宁波开行392列，发送3.88万标箱，增长16.67%，连续5年保持“天天班”（2014年4月升级），是全国的名星班列。赣州（吉安）—厦门开行103列，发送5986标箱，增长39.34%。

【赣欧班列】 2018年，全省赣欧班列累计开行202列。其中，出境164列，进境38列。赣州开行150列、上饶5列、南昌24列、鹰潭20列、抚州1列、景德镇1列、吉安1列。2月6日，江西省通过满洲里及霍尔果斯口岸的出境班列纳入国家铁路总公司中欧班列运行版图，做到随报随开，极大缩短了产品运输时间。

【口岸平台建设】 3月，赣州肉类指定口岸获准建设，10月份，赣州汽车整车进口口岸获准建设。9月，九江出口加工区获国务院批准，整合优化为九江综合保税区，江西省综合保区数量增至3个（赣州综保区、南昌综保区）。

【口岸通关提效降费】 推进国际贸易“单一窗口”应用，通关效率大幅提升。12月，全省进口整体通关时间为24.42小时（全国平均42.50小时），居全国第七位，较上年压缩83.7%；出口整体通关时间为2.64小时（全国平均4.77小时），居全国第十五位，较上年压缩89.4%。按照时间节点10月底前公示了口岸收费清单，制定《江西省口岸提效降费责任分工》，全面完成2018年年底前降低100美元的任务目标。1月1日至10月31日，九江城西港集装箱码头合计减免费用63.78万元，受惠企业400家。

【国际贸易“单一窗口”标准版推广工作】 2018年，全面推广应用关检融合一次申报、空运舱单申报、运输工具申报、企业资质申领、原产地证申领、税费支付、加工贸易等功能，开通95198服务热线。全年举办培训12次，培训口岸物流和外贸企业1000余家，共1500余人次，节省企业申报时间60%以上。货物、运输工具和舱单申报三项主要考核指标继续保持全国领先，覆盖率均达100%。

（江斌）

海　关

【概　况】 2018年，南昌海关开展“国门利剑2018”“蓝天2018”“禁毒三年大会战”等专项联合行动，立案侦办刑事案件23起，案值1.18亿元；行政立案164起，案值2.12亿元。查处走私毒品进境案3起，查获大麻25.56千克、冰毒2千克、氯胺酮1千克。立案走私疫区活牛案2起，走私疫区生猪案1起，查证活牛1.2万余头，生猪300余吨。强化进出口危险货物检验监管，检出不合格进出口工业品825批次。强化固体废物监管，对进口废纸100%先期机检，通关货运渠道风险布控查获固体废物16票、2149吨，立案侦办走私洋垃圾案件13起，查证涉案固体废物2.46万吨，退运1400多吨问题矿产品。海关总署一级挂牌督办案件2起，二级挂牌督办案件1起。全年行政立案164起，案值2.12亿元。年内，张彦敏获评“全国五一劳动奖章”，南昌海关缉私局侦查处获评“全国海关系统先进集体”,文旭元当选全国海关“缉私先锋”。

【海关机构改革】 南昌海关按照海关总署明确的步骤环节和时间节点推进机构改革,4 月 20 日,原江西出入境检验检疫局统一以南昌海关名义开展工作,办事服务窗口实现“一口对外、一次办理”。6 月 1 日,取消通关单;8 月 1 日报关单、报检单合二为一,申报单证、作业系统、风险研判、指令下达、现场执法的“五统一”基本实现。9 月 1 日,南昌海关在全国海关系统率先实现机关所有部门一地办公、综合部门合署办公;10 月,所有窗口集中一地办公、现场综合业务部门统一办理关检业务。进出境旅检环节由 11 个整合优化为 5 个,企业通关申报项目由 229 个精减为 105 个,随附单据由 74 项整合为 10 项,监管证件由 102 项归并为 64 项。12 月 14 日,海关总署核定南昌海关设立 14 个隶属海关(昌北机场、青山湖、赣江新区、九江、赣州、吉安、景德镇、新余、鹰潭、上饶、宜春、萍乡、抚州、龙南海关),实现隶属海关江西省各设区市全覆盖。

【生物安全监管】 严防口岸疫情,严查外来有害生物入侵,5 月 11 日,江西省成为全国首个按照“世界卫生组织标准”通过消除疟疾终审评估的省份。全年截获进境植物有害生物 1229 批 3055 种次,处置入境群体性突发公共卫生事件 4 起,确诊各类传染病 45 例,增长 41.4%。做好“大闸蟹二噁英超标事件”的应对工作,顺利保障大闸蟹输台。打好防控非洲猪瘟疫情歼灭战、持久战,全年保障生猪安全供港 25.3 万头,11 月 3 日,南昌海关技术中心被海关总署评为首批具备非洲猪瘟监测资质的海关系统实验室。加大口岸查验检疫力度,强化对供港生猪注册养殖场的监督管理,实施批批检疫、批批监装、批批拍照留存,驻场监管加班加点 932 人次,有效保障生猪安全供港 25.2 万头。

【促进口岸提效降费】 10 月 31 日,南昌海关印发《优监管提效能稳外贸工作方案》,研究制定 5 方面 20 项措施,有效促进江西省稳外贸稳增长、口岸提效降费。推动江西省出台压缩整体通关时间专题工作方案,整合优化通关流程,“一次申报、分步处置”“提前申报”“先验放后检测”等改革取得明显进展。12 月,进、出口整体通关时间分别压缩 83.73%、89.42%,压缩比居全国第六位、第九位。上线运行“互联网+海关”一体化平台,国际贸易“单一窗口”货物申报率达 100%。优化税收征管方式,汇总征税率 42.71%,全国海关排名第二位;自报自缴率 81.56%,排名全国海关第 4;电子支付比率 99.1%。关税保证保险试点每年为企业节省成本 4000 万元。支持企业自由贸易协定优惠进口 4.2 亿美元,增长 20%;享受国外原产地关税减免 22 亿元。停止海关预录入、统计资料及数据开发收费,检疫处理收费标准再降低 10%。

【帮助民营企业发展】 加强政策宣传力度,扶持培育 118 家民营企业成为 AEO 企业,享受中国与 35 个签署了 AEO 互认安排国家的通关便利措施,查验率平均降低 70%,通关时间平均缩短 50%。9 月 5 日,“提高甜菊糖苷出口退税率”税则调整建议被国务院关税税则委员会采纳,每年为企业增加收益 3000 万元。研究欧盟各国对观赏乌龟的技术性壁垒要求,帮助民营企业出口 8 批次 2.5 万只观赏龟到德国、意大利等国。全年全省民营企业进出口 2068.5 亿元,增长 3%,占进出口总值的 65.4%。

【融入“一带一路”建设】 10 月 31 日,助力赣州港至盐田港“海丝路”班列首次双向开通,支持赣欧班列双向对开、常态运行,全年监管服务中欧班列 202 列,增长 8.18 倍。支持赣企“走出去”开展项目共建、参与“一带一路”基础设施建设。全省对“一带一路”国家进出口 901.9 亿元,增长 15.2%,占全省进出口总值 28.5%,比重较上年提升 2.5 个百分点。

【支持落实长江经济带发展战略】 助推九江打造区域性航运中心,9 月 4 日,国务院批复同意九江出口加工区整合优化为九江综合保税区。支持九江进境粮食指定口岸运营,全年监管进口粮食 3.4 万吨,货值 6298 万元。

【支持赣南等原中央苏区加快振兴】 指导支持赣州港建设,3 月 13 日,国家质检总局同意江西赣州港筹建进口肉类指定口岸;10 月 8 日,国务院办公厅批复同意赣州铁路集装箱场站为汽车整车进口口岸,系江西省首个汽车整车进口指定口岸。支持赣州加工贸易梯度转移重点承接地建设,3 月 16 日,海关总署批复同意龙南保税物流中心(B 型)通过验收;10 月 15 日赣州海关辖区首家保税仓库建设完成,经审查验收合格,并正式开办业务,赣州综合保税区全年进出口 4.76 亿元。

【服务赣江新区、南昌大都市圈建设】 7 月 13 日,国务院常务会议研究决定,南昌获批设立跨境电商综合试验区。南昌海关研究制定跨境电子商务综合试验区实施方案、提前配置监管资源,加快推进国际邮快件监管中心建设,争取海关总署支持。12 月 25 日,经省政府申请并报财政部、海关总署和税务总局备案,昌北国际机场口岸获批境外旅客购物离境退税政策;支持昌北国际机场发展,全年监管进出境飞机 4615 架次,进出境人员 80 万人次,分别增长 7.83%、21.49%。

(江志浩)

本栏编辑　邓玉兰

城乡建设

综述

2018年,全省城乡环境综合整治深入推进,百日攻坚"净化"行动成效显著,城乡环境面貌实现大变样。棚户区改造和公租房分配工作走在全国前列,住房困难群众居住条件得到改善。建筑业总产值连续8年保持两位数增长。新增施工总承包特级企业3家、一级企业44家,4项工程入选鲁班奖,建筑业发展质量得到大提升。城市建成区绿化覆盖率45.22%,绿地率42.1%,两项指标均列全国第二位;国务院通报表扬景德镇市活化陶瓷工业遗存、萍乡市海绵城市试点工作、上饶市棚户区改造工作,农村生活垃圾治理工作在国家考核验收中名列前茅。新增中国传统村落、历史文化名镇名村数量分列全国第七位和第六位,"江西智慧公积金"被中国政府网列入"群众办事百项堵点疏解行动"优秀案例,九江市列入国家2018年城市黑臭水体治理示范城市,宜春市垃圾分类工作在全国46个重点城市考核中列第八位。

抓好房地产市场调控。全年召开两次全省房地产市场会商协调小组会议,专题研究房地产市场调控工作,压紧压实市县政府主体责任。南昌市、赣州市、九江市严格执行限购、限贷等调控政策,市场主要指标保持稳定。2018年,南昌市商品住宅销售均价控制在国家目标之内,其他10个设区市新建商品住宅均价环比指标符合省政府确定的调控目标。住建部连续4次下发《关于通报近期房地产调控工作落实情况的函》,江西省没有城市被通报或列入。全力做好商品房结构调整"三增一去"工作,即:增加商品住房供给,增加租赁住房供给,增加商品住房供地及去化非住宅库存。全年共向省委、省政府呈报市场情况专报10期。制定房地产市场风险处置预案。印发《关于进一步规范商品住房销售行为的通知》,着力整治捆绑销售、价外加价、虚假宣传等不规范市场销售行为。采取暂停网签、约谈、列入"黑名单"等举措,制止违法违规行为。

完成住房保障工作。省、市、县三级层层签订目标责任书,压紧压实工作责任。争取各类补助资金86.2亿元,国开行、农发行贷款852亿元,发行棚改专项债券348亿元,累计金额达到1286.2亿元,创历年之最。全年完成棚户区改造任务32.9万套,开工率达118%;基本建成22.35万套。全省政府投资公租房分配68.4万套,分配率96.3%,完成国家确定的90%分配目标。全年安排各级财政资金23.34亿元,完成农村四类对象危房改造6.47万户,为国家年度任务数的123%。全省住房公积金管理中心通过"双贯标"验收,归集扩面力度不断加大,公积金租房限制全面放宽,公积金支持住房需求的作用充分发挥。2018年住房公积金业务运行保持平稳,归集额400亿元,提取资金230亿元,发放贷款170亿元。

加强城市综合承载能力建设。指导设市城市编制海绵城市专项规划,举办萍乡海绵产业投资与对接会,海绵城市建设步伐加快。全省海绵城市完成投入218.76亿元,建成面积143.7平方千米。全面部署推动城市"双修"工作。景德镇成功打造城市"双修"3.0版,重塑千年瓷都风彩。住建部城市"双修"现场座谈会在景德镇市召开。按照"300米见绿、500米见园"要求,合理规划和建设城市绿地,全省建设绿色廊道320千米,56个县(市、区)获得"省级园林城市"称号。景德镇市等地因地制宜推进管廊建设,着力解决"拉链马路"问题。景德镇市获国家专项补助资金2.4亿元。以省政府名义印发《省"厕所革命"三年攻坚行动方案》,争取奖补资金1.05亿元,发布《江西省城乡厕所设计导则》《江西省公共厕所管理服务标准》。全省有6000多个单位厕所免费向社会开放;新建公厕5200座、改建公厕3000座,分别完成年度任务的150%和137%。致力于城市"地更净"。加快推进城市道路机械化清扫,设区城市建成区主要车行道机械化扫率达到90%。宜春、南昌、赣江新区开展生活垃圾强制分类试点。完成《全省生活垃圾焚烧发电处理设施布点规划》编制,全年新增5座垃圾焚烧发电厂,新增日处理能力3000吨,全省累计垃圾焚烧日处理能力达6400吨。致力于城市"水更清"。全力治理城市黑臭水体,设区市建成区排查黑臭水体32个,治理完成26个、完成率达81%。推进城镇生活污水处理设施建设,全省22个市县城镇污水处理厂完成一级A提标改造建设。致力于城市"天更蓝"。开展建筑工地扬尘治理行动,狠抓建筑工地"六个100%"要求落实。对流动露天夜宵摊、烧烤摊等污染空气行为严格管理,重拳治理。完成国家"省级空间规划试点"任务,萍乡、鹰潭等7个市县"多规合一"试点成果经省政府批复。在全国率先推进2035年城市总

体规划修编工作,将全省在编城市总体规划期限统一调整为2035年,上饶市、赣州市等6个设区市、赣江新区和鄱阳县、万年县等一批县的城市总体规划成果通过审查。开展城市设计,推进赣州市国家城市设计试点和景德镇市、婺源县、瑞金市省级城市设计试点工作。九江市、抚州市创建国家历史文化名城。全省共调查登记1万余处传统建筑,抚州市、乐平市、金溪县、永丰县、南丰县等5个市县被评为省级历史文化名城。

改善农村人居环境。推进村庄规划设计,县域乡村建设规划编制率57%。开展“设计下乡、服务便民”活动,帮扶指导各地开展村庄设计工作。整治农村超高超大超限建房,通报5类26个典型案例。抓好传统村落保护,新增21个村列入中央财政支持范围;新增中国传统村落168个和中国历史文化名镇名村3镇14村。抚州市麻姑山、流坑风景名胜区完成国家级风景名胜区申报工作。改善农村生活垃圾城乡一体化收运体系,健全户分类、村收集、乡转运、县处理的城乡环卫一体化体制机制。瑞昌市、靖安县、崇义县作为农村垃圾分类和资源化利用示范试点取得成效。开展农村生活垃圾集中治理,排查登记非正规堆放点833处,已整治303处,正在整治526处。完成环鄱阳湖20个乡镇生活污水处理设施建设。分宜县、上栗县已实现集镇污水处理设施全覆盖。制定农户改厕补助标准,加快推进厕所污水治理。召开全省特色小镇建设工作现场推进会,规范特色小镇创建,打击“伪特色化”“山寨化”“房地产化”现象。

提升建筑业发展质量。2018年,对外承包工程完成营业额47亿美元、增长8%。扶持优势骨干企业做大做强,鼓励企业增质升级,企业综合竞争力不断提升。推进工程总承包、全过程工程咨询等工作,推广建筑信息模型(BIM)技术,完善工程建设组织方式。5家企业进入全球承包商250强榜单,上榜企业数居中部6省第一位。开展装配式建筑发展情况实地督查,印发《江西省装配式建筑产业基地管理办法(试行)》,完善装配式建筑等相关工程建设标准依据、计价规则和计价办法,推进南昌、九江、上饶、赣市、抚州、吉安等6个城市装配式建筑试点工作,加快建设25个装配式建筑生产基地。通过“双随机一公开”等举措,完善与市场相适应的管理制度。开展建筑工程质量提升行动、房屋建筑与市政工程施工安全专项整治行动和百日安全专项行动。房屋建筑市政安全事故起数、伤亡人数同比下降。推动绿色建筑革命,发展建筑节能与绿色建筑。规范和加强绿色建筑设计和施工图审查工作,城镇绿色建筑占新建建筑的40%,全省绿色建筑突破5000万平方米。编制《江西省绿色建筑设计标准》等地方规程。加强公共建筑节能监管,推进公共建筑能耗监测省级平台和5个分平台建设。

(夏萍)

城市规划与建设

【概　况】 南昌、九江、赣州、景德镇、鹰潭、萍乡、上饶、新余、抚州、井冈山、贵溪、乐平、德兴、瑞昌、庐山15个市设立一级规划局。宜春、吉安、九江、丰城、樟树、高安、瑞金7个市设立一级规划建设局,吉安设立规划管理处,宜春市、高安市设立规划管理办。德安、武宁、修水、都昌、上栗、余江、上饶县、玉山、鄱阳、婺源、万年、铅山、余干、弋阳、横峰15个县设立规划局,南昌县、进贤、安义、湖口、兴国、于都、宁都、石城、会昌、大余、上犹、信丰、崇义、龙南、全南、定南、寻乌、安远、铜鼓、宜丰、奉新、万载、上高、靖安24个县设立规划建设局。11个设区市均成立城市规划委员会,由市委书记或市长担任主任,具体研究解决城市规划发展和建设的重大问题。同时各地普遍实行城市规划专家技术审查制度,对事关城市规划、建设和发展的重大问题,注意广泛听取专家和社会各界的意见,科学决策、民主决策的意识进一步加强。全省现有南昌、景德镇、赣州、瑞金4个国家历史文化名城,除吉安、井冈山、九江外,又新增抚州、乐平、南丰、金溪、永丰5个省级历史文化名城,省级历史文化街区65处。10月,江西省机构改革方案正式获中央批复,城乡规划职能划转至自然资源部门。

2018年,全省园林绿化三大指标在全国保持领先水平,推荐崇义县、金溪县申报国家园林县城。城市黑臭水体整治工作完成81%,九江市列入国家2018年城市黑臭水体治理示范城市,获得中央财政支持6亿元。全省建成海绵城市面积143.7平方千米,完成投资218.76亿元;萍乡市海绵城市建设试点工作获得国家绩效评价第一名。全省开工建设地下综合管廊115.6千米,形成廊体77.56千米。其中景德镇市计划建设30.9千米,实际完成32千米,完成率达103.56%。全省城镇生活垃圾焚烧发电日处理能力达到6400吨。

【城乡规划编制工作】 推进2035城市总体规划编制工作,印发《关于新时期城市总体规划编制工作的通知》。制定《新时期总体规划指导意见和编制要点》,组织上饶市、赣州市、抚州市、吉安市、九江市等7个设区市城市总体规划技术审查,组织庐山市、鄱阳县、宜黄县、万年县、芦溪县、靖安县等一批县(市)总体规划审查,指导景德镇市、德兴市、金溪县、彭泽县开展城市总体规划建设用地局部调整,提升总体规划的适应性。编制《江西省城市地下空间暨人防建设综合利用规划编制技术导则》,推进人防工程规划和城市地下空间规划衔接,实现“两规合编”。对景德镇市地下空间开发利用专项规划编制工作进行指导。推进海绵城市专项规划、城市“双修”规划、新能源汽车充电设施规划、义务教育学校布局专项规划、通信基础设施专项规划编制工作。

【城乡规划审批制度改革】 出台《关于优化建设项目城市规划许可程序的通知》。“一书两证”办理时间由法定60个工作日压缩为30个工作日,减少了申报材料和前置事项,由原32项压缩为13项。完成7个省级市县“多规合一”试点验收。召开市县“多规合一”试点省直部门联席会议,审议并原则通过萍乡等7个试点规划成果,试点工作全面完成。全年共核发67件重大建设项目选址意见书。

【新型城镇化建设】 制定《关于实施我省2018年推进新型城镇化建设

重点任务的通知》，推进和调度省级新型城镇化综合试点工作。对各设区市年度城镇化数据进行综合分析评价，形成《江西新型城镇化发展质量评估报告（2017年度）》。印发《关于加快推进城镇义务教育学校布局专项规划编制进度的通知》，通报全省各地城镇义务教育学校布局专项规划编制进度。支持景德镇市深入推进城市"双修"国家试点。12月4日，住建部生态修复城市修补试点现场座谈会在景德镇市召开，全面推广景德镇试点经验。推进赣州市国家城市设计试点和景德镇、婺源、瑞金省级城市设计试点工作。开展全省城市生态建设"变形走样"问题整改工作，制定并下发问题整改工作方案。

【**历史文化名城保护工作**】 新增抚州、乐平、南丰、金溪、永丰5个省级历史文化名城。组织完成抚州、九江、乐平、永丰等历史文化名城保护规划成果审查，指导抚州开展申报国家级历史文化名城工作。公布第三批省级历史文化街区18处，省级历史文化街区增至50处。会同省文化厅开展第四批历史文化街区申报，完成15处申报街区现场考察论证。组织完成宜春王子巷、九江大中路、乐平何家台等15处历史文化街区保护规划审查。印发《关于加快推进历史文化名城（街区）保护规划编制工作的通知》。督促南昌、吉安、瑞金、乐平等城市加快历史建筑确定工作。做好万载田下历史文化街区保护工作，加强对吉安市田候路棚户区改造项目指导。

【**城乡规划监管**】 截至年底，全省设市城市共拆除违法建设建筑面积约183.34万平方米，其中拆除新增违法建设建筑面积约106.84万平方米，拆除存量违法建设建筑面积约76.50万平方米。全省设市城市存量违法建设累计查处进度94.96%，部分设市城市存量违法建设累计查处进度达100%。第三批省派城乡规划督察员派驻10个设区市和赣江新区开展城乡规划督察工作。全年共发出督察意见书2份，督察建议6份，小组巡察3次，约谈地方政府领导10余次。督促《关于新余市分宜县江西雅保锂业项目违法建设的督察意见》整改落实。约谈萍乡市政府，要求整改和查处安源国际汽车展示中心、文化路步行街违规违法项目。配合省发改委做好高尔夫球场清理整顿。印发《关于规范主题公园建设的通知》，开展主题公园项目建设情况核查。做好城乡规划领域扫黑除恶工作。

【**城市生活垃圾治理**】 完成《全省生活垃圾焚烧发电处理设施布点规划》编制，全年新增5座垃圾焚烧发电厂，新增日处理能力3000吨，全省累计垃圾焚烧日处理能力达6400吨。赣江新区和9个设区市出台工作方案，启动城市生活垃圾分类工作。住建部在2018年第二、三、四季度对全国46个重点城市垃圾分类工作通报中，宜春市分列第八位、第十六位、第十一位。

【**城镇污水处理**】 全省城镇生活污水处理率为93%，共削减化学需氧量16万吨、削减总磷2073吨、削减氨氮1.84万吨。重点水域19个城镇污水处理厂提标改造项目中1个已完成、2个基本完成，全省22个市县城镇污水处理厂完成一级A提标改造。推进污泥处理处置，全省11个设区市有7个建成污泥处理设施，全省污泥处置率为98.8%。

【**黑臭水体整治**】 2月，会同省环保厅、省水利厅、省农业厅联合印发《关于加快全省城市黑臭水体整治工作的通知》《转发关于做好城市黑臭水体整治效果评估工作的通知》，督促指导各地开展黑臭水体整治及黑臭水体整治效果评估。暗访督查南昌市黑臭水体整治工作，下发督查情况通报。对国家黑臭水体专项行动通报的南昌市、赣州市和吉安市黑臭水体整治情况进行定期调度。对南昌、九江、景德镇、抚州、萍乡、上饶、宜春、新余、鹰潭等9个设区市的黑臭水体整治情况进行实地督查。九江市列入国家2018年城市黑臭水体治理示范城市，3年获中央财政支持6亿元；将全省黑臭水体整治工作纳入江西省2018年"清河行动"。设区市建成区排查黑臭水体32个，治理完成26个、完成率81%。南昌市10个黑臭水体整治完成。

【**城镇园林绿化建设**】 全省建设绿色廊道320千米，56个县（市、区）获得"省级园林城市"称号。印发《关于进一步加强全省城镇园林绿化有关工作的通知》。开展城市公园安全排查整治。印发《关于进一步做好城市公园内设立私人会所整治"回头看"工作的通知》，对城市公园内设立私人会所情况进行"回头看"；对南昌、上饶9个私人会所整改情况进行实地督查，做好中央巡视"回头看"反馈意见整改工作和"再查再改"工作。对申报国家园林城市（县城）的瑞昌市、金溪县、崇义县进行帮扶指导。开展11个设区市国家园林城市的复查工作。

【**城镇供水供气管理**】 完成全省市、县城镇供水规范化管理考核工作和全省设市城市城市供水水质督察工作，落实"放管服"要求，制定《江西省方便企业获得用水行动方案》。推广智能水表。印发《关于进一步加强城镇供水供气服务质量的通知》，对供水供气入户抄表提出明确要求。召开全省城镇燃气安全运行工作座谈会，印发《关于进一步加强城镇燃气安全管理工作的通知》，联合省发改委印发《关于推进生物天然气入网有关工作的通知》，做好推进生物天然气入网利用工作。

（殷亦琼　孙兆进）

村镇规划与建设

【**概　况**】 2018年，全省乡镇域总面积15.97万平方千米，建成区面积20.03万公顷，村庄建设用地面积41.81万公顷。有建制镇715个，乡556个，农场21个（不含城关镇和纳入城市统计范围的乡镇），行政村16461个，自然村158104个。全省已建立镇（乡）级村镇规划建设管理机构699个，配备工作人员2764人，其中专职人员1721人。2018年，全省村镇建设总投资579.94亿元，年度村镇住宅竣工建筑面积0.49亿平方米，年末村镇实有住宅建筑面积15.7亿平方米，人均住宅建筑面积17.63平方米。同时，村镇公用设施逐步完善，96.78%的建制镇、96.59%的集镇建有集中供水设施,小城镇自来水普及率80.36%。小城镇建成供水管道、排水管道、道路分别有2.17万千米、7155.25千米、1.68万千米,有公共厕所5238座,环卫车3967辆,公园绿地面积980.2公顷。

【农村建房规划管理】 强化村镇规划技术指导,推进县域乡村规划和实用性乡村规划编制,县域乡村建设规划编制率57%。推动设计下乡工作。制定工作方案,召开动员会,部署建立技术服务小组,对口服务11个设区市和赣江新区。开展农村建房规划管理督导。印发《关于农村超高超大违法违规建房查处典型案例的通报》,通报5类26个典型案例。

【农村危房改造工作】 8月,联合省财政厅、省扶贫办、省民政厅等印发《江西省2018年农村危房改造实施方案》,召开全省农村危房改造推进会议。制定2018年度农村危房改造"春季攻势"行动方案、"夏季整改"行动方案和年度工作方案,起草《秋冬会战工作方案》。组织各地报送存量危房情况和2018年改造计划,开展全面排查和安全鉴定工作。印发《关于组织开展农村危房鉴定技术下乡的通知》,推荐部分高校下乡提供鉴定服务。组织各地开展2017年度农村危房改造任务实施情况绩效评价。开展农户身份证信息重复及不完整情况专项整改,对4万余条信息予以修改完善。下发《关于规范农村危旧房改造中拆旧还基有关工作的通知》,要求依法依规组织拆除危旧房屋、腾退宅基地。妥善修缮维护有人文保护价值的民居建筑。

【传统村落保护工作】 新增21个村列入中央财政支持范围,新增中国传统村落168个和中国历史文化名镇名村3镇14村。开展传统村落保护项目实施情况检查,组织对传统村落保护发展规划进行技术评审。全省13镇37村申报第七批中国历史文化名镇名村。开展传统建筑调查登记、挂牌保护工作。印发《关于规范开展村庄环境整治工作的函》,要求在整治过程中保护传统建筑。

【农村生活垃圾治理】 开展"回头看"工作,集体约谈较为突出的县(市、区)。对全省98个涉农县(市、区)的196个行政村农村生活垃圾专项治理工作开展预验收,合格率91.84%。印发《江西省非正规垃圾堆放点整治工作方案》,开展农村生活垃圾集中治理,排查登记非正规堆放点833处,已整治303处,正在整治526处。瑞昌市、靖安县、崇义县作为农村垃圾分类和资源化利用示范试点取得成效。组织各地开展村镇公共厕所建设和管理情况的调查统计。

【小城镇污水处理设施建设管理】 开展鄱阳湖沿线20个镇污水处理设施建设绩效评价,对20个乡镇生活污水处理项目的完成情况进行项目验收暨绩效评价。组织全省乡镇生活污水处理设施建设、运营情况专题调研及问题整改专项督查,推进全省农村生活污水治理示范工作,分宜县、上栗县实现集镇污水处理设施全覆盖。

【特色小镇建设】 推进特色小镇建设,开展特色小镇自查工作,落实第一批省特色小镇专项补助资金8000万元。组织专家指导特色小镇建设规划。召开全省特色小镇建设工作现场推进会,规范特色小镇创建,打击"伪特色化""山寨化""房地产化"现象。组织开展全省特色小镇建设督导工作,印发通报,并提出整改建议。开展推进全国特色小镇建设专项督导。

【对口帮扶工作】 做好泰和县马市镇柳塘村定点帮扶工作。严格对驻村工作组的管理,并多次现场督导驻村工作,研究出台定点帮扶三年规划。做好深度贫困村帮扶点兴国县古顺村帮扶工作,赴古顺村开展专题调研,研究出台工作方案。定点帮扶峡江县金坪民族乡,指导金坪民族乡开展省级特色小镇创建工作,高标准编制特色小镇建设专项规划,到金坪乡专题研究解决其规划建设问题。

(涂莉)

·资 料·

江西省国家级历史文化名镇名村

序号	设区市	镇村名称	公布批次	
			国家级	省级
1	南昌市	安义县石鼻镇罗田村	第四批	第一批
2	九江市	修水县山口镇	第七批	第四批
3	景德镇市	浮梁县瑶里镇	第二批	第一批
4		浮梁县勒功乡沧溪村	第五批	第二批
5		浮梁县江村乡严台村	第四批	第二批
6		浮梁县蛟潭镇礼芳村	第七批	第五批
7		浮梁县峙滩乡英溪村	第七批	第四批
8	萍乡市	安源区安源镇	第六批	第三批
9	鹰潭市	鹰潭龙虎山上清镇	第三批	第一批

续表

序号	设区市	镇村名称	公布批次	
			国家级	省级
10		贵溪市塘湾镇	第七批	第一批
11		贵溪市耳口乡曾家村	第七批	第一批
12	赣州市	赣县白鹭乡白鹭村	第四批	第二批
13		宁都县田埠乡东龙村	第六批	第三批
14		龙南县关西镇关西村	第五批	第一批
15		龙南县里仁镇新园村	第七批	第五批
16		寻乌县澄江镇周田村	第七批	第一批
17	宜春市	高安市新街镇贾家村	第三批	第二批
18		宜丰县天宝乡天宝村	第四批	第二批
19		樟树市临江镇	第七批	第二批
20	上饶市	婺源县江湾镇汪口村	第三批	第一批
21		婺源县沱川乡理坑村	第二批	第一批
22		婺源县思口镇延村	第四批	第一批
23		婺源县思口镇思溪村	第六批	第二批
24		婺源县浙源乡虹关村	第五批	第二批
25		婺源县江湾镇篁岭村	第七批	第五批
26		婺源县思口镇西冲村	第七批	第二批
27		铅山县河口镇	第六批	第一批
28		铅山县石塘镇	第六批	第一批
29		横峰县葛源镇	第四批	第一批
30	吉安市	安福县洲湖镇塘边村	第六批	第一批
31		安福县金田乡柘溪村	第七批	第二批
32		青原区富田镇	第五批	第三批
33		青原区文陂乡渼陂村	第二批	第一批
34		青原区富田镇陂下村	第四批	第二批
35		吉水县金滩镇燕坊村	第三批	第一批
36		吉水县金滩镇桑园村	第六批	第一批
37		吉安县永和镇	第六批	第二批
38		吉州区兴桥镇钓源村	第五批	第一批
39		峡江县水边镇湖洲村	第六批	第四批
40		泰和县螺溪镇爵誉村	第七批	第四批
41	抚州市	乐安县牛田镇流坑村	第一批	直接列为国家级
42		乐安县湖坪乡湖坪村	第七批	第四批
43		金溪县双塘镇竹桥村	第五批	第三批
44		金溪县琉璃乡东源曾家村	第六批	第四批

续表

序号	设区市	镇村名称	公布批次	
			国家级	省级
45		金溪县浒湾镇	第六批	第五批
46		金溪县合市镇游垫村	第七批	第五批
47		金溪县陈坊积乡岐山村	第七批	第五批
48		金溪县琅琚镇疏口村	第七批	第五批
49		金溪县合市镇全坊村	第七批	第五批
50		广昌县驿前镇	第六批	第一批

江西省省级历史文化名镇名村

序号	设区市	镇村名称	公布批次	中国传统村落公布批次	保护规划编制情况
1	南昌市	安义县万埠镇梓源民国村	第五批		未启动
2		进贤县架桥镇陈家村	第二批	第二批	已通过专家审查
3		进贤县文港镇周坊村	第五批		已通过专家审查
4		进贤县温圳镇杨溪李家村	第五批	第一批	已通过专家审查
5		新建县大塘坪乡汪山村	第三批		已批复
6		南昌县三江镇前后万村	第三批	第二批	已批复
7		青云谱区青云谱镇朱桥梅村	第五批		已通过专家审查
8	九江市	修水县黄坳乡朱砂村	第五批		已通过专家审查
9		都昌县苏山乡鹤舍村	第四批		已编制初稿，未组织审查
10	景德镇市	浮梁县浮梁镇旧城村	第四批	第一批	已批复
11		浮梁县西湖乡磻溪村	第三批	第二批	已批复
12		浮梁县瑶里镇高岭东埠村	第一批	第一批	已通过专家审查
13		乐平市涌山镇涌山村	第四批	第二批	已批复
14	萍乡市	莲花县路口镇湖塘村	第三批	第二批	正按程序报批
15	新余市	分宜县分宜镇介桥村	第三批	第二批	已批复
16		分宜县钤山镇防里村	第五批	第二批	正在按程序报批
17		渝水区罗坊镇下寸村	第五批		已通过专家评审
18	赣州市	南康区坪市乡谭邦村	第五批		已通过专家审查
19		赣县湖江乡夏府村	第三批	第二批	正按程序报批
20		赣县大埠乡大坑村	第五批		已通过专家评审
21		兴国县梅窖镇三僚村	第三批	第二批	已批复
22		兴国县兴莲乡官田村	第五批	第二批	已通过专家审查
23		于都县马安乡上宝村	第一批		已批复
24		于都县葛坳乡澄江村	第五批		已批复

续表

序号	设区市	镇村名称	公布批次	中国传统村落公布批次	保护规划编制情况
25		瑞金市九堡镇密溪村	第一批	第二批	已批复
26		安远县镇岗乡老围村	第一批	第一批	已批复
27		定南县天九镇九曲村	第三批		已通过专家审查
28		会昌县筠门岭镇羊角村(羊角水堡)	第五批		已批复
29	宜春市	丰城市张巷镇白马寨村	第一批	第二批	已批复
30		丰城市筱塘乡厚板塘村	第一批	第二批	已批复
31		万载县株潭镇周家大屋	第二批		已批复
32		铜鼓县排埠镇	第三批		已批复
33	上饶市	婺源县江湾镇江湾村	第一批	第一批	已批复
34		婺源县江湾镇晓起村	第一批	第二批	已批复
35		婺源县秋口镇李坑村	第一批	第二批	已批复
36		婺源县镇头镇游山村	第二批	第二批	已批复
37		婺源县段莘乡庆源村	第二批	第二批	已批复
38		婺源县浙源乡凤山村	第三批	第二批	已批复
39		婺源县紫阳镇考水村	第三批		已批复
40		铅山县篁碧畲族乡畲族村	第五批		已通过专家评审
41		横峰县姚家乡兰子畲族村	第三批		已通过专家评审
42		德兴市银城镇新营村	第四批		已批复
43		德兴市海口镇	第四批		已批复
44		广丰县嵩峰乡十都村	第五批		已通过专家评审
45	吉安市	安福县洋门乡上街村	第五批	第一批	已通过专家审查
46		青原区新圩镇江头毛家村	第三批		已批复
47		青原区富田镇横坑古村	第四批	第一批	已批复
48		青原区富田镇莜田村	第五批	第二批	已批复
49		吉水县金滩镇仁和店村	第二批	第二批	已批复
50		吉水县白沙镇桥上村	第四批	第二批	已批复
51		吉安县横江镇唐贤坊村	第二批		已通过专家评审
52		吉安县敦厚镇圳头村	第五批	第二批	已通过专家审查
53		吉安县横江镇公塘村	第五批		已通过专家审查
54		泰和县马市镇蜀江村	第四批		已通过专家评审
55		峡江县水边镇何君村	第五批	第二批	已通过专家审查
56		峡江县水边镇沂溪村	第五批	第二批	已通过专家审查
57		峡江县巴邱镇	第五批		已通过专家审查
58		永新县石桥镇樟枧村	第四批		已批复
59	抚州市	乐安县牛田镇水南村	第三批		已通过专家审查

续表

序号	设区市	镇村名称	公布批次	中国传统村落公布批次	保护规划编制情况
60		崇仁县相山镇浯漳村	第四批		已批复
61		黎川县华山场洲湖村	第四批		已批复
62		金溪县浒湾镇黄坊村	第五批		已通过专家审查
63		金溪县合市镇东岗村	第五批		已通过专家审查
64		东乡县黎圩镇浯溪村	第二批		已批复
65		东乡县黎圩镇上池村	第五批		未启动
66		宜黄县棠阴镇	第一批		已批复

建筑业与房地产业

【概　况】　2018年,全省完成建筑业总产值6884.87亿元;企业在外省完成产值2441.46亿元,增速9.9%。江西省建筑业总产值在全国排位前移1位,列全国第十四位。2018年全省对外承包工程营业额44.67亿元,5家建筑企业进入全球承包商250强榜单,且位次不断前移,上榜企业数居全国第五位,稳居中部6省第一位。全省共有建筑业企业9786家,江西省城建建设集团有限公司、昌建建设集团有限公司2家企业获批建筑工程施工总承包特级资质,全省特级资质企业19家,一级企业654家、比上年增加93家,二级企业2402家、比上年增加69家。新批省级建设工程工法92项,全省建筑业新技术应用示范工程立项工程41项。全省完成建筑业总产值5亿以上的企业268家,比上年增加15家。其中,产值超过100亿元的企业4家,比上年增加2家,为江西建工第一建筑有限责任公司、江西省建工集团有限责任公司、中恒建设集团有限公司、中铁四局集团第五工程有限公司;产值50亿—100亿元以上的企业22家,与上年持平;产值20亿—50亿元的企业达49家,比上年减少12家,产值10亿—20亿元以上的企业达到80家,比上年增加14家。产值在5亿—10亿元的企业有113家,比上年增加11家。截至年底,全省有187家监理企业,比上年增加28家。全年监理企业承揽监理合同额约26.9亿元,增长24.6%;工程监理营业收入18.2亿元,增长16.6%。年内全省有8个公共建筑装饰类、4个幕墙建筑类项目获中国建筑工程装饰工程奖;14人被评为全国建筑装饰行业优秀项目经理;1家单位2个项目获得科技示范工程奖。12家企业获得中国建筑工程装饰3A信用评价,分别是:美华、利达、建工、金昌、圳昌、中航长江、绿蜻蜓、天音、南方、康盛、诚建、宏发。美华建设有限公司、利达装饰集团有限公司、金昌建设有限公司获全国装饰百强企业,美华建设有限公司、利达装饰集团有限公司、宏发建设有限公司荣获全国幕墙百强企业。

2018年,全省商品房销售面积同比增长,价格平稳。新建商品房销售面积6620.09万平方米,增长6.06%;均价6736元/平方米,增长11.70%。其中,新建商品住宅销售面积5515.72万平方米,增长8.43%,与全国基本持平且低于中部平均水平;均价6248元/平方米,增长11.69%,与全国基本持平且低于中部平均水平。全省二手房交易面积1991.70万平方米,增长3.73%。其中,二手住宅交易面积1716.87万平方米,增长1.00%。房地产开发投资和税收增长。全省房地产开发完成投资2174.93亿元,增长8%(增幅比上年收窄5.7%)。其中,住宅开发投资为1590.64亿元,增长14.3%(增幅比上年收窄2.7%)。全省房地产业税收610.43亿元,增长27.9%(增幅比上年收窄1.4%),占全省税收19.2%。

【装配式建筑发展】　1月,省政府在赣州召开全省装配式建筑发展交流会,实地督查南昌等6个试点城市。推荐专业技术人才参加住建部装配式建筑工程技术高级研修班,组织参加第十七届装配式建筑交流会、湖南装配式建筑工程技术博览会。全省25个装配式建筑生产基地开工建设,新开工装配式建筑面积1443万平方米,竣工装配式建筑面积440万平方米。出台《江西省装配式建筑产业基地管理办法(试行)》。加快建设航信大厦、幸福渠保障房、赣江新区综合配套服务中心等一批装配式建筑示范工程项目。

【建筑市场监管】　7月,制定并印发《关于进一步优化建筑市场环境的通知》《关于进一步规范工程建设领域保证金管理减轻企业负担的通知》,严禁违规设立分公司、子公司。加大查处违法分包转包力度,处罚231家有违法违规市场行为的建设单位和建筑施工企业,其中21家停业整顿,162家限制招投标资格,48家给予处理,处罚金3100余万元。专项整治工程建设领域专业技术人员"挂证"行为,清理和退还各类保证金,推进保函保险替代现金形式保证金,净化建筑业市场环境。

【扬尘治理工作】　8月1日起施行《关于加强全省扬尘污染防治的决定》。召开全省"安全生产月"活动暨安全质量标准化示范工地观摩会，将扬尘治理纳入各设区市建设主管部门2018年度建筑施工安全生产责任状。印发《江西省城市建筑工地扬尘治理专项行动方案》，成立省建筑工地扬尘治理工作领导小组。全省开展扬尘检查13600余次，下达建筑工地限期整改通知10848余份，处罚金额1700余万元。

【棚户区改造】 省、市、县三级层层签订目标责任书，压紧压实工作责任。争取各类补助资金86.2亿元，国开行、农发行贷款852亿元，发行棚户区改造专项债券348亿元，累计金额达到1286.2亿元。国家下达棚户区改造开工任务为27.8万套，比上年增加15%。全年完成棚户区改造任务32.9万套，开工率118%；基本建成22.35万套。

（刘瑞金　丁锦琳）

勘察设计与建筑科技

【概　况】 2018年，全省工程勘察设计单位523家，其中甲级企业126家；从业人员168068人，其中技术人员25215人（高级职称人员5410人）；注册执业人员8609人，其中注册建筑师639人（一级360人，二级279人），注册结构工程师554人（一级377人，二级177人），注册土木工程师（岩土）186人。全年全省勘察设计营业收入总额1004.79亿元，增长23.26%。其中，工程勘察收入14.46亿元，增长2.55%。工程设计收入35.19亿元，负增长17.03%；工程总承包收入555.01亿元，增长169.28%；营业税金及附加6.67亿元，负增长58.63%。组织全省2754人参加注册建筑师、勘察师、注册工程师考试。组织2000人参加注册建筑师、注册结构师、注册岩土工程师继续教育培训。

全年27个项目申报住建领域科技计划项目。航信大厦工程、赣州冷链物流中心（一期）2个项目列入住建部科技项目计划。完成"上饶万达广场""中节能（江西）总部基地"绿色施工科技示范工程验收工作。对九江市第一人民医院新建综合大楼、北京银行等5个"十项新技术示范工程"进行验收。印发《关于公布江西省建设领域第一批推广应用技术目录的通知》，编制完成《江西省城乡厕所设计导则》，出台装配式建筑相关标准。

【提升勘察设计水平】 实施振兴乡村战略，开展设计下乡活动。召开设计单位设计下乡动员部署会，31家甲级建筑设计单位与全省11个地市进行对接。贯彻质量振兴战略，增加标准有效供给。审查批准《装配整体式混凝土住宅设计标准》（DBJ/T36-041-2018）等7项标准，建筑设计图集3项，组织编制《行政服务办事大厅技术导则》；印发2018年度工程建设标准、建筑标准设计编制修编工作，其中，工程建设标准16项，建筑标准设计10项。

【建筑节能与绿色建筑】 印发《关于加强绿色建筑设计和施工图审查工作的通知》，指导设计单位和图审机构提高绿色建筑设计和审查水平，印发《全省2018—2020年建筑节能与绿色建筑工作任务分解方案》，制定《江西省绿色建筑评价机构能力指引》，推行绿色建筑第三方评价。全省116项工程取得绿色建筑标识，建筑面积1690.2万平方米。加强建筑节能与绿色建筑监督检查，建立通报制度，每季度定期通报进展情况。完成可再生能源建筑应用示范市县验收（核定）工作。全省完成太阳能光热建筑应用示范面积1123.74万平方米，浅层地能应用面积234.78万平方米。加强公共建筑节能监管。建成国家机关办公建筑和大型公共建筑能耗监测省级平台，以及南昌、九江、新余、宜春、省直5个分平台。全省平台共联网监测201栋楼，总接入面积657万平方米，接入点位10866个。

【工程建设标准化工作】 印发《关于下达2018年第一批江西省工程建设标准、建筑标准设计编制项目计划的通知》。其中，工程建设标准16项，建筑标准设计10项。全年完成《蒸气加压混凝土墙板应用技术标准》《装配整体式混凝土住宅设计标准》《装配整体式混凝土住宅结构工程施工及质量验收技术标准》《装配整体式混凝土住宅预制构件制作与质量验收技术标准》《微晶石保温装饰一体板外墙外保温系统应用技术标准》《江西省城乡厕所设计导则》《复合保温墙板（FR）应用技术标准》等7个工程建设地方标准的编制工作，以及3个标准图集《CPL-XE反应粘结型卷材、涂料建筑防水构造》《蒸压加气混凝土板墙体构造》《PJ保温装饰一体板外墙外保温建筑构造》。《歌舞娱乐场所消防安全技术标准》完成从强制性地方标准转化为推荐性地方标准的修改工作。组织专家完成《农业生产资料配送中心建设标准（征求意见稿）》《农产品批发市场建设标准（征求意见稿）》《城乡养老设施规划标准（征求意见稿）》等3个工程建设国家标准的征求意见工作。

【建设标准实施和宣传】 在全省工程勘察设计监督执法检查中，将《住宅区和住宅建筑内光纤到户通信设施工程设计规范》和《无障碍设计规范》列入标准规范的专项检查内容。推动商业楼宇的光纤网络建设，举办《综合布线系统工程设计规范》和《综合布线系统工程验收规范》2个国家标准的宣传贯彻培训。

【无障碍环境建设】 开展创建国家无障碍环境示范市县村镇的申报评选工作。印发《贯彻〈江西省无障碍环境建设办法〉的实施意见》。推进《江西省"十三五"加快残疾人小康进程规划纲要》任务分工的落实，对残疾人优先保障基本住房的权利。开展全省工程建设项目无障碍设计标准和规范落实情况检查，并进行通报。

（黄奇武）

本栏编辑　邓玉兰

水　利

综　述

2018年,根据中央和省委、省政府加快水利改革发展的总体部署,按照新时期治水方略,省水利厅扎实推进水利建设、管理、改革等各项工作,取得明显成效。

水利投入持续高位运行。全省共落实2018年度全社会水利投入222亿元,已完成全社会水利投资125亿元。其中,纳入水利部调度的中央投资水利项目投资总计65.13亿元,已完成59.72亿元,投资完成率91.7%。安排24个贫困县的水利发展资金19.11亿元,比上年增加8.9亿元。

防汛抗旱减灾成效显著。汛前开展2次省级、260余次市县级防汛大检查,完成10399座水库、6753千米堤防清杂清障任务。有效应对赣江、抚河、信江、饶河共18条河26站次超警戒洪水和赣江中游支流蜀水超历史大洪水,累计紧急转移16.54万人,解救洪水围困群众1.05万人,防洪减灾效益3.93亿元。成功抗击萍乡、上栗、湘东等市县严重干旱,共解决19.4万人、1.4万头大牲畜饮水困难,减少农业因旱经济作物损失8.6亿元,减少粮食损失21亿元。

重大水利工程建设稳步推进。峡江水利枢纽工程获水利工程行业优质工程的最高奖项——2017年至2018年度中国水利工程优质(大禹)奖。廖坊灌区二期工程基本完工,累计完成投资12.37亿元,完成率96%,已进入扫尾阶段。浯溪口水利枢纽主体工程和铁路改线工程已基本完工。四方井水利枢纽围堰已截流。寻乌太湖水库已完成下闸蓄水验收,莲花寒山水库大坝已浇筑至设计高程。上高宝丰、峡江石洞、万年夏营、定南县洋前坝等4座水库正在抓紧实施。继续推进实施防汛能力提升"八大工程",扎实开展重点山塘、小型水库除险加固和鄱阳湖蓄滞洪区安全建设等项目,防洪工程体系不断完善。

民生水利发展持续巩固。持续推进大中型病险水闸加固,42座开工建设,已完工或主体工程完工37座。继续实施农村饮水安全巩固提升工程,全省1193项工程全部开工,已完成1183项。全年国家下达江西省高效节水灌溉建设任务面积为1.33万公顷,已完成1.37万公顷,超额完成国家下达的建设任务。新增水土流失综合治理面积1334平方千米,开展生态清洁型小流域建设17条。

最严格水资源管理制度落实。江西省2017年度最严格水资源管理制度考核结果等级为良好,全国排名第九位,创历年最好成绩,获水利部奖励3000万元。持续推进入河排污口专项整治,完成361个规模以上入河排污口合规性整改。开展水效领跑者创建,推进28个县域节水型社会达标建设。编制完成《江西省水资源使用权确权登记办法》,新干、东乡、高安3个水资源使用权确权登记试点县(市、区)通过水利部技术评估和省部联合验收。南昌、新余、萍乡3个水生态文明城市试点通过省部验收。

河长制湖长制工作升级提高。印发《2018年河长制湖长制工作要点》,出台《关于在湖泊实施湖长制的工作方案》《2018年河长制湖长制考核方案》。省河长办公室设置规格得到提升,各级河长开展巡河30万余人次。河长制省级表彰项目获国家批准设立,成为全国首个建立表彰制度的省份。启动鄱阳湖生态环境专项整治,开展河湖"清四乱"及打击非法采砂专项行动。持续打好消灭劣V类水攻坚战,市、县重点治理的44个断面,考核结果全部合格,优良率93.2%。11月8日,财政部下发《关于提前下达2018年水利发展资金预算指标的通知》,明确预拨江西省2018年度中央水利发展资金。江西省河长制工作成绩突出,水利部在2018年水利发展资金中给江西省安排4000万元用于河长制建设奖补,江西省也是全国首批奖补省份之一。

(王雅坤)

水利工程建设与管理

【概　况】　2018年,批复兴国县洋池口、东乡县井山、萍乡市湘东区碧湖等4座新建中型水库初步设计。寻乌太湖水库完成下闸蓄水验收,鄱阳湖二期防洪工程第5个单项樟树市肖江堤、乐平市镇桥联圩完成移交使用验收,鄱阳湖模型试验基地、吉安白云山水库完成竣工验收。

【水利工程标准化管理】　出台《江西省水利工程标准化管理考核评价办法》《江西省水利工程标准化管理标识标牌设置标准(试行)》《全省水利工程标准化管理名录》等文件。总结提炼水利工程标准化管理"六步法"(理清管理事项、明确管理标准、规范管理程序、科学定岗定员、建立激励机制、严格考核评价）。有效指导和促进全省试点工作，累计完成290个工程评价验收。

【小型水利工程管理体制改革】 全省有小型水利工程管理体制改革任务的县（市、区）101个，截至年底，全部完成调查摸底、维养经费测算、建档立案工作，并因地制宜出台实施方案，同时将改革作为年度考核目标，制定改革考核制度，建立监督考核机制。全省纳入改革的小型水利工程共23.02万座，至年底，全省有改革任务的101个县（市、区、计划单列单位）小型水利工程管理体制改革完成总结验收任务，较水利部要求提前两年完成，较省政府要求提前一年完成。

【农村水利项目投资】 全年农村水利项目总投资计划16.86亿元，其中高效节水2.59亿元，农业水价综合改革0.45亿元，廖坊灌区4.89亿元，大型灌区续建配套与节水改造项目2.37亿元，农业开发中型灌区节水配套改造项目0.37亿元，新建水库0.33亿元，小型水库除险加固3.50亿元，万座山塘整治2.36亿元。截至年底，已完成投资14.64亿元，其中高效节水2.71亿元，农业水价综合改革0.45亿元，廖坊灌区4.52亿元，大型灌区续建配套与节水改造项目2.25亿元，农业开发中型灌区节水配套改造项目0.33亿元，新建水库0.28亿元，小型水库除险加固2.45亿元，万座山塘整治1.65亿元。

【河湖专项整治】 开展“清四乱”（乱占、乱采、乱堆、乱建）专项行动。各地共排查出“四乱”问题348个，已完成销号311个。开展长江干流岸线保护和专项检查行动。完成现场重点核查，开展分类清理整治工作。开展长江经济带固体废物大排查行动，全省538个固体废物点位已全部完成清理。开展全省河湖非法矮圩网围联合排查整治行动，全省167处非法矮围网围问题正按要求同步开展整改。

【打击水利建设市场违法违规行为】

开展公共资源交易水利工程领域违法违规违纪行为专项检查行动和全省水利建设质量安全隐患大排查。督促和指导地方规范行政处罚工作，全省各级水行政主管部门共对44家市场主体进行了行政处罚，并实行联合惩戒。

【水利建设项目质量监管】 出台《江西省水利厅安全生产监管工作职责暂行规定》，印发《江西省水利厅生产安全事故应急预案》《江西省水利建设工程安全文明生产措施费使用管理办法》。全省水利建设项目质量保证体系全覆盖。2017—2018年度水利建设质量工作考核等次再次获A级，在全国32个省级考核单位排名列第九位，全年未发生质量安全事故。

【开展水利建设工程安全生产4个专项行动】 开展水利建设工程安全生产专项整治行动，包括“扫雷”“清零”和“回头看”3个阶段。开展水利工程建设施工安全专项治理行动，重点治理含有隧洞、深基坑、高边坡、围堰等危险性较大单项工程的建设项目。开展水利行业涉及危险化学品安全综合整治和电气隐患排查治理工作。开展年度重大水利工程建设安全生产专项巡查，对江西省12个重大水利工程建设安全生产专项巡查。各级共派出检查组1367次，排查在建项目1031个，排查覆盖率100%，查出隐患2085条；隐患整治全到位，即查即改1473个，限时整改612个，整改率100%。

【水利科技】 全年共下达年度水利科技计划项目经费2364万元，分别安排用于77项不同类型科技项目。指导完成《水生态文明村建设关键技术指南》《江西省水生态文明村评价办法》2个地方标准通过立项审核，《水利建设工程质量监督规程》《坡耕地侵蚀治理技术规范》正式实施。促进水利科技成果有效转化。3项科技成果获大禹水利科学技术三等奖；《农用渠槽优化与质量控制技术研发及应用》获江西省科技进步二等奖；获赣鄱水利科学技术奖16项，其中一等奖3项，二等奖6项，三等奖7项。继续推进鄱阳湖水利枢纽审批立项。水利部同意将花桥水库增补列入国家172项节水供水重大水利工程。鄱阳湖区单退圩堤加固整治、1万~5万亩圩堤除险加固，所有单项工程均已完成可研批复，正在推进初步设计审批。

【水利改革】 12月，省委办公厅、省政府办公厅印发《江西省关于推进生态鄱阳湖流域建设行动计划的实施意见》，启动生态鄱阳湖流域建设。2017年度农业水价综合改革在全国绩效考评中被评为优秀，2018年完成改革面积3.09万公顷，超额完成任务。完成289个水利工程标准化管理试点工作，并开展了评价验收。推进省水利规划设计研究院体制改革，改制方案已通过省政府常务会审议。

【农村饮水安全巩固提升工程】 2018年，全省共下达89个县农村饮水安全巩固提升工程投资计划18.3亿元（其中中央补助资金3亿元，省级补助资金4.5亿元），受益人口400.77万。至年底，拟建设的1190个项目全部开工，开工率100%；完工1180个，完工率99.2%；落实资金18.67亿元，完成投资18.37亿元，是下达投资计划的100.3%，其中中央投资3亿元全部完成。

（罗晨 邵嵩）

【水法治体系完善】 4月2日，《江西省湖泊保护条例》经省第十三届人民代表大会常务委员会第二次会议表决通过，6月1日起施行。11月15日，省政府第14次常务会议通过《江西省节约用水办法》，2019年1月1日起正式实施。11月29日，《江西省实施河长制湖长制条例》经省十三届人大常委会第九次会议表决通过，2019年1月1日起正式实施。完成《江西省实施〈中华人民共和国水土保持法〉办法》《江西省河道采砂管理条例》《江西省实施〈中华人民共和国防洪法〉办法》《江西省河道管理条例》《江西省水利工程条例》5部涉水地方性法规共16个条款一揽子修改任务，被废止的省政府规章《江西省平垸行洪退田还湖移民建镇若干规定》有关圩堤的防洪运用与管理内容纳入新修改的《江西省实施〈中华人民共和国防洪法〉办法》。

【水利行业“放管服”改革】 对2014年公布的权力清单和责任清单重新进行梳理完善，将各类行政管理事项精简完善后，保留实施行政权力 59 项，从设定依据、办理程序和期限、提交材料、岗位职责、执法文书等方面进一步梳理规范，开展行政权力事项和公共服务事项标准化建设。取消“取水权转让有关证明材料”“质量检测员缴纳社保证明材料”及“质量检测业务业绩证明材料”等 3 项证明材料；依申请类审批项目“一次不跑”“只跑一次”事项新增 8 项，总数达到 15 项。

【执法监督管理】 5 月 28 日起，会同涉水相关部门在鄱阳湖水域形成以省级水利、公安、海事、渔政、野保等部门联合巡查点为中心、5 个湖区县联合巡逻执法点为支撑的横向、纵向同步联动的“1+5”湖区动态巡逻防控网，全力维护湖区生态环境和安全稳定。结合“扫黑除恶专项斗争”和水利部河湖监督执法专项行动，开展全省水利系统“河湖卫士”监督执法行动，围绕、水资源、水土保持等 6 个方面，梳理河湖管理保护相关 216 个重点问题并落实整改，实现水利行业的全面执法。组织开展全省采砂专项整治行动，查处非法涉砂案件 396 起，行政处罚 482 人，行政拘留 39 人，移交刑事立案 10 起。全年省、市、县三级水利部门共设立检察室 113 个，实现各级检察院设立派驻水利部门检察室全覆盖。

（郭鹤）

水资源管理

【概　况】 2018 年，江西省平均降雨量 1488 毫米，比多年均值少 9.2%，属偏枯年份。地表水资源量 1129.85 亿立方米，比上年减少 31.0%。2018 年，总供水量与总用水量持平，为 250.81 亿立方米。人均综合用水量为 540 立方米，万元 GDP（当年价）用水量 114 立方米，万元工业增加值（当年价）用水量 72 立方米，农田灌溉亩均用水量 587 立方米，农业灌溉水有效利用系数 0.509。

【最严格水资源管理制度考核】 根据国家实施最严格水资源管理制度考核反馈的问题，举一反三，狠抓整改，及时向水利部报送《2017 年度国家实施最严格水资源管理制度考核江西省存在的问题改进措施和落实方案》。推进省级水资源管理考核。及时分析总结考核成效，以“一市一单”“一县一单”形式反馈、推进 2017 年度考核问题整改。组织省水资源管理中心、省水资源监测中心开展 2018 年年度江西省水资源管理专项监督现场检查，检查结果作为省考相关指标评分依据；科学制定和优化 2018 年度省考方案与评分细则，以考核促工作。

【节水工作】 出台《江西省节约用水办法》，经第 14 次省政府常务会议审议通过，以江西省人民政府第 240 号令公布，2019 年 1 月 1 日正式施行，省级节水立法取得重大突破。2018 年“世界水日”“中国水周”，副省长胡强、省水利厅厅长罗小云在《江西日报》发表署名文章。以“中国水周”为契机，掀起节水宣传热潮，先后深入九江职业大学、江西理文化工有限公司、南昌豫章小学及九江市民公园宣传节水。组织创作的《节水总动员》科普动画在江西教育电视台播出，取得热烈反响。中国水利水电出版社与省水利厅、省水科院联合召开《节水总动员》（青少年版）入选 2018 年度国家出版基本项目启动会。28 个县域节水型社会达标建设取得新突破。年内完成 10 个县（市、区）技术评估，9 个县（市、区）达标验收。联合机关事务管理局完成江西省交通运输厅等 23 家单位节水型单位的验收命名。联合省工信厅推动水效领跑者创建，公告方大特钢科技股份有限公司和江西金武纺织有限公司 2 家企业为节水型企业，其中方大特钢为江西省水效领跑者，推荐参与全国工业企业行业水效领跑者评选。发布农业、城镇生活及工业三大用水定额修编成果。督促吉安、萍乡、鹰潭 3 市完成《节水型社会建设“十三五”规划》。

【推进两项“提升”工作】 入河排污口整改提升成效显著。截至 11 月中旬，全省完成 361 个规模以上入河排污口审批或登记、完善设置同意手续整改，占规模以上入河排污口总数（366 个）的 98.6 %。严格入河排污口设置审批，否决不合规定入河排污口设置申请。已完成位于赣江吉安饮用水水源保护区的吉安市青原区新生入河排污口和位于抚河抚州饮用水源一级保护区的 4 个排涝口的整改，并向长江委报送“销号”材料。持续开展规模以上入河排污口监督性监测工作，在枯水期进一步加密监测频次，从 7 月开始每月定期编发省级规模以上入河排污口监测通报。制定《江西省入河排污口监测能力建设实施方案》，争取 2019 年春节前完成 16 个入河排污口水质自动监测站建设。饮用水水源地保护提升覆盖全省。编制上报重要饮用水水源地自评估报告；7—8 月，配合长江委水资源保护局开展两次重要饮用水水源地达标建设调研工作；9 月印发《江西省水利厅关于开展县级以上集中式饮用水水源地达标建设提升工作的通知》，督促全国重要饮用水水源地以外的县级以上城市编制完成达标建设实施方案。

【水资源改革】 完成《江西省水资源使用权确权登记办法》（送审稿）编制。《江西省水资源使用权确权登记办法》列入中共江西省委全面深化改革委员会改革项目，已通过厅深化改革领导小组和厅长办公会议审议，并报送省政府。萍乡水生态文明城市建设试点通过水利部技术评估验收，获 89.6 分，水利部在江西省开展的水资源改革试点全部完成。指导上饶市自主开展水权交易试点、九江市自主开展水资源使用权确权登记试点。完成第三次水资源调查评价工作进度居全国前列。按时间节点提交汇总第三次水资源调查评价成果。完成上饶高铁新区规划和完成花桥水库等一批重大项目的水资源论证报告审查。按照省政府要求，及时向赣江新区移交省管取水户晨鸣纸业、双港水厂取水许可管理权限。向水利部报送江西省水资源有偿使用制度改革方案。向省发改委提供 2017 年度全省流域生态补偿水资源相关评分，向省统计局提供 2016 年度全省水资源资产存量和变动表。

【加强取水管理】 加强取水许可管理。颁发鹰潭自来水公司、南昌金燕国际温泉城等项目取水许可证，完成赣抚平原灌区延续取水发证，推进农业取水许可工作。加强计划用水管理,下达42家省管取水户2018年度用水计划,完成2家取用水和用水计划调整申请审批,即国电投景德镇发电用水计划调整及信江八字嘴航电枢纽工程取水许可批复。委托省水利规划设计研究院开展新余钢铁集团有限公司等3家省管取水户延续取水评估报告(送审稿)技术审查。推进取水管理整治。联合省水政监察总队推进取水许可、水资源费征收专项整治,已取得初步成效,截至年底,全省水资源费征收2.63亿元,追缴水资源费2200万。完成《地下水超采区治理中期评估》审查,完成水资源管理年报及水资源公报的编制,并刊印成册。

【落实各项整改任务】 及时关注南昌市部分县区湖段相继发生的蓝藻聚集现象,发函省环保厅通报有关情况,并向省参与"一带一路"建设和推动长江经济带发展领导小组办公室报送问题核实及研提意见,加强饮用水水源地保护,确保群众饮水安全。经多次征求各设区市政府、水利部门及有关省直单位意见,完成《江西省城市应急备用水源建设布局规划》编制。开展全省大中型灌区灌溉水水质监测和评价工作,2018年大中型灌区水质监测覆盖率达50%,及时整理监测评价成果印发《江西省水利厅关于进一步加强大中型灌区灌溉水水质监测信息报送工作的通知》,加强工作调度,建立信息报送机制。委托省水利规划设计院召开《技术报告》咨询会,征集与会单位和专家意见。指导地方开展鄱阳湖水功能区纳污能力复核工作。推进不达标水功能区治理,及时通报每月全省及鄱阳湖区不达标水功能区情况,督促鄱阳湖区有关市、县制定不达标水功能区整治方案。按照长江经济带生态环境审计、审计署武汉特派办和中央环保督察组要求,及时提供相关材料,推进问题整改。完成推进长江经济带生态环境保护审计报告意见征集反馈,督促相关市县推进整改,基本完成江西省283个无证取水问题整改和5处饮用水水源地问题整改。派员参加2次2018年河湖卫士监督执法专项监督检查,督促市、县每月定期报送问题整改进度。

(欧阳任婷)

水 文

【概 况】 2018年,全年34次降水过程中7次为强降水,共18条河流23站26次发生超警戒洪水。后汛期,长时间连续无雨导致18条河流28站出现历史新低水位或历史最小流量,13条河流20站在汛期内创下水位新低,部分河流断流。水文部门先后启动应急响应9次,发布洪水预报893站次、水情预警16期、中小河流洪水及山洪灾害气象预警8期、山洪地质灾害预警信息242期、发送短信29.9万余条,成功应对蜀水"6·08"超历史大洪水及延桥水马圩站超警洪水等,帮助安全转移16.54万人。多项抗旱措施与建议被省防总采纳执行。

【水文监测改革】 《江西省水文监测改革实施方案》基本完成。确定47个巡测分区,明确253处水文站的管理范围和工作任务。组建12支400余人的应用研究团队专项攻坚监测新技术。首次实行监测24小时值班制。提升监测数据质量,在2018年全国水文测验质量检查评定中获评优秀。

【服务河湖长制工作】 印发《江西省水文局服务河湖长制工作指导意见》。在全省率先开展86个湖泊的水生态调查,编制《袁河(含山口岩、江口水库)健康评估(试点)报告》。出台《自然资源资产负债表编制标准》《县级水资源公报编制标准》,完成自然资源资产负债表核算工作,推动全省县级水资源公报、月报编制率69%、18%。

【水生态监测进入新领域】 构建大气降水—地表水—地下水的立体式水环境水生态监测网络,以及涵盖湖流、水质、湖盆地形、江豚等多项监测内容且监测成果实时输出的鄱阳湖水文生态监测体系。东江源区水文水生态监测保护研究系统建设被纳入《珠江流域水资源保护规划》。

【水文应急监测】 出台《水文应急预案》《2018年应急响应实施方案》《突发性水污染事件应急监测技术标准》,构建了三级应急队伍体系。全年成功处置7起突发性水事件。

(石可寒)

水政监察

【概 况】 推行全面执法、综合执法、联合执法,组织全省执法行动,出动执法人员4.5万余人次,执法车辆7300余台次、船艇5500余艘次,省本级水资源规费征收到账2.77亿,水保规费征收到账1.08亿元,分别增长32.5%和192%。

【河湖卫士监督执法工作】 统筹水利管理、水行政监督、水行政执法各方面力量综合执法,主动开展涉水领域全面执法,携手公安、交通、检察等部门联合执法。明确河道清障、水利工程和水文设施保护、水资源及入河排污口、河道采砂、水土保持、河湖岸线利用及涉河建设项目等六大监督执法工作内容,形成重点问题台账216个重点问题。开展全省河湖卫士监督执法工作督查活动,督促各地重点问题整改。至年底,6项工作重点问题整改到位186个,整改率达86.11%。

【打击非法采砂】 全年在全省部署开展各类非法采砂执法行动5次,查处非法采砂船舶530余艘,切割销毁非法采砂船舶(机具)近300艘(台),整治非法砂石码头18个,关闭非法砂场83个,非法采砂刑事立案10余起,行政处罚1100余人。推进采砂船舶集中停放管理,为集中停放点采砂船舶安装卫星定位设备。多次对龙雾洲、富山、樵舍等水域为重点的赣江、抚河水域进行明察暗访。

【水资源红线管理】 落实最严格水资源管理制度,严守水资源管理3条红线即水资源开发利用控制、用水效率控制和水功能区限制纳污。首次引入第三方机构进行取水户用水量复核,提高征缴水资源费的技术水平和能力。对11家省管自来水企业2013—2017年取水量开展复核,追缴水资源费2000余万元。严肃查处无证取水、非法设置排污口等案件,下达书面整改意见11余份,约谈4家企业领导。

【智慧水政信息化建设】 编制《江西省智慧水政实施方案》,围绕前端视频监控系统、移动执法系统、水政指挥中心、水政执法资源整合共享、智慧水政综合指挥平台等业务系统开展项目建设。组织开展全省集中停靠点建设规划,在重点水域推进采砂船集中停靠点建设。首次组织开展全员无人机操作技术培训,与第三方技术支撑单位合作开展无人机巡河巡湖。

【水行政执法干部业务培训】 举办各类水行政监督执法培训班6期,全省水政系统基层单位700余人次参加培训。与省委党校干部网络学院签订战略合作协议,首次制作5门水利普法课程,作为全省干部网络教育指定学习课程,加入干部网络学院学习网,为全省各行业首创。

(郭鹤)

农村水电

【概　况】 截至2018年年底,全省共有农村水电站3868座,装机容量345万千瓦,占农村水电技术可开发量的81.6%,全年发电量73亿千瓦时。农村水电站主要特点是点多面广,1000千瓦以下的有3311座,占全省农村水电站数量的83.7%。

【农村水电增效扩容改造】 全省"十三五"增效扩容改造项目389个,其中电站改造项目193个,项目改造总投资6.03亿元。截至年底,"十三五"农村水电增效扩容改造项目开工率97.7%,完工率64%,已完成中央资金1.55亿元。

【小水电安全监管】 逐站落实农村水电站安全生产和安全监管责任人,实现农村水电站"双主体"责任全覆盖。举办2期全省农村水电安全生产培训班,对市县水利部门农电管理人员和部分电站业主约140人进行培训。先后印发《关于进一步做好农村水电站安全度汛工作的紧急通知》《关于加强农村水电站安全生产和安全度汛的紧急通知》,转发《水利部关于做好农村水电站安全度汛工作的通知》,汛前和汛中对全省各类农村水电站进行拉网式全覆盖安全生产大检查;在汛后以省水利厅名义组织6个检查组对全省农村水电站安全生产进行重点检查,并采取"一市一单"形式下达整改通知督促问题整改落实。强化监督检查,加强安全培训,推进标准化建设。印发《江西省农村水电站标准化管理评价标准(试行)》和《江西省农村水电站标准化管理操作手册编制指南(试行)》,组织人员对运行管理标准化建设进行现场指导,确保19座农村水电站管理标准化创建任务全面完成。

【绿色水电建设】 在保障农村水电站度汛安全和生产安全的同时,完成白鹅水电站、盘溪水电站、大段水电站3座绿色小水电站创建。江西省农村水电增效扩容及绿色水电创建工作得到水利部充分肯定,在水利部绿色水电建设工作会议上省水利厅作经验交流典型发言。

【小水电清理整改】 落实省级以上自然保护区水电站问题整改。全省省级以上自然保护区水电站共167座,其中核心区和缓冲区53座,实验区114座。至年底,省级以上自然保护区水电站已关停27座,已退出或正在退出27座,113座正在进一步论证和制订整改方案。全力抓好小水电整改。至年底,全省已有140多条河流启动流域规划修编工作,27座报废或停运水电站已拆除或正在拆除。全省3955座电站中已有3929座完成生态泄流设施改造。

(高云平)

【高效节水灌溉】 结合省政府推动的统筹资金推进高标准农田建设,围绕乡村振兴战略和农业产业转型升级助推高效节水灌溉工程建设。根据国务院《2018年政府工作报告》目标任务量化考核指标,江西省2018年度高效节水灌溉任务为1.33万公顷。全省计划完成高效节水灌溉建设任务1.57万公顷(其中农业部门1.17万公顷,水利部门3956.13公顷),实施62个项目,涉及49个县,计划总投资2.59亿元。截至年底,全省高效节水灌溉建设项目累计完成建设面积1.57万公顷,其中,完成管灌1.43万公顷,微灌413.33公顷,喷灌1013.33公顷;完成投资2.71亿元,占年度计划的104.71%,提前超额完成2018年度目标任务。

(黄韬)

【灌区建设】 2018年,全省在建大型灌区续建配套与节水改造项目有赣抚平原、袁惠渠、潦河、锦北、袁北、南车、饶丰、鄱湖、柘林、丰东、章江、七一。国家下达投资计划2.37亿元,其中中央资金1.77亿元,计划完成渠道整治87.5千米,渠系建筑物更新改造372座。截至12月底,完成总投资2.25亿元,其中中央资金1.77亿元;完成渠道整治85.14千米,渠系建筑物345座。廖坊灌区二期工程于2016年9月20日开工建设,采用PPP模式建设;2018年全年完成投资4.52亿元,占当年投资计划的92.4%,完成年度建设目标。

(李小梅)

【小型水库建设和山塘整治】 2018年,全省有3座新建小型水库建设,下达中央资金3310万元,至年底,完成投资2800万元,完成年度任务目标。全省共有1457座小型病险水库列入水利部《加快灾后水利薄弱环节建设实施方案》,完成初设批复。2018年,国家下达江西省392座小型水库除险加固任务,下达资金3.5亿元,截至年底,完成投资2.45亿元,如期实现既定年度项目进度不低于80%的目标。全省2018年计划整治山塘1401座,总库容为7883万方,总投资2.36亿元,截至年底,完成投资1.65亿元。

(张乐文)

本栏编辑　邓玉兰

生态环境

综述

2018年,全省生态环境建设稳步推进,生态环境质量大幅改善。空气质量优良天数比例为88.3%,同比上升5个百分点,高于全国平均9个百分点。全省地表水水质总体为优,断面水质优良比例为90.7%,同比上升2.2个百分点。

国土绿化。全年完成造林面积30.81万公顷,其中人工造林8.86万公顷、封山育林7.02万公顷、退化林修复14.48万公顷、人工更新4559公顷。森林抚育37.81万公顷。建成乡村风景林示范点1267个,面积4384公顷。四旁植树4408.77万株。新增治理沙化土地面积1.49万公顷。全省森林覆盖率63.1%,森林蓄积量5.0亿立方米。

森林管理。开展省、市、县三级森林督查,对发现问题严重的县(市)实行"一约谈、三暂停"重点整治。开展年度生态公益林监测和省级公益林区位调整和纠错,批准调整省级公益林344.42公顷。新增生态公益林省级补助资金5100万元。开展1.05万名生态护林员岗位续聘,新增和分解3500名生态护林员指标到40个县(市、区)。全省在保林地820万公顷,占全省有林地89.8%。全省审核(批)建设项目长期使用林地1655宗,保障建设项目使用林地1.19万公顷,森林植被恢复费征收19.83亿元。争取使用国家备用林地定额2856.87公顷,服务重点工程项目90宗,保障使用林地定额4500公顷。开展第七次森林资源二类调查试点,在10个设区市19个调查单位,完成7500个样地和34.1万个小班区划调查,小班完成率80%。全省木材检查站查验运输木材车辆3.92万辆次,查验木材121.65万立方米、活立木0.57万株;查处违法运输木材案件1092起,为国家挽回直接经济损失215.37万元。设立乡镇基层林业工作站933个、森林公安派出所274个、木材检查站206个。

湿地管理。出台《关于进一步加强湿地保护管理的通知》,严控湿地占用行为。成立江西省湿地保护专家委员会和鄱阳湖国际重要湿地预警监测中心。开展第22个"世界湿地日"宣教活动。全年争取中央财政湿地保护补助项目资金0.5亿元。湿地补偿实施范围由3个县(市、区)增至10个县(市、区),争取中央湿地补偿资金0.2亿元,实施社区生态修复和环境整治项目266个,惠及鄱阳湖湖区群众14万人。省级安排中央财政湿地保护补助资金200万元,用于实施退耕还湿项目,退耕还湿133.33公顷。新增湿地保护地102处,其中湿地保护小区97处、水源保护地5处;新增保护湿地面积1.31万公顷,湿地保护率上升1.45%。全省湿地保护率53.75%,居全国第10位。

物种保护。开展2017—2018年度环鄱阳湖区水鸟同步调查,记录水鸟37万余只,其中白鹤2149只。实施每月逢八科研监测项目,面积覆盖鄱阳湖保护区224平方千米。开展全鄱阳湖大规模水鸟调查4次,面积0.5万平方千米,覆盖整个鄱阳湖区及相邻湖泊。《江西省第二次全国重点保护野生植物资源调查报告》通过国家林草局检查验收。陆生野生动物疫源疫病监测站增至45处,巡护监测人员2645人,其中专业技术人员898人。开展野生动物疫源疫病预警,共采集野生活体鸟类样品562份,哨兵动物102份,采集粪便样本2076份,所有采集样品均排除禽流感,超额完成国家林业和草原局下达的样品采集任务。争取国家野生动植物保护项目经费445万元,在7个重点市、县实施极小种群野生植物保护和珍稀濒危野生动物救护繁殖项目,完成野生动植物保护投资6599万元。办理野生动植物行政许可1079件。其中,野生动物繁育利用341件,涉及繁育利用企业105家;野生植物采集利用许可736件,涉及采集移植野生植物3.10万株;进入保护区开展科学考察2件。

土壤环境管控。启动重点行业企业用地调查,11个设区市建立污染地块名录。完成全省固废、危废大排查和危险废物规范化检查,723家产废单位、138家经营单位全部纳入危险废物监管平台进行重点监管。新增危险废物处置能力28.4万吨,处置总能力达34.25万吨/年。

(省生态环境厅　省林业局)

生态环境建设

【概　况】 2018年,完成国家防护林工程6.16万公顷,其中"长防林"5.23万公顷、"珠防林"0.93万公顷。完成"血防林"工程造林0.67万公顷,新建血防工程成效监测点5处。利用国际金融组织贷款项目造林0.5万公顷,国家储备林项目造林0.20万公顷，欧投贷款项目造林 0.83 万公顷、抚育 1.97 万公顷。

【森林城市创建】 全省投入创森资金 79.11 亿元。各创建城市将创森工作纳入政府年度考核和各级政府公共财政预算。萍乡市成功创建国家森林城市，江西成为全国第一个所有地级城市均为国家森林城市的省份；武宁县、崇义县成功创建全国首批县级国家森林城市（全国首批命名 4 个县），婺源、湖口、彭泽、上栗、新干、黎川 6 个县创建“国家森林城市”获国家林草局批复备案；全省申请创建省级森林城市 80 个县（市），通过规划并批复 76 个，命名江西省森林城市 72 个。

【森林质量提升】 编制出台《江西省森林经营规划（2016—2050 年）》，崇义县在全国率先完成县级森林经营规划编制。开展 2018 年度营造林实绩检查，全省营造林质量得到有效控制，树种选择、人工造林密度、造林成活率、封山育林地类选择等质量达标情况良好。人工造林超额率 96.1%，合格率 95.6%；封山育林超额率 6.8%，合格率 99.3%；“长防林”工程中退化林修复合格率 91.1%。营造乡土阔叶树 1.49 万公顷，乡土阔叶树比重 37.2%。开展林木良种种苗质量抽查，杉木和湿地松种子平均净度国标Ⅰ级，89%杉木种子发芽率国标Ⅱ级以上，11%杉木种子发芽率国标Ⅲ级。抽查苗圃地苗木样品，生产经营单位 93%符合有关要求；抽查造林地苗木样品，苗木平均合格率 95%。在安福等 20 个县开展近自然森林经营试点。全省设立国家级重点林木良种基地 13 处、省级 9 处，专业油茶采穗圃 14 处。布局新造林、低效林改造两类良种良法骨干示范基地 20 个。全省调剂松杉良种 1.20 万千克，增长 30%。

【推行林长制】 7 月 3 日，省委办公厅、省政府办公厅印发《关于全面推行林长制的意见》，决定在全省推行林长制。9 月 3 日，召开 2018 年省级总林长第一次会议，审议通过《省级林长名单及责任区域》《江西省林长制省级会议制度》《江西省林长制信息通报制度》《江西省林长制省级督办制度》《江西省林长制工作考核办法（试行）》，由省委书记刘奇任省级总林长，省长易炼红任省级副总林长，省领导李炳军、殷美根、朱虹、冯桃莲、胡强、陈俊卿、肖毅、刘卫平任省级林长，并明确相应责任区域。9 月 19 日—20 日，在武宁县召开全省林长制工作现场推进会。至 2018 年年底，全省基本建立以覆盖省、市、县、乡、村五级林长负责制为基础的林长制管理体系。

【开展森林美化彩化珍贵化建设】 5 月 24 日，印发《江西省人民政府关于在重点区域开展森林美化彩化珍贵化建设的意见》《全省重点区域森林绿化美化彩化珍贵化建设规划（2018—2022 年）》，明确到 2022 年，全省主要高速公路、高铁、长江岸线等通道和生态廊道两侧、重要风景名胜区周围以及重点乡村风景林等区域森林全面达到生态优良、林相优化、景观优美的效果，推动由“绿化江西”向“美化江西”跨越；各级政府主要负责人为“三化”工作第一责任人，按照属地管理原则落实各方责任主体，共同推进项目建设。成立省森林美化、彩化、珍贵化建设工作督导组，把 0.89 万公顷年度建设任务分解到各市、县（区）。抚州市福银高速、抚金高速部分路段，以及九江市环庐山景区公路和长江沿岸等地段森林绿化、美化、彩化、珍贵化建设初见成效。

（卢建红）

生态环境保护

【概　况】 至 2018 年，全省建立林业自然保护区 185 个，其中国家级 16 个、省级 33 个、县级 136 个；总面积 102.11 万公顷，占全省国土面积 6.12%。建立森林公园 182 处，其中国家级 49 处、省级 121 处、市县级 12 处；经营总面积 52.97 万公顷，占全省国土面积 3.17%。建立湿地公园（含试点）93 处，总面积 14.91 万公顷，湿地面积 11.75 万公顷。其中，国家湿地公园 17 处，总面积 9.37 万公顷，湿地面积 7.63 万公顷；国家湿地公园试点 22 处，总面积 3.06 万公顷，湿地面积 2.10 万公顷；省级湿地公园 15 处，总面积 0.73 万公顷，湿地面积 0.60 万公顷；省级湿地公园试点 39 处，总面积 1.75 万公顷，湿地面积 1.42 万公顷。省级以上湿地公园（含试点）面积占全省国土面积 0.89%。全省湿地 91.01 万公顷，占全省国土面积 5.45%；受保护湿地 50.23 万公顷，湿地保护率 55.20%。全省国家和省级补偿生态公益林 340 万公顷；天然林 624.27 万公顷，占全省国土面积 37.4%。签订天然商品林停伐管护协议 153.09 万公顷，占国家任务 99.1%。

【“一区两园”建设】 开展国家级林业自然保护区“绿盾 2017”违法违规问题整改和全省自然保护区“绿盾 2018”专项行动联合督查；开展全省自然保护地大检查，对全省 6 种自然保护地类型、40 处自然保护地进行督查。全年新设立江西定南神仙岭省级森林公园，面积 868.03 公顷。国家级森林公园总体规划完成率 90%，居全国前列；省级森林公园总体规划完成率 39%。新增省级示范森林公园 7 处，省级森林体验（养生）基地 17 处。首批选定 15 个县（市、区）开展乡村森林公园试点，打造 30 处乡村森林公园。万年珠溪、南城洪门湖、景德镇玉田湖、宁都梅江 4 处试点通过验收，成为国家湿地公园。其中，万年珠溪总面积 1025.10 公顷，南城洪门湖总面积 8089.31 公顷，景德镇玉田湖总面积 387.50 公顷，宁都梅江总面积 6345.80 公顷。

【林业有害生物防控】 省政府两次召开全省会议部署推进松材线虫病防控工作，向各设区市、省直管县（市）政府下达《2018—2019 年度松材线虫病防控目标责任书》，开展全省松材线虫病防控暨疫木清理“百日攻坚”行动。全省林业有害生物防控综合治理面积 7.21 万公顷，悬挂诱捕器 3.1 万套，设置诱木 2.68 万株，释放花绒寄甲 778.99 万头，卵卡 6.19 万张，注射注杆药剂 14.74 万支，喷洒噻虫啉药剂 53.12 吨。全省松材线虫病疫区除治松林面积 5.33 万公顷，清理死亡松树百万余株，实现疫情防治全覆盖；完成媒介昆虫防治面积 3.33 万公顷。开展松褐天牛防治 7.21 万公顷；松林监测面积 297.33 万公顷。全省林业有害生物发生面积 31 万公顷，发生率 3.13%；

成灾面积 2.18 万公顷，成灾率 2.2‰；防治面积 28.83 万公顷，无公害防治面积 28.33 万公顷，无公害防治率 98.25%；林业有害生物预测发生面积 25 万公顷，实际发生面积 31 万公顷，测报准确率 89.1%；应施种苗产地检疫面积 4.08 万公顷，已实施种苗产地检疫面积 4.07 万公顷，种苗产地检疫率 99.8%；全省林业有害生物成灾率低于国标 2.4 个千分点，无公害防治率、测报准确率、种苗产地检疫率分别高于国标 8.3、0.1、3.8 个百分点。

【林业严打整治】 开展鄱阳湖区“雷霆 2018”联合执法等系列专项行动，鄱阳湖区越冬候鸟和湿地保护连续 8 年基本实现“三无一杜绝”和“两个确保”总体目标。组织开展“严打生态犯罪、护航美丽江西”“飓风 1 号”“春雷 2018”“绿剑 2018”“春季鸟类巡护值守检查”“鄱阳湖区湿地候鸟保护”“严厉打击犀牛和虎及其制品非法贸易”国家森林督查移交线索摸排，以及“扫黑除恶”“打伞强基”“打击枪爆违法犯罪”“禁毒 2018 两打两控”等一系列执法专项整治行动，依法查处各类案件 1.4 万起，其中刑事立案 3079 起，收缴国家保护野生动物 2.05 万只（头）、木材 1.44 万立方米，挽回直接经济损失 7797.17 万元。省森林公安局集中警力，直接组织侦办和挂牌督办一批重点案件，带动市、县侦破赣西“12·25”特大跨 16 省非法贩卖野生动物案、“4·13”跨省运输野生动物案、赣州“1·9”特大采伐国家重点保护植物团伙案和上饶特大滥伐林木、非法收购运输木材、买卖国家机关证件案等一系列大案要案，提供司法鉴定服务 200 余起。全省木材检查站开展打击非法运输木材行为专项行动，查处违法运输木材案件 402 起，涉案木材 0.14 万立方米、野生苗木 229 株，没收木材 487.98 立方米，为国家挽回直接经济损失 234.26 万元。

【开展越冬候鸟等野生动物保护专项执法行动】 自 2017 年 12 月 1 日起，全省林业、森林公安、工商行政管理、农业等部门开展为期 5 个月的越冬候鸟等野生动物保护专项执法行动。重点对候鸟等野生动物主要分布区、越冬地、繁殖地、迁飞停歇地、迁飞通道和其他野生动物集群活动区，特别是鄱阳湖区、五河干流区域等候鸟集中分布区的非法猎杀、收购、携带、运输、藏匿、出售、食用越冬候鸟等野生动物及其制品，以及破坏越冬候鸟栖息地、乱捕滥猎候鸟等野生动物违法行为开展联合执法。至 2018 年 4 月 30 日，全省出动执法人员 1.94 万人次，全面清查餐馆、酒店、农贸市场 5000 余家、野生动物驯养繁殖场所 768 家、鸟类等野生动物活动区域 847 处，收缴各种非法猎具 789 副，拆除销毁天网林网 1538 张约 1.8 万米，查获鸟类等野生动物 1.86 万只，放生活体 1.67 万只；查处各类野生动物刑事案件 69 起、涉案 113 人，行政案件 153 起、涉案 239 人。

【江西省生态保护红线发布】 6 月 30 日，省政府印发《关于发布江西省生态保护红线的通知》，发布江西省生态保护红线划定面积 4.69 万平方千米，占全省国土面积 28.10%。按照生态保护红线的主导生态功能，分为水源涵养、生物多样性维护和水土保持 3 大类共 16 个片区。基本格局为“一湖”（鄱阳湖），主要生态功能是生物多样性维护；“五河”（赣、抚、信、饶、修五河源头区及重要水域），主要生态功能是水源涵养；“三屏”（赣东—赣东北山地森林生态屏障、赣西—赣西北山地森林生态屏障、赣南山地森林生态屏障），主要生态功能是生物多样性维护和水源涵养。在生态保护红线 16 个片区中，以水源涵养为主导生态功能生态保护红线 8 个片区，以生物多样性维护为主导生态功能生态保护红线 7 个片区，以水土保持为主导生态功能生态保护红线 1 个片区，将各类生态系统保护地进行连接，保障生态完整性和连通性。

（卢建红）

【完成省级环保督察全覆盖】 自 2017 年 5 月和 9 月，分 2 批从多部门选调人员组成 6 个督察组，对新余、九江、萍乡和宜春、鹰潭、吉安 6 个设区市分别开展为期 24 天的省级环保督察。督察组围绕国家和省环境保护决策部署贯彻落实情况、突出环境处理情况及环境保护责任落实情况，采取听取汇报、调阅资料、个别谈话、走访问询、受理举报、现场抽查、下沉督察等方式进行重点督察。至 2018 年 5 月 5 日，省第五环境保护督察组向抚州市委、市政府反馈督察情况，省委、省政府对南昌、景德镇、赣州、上饶、抚州 5 个设区市开展的环境保护督察告一段落，实现第一轮省级环保督察全覆盖。此次环保督察共责令整改 1628 家，立案处罚 199 家，拘留 22 人，约谈 436 人，问责 23 人，罚款金额约 1269 万元。

【《江西省生态环境损害赔偿制度改革实施方案》印发】 5 月 9 日，省委办公厅、省政府办公厅印发《江西省生态环境损害赔偿制度改革实施方案》。该实施方案分为总体要求、适用范围、工作内容和保障措施 4 个部分，对全省开展生态环境损害赔偿制度改革工作的指导思想、基本原则、工作目标、具体适用情形、赔偿范围、赔偿义务人、赔偿权利人及管辖范围、职责分工、启动条件、损害鉴定评估、赔偿磋商、赔偿诉讼规则的完善、赔偿与修复资金管理的执行和监督等方面作了明确要求。

【配合做好中央环保督察“回头看”】

6 月 1 日至 7 月 1 日，中央第四环保督察组对江西省开展为期 1 个月的“回头看”。10 月 16 日，向江西省反馈督察意见，对省委、省政府贯彻落实习近平生态文明思想，推进中央环保督察问题整改给予肯定。同时，也指出江西省一些地方和部门仍存在思想认识不到位、推进整改落实不力等 5 大方面 54 个具体问题。江西省按照中央要求及时制定整改方案，成立“升级版”的中央环保督察问题整改工作领导小组，由省委书记、省长任“双组长”，下设 10 个专项小组，分别由省委常委和副省长任专项小组组长，抓好整改落实工作。

【生态环境体制改革】 11 月 3 日，省生态环境厅挂牌成立，12 月中旬完成转隶，鹰潭、新余、萍乡、九江、上饶 5 个设区市生态环境局挂牌；对 5 个县级“事业局”按市、县机构改革“先整合再上收”的原则，一律要求转为“行政局”。推进流域改革，成立赣江流域环境监管协作小组和办公室，探索设置流域综合执法机构，负责落实流域监管"五统一"，流域改革试点方案获生态环境部备案同意。推进执法改革，在石城、会昌、安远、宜黄、宜丰5个县开展试点，形成联席会议制度、联合执法队、生态环境执法局3种模式；制订综合执法改革实施意见，对社会生活噪声污染等8项由城管部门综合行使的执法权不列入整合范围；对县级生态环境部门"局队合一"，提出不搞一刀切、分步推进的思路。推进"放管服"改革，继续下放一批项目环评审批权限，开展区域环评制度改革试点，探索承诺备案管理新模式，打造政策最优、成本最低、服务最好、办事最快的营商环境，全年全省完成环评审批项目6057个、登记备案项目1.83万个，总投资18533.7亿元。

【举办2018绿色环保产业投资与发展论坛】 12月1日，由省生态环境厅主办、省环境保护产业协会承办的2018绿色环保产业投资与发展论坛在南昌举行。论坛主题为"绿色发展创新引领"。副省长吴晓军、生态环境部督查专员夏光为大会致辞，省生态环境厅厅长陈小平作主旨演讲，中国工程院院士、生态环境部环境规划院院长王金南、中国工程院院士张文海、中国环境保护产业协会会长樊元生、中南大学冶金与环境学院院长柴立元、江西财经大学教授桂荷发、江西省投资集团有限公司董事长揭小健分别发表专题演讲。省直相关单位领导、省生态环境厅相关处室负责人、各地市环保局负责人及相关专家学者、高校代表、企业家代表参会。

（省生态环境厅）

·资　料·

江西省国家级和省级湿地公园

单位：公顷

序号	名称	所在地	通过验收时间	总面积	湿地面积	管理机构
一	国家湿地公园					
1	东鄱阳湖国家湿地公园	鄱阳县	2011年9月23日	36285.00	35116.10	东鄱阳湖国家湿地公园管委会
2	孔目江国家湿地公园	新余市	2013年10月8日	1295.00	677.40	孔目江国家湿地公园管理处
3	修河国家湿地公园	永修县	2014年12月31日	11041.00	9671.00	江西修河国家湿地公园管理局
4	东江源国家湿地公园	安远县	2015年12月31日	2675.70	547.00	东江源国家湿地公园管理局
5	丰城药湖国家湿地公园	丰城市	2015年12月31日	2560.00	2150.40	江西药湖国家湿地公园管理局
6	南丰傩湖国家湿地公园	南丰县	2015年12月31日	1727.00	372.50	江西南丰傩湖国家湿地公园管理局
7	修水修河源国家湿地公园	修水县	2015年12月31日	4342.40	3577.20	江西修河源国家湿地公园管理局
8	武宁庐山西海国家湿地公园	武宁县	2016年8月16日	4016.30	3821.00	武宁县庐山西海国家湿地公园管理局
9	赣县大湖江国家湿地公园	赣县区	2016年8月16日	6655.00	5353.70	江西大湖江湿地公园管理局
10	会昌湘江国家湿地公园	会昌县	2016年8月16日	1264.70	1038.80	江西会昌湘江国家湿地公园管理局
11	婺源饶河源国家湿地公园	婺源县	2016年8月16日	346.60	320.60	江西婺源国家湿地公园管理办公室
12	兴国激江国家湿地公园	兴国县	2017年12月22日	3577.00	2362.45	江西激江国家湿地公园管理局
13	赣州章江国家湿地公园	赣州市	2017年12月22日	1054.80	788.20	赣州市章江国家湿地公园管理处
14	万年珠溪国家湿地公园	万年县	2018年12月29日	1025.10	506.80	万年珠溪国家湿地公园保护中心
15	南城洪门湖国家湿地公园	南城县	2018年12月29日	8089.31	4313.34	南城洪门湖国家湿地公园管理局
16	景德镇玉田湖国家湿地公园	景德镇市	2018年12月29日	387.50	199.50	景德镇市玉田水库管理处
17	宁都梅江国家湿地公园	宁都县	2018年12月29日	6345.80	4471.20	宁都梅江国家湿地公园管理站
二	国家湿地公园试点					
1	上犹南湖国家湿地公园	上犹县	2012年12月31日	671.17	627.38	上犹县林业局
2	庐陵赣江国家湿地公园	吉安市	2014年12月31日	777.10	657.34	吉安市林业局
3	芦溪山口岩国家湿地公园	芦溪县	2014年12月31日	1043.47	419.01	芦溪县林业局
4	三清山信江源国家湿地公园	玉山县	2014年12月31日	1053.04	672.73	玉山县林业局

续表

序号	名 称	所在地	通过验收时间	总面积	湿地面积	管理机构
5	遂川五斗江国家湿地公园	遂川县	2014年12月31日	897.30	447.80	遂川县林业局
6	鹰潭信江国家湿地公园	鹰潭市	2014年12月31日	1684.68	1447.02	鹰潭市林业局
7	高安锦江国家湿地公园	高安市	2015年12月31日	2600.00	2255.00	高安市林业局
8	寻乌东江源国家湿地公园	寻乌县	2015年12月31日	1546.80	947.20	寻乌县林业局
9	石城赣江源国家湿地公园	石城县	2015年12月31日	1254.60	982.10	石城县林业局
10	资溪九龙湖国家湿地公园	资溪县	2015年12月31日	367.14	127.64	资溪县林业局
11	横峰岑港河国家湿地公园	横峰县	2015年12月31日	329.60	266.08	横峰县林业局
12	崇义阳明湖国家湿地公园	崇义县	2016年12月30日	2122.96	2056.94	崇义县林业局
13	大余章水国家湿地公园	大余县	2016年12月30日	1468.40	636.70	大余县林业局
14	莲花莲江国家湿地公园	莲花县	2016年12月30日	755.07	622.34	莲花县林业局
15	全南桃江国家湿地公园	全南县	2016年12月30日	898.90	595.18	全南县林业局
16	万安湖国家湿地公园	万安县	2016年12月30日	4075.88	2052.98	万安县林业局
17	抚州凤岗河国家湿地公园	抚州市	2017年12月27日	734.17	596.49	抚州市园林局
18	峡江玉峡湖国家湿地公园	峡江县	2017年12月27日	1821.00	1174.60	峡江县林业局
19	广昌抚河源国家湿地公园	广昌县	2017年12月27日	579.30	232.96	广昌县林业局
20	抚州廖坊国家湿地公园	抚州市	2017年12月27日	2831.22	2158.50	廖坊水库管理局
21	瑞金绵江国家湿地公园	瑞金市	2017年12月27日	1802.89	927.67	瑞金市林业局
22	吉水吉湖国家湿地公园	吉水县	2017年12月27日	1293.00	1135.48	吉水县林业局
三	**省级湿地公园**					
1	上饶槠溪省级湿地公园	上饶县	2016年2月14日	393.00	25.00	江西上饶槠溪省级湿地公园管理办公室
2	遂川遂川江省级湿地公园	遂川县	2016年2月14日	665.93	519.73	江西遂川遂川江省级湿地公园管理站
3	南丰潭湖省级湿地公园	南丰县	2016年2月14日	871.10	561.00	潭湖水库管理局
4	浮梁三贤湖省级湿地公园	浮梁县	2017年11月8日	41.36	23.19	浮梁县林业局
5	高安瑞州省级湿地公园	高安市	2017年11月8日	56.00	55.00	高安市园林局
6	丰城玉龙河省级湿地公园	丰城市	2017年11月8日	235.70	228.70	丰城市林业局
7	宜丰新昌湖省级湿地公园	宜丰县	2017年11月8日	35.60	25.60	宜丰县林业局
8	德兴洎水河省级湿地公园	德兴市	2017年11月8日	353.00	255.10	德兴市林业局
9	金溪白马湖省级湿地公园	金溪县	2017年11月8日	629.56	375.85	金溪县林业局
10	进贤磨盘洲省级湿地公园	进贤县	2017年11月8日	49.50	41.05	进贤县林业局
11	萍乡南岗口省级湿地公园	萍乡市	2017年11月8日	102.00	63.90	萍乡市湘东区林业局
12	南丰琴湖省级湿地公园	南丰县	2017年11月8日	195.52	170.10	南丰县林业局
13	南城盱江省级湿地公园	南城县	2017年11月8日	632.60	603.30	南城县林业局
14	黎川黎滩河省级湿地公园	黎川县	2017年11月8日	150.75	116.64	黎川县林业局
15	彭泽长江省级湿地公园	彭泽县	2017年11月8日	2929.11	2611.11	彭泽县林业局
四	**省级湿地公园试点**					
1	余江白塔河省级湿地公园	余江县	2010年9月28日	621.00	516.30	余江县林业局

续表

序号	名称	所在地	通过验收时间	总面积	湿地面积	管理机构
2	于都长征源省级湿地公园	于都县	2010年9月28日	1150.66	858.84	于都县林业局
3	奉新华林省级湿地公园	奉新县	2010年9月28日	138.00	87.00	奉新县林业局
4	万安云洲省级湿地公园	万安县	2010年9月28日	42.67	16.09	万安县林业局
5	宜黄百鹭洲省级湿地公园	宜黄县	2010年9月28日	126.46	123.01	宜黄县林业局
6	乐安龙潭省级湿地公园	乐安县	2010年9月28日	135.55	119.24	乐安县林业局
7	南昌澄碧湖省级湿地公园	南昌县	2011年11月29日	90.39	54.33	南昌县林业局
8	鹰潭白露河省级湿地公园	鹰潭市	2011年11月29日	34.58	25.36	鹰潭市月湖区农林局
9	广丰丰溪省级湿地公园	广丰区	2011年11月29日	106.70	93.30	上饶市广丰区林业局
10	铅山宋家源省级湿地公园	铅山县	2011年11月29日	150.70	72.10	铅山县林业局
11	余干琵琶湖省级湿地公园	余干县	2011年11月29日	603.80	366.80	余干县林业局
12	崇仁宝水省级湿地公园	崇仁县	2011年11月29日	103.30	50.50	崇仁县林业局
13	龙南渥江省级湿地公园	龙南县	2013年3月18日	71.26	32.84	龙南县林业局
14	安福泸水河省级湿地公园	安福县	2013年3月18日	201.69	171.48	安福县林业局
15	德安隆平省级湿地公园	德安县	2013年12月31日	79.48	48.21	德安县林业局
16	庐山星湖湾省级湿地公园	庐山市	2013年12月31日	4334.18	4005.48	庐山市林业局
17	乐平东湖省级湿地公园	乐平市	2013年12月31日	36.50	27.65	乐平市林业局
18	萍乡玉湖省级湿地公园	萍乡市	2013年12月31日	58.68	35.33	萍乡市林业局开发区分局
19	南康蓉江河省级湿地公园	南康区	2013年12月31日	153.10	93.10	赣州市南康区林业局
20	龙南桃江窑头省级湿地公园	龙南县	2013年12月31日	188.84	117.07	龙南县林业局
21	樟树芗溪省级湿地公园	樟树市	2013年12月31日	65.60	40.00	樟树市林业局
22	临川白鹭省级湿地公园	临川区	2013年12月31日	103.28	62.10	抚州市临川区林业局
23	都昌北鄱阳湖省级湿地公园	都昌县	2014年12月31日	3400.00	3099.00	都昌县林业局
24	湖口洋港省级湿地公园	湖口县	2014年12月31日	322.48	271.51	湖口县林业局
25	九江小城门湖省级湿地公园	九江县	2014年12月31日	130.22	109.79	九江县林业局
26	奉新潦河省级湿地公园	奉新县	2014年12月31日	449.76	344.65	奉新县林业局
27	上高锦江省级湿地公园	上高县	2014年12月31日	500.85	307.52	上高县林业局
28	万载龙河省级湿地公园	万载县	2014年12月31日	202.00	126.00	万载县林业局
29	吉安君山湖省级湿地公园	吉安县	2014年12月31日	164.40	113.10	吉安县林业局
30	新干湄湘河省级湿地公园	新干县	2014年12月31日	715.80	637.40	新干县林业局
31	瑞昌安定湖省级湿地公园	瑞昌市	2015年12月30日	260.50	222.00	瑞昌市林业局
32	永修鹤田省级湿地公园	永修县	2015年12月30日	437.67	418.56	永修县林业局
33	宁都黄陂河省级湿地公园	宁都县	2015年12月30日	390.71	380.59	宁都县林业局
34	铜鼓定江省级湿地公园	铜鼓县	2015年12月30日	131.56	111.83	铜鼓县林业局
35	鄱阳鸦鹊湖省级湿地公园	鄱阳县	2015年12月30日	683.10	649.60	鄱阳县林业局
36	信丰桃江省级湿地公园	信丰县	2016年12月30日	469.68	349.80	信丰县林业局
37	共青城珍珠湖省级湿地公园	共青城市	2016年12月30日	122.10	78.70	共青城市农林局
38	弋阳信江省级湿地公园	弋阳县	2017年12月25日	1031.98	737.70	弋阳县林业局
39	景德镇昌南湖省级湿地公园	景德镇市	2017年12月25日	187.76	136.10	景德镇市城昌南拓展区建设办公室

江西省国家级和省级森林公园

单位：公顷

序号	名称	批建时间	批复面积	经营管理单位
一	国家级森林公园			
1	三爪仑国家示范森林公园	1993年3月	12396.23	三爪仑国家森林公园管理处
2	庐山山南国家森林公园	1993年5月	3346.67	庐山市东牯山林场
3	梅岭国家森林公园	1993年5月	11173.10	梅岭国家森林公园管理办公室(湾里区林业局)
4	三百山国家森林公园	1993年5月	3330.00	安远县林业局
5	马祖山国家森林公园	1993年5月	666.67	九江市濂溪区林业局
6	鄱阳湖口国家森林公园	1993年5月	1280.00	湖口县三里林场
7	灵岩洞国家森林公园	1993年5月	3000.00	婺源县灵岩洞国家森林公园管理局
8	明月山国家森林公园	1994年12月	7842.00	宜春市明月山温泉风景名胜区管理局
9	翠微峰国家森林公园	1999年1月	7866.67	宁都县翠微峰管理委员会
10	天柱峰国家森林公园	2000年2月	20757.00	铜鼓县国有城郊林场
11	泰和国家森林公园	2000年12月	3000.00	泰和白鹭湖国家森林公园管理处
12	鹅湖山国家森林公园	2000年12月	7950.00	铅山县鹅湖山国家森林公园管理局
13	龟峰国家森林公园	2000年12月	7400.00	上饶市龟峰国家森林公园管理委员会(龟峰风景名胜区管理委员会)
14	上清国家森林公园	2000年12月	11800.00	龙虎山风景旅游区上清林场
15	梅关国家森林公园	2001年11月	5629.02	大余县林业局
16	永丰国家森林公园	2001年11月	7600.00	永丰国家森林公园管理局
17	阁皂山国家森林公园	2001年11月	6946.37	樟树市林业局
18	三叠泉国家森林公园	2001年11月	1650.97	庐山市三叠泉风景区管理处
19	武功山国家森林公园	2002年12月	25571.07	安福县武功山国家森林公园管理局
20	铜钹山国家森林公园	2002年12月	19500.00	上饶市铜钹山国家森林公园管理委员会
21	阳明山国家森林公园	2003年12月	6889.80	阳岭国家森林公园管理处
22	天花井国家森林公园	2003年12月	685.00	九江市林科所
23	五指峰国家森林公园	2003年12月	24533.00	上犹县五指峰林场
24	柘林湖国家森林公园	2004年12月	16450.00	永修县林业局
25	赣州阳明湖国家森林公园	2004年12月	22666.67	赣州阳明湖景区管理委员会(犹江林场)
26	万安国家森林公园	2004年12月	17160.44	万安国家森林公园管理办公室(万安湖国家湿地公园管理局)
27	三湾国家森林公园	2004年12月	15513.30	永新县三湾采育林场
28	安源国家森林公园	2004年12月	11069.00	江西省安源国家森林公园管理委员会
29	九连山国家森林公园	2005年12月	20063.00	龙南县九连山林场
30	岩泉国家森林公园	2005年12月	4885.39	黎川县岩泉生态林场
31	云碧峰国家森林公园	2005年12月	872.50	云碧峰国家森林公园管理委员会

续表

序号	名称	批建时间	批复面积	经营管理单位
32	景德镇国家森林公园	2005 年 12 月	5479.70	景德镇市枫树山林场
33	瑶里国家森林公园	2005 年 12 月	4471.00	江西省瑶里国家森林公园管理局
34	清凉山国家森林公园	2006 年 12 月	3397.82	资溪县株溪采育林场
35	峰山国家级森林公园	2006 年 12 月	20635.20	赣州市峰山森林公园管理处
36	九岭山国家级森林公园	2006 年 12 月	1266.16	武宁县林业局
37	岑山国家级森林公园	2008 年 1 月	955.00	横峰县林业局
38	五府山国家级森林公园	2008 年 1 月	1715.00	上饶县五府山林场
39	军峰山国家级森林公园	2008 年 1 月	1217.15	南丰县林业局
40	碧湖潭国家森林公园	2008 年 12 月	6838.70	萍乡市湘东区林业局
41	怀玉山国家森林公园	2008 年 12 月	3354.00	玉山县林业局
42	仰天岗国家森林公园	2009 年 8 月	2178.93	新余市仙女湖区仰天岗国家森林公园管理处
43	圣水堂国家森林公园	2009 年 12 月	4060.10	国营安义县峤岭林场
44	鄱阳莲花山国家森林公园	2012 年 1 月	6510.00	鄱阳县莲花山林场
45	彭泽国家森林公园	2013 年 1 月	2505.00	江西彭泽森林公园管理处(彭泽县林业局)
46	金盆山国家森林公园	2014 年 1 月	5981.85	信丰县金盆山林场
47	贵溪国家森林公园	2017 年 1 月	2982.71	贵溪森林公园管理委员会
48	罗霄山大峡谷国家森林公园	2017 年 12 月	2936.05	遂川县森林公园管理处
49	会昌山国家森林公园	2017 年 12 月	3423.87	会昌县会昌山森林公园管理局
二	**省级森林公园**			
1	龙泉山省级森林公园	1990 年 12 月	353.33	安远县林业局
2	青山省级森林公园	1993 年 2 月	3400.00	瑞昌市青山林场
3	上高县省级森林公园	1993 年 2 月	160.00	上高县九峰林场
4	宜丰县省级森林公园	1993 年 2 月	2805.07	宜丰县林业局
5	狮山省级森林公园	1993 年 2 月	193.33	奉新县林业局
6	青原山省级森林公园	1993 年 2 月	450.00	吉安市林科所
7	玉笥山省级森林公园	1993 年 2 月	900.00	峡江县玉笥山林场
8	洪源省级森林公园	1993 年 2 月	400.00	乐平市洪源镇人民政府
9	贵溪省级森林公园	1993 年 2 月	120.00	贵溪市林业局
10	水鸡岽省级森林公园	1993 年 2 月	7666.67	赣县区林业局
11	武当山省级森林公园	1993 年 2 月	533.20	龙南县小武当山风景区管理处
12	罗汉岩省级森林公园	1993 年 2 月	500.00	瑞金市林业局
13	西华山省级森林公园	1993 年 2 月	175.33	石城县林业局
14	三清省级森林公园	1993 年 5 月	666.67	德兴市林业局
15	象山省级森林公园	1993 年 5 月	1674.00	南昌市新建区象山集体林场

续表

序号	名称	批建时间	批复面积	经营管理单位
16	广昌县省级森林公园	1993 年 5 月	2852.00	广昌县盱江林场
17	百丈峰省级森林公园	1993 年 5 月	2133.33	新余市渝水区百丈峰林场
18	均福山省级森林公园	1993 年 6 月	1488.00	兴国县均福山采育林场
19	浮梁省级森林公园	1993 年 6 月	53.33	浮梁县银钨林场
20	梦山省级森林公园	1993 年 1 月	2666.67	南昌市新建区红岭林场
21	南山省级森林公园	1994 年 1 月	536.67	赣州市南康区林业局
22	麻姑山省级森林公园	1994 年 9 月	4969.32	南城县洪门岭生态公益林场
23	玉壶山省级森林公园	1994 年 9 月	393.33	莲花县林业局
24	吉安县省级森林公园	1994 年 9 月	100.00	吉安县林业局
25	龙宫洞省级森林公园	1995 年 4 月	669.27	彭泽县龙宫洞旅游发展有限公司
26	罗田岩省级森林公园	1996 年 2 月	400.00	于都县罗田岩森林公园管理处
27	黄畲山省级森林公园	1996 年 1 月	600.00	寻乌县林业局
28	马岗岭省级森林公园	1997 年 8 月	26.67	国有余江区马岗岭林场
29	大东山省级森林公园	1997 年 11 月	4000.00	吉水县芦溪岭林场
30	玉华山省级森林公园	2000 年 11 月	666.70	泰和县澄江镇人民政府
31	遂川省级森林公园	2000 年 6 月	970.00	遂川县林业局
32	莲花洞省级森林公园	2001 年 2 月	1610.00	庐山莲花洞森林公园有限公司
33	郭璞峰省级森林公园	2001 年 4 月	733.00	景德镇市昌江区林业局
34	义门陈省级森林公园	2005 年 12 月	1050.00	德安县林业局
35	远泉省级森林公园	2005 年 12 月	428.94	江西远泉实业集团有限公司
36	三尖源省级森林公园	2006 年 9 月	12000.00	都昌县林业局
37	九龙庙省级森林公园	2006 年 9 月	4950.00	万载县九龙垦殖场
38	东江源桠髻钵山省级森林公园	2006 年 9 月	2980.00	寻乌县富寨林场
39	六石岩省级森林公园	2006 年 9 月	993.74	上饶市广丰区嵩峰乡人民政府
40	白云山省级森林公园	2006 年 9 月	2187.60	吉安市青原区白云山林场
41	太宝峰省级森林公园	2006 年 11 月	2038.00	新余市仙女湖风景名胜区东坑林场
42	香炉峰省级森林公园	2006 年 11 月	661.30	进贤县前岭林场
43	屏山省级森林公园	2006 年 11 月	4528.60	于都县林业局
44	兴农沙漠生态省级森林公园	2006 年 12 月	232.00	南昌县林业局
45	白鸡峰省级森林公园	2006 年 12 月	666.60	余江县高公寨林场
46	通天寨省级森林公园	2007 年 6 月	2112.00	石城县林业局
47	大砻下省级森林公园	2007 年 6 月	675.00	分宜县大砻下林场
48	三尖峰省级森林公园	2007 年 8 月	630.80	萍乡市南坑林场(芦溪县)
49	寒山省级森林公园	2007 年 12 月	1168.00	莲花县林业局

续表

序号	名称	批建时间	批复面积	经营管理单位
50	理田源省级森林公园	2007年12月	166.70	婺源县思口镇人民政府
51	翠云峰省级森林公园	2008年6月	173.10	金溪县翠云峰森林公园管理委员会
52	小金山省级森林公园	2008年8月	438.80	萍乡市安源区高坑镇人民政府
53	马形山省级森林公园	2008年8月	800.00	宜丰县潭山镇店上村民委员会
54	睦州山省级森林公园	2008年10月	1542.00	上饶市信州区林业局
55	芦泉湖省级森林公园	2008年11月	946.00	高安市新街镇景贤村民委员会
56	仙人寨省级森林公园	2009年9月	1041.22	铅山县林业局
57	仙隐洞省级森林公园	2009年12月	920.00	宜丰县芳溪镇人民政府
58	龙口源省级森林公园	2010年7月	303.00	瑞昌市林业局
59	东湖南山省级森林公园	2010年7月	322.50	都昌县林业局
60	双尖峰省级森林公园	2010年7月	579.00	彭泽县林业局
61	台山省级森林公园	2010年7月	223.00	湖口县林业局
62	万寿寺省级森林公园	2010年7月	473.3	浮梁县万寿山垦殖场
63	四亩里省级森林公园	2010年7月	75.00	浮梁县林业局
64	风龙省级森林公园	2010年7月	531.23	萍乡市安源区青山镇人民政府
65	鸡冠山省级森林公园	2010年7月	1120.80	上栗县鸡冠营林林场
66	李畋省级森林公园	2010年7月	379.33	上栗县林业局
67	湖仙山省级森林公园	2010年7月	182.00	莲花县林业局
68	园岭省级森林公园	2010年7月	2853.77	兴国县园岭森林公园管理局
69	李腊石省级森林公园	2010年7月	112.90	石城县林业局
70	梅子山省级森林公园	2010年7月	180.51	全南县林业局
71	大山脑省级森林公园	2010年7月	337.90	赣州市南康区林业局
72	天工开物省级森林公园	2010年7月	67.00	奉新县林业局
73	龙津湖省级森林公园	2010年7月	210.00	丰城市总部经济基地办公室
74	东方禅文化省级森林公园	2010年7月	68.00	宜丰县林业局
75	龙泉湖省级森林公园	2010年7月	219.00	万年县林业局
76	李梅岭省级森林公园	2010年7月	657.00	余干县李梅岭生态林场
77	黄金山省级森林公园	2010年7月	107.85	上饶市信州区林业局
78	骆驼山省级森林公园	2010年7月	389.90	铅山县林业局
79	珍珠山省级森林公园	2010年7月	316.67	婺源县珍珠山林场
80	兴安省级森林公园	2010年7月	87.47	横峰县林业局
81	广丰三山省级森林公园	2010年7月	116.00	上饶市广丰区林业局
82	清水湾省级森林公园	2010年7月	154.67	上饶县罗桥街道办事处
83	冰江省级森林公园	2010年7月	71.53	玉山县林业局
84	聚远楼省级森林公园	2010年7月	647.97	德兴市林业局
85	龙山省级森林公园	2010年7月	247.30	新干县林业局

续表

序号	名称	批建时间	批复面积	经营管理单位
86	君华省级森林公园	2010年7月	222.95	吉安市吉州区林业局
87	西龙山省级森林公园	2010年7月	285.90	吉安县林业局
88	白凤省级森林公园	2010年7月	168.33	泰和县林业局
89	龙江省级森林公园	2010年7月	81.60	井冈山市林业局
90	汝水省级森林公园	2010年7月	70.67	抚州市林业局
91	乐安省级森林公园	2010年7月	67.87	乐安县林业局
92	卓望山省级森林公园	2010年7月	732.40	宜黄县林业局
93	泰伯省级森林公园	2010年7月	66.73	资溪县林业局
94	大南省级森林公园	2010年8月	637.07	上饶市广丰区大南镇人民政府
95	龙华山省级森林公园	2010年12月	153.33	上饶市广丰区桐畈镇人民政府
96	仙峰岩省级森林公园	2010年12月	415.12	萍乡市安源区城郊管理委员会
97	山谷省级森林公园	2012年5月	139.10	修水县林业局
98	东江源仙人寨省级森林公园	2012年5月	620.00	寻乌县林业局
99	螺峰尖省级森林公园	2012年5月	71.10	宜丰县林业局
100	老鹰山省级森林公园	2013年6月	593.76	宁都县林业局
101	虎峰山省级森林公园	2013年6月	484.25	鄱阳县田畈镇政府
102	芦溪狮山省级森林公园	2013年12月	121.19	芦溪县林业局
103	贵溪象山省级森林公园	2013年12月	988.43	贵溪市雄石办事处
104	罗山省级森林公园	2013年12月	608.42	丰城市洛市镇政府
105	鹤坪省级森林公园	2013年12月	408.20	靖安县林业局
106	日峰山省级森林公园	2013年12月	69.40	黎川县林业局
107	豫宁省级森林公园	2013年12月	120.85	武宁县林业局
108	安基山省级森林公园	2013年12月	580.54	龙南县林业局
109	九仙岭省级森林公园	2014年7月	134.10	德安县林业局
110	湖东省级森林公园	2014年7月	108.40	永修县林业局
111	金鸡寨省级森林公园	2014年7月	87.63	龙南县林业局
112	龙泉省级森林公园	2014年7月	150.32	江西农业大学
113	中华贤母园省级森林公园	2014年7月	72.53	九江县中华贤母园管理处
114	株山省级森林公园	2014年12月	436.80	丰城市株山林场
115	九峰省级森林公园	2014年12月	792.00	上高县九峰林场
116	蒙岗岭省级森林公园	2014年12月	97.40	安福县林业局
117	银凤岭省级森林公园	2015年12月	731.85	萍乡市玉女峰林场
118	十八湾省级森林公园	2015年12月	1581.08	芦溪县新泉乡人民政府
119	林湾省级森林公园	2016年5月	36.91	南昌市湾里区生态公益林场
120	金山岭省级森林公园	2016年12月	433.33	抚州市临川区林业局
121	定南神仙岭省级森林公园	2018年8月	868.03	定南县林业局(江西定南神仙岭省级森林公园管理办公室)

江西省国家级和省级林业自然保护区

单位:公顷

序号	名称	类型	所在地	面积	批建时间	管理机构
一	国家级自然保护区					
1	江西鄱阳湖国家级自然保护区	湿地	新建区、永修县、庐山市	22400.00	1988年	江西鄱阳湖国家级自然保护区管理局
2	江西井冈山国家级自然保护区	森林	井冈山市	21499.00	2000年	江西井冈山国家级自然保护区管理局
3	江西桃红岭梅花鹿国家级自然保护区	动物	彭泽县	12500.00	2001年	江西桃红岭梅花鹿国家级自然保护区管理局
4	江西武夷山国家级自然保护区	森林	铅山县	16007.00	2002年	江西武夷山国家级自然保护区管理局
5	江西九连山国家级自然保护区	森林	龙南县	13411.60	2003年	江西九连山国家级自然保护区管理局
6	江西官山国家级自然保护区	动物	宜丰县、铜鼓县	11500.50	2007年	江西官山国家级自然保护区管理局
7	江西马头山国家级自然保护区	植物	资溪县	13866.50	2008年	江西马头山国家级自然保护区管理局
8	江西鄱阳湖南矶湿地国家级自然保护区	湿地	新建区	33300.00	2008年	江西鄱阳湖南矶湿地国家级自然保护区管理局
9	江西九岭山国家级自然保护区	森林	靖安县	11541.00	2011年	江西九岭山国家级自然保护区管理局
10	江西齐云山国家级自然保护区	森林	崇义县	17105.00	2012年	江西齐云山国家级自然保护区管理局
11	江西阳际峰国家级自然保护区	森林	贵溪市	10946.00	2012年	江西阳际峰国家级自然保护区管理局
12	江西赣江源国家级自然保护区	森林	石城县、瑞金市	16100.90	2013年	石城赣江源国家级自然保护区管理局瑞金赣江源国家级自然保护区管理局
13	江西庐山国家级自然保护区	森林	庐山市	20120.00	2013年	江西庐山国家级自然保护区管理局
14	江西铜钹山国家级自然保护区	森林	广丰区	10800.00	2014年	江西铜钹山国家级自然保护区管理办公室
15	江西婺源森林鸟类国家级自然保护区	动物	婺源县	12922.70	2016年	江西婺源森林鸟类自然保护区管理局
16	江西南风面国家级自然保护区	森林	遂川县	10588.00	2017年	江西南风面自然保护区管理局
二	省级自然保护区					
1	江西水浆省级自然保护区	森林	永丰县	200.00	1997年	水浆自然保护区管理站
2	江西阳岭省级自然保护区	森林	崇义县	1880.00	1997年	崇义县阳岭自然保护区管理站

续表

序号	名称	类型	所在地	面积	批建时间	管理机构
3	江西青岚湖省级自然保护区	湿地	进贤县	1000.00	1997 年	进贤县林业局
4	江西云居山省级自然保护区	森林	永修县	2480.00	1997 年	云居山省级自然保护区管理处
5	江西华南虎省级自然保护区	动物	宜黄县	58300.00	2001 年	宜黄华南虎省级自然保护区管理办公室
6	江西岩泉省级自然保护区	植物	黎川县	2460.00	2001 年	岩泉省级自然保护区管理委员会
7	江西瑶里省级自然保护区	森林	浮梁县	3658.00	2001 年	浮梁瑶里省级自然保护区管理局
8	江西三十把省级自然保护区	森林	万载县	2100.00	2001 年	万载县林业局
9	江西老虎脑省级自然保护区	森林	乐安县	14502.60	2004 年	老虎脑省级自然保护区管理办公室
10	江西羊狮幕省级自然保护区	森林	芦溪县	7006.00	2004 年	江西武功山林业局
11	江西峤岭省级自然保护区	森林	安义县	4490.00	2004 年	安义县林业局
12	江西都昌候鸟省级自然保护区	湿地	都昌县	41100.00	2004 年	都昌候鸟省级自然保护区管理局
13	江西七溪岭省级自然保护区	森林	永新县	10500.00	2010 年	永新县七溪岭省级自然保护区管理站
14	江西抚河源省级自然保护区	森林	广昌县	8187.70	2010 年	广昌县抚河源省级自然保护区管理局
15	江西黄字号黑鹿省级自然保护区	动物	浮梁县	17356.20	2010 年	浮梁黄字号黑鹿省级自然保护区管理局
16	江西高天岩省级自然保护区	森林	莲花县	4780.00	2010 年	莲花县高天岩省级自然保护区管理站
17	江西章江源省级自然保护区	森林	崇义县	7973.00	2010 年	章江源自然保护区管理站
18	江西桃江源省级自然保护区	森林	全南县	11560.00	2010 年	全南县林业局
19	江西五指峰省级自然保护区	森林	上犹县	6081.78	2010 年	上犹县五峰指省级自然保护区管理局
20	江西修河源五梅山省级自然保护区	森林	修水县	14485.00	2010 年	修河源五梅山自然保护区管理局
21	江西信江源省级自然保护区	森林	玉山县	4535.00	2011 年	玉山信江源省级自然保护区管理办公室
22	江西凌云山省级自然保护区	森林	宁都县	10673.00	2011 年	宁都县林业局
23	江西玉京山省级自然保护区	植物	宜春市	1199.00	2011 年	宜春明月山林业局

续表

序号	名称	类型	所在地	面积	批建时间	管理机构
24	江西南方红豆杉省级自然保护区	植物	瑞昌市	2500.00	2011年	瑞昌市南方红豆杉自然保护区管理局
25	江西伊山省级自然保护区	森林	武宁县	11340.00	2011年	武宁县伊山自然保护区管理局
26	江西中华秋沙鸭省级自然保护区	动物	宜黄县	1693.54	2014年	宜黄县林业局
27	江西铁丝岭省级自然保护区	森林	安福县	2046.86	2014年	安福县林业局
28	江西五府山省级自然保护区	森林	上饶县	5104.17	2014年	上饶县林业局
29	江西大龙山省级自然保护区	森林	宁都县	5238.16	2014年	宁都县林业局
30	江西芙蓉山省级自然保护区	森林	南城县	3820.45	2015年	南城县芙蓉山省级自然保护区管理站
31	江西程坊省级自然保护区	森林	修水县	10759.76	2017年	修水县林业局
32	江西金盆山省级自然保护区	森林	信丰县	3711.70	2017年	信丰县林业局
33	江西湘江源省级自然保护区	森林	会昌县	10353.00	2017年	会昌县湘江源省级自然保护区管理局

（省林业局）

水土保持

【概　况】　2018年，省政府办公厅印发《关于印发江西省水土保持目标责任制考核办法（试行）的通知》，将水土保持目标责任考核纳入对市县政府的高质量发展考核。进一步加大水土保持综合防治力度，新增水土流失综合治理1303.37平方千米。推进国家水土保持重点工程建设，国家水土保持重点工程中央资金完成率97.15%，超额完成水利部下达90%的目标。根据《水利部、财政部关于开展水土保持工程建设以奖代补试点工作的指导意见》，结合水土保持工程特点和江西省实际，制定《江西省水土保持工程建设以奖代补试点办法》。

【推动规划编制工作】　推动各设区市开展规划编制工作，南昌、九江、上饶3个市已经批复；抚州、赣州2个市已报批；宜春、新余、鹰潭、吉安4个市完成初稿和专家评审，正在修改完善；景德镇、萍乡2个市正在编制。此外，宁都、共青城等15个县级规划完成初稿，其中宁都、龙南、寻乌已报县政府待批复。

【水土保持方案审批】　印发《江西省水利厅关于印发省批水土保持方案下放权限项目清单的通知》，明确下放项目有关监督检查、水土保持方案变更审批、水土保持设施验收报备以及水土保持补偿费征收由市级水行政主管部门负责，不断强化属地管理。7月，开始实施“一稿制”审查方式。全年省本级受理申请数量23个，开展水土保持方案技术审查17次（其中2个项目审查2次），批复水土保持方案11个，不予批复4个，6个项目待审查。全省审批水土保持方案1700多个，不予批复14个。

【开展水保专项监督检查】　8月和10月，启动2期水保“双随机”抽查，随机抽取8名执法人员和24个被检查生产建设项目，并在11月印发关于两次“双随机”抽查的抽查意见。根据“双100”项目下放情况，联合市、县对省内108个生产建设项目下达开展水保专项监督检查的通知，对其中40个生产建设项目进行现场重点检查，其他项目采用委托检查和书面检查的方式进行监督检查。组织“回头看”专项督查，对2017年检查过的铜鼓太阳岭风电场、庐山区沙岭风电场、江西铜业银山矿业深部挖潜等项目整改落实情况进行督查；对武吉高速澧溪段亭子里弃渣场问题和永丰高龙山风电存在水土流失情况进行专项调查，并要求责任单位加强整改，当地水保部门加强后续跟踪监督，确保问题及时整改到位。完成15个生产建设项目的水土保持设施验收报备工作。对16个自主验收报备项目以及16个水土保持方案变更项目进行核查。

【推进监测与信息化】　8月31日，由省水政监察总队(省水土保持监督监测站)组织编制的《江西省水土流失动态监测规划(2018—2020 年)》通过专家审查;配合水利部长江委开展国家级水土流失重点防治区水土流失动态监测;启动省级水土流失动态监测工作;完成《江西省水土保持监测规划》编制;进一步加强生产建设项目水土保持"天地一体化"监管与水土保持重点工程图斑精细化管理,2018 年生产建设项目水土保持"天地一体化"监管在九江市实现全覆盖。制定《江西省水土保持信息化工作 2017—2018、2018—2019 年实施计划》;推进信息管理系统应用,全省各级水土保持部门在信息系统中完成 2011 年至 2018 年度 1113 条小流域实施方案、施工进度等资料的录入,录入历年以来各级审批生产建设项目水土保持方案 7158 个,其中省级项目 436 个、市级项目 2395 个、县级项目 4327 个。

【举办全省水土保持治理及预防监督培训班】 11 月 25 日—28 日,省水利厅在宜春举办全省水土保持治理及预防监督培训班。省水利厅党委委员、副厅长廖瑞钊以《新时代江西水土保持工作要有新作为》为题进行授课。培训班邀请水利部水规总院、水利部水土保持监测中心、长江委水土保持局专家授课,主要对新形势下的水土保持工程建设与管理、水土保持方案审查要点、水土保持目标责任制考核要点、新时期水土保持事中事后监督管理、全国水土保持信息管理系统功能等水土保持重点工作进行详细讲解。各市、县水利(水务、水保)局分管领导和相关业务骨干,以及省水土保持监督监测站、省水土保持科学研究院、省水利规划设计研究院等有关人员共 140 余人参加培训。

(黄成杰　钟伟伟)

污染防治

【概　况】 2018 年,省生态环境厅配合省人大开展《大气污染防治法》执法检查,推动出台秸秆露天禁烧和综合利用决定,实施《水污染防治行动计划》。发布《离子型稀土矿山开采水污染物排放标准》等地方环境保护标准;制定《包装印刷行业挥发性有机物排放标准》等 6 项 VOCs 排放标准。配合国家开展 2 次饮用水源专项检查、2 次"清废"行动、2 次黑臭水体检查、1 次污染源普查、1 次"绿盾"专项行动,一批违法企业受到查处,一批反馈问题得到整治。派出 25 个检查组对长江江西段和赣江干流段 25 个县区进行综合执法检查,发现问题 1225 个,完成整治 1174 个。开展危废行业企业、涉铊行业企业、化工园区和企业等一系列专项执法检查,利用新环保法 4 个配套办法查处案件 1057 起,增长 19%。水、大气、土壤等生态环境质量明显改善。

【大气环境治理】 省生态环境厅年初下达"禁燃令",筹集 9200 万元财政资金,建立秸秆禁烧奖罚机制,在全国率先出台打赢蓝天保卫战三年行动计划和打好污染防治攻坚战实施意见。配合省人大开展执法检查,参加 3 个执法检查组分赴吉安、赣州、宜春、萍乡、九江、景德镇进行实地检查。4 月 18 日和 7 月 13 日,分 2 批对萍乡市湘东区、都昌县、樟树市、赣州经开区和赣州市章贡区 5 个县(市、区)政府主要负责人进行约谈,督促地方政府全面推进大气污染防治工作,整改突出问题。会同省住建厅推动省人大出台《关于加强全省建筑工地扬尘污染防治的决定》,全年对施工工地扬尘污染问题处罚 687 起,处罚金额 1887.27 万元;对渣土车扬尘污染问题开出罚单 1.75 万例,处罚金额 1379.7 万元;推进预拌混凝土、独立粉磨站、砖瓦窑三大行业专项治理,全省排查整治企业 2440 家,责令整改 1397 家,处罚 200 家,处罚金额 1201.32 万元;加大餐饮油烟污染检查执法力度,各地因餐饮油烟污染问题共处罚 1070 起,处罚金额 65.65 万元。

【水环境治理】 推进饮用水水源地保护,强化黑臭水体治理,完成《水十条》各项任务。全省累计投入 19.4 亿元,共批复县级及以上城市集中式饮用水源保护区 151 个,287 个水源地问题整治到位,44 个重点断面水质得到改善,全省国考断面水质优良率 92%,高于国家年度考核目标 9.3 个百分点。在消灭劣 V 类水考核月份(5—7 月)连续 3 个月未出现劣 V 类水。全省 89 家省级及以上工业集聚区全部建设污水集中处理设施,并安装在线监控装置。7761 个地下油罐完成防渗改造,完成比例 93.68%。完成农村环境综合整治任务 715 个,完成比例 102%。

【土壤环境治理】 印发《江西省土壤污染防治 2018 年工作计划》《江西省土壤污染防治工作方案实施情况评估考核规定(试行)》,将全省土壤污染防治年度目标任务、重点工作分解落实到省直有关部门和各设区市政府。全面启动重点行业企业用地土壤调查,完成大部分信息采集工作。起草《江西省土壤污染防治条例》,编制完成《江西省土壤环境质量建设用地土壤污染风险管控标准(试行)》。实施建设用地准入管理,建立疑似污染地块名单(共 134 块),全省 11 个设区市公布污染地块名录,共 28 块。完善土壤污染防治项目库建设,纳入省级项目库 28 个,纳入中央项目储备库 19 个。完成涉镉污染源排查,建立整治清单,确定 43 个污染源作为第一批整治清单。完成工业固体废物堆存场所排查工作,建立江西省工业企业固体废物堆存场所整治清单,共 123 个堆场纳入整治范围,其中有主堆场 97 个,无主堆场 26 个。

【农村环境综合整治】 年初,印发《关于做好 2018 年农村环境综合整治有关工作的通知》,将各年度目标任务进行层层分解,落实到各县(市、区),细化到乡镇及建制村。开展现场专项检查,对宜丰县、靖安县农村环境综合整治工作进行抽查,了解项目建设及管理情况,进一步督促县级政府落实农村环境综合整治的主体责任。按月调度工作进展,将各地农村环境综合整治工作进展情况向设区市政府进行通报,进一步督促各地推进整治项目的实施建设。组织召开农村环境保护工作培训会,邀请生态环境部专家重点解读《农业农村污染治理攻坚行动计划》。推进各地申报农村环境综合整治项目库,将 30 个入库项目上报生态环境部,其中有 18 个被评为 A 级,6 个被评为 B 级。推进畜禽养殖污染防治，督促2017年未完成畜禽养殖污染防治规划编制工作的个别县（市、区）完成规划编制。

【开展江西省第二次全国污染源普查】 1月17日，省政府召开江西省第二次全国污染源普查工作视频会，动员部署2018年普查工作任务。组织各设区市普查办主任及技术骨干，现场调研国家普查试点地区崇义县入户调查工作程序。召开江西省普查入户调查报表试填工作调研座谈会议，讨论各地普查试填样表工作开展情况。研究普查入户调查阶段工作安排，明确数据采集工作要求，制定入户调查数据采集工作流程，审核并推广主要行业的普查样表。印发《关于进一步加强第二次全国污染源普查工作的通知》，要求各地普查机构全力支持普查员入户调查，明确环境监察部门须给予污染源普查工作支持。12月，全省普查入户调查数据采集阶段工作基本完成，全部录入专网，工业源4.98万个，规模化畜禽养殖1.15万个，行政村1.77万个，集中式污染治理设施939个，加油站（储油库）2703个，共计污染源调查对象8.26万个。

（省生态环境厅）

节能减排

【概　况】 2018年，全省单位地区生产总值能耗同比下降4.6%，化学需氧量、二氧化硫、氨氮、氮氧化物等主要污染物排放总量分别减少0.9%、1.4%、0.8%和1.3%，完成节能减排目标任务。抓好重点用能单位节能管理，开展重点用能单位“百千万”行动，筛选江西省百千万重点用能单位名单，并上报国家备案。开展2018年重点用能单位能源利用情况核查和能源计量审查工作。推进重点项目建设，重点加快推进节能环保产品产业化和节能减排技术改造项目建设工程。实施结构减排、工程减排、监督减排三大工程，将污染减排由工业、生活领域拓展到交通运输和农村领域。

【推进节能重点工程建设】 推进青云谱洪都老工业区搬迁改造试点工作，指导九江、景德镇、萍乡等列入全国老工业基地调整改造规划的城市开展改造搬迁，景德镇市获国务院通报表扬。委托第三方机构对萍乡、景德镇、新余和大余4个资源枯竭城市2018年度转型绩效考核评估报告进行审查，推荐萍乡、景德镇、新余考评结果为优秀等级，大余考评结果为良好等级。推进国家级循环经济试点，督促指导鹰潭高新区国家级园区循环化改造试点、鹰潭（贵溪）国家“城市矿产”示范基地做好终期验收准备工作，继续推进南昌高新区、井冈山经开区、南昌经开区、萍乡经开区等国家级园区循环化改造试点建设。

【加强重点领域节能管理】 推进重点用能单位节能降耗、国家重大工业专项节能监察等工作。通过整合资源、数据共享模式推进重点企业能耗在线监测平台建设。严格项目管理，加大高能耗、高污染行业淘汰落后产能力度。开展绿色交通建设工程，加快交通运输结构优化，严格市场车辆准入，推广新能源公交车，加快淘汰营运黄标车。推进节约型公共机构示范单位创建，实施节能改造，推广节能技术应用。

【举办2018年江西省节能宣传周活动】 6月11日—17日，省发改委、萍乡市政府举办2018年江西省节能宣传周活动。活动主题为“节能降耗，保卫蓝天”，包括14个专题，涉及15家牵头部门和责任单位，涵盖工业、农业、商务、建筑、交通运输、公共机构六大重点节能领域，覆盖机关、学校、企业、社区等各个方面。新华社、《江西日报》、省电视台、大江网等省内外媒体对江西节能减排工作进行系列报道，对新近出台的系列政策措施作了专题报道，并借助移动公司、联通公司、电信公司等短信平台发布相关信息，宣传节能减排理念与知识。

【主要污染物总量减排】 根据《国务院关于印发“十三五”节能减排综合工作方案的通知》及《江西省人民政府关于印发江西省“十三五”节能减排综合工作方案的通知》要求，协调推进主要污染物总量减排工作。按照《生态环境部办公厅关于印发2018年环保约束性指标计划的通知》，将全省目标任务进行分解落实至各地，确保任务到具体市（县）、具体项目。根据全省推进主要污染物总量减排实际，按季度对减排任务完成情况进行调度和测算。2018年，全省四项主要污染物总量减排进展均赶上国家要求的序时进度，完成国家下达的年度目标任务。

【水污染物减排】 组织开展全省2017年主要水污染物总量减排核查核算工作，先后3次下发核对主要水污染物总量减排核查核算表，并组织各地在南昌集中交叉审核主要水污染物总量减排台账，将初步审核结果按时上报生态环境部。根据2017年全省主要污染物排放情况、环境质量现状、2018年经济社会发展需求，对江西省污染物新增量及减排潜力进行测算分析，分解减排任务，组织实施2018年重点减排项目。5月7日，编制下发2018年度水主要污染物减排计划。严格按照《水污染防治行动计划》要求，省生态环境厅配合省住建厅推进全省重点湖库、水库和集中式饮用水水源地等敏感区域城镇污水处理设施实施一级A提标改造工作。全省有17家城镇污水处理厂完成一级A提标改造。开展督查、调度、通报，推进城镇污水处理厂高效稳定运行。每2个月通报一次城镇污水处理厂处理水量、进出浓度及减排进展情况。

（田红豆　贺剑霞）

本栏编辑　詹跃华

教　育

综　述

2018年,全省教育部门坚持以立德树人为根本,抓重点、攻难点、创亮点,教育改革发展各项工作稳步推进。

推动落实立德树人根本任务扎实有效。印发学习宣传贯彻全国教育大会精神的实施方案,成立大会精神百人“宣讲团”,中央教育工作领导小组工作简报第10期刊发江西经验。在全省中小学校组织开展讲红色故事、少年传承中华传统美德等主题教育活动。编写全国首套覆盖大中小幼的红色文化教材,推动红色文化向教学资源转化。组织“庆祝改革开放40周年——十百千宣讲团”校园巡讲等系列主题学习教育。举办全省高校“诵读红色家书 讲述英烈故事”比赛,直接参与人数达10万人。

推动各级各类教育健康发展。出台《江西省第三期学前教育行动计划》等系列文件,启动乡镇公办中心幼儿园全覆盖攻坚等系列行动,基本实现每个乡镇都有1所公办中心幼儿园。提前2年整体实现县域义务教育发展基本均衡,成为全国第13个、中部第2个整体通过省份。出台《江西省高中阶段教育普及攻坚计划》,开展普通高中评估活动,完成省重点中学接受首轮评估全覆盖,建立高中阶段教育普及攻坚建设项目库,制定江西省普通高中特色学校认定评分细则。推进中职“123”工程,启动实施10所高水平高职院校和50个高水平优势特色专业建设计划。在全国职业院校技能大赛中,江西中、高职院校共获奖项120项。南昌大学入选部省合建高校行列,全年省财政拨付“双一流”建设资金30亿元。新增博士授权单位1个,新增国家重点实验室2个、博士学位授权点22个、硕士学位授权点61个,新增学科排名进入国际前1%的学校3个。

推动教育综合改革纵深推进。研究制定《关于推进教育强省建设的意见》《江西省加快推进教育现代化实施方案(2018—2022年)》,推动出台《关于深化教育体制机制改革的实施意见》等一系列改革文件,加强督促评估指导,推进“四市三校”改革试点,带动全省教育体制改革点面开花、整体推进。制定下发《江西省推进高中阶段学校考试招生制度改革实施意见(试行)》,从2018年秋季入学的初一新生起,将初中毕业、高中招生“两考合一”统一规范为初中学业水平考试,全面实施初中综合素质评价。

推动教育民生工程落地见效。以“青年红色筑梦之旅”活动为纽带,对接帮扶农户9.05万户,帮扶项目产生经济效益6.6亿元。统筹安排各类资助资金约92亿元,资助746万人次,7个单位被评为全国学生资助工作“优秀典型”。加强留守儿童教育关怀,受益面达70余万人次。帮助1.27万名建档立卡贫困高校毕业生,免费提供就业信息、指导以及创业教育、担保贷款等服务,建档立卡学生资助比例100%。实施营养改善计划,涵盖国家试点县17个、地方试点县7个、学校5834所,受益学生122.83万人。投入专项资金近30亿元,新建改扩建校舍约400万平方米,全省中小学校舍实现第十八个“校舍安全年”。实施第二期特殊教育提升计划,特殊教育学生年均公用经费6000元/人。

推动教师队伍建设提质提效。印发《中共江西省委 江西省人民政府关于全面深化新时代教师队伍建设改革的实施意见》,对教师队伍建设整体改革作出顶层设计和决策部署。召开全省加强师德师风建设座谈会,组成13个督查组开展师德师风突出问题专项治理行动。实施师德师风建设工程,制定师德违规行为处理实施办法,规范教师从教行为,完善诚信承诺和失信惩戒机制,解决一批反映强烈的师德失范、学术不端问题。开展第二届“感动江西教育年度人物”推选,涌现出王振美、慎魁元等一批先进人物和典型事迹。江西陶瓷工艺美术职业技术学院教授朱辉球获2018年“全国教书育人楷模”称号。

推动教育治理体系更趋完善。推动出台学前教育和普通高中生均公用经费标准,明确全省公办幼儿园生均经费标准不低于600元/年,普通高中教育生均公用经费标准不低于1000元/年,统一义务教育公用经费标准。高职院校生均财政拨款达1.20万元/年,省属中职学校达5000元/年。实现大中小幼生均公用经费标准全覆盖。启用江西省学校安全工作平台,推动出台《关于加强中小学幼儿园安全风险防控体系建设的实施意见》等文件。组织5轮校外培训机构专项治理、暑期违规补课等专项督查,开展4次校园周边集中整治行动,排查治理1.02万处安全隐患,全年一次死亡3人以上的学生溺水事故比2017年减少50%。

(省教育厅)

基础教育

【概　况】　2018年,按照学前教育重普惠、义务教育促均衡、高中教育强特色、特殊教育抓提升、信息技术推应用的工作思路,聚焦发展不平衡不充分问题,推动各项工作取得新进展。全省基础教育学生893.74万人。其中,小学在校生421.22万人,小学毛入学率103.37%;初中在校生206.99万人,初中阶段毛入学率114.93%;普通高中在校生100.84万人,高中阶段毛入学率90.5%,比上年提高1个百分点;幼儿园1.54万所,在园幼儿161.31万人,学前教育毛入园率81.83%,比上年提高2.6个百分点;特殊教育学校94所,在校生3.38万人,比上年增长11.4%。

【学前教育普及普惠】　7月10日,省教育厅会同有关部门制定下发《江西省第三期学前教育行动计划》,确立全省学前教育发展的"路线图"和"时间表",协调落实公办幼儿园师资配备标准、生均经费标准及收费标准调整等保障措施。实施乡镇公办中心幼儿园全覆盖攻坚行动,全省乡镇公办幼儿园竣工率和开工率分别为92.06%、97.12%。全省中央资金和省级资金新建改扩建公办幼儿园项目开工率87.43%。开展学前教育宣传月活动,部署幼儿园"小学化"专项治理工作,组织幼儿园优秀自制玩教具活动并遴选作品参加全国展评,获一等奖2个、二等奖11个、三等奖14个。

【义务教育发展基本均衡】　强化控辍保学工作,印发《江西省人民政府办公厅关于进一步加强控辍保学提高义务教育巩固水平的通知》,将控辍保学工作纳入教育扶贫和高质量发展考评体系。部署开展义务教育标准化管理实施推进工作,组织全省1.9万所义务教育学校对标研判、依标整改,共有1.6万所学校完成自评工作,占学校总数85.7%,自评达标率98.4%。召开全省基础教育重点项目现场推进会,分管副省长孙菊生现场调度推进工作。全省"全面改薄"项目校舍建设开工率、竣工率和设施设备采购完成率均达100%,全省"全面改薄"项目学校办学条件均达国家"20条底线"要求。会同省财政厅下达专项资金7亿元,以奖代补、多措并举,督促推动各地加快消除"大班额"。全省超大班额、大班额占比分别下降0.66%、6.56%,完成2018年全省超大班额和大班额占比分别降至0.87%和8.76%的年度目标。江西成为全国第13个全域实现义务教育发展基本均衡的省份。

【高中阶段教育普及】　会同有关部门制定印发《江西省高中阶段教育普及攻坚计划》,全面部署高中阶段教育三年(2018—2020年)提升攻坚计划。协调出台公办普通高中生均经费标准及收费标准调整等保障措施。督促指导各地对高中阶段普及攻坚项目调整完善,实行项目信息化管理。全省高中阶段教育新建、改扩建校舍275.29万平方米,完成图书、教学实习仪器等采购资金5.66亿元。印发《江西省普通高中特色学校认定评分细则》,进一步引导推动普通高中特色发展。

【加强教材教辅管理】　部署开展义务教育三科教材使用培训,培训省级骨干600余人。对江西省2018—2019学年初中道德与法治、语文、历史三科7—8年级同步练习册进行评议。以红色教育为主线,以绿色教育为亮点,以古色教育为底色,以综合教育和法治教育为补充,组织修订义务教育省情地方课程教材《美丽江西》。

【《江西省推进高中阶段学校考试招生制度改革实施意见(试行)》出台】　2月3日,出台《江西省推进高中阶段学校考试招生制度改革实施意见(试行)》,从2018年秋季入学的初一新生起,将初中毕业、高中招生"两考合一"统一规范为初中学业水平考试,成绩作为学生毕业和升学的依据。改革旨在扭转单纯以考试成绩为主要标准评价学生的做法,通过试点探索和逐步推进,到2020年左右初步形成基于初中学业水平考试成绩、结合综合素质评价的高中阶段学校考试招生录取模式。

【开展红色、绿色和古色文化教育活动】　2月5日,省教育厅印发《2018年全省中小学红色文化、绿色文化和古色文化教育活动的通知》,在全省各级教育行政部门和中小学校开展红色、绿色和古色文化教育活动。活动围绕"讲述江西好故事、弘扬传统好文化、展现校园好风貌"三大主题,分为"讲红色故事""讲述江西好故事传播江西好声音""古诗文大赛""美丽校园精彩有你"等系列展示活动。活动开展以来,共收到各地上传的主题征文2.42万篇、讲故事比赛视频7272个,参与"美丽校园精彩有你"展示活动的人数超过10万人。经过层层遴选,评出"讲述江西好故事传播江西好声音"主题征文一等奖202人、二等奖303人、三等奖421人;讲故事比赛一等奖61人、二等奖93人、三等奖129人;"古诗文大赛"小学组一等奖23人、二等奖34人、三等奖52人,中学组一等奖21人、二等奖36人、三等奖54人;"美丽校园精彩有你"才艺展示活动一等奖5人、二等奖10人、三等奖15人、优秀奖30人。并根据各地中小学校开展活动情况,评出先进学校100所、先进单位31个、先进个人59人。

【开展县(市、区)党政领导干部履行教育职责督导评价工作】　3月,开展县(市、区)党政领导干部履行教育职责督导评价工作,通过数据监测、公众满意度测评、实地督导及综合评定等方式,对100个县(市、区)和13个开发区党政领导干部2017年度履行教育职责情况进行督导评价。其中,37个评为优秀等次,72个评为称职等次,4个评为基本称职等次。省委组织部、省政府教育督导委员会对评为基本称职的4个县(市)政府主要负责人进行约谈,并督促整改。10月25日,以省政府办公厅名义印发《对设区市人民政府履行教育职责督导评价办法(试行)》,实现省、市、县三级政府履行教育职责考核评价全覆盖。

【举办全省第五届中小学班主任专业技能展示活动】　9—11月,举办全省第五届中小学班主任专业技能展示活动。该活动由省教育厅、省教育工会主办,江西省中小学德育工作办公室、江西教育传媒集团承办。经过县级、市级和省级专家线上遴选,选取66名班主任教师参加省级现场展示。现场展示分为专业基础展示和治班方略展示2项内容。经过2天角逐,专家评委综合线上和现场成绩,评选出班主任专业技能展示活动小学组和中学组一等奖各8人、二等奖各12人、三等奖各13人。

【青少年校外教育】 11月2日,在抚州召开全省中小学生研学实践教育推进会,总结全省启动中小学生研学实践教育工作以来的情况,研究部署下一阶段工作,抚州、南昌、萍乡等7个单位作经验交流。庐山白鹿洞书院文化交流中心等9个单位入选2018年全国中小学生研学实践教育基地,吉安市示范性综合实践基地被评为2018年全国中小学生研学实践教育营地。确定首批64个省级研学实践基地。11月2日—4日,举办2018年江西省青少年校外教育学生成果展示活动,全省87个县(市、区)300余名中小学生分别进行航空模型、航海模型、陶艺制作、围棋4个项目展示,经过评审,胡俊豪等192名学生分获一、二、三等奖。

(省教育厅)

职业教育与成人教育

【概　况】 2018年,按照“打好职业教育优结构攻坚战”的总体要求和“做强中职教育、做优高职教育、做大职业培训、办好继续教育、提升服务能力、严格规范管理”的总体思路,推进各项工作。全省中等职业教育学校424所(含普通中等专业学校、职业高中、技工学校和成人中等专业学校),招生17.73万人(其中技工学校5.48万人),比上年增长7.97%;在校生67.37万人(其中技工学校13.9万人,培训和进修生17.97万人),比上年增长2.32%。全省职业院校举办各类职业技能培训688期,培训人员超10万人次。

【中高职人才培养】 全年新增30所中职学校和20所高职院校进行中高职对接培养试点。至2018年年底,共有195所中职学校参与对接培养工作,对接40所高职院校的22个专业,试点学生规模超过4.48万人。推进现代学徒制试点工作,8个高职院校和1个企业获批教育部第三批现代学徒制试点单位。加强职业教育集团建设,完成组建19个各类职教集团。

【组织参加职业竞赛】 组织省级职业院校技能大赛、大学生创新创业大赛、中等职业学校文明风采竞赛,推荐优秀选手参加国赛。在2018年全国职业院校技能大赛中,江西代表团获131个奖项。在全国职业院校技能大赛职业院校教学能力比赛中,江西省获31个奖项,比2017年增长82%,位列全国第11名。在第四届全国“互联网+”大学生创新创业大赛中,江西外语外贸职业学院获金奖。举办江西省第九届中等职业学校文明风采竞赛活动,全省11个设区市的312所中职学校10.2万名学生参加竞赛。

【高职院校“双师型”教师认定工作启动】 5月30日,出台《江西省高等职业院校“双师型”教师认定办法(试行)》和《江西省高等职业院校“双师型”教师认定标准(试行)》,明确认定范围系在高等职业院校承担教学任务2年以上的校内在职专任教师;经学校聘任,承担高等职业院校教学任务1年以上、年龄一般不超过法定退休年龄的校外兼职教师。通过认定备案的“双师型”教师,由省教育厅每年统一公布。

【举办2018年江西省职业教育活动周】 5月6日,由省委宣传部、省教育厅、省委网信办、省人社厅、省工信委、省农业厅、省总工会、共青团江西省委、省中华职教社共同主办的2018年江西省职业教育活动周在江西旅游商贸职业学院启动。活动周的主题是“职教改革四十年产教融合育工匠”。副省长孙菊生出席并宣布活动周启动。活动周期间,组织开展内容丰富、形式多样的职业体验活动,产教融合、校企合作等主题推介活动,走进城乡、贴近群众的志愿服务活动。各地各校紧扣活动周主题,集中展示改革开放40年特别是中共十八大以来职业教育改革成果,宣传党和国家职业教育方针政策、改革开放40年职业教育发展成果、活动典型经验、职业教育故事。

【启动实施高职“双高”计划】 8月,启动实施高职“双高”计划(江西省高水平高职院校和优势特色专业建设计划),统筹安排3亿元,用于“双高”计划项目建设。共有45所高职院校申报26个高水平高职院校建设项目、200个优势特色专业建设项目。经过专家评审,最终确定九江职业技术学院等10所院校为高水平高职院校建设立项单位,江西外语外贸职业学院电子商务专业等27所院校的50个专业为高职院校优势特色专业立项建设项目。

【江西省县级中等职业学校建设现场经验交流会在吉安举行】 9月25日—26日,江西省县级中等职业学校建设现场经验交流会在吉安举行,副省长孙菊生出席并讲话,省委教育工委书记、省教育厅厅长叶仁荪作县级中职学校建设工作部署。省委教育工委委员、省教育厅副厅长杨慧文主持。各设区市教育局局长、分管副局长或职成科科长,部分县(市、区)分管副县长和教育局局长,省委教育工委、省教育厅部分处室负责人参加。赣州市教育局、九江市教育局,丰城市、修水县、德兴市和吉安市江西华忆中等专业学校作交流发言。在吉安期间,与会人员参观考察吉安市中等专业学校、江西华忆电子工业中等专业学校和吉水县井冈山经贸学校。

(省教育厅)

【技工院校发展】 至2018年年底,全省技工院校发展至86所,比上年增加1所。其中,技师学院14所,高级技工学校18所,普通技工学校54所。全年完成招生5.48万人,比上年增长4.7%;毕业生3.90万人,比上年增加0.55万人;就业率98.9%。为社会培养各类技能人才18.25万人,比上年增加6.83万人。全省技工院校有教职工1.25万人,比上年增加0.24万人,师生比保持在1:13左右。

【技工院校教师管理】 至2018年年底,全省技工院校有733名教师通过教师职业资格认定,其中技师学院教师336名、高级技工学校教师136名、普通技工学校教师261名。共有82名教师通过2018年技工院校教师职称评审，其中33名教师通过高级职称评审、49名教师通过中级职称评审。

【2018年"我能出彩"技校主题活动暨全国技工院校教师职业能力大赛江西省选拔赛开赛】 7月23日，2018年"我能出彩"技校主题活动暨全国技工院校教师职业能力大赛江西省选拔赛在南昌开赛。此次竞赛由省人社厅主办，江西工贸高级技工学校承办，全省各市参赛教师代表共57人参赛。比赛分为参赛选手教学方案设计评审和选手现场说课与答辩2个环节，根据2个环节的总成绩，最终选出全国技工院校教师职业能力大赛参赛选手。全省有37名教师获选拔赛一、二、三等奖；8名教师参加全国技工院校教师职业能力大赛，获4个三等奖和5个优胜奖。

（朱增祺）

高等教育

【概　况】 2018年，全省有高等学校110所，其中普通高等学校102所（含独立学院13所）、成人高等学校8所。各类高等教育在学人数总规模148.56万人。全省18~22周岁人口330.31万人，高等教育毛入学率45%，比上年提高3个百分点。

【开展普通高校校际学分互认和转换试点工作】 开展普通高校校际学分互认和转换试点工作，试点高校范围以区域为单位，将南昌片区、赣东北片区、赣南片区和共青科教城高校纳入试点范围，各片区共20所试点高校学生在所在片区高校可进行课程互选和学分互认。学生可登录江西省高校学分互认管理信息系统进行网上选课，按要求参加课程学习，并通过课程考试后方能取得成绩和相应学分。至2018年年底，已有104门课程用于跨校选课，2.26万人次参与选课。

【开放课程建设】 开展省级在线开放课程建设，在已立项课程233门、上线运行课程98门的基础上，组织实施高校课程育人共享计划，首轮建设课程300门，全年完成52门共享计划课程的立项遴选。探索慕课教学模式与应用推广，向教育部推荐53门在线开放课程，认定通过18门国家级在线开放课程。组织开展2018年国家虚拟仿真实验教学项目认定申报，向教育部推荐申报项目26个。向教育部申报课题通过立项，并获资助经费10万元。

【开展课堂教学督查】 3月30日，省教育厅出台《江西省普通高校本科课堂教学督查实施方案》。组织12个督查组，对全省43所普通本科高校开展课堂教学督查。督查专家不打招呼、随机抽取、提前5分钟进入课堂听课，着重从任课教师的教学准备、教学能力、教学内容等方面进行综合评价，在听课的基础上，及时向学校反馈教学督查意见并提出建议。通过课堂教学督查，强化高校质量保障主体意识，加强课堂教学质量监控，促进高校完善自我评估督导制度，建立健全本科教学质量保障体系，将内涵做实在课堂上。

【本科专业建设】 启动一流本科专业建设，遴选172个专业，另行安排3亿元，用于支持一流学科覆盖专业外50个专业的建设。完成首轮专业综合评价工作，组建由18名专家组成的专家指导委员会和1145名委员组成的61个教学指导委员会，对全省37所本科高校的1145个本科专业点开展综合评价，全省高校主动停办或停招268个专业点。推进"新工科"专业建设，组织推荐南昌大学等高校的7个项目，入选教育部首批"新工科"研究与实践项目。支持建设12个"新工科"省级项目（含7个国家级项目）。加强工程专业认证，南昌大学、华东交通大学、江西理工大学、东华理工大学、南昌航空大学5所高校的13个专业通过工程认证。

【创新创业教育】 10月，组织参加第四届中国"互联网+"大学生创新创业大赛，江西高校代表队获4金、8银、27铜。在参加大赛省内选拔期间，有39个项目获风险投资机构1.27亿元投资。同时，会同就业办承接大赛的同期实践活动——2018年"青年红色筑梦之旅"全国对接活动，全国有30个省（自治区、直辖市）117所高校123个项目团队近400人参加，活动现场签约96个项目。

【完善高校协同育人机制】 教育部门与司法部门合作，从全省高校选拔27名青年教师到司法所挂职2年，遴选122名专家、教授到司法所开展为期5年的"一对一"精准帮扶，建立江西省司法厅高校学生司法所就业实习平台，已有近3000名省内高校大学生在司法所实习。以省政府名义印发《江西省深化医教协同进一步推进医学教育改革与发展实施方案》，保障医教协同育人实施。成立军民融合发展工作推进小组，统筹协调全省教育系统军民融合发展事项，制定《中共江西省委教育工委江西省教育厅关于进一步推进军民融合深度发展的实施意见》，加强军地教学科研资源共享，探索高等教育军民融合发展新路子。

【健全高校监测评价体系】 聘请63名省外知名高校专家对南昌航空大学、江西科技师范大学等7所高校开展本科教学工作审核评估，加强对高校的宏观管理和分类指导，引导高校合理定位，全面完成本科教学工作审核评估任务。完成本科教改课题遴选，从1304项申报项目中遴选确定650项省级教学改革研究课题，进一步推动高等教育教学改革研究。组织编撰全省高校学年度本科教学质量报告，填报本科教学状态基本数据，健全质量监测体系。

（省教育厅）

师资教育管理

【概　况】 2018年，继续实行中小学教师招聘省级统筹，共招聘教师1.76万人，其中补充"特岗计划"教师6540人，创历史新高。实施定向培养乡村教师计划，招收定向招生5722人，比上年增加221人。其中，男性2131人，占定向招生37.2%。实施本科师范生公费教育，在江西师范大学招收本科公费师范生315人。实施“国培计划”“省培计划”“中小学教师信息技术应用能力提升工程”。争取中央资金1.02亿元,投入“省培计划”资金3200万元,共培训中小学幼儿园教师14.7万人次。推进义务教育学校校长教师交流轮岗改革,全年交流轮岗校长教师1.7万人。

【师德师风建设】 开展师德突出问题专项治理,5月28日—31日,组成13个督查组,就违规推销教辅材料、违规收费、违规有偿补课等热点问题,赴各设区市29个县(区)150余所中小学校和10所高等学校、5所省属中专开展全面督查,直接查处和转交地方办理问题343个,现场查处46起。推进“万师访万家”活动常态化制度化,全年有12.6万名教师家访199.7万户家庭,参与家访学校1.02万所,征集意见110万条,家长满意度达95.8分。指导拍摄以支月英为原型的院线电影《一生只为一事来》。12月14日,教育部召开全国师德师风建设工作视频会议,省委教育工委书记、省教育厅厅长叶仁荪作题为“红色基因铸魂,激励监督并重,着力打造风清气正的教师队伍”的发言,介绍江西师德师风建设经验。

【教师编制待遇】 开展专项督查,督促各地落实统一城乡中小学教职工编制标准政策。推动各设区市出台市级方案,调整编制标准。出台《关于加强全省公办幼儿园教职工编制配备管理的指导意见》,明确公办幼儿园教师编制配备标准,缓解公办幼儿园教师编制紧缺难题。8月7日—10日,联合省编办等部门以省政府督查室名义组成6个督查组,对全省中小学教师待遇保障、教职工管理、配备等情况进行专项督查。11月,会同相关部门对义务教育教师工资待遇落实情况开展调研。向全省各县(市、区)下达艰苦边远地区农村中小学教师特殊津贴资金4.21亿元,发放人数8.7万人。全面落实中央连片特困地区乡村教师生活补助政策,向5.2万名农村教师发放生活补助资金1.25亿元。

【加强教师培养】 举办全省首届名师培训班、第三届名校长培训班,培训教师280人、校长90人。推动赣京教育合作教师培训项目,组织50名中小学优秀校长、骨干教师赴北京跟岗研修1个月,邀请北京市10名优秀中小学教师到江西5个县“送培”。

【实施支教计划】 从2018年秋季起,实施全省高校师范类音体美专业大学生赴边远农村小学实习支教,选派1370名音体美专业师范生赴91个县(市、区)452所农村小学任教,缓解乡村小学音体美教师严重短缺的矛盾。落实“三区”人才支持计划教师专项计划,从9个设区市,70余个县的城区学校选派优秀教师4230人次到农村地区支教。实施学前教育巡回支教,在莲花县、宁都县、安远县、上犹县等地设立支教点254个,招募志愿者647人。组织实施银龄讲学计划,招募175名退休教师到偏远农村地区开展为期1年的支教。实施援疆万名教师支教计划,选拔165名援疆支教教师赴新疆阿克陶支教。

【《关于全面深化新时代教师队伍建设改革的实施意见》出台】 8月7日,以省委、省政府名义印发《关于全面深化新时代教师队伍建设改革的实施意见》,从实施师德师风建设工程、支持师范教育、培养打造高层次人才、加强中小学教师编制管理、促进义务教育教师资源均衡配置、推进中小学教师职称和考核评价制度改革、推进高等学校教师人事制度改革、提升乡村教师待遇、提升教师社会地位、强化各类保障10个方面,出台一系列具有江西省情教情特色的举措。

(省教育厅)

民办教育

【概 况】 至2018年年底,全省各级各类民办学校1.07万所,在校生200.75万人,占全省在校生18.99%。其中,民办高校31所(本科6所、专科12所、独立学院13所),在校生27.38万人;民办中等职业学校97所,在校生7.90万人;民办普通高中150所,在校生17.28万人;民办初中177所,在校生19.56万人;民办小学56所,在校生15.50万人;民办幼儿园1.02万所,在园幼儿113.08万人;民办特殊教育学校6所,在校生491人。

【规范民办高校办学行为】 修订《江西省民办高校年检指标体系》,开展2017年全省民办高校年检工作,下达年检结论。对全省民办高校招生简章和宣传广告进行备案。开展2018年招生工作专项督查。对全省民办高校、独立学院进行财务审计,并下达整改通知。办理12所民办高校的决策机构备案和9所民办高校的校长、副校长备案。

【江西省民办教育管理公共服务平台启用】 年初,开始搭建江西省民办教育管理公共服务平台。11月,江西省民办教育管理公共服务平台在民办高校和民办非学历高等教育机构正式启用,提供民办学校信息查询与认证服务,发挥其在分类登记、信息公开和规范管理等工作中的作用,逐步实现民办学校日常管理事项网上并联办理,及时主动公开行政审批事项,提高服务效率,接受社会监督。平台的建立和应用在全国尚属首例,受到教育部肯定。

【开展校外培训机构综合治理攻坚专项行动】 5月10日,省教育厅、省民政厅、省人力资源和社会保障厅、省工商行政管理局印发《江西省实施校外培训机构综合治理攻坚行动实施方案》,采取排查摸底、全面整改、督促检查等形式,治理违背教育规律和青少年成长规律的行为。至10月31日,共摸排校外培训机构10025家,发现问题机构8489家,并已全部整改到位。12月5日,省教育厅、省市场监督管理局、省民政厅、省人力资源和社会保障厅下发《关于规范校外培训机构设置的意见(试行)》,对校外培训机构的举办者、培训场所、师资队伍等进行标准设置。

【推进共青科教城建设】 5月15日,副省长孙菊生到共青城市调研共青科教城建设与发展工作,实地察看各高校的基础设施建设、教学设施设备和生活服务配套等情况,为共青科教城持续健康发展提出具体要求。10

月31日，省长易炼红考察共青科教城，要求高起点、高标准规划建设，提升品质、做响品牌，坚持开放办学，加快开放共享，推动校城深度融合发展。11月9日，省教育厅制定印发《关于推动共青科教城高校校际资源共享、平安共建、事业共发展的意见》，新增共青科教城6所独立学院为高校校际学分互认和转换试点学校，推动共青科教城6所独立学院的课程、图书、运动场和食堂等优质资源共享。

【江西省民办教育协会第三次会员代表大会召开】 7月6日，江西省民办教育协会第三次会员代表大会在南昌召开。副省长孙菊生出席会议并讲话。全省教育主管部门、民办学校等单位的会员代表和特邀嘉宾共280多人参加会议。会议表决通过《江西省民办教育协会章程(试行)》《江西省民办教育协会会费收取和管理办法(试行)》，推选产生协会理事和常务理事成员。省人大常委会教科文卫委员会副主任委员、省委教育工委原书记黄小华当选为江西省民办教育协会第三届理事会会长，江西泰豪动漫职业学院董事长黄代放当选为常务副会长，江西科技学院董事长于果、南昌理工学院理事长邱小林、江西服装学院董事长涂顺强等21人当选为副会长，江西泰豪动漫职业学院副院长陈典港当选为秘书长。

(省教育厅)

国际合作与交流

【概　况】 2018年，委厅领导、省属本科院校及厅属高职院校因公出国(境)访问、学术交流、进修、培训共131批次，504人次；赴台团组39批次，138人次；聘专资格院校123所，长短期外籍教师680多人；中外合作办学项目126个；接受中国政府奖学金留学生资格院校9所，来华留学生7000余人；青年骨干教师出国研修项目资格院校9所，国家公派留学204人；开设孔子学院12个，孔子课堂6个，汉语国际推广中小学基地3个。

【推进"一带一路"建设】 赣南师范大学成立新加坡研究中心，江西理工大学成立巴基斯坦研究中心，江西师范大学成立马达加斯加研究中心，九江学院成立柬埔寨研究中心，对有关国家政治制度、自然资源、人口构成、宗教信仰、地缘关系等方面情况进行研究，为政府及相关企业决策提供参考。推进南昌大学与俄罗斯彼尔姆国立大学、巴什基尔国立大学，华东交通大学与俄罗斯彼尔姆国立大学，新余学院与俄罗斯萨马拉国立大学签署合作与交流协议，开展学生互换、教学科研等活动。南昌大学与俄罗斯彼尔姆国立大学合作成立南昌大学俄语中心。推进江西中医药大学与葡萄牙里斯本大学共建中医联合实验室和中医展示体验中心。先后在江西省政府外国留学生奖学金项目中设立"一带一路"专项奖学金、"中国-东盟丝绸之路"专项奖学金、俄罗斯专项奖学金、柬埔寨专项奖学金、南非专项奖学金、俄罗斯伏尔加河专项奖学金名额，吸引"一带一路"沿线国家留学生到赣学习、深造。

【江西省本科高校教育国际化水平2017年排行榜公布】 出台完善《江西省教育国际化评价指标体系》，内容包括国际化保障、师生国际化、国际学术交流、教学国际化、科研国际化5个一级指标、17个二级指标、81个监测点。委托江西省教育国际化研究中心、江西师范大学高等教育研究中心，对照《江西省教育国际化评价指标体系》，对2017年全省本科高校教育国际合作与交流工作情况开展调查，并进行数据采集、归类和分析，出台《2017年江西省本科高等教育国际化发展报告》。12月19日，向社会公布江西省本科高校教育国际化总体水平和各单项排行榜，江西财经大学、南昌大学、江西师范大学、华东交通大学、江西中医药大学、景德镇陶瓷大学、江西理工大学、东华理工大学、南昌航空大学、赣南师范大学位列全省本科高校教育国际化总体水平前10位。

【2018国际产学研用合作会议在南昌举行】 6月12日—13日，由教育部学校规划建设发展中心主办，省教育厅、南昌大学、南昌航空大学承办的2018国际产学研用合作会议在南昌举行。省委书记刘奇，教育部副部长孙尧出席开幕式并致辞。副省长孙菊生主持开幕式。会议围绕新材料与航空航天技术，探讨技术和产业的最新进展与国际产学研用合作，落实中国教育部部长陈宝生出访乌克兰、白俄罗斯和俄罗斯三国的成果，为各国共同发展创造机遇和平台。会议设1个主会场，3个分论坛，6个国家的14个政府机构、39所大学、16所科研机构、34家企业的负责人、校长和代表共240人参会。会上，南昌大学与俄罗斯科学研究技术中心有限责任公司签署科研合作协议，与俄罗斯基伦斯基物理研究所、江西科泰新材料有限公司签署三方合作协议；南昌航空大学分别与白俄罗斯国立技术大学、白俄罗斯国立信息及无线电技术大学签署合作协议。

【举办江西省第六届外国留学生汉语大赛】 10—11月，省教育厅举办江西省第六届外国留学生汉语大赛。大赛以"秀美江西·情满赣鄱"为主题，分为预赛、复赛、决赛3个阶段，共有20多个国家的留学生报名参赛。经过预赛和复赛选拔，南昌大学、江西中医药大学、江西财经大学、华东交通大学、井冈山大学、江西师范大学、南昌航空大学、江西科技学院8所高校的10名选手进入决赛。决赛设"青花蓝——缤纷才艺秀""杜鹃红——红色热土情""香樟绿——绿色答题赛""马蹄金——璀璨赣文化"四个环节，经过角逐，江西师范大学的2名选手获一等奖。

(省教育厅)

本栏编辑　詹跃华

科学技术

综　述

2018年，全省综合科技进步水平由全国25位前移至19位，为推动江西高质量、跨越式发展提供支撑。

科技创新环境进一步得到优化。省委十四届六次全会审议出台创新型省份建设三年行动方案。全省高质量发展考核指标创新发展分值达17分。先后出台支持新型研发机构发展、加快科技创新平台高质量发展、加快县域创新驱动发展等政策文件，强化创新的政策支持。实施知识产权战略，发明专利申请和授权量同比分别增长38.2%和23%。全省技术合同登记3024项，成交额115.8亿元。4项科技成果项目获国家科技进步奖。

“一廊两区五城多点”区域创新布局初步成型。赣江两岸科创大走廊委托浙江省发展规划院编制规划，已形成初稿。鄱阳湖自创区总体方案完成修改。井冈山农高区制定支持农高区建设若干政策，已和中国农科院食品加工研究所、中国农机研究院、江南大学、江西农业大学、南昌大学、省农科院等省内外科研单位、高校及相关企业进行入驻对接。五大科创城结合各自特点均明确发展定位及目标，南昌中医药科创城、赣州稀金科创城和上饶大数据科创城、鹰潭智慧科创城完成总体建设方案。出台《建设创新型县（市、区）创新型乡镇工作指引（试行）》，井冈山市获批首批国家创新型县（市）建设县（市）；赣州市章贡区、芦溪县、信丰县、崇仁县、新余市渝水区5个县（区）被评为首批省级创新型试点县（区），青山湖区塘山镇等45个乡镇为第一批省级创新型试点乡镇。

科技专项工作（行动）进展明显。初步形成以鹰潭为核心区，南昌、上饶、宜春、赣州、景德镇、赣江新区6市（区）为拓展区，其他5市为辐射区的“1+6+5”空间推进格局。先后举办“物联江西智创未来”高层研讨会、“03专项”应用示范推广对接会、全省“03专项”试点示范工作推进会现场成果展等活动。初步建立科技型企业培育库，委托第三方联合开展独角兽和瞪羚企业申报认定，已遴选独角兽企业1家、潜在独角兽企业1家、种子独角兽企业4家、瞪羚企业57家、潜在瞪羚企业30家，选育进入国家企业库科技型中小企业突破3000家。加强高新技术企业培育，新增高新技术企业1300余家，全省总数突破3500家。

科技支撑经济社会发展成效显著。聚焦航空及先进装备制造、生物和新医药、新材料、节能环保、新一代信息通信等战略性新兴产业，遴选实施江西省重大科技研发专项10个；组建科技协同创新体20家，推动一批产业关键技术加快研发。新增信丰、玉山、泰和3个省级高新园区，全省总数13家。新组建临床医学研究中心5家，已有56家单位纳入国家级临床医学研究中心协同研究网络。

科技创新平台载体和人才队伍建设不断加强。制定国家级重大创新平台、省内外重点共建创新平台、产业重点创新平台遴选方案及管理办法。新增国家级平台载体37个。新获批国家级星创天地30家，累计71家。新认定省级重点实验室和工程技术研究中心75家、省级众创空间43家、省级科技企业孵化器14家、省级大学科技园3家。新增国家级创新人才25人。实施省“双千计划”首批引进类项目，遴选331名高层次人才和27个团队重点支持。组织开展院士后备人选遴选工作，共遴选16名重点支持人选。新资助36个省主要学科学术和技术带头人、17个省优势科技创新团队。

科技体制机制改革取得新突破。省委深改委第二次会议审议通过《江西省深化科技奖励制度改革实施方案》《江西省技术转移体系建设实施方案》。突出绩效导向，构建更加聚焦、更加高效的“1+5”科技计划体系，探索采取公开竞争、定向择优、定向委托3种项目遴选方式。梳理并公布新整合权责事项15项，完成科技申报系统与江西省“一窗式”综合服务平台对接，将高新技术企业认定等21项政务服务事项列入“最多跑一次政务服务事项清单”。

科技对外合作进一步拓展。省政府与中科院签订共建中科院江西产业技术创新与育成中心协议，推动中科院成果在江西的转化。推动省政府与西安交通大学开展全面战略合作。对外引进共建中澳3M国际研究院、哈工大机器人南昌研究院、中山大学南昌研究院。全年获批国家引智项目8项，引进海外人才100余人次到赣工作指导。推进与菲律宾政府间合作，共建中菲水稻技术联合实验室，在多哥建立农业科技示范园，在赤道几内亚开展水稻试验示范，承办科技部发展中国家技术培训班，促进江西省现代农业技术在“一带一路”国家和非洲国家应用推广。

（省科技厅）

科技发展计划

【概　况】 2018年,牵头起草《江西省推进创新型省份建设行动方案(2018—2020年)》,并以省委办公厅、省政府办公厅名义印发;推进创新型省份建设,加大全社会研发投入工作专报获省领导批示7次。推进科技计划管理改革,构建"1+5"科技计划体系,实施公开竞争、定向择优和定向委托3种项目形成机制。获国家自然科学基金项目850项,争取经费3.2亿元;获批2018年度中央引导地方科技发展专项资金5000万元。牵头推进加大全社会研发投入工作,R&D经费支出占地区生产总值1.28%。对口跟进的《中国区域科技创新评价报告2018》显示,全省综合科技创新水平在全国排第19位。

【基础研究计划】 全年受理申请自然科学基金项目3685项,资助项目441项,比上年减少210项;资助经费4376万元,比上年减少2340万元。其中,面上项目233项,资助经费1398万元;青年基金项目138项,资助经费828万元;重点项目25项,资助经费1250万元;杰出青年基金项目45项,资助经费900万元。

【省优势科技创新团队建设专项计划】 重点聚焦航空制造、新材料等战略性新兴产业和江西优势特色产业,支持已获省级以上科技创新团队称号的主体,提升创新能力和研发水平,培养竞争国家级重点领域创新团队的后备梯队。经单位推荐、形式审查、网上评审、会议答辩评审、厅务会和党组会审定,最后确定4个2018年度优势科技创新团队重点项目,每项资助经费50万元。

【应用研究培育计划】 农业领域重点围绕农业生物种业、绿色食品及农林产品加工、现代农业装备及农业设施、农业农村信息化及防灾减灾、农业生态保护及地力提升、农产品高效安全生产及疫病防控和林木资源培育及林产加工7个方面,共立项支持应用研究培育计划17个,经费102万元。社发领域共立项支持应用研究培育计划79项,经费474万元,研究内容涵盖临床医学技术研究、药物研发、医疗器械研制、食品安全、标准化、资源环境保护等领域。

【重大科技研发专项】 农业领域围绕现代食品加工和农业面源污染综合防治两大领域,组织实施省重大科技研发专项。经公开申报、专家评审,江西正合生态农业有限公司申报的"畜禽粪污无害化及资源化利用技术与设备研发"、江西恒顶食品有限公司申报的"早籼米以及碎米高值利用关键技术及产业化示范"项目获批立项,每项资助经费1000万元。社发领域重点围绕中医药强省战略和生物医药战略性新兴产业,受理重大科技研发专项项目12项,经过网评、会评、现场考察等评审环节,最终选出2个项目立项,每项资助经费1000万元。

【省重点研发计划】 农业领域省重点研发计划新立项支持项目62项,其中A类5项、B类22项、C类35项;共验收项目69项,其中科研院所和高校承担64项,企业承担5项;已立项仍在实施的重大项目79项。社发领域重点研发计划重点项目立项27项,投入科技专项经费1650万元,其中A类100万元/项、B类50万元/项。一般项目立项53项,每项20万元,投入科技专项经费1060万元。

(省科技厅)

高新技术及产业

【概　况】 2018年,全省高新技术产业增加值同比增长11.6%,增速比上年提高0.5个百分点;高于规模以上工业增加值增幅2.6个百分点;占规模以上工业增加值33.02%。全年获批国家级高新区2家,省级高新区3家;获批高新技术企业1838家;完成3个高新技术产业化基地考察工作。全省有国家级高新区9家,数量位居全国第5位,省级高新区13家;高新技术企业3521家,比上年净增1383家,增长64.69%;国家级高新技术产业化基地22个,11个设区市实现全覆盖,数量居全国前列;国家火炬计划特色产业基地5个,国家级软件园1个,国家级文化和科技融合示范基地1个,国家级特色产业基地29个,省级高新技术产业化基地12个。

【高新技术产业开发区】 国务院批复九江共青城高新技术产业园区、宜春丰城高新技术产业园区升级为国家高新技术产业开发区,省政府批复信丰高新园区、玉山高新园区、泰和高新园区为省级高新区。前三季度,全省9家国家级高新区实现主营业务收入4168.11亿元,增长7.6%;全省10家省级高新区实现主营业务收入2000.77亿元。

【高新技术企业认定】 全省有2138家企业申报高新技术企业,增长70.5%。其中,1838家通过认定成为高新技术企业,增长64.69%。新认定的高新技术企业具有4个特点:(1)研发投入强度大,近3年研发投入270多亿元,占同期销售收入4.4%,全省企业平均为0.65%。(2)科技人员占比高,共有科技人员6万多人,占企业职工总数20.6%,高于认定标准10.6个百分点。(3)自主创新能力强,拥有知识产权2万余件,平均每个企业11件;近1年高新技术产品(服务)收入2200多亿元,占总收入83.6%,高于国家标准23.6个百分点。(4)总体经济效益好,近3年销售收入平均增长率28.7%,净资产平均增长率23.8%;近3年利润总额10000亿元。

【生产力促进中心建设】 撤销生产力促进中心9家。至2018年年底,全省有生产力促进中心125家,其中国家级示范生产力促进中心6家(江西省生产力促进中心、南昌大学生产力促进中心、江西中药生产力促进中心、宜春市生产力促进中心、江西省国防科技行业生产力促进中心、江西省机械行业生产力促进中心)。全省生产力促进中心有在岗职工1338人,全年参加培训4583人次,其中科技部培训962人次、其他培训3621人次;总资产9.26亿元,其中流动资产2.03亿元,固定资产原值6.75亿元;总投入

4061.7万元，其中政府投入2883.1万元、非政府投入1178.6万元（原依托单位投入644.8万元、其他投入533.8万元）。

【科技创新载体培育】 全省有省级以上创业孵化机构255家，比上年增长29%。其中，孵化器72家，增长22%；众创空间167家，增长33.6%；大学科技园16家，增长23%。创业孵化机构面积540.81万平方米，增长36.6%。在孵企业14737家，毕业企业7132家。当年获投融资企业897家，下降5%；获投融资20.98亿元，增长31%。拥有有效知识产权9962件，下降7%；有效发明专利1824件，增长27%。在孵企业吸纳就业14.66万人。

（省科技厅）

农业科技

【概　况】 2018年，农业农村科技创新取得新进展，新立项支持省重大科技研发专项、重点研发计划和应用培育计划项目共81项，经费4402万元；共验收项目69项，正在实施重大项目79项。获批国家立项支持科技项目、课题（任务）共12项，经费7190.8万元。指导支持九江农业科技园获批第八批国家农业科技园区，上饶、萍乡、赣州和丰城4个国家农业科技园区通过科技部验收；获批国家级星创天地30家，累计获批71家。组织省内10家涉农高校、科研院所与井冈山国家农业科技园区对接，签订合作协议6家；编制完成井冈山农高区建设发展规划和实施方案初稿，并在井冈山升级建设协调推进领导小组会上审议并原则通过。引导“一千名”以上省、市、县三级科技特派员对接服务贫困村，省、市、县三级科技特派员1182人开展对接贫困村服务，覆盖省级贫困村1820个和省级深度贫困村207个，服务农村合作组织2946个，培育科技示范户、致富带头人1.09万人，开展科技培训4141次，培训贫困群众11.85万人次。

【农业科技园区】 全省建成47个农业科技园区（含9个国家级农业科技园区）核心区面积80万公顷，政府投入61.2亿元，企业投入175亿元；园区有2133家企业，其中农业高新技术企业82家，省级以上龙头企业183家；园区年产值232.6亿元，年利润46.2亿元，净利润24.4亿元，年缴税6.3亿元。引进新技术226项、新品种574个、新设施260套，推广新技术171项、新品种225个。取得通过省级以上科技成果52个，在研项目367项，拥有市级以上研发平台161个，研发总投入2.6亿元。对接科技特派员104人，开展科技服务1.69万人次；开办培训班4127次，培训2.29万人次，年吸收当地就业1.05万人，带动周边6.5万农民致富，其中核心区农民人均年收入1.6万元。

【科技特派团工作】 从166个省、市级高校、科研院所等单位选派1456名科技人员（含省外专家15人），组成380个科技特派团，挂点92个县（市、区），开展科技服务工作。确定南昌大学、江西农业大学、省农业科学院等10家单位承担17个不同任务的培训，其中农林产业科技型企业创新创业培训班1个、科技特派员创新创业培训班1个、国家农业科技园区优势特色产业发展全省示范推广培训班3个、优势特色农林产业技术升级县（市、区）巡回培训班12个，培训内容覆盖水稻、水果、畜禽、蔬菜、茶叶、水产、油茶、中草药和食用菌等优势特色产业，安排培训经费394万元。举办科技特派团富民强县工程培训班46期，培训5612人次。建立科技特派团工作站170个，科技特派团产业技术服务基地199个。

【全省农业科技园区现场交流会在井冈山召开】 6月12日，省科技厅在井冈山国家农业科技园区召开全省农业科技园区现场交流会，总结交流农业科技园区发展经验，研究部署下一阶段工作。科技部第30届科技扶贫团执行团长、11个设区市科技局分管局长和农社科科长、国家农业科技园区和重点培育国家级园区的省级农业科技园管委会主要负责人、省级科研院所和高校科研处负责人等共60多人参加会议。交流会上，井冈山农业科技园管委会负责人介绍园区的发展和现状，科技部智库专家刘树明围绕园区发展重点任务、农高区创建指导建议、园区产业平台建设和园区金融平台搭建等方面进行授课。

【第一批省级创新型县（市、区）和创新型乡镇建设试点申报工作启动】 10月，省科技厅启动第一批省级创新型县（市、区）和创新型乡镇建设试点申报工作。经县（市、区）政府申报、设区市科技管理部门推荐、专家评审和实地核查、网上公示等程序，省推进创新型省份建设领导小组办公室确定赣州市章贡区、新余市渝水区、信丰县、崇仁县、芦溪县5个县（区）为第一批省级创新型县（市、区）建设试点；经各设区市科技管理部门牵头制定遴选方案、组织评审、网上公示、推荐备案等程序，确定第一批省级创新型乡镇建设试点乡镇45个，分别为南昌市青山湖区塘山镇等3个、九江市共青城市甘露镇等6个、景德镇市浮梁县湘湖镇1个、上饶市信州区沙溪镇等7个、萍乡市安源区五陂镇1个、宜春市樟树市阁山镇等6个、鹰潭市余江区锦江镇1个、新余市渝水区良山镇1个、赣州市全南县南迳镇等9个、吉安市井冈山市茨坪镇等5个、抚州市资溪县鹤城镇等5个。

【九江国家农业科技园区获批】 11月，推荐申报的九江国家农业科技园区，经科技部材料审查、现场考察、视频答辩等程序，被认定为第八批国家农业科技园区，也是江西省获批的第9个国家级农业科技园区。九江国家农业科技园区创建工作连续2年被列入九江市政府工作报告，以省级农业科技园修水茶叶生态科技园为基础建设，以茶、桑、林及休闲农业、乡村旅游为主导产业，突出宁红茶产业特色，以产业提质增效和山区农民脱贫致富为目标，以技术创新、企业孵化、成果转化、产业培植、综合服务为动力，推进茶、桑、林等特色产业转型升级和绿色发展。园区核心区规划建设面积0.14万公顷，总投入12.09亿元。已投入资金7亿元，用于技术研发、科技培训、信息网络和基础设施建设。

（省科技厅）

气　象

【概　况】　2018年，预报重大灾害性天气过程25次。向党委、政府报送决策材料4200余期，省领导批示24次。联合省防办5次根据逐6小时降雨预报指导灾害高风险区域转移人口5.14万人。发挥全省各级气象灾害防御(人工影响天气)指挥部作用，11次下发明传部署气象灾害防御工作。连续4年与省防总开展气象灾害防御与防汛同部署同检查同落实。推进省、市、县一体化突发事件预警信息发布系统(一期)建设，11个市、74个县(区)成立预警信息发布机构。

【生态文明建设气象保障】　承办全国首次生态文明建设气象保障服务工作推进会，在气象领域率先亮出美丽中国"江西样板"的名片，江西生态文明建设气象保障获全国气象部门创新工作奖。全面融入国家生态文明试验区建设，牵头制定"霾日数"专项考评细则并完成全省首次考核；参与省政府碳排放考核。牵头完成重点生态领域功能和价值初评估，探索高温对电力消耗标贡献率评价，寻找"避暑旅游目的地"12个，新增"中国天然氧吧"4个，开展基于生态环境影响分析的气象评价决策服务7次。凝练生态气象观测"基地+站网+平台"建设思路，初步打造森林、湿地、城市生态等江西重点生态领域观测基地，"编织"山水林田湖草生态气象观测网。建成集生态质量气象评价、生态环境气象影响评价、大气污染源解析、生态功能价值评估等为一体的生态气象核心业务。设立生态文明气象保障技术支持专家组和院士工作站，联合气科院在江西共建生态气象创新中心。

【重大战略气象服务保障】　落实乡村振兴战略，完成智慧农业气象大数据二期建设，完善"江西微农"智慧功能，智慧服务惠及85%新型农业主体。推进省农气中心和特色农气中心协同发展，建立全国柑橘气象服务中心协调机制。完成"三农"服务专项年度建设和成果应用，新增标准化现代农业气象服务县8个、气象灾害防御乡镇46个。主动融入脱贫攻坚工作，举办扶贫干部培训班，联合省扶贫办实施精准扶贫攻坚战气象保障行动。深化部门合作，联合省自然资源厅发布地质灾害气象风险预警，与水利部门共享气象水文资料、联合开展中小河流洪水和山洪灾害气象风险预警，与省民政部门开展灾情共享和综合减灾示范社区联合创建，与省农业农村厅共推智慧农业气象服务，与省生态环境厅开展空气质量预报和重污染天气联合预警，与电力部门合作开展电网线路气象灾害研究，联合林业部门建设井冈山森林防火示范基地。

【气象现代化建设】　省政府成立推进气象现代化建设领导小组，气象现代化建设纳入对市、县党委、政府高质量发展考核。完成气象现代化进展第三方评估。中国气象局评估江西省气象现代化得分96.41分，比2017年增加2.7分。开展生态气象监测网建设，组织完成靖安森林生态、南矶湿地生态、武功山高山草甸生态、南昌城市生态、武夷山高山断面及生态气象观测站等建设。完成6个负离子观测站建设，并与林业部门实现负离子数据共享。完成全省国家级地面气象观测站自动日照计建设，全省国家地面天气站和第二批区域站升级改造，以及三维闪电定位监测系统建设。完成兴国新一代天气雷达选址，吉安新一代天气雷达大修及双偏振改造。推进信息化能力建设，完成全省气象广域网和可视会商高清升级改造；搭建综合业务实时监控运维平台。完成多源数据融合产品统一数据评估系统。搭建生态气象大数据平台，融合多部门6大类22小类生态气象数据。预报预测能力进一步强化，实现智能网格预报质量接近同期城镇预报质量。构建省、市、县实时更新、同步共享、协同一致的短时临近天气预报业务流程。20多种服务产品由全省网格预报"一张网"导出生成。汛期降水预测准确率全国第3名，24小时最低气温预报质量等3项指标全国排名前10。

【气象科技创新】　组织开展20项重点、关键技术问题攻关，组建农业气象应用推广开放实验室，建设长江中下游水稻气象野外科学试验基地。争取省部级及以上科研项目立项12项。对115项成果进行验收，69项科技成果业务转化应用。获2017年度省科技进步三等奖1项，获国家实用新型专利2项。

【气象改革】　防雷安全监管纳入政府考核指标体系和安全监管体系。落实企业防雷安全主体责任，明确防雷重点单位3875家。加强防雷检测市场监管，出台3个规范性文件，完成对26家防雷检测企业质量考核和61家防雷检测企业专项整顿。督查部门防雷收费，编制涉企收费目录清单。落实"放管服"改革，推进"一网一门一次"改革，办理行政许可338件。实施地方标准2项。规范市、县气象部门收费主体与服务主体，出台企业负责人履职待遇业务支出管理办法。

(钟微)

地　震

【概　况】　2018年，全省境内发生有记录地震事件241次。其中，1.0~1.9级地震48次，2.0~2.9级地震8次，3.0级以上地震2次。最大地震为7月2日9时55分浮梁3.6级。全年速报地震58次。其中，省内2级以上地震10次，国内5级以上地震31次，国外7级以上地震17次。全年发送震情短信约12万条。其中，12322防震减灾公益号发送1.92万条，一信通短信服务系统发送9.72万条。完成全国两会、博鳌亚洲论坛、上海合作组织峰会、世界VR大会等重大活动的地震安全保障工作。有效处置应对1月1日寻乌3.0级地震、7月2日浮梁3.6级地震、11月26日台湾海峡6.2级地震等有感地震事件。宜春市、南昌市、上饶市、赣州市防震减灾局被评为全国地市级防震减灾业务工作考核先进单位。南昌市东湖区、瑞昌市、湖口县、寻乌县、上饶市信州区、丰城市、靖安县防震减灾局被评为全国县级防震减灾业务工作考核先进单位。

【江西省防震减灾科普讲解大赛决赛举行】　3月30日，江西省防震减灾科普讲解大赛决赛在南昌举行。大赛邀请中国灾害防御协会和南昌大学、南昌航空大学、江西财经大学、东华理工大学等高校和省地震局有关地震科普工作专家担任评委。全省25名选手进入决赛。参赛人员结合自身经历和学习体会,从不同层面、不同视角,围绕地震监测预警、建设工程抗震设防、自救互救、科普宣传、"互联网+地震科普"等方面,对选题进行科学诠释。南昌航空大学蒋一琳、南昌大学刘彪获一等奖。

【江西省科普作品在首届全国防震减灾科普作品大赛获奖】 3—7月,中国地震局组织开展首届全国防震减灾知识大赛、科普作品大赛和科普讲解大赛,江西省选送的科普作品《兴国县防震减灾山歌MV》和小品《防震大王》获首届全国防震减灾科普作品大赛影视类优秀奖。两件获奖作品分别由兴国县防震减灾局,宜春市、丰城市防震减灾局创作完成,展示江西省地震系统科普宣传工作风采,体现江西科普宣传产品开发能力。

【2018年度华东片区流动测震台网演练在九江举行】 6月28日,2018年度华东片区流动测震台网演练在九江举行,安徽省、福建省、江苏省、浙江省、上海市、江西省6个省(市)地震局组队参加。此次演练模拟实际地震现场情况,各单位按照演练技术要求,在预定时间完成测震流动台架设、组建模拟流动中心和临时监测网组网等任务。通过演练,加强了流动测震台网管理,进一步提高流动观测专业人员的素质和技能。

【2018年度华东片区地震应急联动协作演练在宜春举行】 11月22日,2018年度华东片区地震应急联动协作演练在宜春举行。安徽省、福建省、江苏省、浙江省、上海市、江西省6个省(市)地震部门现场工作队200余人参与演练。此次地震应急演练,模拟江西省宜春市某地发生破坏性地震,华东6省(市)地震部门现场工作队迅速集结,协作联动,赶赴模拟震中地区,分别开展应急响应联动、携装快速开进、现场指挥部搭建、流动监测组网、现场震灾调查、应急制图、应急宣传和新闻发布等科目演练。通过演练,检验地震部门应急应对、地震现场工作处置能力与华东地区各有关单位的应急协作机制,达到锻炼队伍、发现问题、提高地震应急处置能力的目的。

【"卫星地震观测技术与应用"2018年学术研讨会在南昌召开】 12月2日—5日,由中国地震学会空间对地观测专业委员会、省地震局举办的"卫星地震观测技术与应用"2018年学术研讨会在南昌召开。会议组织2个专题29个报告,分享电磁卫星数据处理、重力卫星数据处理、电离层观测技术应用、InSAR/GPS地壳形变监测、激光雷达数据处理、多源卫星综合应用、电磁卫星荷载分析等各个方面应用取得的进展,并对取得的成果进行进一步讨论。中国航天科技集团、中国地震局地壳应力研究所等37家单位100余名专家代表参会。

(曹健)

社会发展科技

【概　况】 2018年,支持省级科技计划项目175项。其中,"5511"重大专项2项,创新型省份建设专项3项,重点项目27项,一般项目53项,应用培育项目79项,中央引导地方科技创新示范项目6项,省级临床医学研究中心5项。投入科技经费6054万元,平均支持强度34.59万元/项,比上年提高6.67%。争取国家项目(课题)22项,资助经费1.87亿元。联合赣州市开展"国家可持续发展议程创新示范区"创建工作,起草编写《赣州市国家可持续发展议程创新示范区建设方案》和《赣州市国家可持续发展规划》,省政府已行文向科技部致函推荐赣州市创建国家可持续发展议程创新示范区。新组建5家临床医学研究中心,共组建14家省级中心,在建中心累计投入财政经费1110余万元。新遴选出大气污染防治技术1项、水污染防治技术6项和土壤污染防治技术3项,更新发布《江西省(大气、水、土壤)污染防治先进适用技术产品指导目录》。实施完成"定南县废弃稀土矿区生态修复示范""永新县健康服务平台构建和常见多发病防治技术应用示范""基于污染治理赣县生态园林工程示范"和"兴国县常见病多发病防治一体化和远程医疗技术推广应用示范"4个国家科技惠民计划项目,构建省、县、乡、村4级远程医疗服务平台,建立国家、省、县、乡、村5级疾病防治体系,形成基于小流域污染治理与景观园林建设于一体的可推广、可复制的新模式和一整套废弃稀土矿山生态修复可持续推广的科技惠民成果推广机制。

【JDL-FMBR污水处理技术获美国"企业社会责任"特殊贡献奖】 11月16日,江西金达莱环保股份有限公司JDL-FMBR污水处理技术获美国2018年度R&D100创新奖的"企业社会责任"特殊贡献奖。这是继江西金达莱环保股份有限公司获国际水协(IWA)东亚项目创新奖之后又一国际性奖项。作为国家"十二五"重大水专项标志性成果,JDL-FMBR技术开辟了一条全新的污水处理路径,实现污水污泥同步处理及资源化,推动污水处理技术及装备领先国际的跨越式发展。

【承办2018年生物技术领域人才创新发展高级研修班】 10月16日—19日,由科技部社会发展科技司、人事司、政策法规与监督司主办,中国生物技术发展中心、省科技厅、江西中医药大学承办的2018年生物技术领域人才创新发展高级研修班在南昌举行。全国37个省、自治区、直辖市、计划单列市科技厅(委、局)和新疆生产建设兵团科技局的科技管理人员,以及全国相关科研院所、高等院校、生物产业园区、创新型企业从事生物技术研究与开发的科研人员共70余人参加研修班学习。研修班邀请国家有关部委科技管理人员、生物技术领域专家授课,采取政策辅导、专题报告、案例解析、经验分享等多种教学形式,组织学员进行案例学习和互动交流。

【第三届江西省公共安全创新创业大赛启动】 10月9日,第三届江西省公共安全创新创业大赛启动仪式在景德镇举行。该届大赛以"公共安全保障民生,创新创业点燃梦想"为主题,通过数字化、信息化、智能化手段，解决信息安全、应急救援、食药安全、防灾减灾、社会综合治理等公共安全领域的关键技术问题。大赛分为初赛、复赛、决赛3个环节，赛程横跨两个年度，并在前两届“创新征集”赛制的基础上，增加“专题挑战赛”环节。

（省科技厅）

高校科研与成果转化

【概　况】 2018年，全省高校从事科技活动人员2.99万人，其中科学家与工程师2.90万人，占96.9%。获科技经费29.09亿元，其中R&D经费16.47亿元。承担各级各类科技项目1.33万项，投入项目经费15.68亿元，其中企事业委托科技项目2971项，项目经费6.26亿元。共有3项国家级项目通过验收，其中国家自然科学基金重点项目1项、军工项目2项。发表学术论文16864篇，其中国外学术刊物发表4914篇、SCIE收录4025篇、EI收录1684篇、ISTP收录496篇。出版科技著作101部，大专院校教科书232部。获省部级以上科学技术奖励67项，其中特等奖19项、一等奖6项、二等奖23项。申请专利6294项，其中发明专利2177项、实用新型专利3780项、外观设计专利337项；获知识产权授权4003项，其中发明专利782项、实用新型专利2947项、外观设计专利274项。签订技术转让合同122项，合同金额4893.7万元，实际收入2264万元。

【高校科研成果】 南昌大学“井冈山绿色生态立体养殖综合技术集成与示范”项目、江西理工大学“中部矿业特色产业集聚区固废资源化利用集成示范”、江西中医药大学“10种传统特色炮制方法的传承、工艺技术创新与工业化转化研究”等项目获2018年国家重点研发计划立项资助。全省高校获批国家自然科学基金项目797项，项目经费超过3亿元。全省高校（含附属医院）有50项科技成果获江西省科学技术奖，获奖总数占全省奖励总数48.1%。推荐33个项目参加2018年国家级教学成果奖评审，全省高校有9项成果获奖励，位列地方高校第10位。

【高校人才队伍建设】 南昌大学引进长江学者、国家杰青熊仁根团队，江西师范大学引进长江学者钟昌标。南昌大学聂少平获2018年度国家杰出青年科学基金资助，江西农业大学曾勇军入选第四批国家“万人计划”领军人才，江西财经大学方玉明获2018年度国家优秀青年科学基金资助，2人入选青年拔尖人才支持计划。全省高校（含附属医院）有26人入选江西省主要学科学术和技术带头人培养计划。

【科技创新平台建设】 依托东华理工大学建设的省部共建核资源与环境国家重点实验室获批组建。国家中药现代化工程技术研究中心客家中医药资源研究分中心在赣南医学院成立。江西师范大学获批国家淡水鱼加工技术研发专业中心。赣南医学院心脑血管疾病防治实验室获批教育部重点实验室。江西省近地空间环境与信息重点实验室（南昌大学）、江西省水稻工程技术研究中心（江西农业大学）被列入2018年江西省重大科技创新平台培育（国家级科技创新平台预备队）建设计划。此外，新增江西省重点实验室7个和江西省工程技术研究中心2个。

【《关于依托高校科研平台推动产学研用发展的意见》出台】 11月22日，省政府出台《关于依托高校科研平台推动产学研用发展的意见》，围绕全省高校“双一流”建设和重点产业发展需要，以科研平台为载体，引进培育高层次人才，建设“人才智力高度聚集、产学研用深度融合、服务能力加速提升”的高校创新平台新模式。在南昌大学、南昌航空大学等高校组建国际合作创新研究院，省编办安排500个事业编制，用于国际合作创新研究院引进国内外高层次人才。

【举办第二届江西高校科技成果对接会】 12月7日—8日，省教育厅会同省发改委等10个部门举办第二届江西高校科技成果对接会。对接会主题为“推进新时代产学研用，助力江西高质量跨越式发展”，设置高校科技成果展区、创新创业成果展区和产教融合成果展区，上海交通大学、东南大学、浙江大学、华中科技大学、中南大学、中山大学、华南理工大学、西安交通大学和北京航空航天大学9所部属高校、92所省内高校参展，1247家企业参会，2.14万项科技成果在会上推介。开幕式签约项目47项，总金额2.53亿元。

（省教育厅）

科技合作与交流

【概　况】 2018年，省科技厅编制、申报因公临时出国（境）计划，派出团组6批次，共25人次执行科技交流与培训任务。其中，交流团组4批次，出国（境）23人次；参加科技部赴美科技金融创新培训班1批次，出国（境）1人次；参加省侨联培训班1批次，出国（境）1人次。

【国际科技合作与交流】 5月24日，菲律宾总统中国特使施恭旗一行到省林科院，就推动中菲竹产业合作事宜进行交流与洽谈，省科技厅党组成员、副厅长刘青，省外办副主任胡志扬，省林科院院长俞东波出席座谈会。刘青简要介绍中菲竹产业合作的背景，指出中菲双方在竹产业方面具有合作空间，鼓励相互投资，共同开拓竹产品市场，促进竹产业健康持续发展。6月14日，省科技厅国合处、科技交流中心和南昌市、新余市、萍乡市、上饶市科技局及相关企业代表，参加在昆明举行的第三届中国-南亚技术转移与创新合作大会。6月28日至7月1日，省科技厅组织10余家企业、市县科技局、高新区的代表，参加2018第二届海南国际高新技术产业及创新创业博览会。9月11日，省科技厅国合处及南昌市科技局、萍乡市科技局等科技主管部门、欧菲光科技有限公司等科技型企业代表，参加第六届中国-东盟技术转移与创新合作大会，与东盟国家相关机构、企业进行交流对接。9月13日—14日，菲律宾科技部副部长罗薇娜一行到访省林科院，与省科技厅、省林科院就进一步推动中菲竹业科技合作进行交流与洽谈。

【区域科技合作与交流】 5月7日—8日，湖南省科技厅副巡视员刘琦率队，到赣调研鄱阳湖生态修复与污染治理科技创新工作的做法并进行交流，省科技厅组织省环保厅、省水利厅、省水利科学研究院、省水土保持研究院、省遥感中心、省生态学会、省林业厅湿地保护办等有关单位参加座谈和交流。7月20日，广西科技厅党组书记、厅长曹坤华率广西科技支撑产业高质量发展调研组赴江西调研，调研组一行在南昌市与省有关部门就如何支撑产业发展、强化企业主体、建设平台载体、激发人才活力、深化开放合作等内容开展座谈，并分组到新余市、鹰潭市进行实地考察和交流。9月12日，省科技厅党组成员、副厅长刘青到广西药用植物园考察调研，了解广西药用植物园物种保存、科研团队、国内外科研合作、科研成果转化、产业发展等情况。11月4日，澳门科技大学副校长姜志宏一行到赣调研中医药科技合作事宜，省科技厅党组成员、副厅长赵金城与姜志宏一行在南昌进行座谈，并陪同考察江西天施康中药股份有限公司和江西九草铁皮石斛科技协同创新有限公司。

【省院科技合作与交流】 5月15日，副省长吴晓军带队赴中国工程院，与中国工程院院士邬贺铨就03专项及其他科技合作事宜进行协商。6月7日，江西省对接中科院高层次专家座谈交流会在井冈山举行，中科院19个所28名专家与江西省30个单位47名代表进行面对面的洽谈。9月30日，省科技厅党组成员、副厅长刘青，江西财经大学校长卢福财一行赴中国工程院，就共建"中国工程科技发展战略江西研究院"工作与中国工程院三局进行座谈。11月27日—28日，刘青带队专程赴中科院南京分院，与南京分院院长杨桂山、办公室主任兼合作处处长范晓松等进行座谈交流，双方就江西省中科院庐山植物园管理体制机制变更推进工作等达成初步共识。

【江西省与西安交通大学全面战略合作座谈会在南昌举行】 11月21日，江西省与西安交通大学全面战略合作座谈会在南昌举行。副省长吴晓军，西安交通大学党委书记张迈曾和党委副书记、校长王树国出席会议并讲话。会议由省政府副秘书长陈敏主持，省科技厅党组书记、厅长万广明参加座谈。会议决定，双方相关部门要在此次座谈会的基础上，再细化、再聚焦、再精准，聚焦重点产业，明确合作方向，拓展合作空间，创新发展举措，强化人才培养，建立合作机制，推进全面战略合作协议的签订和各项工作的落实，推进双方在更宽领域、更高层次开展合作。

（省科技厅）

引进国外智力

【概 况】 2018年，出台江西省引进外国人才工作综合性指导文件。组织申报国家重大引智项目和省级重大人才工程，全年获批国家重大引智项目8项，省级重大人才工程10项。继续实施高端海外专家和急需紧缺海外工程师引进计划、省级海外医疗科研人才引进计划，批复17项高端海外专家、9项急需紧缺海外工程师引进计划和41项海外医疗科研人才引进计划。通过实施各类引智项目，全年引进美国、加拿大、俄罗斯、澳大利亚、英国、荷兰、韩国、日本、印度、孟加拉等国家的海外人才近100人次到赣工作指导。与外国专家合作，项目单位获专利授权52项，申请专利18项，取得重大科技突破、解决重大技术难题6项，填补国内空白2项，参与国家和行业标准修订3项。

【举办引智活动】 全年举办3期海外人才江西行和3期海智惠赣鄱活动。其中，海外人才江西行——海外华侨华人博士团专场活动邀请英国、比利时、德国、加拿大等国家13名海外华侨华人博士携项目到赣对接洽谈；海外人才江西行——中欧农村发展及扶贫合作项目专场活动邀请丹麦、瑞典、芬兰、意大利、葡萄牙、西班牙、爱沙尼亚7个国家12名欧盟专家到赣开展为期3天的考察对接；海外人才江西行专场活动邀请美国、加拿大、德国、新加坡等国家海外人才及投融资机构代表30余人，与省内企事业单位洽谈对接合作，签署合作协议5项，达成合作意向10个；海智惠赣鄱——第三届江西国际合作教育与科研大讲堂的创新高校与国际知名院校联合办学和人才培养模式，促成南昌大学玛丽女王学院与英国伦敦玛丽女王大学之间的交流合作，从临床医学（生物医学）联合办学项目提升到科研合作层面；海智惠赣鄱——2018第三届赣鄱整合消化病大会暨急性胰腺炎高峰论坛，邀请4名美国和德国急性胰腺炎研究及治疗团队的专家，传授最新急性胰腺炎诊治技术；海智惠赣鄱——2018幽门螺杆菌、胃肠道微生态与相关性疾病国际高峰论坛，促成南昌大学第一附属医院与美国贝勒医学院、新加坡章宜医院等国外高校和医院建立合作关系，在幽门螺杆菌临床及基础研究方面开展合作交流，在人才培养方面建立长效合作机制。

【推动引智平台建设】 开展引才引智创业创新示范基地建设试点工作，搭建外国人才到赣创业创新平台，服务企业创新发展。江西西林科新材料有限公司引进5名光伏及银浆材料专家、海归博士及驻外博士，在专家团队指导下，"晶硅太阳能新一代高端电池正面银浆"项目取得阶段性成果，自主开发的系列晶硅太阳能电池高端正面银浆系列，适合于各种硅片、网版及电池设计，产品各项性能指标达到或超过国际最新同类产品水平，并在多家客户量产销售，项目核心技术已获美国发明专利，全年生产规模20吨。5月，东华理工大学"直接质谱与精准诊断国际转化研究中心"项目在赣江新区落地。南昌大学玛丽女王学院与英国玛丽女王大学举办中英双学位联合培养合作项目，是全国首个中外临床医学与生物医学本科双学位联合培养项目。晶能光电（江西）有限公司在引进的外籍专家团队帮助下，获发明专利5项，实用新型专利5项，申请专利5项，研发的Q/JJN002-2006硅基氮化镓蓝光芯片成为行业标准，硅衬底Mini LED/Micro LED关键技术填补国内空白。

【开辟引智渠道】 开辟珠三角引智

渠道,5月16日,牵头在深圳举办首届赣深会珠三角人才交流座谈会,邀请28名珠三角地区优秀人才并向其颁发江西创新创业特聘专家证书,所邀人才中涵盖生物医药、新能源、新材料、智能制造、航空、生命科学、环境工程、金融等领域。开辟哈萨克斯坦、白俄罗斯、俄罗斯引智渠道,9月23日至10月2日,应邀对哈萨克斯坦、白俄罗斯和俄罗斯进行考察交流,出访团组分别与哈萨克斯坦 KIMEP 大学、白俄罗斯国立技术大学、莫斯科鲍曼国立技术大学探讨在人才交流和科技领域开展合作的可行性及具体的合作方式,并与哈萨克斯坦 KIMEP 大学、白俄罗斯国立技术大学签订合作备忘录。开辟与乌克兰优势产业的合作渠道,省外专局组织省内航空企业与乌克兰哈尔科夫国立航空航天大学开展对接洽谈,与其在学生培养、人才培训、科研攻关3个方面达成合作意向。

(省科技厅)

科技成果与奖励

【概　况】 2018年,全省登记科技成果695项,比2017年增加57项,增长8.93%。其中,省直单位登记成果365项,占成果总数52.52%;设区市登记成果330项,占成果总数47.48%。11个设区市成果登记最多的有48项,最少为3项,各设市区差距有所加大。全省登记的科技成果以应用技术成果为主,有569项,占成果总数81.87%;基础理论成果126项,占成果总数18.13%。登记的成果评价方式以验收为主,机构评价、结题为辅,鉴定及其他评价方式并存。登记成果中验收项目319项,占成果总数45.90%。机构评价项目177项,占成果总数25.47%;结题项目100项,占成果总数14.39%。鉴定、评审、评估、行业准入等其他评价方式项目99项,占成果总数14.24%。

【应用技术成果水平】 全省登记应用技术成果569项。其中,达到国际领先水平17项,占应用技术成果总数2.99%;达到国际先进水平70项,占应用技术成果总数12.30%;达到国内领先和国内先进水平300项,占应用技术成果总数52.72%;达到国内一般水平5项,占应用技术成果总数0.88%;未评价成果177项,占应用技术成果总数31.11%。

【应用技术成果专利与标准】 全省登记的成果中,已获专利授权869件。其中,独立科研机构110件,占授权总数12.66%;大专院校158件,占授权总数18.18%;企业573件,占授权总数65.94%;医疗机构19件,占授权总数2.19%;其他9件,占授权总数1.03%。在登记的成果中,制订标准24件。其中,国际标准1件,国家标准4件,行业标准13件,地方标准3件,企业标准3件。

(省科技厅)

知识产权

【概　况】 2018年,全省申请专利8.60万件,同比增长21.8%;授权5.28万件,同比增长59.9%。其中,发明专利申请1.45万件、增长26.2%,授权2524件、增长12.8%;实用新型专利申请4.98万件、增长26.2%,授权3.48万件、增长97.6%;外观设计专利申请2.16万件、增长10.5%,授权1.55万件、增长17.6%。万人发明专利拥有量2.4件,增加0.44件。

【专利管理】 不断创新知识产权质押融资模式,与中国人民财产保险股份有限公司江西分公司签订战略合作协议,共同推动知识产权保险工作,全省知识产权金融工作形成“政府+银行+保险”的新格局。依托南昌国家大学科技城,以国家级知识产权运营平台4000万元和南昌市配套2000万元专项资金为母基金,融资规模1.5亿元,用于开展生物医药、航空制造等装备制造业的专利布局、组建专利联盟等运营服务。组织10家国家知识产权示范企业、69家国家知识产权优势企业考核复核,新增9家优势企业申报示范企业、42家申报优势企业。至2018年年底,全省有国家知识产权示范企业19家、国家知识产权优势企业102家。加强对市、县专利申请资助或奖励政策的指导,调整省级层面专利资助政策调整,引导专利产出数量稳定增长、结构持续优化。

【专利保护】 出台《关于开展2018年江西省专利执法维权“雷霆”专项行动的通知》,明确目标和任务分解。省知识产权局联合省普法办举办“百万网民学法律”专利法专场知识竞赛活动,参赛达26.9万人次。同时,参与江西省公共信用信息平台的建设,将假冒专利行为行政处罚等信息纳入信息平台,加大对知识产权侵权假冒失信行为的惩戒力度。全省出动执法人员577人次,核查经营主体293家次,查办知识产权(专利)案件545件,移送司法机关案件1件。

【实施省知识产权富民强县示范县建设专项计划】 开展富民强县项目验收工作,制定富民强县项目验收方案,从5月开始,由分管领导带队,按照产业组织专家分赴各项目县(市、区),对2014—2016年度35个项目进行验收,通过富民强县项目验收等方式,进一步督促、推动各县(市、区)完善知识产权工作体系,制定知识产权奖励政策。樟树市出台《樟树市知识产权战略纲要》,共青城市出台《共青城市知识产权维权援助管理办法》。

【开展知识产权试点工作】 做好知识产权试点示范申报工作,推进九江市申报国家知识产权试点城市、鹰潭市申报国家知识产权继续试点城市,推荐赣州市章贡区、大余县、寻乌县、南昌市青云谱区、南昌市青山湖区、崇仁县、新干县、永丰县、景德镇市昌江区9个县(市、区)申报国家知识产权强县工程试点县(市、区);高安市、樟树市2个县级市申报国家知识产权强县工程示范县(市、区)。

(省科技厅　省市场监管局)

技术市场

【概　况】 2018年,全省技术市场登记各类技术合同3024项,同比增长25.8%;成交额115.81亿元,同比增长20.1%,首次突破百亿元大关。全省技术市场合同交易呈现4个主要特点:(1)技术合同登记量质齐增,技术市场呈现良好势头。以产品设计、技术评价、测试分析、技术中介等形式开展技术服务的合同交易成为主流,登记技术服务合同1316项,成交额51.02亿元,占“四技”(技术开发、技术转让、技术咨询、技术服务)合同成交总额44.1%;以订单式进行技术委托开发的合同依然是技术交易的主要形式,技术开发类合同1113项,成交额41.23亿元;以专利、软著、生物(医药)新品种等技术产权转让或专利许可形式交易的合同1191项,成交额44.12亿元。(2)企业科技创新意识增强,技术转移主体地位稳固。企业法人共签订技术输出合同2265项,成交额93.63亿元,占全省技术合同成交总额80.8%;企业法人共签订吸纳技术合同2417项,成交额96.49亿元,远远超过机关、事业、社团以及其他组织的技术吸纳合同数量。(3)技术市场贴近产业需求,重点领域技术交易活跃。技术合同交易涉及20个国民经济行业和10个重点技术领域,其中先进制造领域技术合同成交额24.69亿元、电子信息领域技术合同成交额21.24亿元、城市建设与社会发展领域技术合同成交额15.18亿元。新材料及其应用、环境保护与综合利用、新能源与高效节能等领域的技术合同成交额均超8亿元。(4)成果转化政策持续发力,高校院所活力得到释放。高等院校、科研院所等科研单位技术输出成交额15.26亿元,签订技术输出合同629项,占全省技术合同20.1%。

【江西省网上常设技术市场建设】 坚持以产业发展需求为导向,运用“互联网+科技成果转移转化”模式,融入现代化信息技术手段,建设完善江西省网上常设技术市场,汇集科技成果展示、对接、交易、中介服务、创业辅导等服务功能,重点开展技术成果和技术需求在线发布与展示、专家咨询、对接洽谈等活动,促进科技成果供需双方匹配对接,加速科技成果转移转化。至2018年年底,江西省网上常设技术市场服务平台已汇集省内外科技成果和专利技术2.14万项,技术需求1030项,技术专家3.42万人,服务企业4821次,实现技术供需对接3935次。

【举办4场全省性大型科技成果在线对接会】 省科技厅会同有关地市举办新宜吉六县跨行政区转型合作试验区(新余)科技成果在线对接会、江西(樟树)中医药强省科技创新成果在线对接会、赣东北(上饶)大数据物联网智能制造科技成果在线对接会,共征集符合展会要求的项目成果2820项,征集企业技术需求463项,实现技术对接1105次,达成意向205次。12月7日—8日,省科技厅作为成员单位,联合有关部门举办第二届江西省高校科技成果对接会,省长易炼红、省政协主席姚增科等出席开幕式或现场巡视指导,对接会取得“百校千企万项目,签约金额超亿元”的成果。

【组团参加第二十届中国国际高新技术成果交易会】 11月14日—18日,第二十届中国国际高新技术成果交易会在深圳举行。江西展团由副省长吴晓军带队,省政府副秘书长陈敏,省科技厅、省工信厅、省农业农村厅、省国资委、省科学院、南昌高新区管委会、省政府驻深圳办事处、有关设区市政府、赣江新区管委会负责人,以及设区市科技局、高校院所、参展企业负责人等400余人参会,并组织一批紧贴市场需求、产学研用融合显著、具有自主知识产权的高新技术成果参与展示及投资洽谈。交易会上,江西展团推介优秀创新成果170余项,展示产品及实物70余件,涵盖新一代信息技术、航空制造技术、新能源技术、新材料技术等领域的新技术新成果。

【组织召开2018年度全省科技成果与技术市场工作会】 7月6日,省科技厅在南昌组织召开2018年度全省科技成果与技术市场工作会。会议总结2017年度全省科技成果管理与技术市场建设的工作成效及经验举措,研究部署2018年度全省科技成果管理与技术市场建设的工作思路及重点任务。同时,开展业务知识培训和有关政策文件征询意见工作。具备省科技奖推荐资格的有关单位具体负责人,各设区市科技局的分管领导及科室负责人,赣江新区、国家级高新区管委会和省直管县的科技部门负责人,国家级技术转移示范机构、中国创新驿站江西站等单位负责人共70余人参加会议。

（省科技厅）

科学技术普及

【概　况】 2018年,省科协贯彻落实《全民科学素质行动计划纲要》,制定《江西省2018年全民科学素质行动工作要点》和《江西省2018年全民科学素质行动工作任务分工》。出台《江西省科协2018年推进〈纲要〉实施工作方案》,细化15项具体任务措施。开展群众性科普活动,推进信息化传播,丰富服务资源,完善各类科普设施,江西省公民科学素质进一步提升。围绕科普服务能力提升、科技助力精准扶贫等工作,探索基层科普行动计划资金分配方式,将基层科普行动计划专项资金1125万元,实行因素法分配,推动各设区市、省直管县(市)开展科普工作。

【推进科普信息化】 发挥传统媒体与新媒体的融合优势,组织省内13家媒体成立省科学传播融媒体联盟。“科普江西”微信号每个工作日发布4条推文,每月点击量超过9.87万人次,全年点击量超过110余万人次,关注量由2017年25万人增加到近50万人。共建江西手机报彩信版“微科普”栏目和江西手机报APP“科普”频道。联合江西卫视推出60期少年儿童科普节目《真是想不到》,该节目在全国卫视同时段排名靠前。在南昌地铁站台、地铁上每天分6个时段发布科普公益宣传短片。推进科普中国·百城千校万村行动,共建科普e站325个,分布于全省各地人群密集地方,向社会提供“科普中国”信息资讯,点击量超过100万人次。先后2次组织公民科学素质网络知识竞赛,参与答题累计超过30万人,答题次数达100余万人次。

【科普阵地建设】 推动全省科技馆免费开放,9月,吉安市科技馆开馆并免费对外开放;全年获中央财政科技馆免费开放资金补助1017万元，其中省科技馆754万元、上饶市科技馆63万元、赣州市科技馆200万元。全省31辆科普大篷车赴各地学校、农村、社区开展科普宣教活动，受益公众近20万人次。加强农村中学科技馆建设，获中科馆资助江西省农村中学馆9所；寻乌县寻乌中学获2018年全国科普日“中学科技馆在行动”最佳活动奖。实施科普示范项目建设，新命名江西省科普教育基地55个，重新命名教育基地36个。

【开展系列主题科普活动】 3月，组织开展2018年科普之春暨学雷锋科普志愿者服务月活动，参与科普志愿者1.05万人，专家、学者1842人。开展社区科普活动325场、农村科普活动307场、学校科普活动301场，解决实际问题1943件。从8月开始，开展“科学，让生活更美好——江西省百场科普报告进社区”活动，全省各级科协上下联动，在11个设区市、100个县（市、区）的社区面向公众组织开展科普报告108场，参与群众2万余人。9月15日—21日，全省开展以“创新引领时代，智慧点亮生活”为主题的全国科普日活动，共有5000余名科普工作者、3万余名科普志愿者参加活动。活动期间，共举办科普报告会500余场、科普知识展览1000余场次，举办培训班800余期，发放科普资料80余万份，播放科普录像500余场，展出科普展板4000余块，参与群众150余万人次。

【第33届江西省青少年科技创新大赛终评展示活动在赣州举行】 4月21日，第33届江西省青少年科技创新大赛终评展示活动在赣州举行。大赛由省科协、省教育厅、省科技厅、省环保厅、团省委、省妇联主办，以“创新、体验、成长”为主题，内容包括中小学生科技创新成果竞赛、科技辅导员科技创新成果竞赛、少年儿童科学幻想绘画比赛、青少年科技实践活动比赛等。省政协副主席刘晓庄出席终评展示活动开幕式，省科协主席史可讲话。开幕式由省科协党组成员、副主席梁纯平主持。全省11个设区市的终评参赛选手以及专家评委、辅导教师、赣州市全民科学素质领导小组成员单位负责人、赣州市科技教育工作者及中小学生代表共400余人参加开幕式。经过选拔初评，共有90个青少年创新成果项目、150幅少年儿童科学幻想绘画作品参加大赛终评展示。

4月21日，第33届江西省青少年科技创新大赛终评展示活动在赣州举行
杜春发供

【组织参加青少年科技教育活动】 5月26日，组织47支队伍100余名选手参加全省青少年机器人竞赛，选拔12支队伍代表江西参加全国青少年机器人竞赛，获二等奖1个、三等奖11个。6—9月，在全省范围内组织开展以“我爱绿色生活”为主题的青少年科学调查体验活动，体验发明创造的过程、方法和乐趣，了解新技术给生活带来的变化，全省有8万余名中小学生参与调查体验活动。7月，组织选拔11个设区市的170名优秀高中学生，分别参加北京、上海等重点高校科学营活动。8月，组织参加第33届全国青少年科技创新大赛，获二等奖4项、三等奖4项。10月，组织参加全国科学影像节活动，26项优秀作品代表江西参赛，其中，1项作品获全国一等奖、未来科技创意奖，1项作品获全国青少年科学微电影二等奖，16项作品获全国展映展评三等奖。11月17日，组织参加在北京举行的全国青少年创意编程与智能设计大赛，获创意编程比赛小学Ⅱ组（4—6年级）一等奖、二等奖各1项，智能设计比赛小学组优秀奖1项，网易卡搭“少年极客奖”专项奖1项，DF创意之星三等奖1项。指导省级数学、物理、化学、植物、动物学会开展相关学科奥赛，江西选手在全国五学科奥林匹克竞赛中获16金、15银、17铜。

（杜春发）

本栏编辑　詹跃华

社会科学

综述

2018年,全省社科界围绕省委、省政府中心工作以及加快文化强省建设目标,推进理论研究、智库建设、社科普及、学会管理、阵地建设等各项工作,为加快富裕美丽幸福现代化江西建设提供理论支撑和智力支持。

社科研究和理论创新。全省获批国家社科基金年度项目124项,比上年增加13项,立项率14.6%。省级社科规划项目评审立项350项。组织召开全省社科规划工作会议,修订完善《江西省社会科学研究规划项目管理办法》和《江西省社会科学研究规划项目经费管理办法》,制定"青马工程"项目结题办法和流程。

智库建设和决策咨询。开展省级重点智库建设工作,聚焦重点领域、突出江西特色,经征求省新型智库建设指导委员会成员单位的意见建议,与各智库单位进行沟通和协商,形成研究范围涵盖全省经济社会发展各个方面的省重点新型智库试点单位名单。6月20日,《智库成果专报》创刊,至12月,出刊20期,获省领导批示25人次。承担中宣部"百城百县百企"赣州调研任务,形成《赣南苏区振兴发展调研报告》上报中宣部,助力赣州纳入全国纪念改革开放40周年40个重点宣传报道城市之一。做好省情调研成果转化典型案例征集工作,面向省情研究特聘专家,开展省情调研成果转化典型案例征集活动,共征集省情研究报告38份。

社科普及和基层宣讲。举办江西社科大讲堂,先后开展各类宣讲活动300余场次,直接受众逾50万人次,江西社科大讲堂获2018年度"全国基层理论宣讲先进集体"称号。组织开展"深入学习宣传贯彻党的十九大精神""庆祝改革开放40周年""致敬·马克思诞辰200周年"等系列讲座活动,创新推出"走基层"系列宣讲活动。抓好《江西省社会科学普及条例》的贯彻实施,配合省人大教科文卫委、省人大法制委、省人大常委会法工委召开新闻发布会,召开全省社联系统学习宣传贯彻《条例》专题工作会,编撰《条例》释义读本。举办2018年江西省社科普及宣传周暨"百名理论专家进新时代文明实践中心"活动。

学会管理和基层社联。提高学会管理水平,指导批复成立江西江夏文化研究会,组织省属学会做好年检、换届工作,开展学术交流、展览展演、公益论坛等活动。提高服务基层水平,先后深入宜春、九江等市、县社联调研,多渠道了解基层社联发展的困难和问题,并帮助予以解决。提高学会党建水平,制定印发《2018年省社联业务主管社会组织党建工作要点》,持续推进党建工作落实,实现党建工作覆盖率100%。

(省社联)

学术活动

【举办2018江西智库峰会】 10月16日,省委宣传部、省社联在南昌举办2018江西智库峰会。省委书记刘奇出席峰会主论坛并讲话,省长易炼红致辞,省领导姚增科、赵力平出席,副省长孙菊生主持。此次峰会以"改革攻坚,开放提升,加快推进江西高质量跨越式发展"为主题,共邀请29名国内知名专家到会作主旨演讲。中国工程院、中国科学院、中国社科院、北京大学、清华大学、复旦大学等科研院所、高校专家学者,省重点新型智库试点建设单位首席专家和骨干成员共300余人出席主论坛。

【举办江西省社科普及宣传周暨"百名理论专家进新时代文明实践中心"活动】 10月30日至11月6日,省委宣传部、省社联举办江西省社科普及宣传周暨"百名理论专家进新时代文明实践中心"活动。活动以"庆祝改革开放40周年,共绘新时代江西新画卷"为主题,采取省、市、县三级联动、同步启动的方式进行。活动期间,全省各级党委宣传部门、社联、学会和高等院校、省级社科普及基地等300多家单位参与,深入机关、企业、学校、军营、社区、农村,安排讲座、演出、展览、咨询、竞赛等系列社科普及和学术活动640余场次,发放图书、资料数十万份。

【举办纪念改革开放40周年·庆祝第34个教师节暨2018年教育改革创新研讨会】 9月2日,由江西日报社、江西省教育学会、江西省叶圣陶研究会主办的纪念改革开放40周年·庆祝第34个教师节暨2018年教育改革创新研讨会在南昌举行。省政协副主席汤建人出席会议。此次研讨会共收到全省各地中小学校、高校和科研所等单位的民进会员、教师论文188篇,经过专家组评审,评出一等奖8篇,二等奖29篇,三等奖53篇。

【全省社科界学习习近平在纪念马克思诞辰200周年大会上重要讲话精神座谈会召开】 5月9日，全省社科界学习习近平在纪念马克思诞辰200周年大会上重要讲话精神座谈会在南昌召开，省委常委、省委宣传部部长赵力平出席并讲话。省委宣传部副部长、省社联党组书记、主席吴永明主持会议。省社科院院长梁勇、省委党史研究室副主任卢大有、省社联副主席汤水清、省委党校哲学教研部主任王仕国、南昌大学教授陈世润、江西财经大学教授张定鑫、上饶市委党校校务委员吴晓俊、寻乌县委党校常务副校长刘传健8名专家学者作发言。

【举办“新时代农业和农村地区发展战略”中俄学者座谈会】 5月22日，省社科院与俄罗斯科学院沃洛格达研究中心在南昌举办“新时代农业和农村地区发展战略”中俄学者座谈会。省社科院副院长毛智勇主持开幕式并致辞。省社科院研究员孔凡斌、施由明、李志萌，俄罗斯科学院沃洛格达研究中心副主任柳博芙巴比奇、康斯坦丁扎杜姆金，研究中心西北奶牛养殖和草地管理研究所部门负责人娜塔莉亚阿布拉莫娃，研究中心研究员阿利西亚阿尼申科作学术报告。座谈会围绕中国乡村振兴、江西绿色农业发展、俄罗斯农业发展的政策支持、产业定位和人才培养等问题展开研讨，并对深化交流、扩展合作、完善平台等达成共识。

【举办《江西经济社会发展报告(2018)》发布暨研讨会】 6月5日，省社科院与社会科学文献出版社在南昌举办《江西经济社会发展报告(2018)》发布暨研讨会。省政协副主席张勇出席并讲话，社会科学文献出版社副社长兼运营总监梁艳玲致辞，省社科院院长梁勇作主题报告，省内外专家学者和媒体记者近100人参加会议。省商务厅商务经济发展研究院副院长辛洪波，省统计局科研所所长、研究员张启良，江西师范大学江西经济发展研究院副院长、教授钟业喜，省社科院研究员庞振宇分别作研讨发言。《江西经济社会发展报告(2018)》是省政府委托省社科院组织编撰的江西发展蓝皮书，由省长担任编辑委员会主任，从2002年起每年编撰出版一本。全书由总报告、分报告、专题报告和典型调查4个部分组成，共编发30篇研究报告，反映全省经济社会发展的状况和经验。

【举办中国社科院2018年度国情调研基地建设研讨会暨调研成果发布会】 9月4日，中国社科院科研局和省社科院在南昌举办中国社科院2018年度国情调研基地建设研讨会暨调研成果发布会。中国社科院学部主席团副秘书长、科研局局长马援和省社科院院长梁勇共同为中国社科院国情调研江西基地揭牌。中国社科院国情调研各基地单位负责人、中国社科院相关对接研究所负责人及相关研究人员、省社科院部分科研人员近100人参加会议。中国社科院11个研究所的专家学者发布2017年在全国其他省(市、区)国情调研基地调研的成果。江西基地与中国社科院其他11个基地负责人及中国社科院相关研究所负责人围绕国情调研的组织机制、制度框架、人才培养及成果推广等进行探讨。

【承办2018江西智库峰会“文化强省建设”专题论坛】 10月16日，省文化厅、省社科院在南昌承办2018江西智库峰会“文化强省建设”专题论坛。副省长孙菊生出席并致辞，省内外高端智库专家学者，各设区市市委常委、市委宣传部部长，省直宣传文化系统各单位负责人等200余人参加论坛。论坛以“传承创新，铸魂兴业，加快建设文化强省”为主题，求是杂志社原社长、中国史学会会长李捷，国家图书馆馆长饶权，中国社会科学院《文化蓝皮书》主编张晓明，科瑞集团创始人、监事会主席彭中天，中国人民大学文化创意产业研究所所长金元浦，省社科院原院长傅修延作专题报告，为江西加快建设文化强省献计献策。

【举办2018年新时代中国区域经济创新与协调发展学术研讨会】 11月10日，省社科院与中国区域经济学会在南昌举办2018年新时代中国区域经济创新与协调发展学术研讨会。省社科院院长梁勇致辞。中国社科院、国家发改委、中国科学院、中国人民大学、南京大学、对外经济贸易大学等省内外50多所高校和研究机构的160余名专家学者参加会议。研讨会围绕中国区域发展质量提升与区域协调发展、建立现代化经济体系、区域经济创新与产业集群升级和推进乡村振兴战略研究等问题开展讨论。中国区域经济学会副会长兼秘书长陈耀，中国区域经济学会副会长、中国社科院工业经济研究所副所长李海舰，中国区域经济学会副会长、国家发改委国土开发与地区经济研究所原所长肖金成，省政府原副秘书长、省政府研究室原主任陈石俊，中国区域经济学会副会

10月16日，2018江西智库峰会“文化强省建设”专题论坛在南昌举行

省社科院供

长、省教育厅原巡视员周金堂，中国经济地理研究会副会长、中国科学院科技战略咨询研究院研究员赵作权，省社科院经济研究所所长麻智辉作主旨报告。

【《砥砺奋进：江西改革开放40年》《中国改革开放全景录江西卷》首发座谈会举行】 12月22日，《砥砺奋进：江西改革开放40年》《中国改革开放全景录江西卷》首发座谈会在南昌举行。省委宣传部副部长黎隆武出席并讲话，省社科院院长梁勇致辞，省委党史研究室副主任卢大有、省统计局原巡视员彭道宾、光明日报社江西记者站站长胡晓军、省社联副主席汤水清、江西人民出版社社长张德意等专家学者出席。这两部著作由省社科院组织编写，省社科院院长梁勇担任主编，江西人民出版社出版。著作以习近平新时代中国特色社会主义思想为指导，全景式讲述江西改革开放40年的历史进程、辉煌成就和重要经验，重点展现中共十八大以来，江西解放思想，深化改革，开拓创新，建设富裕美丽幸福现代化江西的实践。

【举办纪念中共中央东南分局成立80周年座谈会暨《黄道文集》首发式】 12月27日，省社科院、省新四军研究会举办纪念中共中央东南分局成立80周年座谈会暨《黄道文集》首发式。中国新四军研究会常务副会长、原南京军区政治部副主任王清葆，省社联党组成员、副主席汤水清，南昌大学党委副书记黄恩华等50余人出席，省社科院党组成员、副院长毛智勇致辞。黄道是赣东北、闽浙赣革命根据地和红十军主要创始人之一，中共中央东南分局和新四军早期重要领导人。《黄道文集》由刘勉玉、毛智勇主编，江西人民出版社出版，分为黄道著述、追忆与怀念、研究论文3个部分。

（省社联　省社科院）

高校社科研究

【概　况】 2018年，全省高校有人文社会科学活动人员24455人，其中高级职称6780人、中级职称10804人、初级职称4090人；投入人文社会科学研究与发展经费30.81亿元；全省高校承担人文社会科学研究课题1.36万项，出版人文社会科学著作641部，发表论文8403篇，其中在国际学术刊物发表199篇，向有关部门提交研究咨询报告152篇，被采纳96篇。举办国际学术会议44次，参加会议413人次，提交论文1131篇；举办国内学术会议262次，参加会议4210人次，提交论文1706篇；派出人员出国讲学132人次，国外人员受聘到校讲学258人次，派出人员国内讲学857人次（含港澳台地区讲学人次），国内人员受聘到校讲学1462人次（含港澳台地区讲学人次）；出国进行社科考察218人次，国内进行社科考察1224人次（含港澳台地区人次），接受国外人员到校考察196人次，接受国内人员到校考察987人次（含港澳台地区人次）；派人出国进修学习325人次，派人国内进修学习1617人次，接受国外人员到校进修学习189人次，接受国内人员到校进修学习741人次。与国际合作研究课题54项，与国内合作研究课题315项。申请国家专利876项，授权1005项。

【社会科学研究项目】 全省高校获国家社科基金项目104项，其中重点项目11项、一般项目78项、青年项目15项，经费2245万元。获教育部人文社会科学研究一般项目44项，其中规划基金项目23项、青年基金项目21项，中国特色社会主义理论体系研究专项任务项目2项，经费408万元。获教育部高校示范马克思主义学院和优秀教学科研团队建设项目6项，其中重点选题1项、一般选题3项、思政课教学方法改革项目择优推广计划1项、优秀中青年思想政治理论课教师择优资助计划1项，经费95万元。组织开展2018年度江西省高校人文社科研究项目申报评审，836项研究课题通过专家评审，其中一般项目655项、高校思政工作专项63项、重点研究基地项目118项。

【高校人文社会科学重点研究基地建设】 按照立足创新、提高质量、增强能力、服务国家发展战略和地方经济社会发展的总体要求，指导各重点研究基地加强建设，开展科学研究和学术交流，提升人才培养质量和社会服务能力。江西师范大学江西经济发展研究院教授梅国平、黄小勇、陈运平撰写《“互联网+”光伏扶贫促进我省智慧脱贫的政策建议》，获省委书记刘奇批示；江西财经大学江财智库何小钢、华梦清撰写研究报告《着力全产业链 打造通航强省》，获省长易炼红批示；南昌大学中国中部经济社会发展研究中心何筠、钱晶晶等提交研究报告《“绿水青山就是金山银山”的实现路径：基于宜丰县的自然资源调查》，获省人大常委会副主任朱虹、省政协副主席谢茹批示；江西科技师范大学数字化社会与地方文化发展研究中心博士卢杰提交研究报告《大力发展森林小镇，助推江西国有林场转型升级》，获副省长吴晓军批示。

【实施教育“奋进之笔”】 围绕提升服务江西主导产业的能力水平，实施教育“奋进之笔”，开展大调研行动，设立“新时代江西教育为航空产业发展提供关键支撑的思考和建议”“江西高等教育对区域经济社会发展贡献力研究报告”“推进江西农业现代化加快建设农业强省对策研究”“教育投入对江西经济社会发展的贡献问题研究”“教育为乡村振兴战略服务研究”“教育为VR产业发展提供人才支撑研究”“教育为人工智能提供人才支撑研究”等一批研究课题。其中，“新时代江西教育为航空产业发展提供关键支撑的思考和建议”获省委书记刘奇、省长易炼红等批示。

【举办全省高校哲学社会科学教学科研骨干研修班】 举办全省高校哲学社会科学教学科研骨干研修班，学习习近平新时代中国特色社会主义思想和中共十九大精神，繁荣发展哲学社会科学与加强高校思想政治工作的有关精神，学习贯彻省委十四届六次全会精神，认识、把握江西省情省策等。全年举办研修班4期，每期21天，共360人参加研修。

【举办“习近平教育思想研讨会暨学习贯彻党的十九大精神智库报告写作研修班”】 1月29日—31日，由省委教育工委、省教育厅、江西百家高校智库联盟与南昌大学共同主办的“习近平教育思想研讨会暨学习贯彻党的十九大精神智库报告写作研修班”在南昌大学举行。南昌大学原党委书记、南昌大学中部中心学术委员会名誉主任郑克强，省社联智库建设与成果管理处处长曹彩蓉，井冈山大学副校长陈小林分别作《江西高校智库建设与对策咨询研究》《新型智库建设，江西怎么干?》《以党的十九大精神为指导，切实提高咨询报告的写作能力》的报告。省内10余家高校代表围绕学习习近平教育思想主题进行交流发言。省内80余所高校160余名专家学者到会学习。

（省教育厅）

6月10日，2018年江西省社科规划项目复评会在南昌举行

省社联供

社科成果与奖励

【组织申报2018年度国家社科基金项目】 组织申报2018年度国家社科基金项目，至3月8日，全省受理38个单位申报材料1005项。经省内审核和初评，最终上报材料849项，获批124项，比上年增加13项，立项率14.6%。江西师范大学、南昌大学和江西财经大学3个单位立项数进入全国前100名。

组织申报国家社科基金重大项目、冷门“绝学”和国别史等研究专项课题、国家社科基金后期资助项目、中华学术外译资助项目共158项，获批16项，资助经费545万元。其中，申报国家社科基金重大项目22项，获批3项，资助经费220万元；申报冷门“绝学”和国别史等研究专项课题88项，获批1项，资助经费40万元；申报国家社科基金后期资助项目43项，获批9项，资助经费180万元；申报中华学术外译资助项目5项，获批3项，资助经费105万元。

【开展2018年江西省社会科学规划项目评审活动】 3月，省社联下发2018年江西省社会科学规划项目申报通知，首次采取网上申报、网上初评的方式。至5月4日，共受理101个单位申报2227项，申报量突破2000项。5月30日，分23个学科组进行网上初评，参评专家115人。6月10日，分18个学科组进行会议复评，参评专家90人，评出立项项目350项。6月29日，经网上公示后，确定立项项目350项。其中，重点项目21项，每项资助经费3万元；一般项目266项，每项资助经费1万元；青年项目63项，每项资助经费1万元。

【组织开展2018年江西省经济社会发展重大课题招标活动】 5月24日，省委宣传部、省社联、省社科院共同设立2018年江西省经济社会发展重大课题，面向省内外公开招标。此次招标课题有“推进江西经济高质量发展的内涵、目标、重点与实现路径研究”“以创新驱动为引领重塑‘江西制造’新辉煌研究”“协同推进打好脱贫攻坚战与实施乡村振兴战略研究”“以‘一次不跑’改革为牵引深化江西‘放管服’改革研究”“打造水美岸美产业美的长江‘最美岸线’的政策机制研究”“防范金融风险着力推进我省绿色金融服务体系研究”6个，省内外29个课题组参与竞标。7月13日，召开课题评审会，在坚持“公平公正、实事求是、好中选优”评审原则的基础上，投票选出中标课题组，每项中标课题资助经费10万元。

【组织实施2018年江西省青年马克思主义者理论研究创新工程】 4月26日，省委宣传部、省委教育工委（省教育厅）和省社联下发2018年江西省青年马克思主义者理论研究创新工程（简称“青马工程”）申报工作通知。至5月30日，共有13个培养单位申报“青马工程”项目636项。经匿名初评和复评两轮评审，并报省委宣传部审定，共资助博士、硕士学位论文开题报告102项，资助经费36.2万元。其中，博士学位论文28项，每项资助经费5000元；硕士学位论文74项，每项资助经费3000元。

（省社联）

本栏编辑 詹跃华

文化艺术

综　述

2018年，全省文化系统深入推进文化强省建设，加快打造文化产业高地。

文艺创作生产成果。制定出台《江西省“十三五”时期艺术创作规划》《关于常态化推进全省艺术单位深入生活、扎根人民工作的实施方案》等4个规范性文件。建立全省舞台剧重点创作计划基础数据库（2018—2021年）。收获《将军归田记》等15项国家级资助项目，指导推动57个剧目登上国家级舞台。全年累计获国家艺术基金资助项目23个，总资助额约1500万元，增长10%。策划举办“茶香中国——全国首届采茶戏艺术展演”，吸引8个省、44个采茶戏院团、54个剧目集中展演。紧扣改革开放40周年主题，举办全省优秀瓷画、漆画、油画作品展和青年美术作品邀请展等系列展览展演及交流活动。开展“送文化、种文化”“文化进万家”活动，组织“高雅艺术进校园”“送戏下乡”等演出1万余场。多层次、多渠道举办艺术人才培训班，缓解编剧、表演等人才紧缺问题。

文化公共服务水平。召开全省基层综合性文化服务中心建设工作推进会，开展专项治理，完成13642个基层综合性文化服务中心建设，完成率66%。全力推进省文化中心建设项目、省赣剧院搬迁重建、省美术馆重组、省群艺馆改建等工作。指导省图书馆、新余市图书馆、赣州市文化馆开展法人治理结构改革试点。开展基层文化队伍建设情况调研，总结推广“县聘县管乡用”等管理模式，着力破解基层文化队伍建设难题。九江市通过第三批国家公共文化服务体系示范区验收。萍乡市入选第四批国家公共文化服务体系示范区创建名单，景德镇市“群众歌咏月活动”和安福县“激情泸潇·最美樟乡”广场文化活动列入第四批国家公共文化服务体系示范创建项目。围绕庆祝改革开放40周年，开展脱贫攻坚小戏小品曲艺大赛、全省村歌大赛、全省摄影大赛、全国广场舞活动江西省集中展演等系列群众性文化活动。持续开展“春雨工程”“阳光工程”“圆梦工程”等文化志愿服务和“书香赣鄱”全民阅读活动。

文化遗产保护利用。制定出台《关于进一步加强全省文物安全工作的实施意见》，启动建立全省文物安全工作联动机制。赣南等原中央苏区革命遗址保护工程成为样板。“鹰潭龙虎山大上清宫遗址”考古发掘项目入选全国十大考古新发现。制定出台《景德镇市御窑厂遗址保护管理条例》。樟树吴城遗址、瑞昌铜岭铜矿遗址博物馆等竣工落成。“‘南昌起义伟大开端’陈列展”“惊世大发现——南昌汉代海昏侯国考古成果展”入选全国十大精品陈列展览。承办2018年全国展览策划培训班，举办全省非国有博物馆藏品备案工作培训班。完成博物馆评估定级工作，6家新增为国家二级博物馆，3家新增为国家三级博物馆。参加“2018年全国文物修复职业技能竞赛”，获一、三等奖。举办全国红色故事讲解员大赛江西选拔赛。联合省人大教科文卫委进行《江西省非物质文化遗产条例》执法检查。实施传统工艺振兴计划，夏布绣等18项传统工艺项目列入首批国家传统工艺振兴目录。举办“多彩非遗、美好生活”全省非物质文化遗产展示活动和江西省首届非遗大展演。实施非遗传承人群研修研习培训计划。

文化产业发展。开展文化产业示范园区（基地）巡检考察，完善省级文化产业示范基地退出机制，引导园区（基地）集约化、规模化、规范化发展。出台实施《关于实施“一县一品”战略，发展特色文化产业的指导意见》。组织开展2018年度数字文化创意设计项目扶持工作，对全省60个优质产业项目进行总量1000万元的扶持激励。推进阿里赣鄱文化生态云建设，举办第42届（南昌）全国文房四宝艺术博览会。指导举办第二届“金杜鹃奖”、首届江西省文化创意设计大赛。举办首届江西旅游消费节。新余市入选第一批国家文化消费试点城市奖励计划。与南昌市政府联合主办2018南昌市文化消费季启动仪式暨文化惠文创新品推荐会。

文化市场管理。进一步做好全国文化市场技术监管与服务平台应用工作。制定《江西省文化市场移动执法系统推广应用实施方案》，各地市综合执法机构上线应用移动执法系统达100%。开展文化市场综合执法队伍改革调研，开展江西省第二届文化市场综合执法岗位练兵技能竞赛活动，在文化和旅游部组织的随机抽考中，江西列全国第四。开展“雷霆”专项行动，全面整治文化市场违法违规经营行为。

对外交流合作。持续推动部省合作共建海外中国文化中心，省部共建葡萄牙里斯本中国文化中心项目正式落地。完成“欢乐春节”品牌活动，组织江西省艺术团赴美国巡演和江西南丰傩面傩舞团赴日本东京开展“欢乐春节”展演活动。在德国特里尔市历史博物馆举办“江西神韵·中国味道”江西文化展。继续实施部省对口合作项目，组织江西新余版画展览团、江西云禅文化展览团赴日本东京展览。

（宋来源）

文学

【举办纪念改革开放四十周年系列文学活动】 2月，省作家协会与《诗刊》社、井冈山市委市政府联合举办“春风八百里 井冈四十年”主题诗歌大奖赛活动。活动共收到全国诗歌爱好者应征的数千件作品，经《诗刊》社组织力量评审，评出一、二、三等奖和优秀奖若干名，获奖作品在《诗刊》社发表。4月，“春风八百里 井冈四十年”2018年江西谷雨诗会在井冈山举行。包括诗歌朗诵会、2017江西年度诗人奖颁奖、“新时代现实主义诗歌”主题论坛、主题采风活动等内容。有关领导及省内外专家学者、诗人、作家代表和当地群众100余人参加活动。5月，向全社会发起“咱们江西人的40年”主题文学征稿活动。收到应征稿件500余篇。经专家评审，评出80篇作品集结为《八十个江西人的四十年》主题文集，由江西人民出版社出版发行，并于10月举行首发式。5月19日—21日，组织作家赴峡江、吉水开展“走进峡江水利枢纽工程 纪念改革开放40周年”散文笔会。20余位江西知名作家及《中国水利报》《江南都市报》等媒体记者参加活动，写出了优秀文学作品在全国各大媒体发表。8月31日至9月3日，在信丰举办“走进橙乡 讴歌时代”名家写信丰散文笔会。来自北京、上海、重庆、广东、河北、江苏、浙江、福建、海南、江西等7省3市的知名作家、赣州本土作家共20余人参加活动，举办文学座谈会。11月8日，省委宣传部原部长刘上洋的江西改革开放主题长篇小说《老表之歌》研讨会在北京召开。中国作协副主席李敬泽、陈建功，原国家新闻出版总署副署长邬书林，中国作协创研部主任何向阳，省文联主席叶青，作家出版社总编辑黄宾堂，评论家胡平、陈晓明等与会研讨。活动得到文艺报、人民网、凤凰网、中国作家网、新浪、中国新闻网、《江西日报》等媒体报道。

【举办系列文学惠民活动】 1月，“到人民中去”红色文学轻骑兵江西行活动在南昌举行，著名网络作家阿菩受邀进行题为“网络小说消费特性下的文体变化”文学公益讲座。随后，陆续开展系列以“红色文学轻骑兵：江西在行动”为主题的公益活动，分别在吉安、新余举办文学公益讲座。10月26日—28日，由中国作家协会主办，江西干部学院、省作协协办的中国作协“到人民中去”职业道德教育与文学社会服务实践活动（第一期）在吉安举行。中国作协党组成员、副主席阎晶明，省文联主席叶青，江西干部学院院长郭评生，中国作协文学工作者职业道德委员会秘书长、创联部主任彭学明，中国作协文学工作者职业道德委员会委员、省作协主席刘华，中国作协文学工作者职业道德委员会委员叶梅、冯艺、李文朝、鲁若迪基，以及来自全国各地的作家、文学工作者代表60余人参加活动。江西部分作家参加活动。10月29日，中国作协“文学照亮生活”全民公益大讲堂暨优秀文学作品诵读会在井冈山大学举行。中国社科院研究员、中国当代文学研究会会长白烨以《经典是写出来的——〈平凡的世界〉出版的前前后后》为题作讲座，600多名文学爱好者聆听讲座。10月20日，“一叶之秋”第六届林恩谷雨茶诗会在梅岭举行，有关领导和嘉宾以及省市文学艺术界知名诗人、作家、艺术家、评论家等100余人出席活动。

【文学项目创作扶持】 1月，“江西故事中国梦”江西文学重点扶持工程的实施工作项目完成选题征集，活动共收到应征选题199个，经组织省内作家、评论家评审后共有30个选题入选；完成中国作协2018年定点深入生活扶持项目、重点作品扶持项目、少数民族重点作品扶持项目的申报。江西省刘华、杨剑敏、凌翼、罗张琴等4位作家的选题入选中国作协定点深入生活扶持项目，钟秀华选题入选中国作协少数民族重点作品扶持项目；利用“江西文学精品丛书第三辑”项目尾款，出版圻子诗集《时光书简》；省作家协会与井冈山市协调，帮助作家凌翼完成中国作协定点深入生活扶持项目——井冈山脱贫主题纪实文学的创作。

【文学作品研究推介活动】 3月17日，由中国作协创联部、省作家协会、景德镇市委宣传部、广西师大出版社联合主办的中国作协“深扎”作品——江子长篇散文《青花帝国》现场座谈会在景德镇举行。中国作协副主席阎晶明，中国作协创联部副主任冯秋子，省文联主席叶青，景德镇市委宣传部副部长郑鹏，作家、评论家胡平、杨晓升等以及景德镇市文学工作者共50余人参加会议。4月27日，由省文联、省作协主办的吴仕民鄱阳湖主题长篇小说《旧林故渊》作品研讨会在南昌召开。6月23日，由省作协、赣州市文联、全南县委宣传部联合主办的林珊诗歌创作研讨会在全南县举行。

【文学精品创作成果】 陈世旭、阿袁、宋小词、温燕霞、樊健军、王芸、杨帆、文非、范剑鸣、朱传辉、余小平等人的小说作品在《北京文学》《收获》《长江文艺》《江南》《厦门文学》《广西文学》《广州文艺》等期刊发表，并被《新华文摘》《小说选刊》等转载；傅菲、王晓莉、陈蔚文、王芸、朝颜、洪忠佩、李晓君、范晓波、夏磊、詹文格、罗张琴、茨平、蔡瑛、浇洁、凌翼等人的散文作品在《花城》《散文海外版》《上海文学》《散文》《小品文》《美文》《湖南文学》《人民日报》《青岛文学》等期刊发表；三子、布衣、刘义、林珊、范剑鸣、王彦山、汪峰、汪吉萍、苏隐没、婧苓、圻子、陈离、冷克明、周簌、漆宇勤等人的诗作在《诗刊》《广西文学》《鸭绿江》《绿风》等期刊发表；詹文格、徐春林的报告文学作品在《天涯》《中国作家纪实版》发表。出版方面，孙海浪长篇历史小说《皇帝刘贺——惊心动魄的二十七天》、刘上洋长篇小说《老表之歌》、罗聪明长篇小说《红军将领萧克》、樊健军小说集《穿白衬衫的抹香鲸》、陈然小说集《犹在镜中》，兰燕飞散文集《逆光》、詹文格散文集《安魂帖》、夏磊散文集《西洲何处》、傅菲散文集《草木、古老的民谣》、李伯勇散文集《九十九曲长河》、漆宇勤散文集《抵达》《青草深处》，林珊诗集《小悲欢》、王彦山诗集《大河书》等出版发行。江子长篇散文《青花帝国》获第七届鲁迅文学奖提名奖；简心散文《赣南血型》获《北京文学》2017 年度散文类优秀作品奖；周簌组诗《在我的故乡酩酊大醉》获第八届“诗探索中国红高粱诗歌奖”；净无痕等 12 名江西网络作家在第三届橙瓜网络文学奖中名列百强大神，纯情犀利哥、阿彩名列年度十大作品获奖名单，齐橙等 10 人名列年度百强作品获奖名单。

【江西文学重点扶持工程项目完成评审】 根据省委宣传部的工作部署，省文联、省作协于 2017 年 12 月启动“江西故事中国梦”江西文学重点扶持工程。2018 年 1 月，“江西故事中国梦”江西文学重点扶持工程项目完成选题的征集，活动共收到应征选题 199 个，经省内作家、评论家评审后共有 30 个选题入选。省文联、省作协对入选选题进行了前期资助。9 月底，省作协邀请 20 位省内外著名作家、评论家、文学期刊编辑组成评委会，对已完成的 29 部选题作品进行评审，最终确定扶持等级名单。省文联、省作协按照甲、乙、丙 3 个等级分别发放了扶持经费。这 29 部作品分别是：陈金泉的长篇小说《千古风流——王安石与熙元变革》、刘上洋的长篇小说《老表之歌》、王芸的纪实文学《以凝望的方式——赣地“非遗”魅力档案》、凌翼的长篇散文《赣鄱书》等 4 部作品获甲等扶持；陈然的长篇小说《枝繁叶茂》、范剑鸣的长篇小说《灯花辞》、江华明的长篇小说《烧硬》、罗旋的中短篇小说《活色》、文非的中短篇小说《湖道》、王彦山的诗歌《大河书》、李伯勇的散文《九十九曲长河》、朝颜的散文《陪审员手记》、王耀忠的纪实文学《中国胸外科奠基人——黄家驷》、彭文斌的散文《清风万里》、罗张琴的散文《鄱湖生灵》、胡治平的散文《我所知道的乡村——家乡的廿四节气》、何灵的纪实文学《中国面包军》、陈离的诗歌《世界上的人》、谢千文的影视戏剧文学《好戏在后头》、张光烈的影视戏剧文学《生死牌》等 16 部作品获乙等扶持；龚顺荣的长篇小说《汤显祖》、王明明的中短篇小说《马小鹏》、杨帆的中短篇小说“都城人系列”小说、徐观潮的中短篇小说《同根兄弟》、赖咸院的诗歌《一个人的安源》、傅玉丽的纪实文学《光明闪耀乡村》、谢帆云的诗歌《橙颂》、罗强的影视戏剧文学《爱在深秋》、黄绵瑾的影视戏剧文学《丝绸之路之大明特使——陈诚》等 9 部作品获丙等扶持。

（*石兰芳*）

艺　术

【概　况】 2018 年，全省艺术工作围绕“652”文化发展目标和庆祝改革开放四十周年任务，加强艺术创作规划和引导，夯实艺术人才队伍，推进精品创作特别是现实题材创作。全年，全省共成功提交国家艺术基金项目申报 161 个，全国排名第十九位。其中共有 36 个申报主体申报的 42 个项目进入复评，最终有 23 个项目获得国家艺术基金立项资助，总资助额度约 1500 万元，资助总额比上年增长 10%。

【推动地方戏曲传承振兴发展】 一批作品入选国家项目资助平台：萍乡采茶戏《将军归田记》入选 2018 年度剧本扶持工程申报项目；《月照山乡》《十七棵松》《悬壶楼外传》《戏痴》4 部作品入选 2018 年度戏曲剧本孵化计划项目；《郝仁好事》《扶贫新曲》2 部作品入选 2018 全国舞台艺术现实题材创作作品计划；吉安采茶戏《杜鹃花开的地方》、弋阳腔《高高的红枫》2 个大型舞台作品，《有这么一个箱子》《田书记轶事》《食擂茶》《零下十三度》4 个小型剧（节）目入选 2018 年度国家艺术基金项目。一批作品登上国家级舞台：安远县采茶戏保护传承中心的赣南采茶戏《杜鹃哩咯红》参演 2018 年全国基层院团戏曲会演；赣南采茶歌舞剧院的赣南采茶戏《永远的歌谣》片段参加了央视 2018 年新年戏曲晚会、赣南采茶戏《八子参军》片段参加央视《红旗飘飘》——七一戏曲演唱会演出；彭泽新黄梅演艺有限公司的黄梅戏《不能落下你》、共青城市西河戏剧团的西河戏《陶母戒子》参演第八届中国（安庆）黄梅戏艺术节；江西省赣剧院的赣剧《还魂记游园惊梦》、赣南艺术创作研究所的赣南采茶戏《钓拐》、高安市采茶剧团的高安采茶戏《孙成打酒》、泰和县采茶剧团的吉安采茶戏《打鸟》参加 2018 年戏曲百戏（昆山）盛典；《郝仁好事》《畲山情歌》《烛光》3 部作品入选文化和旅游部“全国优秀现实题材舞台艺术作品展演”；李维德、王全熹、黄玉英、谌腊根 4 名名家入选“名家传戏——当代戏曲名家收徒传艺工程”。

【举办 2018 年“茶香中国”首届全国采茶戏汇演】 9 月 29 日至 11 月 14 日，由文化和旅游部艺术司、省委宣传部、省文化厅、抚州市政府共同举办的“茶香中国”首届全国采茶戏汇演在抚州举行。此次汇演在全国采茶戏展演史上规模最大、历时最长，分开幕式、大型采茶戏展演、精品小戏折子戏交流演出、采茶戏传承与发展学术交流研讨会、戏曲进校园活动、戏曲采风活动 6 项内容。来自安徽、福建、江西、湖北、湖南、广东、广西、贵州 8 省的 44 个院团、54 个剧目演出 27 场。其中，江西有 22 个现实题材剧目参演，参演人员 2000 余人次，现场观众逾 2 万，网上点击率约 400 万。

【举办 2018 年汤显祖国际戏剧节暨国际戏剧交流月活动】 9 月 28 日至 11 月中旬，由省政府、中国人民对外友好协会主办，中国戏剧家协会支持，抚州市政府、省文化厅、省外事侨务办、省戏剧家协会承办的 2018 年汤显祖戏剧节暨国际戏剧交流月在抚州举办，这是连续第三年举办汤显祖戏剧交流活动。戏剧节由中外经典剧目展演、汤显祖国际戏剧交流月活动开幕式暨戏剧巡游活动、驻华使馆文化官员中国文化行等 7 项活动组成。与往届戏剧节不同，该届戏剧节通过高科技手段虚拟汤显祖、莎士比亚、塞万提斯世纪隔空对话，并现场连线英国斯特拉福德莎士比亚故居、西班牙阿尔卡拉小镇塞万提斯纪念馆，向世界推荐抚州、了解汤显祖。

【举办系列美术展览】 2018 年，省文化厅联合省委宣传部、省教育厅、省文联、中国美术家协会陶瓷艺术委员会等单位，围绕纪念改革开放40周年，结合全省美术事业发展实际需求，共同主办第三届江西当代艺术展、林峰个人作品展、“热土追梦——全国油画名家邀请展”“漆美赣鄱——江西漆画优秀作品展”“瓷画赣鄱——江西省庆祝改革开放40周年优秀陶瓷绘画作品展”“新人新时代——第二届江西省青年美术家优秀作品邀请展”等展览，共展出国画、油画、版画、水彩（粉）、漆画、陶瓷艺术等作品1200余件。

【艺术人才培训】 2018年，采取外包培训和自主办训相结合的方式，依托中国戏曲学院、江西艺术职业学院等教学资源，举办2018年度江西省戏曲艺术人才高级研修班、全省现实题材舞台剧编剧高级研修班、首批全省赣剧采茶戏表演轮训班等培训，对33名第一、第二届青年戏曲演员大奖赛获奖演员、30名全省优秀编剧人才、87名全省各类院团的从业人员进行了培训。先后组织40余名艺术创作人员、院团管理人员参加“中华优秀传统艺术传承发展计划”、戏曲艺术人才培养“千人计划”高级研修、全国文艺院团长培训班等国家培训项目。

【设立江西文化艺术基金】 11月，省政府批复同意设立江西文化艺术基金。江西文化艺术基金是2013年国家艺术基金成立后全国第三支、中部地区第一支省级政府文化艺术类基金。江西文化艺术基金面向社会公开发布年度申报指南，鼓励符合条件的自然人、法人或其他组织申报。江西文化艺术基金由省财政在现有预算相关资金中整合安排，基金年规模总量3000万元，分为一般项目和重点项目两大类，涵盖戏剧、文学（含电视剧剧本）、音乐、舞蹈、美术等多项艺术门类。其中，一般项目面向社会开放申报平台，发布管理办法及年度申报指南；重点项目对接全省文化艺术重点工作。基金由江西文化艺术基金理事会负责管理，理事会受省文化和旅游厅、省财政厅、省广播电视局、省文联的指导和监督，下设江西文化艺术基金管理中心。（刘礼铸）

社会文化

【概　况】 2018年，全省社会文化系统多措并举促进全省公共文化服务标准化均等化，提升广大人民群众文化获得感和幸福感。九江市、景德镇市、抚州市创建第三批国家公共文化服务体系示范区和示范项目通过国家验收，指导萍乡市创建第四批公共文化服务体系示范区。推进基层综合性文化服务中心建设，8月，在上饶市召开全省基层综合性文化服务中心建设现场推进会，会议强调到2020年，全省要确保完成建设任务。截至年底，全省乡镇（街道）一级全部建有综合性文化服务中心，20712个村（社区）中，建成符合标准的综合性文化服务中心13642个，约占建设总任务数的66%。围绕庆祝改革开放40周年，成功举办全省广场舞展演、村歌大赛、“脱贫攻坚”小戏小品曲艺大赛、手机摄影大赛等重大群众文化活动。选送萍乡市安源区星梦广场舞队参加全国广场舞北京集中展演活动，展示江西省群众文化队伍良好形象。开展“江西省民间文化艺术之乡”评选暨“中国民间文化艺术之乡”申报，经各地申报、专家评审及省文化和旅游厅审核，5月23日，评选出兴国县山歌之乡、乐平市赣剧之乡、上栗县赤山镇傩舞之乡等32个“2018—2020年度江西省民间文化艺术之乡”，并做好南昌市青云谱区青云谱镇灯彩、九江市庐山市蛟塘镇西河戏、赣州市兴国县兴国山歌、赣州市信丰县嘉定镇合唱、吉安市永新县书法、抚州市黎川县油画的“中国民间文化艺术之乡”申报评选。

【《关于加快文化强省建设的实施意见》印发】 8月17日，省委、省政府印发《关于加快文化强省建设的实施意见》。该意见以习近平新时代中国特色社会主义思想为指导，目标到2020年，文化强省建设取得重要进展，社会主义核心价值观深入人心，文艺精品创作能力进一步增强，基本公共文化服务水平稳步提高，文化产业成为支柱性产业，红色文化、绿色文化、古色文化等江西文化标识更加鲜明，人民群众精神文化生活更加丰富。到2025年，文化综合实力全面提升，文化事业繁荣发展，文艺精品不断涌现，基本公共文化服务水平明显提高，文化产业成为重要支柱性产业，文化创新创造活力迸发，建设成为在全国具有较大影响的文化强省。“意见”从筑牢团结奋斗的共同思想基础、弘扬社会主义核心价值观、推进优秀传统文化传承创新、推动江西文艺繁荣发展、提升公共文化服务水平、推动江西文化“走出去”、实现文化产业高质量发展、建设优秀文化赣军等8个方面提出30条细化任务。“意见”指出，要深化江西出版集团、江西报业传媒集团、江西广电传媒集团、江西文化演艺发展集团等国有大型文化企业的公司制改革，规范公司治理，促进转型发展。稳妥推进符合政策条件的国有文化企业实施股份制、混合所有制改革，开展股权激励和核心骨干员工持股试点。大力引进扶持培育民营骨干文化企业。重点支持“专、精、特、新”文化创意企业，孵化一批小微文化企业。把社会效益放在首位，实现社会效益和经济效益相统一。实施企业上市“映山红行动”，争取3~5家文化企业上市。

【开展庆祝改革开放四十周年系列群众性文化活动】 9月，在南昌市举办“为了庄严的承诺”——江西省庆祝改革开放40周年脱贫攻坚小戏小品曲艺大赛决赛，共评出小戏类作品一等奖1个、二等奖3个、三等奖3个，小品类作品一等奖1个、二等奖2个、三等奖3个及曲艺类作品一等奖1个、二等奖1个。10月，在武宁县举办全国广场舞活动——江西省集中展演。评出一等奖4个、二等奖7个、三等奖11个及优秀编导将13个、优秀组织奖11个。7—10月举办“厉害了，我的国”之江西篇——江西省庆祝改革开放40周年手机摄影大赛。共评出一等奖6个，二等奖12个，三等奖30个，优秀奖100个。并通过大江网平台投票产生网络人气奖12个。10月，选送萍乡市安源区星梦广场舞队参加全国广场舞北京集中展演活动。11月在南昌举办“歌唱美好新时代”——江西省庆祝改革开放40周年村歌大赛决赛,共评出优秀组织奖11个,合唱类一等奖3个、二等奖6个、三等奖9个,组唱类一等奖3个、二等奖6个、三等奖11个,独唱类一等奖6个、二等奖12个、三等奖19个,优秀创作奖40个。

（涂安宁）

非物质文化遗产

【概　况】 2018年,全省贯彻“见人见物见生活”理念,安全有序有效实现全省非遗保护工作。配合省人大常委会开展《江西省非物质文化遗产条例》实施三年执法检查;相继开展国家与省级传统工艺振兴目录推荐,国家级民间文学与民俗类9个代表性项目记录成果梳理和遴选,第二批15名国家级代表传承人抢救性记录通查工作,申报评审2019—2021年度省级非遗生产性保护示范基地60个、研究基地17个、传播基地21个及传承基地29个等基础工作。举办传承人群研修研习培训班,实施陶瓷制作技艺、赣剧声腔与采茶戏表演及瓷板画非遗传承人群研培计划,近200人参加培训;开展“神工意匠 振兴乡村——古戏台营造、木雕传承人与学者跨界对话”“非遗传承时尚生活”陶瓷非遗传承人对话设计师活动,发布乐平古戏台专家对话宣言。组织全省各设区市举办传统表演艺术类展演,举办江西非遗展九江专场、首届抚州文昌里非遗展,组织文房四宝项目参加首届中国上海自主品牌博览会,宣传传播省内非遗保护成果。

【国家与省级传统工艺振兴目录】 5月,文化和旅游部、工业和信息化部联合发布第一批国家传统工艺振兴目录,江西新余夏布绣、万载夏布织造技艺、湖口草龙、瑞昌竹编、东固传统造像、徽州三雕、庐陵传统民居营造技艺、赣南客家围屋营造技艺、古戏台营造技艺、莲花打锡技艺、瑞昌剪纸技艺、景德镇手工制瓷技艺、吉州窑陶瓷烧制技艺、瓷板画制作技艺、歙砚制作技艺、金星砚制作技艺、鄱阳脱胎漆器髹饰技艺、铅山连四纸制作技艺18个项目入选,数量居全国前列。7月,开展第一批省级传统工艺振兴目录推荐工作,年底针对各设区市推荐的117个非遗代表性项目,省工信厅、省文化厅、省财政厅组织专家评审拟定45个项目为第一批省级传统工艺振兴目录。

【举办“多彩非遗,美好生活”——江西非物质文化遗产展】 6月1日—2日,由省文化和旅游厅主办的“多彩非遗,美好生活——江西非物质文化遗产展”在省美术馆举行。该次非物质文化遗产展示活动共调集全省展演类项目13项,展示、展览类项目90余项,活动主要包括开幕式、传统表演类项目展演、传统工艺项目展示、非物质文化遗产保护成果图片展、非物质文化遗产摄影精品展、非物质文化遗产出版成果展、非物质文化遗产饮食产品展等多项内容。活动分为2个国家级和2个省级文化生态保护实验区展区、设区市40余项传统工艺项目展区、国家级项目保护成果图片展、出版成果展、摄影精品展与传统美术作品展、非遗美食展及开幕式展演,近600名非遗传承人与工作者参加活动,共有3万余观众现场观展。

【开展全省非遗法律法规知识竞赛】 竞赛分县级初赛、市级遴选赛、片区复赛和省级决赛4个环节。全省100个县(区、市)1000余名选手参与。经初赛和遴选赛,11月,分别在婺源、赣州举办片区复赛。12月21日,江西省非物质文化遗产法律法规知识竞赛决赛在南昌市文化馆举办,共有11支代表队参加,分别是:省直、南昌市、上饶市、九江市、宜春市、鹰潭市、赣州市、抚州市、吉安市、新余市、赣江新区。决赛设置个人必答题、小组抢答题、快速判断题、现场演示题、风险题等5种题型,组建评委会裁定争议问题,并设置监察席进行全程监督。新余市、南昌市代表队获一等奖;吉安市、上饶市、赣州市、九江市代表队获二等奖;鹰潭市、赣江新区、省直、宜春市、抚州市代表队获三等奖。

【举办全省灯彩展演活动暨非遗摄影大赛】 9月,江西省灯彩展演活动暨非遗摄影大赛在国家级灯会项目所在地石城县举办。12部主题彩车、13个灯彩表演队和石城县10个乡镇灯彩代表队参加灯彩展演活动,踩街巡游3.7千米。深圳代表队组织《沙头角鱼灯舞》参加展演。此次活动设立一、二、三等奖和优秀奖、艺术交流奖、最佳编导奖、最佳音乐奖、最佳灯具奖等多个奖项。这是江西第一次组织全省灯彩展演活动。非遗摄影大赛主要以图片形式反映全省各地非遗保护传承成果,获奖作品共93幅(组),其中一等奖1幅(组)、二等奖3幅(组)、三等奖6幅(组)。

【开展非物质文化遗产传承人与学者、设计师对话活动】 在文化和旅游部非物质文化遗产司的支持下,4月26日—28日,由省文化厅主办、乐平市人民政府和省非物质文化遗产研究保护中心承办的“神工意匠 振兴乡村——古戏台营造、木雕传承人与学者跨界对话”活动在乐平市举办;5月16日—18日,由省文化厅主办、景德镇市文化广电新闻出版局和省非物质文化遗产研究保护中心承办、景德镇市非物质文化遗产研究保护中心协办的“非遗传承时尚生活”陶瓷非遗传承人对话设计师活动在景德镇举办。对话活动中,专家学者及国家级、省级非物质文化遗产代表性传承人、企业家代表汇聚一堂,展开跨界对话,在拓展传承人视野的同时,为开展跨界合作提供平台与机遇。

（吴先华）

图书馆

【概　况】 2018年,全省公共图书馆不断完善服务设施,增强服务手段,提升服务能力,探索推进法人治理结构改革和服务标准化、均等化建设。全面提升公共文化服务体系建设、数字图书馆服务、古籍普查与保护力度。参评第六次全国县级以上公共图书馆评估定级,全省共有109家公共图书馆参评,参评率97%。其中36家公共图书馆被评定为一级图书馆。举办专业培训。联合中国图书馆学会、中国盲文图书馆,举办“2018全国少年儿童阅读年”系列活动启动仪式暨“阅读推广人”培育行动培训班、2018年全国公共文化巡讲暨江西省学习贯彻公共图书馆法培训班和江西省文化助盲志愿者骨干培训班,全面提升基层图书馆员队伍公共文化服务能力。建立人才培养基地。省图书馆与南昌大学信息管理学院图书情报与档案管理学科共同打造研究生联合培养基地,搭建起人才培养、科学研究、成果转化等多元一体、互惠共赢的资源共享机制和合作平台。

【江西省图书馆第一届理事会成立】 9月26日,江西省图书馆理事会在省图书馆成立并举行成立大会。省文化厅副厅长任永新、江西省图书馆第一届理事会成员及理事会下设办公室成员参加会议。成立会上,省图书馆馆长陶涛就江西省图书馆法人治理结构改革试点工作及理事会筹备情况向参会人员作介绍说明。省文化厅社文处处长周建文宣读《省文化厅关于江西省图书理事会成立的批复》。成立大会后,理事会召开第一次会议,会议由省图书馆馆长陶涛主持。会议组织学习了《中华人民共和国公共图书馆法》,审议并通过了《江西省图书馆章程(草案)》。第一届理事会吸纳社会各界共11名理事参与,经民主选举,省委宣传部原常务副部长陈东有为江西省图书馆理事会第一任理事长,省图书馆馆长陶涛担任常务副理事长、江西广播电视大学原副校长、江西师范大学教授方志远担任副理事长。

【公共数字文化服务】 完成赣州与吉安地区的26个贫困乡镇级综合文化站、51个数字文化驿站公共数字文化设备升级。建设完成资源总容量约为740 GB的数字资源、4万页地方文献数字化和1.05万条政府公开信息。省图书馆与基层建立互联互通、传输便捷、共建共享的“超市式”服务平台,完成江西省文化共享工程省级分中心的注册,定制国家公共文化云江西省专区,将江西省各设(区)市、县(区)支中心场馆信息纳入公共文化云场馆导航服务。

【古籍保护】 参与编纂《中国茶文化资料集成江西卷》,完成古籍综合部分茶系、茶师、茶庄资料的收集整理,共查阅收集民国时期档案4207条、现代档案3553条、古籍12种118面、民国时期书刊20种共259面。宜春中学、宜春市袁州区档案馆、婺源县图书馆、鄱阳县图书馆4家单位完成古籍普查工作,共普查古籍4998部19882册、民国线装书590部2664册、域外汉籍8部42册。影印出版《江西省图书馆古籍珍本丛书》第八辑《鹤林玉露》和第九辑《江西省图书馆藏乡土志辑存》。

【开展特色读书活动】 全省各级图书馆全面联动,同步开展以“阅读,与法同行”为主题的“书香赣鄱”首届江西省全民阅读推广演讲大赛暨“我荐赣版书”大型系列读书活动和“品味书香阅动赣鄱”江西省公共图书馆共读活动,全省近万人参与此次活动。8月30日,12支代表队的24名选手参加决赛,决出一等奖2名,二等奖4名,三等奖6名及优秀奖12名。

【全国首家狱内职业中专图书馆暨江西省图书馆启明分馆揭牌】 9月7日,全国首家狱内职业中专——江西启明职业中等专科学校暨江西省图书馆启明分馆在江西省未成年犯管教所成立揭牌。2009年10月,江西省图书馆与江西省未成年犯管教所联合创建江西省图书馆未管所图书流通站,在图书流通站基础上进一步升级共建启明分馆。启明分馆旨在使服刑人员在服刑期间更好地享受到公共图书馆的服务,把先进文化、科学、法律、优秀文学作品和技术知识等送到服刑人员身边,帮助他们尽快改造成新人。

【举办全国公共文化巡讲暨江西省学习贯彻公共图书馆法培训班】 6月20日,2018年全国公共文化巡讲暨江西省学习贯彻公共图书馆法培训班在南昌开班。省文化厅副巡视员丁跃,南昌市政府副市长龙国英、省文化厅社文处处长周建文,省图书馆馆长陶涛等出席开班仪式。全省各设区市文广新局分管图书馆工作的副局长、社文科科长,各市、县(市、区)图书馆馆长135人参加培训。培训期间,国家图书馆常务副馆长、中国图书馆学会副理事长陈力,浙江图书馆馆长褚树青,深圳图书馆副馆长肖容梅,华东师范大学教授金武刚围绕公共图书馆法、公共图书馆总分馆体系建设、公共图书馆法人治理结构建设、贫困地区公共文化服务体系建设等4个专题进行解读和宣讲。

(温凌芸)

博 物 馆

【概　况】 2018年,全省在省级文物行政部门登记备案且功能比较完善的博物馆共有149家,其中文化(文物)系统管理的109家,行业博物馆11家,非国有博物馆29家。全省有国家等级博物馆36家,其中一级博物馆5家、二级博物馆10家、三级博物馆21家。各博物馆每年推出陈列展览1500余个,免费接待观众3400余万人次,开展社会教育活动2300余次。向社会公布《2017年度江西省博物馆名录信息》,下达2018年度博物馆免费开放资金2000万元,争取中央补助地方博物馆陈展资金2300万元。2018年,赣州市博物馆、萍乡市博物馆等6个博物馆新增评定为国家二级博物馆,吉安县博物馆、新干县博物馆、吉安市博物馆等3个博物馆新增评定为国家三级博物馆。省博物馆等15家博物馆被列为江西省首批中小学生研学实践教育基地,瑞金中央革命根据地纪念馆杨耀艳被中央文明办评为“全国岗位学雷锋标兵”。推进省博物馆新馆陈列展览项目,针对陈展大纲、内容设计、形式设计等重点工作,组织相关专家进行座谈、咨询、论证32次。组织参与文化部“百馆百企对接计划”,瑞金中央革命根据地纪念馆获15万元资金支持。

【两展览获第十五届(2017年度)全国博物馆十大陈列展览推介精品奖】 5月18日,由中国博物馆协会、中国文物报社主办的第十五届(2017年度)全国博物馆十大陈列展览推介精品奖公布,省博物馆的《惊世大发现——南昌汉代海昏侯国遗址考古成果展》和南昌八一起义纪念馆的《南昌起义伟大开端》获奖。《惊世大发现——南昌汉代海昏侯国遗址考古成果展》展览以南昌汉代海昏侯国考古成果为主题,以“物史互证—文化阐释—人物解读—面向未来”为主线，分“惊现侯国、王侯威仪、传奇刘贺、保护共享”4个部分展开。精选代表性文物922件，涵盖青铜器、陶瓷器、金器、玉石器等多个品类。展览总体策划体现两大特性：一是实时关联、动态展示，以最快速度将考古成果呈现给观众，并即时更新陈展内容，让展览呈现最全面、最权威的面貌；二是以故事为主线，以兴趣为引导，重点讲好发现的故事、刘贺的故事、刘贺所处时代的故事，满足观众文化需求。《南昌起义伟大开端》展示面积3625平方米，展线653米，展出各类图片、图表509幅，文物展品407件（套），艺术品51件，大型景观及多媒体展示10组。展览内容分为“危难中奋起”“伟大的决策”“打响第一枪”“南征下广东”“转战上井冈”“群英耀中华”6个部分共21个展示单元。展示吸收党史、军史界最新研究成果，将宏大叙事与微观故事相结合，以历史照片、文物反映八一南昌起义的历史以及人民军队发展历程。

【2018全国展览策划培训班在南昌举办】 5月28日至6月1日，由国家文物局主办，中国文物交流中心与江西省文物局承办，南昌八一起义纪念馆协办的“2018全国展览策划培训班”在南昌开班。文化和旅游部、国家文物局有关直属单位，各省、自治区、直辖市文物行政主管部门和博物馆等单位从事展览策划的专业人员，以及江西省部分博物馆展览策划负责人等120余人参加培训。培训班邀请国家文物局博物馆与社会文物司（科技司）博物馆处处长何晓雷，复旦大学文物与博物馆学系主任、教授陆建松，香港艺术馆馆长邓民亮，首都博物馆首席研究馆员齐玫，江西省博物馆馆长叶蓉，卡地亚当代艺术基金会活动项目总监伊莎贝尔·歌德华等6位展览领域专家学者授课，并配有展览策划经验交流、优秀展览个案分析、展览大纲集体研习、展览陈列现场调研等教学环节，注重策展理论与工作实践相结合，让学员充分认识中国及国际展览策划与陈列设计发展趋势，了解境内外文博机构展览实践并吸取国内外知名策展人先进策展经验。

【参加全国文物修复职业技能竞赛】 10月28日—29日，由国家文物局支持，中国文物保护技术协会、中国文物学会主办的“2018年全国文物修复职业技能竞赛”在山东曲阜开赛。竞赛设古建筑清水砖墙修复组、古建筑木构件修复组、瓷器文物修复组、书画文物修复组4个参赛组别，各组均设置理论考核和实际操作2个环节。江西省共选派8名来自博物馆、高等院校、古建公司的工匠参赛。经角逐，江西昇平园林古建筑工程有限公司张光锦获文物建筑木构件修复组一等奖，他的“四面接榫”技艺得到组委会高度评价。江西九丰园林仿古建筑工程有限公司汪日军获文物建筑木构件修复组三等奖。

【非国有博物馆发展】 完成全省非国有博物馆藏品备案审核工作。全省有27家非国有博物馆参加藏品备案，共采集藏品17349件/套，实际数量为27961件/套。其中，景德镇市12家，南昌市5家，赣州市4家，上饶市3家，新余市2家，九江1家。5月，在景德镇市举办全省非国有博物馆藏品备案工作培训班，来自7个设区市文化（文物）局文物科（所）长和29家非国有博物馆负责人共40余人参加培训。组织开展全省非国有博物馆发展情况调研，汇总《非国有博物馆情况调查表》，形成《关于我省非国有博物馆发展调研报告》。

（蔡宇）

文物保护与考古发掘

【概　况】 2018年，全省共有71个文保工程项目争取到文物保护资金2.13亿元。公布第六批江西省文物保护单位，共684处。其中，革命类文物有328处，占总数的48%；有138处位于传统村落和历史文化名镇名村中，占比达20.2%。全省省级文物保护单位由266处增至949处，数量在中部六省排名第二。联合国家文物局编纂《赣南等原中央苏区革命文物保护利用优秀案例推介》。开展革命文物名录填报工作，全省共统计上报革命文物2960处，位居全国前列。配合国家文物局对苏区工程进行评估，赣南等原中央苏区革命遗址保护工程成为全国样板，陕西、福建、贵州、安徽等省先后到江西省参观学习。推进古村落文物保护，省文化厅、省住建厅联合对15个申报省级历史文化街区的地段进行考察认定。开展首批国保省保集中成片传统村落整体保护利用项目自查评估工作，配合国家文物局完成现场评估。下发《关于扎实稳妥推进“拯救老屋行动”等传统村落文物整体保护利用有关事项的通知》，并联合有关部门开展项目实施情况检查。印发《关于继续开展文物保护工程项目交叉检查工作的通知》和《关于做好2018年度文保工程项目交叉检查工作的补充通知》。完成2018年度文物保护工程项目交叉检查工作，共组织11个检查组对设区市进行交叉检查。继续抓好项目实施进度月报制度，对实施进度较慢的项目采取通报、督办等方式进行推进。

【举办革命文物保护利用工程实施研修班】 11月27日—30日，国家文物局2018年革命文物保护利用工程实施研修班暨江西省文化和旅游厅推进革命文物保护利用工程培训班在吉安市开班。国家文物局党组副书记、副局长顾玉才出席开班式并作文化遗产公开课《革命旧址的保护利用——以赣南等原中央苏区革命旧址为例》，主要介绍江西在革命旧址保护利用方面所做的探索与取得的经验。国家文物局政策法规司司长陆琼全程主持研修活动，省文化和旅游厅巡视员徐琳琳、吉安市副市长李家祥作开班致辞，31个省、自治区、直辖市文物部门，各计划单列市和新疆生产建设兵团文物部门负责人，部分市县文物部门主要负责人，中央有关文博单位负责人参加培训。2班学员共130多人。研修班邀请中国社会科学院、中国人民革命军事博物馆等有关专家授课，开展革命文物保护利用现场教学；重庆、福建、浙江、甘肃、宁夏、河南、黑龙江、山西、云南、广西等部分省、自治区、直辖市文物部门负责人参与推进革命文物保护利用工程实施和落实中央文件情况的交流研讨。

【考古发掘和配合基本建设的考古调查勘探】 开展全省9个主动性考古项目实施状况评估。樟树国字山墓葬考古发掘、南昌西汉海昏侯墓园2号墓考古发掘、靖安老虎墩遗址考古发掘和景德镇御窑遗址考古发掘等考古工作计划获批。组织开展全省考古工作检查，重点对涉及国家文物局《大遗址保护“十三五”专项规划》的8处大遗址的考古发掘项目进行检查。开展宜春教体新区规划选址、南昌市轨道交通3号线花博园主变电站工程选址等文物资源评估调查，以及南昌海昏侯国遗址博物馆及服务中心建设用地考古勘探工作。

【大遗址保护利用】 鹰潭龙虎山大上清宫遗址入选2017年度全国十大考古新发现。南昌汉代海昏侯墓发掘清理工作、出土文物的修复、保护、研究和遗址博物馆建设稳步推进，国家文物局批复同意《紫禁城城址与铁河古墓群保护规划》，经省政府同意批准实施。《景德镇市御窑厂遗址保护管理条例》公布实施，创建景德镇中国陶瓷文化传承创新示范区，国家文物局批复同意《高岭瓷土矿遗址保护规划》。樟树吴城遗址、瑞昌铜岭铜矿遗址博物馆等竣工落成。开展全省大遗址保护利用工作调研，形成《关于我省大遗址保护利用情况的调研报告》。对列入第三批国家考古遗址公园名单的吉州窑遗址、吴城遗址、汉代海昏侯国遗址开展中期评估。

【世界文化遗产保护】 全速推进景德镇御窑厂遗址申遗工作，争取到国家文物局文保司世界遗产处和中国文物古迹保护协会有关负责人赴景德镇实地考察和指导御窑厂遗址申遗工作。加强与景德镇市有关部门的沟通协调，明确目标任务和申报方法，制定出台《景德镇市御窑厂遗址保护管理条例》，推进景德镇御窑厂遗址申遗工作。4月25日，福建、江西、湖南、湖北、河南、山西、河北、内蒙古万里茶道沿线8省(自治区)文物部门及万里茶道联合申遗办在江西婺源召开万里茶道申遗工作推进会，国家文物局世界文化遗产司世界文化遗产处、中国古迹遗址保护协会负责人参加会议。

【龙虎山大上清宫遗址入选“2017年度全国十大考古新发现”】 4月10日，2017年度全国十大考古新发现终评会在北京结束，龙虎山大上清宫遗址入选。鹰潭龙虎山大上清宫遗址位于鹰潭市龙虎山上清镇东，泸溪河北岸，溪山环拱。2014年8月，经国家文物局批准，江西省文物考古研究院联合鹰潭市博物馆对该遗址进行了系统的考古发掘。根据考古勘探初步推断，大上清宫遗址的占地面积为30余万平方米，已探明18万平方米。已发现、保护的宋元明清时期遗存29处，发掘面积逾4500平方米。出土大量宋至清的瓦当、滴水、脊兽、石栏杆等建筑材料及货币、陶瓷器等生活用具，大上清宫历经4代的“两宫、十二殿、二十四院”格局基本恢复。2017年，江西省考古研究院又围绕大上清宫遗址展开周边遗迹调查，调查的30平方千米内有相关遗存20多处。所涉面积之大，为现阶段发现的道教宫观之最。鹰潭龙虎山大上清宫遗址是中国迄今为止发掘的规模最大、等级最高、反映时代序列最清晰、出土遗迹最丰富的具有皇家宫观特征的道教正一教祖庭遗址，是宗教考古的一次重大突破。

(丁志清)

文化交流

【概 况】 2018年，共组织实施和负责内容把关的文化交流项目24个，涉及人数277人次，其中，“走出去”项目17个，涉及人数121人次，引进来项目7个，涉及人数156人次。组织赴境外旅游推广3批次，接待境外记者、旅行商3批次，涉及人数58人次。部省合作共建葡萄牙里斯本中国文化中心取得阶段性成果。省政府与文化部正式签署合作共建协议。

【举办“江西神韵中国味道”江西文化展】 6月1日，由省外侨办、省文化厅承办的“江西神韵中国味道”江西文化展作为“遇见中国——纪念马克思诞辰200周年系列文化展”的首展在德国特里尔市历史博物馆举办。展览主题内容为：以万安农民画为代表的书画艺术，以景德镇和吉州窑为代表的陶瓷文化，以新余夏布绣为代表的刺绣艺术，以抚州蛋雕和傩雕为代表的雕刻艺术，以汤显祖《牡丹亭》为代表的戏剧文化。6月2日，江西瓷乐队艺术家还走上街头巡演，与德国民众进行互动交流。该展是江西省服务国家总体外交的重要部署；推动优秀传统文化走出去及中外人文交流和中外文明互鉴的重点文化交流项目。

【海外中国文化中心部省对口合作】 2018年，江西省与东京中国文化中心开展部省对口合作开展文化交流，举办“江西文化年”系列文化交流活动。2月5日—9日，组织江西南丰傩面傩舞团组赴日本东京举办展演活动。共举行两场集中演出活动，每场演出时长近40分钟，共有近300人观看演出；展出傩面具64件套，展线长达70多米，3天时间共有近500人次到场观展。7月10日—20日，组织江西新余版画展览团组赴东京中国文化中心展览。共展出28位新余版画作家40幅版画作品。8月27日—30日，组织江西云禅文化展览团赴日本东京展览，共展出方云禅画作品60幅。9月24日—28日，组织景德镇瓷器瓷乐展演团赴日本东京展演，同展出展品38件(套)，其中高温颜色釉瓷19件(套)，青白瓷19件(套)。11月4日—8日，组织江西省书画名家展览团赴日本举办“心·印 江西省书画展”，共展出24名书画家的50幅书法、国画作品。

【“一带一路”文化交流】 5月17日—19日，组织黎川油画展览团赴俄罗斯彼尔姆州首府彼尔姆市举办“黎川油画展”，展出油画作品41幅。6月13日—17日，组织团组赴俄罗斯参加俄罗斯戏剧节。9月，抚州市举办汤显祖戏剧节，邀请俄罗斯彼尔姆柴可夫斯基芭蕾舞与歌剧院芭蕾舞剧《天鹅湖》一行148人到抚州演出。10月18日，景德镇御窑博物馆作为参展单位之一，组织团组赴乌兹别克斯坦国立历史博物馆参加“青出于蓝——青花瓷的起源、发展与交流”展览，展览共计展品70件，其中景德镇御窑博物馆展品25件。

【江西艺术团赴美国进行访问演出】 2月17日—25日,江西艺术团赴美国进行访问演出,分别在印第安纳州卡梅尔市、堪萨斯州劳伦斯市、艾奥瓦州艾姆斯市、威斯康星州密尔沃基市主流剧场共举行5场慰问演出。中国驻芝加哥总领馆总领事洪磊及2名副总领事出席。共有6000余名观众现场观看,有50余名美国联邦和州参议员、众议员及当地议长、州长、郡长、市长等政要出席。

【举办"填空补白II——考古新发现明景德镇十五世纪中期瓷器展"】 9月1日至12月16日,景德镇御窑博物馆在香港中文大学文物馆举办"填空补白II——考古新发现明景德镇十五世纪中期瓷器展"。此次展览是景德镇御窑博物馆与香港中文大学文物馆继2012年"空白期展"之后的第二次合作,共展示明代正统、景泰、天顺三朝御窑瓷器158件(套)。为配合展览,文物馆举办主题演讲及研讨会,邀请韩国、日本、中国、中国台湾地区及中国香港特别行政区学者分享其研究空白期瓷器的学术成果。此外,文物馆亦招募了一批热爱中国艺术的中大学生共同策划"艺术体验坊",以趣味导赏结合角色扮演游戏与艺术创作的形式,为公众带来新的参观体验,加深参加者对明代御瓷的生产艺术与历史的认识。

(潘之钰)

文化市场

【概　况】 2018年,完成文化市场行政审批事项396个,其中涉外演出297个;境外艺人演出30个;互联网经营许可证99个。全省文化市场各级执法队伍共出动人员38.91万人次,检查各类文化市场经营单位15.48万家次,责令整改1265家次。受理举报254件,立案555件,移送案件8件,办结754件,罚款463万元,警告886家次,责令改正1265家次,责令停业整顿72家次,吊销许可证3家,没收违法所得7.5万元。其中处理文化和旅游部督办件4件,办结4件,办结率100%。南昌市文化市场综合执法支队查处的"利用信息网络传播他人作品案"被文化和旅游部评为2018年"全国文化市场十大案件"。开展网上巡查互联网文化单位2万余次,立案查处12起;对重点网络游戏运营活动开展动态监测,处罚违规企业4家次,累计罚款110万余元。开展岗位练兵30余次,受训执法人员2600余人次,开展技能竞赛11次,选拔业务骨干60余人。制定《江西省文化市场移动执法系统推广应用实施方案》,全面推进全省文化市场移动执法工作工作规范化运行。

【文化市场综合监管平台建设】 加强文化市场监管,建立以"技防"代替"人防"的长效管理机制,杜绝未成年人违规上网顽疾,及时发现并查处含有"黄赌毒"等意识形态内容的网吧。省文化和旅游厅协调行业协会,完成全省网吧监控软件安装,同时对反复擅自卸载监控设备,躲避监管的网吧业主加大整治力度。大规模地监控设备安装工作已完成,全省范围内共安装30多万台终端监控设备。全省已全面进入推动互联网上网服务场所监控指挥中心的建设和更好地发挥其作用的工作阶段。2018年,全省11个设区市和部分县(市)已建成监控指挥中心并发挥作用,有近一半的设区市还将监控平台监管的范围主动扩大到歌舞娱乐场所以及书报刊销售、发行扫黄打非等领域。全省省级互联网上网服务场所监控指挥中心完成调试工作,投入正常运行。

【文化综合执法岗位竞赛】 10月23日—24日,由省文化厅、省总工会联合主办,江西省文化市场稽查总队承办的江西省第二届文化市场综合执法岗位练兵技能竞赛复决赛在南昌举行,全省11支代表队的55名参赛选手参赛。该次复赛共设置政策法规知识、文书制作和案卷归档、执法程序规范(案卷纠错)、移动执法及网络案件办理4项竞赛内容,复赛总成绩前4名进入决赛。经过两天比拼,南昌市、赣州市、抚州市代表队分别获团体一、二、三等奖。

【开展"雷霆"专项行动】 5月16日,省文化厅下发《关于印发〈2018江西省文化市场"雷霆"专项行动实施方案〉的通知》,明确5—7月在全省文化市场开展"雷霆"专项行动。"雷霆"专项行动分3个阶段推进,5月动员部署阶段,各地结合本地文化市场实际,制定行动方案;5—6月,对辖区内的文化市场经营场所、经营单位进行集中清查;7月,对专项行动进行总结,梳理存在的问题,针对问题,采取有效措施加以解决。此次专项行动全面整治文化市场违法违规经营行为,加大农村文化市场和热点领域的整治。截至10月底,全省共出动23.62万人次,检查经营单位8.79万家次,责令改正422家次。当场处罚156件,立案调查602件,办结案件709件,罚款611家次,罚款金额357.2万元。2018年,全省4个案件入选文化和旅游部重大案件,1个案件入选全国十大案件。

(郭费拓)

文化产业

【概　况】 2018年,全省文化产业工作立足建设文化强省,贯彻新发展理念,推动全省文化产业持续稳步健康发展。组织开展文化产业园区(基地)巡检调研,引导园区(基地)对照《国家级文化产业示范园区创建验收标准(试行)》,加强集约化、规模化、规范化发展。重点加强对景德镇陶溪川国家级文化产业示范园区创建指导。年内,景德镇陶溪川文创街区获得文化和旅游部扶持资金50万元,并作为江西省主会场,举办"2018年全国大众创业万众创新活动周"活动,获得文化和旅游部双创扶持奖励。组织开展2018年度数字文化创意设计项目扶持,通过竞争性分配方式,对全省60个产业项目投入1000万元的扶持激励。梳理特色文化产业项目130余个,指导各地依托特有的生态环境、产业基础、历史文化和风俗民情等资源发展特色文化。组织参加项目管理、数字文化创意孵化、文化领域政府和社会资本合作、园区工作、文化和旅游融合等培训班20余人次。参与文化和旅游部"文化产业高端复合型人才素质能力培养计划",与中央文化管理干部学院加强协作，举办首届江西省文创产品开发专题培训班，培训文创产业从业人员50名，为全省文创产品开发工作储备人才。

【推动南昌市、新余市文化消费试点】 4月12日，省文化厅、南昌市政府主办，南昌市文广新局、江西中文传媒艺术品有限公司联合承办2018南昌市文化消费季启动仪式暨文化惠文创新品推荐会。新余市文化消费试点获文化和旅游部国家文化消费试点城市奖励资金12万元。11月，新华社《国内动态清样》对新余市扩大文化消费工作情况进行报道，省委书记刘奇、省长易炼红作出专题批示。

【打造文化产业平台】 推进阿里赣鄱文化生态云建设。与全国文房四宝协会沟通协调，举办第42届（南昌）全国文房四宝艺术博览会，推动全省文房四宝产业发展。指导举办第二届“金杜鹃奖”评选、举办首届文化创意设计大赛和首届江西文创展。联合举办中国（共青城）青年APP大赛、“华东交大杯”文化创意设计大赛和科普动漫大赛等活动。常态化组织文化企业参加北京、深圳、厦门、义乌、敦煌等国内知名文化产品博览交易会和精品项目对接会。鹰潭《寻梦龙虎山》和抚州《黎川油画创意产业园》项目参加文化和旅游部（浙江湖州）精品项目对接会，扩大品牌影响力；新余夏布绣作品《故乡》获得义乌文交会工艺美术金奖，并签订销售协议。

【推动文化金融合作】 引导有实力的文化企业参与上市“映山红行动”。组织文化企业参加债券对接活动，鼓励企业和各级政府设立文化产业投资基金，支持发起设立有助于产业发展的基金会，不断完善文化产业投融资体系。

【VR产业发展】 完成首届世界VR产业大会各项工作任务。协调中国动漫集团与泰豪集团合作，在江西南昌泰豪动漫职业学院举办由中国动漫集团主办的国家艺术基金资助的《VR艺术创作人才培养》项目，其中6个学员项目在南昌落地。推荐江西中直新经济产业发展有限公司等VR产业项目参加文化和旅游部Nice Choice《数说中国》海外巡展。

【江西省文化产业发展推进会召开】 12月6日，由省委宣传部、省文资办、省文化和旅游厅、省广电局联合主办，省文化产业协会承办的江西省文化产业发展推进会在南昌召开。省委宣传部、省文资办、省文化和旅游厅、省广播电视局、省统计局、省属文化企业分管领导及相关部门负责人；相关金融机构和各设区市党委宣传部、文广新局，以及各县（市、区）党委宣传部的代表；第二届“金杜鹃奖”及第一届文化创意大赛各支持机构负责人、评委会评委、获奖企业（个人），文化企业代表负责人等共500多人参加会议。会议由两部分组成。12月6日上午的“江西省文化产业发展推进会”由王成饶主持，来自设区市、文化企业和金融机构的6位代表发言，随后举行金杜鹃奖及文创大赛颁奖仪式、文创银行揭牌仪式、省文化产业协会揭牌仪式、文化创意产业校企协联盟成立仪式。池红发表讲话。12月6日下午的“文化产业高峰论坛”，邀请中宣部文改办有关人员、中央财经大学和雄安新区有关专家学者作主题演讲，发布“赣匠培育计划”和“赣派文创”网站。会上，省文资办与北京银行南昌分行、浦发银行南昌分行签署战略合作协议。2家银行为江西省文化创意产业提供总额600亿元的授信，用于支持文化产业转型升级，解决文化企业“融资难、融资贵”的问题，通过建立文创银行，为文化产业提供定制化服务。会议还举行了文化产业协会揭牌仪式及文化创意产业校企协联盟的成立仪式。

【第四十二届全国文房四宝艺术博览会在南昌举办】 10月13日—16日，由中国文房四宝协会、《中国文房四宝》杂志社与省文化厅、南昌市政府主办，南昌市文化广电新闻出版局、南昌市会展工作管理办公室、江西省非物质文化遗产保护中心、进贤县人民政府承办的第四十二届全国文房四宝艺术博览会、第九届全国中小学生书画用品博览会暨“文笔”文化交流活动在省展览中心举行。这是江西首次举办此类博览会。展场设在江西省展览中心，展出面积9000余平方米，设国际标准展位286个，参展企业280家。该次博览会展出的展品有来自全国各地文房四宝特色区域生产的宣纸、书画纸、毛笔、书画墨、书画印泥、中国画颜料、十大名砚、石印章材料、红木文具、瓷文具、青铜文具、篆刻刀具、画毡、画框、工艺扇等文房四宝用具，以及中小学生书画用品用具等，展品达上万个品种。上海周虎臣曹素功笔墨、红星宣纸、北京一得阁、湖笔、婺源歙砚亮相文博会。文博会期间，举办“文笔”文化交流活动，其中在江西省展览中心一楼、三楼举办当代名家书画展、江西省第二届青少年书画大赛获奖作品展、江西省传统工艺展、江西省篆刻作品展等系列活动。10月17日，活动主办方在文港镇举办中国毛笔文化研讨会。来自中国文房四宝协会有关领导以及全国毛笔专家学者参会探讨中国毛笔文化发展方向。

【14个文化产业项目入选《2018文化产业项目手册》】 6月，文化和旅游部文化产业司印发《文化产业项目手册（2018年度）》，江西省有14个项目入选，分别是：动画片《丝游记》、动画片《乌鸡叽叽叽》、先锋文化产业双创基地、安福明月山（羊狮幕）建设、古海养生文化旅游、景德镇市御窑厂文化体验、郁孤台历史文化街区提升改造工程、宁封窑国际陶艺村、徽州三雕文化旅游创意园、大V小镇文化创意园、景德镇陶溪川文创街区、AVR智慧型传统村落云平台、抚州玉茗堂文玩艺术品产业孵化基地、黎川油画创意产业园。

（匡恺）

本栏编辑 张志勇

档案与地方志

档　案

【概　况】　截至年底,全省有7个县级综合档案馆项目获得中央预算内投资2734万元,有6个设区市档案馆、55个县级档案馆建成投入使用;1个设区市档案馆(上饶市)、22个县级档案馆在建;1个设区市档案馆(鹰潭市)、10个县级档案馆进入新馆建设前期准备工作;13个单位和4名个人获全国档案新闻和档案文化宣传工作先进。全省综合档案馆馆藏档案资料902万余卷、980万余件。全省有12个县级档案馆完成纸质档案数字化项目;112家综合档案馆开展馆际间"一站式"查档服务。

【省直单位档案工作】　采取"双随机一公开"的形式,对40家省直单位档案工作进行执法检查,并在《江西省机构改革方案》发布后,立即制定《关于到省直涉改单位进行档案情况调研及现场指导的工作方案》,抽调业务骨干赴30家省直涉改单位,帮助解决机构改革中档案工作遇到的问题,督促指导涉改单位明确档案的归属与流向,并逐个单位制定《机构改革档案处置意见》,确保省直涉改单位档案的完整与安全。

【重点建设项目档案工作】　下发《关于做好2018年度全省重点建设项目档案工作的通知》,对全省重点建设项目开展项目档案登记、培训、验收,对项目档案工作实施事前、事后、事中不间断督导。其中江西洪屏抽水蓄能电站项目档案通过国家档案局验收。江西大唐国际抚州发电有限责任公司报送的《过程管理单助力电力项目档案管理有效落实》被评为全国企业档案工作管理创新优秀案例。

【专业档案工作】　省档案局与省国土资源档案馆、省不动产登记中心联合开展不动产登记档案管理工作调研指导,起草《江西省不动产登记档案管理办法》;与省水利厅、省河湖办联合开展河长制湖长制档案工作调研,并联合印发《江西省河长制湖长制档案管理办法》;与省民政厅联合开展第二次全国地名普查档案管理检查指导。

【民生档案工作】　省档案局在黎川县、宁都县抓精准扶贫档案工作示范点,并在黎川县召开全省精准扶贫档案工作现场推进会,打造一批精准扶贫档案工作试点县、乡镇、村,确保全省精准扶贫档案收集齐全、整理规范、保管安全、利用便捷。省档案局印发《江西省村级档案管理实施办法》,对全省农地确权档案移交进馆工作进行调度,已有20个县(市、区)完成农地确权档案移交进馆。南昌市档案局对全市80个贫困村及非贫困村精准扶贫档案管理进行了专项督查。九江、宜春、吉安市建立了精准扶贫档案工作示范县和村级示范点。

【档案法治宣传工作】　推进"七五"普法。省档案局制定《2018年法治宣传教育工作规划及普法责任清单》《2018年法治建设工作要点》及《江西省档案局"弘扬宪法精神 树立法治信仰"主题宪法宣传实践活动实施方案》,提出依法治档与档案法治宣传工作的总体要求和具体任务。《江西省档案管理条例》的修订被列入省十三届立法规划项目库。扩大档案工作宣传影响。首次在"江西档案"微信公众号上开展档案法规知识竞赛活动,5天参与者达到11万人次。"江西档案"微信公众号推送文章119篇,"江西档案"微信公众号在全国300多家档案公众号中排名保持前十名、省级档案公众号中保持前五名。

【档案征集接收】　省档案馆接收省纪委移交的《红军第四军司令部布告》等珍贵档案952件;接收11个省直单位到期档案案卷级目录10196条,文件级目录68118条。开展重大活动档案收集和拍摄,收集首届世界赣商大会、第十六届赣台会等重大活动档案资料70件,拍摄中共江西省委十四届委员会六次全体会议、2018世界VR产业大会等重大活动37次,形成照片电子档案1100余张,录像电子档案1304件565.05 GB,收集声像文字材料336件,收录电视视频447个共207.51 GB。省档案馆馆藏档案资料497511卷(册)、254311件,新增22563卷(册)、27856件。赣州市档案局在全市范围内征集并挖掘工业方面的重大事件、重要产品、重要任务、重要精神档案资料,配合做好全国工业档案文献巡展工作。抚州市档案馆将创建国家森林城市重大活动档案资料全部征集进馆。高安市档案馆对抗美援朝革命烈士况重晚18封战地家书设立特藏室并进行数字化保存。

【档案开放利用】　省档案馆修订《江西省档案馆档案开放目录公布制

度》等规章制度6个,完成馆藏9个全宗16.4万余件档案的开放鉴定。省档案馆共接待查阅档案、资料及现行文件利用者2128人次,提供档案、资料与现行文件共计42943卷次,复印档案、资料与现行文件共计约45403页。省档案馆配合中央档案馆、国家档案局筹办《“不忘初心、牢记使命”档案文献展》,补充江西部分素材60余件。

【档案编研】 省档案局编纂出版《铁血破重围 壮举挽危澜——解码中央红军长征起始前后的历史记忆》《南昌解放》等书。上饶市档案局联合相关部门举办“巨变——上饶市庆祝改革开放40周年”主题图片展,完成《赣东北苏区档案史料汇编》。宜春市档案局先后举办展览“变迁中的宜春”和“日新月异看宜春”摄影作品展。抚州市档案局开展“不忘初心,牢记使命——档案文化折扇”和抚州市档案编研成果展。九江市档案局编辑出版《九江方言词典》。吉安市档案局出版发行《吉安盐商旧闻》,以人物传记形记载了胡元海、胡品高、周扶九等一批吉安盐商代表的从盐经商经历。

【档案信息化建设】 省档案馆的江西档案云中心同城异地备份机房建设全面完成,达到B级数据中心标准。“一地两库”数字档案资源异质备份体系初步建成。开展目录数据和纸质档案数字副本上传、挂接与备份工作,存储备份市、县两级综合档案馆目录数据2335万条、纸质档案数字副本688万件。纸质档案数字化项目共数字化9.6万余卷,新建目录数据27万余条,形成数字副本539万余页。“一站式”查档工作实现新突破。印发《关于加快推进馆际间民生档案“一站式”查档服务工作的通知》。南昌市辖区10个县级综合档案馆、74个乡镇(街道)便民服务中心实现“馆社联动”。江西档案云中心区域性数字档案馆应用系统信息安全等级保护备案顺利完成,全面按照等保三级要求进行规范管理。省档案馆数字档案资源采用移动硬盘、磁带库、备份一体机等多种在线、离线介质进行安全备份。

【《铁血破重围 壮举挽危澜——解码中央红军长征起始前后的历史记忆》出版发行】 4月,省档案局编撰的《铁血破重围 壮举挽危澜——解码中央红军长征起始前后的历史记忆》一书,由江西人民出版社出版发行。该书是江西省档案局与湖北、湖南省档案局联合编撰的赣鄂湘红军长征档案史料丛书之一,分为上、下两册,110万字。该书主要根据1933—1936年中央红军长征起始前后,在中央革命根据地及其周边地区发生的一些重大历史事件形成的档案史料编辑而成。

【检查杭长客专江西段工程项目档案工作】 5月,省档案局会同中国铁路总公司档案史志中心对杭长客专江西段工程项目档案工作进行检查。检查组听取项目建设管理单位沪昆客专江西公司关于项目档案工作情况汇报,实地检查项目基础管理和安全保管情况,对检查发现的问题下发整改清单并提出明确整改要求。同月,省档案局会同中国铁路总公司档案史志中心组织验收组,对杭长客专江西段建设项目档案进行检查验收。验收组观看工程建设专题片,听取建设单位、施工单位代表、监理单位代表关于杭长客专江西段建设项目档案管理的情况汇报,现场分组对项目文书档案、科技档案(工程建设管理文件、施工文件、监理文件、竣工验收文件、科研文件)、会计档案、声像档案文件进行检查验收。验收组经综合评议,认为该工程项目档案工作符合《重大建设项目档案验收办法》和原铁道部建设项目档案管理的有关规定,同意通过档案专项验收。沪昆客专江西公司配备了3名专职档案员,截至验收时,共形成项目档案24435卷11222件。

【采集赣剧表演艺术家宗彩琴口述历史档案】 7月,省档案馆、省赣剧院联合对著名赣剧表演艺术家、省级非物质遗产项目(赣剧)代表性传承人宗彩琴进行采访,形成录像电子档案5.07GB,83余分钟,照片电子档案10余张。宗彩琴是国家二级演员,赣剧首批6位代表性传承人之一,已82岁高龄。20世纪60年代初,曾担任上饶文艺学校赣剧主教教师兼赣剧艺术研究组组长。退休后,长期在农村从事赣剧艺术的传承与普及,培养青年赣剧演员近百名,传授、排演赣剧传统剧目几十部。

【《江西省办公自动化环境中电子文件归档与电子档案管理规范》发布】 9月,江西省质监局印发33项江西省地方标准,由省档案局承担制定的《江西省办公自动化环境中电子文件归档与电子档案管理规范》(DB36/T 1053-2018)正式发布,该规范自2019年2月1日起实施。该规范规定在公务活动中经办公自动化系统形成的、具有保存价值的文书、专业类电子文件归档与电子档案管理的一般要求,为指导、规范各类办公自动化系统形成的电子文件归档与电子档案管理提供依据。

(姚伦)

地方志

【概 况】 2018年,全省地方志系统全力推进“两全目标”。全省第二轮三级志书规划213部,其中省级志书102部,市级志书11部、县(市、区)级志书100部。截至年底,三级志书已出版106部。其中,市级志书出版9部,县级志书出版97部。省级志书42部通过初审,23部通过复审。全省2018年卷三级综合年鉴启动编纂99种,较2017年卷增加10种。《江西年鉴》2018卷年内完成编纂出版。11个设区市综合年鉴全部实现一年一鉴,87个县(市、区)实现一年一鉴。在第五届全国地方志优秀成果评审活动中,江西省共有10部年鉴获奖,其中,《江西年鉴(2017)》第三次被评为省级综合年鉴一等(无特等),《南昌年鉴(2017)》被评为地市级综合年鉴一等。《江西方志文化丛书》出版,牵头筹办“全民学艺术公益活动”,地情资料开发利用和服务经济社会能力稳步提升。

【二轮志书编纂】 第二轮省志102部分志中,42部完成初审,其中23部完成复审;完成初稿编纂,准备初审的58部。7月17日,省政府召开第二轮《江西省志》编纂工作推进会,副省长孙菊生出席会议，进度落后的13家单位分管领导及相关处室负责人参会。市、县两级志书编纂方面，11部市级志书已出版9部，《赣州市志》入选"中国志书精品工程"，已交付出版。省委副书记、赣州市委书记李炳军作序；《景德镇市志》完成复审。县级志书97部已公开出版。

【市县年鉴编辑】 截至2018年年底，2017卷市级综合年鉴8种公开出版，3种内部出版；2018年卷市级综合年鉴全部启动编辑，南昌、九江、新余、赣州、吉安5部市级年鉴已出版。2017年卷县级综合年鉴开展编辑77种，其中30种已公开出版；2018年卷县级综合年鉴开展编辑87种，其中9种已公开出版。7月23日—24日，省地方志办在吉安市吉水县举办全省县级综合年鉴全覆盖推进会、全省综合年鉴专题培训班，《江西日报》、江西卫视等主流媒体对会议作了详细报道。

【方志馆建设】 11月，省方志馆被确定为江西省首批中小学生研学实践基地，接待中小学生参观。年内新增上架图书4976册，接待北京、河南、青岛、张家界永定区等地人员参观。景德镇市方志馆进一步丰富馆藏资源，上饶市、宜春市、德安县等部分市县在图书馆内设立方志馆。赣州市方志馆已落实馆舍，正在改造；九江市方志馆立项；南昌市方志馆已完成立项；临川区东馆镇设立抚州市首个乡镇级方志馆，藏书1万余册。

【信息化建设】 省地方志办官网增加政府网站找错功能，对网站出现的问题进行修复，及时更新工作信息和地方志数据库。市县方志、地情网站都能及时更新内容、完善功能。其中，景德镇市情网致力于建设网上"景德镇百科全书"；吉安市正在建设数字方志馆；永丰等县相继启动数字方志馆建设工作。微信宣传网络逐渐形成。"方志江西"微信公众号影响力进一步扩大，累计点击量突破80万次，在全国地方志系统内名列前茅。在"方志江西"的示范带动下，南昌、九江、宜春、萍乡、吉安、新余等8个市级以及德兴市等20余县也开通了微信公众平台。

【方志理论研究】 年内，全省地方志学会会员在省级以上刊物上发表学术论文57篇，其中，省地方志办学会会员发表论文32篇，赣州市学会会员发表论文12篇。全省出版地方史及方志研究论著5部。学会会长梅宏结合地方志事业发展方向撰写了《中指办地方志转型升级与依法治志》一文，在中指办举办的"依法治国与依法治志论坛"上做大会发言；学会常务副会长周慧的论文《〈周礼〉的方志学价值》在《史志学刊》第4期发表，《地方志综合年鉴社会部类分类、标题及记述范围——以中国年鉴精品工程2018年卷申报年鉴篇目初稿为例》在《中国年鉴研究》第3期发表，分别在第八届中国地方志学术年会和第二届全国年鉴论坛上做大会交流；学会秘书长毛珏珺的论文《地方志法治思维的涵义、特征和养成路径》获《中华人民共和国史志法》立法研讨会暨"南岳衡山杯"首届全国地方志系统优秀论文三等奖；南昌市地方志学会的《南昌市史志办公室地方志工作情况介绍》一文，刊载于《方志中国》第7期；学会常务理事詹跃华在《广西地方志》《新疆地方志》等公开出版的史志期刊中发表论文10篇。全年全省累计7人受邀参加11次全国性学术会议。

【《江西方志文化丛书》出版】 5月，《江西方志文化丛书》（全十册）由武汉大学出版社出版，该丛书系全国第一套省级方志文化丛书。丛书介绍了江西最具代表性的10个方面的地域特色文化，全面展示了江西的文化成就和人文精神，是了解江西历史、省情的重要窗口。该丛书被评为第七届江西省优秀社科普及读物。江西省人大常委会党组副书记、副主任朱虹为丛书撰写书评，分别在《江西日报》《江西地方志》上发表；副省长孙菊生为丛书作重要批示。6月24日上午，在南昌举办"一方之志，传之万世"——《江西方志文化丛书》读者见面会，十余位地方志文史专家和近百名读者参加。活动吸引了江西卫视、《江西日报》、凤凰网等主流媒体、门户网站采访报道。

【地情资料开发利用】 萍乡市史志办的《萍乡市海绵城市建设从"试点"走向"示范"》专题报告入选《中国地情报告（2018）》；吉安市地方志办编写的《吉安方志文化丛书之吉安概况》由中华书局出版发行；宜春市史志办编写的《袁山文化》一书出版，约6万字；新余市史志办编写的《天工之城——新余工业史话》，是第一本记述新余工业历史的读物，市委书记蒋斌为该书作序；抚州市委党史办和市地方志办编写的《抚河古韵》，系统介绍古代抚州的书院、祠堂、寺观、瓷窑、墓葬、桥渡、楼塔牌坊、地方戏等文化遗存。

【村镇志和专志编纂】 中国名镇名村志文化工程进展顺利，第二批名镇志中的《小布镇志》已经完成篇目，第一批名村志中的《东龙村志》已出版发行；《中国影像志》中《庐山》《新干》篇的审稿任务已完成，并在中央电视台播出；推进《中国名山志》文化工程申报；《江西抗日战争志》前期筹备工作已完成，制定了项目实施方案和编写规范，筹备资料并组织了编纂队伍。

【旧志整理】 《庐山山南二古寺志》获第21届华东地区古籍优秀图书二等奖；《瑞州府志》由江西人民出版社出版；明永乐《东昌志》、明万历《吉安府志》、清同治《赣县志》、清道光《道光崇仁县志》、民国《南康县志》已经点校出版；《东乡县乡土志》、清同治《东乡县志》《永新县志》点校译注完成，即将出版；明嘉靖《九江府志》、清同治《义宁州志》《永丰县志》《安福县志》、清光绪《吉水县志》均已点校完成；《抚州府志》《建昌府志》正在点校，拟合为一本出版；清康熙《广昌县志》《九江府志》正在开展点校译注工作；《吉安河西坊廊乡志》初稿已经完成；清道光《都昌县志》正在整理；上饶市广丰区地方志办从上海博物馆复印出该区嘉靖、康熙、乾隆、同治时期4部县志内文，正整理校对。

（朱岳）

本栏编辑　张志勇

新闻出版　广播电影电视

报纸期刊

【概　况】　2018年，全省共有报纸68种，报纸年度总印数8.8亿份，年度总印张数为120.4万千印张，年度定价总金额9.7亿元；全省共有期刊166种。期刊年度总印数7435万册，年度总印张数为23.4万千印张，年度定价总金额4.6亿元。

【培育精品报刊】　在第二十八届中国新闻奖评选中，《江西日报》5件作品分别获得二、三等奖。在国家新闻出版署开展的“2018年度全国少年儿童喜爱的百种优秀报刊”推荐活动中，江西省推荐的《小猕猴智力画刊》《亲子》《小星星》《大灰狼画报》《小学生之友》《知识窗》6种期刊入选全国少年儿童喜爱的百种优秀报刊名单，入选数量连续2年在全国各省区市中列第二。江西理工大学成功创办全省第一份英文版科技期刊《钨科技(Tungsten Technology)》。开展少儿报刊阅读季活动。举办2018年江西省“少儿报刊阅读季”启动暨“江西少儿报刊阅读推广联盟”成立仪式，促进全省优秀少儿报刊阅读推广和推荐。

【推进报刊融合发展】　采取案例征集、专题交流研讨会、人才培训、调研指导等措施，引导、推进报刊融合发展，支持江西日报“赣鄱云”融媒体中央厨房建设，独创媒体融合“江西模式”。在人民网研究院发布的2018年中国媒体融合传播指数报告中，江西日报融合传播力位列全国第8。

【组织参加2018中国(武汉)期刊交易博览会】　9月，全省约60家期刊出版单位参加2018中国(武汉)期刊交易博览会。江西省展馆集中展示60多种精品期刊，并获博览会“优秀组织奖”和“创意设计优秀奖”。

【期刊主题宣传】　推动全省社科、时政类期刊做好习近平新时代中国特色社会主义思想和中共十九大精神主题宣传。2018年，全省55家社科、时政类期刊开设习近平新时代中国特色社会主义思想和中共十九大精神相关专栏专题196个，比上年增长68%；刊登重点主题宣传文章1159篇，比上年增长66.5%。江西美术出版社主办的期刊《小猕猴智力画刊》主题出版选题“两个童年——改革开放给了我和爸爸不一样的童年”入选中宣部出版局资助项目。《江西理工大学学报》2018年第2期《新时代中国经济的嬗变：从高速增长到高质量发展》一文入选“庆祝改革开放40周年理论研讨会”。

【新闻报刊监管】　加强报刊管理，严肃查处3起新闻报刊违法案件，责成主管主办单位落实整改。督促报刊出版单位依法依规出版，对235种报刊开展2017年度核验工作。加强新闻记者证年度核验，对全省168家新闻单位5000多个持证人员进行核验，注销281个调离、退休、离岗、转岗等不符合条件人员持有的新闻记者证。结合记者证年检工作，对新闻单位和采编人员进行法规警示教育。加强新闻单位驻地方机构管理，注销11家新闻单位驻地方机构，对问题建立整改台账进行整改。完成2017年度连续性内部资料性出版物年度审核换证工作。对79种连续性内部资料予以注销，对72种连续性内部资料发出整改通知进行整改。开展内部资料性出版物规范提升年活动，对省直连续性内部资料编印单位、各设区市新闻出版行政部门履行属地管理职责和各内部资料编印工作情况等进行督查。

【新闻采编队伍管理】　举办全省新闻采编人员资格培训班。各报社、新闻性期刊社、中央报刊单位驻赣机构新闻采编人员共332人参加培训，221人通过培训考试。选派27名社科、时政类期刊编辑参加由省委宣传部于8月中旬在复旦大学举办的为期1周的中青年骨干编辑高级研修班。选派37名期刊负责人参加全省图书音像电子期刊出版单位社长、总编辑培训班。

【全省首份英文版科技期刊——《钨科技(Tungsten Technology)》创办】　3月，国家新闻出版广电总局批复同意创办《钨科技(Tungsten Technology)》期刊。《钨科技》期刊由省教育厅担任主管单位，江西理工大学担任主要主办单位，中国有色金属学会担任第二主办单位，出版单位为《钨科技》编辑部(江西理工大学内设机构)。自2012年开始，江西理工大学先后3次申报创办英文期刊，凭借人才、学科、科研及所处区域的资源优势终获批创办。《钨科技(Tungsten Technology)》期刊获批实现江西省英文期刊零的突破，填补中国钨业领域英文科技期刊空白。《钨科技(Tungsten Technology)》

为季刊,办刊宗旨是繁荣钨业学术研究,加强钨业国际学术交流,推动钨业科学理论发展、技术进步和自主创新,增强中国科技期刊的国际影响力和在国际钨行业的话语权,重点刊登钨行业的采矿、选矿、冶炼、分析、机电、自动化、节能环保、资源综合利用等方面的学术论文,国内外钨行业科技成果转化与应用、工程技术实践和最新研究成果的原创性论文。

(严全胜)

图书与数字出版

【概　况】　2018 年,全省出版图书、音像电子出版物 13019 种。其中,新出图书、音像电子出版物 5497 种;重印 7522 种,重印率 57.8%。江西省获得出版类国家级荣誉及入选国家级重点项目 150 项 ,在第四届中国出版政府奖中,获 9 项大奖,取得较好社会效益和经济效益。

组织出版项目参与重大推荐和资助评选。赣南师范大学美术学院《残狼灰满》和景德镇陶瓷大学《江西省非物质文化遗产》入选国家新闻出版广电总局 2017 年"原动力"中国高校动漫出版孵化计划。全省共推荐 34 种出版物,其中图书 33 种,音像制品 1 种参与国家新闻出版广电总局"2018 年向全国青少年推荐百种优秀出版物"活动。二十一世纪出版社集团《大中华寻宝记》入选由国家新闻出版署指导、中央文化产业发展专项资金支持的"优秀原创动漫作品版权开发奖励计划"。申报 2018 年经典中国国际出版工程 39 个,丝路书香工程重点翻译资助项目 56 个。组织省内图书、音像电子出版单位申报 2019 年国家出版基金项目,共申报《大飞机的奥秘——带你走进 C919》《全国苏区反"围剿"文献史料集成》《中国改革开放思想专题史》《新时期出版人改革亲历丛书》等 30 个项目。

【"十三五"国家重点出版规划和国家出版基金项目申报】　全省有 22 种出版物入选"十三五"国家重点图书、音像、电子出版物出版规划增补项目,入选项目总数达到 60 个,与"十二五"时期入选总数 25 个相比,增长 140%,超额完成《江西省新闻出版广播影视业发展第十三个五年规划纲要》中提出的"力争列入'十三五'国家重点图书出版规划的项目数量同比翻一番,达到 50 个"的目标。

全省有 7 家出版单位 13 个项目获得国家出版基金资助,资助金额达 1079 万元,入选数量和受助金额均创历史新高。入选项目分别是:江西人民出版社《闽浙赣革命根据地历史资料文库》《胡先骕全集》,百花洲文艺出版社《中国民间信仰社会学研究丛书》《跨越 1949:中国现当代文学转型研究(上、下册)》《马克思主义文化理论发展史(上、下册)》,江西科学技术出版社《盱江医学(分科研究第一辑)》,江西美术出版社《江右刻石书法大观》《国家展览——中国国家博物馆百年展览》,二十一世纪出版社集团《重估苏俄文学》,红星电子音像出版社《中国禽类重大多发疾病诊治影像库(移动硬盘)》《生态中国的见证者——极度濒危物种白鹤的繁衍、迁徙和保护(DVD-ROM)》《〈中医故事〉大型动画纪录片(DVD)》,江西高校出版社《江西学术史》。江西人民出版社的《朱子学著述序跋题记资料汇编》入选 2018 年度国家古籍整理出版专项经费拟资助项目。

【重点出版物出版】　向中宣部和国家新闻出版广电总局申报 2018 年主题出版重点选题 22 个,其中图书选题 20 个,音像电子选题 2 个。红星电子音像出版社的《难忘初心》入选 2018 年重点主题出版物选题目录。围绕纪念改革开放 40 周年主题,组织策划 30 余种重点出版物,其中《中国改革开放全景录 · 江西卷》被列入"十三五"国家重点出版物出版规划和江西省纪念改革开放 40 周年重点出版物。《激荡 40 年:江西改革开放 40 周年》《江西改革开放大事记》《江西改革开放简史》3 种出版物列入江西省委重点出版物目录。策划《中国经济特区建设史》《读懂新时代:中华民族伟大复兴的理论自觉》《中国共产党怎样解决贫困问题》《从"小平小道"到民族复兴大道》《改革开放思想从这里起源》《中国改革开放思想专题史》《大国转折》等重点出版物出版。

【出版物专项检查】　3 月,按照国家新闻出版广电总局工作部署,开展出版物"质量管理 2018"专项检查。专项检查以全省 7 家出版单位 2017 年以来出版的社科、文艺、少儿、教材教辅、生活、地图和古籍类图书为重点,开展内容质量和编校质量检查,对引进版和公版图书质量加大检查力度;以"三审三校"制度执行情况检查为重点,进一步加强图书质量保障制度建设。专项检查共抽查 7 家出版单位 2017 年以来出版的各类图书共计 70 种,6 种不合格,合格率 91.4%。省新闻出版广电局对抽查结果进行了通报,并根据要求对问题出版社主要负责人进行约谈,要求出版社进行整改。

3 月,根据国家新闻出版广电总局《关于做好 2018 年印刷复制既内部资料性出版物管理工作的通知》要求,对萍乡、宜春、景德镇等 9 个地市的文广新局进行内部资料性出版物专项检查并对存在的问题进行通报,责令相关市局及编印单位进行整改,并将督察情况上报国家新闻出版署。

【网络出版监管】　按照国家新闻出版广电总局要求,对全省 14 家网络出版服务单位 2017 年度社会效益指标进行全面评估。通过评估,加强网络出版服务单位的管理,增强企业责任意识。配合中国新闻出版研究院举办世界 VR 产业大会新闻出版分论坛。论坛由中国新闻出版研究院承办,省新闻出版广电局、江西出版集团、中文传媒等协办。论坛围绕"技术创新与新型业态"主题,展示国内外"新闻出版+VR/AR"领域的最新发展和总体面貌,交流"新闻出版+VR/AR"的新技术、新方案、新成果、新模式。有序开展游戏出版。根据《网络出版服务管理规定》《关于移动游戏出版服务管理的通知》和《移动游戏内容规范》等相关要求,并遵照国家新闻出版广电总局游戏审批流程,指导高校社与游戏公司合作,报送《热血沙巴克》《傲视封魔录》两款国产移动网络游戏。规范网络出版秩序,完善网络出版日常监管。对全省 14 家互联网出版单位的网络出版内容采取日常巡查和不定期抽查的方式开展监管。2018 年,全省互联网出版单位出版秩序良好,未发现违规出版现象。

(汪维国)

版 权

【概 况】 2018年,全省大力加强版权执法监管。全年立案查处各类版权案件90起,数量位居全国前列。江西有15家单位和23名个人在国家版权局表彰查处侵权盗版案件表彰中获奖,省版权局版权管理处连续2年获全国有功单位一等奖。推进作品登记。作品登记数量达到12684件,增长22%,对《美丽江西秀天下》、书法《秀》等一批优秀作品进行版权登记。在第十一届中国版权年会上,省出版集团公司党委书记、董事长赵东亮获得"中国版权事业卓越成就者"称号,这是江西省首次个人获得这一荣誉;二十一世纪出版集团有限公司、江西凯天动漫有限公司、景德镇陶邑文化发展有限公司等3家单位获"中国版权最具影响力企业奖"。江西省精选1200种图书参展第25届北京国际图书博览会暨第十六届北京国际图书节,共达成版权输出协议70余项(其中非港澳台57项、港澳台14项)、输出意向逾200项、引进意向20余项,并获得第25届北京国际图书博览会优秀组织奖。省版权局组织景德镇市版权局及相关知名陶瓷企业参展第七届国际版权博览会,省版权局获得"金慧奖"优秀组织奖,景德镇逸品天合陶瓷有限公司、名镇天下陶瓷文化创意公司等2家企业获优秀企业奖。

【推进软件正版化】 由省使用正版软件工作领导小组办公室组织,对全省所有省直机关单位软件正版化工作开展一对一全覆盖核查,摸清底数,通报考评结果,下发整改通知书,责令整改。国家推进使用正版软件工作部际联席会议第一督查组到江西督查软件正版化工作。全年全省共举办企业软件正版化培训班45次,参训企业40家,培训639人次。

【版权保护宣传工作】 全省版权宣传工作以"3·15""4·23""4·26"等重要节点为契机,创新宣传形式与服务内容,倡导在全社会建立良好的版权保护宣传舆论氛围。"4·26"期间,向社会发布2017年度江西省版权执法十大典型案例,以案释法,提高公众认知著作权法;组织制作网络音乐版权保护专题宣传片,在全省各地网络媒体播放,其中在全省100多家影院累计播放宣传片5348小时,受众50多万人次。联合省妇联、省文联、省出版集团,围绕"新时代·新女性·新创造——版权保护促进文艺创新"的主题,全省女作家代表向全社会发出《版权保护倡议书》。继续开展"高校版权知识巡回宣讲"活动,继续打造"江西版权保护宣讲会"品牌,先后在多家高校、市县局、企业单位开展宣讲活动。继续在中国(赣州)第五届家具产业博览会期间,设立"版权服务工作站",现场为企业办理版权登记。中宣部《每日舆情汇报》"工作动态"栏目单条刊发《江西创新举措强化版权保护工作》,对江西省版权保护工作予以肯定。

【开展"剑网2018"专项整治行动】 6月,省版权局与省互联网信息办公室、省通信管理局、省公安厅召开4部门联席会议,在全省下发《关于开展江西省打击网络侵权盗版"剑网2018"专项行动的通知》,联合开展"剑网2018"专项行动,全年自主发现并移转下发案件线索11条。网络案件查办数量攀升,多起网络版权执法案件走在全国前列,受到国家版权局关注。2018年,全省版权执法案件共结案90起,其中网络版权案件45起(含刑事案件2起),网络版权案件占比首次过半。全省办理版权刑事案件有新突破,3起著作权案成功宣判,同时还有6起网络刑事案件已由公安部门立案。

(何宏勇)

印刷复制

【概 况】 截至2018年年底,全省印刷企业1793家,其中,出版物印刷企业138家,包装装潢印刷企业(含外资企业)566家,其他印刷品印刷企业1071家,专项印刷企业15家,专营数字印刷企业3家。全省印刷产业工业总产值371.24亿元。其中,出版物印刷35.60亿元,约占9.59%;包装装潢印刷191.59亿元,约占51.64%;其他印刷品印刷136.70亿元,约占36.84%;排版、装订等专项印刷7.35亿元,约占2%。资产总额约347.5亿元,工业增加值46.8亿元,工业总产出304.6亿元,对外加工48.3亿元,全行业固定从业人员8.53万人。

【印刷复制"放管服"改革】 按照"放管服"改革要求,印刷复制行政权力6个事项全部承诺"一次不跑"并在日常工作中抓好落实,根据服务对象的要求免费寄送相关审批材料和许可证。按照行政审批事项"行政许可和行政处罚信用信息双公示"要求,全年及时准确公示印刷复制行政许可信息。按照"双随机一公开"行政检查要求,年初对印刷复制方面的"一单两库"进行相应的调整并录入省"双随机平台",根据检查计划和检查比例,10月中旬提前完成印刷复制"双随机"检查任务,抽检到的检查对象都守法经营,现场没有发现违法违规的问题。

【推进依法行政和守法经营】 督导设区市、县(市、区)按照"属地管理"原则,组织举办行政执法骨干和印刷复制企业法人代表法规培训班,系统学习有关法律法规,聘请有关专家和经验丰富的执法人员进行授课,做好传、帮、带,提高行政执法人员综合能力。按照"谁审批谁普法"的要求,全省各级行政执法人员对印刷复制企业、复印打字店开展检查时,必须进行相应的印刷复制普法宣传,做到行政执法检查与普法宣传教育同步进行。督促和教育引导印刷企业守法经营,不断提高印刷复制方面法律法规学习的自觉性,建立健全并完善印刷品承印的五项制度,抓好自身管理,堵塞漏洞和薄弱环节,杜绝非法印刷活动。

(赵金余)

出版物发行

【概 况】 2018年年底,全省出版物发行企业2492家,其中出版物批发企业316家,零售出版物发行企业2176

家。全省出版物发行网点5437个。其中,出版物批发发行网点共计3261个,含出版物批发企业网点314个,新华发行集团网点289个,报刊邮政发行网点2658个;零售出版物发行网点2176个。全省出版物发行企业年销售收入总计165.496亿元,从业人员总计37510人。其中,批发单位年销售收入总计144.740亿元,从业人员总计27662人;零售单位年销售收入总计20.756亿元,从业人员总计9848人。

【完成中小学教材发行任务】 加强指导,科学调度,坚持"标准不变、质量不降、进度不拖",保质保量地完成全省国家统编三科教材暨中小学教材教辅的出版发行任务,确保"课前到书、人手一册"政治任务的完成。同时,根据新闻出版广电总局的部署要求,加强中小学教材教辅的质量管理工作,在督促教材经营公司、各出版社和新华发行集团在开展自查并报送自查报告的基础上,先后分组深入到15家出版物印刷企业和6个设区市、12个县(市、区)的12家新华书店、12所小学、12所中学共抽取914册国家统编三科教材暨中小学教材教辅,送局出版物质量监督中心进行编校质量、印制质量和环保质量检测。2018年,全省共发行教材1.07亿册(其中三科教材1359万册),增加588.46万册,增长5.8%;发行码洋8.66亿元,增加2540.95万元,增长3.02%;中小学学生人数719万人,增加15万人,增长2.13%。

【重点主题出版物发行】 充分发挥新华发行集团的出版物发行主渠道作用,组织指导新华发行集团利用各种途径抓好重点主题出版物的发行工作,并借助节假日、全民阅读月活动等时机,开展重点主题出版物的营销活动。全年共销售《习近平谈治国理政》《新时期面对面——理论热点面对面2018》等重点主题出版物233.56万册,销售码洋6847.47万元。

【开展新华书店社会效益考核评价工作】 依据国家新闻出版广电总局《新华书店社会效益考核评价办法》要求,在省新华发行集团进行社会效益情况自查并向省新闻出版广电局报送自评报告的基础上,采取重点考核与分级抽查相结合的办法,集中对省新华发行集团进行考核。听取各地新华书店的情况汇报和新闻出版主管部门、教育主管部门、部分学校、农家书屋的情况反映,调阅查证相关资料,实地查看新华书店门店等设施,并随机听取书店顾客的意见建议。经过核实、分析,最后确定省新华书店社会效益评价等级为优秀。通过考核评价,进一步强化了新华书店社会效益的首位意识。

【参加第28届全国图书交易博览会】 7月19日—22日,由国家新闻出版署、广东省政府、深圳市政府共同主办的第28届全国图书交易博览会在广东省深圳市举办。中文传媒股份公司和省内8家出版社组成的江西出版参展团参展。展团遴选2000余种精品图书参展,设展位27个,组织策划8场主题阅读文化活动,全方位、多层次宣传推介江西省最新出版的品牌图书,展示江西出版成果。江西展团被第28届书博会组委会评为最受欢迎十大展团之一。省新闻出版广电局被国家新闻出版署评为"优秀组织单位",江西省展区被评为"优秀设计展区",江西高校出版社主办的新闻发布会和二十一世纪出版集团主办的活动被评为"优秀活动"。

(张斯裕)

出版物市场监管

【概　况】 2018年,全省出版物市场监管和"扫黄打非"工作围绕庆祝改革开放40周年主线,以"五大"专项行动为抓手,通过抓市场清理、抓企业监管、抓渠道管控、抓网络监控、抓案件查办等一系列措施,保持良好市场文化秩序。全年,收缴非法出版物28万余件,处置网络有害信息6.3万余条,关闭违法违规网站、微信公众号等940个。共查办各类"扫黄打非"案件160起。其中,全国"扫黄打非"办、公安部挂牌督办案件7起,省"扫黄打非"办、省公安厅治安总队联合挂牌督办案件13起;行政处罚140起,刑事立案10起,刑事处罚54人。

【"净网""护苗""秋风"专项检查行动】 贯彻中共中央、国务院关于"坚决围护意识形态安全和文化安全"等一系列重大部署,持续开展等专项行动,深入清扫网上网下淫秽色情、凶杀暴力、侵权盗版等文化垃圾,履行社会文化环境"清道夫"职责。

"净网"专项行动。开展违法违规网络游戏专项整治、网络文学专项整治行动。全年,查删各类网络不良有害信息(图片)6.3万余条(张),关闭违法违规网站、微信公众号等940余个,查办利用网络平台传播淫秽物品牟利案13起。其中,鹰潭查办"3·16"直播平台传播淫秽物品牟利案,九江"6·5"直播平台传播淫秽物品牟利案,九江查办"5·9"销售非法音像制品案,新余查办李某传播淫秽物品牟利案。

"护苗"专项行动。坚持打防并举,一方面狠抓校园周边市场整治,全年收缴非法少儿出版物和盗版教材教辅40390册,清查涉未成年人网络有害信息3万余条。另一方面加大"绿书签"宣传引导,紧扣乡村振兴、精准扶贫、校园文明创建等主题,邀请优秀儿童作家、艺术家、主持人开展校园公益讲座200余场,捐赠图书20余万册,发放"绿书签"50余万份。利用新媒体、网站、微博等推广护苗"网络安全系列课件"。

"秋风"行动。以规范新闻出版广播影视传播秩序为核心任务,重点打击假冒学术期刊、新闻"三假"、侵权盗版活动以及非法编辑出版图书报刊等问题。全年,共收缴侵权盗版出版物68986件,查办侵权盗版案件97起。新余查办的"6·15"侵犯著作权案,吉安查办的"5·28"网络影视作品侵权案,九江查办的"11·2"利用微信公众号及搭建境外网络服务器传播非法影视作品案,上饶查办的《热血传奇》网络游戏被侵权案,核实一起假冒中国《法治在线》编辑部记者行为,注销373名有不良记录新闻采编人员的采编证件。

【创新开展"扫黄打非"工作】 联合省文明办、省综治办、省新闻出版广电局制定下发《关于将"扫黄打非"纳入精神文明创建和社会治安综合治理网格化管理的通知》,将"扫黄打非"纳入网格化管理。编印《基层“扫黄打非”基础知识问答》。按照“六有目标”、统一“六上墙”规范，建成基层工作站21625个，萍乡市安源区安源镇、赣州市龙南县龙南镇中山社区、新余市渝水区罗坊镇罗家村、上饶市玉山县四股桥乡山塘村等4个工作站被评为全国第二批“扫黄打非”进基层示范点。针对“扫黄打非”违法违规活动网络化趋势，与政法委建立重大案件协调机制；与公安、国安部门建立有害出版活动协查处置机制；与教育、关工委等10部门建立联合“护苗”机制；与国家计算机网络与信息安全管理中心江西分中心建立网络不良信息监测机制；建立建全湘鄂赣三省联合行动机制。

【“扫黄打非”先进】 2018年，九江市“扫黄打非”工作领导小组办公室、鄱阳县文化广电新闻出版局、鹰潭“3·16”网络传播淫秽物品牟利案专案组被评为全国“扫黄打非”先进集体。省“扫黄打非”办调研员张宏涛、省公安厅治安警察总队案件侦查处副处长徐丽宏、省邮政管理局普遍服务处副主任科员范志奇、省新余市“扫黄打非”专职副主任、文化综合执法支队支队长蓝波、省上饶市文化新闻出版广电局版权管理科(“扫黄打非”办)科长张灵、省庐山风景管理区“扫黄打非”办主任熊焰等7人被评为全国“扫黄打非”先进个人。

（彭碧良）

电影电视剧

【概　况】 2018年，全省有数字影院347家，影厅1821个，座位229137个；新增影院44家，新增影厅287个，新增座位数38705个。全省153家数字影院的影厅加入人民院线。全省电影总票房14.2亿元，增长17.37%，增幅列全国各省(自治区、直辖市)第一；全国城市票房一百强中，全省有4个城市上榜，南昌市第29位，赣州市第64位、上饶市第78位，九江市第82位。全省观影人次4290万，增长12.42%。全年票房超1000万元的影院有34家，完成票房11亿元的年度目标。全年全省完成下达县城影院建设补贴、国产影片放映奖励、先征后返专项资金和资助先进技术设备安装、购买农村电影公益性放映版权、电影宣传推广、因素法资金预分配等项目的申报审核工作，涉及专项电影资金5633万元、影院327家。对鄱阳、浮梁、上饶市、铅山、横峰、进贤等地的7家影院进行实地检查，完成对2016—2017年度省文化产业发展专项资金扶持县乡数字影院建设资金使用情况的自查。

2018年，全省通过国家广播电视总局备案公示的电视剧选题11部，2部电视剧取得《国产电视剧发行许可证》。经江西局审核备案并向国家广播电视总局申报的电视动画片制作备案批准公示8部。审查国产电视动画片2部，颁发《国产电视动画片发行许可证》2个。全年报送11部电视纪录片的题材信息备案公示。

【电影电视剧创作生产】 电影《信仰者》获国家电影局1号文件推介肯定，获得上海国际电影节电影频道“传媒关注单元”评委会特别荣誉和最受传媒关注男配角奖。电影《浴血广昌》获9570万元票房收入，《龙吟诏》《英雄帖》等6部侠骨游医系列片在央视电影频道播出，《浴血广昌》《人民税官》《天梦》《大傩董春女》《蜻蜓少年》分别参加国际国内重大电影节展映。电视剧《毛泽东在寻乌》《可爱的中国》《永恒的信仰》《我爱北京天安门》等4部作品入选总局2018—2022年百部重点电视剧选题规划。电视剧《可爱的中国》进入后期制作，电视剧《井冈山儿女》在北京召开开拍新闻发布会。纪念改革开放40周年的献礼电视剧《大浦东》在央视一套首播，电视剧《天下粮田》在央视一套和爱奇艺、腾讯、PPTV等网络平台播出。电视纪录片《守望江豚》入选2017年第四批中国梦主题短纪录片展播奖补片目。电视纪录片《筑梦新丝路——行走在“非洲屋脊”的江西人》入选总局2018年第二批优秀国产纪录片。

【电影电视剧管理】 加大对电影、国产电视剧和境外引进影视剧的审查力度，加强电视剧播出管理。全年审核转报电影剧本备案立项60部，通过国家电影总局审查并取得拍摄许可证29部，审查转报完成片12部，取得电影公映许可证7部；审核转报电视剧剧本备案立项11部，通过国家广播电视总局备案公示9部，取得电视剧发行许可证2部；完成38集国产电视剧《茉莉》、2集电视剧《瓷都人之同学情》和3部重播剧《天龙八部》(40集)、《爱恨一线牵》(35集)、《爱的激情》(20集)以及1部引进泰国电视剧《花戒指》(20集)的审查工作。

【农村电影公益放映】 2018年，农村电影公益放映总场次28.9万场，超过26.4万场放映任务数。组织1400余支“红色文艺轻骑兵”电影小分队进农村、进广场、进社区、进学校、进军营、进工业园区等开展主题电影公益放映，有的还向敬(养)老院、儿童福利院等特殊场所延伸，丰富城乡群众文化生活，宣传中共十九大精神以及乡村振兴、精准脱贫、生态保护等政策和科技致富知识。以问题为导向，开展全省农村电影公益放映专项资金自查及专项整改，对存在问题进行销号管理，督导逐项整改，依法取消部分违规放映单位承担公益放映资质，指导各地根据行政隶属关系和干部管理权限，对有关人员进行追责问责，举一反三、完善制度，提升农村电影公益放映服务。

（郭美红　凌文勇　郭力）

广播电视宣传

【概　况】 2018年，全省广电系统围绕省委省政府中心工作，把握正确舆论导向，持续深入宣传阐释习近平新时代中国特色社会主义思想，积极开展社会主义核心价值观、“中国梦”主题系列宣传、“红船精神”、中共中央总书记习近平系列重要讲话精神宣传，做好改革开放40周年等主题宣传，唱响主旋律。大力宣传江西在经济、政治、文化、社会、生态文明建设和党的建设方面取得的巨大成就，为江西省经济社会发展营造良好舆论氛围。

【重大主题宣传】 全省各级广电媒

体以全面贯彻中共[illegible]改革开放 40[illegible]政府中心工作[illegible]点。江西广播[illegible]作为新篇章》《[illegible]基层行》等 40 [illegible]《脱贫攻坚进行时[illegible]题整改》等 104 个[illegible]《新时代新画卷》等 143 [illegible]系列报道。江西广播电视台全国两会报道取得多项历史性突破，获中宣部通报表扬 9 次。省广电局和省广播电视台组织开展“名播名记走基层”活动，组织省、市广播电视台获全国“金话筒”称号和江西省“十佳”播音员主持人等围绕“走转改”主题，到新余、景德镇、抚州南丰，与基层广播电视台的采编播一起进行业务培训和经验交流，引导和鼓励新闻媒体多出接地气、有人气的好报道、好节目。创新宣传方式。南昌广播电视台在利用传统媒体开展中共十九大宣传的同时，开通并利用“掌上南昌”APP 新媒体进行同步宣传，优化用户关注体验，提高全民参与、全民互动的传播效果。围绕中国首届“中国农民丰收节”，江西广播电视台等部门承办中国农民丰收节江西活动，多种形式展示江西省各地农业特色产业、绿色生态农业进展、农业农村改革成效、现代农业发展成就等，同时集中呈现改革开放 40 年来江西农业、农村、农民的新变化、新面貌、新成果。围绕打击“老赖”，开展“赣鄱执行利剑”全媒体直播月活动，4 场直播网络点击量全国总量突破 8000 万，数据创全国同类同时长直播点击量之最，吸引全国十多家法院及媒体前来观摩。

【广播电视宣传管理】　省广播电视局召开全省广播电视宣传管理工作会议，对 2018 年宣传管理工作任务进行部署。转发和传达中宣部、国家广播电视总局和省委宣传部下发的一系列有关宣传管理的要求和提示。对于重大紧急的宣传要求，及时编发《宣传通报》，立即传达，落实到位，有效保证广播电视新闻宣传在导向上不出偏差，宣传纪律上不出问题。充分发挥收听收看抓手作用，努力提高《收听收看简报》的时效性、针对性，2018 年共编发《收听收看简报》50 期。对突[illegible]问题下发《警示谈话通[illegible]单位负责人、节目制[illegible]传管理部门负责人[illegible]违规违纪单位端[illegible]，有效遏制宣传工作[illegible]违规现象。在全省部署开展“讲品位、讲格调、讲责任，抵制低俗、庸俗、媚俗”专项行动，重点对各类广播电视宣传中存在的不守纪律、不讲规矩、节目内容低俗等现象进行清理和整改，确保广播电视宣传导向正确，节目遵章守纪，格调积极健康。

（万里波　胡小玲）

广播电视科技

【概　况】　2018 年，全省广播电视科技工作以科技创新为基点，以媒体融合为引领，以服务民生为方向，确保安全播出。注重加强技术人才培养，积极主动推动全省有线、无线同步发展，江西广电网络全省接入网双向网络改造工程全面完成，全省约 900 万用户进行了接入网改造，其中城网新建楼盘和农网用户全部采用 FTTH 技术。推进实施中央广播电视无线数字化覆盖建设、无线发射台基础设施改造建设、智慧广电、赣云等一系列广播电视重大科技工程项目。

【无线覆盖数字化工程建设】　通过 3 年多时间建设，2018 年全面完成中央广播电视节目无线数字化覆盖工程建设，141 座发射台播出央视 12 频道数字电视节目，19 座发射台试播央广 3 套数字广播节目；同步推动省、市、县三级广播电视台第一套电视节目无线覆盖数字化，保障和改善中央和地方广播电视公益覆盖。同时，利用省级财政资金 2500 万元，初步完成连接全省 29 个台站的骨干数字微波传输网络建设，并对 13 座骨干发射台转播省台新闻广播节目的发射设备进行更新改造，进一步改善广播电视无线传输覆盖效果。

【无线发射台基础设施改造】　在完成 2016 年、2017 年启动的 22 座无线发射台基础设施改造的基础上，2018 年另有 8 座发射台获得中央项目支持，已投入建设，进一步提升江西广播电视安全播出和公益覆盖保障能力。其中，有 2 座发射台完成建设任务，5 座发射台已完成 80% 以上的工程量，1 座发射台完成 50% 的工程量。

【“赣云”融媒体中心建设】　2018 年，由江西网络广播电视台具体负责，打造支撑县级融媒体中心建设的省级平台——“赣云”融媒体中心，“赣云”平台不断升级，逐步实现支撑全省万级新媒体产品、千万级新媒体用户，是江西新媒体管理、产品汇聚、内容融合、移动政务服务的综合云服务平台。在传统媒体云平台的基础上，“赣云”打造出新型移动新媒体音视频内容产品矩阵，建设成一个汇聚新闻报道、政务服务、舆情分析、智慧城市和广电媒体资源的强大系统，实现“全省汇聚、全球发声”的聚变式媒体融合发展，进一步提高江西广播电视台的传播力、公信力、影响力和舆论引导力。

【“智慧广电”建设】　2018 年，江西广播电视系统组织实施“智慧广电”项目规划和建设。江西省广电网络公司完成的“智慧江西”平台，利用信息化相关技术，通过监测、分析、整合、以及智慧响应的方式，综合各职能部门，整合优化现有资源。主要应用有雪亮工程：以实现立体防控为核心要求，服务政府、便民生活。智慧政务：发布政务资讯、宣传政策法规、展示政府工作动态、政府组织结构设置、重要公示通知等，紧密联接党委、政府和人民群众。智慧党建：根据广大党员的不同需求，提供不同的多媒体教育资源。应急广播：实现市、县、镇、村四级应急广播管理，满足全市应急预警信息发布的总体要求。智慧教育：通过广电网络技术手段将当地教育局、学校提供的教育信息和教学内容展现在家庭的电视机上，在政府教育部门、学校、老师、家长、学生之间搭建一个良性互动沟通平台。新时代文明实践中心：立足省委宣传部新时代文明实践中心建设要求，做好试点工作并提供全方位信息化和智能化服务支撑。

【无人机技术推广应用】　无人机摄制大量使用在新闻拍摄、新闻包装和宣传片拍摄,以及特别活动节目摄制中,也用于城市风光、专题纪录片、新闻事件、体育赛事等航拍,涉及领域广,视觉传播效果较好。运用无人机开展故障排查。为了解决高山巡线的困难,七〇二台开创性地运用无人机辅助供电线路抢修,先后派人完成无人机采购、资格证考取、抢修实战等工作,七〇二台是江西省首个实现巡线无人机排查供电线路故障的高山发射台。

(蔡旦颖　马力)

播出制作机构管理

【概　况】　2018年,全省共有广播电视播出机构98座,其中广播电视台92座(省级1座,设区市级9座,县级82座),广播电台2座,电视台2座,教育电视台2座。全省广播电视播出机构共开办节目156套,其中广播节目116套,电视节目40套(含付费电视频道2套,移动数字电视频道1套)。

2018年,江西广播电视台调整频道定位,红色经典频道调整为新闻频道,公共频道、影视频道分别增加农业和旅游定位。全省有持信息网络传播视听节目许可证的网站15家,含江西网络广播电视台1家,经批准开展移动互联网视听节目服务业务的机构5家。

【江西广电传媒集团有限责任公司揭牌成立】　为贯彻省委、省政府发展文化产业、建设文化强省决策,深化文化体制改革,2月12日,江西广电传媒集团有限责任公司揭牌成立。新组建的江西广电传媒集团有限责任公司实行“一个党委、两个机构、一体化运行”的组织架构,台与集团一体化运作,按照社会效益优先、社会效益和经济效益相统一的原则,建立现代企业制度。曾光辉任江西广电传媒集团有限责任公司董事长。

【“户户通”工程建设】　按照中宣部、文明办、国家广电总局有关“向深度贫困地区贫困家庭赠送电视机及配套直播卫星户户通建设”的部署要求,协调3个设区市、5个县(区)完成1290户“户户通”设备的招标、安装、开通等工作;配合全省脱贫攻坚,支持各地近万户贫困户安装开通“户户通”,全省直播卫星户户通用户累计已达144.6万户。农村群众通过“户户通”可收看到58套电视节目、收听到47套广播节目。12月,江西直播卫星户户通工程通过总局检查验收。

【江西IPTV平台建设】　2月,完成江西IPTV集成播控平台二期改造,可支撑400万用户,支持大屏、PC、手机等多终端呈现。江西IPTV集成播控平台拥有高清25路、标清116路直播电视频道;已与18家内容提供商合作,达到10万小时高清点播资源,其中高清电影约1万部,高清电视连续剧约2000部。引入4K片源(基础内容3万小时,每月200小时更新),并与多家拥有头部内容资源的内容方初步谈成合作。

【移动互联直播】　江西网络广播电视台获批开展移动互联网直播,2018年江西网络广播电视台通过手机江西台、头条号、百家号等平台,开展融媒体活动直播场次达253场,基本实现“天天有直播”。重点打造以“手机江西台”APP为核心的网络视听直播矩阵。“手机江西台”通过整合江西广播电视台的视音频资源,上线广播直播,与电视直播、活动网络直播组成全媒体直播矩阵。

【广播电视媒体融合发展】　江西网络广播电视台以“搭建平台、整合资源、融合产业、共赢发展”为思路,以“手机江西台”APP为核心,深化推动广播电视媒体的融合发展。“手机江西台”的影响力和用户下载量全面攀升,实现两微两端及头部媒体矩阵的全覆盖。江西网络广播电视台全网的矩阵平台用户总数达到1397.34万,推送的视频累计播放量达42.5亿次,稳居江西主流新媒体平台覆盖第一。运用大数据及云计算等互联网技术,实现内容分发智能化。与成熟商业媒体平台合作建设智能新闻推送分发频道,每天15000条热点新闻汇聚于内容池,并根据人像识别实现客户端的千人千面,满足用户对新闻内容的个性化、定制化使用需求。

【广播电视安全播出】　坚持多级审查、重播重审制度,积极开展收听收看,进一步强化对各播出机构的广播电视宣传管理和安全保障。对各台站技术指标进行检测,并将检测结果通报给各单位,进一步增强各单位质量意识和安全意识。加强广播电视技术系统维护,保障播出安全。坚持24小时监听监看制度,各重要安全播出保障期安全播出工作保持零差错。2018年,江西省上星传输广播电视节目业务全年未发生重大播出事故,连续两年无重大播出事故。全国仅8个省份连续两年无重大播出事故,在总局安全播出电视电话会议上受到通报表扬。

(刘茗)

本栏编辑　张志勇

卫生健康

综　述

2018年，全省医疗卫生机构数36546个，其中，医院717所（综合医院451所、中医院105所、中西医结合医院11所、专科医院148所、护理院2所），基层医疗卫生机构35020个，公共卫生机构739个，其他卫生机构70个。总床位数249510万张，每千人口床位数5.38张。全省卫生技术人员247204万人，其中执业（助理）医师数87277人，每千人口1.88人；注册护士数110828人，每千人口2.38人。

717所医院中，三级医院70所（三级甲等50所、三级乙等6所、未评等次14所），二级医院234所（二级甲等172所、二级乙等28所、未评等次34所），一级医院149所（一级甲等27所、一级乙等9所、一级丙等1所、未评等次112所），其他264所。

公立医院综合改革位居全国前列。江西省公立医院综合改革效果评价连续三年位居全国第一方阵，累计获得国家奖励近5000万元，是全国唯一连续十年入选全国十大医改新举措（新闻人物）的省份。相继出台公立医院党的建设、现代医院管理制度、全科医生培养使用与激励、互联网+医疗健康、仿制药供应保障及使用、短缺药品供应保障等重大政策文件。在全国率先推进省、市、县、乡四级医疗机构的价格联调联控工作，建立医疗服务价格动态调整机制，取消药品加成后的实际补偿率超过100%。落实合理用药用耗材和重点监控品种监管制度，公立医院药占比、百元医疗收入消耗的卫生材料费、医疗服务收入占比等相关数据均优于全国平均水平。全省共组建多层次、多形式医联体372个，门诊次均费用、平均住院费用相当于全国平均水平的92.6%、90.85%。确定100个按病种收付费项目，将25个病种纳入基本医疗保险日间手术按病种收付费试点范围。医疗机构、医师和护士电子化注册管理改革全面完成，电子化注册率90%以上。2018年版国家基本药物目录按期实施，根据国家卫健委组织的第三方评价结果，江西省基本药物制度实施综合效果评价全国排名第六位。全省药品供应保障平稳有序，基层合理用药水平持续提高。全省各级公立医疗卫生机构基本药物使用金额占比30%以上，基层医疗卫生机构占比60%以上。构建以DRGS和HQMS数据为基础的医院管理绩效评价平台，推进季度通报行政、质控专业组织和医院“三个维度”的评价，并在全国领先。

提升医疗服务能力。全省门诊患者满意度全国排名第三位；住院患者满意度全国排名第十位；员工满意度全国排名第五位。全国平安医院创建工作考评连续5年排名全国第一位，南昌市、新余市获全国创建平安医院活动表现突出地区。江西省医学会时隔8年换届。中国医学科学院发布2018年中国医院科技量值排行榜，江西省9所医院的40个专科在全部29个学科中，有26个学科进入专科排行榜前100名。获得省自然科学奖2项、省科技进步奖14项。2018年省卫生健康委联合省发改委成功申报并下达中央投资项目29个，获得中央投资补助10.92亿元。省属新区医院和全省胸痛、卒中、创伤急救、危重孕产妇救治、危重新生儿救治等“五大中心”建设加快推进。创新出台江西省卒中、创伤、胸痛中心建设管理指南，推进构建具有江西特色、符合江西省情的急危重症救治体系。全省3个专科入选全国疑难病症诊治能力提升工程项目储备库，65个专业列入国家临床重点专科建设。完成“提升县级医院综合能力三年行动计划（2016—2018）”。全省新（改）建村卫生室2908个，基层医疗卫生机构达标率提高到90%以上。新一轮全省乙类大型医用设备配置许可工作全面启动，准予行政许可275台。印发《第一批江西省全民健康信息标准规范集（试行）》，涵盖243个标准规范。

推动中医药强省。国家中医药综合改革试验区建设加快推进，承办世界中医药大会第四届夏季峰会，组建省中医药管理局，实现中医药管理体系建设重大突破。全省开展《中华人民共和国中医药法》宣传活动400余场。推进14个品种的种子种苗标准化、规范化繁育基地建设。完成974个基层中医馆建设。江西省中医康复（热敏灸）联盟成员单位新增15家，总量55家。

深入实施健康扶贫。健康扶贫“六大提升计划”深入实施，贫困患者住院费用个人自付比例控制在10%以下。25种重大疾病纳入重点救治范围，比国家要求增加18个病种，救治病种数量和救治人数稳居全国第一位。救助先天性结构畸形和遗传代谢性疾病贫困家庭患儿645人，发放救助金额654万元，救助人数和资金居全国第一位。完成1061例健康快车项目贫困白内障患者免费手术。针对427例贫困晚期血吸虫病患者实行

"两免一补助"政策。两癌检查工作实现全省区域、城镇贫困妇女全覆盖。

开展医疗援外。江西省第22批援突尼斯医疗队和第13批援乍得医疗队圆满完成援外医疗各项任务，共完成门诊10万余人次，经管住院约1.3万余人次，完成各类手术7200人次，抢救危重病人约2000人次。乍得政府、乍得卫生部，中国驻突尼斯、乍得使馆，致信国家卫健委、省政府及省卫健委，对医疗队所做工作和取得的成绩予以高度评价。先后选派43名医务人员对口帮扶克州中医院、阿克陶县人民医院和3个乡镇卫生院，开展新技术、新项目145项，手术病人418人，抢救急重症病人500多人，开展重大疾病筛查1288人次，让当地百姓享受到更多的健康实惠。

提升公共卫生服务。江西成为全国首个按世卫组织标准实现消除疟疾的省份。11个市县（区）实现血吸虫病消除达标，超额完成年度消除达标计划。全省结核病防治重点指标全国排名第二位，心血管病高危人群早期筛查与综合干预项目全国排名第七位，脑卒中高危人群筛查干预项目全国排名第十位。严重精神障碍管理治疗工作有效落实，患者报告率、管理率、服药率等主要工作指标多年位居全国第一方阵。全国12320卫生热线第三方服务质量评估，全国排名从2017年的第三十名前移到第五名。首次发布2项江西省食品安全地方标准《南酸枣糕生产卫生规范》和《鲜湿类米粉生产卫生规范》。人均基本公共卫生服务补助标准提高到55元，服务项目拓展到15类。全省城乡居民电子健康档案建档率约为83%。全省传染病疫情总体保持平稳，法定传染病报告发病率降至490.82/10万，法定传染病报告发病率、死亡率均低于同期全国水平。成功处置12起突发传染病疫情，有序平稳处置长春长生问题疫苗事件。首次开展有组织航空紧急医学救援，建立2支省级航空紧急医学救援队。深入开展爱国卫生运动，樟树市获省级卫生城市，全南、资溪、石城、浮梁县获省级卫生县城。监督执法成效明显，全省共查办卫生计生各类违法案件11605例，罚没款2976.53万元，分别比上年增长23.8%和43.5%。全省卫生计生监督执法案件数量连续2年排名全国前5名、优秀案例数量连续2年位居全国第一位。开展健康驿站建设，完成电子健康卡首发。健康促进项目深入实施，以"科学健身"为主题的"健康中国行、律动赣鄱地"主题活动取得良好效果，健康促进县区建设富有成效，全省居民健康素养水平持续提升。

计生服务转型升级。抚州市获全国第二批创建幸福家庭活动示范市。南昌市西湖区入选全国流动人口基本公共卫生计生服务均等化示范区。九江市永修县获全国计划生育基层群众自治示范县。推进计划生育服务管理改革，加快推广婚检、孕检和生育登记"三中心合一"的服务模式，全省77%的县（市、区）建立婚育"一站式"全程服务中心。累计完成生育登记网上办理119.57万例，群众满意度达99.4%。完善全面两孩配套政策，全省母婴室设置率85%，婚检率80%以上。全年在高龄高危孕产妇激增的情况下，全省孕产妇死亡率与上年度持平并低于全国平均水平，2个集中管理受到国家卫健委表扬。加快计划生育奖励和扶助政策落实，发放计划生育家庭奖励资金8.3亿元，惠及60余万计生家庭。计划生育特殊家庭住院护理保险启动实施。2018年全省为流动人口开展体检、咨询16.8万人次，发放健康包13.8万个。开展医养结合试点，确定南昌、赣州、抚州为国家级试点示范市，新余、鹰潭为省级试点单位。在全省开展安宁疗护试点，省肿瘤医院等10余家单位设立安宁疗护中心或病区。

加强人才培养。启动第十一批卫生人才服务团工作和"赣鄱血防之星"人才培养计划。实施中医药人才培养"杏林计划"，评选表彰江西省名中医80人、江西省基层名中医100人。35名医疗卫生专家入选全省人才专家库，3名医疗卫生专家入选全省"百千万人才工程"，4名引进类医疗卫生专家入选全省"双千计划"。首次引进省外高层次人才——浙江省肿瘤医院原院长毛伟敏到江西工作，首次为省级直接联系专家开展健康体检。开展公立医院实行人员总量管理试点工作，4所公立医院编制数增加至9420名。规范化培训住院医师1545人。精心组织首个中国医师节主题活动，评选表彰全省优秀医师团队100个、优秀医师个人201名。1人获中国医师奖，2人被授予"白求恩式好医生"称号，3人被评为"中国好医生""中国好护士"月度人物。

（马晓平）

医疗改革

【概　况】　2018年，省委省政府继续将医改工作列入市县高质量发展综合考评内容，考核结果与资金奖补和荣誉激励挂钩。对第一轮医疗服务价格调整成效进行评估，并通过医保、医疗、医药"三医联动"的综合施策和统筹衔接，动态调整医疗服务价格。全省公立医院取消药品加成后，药占比降至31%，百元医疗收入消耗卫生材料费降至25.1元，医疗服务收入占比提高到30.8%，总体实际补偿率超过100%，是全国8个实际补偿率100%到位的省份之一。研究制定《关于加大医改攻坚力度加快落实重点工作任务的实施意见》，建立与全面建成小康社会相适应、覆盖城乡居民的基本医疗卫生制度。制定实施《江西省县级综合医院医疗服务能力建设工作方案》，力争到2020年全省90%县级综合医院达到国家基本标准，30%县级综合医院达到国家推荐标准，基本实现大病不出县。完成"全面提升县级公立医院综合能力三年行动计划（2016—2018年）"，累计为县级医院培养1200名骨干医师，建设603个临床重点专科，2018年全省县级公立医院疾病难度系数（CMI）提高到0.79，县域内就诊率提高到86.56%。

【全省急危重症救治体系构建】　在全省县及县以上医院大力推进胸痛中心、卒中中心、创伤中心、危重孕产妇救治中心、危重婴幼儿救治中心等"五大中心"建设。制定中心建设管理指南与现场评估细则，分类组建中心建设专家组，强化院前院内协同救治和一体管理，创新构建三级急危重症患者分级救治体系。省人民医院、南昌大学第一附属医院、南昌大学第二附属医院作为三大中心建设牵头责任单位，组织专家团队分专业、分片区开展专题轮训,现场指导建设工作。各建设医院实行"一把手"工程,畅通急诊急救绿色通道,建立落实先诊疗后付费工作制度,推进实施多学科联合诊疗,加强完善院前急救与院内救治协作机制,为急救患者提供全面、紧急、准确、有效的救治服务,提高全省急危重症救治能力和防治水平。

【分级诊疗制度建设】 出台《江西省医疗联合体建设实施规划(2019—2020年)》,医联体建设实现网格化布局。在于都、丰城等县(市)开展县域医共体建设试点,城市医院采取整体托管等形式,推动优质资源下沉。推进家庭医生签约服务,2018年,全省常住人口签约1747万人,签约服务率38.1%;重点人群签约服务1349万人,签约服务率73.2%。加快推进远程医疗服务体系建设,完成省级平台招投标工作,所有贫困县(市)实现远程医疗全覆盖。全省基层医疗卫生机构门急诊人次占比提高到65.2%。

【健全全民医疗保障制度】 城镇职工、城乡居民等医保参保率稳固在98%以上,城乡居民医保人均财政补助标准提高到490元,个人缴费标准为220元。大病保险制度实现全覆盖,重特大疾病医疗救助、疾病应急救助全面建立,商业健康保险快速发展。全面推进按病种付费、按人头付费等多种付费方式改革。各设区市落实以乡镇为核算单位的门诊统筹管理模式,医保基金流向更趋合理。全面推进健康扶贫三年攻坚行动,实施"六大提升计划",贫困患者住院费用个人自付比例控制在10%以下,实现建档立卡贫困人口、县域内定点医疗机构先诊疗后付费和"一站式"即时结算全覆盖。

【现代医院管理制度改革】 在全国率先建立省、市、县、乡四级医疗机构价格联调联控机制,2018年,全省所有设区市完成两轮以上综合性医疗服务价格调整,并将医疗服务价格调整权下放到有条件的5个县(市)。开展现代医院管理制度试点,选择南昌大学第二附属医院等4所医院为国家试点医院,选择南昌大学第一附属医院等18所医院为省级试点医院。设立省、市、县卫生健康行业党建工作指导委员会及办公室,以加强党的建设引领公立医院改革发展。在6个市、县开展公立医院绩效考核评价试点工作;新余市、于都县开展公立医院综合改革示范工作;在新余市开展薪酬制度改革国家试点。

【药品供应保障】 出台《江西省改革完善短缺药品供应保障机制实施方案》《江西省关于改革完善仿制药供应保障及使用政策的实施意见》,建立健全短缺药品供应保障体系和机制。开展抗癌药专项集中采购,将17种抗癌药纳入谈判采购目录,平均降幅为59.5%。实施国家基本药物目录(2018年版),开展建档立卡贫困人口中的高血压、2型糖尿病和脑卒中患者实行门诊基本药物免费治疗试点。开展"两票制"电子验票系统建设,在3家大型配送企业、7家不同等级的医疗卫生机构开展试点工作。推进药品第三方现代物流试点,新增2家大型批发企业开展药品第三方服务业务。加强药品采购使用监管,对7个不指定配送企业的品种进行市场清退。

(吴思庭)

医政工作

【概　况】 2018年,印发《进一步改善医疗服务工作方案(2018—2020年)》,巩固并建立健全预约诊疗制度、远程医疗制度、临床路径管理制度、检查检验结果互认制度、医务社工和志愿者制度。以问题、目标、需求为导向,优化服务模式,优化诊疗行为,优化行业形象,优化院容院貌,优化控费结算,改善就医诊疗、就医人文、就医环境、就医费用体验,不断提升医疗服务质量和服务效率。全省公立医院门诊、住院患者、员工满意度在全国公立医院满意度调查中分别排名全国第三位、第十位、第四位,均高于全国均值。抓好全省10种重大疾病免费救治工作和15种城乡贫困人口重大疾病专项救治工作,并将肝癌、尘肺、神经母细胞瘤、儿童淋巴瘤、骨肉瘤5种疾病纳入专项救治病种范围,全省重大疾病救治病种数30个。全省累计救治重大疾病患者114.1万例次,其中免费救治重大疾病患者109.6万例次、专项救治重大疾病患者4.5万例次。

【医疗纠纷预防处理体系】 通过重点加强医疗技术临床应用管理医疗损害鉴定和医疗损害鉴定专家库管理,强化行政处理等措施推进国务院条例实施。构建"1+1+6"完整的医疗纠纷预防和处理法规制度体系,建立科学有效的事前源头预防机制,建立健全质量控制三级体系和人民调解体系。全省医患纠纷人民调解委员会市、县覆盖率达100%。全省医疗纠纷案件80%以上通过人民调解化解。建立医疗责任保险统保分担机制。全省二级以上公立医院医责险统保率100%、基层医院达医责险统保率60%。在全国率先研发应用"医疗纠纷调处信息管理系统"。开展扫黑除恶专项斗争,坚持对涉医违法犯罪零容忍,建立医疗纠纷责任追究制和医疗纠纷预警机制,防范纠纷发生。依法及时、妥善处理各类医疗纠纷,医疗纠纷总量和信访总量与2013年相比,同比降幅50%。

【三维四面医院绩效体系】 结合CMI、DRG组数、DRG总量、时间消耗指数、费用消耗指数等重要指标,探索构建覆盖"行政、行业组织、医院"3个维度和"服务能力、工作效率、质量安全、综合管理"4个方面的全省医院绩效管理综合评价体系。248家医疗机构与平台成功对接并分配了DRGs平台账号,实现二级以上公立医院全覆盖。在把好医院上传数据质量关的基础上,每季度发布《江西省医院DRGs绩效分析简报》,从数据质量、综合医疗服务评价、病例权重、三四级手术、重点监测病种5个方面,对全省医院上传至DRGs平台的病案首页数据进行分析评价。完善江西省医院管理综合评价系统建设,通过接入江西省全民健康信息平台、江西省卫生统计信息网络直报系统等数据,对全省卫生资源和医疗服务情况进行监测并分析。

【补齐医疗服务能力建设短板】 印发《江西省县级综合医院医疗服务能

力建设工作方案》，深入实施城乡医院对口支援并重点加强23所城市三级医院对口帮扶24个贫困县、41家县级医院工作。借力实施县级骨干医师进修、卫生管理干部赴台研修、星光计划、磐石行动、走进西部等项目培训县级医院骨干1000余名。同时，组织开展2018年“服务百姓健康行动”全省大型义诊活动周累计为17.3人次提供义诊服务。推进落实《江西儿童医疗卫生服务改革发展实施意见》，转岗培训县级医院儿科医师59名。加强精神卫生防治体系建设，转岗培训县级精神科医师63名。在3所省直医院和各设区市20%二三级公立医院、10%社会办非营利性医院开展医院制定章程试点，在4所省市医院开展以消化系统肿瘤为主的多学科联合诊疗工作。

【医疗要素管理】 印发《关于进一步规范有关医疗机构设置审批和执业登记管理的通知》，优化管理层级，简化审批程序，支持社会力量提供多层次多样化医疗服务。组织全省医师资格考试，22566人参加实践技能考试，17309参加综合笔试，考试总合格率49%。加快国家实践技能考试基地建设，10个基地接受国家复评组检查评估。完成医疗机构、医师和护士电子化注册管理改革工作任务。印发《关于进一步加强医疗美容服务管理工作的通知》，从机构、人员和项目等三方面对医疗美容服务管理工作予以加强。

【血液供应与血液安全】 联合省直机关工委举行庆祝世界献血者日暨纪念《中华人民共和国献血法》实施20周年启动仪式。出台《关于进一步加强全省无偿献血工作的通知》，从2018年4月1日起取消互助献血，建立全省科学的血液调剂机制。对16551名无偿献血奉献奖、405个无偿献血促进奖、345个志愿服务奖、8个先进城市奖、11个先进部队奖和19个无偿捐献造血干细胞奖奉献奖进行通报表彰。严格采供血机构执业管理。完成2018年前三季度无偿献血人群结构统计分析表和分析报告。全年全省献血人数约40万人次，献血约136吨，采血人次、采血量与2017年相比分别增长6.89%和6.19%。

【药事管理】 强化重点药品监控制度，扩大重点药品监控目录产品统计口径，2018年上、下半年重点药品监控目录重合的10个产品12个规格采购金额下降约21943万元。完成抗癌药省级专项集中工作和部分抗癌药价格磋商工作，议定成交产品235个，全年节省采购资金约8000万元；磋商成交36个，与降税前全国最低价比较平均下降4.37%。

【医疗救援与保障】 印发《关于进一步加强流行性感冒医疗和监测工作的通知》，做好流行性感冒医疗和监测。完成2018年亚布力中国企业家论坛夏季高峰会、2018世界中医药大会第四届夏季峰会、2018南昌国际马拉松赛、第五届世界绿色发展投资贸易博览会等多个大型活动项目医疗保障服务任务。组织专家参与“2·20”宁都县重大交通事故、“2·15”芦溪县烧伤事件、“3·18”安福县案件伤人事件、“3·31”永修县氯化氢吸入性中毒事件、“8·16”南昌重大交通事故医疗救援工作。

【精神卫生防治】 召开全省精神卫生工作经验交流暨九江市精神卫生综合管理试点工作经验总结推广会，开发建设省级严重精神障碍管理信息系统。将赣州市申报列为全国社会心理服务体系建设试点城市。组织实施严重精神障碍管理治疗项目，全省累计登记并录入国家严重精神障碍信息系统218991人，平均报告患病率4.49‰，面访率77.42%，规范管理率为79.70%，规律服药率49.46%。

【举办第八届世界华人神经外科学术大会】 5月10日—13日，第八届世界华人神经外科学术大会在南昌举办。该届大会由北京市王忠诚医学基金会、世界华人神经外科协会、北京市神经外科研究所主办，江西省医学会、江西省医学会神经外科学分会、南昌大学第一附属医院承办。省卫计委党组书记、主任丁晓群，南昌大学党委书记喻晓社，南昌大学第一附属医院院长张伟，世界华人神经外科协会名誉主席、中国工程院院士周良辅，世界华人神经外科协会名誉主席，中国台湾地区医事联盟协会理事长高明见，世界华人神经外科协会主席、北京市神经外科研究所所长张亚卓出席开幕式并分别致辞。大会开幕式由省医学会神经外科专业委员会主委，南昌大学第一附属医院洪涛教授主持，大会设9个分会场。会议有中国、美国、英国、日本、意大利、比利时等国家和地区的神经外科专家3000多名代表参会，交流学术论文2300余篇，涉及神经肿瘤、脑血管病、颅脑创伤、神经外科重症管理、功能神经外科、脊柱脊髓病变、小儿神经外科、先天性疾病、神经介入、神经内镜、护理、基础研究（含转化医学）等多个领域。

（王卓）

基层与妇幼卫生

【概　况】 2018年，持续推进落实《江西省健康扶贫工程实施方案》《健康扶贫再提升工程实施意见》政策措施和健康扶贫“三个一批”工作任务，全省贫困患者住院费用报销比例达到90%，县域内定点医疗机构均实现先诊疗后付费和“一站式”即时结算。全省因病致贫家庭减少4.5万户，对全省脱贫的贡献率为38.1%；剩余贫困户中因病致贫占比为38.7%，较上年再下降3.3个百分点。

【基层卫生服务机构建设】 重新统计确认全省基层医疗卫生机构名称及数量，共备案城市社区卫生服务机构763所，乡镇卫生院1643所。开展乡镇卫生院等级评审，通过评审规范业务管理，提升服务质量，规范基层医疗卫生机构设置管理。开展乡镇卫生院职工周转房建设，省级财政安排2000万专项资金为乡镇卫生院计划建设1000套职工周转房。落实乡村医生多渠道补偿机制，下达乡村医生公共卫生服务岗位补助及养老生活补贴1亿多元，招生培养村卫生室订单定向医学生1500人，累计在校培养3800人。推进公有产权村卫生室建设，2018年新（改）建村卫生室2908个，全省产权公有村卫生室达到12591个，完成应建村卫生室任务数的90%。

【完善妇幼健康服务】 全省全年住院分娩活产数51.85万，孕产妇死亡率为8.10/10万，婴儿死亡率为5.5‰，持续低于全国平均水平。利用中央预算内投资项目，争取中央投资1.22亿，带动地方投资1.91亿，支持6个妇幼保健院的新建工程。启动妇幼保健机构等级评审，夯实妇幼健康三级服务网底，强化危重症救治中心建设。建立5家省级、22家市级、115家县级危重孕产妇救治中心和5家省级、17家市级、94家县级危重新生儿救治中心。启动孕产期保健和儿童健康集中管理。66个县已建立县、乡、村两个集中管理机构，对辖区内所有孕产妇、0—6岁儿童健康进行集中、系统管理。开展相关培训，提升母婴安全关键技术水平。加强孕产妇和新生儿死亡评审，编印危重孕产妇和危重新生儿救治典型病案汇编。推广妇幼中医适宜技术，为50所妇幼保健机构培养57位技术骨干。投入100万元在10个县级妇幼保健机构开展妇幼中医融合发展试点。

【出生缺陷综合防治及救助】 全面推进婚前医学检查工作，全省婚检率86.47%，比上年提高23%，增幅居全国首位。增补叶酸预防神经管缺陷新增服用人数39.3万人，免费孕前优生健康检查41.3万人。推动地中海贫血防控，为8万人开展地贫初筛。成立产前诊断技术省级专家组，制定《江西省产前筛查机构技术考核标准》，规范产前筛查技术服务。全省听力筛查率85%，遗传代谢病筛查率94.4%，确诊先天性甲低症506人，苯丙酮尿症25人。遗传代谢病救助人数超过100人。为530名先天性结构畸形患儿提供610万元救助，救治人数和救助资金在试点省份位居前列。争取天津器官移植基金会捐赠资金800万元，用于对先天性食道闭锁等3种疾病的贫困家庭再次救助。

【公共卫生服务】 “两癌”检查工作实现全省农村妇女、贫困妇女全覆盖。为63.3万名适龄妇女免费“两癌”检查，查出宫颈癌141例、癌前病变1547例，乳腺癌165例。推进预防艾滋病、梅毒和乙肝母婴传播项目。为50.4万名孕产妇免费提供咨询检测服务，为所有阳性孕产妇及所生婴儿提供预防母婴传播阻断措施。推进计划生育技术服务。全年失独家庭再生育技术服务1077人次，90个家庭怀孕成功。拓展计划生育药具发放渠道，推进人工流产后避孕服务。推进贫困地区儿童营养包项目和新生儿疾病筛查项目。推进全省电子健康档案信息系统互联互通，明确建设规范和数据标准，强化信息管理数据联通。加强项目宣传，开展宣传月活动，提升群众知晓率。开展全省基本公共卫生服务相关知识省级集中考试与竞赛活动，提高基层医务人员基本公共卫生项目相关知识和技能的应用能力。为全省城乡居民建立健康档案3823.8万份，电子建档率83.27%，为老年人、儿童、孕产妇、高血压、糖尿病、重性精神疾病和结核病患者等1071.16万人次提供健康服务与管理。

（龚明亮　刘玉珍）

疾病预防控制

【概　况】 2018年，全省法定传染病报告发病率为490.82/10万。甲类传染病无发病、死亡病例报告。乙类传染病报告发病率为230.33/10万，报告发病数居前五位的病种依次为病毒性肝炎、肺结核、梅毒、淋病、细菌性和阿米巴性痢疾，占乙类传染病报告发病总数的97.05%。丙类传染病报告发病率为260.49/10万，报告发病数居前五位的病种依次为手足口病、其他感染性腹泻病、流行性感冒、流行性腮腺炎、急性出血性结膜炎，占丙类传染病报告发病总数的99.97%。

【重大疾病防控】 截至年底，江西省存活的艾滋病病毒感染者和病人14173人，疫情维持低流行态势。全省建成7个国家级、16个省级艾滋病综合防治示范区，设立178个艾滋病监测哨点，新建20个艾滋病筛查实验室和166个艾滋病检测点，全年检测752.6万人次。继续开展美沙酮维持治疗、针具交换、宣传教育、心理支持、安全套发放、咨询检测、健康体检、转介治疗等服务，全年暗娼、吸毒者和男男性行为者月均干预覆盖率分别为88.6%、25.2%和67.0%。至年底，全省符合治疗标准的感染者和病人接受抗病毒治疗比例为79.6%。全省贫困艾滋病患者免费救治工作进展顺利，免费救治2089名贫困艾滋病患者，随访管理13442名艾滋病患者。全省各级结核病防治机构、定点医院分工协作、密切配合，强化肺结核患者发现、治疗、转介、管理，共发现活动性肺结核患者31856例，其中病原学阳性患者15161例，病原学阳性率47.6%，活动性肺结核患者成功治疗率96.6%，患者发现、成功治疗率指标均超过国家要求。疾控中心结核病诊疗业务剥离进展顺利，已剥离诊疗业务的疾控中心比例达到68%。新增南昌市、九江市、新余市、上饶市等地区13个市、县结防机构配置分子生物学诊断设备，全省县级设备覆盖率58%。推进结核病分级诊疗试点，在赣州市建成“基层首诊、双向转诊、急慢分治、上下联动”的结核病分级诊疗制度和“防、治、管”分工协作的“三位一体”结核病防治管理服务模式，实现患者上下双向转诊630人。增加南昌市、新余市、抚州市为分级诊疗试点地区，扩大覆盖1000万人口。全面实施耐药肺结核患者救治，按照每人每年最高6000元的标准进行患者救治补助。截至年底，累计救治130名患者，补助救治资金58.4万元。

【免疫接种】 全省保持以乡镇为单位适龄儿童第一类疫苗报告接种率始终保持在90%以上，其中含麻疹成分疫苗接种率大于95%，乙肝疫苗首针及时性达到97.31%。疫苗针对的传染病呈低流行态势，麻疹、流脑发病率降至历史最低，人群乙肝病毒携带率从15.48%降至6.86%。连续26年维持无脊灰状态。全省星级预防接种门诊覆盖率92.84%，群众对星级预防接种服务满意度98.6%。疫苗针对疾病监测指标、疑似预防接种异常反应监测指标等达到国家要求。省卫健委、省财政厅印发《关于建立预防接种异常反应补偿保险机制的通知》。7月，有效应对问题百白破疫苗和长春长生狂犬病疫苗事件，第一时间发布全省未采购涉事批次的疫苗的信息，最早实现长春长生狂犬病疫苗群众零咨询、零投诉、零赔偿，舆情迅速回归平稳状态。

【重点传染病防控】 加入国家致病菌识别网，建立健全226个传染病监测点，开展霍乱、鼠疫、手足口病等12种急性传染病日常网络监测。全面掌握全省急性传染病的发病情况、流行趋势，监测任务完成率达100%。在南昌市、赣州市、上饶市等6个地市建立致病菌识别网络，具备早期发现致病菌病原体追踪、溯源的监测能力。成功处置流感、手足口病、诺如病毒腹泻、水痘、结核病等12起突发传染病疫情。暴发疫情调查率、事件原因查明率都为100%。积极应对手足口病上半年强流行态势，在发病率达历史最高水平的前提下，将重症病例控制在最低水平，6月疫情大幅下降，降幅全国第三位。

【慢性非传染性疾病防控】 在全省100个县区启动第二阶段全民健康生活方式行动，宣传"三减三健"核心知识。开展国家级和省级慢性病综合防控示范区创建工作，西湖区通过国家慢性病综合防控示范区复审；九江市共青城市和吉安市新干县成功创建省级慢性病综合防控示范区。开展2017—2018年度心血管病高危人群早期筛查与综合干预项目，截至9月30日，6个项目点完成初筛对象筛查1.2万余人，完成率103%；完成高危人群调查3000余人，完成率103%；短期随访人数完成2600余人，完成率87%；长期随访人数完成1.6万余人，完成率约80%。开展脑卒中高危人群筛查与干预项目，完成4.8万目标人群筛查，并对发现的高危人群进行干预和随访。开展上消化道和大肠癌早诊早治项目，完成上消化道早诊早治项目诊断性筛查任务数2000人；完成大肠癌早诊早治项目诊断性筛查任务数1000人。

【麻风病防治】 印发《2018年江西省重点市、县(区)消除麻风病危害实施方案》，落实消除麻风病危害规划目标。加强中央补助项目的实施，强化目标管理机制，对重点县区实施麻风病防治策略与措施的"精准帮扶"。在全省皮防机构中开展医防联合体建设，省皮肤病专科医院、赣州市皮肤病医院、上饶市皮肤病性病防治所等牵头单位，分别以免费接收成员单位业务人员修改、定期开展现场皮肤科义诊宣传、开发实施远程皮肤科会诊系统等方式，践行资源共享、促进优质资源下沉。截至年底，全省累计发现麻风患者18531例，累计治愈病人14546例，累计治愈率78.49%，治愈存活者约3326人。2018年全省麻风新增病例16例，全省仍有现症病人126例，有4个县区患病率大于0.1/万。

【环境卫生监测】 全省城区饮用水卫生监测网络覆盖11个设区市和100个县(区、市)，涵盖市政集中供水、二次供水、自建供水。设置监测点1046个，检测水样2092份。公共场所健康危害因素监测项目覆盖九江市、萍乡市、上饶市和吉安市，监测72家宾馆，24家游泳场所，32家沐浴场所，64家理发美容场所，8个候车室。在2个城市监测点和1个农村监测点开展空气污染(雾霾)对健康影响的监测，完成雾霾特征污染物监测和成分分析、环保和气象数据收集、小学生健康影响调查、人群出行模式调查等工作。成功处置1起二次供水污染事件。

【儿童青少年近视调查】 在全省开展儿童青少年近视调查工作，依托中央转移支付全国学生常见病和健康影响因素监测项目，调查范围覆盖11个设区市31个县(区)。全省共调查154所学校、58所幼儿园，共计66199人，男女生分别为36108人和30091人。其中，幼儿园儿童3650人，小学生31639人，初中生15755人，高中生12012人，职高生3143人。检出近视32692人，综合近视率为49.4%。

【职业病防控】 全省报告开展职业健康检查企业667家，体检72629人；进行放射作业人员个人剂量测量5500人。报告新发职业病449例，其中尘肺病427例，占比95.1%。重点职业病监测与职业健康风险评估，设区市开展率、县(区)覆盖率均为100%，报告农药中毒878例。完成336家建设项目职业病危害放射防护评价，其中A类评价26家，B类评价310家。完成核医学单位放射防护检测29家，X线机、CT机、医用电子加速器、头部伽马刀、SPECT等仪器设备性能及场所防护检测780台。

【启动地方病防治专项三年攻坚行动】 12月14日，全国地方病防治专项三年攻坚行动现场会在鹰潭余江召开，同时开展血防知识进万家暨中国血防纪念馆揭牌仪式、地方病防治新闻发布会、参观余江区蓝田宋家村现场、寻找血防卫士揭晓典礼和纪念"送瘟神二首"发表60周年晚会等活动。会上发布国家卫健委等10个部委于11月29日发布的《地方病防治专项三年攻坚行动方案(2018—2020)》并介绍全国地方病防治工作相关情况。根据国家行动方案要求，江西制订了《江西省地方病防治专项三年攻坚行动方案(2018—2020年)》，并于12月25日，召开全省地方病防治专项三年攻坚行动启动会，动员部署全省地方病三年攻坚工作，落实血吸虫病传染源控制措施、食盐加碘防治碘缺乏病策略和降氟改水、改炉(灶)措施，加强现存地方病重症患者救助和综合帮扶及地方病防治服务能力建设，落实防治措施，有效控制危险因素，加强监测体系建设，推进工作进程，确保到2020年实现控制和消除地方病和血吸虫病危害的目标，如期完成脱贫攻坚任务和实现健康江西2030的规划目标。

【率先按世卫组织标准实现全省消除疟疾目标】 国家卫健委组织国家评估组分别对江西省开展消除疟疾技术评估和终审评估工作，通过听取汇报、查阅资料、现场检查、镜检考核等方式，国家评估组认为江西省达到消除疟疾省级技术评估和终审评估的各项要求，通过国家消除疟疾省级评估，江西省成为全国首个按世卫组织标准实现消除疟疾的省份。

【血吸虫病防治】 3—5月，血防评估组按照《血吸虫病控制和消除标准》(GB 15976-2015)对部分地区进行血防评估考核，鹰潭、景德镇、吉安、赣州4个设区市达到血吸虫病消除标准；德兴、万年、高安、奉新、安义、广丰、南昌市高新技术产业开发区等7个县(区)达到血吸虫病消除标准；湖口县和九江市濂溪区2个县(区)达到血健全中医药监督体系。通过实践和探索,"双随机一公开"抽查、日常监督检查、投诉举报线索受理、专项任务行动和重大案件联合查处共同构成了卫生健康监督执法的主要监管形式,有力震慑了违法违规行为。

【卫生健康案件查处】 在全省范围内推动各级监督执法机构强化日常监督,加大查办案件力度,全省全年共查处各类案件11605件,罚没款2976.53万元,查案数量和罚没款金额分别比上年上升23.8%和43.4%,查办案件总数和人均办案数量排名全国第六位,消毒产品领域罚没款金额连续两年排名全国第一位。依法查处樟树市某实业有限公司违法生产消毒产品案件,罚款75万元,为全国历年来消毒产品单笔处罚金额最高的案件;在打击非法医疗美容领域,破获涉案金额达2.3亿元的上饶"5·16"特大销售假药、非法经营案。选送的6例案卷有4例被国家卫计委评为年度优秀典型案例,优秀案例数量连续两年位居全国第一。

【卫生专项监督检查】 开展春季校园卫生专项监督检查行动,全省共抽查学校3228家。加强医疗服务市场监管,开展医疗领域、医疗美容、健康体检机构依法执业等专项监督检查,全省共检查医疗机构988家、无证行医场所779家、健康体检机构318家,受理投诉举报107件,移送司法部门3件。组织开展消毒产品和餐饮具集中消毒服务单位专项整治、计划生育与母婴保健技术专项监督检查等行动。

(钟豪翔 孔诚)

中医药

【概 况】 2018年,全省中医医院门、急诊人次1316.14万人次,比上年增长2.16%;出院病人数105.14万人,增长10.64%;开放病床数31741张,增长9.75%;病床使用率90.02%,减少0.37%;业务收入为101亿元,增长12.75%;人均业务收入28.86万元,增长3.26%;中药收入13.55亿元,增长5.12%;中药收入占药品收入比为35.05%,增长14.44%。中医药人员6367人,增长10.16%。推进《江西省中医药条例》修订工作,将《江西省中医药条例》修订工作列入2019年度立法计划。完成中国-加拿大合作建立中药产品开发国际合作基地项目验收,与20多个国家和地区建立长期合作关系,海外"中医中心"建设继续推进,举办中国-突尼斯第二届中医年会,在欧洲(葡萄牙)筹建中医文化体验中心,组织"中医关怀团"赴欧非国家义诊交流。

【中医药机构建设】 11月,省政府组建江西省中医药管理局,作为省卫健委管理的副厅级行政机构,设4个处室,23个人员编制,统筹推进中医药医疗、教育、科研各项工作,协调促进中医药产业发展,加强中医药工作的集中统一领导。启动新一轮中医医院等级评审,江西中医药大学第二附属医院完成现场评审,成为全省第二所三级甲等中西医结合医院。国家中医临床研究基地、国家区域中医诊疗中心落户江西中医药大学附属医院;国家中医药传承创新项目稳步推进;宜春市中医院、抚州市中医院完成上划设区市管理,结束了两市没有市级中医院的历史。12个国家中医药管理局中医药重点学科顺利通过验收;安排省级中医专项经费570万元支持各级中医院建设一批中医药特色突出,临床疗效确切的专科。组织开展2013—2016年的203个中医临床重点(特色)专科验收工作,督促加强中医医院内涵建设,提高中医临床疗效。实施基层中医药服务能力提升工程"十三五"行动计划,投入2200万支持乡镇卫生院、社区卫生服务中心建设中医馆,新余市、铜鼓县等率先实现全覆盖。加大基层中医药适宜技术推广力度,开展10项妇幼健康为重点的中医适宜技术推广。推进江西省中医药数据中心建设,实现省平台与国家平台对接和互联互通。联合多部门对全省基层中医药服务能力提升工程实施情况进行督查,推动基层中医药各项政策措施和目标任务落实。推动基层中医药服务网络逐步完善,南昌市青云谱区、瑞昌市、上犹县、袁州区、丰城市、奉新县6个县(市、区)成功创建全国基层中医药工作先进单位,宜春市以设区市为单位成功创建全国基层中医药工作先进单位。依法依规开展中医诊所备案管理,全省共完成86家中医诊所备案。

【中医药人才培养】 完成第四批江西省名中医和首届江西省基层名中医评选工作,评选出江西省名中医80人、江西省基层名中医100人。加强中医药高层次人才培养,1人入选国家中医药领军人才——岐黄学者,11人成为全国中医(临床、基础)优秀研修项目培养对象,15人成为2018年全国中医护理骨干人才培训项目培养对象,70名中医药管理与健康政策研修班学员顺利结业。启动实施第六批全国老中医药专家学术继承工作,推进全国名老中医药专家传承工作室建设,开展中西医结合人才培训。完成200余名省级中医住培师资的培训,完成389名中医住院医师规范化培训学员招录工作,在培人数1124人,完成477人的规培理论考核、技能操作考核475人,最终通过考核426人。出台《江西省中医医术确有专长人员医师资格考核注册管理实施细则》,开展确有专长人员医师资格考核试点,55名确有专长人员将取得执业医师资格。九江市中医院顺利通过国家中医规培基地考核评估。

【中医药产业发展】 推进中国(南昌)中医药科创城和樟树中国药都振兴工程建设。推进全省85个县的中医药资源普查工作,武宁县等34个县已完成省级验收,进一步摸清中药资源底数,监测中药材市场供需动态,遴选适合江西省种植的中药材大品种,为中药材产业政策制定,中药材规模化种植提供依据和技术支撑。开展中医药健康旅游基地创建。在上饶市入选国家中医药健康旅游示范区创建单位基础上,加强国家中医药健康旅游示范基地创建工作,婺源文化与生态旅游区等4家单位列为国家中医药旅游示范基地创建单位,江西省成为全国中医药健康旅游示范区和示范基地最多的3个省份之一。推进中医药标准化工作。16个国家中药材标准化项目稳步推进,热敏灸技术操作规范成为世界中医药学会联合会国际组织姻登记和生育登记“两证同登”，婚检和孕检“两检同做”。截至年底，在江西122个县(区)(含各类开发区)中，有92个建立婚育“一站式”全程服务中心。全年免费婚检率86.47%，免费孕前优生健康检查41.3万人，占目标人群98.6%。玉山县婚登婚检优检生育登记服务中心，可为群众提供婚姻登记、婚检、生育登记、优生检查、叶酸发放和生育咨询等一条龙服务，群众只需持身份证刷卡，就能实现信息采集并由系统自动建立个人健康档案，相关检查结果可通过APP软件推送到对象手机。

【公共场所和用人单位母婴设施配置】 加快推进在二级以上综合医院、机场、火车站、大型客运站、大型商场、4A级以上旅游景点以及女职工较多的用人单位，建设标准化哺乳室或母婴室。截至年底，江西省母婴设施总体配置率达到87.2%，建成并投入使用的母婴室共计1356所，其中医院519所，机场6所，火车站25所，汽车客运站113所，商业中心114所，旅游景区152所，用人单位260所，其他场地(如疾控中心、行政服务中心、公园、学校等)167所。

【计划生育特殊家庭扶助】 落实国家和省级计划生育利导政策，并针对失独中老年人住院无人陪护问题，启动实施江西计划生育特殊家庭住院护理补贴保险政策。8月，省卫计委、省财政厅联合印发《关于开展计划生育特殊家庭住院护理补贴保险的通知》，明确参保对象为全省计划生育家庭特别扶助对象的独生子女伤残、死亡家庭父母，被保险人因疾病或意外在二级以上公立医疗机构住院治疗期间，承保公司按实际住院天数及每人每天100元标准给予相应的住院护理补贴，一个保险期间(1年)最多补贴90天。截至年底，全省1.5万名计生特殊家庭成员办理了住院护理补贴保险。12月，省财政厅、省卫健委联合印发《关于调整计划生育家庭特别扶助制度扶助标准的通知》，明确独生子女伤残扶助提高至每人每月350元，独生子女死亡扶助按40—48周岁每人每月200元、49—59周岁每人每月450元、60周岁以上每人每月580元等标准执行，计划生育手术并发症扶助按其严重等级提高到200~400元。全年共有15414名计生特扶对象享受到该项政策福利。

(廖建锋 蔡飞)

爱国卫生运动

【概 况】 推进卫生城镇创建工作，14个市申报国家卫生城市(设区市8个、县级市6个)，19个县城、85个乡镇申报国家卫生县城(乡镇)。创卫专家组对抚州市等12个城市创建国家卫生城市工作进行技术指导；对湖口县等14个县城创建国家卫生县城工作进行技术指导；对30个乡镇创建国家卫生乡镇工作进行调研。对武宁县巩固国家卫生县城进行复审。对樟树市等7个县市创建省级卫生城市(县城)进行技术指导。命名樟树市、石城县、资溪县、浮梁县为省级卫生城市(县城)。完成赣州市、上饶市、抚州市、鹰潭市、于都县等省级卫生城市、县城的复审工作。

【参与全省“厕所革命”】 印发《江西省农村三格化粪池式无害化卫生户厕建设管理办法及技术规范》，下达全省农村改厕项目经费400万元，引导支持全省贫困地区农村、国家和省级卫生县城(乡镇)及国家血防综合防治区农户改厕。农村水质监测项目覆盖11个设区市、76个项目县(市、区)、1281个乡镇、4104个监测点；农村环境卫生监测项目覆盖11个设区市、28个项目县(市、区)、560个监测点。

【开展爱国卫生月活动】 4月3日，省爱卫会在南昌启动全省第30个“爱国卫生月”活动。该届活动以“关注小环境、共享大健康”为主题。全省各级爱卫会联合各成员单位重点做好4项卫生工作，即：广泛发动群众进行环境卫生集中整治，重点对与生活和工作息息相关的街道、社区、村庄、家庭住所等居住环境和单位庭院、办公室等工作环境开展清理整治；落实农村改厕专项资金，提高农户改厕的主动性，做好农村三格式无害化厕所建造的技术服务工作；坚持以环境治理为主，药物防制为辅的病媒生物综合防制原则，科学实施以清除“四害”滋生地和灭鼠、灭蚊为重点的病媒防制工作，控制“四害”密度，预防和减少病媒传播疾病的发生；倡导健康生活方式，宣传倡导生活垃圾分类和引导全民开展健康生活方式行动及科学健身运动等，提高全省人民群众文明卫生素质和健康水平。

【完成全省城乡环境卫生整洁行动(2015—2020年)中期评估】 按照全国爱卫会《全国城乡环境卫生2015—2020年中期评估工作方案》要求，6月—9月，省爱卫办与省环保厅、省住建厅、省交通厅、省水利厅、省农业厅对全省2015—2017年城乡环境卫生整洁行动工作进行自评，完成江西省城乡环境卫生整洁行动中期评估报告。自评分为92分，全国爱卫办已认可江西省的自评结果。

【病媒生物防制】 组织全省各市、县(市、区)开展春秋两季灭鼠、夏季灭蚊蝇蟑螂活动，宣传除“四害”知识，结合日常病媒生物防制工作，“四害”密度得到有效控制。在南昌、景德镇、赣州、吉安、宜春5个设区市开展国家病媒生物监测工作。推动建立全省病媒生物监测网络，南昌市已建立覆盖全市各县区的病媒生物监测网络。

(邹平凡)

本栏编辑 张志勇

体　育

综　述

2018年,全省体育事业高质量跨越式发展。省体育局统筹规划、积极推动群众体育、竞技体育协调发展。在国际比赛中(不含亚运会),江西运动员共获11金、20银、3铜;在全国比赛中,共获44金、40银、48铜;在全国青年比赛中获14金、23银、38铜。在第十八届印度尼西亚雅加达亚运会上,江西9名运动员代表中国参赛,共获2金、1银、2铜。

全民健身事业。全年争取中央集中彩票公益金2392万元,支持建设体育公园设施6个,健身步道4个,社区健身中心、自行车道设施和攀岩专项体育设施各1个,行政村农民体育健身工程项目158个。安排省级体育彩票公益金2280万元,支持建设城市社区全民健身场地28个,农村社区全民健身场地82个,全民健身特色帮扶项目4个。省财政安排4150万元,扶持5个设区市7个县(市、区)的9个基层群众体育健身场所项目。此外,还建设智能驿站和足球训练路径项目24个,民生工程9个。健全江西省实施全民健身计划联席会议制度。制定出台全省2018年度一级社会体育指导员培训方案,培训国家级社会体育指导员75人,一级社会体育指导员683人。连续7年开展“运动同一片蓝天”全民健身志愿服务活动。做好公共体育场馆免费低收费开放,场馆开放服务水平明显提升。印发《关于在全省开展公共体育场馆“改造功能、改革机制”试点工作的通知》,共有13家场馆申报参与“两改”试点工作。

体育产业。省体育局牵头编制《江西省山地户外运动产业发展规划》《江西省水上运动产业发展规划》《江西省汽车自驾运动营地发展规划》及《江西省冰雪运动产业发展规划》《江西省航空运动产业发展规划》等5个规划征求意见稿。年底印发《江西省汽车自驾运动营地发展规划》。倡导体育融合发展理念,鼓励社会力量办体育,发挥协会和企业办体育的积极性,通过体育设施建设、活动开展、促进体育消费。如定南国家足球训练中心、瑞昌羽毛球学院、南康乒乓球后备人才训练基地、中昌红网中心等设施建设,乒乓球、羽毛球、足球、篮球等协会赛事活动,推动全民健身活动和体育产业发展,促进体育消费。开展体育产业基地创建。完成国家体育产业基地申报和2017年度江西省体育产业基地评选。开展2018年全国优选体育产业项目推荐工作,江西玉山国际台球体育文化产业等16个项目入选2018年全国优选体育产业项目名录。做好优选项目融资服务。省体育局与省内国有四大银行建立江西省优质体育产业项目体银协作机制,共同推动全省体育产业发展。用“八一南昌”冠名的男女乒乓球、篮球、排球6个俱乐部先后落户南昌,进一步激活全省体育市场。

(王伟)

·资　料·

2018年江西省运动员参加各项比赛获奖情况

比赛类型	金牌	银牌	铜牌	第四名	第五名	第六名	第七名	第八名
第18届亚洲运动会	2	1	2	3	1	1		
第3届世界青年奥运会	1							
世界锦标赛	2	1	1	1	1			
世界青年锦标赛	1	1	1	2	1	1		2
世界杯赛	4	2	1		1	1		1
亚洲锦标赛	2	2			1	1		
亚洲青年锦标赛	6	3	2	1	2		1	

全国青年比赛	14	23	38	22	39	15	16	19
总 计	93	100	104	82	107	61	57	70

群众体育

【概　况】 2018 年,全省群众体育全面贯彻实施《江西省全民健身实施计划(2016—2020 年)》,加快推进《江西省全民健身条例》立法进程,从法规和制度层面推动全省群众体育事业发展。根据《江西省人民政府办公厅关于省政府议事协调机构清理调整的通知》要求,调整江西省实施全民健身计划领导小组为江西省实施全民健身计划联席会议。推动建立完善省、市、县(区)全民健身组织领导协调机构。全年举办"体育・惠民 100"全民健身系列活动、全民健身日活动、中国・宜春国际农耕健身邀请赛暨第七届全国农耕健身大赛、江西省第二届少数民族传统体育运动会、重阳节全民健身展示、"体育惠民 100"系列活动等一系列活动赛事,牵头举办医院系统、金融系统、驻赣商会、红十字会志愿者等行业健身联赛,搭建全民健身平台。

【群众体育赛事活动】 举办环鄱阳湖国际自行车大赛、江西网球公开赛、玉山中式台球世锦赛、玉山斯诺克世界公开赛、全国农耕健身大赛、南昌国际马拉松赛等一批品牌赛事。举办新年登高健身大会、"龙腾狮跃闹元宵"、全民健身日特色活动、重阳节全民健身展示活动、"体育・惠民 100"系列活动。与卫生系统、金融系统、驻赣商会共同举办体育健身大联赛,与省红十字会共同举办志愿者运动会。贯彻落实"冰雪运动南移"要求,实现"带动三亿人参与冰雪运动"的目标,分别在赣州市章贡区举办"第四届全国大众冰雪季"江西省启动仪式暨章贡区冰雪运动进校园活动,在宜春市铜鼓县举办江西省群众冬季运动推广普及系列活动启动仪式暨"欢乐冰雪健康江西"滑雪示范活动。

【举办第十五届省运会群众比赛项目(社会部)】 第十五届省运会社会部参赛群体为非专业成人项目爱好者,社会部在天津全运会设置 19 个项目的基础上,根据省情,增加广场舞、小轮车、电子竞技、健身瑜伽、游泳、高尔夫和马术等 7 个全省广大群众喜爱,具有本土特色且有引领示范作用的项目,使竞赛项目增加至 26 个。26 个项目中有奥运会、全运会竞技项目 6 个,与青少年部青少年组、跨界跨项组共同成立代表团参赛。各项比赛由 11 个设区市组队参赛,设区市先自行举办预选赛,选拔出来的队伍代表该设区市参加决赛。预选赛自 3 月 1 日始至 6 月 30 日结束。决赛在 5 月至 10 月间陆续举行,其中 10 项在景德镇市举办。

【举办全国象棋业余棋王赛江西吉安预选赛暨全省象棋公开赛】 6 月 15 日—17 日,由江西省社会体育指导中心、江西省象棋协会、吉安市体育总会主办的 2018 中国体育彩票全国象棋业余棋王赛江西吉安预选赛暨全省象棋公开赛在吉安市开赛。全省 11 个设区市 20 支代表队的 98 名男棋手和 2 名女棋手参赛。此次比赛采用象棋个人赛,不分男女组别,限定江西籍业余象棋爱好者未获"象棋国家大师(含)级"称号选手参加,公开组录取前 16 名,总奖金 1.6 万元,冠军 6000 元。经过 2 天 11 轮的角逐,赣州棋手蔡丹阳、吉安棋手康群光、萍乡棋手方招圣分获比赛前三名,吉安棋手康群光获预选赛"棋王"称号。

【举办首届驻赣商会健身大联赛暨首届江西企业家运动会】 11 月 17 日,江西省首届驻赣商会健身大联赛在省奥林匹克中心开赛。联赛由江西省体育总会主办、江西省体育电子设备研究所承办,共设健步走、登山比赛、国民体质检测、国民体育锻炼比赛、乒乓球、羽毛球 6 个比赛项目,共有 22 个商会 500 余名运动员参赛。

【2018 中国家庭帆船赛庐山西海站暨首届庐山西海大帆船赛开赛】 10 月 20 日,2018 中国家庭帆船赛庐山西海站暨首届庐山西海大帆船赛在庐山西海开赛。中国家庭帆船赛是一项面对大众,面对家庭的休闲运动赛事,以健康生活、亲子互动为赛事理念。庐山西海以举办中国家庭帆船赛为契机,购买了 10 艘国际赛事级帆船。该站比赛由中国帆船帆板协会、省体育局主办,庐山西海风景区管委会承办,共有 11 个省的 40 个家庭报名参赛,其中江西省参赛家庭 24 个,占总数的 60%。参赛选手中年龄最大者 60 岁,来自广东;年龄最小者 9 岁,来自江苏。首届庐山西海大帆船赛共有 10 支国内著名船队报名参赛,其中江西省内参赛船队有 3 家,是中国家庭帆船赛开赛以来报名家庭最多、参赛人数最多的一站比赛。

(伍小玲)

竞技体育

【概　况】 2018 年,全省竞技体育综合实力稳步提升，参加国际、国内赛事取得较好成绩。重点抓好运动队的训练、管理、教育工作。突出“小、巧、水”战略，召开2018年江西省“江河湖”赛艇、皮划艇青少年训练营暨江西省“小、巧、水”战略赛艇、皮划艇可持续发展支撑体系研讨会。组织实施《江西省“小、巧、水”战略赛艇、皮划艇可持续发展支撑体系方案》。结合江西省实际，总结经验，推动射击、举重等其他项目制订可持续发展支撑体系方案。组织完成田径、游泳等19个项目的年度全省青少年锦标赛，共有7156人参赛。开展全省县级青少年业余训练，打造全省县级青少年体育品牌赛事。举办百县青少年田径、篮球、足球运动会。举办全省第四届青少年“未来之星”阳光体育大会。全年举办77期青少年体育夏令营，共9731名青少年参加。

【举办第十五届省运会】 5月，第十五届省运会开赛，运动会主会场设在景德镇，部分项目比赛地点在承办竞赛的中标单位所在地举行。10月28日，省运会在景德镇举行开幕仪式，11月5日闭幕。该届赛事主题口号为“与健康同行 与世界对话”，是江西省历届运动会中竞赛项目最多、参加人员最多、参与人群最广泛、规模最大、科技含量最高的一次体育赛事。比赛设青少年部、学校部、机关部、社会部4个部别，50个运动大项共2060个竞赛小项，22489名运动员参赛。该届省运会将往届的高校部改为学校部，下设高校组和高中组，不再像往届一样局限于高校学生参赛，高中生也能参加省运会。其次是青少年部增加俱乐部组、跨界跨项组。俱乐部组无门槛，凭第二代身份证就可以报名参赛，以便更好地发现体育后备苗子，同时让青少年扩大兴趣面，更好发现自己特长。经过角逐，共决出金牌2060枚，21人次破21项省运会纪录，2人次平2项省运会纪录，青少年部青少年组2人次破2项省纪录。

【参加第十八届亚运会】 8月18日至9月2日，第18届亚运会在印度尼西亚雅加达举行。江西省9名运动员代表中国参加比赛，共取得2金、1银、2铜、3个第4名、1个第5名、1个第6名。其中，熊雄与国家队队友合作，以6′28″07的成绩获男子赛艇轻量级四人单桨项目金牌；杨佳丽与国家队队友，以1′33″896的成绩，获女子500米四人皮艇金牌；潘旭华获攀岩女子速度接力赛银牌；欧志勇获攀岩男子速度接力赛铜牌。

【韩啸成为首次成功登顶珠峰的江西籍登山运动员】 5月16日9时30分，江西籍登山运动员韩啸成功登上世界最高峰珠穆朗玛峰，开创江西本土人士首次登上珠峰的历史。韩啸，1972年12月出生，江西抚州东乡人，有着23年军旅生涯，至今右膝仍装有四根钢钉和两根人工韧带。2013年离开部队后，他坚持学习登山和户外运动技术，扎根高原刻苦训练。曾先后登上太白山、四姑娘山、哈巴雪山等4000米以上的山峰。2016年2月，他徒步无后援穿越罗布泊无人区；9月30日成功登顶海拔8163米，位于尼泊尔的世界第八高峰马纳斯鲁峰。

【首获全国羽毛球冠军赛男子单打冠军】 6月13日，在湖南省益阳市举办的2018年“威克多杯”全国羽毛球冠军赛上，江西省交流输送到解放军羽毛球队的运动员李诗沣夺得男子单打冠军，这是江西省运动员首次获该组别比赛冠军。同时，李诗沣获得代表中国参加青年奥运会的资格。

在男单1/8决赛中，李诗沣以2∶0(21∶12、22∶20)击败安徽队的俞嘉豪，挺进八强。男单1/4决赛，李诗沣以2∶0(22∶20、21∶12)战胜辽宁队张维伊。半决赛中，李诗沣以2∶0(22∶20、21∶12)的比分淘汰厦门队的翁鸿阳，跻身决赛，决赛对战广东队的雷兰曦。李诗沣在开战首局以14∶21失利的情况下，以21∶13、21∶14的比分连扳2局，最终以大比分2∶1夺得男子单打冠军。

【江西瑞昌羽毛球俱乐部获2018年中国羽毛球俱乐部甲级联赛冠军】 8月31日，江西瑞昌羽毛球俱乐部队力克山东魏桥创业集团羽毛球俱乐部队，获得2018年中国羽毛球俱乐部甲级联赛冠军，同时获得参加2019—2020年中国羽毛球俱乐部超级联赛资格。江西诞生首支参加中国羽毛球俱乐部超级联赛的球队。

比赛在31日晚上进行，历时5个多小时。江西瑞昌羽毛球俱乐部队派出田厚威、柴飚、米元小春、田中志穗4名世界冠军和范梦艳、乔诗峻2名全国冠军，山东魏桥创业集团羽毛球俱乐部队派出韩国名将柳延星、世界冠军骆赢和骆羽、全国冠军惠夕蕊等多名好手。江西瑞昌队在女子双打、男子单打夺得2分。山东魏桥队在男子双打和女子单打上夺得两分，前四场比赛双方以2比2打成平手。在关键的混双比赛中，江西瑞昌队以21∶18、21∶19，大比分2比0取得胜利，以总比分3∶2夺得联赛冠军。

【“八一南昌”合作共建签约】 10月27日，中央军委训练管理部军事体育训练中心与南昌市政府在江西前湖迎宾馆举行“八一南昌”合作共建签约仪式，宣布全面合作共建军体项目运动队，中央军委训练管理部、国家体育总局、江西省委、江西省军区、南昌市委市政府领导出席签约仪式。按照合作共建计划，中国人民解放军所有军体项目运动队将以“八一南昌”之名，参加国家体育总局或体育单项协会举办的年度赛事，并在国际军体理事会举办的赛事中穿着印有“八一南昌××队”标识的运动服装。篮球、排球、乒乓球等6个参加全国职业联赛的运动项目队主场落户南昌。同时，双方还将在人才培养、运动康复、体育科研等方面展开全方位合作。双方还将建立信息通报机制，定期通报专业项目、行业动态等资料信息；建立对接协调机制，各自指定专人负责日常协调、传达、布置、汇总、反馈和跟踪有关事宜；建立监督管理机制，专人负责监督财务管理、赛事运营及协议落实等相关工作，确保各项工作符合国家和军队相关政策法规。

（伍小玲）

·资 料·

2018年江西省运动员参加国际比赛获奖情况

姓名	项目	成绩	名次	比赛名称	比赛时间	比赛地点
熊 雄	男子赛艇轻量级四人单桨	6′28″07	1	第18届亚运会	8月19日至23日	印尼雅加达
杨佳丽	女子500米四人皮艇	1′33″896	1	第18届亚运会	8月29日至9月1日	印尼雅加达
潘旭华	女子攀岩速度接力		2	第18届亚运会	8月27日	印尼雅加达
欧志勇	男子攀岩速度接力		3	第18届亚运会	8月27日	印尼雅加达
邱海梅	女子攀岩速度接力		3	第18届亚运会	8月27日	印尼雅加达
吴宇昂	男女田径4X400米混合接力	3′19″91	4	第18届亚运会	8月27日至28日	印尼雅加达
林鹏辉	男子攀岩速度接力		4	第18届亚运会	8月27日	印尼雅加达
段煜荣	男子攀岩速度接力		4	第18届亚运会	8月27日	印尼雅加达
张冬莲	女子飞碟双向个人	资:121分 决:10中	5	第18届亚运会	8月25日至26日	印尼雅加达
吴宇昂	男子田径4X400米接力	3′07″16	6	第18届亚运会	8月29日至30日	印尼雅加达
李诗沣	男子羽毛球单打		1	第三届青年奥运会	10月7日至13日	布宜诺斯艾利斯
敖 辉	女子举重87公斤级	总成绩232公斤	1	世界举重锦标赛	11月9日	土库曼斯坦
敖 辉	女子举重87公斤级	抓举105公斤	1	世界举重锦标赛	11月9日	土库曼斯坦
敖 辉	女子举重87公斤级	挺举127公斤	2	世界举重锦标赛	11月9日	土库曼斯坦
刘学仁	女子赛艇四人单桨		3	(U23)世界赛艇锦标赛	7月23日至29日	波兰
徐诗晓	女子500米单人划艇		4	世界皮划艇锦标赛	8月26日	葡萄牙
徐诗晓 许哲怡	女子500米双人划艇		5	世界皮划艇锦标赛	8月26日	葡萄牙
李诗沣	羽毛球混合团体		1	世界青年羽毛球锦标赛	11月5日至18日	多伦多
李 琪	女子500米双人划艇		2	世界青年皮划艇静水锦标赛	7月26日至29日	保加利亚
李诗沣	男子羽毛球单打		3	世界青年羽毛球锦标赛	11月5日至18日	多伦多
李 琪	女子200米双人划艇		4	世界青年皮划艇静水锦标赛	7月26日至29日	保加利亚
黄唯璐	女子链球	62.63米	4	世界青年田径锦标赛	7月14日	芬兰
杨佳丽	女子500米单人皮艇		5	世界青年皮划艇静水锦标赛	7月26日至29日	保加利亚

续表

姓名	项目	成 绩	名次	比赛名称	比赛时间	比赛地点
杨佳丽 罗 露 彭艳君	女子500米四人皮艇		6	世界青年皮划艇静水锦标赛	7月26日 至29日	保加利亚
程灵芝	女子500米单人皮艇		8	世界青年皮划艇静水锦标赛	7月26日 至29日	保加利亚
彭艳君 罗 露	女子500米双人皮艇		8	世界青年皮划艇静水锦标赛	7月26日 至29日	保加利亚
周俐君	女子跆拳道58公斤级		1	阿联酋跆拳道世界杯团体赛	11月23日	阿联酋富查伊拉
门 欢 李 琪	女子500米双人划艇		1	(U18)女子划艇世界杯赛	5月18日 至20日	匈牙利塞格德
门 欢 李 琪	女子200米双人划艇		1	(U18)女子划艇世界杯赛	5月18日 至20日	匈牙利塞格德
熊亚瑄	女子25米手枪	资:586环 决:33环	1	德国射击世界杯分站赛	5月	德国
徐诗晓	女子500米单人划艇		2	女子划艇世界杯赛	5月18日 至20日	匈牙利塞格德
许哲怡	女子500米单双划艇		2	女子划艇世界杯赛	5月18日 至20日	匈牙利塞格德
张冬莲	女子飞碟双向	资:114 分决:41中	3	马耳他飞碟世界杯分站赛	6月	马耳他
熊亚瑄	女子10米气手枪	资:576 环决: 176.4环	5	韩国射击世界杯分站赛	4月	韩国
程灵芝	女子2000米单人划艇		6	女子划艇世界杯赛	5月18日 至20日	匈牙利塞格德
张冬莲	女子飞碟双向	资:117分	8	韩国飞碟世界杯分站赛	4月	韩国
周俐君	女子跆拳道57公斤级		1	亚洲跆拳道锦标赛	5月21日	越南胡志明
彭建华	男子12公里越野跑	38′22″	1	亚洲越野跑锦标赛	3月15日	贵州
李 晨	女子跆拳道+74公斤级		2	亚洲跆拳道锦标赛	5月21日	越南胡志明
张冬莲	女子飞碟双向	339环	2	亚洲飞碟锦标赛	11月	科威特
谭雪琴	女子跆拳道46公斤级		5	亚洲跆拳道锦标赛	5月21日	越南胡志明
张冬莲	女子飞碟双向	资:115 分决:10中	6	亚洲飞碟锦标赛	11月	科威特
谢伶俐	女子赛艇单人双桨		1	亚洲青年赛艇锦标赛	7月26日 至30日	韩国忠州
吴伊慧 黄嘉艳	女子赛艇双人双桨		1	亚洲青年赛艇锦标赛	7月26日 至30日	韩国忠州
周佳惠 黄一帆 谢伶俐 吴伊慧	女子赛艇四人双桨		1	亚洲青年赛艇锦标赛	7月26日 至30日	韩国忠州
李 琪	女子200米双人划艇		1	(U18)亚洲青年皮划艇锦标赛	10.22-25	乌兹别克斯坦

续表

姓名	项目	成绩	名次	比赛名称	比赛时间	比赛地点
李　琪	女子500米双人划艇		1	(U18)亚洲青年皮划艇锦标赛	10月22日至25日	乌兹别克斯坦
李诗沣	羽毛球混合团体		1	亚洲青年羽毛球锦标赛	7月14日至17日	雅加达
李　琪	女子200米单人划艇		2	(U18)亚洲青年皮划艇锦标赛	10月22日至25日	乌兹别克斯坦
李江燕	女子链球	61.44米	2	第十八届亚洲青年田径锦标赛	6月7日至10日	日本
钟嘉未	女子跳远	6.44米	2	第十八届亚洲青年田径锦标赛	6月7日至10日	日本
程灵芝	女子500米单人划艇		3	(U23)亚洲青年皮划艇锦标赛	10月22日至25日	乌兹别克斯坦
程灵芝	女子500米四人划艇		3	(U23)亚洲青年皮划艇锦标赛	10月22日至25日	乌兹别克斯坦
程灵芝	女子200米双人划艇		4	(U23)亚洲青年皮划艇锦标赛	10月22日至25日	乌兹别克斯坦
赵　峻	男子自由式摔跤70公斤级		5	亚洲青年男子自由式摔跤锦标赛	7月19日至23日	印度新德里
李诗沣	男子羽毛球单打		5	亚洲青年羽毛球锦标赛	7月14日至17日	雅加达
熊子龙	古典式摔跤55公斤级		7	亚洲青年古典式摔跤锦标赛	7月17日至22日	印度新德里
谭雪琴	女子跆拳道49公斤级		1	美国跆拳道公开赛	2月30日	美国拉斯维加斯
李　晨	女子跆拳道+67公斤级		1	中国跆拳道公开赛	6月9日	陕西西安
谭雪琴	女子跆拳道49公斤级		1	中国跆拳道公开赛	6月9日	陕西西安
李　晨	跆拳道团体		1	无锡世界跆拳道大满贯团体赛	1月28日	江苏无锡
李　晨	女子跆拳道+73公斤级		1	第二十四届世界军人跆拳道锦标赛	11月29日	巴西里约
周俐君	女子跆拳道57公斤级		1	世界跆拳道大满贯冠军总决赛	12月16日	江苏无锡
黄　婷	女子举重64公斤级		1	卡塔尔国际举重大奖赛	12月22日	多哈
黄　婷	女子举重64公斤级		1	卡塔尔国际举重大奖赛	12月22日	多哈
黄　婷	女子举重64公斤级		1	卡塔尔国际举重大奖赛	12月22日	多哈
孙旭柳/外省	女子网球双打		1	国际女子职业网联赛事(15K)	2月26日至3月4日	福建厦门
孙旭柳/外省	女子网球双打		1	国际女子职业网联赛事(15K)	3月19日至25日	江苏南京
周俐君	女子跆拳道57公斤级		2	美国跆拳道公开赛	2月	美国拉斯维加斯
周俐君	女子跆拳道57公斤级		2	英国曼彻斯特跆拳道大奖赛	10月23日	英国曼彻斯特
谭雪琴	女子跆拳道49公斤级		2	罗马德古拉跆拳道公开赛	11月3日	罗马德古拉
周俐君	女子跆拳道59公斤级		2	无锡世界大满贯赛	1月28日	江苏无锡

续表

姓名	项目	成绩	名次	比赛名称	比赛时间	比赛地点
李 晨	跆拳道团体		2	无锡世界跆拳道大满贯团体赛	1月28日	江苏无锡
林鹏辉	男子攀岩速度赛		2	国际攀岩大师赛	10月	河南万仙山
李诗沣	男子羽毛球单打		2	荷兰青年羽毛球挑战赛	2月28日至3月4日	哈勒姆
李诗沣	男子羽毛球单打		2	德国青年羽毛球大奖赛	3月8日至11日	德国柏林
张艺曼	女子羽毛球单打		2	新西兰羽毛球公开赛	5月1日至6日	奥克兰
李 云	女子羽毛球单打		2	土耳其羽毛球系列赛	12月17日至20日	安卡拉
孙旭柳/外省	女子网球双打		2	国际女子职业网联赛事(15K)	3月26日至4月1日	江苏南京
孙旭柳/外省	女子网球双打		2	国际女子职业网联赛事(15K)	4月2日至8日	江苏南京
孙旭柳/外省	女子网球双打		2	国际女子职业网联赛事(125K)	4月30日至5月5日	云南安宁
孙旭柳/外省	女子网球双打		2	国际女子职业网联赛事(15K)	9月24日	云南安宁
孙旭柳	女子网球单打		2	国际女子职业网联赛事(15K)	9月24日	云南安宁
孙旭柳/外省	女子网球双打		2	国际女子职业网联赛事(60K)	10月29日	广西柳州
郑妩双/外省	女子网球双打		2	国际女子职业网联赛事	1月23日至27日	美国
郑妩双/外省	女子网球双打		2	国际女子职业网联赛事(15K)	3月26日至4月1日	江苏南京
郑妩双/外省	女子网球双打		2	国际女子职业网联赛事(15K)	4月2日至8日	江苏南京
郑妩双/外省	女子网球双打		2	国际女子职业网联赛事(125K)	4月14日至15日	河南郑州
谭雪琴	女子跆拳道49公斤级		3	韩国跆拳道公开赛	7月19日	韩国
谭雪琴	女子跆拳道49公斤级		3	世界跆拳道大满贯冠军总决赛	12月16日	无锡
赵俊鹏	男子羽毛球单打		3	澳大利亚羽毛球公开赛	5月8日至13日	悉尼
邱海梅	女子攀岩速度赛		4	国际攀岩大师赛	9月	贵州紫云
欧志勇	男子攀岩速度赛		4	世界大学生攀岩锦标赛	6月	斯洛伐克布拉迪斯拉发
段煜荣	男子攀岩速度赛		4	国际攀岩大师赛	9月	贵州安顺
郑妩双/外省	女子网球双打		4	国际女子职业网联赛事(60K)	5月22日至27日	包头、泸州
郑妩双/外省	女子网球双打		4	国际女子职业网联赛事(25K)	9月26日至29日	意大利

续表

姓名	项目	成绩	名次	比赛名称	比赛时间	比赛地点
吴 昊/外省	女子网球双打		4	国际职业网联赛事(15K)	8月13日	云南安宁
吴 昊	男子网球单打		4	国际职业网联赛事(15K)	8月24日	云南安宁
谭雪琴	女子跆拳道49公斤级		5	俄罗斯跆拳道大奖赛	8月14日	俄罗斯
周俐君	女子跆拳道57公斤级		5	俄罗斯跆拳道大奖赛	8月14日	俄罗斯
周俐君	女子跆拳道57公斤级		5	中国台湾桃园跆拳道大奖赛	9月16日	中国台湾桃园
谭雪琴	女子跆拳道49公斤级		5	英国曼彻斯特跆拳道大奖赛	10月23日	英国曼彻斯特
周俐君	女子跆拳道57公斤级		5	阿联酋跆拳道大奖赛	11月23日	阿联酋富查伊拉
邱海梅	女子攀岩速度赛		5	国际攀岩大师赛	7月	青海德令哈
段煜荣	男子攀岩速度赛		5	国际攀岩大师赛	10月	河南新乡
马福平	男子攀岩速度赛		5	国际攀岩大师赛	10月	中国格凸
林鹏辉	男子攀岩速度赛		6	国际攀岩大师赛	10月	江苏淮安
谢贵珍	女子攀岩速度赛		6	国际攀岩大师赛	5月	浙江宁波
段煜荣	男子攀岩速度赛		7	国际攀岩大师赛	7月	青海德令哈
邱海梅	女子攀岩速度赛		8	国际攀岩大师赛	10月	河南万仙山

2018年江西省运动员参加全国最高水平比赛获奖情况

姓名	项目	成绩	名次	比赛名称	比赛时间	比赛地点
杨佳丽 黄杰仪 周 玉 马 青	女子500米四人皮艇	1′43″298	1	全国皮划艇锦标赛	9月12日至16日	山东临沂
程灵芝	女子200米单人划艇	0′55″229	1	全国皮划艇锦标赛	9月12日至16日	山东临沂
敖 辉	女子举重90公斤级	总成绩253公斤	1	全国女子举重锦标赛	4月12日至15日	浙江江山
刘忠鑫	男子南刀、南棍、南拳全能	28.98分	1	全国武术套路冠军赛	10月19日至22日	山东曲阜
彭建华	男子田径10000米	29′17″98	1	全国田径锦标赛	9月14日至17日	山西太原
彭建华	男子田径5000米	14′07″06	1	全国田径锦标赛	9月14日至17日	山西太原
杨佳丽 黄杰仪	女子500米双人皮艇	1′43″811	2	全国皮划艇锦标赛	9月12日至16日	山东临沂
徐诗晓 许哲怡	女子500米双人划艇	1′59″890	2	全国皮划艇锦标赛	9月12日至16日	山东临沂
王 欣 吴伊慧 印心怡 陆师师	女子赛艇四人双桨	6′33″80	2	全国赛艇锦标赛	9月24日至29日	山东日照

续表

姓名	项目	成绩	名次	比赛名称	比赛时间	比赛地点
周俐君	女子跆拳道-57公斤级		2	全国跆拳道锦标赛系列赛第一站	3月31日至4月3日	江苏无锡
周俐君	女子跆拳道-57公斤级		2	全国跆拳道锦标赛系列赛第三站	7月5日至8日	江苏无锡
熊亚瑄	女子25米手枪	资:582环 决:33环	2	全国射击锦标赛(手枪)	6月	江苏南京
高　春	男子长拳、刀术、棍术全能	28.95分	2	全国武术套路冠军赛	10月19日至22日	山东曲阜
周　宇 盛琨华	男子1000米单双划艇	3′57″356	3	全国皮划艇锦标赛	9月12日至16日	山东临沂
杨佳丽	女子500米单人皮艇	2′02″175	3	全国皮划艇锦标赛	9月12日至16日	山东临沂
钟　月 王　青 黄嘉艳 李　琰	女子赛艇四人双桨	6′36″95	3	全国赛艇锦标赛	9月24日至29日	山东日照
夏玲杰	男子拳击60公斤级		3	全国男子拳击锦标赛	4月3日至8日	海南临高
黄　婷	女子举重63公斤级	总成绩238公斤	3	全国女子举重锦标赛	4月12日至15日	浙江江山
李　蓉	女子举重75公斤级	总成绩241公斤	3	全国女子举重锦标赛	4月12日至15日	浙江江山
黄志勇	男子举重62公斤级	总成绩304公斤	3	全国男子举重锦标赛	4月19日至22日	湖北宜昌
徐鑫颖	女子链球	63.08米	3	全国田径锦标赛	9月14日至17日	山西太原
黎　松 王　维	男子1000米双人皮艇	3′34″272	4	全国皮划艇锦标赛	9月12日至16日	山东临沂
杨佳丽	女子200米单人皮艇	0′44″985	4	全国皮划艇锦标赛	9月12日至16日	山东临沂
程灵芝 向晶晶	女子500米双人划艇	2′10″131	4	全国皮划艇锦标赛	9月12日至16日	山东临沂
王俊慧 胡江俐	女子赛艇轻量级双人双桨	7′05″59	4	全国赛艇锦标赛	9月24日至29日	山东日照
王俊慧 胡江俐 周佳惠 叶　雯	女子赛艇轻量四人双桨	6′42″27	4	全国赛艇锦标赛	9月24日至29日	山东日照
邓娅兰	女子体操跳马	13.317分	4	全国体操锦标赛	5月3日至13日	安徽肇庆
李　云 吉淑婷 张艺曼 陈念祖 戴　望	女子羽毛球团体		4	全国羽毛球团体锦标赛	9月24日至30日	安徽合肥

续表

姓名	项目	成绩	名次	比赛名称	比赛时间	比赛地点
陈　智 熊　雄	男子赛艇双人双桨	6′33″45	5	全国赛艇锦标赛	9月24日 至29日	山东日照
谢志雄	男子拳击52公斤级		5	全国男子拳击锦标赛暨亚运会资格选拔赛	4月3日 至8日	海南临高
徐　帆	女子跆拳道-57公斤级		5	全国跆拳道锦标赛系列赛第三站	7月5日 至8日	江苏无锡
危洪佳	女子跆拳道-49公斤级		5	全国跆拳道锦标赛系列赛第三站	7月5日 至8日	江苏无锡
李　晴	女子飞碟双向	资:116分 决:20中	5	全国射击锦标赛(飞碟)	7月	江苏南京
李诗沣	男子羽毛球单打		5	全国羽毛球单项锦标赛	8月8日 至15日	江西南昌
龚时贤	男子链球	65.27米	5	全国田径锦标赛	9月14日 至17日	山西太原
万仁贵	男子散打60公斤级		5	全国男子武术散打锦标赛	4月11日 至15日	河北保定
李　琪	女子200米单人划艇	0′53″849	6	全国皮划艇锦标赛	9月12日 至16日	山东临沂
周　涛 傅燕虹 徐江琪 廖文清 胡　珍 傅燕虹 钟　源	女子20公里竞走团体	6′39″58	6	全国竞走锦标赛	9月7日 至8日	陕西渭南
叶丹丹	女子体操跳马	12.883分	6	全国体操锦标赛	5月3日 至13日	安徽肇庆
熊亚瑄	女子10米气手枪	资:580环 决:137.1环	7	全国射击锦标赛(手枪)	6月	江西南京
吴芳芳	女子田径400米栏	1′00″44	7	全国田径锦标赛	9月14日 至17日	山西太原
黄唯露	女子链球	60.33米	7	全国田径锦标赛	9月14日 至17日	山西太原
张冬莲	女子飞碟双向	资:114分	8	全国锦标赛(飞碟)	7月	江苏南京
胡子杰 周小康	男子跳水双人三米板	367.02分	8	全国跳水冠军赛	6月14日 至20日	广东汕头
叶浩坤	男子羽毛球团体		8	全国羽毛球团体锦标赛	9月24日 至30日	安徽合肥
李江燕	女子链球	60.11米	8	全国田径锦标赛	9月14日 至17日	山西太原
吴　峥	女子七项全能	5032分	8	全国田径锦标赛	9月14日 至17日	山西太原

2018年江西省运动员参加全国比赛获奖情况

姓名	项目	成 绩	名次	比赛名称	比赛时间	比赛地点
徐诗晓	女子1000米单人划艇	4′29″944	1	全国皮划艇锦标赛	9月12日至16日	山东临沂
徐诗晓 许哲怡	女子1000米双人划艇	4′29″706	1	全国皮划艇锦标赛	9月12日至16日	山东临沂
徐诗晓	女子500米单人划艇	2′20″103	1	全国皮划艇锦标赛	9月12日至16日	山东临沂
程灵芝	女子500米单人划艇	2′25″010	1	全国皮划艇锦标赛	9月12日至16日	山东临沂
秦　佳	女子越野滑雪(滑轮)6公里竞速赛	18′03″40	1	全国皮划艇锦标赛	9月12日至16日	山东临沂
钟俊杰	男子花样滑水	4520分	1	全国滑水锦标赛	10月25日至30日	广东湛江
李　晨	女子跆拳道+73公斤级		1	全国跆拳道锦标赛系列赛第一站	3月31日至4月3日	江苏无锡
敖　辉	女子举重90公斤级	挺举145公斤	1	全国女子举重锦标赛	4月12日至15日	浙江江山
黄志勇	男子举重62公斤级	挺举174公斤	1	全国男子举重锦标赛	4月19日至22日	湖北宜昌
李　晨	女子跆拳道+78公斤级		1	全国跆拳道锦标赛系列赛第四站	9月9日至12日	江苏无锡
王俊慧	女子赛艇测功仪2公里	7′22″7	1	全国赛艇冬季冠军赛	1月2日	清镇红枫湖
杨佳丽	女子12公里单人皮艇	58′19″86	1	全国皮划艇冬季冠军赛	1月	贵州六枝
程灵芝	女子200米单人划艇	52″443	1	全国皮划艇春季冠军赛	3月25日至27日	湖北鄂州
程灵芝	女子(200米、500米、1000米)皮艇三项全能	27分	1	全国皮划艇春季冠军赛	3月25日至27日	湖北鄂州
程灵芝	女子500米单人划艇	2′32″412	1	全国皮划艇春季冠军赛	3月25日至27日	湖北鄂州
程灵芝	女子1000米单人划艇	5′13″210	1	全国皮划艇春季冠军赛	3月25日至27日	湖北鄂州
徐诗晓	女子12公里划艇	1:4′15″72	1	全国皮划艇春季冠军赛	3月25日至27日	湖北鄂州
徐诗晓	女子500米单人划艇	2′15″695	1	全国皮划艇春季冠军赛	3月25日至27日	湖北鄂州
徐诗晓	女子(200米、500米、12公里)划艇三项全能	78分	1	全国皮划艇春季冠军赛	3月25日至27日	湖北鄂州
胡江俐	女子赛艇轻量级测功仪	7′13″7	1	全国赛艇春季冠军赛	3月29日至4月1日	湖北鄂州
钟　月 刘学仁	女子赛艇双人单桨	7′30″9	1	全国赛艇春季冠军赛	3月29日至4月1日	湖北鄂州
徐诗晓	女子12公里单人划挺	1:7′57″92	1	全国皮划艇秋季冠军赛	11月23日至25日	贵州红枫湖

续表

姓名	项目	成 绩	名次	比赛名称	比赛时间	比赛地点
敖 辉	女子举重 87 公斤级	挺举	1	全国女子举重冠军赛	8 月 30 日至 9 月 2 日	陕西宝鸡
敖 辉	女子举重 87 公斤级	总成绩	1	全国女子举重冠军赛	8 月 30 日至 9 月 2 日	陕西宝鸡
邓 娟	女子自由跤 55 公斤级		1	全国女子自由式摔跤冠军赛	11 月 24 日至 28 日	山东淄博
邓 娟	女子自由跤 55 公斤级		1	全国国际式摔跤三跤总决赛	12 月 24 日至 26 日	河北迁安
谭雪琴	女子跆拳道 46 公斤级		1	全国跆拳道冠军总决赛	12 月 26 日至 31 日	江苏无锡
李 晨	女子跆拳道+73 公斤级		1	全国跆拳道冠军总决赛	12 月 26 日至 31 日	江苏无锡
熊亚瑄	女子 25 米手枪	资:585 环 决:40 环	1	全国射击总决赛(步手枪)	9 月 24 日至 28 日	云南昆明
宁 鹏	男子 20 公里竞走	1:26′28″	1	全国竞走大奖赛(2)	4 月 14 日至 15 日	江西上饶
陈玉敏	女子 20 公里竞走	1:36′23″	1	全国竞走大奖赛(2)	4 月 14 日至 15 日	江西上饶
吴宇昂	男子田径 400 米	46″68	1	全国田径大奖赛(2)	4 月 16 日至 19 日	湖南株洲
龚时贤	男子链球	65.56 米	1	全国田径大奖赛(2)	4 月 16 日至 19 日	湖南株洲
彭建华	男子田径 5000 米	14′18″89	1	全国田径大奖赛(3)	5 月 16 日至 18 日	江苏淮安
彭建华	男子田径 10000 米	30′4″27	1	全国田径大奖赛(3)	5 月 16 日至 18 日	江苏淮安
谢贵珍	男子攀岩速度赛		1	中国攀岩联赛		广州增城
欧志勇	男子攀岩混合接力		1	中国大学生攀岩锦标赛	7 月	河北高碑店
李诗沣	男子羽毛球单打		1	全国羽毛球冠军赛	6 月 4 日至 13 日	湖南益阳
王海旋 徐彬智	男子双人武式太极拳		1	全国武术套路锦标赛	12 月 4 日至 7 日	河北保定
刘忠鑫	男子武术套路南刀		1	全国武术套路冠军赛	10 月 19 日至 22 日	山东曲阜
徐诗晓	女子 2000 米单人划艇	9′43″71	1	全国皮划艇秋季冠军赛	11 月 23 日至 25 日	贵州红枫湖
杨佳丽	女子皮艇铁人全能	726 分	1	全国皮划艇秋季冠军赛	11 月 23 日至 25 日	贵州红枫湖
彭建华	男子田径 6 公里越野跑	18′36″	1	全国越野跑锦标赛	3 月 15 日至 16 日	贵州

续表

姓名	项目	成绩	名次	比赛名称	比赛时间	比赛地点
龚时贤	男子链球	64.76米	1	全国田径大奖赛(4)	5月22日至24日	重庆
晁竞雄 王鹏祥	男子500米双人皮艇	1′34″420	2	全国皮划艇锦标赛	9月12日至16日	山东临沂
张杨 晁竞雄 王鹏祥 熊伟	男子500米四人皮艇	1′30″715	2	全国皮划艇锦标赛	9月12日至16日	山东临沂
杨佳丽 周玉	女子1000米双人皮艇	3′59″621	2	全国皮划艇锦标赛	9月12日至16日	山东临沂
李琪	女子1000米单人划艇	4′43″969	2	全国皮划艇锦标赛	9月12日至16日	山东临沂
程灵芝	女子1000米单人划艇	4′44″199	2	全国皮划艇锦标赛	9月12日至16日	山东临沂
龚浪波	女子花样滑水	2020分	2	全国滑水锦标赛	10月25日至30日	广东湛江
龚浪波	女子回旋滑水	17.00分	2	全国滑水锦标赛	10月25日至30日	广东湛江
黄玉涵 熊洋成	双人技巧滑水	81.8分	2	全国滑水锦标赛	10月25日至30日	广东湛江
谭雪琴	女子跆拳道-46公斤级		2	全国跆拳道锦标赛系列赛第一站	3月31日至4月3日	江苏无锡
李蓉	女子举重75公斤级	抓举108公斤	2	全国女子举重锦标赛	4月12日至15日	浙江江山
杨佳丽	女子1000米单人皮艇	4′11″352	2	全国皮划艇冬季冠军赛	1月	贵州六枝
杨佳丽	女子皮艇四项全能		2	全国皮划艇冬季冠军赛	1月	贵州六枝
徐诗晓	女子1000米单人划艇	4′55″980	1	全国皮划艇冬季冠军赛	1月	贵州六枝
许哲怡	女子划艇四项全能		2	全国皮划艇冬季冠军赛	1月	贵州六枝
杨佳丽	女子(200米、500米、12公里)皮艇三项全能	88分	2	全国皮划艇春季冠军赛	3月25日至27日	湖北鄂州
杨佳丽	女子12公里皮艇	54′27″37	2	全国皮划艇春季冠军赛	3月25日至27日	湖北鄂州
杨佳丽	女子12公里单人皮艇	57′44″55	2	全国皮划艇秋季冠军赛	11月23日至25日	贵州红枫湖
杨佳丽	女子2000米单人皮艇	8′35″83	2	全国皮划艇秋季冠军赛	11月23日至25日	贵州红枫湖
敖辉	女子举重87公斤级	抓举	2	全国女子举重冠军赛	8月30日至9月2日	陕西宝鸡
黄婷	女子举重64公斤级	抓举	2	全国女子举重冠军赛	8月30日至9月2日	陕西宝鸡
黄婷	女子举重64公斤级	总成绩	2	全国女子举重冠军赛	8月30日至9月2日	陕西宝鸡

续表

姓名	项目	成 绩	名次	比赛名称	比赛时间	比赛地点
喻晶晶	女子自由跤65公斤级		2	全国女子自由式摔跤冠军赛	11月24日至29日	山东淄博
喻晶晶	女子自由跤65公斤级		2	全国国际式摔跤三跤总决赛	12月24日至26日	河北迁安
彭建华	男子田径5000米	14′18″62	2	全国田径冠军赛暨大奖赛总决赛	6月15日至17日	贵州贵阳
邓娅兰	女子体操跳马	13.8分	2	全国体操冠军赛	9月1日至7日	河南许昌
谢贵珍	女子攀岩速度		2	中国攀岩联赛		山东齐河
欧志勇	男子攀岩速度		2	中国大学生攀岩锦标赛	7月	河北高碑店
欧志勇	男子攀岩攀石		2	中国大学生攀岩锦标赛	7月	河北高碑店
欧志勇	男子攀岩难度		2	中国大学生攀岩锦标赛	7月	河北高碑店
谢雨芳	女子攀岩难度		2	第十六届大学生攀岩锦标赛	7月	河北高碑店
谢雨芳	女子攀岩抱石		2	第十六届大学生锦标赛	7月	河北高碑店
殷 琥	男子武术套路南棍		2	全国武术套路冠军赛(传统项目)	4月8日至14日	成都大邑
刘忠鑫	男子武术套路南棍		2	全国武术套路冠军赛	10月19日至22日	山东曲阜
宋宇宽	男子200米仰泳	2′5″90	2	全国春季游泳锦标赛	1月19日至21日	安徽黄山
龚时贤	男子链球	68.44米	2	全国田径投掷群项赛(1)	3月31日至4月1日	四川犀浦
龚时贤	男子链球	62.78米	2	全国田径大奖赛(1)	4月10日至12日	广东肇庆
武 瑞	男子田径3000米	8′39″7	2	全国田径大奖赛(2)	4月16日至19日	湖南株洲
钟嘉未	男子田径跳远	6.14米	2	全国田径大奖赛(2)	4月16日至19日	湖南株洲
徐鑫颖	男子链球	64.90米	2	全国田径大奖赛(4)	5月22日至24日	重庆
林鹏辉	男子攀岩速度		2	全国攀岩锦标赛	9月	贵州安龙
王俊慧	女子赛艇轻量级测功仪	7′24″00	3	全国赛艇锦标赛	9月24日至29日	山东日照
周永旋	男子赤脚滑水	520分	3	全国滑水锦标赛	10月25日至30日	广东湛江
李佳瑶 周永旋 黄志健	特挑滑水	350分	3	全国滑水锦标赛	10月25日至30日	广东湛江
贾御婷 黄志健	双人技巧滑水	75.7分	3	全国滑水锦标赛	10月25日至30日	广东湛江

续表

姓名	项目	成绩	名次	比赛名称	比赛时间	比赛地点
黎　磊	古典式摔跤63公斤级		3	全国古典式摔跤锦标赛	3月28日至31日	河北迁安
吴旭东	古典式摔跤82公斤级		3	全国古典式摔跤锦标赛	3月28日至31日	河北迁安
张心茹	女子跆拳道-62公斤级		3	全国跆拳道锦标赛系列赛第一站	3月31日至4月3日	江苏无锡
黄　婷	女子举重63公斤级	挺举133公斤	3	全国女子举重锦标赛	4月12日至15日	浙江江山
喻晶晶	女子自由跤65公斤级		3	全国女子自由式摔跤锦标赛	4月10日至13日	内蒙古包头
李硕实	男子自由跤79公斤级		3	全国男子自由式摔跤锦标赛	4月22日至25日	重庆荣昌
张　引	女子跆拳道-62公斤级		3	全国跆拳道锦标赛系列赛第二站	5月11日	江苏无锡
谭雪琴	女子跆拳道-46公斤级		3	全国跆拳道锦标赛系列赛第三站	7月5日至8日	江苏无锡
张　引	女子跆拳道63公斤级		3	全国跆拳道锦标赛系列赛第三站	7月5日至8日	江苏无锡
张冬莲 李　晴 林飘飘	女子飞碟双向团体	330分	3	全国射击锦标赛(飞碟)	7月	江苏南京
欧志勇	男子攀岩速度		3	全国攀岩锦标赛	9月	贵州安龙
门　欢	女子200米单人划艇	1′2″170	3	全国皮划艇冬季冠军赛	1月	贵州六枝
徐诗晓	女子500米单人划艇	2′15″731	3	全国皮划艇冬季冠军赛	1月	贵州六枝
徐诗晓	女子200米单人划艇	49″582	3	全国皮划艇春季冠军赛	3月25日至27日	湖北鄂州
杨佳丽	女子200米单人皮艇	42″248	3	全国皮划艇春季冠军赛	3月25日至27日	湖北鄂州
杨佳丽	女子500米单人皮艇	2′1″669	3	全国皮划艇春季冠军赛	3月25日至27日	湖北鄂州
钟　月 刘学仁	女子12公里赛艇双人单桨	53′3″20	3	全国赛艇春季冠军赛	3月29日至4月1日	湖北鄂州
钟　月 刘学仁	女子赛艇双单全能	295分	3	全国赛艇春季冠军赛	3月29日至4月1日	湖北鄂州
陈　伟	男子12公里赛艇单人双桨	49′27″99	3	全国赛艇春季冠军赛	3月29日至4月1日	湖北鄂州
黄　婷	女子举重64公斤级	挺举	3	全国女子举重冠军赛	8月30日至9月2日	陕西宝鸡
熊铭敏	女子举重87公斤级	挺举100公斤	3	全国青年举重冠军赛	10月1日至7日	浙江宁海

续表

姓名	项目	成 绩	名次	比赛名称	比赛时间	比赛地点
熊铭敏	女子举重87公斤级	总成绩193公斤	3	全国青年举重冠军赛	10月1日至7日	浙江宁海
徐加浩	古典式摔跤55公斤级		3	全国古典式摔跤冠军赛	11月20日至24日	山东淄博
黎　磊	古典式摔跤63公斤级		3	全国古典式摔跤冠军赛	11月20日至24日	山东淄博
吴旭东	古典式摔跤82公斤级		3	全国古典式摔跤冠军赛	11月20日至24日	山东淄博
文浩宇	古典式摔跤97公斤级		3	全国古典式摔跤冠军赛	11月20日至24日	山东淄博
黄唯露	女子链球	60.84米	3	全国田径大奖赛(4)	5月22日至24日	重庆
宋宇宽	男子50米仰泳	26″11	3	全国夏季游泳锦标赛	6月22日至25日	江西赣州
谢贵珍	女子攀岩速度		3	中国攀岩联赛		贵州安顺
谢贵珍	女子攀岩速度赛		3	中国攀岩联赛		浙江江山
刘忠鑫	男子武术套路南刀		3	全国武术套路冠军赛(传统项目)	4月8日至14日	成都大邑
高　春	男子武术套路三节棍		3	全国武术套路冠军赛(传统项目)	4月8日至14日	成都大邑
文稞洋	女子武术套路双钩		3	全国武术套路冠军赛(传统项目)	4月8日至14日	成都大邑
刘忠鑫	男子武术套路南拳		3	全国男子武术套路锦标赛	5月17日至20日	江苏昆山
刘忠鑫	男子武术套路南棍		3	全国男子武术套路锦标赛	5月17日至20日	江苏昆山
王海旋	男子武式太极拳		3	全国武术套路锦标赛	12月4日至7日	河北保定
刘忠鑫	男子武术套路南拳		3	全国武术套路冠军赛	10月19日至22日	山东曲阜
高　春	男子武术套路长拳		3	全国武术套路冠军赛	10月19日至22日	山东曲阜
高　春	男子武术套路刀术		3	全国武术套路冠军赛	10月19日至22日	山东曲阜
钟嘉未	女子跳远	6.13米	3	全国室内田径锦标赛分赛区(1)	3月7日至8日	江苏南京
闵安妮	女子铅球	15.48米	3	全国室内田径锦标赛分赛区(1)	3月7日至8日	江苏南京
肖菊秀	女子100米栏	13″69	3	全国田径大奖赛(1)	4月10日至12日	广东肇庆
徐鑫颖	女子链球	62.62米	3	全国田径大奖赛(1)	4月10日至12日	广东肇庆

续表

姓名	项目	成绩	名次	比赛名称	比赛时间	比赛地点
吴　昊	男子网球团体		3	全国网球团体锦标赛	6月14日至24日	河南郑州
张　杨	男子500米单人皮艇	1′50″609	4	全国皮划艇锦标赛	9月12日至16日	山东临沂
杨佳丽	女子1000米单人皮艇	4′04″281	4	全国皮划艇锦标赛	9月12日至16日	山东临沂
秦　佳	女子越野滑雪(滑轮)1.5公里竞速赛	4′23″98	4	全国皮划艇锦标赛	9月12日至16日	山东临沂
秦　佳	女子越野滑雪(滑轮)10.5公里竞速赛	33′28″46	4	全国皮划艇锦标赛	9月12日至16日	山东临沂
周杜宇	男子花样滑水	200分	4	全国滑水锦标赛	10月25日至30日	广东湛江
周永旋	男子跳跃滑水	23.3分	4	全国滑水锦标赛	10月25日至30日	广东湛江
黄　婷	女子举重63公斤级	抓举105公斤	4	全国女子举重锦标赛	4月12日至15日	浙江江山
李　蓉	女子举重75公斤级	挺举133公斤	4	全国女子举重锦标赛	4月12日至15日	浙江江山
欧志勇	男子攀岩全能		4	全国攀岩锦标赛	6月	山东郓城
胡江俐	女子赛艇2公里测功仪	7′30″09	4	全国赛艇冬季冠军赛	1月2日	清镇红枫湖
陈　伟	男子12公里赛艇单人双桨	51′03″84	4	全国赛艇冬季冠军赛	1月2日	清镇红枫湖
王俊慧	女子6公里赛艇测功仪	23′40″9	4	全国赛艇冬季冠军赛	1月2日	清镇红枫湖
杨佳丽	女子500米单人皮艇	1′55″975	4	全国皮划艇冬季冠军赛	1月	贵州六枝
许哲怡	女子1000米单人划艇	4′57″546	4	全国皮划艇冬季冠军赛	1月	贵州六枝
门　欢	女子500米单人划艇	2′21″998	4	全国皮划艇春季冠军赛	3月25日至27日	湖北鄂州
王俊慧	女子赛艇轻量级测功仪	7′20″1	4	全国赛艇春季冠军赛	3月29日至4月1日	湖北鄂州
陈　伟	男子赛艇全能	277分	4	全国赛艇春季冠军赛	3月29日至4月1日	湖北鄂州
钟　月 刘学仁	女子赛艇双单测功仪	14′39″8	4	全国赛艇春季冠军赛	3月29日至4月1日	湖北鄂州
熊　雄	男子12公里轻量级赛艇单人双桨	48′32″45	4	全国赛艇春季冠军赛	3月29日至4月1日	湖北鄂州
熊　雄	男子赛艇轻量级铁人计划	1045分	4	全国赛艇秋季冠军赛	12月1日至3日	浙江千岛湖
黄志勇	男子举重61公斤级	挺举165公斤	4	全国男子举重冠军赛	9月6日至9日	浙江开化
熊亚瑄	女子10米气手枪	资:577环 决:198.3环	4	全国射击冠军赛(步手枪)	3月	福建莆田
钟嘉末	女子跳远	5.97米	4	全国室内田径锦标赛总决赛	3月23日至24日	北体大

续表

姓名	项目	成 绩	名次	比赛名称	比赛时间	比赛地点
余　航	男子链球	59.27 米	4	全国田径大奖赛(4)	5月22日至24日	重庆
徐鑫颖	女子链球	65.35 米	4	全国田径冠军赛暨大奖赛总决赛	6月15日至17日	贵州贵阳
方志胜	男子攀岩速度		4	中国攀岩联赛		甘肃兰州
谢贵珍	女子攀岩速度		4	中国攀岩联赛		甘肃兰州
马福平	男子攀岩速度		4	中国攀岩联赛		湖南长沙
谢贵珍	女子攀岩难度		4	全国大学生锦标赛	7月	河北高碑店
方志杰	男子武术套路朴刀		4	全国武术套路冠军赛(传统项目)	4月8日至14日	成都大邑
陶文武	男子武术套路单鞭		4	全国武术套路冠军赛(传统项目)	4月8日至14日	成都大邑
刘忠鑫	男子武术套路南刀		4	全国男子武术套路锦标赛	5月17日至20日	江苏昆山
高　春	男子武术套路长拳		4	全国男子武术套路锦标赛	5月17日至20日	江苏昆山
徐彬智	男子武术套路武式太极拳		4	全国武术套路锦标赛	12月4日至7日	河北保定
高　春	男子武术套路棍术		4	全国武术套路冠军赛	10月19日至22日	山东曲阜
肖菊秀	女子60米栏	8″43	4	全国室内田径锦标赛分赛区(1)	3月7日至8日	江苏南京
张　帆	男子800米	2′16″23	4	全国室内田径锦标赛分赛区(1)	3月7日至8日	江苏南京
吴芳芳	女子400米栏	1′00″33	4	全国田径大奖赛(1)	4月10日至12日	广东肇庆
吴芳芳	女子400米栏	59″07	4	全国田径大奖赛(2)	4月16日至19日	湖南株洲
潘旭华	女子攀岩速度		5	全国攀岩锦标赛	9月	贵州安龙
潘旭华	女子攀岩攀石		5	全国攀岩锦标赛	9月	贵州安龙
周　宇 盛琨华	男子200米双人划艇	0′42″311	5	全国皮划艇锦标赛	9月12日至16日	山东临沂
徐诗晓 许哲怡	女子200米双人划艇	0′49″767	5	全国皮划艇锦标赛	9月12日至16日	山东临沂
胡江利	女子赛艇轻量级测功仪	7′25″10	5	全国赛艇锦标赛	9月24日至29日	山东日照
陈　伟	男子赛艇单人双桨	7′24″48	5	全国赛艇锦标赛	9月24日至29日	山东日照
周永旋	男子花样滑水	80分	5	全国滑水锦标赛	10月25日至30日	广东湛江

续表

姓名	项目	成 绩	名次	比赛名称	比赛时间	比赛地点
李佳瑶	女子花样滑水	200分	5	全国滑水锦标赛	10月25日至30日	广东湛江
陈 龙	古典式摔跤55公斤级		5	全国古典式摔跤锦标赛	3月28日至31日	河北迁安
周慧莲	女子跆拳道-46公斤级		5	全国跆拳道锦标赛系列赛第一站	3月31日至4月3日	江苏无锡
李威宇	男子自由跤57公斤级		5	全国男子自由式摔跤锦标赛	4月22日至25日	重庆荣昌
张心茹	女子跆拳道-62公斤级		5	全国跆拳道锦标赛系列赛第三站	7月5日至8日	江苏无锡
张 引	女子跆拳道-62公斤级		5	全国跆拳道锦标赛系列赛第四站	9月9日至12日	江苏无锡
胡江俐	女子6公里赛艇测功仪	23′49″5	5	全国赛艇冬季冠军赛	1月2日	清镇红枫湖
杨佳丽	女子200米单人皮艇	46″173	5	全国皮划艇冬季冠军赛	1月	贵州六枝
许哲怡	女子200米单人划艇	1′05″198	5	全国皮划艇冬季冠军赛	1月	贵州六枝
许哲怡	女子12公里单人划艇	1:07′29″35	5	全国皮划艇冬季冠军赛	1月	贵州六枝
林慧群	女子200米单人皮艇	43″223	5	全国皮划艇春季冠军赛	3月25日至27日	湖北鄂州
门 欢	女子200米单人划艇	50″616	5	全国皮划艇春季冠军赛	3月25日至27日	湖北鄂州
门 欢	女子(200米、500米、12公里)划艇三项全能	55分	5	全国皮划艇春季冠军赛	3月25日至27日	湖北鄂州
胡江俐	女子赛艇轻量级全能	277分	5	全国赛艇春季冠军赛	3月29日至4月1日	湖北鄂州
黄荣辉	男子赛艇轻量级陆上	6′21″	5	全国赛艇秋季冠军赛	12月1日至3日	浙江千岛湖
王俊慧	女子赛艇轻量级单人双桨陆上	7′21″	5	全国赛艇秋季冠军赛	12月1日至3日	浙江千岛湖
李 蓉	女子举重76公斤级	挺举130公斤	5	全国女子举重冠军赛	8月30日至9月2日	陕西宝鸡
陈 龙	古典式摔跤55公斤级		5	全国古典式摔跤冠军赛	11月20日至24日	山东淄博
吴文峰	男子自由跤57公斤级		5	全国男子自由式摔跤冠军赛	12月2日至4日	山东聊城
李江燕	女子链球	56.32米	5	全国田径大奖赛(4)	5月22日至24日	重庆
龚时贤	男子链球	65.91米	5	全国田径冠军赛暨大奖赛总决赛	6月15日至17日	贵州贵阳
万乐天	女子50米仰泳	29″11	5	全国夏季游泳锦标赛	6月22日至25日	江西赣州

续表

姓名	项目	成 绩	名次	比赛名称	比赛时间	比赛地点
胡子杰 周小康	男子跳水双人三米板	389.22 分	5	全国跳水锦标赛	9月20日 至26日	重庆
谢雨芳	女子攀岩全能		5	中国攀岩联赛		甘肃兰州
谢雨芳	女子攀岩全能		5	中国攀岩联赛		山东齐河
谢雨芳	女子攀岩速度		5	中国攀岩联赛		山东齐河
谢贵珍	女子攀岩全能		5	中国攀岩联赛		湖南长沙
段煜荣	男子攀岩速度		5	中国攀岩联赛		浙江江山
谢雨芳	女子攀岩速度		5	第十六届大学生锦标赛	7月	河北.高碑店
高　春	男子武术套路通臂拳		5	全国武术套路冠军赛(传统项目)	4月8日 至14日	成都大邑
陶文武	男子武术套路查拳		5	全国武术套路冠军赛(传统项目)	4月8日 至14日	成都大邑
王海旋	男子武术套路吴式太极拳		5	全国武术套路冠军赛(传统项目)	4月8日 至14日	成都大邑
高　春	男子武术套路刀术		5	全国男子武术套路锦标赛	5月17日 至20日	江苏昆山
孙旭柳	女子网球团体		5	全国网球团体锦标赛	6月14日 至24日	河南郑州
郑妩双	女子网球团体		5	全国网球团体锦标赛	6月14日 至24日	河南郑州
许哲怡	女子划艇铁人全能	686 分	5	全国皮划艇秋季冠军赛	11月23日 至25日	贵州红枫湖
武　瑞	男子 1500 米	3′59″60	5	全国田径大奖赛(2)	4月16日 至19日	湖南株洲
闵安妮	女子铅球	15.35 米	5	全国田径大奖赛(4)	5月22日 至24日	重庆
许哲怡	女子 500 米单人划艇	2′29″063	6	全国皮划艇锦标赛	9月12日 至16日	山东临沂
黄荣辉	男子赛艇轻量级测功仪	6′27″00	6	全国赛艇锦标赛	9月24日 至29日	山东日照
周杜宇	男子尾波滑水	30.1 分	6	全国滑水锦标赛	10月25日 至30日	广东湛江
龚浪波 周杜宇 熊洋成	特挑滑水	100 分	6	全国滑水锦标赛	10月25日 至30日	广东湛江
李佳瑶 周永旋	双人技巧滑水	21.1 分	6	全国滑水锦标赛	10月25日 至30日	广东湛江
敖　辉	女子举重 90 公斤级	抓举 108 公斤	6	全国女子举重锦标赛	4月12日 至15日	浙江江山
胡子杰 喻书怡	男女跳水混合全能	363.1 分	6	全国跳水冠军赛	6月14日 至20日	广东汕头

续表

姓名	项目	成绩	名次	比赛名称	比赛时间	比赛地点
谢贵珍	女子攀岩速度		6	全国攀岩锦标赛	9月	贵州安龙
熊　雄	男子12公里赛艇单人双桨	50′33″61	6	全国赛艇冬季冠军赛	1月2日	清镇红枫湖
门　欢	女子500米单人划艇	2′17″906	6	全国皮划艇冬季冠军赛	1月	贵州六枝
徐诗晓	女子划艇四项全能		6	全国皮划艇冬季冠军赛	1月	贵州六枝
彭艳君	女子200米单人皮艇	43″441	6	全国皮划艇春季冠军赛	3月25日至27日	湖北鄂州
许哲怡	女子12公里划艇	1:6′30″99	6	全国皮划艇春季冠军赛	3月25日至27日	湖北鄂州
张　杨	男子(200米、500米、12公里)皮艇三项全能	185分	6	全国皮划艇春季冠军赛	3月25日至27日	湖北鄂州
熊　雄	男子赛艇轻量级全能	279分	6	全国赛艇春季冠军赛	3月29日至4月1日	湖北鄂州
王俊慧	女子赛艇轻量级全能	274分	6	全国赛艇春季冠军赛	3月29日至4月1日	湖北鄂州
陈　伟	男子赛艇单人双桨	7′12″54	6	全国赛艇春季冠军赛	3月29日至4月1日	湖北鄂州
盛琨华	男子12公里单人划艇	1:0′44″93	6	全国皮划艇秋季冠军赛	11月23日至25日	贵州红枫湖
张冬莲	女子飞碟双向	资:117分 决:11中	6	全国射击冠军赛(飞碟)	1月	福建莆田
肖菊秀	女子60米栏	8″58	6	全国室内田径锦标赛总决赛	3月23日至24日	北体大
黄唯璐	女子链球	63.89米	6	全国田径冠军赛暨大奖赛总决赛	6月15日至17日	贵州贵阳
钟嘉未	女子跳远	6.26米	6	全国田径冠军赛暨大奖赛总决赛	6月15日至17日	贵州贵阳
章志龙	男子体操自由操	13.033分	6	全国体操冠军赛	9月1日至7日	河南许昌
章志龙	男子体操双杠	13.967分	6	全国体操冠军赛	9月1日至7日	河南许昌
谢贵珍	女子攀岩全能		6	中国攀岩联赛		甘肃兰州
方志胜	男子攀岩速度		6	中国攀岩联赛		广州增城
谢贵珍	女子攀岩速度		6	中国攀岩联赛		湖南长沙
孙泽亿	男子攀岩速度		6	中国攀岩联赛		浙江江山
刘汉源	男子攀岩甲B速度		6	中国大学生攀岩锦标赛	7月	河北高碑店
杭静冉	女子武术套路吴式太极拳		6	全国武术套路冠军赛(传统项目)	4月8日至14日	成都大邑
陶　超	男子武术套路八极拳		6	全国武术套路冠军赛(传统项目)	4月8日至14日	成都大邑
黄嘉骏	男子链球	59.17米	6	全国田径大奖赛(1)	4月10日至12日	广东肇庆

续表

姓名	项目	成绩	名次	比赛名称	比赛时间	比赛地点
何龙仙	女子撑竿跳高	3.40米	6	全国田径大奖赛(1)	4月10日至12日	广东肇庆
吴　峥	女子七项全能	4944分	6	全国田径大奖赛(2)	4月16日至19日	湖南株洲
叶嘉怡	女子链球	56.53米	6	全国田径大奖赛(2)	4月16日至19日	湖南株洲
钟嘉未	女子跳远	6.03米	6	全国田径大奖赛(4)	5月22日至24日	重庆
何龙仙	女子撑竿跳高	3.60米	6	全国田径大奖赛(4)	5月22日至24日	重庆
李　琪	女子500米单人划艇	2′30″119	7	全国皮划艇锦标赛	9月12日至16日	山东临沂
李佳瑶	女子尾波滑水	26.7分	7	全国滑水锦标赛	10月25日至30日	广东湛江
张凯治	男子立式水上摩托竞速		7	全国摩托艇锦标赛	9月27日至29日	山东临沂
徐加浩	古典式摔跤55公斤级		7	全国古典式摔跤锦标赛	3月28日至31日	河北迁安
黄志勇	男子举重62公斤级	抓举130公斤	7	全国男子举重锦标赛	4月19日至22日	湖北宜昌
熊　雄	男子赛艇测功仪	6′28″1	7	全国赛艇冬季冠军赛	1月2日	清镇红枫湖
祝国文	男子2000米单人划艇	4′23″976	7	全国皮划艇冬季冠军赛	1月	贵州六枝
林慧群	女子200米单人皮艇	0′49″182	7	全国皮划艇冬季冠军赛	1月	贵州六枝
李　琪	女子500米单人划艇	2′26″790	7	全国皮划艇春季冠军赛	3月25日至27日	湖北鄂州
王鹏祥	男子(200米、500米、12公里)皮艇三项全能	183分	7	全国皮划艇春季冠军赛	3月25日至27日	湖北鄂州
许哲怡	女子(200米、500米、12公里)划艇三项全能	53分	7	全国皮划艇春季冠军赛	3月25日至27日	湖北鄂州
胡江俐	女子赛艇轻量级单人双桨	7′56″15	7	全国赛艇春季冠军赛	3月29日至4月1日	湖北鄂州
李　琪	女子12公里单人划挺	1:1′36″11	7	全国皮划艇秋季冠军赛	11月23日至25日	贵州红枫湖
胡江俐	女子5公里赛艇轻量级单人双桨陆上	19′23	7	全国赛艇秋季冠军赛	12月1日至3日	浙江千岛湖
黄志勇	男子举重61公斤级	总成绩292公斤	7	全国男子举重冠军赛	9月6日至9日	浙江开化
熊子龙	古典式摔跤55公斤级		7	全国古典式摔跤冠军赛	11月20日至24日	山东淄博
林飘飘	女子飞碟双向	资:116分	7	全国射击冠军赛(飞碟)	1月	福建莆田

续表

姓名	项目	成 绩	名次	比赛名称	比赛时间	比赛地点
付津津	女子50米自由泳	26″68	7	全国春季游泳锦标赛	1月19日至21日	安徽黄山
廖燕平	女子20公里竞走	1:32′21″	7	全国竞走大奖赛(2)	4月14日至15日	江西上饶
吴芳芳	女子400米栏	1′05″47	7	全国田径冠军赛暨大奖赛总决赛	6月15日至17日	贵州贵阳
谢雨芳	女子攀岩速度		7	中国攀岩联赛		湖南长沙
邱海梅	女子攀岩速度		7	中国攀岩联赛		贵州安顺
肖　健	女子攀岩难度		7	中国大学生攀岩锦标赛	7月	河北高碑店
陶　超	男子武术套路双钩		7	全国武术套路冠军赛(传统项目)	4月8日至14日	成都大邑
徐彬智	男子武术套路武式太极拳		7	全国武术套路冠军赛(传统项目)	4月8日至14日	成都大邑
丁嘉珅	男子武术套路查拳		7	全国武术套路冠军赛(传统项目)	4月8日至14日	成都大邑
陈　曦	女子武术套路陈氏太极拳		7	全国武术套路冠军赛(传统项目)	4月8日至14日	成都大邑
芦胜男	女子武术套路孙氏太极拳		7	全国武术套路冠军赛(传统项目)	4月8日至14日	成都大邑
高　春	男子武术套路棍术		7	全国男子武术套路锦标赛	5月17日至20日	江苏昆山
徐彬智 李秋林	男子武术套路双人杨式太极拳		7	全国武术套路锦标赛	12月4日至7日	河北保定
王海旋 叶文宾	男子武术套路双人吴式太极拳		7	全国武术套路锦标赛	12月4日至7日	河北保定
李　琪	女子2000米单人划艇	10′08″50	7	全国皮划艇秋季冠军赛	11月23日至25日	贵州红枫湖
吴宇昂	男子400米	51″84	7	全国室内田径锦标赛分赛区(1)	3月7日至8日	江苏南京
胡慧倩	女子400米自由泳	4′19″41	7	全国春季游泳锦标赛	1月19日至21日	安徽黄山
黄唯璐	女子链球	62.28米	7	全国田径投掷群项赛(1)	3月31日至4月1日	四川犀浦
梅江川	男子链球	60.83米	7	全国田径大奖赛(2)	4月16日至19日	湖南株洲
周　宇 盛琨华	男子500米双人划艇	1′48″035	8	全国皮划艇锦标赛	9月12日至16日	山东临沂
熊子龙	古典式摔跤55公斤级		8	全国古典式摔跤锦标赛	3月28日至31日	河北迁安
谭　建	古典式摔跤72公斤级		8	全国古典式摔跤锦标赛	3月28日至31日	河北迁安

续表

姓名	项目	成绩	名次	比赛名称	比赛时间	比赛地点
王志豪	男子举重94公斤级	抓举 156公斤	8	全国男子举重锦标赛	4月19日 至22日	湖北宜昌
王志豪	男子举重94公斤级	挺举 188公斤	8	全国男子举重锦标赛	4月19日 至22日	湖北宜昌
付裕豪	男子举重105公斤级	挺举 191公斤	8	全国男子举重锦标赛	4月19日 至22日	湖北宜昌
马福平	男子攀岩速度		8	全国攀岩锦标赛	9月	贵州安龙
许哲怡	2000米单人划艇	10′9″89	8	全国皮划艇秋季冠军赛	11月23日 至25日	贵州红枫湖
盛琨华	男子皮艇铁人全能	678分	8	全国皮划艇秋季冠军赛	11月23日 至25日	贵州红枫湖
朱志豪	男子跳高	2.05米	8	全国室内田径锦标赛 分赛区(1)	3月7日 至8日	江苏南京
肖菊秀	女子100米栏	14″41	8	全国田径大奖赛(2)	4月16日 至19日	湖南株洲
张　帆	男子800米	2′12″59	8	全国田径大奖赛(2)	4月16日 至19日	湖南株洲
熊　雄	男子6公里赛艇测功仪	20′44″1	8	全国赛艇冬季冠军赛	1月2日	清镇红枫湖
熊　雄	男子赛艇三项全能		8	全国赛艇冬季冠军赛	1月2日	清镇红枫湖
晁竞雄	男子500米单人皮艇	1′49″658	8	全国皮划艇冬季冠军赛	1月	贵州六枝
林慧群	女子12公里单人皮艇	1:0′36″26	8	全国皮划艇冬季冠军赛	1月	贵州六枝
徐诗晓	女子200米单人划艇	1′10″118	8	全国皮划艇冬季冠军赛	1月	贵州六枝
许哲怡	女子500米单人划艇	2′18″747	8	全国皮划艇冬季冠军赛	1月	贵州六枝
秦　佳 王永洪	男女500米混合双人划艇	2′01″705	8	全国皮划艇冬季冠军赛	1月	贵州六枝
赵　梦 祝国文	男女1000米混合双人划艇	4′23″052	8	全国皮划艇冬季冠军赛	1月	贵州六枝
秦　佳 王永洪	男女混合双人划艇三项全能		8	全国皮划艇冬季冠军赛	1月	贵州六枝
林慧群	女子(200米、500米、12公里)皮艇三项全能	67分	8	全国皮划艇春季冠军赛	3月25日 至27日	湖北鄂州
罗　露	女子12公里皮艇	56′28″37	8	全国皮划艇春季冠军赛	3月25日 至27日	湖北鄂州
陈　智	男子赛艇单人双桨	7′16″74	8	全国赛艇春季冠军赛	3月29日 至4月1日	湖北鄂州
黄荣辉	男子赛艇轻量级测功仪	6′24″7	8	全国赛艇春季冠军赛	3月29日 至4月1日	湖北鄂州
叶　雯	女子12公里赛艇轻量级单人双桨	54′50″74	8	全国赛艇春季冠军赛	3月29日 至4月1日	湖北鄂州
许哲怡	女子12公里单人划挺	1:13′48″25	8	全国皮划艇秋季冠军赛	11月23日 至25日	贵州红枫湖

续表

姓名	项目	成 绩	名次	比赛名称	比赛时间	比赛地点
程灵芝	女子划艇铁人全能	612 分	8	全国皮划艇秋季冠军赛	11 月 23 日至 25 日	贵州红枫湖
胡江俐	女子赛艇轻量级单人双桨陆上	7′23″	8	全国赛艇秋季冠军赛	12 月 1 日至 3 日	浙江千岛湖
胡江俐	女子赛艇轻量级单人双桨三项全能	272 分	8	全国赛艇秋季冠军赛	12 月 1 日至 3 日	浙江千岛湖
熊亚瑄	女子 25 米手枪	资:585 环 决:8 环	8	全国射击冠军赛(步手枪)	3 月	福建莆田
黄嘉骏	男子链球	58.46 米	8	全国田径大奖赛(2)	4 月 16 日至 19 日	湖南株洲
付津津	女子 50 米自由泳	26″56	8	全国夏季游泳锦标赛	6 月 22 日至 25 日	江西赣州
万乐天	女子 100 米仰泳	1′03″66	8	全国夏季游泳锦标赛	6 月 22 日至 25 日	江西赣州
宋宇宽	男子 200 米仰泳	2′06″69	8	全国夏季游泳锦标赛	6 月 22 日至 25 日	江西赣州
宋宇宽	男子 100 米仰泳	57″42	8	全国夏季游泳锦标赛	6 月 22 日至 25 日	江西赣州
付津津	女子 50 米仰泳	30″08	8	全国游泳锦标赛	10 月 13 日至 17 日	山东日照
胡子杰	男子跳水一米板	379.15 分	8	全国跳水锦标赛	9 月 20 日至 26 日	重庆
谢雨芳	女子攀岩全能		8	中国攀岩联赛		贵州安顺
邱海梅	女子攀岩速度		8	中国攀岩联赛		浙江江山
刘忠鑫	男子武术套路南拳		8	全国武术套路冠军赛(传统项目)	4 月 8 日至 14 日	成都大邑
丁嘉珅	男子武术套路双刀		8	全国武术套路冠军赛(传统项目)	4 月 8 日至 14 日	成都大邑

2018 年江西省运动员参加全国青年比赛获奖情况

姓名	项目	成 绩	名次	比赛名称	比赛时间	比赛地点
张 杨 王鹏祥 张 驰 黎 松	男子 500 米四人皮艇	1′29″814	1	U18、U23 全国青年皮划艇静水锦标赛	5 月 30 日至 6 月 2 日	天津
周敏翾	男子 1000 米单人皮艇	3′54″876	1	U18、U23 全国青年皮划艇静水锦标赛	5 月 30 日至 6 月 2 日	天津
熊子龙	古典式摔跤 55 公斤级		1	U20 全国男子古典式摔跤锦标赛	5 月 10 日至 13 日	安徽合肥
赵 峻	男子自由跤 70 公斤级		1	U20 全国男子自由式摔跤锦标赛	5 月 21 日至 24 日	山东聊城

续表

姓名	项目	成 绩	名次	比赛名称	比赛时间	比赛地点
刘安邦	男子跆拳道-68 公斤级		1	全国青年跆拳道锦标赛系列赛第二站	5月30日至6月1日	山西运城
刘安邦	男子跆拳道-68 公斤级		1	全国青年跆拳道锦标赛系列赛第三站	8月4日至6日	山西吕梁
黄 锟	古典跤 71 公斤级		1	U17 全国古典跤锦标赛	6月5日至8日	江西鹰潭
陈文杰	古典跤 60 公斤级		1	U17 全国古典跤锦标赛	6月5日至8日	江西鹰潭
李俊伟	男子自由跤 55 公斤级		1	U17 全国男子自由跤锦标赛	6月22日至25日	安徽含山
王凯汇 喻书怡	男女跳水混合全能	353.6 分	1	全国青年跳水冠军赛	4月21日至27日	江苏常熟
任程鸣 钟泽州 陈柏阳 杨浩睿 张子豪 淦 龙	羽毛球甲组男子团体		1	全国青年羽毛球锦标赛	5月8日至16日	江苏苏州
李诗沣	羽毛球甲组男子单打		1	全国青年羽毛球锦标赛	5月8日至16日	江苏苏州
戴 望	羽毛球女子单打		1	U16、U17 全国羽毛球比赛总决赛	9月4日至7日	安徽淮北
任程鸣	羽毛球甲组男子单打		1	U16、U17 全国羽毛球比赛总决赛	11月23日至30日	广东东莞
黄 涛 姚子康 卢子洋 万仁伟	男子赛艇轻量级四人双桨	6′2″16	2	U18 全国青年赛艇锦标赛	6月7日至10日	天津
俞诗梦 林慧群 罗 露 彭艳君	女子 500 米四人皮艇	1′39″246	2	U18、U23 全国青年皮划艇静水锦标赛	5月30日至6月2日	天津
罗 露 彭艳君	女子 1000 米双人皮艇	3′50″82	2	U18、U23 全国青年皮划艇静水锦标赛	5月30日至6月2日	天津
罗 露 彭艳君	女子 500 米双人皮艇	1′50″689	2	U18、U23 全国青年皮划艇静水锦标赛	5月30日至6月2日	天津
罗 露	女子 1000 米单人皮艇	4′05″344	2	U18、U23 全国青年皮划艇静水锦标赛	5月30日至6月2日	天津
祝国文 盛琨华 林宇涵 叶俊鑫	男子 500 米四人划艇	1′36″736	2	U18、U23 全国青年皮划艇静水锦标赛	5月30日至6月2日	天津

续表

姓名	项目	成 绩	名次	比赛名称	比赛时间	比赛地点
龙 航 左有民	男子1000米双人划艇	3′54″563	2	U18、U23全国青年皮划艇静水锦标赛	5月30日至6月2日	天津
刘安邦	跆拳道-68公斤级		2	全国青年跆拳道锦标赛系列赛第一站	4月26日	河北迁安
罗健中	古典式摔跤67公斤级		2	U20全国男子古典式摔跤锦标赛	5月10日至13日	安徽合肥
邓 娟	女子自由跤55公斤级		2	U20全国女子自由式摔跤锦标赛	5月14日至17日	山西怀仁
吴文峰	男子自由跤61公斤级		2	U20全国男子自由式摔跤锦标赛	5月21日至24日	山东聊城
倪雪露	女子跆拳道-46公斤级		2	全国青年跆拳道锦标赛系列赛第三站	8月4日至6日	山西吕梁
赵语竹	女子跆拳道-59公斤级		2	全国青年跆拳道锦标赛系列赛第三站	8月4日至6日	山西吕梁
罗健中	古典跤71公斤级		2	U17全国古典跤锦标赛	6月5日至8日	江西鹰潭
张 婷	跆拳道-52公斤级		2	全国青年跆拳道锦标赛	10月17日至20日	四川宜宾
闵安妮	女子铅球	15.64米	2	U20全国青年田径锦标赛	5月11日至13日	江西南昌
兰天露	女子400米栏	59″70	2	U20全国青年田径锦标赛	5月11日至13日	江西南昌
郭 琪	女子七项全能	4577分	2	U20全国青年田径锦标赛	5月11日至13日	江西南昌
黄唯璐	女子链球	61.20米	2	U20全国青年田径锦标赛	5月11日至13日	江西南昌
黄百计	男子体操自由操	13.3分	2	全国青年体操锦标赛	6月3日至10日	山西太原
侯方芳\外省	女子羽毛球17岁组双打		2	U16、U17全国羽毛球比赛总决赛	9月4日至7日	安徽淮北
叶嘉怡	女子链球	61.21米	2	U18全国青年田径锦标赛	5月13日至17日	辽宁
熊铭敏	女子举重87公斤级	抓举93公斤	2	全国青年举重冠军赛	10月1日至7日	浙江宁海
张 杨	男子500米单人皮艇	1′43″143	3	U18、U23全国青年皮划艇静水锦标赛	5月30日至6月2日	天津
王鹏祥 张 驰	男子1000米双人皮艇	3′26″554	3	U18、U23全国青年皮划艇静水锦标赛	5月30日至6月2日	天津
张 杨	男子1000单人皮艇	3′44″754	3	U18、U23全国青年皮划艇静水锦标赛	5月30日至6月2日	天津

续表

姓名	项目	成 绩	名次	比赛名称	比赛时间	比赛地点
罗 露	女子5公里单人皮艇	23′34″83	3	U18、U23全国青年皮划艇静水锦标赛	5月30日至6月2日	天津
林慧群 俞诗梦	女子500米双人皮艇	1′53″323	3	U18、U23全国青年皮划艇静水锦标赛	5月30日至6月2日	天津
林宇涵 盛琨华	男子1000双人划艇	3′46″960	3	U18、U23全国青年皮划艇静水锦标赛	5月30日至6月2日	天津
章鸿图 齐 兵 李胜达 闵晨曦	男子500米四人划艇	1′44″546	3	U18、U23全国青年皮划艇静水锦标赛	5月30日至6月2日	天津
龙 航 左有民	男子500米双人划艇	2′01″086	3	U18、U23全国青年皮划艇静水锦标赛	5月30日至6月2日	天津
周敏翾	男子500米单人皮艇	1′54″539	3	U18、U23全国青年皮划艇静水锦标赛	5月30日至6月2日	天津
徐加浩	古典式摔跤55公斤级		3	U20全国男子古典式摔跤锦标赛	5月10日至13日	安徽合肥
胡永成	古典式摔跤63公斤级		3	U20全国男子古典式摔跤锦标赛	5月10日至13日	安徽合肥
刘 瑒	古典式摔跤67公斤级		3	U20全国男子古典式摔跤锦标赛	5月10日至13日	安徽合肥
谭 建	古典式摔跤72公斤级		3	U20全国男子古典式摔跤锦标赛	5月10日至13日	安徽合肥
程水燕	女子自由跤72公斤级		3	U20全国女子自由式摔跤锦标赛	5月14日至17日	山西怀仁
赵语竹	女子跆拳道-59公斤级		3	全国青年跆拳道锦标赛系列赛第二站	5月30日至6月1日	山西运城
李硕实	男子自由跤79公斤级		3	U23全国摔跤大奖赛	7月6日至11日	海南海口
易桂花	女子拳击64公斤级		3	全国青年女子拳击锦标赛	7月15日至20日	浙江宁海
蔡子健	男子跆拳道-78公斤级		3	全国青年跆拳道锦标赛系列赛第三站	8月4日至6日	山西吕梁
周 冬	古典跤55公斤级		3	U17全国古典跤锦标赛	6月5日至8日	江西鹰潭
徐 斌	古典跤65公斤级		3	U17全国古典跤锦标赛	6月5日至8日	江西鹰潭
罗健文	古典跤71公斤级		3	U17全国古典跤锦标赛	6月5日至8日	江西鹰潭
王 俊	男子自由跤60公斤级		3	U17全国男子自由跤锦标赛	6月22日至25日	安徽含山

续表

姓名	项目	成 绩	名次	比赛名称	比赛时间	比赛地点
龚婉婷	女子自由跤40公斤级		3	U17全国女子自由跤锦标赛	6月12日至15日	山东博兴
朱慧君	女子自由跤40公斤级		3	U17全国女子自由跤锦标赛	6月12日至15日	山东博兴
李硕实	男子自由跤79公斤级		3	U23全国男子自由跤锦标赛	7月6日至11日	海南海口
倪雪露	跆拳道-46公斤级		3	全国青年跆拳道锦标赛	10月17日至20日	四川宜宾
毕帅冬	跆拳道-59公斤级		3	全国青年跆拳道锦标赛	10月17日至20日	四川宜宾
钟嘉未	女子跳远	6.07米	3	U20全国青年田径锦标赛	5月11日至13日	江西南昌
李江燕	女子链球	60.90米	3	U20全国青年田径锦标赛	5月11日至13日	江西南昌
刘宇轩	男子链球	62.96米	3	U20全国青年田径锦标赛	5月11日至13日	江西南昌
朱英旭	女子铅球	18.33米	3	U20全国青年田径锦标赛	5月11日至13日	江西南昌
朱英旭	女子铁饼	52.88米	3	U20全国青年田径锦标赛	5月11日至13日	江西南昌
叶浩坤 黄嘉诚 任汉玮	男子羽毛球乙组团体		3	全国青年羽毛球锦标赛	5月8日至16日	江苏苏州
任程鸣 陈柏阳	男子羽毛球甲组双打		3	全国青年羽毛球锦标赛	5月8日至16日	江苏苏州
叶浩坤	男子羽毛球乙组单打		3	U16、U18全国羽毛球比赛总决赛	11月23日至30日	广东东莞
戴　望 侯方芳	女子羽毛球乙组双打		3	U16、U18全国羽毛球比赛总决赛	11月23日至30日	广东东莞
陈智妃	女子100米栏	14″14	3	U18全国青年田径锦标赛	5月13日至17日	辽宁
程玉洁	女子50米自由泳	26″23	3	全国青年游泳锦标赛	12月25日至27日	安徽
黎　松	男子5公里单人皮艇	21′31″83	4	U18、U23全国青年皮划艇静水锦标赛	5月30日至6月2日	天津
林慧群	女子500米皮艇跨项	2′01″695	4	U18、U23全国青年皮划艇静水锦标赛	5月30日至6月2日	天津
林慧群	女子1000米单人皮艇	4′06″186	4	U18、U23全国青年皮划艇静水锦标赛	5月30日至6月2日	天津
盛琨华	男子5公里单人划艇	23′48″07	4	U18、U23全国青年皮划艇静水锦标赛	5月30日至6月2日	天津

续表

姓名	项目	成 绩	名次	比赛名称	比赛时间	比赛地点
闵晨曦 张可轩	男子500米双人划艇	2′01″342	4	U18、U23全国青年皮划艇静水锦标赛	5月30日至6月2日	天津
周敏翾 王子强 李意韩 毛长洪	男子500米四人皮艇	1′37″125	4	U18、U23全国青年皮划艇静水锦标赛	5月30日至6月2日	天津
朱家欢	女子举重69公斤级	抓举 95公斤	4	全国青年举重锦标赛	4月28日至5月3日	江苏宿迁
朱家欢	女子举重69公斤级	总成绩 211公斤	4	全国青年举重锦标赛	4月28日至5月3日	江苏宿迁
唐　欣	女子举重75公斤级	挺举 120公斤	4	全国青年举重锦标赛	4月28日至5月3日	江苏宿迁
黄杰威	男子举重94公斤级	挺举 177公斤	4	全国青年举重锦标赛	4月28日至5月3日	江苏宿迁
张　帆	男子800米	2′11″22	4	U21全国青年田径锦标赛	5月11日至13日	江西南昌
刘珊珊	女子体操跳马	12.374分	4	全国青年体操锦标赛	6月3日至10日	山西太原
陈桂荣	女子跳水十米台	401.95分	4	全国青年跳水锦标赛	7月11日至17日	广东深圳
宋宇宽	男子100米仰泳	57″96	4	全国青年游泳锦标赛	12月25日至27日	安徽
万乐天	女子100米仰泳	1′04″02	4	全国青年游泳锦标赛	12月25日至27日	安徽
罗怡青	女子举重55公斤级	抓举 86公斤	4	全国青年举重冠军赛	10月1日至7日	浙江宁海
付诗祺	女子举重64公斤级	抓举 85公斤	4	全国青年举重冠军赛	10月1日至7日	浙江宁海
付诗祺	女子举重64公斤级	挺举 110公斤	4	全国青年举重冠军赛	10月1日至7日	浙江宁海
付诗祺	女子举重64公斤级	总成绩 195公斤	4	全国青年举重冠军赛	10月1日至7日	浙江宁海
魏晓雨	女子举重71公斤级	抓举 91公斤	4	全国青年举重冠军赛	10月1日至7日	浙江宁海
魏晓雨	女子举重71公斤级	总成绩 201公斤	4	全国青年举重冠军赛	10月1日至7日	浙江宁海
丁　羚	女子举重71公斤级	挺举 113公斤	4	全国青年举重冠军赛	10月1日至7日	浙江宁海
熊　伟	男子1000米单人皮艇	3′48″477	5	U18、U23全国青年皮划艇静水锦标赛	5月30日至6月2日	天津
彭艳君	女子500米单人皮艇	1′57″531	5	U18、U23全国青年皮划艇静水锦标赛	5月30日至6月2日	天津

续表

姓名	项目	成绩	名次	比赛名称	比赛时间	比赛地点
闵晨曦 张可轩	男子1000米双人划艇	3′57″710	5	U18、U23全国青年皮划艇静水锦标赛	5月30日至6月2日	天津
章鸿图	男子1000米单人划艇	4′30″352	5	U18、U23全国青年皮划艇静水锦标赛	5月30日至6月2日	天津
朱家欢	女子举重69公斤级	挺举116公斤	5	全国青年举重锦标赛	4月28日至5月3日	江苏宿迁
唐　欣	女子举重75公斤级	总成绩213公斤	5	全国青年举重锦标赛	4月28日至5月3日	江苏宿迁
丁　羚	女子举重69公斤级	抓举93公斤	5	全国青年举重锦标赛	4月28日至5月3日	江苏宿迁
黄杰威	男子举重94公斤级	总成绩307公斤	5	全国青年举重锦标赛	4月28日至5月3日	江苏宿迁
项天诚	男子跆拳道-68公斤级		5	全国青年跆拳道锦标赛系列赛第一站	4月26日	河北迁安
张　婷	女子跆拳道-52公斤级		5	全国青年跆拳道锦标赛系列赛第一站	4月26日	河北迁安
倪雪露	女子跆拳道-46公斤级		5	全国青年跆拳道锦标赛系列赛第一站	4月26日	河北迁安
周慧莲	女子跆拳道-46公斤级		5	全国青年跆拳道锦标赛系列赛第二站	5月30日至6月1日	山西运城
蔡子健	男子跆拳道-78公斤级		5	全国青年跆拳道锦标赛系列赛第二站	5月30日至6月1日	山西运城
毕帅东	男子跆拳道-59公斤级		5	全国青年跆拳道锦标赛系列赛第二站	5月30日至6月1日	山西运城
汪潇云	女子拳击54公斤级		5	青年全国女子拳击锦标赛	7月15日至20日	浙江宁海
梁　川	男子拳击56公斤级		5	青年全国男子拳击锦标赛	7月23日至28日	浙江宁海
危康生	男子拳击+91公斤级		5	青年全国男子拳击锦标赛	7月23日至28日	浙江宁海
张　婷	女子跆拳道-52公斤级		5	全国青年跆拳道锦标赛系列赛第三站	8月4日至6日	山西吕梁
毕帅冬	男子跆拳道-59公斤级		5	全国青年跆拳道锦标赛系列赛第三站	8月4日至6日	山西吕梁
朱尚玮	男子跆拳道-63公斤级		5	全国青年跆拳道锦标赛系列赛第三站	8月4日至6日	山西吕梁
徐金根	古典跤51公斤级		5	U17全国古典跤锦标赛	6月5日至8日	江西鹰潭
邬太海	男子自由跤71公斤级		5	U17全国男子自由跤锦标赛	6月22日至25日	安徽含山
何亮梅	女子自由跤43公斤级		5	U17全国女子自由跤锦标赛	6月12日至15日	山东博兴

续表

姓名	项目	成 绩	名次	比赛名称	比赛时间	比赛地点
刘苗苗	女子自由跤46公斤级		5	U17全国女子自由跤锦标赛	6月12日至15日	山东博兴
刘安邦	男子跆拳道-68公斤级		5	全国青年跆拳道锦标赛	10月17日至20日	四川宜宾
蔡子健	男子跆拳道-78公斤级		5	全国青年跆拳道锦标赛	10月17日至20日	四川宜宾
张园园	女子10米气手枪	资:565环 决:173.7环	5	U21全国射击锦标赛(步手枪)	10月	四川成都
曹 月	女子飞碟多向	资:90分 决:14中	5	U18、U21全国射击锦标赛(飞碟)	10月	河北保定
李诗洋 外省	男子羽毛球甲组双打		5	全国青年羽毛球锦标赛	5月8日至16日	江苏苏州
钱构鸿 李胡馨玥	女子羽毛球甲组双打		5	全国青年羽毛球锦标赛	5月8日至16日	江苏苏州
侯方芳	女子羽毛球17岁组单打		5	U16、U17全国羽毛球比赛总决赛	9月4日至7日	安徽淮北
叶浩坤	男子羽毛球17岁组单打		5	U16、U17全国羽毛球比赛总决赛	9月4日至7日	安徽淮北
任程鸣 钟泽州	男子羽毛球甲组双打		5	U16、U18全国羽毛球比赛总决赛	11月23日至30日	广东东莞
钱构鸿 李胡馨玥	女子羽毛球甲组双打		5	U16、U18全国羽毛球比赛总决赛	11月23日至30日	广东东莞
陶 瞧	女子1500米	4′01″93	5	U18全国青年田径锦标赛	5月13日至17日	辽宁
罗怡青	女子举重55公斤级	总成绩 186	5	全国青年举重冠军赛	10月1日至7日	浙江宁海
魏晓雨	女子举重71公斤级	挺举 110公斤	5	全国青年举重冠军赛	10月1日至7日	浙江宁海
丁 羚	女子举重71公斤级	总成绩 198公斤	5	全国青年举重冠军赛	10月1日至7日	浙江宁海
宋宇宽	男子200米仰泳	2′07″27	5	全国青年游泳锦标赛	12月25日至27日	安徽
王鹏祥	男子500米单人皮艇	1′44″528	6	U18、U23全国青年皮划艇静水锦标赛	5月30日至6月2日	天津
黎 松	男子1000米单人皮艇	3′48″574	6	U18、U23全国青年皮划艇静水锦标赛	5月30日至6月2日	天津
齐 兵 李胜达	男子1000双人划艇	4′01″782	6	U18、U23全国青年皮划艇静水锦标赛	5月30日至6月2日	天津
罗怡青	女子举重58公斤级	挺举 106公斤	6	全国青年举重锦标赛	4月28日至5月3日	江苏宿迁
唐 欣	女子举重75公斤级	抓举 93公斤	6	全国青年举重锦标赛	4月28日至5月3日	江苏宿迁

续表

姓名	项目	成绩	名次	比赛名称	比赛时间	比赛地点
王治平	男子10米气步枪	资:620.1环 决:163.6环	6	U21全国射击锦标赛(步手枪)	10月	四川成都
余　航	男子链球	58.34米	6	U20全国青年田径锦标赛	5月11日 至13日	江西南昌
樊　钵	男子链球	58.10米	6	U20全国青年田径锦标赛	5月11日 至13日	江西南昌
胡子杰	男子跳水一米板	382.85分	6	全国青年跳水冠军赛	4月21日 至27日	江苏常熟
陈桂荣	女子跳水个人全能	502.15分	6	全国青年跳水锦标赛	7月11日 至17日	广东深圳
李志毅	男子乒乓球单打		6	全国青年乒乓球锦标赛	10月24日 至30日	四川成都
梅江川	男子链球	60.56米	6	U18全国青年田径锦标赛	5月13日 至17日	辽宁
程玉洁	女子100米自由泳	57″42	6	全国青年游泳锦标赛	12月25日 至27日	安徽
丁　羚	女子举重71公斤级	抓举 85公斤	6	全国青年举重冠军赛	10月1日 至7日	浙江宁海
刘泽赣	男子跳高	2.10米	6	全国室内田径锦标赛分赛区(1)	3月7日 至8日	江苏南京
尹于辉 汤君辉 刘彧程 彭　敏	男子赛艇四人双桨	6′35″56	7	U18全国青年赛艇锦标赛	6月7日 至10日	天津
林慧群	女子5公里单人皮艇	24′09″29	7	U18、U23全国青年皮划艇静水锦标赛	5月30日 至6月2日	天津
林宇涵 盛琨华	男子500米双人划艇	1′59″710	7	U18、U23全国青年皮划艇静水锦标赛	5月30日 至6月2日	天津
王子强 李意韩	男子1000米双人皮艇	3′42″758	7	U18、U23全国青年皮划艇静水锦标赛	5月30日 至6月2日	天津
吴剑雄	女子举重75公斤级	挺举 115公斤	7	全国青年举重锦标赛	4月28日 至5月3日	江苏宿迁
吴剑雄	女子举重75公斤级	总成绩 200公斤	7	全国青年举重锦标赛	4月28日 至5月3日	江苏宿迁
丁　羚	女子举重69公斤级	总成绩 203公斤	7	全国青年举重锦标赛	4月28日 至5月3日	江苏宿迁
蔡俊祥	男子自由跤48公斤级		7	U17全国男子自由跤锦标赛	6月22日 至25日	安徽含山
洪贵水	男子自由跤51公斤级		7	U17全国男子自由跤锦标赛	6月22日 至25日	安徽含山

续表

姓名	项目	成 绩	名次	比赛名称	比赛时间	比赛地点
戴 望 黄嘉诚	羽毛球混合双打17岁组		7	U16、U17全国羽毛球比赛总决赛	9月4日 至7日	安徽淮北
何翀浩	男子50米自由泳	24″09	7	全国青年游泳锦标赛	12月25日 至27日	安徽
周 娴	女子100米蛙泳	1′14″42	7	全国青年游泳锦标赛	12月25日 至27日	安徽
万乐天	女子200米仰泳	2′19″31	7	全国青年游泳锦标赛	12月25日 至27日	安徽
胡慧倩	女子400米自由泳	4′22″45	7	全国青年游泳锦标赛	12月25日 至27日	安徽
罗怡青	女子举重55公斤级	挺举 100公斤	7	全国青年举重冠军赛	10月1日 至7日	浙江宁海
甘 甜	女子举重59公斤级	抓举 78公斤	7	全国青年举重冠军赛	10月1日 至7日	浙江宁海
徐文龙	男子跳高	2.00米	8	U20全国青年田径锦标赛	5月11日 至13日	江西南昌
施凌汉	男子链球	58.29米	8	U18全国青年田径锦标赛	5月13日 至17日	辽宁
杨泓凯	男子200米蛙泳	2′23″08	8	全国青年游泳锦标赛	12月25日 至27日	安徽
胡慧倩	女子50米自由泳	26″97	8	全国青年游泳锦标赛	12月25日 至27日	安徽
姚子康 万仁伟	男子赛艇轻量级双人双桨	7′17″63	8	U18全国青年赛艇锦标赛	6月7日 至10日	天津
彭艳君	女子5公里单人皮艇	24′14″08	8	U18、U23全国青年皮划艇静水锦标赛	5月30日 至6月2日	天津
赖叔婧 赖雨芊	女子1000米双人皮艇	4′14″023	8	U18、U23全国青年皮划艇静水锦标赛	5月30日 至6月2日	天津
曾 芳	女子举重58公斤级	总成绩 190公斤	8	全国青年举重锦标赛	4月28日 至5月3日	江苏宿迁
吴剑雄	女子举重75公斤级	抓举 85公斤	8	全国青年举重锦标赛	4月28日 至5月3日	江苏宿迁
赖 俊	古典跤65公斤级		8	U17全国古典跤锦标赛	6月5日 至8日	江西鹰潭
胡银贵	男子自由跤48公斤级		8	U17全国男子自由跤锦标赛	6月22日 至25日	安徽含山
陈 梦	女子自由跤46公斤级		8	U17全国女子自由跤锦标赛	6月12日 至15日	山东博兴
张园园	女子25米手枪	资:574 环决:9环	8	U18、U21全国射击锦标赛	10月	四川成都

续表

姓名	项目	成 绩	名次	比赛名称	比赛时间	比赛地点
曹 月 杨以恒	飞碟多向混合团体	103 分	8	U18、U21 全国射击锦标赛	10 月	河北保定
陈子怡	女子飞碟双向	99 分	8	U18、U21 全国射击锦标赛	10 月	河北保定
黄百计	男子体操单杠	10.84 分	8	全国青年体操锦标赛	6 月 3 日 至 10 日	山西太原
黄百计 阮家勇 赵信凯	男子体操团体	184.638 分	8	全国青年体操锦标赛	6 月 3 日 至 10 日	山西太原
周小康	男子跳水一米板	373.4 分	8	全国青年跳水冠军赛	4 月 21 日 至 27 日	江苏常熟
甘 甜	女子举重 59 公斤级	总成绩 168 公斤	8	全国青年举重冠军赛	10 月 1 日 至 7 日	浙江宁海

2018 年江西省运动员参加全国少年比赛获奖情况

姓名	项目	成 绩	名次	比赛名称	比赛时间	比赛地点	备注
张程凯	男子武术套路 B 组南棍		1	第七届世界青少年武术锦标赛	7 月 9 日 至 16 日	巴西利亚	
王治平	男子 10 米气步枪	资:617.5 环 决:246.4 环	1	U18 全国射击冠军赛 (步手枪)	8 月	南昌	乙组
张园园	女子 10 米气手枪	资:556 环决 决:236.7 环	1	U18 全国射击冠军赛 (步手枪)	8 月	南昌	乙组
王治平 陶欣媚	10 米气步枪混合团体	资:822.2 环 决:491.0 环	1	U18 全国射击冠军赛 (步手枪)	8 月	南昌	乙组
陶 超	男子武术套路 A 组南刀		1	全国青少年武术套路锦标赛	5 月 5 日 至 9 日	山西太原	
张程凯	男子武术套路 B 组南拳		1	全国青少年武术套路锦标赛	5 月 5 日 至 9 日	山西太原	
张程凯	男子武术套路 B 组南棍		1	全国青少年武术套路锦标赛	5 月 5 日 至 9 日	山西太原	
文稞洋	女子武术套路 B 组枪术		1	全国青少年武术套路锦标赛	5 月 5 日 至 9 日	山西太原	
文稞洋	女子武术套路 B 组剑术		1	全国青少年武术套路冠军赛	10 月 13 日 至 16 日	湖南郴州	
赵仕庆	男子网球团体		2	中国少年杯网球团体锦标赛	11 月 12 日 至 18 日	南京	少儿团体
王 杰	男子散打 65 公斤级		2	全国青年武术散打锦标赛	4 月 20 日 至 24 日	辽宁朝阳	
丁嘉珅	男子武术套路 A 组长拳		2	全国青少年武术套路锦标赛	5 月 5 日 至 9 日	山西太原	
张程凯	男子武术套路 B 组南刀		2	全国青少年武术套路锦标赛	5 月 5 日 至 9 日	山西太原	

续表

姓名	项目	成 绩	名次	比赛名称	比赛时间	比赛地点	备注
文稞洋	女子武术套路B组长拳		2	全国青少年武术套路冠军赛	10月13日至16日	湖南郴州	
张程凯	男子武术套路B组南刀		2	全国青少年武术套路冠军赛	10月13日至16日	湖南郴州	
张程凯	男子武术套路B组南拳		2	全国青少年武术套路冠军赛	10月13日至16日	湖南郴州	
尹晨旭	男子武术套路C组棍术		2	全国青少年武术套路冠军赛	10月13日至16日	湖南郴州	
徐 斌	古典式摔跤65公斤级		3	亚洲古典式摔跤少年锦标赛	5月11日	乌兹别克塔什干	
刘志超	男子10米气步枪	资:607.6环 决:225.3环	3	U18全国射击冠军赛(步手枪)	8月	南昌	乙组
陶欣媚	女子10米气步枪	资:622.2环 决:226.3环	3	U18全国射击冠军赛(步手枪)	8月	南昌	乙组
王治平	男子10米气步枪	资:620.2环 决:226.2环	3	U18全国射击锦标赛(步手枪)	8月	天津	甲组
王治平 刘志超 胡锦程	男子10米气步枪团体	1850.5环	3	U18全国射击锦标赛(步手枪)	9月	天津	甲组
王治平 刘志超 胡锦程	男子50米步枪3种姿势团体	3413环	3	U18全国射击锦标赛(步手枪)	9月	天津	甲组
邓嘉豪	男子散打42公斤级		3	全国少年武术散打锦标赛	4月25日至26日	辽宁朝阳	
李 祥	男子散打56公斤级		3	全国少年武术散打锦标赛	4月25日至26日	辽宁朝阳	
陶 超	男子武术套路A组南拳		3	全国青少年武术套路锦标赛赛	5月5日至9日	山西太原	
文稞洋	女子武术套路B组剑术		3	全国青少年武术套路锦标赛赛	5月5日至9日	山西太原	
文稞洋	女子武术套路B组枪术		3	全国青少年武术套路冠军赛	10月13日至16日	湖南郴州	
宋可欣	女子10米气手枪	资:538环 决:189.3环	4	U18全国射击冠军赛(步手枪)	8月	南昌	甲组
宋可欣	女子25米手枪	资:546环 决:17环	4	U18全国射击冠军赛(步手枪)	8月	南昌	甲组
胡 宣 张园园	10米气手枪混合团体	资:748环 决:360.8环	4	U18全国射击冠军赛(步手枪)	8月	南昌	乙组
杨宇雯 刘志超	10米气步枪混合团体	资:813.2环 决:384.4环	4	U18全国射击冠军赛(步手枪)	8月	南昌	乙组

续表

姓名	项目	成绩	名次	比赛名称	比赛时间	比赛地点	备注
陶 超	男子武术套路A组南棍		4	全国青少年武术套路锦标赛	5月5日至9日	山西太原	
周 琪	女子武术套路B组南拳		4	全国青少年武术套路锦标赛	5月5日至9日	山西太原	
尹晨旭	男子武术套路C组棍术		4	全国青少年武术套路锦标赛	5月5日至9日	山西太原	
闵朦朦	女子武术套路C组棍术		4	全国青少年武术套路锦标赛	5月5日至9日	山西太原	
周 琪	女子武术套路B组南刀		4	全国青少年武术套路冠军赛	10月13日至16日	湖南郴州	
李博琨 舒沁雯	10米气手枪混合团体	资:732环 决:317.3	5	U18全国射击冠军赛(步手枪)	8月	南昌	乙组
刘志超	男子10米气步枪	资:619.6环 决:184.3环	5	U18全国射击锦标赛(步手枪)	9月	天津	甲组
吴嘉伟	男子散打60公斤级		5	全国青年武术散打锦标赛	4月20日至24日	辽宁朝阳	
朱菲萍	女子散打48公斤级		5	全国青年武术散打锦标赛	4月20日至24日	辽宁朝阳	
熊立伟	男子散打39公斤级		5	全国少年武术散打锦标赛	4月25日至26日	辽宁朝阳	
张清宇	女子10米气手枪	资:548环 决:152.3环	6	2018年全国U18冠军赛(步手枪)	8月	南昌	乙组
文稞洋	女子武术套路B组长拳		6	全国青少年武术套路锦标赛	5月5日至9日	山西太原	
魏轶男 刘敏焘 曾隽月 晏子怡	女子乒乓球团体		6	全国乒乓球甲D俱乐部比赛	9月24日至28日	河北保定	
胡 宣	男子10米气手枪	资:557环 决:110.6环	8	U18全国射击冠军赛(步手枪)	8月	南昌	乙组
舒沁雯	女子10米气手枪	资:557环 决:110.4环	8	U18全国射击冠军赛(步手枪)	8月	南昌	乙组
李文馨	女子50米步枪3种姿势	资:1143环 决:387.4环	8	U18全国射击锦标赛(步手枪)	9月	天津	甲组
刘志超	男子50米步枪3种姿势	资:1155环 决:391.7环	8	U18全国射击锦标赛(步手枪)	9月	天津	甲组
姜佩伶 李梦玲 马小林 朱雨欣	女子乒乓球团体		8	全国乒乓球乙B总决赛	11月3日至7日	江苏南通	

(伍小玲)

体育产业

【《江西省汽车自驾运动营地发展规划(2018—2025)》出台】 12月21日,省体育局与省发改委、省工业和信息化厅、省财政厅、省自然资源厅、省住房和城乡建设厅、省交通运输厅、省文化和旅游厅联合印发《江西省汽车自驾运动营地发展规划(2018—2025)》。该规划要求各地充分利用江西山水优势,突出红色、古色、绿色特点,以推动江西汽车自驾运动营地建设与升级发展为宗旨,引导社会资本进入自驾运动营地产业领域,促进汽车自驾运动营地与体育综合体、运动休闲特色小镇融合发展,培育体育休闲特色品牌,引领健身休闲生活新方式。

该规划发展目标是到2020年全省建成50家以上专业性强、基础设施完善的汽车自驾营地,形成布局合理、功能完善、门类齐全的汽车自驾运动营地体系。到2025年,全省建成300家以上符合基本标准的汽车自驾运营地,力争50家通过3星级以上的评级,自驾产品丰富多样,基础设施日趋完善,配套服务精准到位。总体目标是建构具有江西本土物色的"三纵四横十片"的汽车自驾运动营地。

【体育产业融资平台搭建】 10月22日,省体育局与中国工商银行江西分行、中国农业银行江西分行、中国银行江西分行和中国建设银行江西分行签署《关于建立江西省优选体育产业项目体银协作机制备忘录》,为体育产业项目搭建融资平台。"备忘录"确定省体育局相关负责人担任体银协作机制召集人,国有四大银行各派一名联络员,每季度召开例会一次。体银协作机制办公室设在省体育局直属江西省体育产业管理中心,负责日常工作和每季度将项目推进成果汇总报送。金融成员单位将优质产业项目纳入各行项目储备库等,实现金融服务无缝对接,形成"体育产业+普惠金融"长效工作机制。

【《体育场馆运营管理规范》江西省地方标准发布】 11月18日,省体育产业管理中心、省标准化研究中心联合起草的江西省地方标准《体育场馆运营管理规范》通过国标委备案,并由省市场监督管理局正式发布。该规范对省内向外开放体育场馆的卫生、环境、服务、运营安全等提出了要求,对场地、设施设备等条件做了规定。确定体育场馆的运营内容要结合当地经济社会发展水平,城市发展需要,消费特点和趋势,统筹规划运营定位、服务项目和经营内容。应当以体育本体为主,做好专业管理和技术服务。主要经营内容包括但不限于体育管理、体育竞赛表演、体育健身休闲、体育培训与教育、体育传媒与信息服务。有条件的体育场馆还应充分挖掘场馆资源,积极发展体育旅游、体育会展、体育商贸、康体休闲、文化演艺等多业态服务项目和经营内容。

【全省体育彩票销售创三项新纪录】 销量创新纪录。全年销售82.85亿元,全国排名第十四位,上升5位;同比增加35.81亿元,增长76.1%,增幅排名全国第二位。公益金创新纪录。筹集公益金18.24亿元,增加6.95亿元,增长61.56%。市场份额创新纪录。全省体育彩票市场份额达61.73%,增加9.16个百分点。乐透、竞猜、即开三大产品连续两年保持增长,且增幅排名均在全国前7名以内。乐透型销售24.29亿元,增长19.7%,超过全国5.19%的增幅,增幅排名全国第四位;竞猜型销57.38亿元,增长123.05%,超过全国78.44%的增幅,增幅排名全国第七位;即开型销售1.18亿元,增长14.02%,超过全国-7.29%的增幅,增幅排名全国第六位。同时,全省11个设区市连续两年保持全面增长,首次实现市场份额全部占优、首次实现销量全部超过2亿元,且南昌、赣州、宜春、上饶销量首次实现突破10亿元。

【确定全省首批11个体育产业基地】 6月29日,省体育局举行新闻发布会,从38家申报单位中选出11家单位为首批江西省体育产业示范基地。11个基地涵盖体育场馆运营类、体育用品制造与销售类、体育培训类、体育旅游类、体育赛事表演类、电子竞技类等。其中,婺源县为省体育产业示范基地,省奥体中心、南昌国体中心、九江白鹿奥体、江西征途体育用品、抚州中德体育用品、江西嘉宏体育、大余章源旅游公司为省体育产业示范单位,环鄱阳湖国际自行车大赛、江西网球公开赛、江西先锋电子竞技为省体育产业示范项目。

为公平选准江西省体育产业示范基地,省体育局先后制定《江西省体育产业基地管理办法》等文件。省体育产业管理中心制定3种形式的评分标准,并从省内高校聘请6位专家成立评审组。最后经过申报、初审、现场评估考察、局长办公会审议和公示,最终确定入选名单。

【完成江西体育产业单位名录库建设】 省体育局首次引入第三方力量协助完成2018年名录库建设任务。通过举办第四次全国经济普查暨体育产业单位名录库建设培训班,加强与统计、编办、工商行政管理、税务等部门沟通联系,建立微信群、QQ群等平台,实现上下联动、横向协作,高效完成2018年名录库建设任务,共建立体育产业单位名录数据6867条,其中法人和产业活动单位3944条,个体经营户2923条。

(王伟)

本栏编辑 张志勇

居民生活

婚姻

【概　况】　2018年,全省586个婚姻登记机关共办理婚姻登记44万余对,补发婚姻证件16万对,免除婚姻登记费用660余万元。推进婚姻登记历史数据补录。各地收集整理中华人民共和国成立以来的婚姻登记纸质档案,通过自行补录、政府购买服务等方式推进婚姻登记历史数据补录进程,已有83个县(市、区)完成中华人民共和国成立以来婚姻登记历史数据补录工作。优化升级婚姻登记信息管理系统。新婚姻登记信息管理系统全面升级并上线运行,率先实现全国审查和省部数据交换功能,进一步防范重婚和骗婚行为。

【开展婚姻登记工作规范化检查】　6月7日,省民政厅印发《关于开展全省婚姻管理规范化检查的通知》,部署全省婚姻管理规范化检查工作。7月23日—27日,省民政厅组织6个检查组,在市县全面自查基础上,实地抽查25个县级婚姻登记机关和3个乡镇婚姻登记机关。通过市县自查、省民政厅抽查,全省共梳理出带共性的问题27个,采取"边查边改"的方式,对政务公开信息不齐全、档案整理不规范等17个问题进行当场整改;对历史补录进度滞后、场地布置不合理、人员培训不到位、结婚颁证服务和家庭辅导服务不够、婚姻文化氛围不浓厚等10个问题限期整改到位。

【推进婚姻登记"放管服"改革】　清理婚姻登记场所服务性收费项目。1月,印发《关于全面清理婚姻登记场所服务性收费项目的通知》,组织各地厘清婚姻登记机关和婚姻服务机构界限,做到人员、场地、服装、收费"四分开",婚姻登记场所内不得设置服务性收费项目。5月,印发《关于解决婚姻登记堵点问题的通知》,自5月9日起,全面取消当事人办理婚姻登记提交身份证件复印件做法,婚姻登记档案所需身份证复印件由婚姻登记机关自行复印或通过政府购买服务的方式委托社会机构免费复印,减轻群众办事负担。开通"赣服通"婚姻登记服务。11月12日,在"赣服通"开通实时婚姻登记电子证照,电子证照包含双方姓名、性别、身份证号码、婚姻登记类型、婚姻登记时间等重要信息,方便群众办事创业。截至年底,共签发电子证照76万张。

【首次举办全省婚姻登记管理人员培训班】　11月7日—9日在抚州市举办全省婚姻登记管理人员培训班,培训设区市民政局婚姻登记工作负责人和县(市、区)民政局婚姻登记处负责人共计140人。培训内容主要为婚姻登记法律法规、信息化建设、标准化建设、婚姻家庭辅导技巧、倡导传承文明婚俗和婚姻登记行政诉讼指导等课程。

(刘学平)

家庭

【概　况】　2018年,江西省各级妇联推进社会主义核心价值观融入家庭家教家风建设,开展"诵读红色家书、讲述红色故事、传承红色基因"家庭诵读大赛,并现场直播,点击率高达136.1万人次。举办全省"五好家庭"、"最美家庭"揭晓会,以家庭故事,激励广大家庭传承好家风,推进社会主义核心价值观在家庭落细、落小、落实。通过寻找"最美"、推选"五好",做好全国和省级"五好家庭""最美家庭"的推选工作。活动从2018年初开始,历时4个多月,吸引12.7万户家庭参与,晒出36万幅家庭照片,举办万场最美家庭故事会,征集到13.3万条家训。在5月14日国际家庭日,举行"文明新风·家庭先行"——2018江西省"五好家庭""最美家庭"揭晓会。全省推选"五好家庭"141户,全省"最美家庭"150户,科学教子、孝老爱亲、书香润德家庭109户。

【开展农村家庭教育宣讲活动】　2018年春节期间,省妇联利用农民工返乡的契机,开展"陪伴的力量"家庭教育巡回宣讲活动,将家教知识送到农村、送到农民工较集中的工业园区,用"爱的陪伴"生动事例打动父母,让母亲回家、劳动力回归。活动开展宣讲1600余场,参与学习的家长13万余人。

【举办全省首届社区工作与家庭幸福论坛】　5月8日,江西省妇女研究所、省妇女研究会联合举办全省首届社区工作与家庭幸福论坛,组织江西财大、江西师大、华东交大、南昌大学、江西农大、省社科院等高等院校和研究机构的8位社会学教授、博士进入南昌市西湖区罗家塘等社区分别开展

3次社工知识培训活动，宣传社区工作理念，培育社工奉献精神，受益妇女儿童3000多人次。

【“清洁家庭”创建活动】 6月5日，省妇联在九江武宁举行清洁家庭工作推进会，以绿色为标尺，推出“清洁家庭”创建活动，引导妇女建设“净、齐、绿、美、和”的美好家园，积极参与到生态文明建设中，让广大家庭逐步形成“房子再好，要勤打扫才清洁；庭院再大，要勤整理才美丽；家庭财富再多，要和谐文明才温馨”的生活理念。活动利用微信公众号、新媒体进行清洁家庭展示接力，互动达120万人次。全省200多万家庭参与，

【开展江西家庭诵读大赛】 8月，省妇联开展以“诵读红色家书、讲述红色故事、传承红色基因”为主题的江西家庭诵读大赛，通过弘扬红色革命基因，树立家庭文明新风。大赛历时3个月，经初赛、复赛、网络展播评选，共有12户家庭进入决赛，最终评选出一等奖2户、二等奖4户、三等奖6户。活动中，各地充分发挥儿童活动中心、家风家教示范基地和儿童快乐家园等阵地作用，广泛宣传发动，2400余户家庭参与，引导广大家庭成员在平凡生活中发现、展示、传播美好，颂扬和重温红色经典，进一步传承红色基因、弘扬社会主义核心价值观，营造良好家风。

【推广“家教沙龙”育人模式】 省妇女儿童活动中心推广“家教沙龙”育人模式，舞蹈团增添“舞蹈角色扮演”课程和“视频反观”课程，美术班开展“艺术观念与成长”家教沙龙、《绘本创作课程结果分享会》、“美术教育对孩子的影响”家教沙龙，阅读写作专业班举办“阅读写作与成长”家教沙龙，语言表演班举办课程展示暨家教沙龙，通过系列“家教沙龙”，搭建家长、学员相互沟通的桥梁，普及家教理念，力求全方位探求艺术教育对儿童成长的重要意义。省妇女儿童活动中心获得2018年“走进新时代、争做好少年”全国少年儿童“双有”主题教育活动先进单位，获全国少年儿童图文创作大赛一等奖1名、二等奖2名、三等奖3名，3名教师获优秀辅导奖和2018年“春风进我家”全国少年儿童图文创作展示活动优秀组织奖，获2018年全国中小学生幼儿优秀书法摄影作品大赛1个特等奖，5金、7银、12铜的成绩。

【家庭教育阵地建设】 2018年，省妇联加强网下、网上家庭教育工作阵地建设。推进家长学校、家风家教示范基地以及儿童之家、儿童活动中心建设，在全省建立7900余所家长学校、1922个儿童之家、67个儿童活动中心；命名22个经常性开展家风家教家训优秀文化宣传的乡村、社区、主题公园等教育场馆为家风家教示范基地，使家庭教育工作有平台；命名25个省级亲子阅读体验基地，推动家庭亲子阅读活动深入开展，帮助广大家庭以亲子阅读为手段，培养儿童良好阅读习惯。建立省、市、县三级网上家长学校32个、家庭教育微信公众号、手机报37个，并建立一批家庭教育指导中心，成立省家庭教育讲师团，组织教师常态化深入农村、基层，教育、引导家长更加关注孩子的教育和成长，当好家长、教好孩子。通过活动阵地的打造，为开展家庭教育知识搭建平台，为广大家长和家庭送去科学的家庭教育理念和方法。

【《江西省家庭教育促进条例》颁布实施】 经江西省十三届人大常委会第六次会议审议通过，12月1日，《江西省家庭教育促进条例》正式颁布实施。江西省是全国第4个推出家庭教育法规的省份。该条例的出台，为全省家庭教育工作提供了法律保障，填补江西家庭教育法律法规空白。该条例明确家庭、政府、学校和社会的职责，将家庭教育工作纳入法治轨道，对提高家庭成员素养，保障家庭和社会和谐稳定，促进未成年人健康成长，具有重要意义。该条例出台后一个月内，省、市、县、乡、村（社区）妇联“五级联动”，开展形式多样的宣传咨询活动1.6万多场。

（凌云）

居民收入

【概　况】 2018年，全省居民人均可支配收入24080元，增长9.3%，扣除价格因素，实际增长7.1%。

全省城镇居民人均可支配收入33819元，比上年增加2621元，增长8.4%，扣除价格因素，实际增长6.2%，名义增幅和实际增幅均比全国平均水平高0.6个百分点，名义增幅分别处于全国第七位、中部6省第二位。城镇居民人均收入水平达到全国平均水平的86.2%，比上年同期（85.7%）提升0.5个百分点。城镇居民人均可支配收入实际水平为27760元，实现2020年翻番目标31500元的88.1%。从城镇居民收入四大项结构看，四大项收入均保持增长态势，人均财产净收入增长最快，增长12.2%，达到2951元；人均工资性收入21451元，增长8.4%；人均经营净收入2824元，增长8.4%；人均转移净收入6594元，增长6.9%；

农村居民人均可支配收入14460元，增长9.2%，扣除价格因素，实际增长6.8%，名义增幅和实际增幅分别比全国平均水平高0.4个百分点和0.2个百分点，名义增幅分别处于全国第九位、中部6省第二位，人均收入水平达到全国平均水平的98.9%，比上年同期（98.6%）提升0.3个百分点。农村居民人均可支配收入实际水平为11744元，实现2020年翻番目标1.2万元的97.9%。从农村居民收入四大项结构看，人均转移净收入2832元，增长11.1%，增长最快；人均工资性收入6121元，增长9.1%；人均经营净收入5272元，增长8.3%；人均财产净收入235元，增长9.9%。

收入结构更加合理，收入渠道不断拓宽。2018年，全省城乡居民收入结构更加合理优化，城镇居民收入中，工资性收入仍然是拉动可支配收入增长的主要动力，但财产净收入比重相比上年增加3.8个百分点，对收入的贡献率增加11.8个百分点；农村居民收入中，经营净收入对可支配收入的增长贡献率同比增加17.1个百分点，财产净收入对可支配收入的增长贡献率同比增加0.8个百分点，农民收入渠道不断拓宽。

【城乡居民收入差距持续缩小】 全省进一步加大落实强农惠农富农政策力度，确保农民收入持续较快增长，城

乡居民收入差距持续缩小。2018 年，全省农村居民人均可支配收入名义增长快于城镇居民 0.8 个百分点，实际增长快于城镇居民 0.6 个百分点，连续 9 年农村居民收入增长快于城镇居民；城乡居民收入比 2.34∶1，比 2017 年缩小 0.02，比全国平均水平（2.69∶1）低 0.35。

【增收四大因素】 经济平稳，就业形势稳定，居民工资收入稳步上升。2018 年，全省经济运行总体呈现平稳向好的发展态势，主要经济指标稳步增长，物价走势温和适中，运行质量继续提升，转型升级持续推进，宏观面的平稳向好对城乡居民收入较快增长提供了支撑基础。全省就业形势平稳向好，全年城镇新增就业 55.32 万人，城镇登记失业率为 3.44%，本地就业机会增多，外出从业劳动力平稳增长，劳务用工价格持续提高，有效促进城乡居民收入实现平稳较快增长。

“三新”经济发展，农业结构调整，居民经营性收入增加。2018 年，全省高新产业加快发展，新旧动能持续转换，企业效益持续提升，职工工资收入增加；移动支付新模式持续推广，方便生活促进消费，促进居民经营性收入增加。各地立足当地发展特色产业，培育乡村发展动能，推动产业扶贫和乡村振兴相结合，稳粮与优供同步发力，启动实施农业结构调整“1+9”行动计划，调优调顺农业产业结构，茶叶、脐橙、蜜柚等经营作物种植面积增加，全省初步形成结构更趋合理、保障更加有效的农产品供给体系。农牧渔稳步发展，农村产业经营兴旺，2018 年全省农村居民人均第一产业经营净收入达到 3477 元，同比增长 10%。

受棚改政策影响，房屋租赁收入等财产性收入增长较快。2018 年，全省各地老城区、棚户区及危房拆迁改造力度加大，加之外来务工人员逐年增多。居民的房屋出租率大幅提高，房租价格上涨，推动城镇居民出租房屋收入增加，全年城镇出租房屋净收入增长 54.4%。金融存贷款平稳，利息收入增长。年底，全省住户存款余额为 17260.14 亿元，当年增加 1676.92 亿元，同比增加 163.04 亿元。存款额的增加带动居民存款利息收入的增长，全省居民人均利息净收入增长 13.4%。

民生政策优化，脱贫攻坚力度加大，居民转移性收入增加。2018 年，省委省政府重点围绕就业和创业、社会保险等 8 个方面，优化民生政策，加大民生投入，保障和促进增收政策体系更加完备，城乡低保保障标准和财政补差水平继续上调，失业保险覆盖范围进一步扩大，农村特困人员供养标准上调，最低工资标准上调、企业工资指导线上调等一系列促进江西城乡居民增收的有力政策进一步实施，居民增收动力进一步释放。同时，随着全省脱贫攻坚力度进一步加大，产业、就业、教育、健康、危房改造、易地移民等扶贫重点工程多管齐下，政府转移力度不断加大，有力带动贫困地区和农村贫困人口收入进一步增加，2018 年全省农村居民人均转移净收入增长 11.1%。

·资　料·

2018 年江西城镇居民人均可支配收入构成及贡献率

指标	收入（元）	构成（%）	增幅（%）	增收贡献率（%）
可支配收入	33819	—	8.4	—
#工资性收入	21451	63.4	8.4	63.2
#经营净收入	2824	8.4	8.4	8.3
#财产净收入	2951	8.7	12.2	12.2
#转移净收入	6594	19.5	6.9	16.3

2018 年江西农村居民人均可支配收入构成及贡献率

指标	收入（元）	构成（%）	增幅（%）	增收贡献率（%）
可支配收入	14460	—	9.2	—
#工资性收入	6121	42.3	9.1	42.0
#经营净收入	5272	36.5	8.3	33.1
#财产净收入	235	1.6	9.9	1.7
#转移净收入	2832	19.6	11.1	23.1

（廖云洲）

居民消费

【概　况】　2018年,全省居民人均消费支出15792元,比上年增加1333元,增长9.2%,增速比上年提升0.1个百分点。恩格尔系数持续下降,消费结构转型优化,生活条件不断改善。

全省城镇居民人均消费突破2万元。城镇居民人均消费支出20760元,增长7.9%。其中,人均食品烟酒消费支出6233元,增长4.0%;人均衣着支出1629元,增长6.4%;人均居住支出4562元,下降0.6%;人均生活用品及服务支出1494元,增长24.9%;人均交通通信支出2538元,增长17.6%;人均教育文化娱乐支出2491元,增长11.4%;人均医疗保健支出1219元,增长16.7%;人均其他用品和服务支出596元,增长19.8%。

全省农村居民人均消费突破1万元。农村居民人均消费支出10885元,增长10.3%。其中,人均食品烟酒消费支出3403元,增长2.7%;人均衣着支出526元,增长4.8%;人均居住支出3038元,增长18.8%;人均生活用品及服务支出607元,增长13.0%;人均交通通信支出1215元,增长13.8%;人均教育文化娱乐支出1144元,增长13.9%;人均医疗保健支出784元,增长9.1%;人均其他用品和服务支出168元,下降0.1%。

【恩格尔系数持续下降】　2018年,全省居民人均食品烟酒支出4809元,增长4.0%,增速回落;食品烟酒支出水平占消费支出总量的30.5%,比上年下降1.5个百分点。其中,城镇居民人均食品烟酒支出6233元,增长4.0%,占城镇居民消费支出总量的30.0%,比上年下降1.1个百分点;农村居民人均食品烟酒支出3403元,增长2.7%,占农村居民消费支出总量的31.3%,比上年下降2.3个百分点。衣着消费支出占比下降。2018年,全省居民人均衣着支出1074元,增长6.8%,占消费支出总量的6.8%,比上年下降0.2个百分点。其中,城镇居民人均衣着支出1629元,增长6.4%,占城镇居民消费支出总量的7.8%,比上年下降0.2个百分点;农村居民人均衣着支出526元,增长4.8%,占农村居民消费支出总量的4.8%,比上年下降0.3个百分点。

【消费结构转型优化】　2018年,全省居民人均交通通信支出1872元,增长16.9%,增速在八大项消费支出中位居第二,在消费支出中占比比上年提高0.8个百分点。其中,人均购买汽车支出444元,同比增加94元。汽车保有量提高与油价上涨共同拉动居民燃料支出快速增加,全年居民人均用于交通的燃料支出370元,增长27.3%。从城乡看,城镇居民用于交通通信的人均支出增长17.6%,快于农村居民3.8个百分点。教育文化娱乐支出增长12.8%,全省居民对子女教育和自身教育投入加大。2018年,全省居民人均教育文化娱乐支出1813元,增长12.8%,在消费支出中的占比比上年提高0.4个百分点。其中,居民人均教育支出1181元,增长14.0%。从城乡来看,全省农村居民人均教育支出939元,增长18.5%,增速比城镇居民快7.9个百分点。医疗保健消费支出增长13.9%。2018年,全省居民人均医疗保健消费支出1000元,增长13.9%,在消费支出的占比比上年提高0.2个百分点。从城乡来看,城镇居民人均医疗保健支出增长16.7%,比农村居民快7.6个百分点。2018年,全省居民人均居住支出3795元,增长6.8%,占消费支出的24.0%,在八大项支出占比中排第二。其中,农村居民人均居住支出3038元,增长18.8%。居住生活设施不断更新。2018年,全省居民人均生活用品及服务消费支出1048元,增长21.8%。其中,家具及室内装饰品支出216元,增长48.0%;家用器具支出284元,增长18.8%。

【耐用消费品升级换代】　耐用消费品革新速度加快和居民购买力不断提升,全省城乡居民主要耐用消费品拥有量不断增多,农村居民升级换代趋势更为明显。传统耐用消费品拥有量持续增加。2018年,全省居民每百户空调、洗衣机、电冰箱拥有量分别达到100.6台、76.9台和96.5台,分别比2017年增加15.2台、7.8台、2.5台。反映现代生活的耐用消费品快速增长。2018年,反映现代生活的一些家庭耐用品逐渐进入寻常百姓家,每百户拥有量快速增长。洗碗机每百户拥有量增长135.6%;微波炉每百户拥有量增长8.4%,达到28.8台;中高档乐器每百户拥有量增长132.3%,达到4.6台;健身器材每百户拥有量增长55.9%,达到3.4台。汽车等大件交通工具每百户拥有量增长21.0%,达到25.5辆。

【促进消费增长三大因素】　经济稳中有进,居民增收形势向好。全年全省地区生产总值增长8.7%,全省居民人均可支配收入平稳增长。经济和居民收入的平稳增长提升了居民消费信心、增强居民消费能力。

物价总体态势温和,居民消费预期向好。2018年,全省居民消费价格总水平(CPI)累计上涨2.1%,涨幅比上年增加0.1个百分点。其中,城市上涨2.1%,农村上涨2.2%,物价水平仍保持总体温和上涨态势。物价水平的稳定增强居民消费意愿,消费预期向好。

消费环境愈加健康,居民消费意愿增强。政府对市场监管和整治力度不断加大,商品市场秩序不断改善,市场诚信建设制度化。电子商务不断发展,网上购物愈加方便快捷,进一步提升居民购物消费意愿。

(廖云洲)

本栏编辑　张志勇

社 会 保 障

综 述

社会保障制度改革不断深化。进一步完善企业职工养老保险省级统筹制度。以省政府名义贯彻实施企业职工基本养老保险基金中央调剂制度。推进机关事业单位养老保险制度改革,完善机关事业单位立功获奖和劳模等人员待遇政策,出台中央驻赣单位和军队文职人员属地参保办法,进一步规范机关事业单位达到退休年龄人员缴费工作,进一步完善江西省企业女职工退休年龄政策,加强企业特殊工种提前退休审核确认管理。出台《江西省职业年金基金管理实施办法》,规范职业年金基金管理,规范和完善江西省企业年金方案备案工作。出台江西省省本级医疗保险统筹基金支付管理办法。进一步推进按病种收费工作,完善省直机关事业单位医疗保险有关政策。加快推进工伤保险省级统筹,加强工伤预防费使用管理。完善社会保险基金管理风险防控制度。推进社会保险费征缴职能划转。落实阶段性降低社会保险费率政策,全年企业职工养老保险、失业保险、工伤保险为企业减负28.76亿元。

社会保险扩面征缴稳中有进。截至年底,全省城镇职工基本养老、城乡居民养老、失业、工伤参保人数分别为1052.82万人、1884.13万人、287.98万人、534.62万人。2018年,全省城镇职工基本养老、失业、工伤基金征缴收入分别达到877.81亿元、11.41亿元、13.85亿元。2018年,全省建筑项目在建项目3035个、新开工项目4237个,均100%参加了工伤保险,江西省建筑项目工伤保险参保率始终处于全国前列。强化社会保险欠费清理工作,全省清理企业养老保险欠费16.78亿元。加强改制企业欠费挂账资金清偿工作,全省累计已偿还挂账资金共计70.85亿元。

(朱增祺)

保障体制

【贯彻实施企业职工基本养老保险基金中央调剂制度】 根据国务院印发的《关于建立企业职工基本养老保险基金中央调剂制度的通知》精神,江西省印发《关于贯彻落实企业职工基本养老保险基金中央调剂制度的通知》,明确江西省自2018年7月1日起,执行企业职工基本养老保险基金中央调剂制度。同时,明确确保中央调剂基金上解、加快推进全省基金统收统支、规范调剂基金管理使用和财政补助等主要政策。提出建立健全各级政府基金缺口责任分担机制、强化基金预算管理、建立健全考核奖惩机制、推进信息化建设等保障措施。明确提出2020年1月1日起,实现全省企业职工基本养老保险基金统收统支的目标和工作任务。

【工伤保险扶贫政策完善】 联合省财政厅、省卫计委、省安监局出台《工伤预防费使用管理暂行办法》,启动对交通运输、铁路、水利等行业探索按项目参加工伤保险,确保这些行业农民工特别是贫困劳动力不因伤致贫。

【养老保险待遇确定和基础养老金正常调整机制建立】 3月,省人社厅、省财政厅联合下发《关于调整全省城乡居民基本养老保险缴费档次和补贴标准的通知》,调整城乡居民养老保险缴费档次、补贴标准、财政分担比例及缴费困难群众代缴标准等。9月,省人社厅、省财政厅联合下发《2018年提高全省城乡居民基本养老保险基础养老金的通知》,从10月1日起,将全省城乡居民基本养老保险基础养老金标准提高到105元。建立待遇确定和基础养老金正常调整机制,将建立城乡居民基本养老保险待遇确定和基础养老金正常调整机制纳入全面深化改革任务。经省委、省政府审批,于2018年12月印发《江西省关于建立居民基本养老保险待遇确定和基础养老金正常调整机制的实施意见》。

【落实阶段性降费率政策】 2018年再次出台阶段性降费率政策,从5月1日起,企业职工基本养老保险继续执行19%的单位缴费比例,时间延长至2019年4月30日;工伤保险费率在现有基础上继续下调费率,期限至2019年4月30日。全年全省企业职工基本养老保险、工伤保险分别为企业减负17.4亿元、3.3亿元。

(朱增祺)

权益保障

【概 况】 1月,省人社厅会同省综治办、省高级人民法院、省司法厅、省财政厅、省总工会、省工商联、省企联、省企协联合制定印发《关于进一步加强劳动人事争议调解仲裁完善多元处理机制的实施意见》,继续推进基层调解组织建设,落实"六规范、五上墙"("六规范":调解组织标识、名称、工作职责、工作程序、调解员行为规范和调解员证书管理规范。"五上墙":调解组织标识、名称、工作职责、工作程序、调解员行为规范上墙)标准。全年全省共受理劳动人事争议案件2万余件,仲裁结案率96%,调解成功率71.5%,终局裁决率37.2%,仲裁终结率65.9%。

落实《关于全面治理拖欠农民工工资问题的实施意见》,通过购买服务聘请第三方进行实地核查欠薪情况。推进农民工工资实名制监管信息化,动态监测农民工工资支付全过程。2018年,全省共有4676个建设项目纳入农民工工资实名制监管信息系统,通过专用账户为35.72万名农民工发放工资32.8亿元。组织开展农民工工资支付、清理整顿人力资源市场秩序专项检查和用人单位遵守劳动保障法律法规情况等专项执法检查活动。全年全省劳动保障监察机构共检查用人单位3.37万户,涉及劳动者106.59万人,依法为4.16万名劳动者追回工资待遇4.42亿元。

【治欠保支考核工作】 坚持和完善治欠保支目标管理责任制,将治欠保支工作纳入市、县(区)高质量发展考核体系、社会治安综合考评体系和打击非法用工等违法犯罪综合治理考评体系,对治欠保支工作主要目标未完成、严重弄虚作假、因欠薪造成恶劣影响等情况,实行"一票否决"。制定细化考核方案,将考核项目和分数细化落实到牵头部门,压实联席会议成员单位各部门责任。建立保障农民工工资支付工作定期督查制度,对拖欠农民工工资问题高发频发、举报投诉量大的地区及重大违法案件进行重点督查,全年开展3次治欠保支工作专项督查、2次第三方随机核查,覆盖所有市、县(区),督促解决重大欠薪违法案件96件。

【农民工工资应急周转金和专用账户管理】 会同省财政厅出台《关于做好农民工工资应急周转金使用管理工作的通知》,对农民工工资应急周转金的筹措、使用、管理等方面进行规范。制定出台《江西省工程建设领域农民工工资专用账户管理办法》,对江西省行政区域内工程建设领域农民工工资专用账户设立、监督、管理等内容予以明确。

【推行农民工工资实名制】 截至年底,全省在建工程项目4838个,落实按月足额发放工资的项目、实行实名制监管的项目、实行分账制管理的项目、实行工资保证金制度的项目分别占比98.6%、96.7%、96.2%、100%。分账制、按月足额支付工资制、实名制监管、工资保证金制度"四项制度"覆盖率大幅提高,纳入实名制信息化监管范畴的在建工程项目没有发生一起欠薪案件。

【劳动保障惩戒机制健全】 会同省发改委等30个部门和单位共同签署严重欠薪联合惩戒备忘录,指导督促市县人社部门开展社会信用体系和企业信用信息体系建设,协调市场监管、住建、银行等部门建立情况通报和信息共享制度,依法依规对重大欠薪违法行为实施联合惩戒。全年全省共通过媒体向社会公布重大违法行为27件,其中省本级主动公布7件。

【劳动保障监察行政执法与刑事司法衔接机制完善】 联合省法院、省检察院、省人社厅、省公安厅下发《江西省涉嫌拒不支付劳动报酬犯罪案件查处衔接工作办法》,进一步明确相关案件的法律适用标准,就衔接工作流程进行规范。全年全省公安机关受理拒不支付劳动报酬类案件58件,为劳动者追回工资报酬近3200万元。

【劳动人事争议调处】 重视群体性和涉农民工劳动争议案件,及时高效处理各类劳动人事争议。全年各级调解组织、仲裁机构依法受理劳动人事争议案件20055件,增长9.46%;结案19460件(含上期结存案件298件),结案率97%,其中仲裁结案率96%,调解成功率71.5%,终局裁决率37.2%,仲裁终结率65.9%;调处10人以上集体案件278件,涉农民工案件2749件。

(朱增祺)

医疗保障

【概 况】 截至年底,全省城镇职工基本医疗保险参保573.73万人,基金收入183.61亿元,基金支出154.97亿元。全省城乡居民基本医疗保险参保4223.74万人,基金收入283.08亿元,基金支出272.73亿元。全省生育保险参保290.1万人,基金收入7.74亿元,基金支出9.58亿元。上饶市列入全国长期护理保险制度试点城市,参保人数41.59万人,基金收入4159万元,基金支出755.65万元。

【城乡居民医保筹资标准提高】 2018年,城乡居民基本医疗保险筹资标准不低于710元。其中,各级财政人均补助标准在2017年的基础上新增40元,每人每年不低于490元;人均个人缴费标准在2017年基础上新增40元,每人每年220元。

【开展打击欺诈骗取医疗保障基金专项行动】 根据国家统一部署,10—12月,在全省范围内开展打击欺诈骗取医疗保障基金专项行动,以定点医疗机构和定点零售药店及参保人员为主要检查对象,以住院和门诊服务、药店购药服务为主要检查内容,加大医疗保障反欺诈工作力度,整顿规范医疗保障运行秩序。全省现场检查医药机构5478家,要求限期整改1739家,暂停定点服务379家,解除服务协议19家,追回基金4906.1万元。

【医疗保障扶贫实施】 2018年,全省资助建档立卡贫困人口参加城乡居民基本医疗保险286.2万人,基本医疗保险为建档立卡贫困人口报销医药费用45亿元、238.9万人次;大病保险为建档立卡贫困人口报销医药费用9亿元、94.7万人次;医疗救助87.4万人,支出2.84亿元,贫困群众住院费用个人自付比例仅为7.88%,有效防范因病致贫、因病返贫,切实缓解贫困人口的看病就医负担。

【医保支付方式改革深化】 自1月1日起,省本级在预算管理、总额控制的基础上，实行以按病种分值付费为主，按人头付费、按床日付费和按服务项目付费等为辅的多元复合型支付方式。1月22日，会同省发改委、省卫计委印发《关于进一步推进按病种收费工作的通知》，选择75个病种实行按病种收费，制订在昌省直三级医院相应收费标准，各医疗机构在规定价格基础上可适当下浮，医院按核定的标准收费，医保和患者按医保规定比例付费。

【省直机关事业单位医保政策完善】 4月4日，印发《关于完善省直机关事业单位医疗保险有关政策的通知》，将符合享受公务员医疗补助条件的省直机关事业单位（含原公费医疗自管单位）在编在岗的工作人员和退休人员全部纳入机关事业单位医疗保险。驻南昌市内和驻南昌市外的省直机关事业单位分别在省本级和单位所在地参加城镇职工基本医保、大病保险和单位补充医保（公务员医疗补助），按照参保地缴费比例和基数缴费，并享受相应的医保待遇。

【17种抗癌药纳入医保】 10月31日，印发《关于将17种抗癌药纳入江西省基本医疗保险、工伤保险和生育保险药品目录乙类范围等有关事项的通知》，自11月20日起，将阿扎胞苷等17种国家谈判抗癌药新增纳入江西省医保药品目录乙类。不设立起付标准和个人先行自付比例，城镇职工基本医保基金报销75%，城乡居民基本医保报销70%，极大减轻癌症患者医药费用负担。

【开展抗癌药省级专项采购】 9月18日，发布《2018年度江西省抗癌药省级专项集中采购实施方案》，对3家以上企业生产的产品，实行“双信封”公开招标；对1—2家企业生产的产品，以及报名不足3家企业的产品，实行专家议价采购。235个中标药品与江西原采购价比，平均降幅9.25%，与全国最低价比，平均降幅4.92%。

【支持中医药产业发展】 5月，印发《江西省基本医疗保险、工伤保险和生育保险中药饮片目录代码》，将875种中药饮片统一纳入全省基本医疗保险、工伤保险和生育保险基金支付范围，其中816种（占93.26%）纳入甲类报销，不设个人先行自付比例。印发《江西省基本医疗保险、工伤保险和生育保险医疗机构制剂目录代码》，将277种医疗机构制剂在本院内使用统一纳入全省基本医疗保险、工伤保险和生育保险基金支付范围（其中中药制剂120种），且全部纳入甲类报销，不设个人先行自付比例。

【异地就医直接结算】 2018年，全省累计参保人员跨省就医备案19.10万人次。作为参保省，全省参保人员跨省就医直接结算7.40万人次，结算金额10.58亿元。作为就医省，跨省直接结算4798人次，结算金额3917.76万元。全省省内异地就医（含门诊、慢性病门诊、住院、购药）直接结算38.5万人次，结算金额9.39亿元。

【医保经办管理服务优化】 从完善医疗保险政策、优化经办流程、减少工作环节、提升经办服务水平等4方面，出台20条改进和优化全省医疗保险管理服务措施，取消包括身份证、生育证等在内的20余项办事证明，实现特药使用、转诊转院等事项“一次不跑”，实行双休日、节假日和正常工作日延时、错时和预约服务。

（省医保局办公室）

社会保险

【概　况】 社会保险待遇水平稳步提高。2018年，连续第14年提高企业退休人员基本养老金水平，连续第3年同步调整提高机关事业单位退休人员基本养老金水平，全省315万名退休人员受益。建立城乡居民基本养老保险待遇确定和基础养老金正常调整机制，提高城乡居民基本养老保险基础养老金，从每人每月80元提高到105元。工伤保险待遇水平继续提高，因工死亡职工的一次性工亡补助金标准由2017年的67.23万元提高到72.79万元，增长8.27%。调整失业保险金发放标准及其适用区域，由月人均925元提高到1260元，平均增长36.2%。2018年，全省城镇职工基本养老保险、工伤保险基金、失业保险基金待遇支出分别为996.76亿元、15.58亿元、2.25亿元。

经办服务能力建设持续推进。大力推行城乡居民养老保险金融便民服务，截至年底，全省有96个县（市、区）、16629个行政村启动金融便民服务点试点工作，行政村覆盖率达到94.35%。在全国率先实行建档立卡贫困户参加城乡居民养老保险政府代缴，全省符合参保条件的157.48万建档立卡贫困人员、低保对象和特困人员等贫困群体全部参加城乡居民养老保险，全年财政代缴保费157.48万人，代缴1.55亿元，累计代缴3.9亿元。建立健全并贯彻执行经办人员星级服务评定、大厅巡查、领导带班等制度，作风建设取得良好效果，并受邀在全国社会保险经办机构作风建设工作会议上做经验介绍和成果展播。

【退休人员基本养老金调整】 根据国家统一部署，经省政府同意并报人社部、财政部批准，6月29日，省人社厅、省财政厅下发《关于江西省2018年调整退休人员基本养老金的通知》，明确江西省调整退休人员基本养老金的实施范围、调整办法和水平。按照“江西省总体调整水平略高于全国平均调整水平、企业平均增幅略高于机关事业单位平均增幅”的原则，坚持“并轨”总思路，继续采取定额调整、挂钩调整与适当倾斜相结合的调整办法调整。实现企业和机关事业单位退休人员调整办法基本统一，兼顾企业和机关事业单位退休人员不同的特点，兼顾公平与激励。调整退休人员基本养老金工作，实现政策家喻户晓、实施操作平稳、发放兑现迅速、社会反响良好。全省315万企业与机关事业单位退休人员受益。

【伤残职工伤残津贴调整】 2018年继续调整伤残津贴，根据测算并与养老金调整标准平均，将130元作为伤残三级人员的调整标准，按照《工伤保险条例》规定，推算出其他级别调整标准，实现伤残津贴“十四连调”。

【被征地农民社会保障】 截至年底，全省共有被征地农民243.19万人，纳入社保体系予以保障的共有 199.13 万人。其中,参加城镇职工基本养老保险 164.84 万人,占参保人数的 82.78%;参加城乡居民基本养老保险 26.81 万人,占参保人数的 13.46%;纳入基本生活保障的有 7.48 万人,占参保人数的 3.76%。全省共筹集被征地农民养老保险补贴资金 462.02 亿元,支付被征地农民养老保险补贴资金 218.28 亿元。

【取消社会保险待遇领取资格集中认证】 5 月起,全省全面取消社会保险待遇领取资格集中认证,进一步创新服务手段,构建以信息比对为主,退休人员社会化服务与远程认证服务相结合的认证服务模式,不再要求参保人在规定时段到指定地点进行集中认证,真正做到“寓认证于无形”。

(朱增祺)

社会福利

【概　况】 截至年底,全省养老院总数 1833 个,其中民办养老院 380 多家。新增养老床位 6800 张,养老床位数 16 万张,社会力量兴办床位 5.8 万张,收住老年人 8.5 万,入住率突破 50%。全省新增城乡居家和社区养老服务设施(站点)2200 余个,总数 7449 个,6 个设区市启动或建成养老服务综合信息化指挥平台,全省 60%的县编制了养老服务设施专项布局规划,70%的县落实了新建住宅小区配建养老服务设施政策。

【养老服务业】 建立养老服务标准化技术委员会,省属大型养老服务中心基本建成,上海安康通、福建禾康、天津天同、中铁建业、中科等一批国内大型养老服务企业进驻江西省。创新养老领域投融资机制,对接建设银行、省养老产业投资基金等金融、投资机构,与建设银行签订战略合作协议。10 月 22 日,与建设银行江西分行共同举办养老院管理人员培训班,推广建设银行总行研发的安心养老信息化平台,建立融资对接机制。开展养老项目招商引资,编印《江西省养老项目招商手册》,在赣港经贸合作交流会上推介养老项目 32 个,重点引进、培育上海亲和源、湖南普亲、天津天同、泰康养老等知名养老服务品牌企业入驻江西。深化公办养老机构改革,全省 26 家公办养老院入选国家试点,5 月 9 日,印发《江西省养老服务设施公建民营暂行办法》,规范和指导公建民营行为。推动“养老+”融合发展,继续开展医养结合试点,会同省卫健委编印推广医养结合典型案例;会同省工信委、省卫健委开展智慧健康养老应用试点,12 家单位获国家授牌、1 家养老院入选养老服务推广目录。防范非法集资风险,协助省处非办、省公安厅开展养老领域非法集资摸底排查、公告提示、集中约谈等工作,养老领域非法集资得到有效遏制。

【居家和社区养老服务改革】 南昌、赣州、吉安、新余、抚州先后纳入前三批国家居家和社区养老服务改革试点,获得中央财政资金 1.69 亿元。9 月,赣州、吉安第二批试点评估;开展居家养老综合示范创建。4 月 25 日,印发《开展树敬老孝老新风扬居家养老特色创志愿服务品牌综合示范创建活动实施方案》,确定南昌市东湖区、赣州市章贡区、大余县、丰城市、吉安市吉州区为综合示范创建地区,围绕“树敬老孝老新风、扬居家养老特色、创志愿服务品牌”,推进“3+N”示范创建活动。其中东湖区、章贡区、大余县制定“时间银行”建设实施方案,大余县成立养老服务时间银行事业管理局;填补农村养老空白。推进农村留守老年人关爱服务体系建设,组织开展摸底排查,督导建立巡访制度,搭建关爱服务平台,落实部门工作职责,涌现出新余市农村“颐养之家”、高安“幸福食堂”等一批典型,新余市颐养之家站点覆盖所有 405 个建制村,新余市、高安市相关经验分别被中组部、中央电视台推介。

【社会福利服务体系建设】 2018 年,社会福利服务和保障水平明显提升,残疾人生活补贴和护理补贴全面落实。将城镇的两项补贴标准分别提高到 60 元和 70 元,为全省 47.4 万困难残疾人、39.2 万重度残疾人分别发放两项补贴,累计发放补贴资金 13 亿元。启动建立老年人补贴制度。9 月 3 日,会同省财政厅、省老龄办制定《江西省经济困难的高龄失能老年人补贴实施办法》,对经济困难的高龄老年人按每人每月 50 元标准发放养老服务补贴,对经济困难的失能老年人按每人每月不低于 50 元标准发放护理补贴;对特困人员中失能、部分失能老年人分别按每人每月不低于当地最低工资标准的 80%和 20%发放护理补贴。加快精神卫生福利设施建设。推进 6 个设区市精神病人福利机构建设,其中南昌、宜春等地基本竣工;启动精神障碍社区康复服务,省级彩票公益金下达 140 万元,支持萍乡、九江等地建设康复站点;发展公益慈善事业。继续实施残疾人“福康工程”,惠及肢体残疾人 300 余人。组织参与第十届“中华慈善奖”评选,5 个单位(项目、个人)入选并获表彰。推进康复辅具综合创新试点,推荐赣州市入选全国试点名单,首批安排试点资金 1000 万元。

【改善养老院服务质量】 4 月 18 日,会同省公安厅、省卫计委等 5 个省直单位印发《2018 年养老院服务质量建设专项行动实施方案》。8 月 22 日,召开电视电话会议,部署推进养老院服务质量建设工作。全省养老机构 54 项基础性指标整治后合格率达到 96.8%;集中开展养老院消防安全排查整治和安全月活动;10 月 29 日,相关经验在全省冬春火灾防控工作会议上交流;启动养老院综合责任保险。10 月 16 日,印发江西省养老院综合责任保险试点实施方案,遴选 18 个县(市、区)开展试点;实施“养老护理员素质提升工程”,建立省、市、县、机构四级养老服务培训体系,其中省本级举办培训班 2 期,培训 300 余人次。

【儿童福利与保护工作】 2018 年,推动全省农村留守儿童关爱保护和困境儿童保障工作。首次在省福彩公益金列支 1000 万元支持各地农村留守儿童关爱保护和困境儿童保障工作。提高孤儿基本生活保障水平,城镇孤儿基本生活月人均补助标准提高 100 元,机构养育孤儿每人每月 1200 元,城镇散居孤儿每人每月 800 元,农村散居孤儿基本生活月人均补助标准提高 30 元,每人每月 730 元。争取预算内投资和福彩公益金共计2319万元支持各地未成年人保护中心建设。在全国率先开展区域性养育工作，九江、吉安、鹰潭、新余已全面完成。针对孤儿手术治疗不便利、康复效果不明显等问题，将住院定点医院扩大至所有三级医院，营养服务费标准提高至5000元/人。与南昌大学第四附属医院合作开展脑瘫儿童术后治疗项目。全年共资助“明天计划”824例。落实民政部关于孤弃儿童养育大排查工作部署，对各地开展大排查工作进行专项督查，共反馈问题58条并已整改落实到位，进一步防患儿童福利领域风险。印发《关于进一步加强儿童工作服务能力建设的通知》，指导各地在乡镇（街道）设立儿童督导员，在村（居）委会设立儿童保护专干，各级实现对儿童督导员、儿童保护专干业务培训全覆盖。全省乡镇（街道）儿童督导员实名录入1914人，村（居）委会儿童保护专干实名录入20742人。联合卫健委等7部门开展农村留守儿童“携手关爱助力成长——健康行”主题活动，对心理和身体存在健康问题的留守儿童和困境儿童进行关爱帮扶，全省建立留守儿童健康档案43.4万份，家庭医生签约25.66万人，组织留守儿童体检6.7万人。联合中建五局总承包公司江西分公司和中建二局三公司江西分公司举办3场农村留守儿童关爱保护“百场宣讲进工地”（江西分场）活动，进一步强化家庭监护意识，引导留守儿童父母、受委托监护人承担监护主体责任。

（蔡仕祥）

社会救助

【概　况】 2018年，全省城市低保标准和补差水平提高到580元和380元，增长9.43%和8.57%；农村低保标准和补差水平提高到340元和255元，增长11.48%和13.33%。农村特困人员集中供养标准和分散供养标准提高到每人每月455元、350元，增长7.1%和9.38%。

【城镇贫困群众脱贫解困工作】 3月6日，省委、省政府印发《关于加大城镇贫困群众脱贫解困力度的意见》，决定从2018年起，对城镇特困人员、城镇最低生活保障对象、城镇支出型贫困低收入对象等城镇贫困群众开展八方面救助帮扶，力争到2020年全面实现全省城镇贫困群众脱贫解困的目标。为推动文件落地生效，省委、省政府成立由主要领导任组长的省城镇贫困群众脱贫解困工作领导小组，明确省民政厅、省总工会等23个部门为领导小组成员单位，6月8日，省委、省政府召开电视电话会议进行全省动员部署。各成员单位结合自身职责，从落实城镇贫困群众“两不愁三保障”入手，在社会救助提标提补、就医就学等方面陆续出台帮扶政策。坚持精准为要，准确认定对象。省民政厅依托“数字民政”应用系统，搭建居民家庭经济状况核对平台，指导督促各级民政部门抓紧认定身份人员，建立工作台账，完善工作档案。省财政厅下达3亿元城镇脱贫解困工作专项资金，各市、县积极筹集城镇脱贫解困救助资金和工作经费。各设区市、县（市、区）参照省级模式，成立省城镇贫困群众脱贫解困工作领导小组，明确成员单位。各级各部门稳步推进基本生活保障政策落实，开展各类专项救助。截至年底，全省共帮助663个零就业贫困群众家庭实现就业，为1721人次贫困群众提供创业担保贷款扶持；资助34.6万名贫困群众参加居民基本医疗保险，资助9.6万名贫困群众购买居民基本养老保险；对100名符合条件的城镇贫困患病妇女实施两癌免费救助，实施医疗救助26.75万人次。实施教育救助1.78万人次，对困难群众发放住房租赁补贴2.29万户，实施棚户区改造2.26万户。

【社会救助兜底保障脱贫攻坚工作】 贯彻落实党中央国务院、省委省政府关于脱贫攻坚的总体部署，对标对表省扶贫办工作安排，紧跟各个时间节点，做好社会救助兜底保障脱贫攻坚工作。指导各级民政部门全面开展脱贫攻坚“春季攻势”“夏季整改”和“秋冬会战”专项行动；会同省扶贫办、省纪委省监委驻省民政厅纪检监察组印发《全省农村低保专项治理方案》，在全省范围集中查处农村低保经办服务中的腐败和作风问题，重点查找“关系保”“人情保”“错保”“漏保”以及群体性纳入低保等问题。会同省财政厅、省扶贫办下发《关于在脱贫攻坚三年行动中切实做好社会救助兜底保障工作的实施意见》，对全省民政、财政、扶贫系统未来3年做好社会救助兜底保障工作进行部署安排。先后到九江市永修县、萍乡市湘东区开展农村低保兜底保障脱贫攻坚调研，形成专题调研报告，提出相关意见。中央巡视组对江西省开展脱贫攻坚专项巡视期间，按照省纪委要求，全面做好自查自纠工作，按时上报本系统脱贫攻坚中形式主义、官僚主义突出问题立行立改情况。

【基层社会救助经办服务能力建设】 联合省编办、省人社厅、省财政厅出台《关于积极推行政府购买服务 加强基层社会救助经办服务能力的实施意见》，启动政府购买社会救助服务改革创新工作；3月30日，在上高县召开全省社会救助工作会议，总结2017年社会救助工作，部署2018年社会救助及城镇贫困群众脱贫解困任务，交流推广各地社会救助工作典型经验；先后3次举办业务培训班，面向市、县社会救助系统工作人员，就城镇脱贫解困工作和其他社会救助业务进行培训。

（熊崧麟）

慈善救助

【概　况】 2018年，省慈善总会围绕省委、省政府打赢脱贫攻坚战战略部署，推进慈善募捐、慈善救助、慈善宣传、慈善志愿服务等工作。全年省慈善总会共募集款物3.96亿元，发放救助款物及慈善项目资金3.71亿元，惠及困难群众10万余人。慈善药品援助项目发放援助药物价值2.98亿元，救助人次1.41万人次。联合各市、县慈善会开展“慈善情暖万家”走访慰问活动，在元旦、春节期间走访慰问各地贫困家庭和敬老院老人，发放慰问金75万余元。“金圣助学”活动资助优秀贫困高考学生56名，每名学生发放助学金6000元，共发放助学金

33.6万元。“衣恋阳光助学”项目资助贫困高中学生1000名，发放助学金300万元。“青苗关爱工程”项目对江西省患有白血病、血友病、恶性肿瘤、尿毒症等重特大疾病的贫困家庭儿童进行救助，共救助贫困大病儿童354名，发放救助金365.8万元。LDS轮椅捐赠项目向江西省25个贫困县养老机构和部分因残致贫家庭捐赠600辆轮椅、90个助行器，价值50万元。设立志愿者活动中心，开设“慈善大讲堂”。组织慈善志愿者参与志愿服务4920人次，服务时间1.57万小时。

【慈善宣传】 与中央及江西省新闻媒体联系，发挥江西慈善网平台宣传功能，慈善宣传文稿数量增多。举行江西慈善扶贫工程媒体行活动，邀请人民网、新华网、中新社、《人民政协报》《中国社会报》《慈善公益报》《江西日报》、江西卫视等中央与省级10余家重点新闻媒体单位近20名记者，到遂川、修水、鄱阳开展媒体采风活动。与江西广播电视台达成合作协议，依托江西广播电视台旗下现有的广播FM99.2平台，成立全国首家慈善公益广播——江西慈善公益广播。参展第六届中国公益慈善项目交流展示会，并获得“优秀参展机构奖”。

【慈善募捐】 举办江西省慈善总会2018陶溪川新年慈善捐赠音乐会，省烟草专卖局、江西中烟工业公司、省铁路投资集团公司、江西省省属国有企业资产经营（控股）有限公司、江西钨业控股集团有限公司等企业纷纷举牌捐赠，现场募集资金突破6100万元。联合省农村信用社联合社，举行2018“农商银行 助你圆梦”慈善助学捐赠暨启动仪式，并向省慈善总会捐赠1060万元。开展“慈善一日捐”活动，接收省直单位捐款283.41万元。充分利用“江西省慈善路路通”网上平台募捐功能，通过网络平台募集捐赠款2.39万元。

【“善济江西 脱贫攻坚”慈善扶贫专项工程】 2018年，省慈善总会共发放慈善扶贫专项工程“六大任务”项目资金5025.65万元。其中“刨穷根”及其他助学项目发放救助金2979.42万元，资助贫困学生3465名（其中省农商银行资助1000名），拨付资金1787.92万元，同时，通过联合省农商银行开展“农商银行 助你圆梦”慈善助学活动，继续实施科瑞助学活动，资助2349名优秀贫困高考学生圆了学业梦，实现资助贫困大学生活动在全省100个县（市、区）全覆盖。“栽富树”项目发放资助金517万元，新增遂川县、会昌县、信丰县3个项目。加强对项目的实施管理，督促项目实施地对贫困群众分红。有14家入股企业（合作社）已发放分红资金158.3万元。“救病难”项目发放救助金478.23万元，对25个贫困县患有白血病、地中海贫血和再生障碍性贫血贫困群众进行资助，资助他们通过实施造血干细胞移植手术获得新生，年内共资助30名，发放救助金300万元。对全省患有白血病、血友病、恶性肿瘤、尿毒症等重特大疾病的贫困家庭儿童进行救助，年内共救助132名贫困家庭儿童，发放救助金178.23万元。在22个县实施“暖床前”项目，发放资助金407万元，23家慈善公益组织通过开展文化娱乐、亲情陪伴、关爱慰问等志愿活动，为孤寡、失独、失能老人群体解决亲情失落、心理失衡以及生活照料等问题，全年服务人次19.25万人次，服务时间122.6万小时。在九江市柴桑区、赣州市于都县开展“关爱农村留守老人”项目试点工作。在全省贫困县实施“扶自立”项目，发放救助金431万元，31家慈善公益组织通过组织专业社会工作者和志愿者，为农村留守儿童提供课业辅导、亲情联系、心理慰藉服务，为困难残疾人提供康复训练、辅助就业、技能培训等服务，全年服务人次29.1万人次，服务时间87.3万小时。争取中国扶贫基金会“童伴妈妈”项目落户江西，在罗霄山连片特困地区开展关爱农村留守儿童和困境儿童服务。首批“童伴妈妈”项目在江西省赣县区、安远县、寻乌县、石城县、宁都县、乐安县、莲花县、万安县、遂川县、上犹县等10个县（区）100个村实施，已下拨项目资金108万元。“推厕改”项目发放资助金213万元，帮助乐安、玉山两县2454户贫困户进行旱厕改造。

（官志平）

社保基金监管

【概　况】 2018年，全省核查重复享受养老保险待遇148.6万人次，查出冒领养老保险费261万元，追回234万元，追回到账率89.66%；全省养老保险实地稽核参保单位32035户，占全省养老保险参保职工户数的34.08%。共查出少缴养老保险费508万元，追回508万元，追回到账率100%。在全省开展打击欺诈骗取医疗保障基金专项行动，追回基金4906.1万元。开展社保基金内部控制制度、养老保险重点指标核查及工伤保险内部控制专项检查，对全省90余家社保经办机构开展经办风险管理专项行动。在全省范围内全面取消现金业务、手工办理业务和社银人工报盘，进一步加强社保基金风险防控。

【规范职业年金基金管理】 10月，省人社厅联合省财政厅出台《江西省职业年金基金管理实施办法（试行）》，全省职业年金基金管理运营工作全面启动，对江西省构建多层次养老保险体系，规范职业年金基金市场化管理运营，提高职业年金计划管理效率，推动机关事业单位养老保险制度健康、有序、全面发展。

【开展社保基金风险警示教育活动】 11月，全省启动社保基金风险警示教育活动。先后转发广西电信诈骗案的通报，下发张贴936张社会保险基金管理风险防控宣传画，组织开展“风险防控实招硬招”征文活动，收集全省社保基金违法案例等一系列活动。通过警示教育，进一步增强人社系统基金管理的法纪意识和风险意识，营造严厉打击贪污挪用基金行为的社会氛围。

（朱增祺）

本栏编辑　邓玉兰

社会事务管理

基层政权及民主建设

【概　况】　指导开展全省第十届村(居)民委员会选举工作,选好配强村(居)民委员会班子,统筹实施基层群众性自治组织统一社会信用代码赋码颁证,促进城乡基层民主发展,激发基层活力,提高村(居)民委员会服务能力和水平。全省2万余个村(社区)(含6个计划脱贫摘帽县的村、社区),除2个重点、难点村外已全部进行换届选举,占99.9%,村委会自荐直选率和居委会直接选举比例均有一定幅度提高,城乡居民参与基层选举热情增长,村(居)民委员会成员年龄、学历、性别等进一步优化;全省村(居)委会中赋码率达99.9%,颁证率达92.47%,基本实现村(居)委会"特别法人身份证"全覆盖。

【完成第十届村(居)委会选举】　省民政厅联合省委组织部、团省委、省妇联等部门先后2次召开村(社区)"两委"换届选举工作业务培训视频会,培训基层业务骨干,加强选举业务指导。下发《关于对〈江西省第十届村民委员会选举工作手册〉有关内容进行更正的说明》,对选举工作中遇到的新情况新问题及时进行回应,解读政策规定,强化选举操作。建立村(居)委会选举工作定期调度制度,每星期都对各地选举进展情况进行调度,切实把握工作进度。组织开展换届选举专项督导,先后3次组织督导组赴各设区市开展督导,深入城乡基层一线,实地指导选举工作,及时发现存在的问题,总结经验做法。依法稳妥应对和处理选举过程中出现的各种情况和问题,做好选举信访处理工作,全年共接待处理来访39批次,来信121件,来电230余个,未发生任何重大选举信访事件,全省村(居)委会选举平稳有序推进并圆满完成。第十届村(居)委会选举参选率为91.3%,村委会自荐直选率为14.2%,居委会直接选举比例为80.7%,村(社区)"两委"班子成员中,具有高中(中专)以上学历的占62.7%,平均年龄44岁。

【开展基层群众性自治组织统一社会信用代码赋码颁证工作】　结合全省第十届村(居)委会选举进程,省民政厅统一部署开展村(居)委会统一社会信用代码赋码颁证工作。全省共采集、整理、录入村(居)委会基础信息表格2万余张,通过统一比对和修改,建立全省村(居)委会基础信息数据库,并对每个村(居)委会进行统一社会信用代码赋码。6月13日,省民政厅联合省发改委在南昌市西湖区桃花镇大塆村举行全省首张基层群众性自治组织特别法人统一社会信用代码证颁证仪式,全省村(居)委会陆续完成赋码转入集中统一颁证。截至11月底,除少部分村(居)委会因选举、撤并村组、新设等原因未赋码颁证外,全省20780个村(居)委会已完成赋码的20747个,其中村委会17064个、居委会3686个;完成颁证的19216个,其中村委会15708个、居委会3508个。

【村(居)务监督建设】　完善村(居)务监督机制,省民政厅联合省委组织部印发《江西省村务监督委员会工作规程》,明确组织设置、监督内容、监督程序、工作制度等,并结合第十届村(居)委会选举,依法依规推选产生新一届村(居)务监督委员会,实现村(社区)全覆盖。12月底,组织召开全省村(居)务监督工作业务培训视频会,部署推进村(居)务监督工作,培训骨干,参会参训对象延伸到乡镇(街道)、村(社区),共5.9万余人。起草《关于规范完善村规民约(居民公约)的指导意见》,进一步明确村规民约(居民公约)内容和程序,更好地发挥其在城乡基层治理中的引导作用。

【推进乡镇政府服务能力建设】　由省民政厅起草,经省委全面深化改革领导小组第十一次会议审议通过,2月7日,省委办公厅、省政府办公厅印发《关于加强乡镇政府服务能力建设的实施方案》,明确加强乡镇政府服务能力建设指导思想、基本原则、主要目标等,要求进一步推动乡镇政府服务管理体制机制改革、强化乡镇政府服务功能、提高乡镇政府公共服务能力。4月,省民政厅制定下发贯彻落实文件,要求全省各级民政部门提高认识,不断推动乡镇政府服务能力建设有效落实。指导万载县、乐安县、濂溪区等县(区)进行试点。

(吴新传)

城乡社区治理

【概　况】　南昌市西湖区桃花镇国贸阳光社区、南昌市青云谱区青云谱镇青峰社区、九江市经济技术开发区滨兴街道二马路社区和新余市分宜县分宜镇锻压厂社区 4 个优秀社区工作法被评为“全国 100 个优秀社区工作法”,共青城市被认定为“全国首批农村社区治理实验区”,南昌市西湖区入围“全国社区治理和服务创新实验区”,高安市筠泉社区居委会主任付秀秀入选“全国十大最美城乡社区工作者”。

【《关于加强和完善城乡社区治理的实施意见》印发】 由省民政厅起草,在反复征求 40 个省直部门和设区市意见后,经省委全面深化改革领导小组第十一次会议审议通过,2 月 2 日,省委、省政府印发《关于加强和完善城乡社区治理的实施意见》,这是全省出台的第一个关于城乡社区治理的纲领性文件,提出了全省加强和完善城乡社区治理的指导思想、总体目标和基本原则,明确了当前和今后一个时期的主攻方向和重点任务,提出了推进措施和具体要求,提供了工作遵循。该意见要求推动党组织、基层政府、基层群众性自治组织、社会力量、社区居民等主体融合发展,补齐社区发展短板,夯实城乡社区治理基础,促进城乡社区法治、德治、自治相结合,提升城乡社区治理水平。

【城乡社区治理专题新闻发布会召开】 3 月 26 日,省政府新闻办、省民政厅联合召开江西省《关于加强和完善城乡社区治理的实施意见》政策解读新闻发布会,深入解读省委省政府关于城乡社区治理部署安排,大力宣传城乡社区治理重要意义,营造良好的舆论氛围。省民政厅有关负责人出席发布会作情况介绍并回答记者提问。《中国日报》、中新社、人民网、新华网、凤凰卫视、《江西日报》、江西卫视等 30 余家媒体出席发布会并报道。

【举办全省城乡社区治理示范培训班】 5 月 23 日—25 日,省民政厅在南昌举办全省城乡社区治理示范培训班,民政部基层政权和社区建设司副司长黄观鸿出席开班式并授课,省民政厅副巡视员王晔出席开班式并讲话。全省民政系统分管领导、政权股长 150 余人参加培训。培训班全面分析城乡社区治理面临的新形势、新机遇和新挑战,探索推进城乡社区治理新举措、新方法和新手段,传达解读省委省政府《关于加强和完善城乡社区治理的实施意见》精神,在全省民政系统动员部署开展城乡社区治理各项工作,培训业务骨干。

【开展“绿色社区 美丽家园”创建活动】 5 月,省民政厅下发《关于做好 2017—2018 年度“绿色社区 美丽家园”创建工作的通知》,要求根据省委省政府关于城乡社区治理的部署和安排,按照组织体系规范化、平台建设标准化、办事服务便捷化、协商议事制度化、居民活动常态化、生活环境宜居化“六化”标准,继续打造一批服务完善、管理有序、美丽宜居、幸福和谐城乡社区。经过街道(乡镇)、社区申报、县级民政部门初审、设区市民政局审核推荐,全省共有 330 个社区申报命名。9 月中下旬,省民政厅组织 11 个验收组对各地所申报社区进行验收评估,经研究并在江西民政网公示。11 月份,省民政厅印发《关于命名 2017—2018 年度全省“绿色社区 美丽家园”创建活动示范社区的通知》,对南昌市东湖区豫章街道滨江社区等 228 个社区进行命名。截至年底,全省“绿色社区 美丽家园”示范社区创建总量 428 个。

【开展全省农村社区建设试点示范创建活动】 3 月,省民政厅下发《关于做好 2018 年度农村社区建设试点工作的通知》,组织开展第三批全省农村社区建设试点示范申报工作。经各地申报,县、市逐级审核审批,省民政厅初步审定,并征求相关部门意见后,最终确定 93 个农村社区为全省 2018 年农村社区建设试点社区。经评估验收并在江西民政网公示后,11 月 23 日,省民政厅印发《关于命名第三批全省农村社区建设试点示范社区的通知》,正式命名南昌市东湖区贤士湖管理处公园村社区等 90 个试点农村社区为第三批全省农村社区建设试点示范社区。

(吴新传)

社会组织管理

【概　况】 截至 2018 年年底,全省各级民政部门登记注册各类社会组织 24863 家,其中社会团体 11860 家,民办非企业单位 12919 家,基金会 84 家。全面推进行业协会商会与行政机关脱钩。11 月,省民政厅印发《江西省行业协会商会综合监管实施办法》,在推进落实省级行业协会商会脱钩的同时,督促各地全面推开脱钩工作。为确保脱钩改革任务全面落实、按时完成,印发《关于限期完成脱钩改革工作的通知》,督促完成脱钩工作。210 家全省性行业协会商会已完成脱钩工作。加强对“数字民政”社管系统的使用和功能完善,2018 年印发《提升全省社会组织信息化数据质量的通知》,通过年度工作会和专题培训对全省社会组织管理信息系统使用和数据归集情况进行通报和纠正,实现全省社会组织基础信息数据大集中以及与省、部相关信息的数据共享。广泛动员慈善公益组织参加脱贫攻坚。2018 年,开展“百社解千难”活动对接寻乌县的扶贫项目 22 个,实际到账总金额 171.7 万元。

【社会组织党建】 选举产生中共江西省社会组织第一届委员会,制定党委有关工作制度。印发《江西省社会组织党委职责》《江西省社会组织党委工作制度》和《江西省社会组织党委议事规则》,进一步规范党委工作程序。建立省社会组织党委管理的 30 家社会组织党组织工作台账,加强支部党建工作计划落实和日常监督,协助省非公经济与社会组织工委开展社会组织党组织书记培训和首届党务技能大赛。赴吉安市、抚州市、景德镇市、上饶市 4 个设区市和 4 个县(区)进行专题调研,邀请部分全省社会组织党组织书记召开征求意见座谈会,形成调研报告,找准社会组织党建工作中的难点、痛点、堵点,寻求破解难题的途径方法,扩大党在社会组织的影响力,引导社会组织在社会治理中更好发挥作用。

【社会组织监督管理】 与省公安厅开展打击整治非法社会组织专项行动。2018 年,全省共处置和排查非法社会组织 21 家,向社会公布涉嫌非法社会组织名单 2 批 15 家组织。严格依法登记审批社会组织,2018 年,省本级共登记社会组织40家，其中，社会团体29家，民办非企业单位8家，基金会3家；858家社会组织参加2017年度年检（年报），年检（年报）率74.2%，依法对2年以上未参加年检的78家全省性社会组织作出警告行政处罚，对未参加2017年度年检（年报）101家下达责令整改通知，并对上述情况在12月27日的《江西日报》上进行公告。开展行业协会商会涉企收费专项治理行动。指导全省性行业协会商会填报涉企收费情况表，督促其自查自纠。各设区市参照省里做法，进行专题部署，全省同步。通过督促整改，全省行业协会商会通过取消收费项目、降低收费标准，减少涉企收费约2000万元。有803家行业协会商会调整会费档次、降低会费标准，67家减免普通会员会费，取消培训收费、会费等项目100个，降低经营性收费标准48个。

【举办全省社会组织登记管理机关工作人员培训班】 10月25日—26日，全省社会组织登记管理机关工作人员培训班在南昌举办。省老龄办专职副主任罗良意出席开班式并讲话。培训班内容涵盖社会组织税收管理以及税收优惠政策解读、全省培育社会组织发展项目，打击非法社会组织，行业协会商会与行政机关脱钩以及涉企收费，社会组织信息化以及舆情信息宣传及社会工作志愿服务工作进展及要求等。省民政厅社会组织管理局负责人介绍了全省社会组织的发展情况和2019年工作打算；各设区市代表还分别对照2018年度目标任务和前三季度工作进行交流经验和工作体会。各设区市民政局、赣江新区社会事务局分管社管工作或社会工作的局领导、负责社管工作和社会工作的科长以及负责社会组织党建工作负责人共50余人参加培训。

（叶兴）

区域地名管理

【概　况】 截至2018年年底，全省共有设区市11个，县（市、区）100个，其中市辖区26个、县63个、县级市11个；乡级行政区划建制单位1567个，其中街道办事处162个、镇827个、乡578个（含民族乡8个）。完成第二次全国地名普查实施阶段任务，全省共普查地名55万余条，整饰地图1000余幅，通过国务院地名普查办验收，有序推进地名图录典志编纂等成果转化。

【行政区划变更事项】 2018年，全省共完成行政区划调整事项9件，含县级以上行政区划调整1件，乡级行政区划调整8件，涉及九江、鹰潭、赣州、宜春、上饶、吉安、抚州等7个设区市。

九江市：撤销九江市柴桑区沙河街镇、设立沙河街道办事处。

鹰潭市：撤销余江县、设立鹰潭市余江区，以原余江县的行政区域为余江区的行政区域，余江区人民政府驻邓埠镇鹰南大道1号。

赣州市：从石城县横江镇析出赣江源、洋地、迳口、泮别、桃花、石溪、瑞坑、洋和、友联、秋溪、罗云等11个村委会，设立赣江源镇，镇政府驻秋溪村。

宜春市：从丰城市曲江镇析出红门、莲花2个居委会和城岗、香角2个村委会，设立丰城市龙津洲街道办事处，街道办事处驻红门居委会。

上饶市：从玉山县南山乡析出枫林居委会、中村、中关、东坳、八礤、柴门、玉坑等7个村（居）委会，从玉山县怀玉乡析出三亩村委会，设立玉山县枫林镇，镇政府驻枫林居委会。

从德兴市泗洲镇析出中区、北区、南区、奈坑、大桥5个居委会和王村村委会，设立德兴市铜矿街道办事处。铜矿街道办事处驻中区居委会。

吉安市：从永新县禾川镇析出瑶园、石溪、东风等3个居委会，设立三月坪街道办事处，街道办事处驻瑶园居委会。

抚州市：撤销抚州市临川区展坪乡、设立抚州市临川区展坪镇。

从东乡区孝岗镇析出东铜、东景、东糖、东磷、东化、东门、龙山、凤凰、师水、南门、北门、芙蓉等12个居委会，设立抚州市东乡区金峰街道办事处，街道办事处驻凤凰居委会。

【完成第二次地名普查实施阶段任务】 开展抽查复验与上报。组织省社科院专家及第三方监理对县（市、区）整改后的普查成果进行抽查复验，采取"一个一个过"的形式，出具整改意见500余份。全省开展5轮次成果数据修改上报，累计报送涉密光盘2500余张。完成跨界自然地理实体普查。组织专业技术人员对1100余条跨设区市、县界自然地理实体普查数据进行接边整合，形成全省完整的跨界自然地理实体成果。10月，全省普查成果数据通过国务院地名普查办验收。推进地名普查档案归档。确定南昌市青云谱区等14个县（市、区）为全省地名普查档案归档工作试点单位。8月在南昌市青云谱区召开地名普查档案归档试点推进会，对试点经验进行了交流推广。10—11月联合省档案局组成督查组，对部分档案归档试点县（市、区）进行专项督查，针对督查中存在的问题联合印发了《关于地名普查档案归档应把握的几个问题》对档案归档工作进行指导。

【地名普查成果转化】 制定规范文件。印发《关于进一步做好地名普查成果转化工作的通知》《江西省县市区地名志编纂指南》等文件，明确省、市、县三级成果转化任务分工，规范地名志编纂。

编撰图录典志。按时完成《中华人民共和国标准地名词典》4500条词目释文编纂和《中华人民共和国地名志》550余个词目编写上报工作，启动省级图录典志编制工作。

启动一批成果转化项目。组织编纂《江西政区地名的古往今来》《战地黄花——江西红色地名故事集》，委托省教育电视台拍摄《江南西道》地名文化系列宣传片，与湖北、湖南两省民政厅联合编制长江中游城市群标准地名图。

【地名管理】 清理整治不规范地名。组织开展"大、洋、怪、重"等不规范地名摸底清理工作，全省清理整治不规范地名2081条，规范标准地名使用，净化地名环境。加强地名信息化建设。建立省、市、县三级区划地名数据库，指导新余市建成地名地址信息系统,并通过民政部评估;南昌市建立集信息发布、网上办公等多功能一体的区划地名信息系统。加强地名标志设置。集中排查、更换一批不规范及损毁的地名标志,并将地名标志设置工作延伸至乡镇,全省新设置地名标志36240块,投入经费3797万元。加强地名文化建设。推进地名文化遗产申报,婺源县、铅山县被认定为"中国地名文化遗产千年古县";弘扬优秀地名文化,全省拍摄166部地名普查与地名文化视频片,举办多场地名文化与地名普查宣传活动。

【举办全省区划地名工作会议暨标准地名词典释文编辑培训班】 4月11日—13日,全省区划地名工作会议暨标准地名词典释文编辑培训班在赣州市召开。会议传达落实全国、全省民政工作会议精神,总结2017年全省区划地名工作,部署2018年工作。省民政厅副厅长欧阳海泉出席会议并讲话。赣州市政府副秘书长邓旺华致辞,赣州市民政局局长黄丽红出席。会上,江西民政期刊社主编邹鹰作题为《红色地名故事的采集与编写要求解读》的授课、江西科学技术出版社第一独立编辑室主任钱伟捷作题为《标准地名词典编撰常见问题解析》的授课。赣州市章贡区、景德镇市、遂川县就地名普查成果转化作典型发言。各设区市、省直管县(市)民政局分管副局长、科长和各县(市、区)民政局标准地名词典编纂业务骨干共150余人参加会议。

(聂丽红)

殡葬管理

【概　况】 2018年,省财政厅、省发改委、省民政厅共安排资金9639万元,支持市县殡仪馆、火化炉、城乡公益性骨灰堂(公墓)等项目230余个;省民政厅、省发改委等8部门联合印发殡仪馆、城乡公益性骨灰堂(公墓)等建设指南;原国土厅印发通知,要求各地规划先行、审批提速,依法全力保障殡葬设施项目建设用地需求;省发改委争取安排殡葬设施建设预算内投资;省林业厅指导各地林地墓地复合利用;省住建厅免费设计公益性墓地图样。各地按照殡葬改革2018—2020年行动计划,加快殡葬设施建设,全年全省完成新(改、扩)建殡仪馆25个,正在新(改、扩)建44个,全省共建成殡仪馆86个;升级改造火化炉150台(套);建成城市公益性骨灰堂(公墓)37个,在建59个;建成农村公益性骨灰堂(公墓)1.3万余个,在建3036个。其中,大余县、铅山县、吉水县、贵溪市、高安市、会昌县等25个县(市、区)全面建成城乡公益性骨灰堂(公墓),部分公墓实现墓在林中的效果。省政府结合全省殡葬改革实际,将全省全域调整为火葬区。各地推进遗体火化,加强源头治理,建立健全死亡信息发现、报告、处置机制,遗体火化率稳步提升。2018年全省遗体火化率52.49%,较上年增长17.53%。其中,鹰潭、上饶、宜春、抚州提升20%以上,基本实现全域火化的县(市、区)由17个增加到67个。

【全省殡葬改革】 经省委常委会研究通过,7月8日,省政府办公厅印发《关于加快推进殡葬改革促进殡葬事业发展的实施意见》,明确疏堵结合、稳步推进等四项工作原则,部署了九大工作任务和三年行动计划。7月17日—18日,省委、省政府在赣州市召开全省殡葬改革工作现场推进会,省委书记刘奇出席会议并讲话,省领导李炳军、龚建华、刘卫平出席会议,副省长胡强主持会议。民政部副部长高晓兵出席会议并讲话。37个省直单位主要负责人、各设区市、县(市、区)党委或政府主要负责人、民政局局长,共270余人参加会议。会议实地考察了大余县城乡公益性公墓、乡风文明及红白理事会建设点、党员干部带头推进殡葬改革示范点、文明绿色殡葬咨询服务点。会议要求把思想和行动统一到中央的决策部署上来,压紧压实工作责任,稳步推动殡葬改革。坚持以人民为中心的发展思想,积极探索殡葬改革和殡葬事业发展路径,加大力度治理丧葬陋习,促进社会文明进步。大力推行节地生态安葬,培育现代殡葬新理念新风尚。加快补齐殡葬设施短板,完善殡仪馆设施设备,提高殡葬服务能力和水平。开展殡葬领域突出问题专项整治行动,推进殡葬管理服务体制机制改革,加强殡葬信息化建设。8月17日,副省长胡强主持召开全省殡葬改革工作调度会,调度各地殡葬改革工作情况,研究分析存在的主要问题,部署下一阶段工作任务。省政府成立分管副省长任组长,16个省直单位为成员的省殡葬改革工作领导小组,并召开省殡葬改革工作领导小组(扩大)会议。各市、县(区)都成立协调机构,召开由党委或政府主要领导出席的殡葬改革动员部署大会,出台殡葬改革意见或方案。吉安市市、县两级殡葬改革领导小组均由市(县、区)委书记任组长、市(县、区)长为第一副组长;抚州市制定四套班子领导挂点县(区)推进殡葬改革方案;吉安市、鹰潭市还召开设施建设现场推进会,市、县(区)党政主要领导出席会议。健全通报考评工作机制。将殡葬改革纳入乡村振兴战略、移风易俗、民生工程、全域旅游和城乡环境综合整治等重大决策部署,作为对市县高质量发展、生态文明建设和精神文明考评内容。建立殡葬改革"每月一调度、每季一通报、半年一小结、全年一考核"工作机制,加强工作调度核实,确保数据真实可靠,统筹推进全省殡葬改革工作。完善高质量发展"绿色殡葬"指标考评制度,开展考评工作,发挥考评"指挥棒"作用。同时,充分发挥各级殡葬改革工作领导小组作用,定期抽调人员开展明察暗访,查找问题,督促整改。

【殡葬领域突出问题专项整治】 根据民政部等9部委统一部署,省直12个部门联合开展殡葬领域突出问题专项整治行动,重点对公墓建设运营、殡葬服务、中介服务和丧葬用品销售中存在的十类违法违规行为进行治理。2018年,全省共整治关停棺木加工销售店铺2404家,违规生产加工大墓碑店铺1693家。要求各殡葬服务单位按照政府定价、政府指导价要求,落实收费公示和明码标价,在殡葬服务单位办丧过程中直接享受惠民政策,方便群众办丧。依法开展"三沿六区"散埋乱葬坟墓和大墓、豪华墓、活人墓治理,全省登记造册需治理坟墓81.7万穴,已治理53.4万穴。新余市采取就地深埋、去坟头、改卧碑、绿化的治理方式,其中分宜县治理2.7万穴。

【殡葬改革宣传】 省殡改办编印《“绿色殡改”150问》和工作简报16期，指导基层积极稳步推进殡葬改革。连续两年通过新闻发布会的形式向社会宣传殡葬改革的目标意义和惠民殡葬政策等，发挥媒体、行业协会、殡葬服务机构等作用，大力宣传典型人物和典型事迹。充分发挥党员干部带头作用，建立健全党员干部办理丧事“两报告一承诺”制度，加强对“风水先生”等殡葬从业人员管理，指导各地成立红白理事会，制定完善村规民约，实现行政村红白理事会全覆盖，村村建有村规民约，引导企业家、致富能人和新乡贤等带头文明节俭办丧，基本建成基层殡葬信息员队伍。省民政厅加强部门协调配合，成立殡葬改革宣传小组，设立监督电话，指导各地耐心细致、有针对性地做好群众，特别是对不接受火葬、思想观念一时难以转变和常年在外务工群众的思想工作。

（郑华锋）

社会工作

【概　况】 2018年，全省社会工作专业人才6.5万人。全省801人通过社会工作者职业资格考试，取得社会工作者职业水平证书人员4292人，全省民办社会工作服务机构数量114家，社会工作行业协会20家。社会工作进一步向司法矫正、教育卫生、社会保障、省少年服务、社会心理健康等领域扩展。

【引导社会工作力量主动参与脱贫攻坚】 省扶贫开发领导小组印发《江西省引导支持社会组织和社会工作及志愿服务力量参与脱贫攻坚的实施意见》，率先在全国以制度形式将社会组织、社会工作、志愿服务力量融合，参与脱贫攻坚。联合省财政厅、团省委、省妇联出台《关于引导和鼓励社会工作专业力量参与留守儿童和困境儿童关爱保护工作的意见》。投入300万实施福彩公益金社会工作项目，开展“成才计划”社会工作人才培养项目、“暖心计划”社会救助社会工作项目和“三社联动”试点社区社会工作项目，推动健全物资帮扶与心理社会支持相结合、基本救助服务与专业化个性化服务相补充的新型社会救助模式；实施社会工作人才“三区”计划，确定修水等13个县为“三区”计划受援县，共派驻50名社会工作专业人才到当地开展服务，为当地培养25名社会工作专业人才，实现“三区”社会工作人才计划覆盖全省25个贫困县；实施社会工作服务机构“牵手计划”，通过广州20家社工机构帮扶与江西省贫困县机构进行帮扶，为贫困地区培养60名社会工作专业人才，促进当地农村社会工作发展。

【社会工作人才队伍培训】 重点为贫困地区培养社会工作人才，举办罗霄山片区社会工作专业人才培训和全省“三区”社会工作者能力提升专题培训，先后为贫困地区培训180余人次；组织参加民政部培训5期，联合团省委举办社会工作考前示范培训，各地举办社会工作专题培训12期，共培训3000余人次。

【开展社会工作宣传周活动】 联合南昌市民政局举办社会工作主题宣传活动启动仪式暨首届社会工作年会，通过社会工作人才表彰、行业专家学者的探讨、社会工作服务经验的交流等形式，宣传社会工作以及社会工作者的整体形象和影响力，全省150名社会工作行业代表参会；联合省教育厅、省公安厅、省司法厅和省卫计委印发《关于做好2018年度社会工作者职业水平考试宣传动员工作的通知》，广泛发动从业人员报名全国社会工作者职业水平考试，做好宣传、咨询、服务等工作，全省共报考3157人，通过率25.37%，创历年最高。

【社会工作人才薪酬待遇落实】 联合省财政厅、省人社厅等8部门出台《关于大力培育发展社区社会组织的实施意见》，明确将社区社会组织工作的社会工作专业人才纳入基层专业技术人才管理，综合职业水平等级、学历、资历、业绩、岗位等因素合理确定薪酬标准，确保不低于当地同等条件专业技术人员平均薪酬水平，并按照有关规定办理社会保险和公积金，完善社会组织社会工作人才保障。同时明确各地对获得社会工作职业资格的社区工作者，给予初级每月不低于100元，中级每月不低于150元，高级每月不低于260元的津贴，落实社区社会工作职业津贴。

【志愿服务工作】 开展国际志愿日和《志愿服务条例》实施一周年集中宣传活动。举办全省学习贯彻《志愿服务条例》专题培训班，邀请民政部社会工作司和中国志愿服务联合会领导专家进行授课，全省各级民政系统志愿服务工作负责人和社会组织负责人共150余人参加培训。协调完成省文明办志愿服务数据导入全国志愿服务信息系统工作，系统中全省志愿者总数达376万余人，志愿服务记录时间1028万小时。开展志愿服务组织身份标识工作，完成全省首批370家志愿服务组织的标识及公示工作。利用福彩公益金162万元购买31个志愿服务项目，重点围绕脱贫攻坚、帮扶困难老年人、关爱留守儿童和困境儿童、社区帮扶等4个类别开展志愿服务。

（何珊）

本栏编辑　张志勇

退役军人事务管理

军人抚恤优待

【概　况】　2018年，全年共下拨抚恤补助资金22.15亿元，持续提高优抚对象抚恤补助标准，平均提标幅度超10%，优抚对象抚恤补助标准提标工作全部落实到位；开展优抚对象数据审定工作，上报民政部（退役军人事务部）审定全省优抚对象301489人；组织江西省职业病医院和省直有关医院专家召开4次专家评审会，完成参试退役人员及铀矿开采军队退役人员年度评残等级审定工作；新（补）办评定和调整残疾等级219人，办理残疾人员抚恤关系接收转移517人次；指导江西省康复辅具技术中心为省荣军医院住院残疾军人配置病理鞋409双、大小便护理仪6台，为79名残疾军人配置康复辅助器具382件；全省各地"八一"建军节期间普遍召开军队退役人员座谈会，组织开展走访慰问优抚对象近30万人，发放慰问金1.5亿元，发放优抚对象优待证近30万本，优抚对象凭证享受相应的医疗、交通和旅游观光等优待。

【完善抚恤优待政策】　提请省政府办公厅先后印发《关于切实做好退役军人和其他优抚对象信息采集工作的通知》《关于切实做好为烈属、军属和退役军人等家庭悬挂光荣牌工作的通知》，会同省人社厅制定《江西省退役军人和其他优抚对象信息采集工作实施方案》，部署全省退役军人和其他优抚对象信息采集工作，为全省配发信息采集设备372台；协调省卫计委、省财政厅、省人社厅、省发改委联合下发《关于印发〈江西省优抚对象"三免四减半"医疗优待操作规程〉的通知》，落实优抚对象"三免四减半"医疗优待政策；下发《关于切实做好军队退役人员有关工作的通知》，指导督促各地做好春节、"八一"建军节期间优抚和走访慰问工作。

【优抚数据管理】　按照《全国优抚信息管理系统部省联网及数据管理工作规范》要求，完成优抚数据系统升级、数据更新和服务器迁移，做好信息系统安全保密管理；督促指导各设区市、县（市、区）全面开展优抚对象数据核查，派出工作组赴九江市、景德镇市进行入户核查，全省共核查133572人，完成全年任务的248%，优抚对象二代身份证扫描率97.07%。

【优抚数据服务】　分批次组织省荣军医院专家先后赴吉安、萍乡、宜春、新余、赣州、南昌、鹰潭等7个设区市20个县（市、区）为优抚对象开展医疗巡诊服务，累计服务优抚对象1500余人次；安排1400名优抚对象到庐山、井冈山、武夷山等地进行短期休养；派出工作组赴上饶市广丰区、玉山县调研指导"优抚之家"创建试点工作，印发《关于在全省开展创建"优抚之家"试点工作的通知》，全省已建设完成优抚之家206个；配合省财政厅完成2017年度抚恤补助和医疗补助资金的绩效管理评估工作。

【优抚机构建设和管理】　协调省财政厅下达中央和省级优抚事业单位补助资金4441万元，支持全省53处优抚事业单位维修改造项目；4月，省荣军医院南昌院区正式开业运营，收治南昌市、景德镇市优抚对象50余人；督促各地开展光荣院、烈士纪念设施安全管理和隐患整改工作，派出工作组对光荣院服务管理情况进行现场督查，提升管理服务水平，实现有序管理、安全运行。

【省荣军医院南昌院区开业运营】　4月26日，省荣军医院南昌院区举行"开业义诊"暨与南昌大学一附院合作签约仪式。省民政厅厅长刘金接、副厅长刘立松，南昌大学一附院院长张伟出席。开业义诊启动仪式上，刘金接慰问了参加仪式的荣军代表，并宣布省荣军医院南昌院区开业义诊启动。省荣军医院党委书记周卫华在启动仪式上致辞，院长周建平带领医生、护士代表宣誓就职。义诊活动邀请南昌大学一附院、二附院和省人民医院等7家三甲医院的22名专家参加，共为200余名群众提供了免费医疗服务。签约仪式上，南昌大学一附院与省荣军医院共同签署了建立紧密型康复医联体合作协议，并进行授牌。省卫计委体改处，南昌市卫计委，省公安厅监管总队，民革省委社会服务部，新建区政府等负责人和有关医疗专家、荣军代表、医院干部职工代表参加活动。省荣军医院是全省唯一的优抚医院，建立于1951年，主要承担全省四级以上重症伤残军人、六级以上复员退伍精神残疾军人的治疗、康复和集中休养任务，同时向社会开放，为驻地群众提供基本医疗服务。省荣军医院拥有樟树和南昌2个院区。南昌院区位于南昌市新建区望城新区，始建于2012年年底。

【推进退役军人及其他优抚对象信息采集工作】 省委省政府高度重视，周密部署退役军人和其他优抚对象信息采集工作。省委书记刘奇要求“要建立退役军人信息管理系统，全面摸清底数，夯实工作基础”。省委常委、常务副省长毛伟明和副省长胡强先后3次就此项工作作出批示，要求退役军人事务管理部门要将此项工作作为当前最主要的工作抓紧抓好，相关部门全面参与。省政府办公厅下发《关于切实做好退役军人和其他优抚对象信息采集工作的通知》，要求各地成立政府统筹负责，民政和人社部门共同牵头，各有关部门全面参与的工作机制，明确了强化组织领导、强化部门协调、强化宣传引导、强化信息安全，保障工作经费，配置必要专业设备等要求，要按照中共中央、国务院的决策部署，按时保质保量完成信息采集工作。省民政厅成立退役军人和其他优抚对象信息采集工作领导小组，会同人社部门制定《江西省退役军人和其他优抚对象信息采集工作实施方案》，明确工作目标和工作原则，规范采集内容和采集方式，细化方法步骤和数据管理。9月12日，举办退役军人和其他优抚对象信息采集工作动员部署暨业务培训班，对信息采集工作进行动员部署，学习相关文件，对《江西省退役军人和其他优抚对象信息采集工作实施方案》进行解读，对信息采集系统的内容、操作方式、采集流程以及信息采集表进行详细的现场讲解。及时梳理汇总国务院、退役军人事务部和江西省相关文件资料，编印《退役军人和其他优抚对象信息采集工作学习资料》和《退役军人和其他优抚对象信息采集操作手册》各1000本下发各地。

（贺小虎）

烈士褒扬

【概　况】 按照民政部办公厅《关于在清明节期间开展“铭记2018清明祭英烈”宣传教育活动的通知》，开展形式多样的烈士纪念活动，在民政部官方网站刊发相关稿件160余篇，被央视等中央媒体系列报道10余次，全省参与总人次近400万；组织完成清明期间烈属和群众的烈士祭扫服务和接待工作，完成烈士纪念日省本级纪念活动的组织协调工作。组织完成修水县匡美建、邓旭、程扶摇及鄱阳县陈驰、万安县曾鹏、于都县刘慧、东乡区饶付贤等人评烈事项审核，报请省政府评定匡美建等6人为烈士，1人不予评定；开展烈士证换发扫尾工作，全省换发烈士证书100余份。

【举办烈士纪念活动】 9月30日，省本级在省革命烈士纪念堂举行向烈士敬献花篮仪式，省委书记刘奇、代省长易炼红等省领导，省直各部门、单位主要负责人，解放军、中小学生代表及社会各界群众共计700余人参加活动。烈士纪念日期间，全省各地在当地烈士纪念馆、烈士纪念碑、烈士墓等烈士纪念场所共举办公祭活动107场，现场参加公祭活动人数达26万余人，各地群众通过各种方式参与烈士纪念活动总人数近200万人次。

【修订《江西省革命烈士纪念建筑物管理办法》】 6月28日，省政府第6次常务会议审议通过《江西省英雄烈士纪念设施保护管理办法》。《江西省英雄烈士纪念设施保护管理办法》共20条，自2018年9月30日起施行。省政府1987年3月30日发布、2005年9月6日修正的“办法”同时废止。2018年4月，全国人大常委会通过《中华人民共和国英雄烈士保护法》，对英雄烈士纪念设施的保护作出明确的规定。为与上位法保持一致，更好地传承英烈精神，践行社会主义核心价值观，江西省对“办法”进行全面修订。“办法”将《江西省革命烈士纪念建筑物管理办法》修改为《江西省英雄烈士纪念设施保护管理办法》；将各级民政部门既保护革命烈士纪念建筑物的主管部门修改为“县级以上人民政府负责英雄烈士纪念设施保护工作的部门和相关部门”。在保护利用方面明确了保护单位、保护范围和保障方式，要求应当将英雄烈士纪念设施的保护管理纳入国民经济和社会发展规划、城乡规划等，规定英雄烈士纪念设施应当免费向社会开放，发挥英雄烈士纪念设施在传承爱国主义、集体主义精神的教育作用。

【烈士纪念设施管理】 完成《江西省革命烈士纪念建筑物管理办法》修订立法工作，印发《关于切实做好〈江西省英雄烈士纪念设施保护管理办法〉宣传贯彻工作的通知》，指导各地做好《江西省英雄烈士纪念设施保护管理办法》的学习宣传教育和贯彻实施；编印《江西省英雄烈士纪念设施保护管理办法》《江西省英雄模范褒奖办法》，宣传英雄烈士纪念设施保护管理相关政策法规；完成全省中小学生研学实践教育基地推荐工作，向省教育厅推荐江西省革命烈士纪念堂、南昌市方志敏烈士陵园、瑞金市革命烈士纪念馆、兴国县革命烈士纪念馆、上饶市茅家岭烈士陵园等5个国家级烈士纪念设施为全省中小学生研学实践教育基地；配合省委宣传部完成全省民政部门管理的107个爱国主义教育基地旅游踏查排查工作；完成36个烈士纪念设施改陈布展调查摸底工作，对设有展线的纪念设施陈展情况、陈改计划等内容进行全面统计；指导各地做好“2·17”烈士祭扫工作。

【举办江西省部分英烈书信展览】 12月7日，由省委宣传部、省直机关工委、省退役军人事务厅联合主办的“碧血书忠魂——江西省部分英烈书信展”，在江西革命烈士纪念堂开展。展览分为“崇高气节昭日月”“心怀天下家国情”“革命同心伉俪情”3个章节，从馆藏烈士书信、《江西省革命烈士书信选》和《红色家书》中遴选出28位烈士共41封书信进行展出，首次展出的烈士遗物达22件。

（贺小虎）

双拥活动

【概　况】 2018年，全省下拨年度抚恤补助资金22.15亿元，优待金3亿多元，军休安置补助经费3亿多元。春节和“八一”建军节期间，以省委、省政府名义在“一报两台”刊发刊播致驻赣部队官兵、全省军烈属、老复员军人、优抚对象《慰问信》；持续开展“爱心献功臣”“双拥在基层”“寻找身边的军魂”等活动，营造爱军拥军浓厚氛围；广泛开展群众性国防教育主题纪念活动,烈士纪念日期间,全省各级党委、政府举办公祭活动107场;在机场、车站等公共场所标设"军人依法优先"醒目标志,在旅游景点、公园、文保单位制作悬挂"军人免费参观游览"标牌,在城区入口、主要街道等地设立一批大型双拥宣传广告牌;发放年画140万份,"八一"慰问品7.95万份;全省主要媒体统一开设专题专栏,采访、报道、总结双拥先进单位和个人事迹。

【国防和军队建设服务】 大力支持军队深化改革,做好部队转隶、人员分流安置、军事设施保护、部队移防工作。2018年全省各级用于驻赣部队资金4.9亿元,无偿划拨土地55公顷,修建专用道路16.9千米;建立和完善拥军支前工作体系,下发《中共江西省委、江西省人民政府、江西省军区关于全面加强新时代拥军支前工作聚力服务备战打仗的意见》,全力聚焦军事斗争准备工作;做好部队遂行任务期间场地征用、安全警戒、配合兵力投送、军供服务保障等工作。

【部队支持地方建设】 省军区协调战区人武部对口帮扶井冈山市9个乡镇,援建资金1.1亿元;陆军步兵学院投入50万元、省武警部队投入资金912.6万元用于帮扶挂点村脱贫项目建设,解放军某部不断加大投入对12个贫困县挂点帮扶。部队开展军民共建,为驻地进行支教、医疗救助,全年在抢险救灾、重大活动安保、创建平安江西等任务中,部队投入大量兵力和装备,为全力保护人民财产安全和维护社会稳定作出巨大贡献。

【江西省委军民融合发展委员会办公室挂牌成立】 2月8日,江西省委军民融合发展委员会办公室正式挂牌成立。毛伟明任省委军民融合发展委员会办公室主任,涂琼理任常务副主任;郭志军、瞿小华任省委军民融合发展委员会办公室副主任。省委军民融合发展委员会办公室内设秘书处(人事处)、战略规划处、政策法规处、综合协调处、信息统计处、机关党委、机关后勤服务中心等7个部门,另有江西省军民融合服务中心、江西省军民融合研究院2个直属单位。江西省是首批获中央军民融合办、中央编办批复同意组建省委军民融合办的8个省份之一。

【全省双拥优抚工作会议在萍乡市召开】 4月3日,全省双拥优抚工作会议在萍乡市召开。会议学习贯彻习近平新时代中国特色社会主义思想和中共十九大精神,总结2017年双拥优抚工作,部署2018年任务。省民政厅副厅长、省双拥办主任刘立松出席会议并讲话,省军区政治工作局副主任、省双拥办副主任陈辉主持会议。各设区市民政局分管副局长、双拥办军地主任、优抚科(处)长,赣江新区社会事务局业务负责人,省直管县(市)民政局分管副局长和优抚股长,省革命烈士纪念堂、省荣军医院和省康复辅具技术中心负责人共70余人参加会议。会议要求重点做好完善政策法规体系、完善双拥优抚待遇体系、完善双拥优抚服务体系、完善荣誉激励机制、完善绩效评估机制、完善社会动员机制等6个方面的工作。

(欧阳雪宝)

复员退伍军人安置

【概　况】 2018年,全省各地及时接收安置退役士兵1.7万余人,符合由政府安排工作条件的退役士兵全部得到有效安置,岗位落实率100%。其中安置到机关事业单位的90.5%,位居全国前列;多名符合政府安排工作条件的退役士兵安置到电力、金融、铁路、通信等中央企业就业,实现历史性突破。在全面落实退役士兵就业服务、小额贷款、税费减免等政策的基础上,全年共发放自主就业退役士兵一次性经济补助资金2.23亿元,下达安置保障资金2.77亿元,下达教育培训经费补助和管理保障资金5000余万元,组织退役士兵报名参加职能教育和技能培训,参训人员合格率96%。做好年度符合政府安排工作人员档案集中移交、接收和审核工作,补充完善个人服役资料,为退役士兵开具接收报到和返乡落户等材料2万余份。做好退役军人先进典型遴选和推荐工作,江西省报送的一名退役士兵被评为全国"最美退役军人",并在全国进行宣扬报道。

【完善安置改革配套政策】 依据国务院、中央军委有关退役士兵安置的法规和文件精神,完善制订安置配套政策,省政府、省军区印发《关于做好2018年度退役士兵接收安置工作的通知》,明确任务,提出要求,为完成年度任务提供政策保障。省民政厅、省编办、省发改委、省人社厅、省国资委共同制定下发《关于下达我省2018年度退役士兵安置计划的通知》,把任务和责任分解落实到市、县、单位和行业系统。省退役军人事务厅等10部门联合印发《关于进一步加强由政府安排工作退役士兵就业安置工作的实施意见》,这是退役军人事务厅成立后,首个专门针对由政府安排工作退役士兵出台的政策性文件,进一步规范了安置程序,提高政策刚性和执行力。

【退役士兵职业教育和技能培训】 各地广泛开展"六个一"(即送上一封信、编印一本《培训指南》、拨打一次电话、发送一条短信、召开一次推介会、举办一场招聘会)政策宣传活动,编印分发《退役士兵免费教育培训指南》《退役士兵安置政策100问》等政策宣传材料3万余份,努力提高退役士兵政策知晓率和参训率。针对退役士兵需求和市场用工情况,共设立30多所学校、60多个专业,供退役士兵在全省范围内选择。创新工作机制,改进培训方式,推行"订单式""定向式""定岗式"培训,使参加培训的退役士兵就业率达到90%以上,促进退役士兵就业创业。

(邓德涛)

离退休军人安置

【概　况】 2018年,超额完成全年国家下达给全省的安置任务,共接收军休人员97人。其中,军休干部86人,退休士官11人,易地安置1人,并按要求将接收安置人员信息录入军休五级联网系统。全年中央下达全省军休安置经费32869万元,其中下拨人员经费31283万元(含增资和调标经费)、机构经费1326万元、用房经费260万元。下拨退休干部增资经费1627万元。

【提升军休服务保障水平】 根据2017年全省军休服务管理机构消防安全规范化建设现场会精神和《关于在全国民政系统开展2018年“民政服务机构安全管理月”活动的通知》要求,2018年7月,对全省各军休所自2017年以来开展的消防安全规范化建设落实情况,从消防制度、教育培训、硬件改造3个方面进行检查,全省14个军休所均进行了大幅度更新改造。9月10日下发《关于做好全省军休信息核对工作的通知》,在2017年数据核查清理工作的基础上,对全省军休信息系统中的军休干部个人档案信息进行重新审核,已审核1663人,纠错214人。同时,完成11个设区市机构人员和车辆信息的完善录入工作。9月14日在赣江宾馆组织各设区市县民政局业务科骨干、军休所所长共120余人进行军休干部安置政策培训,促进军休工作人员对军休安置新政策的理解和把握。

【军休文化活动】 在景德镇建立“江西省军休干部陶艺创作基地”,指导各地军休所组织开展“走进陶瓷,艺享晚年”活动。分批次共组织280余名军休人员赴景德镇开展陶艺体验,聘请3位省级陶艺大师和6名手工制作师现场指导。11月3日—5日,在九江市浔阳区举办江西省第八届军队离退休人员“健康杯”运动会。全省183名军休老干部组成14个代表队,共进行46场比赛。5月16日—17日,先后到南昌安义县石鼻镇罗田村、进贤县前坊镇福利院开展第十三届“老区行”义诊送温暖活动。选调14名技术过硬、经验丰富的老军医,设有全科、五官科等10个科室,通过“送诊下乡、上门服务”的方式,为当地群众提供健康咨询、测量血压、检查血糖等多项免费服务。活动接诊数达400人次,发放药品共计2万余元,惠及低保户、五保户、烈士遗属等多个困难群体。5月15日,在南昌市成立军休干部“八一之声”合唱团,共有66人组成,制定章程,明确人员分工和职责,规定活动时间和地点,7月1日进行首次汇报演出。

(何锋)

军转干部安置

【概　况】 全面落实全国军转安置工作会议部署,全省11个设区市和省直继续推行考试考核与积分选岗相结合的阳光安置办法,制定全省统一的军转干部考核赋分办法,依据考核成绩划分省直和南昌市安置,进一步促进公平公正。2018年,全省接收安置军转干部中自主择业者占21%,计划安置军转干部比上年增长14.3%,是近10年安置人数最多的一年。

【提高军转干部安置质量】 省军转安置工作领导小组、省委组织部、省编办、省人社厅、省军区政治工作局联合印发《关于认真落实省领导批示精神进一步做好国防和军队体制改革期间军转安置等工作的通知》,要求各地各部门高标准、高质量谋划推动军转安置工作。在安置地选择和职级职务安排上,按政策尽可能满足军转干部意愿,部署全省开展军转安置部门与军转干部面对面、一对一的见面谈心活动,提升部队和军转干部满意度。军地密切协同,高质量完成军转安置任务,实现“一个全覆盖,两个保持,三个创记录”。一个全覆盖是省直和各设区市拿出的党政机关和参公岗位数量多于军转干部安置数;两个保持是继续保持党政机关和参公单位接收安置军转干部的比例不低于往年,保持师团职军转干部安置质量不低于往年。全省军转干部选择到机关和参公单位安置的占97.9%,比2017年多2.4个百分点,师团职军转干部低一职安排领导职务和平职安排非领导职务的占67.7%,比2017年多0.7个百分点;三个创记录是全省党政机关和参公单位接收安置军转干部的比例之高创历史之最;全省党政机关和参公单位接收安置军转干部的比例位列全国第二,排名创全省历史之最;宜春市高质量完成安置任务,安置速度创设区市安置大市历史之最。

【推进阳光安置】 全省各级军转安置部门以公开公平公正准则,健全“阳光安置”工作机制,基本实现部队、军转干部和接收单位“三个满意”。省直和11个设区市全部实行量化考核与积分选岗相结合的安置办法,全省基本统一军转干部考核赋分标准,进一步增强军转安置工作的透明度和公信力。对功臣模范、长期在边远艰苦地区以及特殊岗位工作的军转干部在安置过程中给予照顾,在赋分标准上进行倾斜。2018年,将1名在边远艰苦地区服役26年技术七级军转干部和南昌城区技术八级的专业技术干部全部照顾到省直安置,让他们优先选择安置单位和岗位,并在职务安排上给予倾斜。

(邓德涛)

本栏编辑　张志勇

妇女儿童

妇　女

【概　况】　2018年,省妇联紧扣妇女发展和妇女维权两大职能,推动妇女思想引领、妇女健康脱贫、妇女平等就业等工作,全省妇女事业取得新成绩。举办全省家庭服务技能培训和技能竞赛、农村女经纪人培训班、新型女职业农民培育试点工作培训班等,提升贫困妇女专业技能,带动妇女就业增收。借助电商创就业扶持工程,面向特殊人群举办"魔豆妈妈"创业扶贫大赛。开展贫困妇女电商创业培训,培训1.6万余人,其中微商开店人数6900人。实施妇女创业担保贷款,加大对建档立卡贫困妇女的扶持力度。全省发放妇女创业担保贷款近25亿元,扶持妇女创业2万余人,带动妇女就业近10万人。在赣州举办"菁英人才汇 巾帼助振兴"江西省妇女创新创业大赛,省内和北京、上海等地149个项目参赛,全省52万余人参加,为广大妇女创新创业提供机会、搭建平台。举办首届女性人才论坛,围绕助推江西高质量跨越式发展分享女企业家的成长故事。同步召开招商引资推介会,现场签约项目19个,签约总金额76.68亿元,其中亿元以上项目16个。参与江西生态文明试验区建设,策应全省"农村人居环境整治三年行动计划""整洁美丽、和谐宜居"新农村建设,深入开展"清洁家庭"创建活动,召开全省妇联系统清洁家庭工作推进会,引导妇女"脱贫先脱脏、创城先创家",建设"净、齐、绿、美、和"的美好家园。

【维护妇女权益】　2018年,省妇联针对国家"两孩"政策全面放开后出现的女性就业问题,联合省人社厅出台加强妇女平等就业权益保障工作的意见;联合省法建办、省司法厅实施全省农村妇女"法律明白人"培养工程,培养包括县乡村妇联主席在内的农村妇女"法律明白人"近万名。实化操作细则,继续落实农村妇女土地承包经营权、宅基地使用权;联合省公安厅、省高院出台家庭暴力告诫制度实施办法,明确三部门职责,以及基层派出所的接处流程和处置规范,有效预防和制止家庭暴力。实现全省农村妇女"两癌"免费检查全覆盖和建档立卡贫困妇女"两癌"救助全覆盖,在全国率先推出城镇贫困妇女全面脱贫解困系列举措。推动开展免费婚检工作,全省婚检率提升至84.39%,远超全国平均水平。抓住全省村"两委"换届契机,采取"专职专选、定位产生"办法,推动女性进村"两委",确保村(社区)"两委"成员中至少有1名女性,女性进村委比例和村"两委"正职比例明显增加,进"两委"女性100%享受定补工作待遇。深化省妇女儿童民生项目改革,大力实施民生实事,把资金直接下达市县妇联,民生资金的使用更快捷更接地气。完善12338热线接听和管理制度,扩大12338热线维权志愿者队伍,为妇女儿童提供及时便捷的法律咨询、心理辅导和维权服务,受理有关侵害妇女儿童权益的投诉。

【"两癌"免费检查和救助项目】2018年,省妇联推动把"为全省贫困县农村妇女两癌免费检查,对全省贫困县农村贫困两癌患病妇女实施救助"纳入省政府民生工程,争取省级彩票公益金中每年安排4000万元用于贫困县农村妇女"两癌"免费检查,安排1000万元开展贫困妇女"两癌"专项救助,推动"两癌"免费检查救助向城镇贫困妇女延伸覆盖。3月6日,省委省政府出台《关于加大城镇贫困群众脱贫解困力度的意见》,明确"实施城镇贫困妇女两癌(宫颈癌、乳腺癌)免费检查,对确诊患者实施救助"。省财政落实城镇贫困妇女"两癌"检查专项经费每年2800万元、落实救助专项经费每年100万元。全年完成贫困县农村妇女"两癌"免费检查28.85万人次。

【乡村振兴巾帼行动】　2018年,省妇联出台《关于开展"乡村振兴巾帼行动"的实施意见》,广泛动员组织全省农村妇女为乡村全面振兴贡献巾帼力量。在浙江义乌举办女经纪人培训班;与省农业厅联合举办4期新型职业女农民培训班,每期50人;在全省范围内评选一批巾帼双创示范基地,培育"妇"字号创业孵化基地;评选一批女经纪人培训基地,对拥有一定生产加工规模、具备发单能力的女经纪人加工点进行授牌。

【妇女创业担保贷款】　2018年,江西省各级妇联组织把推进妇女创业财政贴息贷款工作与促进妇女脱贫工作紧密结合,实施妇女创业担保贷款,加大对建档立卡贫困妇女的扶持力度,为贫困妇女个人和妇女创办的专业合作社、家庭农场、龙头企业等经营组织争取更大力度的政策优惠。全年全省115个县(市、区,含开发区等)共发放妇女创业担保贷款32.8亿元,扶持妇女自主创业2.7万人次。

【女子职业教育】　2018年，省妇联干部学校(省女子中专)与江西省大成仓经济管理有限公司建立校企合作关系，积极拓展社会培训，开展适合女性的职业资格鉴定工作。全年共培训保育员183人，茶艺师113人，学校的3D旅游、电脑会计、电子商务、茶文化4个实训室全部建设到位，有效强化女子职业教育专业实训力量。

【妇女活动新阵地】　2018年，省妇女儿童活动中心扩大家庭教育空间，开展提升妇女素质、素养和技能培训。新增合唱和舞蹈2个专业成人兴趣班，培训60余名女性学员，探索妇女活动形式，开展各类有益于妇女儿童身心健康、家庭和谐幸福的亲子活动。

【《关于加强妇女平等就业权益保障工作的意见》出台】　5月31日，省妇联联合省人社厅在南昌市就女性公平就业问题开展调研。在调研基础上，联合出台江西省《关于加强妇女平等就业权益保障工作的意见》。该《意见》共分为充分认识妇女平等就业权益保障工作的重要意义、积极营造保障妇女平等就业的良好社会环境、切实强化保障妇女平等就业的工作措施3个部分，要求加强监管监督、畅通维权渠道、着力构建保障妇女平等就业的联动机制，依法保障妇女平等就业和劳动权益，消除就业性别歧视，促进妇女平等就业。

【"建设法治江西巾帼在行动"暨"三八"维权周活动启动仪式举行】　3月1日，江西省、南昌市、西湖区三级妇联联合举办的"建设法治江西巾帼在行动"暨"三八"维权周活动启动仪式在南昌市妇女儿童活动中心举行。省妇联副主席饶冬梅出席活动并讲话。南昌市人大常委会副主任谭绍木，省妇联权益部部长卢芬，南昌市司法局副局长周晓雄，西湖区委常委、副区长皮洁，西湖区人大常委会副主任雷中蕙，南昌市妇联调研员盛爱凤、副调研员吴建华等出席，南昌市妇联主席胡裔主持启动仪式。启动仪式后，妇联干部和社区群众共同听取一堂反家庭暴力法知识讲座，并在"反对家庭暴力，争创平安家庭，建设法治江西"签名承诺板上签名。医疗和司法行业的志愿者在活动现场开展法治、健康宣传咨询活动，现场发放反家庭暴力宣传页、妇女儿童维权指南、防艾禁毒、反邪教宣传页等资料100余份，吸引大批妇女群众驻足交流，营造法治宣传氛围，形成良好社会效果。

【"魔豆妈妈"创业扶贫大赛举行】　3—7月，省妇联联合省红十字会在全省范围内举行"魔豆妈妈"创业扶贫大赛。此次大赛在110名报名参赛选手中选出30名参赛选手，进行电商技能培训并进行复赛。入围的30名"魔豆妈妈"选手，前3名给予每人1万元奖金，4至10名给予每人5000元奖金，其余均给予荣誉及奖励，并评选出10名优秀"魔豆妈妈"参加全国赛。通过"魔豆妈妈"大赛，强化电子商务理念，传播互联网思维，帮助贫困妇女通过电商创业创新，树立更多"魔豆妈妈"脱贫增收的信心。

【举办江西省妇女创新创业大赛】　7—10月，省妇联举办全省妇女创新创业大赛。省委副书记、赣州市委书记李炳军出席并为获得冠军的选手颁奖，省委组织部、省发改委、省科技厅、省教育厅、省农业厅等领导出席大赛并为获奖选手颁奖。此次大赛的主题为"菁英人才汇 巾帼助振兴"。省内和北京、上海等地149个项目参与角逐。大赛首次探索把参赛项目分为技术与模式创新、乡村振兴以及现代服务三大类别，鼓励创业妇女在技术与管理创新、乡村振兴、经济结构调整等国家重大战略中主动作为，大胆尝试。大赛期间，省妇联还开展女企业家招商引资推介会、女性人才论坛等系列活动。招商引资推介会现场签约项目19个，签约总金额76.68亿元，其中亿元以上项目16个。签约项目涉及服饰生产、商业旅游、智能制造等领域。最终经过现场角逐，李韦荣的《将军故里——"方太妹"茶之路》，曾光的《基于大数据的新一代安全运营平台》，刘凤仙的《"鱼米农夫"稻渔综合种养智慧田园综合体》获得冠军。容蓉的《新型钢结构防火涂料》，肖颖洁的《乐晚晴养老服务》，敖晓秋的《"生态辣木"康疗共享》获得亚军；陆艳霞的《"女娃娘娘"成长记》，黄美园的《智能输变电产品产业化项目》，邱冬英的《美丽从头开始》获得季军。

【开展妇女文化研究宣传】　9月，省妇女研究所申报的"江西省妇女文化研究宣传基地"被评定为江西省社会科学知识普及宣传基地，并获得牌匾、证书和省社联专项经费扶持。江西省妇女研究会是全省唯一一个女性文化研究宣传基地，也是全省人民组织中唯一一个省级社科普及基地。基地在上饶市玉山县、赣州市定南县等地开展4次社科知识普及活动，把习近平新时代中国特色社会主义思想和中共十九大精神送进妇女儿童和家庭成员心中；开展中国妇女十二大精神和省妇女十二大精神学习宣传活动，引导妇女自觉听党话跟党走；参与学习的妇女儿童1000余人次。

【农民工权益维护与婚姻状况调研】　9月，省妇联组织权益部、省妇女研究所、华东交通大学女性研究中心、江西财经大学社会性别与发展研究所专家赴鹰潭市、上饶市、吉安市、抚州市调研农民工权益维护及婚姻状况等情况。调研组一行实地走访县(市、区)、乡、村三级法院、民政、社会组织、妇女之家等40余个单位，与法院、民政、公安、司法、妇联等单位进行交流座谈，对如何提升农民工维权意识，加大离婚纠纷调解力度，加大离婚纠纷中无过错方的保护力度和过错方的法律制裁，更好地服务于农民工群体，维护和保护好农民工的合法权益向省委提出相应的意见和建议。

【江西省首届女性人才论坛举行】　10月16日，江西省首届女性人才论坛在赣州举行。首届论坛由省妇联、赣州市政府联合举办，主题是"女企业家助推江西高质量跨越式发展"。省委组织部、省科技厅、省教育厅、省农业厅等省直部门相关负责人，省内外优秀女企业家代表，各设区市妇联代表等300余人参会。论坛上，江西新龙生物科技股份有限公司董事长胡秀筠，分享她从政府部门下海创业，带领小团队成长为上市公司和中国生物防治领军企业的心得；香港永通发展集团股份有限公司董事长涂雅雅，讲述她创业中独有的柔韧、细腻和执着，展现事业家庭双手抓的女性魅力；江西凯丰生态农林有限公司董事长梁鸿梅，分享她放弃上海年薪近40万元的白领生活返乡创业的心路历程；江中集团公司副董事长、总经理卢小青，讲述她从公司的临聘人员成长为集团总经理的经历，诠释了“机会是给有准备的人”的内涵。此次论坛通过女企业家代表演讲的形式，扩大全省女企业家人才的社会影响力和示范标杆作用。

（凌云　曾利杰　石爱忠）

儿　童

【概　况】　2018年，省妇联探索创新关爱保护留守儿童和未成年人活动场所建设工作，发挥儿童活动中心、家风家教示范基地和儿童快乐家园等阵地作用，广泛宣传发动，引导广大家庭成员在平凡生活中发现、展示、传播美好。推动《江西省家庭教育促进条例》颁布实施，明确家庭、政府、学校和社会的职责，为全省家庭教育工作提供法律保障，填补江西省家庭教育法律法规空白。开展“陪伴的力量”家庭教育巡回宣讲活动，把家教知识送到农村、送到农民工较集中的工厂园区，全年组织“陪伴的力量”宣讲1600余场，受益家长儿童13万余人。推进各级儿童活动中心建设，争取省财政专项公益彩票基金对儿童活动中心建设1.97亿元，支持67个省、市、县三级儿童活动中心新建或改扩建，逐步实现省、市、县三级“全覆盖”。推进城乡社区儿童之家建设，为儿童提供零距离的校外活动场所。

【家庭教育】　2018年，省妇联在全省建立7900余所家长学校、1922个儿童之家、67个儿童活动中心，发挥家庭教育作用，开展家长和儿童喜闻乐见的具有普及性和公益性的家庭教育实践活动；命名22个经常性开展家风家教家训优秀文化宣传的乡村、社区、主题公园等教育场馆为家风家教示范基地，让家庭教育工作有新的阵地和平台；命名25个省级亲子阅读体验基地，推动家庭亲子阅读活动开展，帮助广大家庭以亲子阅读为手段，培养儿童良好阅读习惯。

【留守儿童关爱保护】　2018年，省妇联围绕留守女童关爱保护的问题，开展564场“关爱女童 呵护成长”公益巡讲活动；围绕留守儿童学习阅读的需求，开展各类学习和捐赠活动，捐赠图书45万余册，开展故事会、家庭故事会、亲子阅读等活动2600余场；围绕留守儿童的特殊需求，争取“春蕾计划”“恒爱行动——百万家庭亲情一线牵”“中国儿童少年基金会儿童弱视专项基金”“不忘初心·感恩老区——蓝天春蕾心向党”和家庭家教家风建设项目及留守儿童关爱服务项目专项基金支持。依托省妇女儿童发展基金会平台，持续开展春蕾计划、母亲健康快车、儿童成长数字图书馆等公益项目，募集各类关爱捐助1210万元。

【未成年人校外活动阵地建设】　2018年，省妇联争取省财政专项公益彩票基金建设未成年人校外活动阵地，为全省妇联系统未成年人校外活动提供政策支持和财力保障。争取5个县区儿童活动中新建改扩建项目，项目资金达1420万元，为19个运行中的儿童活动中争取395万元活动补助。全年省财政专项公益彩票基金支持儿童活动中心建设总金额1.97亿元，对儿童活动中心活动补助资金为2020万元。

【“关爱女童、呵护成长”公益巡讲活动】　2018年，省妇联围绕留守女童关爱保护的问题，开展“关爱女童·呵护成长”公益巡讲活动。截至2018年年底，共开展564场公益巡讲，覆盖南昌、九江、鹰潭、赣州、吉安5市41县区570所学校。其中，南昌126场，九江116场，鹰潭14场，赣州155场，吉安153场，线下直接受益总人数超过9.6万人。公益巡讲帮助女童更自尊、自重、自爱、自立、自强，学会自我珍惜和自我保护，促进女童健康快乐成长、家庭幸福和睦。

【“相伴共读·书香润德”亲子阅读系列活动】　2018年，省妇联围绕留守儿童学习阅读的需求，组织各类学习和捐赠活动，开展“相伴共读·书香润德”亲子阅读系列活动，在全省开展故事会、家庭故事会、亲子阅读等活动2600余场，捐赠图书45万余册。通过捐赠学习设备和数字学习，改善儿童学习条件，帮助孩子掌握正确读书方法、分享阅读快乐。

【助力儿童特殊需求】　2018年，省妇联助力儿童的特殊需求，开展“春蕾计划”活动，募集资金176.5万元，帮助贫困儿童620人；争取儿童快乐家园项目20个，每个项目配送10万元物资，受益儿童1万余人；开展“恒爱行动——百万家庭亲情一线牵”活动，恒源祥捐助毛线750千克，编织近2000件毛衣给全省困境儿童和新疆阿克陶儿童；争取“中国儿童少年基金会儿童弱视专项基金”，资助86名农村贫困弱视儿童前往北京接受免费治疗，减免治疗费共43万元；争取中国儿童少年基金会和空军部队向泰和县螺溪中心小学捐赠“不忘初心·感恩老区——蓝天春蕾心向党”资金45万元。

【举办2018“中华大家园”全国关爱各族少年儿童夏令营暨“亲近大自然拥抱新时代”江西城乡儿童手拉手研学夏令营】　7月3日—4日，江西省妇女儿童活动中心组织的2018“中华大家园”全国关爱各族少年儿童夏令营暨“亲近大自然 拥抱新时代”江西城乡儿童手拉手研学夏令营在南昌举办。省妇女儿童活动中心副主任罗秋华宣布开营并为夏令营授营旗，营员代表胡子宸代表全体营员宣读“中华大家园”全国各族少年儿童健康成长宣言《与大家园共成长》，副主任平蕾介绍夏令营活动的内容和意义。夏令营活动有30名营员，主要内容有寻找8种植物、观看电影和纪录片、水拓画体验课。营员采取绿色出行方式，进行户外徒步活动和室内手工体验，感受生活与艺术之美。

（凌云　朱秋莲）

本栏编辑　刘清林

老龄事业

综　　述

截至2018年年底，全省60岁及以上、65岁及以上人口分别为700.85万人、489.39万人，分别比上年增加27.42万人、22.10万人；占总人口比重分别为15.08%、10.53%，分别比上年提高0.51和0.42个百分点，人口老龄化进程继续加快。

落实完善老年人意外伤害保险。在2017年度老年人意外伤害保险工作的基础上，进一步完善2018年度老年人意外伤害保险协议书，将2018年12月31日前年满60周岁城乡特困人员和70周岁的老年人均为政府统保对象。截至11月30日，2018年度省、市、县三级财政共投入1946.9万元资金，为全省329.84万60周岁以上城乡特困、重点优抚对象及70周岁以上老年人提供意外伤害保障。全省老年人因意外伤害向5家承保公司报案共计6710件，赔付总金额2560.44万元，理赔率131.5%。为确保2019年度全省老年人意外伤害保险工作顺利实施，经过调研、多方座谈等前期准备工作，省老龄办联合省财政厅、省民政厅印发《关于进一步做好全省老年人意外伤害保险工作的通知》。经公开招标，平安财产保险股份有限公司江西分公司和太平洋人寿保险股份有限公司江西分公司中标，与省老龄办分别签订《全省老年人意外伤害保险2019年度协议书》。

老龄工作理论研究和政策创制。推进理论创新和政策创制，填补全省老龄制度建设缺项。围绕中共十九大作出的“积极应对人口老龄化，构建养老、孝老、敬老政策体系和社会环境”总体部署，结合江西实际，经充分调研和广泛征求意见，以省老龄委名义印发《关于做好新时代全省孝老敬老工作的指导意见》，明确要建设孝老敬老文明乡村，并纳入文明村镇考核内容，实行一票否决；要加强对党员干部孝老敬老品德的考核，对存在不孝老敬老方面行为、公众形象不好的，坚决不用，并视情节作出组织处理；要对不赡养父母、不履行法定优待老年人义务等行为，通过国家企业信用信息公示系统(江西)公示，并探索纳入个人、企业社会诚信档案，并发出限制令，使其不能享受信贷、教育、就业、产业奖补等优惠政策。针对老年宜居环境建设和老旧楼房加装电梯、老年人意外伤害保险工作、农村老年人进城融入城市生活、农村留守老年人的社会力量参与服务对策研究等老龄热点难点问题开展调查研究，协同全国老龄办开展关于农村养老保障和养老模式情况的调研，与南昌工学院就老龄事业发展、城乡老年人生活状况调查等业务达成合作协议。

老年人合法权益保障。联合省法院、省检察院、省公安厅、省民政厅、省司法厅印发《关于进一步加强老年法律维权工作的实施意见》。5月9日，召开由省直14个相关部门单位参加的省老年法律维权工作联席会议第一次会议，审议通过2018年老年法律维权工作安排和老年法律维权督查方案，并形成专报呈送省政府领导。5月下旬至6月上旬，省老龄办、省高院、省工商局、省食药监局、省公安厅组成5个督查组对全省老年维权工作开展督查，形成《2018年开展老年法律维权工作督查的报告》，副省长胡强对报告作出批示。组织各地各单位收集上报有关老年法律维权正反典型案例，并完成汇编稿审定工作。省老龄办印发《关于依法做好老年人优待有关工作的通知》，对落实高龄津贴、养老服务补贴和老年人持居民身份证等享受优待等法定优待政策进行督促指导，完成51.54万本优待证的验收和发放。

基层老龄工作。按照“设施完善、制度健全、班子得力、经费落实、作用明显”五条标准，继续推进老年协会规范化建设。完善老年协会登记备案工作，开展培训提升老年协会负责人及业务骨干的政治水平和工作能力，切实防止个别地方恶势力团伙打着“老年协会”的幌子，以宗教势力为依托，干扰侵蚀基层政权，把持操控基层事务，实施违法犯罪行为。指导上饶市老龄办召开基层老年协会建设经验交流会，全省各设区市老龄办负责人参加会议。组织开展第二届星级老年协会评定工作，指导各设区市完成“三星级老年协会”的评定。

老龄宣传教育。开展人口老龄化国情教育。联合省委组织部、省委宣传部和省发改委等部门转发全国老龄办等14部门《关于开展人口老龄化国情教育的通知》，并安排部署全省人口老龄化国情教育工作。结合“敬老月”活动、“敬老文明号”创建等重要时间节点和活动，在全社会广泛开展人口老龄化国情教育。开展2018年“敬老月”活动。10月13日，省老龄办联合南昌市老龄办、江西省广播电视台经视频道，在南昌红谷滩行政广场举办以“营造敬老爱老社会氛围、纪念改革开放40周年”为主题的

2018年江西省九九重阳节庆祝活动。结合人口老龄化国情教育和老年人防范非法集资宣传教育工作，邀请省打非办、省法援中心以及5家江西省老年人意外伤害保险承保公司等单位现场开展老龄政策法规和积极老龄观等的宣讲教育。结合“敬老文明号”创建活动，组织省肿瘤医院、南昌市第九医院等“敬老文明号”先进单位开展现场义诊。活动邀请10多家老年艺术团体表演了精彩节目，展现全省老年人老有所学、老有所为、老有所乐的精神风貌和健康向上的社会新风尚。

优秀典型人物推选。在全省开展毛秉华先进事迹集中宣传活动，指导制作毛秉华微视频，让广大干部群众更直观、更有效了解毛秉华的先进事迹，加快毛秉华先进事迹传播速度；与吉安市委宣传部沟通，制定《毛秉华同志先进事迹座谈会工作方案》，筹备召开毛秉华先进事迹座谈会。开展孝老爱亲类“身边好人”推荐评选和学习宣传活动。全省推荐评选孝老爱亲类“中国好人”18人，评选表彰孝老爱亲类“江西好人”32人。在“中国好人”“江西好人”推荐评议中，特别注重对老年人好人事迹的挖掘和侧重，注重对帮扶困难老人的典型事迹的上榜和宣传，并通过“江西省关爱好人基金”，对特别困难的典型好人给予帮扶。

开展老龄事业发展“十三五”规划中期评估。根据省发改委、全国老龄办的工作要求，组织各地各单位开展老龄事业发展“十三五”规划中期评估。11个设区市全部出台本市老龄事业发展“十三五”规划，“规划”中的基本养老保险参保率、基本医疗保险参保率、县级以上城市建有老年大学比例、福彩公益金用于养老服务业的比例、社区老年健身活动站点和体育团队覆盖率等多数指标任务完成较好。

（段玉冰）

社会养老服务体系

【概　况】　2018年，省发改委、省民政厅、省残联印发《关于落实江西省“十三五”社会服务兜底工程行动计划的通知》，明确按“填平补齐”要求，加快推进县级福利院和辐射范围不少于2个乡镇的区域性养老服务中心建设。2018年共统筹安排资金3.7亿元，资助敬老院、福利院等公办养老院建设项目292个，其中重点支持区域性敬老院以及护理型床位、消防设施改造，着力提高失能老年人护理和安全管理水平。大力发展居家养老服务，新增新余、抚州为国家级居家和社区养老服务改革试点地区，争取试点资金5529万元，试点地区增至5个，试点资金增至16927万元。督促各地编制养老服务设施空间布局规划，推动落实新建住宅小区配建居家养老服务设施和利用闲置设施改造养老服务设施任务，支持南昌、九江、吉安等地建成居家养老服务信息平台，全省投入运营的居家养老服务站点新增1000余个，总数达6000个。推进家政服务标准化试点，开展安宁疗护工作试点，在省肿瘤医院、赣州市人民医院、赣州市肿瘤医院等单位设立安宁疗护中心、安宁疗护病区。在部署创建《南昌市信息化养老服务综合标准化试点》2个国家级养老服务标准化试点项目的基础上，进一步推进规范化、标准化和规模化，形成可复制可推广的经验总结推广。2018年新获批一个国家级“上饶市信州区福海老年公寓标准化试点”，新获批一个省级“医养结合居家养老综合标准化试点”。

【提升养老服务质量】　省民政厅、省公安厅、省卫计委等5个省直单位印发《2018年养老院服务质量建设专项行动实施方案》，全省养老机构55项基础性指标整治后合格率达到97.98%；推进养老院标准化建设，成立江西省养老服务标准化技术委员会；启动养老院综合责任保险，遴选18个县（市、区）开展试点；实施“养老护理员素质提升工程”，建立省、市、县、机构四级养老服务培训体系，其中省本级举办培训班2期，培训300余人次。贯彻落实《养老机构服务质量基本规范》（GB/T 35796-2017），开展失能老年人集中护理服务试点，对特困人员中失能、部分失能老年人分别按每人每月不低于当地最低工资标准的80%和20%发放护理补贴。省民政厅、省财政厅、省老龄办制定《江西省经济困难的高龄失能老年人补贴实施办法》，对经济困难的高龄老年人按每人每月50元标准发放养老服务补贴，对经济困难的失能老年人按每人每月不低于50元标准发放护理补贴。开展居家养老综合示范创建活动，确定南昌市东湖区、赣州市章贡区、大余县、丰城市、吉安市吉州区为综合示范创建地区，指导围绕“树敬老孝老新风、扬居家养老特色、创志愿服务品牌”，推进“3+N”示范创建活动。南昌市东湖区，赣州市章贡区、大余县开展“时间银行”试点，大余县成立养老服务时间银行事业管理局。

【医养融合发展】　截至2018年年底，全省共审批设置25家老年专科医疗机构，510家养老院内设医疗机构，与医疗机构建立合作关系1559家，86%以上的养老院能够以不同形式提供医疗卫生服务。举办全省医养结合培训，指导国家级医养结合试点市（区）发挥带头引领作用，总结可复制推广的试点经验。加强医养结合机构医疗卫生服务质量管理，开展督导检查。组织全省报送医养结合监测数据，定期分析和评估医养结合工作的实施效果。遴选专家166人组建省级医养结合专家库。多部门联合组成医养结合调研小组，将山东省、上海市、浙江省医养结合产业发展情况与全省进行比对式深度调研。

【养老项目及机构扶持】　全面放开养老服务市场，编印《江西省养老项目招商手册》，在社会推介养老项目32个，上海亲和源、湖南普亲、天津天同、泰康养老等一批知名养老服务企业入驻江西。深化公办养老机构改革，26家公办养老院入选国家试点，制定《江西省养老服务设施公建民营暂行办法》，规范公建民营行为。同时，推进乡镇敬老院转型为农村区域性养老服务中心，向周边老年人提供社会化养老服务。落实养老服务税收扶持政策，对养老服务机构提供的养老服务免征增值税，对养老院占用耕地免征耕地占用税，暂免征收老年服务机构自用房产、土地的房产税、城镇土地使用税，对符合小型微利企业条件的老年服务机构，年应纳税所得额不超过100万元的部分，减按25%计入应纳税所得额，按20%的税率缴纳企业所得税。加大对用水用气方面的支持力度。对民办养老机构，一律按照居民用水用气价格标准收取用水用气费用。减免有关行政事业性建设费用和政府性基金，对非营利性养老机构建设，免收有关行政事业性收费；对营利性养老机构建设，减半收取行政事业性收费，有初装费的减半收取。尽力保障涉老项目土地供应，将涉老项目用地需求纳入国有建设用地年度供应计划，并按规模、时序组织供应，对养老设施用地实行应保尽保。2018年，全省供应养老服务设施用地76.32公顷，其中，出让14.56公顷，划拨61.76公顷。同时省自然资源厅安排37.67公顷新增建设用地计划，保障了石城温泉养老基地及康养中心、鄱阳敬老院等一批养老用地，用于支持养老服务发展需求。

【智慧健康养老产业】 贯彻落实《智慧健康养老产业发展行动计划(2017—2020)》。推进智慧健康养老试点示范企业、街道(乡镇)、基地的申报工作，按照工信部的要求，组织省内相关企业、单位申报智慧健康养老试点示范，经过申报对象自愿上报、地市初评初审、专家审核、实地考察等程序，向工信部推荐申报7家试点示范企业、街道(乡镇)、基地，共6家单位被纳入国家试点示范，其中抚州市临川区上顿渡镇政府、抚州市南丰县琴城镇政府列为示范街道(乡镇)，赣州市章贡区南外街道、解放街道、赣江街道列为示范街道(乡镇)，赣州市章贡区政府列为示范基地。按照工信部的要求，会同省民政厅、省卫计委联合组织开展智慧健康养老产品和服务推广目录的申报，向工信部推荐申报2个项目，其中萍乡市都市农庄生态园开发有限公司的麗林湖居家智慧健康养老服务项目入选《智慧健康养老产品及服务推广目录(2018年版)》。

【养老服务业人才培养】 省教育厅出台《关于加快养老服务业人才培养的实施意见》。提出到2020年，基本建立以职业教育为主体，应用型本科和研究生教育层次相互衔接，学历教育和职业培训并重的养老服务人才培养培训体系。培训1万名以上养老护理员，大力提升养老服务从业人员的受教育水平和职业能力。全省有6所职业院校开设养老服务与管理相关专业：江西省民政学校、赣州光华职业技术学校、赣州市科技学校等3所中职已经开设“老年人服务与管理”专业，在校生500余人，毕业总人数超过1500人；江西青年职业学院和豫章师范学院2所院校开设“社会工作”专业，在校生130余人，毕业总人数超过400人；赣西科技职业学院开设了“社区康复”专业，江西青年职业学院开设“健康管理”专业。江西省民政学校、萍乡市卫校、江西卫生职业学院、江西中医药高等专科学校等4所职业院校入选江西省首批养老护理员培训基地。

【江西省养老服务标准化技术委员会成立】 11月8日，省市场监督管理局复函省民政厅，同意成立江西省养老服务标准化技术委员会(简称“养老标委会”)，编号JXTC030。第一届养老标委会由面向养老机构、高等院校、建筑设计、消防安全、老年康复、食品监管、法律实务等行业公开征集、综合遴选的35名委员组成。养老标委会主要负责养老服务领域江西省地方标准的提出、起草和技术审查等工作，秘书处设在江西省民政学校，负责处理标委会的日常工作。

(王超)

社会养老保障体系

【概　况】 2018年，全省进一步完善养老保险制度。印发《关于贯彻落实企业职工基本养老保险基金中央调剂制度的通知》，自7月1日起，按照国务院统一部署，执行企业职工基本养老保险中央调剂制度。贯彻落实人社部养老保险各项政策，出台全省机关事业单位省部级以上劳模等人员待遇、中央单位属地参保等政策。全省已基本建立健全机关事业单位养老保险制度政策体系、信息系统全面上线，业务经办全面开展。截至年底，全省机关事业单位参保人数146万余人。印发《关于江西省2018年调整退休人员基本养老金的通知》，从2018年1月1日起，调整全省企业和机关事业单位退休人员基本养老金，全省有315万名企业和机关事业单位退休人员受益。同时，落实提高有关群体补助标准。督促各地提高未参保城镇大集体企业退休人员等养老生活补助标准等。

改进养老金领取资格认证方式。开发退休人员养老金领取资格手机APP认证系统，全省社保待遇领取人员可通过手机APP实现自助认证，通过部中心异地退管系统实现异地认证。提供社会保险政策咨询和查询服务。认真贯彻落实死亡退休人员家属领取丧葬抚恤金和遗属补助、建立退休人员健康档案等工作。

【高龄失能老年人补贴办法出台】 9月3日，省民政厅、省财政厅、省老龄办联合印发《江西省经济困难的高龄失能老年人补贴实施办法》。“办法”规定经济困难的高龄老年人养老服务补贴对象为具有江西省户籍的低保对象、特困人员中年满80周岁的老年人；经济困难的失能老年人护理补贴对象为具有江西省户籍、年满60周岁的低保对象中没有享受残疾人护理补贴的失能老年人和特困人员中的失能老年人。符合条件的老年人可同时申领上述两项补贴。各地已经发放的80周岁以上高龄津贴与“办法”规定的两项补贴不冲抵，符合条件的老年人可按规定叠加申领。发放补贴所需经费按照属地原则由当地财政负担。申请老年人补贴，由本人或法定监护人、法定赡养(扶养)义务人向户籍所在地乡镇人民政府(街道办事处)受理窗口书面申请，也可委托村(居)民委员会等代为申请。集中供养特困人员的老年人补贴由供养服务机构统一向所属民政部门申请。申领程序包括申请、初审、审批。经济困难的高龄老年人养老服务补贴标准为每人每月50元。低保对象中没有享受残疾人护理补贴的失能老年人护理补贴标准为每人每月不低于50元；特困人员中失能、部分失能老年人的护理补贴标准为每人每月分别不低于当地最低工资标准的80%、20%。。

【计划生育家庭老年扶助】 按照国家统一部署，全面推行农村部分计划生育家庭奖励扶助制度和独生子女伤残、死亡家庭特别扶助制度。为符合条件的农村计划生育一女、二女家庭老人每人每年发放1200元奖励扶助金,2018年全省共奖励105733名计划生育奖励扶助对象。对符合国家独生子女伤残、死亡家庭扶助制度并经确认的夫妻双方,分别按照每人每年最高6960的标准给予补助金。针对失独者住院无人陪护问题,在全省范围内开展计划生育特殊家庭护理保险并纳入2018年省政府民生工程。每人每年最高可免费享受90天的住院护理服务。为每位计划生育特扶对象下发江西省计划生育特殊家庭就诊服务卡,在省、市、县至少确立一家公立医疗机构为计划特殊家庭成员开通就医绿色通道。全省已确立132家二级以上公立医疗机构开设就医绿色通道。开展生育关怀行动,把全省计划生育家庭的老年人纳入重点目标关怀人群,大力实施"爱心牵手"工程。开展独生子女家庭"空巢老人",特别是独生子女死亡家庭和独生子女参军入伍家庭空巢老人"亲情监护"项目,充分发挥各级计生协的作用,为近2万名空巢老人开展亲情监护,帮助解决突发困难,帮助老人料理家务、生活。

(段玉冰)

老年人宜居环境

【概　况】 推进涉老设施建设。保障社区为老服务用房,改善老年人体育健身场所和出行环境设施建设。解决贫困重度残疾人家庭无障碍改造需求,省残联下发《关于切实做好2018年贫困重度残疾人家庭无障碍改造工作的通知》《关于加快推进贫困重度残疾人家庭无障碍改造工作的通知》,对贫困重度残疾老年人家庭无障碍改造提出具体措施,2018年共完成970户贫困重度残疾老年人家庭无障碍改造工作。

鼓励家庭成员与老年人共同生活或就近居住。不断健全完善老年父母随成年子女落户政策,进一步放宽老年人进城落户政策,为老年人随赡养人迁徙提供条件。2018年,全省共办理60岁以上老年人投靠成年子女落户2.5万余人。此外,户政、交警、出入境等部门深化便民利民服务,针对老年人配好配全老花镜等便民利民设施,在推行错时服务、延时服务、预约服务的基础上,专门对老年人开展上门服务。2018年,全省公安机关共为老年人提供咨询服务9.5万余人次,制作身份证13.2万余人次,送证上门2.1万人次。

营造敬老爱老社会氛围。制定下发《关于做好新时代全省孝老敬老工作的指导意见》《关于深化群众性精神文明创建活动的实施意见》等文件,将老龄事业宣传教育融入社会主义核心价值观宣传和精神文明创建工作,列入省、市各级文明城市、文明村镇测评内容。开展宣传报道。3月25日,《人民日报》4版要闻版刊发《历史的选择 人民的选择》,报道老干部畅谈学习贯彻落实全国两会精神,其中有江西省政协原主席傅克诚、莲花县离休干部龚全珍感言。10月18日,中央人民广播电台《新闻和报纸摘要》播发《"我们的重阳节"各地举行丰富多彩的民俗文化活动 尽显尊老敬老文化内涵》,报道有南昌市第三届九九重阳节活动。江西日报及子报、江西广播电视台各频道、频率等省直新闻媒体在重要版面和重点时段刊发、刊播全省各行各业老年人事业的宣传报道。文明江西微信公众号、江西文明网宣传平台,以专题宣传的形式,广泛刊载以孝老敬老为内容的"图说我们的价值观"公益广告。指导各地各部门城乡公共场所,利用广告牌、橱窗、广播、闭路电视和电视显示屏刊播与老龄事业相关的公益广告。

【社区养老服务用房保障】 省民政厅、省住建厅等联合下发《关于推进养老服务设施建设工作的通知》和《江西省新建住宅小区配建社区居家养老服务设施和社区管理服务设施建设、移交与管理的办法》,明确新建居住小区新建住宅和老城区连片改造居民区、棚户区项目应分别按照每百户不少于20平方米和15平方米建筑面积配建社区居家养老服务设施,且单处用房面积不得少于150平方米;新建住宅小区应按照每百户不少于20平方米建筑面积配建社区管理服务设施,且确保每个社区建有的社区管理服务设施用房面积不得少于300平方米。加强养老服务设施规划建设情况检查,评估养老服务设施规划建设情况,主要包括:新建城区养老服务设施规划建设情况、新建居住(小)区养老服务设施实际配套情况、工程建设标准执行情况等。对养老服务设施规划滞后或总量不足的,在城市、镇总体规划修编时予以完善。

【老年人体育健身场地设施建设】 将适合老年人体育健身的场地设施纳入体育健身圈建设内容,在公园、广场、绿地及城市空置场所,为老年人提供广场舞、太极拳(剑)、柔力球等活动场地以及电源、照明等基础配套设施。2018年,共统筹中央和省级资金5092万元,支持建设一批便民惠民的体育场地设施。其中,建设体育公园4个,健身步道13个,行政村农民体育健身场地220个,城市社区全民健身场地28个,农村社区全民健身场地82个,全民健身特色帮扶项目4个,改善老年人的体育健身条件,满足老年人就近、简便、易行的健身需求。

【老年人出行环境】 持续改善全省客运码头、场站无障碍设施建设,大部分客运码头都建有老年人休息室、专用座椅等,且开通老年人优先专用通道,使老年人出行更加便捷、安全,截至2018年年底,全省符合交通运输部《汽车客运站级别划分和建设要求》文件要求的949个客运站都设置了无障碍通道,二级以上客运站设置了重点旅客候车室(区),新建高速公路服务区均进行了无障碍设计,设置了无障碍坡道和无障碍卫生间。各市县区基本落实65周岁老年人免费乘坐市内公共汽车,并优化、简化老年人办理乘车卡和年审的流程。2018年,全省11个设区市中心城区共发放老年人免费乘车卡25万张。大部分公交车为低踏板公交车,车上设置了为老年人让座的语音提示。南昌轨道交通1号、2号线的41个站点均设置了升降电梯和无障碍通道、卫生间,便于老年人更好出行。

(王超)

老年人合法权益保障

【概　况】　2018年,全省进一步健全和完善法律援助服务网络,简化办事程序,放宽老年人法律援助经济困难审查标准。截至年底,全省各级法律援助机构及工作站点接待老年人来信、来访、来电、网络解答法律咨询3万多人次。共办理各类涉老法律援助案件3670件,占总案件数的10.2%;受援老年人3952人,占受援人总数的11.3%。为老年人挽回损失或取得利益6000多万元。加强老年金融服务监管和安全宣传教育,重点加大对养老服务领域非法集资的打击力度,联合公安机关严厉打击养老领域非法集资案件14起,其中包括南昌市"金三江""老庆祥""海之生"和新余市"昌坊老年公寓"等一批群众反映强烈的大要案件,最大程度挽回老年群众的损失。严厉打击侵犯老年人权益的不法行为。2018年,全省公安机关共查破涉老违法犯罪案件1644起,救助和资助受困老人112人。全省检察机关履行批捕、起诉职能,依法惩治以老年人以主要侵害目标的犯罪行为,全省检察机关依法批准逮捕侵害老年人合法权益案件841件1066人,依法提起公诉1208件1409人。

【老年人法律援助和司法救助】　健全和完善法律援助服务网络。在全省所有县(市、区)100%建立法律援助中心、依托乡镇(街道)司法所100%建立法律援助工作站、依托村(居)委会100%设立法律援助联系点(或联络员)的基础上,各地还依托老龄委设立法律援助工作站66个,同时,着力改造升级"12348"法律服务热线,为老年人提供法律咨询、释疑解惑、维权指导、路径指引、相关政策信息等报务,方便老年人快捷便利申请和获得法律援助。放宽老年人法律援助经济困难审查标准,将老年人等困难群众申请法律援助经济困难标准统一调整为城乡居民最低生活保障标准的2倍,部分市、县(区)已将涉老经济困难审查标准降低到最低工资标准,并适度放宽免予经济困难审查对象和法律援助事项范围,对高龄、"三无"(无劳动能力、无生活来源、无赡养人)、失能半失能、空巢、享受低保待遇、特困供养待遇,以及有特殊困难的老人,一律免于经济困难审查。改进涉老法律援助受理指派方式,尽量指派熟悉老年人特点、规律的法律援助服务工作者办理涉老法律援助案件,部分市、县(区)还组建法律援助专业团队,推行点援制、订单式服务,对比较简单的涉老案件,尽可能采取协商、调解等非诉讼方式解决矛盾纠纷,实现案结事了。完善涉老法律援助便民服务举措。简化办事程序,对老年人法律咨询实行"一站式"服务;大部分市、县(区)法律援助机构对老年人法律援助推行当天申请、当天受理、当天审批、当天指派律师、当天提供法律援助"5个当天"工作承诺。同时,对经济困难的重度残疾、身患重病和孤寡老年人开辟法律援助"绿色通道",实行优先受理、优先审批、优先指派、优先办理"四个优先",无须审查经济困难状况。对80岁以上高龄、患病、失能等行动不便的老年人可实行电话和网上预约、上门服务。部分法律援助机构建立了老年人动态信息库,对辖区内老年人的信息进行整理、录入动态信息库,做好工作预案,提升为老年人法律援助服务质量和效果。各地还整合法律服务资源,组建由法律援助人员、律师、公证员和基层法律服务工作者参与的"精准法律援助服务团"。"服务团"定期或不定期地采取送法进敬老院、进农村、进社区等老年人较多的聚集地提供法律服务和法律援助。

2018年,全省全部基层法院至少设立一个"老年维权合议庭",立案庭或诉讼服务中心设立专门老年法律维权咨询服务窗口,加挂明确的指示标牌,并专门指定1—2名老年法律维权咨询服务导诉员,为老年人法律维权提供司法服务。部分有条件的中级人民法院也设立"老年维权合议庭",在审理涉老案件的同时,负责对所辖各基层法院老年人法律维权工作进行调研与指导。在审判工作中,全省各级法院鼓励社会法律人士加入老年法律援助队伍,对交纳诉讼费确有困难的老年人酌情减免,对合法权益受到侵犯而又不能及时得到基本生活保障的老年人提供司法救助,针对一些老年人缺乏法律知识,行动不便,独自行使诉讼权利存在诸多困难,不能很好保障自己诉讼权益的情况,鼓励老年当事人聘请律师或法律工作者,对于无力聘请的,动员老年当事人的亲友为其担任诉讼代理人,或者帮助联系法律援助中心请求法律援助。针对一些老年人没有独立经济来源,生活拮据的情况,全省各级法院依法减、缓、免老年当事人的诉讼费用,确保有理无钱的老年弱势群体打得起官司,打得赢官司。

【老年人金融服务监管】　开展金融安全宣传教育。江西银保监局督促辖内银行业机构在老年人生活的社区开展常态化宣教工作,为老年人提供稳健理财、防诈骗、防范非法集资等急需的金融知识,提升老年人保护自身金融资产安全的能力。全省86家农商银行开办各类形式"金融夜校",重点宣传金融知识,向广大农村居民特别是老年客户介绍金融及防诈骗知识与技能。省地方金融监管局组织开展防范非法集资集中宣传月活动,在广场、公园、车站等人流密集地区举办大型集中宣传日活动,向老年宣传防范非法集相关知识。整理编写涉老非法集资典型案例,并联合江西银行拍摄防范老年人参与非法集资微电影,向社会各界尤其是老年群体广泛推介。省地方金融监管局联合省民政厅举办全省养老机构管理人员培训班,加强非法集资法律法规培训,引导养老机构不从事非法集资。组织各地深入老年大学、机关、企事业单位、社区、村组,开展针对老年人的防范非法集资宣传教育,通过悬挂条幅、张贴海报、设置咨询台、发放宣传小礼品、举办主题活动及宣讲谈心会等方式为老年人"送法上门",帮助广大老年群体提高金融法律知识水平和风险识别、防范能力。

全面排查金融风险。省地方金融监管局通过"赣金鹰眼"非法集资监测预警平台,利用大数据技术手段,发现红色预警养老机构4家、橙色预警2家、黄色预警12家,并将其中风险较大的14家提示省民政厅,交由属地民政部门核查。制定印发《江西省非法集资风险专项排查方案》,以"护卫老人"为主题,以民办养老机构为重点领域,组织全省各地、各部门实地排查养老机构508个,发现涉嫌非法集资问题14个,其中整改养老机构10家,注销登记1家,移送公安查处3家,在风险尚未爆发前稳妥化解。通过"961555"非法集资举报热线,接收群众举报养老领域非法集资线索12条,及时移交属地相关部门核查。开展防范非法集资网格化管理试点,组织综治网格员走街串巷开展日常巡查,发现养老领域非法集资线索2条,通过网格报处非办协调处置,并兑付发现举报线索的网格员各500元奖励。联合省民政厅、省公安厅重点约谈2家高风险养老机构负责人,督促企业依法依规经营,严禁从事非法集资活动,并向社会公众发布《关于提示养老机构领域非法集资风险的公告》,提示养老服务领域非法集资风险。

优化金融服务。江西银监局下发《关于做好老年人金融服务的通知》,督促引领辖内银行业机构创新工作思路,针对老年人的实际具体需求设计服务流程,配套服务设施,为老年人提供更为优质的金融服务。如交通银行对行动不便的老年人为其上门办理业务,各农商银行针对老年客户增设服务专柜,华夏银行为老年客户取优先号,各金融机构还针对中老年客户开发金融产品,满足老年群体的金融需求。

【打击侵害老年人权益不法行为】 严打涉老违法犯罪。全省公安机关重点以农村突出治安问题专项整治为抓手,对伤害老年人人身安全和侵犯老年人财产安全的违法犯罪行为,依法查处,特别加大对"两抢一盗"、诈骗、涉"食药环"等侵害老年人利益的民生案件的打击力度,快侦快破,最大限度保障老年人权益,维护良好治安秩序。参与化解涉老纠纷。全省公安派出所通过民调评警、开展"大走访"活动等形式,对辖区内的孤寡老人开展帮扶活动,定期走访慰问,化解以家庭矛盾、邻里纠纷为重点的各类涉老矛盾纠纷,开展维护老年人合法权益宣传教育活动。2018年,全省公安机关共排查化解涉老矛盾纠纷4100余起,调解成功率达96.7%,走访慰问老人4000余次。武宁县市场和质量监督管理局对武宁县某医疗器械咨询服务部利用试坐高电位治疗机和"养生健康讲座"的形式,组织中、老年人开讲座课,进行虚假宣传的违法行为,作出责令停止发布广告,罚款60万元的行政处罚决定,并移送公安机关处理。抚州、新余等地,打掉多个用保健品充当特效药专坑老人的诈骗团伙。自2017年7月开展食品保健食品欺诈和虚假宣传整治工作以来,全省共侦办危害食品安全类案件237起,抓获犯罪嫌疑人403人。

(王超)

老年人社会管理

【概　况】 2018年,全省大力推进老年教育事业发展,建成老年开放教育学习平台,为老年人群体提供更加便捷学习方式,丰富学习内容。健全完善老年人体育组织建设,培训老年人体育骨干。举办全国性老年人体育健身赛事。上饶市承办全国老年人"农贸杯"门球系列赛(婺源站)比赛、全国老年人"惠明杯"气排球系列赛(信州站)比赛、全国门球冠军赛上饶选拔赛等老年人体育健身赛事。婺源县老年体协承办国家体育总局社体中心主办的广场舞竞赛规则培训班。

【老年教育事业】 1月21日,省政府办公厅印发《关于大力推进老年教育事业发展的实施意见》。该意见要求到2020年底,实现以各种形式经常性参与教育活动的老年人占老年人口总数的比例达到20%以上。全省各县(市、区)原则上至少应有1所老年大学,50%的乡镇(街道)建有老年学校,30%的村(居委会)建有老年学习站(点)。9月12日,省政府办公厅印发《关于积极做好高等学校教育资源面向社区老年人有序开放相关工作的通知》。对已建立老年大学的高校情况进行摸底调查,并要求各高校积极扩充高校老年教育资源,科学制定有序开放的实施方案,促进各级各类学校开展老年教育。推动普通高校和职业院校面向老年人提供课程资源,特别是艺术类、医药卫生类、师范类院校和开设有养生保健、文化艺术、信息技术、家政服务、社会工作、医疗护理、园艺花卉、传统工艺等专业的职业院校,结合特色开发老年教育课程,为社区、老年教育机构及养老服务机构等积极提供支持服务。

【建成老年开放教育学习平台】 依托电大试点建成江西老年开放教育学习平台,该平台以现代信息技术为支撑,面向老年人和养老服务从业人员开展培训教育,平台设立有所学、有所乐、有所养、有所为等4个大类资源,包括28个科目、392门视频课程。学习平台应用"互联网+"技术,帮助老年学习者通过各种终端设备轻松访问,为学习者提供线上线下的学习服务支撑。

【健全老年人体育组织网络】 2018年,全省有各级各类老年体协近3万个,各级老年体协按期进行换届,修订制度,同时,加大对老年人体育骨干培训力度,各级体育行政部门从体彩公益金中拨出专项经费培训社会体育指导员、辅导员、教练员、裁判员,引导、组织、指导老年人参与健身活动。2018年,全省一级体育社会指导员培训班举办8期,668名社会体育指导员获得一级证书。各级老年体协也相继举办健身球(操)、广场舞、柔力球、太极拳等活动项目辅导员、教练员、裁判员培训班。

(段玉冰)

本栏编辑　张志勇

残疾人事业

残疾人社会保障

【概　况】　2018年，省残联配合省民政厅、省人社厅进一步完善残疾人社会保障工作，落实最低生活保障、医疗救助、康复救助、教育救助等社会救助政策，筑牢社会保障"安全网"。联合省教育厅等部门认真落实《着力解决因残致贫家庭突出困难的实施方案的通知》要求，做好七类残疾人对象(未参加城乡居民基本医疗保险、未纳入农村低保范围、已纳入农村低保但未享受困难残疾人生活补贴、重度残疾人中没有享受护理补贴、适龄未入学残疾儿童、16周岁以上重度精神、智力和肢体残疾人未得到照护的残疾人)救扶保障工作。城乡危房改造，优先安排贫困残疾人家庭，做好残疾人托养工作。加强脱贫攻坚工作力度，制定出台贫困残疾人脱贫攻坚行动、扶贫领域作风问题专项治理、"春季攻势""夏季整改""秋冬会战"、三年攻坚(2018—2020年)行动、推进残疾人创业孵化基地建设、解决因残致贫家庭突出困难行动等系列实施方案，全年共帮助4.21万名建档立卡持证残疾人实现脱贫。

【继续实施两项补贴制度】　2018年，省残联为落实中共江西省委、江西省人民政府印发的《关于加大城镇贫困群众脱贫解困力度的意见》要求，1月起，全省城镇困难残疾人生活补贴由50元每人每月提高到60元每人每月，城镇重度残疾人护理补贴由50元每人每月提高到70元每人每月。农村困难残疾人和重度残疾人仍按每人每月50元的标准分别发放生活补贴和护理补贴。全年全省共发放残疾人两项补贴86.6万人次，同比增加6.7万人次，其中生活补贴47.4万人(城镇10.8万人，农村36.6万人)，护理补贴39.2万人(城镇8.3万人，农村30.9万人)。配合省民政厅做好残疾人两项补贴系统上线工作，确保残疾人两项补贴制度精准实施、提升补贴申请发放效率、促进公平公正公开。做好农村残疾人两项补贴提标及全省三、四级智力、精神残疾人护理补贴扩面协调工作。

【社会救助工作】　2018年，为落实中国残联《关于落实低收入残疾人家庭生活用水电气暖等基本生活支出费用优惠和补贴政策的通知》要求，省残联大力推动落实低收入残疾人家庭生活用水电气暖等基本生活支出费用优惠和补贴政策，指导各地因地制宜制定并实施优惠细则。截至年底，全省52万名残疾人享受到城乡低保，3.7万名残疾人享受特困人员供养政策，65.1万名残疾人享受医疗救助，8.2万名残疾人获得其他救助。

【保障城乡残疾人基本住房】　2018年，省残联与省住建厅共同印发《江西省2018年农村危房改造实施方案的通知》，贫困残疾人危房改造按照应需尽需、应改尽改原则全部纳入各地危房改造任务中，全年共为1631户残疾人实施危房改造，切实解决贫困残疾人住房困难问题。

【城乡残疾居民医疗保险与养老保险补贴】　2018年，为建档立卡贫困残疾人等符合代缴条件的残疾人全额缴纳医疗保险费用。全年江西省92.4万残疾人参加医疗保险，其中57.4万残疾人享受医疗保险补贴，补贴率62%。县(市、区)政府按100元的基数为重度残疾人等符合代缴条件的残疾人缴纳养老保险费。全年全省共有符合参保条件的残疾居民98.6万人，其中90.3万残疾人参加城乡居民养老养老保险，参保率91.6%。其中，重度残疾人19.4万人，获得代缴的重度残疾人19万人，重度残疾人代缴率97.9%。

【残疾人托养服务】　2018年，省残联制定出台《江西省"十三五"残疾人托养服务工作计划》《江西省阳光家园计划-智力、精神和重度残疾人托养服务实施方案》等文件，完善残疾人托养服务政策。结合放管服要求，出台《政府购买残疾人日间照料服务工作实施方案》，全年从省级残疾人民生资金中安排300万元，用于开展政府购买残疾人日间照料服务工作，解决部分残疾人家庭实际困难。继续实施"阳光家园计划"项目，全年为全省8000余名智力、精神和重度残疾人接受托养服务提供每人每年1500元服务补助，其中3807名残疾人享受日间照料及寄宿制托养服务、4453名享受居家照护服务，打造残疾人基本公共服务。规范残疾人托养服务机构服务和管理，举办全省残疾人托养服务培训班。开展建档立卡贫困重度失能残疾人照护和托养调研工作，推动省政府办公厅印发《关于开展建档立卡贫困重度失能残疾人照护和托养工作的指导意见》，该指导意见是全国首个省级层面制定出台的关于建档立卡贫困重度失能残疾人照护和托养工作的指导政策，意见出台惠及全省3.5万余名建档立卡贫困重度失能残疾人，解决这部分人的“急中急、难中难”，达到“托养（照料、照护）一人，解脱一家，脱贫一户”的目的，为脱贫攻坚提供兜底保障。

残疾人康复

【概　况】　2018年，省残联贯彻落实《残疾预防和残疾人康复条例》，实施江西省残疾儿童康复救助制度，推进残疾人精准康复服务和残疾预防工作，全面落实残疾儿童康复救助和提升精准康复服务覆盖率，完成全省残疾人康复年度工作任务。全年共为24.65万名残疾人提供精准康复服务，残疾人康复服务率达80.62%，提前超额完成年度70%目标任务，取得良好社会效益。其中，得到辅助器具服务人数13.57万人，康复服务率84.00%；得到康复服务国家建档立卡贫困残疾人数量5.12万人，康复服务率83.44%；得到康复服务因病致（返）贫残疾人数量2.66万人，康复服务率81.57%。

【残疾人康复事业发展政策出台】2018年，省残联推动出台《江西省人民政府关于建立残疾儿童康复救助制度的实施意见》，重点围绕保障低保、建档立卡等贫困家庭0—6岁残疾儿童康复救助全覆盖，对非贫困家庭残疾儿童给予2年救助年限，并把全省最低救助标准由1.2万元提高到1.5万元。到2025年，实现0—6岁残疾儿童康复救助全覆盖。推动出台《省政府残工委关于贯彻落实〈江西省人民政府关于建立残疾儿童康复救助制度的实施意见〉的通知》，从建立工作协调机制、组织开展调研论证、研究拟制实施细则、完善配套政策措施、具体工作要求5个方面推进，抓好全省残疾儿童康复救助制度落实。推动省政府残工委出台《江西省贯彻〈残疾预防和残疾人康复条例〉实施意见》和《2018年江西省残疾预防和残疾人康复工作要点》，明确工作主要内容和职责要求，为全省全面加强规范残疾预防和残疾人康复实施工作提供政策支持。联合省卫健委出台《江西省残疾人家庭医生签约服务实施方案的通知》，为残疾人提供入户调查与康复评估，助推残疾人精准康复工作开展。

【精准康复服务工作全面发展】2018年，省残联按照《江西省残疾人精准康复示范点创建工作方案》《江西省贯彻〈残疾预防和残疾人康复条例〉综合试点方案》要求，全省15个示范点稳步推进示范创建工作。12月，全省残疾人精准康复示范创建现场会在吉安市召开，系统总结全省残疾人精准康复示范创建成果，初步形成江西精准康复服务工作模式，即遵照“两清一规”（需求底数清、工作思路清、规范开展服务）总体要求，突出残疾儿童康复和辅具适配重点，抓好基层康复服务能力提升的残疾人精准康复工作模式。全省示范创建工作在全国残疾人精准康复现场会上得到肯定。

【残疾预防工作成效明显】　2018年，省残联在全国率先成立省级残疾预防和残疾人康复联席会议制度，在形成部门合力、共同推进残疾预防工作开展中发挥作用。江西省在健全残疾预防保障制度和工作机制方面做法，多次在中国残联康复部会议上受到表扬。抓好南昌市东湖区、萍乡市湘东区、赣州市宁都县3个示范点的全国残疾预防综合试验区创建工作，取得较好成效。4月，全国残疾预防综合试验区创建工作南部片区研讨会在江西召开。省残联康复处以《落实“三个着力”举措，推进全省残疾预防工作》为题，汇报江西省残疾预防工作情况、主要举措及成效，南昌市东湖区作了典型交流发言。11月，中国残联残疾预防评估调研组对江西省开展《国家残疾预防行动计划（2016—2020年）》落实情况和全国残疾预防综合试验区创建试点工作进行中期评估调研，给予肯定。

【精神障碍患者社区康复工作】2018年，省残联持续抓好全省运行的46个市、县（市、区）精神障碍社区康复工作，初步形成一批具有推广价值的“社区康复+”服务模式，基本建立家庭为基础、机构为支撑、“社会化、综合性、开放式”的精神障碍社区康复服务体系。1月，在民政部、国家卫生计生委、财政部、中国残联等4部委联合召开的全国加快精神障碍患者社区康复服务视频会议上，江西省就稳定期精神障碍患者社区康复工作进行12分钟视频经验介绍，是全国残联系统经验介绍的唯一单位，中央电视台新闻频道对此次会议进行报道。在《挑战不可能》上发表的关于江西省稳定期精神障碍患者社区康复工作典型经验材料，得到省领导肯定。

【提升康复服务能力】　2018年，为保证残疾儿童康复服务效果，进一步规范全省残疾儿童定点康复机构管理，严格残疾儿童定点康复机构新增撤销事项备案复核制度，省残联专门下发《关于规范全省残疾人精准康复工作组织实施有关事项的通知》《关于报送新增及拟撤销残疾儿童定点康复机构备案复核材料的通知》等，做好对残疾人康复机构的规范化建设与监管等方面工作。以实施实名制培训为基础，聚焦残疾人精准康复，形成科学、有效的康复专业人才在岗培训工作机制，提升康复服务能力。争取中国残联实名制培训项目和省政府民生工程项目，全年共安排康复人才专项培训经费100余万元，培训600余人。

残疾人教育与就业

【概　况】　2018年，省残联以发展融合教育为重点，协调教育部门完善融合教育支持体系，为残疾学生随班就读提供支持。配合教育部门推进第二期特殊教育提升计划落实，发展并办好以职业教育为主的残疾人高中阶段教育。加快推广国家通用手语和国家通用盲文，组织骨干培训。做好各级政府残工委成员单位按比例安置残疾人就业工作，争取到2020年，各级政府残工委各成员单位至少安排1名残疾人。促进贫困残疾人就业创业，鼓励扶持贫困残疾人自主创业、灵活就业。开展实用技术助残行动，进一步加大就业技能培训力度。

【残疾儿童教育核查】　省残联、省教

育厅共同下发《关于开展适龄残疾儿童少年义务教育阶段受教育情况核查工作的通知》，各级残联、教育部门相互沟通、密切合作，开展2018年度未入学适龄少年儿童少年核查工作，实施“一人一案”，全年适龄残疾儿童少年未入学人数为1782人。

【残疾学生资助】 2018年，省残联继续实施彩票公益金残疾儿童学前教育助学项目，省级出资157.5万元，补助525名学龄前残疾儿童开展学前教育。市及县级残联配套资助学龄前儿童1287人。9月，出台《江西省残联资助残疾大学新生项目实施方案》，把资助对象扩大到所有2018年被全日制大学录取的专、本科新生和研究生。全年共出资148.5万元，资助残疾大学新生430人(专科生239人，本科生187人，研究生4人)。配合省教育厅为1157名秋季入学的普通高中残疾学生免除学杂费审核工作。

【残疾人职业教育】 2018年，全省各级残联从残保金中列支不低于5%专项资金，用于补贴特殊教育学校开展残疾人劳动技能教育与培训。5月，联合省教育厅出台《资助特殊教育学校开展残疾人劳动技能教育及培训项目实施方案》。全年省级共资助26所特殊教育学校开展残疾人劳动技能教育与培训，补助资金共计98.8万元。其中，初中阶段在校生704人，标准1000元/人；高中(中专和技校)阶段在校生48人，标准3000元/人；特校受残联委托开展的残疾人劳动技能培训46人，按照每人每天100元给予补贴。九江市及南昌市分别安排残保金42.5万元和21.5万元，用于特殊教育学校开展劳动技能教育。

【维护残疾人平等受教育合法权益】

2018年，省残联在高招录取期间继续委派特教专干及时掌握残疾考生录取情况。利用互联网平台、咨询电话等做好高招政策的宣传、咨询工作，解答残疾考生问题，及时帮助残疾考生准确了解各项政策、高校招生录取办法、助学政策、残联助学金发放办法等重要信息。全年江西省共有52名参加高考的残疾考生，通过申请获得符合自身条件的约88项合理便利，其中32人获2项及以上合理便利。全年江西省599名残疾学生参加高考，上线446人(本科录取188人，专科录取258人)。全省上线且符合录取政策的残疾考生录取率100%。

【残疾人青壮年文盲工作】 2018年，省残联依托农村贫困残疾人实用技术培训，开展残疾人青壮年文盲扫盲行动，提高残疾人文盲学习文化技能和生产劳动的能力。摸清有学习能力和有学习意愿的贫困残疾青壮年文盲底数，建立扫盲对象信息数据库，并根据学员家庭情况、生理、心理和残疾类别，制定个性化教学方案，建立学员档案及培训台账。全年完成538名贫困残疾青壮年文盲的扫盲工作。

【国家通用手语与通用盲文骨干队伍】 2018年，为抓好江西省国家通用盲文推广普及工作，组织开展“江西省国家通用盲文骨干培训班”“江西省国家通用手语培训班”，分别有22名盲协骨干、特教学校的盲文教师及50余名聋协骨干、特教学校聋人教师参训并全部结业。江西省基本建立起一支素质过硬的国家通用盲文及通用手语骨干师资队伍，为推广和使用国家通用盲文及通用手语奠定良好基础。

【“振兴杯”第六届江西省残疾人职业技能竞赛举行】 11月13日—14日，由省残联和省人社厅主办的“振兴杯”第六届江西省残疾人职业技能竞赛在南昌举行。省人社厅副巡视员刘克平主持，省残联副理事长田颖汉致辞，省残联党组书记、理事长何剑锋宣布竞赛开幕。共有14支代表队近150名选手参赛。该活动旨在推动残疾人就业和职业培训工作，改善残疾人生活状况等。比赛设有盲人保健按摩、服装制作、美发、摄影、烹饪、计算机装调、电子商务、广告设计8个竞赛项目，项目竞赛中获第一名的选手可代表江西参加2019年第六届全国残疾人职业技能竞赛，优秀选手可获得“江西省技术能手”等称号。经过角逐，祁培龙获盲人保健按摩项目第一名，袁春生获盲人保健按摩项目第二名，殷杰、张勇、钟隆军获盲人保健按摩项目第三名，徐耀慧、王芬、李文辉分别获电子商务项目一、二、三名，占有兵、郭清燕、赵火风分别获服装项目一、二、三名，周勇勤、陆骞、贺永平分别获计算机装调项目一、二、三名，徐艳梅、邹建忠、杨毅分别获美发项目一、二、三名，胡晓云、喻田万君、游文根分别获摄影项目一、二、三名，左云青、李焕秋、郭地发分别获广告设计项目一、二、三名，胡盛建、董育玲、梁根分别获烹饪项目一、二、三名，南昌市残联获团体总分第一名。

【残疾人就业与职业培训】 8月，省残联印发《江西省残疾人联合会关于推进残疾人创业孵化基地建设的指导意见》，并协助南昌科创学校成立首家省级残疾人创业孵化基地。按照放管服要求，及时修订《江西省阳光助

11月13日—14日，“振兴杯”第六届江西省残疾人职业技能竞赛在南昌举行

杨琼供

残创业就业基地管理办法》。联合省人社厅印发《2018年省政府民生工程残疾人就业与培训方案》，首次明确公益性岗位、农家书屋残疾人管理员岗位补贴最低标准并细化各部门职责。落实全国残疾人就业和职业培训状况实名制统计，全省就业年龄段城镇残疾人新增就业人数2798人，农村残疾人新增就业人数1.01万人，就业年龄段城乡残疾人新增培训人数1.68万人，其中培训贫困残疾人数7672人。南昌市残联为残疾人集中就业单位提供每人每年8.06万元税收优惠，批准设立14家残疾人集中就业安置单位，安置肢残人和聋人257人就业，并投入扶持资金94万元，打造23家盲人按摩店，安置138名残疾人（其中盲人116人）就业。全年共安置207名残疾人就业（省残联共安置21人，其中机关5人，直属事业单位16人），其中机关公务员49人，事业编制116人，聘用制42人。未安排残疾人的成员单位制定2019—2020年安置残疾人就业计划。

【残疾人援助帮扶活动】 2018年，省残联开展残疾人就业援助月活动及就业帮扶专项活动。其间，走访残疾登记失业人员家庭8037户，登记失业残疾人员3.13万人，组织残疾人专场招聘会共127场，实名制纳入年度培训计划残疾人7124人，帮助残疾登记失业人员实现就业3042人（其中国有企业吸纳就业592人），帮助残疾人享受专项扶持政策3595人。

【超额完成省政府民生工程任务】 2018年，省残联依据省政府民生工程任务指标，全年需培训残疾人7000人，实际完成数7384人，完成率105.49%；全年需为残疾人购买公益性岗位3500个，实际完成数3680人，完成率105.14%；全年需为1.2万名残疾人购买"农家书屋"管理员岗位，完成数1.21万人，完成率100.69%。均超额完成省政府民生工程年度任务。

残疾人文化体育

【概　况】 2018年，省残联认真抓好残疾人文化体育建设，开展各项文化体育活动，丰富残疾人体育赛事和精神文化生活，提高残疾人素质和平等参与社会生活能力，引导全省残疾人主动融入社会。以各类文化艺术活动为纽带，推动残疾人文化活动常态化。举办"全省残疾人文化周"、全省残疾人"书香赣鄱·阅读有我"、第八届全省特教学校学生艺术汇演、"五个一"文化进残疾人家庭等系列活动，丰富全省残疾人精神文化生活，推进残疾人公共文化服务体系建设。联合省图书馆开展以"关爱弱势群体，构建和谐社会"为主题的"盲人数字阅读推广工程"智能听书机发送活动，为省图书馆新馆残疾人无障碍建设提出意见和建议。

【残疾人文艺比赛活动】 2018年，举办全省盲人"知法于心，守法于行"演讲比赛，从全省各地选送的11名盲人选手中评选出一等奖1个、二等奖2个、三等奖3个，并颁发证书和奖金；选送前三名代表江西省参加中国盲文图书馆举办的盲人演讲大赛，其中彭宇文获盲校组全国三等奖。选送江西省残疾人诗歌作品48件、书画摄影作品108件参加由中国残联宣文部举办的全国"五月花杯残疾人诗歌大赛"和"仁美书画摄影大赛"，梁娉的《心花向阳开》获绘画组二等奖、王永红的《拼搏》获摄影组一等奖、胡晓云的《凌空》获摄影组二等奖、罗建荣的《残疾人修脚师》获摄影组三等奖、黄斌的《战场》获摄影组三等奖。8月25日，由中国残疾人事业新闻宣传促进会和中国互联网新闻中心主办的"2017年度中国残疾人事业新闻人物"揭晓活动在北京举行，江西省残疾人熊俊获"2017年度中国残疾人事业新闻人物"称号。12月28日，由中国残疾人事业新闻宣传促进会联合新华网共同举办的"年度助残新闻人物"揭晓活动在北京举行，南昌市残联党组书记、理事长余颖被评为"全国十大助残新闻人物"称号，是全国唯一获此称号的残联理事长。

【残疾人文化项目】 10月26日，由中国残疾人福利基金会、中国残疾人事业新闻宣传促进会主办，中国残疾人联合会宣传文化部指导、澳门基金会资助的"手工艺者集善之家"项目授牌活动及成果展示在景德镇举行。在"五个一"文化进残疾人家庭项目中，中国残联向江西省基层残疾人捐赠图书6000本，其中省残联文体中心获赠750本、九江市残联获赠750本、景德镇市残联获赠500本、鹰潭市残联获赠500本、井冈山市残联获赠500本、上高县残联获赠500本、广丰区残联获赠500本、安义县残联获赠1000本、宜黄县残联获赠1000本。

【体育人才队伍】 2018年，全国锦标赛江西省参加比赛的新运动员注册、老运动员续签注册运动员72人。6月，推荐3名江西省国家级裁判员参加2018年全国残疾人体育田径、游泳裁判员培训班，推荐2名省中医院专业康复医生参加2018年全国残疾人田径、游泳分级员训练营；加强教练员队伍建设，发展一支业务精、能力强、作风实的优秀教练员队伍。采取

8月10日，全省盲人"知法于心，守法于行"演讲比赛决赛在南昌举行

杨琼供

聘任制,按照知识结构合理化、年龄结构年轻化、学历和职称结果的高层次化,为举重、柔道、田径3个项目配备4名助理教练,并签订聘用合同。11月12日—16日,选派柔道、田径助理教练袁福、沈华鹏参加全国残疾人教练员培训班,提高教练员招生选材及训练能力,为发现、培养优秀体育后备人才创造良好条件。

【残疾人文化展演交流】 11月28日,中国残疾人艺术团2018年"共享芬芳"中西部地区百县百场公益巡演走进江西,在宜黄县、安义县及豫章师范学院开展巡演和艺术交流。艺术团20名聋人演员用整齐的肢体语言,以其独特艺术风格,彰显人性之美,艺术之美。巡演活动受到社会各界赞誉和现场观众好评,江西省服务保障工作受到中国残联领导肯定。

【残奥聋奥赛事活动】 2018年,省残联共组织120名残奥、聋奥运动员,参加17次国内外残疾人体育赛事。其中,国内锦标赛12次(跆拳道、乒乓球、举重、柔道、游泳、羽毛球、田径、聋人足球、盲人门球、赛艇、冬季两项、越野滑雪),参加第十二届平昌冬残奥会(首次参赛)、世界残奥田径大奖赛、亚洲残奥举重锦标赛、印尼亚加达亚残运会、美洲杯残疾人举重比赛等国际比赛5次,共获得19金、17银、20铜,其中邓雪梅和李启正2人2次打破全国纪录,邓雪梅破亚州纪录,周鹏获亚残运会第四名,江西省获全国第十届残运会聋人足球(十残运会提前比赛项目)亚军。

【特奥运动全面发展】 2018年,省残联发挥8个省级特奥训练基地示范带头作用,抓好基地日常训练,积极派队参赛,锻炼队伍,取得较好成绩。全年江西省7所特校共组织45名特奥运动员参加全国特奥足球、乒乓球、羽毛球、篮球比赛,获得11金、15银、12铜。其中,获得全国第七届特奥会特奥足球比赛队制赛(全国第七届特奥会提前比赛项目)银牌,个人技术赛1银1铜。

【基层残疾人群众体育】 2018年,省残联下拨省级体彩资金166万元,支持各基层组织开展"全国特奥日""全国残疾人健身周"、残疾人运动会等活动。支持全省20所特教学校开展"第十二次全国特奥日"活动,组织特奥活动21场,4000余名特奥运动员和家长参加。支持分宜县等12个县(区)组织开展"第八届残疾人健身周"活动,开展健步走、轮椅赛、跳绳、体育健身知识讲座等残疾人健身活动,参与人数达1万余人。支持宜春等4个设区市11个县(区)举办残疾人综合运动会,2000余人参赛。

9月12日—14日,2018年江西省三人制聋人篮球比赛在南昌国际体育中心篮球馆举行

杨琼供

【参加全国性群众体育比赛】 2018年,省残联共组织30名残疾人参加乒乓球挑战赛、飞镖、盲人跳绳、象棋、围棋5项全国残疾人群众体育项目比赛,其中盲人跳绳获得团体第五名、女子双人获第四名、女子个人花样获第七名、女子个人竞速获第七名,象棋比赛获得女子肢体组第五名,团体项目获得第十届残运会决赛资格。

【2018年江西省残疾人特奥田径比赛举行】 5月21日—23日,2018年江西省特奥田径比赛在九江市八里湖新区体育中心举行。比赛由省残联、省体育局、省教育厅主办,省残疾人体育协会、省残疾人文化体育管理中心,九江市残联、市体育局、市教育局承办。全省11个设区市、3个省直管县14个代表队71名特奥运动员参加。比赛设有100米跑步、400米跑步、立定跳远和铅球4个项目,根据参赛特奥运动员年龄、运动能力分28个组别比赛。经过角逐,产生奖牌84枚,其中金牌、银牌、铜牌各28枚。比赛期间,组织开展特奥运动员健康计划活动,邀请20名专业医生为100名特奥运动员、智力障碍儿童,提供口腔、足部2个项目的健康筛查与健康指导。

【2018年江西省三人制聋人篮球比赛举行】 9月12日—14日,2018年江西省三人制聋人篮球比赛在南昌国际体育中心篮球馆举行。比赛由省残联、省体育局、省教育厅主办,省残疾人体育协会、省残疾人文体中心承办。省残联宣传文体处处长万润妹、省教育厅体卫艺处处长陈新、省体育局群体处调研员黄石明及省残疾人文体中心领导等出席。来自南昌、九江、景德镇等9个地市10支男队和4支女队共56名运动员参赛。比赛分为男、女组,采取分组循环赛和淘汰赛相结合方式,决出前八名。经过角逐,赣州二队、宜春队、上饶队分获男子组前三名,吉安队、南昌队、九江队分获女子组前三名。该项目比赛是江西省首次举办,目的在于进一步贯彻实施《全民健身计划》,丰富残疾人文化体育生活,选拔优秀后备人才,促进全省残疾人体育健康发展。

【康复体育进家庭与体育健身示范点国家项目检查评估】 2018年,省残联依据中国残联批准江西省2017年度残疾人康复体育关爱家庭计划国家资助项目任务1200户及残疾人体育健身示范点建设资助项目8个的要求,共完成残疾人康复体育关爱家庭计划国家资助项目任务1238户。其中,肢残、多重重度残疾家庭 977 户,占项目总数 82%;智力、视力等残疾家庭 261 户,占项目总数 18%;发放康复体育器材 20 余种,共计 1958 件(套)。8 个国家体育健身示范点,因地制宜,以点带面,开展乒乓球、羽毛球等 17 项体育项目,组织体育健身活动 47 次,参与体育健身活动的残疾人 1.24 万人次。7 月 9 日—12 日,中国残联检查评估小组到九江市、萍乡市、宜春市等地,对 2017 年度国家残疾人体育健身示范点建设及康复体育进家庭国家资助项目资金的落实情况和项目实施效果进行检查评估,检查评估小组通过实地考察,走访残疾人家庭,对全省项目实施工作给予肯定,2 个国家项目通过评估全部完成,后期项目 30%资金拨付到位。

残疾人维权

【概　况】 2018 年,省残联做好残疾人法治建设工作,对有关法规规章和规范性文件提出修改意见 10 余条,从法律源头上维护残疾人各项权益,保障残疾人事业和谐发展。做好法治宣传教育工作,制定《省残联普法责任清单》《省残联 2018 年法治宣传教育工作计划》等,夯实普法责任。依据 2 月 1 日实施的《江西省无障碍环境建设办法》,编印《江西省无障碍环境建设办法》单行本发放各地残联。聘请省残联机关法律顾问,法律顾问律师为省残联机关提供规范性文件草案和重大事项合法性审查、合同协议等法律文书的起草、信访接待及法律咨询服务 20 余次。出台《省残联 2018 年法治江西建设责任清单》《省残联 2018 年法治江西建设工作计划》等,调整省残联法治建设工作领导小组。编印《残疾人法律法规政策及文件汇编(第九册)》发放全省各级残联,提升残联系统干部法治能力和水平。做好残疾人人大代表、政协委员参政议政工作。指导市、县残联加强与代表、委员沟通联系,为保障残疾人权益、加快残疾人事业发展提出建议、提案,并协调办理有关建议、提案。

【残疾人法律援助救助服务】 7 月,联合省司法厅印发《“法援惠民生·关爱残疾人”法律援助品牌建设实施方案》。抓好市、县(区)残疾人法律救助工作,全省各级法律援助、救助机构为残疾人提供法律服务 1100 余人次,涵盖房产纠纷、拆迁、借贷、工伤、身体伤害等方面,为残疾人挽回经济损失 500 余万元。解答残疾人法律咨询,帮助分析案情。需要通过法律解决的,支持残疾人法律诉讼,维护残疾人合法权益。

【《关于贯彻落实〈江西省无障碍环境建设办法〉的实施意见》出台】 2 月 1 日,省政府第 91 次常务会议审议通过《江西省无障碍环境建设办法》并正式实施。为贯彻落实好《江西省无障碍环境建设办法》,省残联草拟《贯彻〈江西省无障碍环境建设办法〉的实施意见(征求意见稿)》,发至省直 24 家厅局和单位征求意见,收回 24 家单位反馈意见,其中省发改委、省财政厅、省住建厅、省人社厅、省工信委、省新广局、省老龄办 7 家单位提出修改意见 14 条。根据有关意见和建议作进一步修改后,9 月 3 日,省政府残工委向各设区市、县(市、区)政府残工委和省政府残工委成员单位印发《关于贯彻落实〈江西省无障碍环境建设办法〉的实施意见》。12 月,联合省住建厅等单位转发《住建部、中国残联关于开展无障碍环境市县村镇创建工作的通知》,并按文件要求上报“十三五”时期创建无障碍环境市县村镇名单。

【推进贫困重度残疾人家庭无障碍改造】 2018 年,全省改造任务国家项目 1300 户,省项目 2000 户。3 月,下发《关于切实做好 2018 年贫困重度残疾人家庭无障碍改造工作的通知》,提出项目实施具体要求。4 月,完成年度省级贫困重度家庭无障碍改造 600 万元资金分配方案。5 月,各地按照该实施方案和通知要求,推进项目实施,每月对该项目实施进展情况进行督导,要求各地按时完成改造任务。落实中国残联 2018 年贫困重度残疾人家庭无障碍改造现场会精神,9 月 18 日,省残联印发《关于加快推进贫困重度残疾人家庭无障碍改造工作的通知》,提出解决贫困重度残疾人家庭无障碍改造需求的具体措施。根据贫困重度残疾人家庭无障碍改造需求数,下达 2019—2020 年指导性计划。全年江西省改造任务国家项目 1300 户、省项目 2000 户全部完成。

【残疾人机动轮椅车燃油补贴】 2018 年,省残联做好 2017 年燃油补贴数据库录入复核工作,按照中国残联维权部要求,组织各地对历年数据库的数据进行严格审核并完善补贴信息,更正重复发放和注销残疾人证后仍发放燃油补贴等。重新核实 2018 年残疾人机动轮椅车燃油补贴资金需求,汇总并报中国残联维权部。督促各地预录入 2019 年残疾人机动轮椅车燃油补贴数据库,并组织各地申报 2019 年残疾人机动轮椅车燃油补贴资金,2.17 万名残疾人机动轮椅车车主申报燃油补贴资金 563.29 万元。指导各地做好 2018 年残疾人机动轮椅车燃油补贴发放工作。全省 100 个县(市、区)全部完成燃油补贴发放工作,共为 2.23 万名残疾人机动轮椅车车主发放燃油补贴资金 579.38 万元。

【残疾人信访】 2018 年,省残联做好残疾人日常信访、重要节点信访及全国两会和中国残联七代会、省残联七代会期间残疾人信访稳定工作,指导各地妥善化解涉及残疾人信访群体的社会矛盾。做好信访矛盾排查化解工作,转发《中国残联关于做好残疾人信访工作切实维护社会和谐稳定的通知》,实时掌握残疾人运营群体等重点群体的信访信息,提前介入做工作,化解各种信访矛盾,维护残疾人合法权益。抓好信访信息化建设,开通 12385 残疾人服务热线,畅通残疾人上访诉求渠道,全省 11 个设区市依托全国残疾人信访信息系统处理信访事项。全年接访 150 批 205 人次,处理来信和办理网上信访 58 批 120 人次,接听理事长手机 229 人次,所涉问题都得到妥善解决。 (杨琼)

本栏编辑　刘清林

民族宗教事务

综　述

江西是少数民族散杂居省份。第六次全国人口普查统计,全省有除保安族外的54个少数民族,人口15.23万人,占全省总人口0.34%。其中,畲族人口9.1万人。全省有8个少数民族乡(贵溪市樟坪畲族乡、铅山县太源畲族乡、铅山县篁碧畲族乡、永丰县龙冈畲族乡、赣州市南康区赤土畲族乡、吉安市青原区东固畲族乡、乐安县金竹畲族乡、峡江县金坪民族乡)、82个少数民族行政村和398个少数民族村小组。少数民族流动人口约8.5万人。

江西省佛教、道教、伊斯兰教、天主教、基督教五教齐全。全省有合法登记宗教活动场所7430处,其中寺观教堂2066处;全省性宗教团体8个,分别是江西省佛教协会、江西省道教协会、江西省伊斯兰教协会、天主教江西教区、江西省天主教爱国会、江西省天主教教务委员会、江西省基督教三自爱国运动委员会、江西省基督教协会;宗教教职人员9147人;现有江西佛学院(宝峰佛学院、大金山尼众佛学院、东林净土学院)、曹洞佛学院、龙虎山道教学院(筹)、江西圣经学校4所(6处)宗教院校。

2018年,全省民族宗教工作部门以加强作风建设和推进"五型"机关建设为统领,围绕中心、稳中求进,做好全省民族宗教各项工作,维护全省改革发展稳定大局。

铸牢中华民族共同体意识。助力民族地区经济社会发展。以中期评估为牵引,推动《江西省少数民族事业"十三五"规划》全面落实;聚焦脱贫攻坚,制定2018年脱贫攻坚实施方案,开展"春季攻势""夏季整改"行动和扶贫领域作风问题专项治理;推进省、市、县三级对口支援民族乡村工作,借力国家乡村振兴战略,开展少数民族特色村镇保护发展,促进民族地区精准脱贫。全年全省各级投入民族乡村资金超1.4亿元,省直对口支援民族乡村投入超3300万元,整合涉农发展资金超4550万元。加强各民族交往交流交融。召开全省民族团结进步创建工作座谈会;以建设全国全省民族团结进步创建示范单位为引领,开展"连心创建、创业创建、创新创建"民族团结进步创建活动;做好少数民族流动人口服务管理工作,开展全省民族关系状况分析,组织全省"十三五"期间定点生产清真食品类民品企业"清真食品生产经营资格"认证试点,探索少数民族进城务工人员语言文化政策教育服务工作,加强依法治理民族事务情况督查。发展少数民族文化体育事业。推荐作品参加中国畲族服饰展演;指导各地开展"三月三"民俗节庆活动;启动第三届全省少数民族文化艺术节筹备工作;推进省民族志、民族年鉴编纂;邀请中央民族歌舞团"中华民族一家亲——走进峡江"演出活动;举办全省第二届少数民族传统体育运动会,培养选拔一批传统体育项目优秀人才。

规范宗教事务管理。提升宗教事务法治化水平。推进《江西省宗教事务条例》修订,省政府常务会议审议通过,提请省人大常委会议审议;学习宣传贯彻国务院《宗教事务条例》,开展《宗教事务条例》进社区和"百万网民学法律——《宗教事务条例》专场"知识竞赛等活动。坚持宗教中国化方向。推进"国旗、宪法和法律法规、社会主义核心价值观、中华优秀传统文化"进宗教活动场所"四进"活动,省佛协举办第十二届江西省讲经交流会,省道协举办第八届江西省道教玄门讲经活动,省基督教"两会"举办"纪念改革开放四十周年、神学思想建设二十周年"座谈会和基督教中国化培训班。加强宗教团体和宗教活动场所建设。开展以"学习"为主题的和谐宗教团体、和谐寺观教堂创建活动;推进佛教道教商业化问题治理;省伊斯兰教协会顺利换届。推进宗教院校建设。2月筹建设立江西省宗教院校教育服务中心,全面开展宗教院校调研、登记、筹备设立和去筹等工作。发掘宗教文化积极因素。完成省宗教文化交流协会换届;开展江西宗教祖庭文化课题研究,启动《江西道教通史》编写工作;与江西日报社共同主办江西禅宗文化研讨会。组织开展宗教工作大调研,对全省宗教工作全面"体检"。引导宗教界开展公益慈善活动,全省宗教界全年捐款、捐物折合人民币超2400万元。

扎实开展综合性工作。2月8日,全省民族宗教局长会议和全省民族宗教工作座谈会在南昌召开。省委常委、省委统战部部长陈兴超对全省民族宗教局长会议作出批示,副省长胡强出席全省民族宗教工作座谈会并讲话。7月29日,2018年全省民宗系统综合培训班在南昌举办。各设区市民宗局相关工作分管领导,各县(市、区)民宗局负责人,工业园区、旅游景区、城市新区民宗工作负责人及省民宗局机关干部150余人参加培训。加强民族宗教事务依法管理,认真清理行政审批事项，建立权力清单管理制度，落实“双随机一公开”监管模式，持续推进政务服务改革，44 项政务服务事项（含子项）有 12 项承诺实现“一次不跑”，10 项承诺实现“只跑一次”。省民宗局联合省财政厅出台《江西省民族宗教专项资金绩效评价办法（暂行）》，为加强全省民族宗教专项资金管理、提高财政资金使用效益提供制度保障。

（省民宗局）

民族事务

【组织开展《江西省少数民族事业发展“十三五”规划》中期评估】 3 月 16 日，省民族工作领导小组办公室印发《关于开展江西省少数民族事业发展“十三五”规划实施情况中期评估的通知》，对全省实施《江西省少数民族事业发展“十三五”规划》情况进行中期评估，要求省民族工作领导小组各成员单位和有关设区市民宗局结合各自分工，开展梳理总结和评估论证。6 月底，中期评估结束。根据评估报告，全省民族地区经济社会全面发展，人均可支配收入、财政收入、基础设施投入、产业提质增效等方面均达到“十三五”规划要求。中期评估有利于推动《江西省少数民族事业发展“十三五”规划》实施。

【两地开展“三月三”民俗文化节庆联谊活动】 4 月 15 日，贵溪市樟坪畲族乡与江西服装学院、上高洋林村与宜春职业技术学院分别在贵溪市樟坪畲族乡和上高县洋林民族村联谊开展“三月三”民俗文化节庆活动。省委统战部副部长、省民宗局局长曹国庆和省民宗局副局长马哲海分赴两地出席活动。两地“三月三”民俗文化节庆活动引领江西省民族团结进步创建工作“校村共创”，让各族群众充分展示民族文化，在喜闻乐见中接受中华各民族文化，促进各民族交往交流交融。“三月三”民俗文化节庆活动既反映少数民族勤劳勇敢、善良淳朴的民风民俗，又兼顾农旅结合、文旅结合的民族乡村发展模式，成为传承发扬全省民族文化的载体。

【举办全省民族统计培训班】 5 月 8 日，全省民族统计培训班在南昌举办，辖有民族乡的县民宗局、县统计局负责统计的工作人员和 8 个民族乡相关统计人员 20 余人参加培训。培训由省民宗局联合省统计局举办，是江西省专门针对基层民族统计人员的培训，也是首次针对一套报表制度的培训。

【全省民族特需商品生产贴息政策出台】 6 月 4 日，省财政厅、省民宗局、中国人民银行南昌中心支行联合印发《关于“十三五”期间继续落实民族特需商品定点生产企业贷款贴息政策的通知》。要求相关市、县（区）财政、民宗、人行部门按属地化办理原则，共同研究制定符合当地实际情况的民族特需商品贴息资金管理办法。省财政将贴息支出通过均衡性转移支付到市、县（区）财政局，不享受均衡性转移支付的市、县（区），应根据民族工作实际需要，通过自有财力安排民族特需商品贷款贴息支出。

【中央民族歌舞团“中华民族一家亲”到峡江县慰问演出】 11 月 4 日，国家民委文宣司和江西省民宗局在峡江县联合主办中央民族歌舞团“中华民族一家亲”慰问演出，庆祝改革开放四十周年和金坪民族乡成立十周年。省委统战部副部长、省民族宗教事务局党组书记、局长曹国庆，中央民族歌舞团副团长韩新波、卢云升，吉安市副市长华小明，峡江县委、县政府领导及 4000 余名群众现场观看，在线观看超过 5 万余人。

【江西省第二届少数民族传统体育运动会】 11 月 23 日—25 日，由省民宗局、省体育局联合主办的全省第二届少数民族传统体育运动会在南昌工学院举行。省委常委、省委统战部部长陈兴超出席开幕式并宣布开幕，副省长胡强致开幕词，省政协副主席刘晓庄出席。国家民委致贺电。全省设区市 11 个代表团组成方阵，载歌载舞，献上民族文化内涵丰富、地域特色浓厚的开幕式表演。该届少数民族传统体育运动会设有蹴球、射弩、板鞋竞速、高脚竞速、民族健身操 5 个竞赛项目和 3 个表演项目。

【4 家单位被评为全国民族团结进步创建示范单位】 12 月 29 日，国家民委发布第六批全国民族团结进步创建示范单位。江西省上饶市信州区茅家岭街道汪家园畲族社区、南昌市南昌县莲塘一中、上饶市铅山县篁碧畲族乡、宜春市上高县敖山镇洋林归侨少数民族聚居村 4 家单位被评为第六批全国民族团结进步创建示范单位。

（省民宗局）

宗教事务

【《江西道教通史》编写工作启动】 4 月 8 日，《江西道教通史》编写启动仪式在南昌举行，省民宗局副局长王希贤主持，省委统战部副部长、省民宗局党组书记、局长曹国庆出席启动仪式并讲话。省内高校研究道教领域的专家学者、道教工作者近 20 人参加启动仪式。启动仪式上，省道教协会秘书长陈雅岚介绍《江西道教通史提纲》及写作《凡例》等情况，曹国庆为各卷负责人发放《江西道教通史》立项通知书，各卷负责人分别作表态发言。

【举办江西禅宗文化研讨会】 4 月 16 日，由省民宗局、江西日报社主办的江西禅宗文化研讨会在南昌举行，专家学者近 20 人参加研讨会。省民宗局局长曹国庆、江西日报社社长王晖出席研讨会并讲话。方志远、宗九奇、夏汉宁、褚兢、徐奔、李满等江西省著名学者教授围绕“文化自信视域下的江西禅宗文化”主题，就研究江西禅宗文化的现实意义、如何讲好江西禅宗故事等议题进行研讨并为“江西禅宗文化智库”揭幕。活动旨在展示江西禅宗文化，让更多的人了解祖庭文化、感悟佛禅智慧。

【第五届宗教心理学论坛在萍乡举行】 5 月 4 日，由中国社会科学院世界宗教研究所、中国宗教学会主办，中国社会科学院世界宗教研究所杨岐宗教学研究基地承办的第五届宗教心理学论坛在江西萍乡举行。中国社科院世界宗教研究所以及 20 余所内地、香港、台湾地区等知名高校、研究机构和宗教院校近50名专家学者、高僧大德参与论坛。全国人大常委、中国宗教学会会长、中国社会科学院学部委员卓新平,萍乡市委常委、市委统战部部长李宁出席论坛开幕式并讲话。

8月29日,江西省宗教文化交流协会第二次会员大会在南昌召开

省民宗局供

【江西省宗教文化交流协会第二次会员大会召开】 8月29日,江西省宗教文化交流协会第二次会员大会在南昌召开。省委常委、省委统战部部长陈兴超出席会议并讲话。省委统战部副部长、省民宗局党组书记、局长曹国庆,省民宗局副局长王希贤、马哲海、杨晓伟,副巡视员左旭生以及省社会组织管理局局长刘石呈出席会议。全省各地宗教界、学术界、企业界130余名会员参加会议。王希贤、马哲海分别主持第一、第二阶段会议,左旭生受省宗教文化交流协会第一届理事会委托,向大会作工作报告。会议听取并通过上一届理事会工作报告、财务审计报告、协会章程修改草案,选举产生新一届理事会和协会领导机构。曹国庆当选为江西省宗教文化交流协会第二届理事会会长,左旭生当选为常务副会长,方志远、释纯一、张金涛、王武龙、李稣光、李云根当选为副会长,林剑卫当选为秘书长。江西省宗教文化交流协会是江西省境内各地宗教文化管理、宗教文化理论研讨、宗教界人士以及信教群众代表等各界人士联合组成的依法登记具有独立法人地位的全省性、非营利性社会组织。

【举办2018年全省宗教界代表人士及宗教院校负责人培训班】 11月14日—15日,2018年全省宗教界代表人士及宗教院校负责人培训班在南昌举办,全省佛教、道教、伊斯兰教、天主教、基督教界54名代表人士和宗教院校6名负责人参加培训。省民宗局副局长王希贤主持开班仪式,省委统战部副部长、省民宗局党组书记、局长曹国庆作开班讲话,省民宗局副巡视员左旭生出席开班仪式。培训班学习内容涵括国际国内形势分析、新修订的《中华人民共和国宪法》《宗教事务条例》解读、网络宗教事务管理、坚持中国宗教中国化方向等专题讲课。

【省伊斯兰教协会第三次代表大会召开】 12月29日,省伊斯兰教协会第三次代表大会在南昌召开。全省各设区市、省直管县(市)50余名代表参加会议。省民宗局局长曹国庆、省民宗局副局长王希贤、省民政厅社会组织管理局局长刘石呈等出席会议并发表讲话。会议听取《江西省伊斯兰教协会第二届委员会工作报告》《关于修改〈江西省伊斯兰教协会章程〉的报告》,审议通过《江西省伊斯兰教协会第二届委员会工作报告》《江西省伊斯兰教协会章程(修正案)》。会议选举沈富强为会长,郭富有、穆华俊、海光生、赵伦铭为副会长,海光生兼秘书长。

【批准设立曹洞佛学院】 7月6日,国家宗教事务局下达《准予行政许可决定书》,批准设立曹洞佛学院。曹洞佛学院为全国首家以宗派命名的尼众佛学院,属全日制高等宗教院校,学制四年,办学规模200人,主要培养造就政治上靠得住、宗教上有造诣、品德上能服众、关键时起作用的佛教人才。

【《江西省全省性宗教团体和宗教院校财务监督管理办法》印发】 8月6日,省民宗局印发《江西省全省性宗教团体和宗教院校财务监督管理办法》(试行),进一步规范全省性宗教团体和宗教院校财务制度、财务管理、财务监管。该办法共15条,主要针对部分全省性宗教团体、宗教院校财务制度落实不力、财务管理不规范、财务人员业务不熟悉、财务监管不到位等问题,作出一系列探索性的制度安排,进一步推动全省宗教团体、宗教院校财务监督管理工作制度化和规范化。

(省民宗局)

本栏编辑 邓诚君

精神文明建设

综　述

2018年，广泛开展理想信念教育，深入实施公民道德建设工程，深化群众性精神文明创建活动，着力提高人民思想觉悟、道德水准、文明素质和社会文明程度。

“身边好人”文化品牌化。“中国好人榜”江西上榜人数取得新成绩。2018年全省122人登上“中国好人榜”，全国占比9.57%，上榜人数列全国前列。在萍乡市举办的6月中国好人榜发布仪式暨全国道德模范与身边好人现场交流活动，受到中央文明办肯定。做好“江西好人”推荐评议和宣传工作。全年举办6期“江西好人”现场发布活动，发布208名“江西好人”，发放“江西体彩好人帮扶金”62.4万元。全年省直单位有7000余件凡人善举和好人先进事迹在江西好人网宣传展示。贯彻落实《江西省道德模范礼遇帮扶实施办法(试行)》《江西省道德模范和“身边好人”奖励帮扶资金使用管理办法(试行)》。省委宣传部、省文明办帮扶慰问111名生活困难的道德模范和身边好人66.5万元；继续组织开展“好人帮好人”活动，帮扶生活困难江西好人60人，发放“江西福彩好人帮扶金”18万元；争取中国文明网对贫困的18名中国好人给予每人1000~2000元话费帮助，发放总额3万元；发放“江西好人关爱帮扶基金”慰问金12万元。加大对先进典型关心力度，选派11名“中国好人”“江西好人”参加全省宣传思想文化领域人才暑期学习研修活动。制作推出24集“身边的好人”系列微视频微广播剧，省内新闻网站统一开设“暖新闻江西2018”专题。

学雷锋志愿服务常态化。截至2018年年底，全省在江西志愿服务网注册登记志愿者490万人，志愿服务组织3.8万个，开展各类志愿服务项目18万个。春节、学雷锋纪念日、端午节、“八一”建军节等重要时间节点的志愿服务工作实现常态化。2018年春节期间，全省4万多名志愿者为30多万名旅客提供出行咨询、购票、运送行李、扶老携幼等服务，1600余支“红色文艺轻骑兵”进农村、进社区、进学校、进军营、进敬老院、进福利院，累计放映电影近2万余场，观影人数200余万人次。志愿服务先进典型不断涌现。评选表彰一批先进，举办第二届江西省优秀志愿服务先进典型电视颁奖仪式。江西省2名个人、2个组织、4个项目、2个社区共10个典型获全国志愿服务“四个100”(100个最美志愿者、100个最佳志愿服务组织、100个最佳志愿服务项目、100个最美志愿服务社区)先进典型，2个学雷锋示范点、2名学雷锋标兵获第五批全国学雷锋活动示范点、岗位学雷锋标兵荣誉。

诚信建设制度化。制定印发江西省文明委《关于集中治理诚信缺失突出问题 提升全社会诚信水平的责任分工方案》，深入推进诚信建设制度化，提升全社会诚信水平。省文明办联合省高级人民法院等单位发布4期江西省“诚信红黑榜”，其中红榜73家单位，黑榜中失信被执行自然人60人、企业法人或其他组织79家；江西日报社等单位共同打造“法媒银失信被执行人曝光台”，平台数据库纳入23.2万名失信被执行人，重点曝光4.1万名，发挥联合惩戒作用；省农业农村厅深化信用信息“双公示”工作，探索建立信用承诺制度，稳步推进农业信用体系建设；省交通运输厅开展“信用交通省”创建，做好全国试点工作；中国铁路南昌局对铁路运输领域严重失信的旅客实施限制购票和乘车。全省各地发布“诚信红黑榜”“文明红黑榜”“道德红黑榜”，进行正面激励和反面警示。

社会文明法制化。加强公民道德建设，弘扬中华优秀传统文化，增强法治的道德底蕴，强化规则意识，倡导契约精神，弘扬公序良俗。江西省发挥法治在解决道德领域突出问题中的作用，引导人们自觉履行法定义务、社会责任、家庭责任，推动社会文明法制化。南昌市、赣州市、抚州市等地先后出台《文明行为促进条例》《文明20条》等地方性法规，推进精神文明建设法制化进程。

(赵显昊)

理想信念教育

【开展理论宣传研究】　围绕习近平新时代中国特色社会主义思想、中共十九大精神和省委十四届六次全会精神的学习宣传，组建省委宣讲团、大学生骨干宣讲团、百姓宣讲团进行集中宣讲。团省委开展“将改革开放进行到底”百姓宣讲交流活动420场，11.3万名团员青年现场聆听；省妇联开展“百千万巾帼大宣讲”活动9700余场，受众人数580万人次。实施“习近平新时代中国特色社会主义思想江西实践研究工程”“青马工程”和理论研究创新工程。举办学习贯彻习近平新时代中国特色社会主义思想理论研讨会暨“青年马克思主义者理论研究创新工程”论坛。组织开展全省经济社会发展重大课题招标活动。以“江西省中国特色社会主义理论体系研究中心”名义在中央“三报一刊”发表重点理论文章 22 篇,3 篇理论文章入选中央纪念马克思诞辰 200 周年理论研讨会,均位居全国前列。

【营造主流舆论氛围】 江西省全国两会宣传工作 12 次受到中宣部表扬,是受表扬最多省份;“新时代新气象新作为”大型主题采访活动,受到中宣部肯定。继续实施头版头条工程,加强与中央驻赣媒体沟通对接。新华社、《人民日报》《光明日报》《经济日报》、中央人民广播电视总台等中央媒体刊(播)发江西正面稿件 4177 条,同比增长 3.65%;江西省 9 件作品获第 28 届中国新闻奖。持续开展“暖新闻 江西 2018”正能量典型网上宣传推送和“温暖江西”“江西正能量”等微话题活动,凝聚网上正能量。2018 年,全国大网总网首页涉赣正面稿件 775 条,230 篇稿件被中央网信办全网推送。

【社会主义核心价值观建设】 制定出台《关于进一步把社会主义核心价值观融入法治建设的实施意见》,推动把社会主义核心价值观融入法治国家、法治政府、法治社会建设全过程。组织开展全省中小学生社会主义核心价值观故事汇、全省社会主义核心价值观微电影征集等活动,传播社会正能量。统筹全省庆祝改革开放 40 周年活动,组织召开学习贯彻中共中央总书记习近平在庆祝改革开放 40 周年大会上的重要讲话精神座谈会、制作拍摄大型电视专题片《潮涌赣鄱》等 8 个方面 34 项工作,开展学习体验、文艺汇演等 29 项群众性文化活动,宣传江西改革开放 40 年的实践和成就。弘扬井冈山精神、苏区精神,研究起草江西省加强革命文物保护利用工程的实施意见,开展诵读《红色家书》《发生在江西红土地上的 100 个经典革命故事》、红色故事进校园和全省红色故事讲解员大赛等活动,编辑出版《回望峥嵘读初心——发生在红土地上的 100 个革命经典故事》。

(赵显昊)

思想道德建设

【开展“唱响中国梦”系列活动】 以“筑梦新时代绽放新未来”为主题,开展 2018 年“唱响中国梦”系列少儿文艺活动。举办全省“六一”少儿文艺精品主题晚会。举办全省原创少儿文艺优秀作品网上视频大赛,对优秀作品进行网络专栏展示,接受大众投票和评委审议,评出 5 大类别 47 件获奖作品和 11 个组织工作奖。以“放歌七一颂党恩 红色基因代代传”为主题,开展“七一”前后优秀歌曲和童谣传唱活动,活动专题被中国文明网推介展示,中央文明办《未成年人思想道德建设工作简报》第 13 期介绍江西省经验做法。省直机关举办“坚定执着追理想”为主题的省直机关迎“七一”红色家书诵读会。

【开展“新时代好少年”学习宣传活动】 组织开展“新时代好少年”学习宣传活动,全年分 4 批次向社会发布 40 名“新时代好少年”。举办 2018 年度江西省“新时代好少年”先进事迹发布仪式。江西文明网、中国江西网、江西网络广播电视台制作“新时代好少年”专题网页,全面展示全国和全省“新时代好少年”事迹,微博上收到相关点赞和留言 16 万余条。中央文明办《未成年人思想道德建设工作简报》第 12 期刊登江西省活动的基本做法。

【开展关爱青少年成长系列活动】 组织开展第六届江西省青少年心理导航系列活动,组织师资培训、工作研讨、调研宣讲、心理拓展训练等活动。配合做好“传承经典、绽放未来”2018 全国未成年人网络春晚和“走进新时代共筑中国梦”2018 全国社区网络春晚江西片区的节目推荐、专场演出、外景拍摄等工作,省文明办获 2018 全国未成年人网络春晚优秀组织奖。省民政厅、省关工委、省妇联、团省委等单位整合资源建设儿童之家 6500 余个,建成为儿童及其家庭提供服务的社区服务中心(站)4352 个。

【推进乡村学校少年宫建设】 举办全省乡村学校少年宫项目建设骨干、全省乡村学校少年宫艺术辅导员培训班 2 期。向全省文明校园和乡村学校少年宫赠送一批社会主义核心价值观主题图书。全省 2018 年新增 145 个乡村学校少年宫建设项目,其中中央支持项目 45 个、省级支持项目 100 个,全部启动建设。组织对 3 个设区市 9 个县 16 所乡村学校少年宫进行抽查,发现并督促各地纠正存在的问题。

【开展“清明祭英烈”活动】 清明节前,下发《关于组织开展清明祭英烈活动的通知》,要求各地各部门采取网上签名寄语、网下实践、经典诵读等形式,组织未成年人开展清明祭英烈活动。3 月 28 日,依托江西文明网在首页开设“清明祭英烈”专栏,在文明江西微博上开设“穿越时空对话英烈”话题讨论。截至 4 月上旬,收到鞠躬献花留言总数近 60 万条,话题阅读量 20 余万次。围绕礼敬先烈先辈、培养爱国情感,组织全省中小学校举办征文演讲、诗歌朗诵、主题班(队)会、团日等活动,就近就便组织赴革命战争纪念地、重大战役发生地、烈士陵园等场所献花、宣誓等活动。中央文明办《未成年人思想道德建设工作简报》第 6 期刊登江西省活动开展情况。

(赵显昊)

精神文明创建活动

【文明城市创建】 落实中央文明办《关于推荐申报 2018—2020 年创建周期全国文明城市提名城市的通知》要求,遴选推荐萍乡市、新余市、景德镇市、九江市、宜春市 5 个地级城市,宜丰县、玉山县、瑞金市、乐平市、武宁县、芦溪县、大余县、龙南县、井冈山市、新干县 10 个县级城市为 2018—2020 年创建周期全国文明城市提名城市。对 15 个全国文明城市提名城市开展创建全国文明城市工作督查,推动文明城市创建深入开展。对全省

11个设区市和100个县(市、区)开展2018年度全省公共文明指数测评。组织对贵溪市、弋阳县等9个江西省文明城市提名城市开展观摩交流活动,对创建文明城市工作进行再动员。召开江西省全国文明城市提名城市创建工作动员部署会,颁发全国文明城市提名城市证书,吉安市、赣州市、南昌县3个第五届全国文明城市作经验交流,10个提名城市作大会发言,5个提名城市作书面交流。

【农村精神文明创建】 开展"推动移风易俗,促进乡风文明"行动,开展文明村镇创建、村史馆建设、"文明生态村"帮建、"星级文明信用户"创评等创建活动。推进全省村史馆建设,确立第五批42个村史馆名单,按照先建后贴补方式,给予每个村史馆10万元经费补助。推进乡风文明工作,利用春耕春播时机,开展全省乡风文明集中宣传活动,展播全省各地推进乡风文明建设工作动态,专题宣传婺源县"微家训"活动,助推乡村振兴战略;红白理事会和村规民约实现全省100%覆盖;发布清明节安全文明祭扫倡议书,倡导文明绿色清明。推进殡葬改革,全省印发殡葬改革宣传资料、张贴标语1148万份,广播、电视、报刊和互联网宣传4.70万次;2018年全省遗体火化率52.49%,比2017年增长17.53%;赣州市被列为全国殡葬综合改革试点单位,中宣部、中央文明办有关刊物和中国文明网多次推介赣州经验做法。推进广播电视普及工作,省广播电视局支持各地为贫困户安装开通"户户通"万余户,全省直播卫星"户户通"用户累计144.6万户,农村群众通过"户户通"可收看到58套电视节目、收听到47套广播节目。

【文明单位创建】 制定下发《江西省文明单位测评标准(2018年修订版)》,完善江西省文明单位推荐评选考核内容。组织对江西省第十五届文明单位进行申报和审核。增强省级文明单位创建动态管理,对省级文明单位日常创建工作进行"线上"考核和动态管理。省委办公厅开展"文明创建点滴做起,洁净家园党员先行"文明单位创建活动;省委政法委对文明创建工作随议随决、全额保障;赣州市等地组织文明单位开展"文明风采,百姓舞台"周末广场文艺汇演;省直机关召开省直机关文明建设现场交流会;吉安市等地组织文明单位帮建扶贫点,形成"城乡牵手、共建文明"格局;新余市等地探索文明单位片区化管理模式,推广全国文明单位、省级文明单位创建经验。

【文明家庭创建】 倡导"爱国守法、遵德守礼、平等和谐、敬业诚信、家教良好、家风淳朴、绿色节俭、热心公益"的家庭文明,推动形成爱国爱家、相亲相爱、向上向善、共建共享的社会主义家庭文明新风尚。贯彻落实《省文明委关于深化家庭文明建设的实施意见》《江西省文明家庭评选标准和评选办法》文件要求,组织开展"星级文明信用户""最美家庭"等创评活动。以"家和万事兴"为主题,继续在全省开展家风建设系列活动、系列评选比赛活动、系列宣传实践活动。向中央文明办、中国文明网推荐8户全国文明家庭专题图书和短视频等相关材料,展示江西省文明家庭创建成果。省妇联举办全省五好家庭、最美家庭揭晓会,吸引12.7万户家庭参与,晒出36万幅家庭照片,征集13.3万条家训,激励广大家庭传承好家风。

【文明校园创建】 围绕加强新时代师德师风建设和培育时代新人,开展文明校园创建工作。开展"文明校园巡礼"集中宣传,在《江西日报》、江西广播电视台、江西文明网等媒体开辟专栏,集中展示22所全国文明校园的经验成效。省教育厅组织开展文明校园"大家谈"征文活动,收到稿件2万余篇;评出优秀作品200篇,其中一等奖30篇、二等奖60篇、三等奖110篇,优秀组织奖10个。中央文明办《未成年人思想道德建设工作简报》第7期刊登江西省开展活动的基本做法。贯彻落实中央文明办、教育部《关于推荐创建全国文明校园先进学校的通知》要求,做好遴选推荐和宣传工作,推荐上报高校9所、初中73所、小学228所。

【推进文明旅游工作】 开展"文明旅游 为中国加分"主题实践活动。省文明办、省旅发委联合举办"文明旅游、诚信兴商,为中国加分"暨仙女湖"为爱奔跑"环湖四季联赛主题活动启动仪式,邀请旅游志愿者代表、旅行社行业代表和游客代表进行文明旅游宣誓活动,各旅游行业代表、游客代表、环湖赛运动员等近1000人参加。其间,设计制作文明旅游宣传推广H5、短视频等宣传品在各类媒介进行传播,营造和谐文明的旅游环境。省文明办将文明旅游纳入文明城市测评,文旅、民航、铁路等部门强化对旅游不文明、旅客不文明等行为的约束。

(赵显昊)

本栏编辑 邓诚君

市、县(区)

南昌市

【概　况】　位于江西省中部偏北，辖3县6区3开发区和1新区。总面积7402.36平方千米，其中城市建成区面积345平方千米。耕地面积27.56万公顷，森林覆盖率23%，城市绿化覆盖率41.03%。总人口531.88万人，其中城镇人口294.55万人；人口自然增长率6.28‰。2018年，地区生产总值5274.67亿元，同比增长8.9%。其中，第一产业增加值190.68亿元，增长3.2%；第二产业增加值2660.92亿元，增长8.5%；第三产业增加值2423.07亿元，增长10.1%。财政总收入869.36亿元，增长11.1%；税收收入占财政总收入89.6%。其中，地方一般公共财政预算收入461.75亿元，增长10.7%；地方一般公共财政预算支出752.13亿元，增长15.2%。规模以上工业增加值比上年增长9.5%。主要工业产品及产量有光电子器件221.4亿只(片)、水泥693.1万吨、智能手机4035.9万台、汽车41.3万辆。社会消费品零售总额2096.96亿元，增长12.3%。进出口总值669.20亿元，增长8.3%。其中，出口值428.27亿元，增长12.7%；进口值240.93亿元，增长1.4%。实际利用外资45.82亿美元，增长18.6%。实际利用内资1693.06亿元，增长19.2%。其中利用省外资金项目进资1136.62亿元，增长18.7%。农业总产值321.01亿元，增长3.4%。粮食总产量236.35万吨。主要农产品及产量有棉花1700吨、油料11.54万吨、生猪出栏290万头、家禽出笼4634.75万只、禽蛋11.88万吨。城镇居民人均可支配收入40844元，增长8.4%；农村居民人均可支配收入17866元，增长9.2%。

【2018年全市产业项目集中开工仪式暨推进动员大会召开】　6月23日，2018年全市产业项目集中开工仪式暨推进动员大会在新建区长埈工业园区召开。南昌市围绕“一核两重”(以新型工业化为核心，重点发展现代服务业和现代农业)产业发展战略，全面实施4个行动计划(工业4年倍增计划、服务业发展倍增计划、现代农业产业四年提质增效计划、招商引资4年倍增行动计划)，全市固定资产投资运行和项目推进情况呈现“两个稳、两个大、两个加快”(工业投资持续稳定增长、第三产业继续稳定回升，整体项目总量大、单个项目体量大，项目开工加快、投资落地加快)的特点。全年全市重大重点项目395个，总投资额6685.87亿元，比上年增长25.3%。此次集中开工共收集和遴选2018年新开工的、总投资在亿元以上的重大产业项目131个，总投资约1981.6亿元。

【第四届中国民宿客栈投资南昌峰会暨南昌市第一届民宿产业大会召开】　10月18日，由中国饭店协会和南昌市政府联合主办、中国饭店协会民宿客栈委员会与南昌市旅发委联合承办的第四届中国民宿客栈投资南昌峰会暨南昌市第一届民宿产业大会在南昌市力高皇冠假日酒店召开。市委副书记、市长刘建洋，省旅发委副主任陈晓平，中国饭店协会会长韩明出席并致辞。副市长凌卫发布南昌市旅游民宿发展政策。中国饭店协会副会长、中国饭店协会民宿客栈委员会理事长宣舒平，联合国世界旅游组织专家、中国饭店协会民宿客栈委员会副理事长、德安杰环球顾问集团董事长贾云峰等嘉宾；各县区政府、开发区(新区)相关负责人；中国饭店协会会员单位及国家AAA级以上景区和全省AAA级以上乡村旅游点负责人等330余人出席。会上，中国饭店协会民宿委员会与南昌市旅发委签订合作意向协议，各地民宿投资商与各县区签订民宿投资意向协议。峰会通过宣传推介、民宿大会、民宿论坛、目的地考察等系列活动，进一步扩大南昌市知名度和影响力，搭建旅游民宿投资平台，吸引旅游民宿项目投资，加快南昌市旅游民宿产业发展。

【江铃集团主营业务收入突破千亿元】　年内，省政府和南昌市共同推动江铃集团实现2018年主营业务收入突破千亿元。市工信委推进江铃集团整车生产及相关配套项目建设，加强与省发改委汇报沟通，完成江铃晶马和江西五十铃跨类生产轿车投资项目核准工作，配合省能源局支持江铃集团新能源汽车的推广应用，配套建设电动汽车充电设施。江铃集团不断丰富纯电动产品线，产品线覆盖皮卡、轻卡及轻型客车等各类车型，并与深圳地上铁、深圳国氢、天津中电联投、武汉众运通达公司开展合作。全年江铃集团营业收入突破千亿元大关，成为国内第12家、江西省第2家营业收入突破千亿元的汽车企业。

【前湖大道快速路主线通车】 8月31日11时8分，前湖大道快速路主线正式通车。前湖大道快速路为南昌市规划一环线快速路网干线中的重要组成部分，起于西外环，止于朝阳大桥，与南北向的昌西大道、320国道、昌九快速路等相接，全长10.4千米。其中红谷滩新区段2.4千米、新建区段4.7千米、湾里区段3.3千米。分为高架、地面、隧道3种断面形式，设计时速60千米，双向6车道，不设红绿灯。项目总投资35.6亿元，于2014年8月开工建设。

【滕王阁旅游区获评国家AAAAA级旅游景区】 10月29日，文旅部新晋AAAAA级旅游景区授牌会在北京举行，南昌滕王阁旅游区被授予国家AAAAA级旅游景区，实现南昌国家AAAAA级旅游景区"零突破"。自2001年1月被核准为首批国家AAAA级旅游景区后，滕王阁旅游区开始改扩建。2014年，南昌市委、市政府启动滕王阁旅游区AAAAA创建工作，按照"向东、南、西、北四个方向拓展"总体建设思路，先后投入20余亿元，征迁面积近10万平方米，打造东面旅游商业特色街区、南面旅游综合配套服务区、西面江水湿地景观区、北面文化休闲演艺区4大功能分区，形成大滕王阁旅游区格局。同时，滕王阁主楼开展"文化提升"工程，运用高科技把现代互联网技术与滕王阁的千年文化历史相融合。同时，还推出新春·元宵祈福灯会、谷雨诗会、重阳金婚盛典等节庆品牌。2016年10月，滕王阁旅游区通过国家旅游局景观质量评审，取得AAAAA创建入场券。

【"八一"军体项目运动队集体落户南昌】 10月27日，中央军委训练管理部军事体育训练中心与南昌市政府在前湖迎宾馆举行"八一南昌"合作共建签约仪式，宣布全面合作共建军体项目运动队。按照计划，中国人民解放军所有军体项目运动队将以"八一南昌"之名参加国家体育总局或体育单项协会举办的年度赛事，并在国际军体理事会举办的赛事中穿着印有"八一南昌××队"标识的运动服装。军事体育训练中心的篮球、排球、乒乓球等6个参加全国职业联赛运动项目队主场落户南昌。此次军地合力打造"八一南昌"军事体育品牌，有助于发挥南昌体育设施、资金和人力等资源优势，弥补军队运动队训练比赛保障方面短板，促进军队体育队伍出成绩出人才，为国为军争光。

【2018南昌国际马拉松比赛举行】 11月11日，由中央电视台、中国田径协会、江西省体育局和南昌市政府主办的江铃集团-易至汽车·2018南昌国际马拉松比赛在南昌举行。中央电视台体育频道副主任罗刚向南昌市政府授"奔跑中国"跑者会旗。比赛赛道涵盖南昌各大地标，起点设在八一广场，全程马拉松及半程马拉松终点设在南昌国际体育中心，迷你马拉松家庭跑终点设在滕王阁。中国、美国、加拿大、新加坡、肯尼亚、埃塞俄比亚等近40个国家和地区的2.5万名选手参赛。内蒙古选手金铭铭以2小时35分11秒的成绩夺得女子全程马拉松冠军，是首位获得"英雄马"冠军的中国籍选手。肯尼亚选手包揽男子全程马拉松前3名并全部打破赛会纪录，DOUGLASSKIMELIKIPRUGUT以2小时13分26秒的成绩夺冠。大赛通过中央电视台直播。

【2018江西南昌首届赏花观灯节举行】 2月13日至3月11日，由南昌水投和灯展方联合举办的2018江西南昌首届赏花观灯节在青云谱区梅湖景区花博园举行。赏花观灯节是江西规模最大的灯展，由10万盏霓虹彩灯堆叠成59组巨型彩灯造型。灯展设红色文化、儿童卡通、梦幻花卉、浪漫爱情4大主题区。其中，红色文化主题区有南昌起义、伟大胜利、中共十九大精神等造型，儿童卡通主题区有海底长廊、动物王国、童年记忆等造型，梦幻花卉主题区有花花世界、繁花似锦、迎春花等造型，浪漫爱情主题区有永结同心、心心相印、水晶之恋等造型。赏花观灯节还举办民俗文艺表演、民俗体验、元宵纳福周3大主题活动。游客入园近距离感受舞龙、傩舞等多项国家级非遗文化，观看歌舞、杂技、魔术表演，还可欣赏古装汉服射艺、动漫Cosplay表演等。开幕当天有上万人次入园观赏，整个活动期间，游客人数突破40万人次。

主要领导人 市委书记：殷美根。市人大常委会主任：陈德寿。市长：郭安（任至4月）、刘建洋（5月任）。市政协主席：周关。

（南昌市史志办）

·南昌县·

【简 况】 位于江西省中部偏北，辖9镇7乡1街道办事处1国家级开发区1省级开发区和银三角管理委员会。总面积1683平方千米，其中城区面积64平方千米。耕地面积7.87万公顷，有林面积2388.8公顷，森林覆盖率13.73%。总人口105.41万人，其中城镇人口32.63万人；人口自然增长率5.6‰。2018年，地区生产总值811.6亿元，同比增长9%。其中，第一产业增加值57.0亿元，增长3.8%；第二产业增加值506.9亿元，增长9%；第三产业增加值247.7亿元，增长10.2%。财政总收入127.7亿元，增长10%；人均1.21万元；税收占财政总收入86.5%。地方公共财政预算收入70亿元，增长9.8%；地方财政支出132.5亿元，增长18%。工业总产值941.6亿元，增长14.5%。外贸出口占地区生产总值8.4%。500万元及以上固定资产投资增长11.4%。实际利用外资7.16亿美元，增长28.2%；实际利用内资253.5亿元，增长21.8%。主要工业产品及产量有化学药品原药858吨、中成药600吨、汽车6.53万辆。农业总产值95.9亿元，增长4%。粮食总产量101.29万吨。主要农业产品及产量有水稻90.8万吨、蔬菜66.2万吨、油料1.29万吨。城镇居民人均可支配收入36943元，增长8.7%；农村居民人均可支配收入19629元，增长9.2%。城乡居民年末储蓄余额376.5亿元。

【向塘至厦门港铁海联运外贸班列开通】 3月9日，南昌县开通南昌向塘至厦门港铁海联运外贸班列。班列从向塘横岗站九三三处专用线出发，共装运32个标准集装箱，以机电车轴、石粉等出口货源为主，经转厦门国际码头运往世界各地。与传统运输方式相比，该铁海联运可全程快速衔接，缩短4天左右时间，降低物流成本，助推南昌(向塘)国家一类铁路口岸加速建设。

【厕所、垃圾分类、烟头3大“革命”启动】 5月4日,南昌县启动“厕所革命”“垃圾分类革命”“烟头革命”暨智慧城管综合执法平台体系建设。“厕所革命”是全面深入乡村振兴战略的重要组成部分,南昌县利用3年时间实现全县厕所因地制宜、布局合理、设施完善、管理规范、服务优质、群众满意的目标,到2020年年底实现卫生厕所城乡全覆盖。“垃圾分类革命”是南昌县采取“政府推动、部门运作、循序渐进、先易后难、突出重点、抓住关键、条块结合、协同推进、宣传引导、公众参与、完善机制、注重长效”的做法,在莲塘镇王家社区等5个社区进行试点,政府机关、企事业单位实行生活垃圾强制分类。“烟头革命”是南昌县响应中共中央总书记习近平提出的“城市管理应该像绣花一样精细”而在全省率先创新管理的新举措,各政府机关、企事业单位在室内严禁吸烟,在室外设置吸烟区,在公交站台、公园广场、商场入口、人口密集区域安装灭烟装置,创建无烟单位、无烟社区、无烟家庭。

【江西新能源汽车大数据中心落户南昌县】 5月26日,江西新能源汽车大数据中心、同济大学江西校友会揭牌仪式暨江铃集团与同济大学研发成果转化签约仪式在南昌小蓝孵化基地举行。江西省新能源汽车大数据中心是省新能源汽车公共服务平台重点支持工程,在落实国家大数据战略的同时,面向电动化、智能化、网联化趋势,服务新能源汽车全产业链。中心作为南昌市政府与同济大学签订的产学研合作协议框架内首个落地项目,是政校企三方合作迈出的关键一步,推动大数据在新能源汽车产业链中的实际应用,助力江西新能源汽车产业的转型升级、跨越发展。

【上海大世界南昌县文化体验周活动在上海举行】 8月23日—29日,上海大世界南昌县文化体验周活动开幕仪式在上海大世界举行。活动借助上海大世界的舞台展现南昌县厚重的文化内涵和独具韵味的传统技艺,使文化真正走出去,把旅游商贸推介出去。文化体验分5大主题,包括南昌采茶戏经典剧目展演、地方特色产品展、书画和摄影作品展、文化旅游主题展、洪州窑青瓷VR移动博物馆。通过18场精品采茶戏剧目、60余件书画作品、80余幅摄影作品、11个农业展示厅以及多项非物质文化遗产展示,传递“大美昌南五彩福地”的魅力。

【菜鸟网络江西运营中心项目落户南昌县】 12月3日,菜鸟网络江西运营中心及天猫优品项目签约仪式在南昌县澄碧湖大厦举行。菜鸟网络江西运营中心项目投资总额20亿元,是省政府与阿里巴巴集团签订战略合作框架后,在江西省落户的第1个项目。菜鸟网络江西运营中心是菜鸟网络全国布局的重要节点项目,建设中国智能骨干网及菜鸟网络辐射江西省的订单生产结算中心和运营中心、物流大数据信息平台、供应链金融服务中心O2O体验式购物中心等业态,并在该项目中全面推进菜鸟网络物流loT(物联网)战略在江西的创新实践,在南昌县构建电子商务产业的新型生态圈及新零售、新制造、新金融等融合发展的创新型商业基础设施。

主要领导人 县委书记:胡晓海。县人大常委会主任:黄芝亮。县长:陈翔。县政协主席:郑响龙。

(刘汉求)

·进贤县·

【简 况】 位于江西省中部,辖9镇12乡。总面积1971平方千米,其中城区面积37.3平方千米。耕地面积7.59万公顷,有林面积4.60万公顷,森林覆盖率22.36%,城区绿化率45.61%。总人口85.05万人,其中城镇人口27.77万人;人口自然增长率6.35‰。2018年,地区生产总值362.67亿元,同比增长9.1%。其中,第一产业增加值56.84亿元,增长4.1%;第二产业增加值173.53亿元,增长8.6%;第三产业增加值132.30亿元,增长12.6%。财政总收入30.5亿元,增长17.8%;人均3586元;税收占财政总收入82.6%。地方财政收入17.5亿元,增长11.5%;地方财政支出50.3亿元,增长13.9%。工业总产值335.9亿元,增长16.9%。规模以上工业增加值70.99亿元,占地区生产总值19.6%。外贸出口占地区生产总值2.3%。固定资产投资168.28亿元,增长11.6%。实际利用外商投资1.60亿美元,增长20.1%;实际利用内资122.72亿元,增长20.66%。主要工业产品有医疗器械产值78.37亿元、钢架结构产值74.6亿元、食品加工产值70.4亿元、文化用品产值9.6亿元、烟花鞭炮产值16.1亿元。农业总产值93.1亿元,增长4.4%。粮食总产量53.88万吨。主要农业产品及产量有稻谷52.2万吨、花生2.8万吨、芝麻4714吨、肉类11.56万吨、水产品12.57万吨。城镇居民人均可支配收入34525元,增加2705元;农村居民人均纯收入18352元,增加1523元。城乡居民年末储蓄余额239.06亿元,增长4.7%。

【进贤县文港镇组织企业参加全国文博会】 3月30日至4月2日,第41届全国文房四宝艺术博览会暨第8届全国中小学生书法用品博览会在北京举行。进贤县文港镇组织59家文化用品生产经营企业参展,布展96个展位,占全部展位的八分之一强,是文港镇历届参展企业数最多的一次。参展企业现场交易量约410万元,签约订单620多万元。以毛笔制作为代表的文化用品产业是文港镇传统产业、特色产业、支柱产业,被列为江西省文化产业基地,拥有各类制笔生产企业和作坊2200家,从业人员1.3万人。文港镇毛笔及相关文房四宝商品占据全国75%的市场份额,金属笔占全国30%的市场份额,均位列全国同行业第一。

【李渡烟花亮相上海合作组织青岛峰会】 6月9日,上海合作组织峰会在青岛举行,江西李渡烟花集团上演绝美海上烟花秀。烟花秀创造6个世界之最:世界上第一次在横跨海陆近5千米立体空间的大型烟花燃放,配合近百座楼体灯光秀,从水、陆、空多层空间结合最新燃放技术;世界上第一次用9艘长76米、2000多吨位轮船作为燃放载体的海上烟花燃放;世界单项烟花燃放项目燃放数量最多的一次烟花秀,3 分 40 秒集中燃放各类型烟花 3.5 万余发;世界烟花燃放史上燃放海岸线最长及点火设备最先进烟花秀之一;世界上燃放难度最大的烟花秀之一;世界级艺术水准最高的大型烟花艺术表演之一。

【进贤县成为江西省唯一“双高铁”县城】 7 月,省市专家到进贤县三里乡倪坊、滨山、曹门村委会察看当地环境,探讨昌景黄高铁军山湖站 40 公顷配套土地综合开发项目选址事项。2014 年 12 月,沪昆高铁进贤南站通车,每天停靠车辆 35 趟次,客运量 2000 多人次,一年客运量达 70 余万人次,相当于 90%左右的进贤人平均每年乘一次高铁。2017 年 12 月,获国家发改委批复的昌景黄高铁设军山湖站,进贤县成为全省唯一“双高铁”县城。

【举办首届医疗器械高峰论坛大会】 9 月 28 日—29 日,由进贤县政府和全国卫生产业企业管理协会医疗器械商业分会共同主办,进贤县大健康产业园、进贤县商务局、山东新丞华、奥咨达、广东合壹汇和 e 链网承办的进贤首届医疗器械高峰论坛暨全国卫生产业企业管理协会医疗器械商业分会全国会员大会在进贤县举行。这是国内医疗器械领域最高级别的高峰论坛。国内外 600 多家医疗器械及相关领域的研发、生产、经营、流通企业和投资机构的代表参会。县政府与全国卫协商业分会、奥咨达、合壹汇签署四方框架协议。投资 20 亿元的广州奥咨达医疗器械技术股份有限公司等 10 家企业签约入驻,签约资金达 27 亿元。

【李渡烧酒作坊遗址入选第二批国家工业遗产名单】 11 月 3 日,进贤县李渡烧酒作坊遗址入选第二批国家工业遗产名单,这是该次全省唯一获认定的工业遗产项目。李渡烧酒作坊遗址共有元代酒窖 16 个、明代酒窖 12 个、清代酒窖 32 个和元明清各种文物 350 余件,是全国发现年代最早、遗迹最全、遗物最多、延续时间最长,且最具鲜明地方特色的古代白酒作坊遗址,也是中国乃至世界范围内证明元代蒸馏酒产生、发展并取得突破的最好遗址。

【军山湖大闸蟹获 2018 年全国河蟹大赛最高奖“金蟹奖”】 11 月 13 日,进贤县军山湖港汉鱼蟹养殖专业合作社、江西进贤军山湖鱼蟹开发公司、进贤县军山湖毛家渡有限公司 3 家公司选送的军山湖清水大闸蟹全部获 2018 年全国河蟹大赛最高奖“金蟹奖”,军山湖大闸蟹优良品质再次得到肯定,实现军山湖大闸蟹参加全国河蟹大赛次次获奖。该次河蟹大赛是由上海海洋大学承办,全国各地 60 多家单位推送 1400 多只河蟹参赛。

【合作建设中国毛笔产业电子商务总部基地】 11 月 29 日,进贤县与中国网库集团在网库北京总部举行签约仪式,双方共同合作建设中国毛笔产业电子商务总部基地,项目总投资 4 亿元。双方共同选拔和推动一批特色产业代表企业入驻平台,并在 3 年内引进或推动区域外不少于 3000 家产业上下游企业入驻平台。网库集团负责中国毛笔 B2B 电子商务平台的开发、运营、推广、招商和线下体验,建设好电子商务运营中心、产业孵化中心、电商金融结算中心、产业链大数据中心,将该平台打造成毛笔产业交易额全国第一平台。

主要领导人 县委书记:钟益民。县人大常委会主任:胡鹏飞。县长:叶修堂。县政协主席:钱和平。

(王方)

·安义县·

【简　况】 位于江西省西北部,辖 7 镇 3 乡 1 垦殖场。总面积 665.49 平方千米,其中城区面积 22.68 平方千米(含开发区面积)。耕地面积 2.5 万公顷,有林面积 2.77 万公顷,森林覆盖率 41.6%,城区绿化率 29.23%。总人口 30.65 万人,其中非农业人口 9.56 万人;人口自然增长率 9.18‰。2018 年,地区生产总值 120.17 亿元,同比增长 8.7%。其中,第一产业增加值 12.18 亿元,增长 3.7%;第二产业增加值 57.45 亿元,增长 9.1%;第三产业增加值 50.54 亿元,增长 9.6%。财政总收入 15.57 亿元,增长 16.6%;税收占财政总收入 42.55%。地方一般公共财政预算收入 10.4 亿元,增长 19%;地方一般公共财政预算支出 28.43 亿元,增长 23.1%。500 万元以上固定资产投资增长 10.9%。实际利用外资 0.72 亿美元,增长 20.1%。外贸出口 1.51 亿元,增长 6.4%。农业总产值 21.17 亿元。粮食总产量 20.47 万吨,下降 3.8%。主要农产品及产量有水稻 16.42 万吨、油料 2.15 万吨、蔬菜 19.95 万吨、肉类 2.07 万吨、水产品 3.31 万吨。城镇居民人均可支配收入 32509 元,增长 8.6%;农村居民人均可支配收入 15950 元,增长 9.2%。年末城乡居民储蓄余额 96.80 亿元,增长 2.6%。

【安义县被评为国家知识产权强县工程示范县】 1 月,国家知识产权局发布《关于确定新一批国家知识产权强县工程、传统知识产权保护示范、试点县(区)的通知》,全国有 30 个县(市、区)获批国家知识产权强县工程示范县(区),安义县入选。自 2014 年被确定为国家知识产权强县工程试点县(区)以来,安义县推进知识产权强县、强园、强企建设,深入实施知识产权战略,通过成立强县工程领导小组、修订完善政策、引进培育中介机构等措施实施知识产权强县工程。加强专利申请授权引导,2018 年申请专利 850 余件,授权 400 余件。加强专利转化运用,江西巴菲特化工有限公司获 1400 万元的专利质押融资资金。

【《古村女人》获 2018 年全国电视剧播出联盟年度收视冠军】 根据 2017 年 10 月至 2018 年 10 月全国和地方综合收视率指标显示,由南昌市委宣传部、安义县联合拍摄的电视剧《古村女人》获 2018 年全国电视剧播出联盟年度收视冠军,该奖项由中国广播电影电视社会组织联合会节目交易工作委员会和全国电视剧播出联盟颁发。电视剧《古村女人》是江西省首部现代农村题材电视剧,由张芸编剧,以江西本土文化为基调,以安义古村的风俗风貌及深厚文化底蕴为基本素材,展示中国农村 20 世纪 70 年代末至 21 世纪初数十年的沧桑巨变,彰显江西人面对困难和挫折的坚强意志,反映改革开放以来中国农村女性自我意识觉醒和不断奋斗的人生历程。该剧曾获全国电视剧最高奖——金鹰奖,是江西省第一部获此荣誉的电视剧作品,曾在央视8频道套播出5次。

【安义籍运动员熊亚瑄破女子25米手枪全国纪录】 9月25日,2018年全国射击总决赛(步、手枪项目)在云南昆明举行,江西省射击运动管理中心运动员熊亚瑄以资格赛585环、决赛40中的成绩取得女子25米手枪项目冠军,并打破该项目决赛39中的全国纪录。2018年全国射击总决赛(步、手枪项目)由国家体育总局射击射箭运动管理中心主办,有32支代表队144名运动员参赛。按照规程,2018年的全国射击冠军赛、全国射击锦标赛个人前10名的选手才有资格参加总决赛。熊亚瑄,1996年出生,安义县人。2008年7月进入南昌市女子手枪项目班开始业余射击训练;2016年进入省射击运动管理中心。蝉联2015年、2016年、2017年全国射击锦标赛女子25米运动手枪冠军。2017年入选中国国家射击队,同年在天津全运会上获银牌。2018年5月25日,在2018年射击世界杯(德国站)获女子25米手枪冠军。

【珠珞枇杷获批国家地理标志证明商标】 9月,安义珠珞枇杷获批国家地理标志证明商标,成为县第2个地理标志产品。安义珠珞枇杷除富含丰富的维生素、胡萝卜素等应有的营养成分外,还富含氨基酸,对保护视力、保持皮肤健康润泽,促进儿童身体发育都有效果。且其品质性凉,味甘酸,有润肺止咳、止渴和健胃的功效,可用于咽干烦渴、咳嗽吐血、呃逆等症。

【安义县供销合作社获评全国供销合作社系统先进集体】 1月15日,在北京举行的全国供销合作社系统先进集体、劳动模范和先进工作者表彰大会上,安义县供销合作社获“全国供销合作社系统先进集体”称号。安义县供销合作社成立于1950年11月,下辖农资公司等18个直属企业和龙津等7个基层(中心)社。2018年,该社完成商品销售总额5.47亿元,实现利润578万元,缴纳税金155万元,为当地农民增收1600余万元。

【安义县获评2017全国社会治理创新优秀县】 1月26日,在北京召开的第三届全国社会治安综合治理创新经验交流会暨2017社会治安综合治理创新优秀城市发布会上,安义县获“2017全国社会治理创新优秀县”称号,该县《创新社会治理补短板 共建共治共享保平安》经验做法入选《全国社会治理创新典范案例汇编》。安义县在全国首创“综治银行”,村民以行动兑换积分、以积分兑换商品,调动村民自觉参与综治工作和平安建设的积极性,得到中央维稳办、人社部的肯定。针对安义县在全国各大城市设立驻外商会的情况,安义县综治办联合县工商联在21个驻外商会设立综治室和调解室,成立治安防火、信访维稳、普法宣传和安置帮教4支队伍,将社会治理的触角延伸到全国各地。同时,该县设立综治哨所198个,发挥社会力量参与情报信息收集、化解制止不稳定因素,提升预警预测预防能力。

【2018年江西安义(宁波)新材料和高端门窗产业招商推介会在浙江宁波召开】 9月20日,2018年江西安义(宁波)新材料和高端门窗产业招商推介会在浙江宁波市东港喜来登酒店举行。推介会上,中国建筑金属结构协会秘书长刘哲为安义县“中国门窗之乡”授牌。会上共签约项目14个,涉及智能门窗、玻璃幕墙、新型材料、汽车配件、物流仓储等领域,总投资66.87亿元。

【第五届中国(安义)铝型材及门窗博览会举行】 2月23日至26日,安义县政府主办的第五届中国(安义)铝型材及门窗博览会在江西优铝易购电子商务有限公司举行。展会为期4天,吸引全国各地的建材门窗经销商、采购商、门窗制造商、房产开发公司等达16.80万人次,全国有300多家企业参展,展会规模达2.70万平方米,1500多个展位,集中展出高新、节能、智能的门窗产品。展会现场成交额超4.62亿元,意向合同达8.26亿元。

主要领导人 县委书记:李松殿。县人大常委会主任:刘万勇。县长:彭开先。县政协主席:黄小平。 (杨阆)

·东湖区·

【简 况】 位于江西省中部偏北,辖1镇9街道办事处和2管理处。总面积56.95平方千米,园林绿地面积479.93公顷,城区绿化覆盖率29.67%。总人口50.36万人,其中城镇常住人口50.16万人;人口自然增长率5.22‰。2018年,地区生产总值513.05亿元,同比增长8.1%。其中,第一产业增加值0.66亿元,增长1.4%;第二产业增加值41.00亿元,增长5.6%;第三产业增加值471.38亿元,增长8.3%。财政总收入77.00亿元,增长19.1%;税收占财政总收入96.5%。地方一般公共预算收入13.22亿元,增长4.7%;地方财政一般预算支出25.48亿元,增长7.8%。500万元以上固定资产投资增长13%。社会消费品零售总额318.79亿元,增长10.6%。实际利用内资59.68亿元,增长19.82%;实际利用外资2.84亿美元,增长7.41%;现汇进资8460万美元。外贸企业进出口总额2.96亿美元,增长5.2%。城镇居民人均可支配收入4.26万元,增长8.1%。

【南昌苏宁广场暨2018年东湖区重大重点项目集中开工(签约)仪式举行】

6月11日,东湖区在八一广场一侧的原省府大院举行南昌苏宁广场暨2018年东湖区重大重点项目集中开工(签约)仪式,集中开工(签约)项目37个,总投资额310.6亿元。其中,开工项目22个,总投资额175.6亿元,包括总投资85亿元的南昌苏宁广场项目、投资28亿元的七里滨江项目、投资16.9亿元的江旅都市方舟项目等;签约项目15个,总投资额135亿元,包括总投资50亿元的青山湖西岸商业广场项目、总投资15亿元的南昌印国际中心项目等。南昌苏宁广场是东湖区有史以来投资额最大的招商项目,将围绕苏宁智慧零售的创新商业模式,打造体现苏宁零售发展前沿理念的代表作和南昌城市“客厅”的新坐标。

【居家养老志愿服务“时间银行”建立】 2018年,东湖区通过深入调研辖区老人意愿和志愿者群体资源情况,借鉴商业银行运营管理模式,按照“低龄存时间,高龄取服务”思路,鼓励60岁以上低龄健康老人和其他志愿者为社区80岁以上高龄和失能、失智、独居、失独老人提供志愿服务,服务时长以积分形式储存,未来可兑换养老服务,形成“提供养老服务—量化时间储存—支取养老服务”良性循环,在全省率先建立居家养老志愿服务“时间银行”并在全省推广。全区建立“时间银行”分行12家、支行102家,拥有志愿者5000人,开展志愿服务上万次,累计3万余小时,打造了一批“智慧养老”“健康养老”典型。

【“一体两翼”社区矫正官试点运行制度在全省推广】 3月,江西省社区矫正工作现场会在东湖区召开,该区开创的社区矫正官“一体两翼”创新做法和典型经验在全省推广。2017年,东湖区在南昌市率先将区社区矫正管理中心更名为社区矫正执法大队,下设3个直属中队、2个片区中队和11个司法所中队,引入社会力量参与社区矫正工作,打造“黄丝带”工作室,创造“一体两翼”(以“队建制”专业队伍体系为主体,以刑罚执行机制和社会帮扶机制为两翼)社区矫正官试点运行制度,形成可学习、可复制、可借鉴的“东湖模式”,在全市乃至全省起到示范引领效果,社区矫正“一体两翼”的运行制度获2017年度全省司法行政创新突破奖。“一体两翼”的新做法是加强社区矫正队伍建设,做好新形势下社区矫正工作的探索和创新。

【东湖区入选首批国家义务教育质量监测结果应用实验县区】 3月,东湖区与全国唯一通过教育部认定的、教育领域的国家协同创新中心——北京师范大学中国基础教育质量监测协同创新中心合作,成为全省唯一的国家义务教育质量监测协议区。5月24日,作为协议区参加2018年国家义务教育质量监测,由于监测实施工作规范,数据采集精准,获教育部基础教育质量监测中心颁发的“2018年度国家义务教育质量监测优秀组织单位”称号;7月20日,通过申报和层层审核,被教育部基础教育质量监测中心选定为首批国家义务教育质量监测结果应用实验县区(全省唯一),进一步提高东湖区义务教育质量,是“学在东湖”品牌的有力支撑。

【南昌红色记忆展示馆开馆】 1月2日,南昌红色记忆展示馆免费开放。该馆曾是南昌电影公司行政大楼(20世纪40年代的建筑),2017年东湖区在旧城改造中,将其完整保存并进行保护性修缮加固装饰,由东湖文化旅游发展有限公司提供资金和场地,收藏家李定康无偿提供展品合作共建,是全市首家“公助民办”非国有博物馆。展示馆是以红旗为主题的革命历史展示馆,总建筑面积852平方米,展陈面积524平方米,陈列各类文物、展品、图片1000余件,通过“红旗源”“红旗谱”“红旗颂”“红旗扬”四大主题,让观众与历史“对话”,领略红色文化。馆内“时间墙”集中展示中华人民共和国建立过程中的一些重要节点,“精神墙”集中展示“延安精神”“井冈山精神”“八一精神”等红色精神,“英模人物墙”展示部分英模人物的先进事迹。展示馆将红色文化与VR技术相结合,观众利用手机扫描即可还原重大历史事件场景。

【豫章小学教育集团获“全国优秀少先队集体”】 12月28日,共青团中央、教育部、全国少工委联合公布2018年度“全国优秀少先队员”“全国优秀少先队辅导员”“全国优秀少先队集体”名单,全国64所学校入选2018年度“全国优秀少先队集体(学校)”,江西2所小学入选,东湖区豫章小学教育集团是其中之一。豫章小学教育集团创新少先队工作新思路,把美雅文化作为特色文化进行打造,“美雅”特色队活动丰富多彩。美雅志愿服务队坚持33年开展“八一”慰问志愿服务活动;美雅少先队活动特色课程,与学校“社科大讲堂 家长来帮忙”活动有机结合。

【李诗沣获青奥会羽毛球比赛男子单打冠军】 北京时间10月13日凌晨,在阿根廷首都布宜诺斯艾利斯举行的2018年第三届青奥会羽毛球单打比赛上,东湖区输送的运动员李诗沣代表中国队出战,在决赛中以2∶0战胜印度运动员拉克什亚,夺得青奥会男子单打冠军,这是江西羽毛球运动员在青奥会历史上取得的第一枚金牌。2017年10月,李诗沣随中国队出战在印尼日惹举行的世界青年羽毛球锦标赛,在混合团体赛中夺得金牌。

主要领导人 区委书记:刘闯。区人大常委会主任:喻国泰。区长:高辉红。区政协主席:王玮。

(陈耀武)

·西湖区·

【简　况】 位于江西省中部,辖1镇11街道办事处。总面积34.8平方千米。绿化面积1302.6公顷,绿化覆盖率37.4%。总人口45.6万人;人口自然增长率6.76‰。2018年,地区生产总值527.71亿元,同比增长8%。其中,第二产业增加值133.98亿元,增长7.1%;第三产业增加值393.73亿元,增长8.2%。财政总收入109.5亿元,增长6.2%;税收占财政收入87.4%。地方财政收入18.6亿元,增长7%;地方财政支出33.03亿元,增长19.5%。规模以上工业增加值33.6亿元,增长24.6%。500万元以上固定资产投资增长12%。社会消费品零售总额388.47亿元,增长10.3%。实际利用外资3.62亿美元,增长10.89%;实际利用内资68.02亿元,增长18.77%。城镇居民人均可支配收入41865元,增长8.2%。

【西湖区获中国楼宇经济十大活力城区】 6月,由中国楼宇经济联盟和清大文产(北京)规划设计研究院等举办的第四届中国楼宇经济峰会在浙江杭州举行。《西湖楼宇发展规划》首次被摘录《中国楼宇经济蓝皮书》,西湖区被评为中国楼宇经济十大活力城区之一,这是江西省首家也是唯一一家入选单位。截至2018年,西湖区拥有5000平方米以上商务楼宇76栋,总面积233万平方米。入驻区域性总部121家,世界500强企业27家,新增亿元楼1栋,税收亿元楼共9栋,贡献税收突破60亿元,同比增长12.4%,占财政总收入一半以上。

【邱娥国获评全国改革先锋】 12月

18日,在庆祝改革开放40周年大会上,西湖区民警邱娥国作为基层社会治理创新的优秀民警代表被授予“改革先锋”称号,并获颁改革先锋奖章,是江西省唯一获此荣誉者,也是全国公安民警的唯一代表。邱娥国,原南昌市公安局特警支队调研员。从警27年来,他秉承“人民公安为人民”的执法为民理念,大胆创新勤务模式,勇于破解基层治理难题,摸索总结出户籍民警“一图二诀三本四勤”和“串百家门,认百家人,知百家情,办百家事”工作法,创立“警民联系卡”“警民联系牌”等便民措施,在全国公安系统推广,为基层治理发挥重要作用。他参与侦破刑事案件500多起,教育转化“两劳”回归人员和违法青少年200余人,维护了社会稳定和一方平安,是群众的“贴心人”。

【朱紫巷改造上央视《新闻联播》】
年内,西湖区投入6300万元打造1个精品社区以及5个亮点社区、7个普惠社区,惠及群众近4万人。其中投入2500余万元重点打造朱紫巷小区。该项目于8月启动,12月竣工,改造建筑外立面面积约2.9万平方米,改造新雨棚约2344套,拆除违章雨棚约1140个,打造硬质景观5947.19平方米,提升社区生活居住环境。8月18日,央视《新闻联播》以《江西南昌:改造老城 不改老味道》为题,报道该小区改造情况。

【百条道路改造完成】 7月26日至12月30日,西湖区投入约1亿元,采用EPC模式,对辖区内12个街道(镇)背街小巷进行综合提升改造。项目涉及道路101条,总长度1.78千米,总面积12.26万平方米,检查井919座,雨水井1940个。在改造中,西湖区坚持“五个优先”原则(优先改造老城区人口最集中的区域,优先改造有文化、有历史发掘价值的街巷,优先改造市民参与度高、民风良好的社区,优先改造紧靠主次干道的街巷,优先改造能连线成片的区域),在整治中把握“五化标准”(路面硬化做到平整无坑洼,园林绿化做到能绿尽绿、绿化成景,立面美化做到墙体整洁、色调一致,管线净化做到店招规范、线缆架空,路灯亮化做到路灯无破损、照明合需求),不断改善居民出行条件,提升街巷环境品味,提高百姓幸福感。

【成功创建全国中小学校责任督学挂牌督导创新区】 2月6日,教育部公布第二批全国中小学校责任督学挂牌督导创新县(市、区)名单,江西省7个县(市、区)入选,西湖区名列其中,为全省首批。西湖区创建“三带四协作五联动”工作机制,开创责任督学挂牌督导的“西湖模式”。“三带”即带“需”督导,带“情”督导,带“题”督导。“四协”即责任区督学与责任督学之间,责任区督学与学校之间,责任区督学与教研员督学、特邀督学之间,责任督学与教科体局各职能科室之间加强协作。“五联动”即强势推动,责任督学挂牌督导工作推进有力度;高效拉动,提升督学队伍有强度;内在驱动,督导机制构建运行有厚度;监督促动,督导活动开展有深度;多方互动,群众意见沟通渠道有广度。

【万寿宫商城商户回迁工作启动】
年内,万寿宫商城一区消防改造项目完成,并启动产权经营户回迁工作。万寿宫商城占地面积约1.6公顷,商业建筑面积3.89万平方米,非住宅产权745户、经营户1600余户,该次消防改造面积约1.38公顷。改造工程将原有住宅均外迁,在不改变经营业态的基础上,对原有批发市场整体结构进行消防改造,增设消防设施。商城整体风格为现代民国风,与南昌八一起义纪念馆、万寿宫历史文化街区建设风格相统一。

【西湖区通过国家慢性病综合防控示范区复审评估】 9月5日—6日,西湖区接受并通过国家卫生健康委员会疾控局组织的专家组评估。自2012年成功创建国家慢性病防控示范区以来,西湖区加快形成“政府主导、部门联动、专业支撑、全民参与”的慢性病综合防控新模式,先后投入27.6亿元,开展“1+3+12+N”健康支持性环境建设,即建立1个流动人口健康管理示范街道、1条健康饮食一条街,3个健康主题公园、3个精品健康社区,12家健康单位、12所健康学校、12家健康餐厅、12条健康步道,17个健康小屋,17个智慧型健康农贸市场,60个健康社区,112个自助式健康检测点,实现健康支持性环境区域全覆盖。

主要领导人 区委书记:梅茂发。区人大常委会主任:马力。区长:黄小燕。区政协主席:唐于禄。

(丁曼曼)

·青云谱区·

【简　况】 位于江西省北部,辖1镇5街道办事处和1省级工业园区。总面积43.2平方千米,其中城区面积43.17平方千米。城区绿化率33.15%。人口26.53万人,其中城镇人口26.53万人,城镇化率100%;人口自然增长率7.35‰。2018年,地区生产总值332.67亿元,同比增长8.3%。其中,第二产业增加值168.49亿元,增长7.3%;第三产业增加值164.18亿元,增长9.9%。财政总收入45.2亿元,下降0.2%;税收占财政总收入94.3%。地方一般公共预算收入10.1亿元,增长2.6%;地方一般公共预算支出15.9亿元,增长0.3%。工业总产值347.47亿元,增长3.4%。规模以上工业增加值增长7.4%,500万元以上固定资产投资增长10.5%。社会消费品零售总额增长10.6%。实际利用外资2.49亿美元,增长13.28%;实际利用内资56.09亿元,增长18.61%。外贸出口4.46亿美元。主要工业产品及产量有乳制品5.79万吨、服装592.4万件、商品混凝土71.14万立方米、汽车28.48万辆、电力电缆3678.9千米。城镇居民人均可支配收入41197元,增加3171元。

【举办中国南昌(青云谱)首届八大山人艺术节】 9月26日,青云谱区委、区政府举办的2018中国南昌(青云谱)首届八大山人艺术节在青云谱区举行开幕式。艺术节共有八大山人文化现象与南昌文化发展战略论坛、八大山人全国首届书法展、“八大山人杯”全国征联展、“秋之恋”主题花卉节、“经典诵读”专场活动、“八大山人”太极文化交流展、《汪大渊》纪录片看片会、八大山人文化产业主题招商会、纪念八大山人诞辰392周年系列画展等10大系列活动,活动贯穿全年。省委宣传部副部长黎隆武,南昌市委常委、市委宣传部部长龙和南，南昌市人大常委会副主任魏国华，南昌市政协副主席李广振以及南昌市直机关工委、市委宣传部、市文联、市政协教卫文体文史委等部分市直单位有关负责人，青云谱区在家的四套班子领导，全区副科级以上干部，区属学校主要负责人以及《人民日报》《经济日报》《光明日报》、中央电视台等中央驻赣媒体、省市主流媒体负责人，省内高等院校、科研院所有关领导和专家学者，中书协、中美协在赣会员、省市书协、美协会员和社会各界代表等应邀出席开幕式和系列活动。

【青云谱区福祥社区被评为全国综合减灾示范社区】 1月，民政部公示2017年度全国综合减灾示范社区名单，青云谱区福祥社区入选。青云谱区福祥社区按照《全国综合减灾示范社区创建管理暂行办法》要求，开展“全国综合减灾示范社区”创建活动，在减灾工作制度建设、预案制定和演练、减灾设施和避难场所建设、减灾宣传教育活动等方面做了大量工作，将自身打造成“平安、和谐、服务型”社区。这是该社区继获2016年度“全省综合减灾示范社区”后，综合减灾工作的又一次提升。

【青云谱区青峰社区“365”工作法入选全国100个优秀社区工作法】 12月4日，根据《民政部办公厅关于推广军门社区工作法和开展优秀社区工作法征集展示活动的通知》要求，经地方推选、专家评审、复审核实等程序，民政部最终选定全国100个优秀社区工作法，青云谱区青峰社区“365”工作法入选。青峰社区党支部运用“社区党建365，服务群众零距离”工作理念，结合民情实际，创新“365”工作法（“党员联动、社工联勤、志愿联盟”三联动、“区域联合服务、综合便民服务、智慧信息服务、网格管理服务、社会公益服务、特色精细服务”六服务、“民情收集机制、民情分析机制、民情处理机制、民情反馈机制和民情评议机制”五机制），打造服务团队、创新服务方式、优化服务规程，提升社区工作水平，加强与居民间的双向互动，促使党建工作在基层一线落地生根，取得实效。

【青云谱区青峰社区被评为全国最美志愿服务社区】 3月20日，由中宣部、中央文明办等14家中央部委主办的2017年宣传推选学雷锋志愿服务“四个100”先进典型活动名单公布，青云谱区青云谱镇青峰社区入选全国最美志愿服务社区，是全省3个入选社区之一。青峰社区志愿者服务队成立于2012年，主要由社区工作人员、党员志愿者、热心公益事业的居民组成，包括党员志愿者服务队、医疗卫生志愿服务队、环境卫生志愿服务队、关爱老人志愿服务队、关爱留守儿童志愿服务队、小喇叭、义务巡逻队等志愿者服务队。其规模由成立之初的40余人发展到900多人，已经成为一支有组织、有制度、有章程的志愿者服务队。青峰社区志愿者服务队坚持以“奉献、友爱、互助、进步”为宗旨，以“为民服务，创建和谐社区”为主题，开展形式多样的志愿服务活动。

【李林当选中国好人】 3月30日，由中央文明办主办的3月“中国好人榜”发布仪式暨全国道德模范与身边好人（河南商丘）现场交流活动在商丘举行，共青团青云谱区委副书记李林当选中国好人（助人为乐好人）。李林，男，1990年8月出生，中共党员，青云谱区团区委兼职副书记，先后获得“中国好人榜”助人为乐好人、全国最美志愿者、江西省优秀志愿者等多项荣誉。2009年开始从事专职社会公益活动，10多年来，他积极传播志愿服务精神，热心志愿服务。他常年服务于社区、偏远乡村和残障学校等地，参与帮助残障儿童、留守儿童、孤寡老人等志愿服务活动，资助农村留守儿童，累计志愿服务时间10000多小时，募集各类款物139万余元。同时，他开通个人微博（微博名：公益小哥），感召市民参与志愿服务，带动近万名市民注册成为志愿者。2017年，李林在青云谱区成立“公益小哥”学雷锋志愿服务队，并募集10万元善款，设立专项志愿服务活动资金。2018年，“公益小哥”青峰社区学雷锋志愿服务基地成立。

【陈堃源当选全国“最美退役军人”】 11月10日，中宣部、退役军人事务部公布2018年“最美退役军人”先进事迹。全国共有20名先进模范当选，青云谱区退役军人陈堃源是其中之一。2002年，陈堃源服役于江西省武警总队，从军8年先后5次立个人三等功。2014年，陈堃源退伍后在南昌市成立江西兵哥送菜实业有限公司。2015年，他自主研发兵哥智慧供应平台管理系统，公司转型为“互联网+平台管理”的电商企业。截至2018年，该企业在全国成立分公司14家，员工从3人发展到380人，其中安置退役军人和军人亲属200多人，帮助30名退役军人创业；营业面积从50平方米增加到近2万平方米，营业额从200万元发展到5亿元，并在上海股权交易所上市。

主要领导人 区委书记：孙毅。区人大常委会主任：魏根金。区长：吴江辉。区政协主席：胥萍。

（徐亮）

·湾里区·

【简　况】 位于江西省西北部，辖4镇2街道办事处1管理处。总面积238平方千米，其中城区面积23.47平方千米，城区绿化率56%。耕地面积3120公顷，林地面积1.77万公顷。总人口8.05万人，其中城区人口3.96万人；人口自然增长率7.95‰。2018年，地区生产总值67.03亿元，同比增长9.5%。其中，第一产业增加值1.97亿元，下降12.8%；第二产业增加值23.33亿元，增长7.0%；第三产业增加值41.73亿元，增长12.6%。财政总收入15.02亿元，增长12.9%；税收占财政收入47.2%。地方一般公共预算收入8.05亿元，增长19.3%；地方一般公共预算支出17.22亿元，增长17.9%。规模以上工业增加值增长9.1%。固定资产投资增长12.3%。外贸出口占地区生产总值5.8%。社会消费品零售总额9.18亿元，增长10.1%。农业总产值4.32亿元，下降9.1%。粮食总产量12071吨，下降2.4%。主要农业产品及产量有蔬菜产量2957吨、下降2.0%，花卉苗木产值1.194亿元，增长3.3%。城镇居民人均可支配收入36927元，增长8.5%；农村居民人均可支配收入13770元，增长9.4%。

【旅游产业】 湾里区围绕旅游发展核心,推动产业深度融合丰富旅游产品,发展全域旅游。2018年,湾里区累计接待游客1683.65万人次,增长45.03%;旅游综合收入55.57亿元,增长45.06%。成功创建省级全域旅游示范区,完成太阳谷、明清文化园创国家3A级旅游景区及慢行系统休闲绿道项目等104个项目建设。启动立新徐家、太平雷港等民宿项目建设,泊园茶村、岭溪谷、颐源养生度假村、"半朵悠莲"等20多家民宿点开业经营,全区民宿床位达1831张,占全区总床位数41.6%,进一步促进观光旅游向度假旅游升级发展。通过各类节庆活动的举办,吸引全省乃至全国10多万名游客参与活动,先后举办"甜在湾里"爱神旅游文化节、第二届梅花节、户外徒步大会暨户外攀岩挑战赛、美丽中国行系列之半程马拉松赛和"520爱出彩 浪漫跑""智慧AI家领跑江西"、心街啤酒节、2018江中南昌·梅岭伶伦音乐节、罗亭镇首届赶集文化节、美丽中国行·中国梅岭国际越野挑战赛等18场大型活动,持续唱响"音律之源、大美湾里"品牌形象。

【教育事业】 2018年,湾里区在全省教育科学发展观考评中成绩列全省27名,2年内全省排名前进61位。先后投入1.8亿元,实施"三扩建一新建"项目建设。截至年底,湾里三小、湾里五小(一期)、湾里一中扩建项目工程建设全面完成。投资645万元,实施罗亭镇中心幼儿园改造工程、夏泽幼儿园装饰安装工程、霞麦幼儿园围墙建设工程、梅岭镇中心幼儿园改造工程。投资840万元,用于湾里四小、罗亭学校、狮峰学校、港下小学、明德小学、东源小学、太平小学、南溪小学、运动场改造工程和泮溪小学护坡工程。投入资金590多万元,用于学校教育装备添置,村小以上学校均建有计算机教室,生机比约10∶1,全区专任教师人均1台办公电脑,校校通、班班通全覆盖,中学标准化实验室全覆盖,各校图书室、音体美教室、多媒体教室(含班班通)均满足学校教育教学需要,生均图书达到省定标准。

【组建全省首支"飞虎"智慧铁骑大队】 2018年,湾里区率先在全省推进治安、交警融警机制改革,成立全省首支"飞虎"智慧铁骑大队。该铁骑大队配齐15辆智能"铁骑300",每辆铁骑嵌入4个高清相机,配备先进的人脸、车牌智能抓拍识别系统,具备车辆黑名单稽查布控、违停2次抓拍识别、GPS实时定位等功能,可以在时速50千米的状态下,对周边行人和车辆实现全程动态化抓拍、实时化研判、智能化预警、精准化打击,开创交通管理和社会治安治理新模式。

【中国(南昌)知识产权保护中心在湾里挂牌】 10月23日,中国(南昌)知识产权保护中心挂牌仪式在湾里区举行。该中心是2017年获国家知识产权局批准同意建设,江西首家、全国第13家知识产权保护中心。中心位于梅岭大道主干道,共2层,建筑面积2300平方米,8月底通过国家知识产权局验收并入驻办公。中心围绕中医药和电子信息产业,开展集快速审查、快速确权、快速维权、导航运营于一体,审查确权、行政执法、维权援助、仲裁调解、司法衔接相联动的产业知识产权快速协同保护工作,有效降低相关企业的知识产权授权、维权的成本并极大缩短办理时限。

【江中集团科研中心投入使用】 6月,由江中集团投资1.99亿元建设、总建筑面积3.4万平方米的江中集团科研中心投入使用。该中心位于湾里区梅岭大道旁,拥有世界顶尖的检测、生产设备和工艺,是国内最大的中药制药企业科研中心,是中国(南昌)中医药科创城湾里核心区的重要研发平台。年底,已有3个高端研发平台入驻。其中,中药固体制剂制造技术国家工程中心是全省首家落户的国家工程研究中心,承担国家及地方政府科研项目230多项,企业委托项目400多项;创新药物与高效节能降耗制药设备国家重点实验室是全省首家落户企业的国家重点实验室,主要致力于创新药物和制药装备研发;中西医结合肿瘤研究中心由长江学者、教授韩平畴牵头成立,主要研发基于4种血生物标志物的血检,以实现更优越的肺癌早期检测。

【举办美丽中国行2018中国梅岭国际越野挑战赛】 10月2日,由南昌市体育局、南昌市旅发委、湾里区政府主办,湾里区教科体局、湾里区旅发委承办,南昌市路跑协会、南昌市登山协会协办的美丽中国行2018中国梅岭国际越野挑战赛在湾里区举行。世界各国的3000余人越野爱好者参赛。其中,35千米和50千米为专业越野挑战赛选手参加,50千米专业组200人,35千米挑战组400人;10千米体验组主要以跑步和健步为主。赛道沿线经过中日友谊林、岳飞试剑石、高路入云端、铁壁山庄等景点。最终,李波、艾合麦提·阿卜杜瓦伊提、陈朝江获50千米男子组前三名;李飞、张晓娟、卢霞燕获50千米女子组前三名;张交、高径刚、杨建国获35千米男子组前三名;姚玉舟、王小夏、李亚获35千米女子组前三名。

主要领导人 区委书记:于立山。区人大常委会主任:李传强。区长:饶绍清。区政协主席:喻玫。

(张近荣)

·青山湖区·

【简　况】 位于江西省中部,辖4镇4街道办事处和1省级工业园区。总面积127.6平方千米。耕地面积1467公顷,绿化面积1404公顷,城区绿化率28.6%。总人口48.64万人,人口自然增长率7.79‰。2018年,地区生产总值562.9亿元,增长9.3%。其中,第一产业增加值0.5亿元,下降5.5%;第二产业增加值320.8亿元,增长8.5%;第三产业增加值241.6亿元,增长11%。财政总收入64.1亿元,增长11.4%;税收占财政总收入97.7%。地方一般公共预算收入16.3亿元,增长5.3%;地方财政支出27.2亿元,增长2.6%。规模以上工业增加值增长9.3%,外贸出口总额8.0亿美元,增长20.6%。固定资产投资增长10.7%。实际利用外资5.4亿美元,增长20.8%;实际利用内资196.9亿元,增长21.3%。规模以上工业主要产品及产量有服装3075万件、钢材425.1万吨、生铁346.0万吨、橡胶轮胎外胎48.9万条、单色印刷品2.2万令、软饮料23.6万吨、啤酒10.5万千升、印染布 6772.1 万米。农业总产值 7851 万元，下降 7.9%。粮食总产量 0.75 万吨，下降 5.8%。主要农业产品及产量有生猪出栏 1.5 万头、禽蛋 20 吨、水产品 1235 吨。万元 GDP 能耗 0.50 吨标准煤，下降 6.29%。社会消费品零售总额 229.9 亿元，增长 10.5%。城镇居民人均可支配收入 41551 元，增长 8.4%；农村居民人均可支配收入 20388 万元，增长 9.0%。

【现代服务业】 2018 年，青山湖区以城市商业综合体为突破口，生活性服务业焕发活力，青山湖万达广场开业首日人流量突破 30 万人次，华润青山湖综合体启动建设，绿滋肴城市广场摘牌落地，3 大综合体联动发展，城东商圈实现双核驱动、扩容提质初见成效。以专业楼宇为主要载体，楼宇经济财政贡献率持续攀升。全省首个医药健康综合体国信医药谷运营，成功打造晖燕研发大楼、宏发大楼等一批楼宇。至年底，全区引进楼宇经济项目 182 个，投资总额 11.6 亿元；新增规模以上服务业企业 15 家、服务业龙头企业 2 家和服务业集聚区 3 个，服务业增加值占地区生产总值 39%，比上年提升 2 个百分点。

【都市制造业】 2018 年，青山湖区电子信息产业补链强链延链工作取得多项突破。南昌电子信息(LED)产业创新示范园一期二组团 8 万平方米标准厂房和 3 万平方米配套用房交付使用，二期 28.13 公顷土地摘牌，工业园区“三房”建设取得阶段性成绩；兆驰新增 1000 条 LED 封装线项目投产，全区 LED 封装线突破 1550 条；聚合物锂电池项目落地。现代轻纺产业呈全链发展态势，打造全省首个、全国第 11 个国家纺织面料馆，引进杭州拓路者、无锡万斯等服饰品牌，举办由太酷·云介时尚创意产业园冠名的《太酷了！设计师》节目和“中华杯·太酷”国际服装设计大赛，签约全球知名纺织服装检验机构——必维(BV)国际检验集团。青山湖区成为全省唯一一个全国纺织服装创意设计试点园区和全省纺织产业优化升级试点单位。

【农村水环境治理】 青山湖区投资 1410 余万元，新建 8 个农村生活污水处理项目。建成后，项目日处理污水量达 850 吨，惠及 7890 人。5 月，青山湖区华源江纺排污口截污改造工程投入使用。此项目总投资 212 万元，累计完成排污管道铺设 425 米，建设检查井 8 个，护坡面积约 1300 平方米，可杜绝生活区污水直排赣江，污染赣江水体，确保高新北沥断面水质达标。

【全省首个户外“24 小时自助城市书房”开放】 1 月 15 日，全省首个户外“24 小时自助城市书房”——青山湖区图书馆罗家分馆开放。分馆总投资 80 万元，占地面积 150 平方米，藏书 8000 余册，设有电子书刊借阅机，水墨电子书，配备网络书籍，采用 RFID 门禁系统和自动办证设备，实行全天候不间断 24 小时自助阅读服务。整个图书馆采用全透明玻璃墙，内部分为普通阅读区、电子阅读区、亲子阅读区等，并且为特殊人群开辟有声读物阅读区。市民只需刷身份证便可进入图书馆阅读书籍，自助选书还书。

【江西首家国家纺织面料馆在青山湖区开馆】 3 月 9 日，江西首个国家级针织服装面辅料公共服务平台——国家纺织面料馆江西分馆开馆。分馆位于江西青山湖高新技术产业园区，总投资 5000 万元，建筑面积约 4000 平方米，可为企业提供产品展示、研发与认证，面料检测与企划、行业资讯和信息分享等专业服务。已有广东、浙江、福建、江西等省的 100 余家纺织服装面料企业入驻，共展出各类纺织面料 2000 余款，并开通中纺通线上平台，为服装企业打造线上线下一体化销售模式。

【青山湖区图书馆被评为国家一级馆】 5 月 15 日，文旅部公示第 6 次全国县级以上公共图书馆评估定级结果，青山湖区图书馆被评定为国家一级图书馆。青山湖区图书馆设有红色书咖、少儿绘本室、青少年阅览室、全省首家朗读室、79 号影厅、创客 e 家等多元阅读空间，藏书 28.84 万册。同时，图书馆从受众群体、资源禀赋、功能载体等多角度精准开展亲子绘本故事、朗读者、少年读书会、青图公益培训等各类公共文化服务百余次，受益群众上万人次，年接待读者 35 万人次、外借图书 10 万册次，读者满意率 99.51%。

【全省首个共享法律云服务亭在青山湖区投入使用】 6 月，3 台共享法律云服务亭分别在青山湖区信访局、罗家司法所和金域名都社区投入使用。共享法律云服务亭是青山湖区打造的线上公共法律服务平台的一部分，具有语音、视频、图文等多种咨询沟通方式。平台内涵盖数万名律师，市民可在线上咨询有关债务借贷、房产纠纷、交通事故等各种法律问题，实现法律服务群众零距离。

【全省首个诺贝尔奖院士工作站落户青山湖区】 6 月 28 日，江西省首个诺贝尔奖院士工作站——南昌百特生物高新技术股份有限公司院士工作站揭牌成立。诺贝尔奖获得者乔治·斯穆特教授受聘为百特的首席国际科学家，他的研究成果广泛应用于磁性材料、生物工程和生物医药，填补百特在相关领域的空白。院士工作站位于百特工业园行政办公楼 5 楼，占地面积 1500 平方米，拥有高端科研人员 15 人。

【青山湖区文化馆总分馆制预约配送平台建成】 2018 年，青山湖区依托“互联网+”平台建成全省县区级首家以手机端、PC 端、触摸屏端为展示载体的青山湖区文化馆总分馆制预约配送平台，居民只需在手机、电脑或场馆的触摸屏上浏览平台，便可自选文化资源和服务。全年平台共开设各种培训班 60 余个，免费培训辖区群众 3000 余人，并通过平台文化配送功能为乡村、社区、学校、机关送去 300 余场文化活动，惠及观众 1 万余人。

主要领导人 区委书记：熊运浪。区人大常委会主任：黄志平。区长：王强。区政协主席：邹艾民。

（王琳）

·新建区·

【简 况】 位于江西省中部偏北，辖 12 镇 6 乡 1 省级开发区。总面积 2193.32 平方千米。耕地面积 7.99 万公顷，森林面积 2.47 万公顷，森林覆盖率 13.96%,城区绿化率 41.45%。总人口 70.29 万人,其中城镇人口 19.04 万人;人口自然增长率 10.08‰。2018 年,地区生产总值 450.56 亿元,同比增长 9.6%。其中,第一产业增加值 55.30 亿元,增长 3.7%;第二产业增加值 222.89 亿元,增长 8.7%;第三产业增加值 172.37 亿元,增长 13.5%。财政总收入 60.11 亿元,增长 17.6%,人均财政总收入 8552 元,税收占财政总收入 86.2%。地方财政收入 33.32 亿元,增长 9%;地方财政支出 76.9 亿元,增长 18.8%。规模以上工业总产值 496.03 亿元,增长 15.5%。其中,规模以上工业企业增加值增长 9.5%。500 万元以上固定资产投资增长 10.7%。社会消费品零售总额 93.63 亿元,增长 12.5%。实际利用外资 3.28 亿美元,增长 15.5%;实际利用内资 108.23 亿元,增长 20.4%。出口总额 1.63 亿美元,增长 14.2%。主要工业产品有变压器、水泥、钢化玻璃、纱、多色印刷品。农业总产值 93.56 亿元,增长 4.0%。粮食总产量 54.58 万吨。主要农产品有稻谷、油料、水产品。城镇居民人均可支配收入 36696 元,增长 8.6%;农村居民人均可支配收入 17887 元,增长 9.3%。年末住户存款余额 243.38 亿元,增长 8.5%。

【乡村振兴】 按照“整洁美丽·和谐宜居”新农村建设 3 年规划,2018 年,新建区深入推进农村环境“百日攻坚”、机场周边整治、“五拆五清”等行动,拆除“五类建筑”面积 80 余万平方米。打造溪霞“十里十景”示范风景线,全面完成 567 个新农村点建设任务,推进 1 个美丽示范乡镇、5 个集镇提升、7 个小康示范村、11 个精品村、1000 个美丽庭院等“六统·四联创”项目建设。

【开展菜地治理】 新建区针对居民占用小区及道路两侧的公共绿地私垦菜地这一城市建管“痼疾”,在城区范围内全面开展“菜地革命”,对城区所有私垦菜地进行清理整治,共清理菜地 3000 余块面积 25.7 万平方米。在综合民意的基础上,因地制宜规划和整理清理出的地块,部分面积较小的地块进行水泥硬化,建成小道以扩大背街小巷空间;部分面积较大的地块平整后铺上吸水砖,建成公共停车场 30 余处,增加泊位 6519 个;还有一些地块改造成小型休闲广场,安装健身器材或铺设草坪,做到还地于民、造福群众。

【新建区企业金达莱环保股份公司 FMBR 兼性膜生物反应器技术获“R&D100”特殊贡献奖】 11 月 16 日,“R&D100”奖委员会在美国佛罗里达州奥兰多“R&D100”会议晚宴上宣布 2018 年度获得“R&D100”名单,新建区江西金达莱环保股份有限公司的 FMBR 兼性膜生物反应器技术获特殊贡献奖,这是中国环保企业首次获得该项荣誉。“R&D100”奖是美国科学技术创新奖,被誉为科技创新“奥斯卡奖”,旨在挑选出年度具重大创新意义的 100 项新技术、新产品。FMBR 兼性膜生物反应器技术开辟了一条全新的污水处理路径,实现污水污泥同步处理及资源化。与传统技术相比,FMBR 控制环节从 5~6 个简化为 1 个,占地减少 50%以上,外排污泥量减少 95%以上,综合投资节省 60%以上,综合运行成本节省 50%以上。依托该技术形成的“源头截污、就地治污、集散结合、清水回补”高效分布治水模式,应用于全国 30 个省市的 2000 余个黑臭水体及镇村污水处理项目,并出口至意大利、澳大利亚等 17 个国家,开创中国污水处理装备大规模出口之先河。

【举办 2018 年南矶湿地生态旅游节】

10 月 12 日—14 日,南矶乡党委、乡政府举办 2018 南矶湿地生态旅游节。旅游节以“秀美渔乡·候鸟天堂”为主题,开展热气球体验、南矶风光摄影展、湿地科普展、鄱阳湖大战戏曲表演、南矶特色集市、鄱湖鲜活鱼市、矶山环岛骑行、北园古韵演出、草洲风筝放飞、马公庙祈福、古战场射箭体验、抖音游乐场 12 项旅游活动。其间,共吸引游客 1.6 万余人次。

主要领导人 区委书记:李伟。区人大常委会主任:刘珠。区长:陈吉炜。区政协主席:陈圣栋。

(杜建平　潘俊)

九江市

【概　况】 位于江西省北部,辖 3 区 3 市 7 县 1 开发区 2 风景名胜管理局。总面积 1.91 万平方千米,中心城区建成区面积 127.09 平方千米。耕地面积 24.39 万公顷。林地面积 110.97 万公顷。森林覆盖率 56.44%,城市绿化覆盖率 50.14%。总人口 489.68 万人,其中城镇人口 270.65 万人;人口自然增长率 7.07‰。2018 年,地区生产总值 2700.19 亿元,同比增长 8.7%。其中,第一产业增加值 189.21 亿元,增长 3.3%;第二产业增加值 1362.95 亿元,增长 8.4%;第三产业增加值 1148.03 亿元,增长 10.0%。财政总收入 508.06 亿元,增长 10.1%;税收占财政总收入 84.5%。公共财政预算收入 267.89 亿元,增长 2.0%;财政支出 556.27 亿元,增长 6.0%。规模以上工业增加值增幅 8.9%。外贸出口 293.6 亿元,增长 1.6%。固定资产投资增长 10.8%。实际利用外商投资 21.7 亿美元,增长 9.5%。实际利用省外 2000 万元以上项目实际进资 948.9 亿元,增长 11.0%。主要工业产品及产量有发电量 191.62 亿千瓦时、化学纤维 52.14 万吨、原油加工量 766.59 万吨、水泥 1492.2 万吨、粗钢 602.49 万吨。农业总产值 313.40 亿元,增长 3.5%。粮食总产量 153.60 万吨。主要农产品及产量有稻谷 134.31 万吨、棉花 4.40 万吨、油料 20.69 万吨、茶叶 0.98 万吨、水果 13.75 万吨。万元 GDP 能耗 0.5471 吨标煤,下降 2.27%。城镇居民人均可支配收入 35265 元,增长 8.2%;农村居民人均可支配收入 14482 元,增长 8.9%。城乡居民年末储蓄余额 1658.18 亿元,增加 193.68 亿元。

【重大工业项目集中开工 3 次】 4 月 3 日、7 月 13 日、10 月 30 日,九江市分别在柴桑区、永修县、彭泽县举行重大工业项目开工仪式。首次集中开工项目 101 个,总投资 588.2 亿元。其中战略性新兴产业项目 34 个,投资额 203.3 亿元,占总投资额 34.6%。

第二次集中开工项目130个，总投资407.6亿元。其中战略性新兴产业项目39个，投资额148.6亿元，占总投资额36.5%。第三次集中开工项目109个，总投资额468.84亿元。其中战略性新兴产业项目33个，投资额207亿元，占总投资额44.1%。

【九江中心城区扩展至赛城湖】 5月25日，九江市委办公厅、市政府办公厅印发《八里湖新区管理范围调整工作的意见》，就八里湖组团和赛城湖组团范围、调整后的八里湖新区具体边界、相关行政事业单位和村（居）委会的调整以及区域社会管理职能作了明确。调整后八里湖新区管理范围面积125.32平方千米，包括八里湖组团和赛城湖组团。7月26日，九江市中心城区重点城建项目集中开工仪式在八里湖新区赛城湖畔举行，标志着九江城市建设开始由八里湖时代走向赛城湖时代。

【入围国家2018年城市黑臭水体治理示范城市】 10月24日，由财政部、住房和城乡建设部、生态环境部联合主办的2018年城市黑臭水体治理示范城市竞争性评审会在北京举行，经过初审和现场答辩，九江市入围国家2018年城市黑臭水体治理示范城市，并获6亿元中央财政奖补资金。自2015年年底开展黑臭水体治理工作以来，九江市严格按照上级的各项要求和部署，布置黑臭水体整治工作，开展琵琶湖、十里河和龙开河治理工作。12月6日，市政府常务会审议通过《九江市黑臭水体治理示范城市三年攻坚行动方案》，要求进一步推进黑臭水体治理工作，消除城市黑臭水体，改善城市水环境，打造好全国黑臭水体治理示范城市。

【九江市出台人才新政】 6月14日，九江市出台《九江市人才新政30条》及40个主要配套文件，加快构建招引人才、培育人才、激励人才、用好人才、留住人才的支撑体系，最大限度激发和释放人才创新创业活力，为九江打造"5+1"千亿元产业集群提供人才支撑。根据规定，对企业新引进在九江工作并参加社会保险的全日制博士研究生、硕士研究生、"双一流"高校本科毕业生，3年内每人每月分别给予3000元、1500元、1000元的生活补助，其中在九江市城区内工作的可申请入住市人才公寓。同时，实行人才落户"零门槛"，全日制大中专及以上毕业生，凭毕业证、身份证等到九江即可申请办理落户手续。

【九江综合保税区获批设立】 9月4日，《国务院关于江西九江出口加工区整合优化为九江综合保税区的批复》下达，同意九江出口加工区整合优化为九江综合保税区。整合后的九江综合保税区规划面积为1.81平方千米，享受相关税收和外汇管理政策。

【举办九江首届国际新材料（氟硅）产业发展大会】 10月24日—25日，中国·九江首届国际新材料（氟硅）产业发展大会在九江召开。大会由中国氟硅有机材料工业协会和九江市政府联合主办，以推动中国氟硅行业转型升级、由大到强为主题，围绕有机硅技术及应用发展、有机硅产业园建设等方面进行交流和探讨，共商中国氟硅产业发展之路。原工信部材料工业司副巡视员吕桂新、中国氟硅有机材料工业协会理事长曹先军、日本有机硅化学会名誉会长吉良满夫等国内外专家、教授、企业管理人员等300余人出席会议。

【举办长江经济带（九江）石化产业绿色发展峰会】 11月21日，由中国科协指导，中国化工学会、九江市政府与江西省科协共同主办的2018年长江经济带（九江）石化产业绿色发展峰会在九江举行。峰会主题是"打造石化产业千亿集群，促进绿色发展"。会上，中国化工学会与九江市政府签订《九江石化产业绿色发展战略合作框架协议》，中国化工学会与九江学院签订《共建国家级学会服务站协议》。九江天赐高新材料有限公司负责人作为全市石化企业代表宣读《打造长江"最美岸线"，促进石化产业绿色发展倡议书》。大会还举办长江经济带（九江）石化产业绿色发展座谈会、长江经济带（九江）石化产业技术需求和成果对接会，并组织专家前往部分企业考察调研。

【九江租界旧址博物馆开馆】 4月28日，九江租界旧址博物馆落成开馆。该馆位于浔阳区湓浦路14号，在原英亚细亚洋行旧址基础之上改建而成。博物馆展厅面积700平方米，分租界历史、商贸历史、中西交融3个展厅展现九江开埠通商的开放历史。该馆由九江市投资3900万元兴建，2016年开工。

【九江森林博物馆开馆】 5月9日，九江森林博物馆揭牌开馆。九江森林博物馆项目位于庐山北麓天花井国家森林公园内，占地面积8635平方米，总建筑面积2544平方米，分室内、室外2部分。室内部分由6厅2廊（6厅分别为序厅、认识森林、走进森林、亲近森林、珍惜森林、尾厅，2廊为花鸟廊和古树名木廊）组成，其中认识森林、走进森林、亲近森林、珍惜森林为主展区，展出动植物标本500余件，包括华南虎、金钱豹、梅花鹿、麋鹿、黑麂、白鹤、中华秋沙鸭、巨蜥等国家一级保护动物和乌木等标本。室外为16个以县（市、区）命名的特色珍稀树木园，周边有九江珍稀濒危植物种质资源库和樱花园，迁地保护珍稀濒危植物100余种，栽种樱花50余种。所有主展陈版面均采用中英文对照形式。项目总投资1500万元，于2016年5月开工建设，是九江市创建国家森林城市重点工程之一，也是江西省第1个以森林为主题的专类博物馆。

【九江银行上市】 7月10日，九江银行在港交所主板挂牌上市，每股发售价10.6港元，成为发售价格最高的内地赴港上市银行。九江银行原名九江市商业银行，于2000年11月18日经中国人民银行批准开业，资产总额超过2700亿元，下辖13家分行，营业网点255家。2018年，九江银行位列《银行家》全球银行排行榜372位，在国内位列中国银行排行榜第64位。

主要领导人　市委书记：杨伟东（任至1月）、林彬杨（3月任）。市人大常委会主任：冯静。市长：林彬杨（任至3月）、谢一平（3月代、5月任）。市政协主席：杨小华。

（黄开福　杨磊）

·修水县·

【简　况】　位于江西省西北部，辖19镇17乡。总面积4504平方千米，中心城区面积近25平方千米。耕地面积3.79万公顷，有林面积33.92万公顷，森林覆盖率73.46%，城市绿化率43.46%。总人口89万人，其中城镇人口18万人；人口自然增长率7.2‰。2018年，地区生产总值204.02亿元，同比增长8.9%。其中，第一产业增加值22.18亿元，增长3.3%；第二产业增加值99.01亿元，增长9.6%；第三产业增加值82.83亿元，增长9.5%。财政总收入25.59亿元，增长7.1%；税收占财政收入87.0%。地方预算收入16.50亿元，增长5.3%；一般公共预算支出56.47亿元，增长9.9%。工业总产值350.71亿元，增长17.1%。规模以上工业增加值增长9.3%。外贸出口9567万美元。社会固定资产投资123.88亿元，增长10.8%。实际利用外资1.16亿美元，增长9.5%。市外投资95.21亿元。主要工业产品及产量有蚕丝173吨、钨精矿3765吨、大米64579吨。农业总产值36.08亿元，增长3.8%。粮食总产量27.56万吨。主要农产品及产量有稻谷25.13万吨、红薯0.68万吨、油菜籽1.27万吨、蔬菜(含菜用瓜)8.78万吨、生猪存栏34.68万头。城镇居民人均可支配收入28565元，增长8.8%；农村居民人均纯收入10437元，增长10.9%。城乡居民年末储蓄余额144.57亿元，增长13.6%。

【民生资金项目大数据监察平台上线】　1月4日，修水县举办县民生资金项目大数据监察平台上线仪式暨工作推进培训会。修水县民生资金项目大数据监察平台由个人类民生资金监督和工程类民生项目监督组成，建立全县107类个人补贴发放数据库和13类基础数据库，实现包括资金审核、个人资金统计、资金管理、资金导入、民生资金报警、互斥资金查询、公务员管理以及系统管理的相关17项主要功能。通过建立基础数据库与个人类民生资金进行资格比对和资金互斥，自动进行系统分析汇总，对存在疑似问题及时预警，为职能部门监管和县委、县政府主要领导决策提供参考和技术支撑。针对工程项目立项、招投标、资金拨付、竣工验收等19个关键环节中可能存在的风险点，设置28个评价指标，通过自动扣分实现预警和全程监管。平台集前台公示、后台统计分析、中间环节实时预警于一体，较好地解决"钱从哪里来、花到哪里去、干了什么事、效果怎么样、有没有问题"，破解民生项目资金监管难问题，实现监管智能化。

【举办樱为爱·2018中国国际山樱花节(修水)】　3月23日至4月10日，由九江市文旅集团、修水县旅发委、布甲乡政府共同主办，县文化馆协办的樱为爱·2018中国国际山樱花节(修水)在布甲乡举行。"樱为爱——2018中国国际山樱花节"赏花活动、"轻舞飞扬"户外文艺表演、"我与山樱花有个约会——邀请旅行社进行山樱花赏花线路推广与客源组织"等，吸引周边市、县及湖南、湖北等周边省、市、县近4万名游客。中央电视台、中新社、《江西日报》、江西卫视、九江电视台、《九江日报》、修水电视台、《修水报》等媒体记者以及凤凰网、《江南都市报》直播团队对活动进行全程报道。

【修水县通过国家卫生县城复审】　3月12日，全国爱卫会发布关于2017年国家卫生城市(区)和国家卫生县城(乡镇)复审结果，修水县入选。根据《国家卫生城市评审与管理办法》和《全国爱卫会关于做好下放国家卫生乡镇(县城)评审工作的指导意见(试行)》的规定，对建成的国家卫生县城每隔3年进行1次复审。修水县创建工作始于1998年，2010年成功创建国家卫生县城，2014年迎接国家卫生县城第1次复审，2017年迎接第2次复审。修水县在加强城市基础设施建设的基础上，强化城市管理，以整治县城及城乡结合部、城中村的卫生、市容、秩序、生态等为主要工作，以解决脏、乱、差，完善公共设施、建立长效机制为着力点，全面开展环境卫生整治，市容环境整治，交通秩序整治，市政、绿化、亮化整治、乱搭乱建整治，城区噪音和污水整治六大整治活动，取得明显效果，先后通过省爱卫办和全国爱卫办组织的明查暗访。

【乡村教师慎魁元入选全国向上向善好青年】　5月3日，由共青团中央主办的2018年"全国向上向善好青年"推选活动结果揭晓，修水县何市镇中心小学副校长慎魁元入选。2013年大学毕业后，慎魁元开始乡村教师生涯。他扎根乡村，立志为乡村教育"脱贫"，让山里的孩子享受素质教育的阳光，点亮乡村教育未来之光；坚持以校为家，家访300多户，累计路程达5000多千米；参加公益，受益孩子500余人；先后在全国14个省作事迹宣讲，彰显乡村教师风采。先后获"最美教师""江西青年五四奖章"、江西省"师德标兵""TCL希望工程烛光奖"引领奖等荣誉。

【2018年第二届中国(南昌)国际茶业博览会工匠评比暨首届"宁红杯"红茶手工制作技能大赛、品茶尚文暨首届宁红论茶会在修水县举办】　5月21日—22日，由中国茶叶流通协会、江西省农业厅和九江市政府联合主办，中国茶叶流通协会茗茶专业委员会、江西省经济作物局、九江市农业局、修水县政府承办的2018年第二届中国(南昌)国际茶业博览会工匠评比暨首届"宁红杯"红茶手工制作技能大赛、品茶尚文暨首届宁红论茶会在修水县举办。其中品茶尚文暨首届宁红论茶会，组委会共收到全国各地244份参赛作品，包括摄影、诗词、书法等6大类，最后《老茶工》等41份作品获奖，其中一等奖3个、二等奖8个、三等奖12个、优秀奖18个；首届"宁红杯"红茶手工制作技能大赛，共有32支来自全国各红茶主产区的队伍进行条形工夫茶和卷曲形红茶2种茶形手工制作比拼，最终评选出特等奖5个、一等奖11个、二等奖16个。活动期间，第18届亚运会组委会和江西省宁红集团有限公司签订官方合作协议，宁红集团被18届亚组委授予第18届亚运会官方指定合作伙伴，宁红集团"宁红茶"被授予第18届亚运会官方唯一指定茶叶。

【修水县获评中国最美休闲度假旅游名县】　6月，由中国旅游热线、中国营销学会和中国投资论坛组委会联合主办的2018中国优秀旅游品牌推广峰会上,修水县因深厚的历史文化底蕴、丰富的旅游资源、独特的旅游文化,以及在实践中所营造的良好旅游环境,实现旅游可持续发展,在全国旅游业有着重要影响力,被授予"中国最美休闲度假旅游名县"称号。修水县有红色革命遗址遗迹60余处;是南方48个重点林业县之一,全县森林覆盖率73.46%;有古文化遗址116处,尤以上奉山背跑马岭新石器时代晚期遗址最为著名;是全国无公害茶叶生产基地县、全国特色产茶县、中国名茶之乡和全省最大的蚕桑基地县。

主要领导人 县委书记:孙朝辉。县人大常委会主任:胡荣军。县长:张林。县政协主席:贺观群。

(车明星)

·武宁县·

【简　况】 位于江西省西北部,辖8镇11乡1街道办事处1工业园。总面积3504.6平方千米,其中城区面积50.85平方千米。耕地面积2.31万公顷,林地面积27.42万公顷,森林覆盖率75.5%,城区绿化率44.15%。总人口40.83万人,其中城镇人口10.54万人;人口自然增长率7.27‰。2018年,地区生产总值130.8亿元,同比增长8.7%。其中,第一产业增加值19.15亿元,增长3.6%;第二产业增加值66.53亿元,增长9.1%;第三产业增加值52.12亿元,增长10.2%。财政总收入20.48亿元,增长9.0%,税收占财政总收入87.1%;地方公共财政预算收入13.58亿元;公共财政支出30.5亿元,下降4%。规模以上工业主营业务收入341.21亿元,增20.6%。全部工业增加值57.28亿元,增长9.7%。其中规模以上工业增加值增长8.9%。外贸出口2.33亿美元,增长21.9%。全社会固定资产投资增长11.2%。实际利用外商投资1.15亿美元,增长9.77%;实际利用内资121.48亿元,增长15.27%。农业总产值30.67亿元,增长4.9%。粮食总产量15.85万吨。主要农产品及产量有油料1.52万吨、蔬菜9.11万吨、水产品4.18万吨、肉类1.69万吨。社会消费品零售总额50.73亿元,增长11.6%。城镇居民人均可支配收入32902元,增长8.6%;农村居民人均可支配收入15412元,增长8.9%。城乡居民年末储蓄存款105.84亿元,增长12.3%。

【生态建设】 2018年,武宁县编制完成武宁县河湖库名录,实现全流域监管巡查常态化。县城饮用水源地自动监控系统投入试运行,编制完成11个乡镇饮用水水源地保护区划分方案;推进清河行动,全面开展入河排污口综合整治;开展砂石采运销专项治理,打击盗采偷挖行为,稳控砂石价格和市场供给。落实《庐山西海生态渔业发展规划》,规范湖区渔业生产秩序。建成豫宁北防洪工程等一批生态综合治理项目以及8个乡镇污水处理厂(站)。界牌断面柘林湖水域被评为全省唯一的Ⅰ类水质水域,东渡和源口水库取水口点次达标率100%。配齐"林长"442名,做好"增绿、护绿、用绿"文章。组建集中、全季性、收入相对合理的生态管护员队伍800人,打造护林员、养路员、保洁员、河流巡查员、农村规划巡查员等"多员合一"管护模式,在农村生态管护、环境整治中发挥主力军作用,被人民网等重要媒体相继报道,并纳入省生态文明建设成果汇编,在推进江西国家生态文明试验区建设部省恳谈会上书面交流。武宁县入选全省生态产品价值实现机制试点县、全省第二批绿色低碳试点县和全省乡村森林公园试点县。全省"林长制"工作现场推进会在武宁召开,经验做法被央视《新闻联播》头条报道。

【现代农业】 新增高标准农田1406.6公顷,新增耕地277.6公顷,完成粮食播种2.88万公顷。新引进农业项目16个,签约资金37.49亿元。花千谷现代农业示范园入选省生态文明示范基地。国道220、省道305沿线"农业产业示范带"启动建设,新建百亩以上特色产业基地38个,其中千亩以上基地4个,形成泉口香榧小镇、清江生态农业产业园、石渡福橙产业示范园等一批示范工程。新增特色种植1333公顷,新增"三品一标"认证产品26个。新增农民专业合作社132家、家庭农场52家、利益联结机制18个。太平红茶叶、"圣鹏"牌酱菜分别获第二届国际茶业博览会手工红茶特等奖、中国农民丰收节江西活动展览会金奖。武宁县入选全国农村集体产权制度改革试点单位和全国秸秆产生量与利用量普查试点县。

【旅游业】 武宁县打造"山岳武宁、水上武宁、夜色武宁、康养武宁、乡村武宁、空中武宁"6条旅游风景线,串联全县特色景区景点。大型实景水秀旅游演艺项目《遇见武宁》实现常态化演出,成为山水武宁旅游新的增长点。花千谷、华夏水上乐园、国际网球中心、花源谷房车营地、鲁溪洞等一批核心项目建成运营。强化"各行各业+旅游"理念,做好体育+旅游、文化+旅游、农业+旅游文章,连续5年承办环鄱阳湖国际自行车大赛;举办2018江西省青少年网球锦标赛;接连举办中国滑水巡回大奖赛事、山水武宁自行车巡回赛、半程马拉松等重大赛事、全国广场舞江西省集中展演活动等,形成"体育搭台、旅游唱戏"态势。在文化+旅游方面,将国家级非遗项目"武宁打鼓歌"和省级非遗项目"武宁采茶戏"融入景区游览节目,展示武宁厚重的人文风情;接连举办花朝节、杨梅节、美食节等节庆活动并形成品牌。在农业+旅游方面,打造220国道"幕阜风情"、305省道"九岭风光"两条风景线,建成一批以巾口幸福里、澧溪北湾、七彩长乐、官莲东山为代表的农旅融合美丽示范乡村,构建赏花、采摘、体验等产品多元的乡村旅游项目。全年实现游客实际购票人数62.08万人次,同比增长5.5%。

【举办2018首届山水武宁"水投杯"马拉松赛】 4月29日上午,2018首届山水武宁"水投杯"半程马拉松赛在国家4A级景区武宁县城西海湾景区举行。赛事设半程马拉松(约21.0975千米)、迷你马拉松(约4.5千米)2个项目。来自北京、上海、山东、湖南、湖北、福建等省市和江西省内各县市区的5000名选手参赛,林鑫、杨建国、江尔亨分别获半程马拉松男子组前三名,唐梦洁、周晓、方艳群分别获半程马拉松女子组前三名。为鼓励当地选手,比赛设立武宁籍选手奖,男子半程马拉松前三名分别为聂云、李启松、李波,女子半程马拉松前三名分别为盛辉、李红、余秧秧。

【全国广场舞展演江西省集中展演在武宁县举行】 10月19日,由省委宣传部、省文化厅、省体育局主办,武宁县政府承办的"庆祝改革开放四十周年"全国广场舞展演江西省集中展演在武宁县西海燕旅游码头举行。此次全国广场舞大赛按照中宣部、文化和旅游部、国家体育总局有关工作安排,在5月至9月期间,全省从市到县,从乡到村,相继组织开展广场舞活动及培训。在各设区市、省直管县(市)文化、体育主管部门联合推荐的基础上,经组委传经组织专家评审,从70个团队中遴选出30支团队900余人参加此次集中展演。参演的人员涵盖老中青三代,来自基层各行各业,展演的作品各具亮点。

主要领导人 县委书记:杜少华。县人大常委会主任:余育民。县长:李广松。县政协主席:朱必香。

(郑双虎)

·瑞昌市·

【简　况】 位于江西省北部,辖8乡8镇2街道办事处3场。总面积1419平方千米,其中城区面积27平方千米。耕地面积2.38万公顷,林地面积9.35万公顷,森林覆盖率61.84%,城区绿化率40.05%。总人口46.27万人,其中城镇人口22.73万人;人口自然增长率6.99‰。2018年,地区生产总值211.48亿元,同比增长9.6%。其中,第一产业增加值17.48亿元,增长3.2%;第二产业增加值139.43亿元,增长9.9%;第三产业增加值54.57亿元,增长10.9%。财政总收入36.20亿元,增长20.6%;税收占财政总收入87.8%。地方财政收入22.25亿元,增长4.1%;财政支出42.13亿元,增长9.4%。规模以上工业总产值522.0亿元,增长14.4%,规模以上工业增加值98.68亿元,增长9.5%。固定资产投资209.0亿元,增长11.2%。实际利用外资2.66亿美元,增长10.8%。外贸出口3.54亿美元,19.7%。主要工业产品及产量有纱7.05万吨、服装231.4万件、水泥795万吨、机制纸及纸板59.60万吨、化学试剂149.94万吨。农业总产值29.34亿元,增长4.0%。粮食总产量9.56万吨。主要农产品及产量有稻谷7.10万吨、棉花2466吨、油菜籽2.33万吨、蔬菜12.49万吨、肉类1.36万吨。万元GDP能耗1.0334吨标煤,城市污水处理率90.49%。城镇居民人均可支配收入33167元,增长8.3%;农村居民人均纯收入15741元,增长8.8%。城乡居民年末储蓄余额128.10亿元,增长10.0%。

【2018中国·瑞昌国际乡村马拉松赛在瑞昌武蛟举办】 3月25日,由省体育总会主办,省社会体育指导中心、九江市体育局、瑞昌市政府承办的"汉仁杯"2018中国·瑞昌国际乡村马拉松赛在瑞昌市武蛟乡举办。赛道全程设在乡村道路上,串联7个行政村,贯穿油菜花海,沿途展现瑞昌新农村风貌、万亩油菜花景、渔家风光等乡村风景。比赛分半程马拉松和迷你跑(5千米),共有来自肯尼亚、湖北省、以及省内近5000名选手参赛。最终肯尼亚的Come Lious Kosgei和Queen Njoki Chenge分别获半程马拉松赛男子组和女子组冠军,瑞昌市一中学生刘星成获迷你跑赛第一名。

【瑞昌商事制度改革受到国务院督查激励】 4月28日,国务院办公厅印发《关于对2017年落实有关重大政策措施真抓实干成效明显地方予以督查激励的通报》,瑞昌市被列为深化商事制度改革成效显著、落实事中事后监管等相关政策措施社会反映好的县(市、区),受到督查激励,是江西省唯一受到激励的县(市、区)。对受到该项督查激励的县(市、区),2018年国家采取以下激励措施:优先选择为企业登记注册便利化改革,社会共治、风险分类监管、大数据监管等事中事后监管工作的试点地区,优先授予外商投资企业登记注册权限。措施由国家市场监督管理总局组织实施。

【央视《直播长江》直播瑞昌长江增殖放流活动】 5月1日,由中央电视台新闻频道推出的"共抓大保护,不搞大开发"特别报道《直播长江》栏目组,到瑞昌市开展长江增殖放流直播活动。下午4时许,直播活动开始,现场放流青鱼、草鱼、鲢鱼、鳙鱼长江四大家鱼鱼苗共20万尾,并放流有着"亚洲美人鱼"之称的胭脂鱼鱼苗数千尾,鱼苗全部来自瑞昌长江四大家鱼原种场。从20世纪90年代开始,瑞昌市每年坚持向长江投放大量四大家鱼原种及原种子一代"夏花"和一龄鱼,以保护长江渔业生态。

【瑞昌入选全国农村创业创新典型县】 6月,农业农村部公示100个全国农村创业创新典型县,全省仅2个县(市、区)入选,瑞昌市是其中之一。瑞昌市通过建设农业产业园区,发放财政惠农信贷通贷款,组织双创大赛宣传先进经验等举措,探索典型引领、金融助力、绿色发展的农村双创模式。累计发放财政惠农贷款3.5亿元,惠及各类新型农业经营主体3100余家,建成赛湖现代农业示范园等创业基地,培育溢香禽蛋、天兴芝麻、淘农村、隐心谷等一批农产品加工企业和农村电商、乡村旅游项目,促进农民增收。

【全国人大执法检查组到瑞昌检查指导工作】 7月21日,全国人大常委会副委员长艾力更·依明巴海率执法检查组到瑞昌市,就防震减灾法实施情况进行执法检查。检查组深入该市桂林街道及大塘新区、城东学校等地,实地考察应急避难场所、农村民居地震安全工程示范点、抗震减灾服务窗口、防空防灾宣教馆、地震安全示范社区,详细了解各级政府落实防震减灾责任、开展防震减灾科普教育等情况,并听取基层对贯彻实施国家防震减灾法的意见与建议。检查组对瑞昌市落实《防震减灾法》所取得的工作成效表示满意。

【人工智能赋能财税新时代成果报告会在北京人民大会堂新闻发布厅举行】 11月10日,由瑞昌市政府与中财讯(江西)智能科技股份有限公司联合举办的人工智能赋能财税新时代成果报告会在北京人民大会堂新闻发布厅举行,瑞昌市高新企业中财讯(江西)智能科技股份有限公司自主研发的"i财"机器人首次亮相,引起国内外关注。"i财"机器人是基于经济业务链上的人工智能化科技产品，集会计账务处理、财务状况分析、纳税风险评估、视频课程学习、疑难问题解答5大核心功能于一身，是全国同类机器人中首台疑难问题解答、具有深度学习能力的人工智能财税机器人。

【智能补光镜获美国工业设计优秀奖】 11月，瑞昌门里制造有限公司生产的智能补光镜产品获美国工业设计优秀奖（IDEA）。这是该产品继2017年获德国IF设计奖后，获得的又一项具有现代工业设计“奥斯卡奖”之称的国际顶级大奖（美国工业设计优秀奖、德国红点奖、IF设计奖并称世界3大工业设计顶级奖项），成为国内唯一获得美国工业设计大奖和德国IF大奖的同类产品。

【中国羽毛球协会与瑞昌市政府签订战略合作协议并举行发布会】 12月5日，中国羽毛球协会与瑞昌市政府在南昌市签订战略合作协议，并举行新闻发布会。中国羽毛球协会秘书长王伟，省体育局、省教育厅、省球类运动管理中心、省羽毛球协会及九江市体育局相关领导出席新闻发布会。新华社、中国新闻网、凤凰网、江西卫视、江西省人民广播电台、大江网等20余家主流媒体参加新闻发布会。根据协议，双方在羽毛球人才培养、赛事举办、训练基地建设、交流合作等方面进行合作，推动瑞昌市羽毛球运动“一县一品”发展。

主要领导人 市委书记：郭小云。市人大常委会主任：郭少雄。市长：江训开。市政协主席：周洪文。

（冯国成）

·都昌县·

【简　况】 位于江西省北部，辖12镇12乡。总面积2669.53平方千米，其中城区面积13平方千米。耕地面积5.0万公顷，林地面积6.65万公顷，林木绿化率33.25%。总人口81.58万人，其中非农业人口66.32万人；人口自然增长率8.71‰。2018年，地区生产总值160亿元，同比增长8.8%。财政总收入15.94亿元，增长7.2%；税收占财政总收入77.2%。地方财政收入10.8亿元，下降8%；地方财政支出43.58亿元，增长21.9%。规模以上工业总产值208.7亿元，增长16.8%。固定资产投资124.6亿元，增长10.7%。引进市外资金116.5亿元，增长13.8%；实际利用外资5765万美元；外贸出口2.2亿美元。农业总产值46.05亿元，增长4.8%。粮食总产量44.15亿吨，增长1.7%。主要农产品及产量有生猪出栏25.12万头、家禽出笼219.5万只、水产品10.24万吨。城镇居民人均可支配收入2.67万元，增长8.7%；农村居民人均可支配收入0.88万元，增长12.5%。

【都昌太阳村理事长周裔开被评为第十届“中华慈善奖”慈善楷模】 9月13日，由民政部主办评选的第十届“中华慈善奖”表彰大会在北京人民大会堂举行。都昌县太阳村鄱阳湖儿童救助中心理事长周裔开被评为第十届“中华慈善奖”慈善楷模，是江西省唯一获此荣誉的个人。2007年，周裔开参与创建都昌太阳村。创办以来，都昌太阳村累计救助各类困境儿童500余名。2018年，都昌太阳村在册儿童311人，成为困境儿童的温馨家园。中华慈善奖是由民政部颁发的中国政府最高规格的慈善奖项，于2005年设立，每年评选1次，按爱心捐赠、志愿服务、慈善项目3类分别评选，表彰在赈灾、扶老、助残、救孤、济困、助学、助医、文化艺术、环境保护等方面作出突出贡献的个人、机构以及优秀慈善项目。

【都昌福利院孤儿助美国体操女队在世锦赛女团夺冠】 10月30日，在多哈进行的2018年世界体操锦标赛女团决赛中，拜尔斯领衔的美国体操女队夺冠，实现自2011年以来的四连冠。在美国队出场的5名选手中，有2位华裔女孩摩根·赫尔德和凯拉·伊克尔。凯拉·伊克尔2002年11月7日出生于江西省，2003年11月被美国密苏里州的马克·伊克尔和凯瑟琳·伊克尔夫妇从都昌县孤儿院收养。2018年，凯拉·伊克尔凭借在全美锦标赛获得2金1银的成绩入选世锦赛阵容。在世锦赛女团决赛中，凯拉·伊克尔只在平衡木出场，得到14.333分，是全场平衡木唯一一位上14分的选手。

【都九高速鄱阳湖二桥合龙】 11月28日，国内高速公路跨内陆湖泊最长的斜拉桥——都九高速鄱阳湖二桥在都昌老爷庙水域合龙。鄱阳湖大桥起于都昌县多宝乡，跨越鄱阳湖，止于庐山市，是都九高速控制性工程。大桥距鄱阳湖入长江口约50千米，距九景高速鄱阳湖大桥约48千米。桥梁全长5589米，其中东引桥1365米、主桥790米、西引桥3425米。主桥采用双塔双索面组合梁，主塔高137.91米，主墩设置24根直径2.5米的桩基，桩长69米；桥面标准宽24.5米，主桥宽28米。主桥跨径420米，在全省排名第二，也是江西省在建的最大跨径桥梁。项目建设特色明显，引桥上部构采用的35米跨径折线配筋先张法预制、后张法简支变连续相结合的T梁方案为国内首次采用。主桥采用钢混叠合梁，用钢量约1万吨，护栏采用钢护栏，使用钢材数量约4千吨。

主要领导人 县委书记：肖立新。县人大常委会主任：石和平。县长：钟有林。县政协主席：李建华。

（程芬）

·湖口县·

【简　况】 位于江西省北部，辖6镇6乡2场。总面积673.66平方千米，其中城区面积13.6平方千米。耕地面积217.84平方千米，森林覆盖率28.06%，城区绿化覆盖率41.1%。总人口29.63万人，其中城区人口9.02万人；人口自然增长率6.65‰。2018年，地区生产总值158.6亿元，同比增长8.4%。其中，第一产业增加值14.2亿元，增长3.8%；第二产业增加值110.3亿元，增长8.7%；第三产业增加值34.1亿元，增长9.6%。财政总收入41.3亿元，增长35.9%；税收占财政收入91.4%。地方财政收入20.1亿元，增21.1%；地方财政支出30.7亿元，增长10.2%。工业增加值100.2亿元，增长8.9%。外贸出口20.0亿元，下降2.4%。固定资产投资增长9.9%。实际利用外资1.67万美元，增长9.9%。主要工业产品及产量有钢材579.44万吨、化学纤维

26.84 万吨、水泥 68.28 万吨、硫酸 26.56 万吨。农业总产值 22.9 亿元,增长 3.2%。粮食总产量 8.7 万吨,增长 3.2%。主要农产品及产量有棉花 6826 吨、油料 2.5 万吨、蔬菜瓜果 7.4 万吨、水产品 4.3 万吨。城镇居民人均可支配收入 34657 元,增长 8.6%;农村居民人均可支配收入 15920 元,增长 8.9%。城乡居民年末存款余额 89.4 亿元,增长 10.2%。

【国华九江电厂一期工程 2 台机组全面建成投产】 6 月 20 日,国家能源集团国华九江电厂举行一期工程首台机组 1 次通过 168 小时试运暨 2 号机组生产移交仪式;7 月 7 日,2 号机组通过 168 小时试运行,国华九江电厂 1 期工程 2 台 100 万千瓦超超临界清洁高效燃煤发电机组竣工投产。国华九江电厂项目是全国特大型国有能源企业神华集团落户江西的重要火力发电项目。2011 年 3 月,项目落户湖口高新技术产业园银砂湾园区,占地面积 153.33 公顷,总投资 300 亿元。

【湖口县松材线虫病疫区拔除】 4 月 23 日,国家林业和草原局造林绿化局管理司回复:湖口松材线虫病疫区已连续 3 年无病死树,符合《松材线虫病疫区和疫木管理办法》规定的疫区拔除标准,符合撤销疫区管理要求。自 2005 年发生松材线虫以来,该县在加强疫情监测和疫木检疫监管的基础上,采取清除疫木、综合防治以及林分改造等措施,松树死亡数量和发生面积逐年下降,2016—2017 年连续两年对枯死树和松褐天牛检测,均未发现松材线虫活体,达到国家林业局《松材线虫病疫区和疫木管理办法》中关于松材线虫病疫区拔除标准。

【湖口第二小学获"国际生态学校绿旗"称号】 湖口县第二小学被生态环境部授予 2018 年度"国际生态学校项目绿旗"称号,成为年度内江西省获此称号的 2 所学校之一。国际生态学校项目由国际环境教育基金会发起,学校自愿参与的国际环境教育项目。其目标是通过课堂学习和在校内外开展行动,提升学生对环境问题的认识和理解,增强学生参与生态环境保护的意识和能力。湖口县第二小学自 2010 年创建以来,坚持在学生中开展生态道德教育和"绿色学校"创建活动,开展"保护环境 小红帽在行动"系列教育活动。依托《走进鄱阳湖》《长江——水生动物家园》教材,在学生中开展保护湖泊、珍爱候鸟的教育活动,组织全校学生参加"保护美丽河湖 建设美丽湖口"主题书信文化活动,利用走进孤儿院雷锋小分队宣讲环保知识以及生态道德教育活动小组走进湖口县杨港湿地公园进行植物观察和保护碧水蓝天社团活动,开展以"讲文明 树新风"为主题的环境保护等系列活动。通过学校、家庭、社区多渠道的宣传、学习、实践等系列活动,由关注自然生态走向关注教育生态,层层递进,促使师生牢固树立生态文明观念,自觉投身保护家园、珍惜生态实践活动,养成"保护环境 责任有我"的文明行为习惯,最终实现人与自然和谐发展。

【湖口均桥籍现役军人刘丹参与维和立一等功】 3 月,均桥镇桂垅村刘富湾现役军人刘丹因参与利比里亚维和,被中国人民武装警察边防部队政治部授予一等功。刘丹,1993 年生,2011 年中专毕业后应征入伍。2017 年 3 月以全科全优的成绩通过联合国甄选评估,入围中国第五支赴利比里亚维和警察防暴队,3 月正式进入任务区后,刘丹坚决执行命令,听从指挥,牢记维和使命,克服疾病肆虐、语言不通、习俗不同、勤务压力大、思念家乡等困难,出色完成上级交给的各项工作任务,充分展示过硬的专业素质和优良的工作作风,树立中国维和警察和人民子弟兵的良好形象,与所在部队一起被联合国驻利比里亚特派团授予联合国和平勋章。

【湖口县新编《石钟山志》出版】 3 月,历时 2 年半新编《石钟山志》由江西人民出版社出版,共计 1000 册。这是 130 年前该县编修第一部《石钟山志》后,编修完成的第二部《石钟山志》。该志书总篇幅 88 万字,全方位记述石钟山景区,包括上、下石钟山、鞋山和天山 4 个景点,记述上限为事物起端,下限为 2015 年。全书架构分篇、章、节、目、子目 5 个层级,以大事记、概述启篇,共 6 篇。

【航天二塘毛笔糯谷在湖口县试种成功】 11 月 4 日,湖口武山镇武山村育种基地 500 亩航天二塘毛笔糯谷收割。二塘毛笔糯谷于 2016 年搭载中国首颗微重力科学实验卫星"实验十号"在太空进行 12 天的育种,并返回地球,后由江西农业大学重点实验室进行深度培育成功。这次试种成功的二塘毛笔糯谷穗长粒多,圆润饱满,品质与产量都有大幅提高。

【蔡艳球被评为第八届中国 2018 年度公益人物奖】 11 月 22 日,蔡艳球被评为第八届中国 2018 年度公益人物奖。蔡艳球,湖口均桥镇均桥村人,1985 年生,《虎牙直播》签约主播,网名"牛哥追梦"。2016 年起,蔡艳球每天坚持手机直播 10 小时,在街边、桥底及废弃建筑里寻找流浪者,帮助他们寻找回家的路。2016—2018 年,他行程近 4.5 万千米,足迹遍及江西、浙江、福建、广东等 10 多个省市,成功帮助 60 余位流浪者与家人团聚。2018 年,蔡艳球的爱心举动引起中外媒体广泛关注,他的事迹登上《环球人物》杂志"人民日报创刊 70 周年特别策划"版人物篇(2018 年第 11 期,总期第 374 期),尼日利亚新闻网站(newz.com.ng)称赞蔡艳球是"一个了不起的人"。

【《湖口年鉴(2018)》(创刊号)出版】 12 月,《湖口年鉴(2018)》(创刊号)由江西科学技术出版社出版。这是湖口县建县以来首部综合年鉴,该书为多年鉴,记述 2012—2017 年湖口县自然、政治、经济、文化、社会发展的基本情况,部分内容上溯到 2011 年。全书 38 类目、232 个分目,共 130 万字,彩图 110 幅,印刷 1000 册。发各乡(镇)政府,南北港、武垦场,县政府各部门、县直及驻县等各承稿单位,送省地方志办、省方志馆、市史志办、市档案馆、县档案馆、县图书馆、县博物馆,并与其他县、区地方志部门交流。

主要领导人 县委书记:李小平。县人大常委会主任:阮洋。县长:鲍成庚。县政协主席:杨小林。

(张海平　沈文初)

·彭泽县·

【简　况】　位于江西最北端，辖10镇3乡1区3场1厂1所。总面积1544平方千米，森林覆盖率53.25%。总人口36.39万人，人口自然增长率7.41‰。2018年，地区生产总值142.4亿元，同比增长9.1%。其中，第一产业21.5亿元，增长15.1%；第二产业78.5元，增长55.2%；第三产业42.4亿元，增长11.3%。财政收入25.1亿元，增长14%；人均6897.5元；税收占财政总收入85.4%。固定资产投资118亿元，增长11.4%。规模以上工业增加值增长9.4%。实际利用外资1.51亿美元。外贸出口2.65亿美元。粮食总产量11.5万吨。主要农产品及产量有皮棉1.23万吨、油料3.96万吨、肉类1.55万吨、水产品5.67万吨。城镇居民人均可支配收入32153元，增长8.4%；农村居民人均可支配收入15390元，增长8.9%。城乡居民年末储蓄存款余额162.2亿元，增长11.4%。

【稻渔综合种养整县推进】　2018年，彭泽县利用高标准农田建设项目建设契机，整县推进稻渔综合种养基础设施建设，打造稻渔综合种养示范基地。全县稻渔综合种养面积达4666.67公顷，其中集中连片的标准化稻渔综合种养面积4133.33公顷，分散的标准化稻渔综合种养面积533.33公顷，已建成集中连片的万亩基地1个、千亩以上基地3个、百亩以上基地97个，虾蟹等水产品总产量8750吨。

【工业园区“五化”建设】　2018年，彭泽县园区推进“五化”（即景观化、环保化、安全化、循环化、智能化）建设。新增绿化面积约2万平方米，其中企业新增绿化面积约8000平方米。企业厂房外墙面改造和围墙出新24.12万平方米，投入资金约400万元。彭湖湾园区污水处理厂完成工程量的50.8%。对矶山工业园污水处理厂进行整改，确保污水处理达标排放。矶山工业园VOC治理已聘请专业机构，编制一企一册整改方案。浦泽环保的危废处理中心通过省环保部门验收并运行。继续聘请国家安监总局化学品协会，对矶山园区化工企业进行全面隐患排查，排查出1390条安全隐患全部完成整改。工业园区推进企业开展清洁生产审核工作，完成清洁生产审核12家。1家企业被列为工信部第3批绿色制造企业。园区有4家企业建成数字化车间，园区综合信息服务平台建成和投入使用，实现平台纵向互通、横向互联。

【彭泽竹编获中国工艺美术文化创意铜奖】　5月14日，为期5天的中国（深圳）第十四届国际文化产业博览交易会在深圳国际会展中心举行。彭泽竹编县级非遗传承人陈良曹报送的《中国百帝图》获铜奖。彭泽竹编集艺术性、观赏性和实用性于一体，是传统手工艺与文化美术的结合。彭泽竹编以马当镇竹编艺人陈良曹为代表，能用薄如蝉翼、细如发丝的竹丝编织出艺术含量极高的作品。

主要领导人　县委书记：宁小球。县人大常委会主任：查秋玲。县长：邵九思。县政协主席：张国安。

（高异）

·永修县·

【简　况】　位于江西省西北部，辖11镇4乡2垦殖场2企业集团。总面积2047平方千米（含已划归共青城市部分），其中城区面积16平方千米。耕地面积3.1万公顷，林地面积7.83万公顷，森林覆盖率33.6%，城区绿化率41.36%。总人口39.94万人，其中城镇人口16.23万人；人口自然增长率6.96‰。2018年，地区生产总值180.49亿元，同比增长8.7%。其中，第一产业21.41亿元，增长3.2%；第二产业111.29亿元，增长9.0%；第三产业47.79亿元，增长10.4%。财政总收入27.46亿元，增长14.4%；人均6891元。地方财政收入16.72亿元，增长2.4%。财政总支出41.68亿元，增长8.2%。工业总产值480.6亿元，增长12.5%。规模以上工业总产值462.58亿元，增长12.7%。外贸出口总值18.5亿元。固定资产投资167.57亿元，增长11.0%。实际利用外商投资1.58亿美元，增长15.3%。主要工业产品及产量有有机硅粗单体40.83万吨、烧碱4.98万吨、中成药6300吨。农业总产值35.55亿元，增长5.6%。粮食总产量25.26万吨。主要农产品及产量有棉花2100吨、油料1.78万吨、蔬菜16.12万吨、柑橘5.47万吨。城镇居民人均可支配收入33591元，增长8.3%；农村居民人均可支配收入16497元，增长9.1%。城乡居民年末储蓄存款113.65亿元，下降29.9%。

【工业经济】　2018年，永修县整合县城投、工投、农旅投、财投资源，成立永修投资集团，提供一站式服务，全方位助力企业落地。以建设国家级园区为目标，加速推进6平方千米马口产业园、8万平方米有机硅产业孵化基地建设，通过清理工业园区低效企业，加快园区调区扩区，为大项目、好项目落户留足发展空间。在原有“3+1”产业招商的基础上，全面开展有机硅新材料、高端环保装备、新型电子、新能源等8大产业招商。截至年底，马口产业园共落户项目30个、总投资115亿元，星火有机硅产业孵化基地签约项目6个，均为科技型、成长型企业。针对低效化工企业进行清理整治，已收购2家，盘活11家。改变“一硅独大”产业结构，推动县域经济发展“多点支撑”。

【乡村振兴】　2018年，永修县全面推进云山现代农业示范园核心区、万亩全智能高标准农田、长滩番茄产业园等重点农业项目建设，推进云居山东部片区开发、西海生态园田园综合体、蓝城特色小镇等重点旅游项目建设，做好以农造景、以景带旅、以旅兴农、以农促旅的农旅深度融合文章，为乡村振兴注入动力。重点打造集休闲农业、旅游农业、观光农业于一体的“两带四园”农业产业聚焦区，推广禅宗、农垦、样式雷等文化，突显特色经济，让游客玩得好、留得住。以提升城乡治理水平和发展质量为重点，按照“自然和谐、彰显特色、因地制宜、注重实效”的原则，抓好以铁路、高速公路、国道等交通主干道沿线和城镇周边为重点区域的农村环境提升。全年共接待游客845.9万人次，旅游综合收入60.33亿元，旅游产业税收5.28

亿元,为全县实施乡村振兴战略提供强有力的经济保障。

【云山水库饮用水源地保护区获省政府批准】 8月,永修县云山水库110项指标均达到《地表水环境质量标准》Ⅲ类标准,水库饮用水水源地保护区获省政府批准。为确保饮用水安全,加快城乡供水一体化进程,永修县对云山水库饮用水水源地保护区进行科学划分,整治云山水库水源地污染源,出台《永修县云山水库饮用水水源地污染源综合治理实施方案》,组织开展污染源调查,严格落实污染治理责任主体,对库区居民生活污水、生活垃圾、畜禽养殖、农业面源、矿产开采和旅游垂钓等方面的污染进行专项治理,取缔影响饮用水安全项目,从源头上保障群众饮水安全。按照属地管理原则,云山水库周边村庄生活垃圾收集转运至垃圾中转站,再统一压缩转运垃圾填埋场填埋,做到"日产日清"。为防治农业面源污染,对云山水库集雨区内8000余亩耕地实行测土配方施肥,推广使用有机肥300吨及病虫害绿色防控技术,防止因施用农药化肥污染水质,通过打造云山500亩稻鳖种养基地,"稻鳖共生"实现种养双赢。投入2万余元设立云山饮用水源地一、二级保护区、准保护区界牌、风险源警示牌、饮用水源宣传牌等宣传指示牌,加强对云山水库水源地保护的宣传,云山水库集雨区内15家禁养区畜禽养殖项目全部完成拆除退养,提升了水库水质。

【跨省异地就医直接结算】 2018年,永修县完成跨省异地就医直接结算工作400余人次,医疗费用共计700余万元,个人账户支出30余万元,统筹基金支出300余万元,有力解决参保人员跨省异地就医费用报销往返路途远、手工报销时间周期长、手续办理复杂、自行垫付资金压力大等难题,增强群众的获得感。年内,永修县加强跨省异地就医直接结算政策宣传,提高参保人员对跨省异地就医直接结算政策的知晓度,提升跨省异地就医即时结算效率。在县人民医院、县中医院增设异地就医转诊转院窗口,为参保群众提供高效有序的办理流程,参保群众可打电话办理异地就医备案,从而达到快速有效上传备案信息,减少异地就医参保患者跑腿、垫资的麻烦。针对患者在异地就医过程中的个性化问题,该县建立快速处置机制,组建由县医保局、县社保局等多部门构成的异地就医工作微信群,随时沟通协调,及时解决异地就医工作遇到的各类实际问题。

主要领导人 县委书记:应炯。县人大常委会主任:张品娥。县长:郑绍。县政协主席:杨泽旗。

(陈汉铭)

·德安县·

【简 况】 位于江西省北部,辖5镇8乡2场。总面积863平方千米,其中城区面积15.6平方千米。耕地面积1.1万公顷,有林面积5.91万公顷,森林覆盖率62.47%,城区绿化率47.65%。总人口17.63万人,其中非农业人口7.19万人;人口自然增长率8.37‰。2018年,地区生产总值127.58亿元,同比增长9.3%。其中,第一产业增加值7.91亿元,增长3.1%;第二产业增加值84.38亿元,增长9.2%;第三产业增加值35.29亿元,增长11.1%。财政总收入20.55亿元,增长12.1%;税收占财政总收入86.4%。地方财政收入12.99亿元,增长7.8%;地方财政支出25.73亿元,增长10.7%。工业总产值458.06亿元,增长14.3%。规模以上工业增加值增长9.1%;外贸出口占地区生产总值12.8%。全社会固定资产投资增长11%。实际利用外商投资1.47亿美元,增长10.5%。主要工业产品及产量有轮胎29.8万条、纱11.4万吨、水泥60.4万吨、服装2663.5万件。农业总产值12.74亿元,增长9.4%。粮食总产量6.87万吨。主要农产品及产量有油料8044吨、棉花1964吨、生猪出栏8.10万头、水产品6980吨、水果5765吨。城镇居民人均可支配收入34219元,增长8.5%;农村居民人均可支配收入16576元,增长9.2%。城乡居民年末储蓄余额111.68亿元,比年初增长15.4%。

【产业招商】 2018年,德安县明确"3+1"产业集群,重点利用商会、行业协会、高等院校、科研机构等优质平台进行招商。对接全国最大的户外纺织面料生产企业浙江圣山集团,引进固定资产投资1.5亿美元的台湾上市企业弘裕纺织、固投8.5亿元的毅维纺织、固投7亿元的福懋纺织、固投5亿元的九方纺织;对接五金建材产业,引进固投17.2亿元澳鑫卫裕、固投15亿元的台湾异型钢生产线项目;对接新动能产业,引进固投20亿元的云计算大数据项目、固投10亿元的太阳能光伏组件项目。

【污染防治】 2018年,德安县政府采取多种措施,打好全县污染防治攻坚战,并取得明显成效。实施"天蓝"工程,出台《德安县城区禁止燃放烟花爆竹的意见》,通过"集中力量,分片推进,治管结合、重点整治"工作方式加强城区燃放烟花爆竹管控;全面推进秸秆禁燃工作,鼓励和引导企业通过市场手段推进农业秸秆综合利用,推广稻草还田,机收率达95%;全面完成10蒸吨及以下燃煤锅炉淘汰工作,淘汰黄标车240辆,全县空气优良率达90%以上。实施"水清"工程,全面推行"河长制"升级版,开展保护母亲河——博阳河行动,实施水源地建设、水源涵养,对县内10余条中小河流进行综合治理,全面消除劣五类水,全县河流断面水质保持在Ⅲ类以上;推进城乡供水一体化工程,完成新水源地取水口建设和配套管网建设,以双水源地保障全县群众用水安全;建成一批以水生态保护为重点的水环境整治示范点,全县水环境质量稳步提高。实施"地净"行动,开展畜禽养殖污染治理,科学调整"三区"划定,结合实际出台《德安县畜禽养殖污染整治工作实施方案》,依法关闭、搬迁禁养区内养殖场45家5.5万平方米;开展土壤污染调查,降低农药用量,全面推广测土配方施肥技术,扶持鼓励施用商品有机肥、缓释肥水溶性肥料和生物肥,减少农业面源污染。实施"家洁"工程,出台《德安县城乡环境综合整治工作管理制度》,开展违章建筑、彩钢瓦、市容环境等专项整治行动,清理垃圾死角1000余处,垃圾2500余吨,拆除违规各类建筑8万余平方米,拆除彩钢瓦30余万平方米,整治违规摊点130个,清理"牛皮癣"

1.50万处，清理僵尸机动车、僵尸非机动车38辆，拆除违规、破旧广告152块8619平方米。

【保障农民工工资支付】　2018年，德安县在建筑企业推行工资实名制，将“实名制+工资专户”作为项目开工的前置条件，对未按照县劳动保障行政部门指令要求开展实名制的建筑企业一律从严处罚，全年办理农民工工资卡2799张，发放工资3822.57万元。落实农民工工资保证金和应急周转金制度，由县财政准备100万元作为应急周转金，必要时保障农民工工资拖欠问题的应急处置，全年收取施工企业农民工工资保证金54家，退领施工企业农民工工资保证金22家。设置“黑名单”制度，将农民工工资支付情况纳入政府信用管理体系和行业诚信系统，对农民工工资支付失信企业市场准入、招投标资格和新开工项目施工许可等进行限制。建立追讨农民工工资拖欠机制，全年受理拖欠农民工工资投诉案件106起，立案32起，调解74起，结案率98.2%，涉及农民工1936人，追讨农民工工资1479万元。

【德安县首个省级院士工作站成立】

2月9日，省委组织部、省科协在德安县园区企业江西瑞普德测量设备有限公司设立省级院士工作站。工作站由中国光学学会光电专业委员会员、教授、中国工程院院士叶声华带队，队员有天津大学精密仪器与光电子工程学院教授段发阶、曾周末、曲兴华及副教授李杏华、黄银国。截至年底，公司研发团队已完成富士康iphone6手机home按键全自动装配生产线和在线测量装配精度系统、富士康ipone6手机FPCB激光焊接视觉系统、华工科技半导体激光器和光探测器尺寸测量及外观缺陷检查系统、三星手机盖板玻璃异型切割设备及视觉系统等多项课题。

【德安美丽乡村游在央视播出】　8月1日，央视2频道《第一时间》播发《美丽乡村游江西德安，原汁原味的生态乡村游》《美丽乡村游江西德安：农旅融合建设美丽富饶乡村》，报道德安县将美丽的乡村景色和休闲观光旅游相互结合，在全县范围内打造多处集休闲、观光、旅游于一体的原汁原味乡村旅游景点。

主要领导人　县委书记：熊晋喜。县人大常委会主任：袁有福。县长：周三连。县政协主席：江昌英。

（郭任初）

·共青城市·

【简　况】　位于江西省北部，辖5乡（镇）1街道办事处。总面积287.19平方千米。耕地面积8550.49公顷，林地面积5065.45公顷，森林覆盖率19.89%，城区绿化率47.6%。总人口15.9万人，其中非农业人口11.02万人；人口自然增长率7.54‰。2018年，地区生产总值131.12亿元，同比增长8.7%。其中，第一产业增加值6.46亿元，增长3.5%；第二产业增加值84.80亿元，增长7.8%；第三产业增加值39.86亿元，增长11.4%。财政总收入23.54亿元，增长18.7%；税收占财政总收入88.6%。地方公共财政预算收入12.78亿元，增长11.9%。规模以上工业总产值425.01亿元，增长13.6%；规模以上工业增加值增长8.7%。外贸出口3.18亿美元，增长5.2%。固定资产投资增长10.3%。实际利用外商投资1.74亿美元，实际利用内资140.19亿元。主要工业产品及产量有服装5773.3万件（套）、棉纱5.41万吨、鞋193万双、啤酒14.23万千升、商品混凝土107.15万立方米。农业总产值10.01亿元，增长6.8%。粮食总产量4.17万吨。主要农产品及产量有棉花330吨、油料2936吨、水产品3.35万吨、肉类总产量7419吨。社会消费品零售总额29.5亿元，增长10.6%。城镇居民人均可支配收入34933元，增长8.2%。农村居民人均可支配收入16418万元，增长8.5%。城乡居民年末储蓄存款40.11亿元，增长18.7%。

【城乡环境综合整治】　2018年，共青城市出台《城乡环境综合整治考核补贴和奖励办法》《城乡环境综合整治考核标准》，形成奖惩分明的责任体系。自开展城乡环境综合整治以来，集中拆除违章建筑16万平方米，清理卫生死角2万处，清理垃圾3.5万吨，改造农村旱厕892户，新建集中污水处理设施9个，改建下水道208处，改造城乡污水管网30多千米，育才路、发展大道二期、珍珠湖排污管网清淤堵漏工程全面完工，率先开展生活垃圾分类工作，不断完善垃圾分类末端处置体系，开展秸秆禁烧、禁燃禁放和餐饮油烟、工业废气整治，全市$PM_{2.5}$平均浓度降至30微克/立方米。环境整治工作三季度获得赣江新区第1名和九江市第2名，分别奖励50万元和70万元，年终总成绩优良；农村垃圾治理工作通过国家检查验收；环境整治和生态保护工作登上《光明日报》，秀美乡村建设工作被新华网报导，并被中国政府网转载。

【“共产党员示范市”创建】　共青城市以市委书记和市长为组长的“双组长”领导小组狠抓创建工作，由市委副书记定期召开党建工作月度例会，领头推动具体工作，牵头部门以共青“e”党建智慧平台为载体，建立“全程记录—过程控制—日常督查—动态评估—责任追究”的动态管理体系。3月12日，市委党建工作领导小组工作例会会议审议《2018年党建工作要点（讨论稿）》及《创建“共产党员示范市”动员大会暨2018年全市党务工作会会议方案》；18日，市委出台《中共共青城市委关于创建“共产党员示范市”的实施意见》，要求以共产党员示范岗、示范户、先锋号、志愿服务示范队、示范村（社区）、示范乡镇（街道）、示范企业“七个创建”为主要内容，明确“共产党员示范市”创建相关举措；29日，全市党务工作暨创建“共产党员示范市”动员大会召开。9月19日，全市创建“共产党员示范市”工作推进会召开。全年全市共设立“共产党员岗”1787个，挂牌“共产党员户”2608户，成立共产党员志愿服务队56支，聚集党员志愿者683人，组织党员志愿服务1100余场，打造志愿服务“红色服务站”、非公企业“三培一树”、社区党建“邻家党员”“乡贤会”等一批示范品牌。全市入党积极分子人数同比实现翻番，企业骨干和管理人员递交入党申请书人数110多人。8000多平方米的党群活动中心完成装修，“共青精神体验园”一期项目建成,全年培训省内外干部人数突破6000人,朝着"南有井冈山、北有共青城"的目标迈出扎实一步。《江西日报》、新华网、中组部共产党员网等对共青城市的做法进行报道。

【第五届"创青春"中国青年创新创业大赛(互联网组)总决赛在共青城市举行】 第五届"创青春"中国青年创新创业大赛(互联网组)由"创青春"中国青年App大赛和"创青春"中国青年互联网大赛整合而成,于4月启动,通过线上、线下报名征集,全国共6088个创业项目、3万名创业青年参赛,参赛项目涵盖人工智能、大数据、云计算、物联网、App、VR/AR、电子商务等领域。大赛分初创组、成长组两大类别,经"远程路演+评委网络互动"选拔产生48个项目进入全国决赛,经"现场路演+评委现场评选+网络直播",选拔产生6个项目进入全国总决赛,在线观赛人数达190万人次。经网络宣传投票,评出20个"最具品牌价值影响力"项目。总决赛评委由梅花创投吴世春、深圳海润并购张孟友、溪山天使会许晖、沸点资本于光东、清睿信息朱奇峰、鼎萃投资李晓燕及公安部信息网络安全技术研发中心相关负责人担任。最终,《踏歌智行——露天矿无人驾驶先行者》项目获总冠军,《帝视科技—基于人工智能的图像视频压缩与增强》《粒界科技》《酷陆智慧环境云》《权大师》《吾来智能对话式运营解决方案》5个项目获金奖,同时评出银奖12个、铜奖30个。

【第六届共青城财富管理私募基金创新论坛在共青城市召开】 10月20日,共青城市政府与中航资本投资控股有限公司联合举办的"私募新机遇、转型新动能——2018(第六届)共青城财富管理私募基金创新论坛"召开。共青城市在家的市四套班子领导以及全国各地学术界、上市公司、银行、券商、期货公司、基金公司、产业界代表近400人参加论坛。国务院发展研究中心宏观经济研究部副巡视员、研究员张立群,北京大学国际经济系主任、博士生导师、教授萧琛,东方汇富投资控股有限公司董事长、首席合伙人阚治东,深圳市天使投资引导基金管理有限公司副总经理徐向东,分别就《2018—2019年宏观经济形势分析与展望》《中美博弈的症结应对与前景》《私募股权基金行业的挑战与机遇》《天使投资的发展方向》发表主题演讲。论坛还举行以"私募新机遇、转型新动能"为话题的圆桌讨论。共青城私募基金创新园由共青城市政府与中航集团于2011年共同发起成立,2018年入驻基金突破3600家,基金规模达2300亿元,成为共青城的一个核心增长极。

主要领导人 市委书记:王丰鹏。市人大常委会主任:黄惠华。市长:卢宝云。市政协主席:况泉水。

(汪官金　赵雅郡)

·庐山市·

【简　况】 位于江西省北部,辖10乡(镇)1场1处。总面积913平方千米,其中耕地面积9219.33公顷,有林面积2.26万公顷,森林覆盖率33.4%。总人口25.91万人,其中城镇人口11.09万人;人口自然增长率10.2‰。2018年,地区生产总值132.33亿元,同比增长8.1%。其中,第一产业增加值8.41亿元,增长3.6%;第二产业增加值39.44亿元,增长6.8%;第三产业增加值84.48亿元,增长9.1%。财政总收入23.1亿元,增长13.9%。一般公共预算支出25.18亿元,增长5.7%。规模工业总产值248.09亿元,增长10.28%;固定资产投资63.1亿元,增长10.5%。实际利用外商投资、省外投资1.16亿美元。社会消费品零售总额30.33亿元,增长11.9%。主要工业产品及产值有建材(石材、建筑材料等)产品产值129.6亿元、文体(球类、台球类)产品产值41.5亿元、装备制造产品产值18.3亿元、非金属矿产品产值9.9亿元。农业总产值13.88亿元。粮食总产量6.06万吨。主要农产品及产量有油菜7.06万吨、水稻5.02万吨、棉花2.16万吨。城镇居民人均可支配收入32645元,增长8.2%;农村居民可支配收入15393元,增长8.4%。城乡居民年末储蓄余额65.58亿元。

【庐山通过世界地质公园评估】 7月18日—20日,联合国教科文组织世界地质公园网络评估专家简·福乐通和拉瑞·玛丽娅·巴丽索女士到庐山开展4年1次的世界地质公园评估考察工作。2位外籍专家先后来到庐山南门换乘中心、观光车游客服务中心、庐山博物馆、庐山地质博物馆、林赛公园和主要地质遗迹旅游点,实地考察地质遗迹保护、自然环境保护,科普教育开展,地质与旅游事业结合发展,促进当地社会经济可持续发展等相关情况。庐山世界地质公园管委会召开庐山世界地质公园汇报会、反馈会,与世界地质公园网络对接,汇报地质公园保护、建设、管理情况,解答专家问题。最终,联合国教科文组织世界地质公园网络评估专家认为庐山通过评估。庐山于2004年加入世界地质公园网络,是首批世界地质公园。

【农村垃圾治理工程通过国家检查验收】 11月,国家10部委委托第三方机构对江西省开展农村生活垃圾治理专项治理验收,第三方机构随机抽查庐山市1个行政村,通过入村暗访、询问村民、保洁员等形式了解当地垃圾治理情况,最终庐山市农村垃圾治理工程通过国家检查验收。

【金星砚制作技艺入选国家传统工艺振兴目录】 5月,金星砚入选第一批国家传统工艺振兴目录。金星砚,又名"金星宋砚"。金星石主产地为庐山市横塘镇驼岭山下有宋村,该村自古以采石制砚为业。宋代米芾《砚史》有星子青石砚记载。市文物管理所收藏有宋砚、清砚。至明代,石砚制作一度中衰,清中叶又渐兴。庐山市城内有"砚池街"。民国时略有发展,全市有制砚作坊百余家,当地艺人制作的金星砚2度参加国际性展览并获奖。中华人民共和国成立后,政府扶植金星砚生产,先后成立2家专业厂家,更新设计样式,引进先进设备,改造制砚工艺,金星砚生产得以高速发展。20世纪80年代至90年代多次在全国性展览、评比中获奖,其产品远销日、韩、东南亚及欧美各国。90年代末,国企改制后,庐山市有私企和个体户近百家。金星砚因石质坚韧、细腻,温润莹洁,纹理缜密,故发墨快,储水不涸,久磨无粉,且"发墨有光",其使用价值得到古今人士赏识。金星石本身色彩和纹理的变化就具有天然美和自然美。传统金星砚的造型与图饰因取材于当地物产、山水和人文传说而极具地域性,其风格古朴大方,简略写意,地方风貌浓郁,是中国民间艺术之瑰宝。2006年5月20日,金星砚制作技艺列入首批国家非物质文化遗产名录。

【西河戏实现国家级“非遗”传承人零突破】 5月8日,庐山市西河戏名家程家训获“国家级非物质文化遗产代表性项目西河戏代表性传承人”称号,实现西河戏国家级传承人零突破。程家训师承当地有名的戏师程世柳,在多年的学习、实践中其唱腔纯正、优雅,生、旦、丑、净角色都能表演,担任的每个角色可根据剧情唱腔要求,熟练运用则、本、高亢、老沉等多种发音方法演唱,每种发音唱腔都能达到最佳效果。他司鼓别具一格,鼓点准而不呆,能根据演员演技水平不同调节司鼓技巧,使演员与乐队协调统一;同时可1人操作鼓、板、大锣、小锣、器钹、班鼓等多种乐器,在西河戏行当里很少有人能熟练操作。他的这项技艺在演出时既减少乐队成员又增强演出看点,观众对此评价极高。自20世纪70年代初期程家训正式收徒以来,先后有周本荣、占美红、程月华、占德澜、李才金、李传祈、欧阳金龙7人拜师入园。2008年,星子县西河戏剧团成立,程家训被推为剧团首席司鼓。2011年,九江市文化艺术界联合会批准其为民间艺术家;同年被聘为九江市民间艺术家协会第七届理事会特邀理事。

【蛟塘镇被评为中国民间文化艺术之乡】 2019年1月15日,文旅部公示2018—2020年度“中国民间文化艺术之乡”名单,庐山市蛟塘镇以独具特色的西河戏艺术入选。中国民间文化艺术之乡是1987年文化部为推动民间文化艺术事业的繁荣发展、丰富活跃基层群众文化生活设立的文化品牌项目,命名周期3年。西河戏俗称星子大戏,是庐山市(原星子县)具有浓郁地方特色的艺术形式,特别是在蛟塘镇十分具有代表性。蛟塘镇是西河戏最早的发源地之一,演出氛围最为浓厚,全市知名演员也多出自这里。其中江西省级非物质文化遗产代表性传承人程光华就是蛟塘人,他不仅经常表演、受邀教戏,还建立西河戏培训班,免费为学员门讲课传艺,带出的10余名弟子都是当地赫赫有名的演员。全镇共有6支西河戏“明星”演出团队,以程光华、胡海水、熊斌、李德雄、陶三金、查艳红为代表,他们的演出叫“师傅戏”。更多的是在师傅的指导下形成的村民广泛参与的小戏班,也叫“徒弟戏”,有20余个,形成人人登台、村村演出、年年唱的娱乐模式,男女老少都登台,在戏曲类别中绝无仅有。唱报本戏,也是西河戏独具特色的演唱形式,师傅报本既报词又带韵,还带板(节奏)。2016—2018年,全镇近一半村民1.1万余人登台演出,各自然村演出戏曲近320场,观众超过25万人次。

主要领导人 市委书记:杨健。市人大常委会主任:雷高兴。市长:严盛平。市政协主席:查代藩。

(吴倩)

·柴桑区·

【简　况】 位于江西省北部,辖7镇5乡3场1经济技术开发区1管理处,总面积916.55平方千米,其中城区面积16.50平方千米。耕地面积2.65万公顷。有林面积2.96万公顷,森林覆盖率25.20%,城区绿化率36.01%。总人口33.56万人,其中非农业人口10.98万人。2018年,地区生产总值142.25亿元,同比增长8.9%。其中,第一产业增加值17.88亿元,增长2.7%;第二产业增加值71.69亿元,增长8.6%;第三产业增加值52.68亿元,增长11.8%。财政总收入21.66亿元,增长16.7%。其中地方财政一般预算收入14.40亿元,增长6.3%。税收收入18.45亿元,增长22.6%。财政总支出25.76亿元,增幅27.8%。规模以上工业总产值313.14亿元,增长13.6%。规模以上工业增加值53.07亿元,增长9.2%。社会固定资产投资比上年增长10.9%。实际利用外资1.46亿美元,增长9.8%。外贸出口2.27亿美元,增长1.5%。社会消费品零售总额32.92亿元,增长11.7%。农业总产值29.16亿元,增长3.0%。粮食总产量8.65万吨。主要农产品及产量有棉花0.28万吨、油料1.63万吨。城镇居民人均可支配收入33541元,增长8.2%;农村人均可支配收入15682元,增长9.3%。城乡居民储蓄存款余额164.74亿元,增长20.3%。

【环境污染治理】 推进中央环保督察“回头看”、长江“清废行动”、长江经济带“共抓大保护”环保督察反馈问题整改。搬迁、关停禁养区养殖场129家、露天采石场13家,取缔“小散乱污”企业19家,清理、整顿沿江化工企业13家,整治提升混凝土搅拌站8家,淘汰企业燃煤锅炉53个。区域内主要水体水质维持Ⅲ类及以上标准。打造长江“最美岸线”景观节点4个,实施道路“白改黑”9.4千米,堤岸建筑“平改坡”1152栋12.1万平方米,外立面改造13.91万平方米,提升沿线绿化2万平方米。环庐山公路沿线绿化改造完成造林绿化240.2公顷。园区生态化改造投入资金2.4亿元,实施生态化改造项目21个。建成污水监测站2处,新建园区路网5.6千米,完成道路“白改黑”18.6万平方米,新增绿化18.1万平方米。

【举办第二届巾帼“双创”投资洽谈会】 5月13日,柴桑区委、区政府,九江市妇女联合会在中华贤母园举办第二届中华贤母园巾帼“双创”投资洽谈会。投资洽谈会上共有投资40亿元的新城吾悦广场、投资6亿元的上海佳苑电子电器产业园等10个项目签约,合同资金90.5亿元。活动邀请著名评书表演艺术家、国家一级演员刘兰芳在主旨论坛上进行母爱文化宣讲,围绕“身处新时代女性领导力、女性创造力、女性创业以及家庭教育”主旨,对栾芳、薛荣、严昕、张琳、罗素等知名女企业家进行访谈。会上,还举行中华贤母文化传播大使聘任仪式,九江市委常委、宣传部部长潘熙宁为刘兰芳、王印权、栾芳、薛荣、严昕、张琳、罗素等知名艺术家、女企业家颁发聘任证书。

【开展全国农产品流通骨干网建设绩效评价】 11月16日,商务部绩效评价组到九江礼涞生物科技有限公司新建的果蔬冷鲜及农产品电商项目开展绩效评价。绩效评价组一行参观礼涞农业国家星创天地大楼里面稻虾蟹科普馆,虾稻可视化生产车间,江州司马农产品电商平台以及礼涞生物有机肥、微生物发酵制剂车间、冷链物流配送中心等。在听取九江礼涞农业集团负责人刘建关于企业发展现状和发展目标介绍后,对礼涞农业以建设跨区域农产品流通骨干网为契机,坚持以农产品种养、冷藏保鲜、加工、电商产业为主线,高度融合一二三产,结合互联网+农业+旅游,稳步推进"第一产业种养结合—第二产业可视加工—第三产业农产品电商及城乡冷链配送"生态农业产业链的工作给予充分肯定,对项目建设成果表示。

【江西省首次网络债权人会议召开】

12月26日,九江民生文化旅游发展有限公司、九江民生大千世界梦幻乐园经营管理有限公司合并破产清算案第二次债权人会议在柴桑区人民法院召开。会议通过全国企业破产重整案件信息网全程直播,成为江西省首次以网络直播、网络签到、网络表决方式召开的债权人会议。会议在债权人会议主席的主持下,完成包括债权核查、管理人报告工作及财产变价方案表决在内的8项议程,会议全程2个小时左右。会议期间债权人通过全国企业破产重整案件信息网登陆签到并参会,表决通过财产变价方案。这次网络会议形式,是法院和管理人的一次大胆尝试,有效节省会议成本,极大减少法院和管理人的前期准备工作,节省债权人的参会成本,使债权人足不出户就可以参加直播会议,保障实体权益。

主要领导人　区委书记:骆效农。区人大常委会主任:李照培。区长:赵和平。区政协主席:袁汝明。

(张树华　陈新)

·浔阳区·

【简　况】　位于江西省北部,辖5街道办事处。总面积26平方千米。总人口31万人。2018年,地区生产总值409.92亿元,同比增长8.2%。其中,第一产业增加值0.14亿元,增长2.5%;第二产业增加值65.42亿元,增长6.5%;第三产业增加值344.36亿元,增长8.8%。财政总收入36.51亿元,增长1.2%(扣除市级下划的税收及非税收入25.23亿元)。地方财政收入11.57亿元,增长14.2%。工业总产值70.4亿元,增长34.6%。规模以上工业增加值增长9.9%。固定资产投资增长10.6%。实际利用外商投资1.05亿美元,增长9.4%。实现社会消费品零售总额183.14亿元,增长10.7%。主要工业产品及产量、农业总产值、粮食总产量、主要农产品及产量。城镇居民人均可支配收入38860元,增加2812元,增长7.8%。

【溢浦街道九龙社区获"全国民族团结进步创建示范单位"称号】　1月2日,国家民委发布第5批全国民族团结进步创建示范区(单位),浔阳区溢浦街道九龙社区成为全省5家入选单位中唯一的社区。溢浦街道九龙社区创新建立少数民族流动人口5大清单(即特长清单、需求清单、志愿者清单、服务类别清单、联谊活动清单),推行少数民族服务卡制度,在民政救助、社会扶助救济、计划生育政策宣传、免费检查等方面开展各项服务。通过组织参观56社区科普馆、民族团结知识竞赛、"绿色之旅"植树活动、"野外采风"登山活动、"银坛夜话"联谊活动、"春宵同庆"春节活动等文化活动,鼓励和支持生活在社区的少数民族群众参与社区建设,营造共同维护民族团结的氛围。同时,九龙社区还依托共建资源建立社区民族学校、社区民族窗口、社区民族科普馆3大硬件品牌,使社区成为了解少数民族生活习惯的学习平台、汉族和少数民族交流共享的沟通平台、解决少数民族具体问题的协调平台,为维护民族团结提供保障。

【浔阳区校园足球运动发展】　5月8日,由省教育厅、省体育局共同主办的2018年江西省校园足球中小学五人制足球锦标赛(小学组)在景德镇陶瓷大学结束,浔阳区水精灵足球队夺得冠军,实现5年蝉联冠军。浔阳区围绕"全面提高青少年身体素质,促进青少年健康成长"核心,推动校园足球运动发展。辖区27所学校中已发展全国校园足球特色校19所(其中小学9所,中学10所),占区学校总数的70.4%。浔阳区学校男子足球队连续多年以全胜的战绩夺得九江市校园足球联赛冠军,2015年7月代表江西省参加为期4周的全国青少年校园足球夏令营并获一等奖。其中湖滨小学学生聂皓天、程章齐获全国青少年校园足球夏令营小学男子组"希望之星"称号,同年被中国人民大学附属中学录取。湖滨小学连续2年在"谁是球王"中国民间足球争霸赛中获娃娃组(江西赛区)总冠军,并获江西省校园足球先进学校,还被授予"江西省足球青少年后备人才基地"称号。2016年,浔阳区小学男子足球队获全国青少年校园足球夏令营东南赛区一等奖。2017年2月,江西省7名入选2016—2017年全国青少年校园足球冬令营小学总营最佳阵容的学生中3名来自浔阳区学校。其中曹俊麟由于表现优异,被中外专家组评定入选2017年欧洲训练营。同年江西省青少年足球赛中,浔阳区球队以全胜的战绩夺得冠军,并获江西"绿茵育苗"奖。其中4名队员被评选为"希望之星"。2017年6月浔阳区被教育部认定并命名为"全国青少年校园足球试点县(区)"。

【浔阳区宪法历史档案馆开馆】　6月8日,由浔阳区人大法制委员会、浔阳区司法局、浔阳区档案局共同打造的浔阳区宪法历史档案馆建成开馆。该馆由8个单元组成,即光辉指南;根本大法;宪法——公民的基本权利和义务篇;宪法——国家机构篇;宪法——国旗、国歌、国徽、首都篇;宣贯宪法史;纪检监察史;法治浔阳建设史。共展出由浔阳区司法局叶江南个人收藏的各类宪法法律历史档案资料300余件,其中有《中国人民政治协商会议共同纲领》(临时宪法)、五四宪法、七五宪法、七八宪法、八二宪法等珍贵历史文献档案60余件。

【庾亮南路历史文化街区落成开街】

9月28日上午,作为九江市申报国家历史文化名城的主阵地——浔阳区庾亮南路历史文化街区举行落成开街仪式。庾亮南路历史文化街区是省级历史文化街区,街区改造工程为全市重点项目,总投资2亿元,于2017年9

月立项启动，2018 年 9 月底全面建成。庾亮南路历史文化街区历史建筑较为丰富，共有全国文物保护单位 2 处，分别为能仁寺大胜塔和同文书院(同文书院旧址、儒励女中办公楼旧址、儒励女中教科楼旧址)；省级文物保护单位 2 处，分别为生命活水医院住院部旧址和九江修道院旧址；市级文物保护单位 2 处，分别为天主堂和能仁寺。

【签约美年大健康九江总部项目】 10 月 18 日上午，由市国资委、区委宣传部共同引进的美年大健康九江总部落户浔阳项目在上海举行签约仪式。项目总投资金额约 2.5 亿元，计划在九江市区行政区划内兴建多个以健康体检机构为主的美年大健康产业项目，且在浔阳区滨江路 51 号(原皇家水会)处兴建 1 个包括美年慈铭体检中心、口腔专科门诊部、医疗综合门诊部在内的项目。

主要领导人 区委书记：宋细妹。区人大常委会主任：王向东。区长：徐昭国。区政协主席：范初芳。

(郑伟)

·濂溪区·

【简　况】 位于江西省北部，辖 5 镇 2 乡 2 街道办事处。总面积 380 平方千米，其中城区面积 42 平方千米。耕地面积 0.37 万公顷，有林面积 0.93 万公顷，森林覆盖率 35.8%，城区绿化率 47.6%。总人口 22.65 万人，其中非农业人口 14.45 万人；人口自然增长率 6.43‰。2018 年，地区生产总值 287.68 亿元，同比增长 8%。其中，第一产业增加值 5.21 亿元，增长 3.0%；第二产业增加值 143.93 亿元，增长 6.5%；第三产业增加值 138.54 亿元，增长 10.2%。财政总收入 34 亿元，增长 12.4%；税收占财政总收入 89.65%。地方财政收入 13.76 亿元，增长 9.1%；地方财政支出 24.53 亿元，增长 19.5%。工业增加值税 3.08 亿元，下降 2.8%。外贸出口 2.9 亿美元。固定资产投资 304.6 亿元，增长 10.6%。实际利用外资 1.79 亿美元，实际利用省外资金 141.91 亿元，增长 17.41%。社会消费品零售总额 37.45 亿元，增长 11.6%。主要工业产品及产量有玻璃纤维纱 25.25 万吨、精制食用油 135.17 万吨、乳制品 0.22 万吨、水泥 201.42 万吨、化学纤维 2.67 万吨。农业总产值 8.40 亿元，增长 1.5%。粮食总产量 2.33 万吨。主要农产品及产量有稻谷 1.87 万吨、小麦 655 吨、玉米 558 吨、豆类 425 吨、薯类 2944 吨。城镇居民人均可支配收入 37869 元，增长 7.9%；农村居民人均可支配收入 18171 元，增长 8.2%。

【九江留学人员创业园濂溪区孵化基地成立】 1 月，濂溪区九江留学人员创业园暨濂溪园生态工业城与九江颐高电商产业园签订入驻协议，双方共同建设九江留学人员创业园濂溪区孵化基地，并由区生态工业城和颐高电商产业园共同管理，独立运作。孵化基地总占地面积 8.33 公顷，总建筑面积 25 万平方米，主要分为电商企业总部基地、创业创新孵化器、OTO 体验中心、电商综合服务中心 4 大区域。孵化基地拟建设以互联网创业为特色的综合性科技企业孵化器，主要吸引互联网、电子信息、软件开发、文化创意、智能制造、生物医药、医疗器械、新材料、节能环保等高新技术领域的创业企业入驻，提供企业孵化、商务办公、科技交流、教育培训、专家公寓、短期租住等服务，成为招才引智吸引归国留学人才的重要载体、科技成果转化平台和中小科技企业聚集地。截至年底，孵化基地共引进留学人员 5 位，合同注册资本 2000 余万元。

【第五届庐山问茶会暨首届九江茶文化旅游节在濂溪区举行】 2018 第二届中国(南昌)国际茶业博览会第五届庐山问茶会暨首届九江茶文化旅游节开幕式 5 月 23 日在南山公园举行。第五届庐山问茶会暨首届九江茶文化旅游节由中国茶叶流通协会、省农业厅、九江市政府主办，市农业局、市旅发委、濂溪区政府、庐山市政府承办，作为 2018 中国(南昌)国际茶业博览会的重要内容，第五届庐山问茶会暨首届九江茶文化旅游节将开展评茶、品茶、论茶、旅茶、展茶、赏茶等丰富多彩的茶事活动。开幕式上，还举行了九江茶路之旅合作签约仪式，进行了茶艺表演等。共有 200 多家企业 1000 余人参加活动。现场签订合作项目 18 个，签约金额 300 余万元。

【濂溪区达到国家血吸虫病传播阻断标准】 11 月 1 日，江西省血吸虫病传播阻断评估专家组向区政府反馈评估意见，一致认为，濂溪区达到中国血吸虫病传播阻断标准。该区自 1995 年达到血吸虫病传播控制标准后，2011 年之后再未发现病人、病畜和感染性钉螺。

主要领导人 区委书记：柯尊玉。区人大常委会主任：王正发。区长：容长贵。区政协主席：张金水。

(杨小岛)

景德镇市

【概　况】 位于江西省东北部，辖 1 市 1 县 2 区 1 开发区 1 新区。总面积 5256 平方千米。耕地面积 9.23 万公顷，林地面积 36.47 万公顷，森林覆盖率 67.02%，城区绿化覆盖率 51.20%。总人口 167.32 万人，其中城镇常住人口 112.00 万人；人口自然增长率 7.58‰。2018 年，地区生产总值 846.60 亿元，同比增长 8.2%。其中，第一产业增加值 56.45 亿元，增长 3.4%；第二产业增加值 402.32 亿元，增长 7.7%；第三产业增加值 387.83 亿元，增长 9.4%。财政总收入 132.46 亿元，增长 7.5%；税收占财政总收入 75.5%。一般公共预算收入 89.86 亿元，增长 3.6%；财政支出 204.36 亿元，增长 6.4%。规模以上工业增加值增长 8.3%。外贸出口 66.97 亿元，增长 21.6%。固定资产投资增长 11.2%。实际利用外商投资 2.23 亿美元，增长 9.0%。主要工业产品及产量有瓷质砖 1221.86 万平方米，增长 62.5%；印刷专用设备 683 吨，增长 85.1%；汽车 7.12 万辆，下降 29.7%；气体压缩机 4569.35 万台，增长 3.0%；家用电冰箱 89.13 万台，增长 29.1%。农业总产值 97.85 亿元，增长 3.6%。主要农产品及产量有粮食产量 60.92 万吨，增长 3.6%；棉花产量 1764 吨，增长 1.2%；油料产量 3.86 万吨，增长 1.1%；茶叶产量 1.03

吨,增长12.3%。城镇居民人均可支配收入3.72万元,增长8.5%;农村居民人均可支配收入1.65万元,增长9.4%。城乡居民年末储蓄余额678.50亿元,增长7.8%。

【全国首个“同心服务团班”成立】 6月1日,江西省注税协会景德镇市服务部和景德镇同心·税务师服务团借助景德镇市少年税校——梨树园小学资源,在该校四(6)班成立景德镇“同心服务团班”。成立仪式上,服务团团长向该班班主任、班长授牌,共同宣布成立“同心服务团班”。税务干部、同心服务团团员为全班学生开展“当一名小小税法宣传员”税法知识讲座,并为学生布置税法知识作文。成立“同心服务团班”在全国属首创,“同心服务团班”的成立让更多人知道同心服务团、了解同心服务团,让税法宣传从小孩抓起,通过孩子传递诚信纳税理念,让“未来的纳税人”知法、懂法、守法,达到教育学生、带动家庭、辐射社会效果。

【景德镇市地下综合管廊获2018年度中国管廊建设示范项目】 9月,经中国市政工程协会综合管廊建设及地下空间利用专业委员会组织评选,景德镇市地下综合管廊PPP项目部获2018年度中国管廊建设示范项目。景德镇地下综合管廊项目是第二批国家试点项目,是国家及江西省重点工程。项目建设区域为景东片区及高铁商务区,包含景德大道、朝阳东大道、建设大道、站前北路、高铁经一路等11条综合管廊和监控中心大楼,管廊总长度27.9千米。入廊管线包括给水、污水、雨水、燃气、电力、通信、广播电视等。此次获奖,是国家级专业机构对景德镇市地下综合管廊项目在安全质量、文明施工、施工进度等方面的肯定。

【“千名陶艺家迎省运 众创吉尼斯荣誉大型创作活动”举行】 9月23日,“千名陶艺家迎省运 众创吉尼斯荣誉大型创作活动”在景德镇市体育中心体育场内举行。活动由江西省第十五届运动会景德镇市筹委会、景德镇市政府共同主办。市领导曹雄泰、唐良、熊皓、张学锋等鸣笛发令活动开始;熊皓致辞。活动以景德镇为基点,从全国各地遴选1131名陶艺家,以“喜迎省运会我是东道主众创吉尼斯对话全世界”为主题,在同一时间、同一地点、同一材质上进行陶艺创作。此次活动,吉尼斯官方提出挑战规则要求,人数达到千人以上,作品总体数量达到1000件以上,创作时间2个小时,器型150件(陶瓷器物容量)左右大小瓷瓶,画面要占器型面积五分之三,画面要有两种颜色以上等。在吉尼斯世界纪录大中华区总经理马可、吉尼斯世界纪录认证官吴晓红见证下,创下“千名陶艺家手绘花瓶(Most people painting vases simultaneously)”吉尼斯世界纪录称号。

【江西省第十五届省运会在景德镇举行】 10月28日至11月5日,江西省第十五届省运会在景德镇市举行。该届省运会由省政府主办,省体育局、景德镇市政府承办,以“与健康同行、与世界对话”为主题,彰显景德镇在新时代立足本地、走向世界的瓷都精神。省运会会徽、会标、会歌、吉祥物的设计体现出“美丽瓷都千年窑火”的浓郁陶瓷文化特色。省运会共设50个大项2060个小项,其中奥运会、全运会常设竞技项目21个。根据参赛群体不同,比赛按青少年部、学校部、机关部、社会部分别设置项目,单项竞赛地域分布涵盖9个设区市、19个县(市、区)和7所学校,参赛人数2.25万人。经过角逐,共决出金牌2060枚,青少年部青少年组2人次破2项省纪录,21人次破21项省运会纪录,2人次平2项省运会纪录。

【AV500无人直升机系统获中国优秀工业设计金奖】 11月23日,在第二届中国工业设计展览会上,航空工业直升机所研发的AV500无人直升机系统获第三届中国优秀工业设计金奖。工信部副部长王江平向直升机所副所长徐朝梁颁发奖杯。中国优秀工业设计奖是中国工业设计领域唯一的国家级政府奖项。该届中国优秀工业设计奖的评奖中,共收到符合条件产品和概念作品2528件。经过行业专家评审和企业现场答辩,以及部评奖工作领导小组审定,择优评选出获奖9个产品金奖和1个概念作品金奖。AV500是一款军民通用型无人直升机系统;性能优异,同级别产品中处于国内领先、国际先进水平;可应用于海事监管、环境监测、搜索救援、农林防护、管道巡线、地质勘查、航空拍摄等军民用领域。

【生态修复城市修补景德镇现场会暨试点经验交流会举行】 12月4日,由住房和城乡建设部主办的生态修复城市修补景德镇现场会暨试点经验交流会在景德镇御窑博物馆举行。住房和城乡建设部副部长黄艳,江西省委常委、副省长刘强,省政府副秘书长宋迪维,省住建厅党组书记吴昌平、副厅长李道鹏,景德镇市委书记钟志生等相关领导出席会议。全国各省、自治区、直辖市住房城乡建设和规划主管部门主要负责人以及受邀部分城市政府负责人共200余人参加。此次交流会研讨试点城市开展生态修复城市修补做法,推广景德镇经验。会议高度评价景德镇城市“双修”试点工作取得的成效。会议指出,景德镇既有山水的优势,同时还有老城的复兴,文化底蕴深厚,景德镇市委、市政府把城市“双修”作为转型发展的重大机遇,动作迅速,为千年瓷都步入新时代补齐短板作出努力。住房和城乡建设部要求各地,提高站位,推进城市修复修补,落实新发展理念,着力建设“没有城市病”的城市,推动城市建设高质量发展。

【景德镇市成为江西首个拥有直升机城市】 12月5日,景德镇市政府与航空工业昌飞签署AC311和通航保障服务采购协议,标志着景德镇成为江西省首个拥有直升机,并与企业联合开展直升机通航活动的城市。根据协议约定,景德镇市购买2架AC311型直升机及相关通航保障服务,主要用于开展警用执法、抗洪抢险、应急救援、高速巡查、公务飞行等警航和通航飞行作业。采购协议的签订是景德镇市深入贯彻国家军民融合和通航产业发展战略,落实江西“航空强省”决策部署,提升景德镇公共服务水平和应急救援能力,做强做优江西通航产业的重要举措。

主要领导人　市委书记:钟志生。市人大常委会主任:汪立耕。市长:梅亦(任至10月)、刘锋(11月代)。市政协主席:黄康明。

(鲍文芳)

·乐平市·

【简　况】 位于江西省东北部,辖15镇1乡2街道办事处1农科园和1大型水库管理局。总面积1980平方千米,其中城区面积28平方千米,规划区面积40平方千米。耕地面积6.11万公顷,林地面积10.02万公顷,森林覆盖率45.83%。总人口94.51万人,总人口85.28万人,人口自然增长率7.43‰。2018年,地区生产总值308.11亿元,同比增长8.5%。其中,第一产业增加值33.74亿元,增长3.3%;第二产业增加值157.82亿元,增长8.3%;第三产业增加值116.55亿元,增长10.4%。规模以上工业增加值增长9%。财政总收入43.37亿元,增长7.6%。固定资产投资增长11.2%。外贸出口22.9亿元,增长14.2%。农业总产值56.04亿元,增长3.4%。粮食总产量40.35万吨。社会消费品零售总额106.3亿元,增长13.2%。城镇居民人均可支配收入3.43万元,增长8.5%,农村居民人均可支配收入1.65万元,增长9.4%。年末金融机构人民币各项存款余额331.29亿元,比年初增长7.2%。

【乐平市"12345"政府服务热线信息平台开通】 1月16日,乐平市"12345"政府服务热线信息平台正式开通。为让政府和群众之间建立起现代化方便快捷的交流平台,乐平市委、市政府在原先"12345"市民热线基础上,构建政府服务热线,解决群众困难,打造成人民群众联系市委、市政府"最重要、最畅通、最便捷、最信任"的通道,成为乐平形象的新名片。

【传统建筑产业发展高峰论坛暨乐平古建商会成立大会举行】 1月30日—31日,传统建筑产业发展高峰论坛暨乐平古建商会成立大会先后在佳佳基大酒店和东方国际酒店举行。全国政协委员、国家文物局原副局长、中国文化遗产保护基金会原理事长张柏,住建部城建司原副司长曹南燕等嘉宾出席。张柏致辞。市委副书记、市长徐辉为商会授会牌。市委常委、市委统战部部长王慧娟致辞。市领导李群芳等分别为相关单位授牌。为继承和发扬古建筑文化精髓,传承工匠精神,发挥乐平当地民间艺人精湛技术优势,联手把古建筑打造成乐平文化的名片,以国家级非物质文化遗产传承人胡发忠为首的乐平市34家古建行业(企业)联合成立乐平古建商会。论坛上,张柏等专家作发言。

【央视《记住乡愁》栏目播出《能舍天地宽》专题纪录片】 2月6日,中央电视台中文国际频道《记住乡愁》栏目播出反映乐平市众埠镇风土人情专题纪录片《能舍天地宽》。该专题片以马廷鸾留下的"马氏四训"为主题线索,讲述马廷鸾、马端临父子和马荷香、倪丰龙、魏秋香、众乐爱心志愿者等众埠籍人物的故事。对众埠古戏台、众埠龙灯、众埠麻糍、挂面等建筑、文化、餐饮进行集中展示,全面展现众埠人民忠贞爱国、互帮互助、锐意进取的精神风貌和众埠独特的民俗及风土人情。

【余德崽荣登"中国好人榜"】 3月4日,中央文明办通过中国文明网发布2月"中国好人榜",全国101名助人为乐、见义勇为、诚实守信、敬业奉献、孝老爱亲的身边好人上榜,乐平市塔前镇村民余德崽荣登"助人为乐"好人榜。余德崽,男,1970年12月出生,乐平市塔前镇岩前村委会大垅村,现为乐平市乐益行动志愿者协会会员。

【乐平市以色列农业科技示范园项目签约仪式举行】 3月26日,乐平市以色列农业科技示范园项目签约仪式在为民服务中心举行。省政府副秘书长宋雷鸣,景德镇市人大常委会副主任、乐平市委书记俞小平,景德镇市副市长徐耀纯等中方代表,以色列驻上海总领事馆商务领事雷爱娜,以色列格林斯玛特智能种植公司首席执行官罗伊,华东地区经济商务处农业、水、新能源行业主任陈思颖等以方代表出席签约仪式。乐平市以色列农业科技示范园项目位于后港镇磻溪村206国道附近,占地面积23公顷,总投资8560万元,建设工期6个月。项目主要有高科技观光展示区,建设面积2万平方米;高效蔬果种植区,建设面积9.6万平方米;名优品种种苗繁育区,建设面积0.2万平方米;冷链物流加工区,建设面积0.3万平方米等4个功能区。

【"乐平辣椒"获批中国地理标志证明商标】 4月3日,经国家工商行政管理总局核准,乐平市蔬菜科学研究所申请的"乐平辣椒"获批中国地理标志证明商标。商标注册证(地理标志证明商标)号第18791887号,注册日期2017年12月21日至2027年12月20日,是乐平市首个获得中国地理标志证明商标。"乐平辣椒"产品质量得到国家认可,提升乐平市辣椒品牌价值,打出乐平市特色农产品新的"金字"招牌。

【蒋卫平篆刻作品获中国书法兰亭奖】 4月18日,第三十四届兰亭书法节暨第六届中国书法兰亭奖颁奖活动在绍兴举行。乐平市青年书法篆刻家蒋卫平应邀参加,其篆刻作品入展第六届中国书法兰亭奖,江西省仅有2名篆刻作品入展。

【乐平市获评第四批全国法治县(市、区)创建活动先进单位】 6月5日,全国普法办公室发布关于表彰第四批"全国法治县(市、区)创建活动先进单位"的通知,决定表彰全国422个县(市、区)为第四批"全国法治县(市、区)创建活动先进单位"。乐平市获评第四批"全国法治县(市区)创建活动先进单位"。

【乐平籍余万福入选国家级足球少年】 8月20日,2018年全国青少年校园足球夏令营总营初中乙组闭营,从五小校足球队走出的乐平籍队员余万福入选全国青少年初中乙组最佳阵容,被授予国家一级运动员,是乐平足球史上第一人。余万福,男,2003年9月4日出生,2015年6月毕业于乐平五小。

【乐平选手蒋良善晋级《中国戏曲大会》六强】 10月7日,《中国戏曲大会》进入第六场,乐平市选手蒋良善吟诵着“跂翼翚飞秦汉范，词清韵雅楚吴风”这副对联，向全国观众推荐美轮美奂的乐平古戏台和江西赣剧，凭着温文尔雅的个人气质，渊博深厚的戏曲功底，成为第六场擂主，并晋级《中国戏曲大会》六强。被赞为“赣剧的百科全书”。

【乐平市首所乡镇党校揭牌】 12月21日，乐平市首所乡镇党校在乐港镇揭牌。乐平市委副书记、市委党校校长刘圣卿，市委党校常务副校长程启明等出席揭牌仪式，并为中共乐港镇委党校揭牌。乐港镇委党校位于原鸣山煤矿社区，占地面积4300平方米，建筑面积1500平方米，内有大型会议室和中型会议室各1间，学员教室3间，大型阅览室1间，活动室2间，学员宿舍15间，是乐平市首所集会议、教学、食宿于一体的功能较完备的基层党校。设立乡镇党校，是乐平市推动党员干部教育体系向基层延伸的重要措施，是基层党员教育培训的重要平台，打通基层党员教育培训“最后一公里”。

主要领导人 市委书记：俞小平。市人大常委会主任：万玉华。市长：徐辉。市政协主席：傅金林。

（彭建光　蒋瞰）

·浮梁县·

【简　况】 位于江西省东北部，辖10镇7乡。总面积2851平方千米。耕地面积1.81万公顷，有林面积315万公顷，森林覆盖率81.4%。总人口31.79万人，人口自然增长率8.03‰。2018年，地区生产总值120.88亿元，同比增长8.3%。其中，第一产业增加值17.26亿元，增长3.8%；第二产业增加值64.85亿元，增长8.7%；第三产业增加值38.77亿元，增长9.9%。财政总收入11.97亿元，增长8.5%；一般公共预算收入8.06亿元，增长7.5%。规模以上工业增加值29.03亿元，增长9.1%。固定资产投资76.78亿元，增长11.2%。工业总产值133.28亿元，增长13.6%。农业总产值30.76亿元，增长3.9%。粮食总产量17.91万吨。茶园总面积1.13万公顷，茶叶一产产值6.62亿元，综合产值15.6亿元。社会消费品零售总额27亿元，增长12.5%。城镇居民人均可支配收入3.03万元，增长8.5%；农村居民人均可支配收入1.65万元，增长9.3%。城乡居民年末储蓄余额75.0亿元，增长10.8%。

【景德镇“高岭中国村”田园综合体项目投资合作协议签约仪式举行】 2月12日，景德镇“高岭中国村”田园综合体项目投资合作协议签约仪式在鹅湖镇举行。景德镇市副市长徐耀纯、浮梁县委书记罗建国分别致辞，市委副秘书长、市委农工部部长胡友林，景焦集团董事长王耀，总经理李保泉等出席仪式。县政协主席金秋来主持仪式。“高岭中国村”田园综合体项目由景德镇市开门子文旅产业发展有限责任公司运营管理，以鹅湖镇园艺场和瑶里高铁站及其周边区域为核心，辐射楚岗村、高岭村、东埠村、天宝村、南泊村、小源村等地，集现代农业、休闲旅游、田园社区为一体。项目总投资约50亿元，按照分批建设、滚动投资方式，一期项目投资金额约6亿元，重点围绕鹅湖镇园艺场及其周边区域进行打造，用约2年时间，建成江西特色最鲜明、规模最大、影响力最广的国家级田园综合体示范。

【景德镇学院搬迁工程】 3月16日，景德镇市委书记钟志生在浮梁主持召开景德镇学院搬迁项目协调会，解决学院搬迁工程各类问题。市委副书记、市长刘锋每半月到学院建设现场察看工程推进情况，召开调度会协商解决工程推进过程中遇到的问题。浮梁县成立领导小组和景德镇学院搬迁建设浮梁指挥部，抽调相关部门专业工作人员，成立综合协调组、土地供应组、手续报批组、基础建设组、资金保障组，确保各项工作平稳推进。景德镇学院搬迁工程项目位于景德镇市浮梁镇内，地理位置优越，项目合同额约14亿元，总建筑面积约32万平方米，建设内容共包含公共资源共享区、教学科研区、生活后勤服务区、体育运动区4个区域，是一个完整大学校园建设工程，项目建成后可满足1.5万名师生教学、科研和生活需要，成为江西地区人才培养、科学研究、产业开发的创新高地。该项目成立25个组团同步施工，40栋单体建筑同步建设，整体土建结构完成90%，污水管网完成95%、消防及给水管网完成80%，教学楼、办公楼、学生宿舍等建筑正在施工。

【王奥斌舍己救人】 5月19日17时，浮梁一中高二(12)班学生王奥斌在浮梁县城百里风光带三贤湖附近昌江河边，为营救不慎失足落水学生不幸牺牲。牺牲后，全县掀起向王奥斌学习热潮。6月28日，浮梁县召开见义勇为先进个人表彰大会，王奥斌被授予“浮梁县见义勇为先进个人”称号。王奥斌还荣登2018年第3期“江西好人榜”，并入围“中国好人榜”。

【浮梁县入选2018年“中国茶叶百强县”】 11月15日，在第十四届中国茶业经济年会开幕式暨2018中国茶业品牌盛典上，浮梁县入选2018“中国茶业百强县”。浮梁县作为江西省重要的产茶区，先后被评为全国重点产茶县、十大生态产茶县、全国十大魅力茶乡等称号，“浮梁茶”还被列为“全国首批20个中国茶叶品牌馆”入选品牌，被中国茶叶流通协会评为“中国名优绿茶十大推荐公共品牌”。2018年中国茶叶区域公用品牌价值评估，“浮梁茶”被评为“最具品牌资源力”茶叶品牌，品牌评估价值达到21.36亿元，列全国98个品牌第25位。5月24日，浮梁县还举办2018第二届中国(南昌)国际茶业博览会工匠评比暨首届“浮梁工匠杯”手工绿茶制作技能大赛，进一步打造浮梁茶知名度，增进浮梁茶在全社会各界认知度、认可度和美誉度。

【浮梁县获“第二批国家生态文明建设示范市县”称号】 12月15日—16日，以“生态文明 绿色发展——深入学习贯彻习近平生态文明思想 建设天蓝、地绿、水清的美丽中国”为主题的中国生态文明论坛年会在广西壮族自治区南宁市召开。会上表彰命名全国45个第二批国家生态文明建设示范市县，浮梁县名列其中。浮梁县是鄱阳湖生态经济区38个重点县(市、区)之一，素有“八山半水一分田，半分道路和庄园”之称。拥有数百种野生动物和上千种野生植物，森林面积 23.67 万公顷，森林覆盖率 81.4%。全县水质常年保持在二类以上，其中一类水质 256 天，占全年 72.6%；空气质量全年 364 天保持优或良。浮梁县被新增纳入国家重点生态功能区，被评为国家级生态县、全国休闲农业与乡村旅游示范县、江西省生态文明先行示范县。全县有国家级生态乡（镇）15 个，国家级生态村 4 个，省级生态村 37 个。

【昌景黄高速铁路（江西段）建设开工大会在浮梁县举行】 12 月 25 日，昌景黄高速铁路（江西段）建设开工大会在浮梁县举行。省委书记、省人大常委会主任刘奇宣布项目开工。省委副书记、省长易炼红，中国铁路总公司党组成员、副总经理王同军分别致辞。省委常委、常务副省长毛伟明，省委常委、省委秘书长赵力平等出席大会。景德镇市委书记钟志生代表工程沿线相关市发言。省政府副秘书长、省政府研究室主任李能，省政府副秘书长王亚联，昌景黄高铁沿线相关市、县（市、区）负责人，省有关部门和项目参建单位负责人等参加开工大会。省发改委主任张和平介绍昌景黄高速铁路（江西段）项目概况。昌景黄高速铁路（江西段）正线全长 200.32 千米，联络线长 29.38 千米，正线桥梁 87 座 156.3 千米，正线隧道 19 座 17.9 千米，桥隧总长 174.2 千米，占线路总长 86.9%，设南昌东、军山湖、余干、鄱阳南、景德镇北、凰岗站（预留）、瑶里 7 个站，总投资 347.13 亿元。建成后，景德镇到黄山只要 30 分钟，到南昌只要 1 小时。

主要领导人 县委书记：罗建国。县人大常委会主任：张永进。县长：邱晨阳（任至 9 月）。县政协主席：金秋来。

（金寿进）

·昌江区·

【简　况】 位于江西省东北部，辖 2 镇 2 乡 2 街道办事处，总面积 318 平方千米。耕地面积 3733.33 公顷，有林面积 1.69 万公顷，森林覆盖率 54.77%。总人口 16.47 万人，人口自然增长率 5.49‰。2018 年，地区生产总值 214.2 亿元，同比增长 7.6%。其中，第一产业增加值 4.7 亿元，增长 2.6%；第二产业增加值 130.9 亿元，增长 8.3%；第三产业增加值 78.6 亿元，增长 6.9%。财政总收入 17.8 亿元，增长 48.3%。规模以上工业增加值增长 9%；外贸出口 13.4 亿元，增长 21.2%。固定资产投资增长 11.1%；引进内资增长 10.5%；利用外资 2494 万美元，增长 7.97%；社会消费品零售总额 81.6 亿元，增长 8.6%。农业总产值 5.93 亿元，增长 3.5%。粮食总产量 2.9 万吨。城镇居民人均可支配收入 3.85 万元，增长 8.4%；农村居民可支配收入 1.71 万元，增长 9.5%。

【昌江区监察委员会挂牌成立】 1 月 19 日，昌江区监察委员会挂牌成立。成立会上，区委书记罗璇、区人大常委会主任李恩清为昌江区监察委员会揭牌，李恩清宣读区监委主任、副主任、委员任命。区委常委、纪委书记、监察委员会主任方群主持并发言，区委常委、政法委书记彭庆鉴，昌江区人民检察院检察长程家敏出席。区监察委员会的成立，标志着昌江区监察体制改革试点工作取得阶段性成果。

【全市首例留置案件剖析座谈会召开】 3 月 26 日，景德镇市监察委与昌江区监察委联合召开全市首例留置案件剖析座谈会。市纪委副书记、监委副主任计新明、区委书记罗璇出席会议。区纪委书记、监委主任方群主持会议，全体办案人员参加会议。3 月 3 日，区监察委员会依法对涉嫌贪污的区司法局办公室主任兼报账员皮溢之作出立案调查决定，并对其采取留置措施。由市监察委、区监察委共同组织实施处理这起案件，于 3 月 5 日开始采取留置措施、3 月 21 日解除留置措施，并移送司法机关处理。从立案到解除留置，这起全省使用留置措施的职务犯罪“第一案”仅用 19 天。座谈会上，参会人员结合自己工作经验、纪法认识，进行全面深入交流，共同为提高留置案件质效建言献策。对案件查办中文书审批制度、监察机关与检察机关程序衔接等疑难问题，提出建议和对策；对陪护队伍组建、留置场所等问题，提出畅想和期望。

【刘安邦获 2018 年全国跆拳道青年锦标赛冠军】 6 月 1 日，在全国跆拳道青年锦标赛赛场上，昌江区鲇鱼山镇籍刘安邦代表江西省队参加 2018 年全国跆拳道青年锦标赛，夺得男子 68 公斤级冠军。刘安邦，2001 年出生，2012 年 6 月选送到昌江区体校练习跆拳道，先后被输送到景德镇市体校、江西省队。2015—2017 年，连续 3 年获江西省跆拳道锦标赛男子 68 公斤级冠军；2017 年获全国跆拳道精英赛第五名；2018 年在突尼斯举行的世界青年锦标赛中获前八名。

【曹俊伟获 2018 年全国 U17 古典式摔跤锦标赛冠军】 6 月 5 日—7 日，2018 年全国 U17 古典式摔跤锦标赛在鹰潭市体育馆举行，全国 39 支代表队近 300 名运动员参赛。昌江区籍曹俊伟作为江西省队参加比赛，获 48 公斤级冠军。曹俊伟，2002 年出生，昌江区吕蒙乡人。六年级时被昌江区体校选招参加训练。2014—2016 年连续 3 年获江西省古典式摔跤锦标赛冠军。

【国家税务总局景德镇市昌江区税务局挂牌仪式举行】 7 月 20 日，国家税务总局景德镇市昌江区税务局挂牌仪式在昌江税务大楼举行。昌江区委书记罗璇，国家税务总局景德镇市税务局联合党委委员、景德镇市税务局第 4 联络（督导）组组长余海波出席仪式并揭牌，昌江区委副书记、区长朱仕木出席挂牌仪式并代表区委区政府致辞，昌江区委常委、常务副区长陈鸿云主持挂牌仪式，区税务机构改革专项组负责人、国家税务总局景德镇市税务局第 4 联络（督导）组人员出席仪式。新机构揭牌，标志着原景德镇市昌江区国家税务局、原景德镇市昌江区地方税务局正式合并为昌江区税务局。新成立的区税务局实现联合党委组建到位、综合部门集中办公到位、一厅通办先行到位、履行职责统一到位。

【承办传承与超越——“一带一路”瓷都再出发国际研讨会】 10 月 18 日，由景德镇市政府、景德镇学院主办，昌江区委、区政府承办的传承与超越——“一带一路”瓷都再出发国际研讨会在景德镇中国陶瓷博物馆举行。市委常委、市委宣传部部长吴隽出席,副市长熊皓致辞,景德镇学院院长陈雨前主持研讨会。中外知名专家学者和企业家代表近100人参加研讨。研讨会上,中外知名专家学者论陶瓷古今,与世界对话,吴隽做题为《新时代背景下景德镇的"一带一路"使命》的主题发言,浙江大学中国西部研究院副院长陈健发表主旨演讲——《景德镇"世界瓷都"振兴之路》。此次国际研讨会为促进景德镇建设国家陶瓷文化保护传承基地、国家陶瓷产业创新发展基地、世界陶瓷人才集聚高地、世界著名陶瓷文化旅游目的地、国际陶瓷博览交易中心、国际陶瓷文化交流合作中心和对话世界国际瓷都贡献智慧。

【"悠悠昌江 瓷鉴海昏"张五常汉代玉器收藏品展、海昏侯系列陶瓷绘画作品展活动举行】 10月19日,由瓷博会组委会、昌江区委、昌江区政府、市陶瓷产业发展局主办的"悠悠昌江 瓷鉴海昏"张五常汉代玉器收藏品展、海昏侯系列陶瓷绘画作品展在丽阳镇张五常收藏艺术陈列馆举行。景德镇市副市长、市公安局局长何军威出席并致辞,市政协副主席张学锋、市检察院检察长刘鸿斌以及市陶瓷产业发展局、昌江区四套班子领导、区直各部门及乡镇(街道)主要负责人出席。昌江区委副书记、区长朱仕木主持。张五常莅临现场并发表讲话。此次主题展活动,共展出张五常汉代玉器收藏作品29件,海昏侯系列人物陶瓷绘画作品45件。

【北京猎豹移动公司落户昌江区】 3月21日,区委书记罗璇带队考察北京猎豹移动公司,双方就人工智能项目进行洽谈。3月28日,北京猎豹移动公司董事长、CEO傅盛到昌江区实地考察人工智能项目。副省长吴晓军、市委书记钟志生、市长梅亦等省市领导会见傅盛一行。5月17日,北京猎豹移动公司在香港正式签约并落户昌江区。北京猎豹移动公司成立于2010年,2014年在美国纽约证券交易所挂牌上市,2017年公司营业额超45亿元。已在全球超过15个国家和地区建立分支机构,全球移动月度活跃用户规模为6.03亿户。猎豹移动项目智能机器人在2018中国景德镇陶瓷博览会上成为一大亮点。

【景德镇现代中医药科技合作签约会举行】 11月6日,景德镇现代中医药科技合作签约会在昌江区美琳康大药业集团公司举行。景德镇市副市长张良华出席签约会,中药固体制剂制造技术国家工程研究中心主任、广西中医药大学名誉校长、教授杨世林及其科技创新团队核心成员参加签约会,市科技局、市人才办、昌江区等单位共同见证签约。签约会上,中药固体制剂制造技术国家工程研究中心与江西美琳康大药业项目合作签约。双方就共建省级重点实验室、开展科研攻关、建立博士创新基地、实施人才培养等方面开展合作。合作双方签约,以"合作共赢"为主题,开启产学研用合作新篇章,构筑科技创新发展新愿景。

主要领导人 区委书记:罗璇。区人大常委会主任:李恩清。区长:朱仕木。区政协主席:陈华清。

(洪东亮)

·珠山区·

【简 况】 位于江西省东北部,辖1镇9街道办事处。总面积111平方千米,其中城区面积37.2平方千米。耕地面积372公顷,有林面积1282公顷,森林覆盖率28.36%。总人口33.78万人,人口自然增长率5.49‰。2018年,地区生产总值203.39亿元,同比增长8.2%。其中,第一产业增加值0.72亿元,增长2.5%;第二产业增加值48.72亿元,增长4.6%;第三产业增加值153.95亿元,增长9.7%。财政总收入21.13亿元,增长34.44%,税收收入占财政总收入92.7%;工业总产值41.3亿元,规模以上工业增加值增长3.0%。固定资产投资增长11.5%。引进内资41.75亿元,实际利用外资2240万美元;外贸出口1228万美元。城镇居民人均可支配收入3.92万元,增长8.35%。

【珠山区中央厨房项目签约仪式举行】 1月19日,珠山区中央厨房项目签约仪式在珠山区政府会议室举行。区长罗文军出席签约仪式,副区长李冬香代表珠山区政府与杭州速派餐饮管理有限公司签约。中央厨房项目总投资约5500万元,投入运营后,杭州速派在珠山区打造符合透明厨房要求、设计合理、配置齐全、智能化程度较高和安全保障绝对可靠的国内领先中央厨房,确保让珠山区学生吃上安全、健康、营养和便捷的学生营养午餐;中央厨房还为社区提供养老餐、净菜及其他社区便民服务,以O2O新模式为社区"四类人群"提供针对性服务,打造社区便民服务新模式。同时,杭州速派还与珠山区共同打造具有样板意义的智慧化农贸市场。

【"加彩·三宝"中加艺术交流作品展举行】 3月28日—31日,由景德镇陶瓷工艺协会与景德镇三宝文化旅游发展有限公司,联合加拿大油画研究学会、五湖国际文化艺术中心(FOFA)、加拿大三和国际艺术沙龙共同举办的"加彩·三宝"中加艺术交流作品展在三宝国际瓷谷三宝文创中心举行。市委常委、市委宣传部部长吴隽,市人大常委会原副主任周景伟,市旅发委、市侨联、珠山区委区政府等有关部门领导,中加两地艺术家以及社会各界人士约300人参观展览。此次展览以"加彩·三宝"为主题,分为油画和陶瓷作品两大展区,共展出加拿大多伦多当地及华人华侨艺术家的油画作品,以及景德镇陶瓷艺术家的陶瓷艺术作品近100件。展览为期4天,是2018"加彩三宝"中加国际艺术交流周的压轴活动。交流作品展期间,还举行学术交流论坛,加拿大艺术家与景德镇艺术工作者一同走进闲云涧马鞍岭采风创作,并参观陶瓷博物馆、陶瓷文创企业、陶瓷工作室,体验手工陶瓷制作,感受泥土烧炼成陶瓷的奇妙。

【"321设·国际设计师节(景德镇)"举行】 4月19日,由珠山区政府、洛客共享设计平台共同主办的"321设·国际设计师节(景德镇)"举行。景德镇市委书记钟志生,市委副书记、市长梅亦,洛可可设计集团董事长贾伟出席活动。设计师节以"敢设计"为主题,以"为城市而设计"为核心。

“设计大陆”是“321设·国际设计师节”中的创意互动式主题展览，以城市游戏为主线，分为“敢玩之城”“敢想之城”和“敢造之城”三大板块，以创意互动方式带给每名观展者激发想象力产品呈现、唤醒内心的沉浸体验。活动现场中，贾伟做《为城市而设计》主题演讲。此次“321设·国际设计师节(景德镇)”是“洛客·景德镇陶瓷设计中心”举办的第一场活动，旨在与千年瓷都传统陶瓷设计师之间建立强链接，同时把创新设计理念带入景德镇，促进传统陶瓷文化与现代设计理念相融合。

【举办“第四届三宝论坛——乡村振兴战略视野下的三宝发展”】 6月9日，“第四届三宝论坛——乡村振兴战略视野下的三宝发展”在闲云涧马鞍岭举办。论坛由珠山区委、区政府主办。珠山区区长罗文军出席并致辞。参加活动近300人。此次论坛主题是“乡村振兴战略视野下的三宝发展”。论坛上，中央党校“三农”问题专家徐祥临做《期待三宝瓷谷成为城乡融合发展的典范》主旨演讲；中国艺术研究院艺术人类学研究所所长、博士生导师方李莉对何为生态中国以及生态中国实践的可能性进行深刻诠释；中航庐山归宗灿村村长胡少村讲述如何保护和利用好当地资源，做好生态农业，体现当地文化特色。论坛还邀请浙江农办主任祝美群，从顶层设计和国家宏观层面为与会嘉宾解疑。

【国家税务总局景德镇市珠山区税务局挂牌成立】 7月20日，国家税务总局景德镇市珠山区税务局在昌江大道税务大楼前挂牌成立。珠山区委书记林卫春和国家税务总局景德镇市税务局联合党委委员、纪检组长、第5联络(督导)组组长饶卫民共同为新机构揭牌，区委副书记、区长罗文军代表区委区政府致辞，区税务机构改革专项组负责人、国家税务总局景德镇市税务局第5联络(督导)组人员出席，国家税务总局景德镇市珠山区税务局部分机关干部及老干部代表、市主流新闻媒体人员参加。景德镇市珠山区税务局的成立，标志着原珠山区国家税务局、珠山区地方税务局正式合并，珠山区国税地税征管体制改革向纵深推进，新税务机构职能和资源配置进一步得到优化，纳税人在综合性办税服务厅、网上办税系统可统一办理所有税收业务，享受“一厅通办”“一网通办”等优质服务，12366纳税服务热线也同步实现涉税业务“一键咨询”，行政效率大幅提升。

【“书香珠山·城市文化会客厅”启幕】 10月29日，由珠山区文广新局主办，陶溪川陶欣饭店、珠山区图书馆承办，珠山区文联协办的书香珠山·城市文化会客厅在珠山区启幕。区委、区人大常委会，瓷都晚报社、市图书馆相关负责人以及全市文化界专家学者、热心文化事业的爱心捐赠单位负责人或个人，竟成镇、各街道分管文化工作的负责人60余人参加活动。活动期间，10余名作者现场捐赠爱心书籍近100本，瓷都晚报总编辑陈俊绮、景德镇学院人文系教授韩晓光分别发言，陶瓷文化学者漆德三做题为“陶瓷与音乐”的讲座。

【“全国围棋特色学校”揭牌仪式举行】 11月1日，“全国围棋特色学校”揭牌仪式在景德镇第一小学举行。棋圣聂卫平揭牌，市委常委、市委政法委书记曹雄泰出席。揭牌仪式上，聂卫平对景德镇市第一小学围棋运动的开展给予肯定，并提出要想作出更大贡献，就要好好学围棋。景德镇市第一小学被中国围棋协会授予“全国围棋特色学校”，是全国第18所，也是江西省唯一获得此殊荣的学校。

主要领导人 区委书记：林卫春。区人大常委会主任：张文帮。区长：罗文军。区政协主席：邵继纲。

（洪靓）

萍乡市

【概　况】 位于江西省西部，辖3县2区。总面积3802平方千米，其中城区面积51.2平方千米。耕地面积6.61万公顷，森林覆盖率67.24%，城区绿化率42.6%。总人口193.32万人，其中非农业人口133.52万人；人口自然增长6.94‰。2018年，地区生产总值1009.05亿元，同比增长率8.7%。其中，第一产业增加值59.36亿元，增长3.6%；第二产业增加值469.27亿元，增长8.1%；第三产业增加值480.42亿元，增长10.4%。财政总收入161.58亿元，增长10.5%。税收占财政总收入80.1%，地方财政收入99.71亿元，下降2.9%；地方财政支出245.29亿元，增长9.0%。出口总额111.19亿元，占地区生产总值11.0%。固定资产投资增长10.5%。实际利用外商投资4.01亿美元。主要工业产品及产量有钢材544.25万吨、水泥574.39万吨、工业陶瓷制品485.18万吨、烟花鞭炮938.15万箱、平板玻璃315.35万重量箱。农业总产值95.25亿元，增长3.63%。粮食总产量50.88万吨。主要农产品及产量有谷物48.16万吨，增长4.79%；豆类1.29万吨，增长36.6%；薯类1.03万吨，增长11.14%；蔬菜及食用菌64.46万吨，增长1.23%。城镇居民人均可支配收入3.58万元，增长8.0%。农村居民人均纯收入1.80万元，增长8.5%。城乡居民年末储蓄余额621.87亿元，增长11.8%。

【新型工业】 2018年，新增国家高新技术企业51家，达到128家，高新技术产业增加值占规模以上工业比重达33%。蓝翔重工科技成果获国家技术发明二等奖，中材电瓷科技成果获省科学技术进步一等奖。工业增值税增长27.6%，增速居全省前列，带动税收占财政收入比重大幅提升。战略性新兴产业加快发展，增加值增长18.9%，占规模以上工业比重达15.9%。新一代电子信息、先进装备制造等产业聚集发展；海绵产业集群、节能环保产业集群被认定为省级重点工业产业集群。经开区首次在国家级经开区综合考评中跻身百强。

【现代服务业】 2018年，全市接待游客人次和旅游综合收入分别增长21%、28%。新增4个省4A级乡村旅游点、2个省旅游风情小镇。科技金融产业园区启动建设，科技金融企业达到37家。城商行分支机构、农商行改制和村镇银行实现县域全覆盖。组建并运行总规模近15亿元的易融通供应链产业基金。现代商贸物流体系更加完善,电子商务、农村电商、文化产业健康发展,营业收入增长9.1%。

【全国首例人造视网膜植入动物试验手术完成】 6月5日,由萍乡市人民医院眼科首席专家、江西省光明使者、教授何建中带领的眼科手术团队所完成的,三例人造视网膜植入动物实验手术在苏州昭衍实验中心眼底手术标准化手术实验室内获得成功,这是全国首例人造视网膜植入动物试验手术。手术的成功,标志着中国该项研究从实验室芯片及穿戴设备研究阶段迈向动物试验阶段。这项中国拥有自主产权的人造视网膜技术,在通过严格的临床试验阶段后,可让视网膜色素变性等患者重见光明即将成为可能。该手术得到中科院深圳先进技术研究院专家的肯定,并将萍乡市人民医院提出的手术流程与方案作为标准向其他即将进入试验的医院推广。

【"脱贫攻坚、我们在行动暨'萍乡慈善'网上慈善超市"启动仪式举行】

7月27日,"脱贫攻坚、我们在行动暨'萍乡慈善'网上慈善超市"启动仪式在萍乡市举行。这标志着全省首家网上"慈善超市"正式上线运营。"萍乡慈善"网上慈善超市在原实体慈善超市的基础上,利用现代互联网技术,借助志愿服务组织力量,实现平台上申请、第三方审核、零距离送达的新平台,是全省首家网络慈善超市,全省首家全部依托志愿服务组织管理、运营、服务的慈善超市,全省首家真正实现免费的慈善超市。全市低保家庭、建档立卡贫困户、孤儿等困难群众只要关注"萍乡慈善公众号",进入到慈善超市选取并提交自己所需要的物资,经过志愿者审核后,符合条件的由志愿者把所选物资送到贫困户家中,贫困户就可以足不出户免费领到所需物资。"萍乡慈善"网上慈善超市由安源志愿者协会研发设计,历时半年多上线。启动仪式详细介绍"萍乡慈善公众号"中慈善超市、律师咨询、心理咨询、帮扶咨询四大内容,以及如何使用在网上申请免费物资,爱心人士如何捐赠物资的流程。仪式现场,爱心企业和爱心人士向网络慈善超市捐赠物资,签订捐赠意向书,市领导分别为爱心企业代表颁发捐赠证书。

【萍乡市获"国家森林城市"称号】

10月15日,国家林业和草原局授予萍乡市为"国家森林城市"称号。这标志着萍乡市新添一张"国字号"绿色名片。2014年1月,萍乡市在得到国家林业局同意开展创建国家森林城市的批复后,以国家森林城市创建为抓手,做好"大地植绿、心中播绿"两篇文章,全市四级联动,五城同创,努力践行"绿水青山就是金山银山"的发展理念。各级各有关部门成立相应机构,形成分级管理、上下联动、良性互动的领导机制。制定出台《萍乡市创建国家森林城市实施方案(2016—2017年)》,对全市创建国家森林城市工作进行统一安排和部署。重点实施城区增绿、乡村兴绿、通道连绿、水系添绿、荒山披绿五大工程。对照《国家森林城市评价标准》要求,萍乡市40项指标均达到或超过国家创森标准,国家林业和草原局给予萍乡市免检通行证,萍乡市进入国家森林城市行列。

【第三届"汉冶萍"国际学术研讨会举行】 11月2日,由萍乡市委、市政府主办的第三届"汉冶萍"国际学术研讨会在萍乡学院举行。全国人大常委会委员、全国人大财经委副主任委员、上将刘源,省政协副主席汤建人出席并讲话。毛泽东外孙王效芝,朱德外孙、解放军装备学院原副院长、少将刘建,解放军总后勤部物资油料部原副部长、少将翟振发,解放军军事科学院战略部副部长、少将宋庆生,部分安源老工人、老红军后人,市领导李小豹、吴运波、黄万林、李宁、裴鸿卫、聂晓葵、曾祥军、崔传鹏、陈朝清,萍乡学院党委书记陈金印、院长史焕平、党委副书记蔡宝琦、副院长邱建丁,萍矿集团党委副书记、总经理吴培南,湖北师范大学副校长余涛,重庆市长寿区政协副主席陈红,重钢集团副总经理管朝晖,"汉冶萍"学术联盟秘书长张泰山以及汉冶萍公司创始人的后人出席。市委常委、常务副市长陈云主持。来自国内外50余名"汉冶萍"学术研究的专家学者参加。与会的中外专家学者围绕"汉冶萍"蕴藏的拼搏、坚韧、担当和自立自强的精神,推动汉冶萍申报世界工业文化遗产等课题开展深入讨论,其中专家学者就"萍乡煤矿在中国近代工业史上重要地位及启示""汉冶萍公司档案的搜集整理与研究""晚清民国萍乡煤矿产业契约与产权交易"分别发表主旨演讲。研讨会上,形成一批"汉冶萍"学术研究的最新成果,推动"汉冶萍"研究历史价值和当代价值的有机融合。

【萍乡卫生职业学院揭牌仪式举行】

11月13日,萍乡卫生职业学院揭牌仪式在该院西大门举行。市委书记李小豹,市委常委、常务副市长陈云,副市长黄强、肖双燕,省卫生健康委员会副主任朱烈滨,省教育厅副巡视员叶宝凌等出席揭牌仪式。揭牌仪式由陈云主持。仪式上,李小豹、朱烈滨、叶宝凌共同按动启动球,为萍乡卫生职业学院正式设立揭牌。学院申办工作领导小组各成员单位领导,各院校和市直各医院领导以及学院领导和部分师生代表参加。从2016年7月,萍乡市委、市政府作出申办萍乡卫生职业学院的决定,到2018年3月30日,省政府下发《江西省人民政府关于同意设立萍乡卫生职业学院的批复》以及国家教育部正式批准备案招生,历经1年10个月。该学院按照"特色校园、山水校园、智慧校园、百年校园"规划,建设成江西省唯一一所采用海绵城市理念建设的大学校园,学院占地面积53.33公顷,建筑面积17.45万平方米,教学仪器设备总价值6000余万元;时有教职工276人,专任教师151人,其中副高以上职称50人,博士、硕士研究生37人,"双师型"教师86人。初期开设护理、药学、康复治疗技术、医学影像技术、医学检验技术5个专业,2018年9月首批587名大学生入校学习。萍乡卫生职业学院的成立,对于萍乡市进一步深化教育教学改革,创新办学理念,满足萍乡市及周边地区群众接受高等卫生职业教育的需求,为全市发展医养结合、健康养老等产业,促进产教对接、医教协同提供人才支撑都具有重要意义。

【萍乡市在全国住房城乡建设工作会议作典型经验交流】 12月24日,全国住房城乡建设工作会议在北京召开。萍乡市作为全国唯一的地级市代表，在会上作题为《运用海绵城市理念系统提升城市品质》的典型经验交流，得到与会领导和人员的肯定。副市长叶华林代表萍乡市参加会议。2016年开始，萍乡市以全国海绵城市试点建设为契机，充分运用海绵理念，统筹城市给排水、道路、园林绿地等建设，提高城市基础设施建设的系统性，统筹解决城市水安全、水环境、水生态、水资源等城市涉水问题，重构城市人水和谐关系，海绵城市建成区域的生态岸线比例从不足40%提升到76%，水域面积新增100公顷。萍乡市为丰水地区中小城市解决涉水问题、提升城市品质、促进城市转型、推动绿色发展探索出可复制、可推广的经验。

【电影《老阿姨》获第17届中国电影华表奖优秀故事片奖】 12月8日，第17届中国电影华表奖颁奖典礼在北京举行。电影《老阿姨》荣获优秀故事片奖。中国电影华表奖代表中国电影最高荣誉。作为纪念建党95周年重点献礼影片，《老阿姨》根据全国道德模范龚全珍的真实事迹改编而成，讲述开国将军甘祖昌与龚全珍相濡以沫三十载，植根土地，扎根人民，全心全意建设家乡的感人故事。电影《老阿姨》由长春电影制片厂出品，雷献禾执导，郭中束、史建全编剧，李雪健和陶慧敏联袂主演。该片于2016年7月正式公映。此前，电影《老阿姨》入选第十四届精神文明建设"五个一工程"名单，并相继荣获长春电影节、北京大学生电影节、平壤国际电影节、澳门国际电影节、巫山电影周重要奖项。

主要领导人 市委书记：李小豹。市人大常委会主任：周敏。市长：李江河。市政协主席：吴运波。

（彭坚）

·安源区·

【简　况】 位于江西省西部，辖4镇6街道办事处和1管理委员会（乡级）。总面积198.78平方千米，其中城区面积29.56平方千米。耕地面积2995公顷，林地面积7558.6公顷，森林覆盖率46.28%。总人口47.52万人，人口自然增长率6.67‰。2018年，地区生产总值270.87亿元，同比增长8.7%。其中，第一产业增加值4.14亿元，增长2%；第二产业增加值102.05亿元，增长7.4%；第三产业增加值164.68亿元，增长10%。财政总收入46.08亿元，增长7.6%；公共财政预算收入26.79亿元，税收占比8.32%。规模以上工业增加值增长8.5%，规模以下工业增加值增长6.6%，工业增值税增长37.3%。固定资产投资159.55亿元，增长10.9%；实际利用外商投资6702万美元，增长10.01%。农业总产值6.75亿元，增长2.11%。城镇居民人均可支配收入3.79万元，增长7.78%；农村居民人均可支配收入2.07万元，增长8.17%。社会消费品零售总额152.26亿元，增长11%。

【产业集聚新提升】 2018年，安源区做大做强新材料、电子信息产业，建立以晶蓝科技、平盛电子为主体的智能手机制造全产业链；引进西人马独角兽企业，建成投产后可形成医疗芯片产业群；海绵产业集群入选全省重点工业产业集群；格丰科材、金桥焊材产值突破10亿元。全年签约项目81个，合同金额236.91亿元，亿元以上项目51个。建成工业企业20家，新增规模工业企业10家。投入3000万元，建成工业园标准厂房30万平米。报批新增建设用地159.93公顷，超计划103.93公顷。清理盘活闲置土地93公顷，全省消化进度排名由倒数5名提高到前20名。争取项目资金14.95亿元，比上年增长1.47亿元，创历史新高。

【服务业发展】 2018年，接待游客802万人次，增长23.6%，获评全省旅游产业发展先进县区。投资25亿元的凯光新天地生态旅游区项目正式启动，安源镇获评江西省旅游风情小镇，新华生态、三湾生态认定为省3A级乡村景点。商品房销售47.98万平方米，增长3.7%。梅园国际大酒店、梦想天街商业综合体建成营业，天虹广场基本完工。凯天动漫有限公司获中国版权最具影响力企业奖。电商零售完成6.25亿元。

【创业创新工作】 2018年，新增企业2367户，增长26%；新增个体户3016户，增长15%。"财园信贷通"放贷6.6亿元，"惠农信贷通"放贷6817万元，创业贷款发放9251万元。举办第二届新生代双创发展论坛，安源金融小镇获评2018年度最具潜力基金小镇，四通重工等2家获批省级军民融合企业。申请专利950件，发明专利143件，获批省"专业化小巨人"2家、"专精特新"中小企业7家。国家级科技型中小企业入库21家，认定高新技术企业6家、市级工程中心1家，培育众创空间2家。

【生态文明建设】 2018年，安源区获批省级第二批绿色低碳试点县区，全面完成"蓝天碧水净土·2018年行动计划"，查处违法行为200余起，淘汰燃煤锅炉41台、水泥和造纸生产线10条，安装油烟净化器752家，$PM_{2.5}$、PM_{10}平均浓度比上年分别下降8微克/立方米、13微克/立方米，空气质量优良率82.2%，比上年提高3.6个百分点。完成山上造林500亩、"四旁"植树15万株，建成废弃矿山复绿示范点2个，连续9年获江西省森林防火平安县区。关闭水域保护地及敏感区养殖场97家，清淤河道35千米。建成集镇污水处理厂5座、农村分散式污水处理站17处，长兴馆河等污水处理设施及配套管网投入使用。

【脱贫攻坚】 2018年，安源区创新"六个一"产业扶贫新模式，即突破一个界限、选准一个产业、组建一个合作社、融入一个龙头、创新一套机制、用活一笔贷款。整合涉农扶贫资金4078万元，建设产业脱贫项目71个，开发扶贫专岗205个，改造四类对象危房196户，带动1517户4847人稳定增收。实现308户1035人脱贫，2个省定贫困村退出通过市级验收。

【文化创意产业】 2018年，安源区对广播影视、动漫游戏等八大文化创意产业，给予新办文化产业企业免征2年企业所得税等10余项扶持政策；打造安源文化创意产业园、"文化创意产业一条街"，入驻企业325家。8月以来，文化创意产值达12亿元，税收过亿元。通过开展文化产业招商推介会、制作特色文化产品,把5项非遗特色项目、20余个红色文化作品推向全国,凯天动漫获评中国版权最具影响力企业奖,参与对外文化交流活动100余场。

【社会治理】 2018年,安源区获评全省安全生产"综合考评好"县区。五陂镇人民调解委员会获评全国人民调解工作先进集体,凤凰街司法所获评全国模范司法所。"扫黑除恶"破获案件91起,打掉黑社会组织1个、恶势力犯罪集团8个、恶势力团伙2个;地网天网安装前端摄像机2224个。公众满意度、安全感分别列全省一类县区第4位、第7位。区检察院被最高人民检察院荣记集体一等功。梳理区本级"一次不跑"事项121项、"只跑一次"事项322项、取消证明事项25项,43个部门完成政务服务事项清单编制。农村集体产权制度改革被列入全国试点。查处工作作风和机关效能问题43起,问责20个单位62人,为5名敢作敢为勇于担当的党员干部澄清正名。

【电子信息】 2018年,安源电子信息产业园从提出设想到正式开园仅用5个月,建设占地32.66公顷。引进电子信息企业44家,投产26家,亩产税收达到40余万元,成为全区发展潜力支柱产业。通过"财园信贷通"发放贷款5.9亿元,政策性减免税收近4000万元、降费2176万元,申请补助3644万元。明确项目供地、达效奖励、人才引进等8个方面23条具体扶持政策;连续5年制发"放管服"改革文件18个,企业登记办证由20个工作日缩短到5个工作日。

【安源区妇幼保健院获《中国卫生》杂志社"2018年管理创新医院"称号】 2018年,安源区妇幼保健院获《中国卫生》杂志社"2018年管理创新医院"称号,为全省2家获评单位之一。安源区妇幼保健院围绕全省妇幼健康工作目标,在母婴安全、妇幼健康能力提升、出生缺陷防治等方面,扎实工作,秉承"一切为了母亲、一切为了孩子"的服务宗旨,落实"团结、务实、创新、卓越"的院训,用心服务着每一位顾客,全力打造爱的家园。该院先后获"江西省妇幼健康能力提升先进单位""江西省妇幼健康优质服务示范县"称号。获评国家卫健委医政医管局"进一步改善医疗服务行动计划"奖、全国擂台赛华东赛区"延伸优质护理服务十大人气案例"奖。

主要领导人 区委书记:黄万林。区人大常委会主任:肖锋。区长:康峰。区政协主席:陈建荣。

(周圆圆　曾崎　陈钧智)

·湘东区·

【简　况】 位于江西省西部,辖8镇2乡1街道办事处。总面积858.75平方千米,其中城区面积7.83平方千米。耕地面积1.32万公顷,森林面积6.22万公顷,森林覆盖率69.85%,城区绿化率45.8%。总人口37.18万人,其中城镇人口24.84万人;人口自然增长率6.83‰。2018年,地区生产总值184.69亿元,同比增长8.7%。其中,第一产业增加值13.29亿元,增长4.0%;第二产业增加值84.93亿元,增长8.0%;第三产业增加值86.47亿元,增长11.0%。财政总收入20.06亿元,增长2.0%,人均5403元,税收占财政总收入80.5%。规模以上工业增加值增长8.0%。固定资产投资增长10.3%。主要工业产品及产量有工业陶瓷124.98万吨。农业总产值21.14亿元,增长4.1%。粮食总产量10.42万吨。主要农产品及产量有稻谷9.77万吨、生猪出栏37.35万头、油菜籽7154吨。城镇居民人均可支配收入3.59万元,增长7.96%;农村居民人均可支配收入1.82万元,增长8.21%。城乡居民年末储蓄余额87.34亿元,增长7.6%。社会消费品零售总额55.40亿元,增长11.1%。

【中晶可徕卡(萍乡)绿色建材项目签约仪式举行】 1月2日,湘东区政府与中晶可徕卡(上海)环境科技有限公司在湘东区政府6楼会议室举行中晶可徕卡(萍乡)绿色建材项目签约仪式。区委书记杨志,区委副书记、区长杨博和中晶可徕卡(上海)环境科技有限公司总经理周钧忠等出席签约仪式。签约仪式上,湘东产业园管委会负责人与周钧忠分别代表双方共同签署协议书。该项目总投资1.2亿元,由中晶可徕卡(上海)环境科技有限公司投资建设,占地面积2.33公顷,在湘东产业园设立可徕卡(萍乡)绿色建材有限公司,租用园区企业厂房及空地,建设两条建材生产线,一条新型海绵环保建材生产线,一条发泡砖生产线。

【丁武作品《丝绸之路》获第三届中国(潍坊)民间艺术博览会金奖】 4月20日—24日,由中国民间文艺家协会、山东省文学艺术界联合会、潍坊市人民政府主办的第三届中国(潍坊)民间艺术博览会在山东省潍坊市鲁台会展中心举行。全国25个省市区50多个艺术门类的民间艺术家作品参展。萍乡市湘东区皮影戏第八代传人丁武作品《丝绸之路》参加此次展览及评选活动,获第三届中国(潍坊)民间艺术博览会金奖。丁武,1984年出生,华东交大工程管理专业毕业,湘东东桥界头皮影世家的传承人,父亲丁永发是萍乡有名的皮影艺人,丁武从小跟着爷爷、父亲学习皮影戏。

【江西优选时代包装有限公司二期项目落户湘东区】 5月12日,江西优选时代包装有限公司二期项目在湘东区正式签约落户。江西优选时代包装有限公司二期项目由云南龙润集团与萍乡市时代工艺包装有限公司合作共同投资建设。主要以推进包装创艺产业发展为己任,以设计实现服务为引领。把印铁、制罐、印务及软包装四大制造服务版块业务集中打造,从而发展新经济,培育新动能,成为国内首创包装物联网制造服务示范项目。项目总投资12亿元,项目地址为湘东区产业园西扩区,规划总用地33.33公顷。项目建成后每年完成主营业务收入3亿元以上,实现利税6000万元,提供就业岗位300个。

【星网天畅智慧物流园项目签约仪式举行】 5月24日,湘东区政府与江苏星网供应链有限公司在区机关6楼会议室举行星网天畅智慧物流园项目签约仪式。江苏星网供应链有限公司董事长韩国兴,区委副书记、区长杨博出席签约仪式。区领导汤雪林、曾维娜等出席签约仪式。星网天畅智慧物流园项目签约标志着湘东赣西陆港建设迈上新征程,湘东现代物流产业发展走向新时代。该项目总投资 5.38 亿元,包括约 3 万平方米的物流仓库以及园区信息化平台、办公商务中心、招待所等配套服务设施。

【中国·萍乡湘东工业陶瓷产业(韩国)招商推介会在首尔举行】 7 月 11 日,由萍乡市政府主办、湘东区政府承办的中国·萍乡湘东工业陶瓷产业(韩国)招商推介会在韩国首尔市 kintex 展馆举行。萍乡市副市长肖双燕、市商务局局长万四新、市外侨办主任陈威红和区商务局、湘东镇及中韩相关陶瓷企业负责人 120 余人参加。会上,观看萍乡城市宣传片和湘东招商宣传片,万四新从萍乡在哪里、萍乡工业陶瓷有什么优势、萍乡能提供什么优惠政策 3 个方面对萍乡的概况,特别是工业陶瓷产业情况作了全面推介。江原高科技产业园团长金相镐作了筹建中韩精密陶瓷产业园过程介绍。此次招商推介会共签约 3 个项目,分别是湘东产业园与江原高科技产业园签约的中韩产业园互建项目、龙发实业和 Orient 东方陶瓷签约的精密陶瓷项目、普天高科与 INBEST 陶瓷签约的工业陶瓷及煤矸石综合利用项目。其间,肖双燕一行参加第八届国际(韩国)精密陶瓷工业展览会,并参观湘东区陶瓷展馆和其他国家企业的展馆;与韩国精密陶瓷协会会长田善圭和韩国重点精密陶瓷企业家进行产业沟通交流。

【麻山镇麻山村(葡萄)被评为前六批全国一村一品示范村镇监测合格村镇】 7 月 3 日,农业农村部公布前六批全国一村一品示范村镇监测合格和第八批示范村镇名单。湘东区麻山镇麻山村(葡萄)被评为前六批全国一村一品示范村镇监测合格村镇。麻山镇麻山村(葡萄)按照《全国农业现代化规划(2016—2020 年)的通知》关于打造"一村一品"示范村镇的要求,根据《农业农村部办公厅关于开展全国一村一品示范村镇监测与认定的通知》的规定,加强品牌培育、拓展农业多种功能、发展新兴业态,延长产业链价值链,实现一二三产业深度融合,把麻山村(葡萄)打造成一村一品提档升级的样板和标杆,示范引领一村一品持续健康发展,为乡村振兴提供产业支撑。

【江西金石三维智能制造项目落户湘东区】 11 月 9 日,江西金石三维智能制造项目落户湘东区产业园。该项目由深圳市金石三维打印科技有限公司投资,计划总投资 12 亿元,一期租赁产业园标准产房,已完成 8000 平方米建设 3D 陶瓷打印智能制造生产线和设备安装调试。二期占地面积 5.33 公顷,主要建设 3D 打印(陶瓷、鞋业、医疗等)智能制造生产线和智能制造设备、软件研发中心。项目竣工投产后,年产值达 3 亿元。

【举办萍乡市第二届茶叶包装展销会暨湘东区包装产业招商推介会】 11 月 13 日,萍乡市第二届茶叶包装展销会暨湘东区包装产业招商推介会在萍乡市中帜国际商贸城举办。此届展销会由湘东区政府、萍乡市商务局、萍乡市工商联主办。副市长黄强、市相关单位领导,区领导杨博、李政、汤艳红、曾维娜、李秋林、陈志传等出席活动。粤、湘、浙等 27 个省市 125 家企业携 5000 余件产品参展,参展客商超过 1100 人。区委常委李政致欢迎辞;区委常委、区委统战部部长曾维娜作湘东区包装产业招商推介;萍乡包装商会会长、萍乡安源包装董事长张均长致欢迎辞;成都华伟包装有限公司董事长杜华一、湖南浩茗茶业食品有限公司董事长昌智才分别致贺词;在场人员一同观看湘东区招商宣传片。活动现场,除有铁质、陶质等各色茶叶包装参展外,还有最新的纸品印刷、各类制罐以及包装设备、材料等品种。

主要领导人 区委书记:杨志。区人大常委会主任:王志才。区长:杨博。区政协主席:彭建达。

(陈乘)

·芦溪县·

【简　况】 位于江西省西部,辖 5 镇 4 乡。总面积 960 平方千米,其中城区面积 18.13 平方千米。耕地面积 1.63 万公顷,有林面积 6.9 万公顷,森林覆盖率 71.26%,城区绿化率 35.73%。总人口 30.22 万人,其中非农业人口 4.14 万人;人口自然增长率 6.33‰。2018 年,地区生产总值 136.26 亿元,同比增长 9.1%。其中,第一产业增加值 16.56 亿元,增长 4.3%;第二产业增加值 59.45 亿元,增长 8.1%;第三产业增加值 60.25 亿元,增长 12.1%。财政总收入 16.2 亿元,增长 7.2%,人均 5360 元,税收占财政总收入 80.4%。地方财政收入 10.7 亿元,增长 0.2%;地方财政支出 31.11 亿元,增长 10.6%。规模以上工业增加值增长 9.3%。固定资产投资增长 10.8%。外贸出口占地区生产总值 7%。实际利用外商投资 6211 万美元,增长 7.62%;引进省外 2000 万元以上项目资金 95.11 亿元,增长 10.77%。主要工业产品及产量有电瓷 143.5 万吨、水泥 82.9 万吨。农业总产值 26.54 亿元,增长 4.3%。粮食总产量 10.98 万吨。主要农产品及产量有蔬菜及食用菌 13.33 万吨、西瓜 0.9 万吨。城镇居民人均可支配收入 3.31 万元,增长 8.26%;农村居民人均可支配收入 1.81 万元,增长 8.31%。城乡居民年末储蓄余额 63.73 亿元,增长 16.4%。

【芦溪县获被确定为 2018—2020 年创建周期全国文明城市提名城市资格】 2 月 14 日,中央文明办发布 2018—2020 年创建周期全国文明城市提名城市名单,芦溪县入选。芦溪县秉承"创建让城市更美丽,让百姓更幸福"理念,推进文明城市创建,坚持宣传引领,运用各类载体、场所扩大宣传,设置 2 万余条公益广告和 3000 余块县、乡、村三级宣传牌,开展"道德讲堂""传承好家风家训"等 80 余场活动,推动社会主义核心价值观入脑、入心、入行,提升城市知名度和美誉度;创新"五个三"好人发布机制,弘扬好人文化,率先在全省创建第一家红领学习所,开展宣讲中共十九大精神活动,全面提升全民文明素质;推进文明整治,抓好环境卫生治理,对占道经营、乱停乱放等严格监督,开展高铁沿线环境整治和"文明交通·我行动""礼让斑马线"等活动,促进市民形成文明出行良好习惯;抓好基础设施建设,建成芦洲湿地公园、县体育中心、博物档案综合馆等一批城市地标项目,完成16条小街小巷“白改黑”工程,打造人民西路、民俗文化街等示范项目,提升城市功能。

【芦溪县(东莞)产业发展招商引资推介会举行】 5月15日,芦溪县在广东省东莞市举行芦溪县(东莞)产业发展招商引资推介会。副市长肖双燕出席推介会并讲话,县委书记杨劲松致辞,县委副书记龙军主持推介会,副县长刘洁兰作招商推介。东莞及周边地区重要客商、东莞市萍乡商会企业家共200余人参加。推介会上,刘洁兰详细介绍芦溪县县情概况,并重点推介项目,东莞市萍乡商会会长、东莞市嘉腾仪器仪表有限公司总经理彭雄良,杰盟集团执行董事莫安凡,鹏宇国际股份有限公司集团董事长纪华荣分别发言。推介会共签约项目18个,签约资金47亿元,项目主要涉及机械制造、房产开发、环境保护等产业。其间,还先后参观考察中莞实业、欧博自动化科技有限公司和东莞市普密斯精密仪器有限公司,与东莞市萍乡商会进行座谈交流,并参加东莞市萍乡商会五周年庆典暨第二届理事会就职典礼,加强与商会的沟通联系。

【芦溪县获第四批“全国法治县(市、区)创建活动先进单位”称号】 6月5日,全国普法办公室发布关于表彰第四批“全国法治县(市、区)创建活动先进单位”决定,芦溪县名列其中。该县深入贯彻党的全面依法治国决策部署,通过党政联创、法检齐进、法德共建、城乡同治等形式推进法治县创建工作,投入8000万元,新建“市民之家”,集中40多个部门的行政服务窗口,打造阳光法治政府。推进法治芦溪建设,落实司法改革政策,在阳光诉讼、执行难、检察监督体系建设等方面取得成效,全县公众安全感和政法各部门满意度均位列全省前列。开展政务公开、法德学校创建、法德示范村(社区)创建和法德五好单位创建等活动,全面完成县乡公共法律服务平台建设。推进法律援助服务站延伸到村组,实现村(居)法律顾问全覆盖,在全县建立160个杨斌圣群众工作室,培养一支1200名的人民调解员队伍,涌现出阳昌绍、方绍宁、郭锦奇3名全国模范人民调解员和全省知名人民调解示范窗口“老绍之家”。

【OE新能源汽车产业园项目签约仪式举行】 6月15日,芦溪县政府与鸥瑞智诺能源(北京)有限公司在县机关服务中心中会议室举行OE新能源汽车产业园项目签约仪式。县委书记杨劲松出席并致辞,县委副书记、县长刘占纯主持仪式,县领导李政、韩伟强、刘洁兰、韩凌飞、吴跃、蔡兵武、吴頔出席签约仪式。仪式上,县委常委、常务副县长李政与鸥瑞智诺能源科技(北京)有限公司副总经理刘少玮代表双方签订招商引资协议书。该项目总投资50亿元,分2期建设,第一期建设年生产能力1万辆电动物流车;第二期建设年生产能力4万辆电动商务/物流车和10万辆低速电动车,并建立电动汽车研发中心和国家实验室。全部建成投产后,每年总产值可达150亿元,税收可达10亿元。

【举办“改革开放四十周年——中国江西芦溪电瓷成就展”活动】 11月17日—23日,“改革开放四十周年——中国江西芦溪电瓷成就展”活动在中国政协文史馆举行。活动由丝路青年论坛、丝路国际智库交流中心、江西省工商业联合会、中共芦溪县委、芦溪县人民政府、中国轻工业展览中心共同主办,蓝海友好(北京)文化传播有限公司、丝路会展服务有限公司、中共芦溪县委宣传部承办。十届全国人大常委会副委员长蒋正华,十二届全国人大常委、华侨委员会副主任、丝路国际智库交流中心理事长杨邦杰,十一届全国政协委员、十届全国工商联副主席、丝路青年论坛顾问委员会副主席沈建国,萍乡市委书记李小豹,江西省工商联副主席洪跃平,丝路青年论坛副主席兼秘书长杨东平,中国驻巴基斯坦大使馆前任武官翟德泉,中国信息协会信用专业委员会副会长兼秘书长斯兰,萍乡市政协副主席、市工商联主席胡芳,芦溪县委书记杨劲松,芦溪县委副书记、县长刘占纯,以及来自“一带一路”沿线20多个国家驻华使馆人员、全国企业界代表200余人出席。活动仪式上,县委书记杨劲松介绍芦溪电瓷产业发展历史和新时代发展宏伟蓝图。丝路国际智库交流中心主任杨东平、芦溪县委副书记、县长刘占纯代表双方签署战略合作协议。此次活动有50余家电瓷企业参展,产品涵盖瓷绝缘子、复合绝缘子、玻璃绝缘子等40多个系列600多个品种。中国国际广播电台、CCTV财经、BTV新闻、人民网、新华网、腾讯网、凤凰网、新浪、搜狐等30多家媒体对此进行报道。

【年产1万吨轨道交通绝缘子项目奠基仪式举行】 12月20日,年产1万吨轨道交通绝缘子项目奠基仪式在芦溪县中国建材产业园内举行。市委书记李小豹、副市长肖双燕;中铁电气化局集团有限公司总经理李爱敏,中国建材集团有限公司党委常委、副董事长李新华,中国建材集团有限公司外部董事(中国节能集团党委原书记)陈津恩,保定朝雄电气化电力器材有限公司董事长陈玉山出席仪式。县委书记杨劲松、县人大常委会主任胡世燕、县政协主席夏坤勇及部分县委、县政府领导出席奠基仪式。县委副书记、县长刘占纯主持仪式。各相关乡镇、部门主要负责人参加仪式。该项目落户芦溪县工业园(中国建材产业园),占地面积20公顷,规划总投资2亿元,一期工程先行开工建设。项目由中铁电气工业有限公司、中材江西电瓷电气有限公司、保定朝雄电气化电力器材有限公司共同投资兴建,建设年产1万吨轨道交通接触网用轻质高强超防污成套设备生产线项目,项目投产后,年产值可达2亿元。

主要领导人 县委书记:杨劲松。县人大常委会主任:胡世燕。县长:刘占纯。县政协主席:夏坤勇。

(彭刚)

·上栗县·

【简　况】 位于江西省西部,辖6镇4乡。总面积725平方千米。耕地面积1.58万公顷(含萍乡开发区413.68公顷),林地面积4.29万公顷,森林覆盖率60.3%,城区绿化覆盖率36.9%。总人口52.23万人,其中乡村人口41.71万人;人口自然增长率0.757‰。2018年,地区生产总值177.20亿元,同比增长8.3%。其中,第一产业增加值13.30亿元,增长4.4%;第二产业增加值85.51亿元,增长8.2%;第三产业增加值78.39亿元,增长9.6%。财政总收入23.46亿元,增长7.2%;规模以上工业增加值39.12亿元,增长8.4%;工业增值税3.64亿元,增长39.1%。规模以上工业增加值增长8.4%。主要工业产品及产量有工业陶瓷制品8.19万吨,增长17.83%。固定资产投资106.86亿元,增长10.2%。农业总产值21.44亿元,增长4.45%。粮食总产量12.23万吨,下降1.45%。主要农产品及产量有猪肉2.21万吨,下降0.15%;牛肉396吨,增长2.59%;羊肉2581吨,增长6.21%;禽肉3087吨,增长2.29%。社会消费品零售总额73.9亿元,增长10.8%。城镇居民人均可支配收入3.34万元,增长8.17%;农村居民人均可支配收入1.78万元,增长8.53%。城乡居民年末储蓄余额152.08亿元,增长19.96%。

【工业经济】 持续推进烟花爆竹产业"四化"进程,395家企业完成三级安全标准化建设,389家企业通过第四轮行政许可;坚持扶优汰劣,引导部分小散弱企业自愿退出,出台政策支持企业做大做强,组建集团24家。强化服务引导,助推产业发展,烟花爆竹产业供应链服务平台正式上线。鼓励企业出口,帮助企业开拓市场,口岸作业区共监装出口烟花爆竹5614标箱,增长12.91%。非煤矿山向安全、规范、绿色、环保方向发展,煤炭去产能工作有序推进。粉末冶金产业基地通过国家复核,工业园区产值、税收连续2年实现翻番,园区排位由2017年全省的第95名跃升至第35名;产业园调区扩区顺利推进,面积由1.58平方千米扩大到5.15平方千米,承载能力大幅提升。

【农业产业发展】 加大政策扶持力度,创新设立黑山羊、油茶产业发展引导基金,做强特色产业。新增农业产业化企业7家、农民合作社18家、家庭农场8家、种养大户6户。强化气象服务"三农"工作,金山镇、福田镇被评为国家级"标准化气象灾害防御乡镇"。

【基础设施建设】 全面完成《上栗县城市总体规划(2016—2035)》编制工作。完成小街小巷"白改黑"2万余平方米,街道更加整洁有序;完成"厕所革命"工程,19所公厕投入使用,群众"方便"更加便利;点亮工程全面实施,新装路灯281盏;推进公路PPP项目建设,完成绕城路一期、上万线拓宽等项目建设,加快推进绕城路二期等项目建设;G319示范路打造成效明显,路域环境不断改善。

【生态环境治理】 2018年,推进"河长""路长"责任落实,开展环境综合整治,城乡面貌明显改观。投入4000余万元,全面实行城乡环卫一体化建设,实现垃圾清扫、收集、转运和处理"四统一"。全面推行"林长制",推进"绿化上栗"十大工程,完成造林800公顷。实施乡镇"六个一"工程,加快建设秀美乡村,推进311个新农村建设点建设,赤山镇麻田村被评为第八批全国"一村一品"示范村,呈现出杨岐乡南源村、福田镇边塘村、金山镇新杨村、彭高镇泉溪村、桐木镇楚山村、东源乡桥头村等为代表的一批示范亮点。推进乡风文明建设,绿色殡葬改革全面启动。

【脱贫攻坚】 加大资金投入力度,安排扶贫资金2.65亿元,统筹推进"十大工程",加快推进人居环境"五改"工作,实现1455名贫困人口脱贫、6个贫困村退出。建立"包村长""周六扶贫日"、叠加帮扶等制度,不断压实帮扶责任。全面发动社会扶贫,开展"百名代表精扶百户贫困户""百名委员精扶百名贫困户"等活动,群团组织、民营企业等社会各界精准发力,城镇贫困群众脱贫解困工作全面启动。

【社会事业全面发展】 优先发展教育事业,推进教育项目建设,上栗中学胜利校区、县中心幼儿园等项目启动建设,20所薄弱学校完成改造;教学质量稳步提升,全县高考本科上线率46.2%,提高12.6个百分点,实现5年来清华北大录取零突破。加快建设文化名县,全力打造花炮、禅宗、溶洞文化名片,举办花炮祭祖系列文化活动,纪录片《花火》完成前期主要拍摄任务;《杨岐派史》正式发行;挖掘溶洞旅游资源,完成全县洞穴资源探察工作。深化医药卫生体制改革,启动县域医疗服务共同体建设,投资近1亿元的县医院外科大楼投入使用,家庭医生签约达9.6万人,为6类重点人群免费提供医疗服务。

【平安社会建设】 建立"智慧安监"系统,全过程监控安全生产,实现从人防到技防的转变;开展打非治违,拘留涉案人员53人,有力打击非法生产行为。探索实践信息化警务机制,打造"智慧警务",快速侦破多起案件;推动扫黑除恶专项斗争向纵深发展,破获各类涉恶案件172起,抓获涉案人员360人;强化综治基层基础建设,162个行政村(社区)全部完成村级义务巡防队组建。开展矛盾化解"四大重点"攻坚活动,信访秩序保持平稳有序可控。

【赣湘合作试验区上栗产业园(长沙)投资洽谈会举行】 12月21日,赣湘合作试验区上栗产业园(长沙)投资洽谈会在湖南省长沙国际会展中心举行。上栗县委书记肖妮娜率县四套班子有关人员参加洽谈会,来自京津冀、长株潭地区的客商120余人参加。上栗县副县长刘敏主持洽谈会。会上,上栗县共签订新型工业项目11个,总投资33亿元。还与全国首个园区大数据智慧云平台签订战略合作协议,依托"园链"开展园区整体招商。其间,湖南一朵生活用品有限公司总经理邱辉、江西烈岩机械有限公司总经理吴红波、湖南伍子醉食品有限公司副董事长苏杰等湖南籍客商,分别从不同角度畅谈投资上栗原因作了发言,并向广大客商发出邀请。

主要领导人 县委书记:肖妮娜。县人大常委会主任:兰先湖。县长:利军。县政协主席:关翠屏。

(李存华 聂逢夷)

·莲花县·

【简 况】 位于江西省西部,辖5镇8乡1垦殖场。总面积1072平方千米,其中城区面积20.5平方千米。耕地面积1.49万公顷,山地面积8.04万公顷,森林面积7.76万公顷,森林覆盖率71.35%,城区绿化率40.1%。总人口27.8万人,人口自然增长率

6.43‰。2018 年,地区生产总值 61.52 亿元,同比增长 8.4%。其中,第一产业增加值 11.01 亿元,增长 4%;第二产业增加值 22.14 亿元,增长 8.5%;第三产业增加值 28.37 亿元,增长 9.7%。财政总收入 9.39 亿元,增长 7.2%;公共预算支出 6.22 亿元,增长 0.5%。规模以上工业增加值增长 9%。外贸出口总额 11.38 亿元,增长 2%。固定资产投资增长 10.7%;引进省外 2000 万元以上项目资金 55.86 亿元,增长 11.08%;实际利用外资 6206 万美元。主要工业产品及产量有原煤 21.81 万吨、原药中间体 1818 吨、水泥 61.22 万吨。农业总产值 17.64 亿元,增长 4.02%。粮食总产量 15.09 万吨,增长 3.4%。主要农产品及产量有稻谷 14.16 万吨、油菜籽 2.07 万吨、蔬菜 12.76 万吨。社会消费品零售总额 25.02 亿元,增长 10.7%。城镇居民人均可支配收入 2.51 万元,增长 8.11%;农村居民人均可支配收入 1.07 万元,增长 11.26%。城乡居民年末储蓄余额 79.27 亿元,增长 9.23%。

【实体经济】 强力推进全县工业园扩区行动,完成产业园征地 266.66 公顷。新增 3 个省级现代农业示范园,打造一批绿色有机水稻、果蔬和稻田鱼虾高效生产养殖示范基地。荣获国家农产品质量安全县、全省粮食生产先进县称号。电子商务进农村综合示范试点建设扎实深入,县、乡、村一体化的电商物流配送网络实现全覆盖。

【扶贫帮困】 2018 年,莲花县建立县有指挥部,乡镇(场)有指挥长,村有挂村领导、第一书记、工作队,户有帮扶责任人的帮扶体系。实现 18 个重点贫困村(含深度贫困村)全部达到退出条件,4475 名贫困人口脱贫,全县贫困发生率控制在 1%以内,全面实现"户脱贫,村退出"。推进贫困群众脱贫解困工作,深化结亲帮扶机制,坚持"集中扶贫工作日"管理制度,开展"春季攻势""夏季整改""秋冬会战"行动。因户施策赢得群众肯定。围绕"两不愁、三保障"目标,整合财政涉农扶贫资金 2.1 亿元,推进"十大扶贫工程"。发展规模种养专业户 554 户、种植基地 297 个,带动 1 万余贫困户户均年增收 2000 元以上。

【生态环境治理】 坚持生态优先、质量优先,全年完成造林绿化 1440 公顷、森林抚育 5333.33 公顷,成功列入国家重点生态功能转移支付县。通过省水生态文明城市建设试点验收,环境质量达到国家重点生态功能区县域环境质量考核标准。推动农村人居环境整治 3 年行动,获评全省新农村建设工作先进集体。推进农村清洁工程,实现农村生活垃圾处理全覆盖,通过国检验收。加大提升城乡环境力度,取得 157 个行政村村庄规划编制初步成果,优化村庄功能布局。全面开展百日攻坚"净化"行动,城乡面貌焕然一新。

【社会民生】 莲花县通过国家义务教育发展基本均衡县评估认定。优化调整城区学校布局,教育园中学部投入使用,完成乡镇公办幼儿园优化提升 6 所。全年民生事业投入 17.96 亿元,占财政总支出 75%。"八大民生工程""十大民生重点项目"完成年度工作任务。城镇新增就业 3276 人、转移农村劳动力 4240 人,发放小额创业贷款 8494 万元。全县工矿商贸行业实现"双零"目标,安全生产形势平稳。扫黑除恶专项斗争强势推进,稳妥防范化解金融风险,严厉打击非法集资,确保金融和债务风险可控。

【产业集群】 2018 年,相继出台《莲花县加快推进空压机产业集群发展的实施意见》《莲花县产业引导资金实施办法》《莲花县加快推进企业利用资本市场发展服务脱贫攻坚若干政策措施》等文件。对投资莲花重点产业项目,除享受国家普惠政策外,还参照项目投资规模、纳税贡献、带动能力等条件,享受零地价优先供地、产业引导基金扶持、税收奖励、财园信贷通支持等优惠政策。并在县工业园区规划建设 66.66 公顷空压机产业园,已平整土地 60 公顷,产业园主干道已完工,水、电到位。截至 2018 年年底,莲花县空压机产业累计引进项目 17 个,总投资 48 亿元,已投产 10 家;电子信息产业累计引进项目 13 个,总投资 44.3 亿元,已投产 7 家。空压机产业实现"无中生有"、电子信息产业实现"从有到优"。尤其是维特压缩机成功研发国内第一台干式无油双螺杆空压机主机,打破国外垄断,获省委书记刘奇批示肯定。

【文化事业】 2018 年,"莲花打锡技艺"入选第一批国家传统工艺振兴项目。县剧团被中宣部、文化部、国家新闻出版广电总局评为第七届全国服务农民、服务基层文化建设先进集体。采茶戏《将军归田记》作为江西省唯一一部入选文化和旅游部 2018 年度剧本扶持工程项目。大型采茶戏《将军还乡》代表萍乡市参加"茶香中国"全国采茶戏展演。采茶小戏《翠竹情》获全省纪念改革开放四十周年脱贫攻坚小戏大赛一等奖。秋收起义高滩行军会议旧址、甘家毛泽东旧居、甘祖昌故居、花塘官厅、凫村列宁小学、垄上改编旧址、湖塘红军临时医院、良坊民俗馆、安成侯墓被列为第六批省重点文物保护单位。

【萍莲高速工程建设】 路线全长 76.1 千米,莲花县境内 41 千米,设有莲花西和六市两个互通立交。县政府制定征地拆迁方案,共筹集征地拆迁资金 2.3 亿元,4 月,征地拆迁工作全面启动。截至 2018 年年底,征地、迁坟基本完成,苗木补偿基本到位,房屋已签协议 26 栋(含已拆迁房屋)。协助各标段推进建设,其中 8 标工业园高架桥成桩 60 个,完成箱梁 53 片;A5 标已进洞施工,土石方完成 60 万立方米,桩基完成 15 根;A6 标箱涵小构件完成 10 处,洌源大桥已成桩 20 根,土石方完成 100 万立方米;A7 标荷塘特大桥成桩 19 根,完成土石方 80 万立方米。莲花西互通上级已批复由莲花县按双向六车道标准建设。

【"美丽中国江西样板"千里跑赣鄱·中国(江西)美丽乡村马拉松联赛(莲花县站)举行】 5 月 27 日,"美丽中国江西样板"千里跑赣鄱·中国(江西)美丽乡村马拉松联赛(莲花县站)在莲花县举行。赛事由江西日报社、省体育局、江西报业传媒集团、莲花县委、县人民政府共同主办,莲花县委宣传部、县体育局、县旅发委、六市乡政府承办,省体育彩票管理中心协办,江西日报传媒集团体育产业发展有限公司独家运营。萍乡市政府副市长肖双燕、江西日报社副总编辑陈晓云、省体育局巡视员黄卫民、市体育局局长韩强、市旅发委主任朱艳珍、市委宣传部副部长彭先荣、莲花县委书记刘乡、县委副书记何超在启动仪式上，为赛事鸣笛。来自国内外5000多名马拉松爱好者参加。此次马拉松联赛，是中国第一个省级马拉松联赛，是江西省第一积分制马拉松赛事，也是江西省规模最大的乡村马拉松。赛事共分男、女子组半程马拉松组和迷你马拉松组，赛道全程21.09千米。经过角逐，埃塞俄比亚参赛运动员都古玛获男子组第一名，成绩1小时08分34秒；肯尼亚参赛运动员克里奇获男子组第二名，成绩1小时8分55秒；埃塞俄比亚参赛运动员古德塔获男子组第三名，成绩1小时15分7秒。埃塞俄比亚参赛运动员塞玫获女子组第一名，成绩1小时21分10秒；埃塞俄比亚参赛运动员森贝塔获女子组第二名，成绩1小时21分28秒；中国参赛运动员谢珍珍获女子组第三名，成绩1小时40分25秒。

主要领导人 县委书记：刘乡。县人大常委会主任：刘绍华。县长：张运来。县政协主席：刘海林。

（彭金臻）

新余市

【概　况】 位于江西省中部偏西，辖1县1区1高新技术产业开发区和仙女湖风景名胜区。总面积3178平方千米。林地面积17.41万公顷，森林面积15.69万公顷，森林覆盖率51.24%。总人口118.67万人，其中城镇人口83.11万人；人口自然增长率7.18‰。2018年，地区生产总值1027.34亿元，同比增长8.3%。其中，第一产业增加值55.47亿元，增长3.6%；第二产业增加值509.21亿元，增长8.1%；第三产业增加值462.66亿元，增长9.2%。财政总收入144.25亿元，与上年持平。一般公共预算收入76.36亿元，下降17.5%。税收总收入129.71亿元，增长20.0%，占财政总收入89.9%，提高15.0个百分点。固定资产投资增长10.6%。工业增加值415.23亿元，增长8.4%，占地区生产总值40.4%，下降2.6个百分点。规模以上工业增加值增长8.5%。外贸进出口总额161.61亿元，下降11.3%。其中，出口85.55亿元，增长0.2%；进口76.06亿元，下降21.4%。实际利用外资4.75亿美元，增长9.2%。实际利用省外2000万元以上项目资金520.52亿元，增长10.2%。主要工业产品有灯具及照明装置增长85.8%，多晶硅增长41.9%，钢材增长2.5%，锂离子电池增长35.8%，水泥增长4.7%。农林牧渔业总产值97.00亿元，增长3.7%。粮食总产量62.01万吨，与上年持平。主要农产品及产量有油料2.11万吨，增长2.9%；肉类9.55万吨，增长2.5%。城镇居民人均可支配收入3.76万元，增长8.1%；农村居民人均可支配收入1.80万元，增长8.5%。社会消费品零售总额274.36亿元，增长11.2%。城乡居民年末储蓄存款余额519.25亿元，增长7.9%。

【江西（赣西）军民融合综合保障配送基地项目签约仪式举行】 3月28日，新余粮油发展有限责任公司与仙女湖区管委会在仙女湖区管委会三楼会议室举行江西（赣西）军民融合综合保障配送基地项目签约仪式。市粮食局领导班子、仙女湖区管委会及相关单位领导出席。仪式上，仙女湖区管委会区委委员、副主任万辉、新余粮油发展有限责任公司党委副书记、总经理郭荣双方进行《协议》签约。该项目选址于仙女湖区国家现代农业科技园（观巢镇），征地25.33公顷，项目分2期实施，规划总投资5.7亿元。规划设计8个板块。其中，三粮库退城进郊项目（仓容1.02亿千克）3个板块（原粮仓储区、农耕文化区和产品展示区、办公和生活区）；赣西军民融合军粮保障配送中心项目5个板块（军民融合粮油加工中心区、军民融合主熟食加工区、成品粮油应急储备中心区、军民融合冷链物流区、一站式服务区）。项目建成后，既符合粮库智能化提升要求，又能有效改善时有粮库设备老化的弊端，解决部分购销粮食运输受阻的问题。

【江西沃格光电股份有限公司挂牌上市】 4月17日，江西沃格光电股份有限公司在上海证券交易所主板挂牌上市，成为江西省2018年启动实施企业上市“映山红行动”的第一家上市企业，也是新余市继新钢公司、赣锋锂业、新余国科之后第四家A股上市公司。公司股票简称为“沃格光电”，证券代码为“603773”，此次上市流通股本2364.89万股，发行价33.37元/股。江西沃格光电股份有限公司成立于2009年，位于新余国家高新技术产业开发区，注册资本7094.67万元，是一家集TFT-LCD玻璃面板减薄生产、销售及研发于一体的高科技企业。2013年11月通过股份制改造，2015年7月21日，在全国中小企业股转系统（即“新三板”）挂牌，证券代码“832766”，2017年4月，沃格光电向中国证监会提交首发上市申请，2018年3月获中国证监会核准批复。沃格光电是国内平板显示（FPD）光电玻璃精加工行业的领先公司之一，主营业务是FPD光电玻璃精加工业务。FPD光电玻璃（主要为薄膜晶体管液晶显示器，即TFT-LCD）经过公司精加工后主要用于智能手机、平板电脑等移动智能终端产品。公司是国内首家拥有In-Cell抗干扰高阻镀膜技术的国家高新技术企业，填补国内该项技术的空白，并被评为“国家知识产权优势企业”“省级企业技术中心”“江西省工程技术研究中心”“江西省工程研究中心”“省级博士后创新实践基地”和“专精特新企业”等称号。

【第一届新宜吉六县跨行政区转型合作会议举行】 5月28日，第一届新宜吉六县跨行政区转型合作会议在新余市会展中心举行。省委常委、常务副省长毛伟明出席会议讲话并下达统一开工令。会议由新余市委书记蒋斌主持，新余市委副书记、市长犹致辞。会议签署发布《新宜吉六县跨行政区转型合作试验区建设合作宣言》。新宜吉六县跨行政区转型合作办公室成立，新余、宜春、吉安三市共同为转型合作办公室揭牌，现场签约15个项目，并有6个开工项目宣布完成或统一开工。会议秉承"创新、宜业、众吉"理念，共商合作发展大计，助推赣西地区联动发展。2017年12月29

日,经省政府同意,省发改委在调研论证的基础上,印发《新宜吉六县跨行政区转型合作试验区建设实施方案》,指出要坚持协同发展,共商共建、互利共赢,把试验区打造成产业转型升级先行区、城乡统筹发展样板区和区域合作体制机制创新示范区。试验区的提出,在江西省尚属首创。新宜吉六县跨行政区转型合作试验区包括:上高县、分宜县、峡江县、渝水区、新干县、樟树市。试验区位于赣西中部,地处鄱阳湖城市群和长株潭城市群的结合部,为长江三角洲、珠江三角洲和海峡西岸经济区扇形交汇点,面积 8354 平方千米、人口 271 万人,2017 年生产总值 1906 亿元、财政收入 250.48 亿元,是全省区域发展重要板块。

【6 项成果获 2017 年度全省科技奖励】 9 月,省政府发布 2017 年度江西省科学技术奖励表彰决定,新余市 6 项成果榜上有名,在各设区市中获奖数量上与南昌市并列第一。6 项获奖成果按类别分,有 4 项科学技术进步奖和 2 项技术发明奖;按等次分,有 1 项二等奖和 5 项三等奖。获省科学技术进步奖二等奖的项目是江西赛维 LDK 光伏硅科技有限公司的“四氯化硅冷氢化技术研究及产业化应用”,获省科学技术进步奖三等奖的项目是江西赛维 LDK 太阳能高科技有限公司承担的“低表面损伤的多晶硅片加工技术及其应用”“无黑边缺陷的多晶硅片技术开发及其产业化”和新余钢铁股份有限公司承担的“高硫易切削钢的板坯连铸关键技术和工艺流程创新”。江西赣锋锂业股份有限公司承担的“锂动力电池用三元前驱体材料制备技术及产业化应用”和江西沃格光电股份有限公司承担的"超薄强化玻璃基板的制备技术研发"分别获省技术发明奖三等奖。

【江西新余太平洋购物广场开业】 10 月 1 日,江西新余太平洋购物广场举行开业盛典。中国绿色环保大使、爱心大使林依轮,世界小姐、中国绿色推广大使刘晨,恒太商业管理有限公司董事长胡敏杰、总裁胡芳园、副总裁章海珍、张伟,新余泰耐克置业董事长邵扬,新余太平洋购物中心总经理宋炳兴等出席开业仪式。开业当天,新余太平洋购物中心客流量刷新全市商业新高度,截至晚上 8 时,客流量突破 30 万人次。该购物中心聚合国内外知名品牌,集购物、餐饮、文化、娱乐、商务、休闲等多功能于一体,首进新余独有品牌占总品牌 70% 以上。新余太平洋购物广场位于新余市北湖西路与五一北路交汇处,是新余市政府重点扶持项目。总投资 12 亿元,总占地面积 22 公顷,总建筑面积 58 万平方米(其中商业集群 25 万平方米,高端景观住宅 33 万平方米)。一期推出的是总建筑面积为 17 万平方米的商业综合体,由国际购物中心、室内情景步行街、五星级酒店、5A 甲级写字楼、精装酒店式公寓 5 部分组成。其核心商圈内涵盖周边 78 个高档住宅小区,常住人口近 30 万人,年社会消费总额近 100 亿元。

【赣锋锂业在港交所上市】 10 月 11 日,赣锋锂业公司在香港上市,成为江西省第二家“A+H”股上市企业。上市后,公司获得金沙江资本等 6 家产业和财务投资机构 2.3 亿美元基石投资。赣锋锂业成立于 2000 年 3 月,总部位于江西省新余市国家高新技术产业园区,注册资本 1.53 亿元。2010 年 8 月 10 日,公司在深圳股票交易所中小企业板正式挂牌上市(股票简称“赣锋锂业”,股票代码“002460”),是中国锂行业首家上市公司。公司是从事于锂铷铯和锂电新材料系列产品研发、生产及销售国际知名企业,经过 10 余年快速发展,已成为中国深加工锂产品行业的龙头企业。时拥有 7 个全资子公司、3 家控股子公司,是全球最大的金属锂生产供应商,拥有特种无机锂、有机锂、金属锂及锂合金等系列产品。产品涵盖金属锂(工业级、电池级)、碳酸锂(电池级)、氯化锂(工业级、催化剂级)、丁基锂、氟化锂(工业级、电池级)和锂电新材料系列等 30 余个品种,主要应用于新医药、新材料、新能源领域,是国内锂系列产品品种最齐全、产品加工链最长、工艺技术最全面的专业生产商,产品远销美国、日本、韩国、欧盟及东南亚国家和地区。

【新余至宁波舟山港铁海联运集装箱快速(五定)班列开通】 11 月 23 日,新余至宁波舟山港铁海联运集装箱快速(五定)班列正式开通,这是赣西地区首次开通。在中国铁路南昌局集团有限公司宜春车务段新余站,装载 80 个标准集装箱货物的新余至宁波舟山港铁海联运集装箱快速(五定)班列发车。该班列开通是新宜吉六县跨行政区转型合作试验区打造产业转型升级先行区,促进试验区稳增长、稳外贸的一项重大举措。快速(五定)班列指在主要城市、港口间“定点、定线、定车次、定时、定价”开行的快速货运列车,进出口货物只需"一次申报、一次查验、一次放行"就可完成整个运输过程。新余至宁波舟山港快速(五定)班列的开通,优化试验区货物进出口通道,全程用时由原来 90 多小时缩短为 30 小时以内,降低企业物流成本。该班列计划每周开行 2 班。

主要领导人 市委书记:蒋斌。市人大常委会主任:董晓健。市长:犹瑾。市政协主席:卢伟平。

(傅媛媛)

·分宜县·

【简 况】 位于江西省中部,辖 7 镇 3 乡 1 街道办事处。总面积 1391.76 平方千米,其中城区建成区面积 13.8 平方千米。有林面积 2.52 万公顷,森林覆盖率 64.3%,城区绿化率 40.54%。总人口 31.87 万人,其中非农业人口 17.68 万人;人口自然增长率 7.1‰。2018 年,地区生产总值 235.27 亿元,同比增长 8.3%。其中,第一产业增加值 18.43 亿元,增长 3.6%;第二产业增加值 98.23 亿元,增长 8.2%;第三产业增加值 118.61 亿元,增长 9.4%。地方财政收入 14.42 亿元,减少 44.54%。税收占财政收入 85.6%。公共财政预算收入 14.42 亿元,减少 44.54%。地方财政支出 28.28 亿元,下降 28%。规模以上工业增加值 78.35 亿元,增长 8.5%;占地区生产总值 33.3%。外贸出口总额 16.2 亿元,占地区生产总值 6.89%。固定资产投资(不含农户)增长 11%。实际利用国内外资金 145.2

亿元。主要工业产品及产量有铁精矿125.8万吨、水泥244.3万吨、驱动桥6483台、苎麻布2.4亿米。农业总产值18.4亿元,增长3.6%。粮食总产量16.26万吨。主要农产品及产量有瓜果3.98万吨、蔬菜5.98万吨、生猪出栏22.1万头、猪肉1.79万吨、禽蛋4825吨、水产品1.6万吨。万元GDP能耗0.32吨,城市污水处理率90%。城镇居民人均可支配收入3.19万元,增加8.0%;农村居民人均可支配收入1.75万元,增长8.5%。年末金融机构各项存款余额149.79亿元,比年初减少3.46亿元。

【推动经济高质量发展】 2018年,分宜县成立县重点项目建设领导小组,由县主要领导担任组长,负责总协调、总调度;对全县重点项目实行“一个项目、一个实施方案、一个工作组、一抓到底”工作推进机制;健全三级协调调度机制。全面落实简政放权各项政策,推行并联审批,在审批环节上做“减法”,在服务质量上做“加法”,开通项目服务“绿色通道”,建立快报、快审、快批的项目协调服务机制和“一站式”服务。全面推行政务公开制、岗位责任制、首问责任制、服务承诺制、AB岗无缺位服务制等9项规章制度,进一步规范审批手续,简化办事程序,优化政务环境,形成"策划一批、建设一批、竣工一批"的滚动发展格局。全县102个重点项目(比2017年多8个)已开(复)工96个,总投资亿元以上项目33个,年度计划投资亿元以上项目14个,开工率94.1%。强力推进重点项目建设,推动经济高质量发展。

【工业园区建设】 2018年,县工业园区以"一条主线、两大平台、三重提升"为着力点,在第四季度招商推介会暨签约仪式上,19个招商引资项目现场签约,总投资达25.2亿元,涵盖麻纺产业、锂电新材料产业、装备制造产业、光电信息产业。其中,锂电新材料产业签约项目4个,总投资10亿元;装备制造产业签约项目4个,总投资4.9亿元;麻纺产业签约项目2个,总投资1.3亿元;其他产业签约项目9个,总投资9亿元。先后盘活9宗企业闲置土地40.08公顷,新引进14家企业。建成标准厂房28万平方米,入驻企业50余家,新规划20万平方米标准厂房正在建设中;园区的水、路、电、管网等基础建设和人才公寓等配套服务逐步完善。重点建设城东、城西两大招商平台,全年城东平台引进企业16家。

【文化建设】 2018年,分宜县文化网络日趋完善,先后投入近8000万元用于公共文化服务体系建设,县、乡、村三级文化基础设施得到进一步完善。拥有县级综合性文化中心1个、大中型市民广场4个、青少年文创中心2个、文化大舞台2个等,乡镇(街道)拥有综合文化站11个、文化广场13个、公共戏台9个,村(社区)拥有综合文化服务中心145个,全县公共文化场地面积达35万平方米,形成覆盖城乡、惠及全民的县、乡(镇、街道)、村(社区)三级公共文化服务设施网络。全年投入900万元,用于县文化中心提升改造和全县基层综合性文化服务中心建设,年底实现基层综合性文化服务中心在硬件设施、队伍培养、内容建设等方面的提档升级。举办三届“百姓春晚”、四届“全县少儿才艺大赛”、十二届“元宵灯谜晚会”、十五届“全县少儿艺术节”等活动赛事。除每年10多场“钤之韵”品牌文化活动外,还投入专项资金30多万元,引进国际钢琴演奏家钢琴演奏会、全国黄梅戏名家名票演唱会等高端文艺演出。专门组建35支红色文艺轻骑兵宣传队伍,开展活动144场。分宜县入库文化企业207家,其中“三上”文化企业12家;完成文化产业主营业务收入56.9亿元,增长10%;文化产业主营业务增加值9.57亿元,增长15%,占全县地区生产总值3.35%。

【江西省县级融媒体中心建设现场推进会召开】 11月13日—14日,江西省县级融媒体中心建设现场推进会在分宜县召开。省委宣传部副部长、省政府新闻办主任罗勇兵,市委常委、市委宣传部部长郭力根,江西日报社副总编辑王少君,江西广播电视台党委委员、副台长龚荣生,县委书记李逸翔,县委常委、县委宣传部部长陈智明出席会议。全省11个设区市、100个县(市、区)宣传部门150余名负责人参加现场推进会。会上,郭力根介绍新余市媒体融合发展情况,宜春市、吉安市、抚州市、共青城市、寻乌县、安源区等6家单位做交流发言,围绕“全面推进新闻+政务+服务功能融合”“县区媒体机构融合”“培养用好全媒体人才”“媒体融合和如何开展经营活动”等内容探讨媒体融合发展之道。截至11月,“赣鄱云”用户总数超过5000万户,已为2个设区市、40个县(市、区)建成中央厨房,并跨出省门,援建新疆“克州云”。“赣鄱云”媒体端口突破300个,成为江西最大的“媒体云”。

主要领导人 县委书记:李逸翔。县人大常委会主任:袁传胜。县长:胡军。县政协主席:朱运书。

(杨诚)

·渝水区·

【简　况】 位于江西省中部偏西,辖6镇5乡6街道办事处。总面积1174平方千米。耕地面积3.19万公顷,有林面积4.96万公顷,森林覆盖率39.3%。总人口71.15万人,其中城镇人口36.3万人;人口自然增长率7.68‰。2018年,地区生产总值262.19亿元,同比增长8.2%。其中,第一产业增加值27.03亿元,增长3.5%;第二产业增加值109.24亿元,增长8.6%;第三产业增加值125.92亿元,增长8.7%。财政总收入39.6亿元,增长8.5%。其中,税收收入36.5亿元,占财政总收入92.2%;地方财政收入20.7亿元,增长7.6%。工业总产值281.22亿元,增长16.4%。固定资产投资221.4亿元,增长10.6%。新增规模以上工业企业12家,规模以上工业增加值64.3亿元,增长9.2%。外贸出口总额11.89亿元,下降12.96%。实际利用外资1.33亿美元,增长9.6%。实际引进省外2000万元以上的项目资金162亿元,增长6.6%。社会消费品零售总额169亿元,增长11.3%。农业总产值46.2亿元,增长3.7%。粮食总产量32万吨。主要农产品及产量有油料1.13万吨,增长1.1%;水果6.9万吨,增长11.2%;蔬菜9.1万吨,增长2.8%。万元GDP能耗0.39吨标准煤、城市污水处理率97.06%。城镇居民可支配收入3.87万元,增长8%;农村居民人均可支配收入1.84万元,增长8.5%。

【渝水干群合力抗旱保禾】 7—9月,渝水区降水量持续偏少,比历年同期少4成之多,气温偏高,土地失墒严重,形成夏秋连旱形势,持续干旱造成地下水补充不足,地下水位严重下降,部分溪河断流,水井、抗旱井等蓄水严重不足,全区1920公顷土地不同程度受灾。面对旱情,渝水区委、区政府召开专题会议研究部署抗旱工作,组织镇、村干部深入各村一线开展民情走访,摸清受灾情况并及时上报,同时安排水利、农机、农技等部门技术人员到田间地头,指导群众开展抗旱保禾,向群众宣传抗旱技术和节约用水措施。加强用水调度和管理,按照"先下游、后上游;先流灌,后提灌;先重点,后一般"的原则用水,全力保障农业用水。全区先后下拨抗旱经费100万元,发放抗旱设备74台,结合水库巡查,组织群众及时修复水利设施,修整抗旱设备。发动群众掘井、河里电机抬水,多方寻找水源,采取清淤、修渠、抽水等方式引水抗旱。各乡镇组织劳力对灌溉渠道进行清淤,做到统一水权、专人放水、集中灌田,杜绝用水纠纷。加大宣传力度,提高群众节约用水意识,提倡生活用水二次利用,并推广滴灌等新型节水灌溉方式,做到节约用水、科学用水,实现水资源利用率最大化。

【创业担保贷款突破亿元大关】 2018年,渝水区公共就业人才服务局落实创业担保贷款政策,全区发放创业担保贷款1.03亿元,完成计划128.5%,直接扶持创业646人,带动就业2676人。主动联合新余市农商行在新亚新商场管委会召开"创业贴息贷款推广会",全区个体工商户、小微企业创办人、种养能手等参加推广会,创业贴息贷款政策落实落地。创新创业贷款担保方式,在原来反担保方式基础上,打造贴息"诚商信贷通"贷款新品种,以个体工商户道德评定为依据,以个人信誉、家庭财产为保证,贷款经办手续简单,不需要抵押、不需要担保。鼓励广大妇女自主创业,提升妇女创新创业能力,让创业大军能够用好、用足创业普惠政策,举办"渝水区庆祝国际三八妇女节女性专场创业分享会",为288名创业妇女发放创业担保贷款3216万元。

【渝水区2018年各界人士认捐贫困家庭大学生资助金发放仪式举行】 2月10日,渝水区2018年各界人士认捐贫困家庭大学生资助金发放仪式在市会展中心举行。区委副书记、区长李虹,区委常委、区委宣传部部长何智勇,区人大常委会副主任李斌,副区长刘鹄,区政协副主席黄禾根出席发放仪式。区委常委、区委统战部部长廖小伟主持发放仪式。发放仪式上,369名贫困大学生获得资助,发放资助款158万元,其中来自民营企业家捐赠款115.5万元。李虹个人认捐2名贫困家庭大学生,李虹、何智勇、李斌、刘鹄、黄禾根分别向爱心企业家和个人发放荣誉证书。

【渝水区首届"爱读书、爱经典、爱祖国、爱家乡"全民读书月活动启动仪式暨新闻发布会举行】 3月14日,渝水区首届"爱读书、爱经典、爱祖国、爱家乡"全民读书月活动启动仪式暨新闻发布会举行。活动由区委、区政府主办,区委宣传部、区文广新局、区教体局、区融媒体中心承办,时间为3月14日至5月中旬,主题为"爱读书、爱经典、爱祖国、爱家乡"。活动推荐书目有《习近平谈治国理政》《诗经》《把一切献给党》《渝水区地方读本》等24种。活动期间,开展读书征文、经典诵读大赛等主题活动。3月15日至4月20日,读书征文活动面向全社会征集佳作,参与者通过阅读组委会推荐的书目,或自由选读古今中外名著以及介绍渝水区的历史、文化、人物及相关内容的书籍,围绕活动主题撰写读书心得、感悟、书评等文章。征文分小学组、中学组和成人组。征文结束后,邀请有关专家对征文进行评选,每个组各评出一等奖1名,二等奖2名,三等奖3名,优秀奖10名,设优秀组织奖10名,由组委会颁发获奖证书和奖金,获奖优秀作品结集成书。4月底至5月中旬,开展经典诵读大赛,分初赛、复赛、决赛3个阶段进行,共评出一等奖1名,二等奖3名,三等奖6名。参赛者选择诵读古今中外经典诗文或诵读征文活动中的优秀篇目,时间在6分钟以内。选手年龄不限,可选送个人节目,也可选送集体节目。诵读大赛决赛获奖者最高5000元奖金。

【渝水区与6家央企签订物业分离移交协议】 9月,渝水区分别与大唐国际新余发电公司、中国电信新余分公司、中国核工业第二十五建设公司新余社区管理委员会、国电投江口水电厂、江西省烟草公司新余市公司、中国邮政集团公司新余市分公司6家央企签订物业分离移交协议,让中央企业减轻供水、供电、供热和物业管理负担,集中精力发展主业。此次分离移交涉及6家央企家属区居民3043户,居民楼92栋,建筑面积28.94万平方米,维修改造费用4420.39万元。其中,中国核工业第二十五建设公司家属区进行棚户区改造,物业维修改造费用在棚户区改造中统筹使用。

【渝水2家企业入围江西民营企业100强】 11月26日,由省政府新闻办、省工商联举行的纪念改革开放40周年、2018全球赣商高质量发展论坛暨江西民营企业100强发布会上,渝水区新兴工业产业园江西瑞晶太阳能科技有限公司、江西佳沃新能源有限公司2家企业入围百强名单。在百强榜单中,江西瑞晶太阳能科技有限公司上年实现营业收入17.2亿元,位列49位,江西佳沃新能源有限公司上年实现营业收入9.4亿元,位列93位。此次渝水区2家企业入围百强名单,标志着渝水区新兴工业产业园光伏、锂电两大产业聚集优势不断凸显。

主要领导人 区委书记:何慕良。区人大常委会主任:李克华。区长:李虹。区政协主席:王钦国。

(龚招生)

鹰潭市

【概　况】 位于江西省东北部,辖1市2区及市龙虎山风景名胜区、鹰潭高新技术产业开发区、市信江新区。总面积3560平方千米,其中市区建成区面积39.6平方千米。耕地面积9.24万公顷,林地面积19.93万公顷,森林覆盖率58.25%,城镇化率60.68%。总人口117.50万人,人口自然增长率6.93‰。2018年,地区生产总值818.98亿元,同比增长8.7%。其中,第一产业增加值56.31亿元,增长3.5%;第二产业增加值450.77亿元,增长8.4%;第三产业增加值311.90亿元,增长10.3%。财政总收入140.87亿元,增长10.3%。税收占财政总收入85.8%;地方财政收入60.70亿元,增长6.3%;地方财政支出140.18亿元,增长9.2%。公共预算收入80.63亿元,增长7.1%。规模以上工业总产值1919.10亿元,工业增加值增长8.7%。主要工业产品及产量有电解铜108.90万吨、铜材185.20万吨、发电96.62亿千瓦时、节能灯3.23亿只。固定资产投资增长9.3%,社会消费品零售总额220.79亿元,增长10.8%。进出口总额323.01亿元,增长10.1%。实际利用外资3.16亿美元,增长9.3%。实际引进省外资金390.40亿元,增长10.8%。农林牧渔业总产值90.79亿元。粮食总产量74.79万吨。主要农产品及产量有油料3.31万吨、水产品4.93万吨、肉类11.66万吨。万元GDP能耗0.31吨标准煤。城镇居民人均可支配收入3.43万元,增长8.91%。农村居民人均可支配收入1.61万元,增长9.6%。住户存款余额451.11亿元,增长12.5%。

【第一届中国(鹰潭)中式糕点博览会暨首届中国(鹰潭)桃酥节举行】 4月1日—2日,第一届中国(鹰潭)中式糕点博览会暨首届中国(鹰潭)桃酥节在鹰潭市民广场举行。会上,全国工商联烘焙业公会授予鹰潭市"中式糕点之乡(桃酥)"称号;信江新区管委会和全国工商联烘焙业公会共同打造中国糕点之乡战略合作等5个项目进行签约。此次博览会由鹰潭市政府和全国工商联烘焙业公会共同主办,是江西省首个以中式糕点为主要内容的博览会,活动以"中点复兴"为主题,立足鹰潭,面向全国,旨在整合全国中式糕点资源,搭建以中式糕点保护、传承、发展、弘扬为主题的展览、交流、交易平台,更好地推进中式糕点复兴工程。全国各地150多家优秀中点原料供应商、文创、包装、生产企业代表云集信江河畔,展示中式糕点领域各类产品,交流探讨中式糕点制作技艺和行业前景。其间,除展销交易外,还举行"龙虎山杯"中华桃酥王大赛、中国(鹰潭)桃酥之乡发展论坛暨鹰潭果子产业联盟启动仪式等系列活动。

【第四届全国融媒体看江西鹰潭行大型采访活动举行】 4月26日—27日,第四届全国融媒体看江西鹰潭行大型采访活动举行。采访活动由江西日报社与鹰潭市委、市政府联合举办。市委书记郭安、江西日报社社长王晖出席全国融媒体记者见面会并致辞。市委常委、市委宣传部部长贺喜灿主持见面会。江西日报社副总编辑杨慧珍,市委秘书长黄忠出席见面会。活动主题为"新时代、新面貌、新作为",旨在深入贯彻落实习近平新时代中国特色社会主义思想和中共十九大精神,热情讴歌新时代鹰潭市广大干部群众奋发有为、创新创业新形象,全面展示鹰潭市打造美丽中国"江西样板",唱响"龙虎天下绝"好声音,为鹰潭市倾力打造世界铜都、中华道都、智慧新城营造舆论氛围。新华社客户端、人民日报客户端等中央及商业新闻客户端,人民网、新华网、央视网等中央及商业门户网站,部分重点省级门户网站、省级主流手机报及客户端,江西手机报、江西发布等省级主流手机新媒体记者60余人参加采访活动。活动期间,各融媒体记者还到龙虎山大上清宫遗址、上清古戏台、嗣汉天师府、华泉小村、移动物联网产业园、逍遥城等地开展采访活动。

【赣东北旅游合作联盟第一次会议在鹰潭召开】 4月27日,赣东北旅游合作联盟第一次会议在鹰潭市召开。市委书记郭安出席会议并致辞。省旅发委党组书记、主任欧阳泉华出席会议并讲话。省旅发委副主任丁新权主持会议。会上,鹰潭、景德镇、上饶三市负责人就赣东北旅游合作三年工作安排和2018年工作打算作了发言。会议讨论并通过《赣东北旅游合作发展三年行动计划》《2018年工作要点》和赣东北旅游合作联盟"精品旅游线路",赣东北三市旅发委负责人签订旅游合作协议。

【中国电信鹰潭eMTC网络全域覆盖发布暨应用上线启动会举行】 5月29日,中国电信鹰潭eMTC网络全域覆盖发布暨应用上线启动会在鹰潭举行。鹰潭成为全国首个全域开通全系列物联网的标杆城市。市委书记郭安、中国电信江西公司总经理黄晓庆出席启动会并致辞。市长于秀明,市委常委、副市长高怀孝,省工信委副巡视员王江南,中国电信江西公司副总经理胡文化,鹰潭高新区党工委书记李卫国,市委秘书长黄忠出席启动会。启动会上,中国电信江西公司分别与华为技术有限公司、三川智慧科技股份有限公司和江西欧菲炬能物联科技有限公司签订《战略合作协议》,中国电信鹰潭分公司分别与鹰潭市高新区、月湖区、信江新区签订《战略合作协议》。中国电信江西公司政企分公司总经理郑坚还作了鹰潭EMTC网络全域覆盖主题发布。

【"魅力鹰潭·龙虎山"号高铁列车始发冠名启动仪式举行】 7月1日,"魅力鹰潭·龙虎山"号高铁列车始发冠名启动仪式举行。市委书记郭安出席仪式并讲话。市人大常委会主任郭清,中国铁路南昌局集团有限公司副总经理彭磊,市政协副主席汪桂昌,鹰潭高新区党工委书记李卫国,市委秘书长黄忠等出席。副市长蔡江主持启动仪式。G483次鹰潭北至北京西高铁动车组列车是鹰潭市第一趟始发高铁列车。担当此次高铁列车运行的是CRH-380AL型,由16节车厢组成。G483次高铁动车组列车11:13分由鹰潭北发车,途中停靠南昌西、长沙南、武汉、郑州、石家庄等18个车站,并于当天21:26分终到北京西站,全程历时10小时13分钟,运行2073千米。

【鹰潭启动全国"双创"工作】 8月14日,鹰潭市召开创建全国文明城市、国家卫生城市暨"魅力鹰潭·幸福家园"城区环境综合整治三年行动动员大会,动员全市干部群众创建全国文明城市和国家卫生城市,开展"魅力鹰潭·幸福家园"城区环境综合整治三年行动。市委书记郭安出席会议并讲话。市长于秀明主持会议。会上,市委常委、市委宣传部部长贺喜灿宣读《鹰潭市创建全国文明城市实施方案》,副市长蔡江宣读《鹰潭市创建国家卫生城市实施方案》,副市长吴文戈宣读《"魅力鹰潭·幸福家园"城区环境综合整治三年行动方案》。

【鹰潭高新区智联小镇暨中临鹰智能装备产业园、中车智慧交通装备生产项目开工仪式举行】 11月1日,鹰潭高新区智联小镇暨中临鹰智能装备产业园、中车智慧交通装备生产项目开工仪式举行。市委书记郭安下达开工令。市长于秀明、中车城市交通有限公司总经理何德军、山西四建集团有限公司副总裁李继军分别致辞。市政协主席戴春英,市委常委、副市长高怀孝,市人大常委会副主任刘育虹,上海易城工程顾问股份有限公司董事长毛蔚瀛,鹰潭高新区党工委书记李卫国、管委会主任杨鹏等出席开工仪式。市委常委、常务副市长张福庆主持开工仪式。开工仪式上,何德军、李卫国、李继军分别介绍项目有关情况。智联小镇是鹰潭高新区发展物联网产业的重要承载平台,位于白露科技产业园南部,小镇总体规划面积约11平方千米,起步区面积约3.6平方千米,拓展区面积约7.4平方千米。小镇建成后,将集生态、研发、生产、生活等智慧化元素融合于一体,致力于建成城市智脑开放云平台,彰显地域特色、引人聚气、宜业宜居宜游的未来+理想小镇,成为全国首个以未来智联世界为主题的4.0+智产旅居综合体。小镇范围内一期66.66公顷用地已基本符合项目供地条件,二期166.66公顷用地供给已进入扫尾攻坚阶段。

【2018年中国鹰潭·龙虎山道文化旅游峰会召开】 11月22日—24日,2018年中国鹰潭·龙虎山道文化旅游峰会在龙虎山景区召开。市委书记郭安致辞,省台办主任邓保生、中华炎黄文化研究会常务副会长兼秘书长张希清、中国道教协会会长李光富分别讲话。市长于秀明主持。泰国驻厦门总领事馆副总领事孟坤及夫人满温,韩国驻武汉总领事馆领事尹成根,斯中友好协会副主席吉尼斯·德·席尔瓦;省、市有关部门领导以及第十届海峡两岸道文化论坛代表,第六届中部六省炎黄文化论坛代表,道教名山青城山、齐云山景区领导,应邀的国际艺术大师和媒体记者共400余人参加。此次活动由鹰潭市委、市政府、省政府台湾事务办公室、省社联、省政府外事办公室、省文化和旅游厅主办。会上,世界纪录认证官大明为龙虎山景区和江西省毛体书法协会颁发毛体书法《道德经》世界纪录认证书。中俄油画协会副主席、俄罗斯列宾美术学院教授尼基塔·维克多洛维奇·采臣和中匈美术家协会主席、中俄油画协会执行主席陈文华为此次活动赠画。与会领导和嘉宾还参观道教祖庭嗣汉天师府和龙虎山花语世界,并观看毛体书法《道德经》作品展。峰会期间,还举办第十届海峡两岸(鹰潭)道文化论坛、全国百强旅行社龙虎山旅游推介会等活动。

主要领导人 市委书记:曹淑敏(任至3月)、郭安(3月任)。市人大常委会主任:郭清。市长:于秀明。市政协主席:戴春英。

(杨保平)

·贵溪市·

【简　况】 位于江西省东北部,辖12镇6乡3街道办事处7林场(垦殖场、园艺场)。总面积2492.79平方千米,其中中心城区建成区面积32.63平方千米。耕地面积3.71万公顷,林地面积13.56万公顷,森林覆盖率64.43%,城区绿化率34.06%。总人口64.72万人,其中非农业人口16.98人;人口自然增长率9.9‰。2018年,地区生产总值438.17亿元,同比增长8.8%。其中,第一产业增加值30.46亿元,增长3.5%;第二产业增加值272.51亿元,增长8.5%;第三产业增加值135.20亿元,增长10.8%。财政总收入63.16亿元,增长10.6%,税收占财政总收入46%;地方财政收入35.05亿元,增长9.4%;地方财政支出50.65亿元,增长11.9%。工业总产值1210.8亿元,增长16.3%。规模以上工业增加值244.58亿元,占地区生产总值55.8%。外贸出口占地区生产总值10.2%。固定资产投资增长7.03%。实际利用外商投资1.27亿美元,引进省外2000万元以上项目资金136.95亿元,增长12.6%。主要工业产品及产量有铜205.65万吨、化学农药0.99万吨、水泥169.37万吨、化肥2.1万吨、电光源节能灯5070万只。农业总产值50.5亿元,增长3.4%。粮食总产量38.15万吨。主要农产品及产量有稻谷36.64万吨、蔬菜18.22万吨、水果3.27万吨、油料0.88万吨、肉类3.03万吨。万元GDP能耗0.43吨标准煤、城市污水处理率92.98%。城镇居民人均可支配收入3.45万元,增长8.6%;农村居民人均可支配收入1.61万元,增长9.6%。城乡居民年末储蓄余额166.88亿元,增长12.6%。

【6个现代农业项目落户贵溪】 3月22日,2018鹰潭贵溪(白鹤湖塔桥)第二届梨花节开幕式在白鹤湖塔桥观光果园举行。6个现代农业项目在开幕式现场集中签约,签约项目分别位于鹰潭市(贵溪市)白鹤湖现代农业示范区白鹤湖和雷溪核心区,总投资2.48亿元。白鹤湖现代农业示范区是集国家级现代农业示范、国家4A级农业主题旅游风景区、原中央苏区振兴发展区和鹰潭统筹城乡发展四大功能于一体的现代农业示范区。此次集中签约引进的贵溪市天承智慧农业开发科技有限公司猕猴桃观光基地项目、广州乐禾农业集团现代智慧农业特色发展示范产业基地项目、贵溪市阳扬综合种养专业合作社稻田生态共养基地项目、江西澳龙优品农业科技有限公司澳洲淡水龙虾养殖项目、贵溪市稻香家庭农场稻鳖养殖项目、大川小龙虾养殖农民专业合作社稻虾养殖基地项目6个现代农业项目,涉及特色规模种植、"一田多用"绿色生态农业养殖、休闲观光体验农业及科技兴农项目等领域,有助于拉动贵溪经济增长、助农脱贫致富,促进贵溪现代生态农业绿色发展。贵溪市领导梅峰、周谷昌、祝晓勤、李中华、余荔萍、熊明、吴皇云出席签约仪式。

【江西贵溪国家森林公园获"中国森林体验基地"称号】 3月27日,在南京举办的2018年中国森林休闲与健康高峰论坛会上,江西贵溪国家森林公园被授予“中国森林体验基地”称号。该公园规划面积 2980 公顷，包括双圳、冷水 2 个独立片区，森林覆盖率 98%，年平均气温比市区要低 8 摄氏度左右，小气候明显，负氧离子含量每立方厘米高达 3 万至 4 万个，素有“天然氧吧”和“负氧离子浴场”美誉，是中国生物多样性保护的关键地区，也是森林旅游、避暑、体验、康养的理想目的地。

【高端线缆线束产业园启动】　5 月 12 日，贵溪市召开高端线缆线束产业园及创新创业园建设调度会，启动打造高端线缆线束产业园。市长周谷昌，副市长汪建强，贵溪经开区管委会主任黄建军及相关部门主要负责人参加调度会。该园坐落于贵溪市经开区灯谷大道旁，总建筑用地约 66.66 公顷。一期建设用地 34.84 公顷，建设 40 万平方米线缆线束多功能标准厂房及配套附属设施。

【鹰潭(深圳)绿色照明产业合作交流会在深圳举行】　5 月 19 日，由鹰潭市政府主办，鹰潭市商务局和贵溪市政府承办的鹰潭(深圳)绿色照明产业合作交流会在深圳举行。此次合作交流会旨在全方位地向各位企业界人士推介鹰潭的投资环境、产业概况和发展前景，进一步推进鹰潭与深圳等地交流合作，共谋发展大计。深圳及周边地区绿色照明企业家，鹰潭市、贵溪市相关单位负责人 140 余人参加会议。会上，贵溪市就 LED 照明产业进行重点推介；部分客商代表作了交流发言，共签约绿色照明产业项目 12 个，投资总额 16.8 亿元。

【鹰潭市市县重大项目集中开工仪式在贵溪举行】　6 月 4 日，鹰潭市市县重大项目集中开工仪式在贵溪经开区高端线缆线束科技生态产业园举行。市委书记郭安下达开工令，市长于秀明作开工动员讲话，贵溪市领导梅峰、周谷昌、罗卫国、祝晓勤、李中华等参加开工仪式。此次集中开工市县重大项目 58 个，总投资 302.5 亿元。其中，贵溪市 28 个，总投资 151 亿元。与会代表还实地考察贵溪市高端线缆线束科技生态产业园、光大生物能源(贵溪)有限公司、江西铜观文化艺术有限公司、创新创业产业园(二期)、江西云泰铜业有限公司、贵溪市正鑫铜业有限公司等重大项目。

【拟定婚事新办《村规民约》】　2018 年，为摒弃陋习，提倡婚事新办，树立文明乡风，贵溪市法院拟定《村规民约》，约定：根据江西省农村人均年纯收入状况，提倡适当的彩礼钱，最好限定在农村居民人均可支配收入 8 倍以内(按 2017 年标准计算约 10 万元)，从源头上避免因彩礼所引起的纠纷。彩礼是指基于婚约、按照当地风俗习惯、男方应女方要求经中间人(媒人)说和双方认可的男方给女方的财物，既包括一定数量金钱，也包括各种物品。恋爱中男方送给女方的财物不属彩礼(一般表现为未经中间人认可)，但女方认可为彩礼的除外。包办买卖婚姻、借婚姻索取的财物不属彩礼；如涉及彩礼返还，不仅包括送、收彩礼的男女双方，也包括参与送、收彩礼的双方近亲属；彩礼返还的额度依据具体情况而定。

【贵溪市与中国有色金属加工工业协会签订合作协议】　8 月 29 日，贵溪市与中国有色金属加工工业协会签订合作协议，双方在产业指导、行业交流、人员培训、技术咨询等方面开展合作。中国有色金属工业协会党委副书记、中国有色金属加工工业协会理事长范顺科，中国有色加工工业协会副秘书长靳海明，市人大常委会副主任吴黎平，副市长詹东旺，贵溪市经开区党工委书记、管委会主任黄建军出席签约仪式。中国有色金属加工工业协会成立于 1981 年，是全国唯一专业从事有色金属加工行业发展规划、协调、服务的国家级行业组织，协会拥有会员单位 500 余家。

【贵溪市获“全国电子商务进农村综合示范县”称号】　9 月 25 日，商务部公布 2018 年电子商务进农村综合示范县名单，贵溪市名列其中。入选的县(市)获中央财政 1500 万元补贴，用于县、乡、村物流体系建设、公共服务平台建设、电商服务站、品牌和质量保障体系建设、电商培训等。

【入选三项“全国百强”】　10 月 8 日，《人民日报》发布 2018 年中国中小城市科学发展指数研究成果，贵溪市在全国 2811 个中小城市中脱颖而出，再次入选全国综合实力百强县市、全国投资潜力百强县市榜单，分别排名第 77 位、第 46 位。首次上榜全国绿色发展百强县市，排名第 26 位。

主要领导人　市委书记：梅峰。市人大常委会主任：祝晓勤。市长：周谷昌。市政协主席：李中华。

（裴爱兰）

· 余江区 ·

【简　况】　位于江西省东北部，辖 7 镇 4 乡。总面积 932.84 平方千米，其中城区面积 20.96 平方千米。耕地面积 3.64 万公顷，林地面积 3.03 万公顷。总人口 39.99 万人，其中非农业人口 10.62 万人；人口自然增长率 0.73‰。2018 年，地区生产总值同比增长 8.0%。其中，第一产业增加值增长 3.5%；第二产业增加值增长 8.4%；第三产业增加值增长 9.9%。财政总收入 21.55 亿元，增长 11.5%，税收占财政收入 83.7%。公共财政预算收入 12.43 亿元，下降 2.7%。外贸出口 1.39 亿美元。固定资产投资增长 26.7%。规模以上工业总产值增长 16.7%。规模以上工业增加值增加 8.6%。主要工业产品及产量有铜材 16.05 万吨、服装 189.3 万件、眼镜成镜 3008.9 万副。农业总产值 12.09 亿元，增长 6.9 %。粮食总产量 30.48 万吨。主要农产品及产量有花生 1.47 万吨。城镇居民人均可支配收入 3.21 万元，增长 8.5%；农村居民人均可支配收入 1.67 万元，增长 9.9%。社会消费品零售总额 46.41 亿元，增长 11.4%。

【污染防治】　2018 年，余江区抓好中央、省环保督察及长江经济带生态环境保护审计等反馈问题整改，完成督办案件 15 件、投诉案件 68 件。坚决打好蓝天、碧水、净土保卫战。全区 $PM_{2.5}$ 年浓度为 32 微克/立方米，空气优良率 89%。完成花园水厂水源地迁建工程，白塔河断面水体质量达到国家Ⅲ类标准以上，饮用水源水质达标率 100%。完成禁养区、洪五湖集雨区生猪养殖场拆除和退养38家,不断完善畜禽养殖场治污设施建设,有效开展农业面源污染治理。

【生态文明建设】 深入推进省级生态文明示范县建设。加快发展铁皮石斛、稻鳖共生、稻虾共养等绿色产业,神农氏生态农业荣获全国稻鱼综合种养优质鱼米评比金奖,推进巨茂实业山水林田湖草生态综合体项目,引进安仁农业、华丰生态农业等15个项目,新增国家级合作社1家、市级农业龙头企业5家、"三品一标"认证企业6家。举办"农民丰收节"系列活动,推进农业产业融合发展。严格落实粮食安全责任制,粮食播种面积4万公顷,总产量27.5万吨,新增高标准农田4013.33公顷,发展林下经济420公顷。承办全省全域旅游示范区创建现场推进会,灵溪小镇创评省5A级乡村旅游点,红雨蓝田红色教育小镇被评为省级旅游风情小镇。潢溪、中童等污水处理设施主体建成。全面推行"河长制""湖长制",持续开展"清河行动",完成18条河流干渠、156座小(2)型以上水库陈年垃圾清理,建立河道环境卫生保洁机制。启动实施沙溪圩堤除险加固、马胜圩堤防洪等水利工程。完成信江流域锦江段农业面源污染综合治理项目,实施畜禽粪污资源化利用项目,做好非洲猪瘟防控工作。严格保护耕地,严管河道采砂,做好水土保持,规范矿石开采。启动实施"林长制",人工造林559.86公顷、森林抚育666.66公顷,荣获"2018年全省春季森林防火平安区"。

【撤县设区揭牌仪式举行】 7月9日,余江撤县设区揭牌仪式在余江区经济大厦广场举行。省民政厅副厅长欧阳海泉,鹰潭市委常委、常务副市长张福庆,市委常委、市委组织部部长余正琨,市人大常委会副主任程芦山,市政协副主席官金福出席仪式并揭牌。仪式上,欧阳海泉宣读《江西省人民政府关于调整鹰潭市部分行政区划的通知》;余正琨宣读《中共鹰潭市委关于成立中共鹰潭市余江区委员会、中共鹰潭市余江区纪律检查委员会的通知》,余江区委主要领导作了发言。

2月9日,国务院正式批复鹰潭市部分行政区划调整方案,同意余江撤县设区,并以原余江县的行政区域为鹰潭市余江区的行政区域,余江区政府驻邓埠镇鹰南大道1号。7月9日,余江区党委、区人大常委会、区政府、区政协、区纪委、监察委同时挂牌,区直属各部门、各单位、乡(镇、场)也陆续挂牌。余江撤县设区后,区的级别仍为正处级。

【余江区妇女第一次代表大会召开】 11月11日,余江区妇女第一次代表大会召开。全区各行业、各战线240名妇女代表参加。区委书记路文革、市妇联主席艾美华出席并讲话,区四套班子领导出席会议。余江区妇联主席杨赞梅向大会作题为《凝心聚力 砥砺奋进 团结引领全区广大妇女为建设富裕美丽 幸福现代化余江贡献巾帼力量》的工作报告。大会审议通过《区妇联工作报告决议》;选举产生第一届区妇联领导班子。杨赞梅当选为区妇联主席,熊桂兰、吴爱琴当选为区妇联副主席;胡明娥、潘雷燕当选为区妇联第一届兼职副主席;陈海燕当选为区妇联挂职副主席。

主要领导人 区委书记:路文革。区人大常委会主任:谭建新。区长:苏建军。区政协主席:金建华。

(胡明娥)

·月湖区·

【简　况】 位于江西省东北部,辖1镇5街道办事处。总面积90.5平方千米。耕地面积2391公顷,有林面积2250公顷,森林覆盖率21.8%,城区绿化率38.2%。总人口17.92万人,其中非农业人口14.39万人;人口自然增长率6.5‰。2018年,地区生产总值134.00亿元,同比增长8.7%。其中,第一产业增加值2.01亿元;增长3.3%;第二产业增加值24.12亿元,增长7.4%;第三产业增加值107.87亿元;增长10.1%。财政总收入14.22亿元,增长9.3%,人均675元,税收占财政总收入88.9%;地方财政收入8.26亿元,增长9.6%;一般公共预算支出12.27亿元,增长10.4%。规模以上工业增加值4.61亿元,占地区生产总值3.4%。外贸出口1620.24万美元。固定资产投资54.79亿元,增长0.1%。实际利用外资1710万美元,增长8.0%;实际引进省外资金26.95亿元,增长9.8%。农业总产值2.85亿元,增长3.97%。粮食总产量1.58万吨。主要农产品及产量有粮食1.49万吨、生猪出栏3.3万头、水产品2150吨、稻谷1.45万吨、蔬菜1.35万吨。城镇居民人均可支配收入3.80万元,增加2822元,增长8.0%;农村居民人均可支配收入1.73万元,增加1493元,增长9.4%。城乡居民年末储蓄余额179.09亿元,增长12.7%。

【"爱心驿站"建设】 2018年,月湖区按照"先易后难,分层推进,全面覆盖"原则,先行先试,在全省率先推进社区"爱心驿站"建设。全区5个街道42个社区以及区属学校和医院已全面建立"爱心驿站",学习好人、崇尚好人、争做好人蔚然成风,社会文明程度明显提高。"爱心驿站"前身是"道德银行",该站建立是一种以"收集、存储、支取"爱心的工作平台,让爱心量化,达到"助人"与"求助人"双向互动,旨在创新弘扬道德新风模式,倡导社会新风尚。"爱心驿站"平台,有组织机构,有工作人员,有办公场所,有工作机制,有"爱心驿站"牌子,通过宣传和活动开展,发起爱心人士捐钱捐物,对需要帮助的人提供服务,做到长期对需求者进行对接登记;还通过社区志愿者服务、党员活动日、楼栋长、单元长对需要帮助的社区居民进行一对一帮助,实现"微心愿"200多个,32人登上鹰潭电视台"发现身边之美"栏目。"爱心驿站"通过道德引领和广泛发布"身边好人榜"等形式,存下美德,恒久生利,完善对好人好事记录、存储、激励机制,倡导"好人好报"观念,创造文明健康和公平正义的社会环境。

【科普信息化升级】 鹰潭是国内首个实现低速物联、中速物联两种不同速率的移动物联网全域覆盖的城市,已初步形成城市移动物联网络。月湖区加大科普投入,已投资40多万元。从2017年6月全区首个社区科普e站启动以来,在(乡村、校园)建立科普e站示范点22个,每个站点购买终端大屏,发挥22个社区科普e站作用，举办信息化科普培训班，对e站的使用、服务功能进行全面培训。通过移动智能终端借助科普中国服务云，整合社区网络化资源实现社区工作多功能、多元化，e站成为社区打通服务居民最后“一公理”的有效窗口，并借助物联网，云计算，大数据等高新技术，建设鹰潭市首个物联网应用小区，通过手机APP联通千家万户，开创小区智慧应用、智能管理、便民服务、咨询互动等线上线下相结合的社区服务新阵地，实现社区与居民无缝对接。社区科普e站建成使用后，居民可通过留言板向社区反映问题，为社区建设建言献策；还可了解社区群众的需求，快速解决群众急需的问题，让百姓享受最优质的科普资源和服务。

【鹰潭市第七中学竣工使用】 9月1日，鹰潭市第七中学正式投入使用，该学校坐落于鹰雄大道中段，月湖新城教育园内。是一所高端寄宿、走读双轨制新兴初级中学。总投资1.2亿元，学校占地面积8公顷，建筑面积2.8万平方米，绿化面积3万平方米。有行政楼1幢，教学楼3幢，宿舍楼1幢及配套食堂，综合楼1幢，并配备物理、化学、生物、计算机和历史、地理、书法、音乐、美术、心理咨询室等多个专用实验室。有学生520人；专职教师39人，其中高级教师10人，一级教师15人。

【2018年中国物流发展与形势分析大会在月湖区召开】 12月21日—22日，2018年中国物流发展与形势分析大会在月湖区召开。由中国物流与采购联合会、鹰潭市政府主办，中国物流信息中心、江西省物流与采购联合会、月湖区政府、林安物流集团承办。大会邀请国家发改委、工信部、国家统计局、商务部等有关部委领导及物流专家、龙头企业代表、物流协会负责人共500余人，鹰潭市与月湖区70余人参加。会议由中国物流信息中心主任何辉主持。大会主要总结回顾年度物流运行趋势和规律，预判后期发展态势。会上，中国物流与采购联合会副会长蔡进做《2018年物流运行及2019年物流展望》专题演讲、国家发改委巡视员魏贵军做《中国物流形势与降本增效政策取向》专题演讲、国家发改委综合运输研究所所长汪鸣做《当前经济转型与物流发展对策》主旨演讲、商务部流通发展司罗旻慧做《商贸物流运行形势与发展趋势》主旨演讲、中国物流与采购联合会采购委主任胡大剑做《我国供应链创新与应用政策解读》主旨演讲。京东物流、林安物流、北京物资学院物流统计研究所、安徽共生物流科技有限公司、江西万佶物流有限公司、正广通供应链管理有限公司、中都物流有限公司、浙江捷茂通电子商务有限公司、江西五洲医药营销有限公司、G7等企业还就新时代物流发展的机遇与挑战、宏观经济走势与供应链发展等进行专题交流发言。其间，举办物流统计工作培训班，召开物流统计座谈会和2018年度全国物流统计工作先进单位、先进工作者和优秀企业表彰会，月湖区获“全国优秀物流园区”称号。

主要领导人 区委书记：刘军生。区人大常委会主任：朱淑英。区长：李志兵。区政协主席：曾文锋。

（雷荷莲）

赣州市

【概　况】 位于江西省南部，辖3区1市14县。总面积3.94万平方千米，其中市中心城区建成区面积180平方千米。耕地面积43.87万公顷，林地面积291.37万公顷，森林覆盖率74.86%。总人口981.46万人，其中城镇人口289.16万人。2018年，地区生产总值2807.24亿元，同比增长9.3%。其中，第一产业增加值340.30亿元，增长3.7%；第二产业增加值1194.24亿元，增长8.9%；第三产业增加值1272.70亿元，增长11.5%。财政总收入459.51亿元，增长12.5%。其中，一般公共预算收入265.22亿元，增长8.1%。财政总收入占地区生产总值16.4%。税收收入381.70亿元，增长15.7%。一般公共预算支出857.59亿元，增长10.5%。工业增加值998.14亿元，增长9.3%，规模以上工业增加值增长9.5%。货物进出口总额53.33亿美元，增长12.65%。其中，出口43.58亿美元，增长9.89%；进口9.75亿美元，增长26.92%。固定资产投资增长11.3%。实际使用外资18.44亿美元，增长10.6%。实际利用省外项目资金878.75亿元，增长16.4%。主要工业产品及产量有钢材73.08万吨、家具2631.01万件、发电量78.96亿千瓦时、水泥1976.55万吨、10种有色金属2.13万吨。农林牧渔总产值增长26.8%。主要农产品及产量有粮食267.95万吨、蔬菜及食用菌347.13万吨、水果164.19万吨、肉类67.72万吨、水产品29.30万吨。农村居民可支配收入1.08万元，增长11.0%。城镇居民人均可支配收入3.22万元，增长8.8%。

【实现“主攻工业、三年翻番”目标】 2018年，赣州市持续深化工业供给侧结构性改革，突出项目建设、园区升级和企业发展，强化要素集聚，培育新动能新业态，“主攻工业、三年翻番”目标实现。工业经济量质齐升。坚持集群发展、创新发展、招大引强，规模以上工业企业主营业务收入、工业固投实现同口径翻番，全省工业强省推进大会在赣州市举行。工业主要指标增速全省排位大幅前移，规模以上工业增加值、主营业务收入、工业固定资产投资增速均居全省前列。工业税收大幅提升，总量连续两年突破100亿元。高新技术企业达到501家，新增规模以上工业企业401家、总数1890家，增量、总量保持全省第一。园区基础设施投入增速连续三年保持全省第一，累计建成标准厂房1520万平方米，为三年计划任务的1.5倍。“两城两谷一带”主导产业集聚效应加速显现，国机智骏、凯马汽车等整车项目建成并生产调试，新能源汽车科技城获评全省唯一的国家级专家服务基地；南康家具产业产值突破1600亿元，规模以上家具企业突破400家，“南康家具”成为全国首个以县级区划命名的工业集体商标，南康家居小镇被评为全国最美特色小镇50强，举办中国(赣州)第五届家具产业博览会，赣州家具基地被认定为国家外贸转型升级基地；“中国稀金谷”落地锂电池新材料、工业机器人等重大产业项目，稀金科创城加快建设；生物医药产业集群被列为全省重点工业产业集群，青峰药业成为国内首批、省内首家通过一致性评价的恩替卡韦生产企业，企业技术中心被认定为国家企业技术中心；赣粤电子信息产业带引进众恒光电等投资20亿元以上项目11个。

【脱贫攻坚】 2018年，瑞金市实现高质量脱贫摘帽，南康区、寻乌县、安远县、石城县、上犹县、会昌县等县（区）脱贫摘帽进展顺利，全市减少贫困人口19.1万人、退出贫困村426个，全市贫困发生率降至2.45%。压实扶贫责任，出台脱贫攻坚10类责任主体职责清单，开展“春季攻势”“夏季整改”“秋冬会战”、脱贫攻坚八个硬仗等行动。攻坚深度贫困，将深度贫困村资金分配权重提高到一般贫困村的2倍，全市投入9.99亿元支持深度贫困村脱贫攻坚，增长73%。聚焦“两不愁、三保障”精准施策，健全完善健康扶贫“四道医疗保障线”，累计惠及住院贫困群众94.27万人次；推进安居扶贫，完成农村“四类对象”危房改造7762户，实施易地扶贫搬迁3.52万人，整治解决8111名老人住危旧房问题；教育扶贫资助贫困家庭学生53.58万人次。落实“五个一”产业扶贫机制，覆盖带动26.44万户贫困户增收，占再识别后建档立卡贫困户的89.75%。推行就业扶贫“251”工作模式，累计建设就业扶贫车间1433个，开发就业扶贫专岗安置贫困劳动力3.17万人。改善贫困村基础设施，率先在全省实现25户以上人口自然村通水泥（油）路，全市932个贫困村实现4G网络和宽带网络全覆盖，深入推进“百企帮百村”精准扶贫行动，引导128家赣州商会（企业）重点帮扶167个深度贫困村。开展“机关干部下基层、连心连情促脱贫”活动和脱贫攻坚感恩教育，组织“我的扶贫脱贫故事”巡回宣讲，常态化开展乡风文明行动，推动贫困群众物质和精神双脱贫。6月25日，全国“互联网+”社会扶贫工作现场推进会在赣州市石城县召开，相关经验做法在全国推广。

【省域副中心城市建设】 实施国家新型城镇化综合试点和国家城市设计试点，“六个区域性中心”建设全面启动，全市常住人口城镇化率突破50%。中心城区建成区面积扩大至180平方千米，人口增加到179万人，省域副中心城市架构初步形成。推动中心城区五区联动一体化发展，审议通过《赣州市城市总体规划（2017—2035年）》，编制完成《赣州市中心城区五大功能区战略规划》。重大城建项目建设加快推进，文明大道、迎宾大道快速路即将建成通车，红旗大道东延、东江源大道北延建成通车，蓉江新区、高铁新区建设全面提速，市综合文化艺术中心、上犹江饮水工程等开工建设。颁布实施《赣州市城市管理条例》，持续抓好全国文明城市常态化制度化建设，省级卫生城市复核通过，争创国家卫生城市全面启动，中心城区主、次干道“白改黑”项目基本完成，提升改造“背街小巷”1143条，拆墙透绿、公共停车场、小游园等工程进展良好，开展“垃圾不落地、赣州更美丽”行动和“以克论净，路见本色”试点，启动实施中心城区生活垃圾强制分类。棚改新开工4.69万套，基本建成5万套，全省棚户区改造工作现场推进会在赣州市召开。实施农村人居环境整治三年行动和“厕所革命”三年攻坚行动，开展“三沿六区”乱埋乱葬整治，全省殡葬改革工作现场推进会在赣州市召开。农村生活垃圾治理通过国家级验收，农村超高超大建房得到有效遏制，完成农村危旧“空心房”整治4206万平方米，累计整治8105万平方米。加快改善城乡面貌，建设新农村建设点5516个。大余县大龙村获评“2018十大中国美丽乡村”。

【推进重点领域改革】 年内，获省政府赋予44项省级管理权限、6个先行先试项目。出台“优化发展环境50条”，成立市非公有制企业维权服务中心，启动开展非公（民营）经济发展营商环境评价，打造政策最优、成本最低、服务最好、办事最快发展环境。持续深化“放管服”改革，在全省率先开展企业开办、工程建设项目、不动产登记“一窗办”改革，市本级“最多跑一次”事项占比超过80%。赣州经开区“证照分离”改革试点全面铺开，实施简易注销登记、企业名称自主申报改革试点，章贡区“互联网+政务服务”获评中国智慧城市优秀案例。推进供给侧结构性改革，在全省率先开展工业用地“亩产效益”综合评价试点，“降成本、优环境”专项行动为企业减负120.27亿元。持续开展招投标市场专项整治，立案查处串通投标157起。市属国资国企改革取得实质进展，原14家市属国企整合重组为七大集团。稳步推进“三权分置”改革，加强耕地保护和改进占补平衡，加快实施“两权”抵押贷款、农村集体产权制度改革试点，农村土地承包经营权确权登记全面完成，发证率98.7%、土地流转率35.9%。党政机构、扩权强镇、防灾减灾救灾体制等改革稳步推进，“三个信贷通”典型经验、于都公立医院综合改革、会昌推广政府和社会资本合作（PPP）模式、大余土地节约集约利用等获国务院通报表扬，章贡区社区（村）居家养老服务中心PPP项目入选全国典型案例。

【《赣州市城市管理条例》颁布实施】

3月1日，赣州市取得立法权后制定的首部实体性地方法规——《赣州市城市管理条例》施行，标志着赣州市地方立法工作和法治赣州建设迈上新的历史起点。该条例共6章81条，主要涉及城市规划建设、市政公用设施、市容环境卫生、园林绿化、污染防治等领域，包括总则、管理职责、管理规定、行政执法、法律责任和附则。2015年3月15日，赣州市取得地方性法规制定权，开始立项并组织专家学者编纂条例（草案）。2016年年底，编纂条例（草案）内部讨论稿，并多次组织相关单位和职能部门讨论认证。2017年6月30日，赣州市第五届人大常务委员会第五次会议对条例进行第一次初审。2017年7月，根据审议意见，并结合市人大常委会城建环资工委的初审报告，对条例（草案）进行集中修改，形成条例（草案）（征求意见稿）。2017年7月12日，向社会公布条例（草案）征求意见稿，广泛征求社会意见。2017年10月20日，赣州市五届人大常委会第七次会议审议通过条例。2017年12月8日，在省十二届人大常委会第三十六次会议上，表决通过《赣州市城市管理条例》。

【昌赣高铁赣州赣江特大桥合龙】 8月31日，全国首座设计时速350千米大跨度高速铁路斜拉桥——昌赣高铁赣州赣江特大桥合龙。昌赣高铁赣州赣江特大桥位于赣江支流章江、贡江两江汇合口下游1.9千米处，全长2.16千米，具有“水深、桩长、塔高、大跨”特点。该桥主跨长300米，主跨塔底以上索塔全高120.6米，是国内首座时速350千米大跨度高速铁路斜拉桥，被誉为“千里赣江第一桥”。昌赣高铁赣州赣江特大桥结构复杂、技术难度大，是全线的重难点及控制性工程之一。设计施工中创造出首次将索塔钢锚箱结构应用于高速铁路大跨度斜拉桥、首次将锚拉板应用于高速铁路大跨度斜拉桥、首次将箱形钢混凝土组合梁用于高速铁路大跨度斜拉桥、首次在高速铁路大跨度斜拉桥上运用新型的钢混结合段构造连接技术4个全国首次。赣州赣江特大桥施工中采用标准化、信息化、智能化以及绿色建造相关技术，为智能铁路的典型桥梁工点。

【电影《八子》开机拍摄】 12月3日，根据大型赣南采茶歌舞剧《八子参军》改编的电影《八子》在共和国摇篮瑞金开机。拍摄电影《八子》，是赣州市贯彻落实中共中央总书记习近平在文艺工作座谈会上讲话精神的一大举措，是赣州市向中华人民共和国成立70周年的一份献礼之作。该剧由高希希导演，董哲执笔创作电影剧本，刘端端、邵兵、岳红等主演。影片在江西瑞金市、于都县、崇义县等地取景。电影《八子》剧情源于赣南革命老区瑞金下肖区七堡乡农民杨荣显8个儿子争当红军，最后全部牺牲的革命历史故事。

【举办首届“红军长征论坛”】 12月8日—9日，首届“红军长征论坛”在赣州市举行。省委副书记、赣州市委书记李炳军出席并致辞。中央党史和文献研究院副院长孙业礼，军事科学院军队政治工作研究院政委崔连杰，贵州省委常委、遵义市委书记龙长春，陕西省延安市委副书记吴铁出席。原中央党史研究室副主任、著名党史专家石仲泉作主旨演讲。赣州是红军长征出发地，遵义是红军长征转折地，延安是红军长征落脚地，“红军长征论坛”由赣州、遵义、延安三地联合发起，每年轮流主办。论坛期间，赣州、遵义、延安三地签订战略合作框架协议，建立三地合作互访制度，加强文化旅游、产业经贸、人才交流、基础设施互联互通等方面合作，联合打造三地空中交通走廊，共同协商形成《“红军长征论坛”城市党政领导联席会议制度》。

主要领导人 市委书记：李炳军。市人大常委会主任：王林云（1月任）。市长：曾文明。市政协主席：刘建平。

（徐文菁）

·章贡区·

【简　况】 位于江西省南部，辖5镇4街道办事处。总面积375.52平方千米。耕地面积5.73万公顷，有林面积2.11万公顷，森林覆盖率60.26%。总人口16.08万人，其中城镇人口47.7万人；人口自然增长率8.61‰。2018年，地区生产总值441.21亿元，同比增长9.8%。其中，第一产业增加值5.15亿元，增长1.9%；第二产业增加值145.46亿元，增长9.0%；第三产业增加值290.60亿元，增长10.4%。财政总收入44.75亿元，增长10.5%；税收占财政总收入89.4%，增长4.4%。一般公共预算收入23.17亿元，增长6.9%；一般公共预算支出43.7亿元，增长9.3%。工业总产值363.41亿元，增长16.1%。规模以上工业增加值增长10%。固定资产投资增长12%，500万元以上固定资产增长12%。实际利用外资1.44亿美元，增长11.3%。出口总额41.81亿元，增长6.6%。主要工业产品及产量有中成药1462.52吨。农业总产值8.39亿元，增长2.7%。主要农产品及产量有油料589吨、水果1853吨、肉类427吨、水产品2019吨。社会消费品零售总额286.78亿元，增长11.8%。城镇居民人均可支配收入3.81万元，增长9.4%；农村居民人均可支配收入1.56万元，增长10.6%。金融机构人民币存款余额2170.51亿元，贷款余额1940.49亿元。

【产业发展】 “一谷四园”产业发展格局初步形成。完成规模以上工业主营业务收入362.74亿元，工业固定资产投资67.79亿元。药谷建设取得突破，入驻企业72家，主营业务收入130亿元；生物医药产业被认定为全省重点产业集群。青峰药业全球研发体系完成布局，获评国家企业技术中心、国家科学技术进步奖二等奖。平台建设不断升级，虔东稀土获批国家绿色工厂；科睿特成为全省唯一入选工信部制造业“双创”试点示范平台。章贡经开区被认定为省级高新区，获评全市首个国家级绿色园区和省级智能制造基地，列为部省共建的公共服务平台。高新技术及千人计划人才产业园引进高层次人才22人，创办领办企业17家、项目45个，其中16个项目处于世界领先水平。总部经济及并购基金产业园入驻企业508家，实现税收4.16亿元，每平方米产生税收23万元，带动4家实体企业落地。举办首届章贡文化旅游节，促进文化与旅游深度融合，全年接待旅游人数1450万人次，旅游收入183.5亿元，分别增长40.2%、40%。全域旅游三年行动计划23个重点项目全面开工。赣州极地海洋世界项目10个月建成开业。郁孤台历史文化街区被评为全省首个“中国商旅文产业发展示范街区”。软件物联及创新创意孵化园开园，入驻企业50家，全年电子信息产业产值117.6亿元，增长44.9%。

【招商引资】 2018年，章贡区实行“专业招商和全民招商”相结合的招商机制，成立5支专业招商队，全年新引进项目52个，总投资778.2亿元，为上年3倍。亿元以上项目47个，总投资776.5亿元。其中工业项目33个，总投资96.7亿元；现代服务业项目17个，总投资657.5亿元；现代农业及药材种植项目2个，总投资24亿元。引进汉志智能电子、资福药业、医为特、晶美瑞、星阵科技等重大项目签约落地。全年实际利用外资1.44亿美元，增长11.25%。其中，现汇进资5536万美元。全年引进省外资金项目实际进资74.43亿元，增长16.3%。

【“千人计划”人才产业园】 2018年，章贡区建设全省首个“千人计划”人才产业园——赣州（章贡）“千人计划”人才产业园，引进国家“千人计划”等高层次人才22人，其中国家

"千人计划"人才17人,中科院"百人计划"人才1人,国家"百千万人才工程"人才2人,深圳市海外高层次"孔雀计划"人才1人,省"双千计划"1人。创办领办企业17家,项目45个,其中16个项目处于世界领先水平。2月13日,《章贡区关于引进国家"千人计划"人才的实施意见》出台,章贡区专门组织人才办等部门赴上海、苏州、南昌大学等地招才引智。围绕建设"千人计划"人才产业园的发展目标,章贡区重点引进国家"千人计划"创新人才长期项目、创业人才项目、顶尖人才与创新团队项目、创新人才短期项目(含非华裔外国专家)、青年项目、外国专家项目、文化艺术人才项目七类人才,重点扶持生物医药、智能制造等产业。4月9日,赣州"千人计划"人才产业园暨章贡区重大项目签约仪式在赣州举行,4名国家"千人计划"人才现场签约。

【首届章贡文化旅游节开幕】　12月4日,首届章贡文化旅游节在章贡区郁孤台历史文化街区开幕。市委副书记、市长曾文明宣布开幕。省文联主席叶青,导演高希希,省广播电视局巡视员刘玉东,省委宣传部副巡视员林大建,省文联副主席龙红,市人大常委会副主任廖成铭,市政府副市长郭素芳,市政协副主席孔刃非,区委书记胡雪梅、区长连天浪等区领导,各县(市、区)分管领导及旅发委主任,国家"千人计划"人才、客商嘉宾及在外乡贤代表,媒体记者及旅行社代表,劳动模范、脱贫致富典型、身边好人、企业家、教师、医生、环卫工人、退役军人、综治工作者等行业代表出席开幕仪式。此届文旅节前期已开展文化惠民活动:每周一次赣南采茶小戏展演和宋城影院露天电影放映、"印象章贡"短视频及摄影大赛征集、"舞动宋城"广场舞大赛、飞龙岛公园音乐会,系列活动吸引百万人次群众参与。近500万人次参与开幕式线上观看,网络点赞人数超60万人次。开幕式当天,集中发布章贡系列文化旅游形象宣传口号、首批文创产品和美丽乡村建设示范点——火燃村,开业运营赣南美食第一街——渔湾里美食街,五条精品旅游线路开团迎客,宋城历史文化街区开街,全方位展示宋城历史文化底蕴。

主要领导人　区委书记:胡雪梅。区人大常委会主任:刘铭忠。区长:连天浪。区政协主席:廖小波。

(张凤)

·赣县区·

【简　况】　位于江西省南部,辖12镇7乡。总面积2993.09平方千米。耕地面积2.15万公顷,林地面积23.16万公顷,绿地率35.06%。总人口65.88万人,其中城镇人口13.83万人。2018年,地区生产总值187.59亿元,同比增长9.6%。其中,第一产业增加值21.21亿元,增长3.9%;第二产业增加值108.17亿元,增长8.8%;第三产业增加值58.21亿元,增长13.8%。财政总收入24.79亿元,增长12.5%,税收占财政总收入75.11%。地方财政收入15.78亿元,增长2.9%;地方财政支出53.30亿元,增长17.9%。工业总产值121.12亿元,增长15.7%。规模以上工业增加值增长9.1%。固定资产投资39.4亿元,增长11%。实际利用外资1.2亿美元,增长10.4%。农业总产值33.99亿元,下降8.8%。粮食总产量17.89万吨。主要农产品种植面积有脐橙6400公顷、蔬菜7466.67公顷、油茶1.91万公顷、烟叶240公顷、甜叶菊高RM新品种试种推广面积320公顷。城市污水处理率92.74%。社会消费品零售总额37.01亿元,增长9.7%。城镇居民人均可支配收入2.91万元,增长9.0%;农村居民人均纯收入1.05万元,增长10.5%。城乡居民年末储蓄余额276.5亿元,增长11.2%。

【工业经济】　全年引进项目23个,总投资176.9亿元。投资30亿元的中科拓又达、投资15亿元的粤磁科技实现"当年签约、当年建设、当年投产",全年11个项目竣工投产,嘉圆磁电、自动化设备产业园等25个项目在建。获批新材料(稀有金属)国家新型工业化产业示范基地、稀土和钨新材料省级战略性新兴产业集聚区,赣州高新区被评为省级"双创"示范基地。锂电池三元材料及应用产业加快发展,寒锐钴业、坤阳锂电池等项目相继开工投产。新增省级军民融合企业5家,总数7家。稀金科创城建设上升为省级战略,是赣州唯一入选创新型江西战略的载体和平台。与中科院海西研究院等12家科研院所达成合作,获批省级制造业创新中心。获评省级院士工作站2个,新增院士工作站1个。高新技术企业达48家,是2015年的3倍。专利申请量连续2年突破千件。

【脱贫攻坚】　投入扶贫资金17.16亿元,完成改水3900户、改厕1599座,修建通村组公路344.7千米,维修加固房屋187栋,4G网络、电力实现全覆盖。全年40个贫困村退出、1.25万人脱贫,贫困发生率下降至4%。发展农业主导产业,带动2.97万户(次)增收致富。建立就业扶贫车间52个,吸纳495名贫困劳动力就业,培训贫困劳动力5858人次。发放产业奖补2812万元、交通补贴421万元、就业扶贫创业担保贷款1820万元,资助贫困学生3.89万人次,"四道医疗保障线"补偿1.41亿元,贫困户自付比约8.8%。投入3.13亿元,拆除"空心房"796.27万平方米。建设易地搬迁集中安置点15个,安置896户3720名建档立卡贫困人口,完成756户农村"四类对象"危房改造。

【举办2018赣县樱花节】　3月26日至4月9日,2018赣县樱花节举行。2018年赣县樱花节由赣县区樱花节组委会主办,赣县区委宣传部、赣州报业文化传媒有限公司承办,主题为"浓情客家 樱你而美"。活动期间,先后开展赏樱踏春游赣县、2018赣县樱花节作家笔会暨长篇农村改革变迁小说《丰收》首发式活动、公益相亲盛会、"樱你而来"5千米微型马拉松比赛、"樱香雅韵"原创诗词征集赛、樱花节美食展、品质生活商品展、"樱"情赣县——手机微信拍摄大赛、读书活动、影视佳作展映活动、民俗展演活动等系列特色活动。活动期间,接待游客105万人次,旅游综合收入2000余万元。

【《梅林村志》首发仪式举行】　4月3日,赣县区梅林镇梅林村举行《梅林村志》首发仪式。赣州市政协原主席、赣州客家联谊会会长赖联明，上饶市人大常委会原主任、梅林村乡贤萧天连，赣州市政协常委、法制与民族宗教委员会主任谢芳桂，赣州市地方志办主任陈昌保，赣县区政协副主席潘清松，赣州市电视台、赣南日报社、《江西都市报》等媒体记者，梅林村乡贤共210余人参加首发仪式。《梅林村志》于2015年6月启动编纂，全书63万字，采用篇、章、节结构形式，共设15篇、48章、161节。篇首设图照、序、概述、大事记，篇后设附录、后记，体例完备。述、记、志、传、图、表、录等运用得当，记事、表述通达；反映事物客观公正，因果关系处理有序。梅林村具有近千年的民居和农、商历史，形成具有纯客家特色的榕树、山塘、祠堂庙宇"三多"等地域特色。《梅林村志》搜集众多近现代历史图片，展现出农商梅林、客家梅林、现代梅林。

【茅店镇"奋进茅店"爱心教育基金会举行捐助暨奖学助学大会】　8月26日，茅店镇"奋进茅店"爱心教育基金会举行捐助暨奖学助学大会。杰出乡贤、博士生导师谭章禄，赣州爱心企业家、爱心村民、爱心教师到场捐款。活动当天，基金会接收到现场捐款34万余元，微信线上捐款40余万元。现场发放近40万元助学奖金，主要用于奖励2018年茅店籍考取985、211等重点大学和二本以上（含二本）高考学子、中小学优秀学生以及工作突出教师。同时，对家庭困难的教师、品学兼优学生给予资助。17名考取985、211的茅店籍学子领取5000元~6000元现金奖励。茅店镇"奋进茅店"爱心教育基金会由茅店镇政府引导、爱心人士发起，于7月12日启动成立。启动日，当地爱心企业、爱心人士和乡贤等认捐160余万元。截至2018年年底，基金会共募捐270万元善款，为89名高考学生和22名中、小学生发放奖学金。

主要领导人　区委书记：胡晓平。区人大常委会主任：刘吉龙。区长：张景霖。区政协主席：罗宗祺。

（朱祥福）

·南康区·

【简　况】　位于江西省南部，辖5镇11乡2街道办事处。总面积1623.02平方千米。耕地面积2.85万公顷，林地面积10.16万公顷。总人口77.12万人，其中城镇人口25.24万人；人口自然增长率7.9‰。2018年，地区生产总值243.7亿元，同比增长10%。财政总收入32.54亿元，增长10.9%；地方一般公共财政预算收入21.77亿元，增长13.2%；一般公共预算支出71.18亿元，增加12.39亿元，增长21.1%。工业总产值952.6亿元，增长15.5%。规模以上工业增加值增长10.2%。500万元以上固定资产投资增长12.4%。出口总额22.3亿元，增长56.8%；外贸出口22.30亿元。实际利用外资1.89亿美元。主要工业产品及产值有家具726亿元、矿产品129亿元、服装38.81亿元、电子38.01亿元。粮食总产量21.15万吨。主要农产品及产量有水稻20.56万吨，花生1.39万吨，生猪出栏76.31万头、存栏39.56万头，牛出栏1.61万头、存栏3.85万头，家禽出笼622万只、存笼270.95万只，禽蛋6216吨，肉类6.60万吨。社会消费品零售总额48.69亿元，增长12.5%。城镇居民人均可支配收入3.06万元，增长9.3%；农村居民人均可支配收入1.13万元，增长11.3%。金融机构存款余额501.09亿元，增长8.7%；贷款余额407.21亿元，增长20.8%。

【脱贫攻坚】　2018年，南康区坚持"尽锐出战""挂图作战"，以"三集中、一边倒"攻坚态势推进脱贫攻坚。全年减贫4117户1.37万人，"十三五"贫困村全部退出，贫困发生率降至0.85%左右。全年发放教育资助资金5300万元，无一适龄儿童少年因贫辍学。健康扶贫"四道医疗保障线"稳健运行，贫困人口自付医药费用比例稳定在10%以内。891户贫困户住房安全得到解决，全面完成易地扶贫搬迁1437户5277人。实施农村饮水安全巩固提升工程136个，1.09万户贫困户饮水条件得到提升。开展低保专项治理，1.28万户3.08万人纳入低保，实现"应保尽保"。强化"产业促就业，培训加就业"，依托家具等主导产业，创建扶贫车间64家，实施就业培训1.47万人，4.19万名贫困劳动力实现稳定就业增收。发放农业产业奖补资金5291万元，交通补贴资金4145万元，激发贫困群众内生动力。推进"七改三网"，农村水、电、路、网等基础设施和公共服务设施加快完善。推进村庄整治，农村人居环境显著提升。

【赣州国际陆港】　港口功能快速提升，建成铁路二期，港口年吞吐能力从20万标箱提高到120万标箱。新成为深圳大铲湾港内陆港，港口承载空间进一步拓展。配套服务日趋完善，新入驻中信保等金融、保险机构，厦门国贸开出汇明公司第一张信用证。尚祐公用型保税仓获批，建成运营全国首个菜鸟产地仓、前置仓。建成提还箱点，马士基、地中海等世界航运公司进驻并开展业务。常态化开行中欧（亚）班列和铁海联运班列。中欧（亚）班列线路拓展至19条，辐射德国、芬兰、瑞典等欧洲腹地国家和中亚五国。开行中欧（亚）班列172列、铁海联运班列656列，居全国内陆港前列。货物集散快速增长，全年集装箱吞吐量40.8万标箱，是2016年的6.5倍；外贸自营出口首次突破20亿元。赣州国际陆港逐步成为区域性货物集散地。

【工业发展】　2018年，南康区规模以上工业主营业务收入和工业固定资产投资实现"三年翻番"；工业税收16.5亿元，三年翻两番，占财政收入"半壁江山"。高标准建成家居小镇，被评为全国最美特色小镇第12位，获评全省工业旅游示范基地。研发、设计、电商、品牌等高端人才、高端要素加速集聚，小镇洼地效应加速显现。意大利、瑞典等国际顶尖设计机构、设计团队注册落户，柔性引进100余家设计公司和1000余名知名设计师，转化设计成果3000余个。引进全球著名B2B供应链平台SAP Ariba，建成京东、阿里巴巴线上线下品牌家居体验馆，红星美凯龙、居然之家等国内家居营销知名品牌落户。举办中国（赣州）第五届家博会，创下观展人数超百万、签约金额超百亿"双百"成绩。建成和在建标准厂房超1000万平方米，341家规模以上企业已经或即将入驻新厂。"南康家具"成为全国首个以县级行政区划命名的工业集体商标,获评“国家级家具产业示范园”。家具产业集群产值逆势增长25%,突破1600亿元。电子信息产业“扬优成势”。瞄准磁电功能材料、器件、集成及其装备制造和智能触控显示及其装备制造“两个细分市场”,强化核心技术引领,延链强链,电子信息产业实现全产业链集群发展,产值突破百亿元。思博科技、山达士等一批企业迅速聚集、投产。赣州国际陆港电子信息产业园二期项目开工建设。开源矿业、新南山科技、正浩锡业3家企业完成技改升级。开源矿业2018年税收5亿元,超过技改前158家矿产品企业纳税总和。南康精锡年产能4万吨,占全国锡产量近三分之一。战略性新兴产业加快发展,沃能新能源、格能电子等一批项目竣工投产。引进总投资100亿元的爱康光伏电池项目,实现百亿元工业项目“零”的突破。

【污染防治】 南康区综合施策、系统治理,推动生态环境持续改善。推进“四尘三烟三气”整治和烟花爆竹禁燃禁放,全年全区 $PM_{2.5}$ 日均值达到省定考核标准。拆除“小散乱污”企业1900余家300余万平方米,2000余家家具企业安装废气治理设施。严格落实河长制,持续开展“清河行动”,拆除沿河工矿企业及污染厂棚340个、违章建筑150处。建成博士家居水性漆和科维生态家居2个共享喷涂中心。完成城区幸福河黑臭水体系统整治,饮用水源地水质达标率100%。赤土河重金属污染治理(二期)和红桃铅冶炼厂场地修复项目进展顺利。生活污水处理厂二期工程基本建成,工业园区及家具集聚区污水处理厂PPP项目启动实施。

【城镇化建设】 全区常住人口城镇化率突破50%。红星美凯龙综合体、康中北校区、万佳酒店等一批重点项目相继落地。苏访贤大道、城西大道南康段、226省道十八塘至唐江段公路改建工程竣工通车,东山北路北延二期、赣南大道西延、迎宾南大道拓宽改造、绕城高速连接线拓宽改造、105国道赣州中心城区南康段改建等项目加快推进,城市外循环、微循环更加通畅。以“保文创卫”为抓手,常态化、精细化建设管理城市。开展“垃圾不落地、城市更美丽”行动,巩固提升城市管理水平。275条背街小巷和11个老旧小区完成提升改造,基本完成城区主干道路“白改黑”。新建、改建公厕33座,建成一批小游园、小广场。唐江行政管理体制改革取得新突破。投入资金2.5亿元,全面推进圩镇整治,各圩镇建筑风貌、环境面貌焕然一新,城乡纽带作用进一步发挥。

【南康家居小镇获多项荣誉】 2018年,南康家居小镇获多项荣誉。5月,在国家发改委庆祝改革开放40周年研讨会上,被评为全国最美特色小镇50强第十二位,江西省第一位;10月,被江西省旅游资源规划开发质量评定委员会评定为全省工业旅游示范基地,并推荐申报入围国家级工业旅游示范基地;12月,南康家居小镇被列为2018年全省科普教育基地。省发改委将南康家居小镇列入江西省上报国家级特色小镇名单,井冈山干部管理学院把小镇列入厅级干部教学实训参观点。

主要领导人 区委书记:徐兵。区人大常委会主任:彭秀生。区长:何善锦。区政协主席:严国雄。

(倪贵清)

·信丰县·

【简　况】 位于江西省南部,辖13镇3乡1高新技术产业园区。总面积2866.04平方千米。耕地面积4.36万公顷,森林覆盖率71.3%。总人口77.93万人。2018年,地区生产总值209.69亿元,同比增长8.5%。其中,第一产业增加值30.70亿元,增长4.3%;第二产业增加值86.36亿元,增长9.4%;第三产业增加值92.63亿元,增长9.2%。财政总收入20.55亿元,增长12.1%;公共财政收入12.49亿元,增长5.8%;公共财政支出50.62亿元,增长14.7%。固定资产投资增长10.9%;500万元以上固定资产投资182.36亿元,增长12.5%。实际利用外资1.21亿美元,增长11.2%。进出口总额2.51亿美元,增长31.7%。规模以上工业增加值增长10.1%。工业总产值134.54亿元,增长20.8%。农业总产值50.86亿元。粮食总产量23.61万吨。主要农产品及产量有烤烟1401吨、脐橙10.05万吨、蔬菜53.89万吨、生猪出栏77.98万头。社会消费品零售总额50.05亿元,增长11.4%。农村居民人均可支配收入1.31万元,增长9.8%;城镇居民人均可支配收入3.02万元,增长7.7%。金融机构年末存款余额304.98亿元,增长5.6%;贷款余额214.81亿元,增长23.4%。

【中国赣南脐橙产业园景区评定为国家4A级旅游景区】 10月30日,江西省旅游资源规划开发质量评定委员会发布公告,信丰县中国脐橙产业园景区达到国家4A级旅游景区标准,批准为国家4A级旅游景区,信丰县结束无A级景区历史。中国赣南脐橙产业园景区位于信丰县安西镇,总投资约2.2亿元,属于国家现代农业产业园核心区,面积约333.3公顷。景区有高标准脐橙种植示范园、脐橙文化博物馆、脐橙产业博士后工作站、苗木科研中心、苗圃园、品种展示园、母亲树溯根园、网室种植园等。景区致力打造成为集脐橙文化、旅游、科研、科普、技术示范等要素,种植、加工、销售全链条,政府+农户+企业新型合作关系等功能为一体的综合旅游景区。脐橙博览馆是全国首家以“脐橙”为主题的大型参观展馆,展馆占地面积6000平方米,包括3D动态脐橙树、领导关怀、实景沙盘、脐橙发展史、脐橙文化、脐橙育苗、橙园生态、农夫山泉17.5°、智慧农业、农业科技展示馆、互动体验等,是集文化传播、研学科普、创新科技、科学研发为一体的大型综合性现代展馆。生产车间建筑面积10.9万平方米,主要用于鲜果预分选、榨汁、终端品灌装及其产品销售;鲜食果生产线年产能10万吨,新建榨汁生产线年产能4.7万吨。车间设立安全参观通道,通过参观通道进入车间,可以观看整个鲜果生产流程。

【信丰县获评2018—2020年度“中国合唱艺术之乡”】 年内,信丰县被文化和旅游部评为2018—2020年度“中国合唱艺术之乡”。合唱活动在该县有深厚的群众基础,20世纪90年代初起,该县每隔一两年就举办一次大型合唱赛事。截至2018年年底，在县民政部门备案的合唱团有115支，其中机关合唱团35支、学校合唱团49支、乡镇合唱团17支、企业合唱团12支、文化馆合唱团2支，实现机关、社区、乡镇、学校、企业全覆盖，群众参与和受众面65%。

【举办2018江西信丰(深圳)电子信息产业合作推介会】 12月11日，2018江西信丰(深圳)电子信息产业合作推介会在深圳市大中华喜来登酒店举行。技研新阳集团、松德智慧装备股份有限公司、深圳大宇精雕有限公司、天津和美医药有限公司主要负责人分别致辞。县委书记刘勇，县委副书记、副县长蔡辉，县政协主席何文庆等和珠三角地区260余名客商出席。县委副书记袁炎主持推介会，副县长邝冬明就信丰县电子信息产业作推介。推介会上，签约项目10个，签约金额165亿元。签约项目中，10亿元以上项目有6个，主要涉及智能制造设备、机器人等产品的研发、生产及销售，以及PI薄膜电子新材料、18650圆柱锂离子高端电芯制造、可录式光盘、工业自动化设备及智能空气净化设备制造等合作领域。

主要领导人 县委书记：刘勇。县人大常委会主任：邹长东。县长：黄蕙。县政协主席：何文庆。

（罗才胜）

·大余县·

【简　况】 位于江西省西南部，辖8镇3乡。总面积1343.67平方千米。耕地面积1.30万公顷，森林覆盖率76.57%。总人口31.03万人，其中城镇人口15.4万人；人口自然增长率5.22‰。2018年，地区生产总值124.55亿元，同比增长9.5%。其中，第一产业增加值13.30亿元，增长3.6%；第二产业增加值60.20亿元，增长7.2%；第三产业增加值51.05亿元，增长14.0%。财政总收入13.53亿元，增长9.0%；财政支出30.85亿元，增长21.2%。全社会固定资产投资71.61亿元，增长18.6%；其中500万元以上固定资产投资65.86亿元，增长10.0%。实际利用外资1.21亿美元，增长10.3%。进出口总额3.54亿元，增长6.7%。其中出口总额3.48亿元，增长8.4%。全年农林牧渔总产值21.53亿元，增长3.76%。粮食总产量8.93万吨。社会消费品零售总额31.16亿元，增长10.7%。金融机构存款余额114.83亿元，增长4.0%；贷款余额87.29亿元，增长12.8%。城镇居民人均可支配收入2.82万元，增长8.0%；农村居民人均可支配收入1.17万元，增长9.9%。

【工业实现“三年翻番”目标】 2018年，大余工业实现“三年翻番”目标。3年间，规模企业工业总产值累计308.82亿元；规模企业主营业务收入累计293.1亿元，保持年均近20%增长；工业固定资产投资累计完成151.45亿元，年均增长17%以上；规模工业企业增至81家，新增51家；工业用电量由负增长30%多增加到同比增长15%以上，最高增长26%。实施主攻工业项目102个，总投资480.15亿元，完成投资157.96亿元。累计新增征地20余平方千米。钨产业实现世界最全新产业链，翔鹭钨业年产1万吨APT、8000吨碳化钨粉、2000吨硬质合金项目落地，使大余从最前端的钨采掘，到最高端的硬质合金、盾构合金加工、刀钻具，形成完整的钨产业体系。新能源动力电池材料产业发展迅速，全县首位产业集群企业达80余家。悦安超细金属、翔鹭钨业被省委军民融合办认定为第二批省军民融合企业。获批全省第一本专业从事APT钨渣处置经营许可证，解决钨渣处理难题。培育东宏、明发、天盛、日荣等16个资源综合利用企业，每年消化矿物废渣逾10万吨，从中回收钨、锡、钼等各类资源5000余吨。新增高新技术企业10家，达到18家，新增科技型中小企业25家。培育市级研发平台8家、省级企业技术中心2家、博士后实践基地1家。20余家企业与中南大学、北京大学东莞研究院等国内知名院校、研究院建立人才技术对接。3名院士、6名教授为10余家企业长期提供技术指导。签订2个院士工作站建设协议。引进签约工业项目101个，已开工建设重点工业项目88个，新增投产重点工业项目39个。

【创建文明城市】 整治农村殡葬陋习，推进殡葬改革，全县累计收缴、集中焚烧处置棺木1.8万余具，规划建设大型公益性墓地62个，整治坟墓1.5万穴，实现棺木回收处置率、火化率、县乡村生态公墓覆盖率、“三沿六区”可视坟墓迁入公墓率、入葬公墓率“五个100%”。依法全面取缔“红摩”，引进共享单车、微公交等，堵疏结合，群众出行更安全便捷。推进“厕所革命”，建设农村公厕20座，丫山厕所革命成果亮相中国国际旅游商品博览会。推进乡镇污水处理厂建设，实现乡镇全覆盖，并向村级延伸。率先建立“河长制”“路长制”“区长制”，为全县每家每户免费发放分类垃圾收集桶。实施“整洁美丽、和谐宜居”新农村建设行动和农村人居环境整治、美丽庭院建设三年行动。完成农村环境整治投资1.7亿元，拆除农村“空心房”180.2万平方米，农村生活垃圾专项治理实行全域外包，通过国家考核验收。投入30余亿元，开展全国文明城市创建工作。改造县城人行道约12万平方米，整治小街小巷160余条，楼宇亮化300余幢，改造升级县城农贸市场2个、广场公园3个，新建公厕8座，“白改黑”街巷约8千米，拆除违章乱搭乱建8.2万余平方米。投资10亿余元，实施约146.67公顷市民森林公园、66.67公顷中国牡丹亭文化园、1468公顷国家湿地公园和长10余千米沿江公园等生态景观民生工程。投资17.5亿元，实施城南片、“三园两路一桥”“五区、五改、五化”和“一江两岸”城市景观改造提升工程。投资3.2亿元，实施章江源河水治理工程。拓展新城区外延，高起点规划建设20平方千米“生态新城”，首期规划布局100余个工程项目，总投资超过百亿元，覆盖34条道路、10余栋楼、6座馆和3个产业园区。

【大余县被评为“全国森林旅游示范县”】 4月，对照《全国森林旅游示范市县申报命名管理方法》要求，大余县收集相关申报材料。11月，国家林业和草原局组织专家评审，将大余县命名为“全国森林旅游示范县”。12月16日，在广州举办的2018中国森林旅游节上进行授牌。大余县位于江西西南边陲,生态环境优美,森林风景资源丰富,是罗霄山国家森林步道端点单位。境内拥有梅关国家森林公园、章水国家湿地公园,乡村森林公园20余处。自然资源景观表现为独特的植物群落、清幽的瀑泉河谷、优异的生态环境;人文资源景观表现为千年古道、爱情圣地、世界钨都、梅香古韵。

【引才育才】 大余县成立县招才引智局,制定招才育才优惠措施,全年柔性或全职引进130余名高层次人才和行业急需紧缺人才。邀请中国科学院院士徐宗本、杨焕明,中国工程院院士戚发轫、邱冠周、黄伯云等到大余调研指导。3次赴中南大学开展专项招才引智活动,县内10余家企业与中南大学达成技术合作意向。开展事业单位高层次人才招聘,招录35名硕士研究生。参加赣州市第五届技术能手大赛,获9个奖项。新增江西云锂院士专家科技服务站、润泽药业省级企业技术中心2家省级以上平台。建设江西云锂陈清泉院士科创中心,申报建设陈清泉院士工作站。落实博士免费住宿、旅游等优惠政策。完成年度600套人才住房建设。

主要领导人 县委书记:曹爱珍。县人大常委会主任:李细妹。县长:钟旭辉。县政协主席:邓金健。

(刘福山)

·上犹县·

【简　况】 位于江西省西南部,辖6镇8乡。总面积1543.87平方千米。耕地面积8666.7公顷,森林面积1.2万公顷,森林覆盖率81.4%。总人口32.63万人,其中非农业人口4.94万人;人口自然增长率5‰。2018年,地区生产总值73.5亿元,同比增长9.2%。规模以上工业增加值增长9.2%。完成固定资产投资67.43亿元,增长12.3%。财政总收入10.46亿元,其中一般公共预算收入6.57亿元,增长8%。实际利用外资8205万美元,增长10%。出口总额1.28亿元,增长4%。社会消费品零售总额20.38亿元,增长11%。城镇居民人均可支配收入2.4万元,农村居民人均可支配收入0.88万元。

【工业"三年翻番"计划】 2018年,上犹县工业固定资产投资、工业税收等指标提前实现翻番,规模以上企业主营业务收入实现翻番。规模以上企业从2015年25家增加到58家,超额完成"三年翻番"任务。3年引进工业项目64个,总投资206亿元,竣工投产43个,已入规20个。35个市级调度的亿元项目基本实现当年开工当年投产,项目个数和投资总额均创历史新高。园区基础设施投入由2015年3亿元增长到2018年10亿元,新增园区用地面积300公顷。首位产业企业从不到40家增加到93家,产业集中度从18%提高到45%;产业链产品突破百种,实现从丝、纱、布等初级产品向增强材料、汽车轻量化材料等产品迈进。有26家企业实施技改,技改投入15亿元。元源新材、至越机械等5家企业实施机器换人工程。国家高新技术企业从3家增加到21家,高新技术产业增加值占比连续三年超过90%,新认定国家级科技型中小企业73家。

【生态环境治理】 遵循"生态优先、绿色发展",持续推进"净空""净土""净水"工程。主要污染物总量减排任务全面完成,出境断面水质达标率100%,空气环境质量优良率93.4%。从严从实抓好中央环保督察"回头看"、长江经济带生态环境审计等反馈问题整改,开展页岩砖厂、石板材加工、畜禽养殖等专项整治,解决一批突出环境问题。全县关停拆除养殖场(户)363家,取缔"小散乱污"企业8家。坚守生态底线,划定生态保护红线648.15平方千米。完成河湖名录及"一河一策"编制,推动"河(湖)长制"工作全面升级。统筹推进山水林田湖草生态修复、良好湖泊治理、森林质量提升、水土保持工程以奖代补试点等生态工程项目,建设生态岸线13千米、湿地公园3个,改造低质低效林2733.33公顷,综合治理水土流失40.65平方千米。

【发展现代旅游服务业】 全年安排实施23个现代服务业项目,完成投资34.73亿元,占年度计划投资130%。新引进阳明湖国际路亚基地、南湖澥奢居等现代服务业项目6个。印象客家民俗文化旅游岛(一期)完工,南湖水上运动体验基地投入使用,碧水湾风情小镇、众和养生谷、鹭溪客家等一批项目加快建设,改善景区景点旅游公路、旅游公厕、旅游驿站、游客服务中心等配套设施,修缮百里生态休闲长廊。全年接待游客386.86万人次,增长36.25%;实现旅游总收入26.02亿元,增长38.23%。

【农业旅游业融合发展】 加快农旅融合步伐,新增省级现代农业示范园2家。宝生缘、沙蝦桂花苗木、柏水寨、可可花园等基地实现农业种植、生产加工和观光旅游结合。建设高标准生态茶园200公顷、新植(低改、抚育)油茶2933.33公顷,新种(复种)脐橙2万株。"上犹绿茶""上犹江"生态鱼等特色农业品牌持续做强。上犹县获"2018中国茶业百强县""2018中国茶旅融合竞争力全国十强县"称号。

主要领导人 县委书记:赖晓岚。县人大常委会主任:蓝青。县长:余业伟。县政协主席:钟恢森。

(谢东才)

·崇义县·

【简　况】 位于江西省西南部,辖6镇10乡。总面积2206.27平方千米。耕地面积1.28万公顷,林地面积17.93万公顷,森林覆盖率88.30%。总人口21.67万人,其中城镇人口4.91万人;人口自然增长率6.37‰。2018年,地区生产总值91.93亿元,同比增长9.7%。其中,第一产业增加值10.89亿元,增长3.60%;第二产业增加值44.18亿元,增长8.7%;第三产业增加值36.86亿元,增长14.5%。财政总收入13.16亿元,增长9.9%。其中公共财政预算收入8.85亿元,增长10.2%。固定资产投资增长10.3%。规模以上工业总产值67.46亿元。农业总产值16.38亿元,增长1.7%。粮食总产量3.8万吨。主要农产品及产量有蔬菜和食用菌4.1万吨、油料作物1340吨、脐橙4万吨、茶叶411吨、猪肉6040吨。社会消费品零售总额17.05亿元,增长10.0%。城镇居民人均可支配收入2.73万元,增长9.1%;

农村居民人均可支配收入1.04万元,增长10.9%。金融机构存款余额93.18亿元,增长1.2%;贷款余额78.88亿元,增长16.0%。

【产业发展】 2018年,崇义县实现工业主营业务收入62.4亿元,工业固定资产投资13.77亿元。章源高性能钨粉体智能制造一期项目建成投产,章源钨业被评为国家绿色工厂。锂电企业扩增至9家。引进总投资20亿元、年产30万吨生物质全组分高值利用项目,全面提升竹木加工产量和水平。关田工业园新建成标准厂房30万平方米。为企业减负2.5亿元。总体债务率明显降低,不良贷款率下降0.55%。新建规模蔬菜基地354.68公顷,建成高标准脐橙产业基地5个,新增油茶133.33公顷。新开发建设杨梅基地133.33公顷,打造百亩以上规模中药材基地259.4公顷,改造低质低效林3040公顷。君子谷被认定为省级现代农业示范园,崇义南酸枣糕申报国家地理标志保护产品成功,齐云山食品有限公司获评全国绿色农业十佳示范企业,"崇义高山茶"被认定为国家地理标志证明商标。培育专业合作社257家、家庭农场175个,市级以上农业龙头企业达到11家。

【提升城乡旅游环境】 2018年,崇义县投资46亿元,打造旅游产业集群。上堡梯田景区有序开发,阳明山被评为江西省首批低碳旅游示范景区,君子谷、良田花海影视基地获评3A级乡村旅游点,麟潭乡两杰刺葡萄小镇营业运行。全年实现旅游综合收入22.3亿元,增长55.29%。推进国道G220金坑分水坳—过埠段、省道S548杰坝树木园—过埠段公路,完成通组公路276千米。新能源公交场站建成运营,开通县城至关田工业园城乡公交。章源大道城市品位提升综合改造和背街小巷提升改造全面竣工。新建停车场8个,新增停车位1000个,400辆共享电动车覆盖全城。城市持续开展绿化、美化、亮化工作。农村污水处理设施覆盖所有乡镇、部分重点村,连续三届获评全省农村清洁工程先进县。

【崇义县获评首批县级国家森林城市】 10月15日,2018森林城市建设座谈会在广东省深圳市召开。会上举行"国家森林城市"授牌仪式,崇义县获"国家森林城市"称号。崇义县禁伐阔叶林近10年,禁采松脂20余年,连续10年每年新增造林2000公顷以上。现有活立木蓄积量1609万立方米,列全省首位;森林覆盖率88.3%,为全国第一。崇义县在创建"省级森林城市"基础上,按照《崇义县国家森林城市建设总体规划》建设要求,倡导"让森林走进城市、让城市拥抱森林",以"宜居宜业宜游、生态环境一流、林竹花色并茂、文明开放包容"为主题,做好"山水城林相融、城乡生态一体、人文景观和谐、生态经济共赢"有机融合的文章,创建森林城市各项指标均达到或超过"国家森林城市"评价标准。

【崇义县获评第二批全国生态文明建设示范县】 12月15日,第二批国家生态文明建设示范市县和"绿水青山就是金山银山"实践创新基地表彰活动在广西南宁举行,崇义县获评第二批国家生态文明建设示范县。崇义县在划定县域生态保护、水资源、耕地红线时,将50.15%国土面积纳入省级生态保护红线范围,划定永久基本农田9533.33公顷,占比高出全省平均水平22%。在生态保护上,崇义县全力打好净空、净水、净土保卫战,抓实乡村环境整治和山水林田湖草修复两大工程,自然岸线保护和修复、生态化河床建设等7个项目。率先在全市建成县级环境空气质量自动监测系统,淘汰黄标车及老旧车776辆,分阶段集中整治竹木加工厂、机砖厂45家以及"小散乱污"企业107家。深入推进实施"河长制"和"湖长制",投入4000余万元,整治阳明湖水上餐馆、渔业设施等,持续开展流域水环境专项整治,规范畜禽养殖,拆除猪场212家,依法取缔、关停矿产品加工小作坊73家,拆除小水电12座、关停3座,阳明湖经治理后跻身第二届"中国好水"水源地。争取上级环保专项资金2亿余元,重点实施历史遗留重金属污染综合防治和矿山废渣综合治理等项目19个,实现农村生活垃圾专项治理全覆盖。

【崇义县获评国家有机食品生产基地建设示范县】 4月,环境保护部有机食品发展中心将崇义县评为国家有机食品生产基地建设示范县。申请国家有机产品示范基地,必须具备优良的水、气、土等环境质量,不低于有机产品国家标准等要求。崇义县具备得天独厚的有机产业发展条件,孕育出野生南酸枣树和原生态油茶林。其中野生南酸枣林1.33万公顷,规模居全国之首,有"中国南酸枣之乡"之称。1992年崇义县齐云山公司首创齐云山牌南酸枣食品,是国内南酸枣生产技术和质量标杆。

主要领导人 县委书记:许斌。县人大常委会主任:郭兰。县长:邱凌。县政协主席:陈金发。

(黄流香)

·安远县·

【简 况】 位于江西省南部,辖8镇10乡。总面积2374.59平方千米,其中城区面积11.13平方千米。耕地面积1.98万公顷,森林面积20.05万公顷,森林覆盖率84.25%,城区绿化率38.28%。总人口40.68万人,其中农业人口31.44万人;人口自然增长率11.87‰。2018年,地区生产总值74.02亿元,同比增长8.0%。其中,第一产业增加值17.71亿元,增长3.7%;第二产业增加值16.68亿元,增长6.8%;第三产业增加值39.63亿元,增长10.8%。财政总收入9.27亿元,增长14.6%,其中税收占财政总收入82.8%。地方财政收入5.76亿元,增长9.8%;地方财政支出33.44亿元,增长18.0%。工业总产值35.39亿元,增长14.0%。规模以上工业增加值增长7.3%。500万元以上项目固定资产投资增长10.1%。实际利用外资3437万美元,增长107%。外贸出口4.52亿元。农业总产值27.82亿元,增长3.6%。粮食总产量9.2万吨。主要农产品有水果产量18.47万吨、烟叶种植面积1233.33公顷。城镇居民人均可支配收入2.51万元,增长8.6%;农村居民人均纯收入1.03万元,增长12.2%。城乡居民年末储蓄余额81.68亿元,增长11.5%。

【脱贫攻坚】 统筹安排资金22亿元,推进脱贫攻坚"十大工程"。通过资金扶持、技术培训、产业补助、电商包销等方式,扩大产业扶贫覆盖面,全年发放贴息贷款近1亿元,产业直补3736.1万元。通过园区企业招用、扶贫车间吸纳、农村能人引领、公益性岗位扶持等途径,近1.4万贫困劳动力实现稳定就业。落实"四道医疗保障线"和大病再次补偿政策,医疗补偿7609.2万元,贫困人口住院自负比率稳定在10%以下。全年资助贫困学生3.6万人次,资助金额3072.4万元,全县无因贫辍学、因学返贫现象。出台实施安全住房政策,全县1400多户特殊困难群众安全住房问题得到解决。建设"四好农村路",完成县道改造50.8千米,进村主干道大、中修236千米,危桥改造13座,20户以上通组水泥路177千米,全市"四好农村路"建设现场会在安远县召开。新建改造10千伏电网线路6.6千米、低压线路204.7千米。行政村光纤宽带覆盖率、移动4G网络覆盖率100%,广播电视实现村村通。村级文化活动室、便民服务站、公有产权卫生室等项目建设基本完成。实施175处农村饮水安全提升工程,保障全县群众饮水安全。全年实现2423户9817人脱贫,4个贫困村退出,贫困发生率下降到0.72%,基本达到脱贫摘帽条件。

【东生围围屋群旅游区被评为国家4A级景区】 1月4日,经过省旅游景区质量等级评定委员会组织专家进行综合评定,东生围围屋群旅游区符合国家4A级旅游景区相关条件,入选国家4A级旅游景区。东生围是全国重点文物保护单位,是中国最大的方形围屋,由安远著名乡绅陈朗庭建于清代道光二十二年(1842年),位于县城南20千米的镇岗乡老围村。东生围围屋群旅游区规划依托客家文化底蕴,在保护传承基础上,融入"吃住行""游购娱"等旅游要素,形成旅游综合服务中心、镇江河湿地景观带、东生围民俗展示体验区、尉廷围美食乐活区、尊三围红色革命纪念区、磐安围精品文化度假区"一心一带四区"总体布局。旅游区规划建筑总面积14.4万平方米,用地面积82.47公顷,总投资约3亿元。其中,游客服务中心建筑面积2240平方米;休闲广场占地面积2.7万平方米,包括可容纳15辆大巴、246辆小车的停车区;商业街建筑面积1355平方米;米升围系列工程占地1.13公顷,包括米升围、米升广场、木栈道和廊桥等建设工程。

【赣南脐橙网络博览会】 11月16日—18日,以"世界橙乡·生态赣州"为主题的赣南脐橙网络博览会在安远县举行。活动由赣州市政府主办,安远县承办,目的在于通过线上线下互动,促进赣南脐橙电子商务发展。主要活动有启动仪式、赣南优质果品展示、赣南脐橙电子商务系列活动、赣南脐橙主销城市营销推介活动、赣南脐橙维权打假活动、"脐橙采摘季、欢乐赣州行"2018赣南脐橙采摘旅游季活动等。

主要领导人 县委书记:严水石。县人大常委会主任:曹志坚。县长:肖斐杰。县政协主席:刘惠宗。

(叶国丰)

·龙南县·

【简　况】 位于江西省最南端,辖9镇5乡。总面积1641平方千米。耕地面积1.24万公顷。总人口33.87万人,城镇化率52.11%;人口自然增长率8.37‰。2018年,地区生产总值174.62亿元,同比增长9.9%。其中,第一产业增加值13.20亿元,增长3.8%;第二产业增加值95.53亿元,增长9.5%;第三产业增加值65.88亿元,增长11.9%。财政总收入21.46亿元,增长11.8%;一般公共财政预算收入14.02亿元,增长5.0%;财政支出34.60亿元,增长10.0%。规模以上工业增加值增长10.3%。实际利用内资70.02亿元,增长13.5%;实际利用外资1.26亿美元,增长11.1%。进出口总值53.55亿元,增长2.0%。其中出口47.96亿元,增长3.8%。社会固定资产投资增长12.4%。农业总产值21.56亿元,增长6.51%。粮食总产量5.92万吨,增长3.65%。主要农产品及产量有油料2823吨、蔬菜25.32万吨、生猪出栏23.46万头、家禽出笼647万只。社会消费品零售总额35.45亿元,增长11.8%。城镇居民人均可支配收入3.00万元,增长9.13%;农村居民人均可支配收入1.16万元,增长10.59%。年末金融机构存款余额178.09亿元,增长7.8%;贷款余额138.18亿元,增长28.1%。

【六大攻坚战项目】 2018年,实施六大攻坚战(主攻工业、精准扶贫、新型城镇化、现代农业、现代服务业、基础设施建设)项目170个。向上争取各类项目349个,实际到位无偿资金15.6亿元,棚改安置房、独立工矿区路网、县城防洪工程、乡镇卫生院、农村薄弱学校改造等项目落地。成立广东龙南商会和龙南商会联合总会,举办"三南"园区一体化发展产业招商推介会2次。全年签约项目58个,签约金额312.5亿元,其中亿元以上项目31个。引进天奇新能源、新华盛等20亿元以上项目5个,其中总投资6亿美元的佳润食品科技是年度投资总额最大的外资工业项目。龙南保税物流中心封关运营,货物进出区货值1.4亿元。县体育中心运动场建成投入使用,填补龙南大型综合体育场馆的空白。

【产业新动能】 华研生物、比邦科技项目加快推进,志浩电子、瑞兴龙、精密电子、华立美、帝耳音频、增孚(吉孚)新材料等一批企业实现试投产,龙南电子信息产业集聚区被评为省级战略性新兴产业集聚区。加大企业帮扶力度,"五个信贷通"(财园信贷通、小微信贷通、创业信贷通、财政惠农信贷通、产业扶贫信贷通)全年发放贷款7.26亿元,提供还贷周转金4.69亿元,兑现工业奖励资金1.12亿元。外贸出口逆势而上,全年实现出口总额48亿元,增长3.8%。"三南"承接加工贸易转移示范地共建产业园进展顺利,"一区四园"(龙南经开区及龙南经开区工业园、全南工业园、定南工业园、"三南"承接加工贸易转移示范地共建产业园)发展新格局巩固,"主攻工业、三年翻番"目标如期实现。南武当山、关西围屋群景区和悦龙湾水上乐园开园营业,老屋下精品酒店以及维也纳、龙翔国际酒店试营业,绿天泉温泉、石溪山庄等加快推进,建成"宝贝田园""诗蔬莲塘"等一批乡村旅游点,累计完成旅游重点项目投资

11.3亿元。南武当山成功创建国家4A级景区,正桂美丽乡村被评为省4A级乡村旅游点,虔心小镇入选省级生态旅游示范区。举办第二届旅游文化节,首次在澳大利亚、马来西亚设立旅游推广中心。建成赣州南部快递集散中心,全年电商交易额62亿元,增长35.1%,被评为中国电商示范百佳县。新改造高标准农田414公顷,建成钢架大棚240.4公顷,新增32个规模蔬菜基地并全部落实经营主体,新造、低改油茶200公顷,新建7个标准化生态示范果园,果龙农旅一体化科技示范园建成开园,新增太平香菇等3件地理标志商标。

【城乡发展】 编制完成通信、公共服务、教育网点等专项规划,完成石人片区、高铁新区城市设计,在全市率先实现乡镇总规、控规全覆盖。基础设施加快完善,赣深高铁龙南段、龙南站进展顺利,完成国省道路面改造29千米,迎宾大道四期改造工程完工,大广高速龙南南出口连接线贯通工程加快推进。升级改造农网线路39千米,新建市政燃气管道7千米。“五桥十路”稳步推进,玉环北路、金龙大道加快建设,沧浪路、竹庭路建成通车,“大龙南”城市框架大幅拉开,城区建成区扩大至21.12平方千米。龙洲片区加快发展,石人片区初具雏形,完成老城区棚户区改造283户。城市综合体、总部经济区、动漫文旅创意城加快推进。濂江北岸生态景观带主体工程基本完成,五河治理县城防洪工程稳步推进,东坑河流域、濂江北岸截污管网竣工投入使用。深化城乡环境综合整治,累计拆除违规搭建铁皮棚77.8万平方米、农村危旧土坯房(“空心房”)362万平方米,关停拆除禁养区养猪场363家,搬迁“三沿六区”(公路、铁路、河流主干道沿线,城镇规划区、风景名胜区、文物保护区、自然保护区、饮用水源保护区、农田保护区)坟墓2246穴,24个农村公益性公墓全部投入使用。完成龙关线、龙小线、G105国道3条示范带立面改造31万平方米,建设景观节点3个。武当镇、里仁镇、渡江镇等圩镇道路等设施整治完成,180个新农村建设点和261个整村推进项目加快实施,新园村跻身中国历史文化名村,新里村、正桂村和大坝村入选中国传统村落名录。

【龙南县博物馆开馆】 5月16日,龙南县博物馆(赣南围屋博物馆)开馆。龙南县博物馆是一个以客家围屋为主题的博物馆,设“客家腹地 筚路蓝缕”历史厅、“东方古堡 围屋之乡”围屋厅、“雕梁绣户 固若金汤”技艺厅、“客家遗风 非遗宝库”民俗厅4个主题展厅,展现龙南千年历史与文化遗韵。

【龙南第二届旅游文化节举行】 12月8日—9日,龙南县委、县政府、赣州客家联谊会联合主办的龙南第二届旅游文化节举行。海关总署、省直单位、市直单位及市县领导,全球客属社团负责人,三省六市客家联谊会,香港特区、澳门特区著名客家人士代表,客家围屋高峰论坛专家学者,海内外媒体代表,旅游行业代表,商界精英代表等300余人参加活动。其间,先后举办第二届中国龙南客家围屋高峰论坛、中国赣粤港电子信息产业高智峰会论坛暨招商推介会、第二届客家美食节、第二届旅游文化节开幕式文艺晚会,分时段分线路参观老屋下精品酒店、卡卡动漫王国、龙南县博物馆(赣南围屋博物馆)、里仁正桂美丽乡村、关西围景区、南武当景区、虔心小镇、里仁上游宝贝田园乡村旅游点、渡江诗蔬莲塘乡村旅游点、渡江果龙农旅示范园等龙南重点旅游项目和旅游景点。中央电视台、《人民日报》《经济日报》《光明日报》《香港大公文汇报》《台湾导报》《中华日报》《星洲日报》《中国报》等海内外各级媒体全方位报道龙南第二届旅游文化节,共发稿450余篇(条)。

主要领导人 县委书记:缪兰英。县人大常委会主任:曾明健。县长:邱建军。县政协主席:王慧君。

(肖大庆)

·全南县·

【简　况】 位于江西省南部,辖6镇3乡2公司1林场。总面积1535平方千米,其中城区面积8.92平方千米。耕地面积1.06万公顷,林地面积12.57万公顷,森林覆盖率82.87%,城区绿化率47.6%。总人口19.72万人。2018年,地区生产总值77.08亿元,同比增长9.1%。其中,第一产业增加值11.17亿元,增长3.9%;第二产业增加值38.45亿元,增长8.7%;第三产业增加值27.45亿元,增长11.7%。财政总收入10.53亿元,增长10.3%。其中税务收入8.42亿元,增长6.4%,税收占财政总收入80%。公共财政预算支出27.83亿元,增长15.6%。规模以上工业总产值52.31亿元,规模以上工业增加值增长9.6%。500万元以上固定资产投资增长11.1%。主要工业产品有服装、组合音响、电子元件、稀有稀土金属矿、商品混凝土。完成外贸出口10.06亿元,增长4.0%。实际利用内资44.98亿元,增长15.6%;实际利用外资7961万美元,增长10.1%。农业总产值17.07亿元,增长2%。粮食总产量6.38万吨。主要农产品有水稻、玉米、大豆、甘薯、花生、蔬菜、西瓜、油茶。社会消费品零售总额18.52亿元,增长10.9%。城镇居民人均可支配收入2.67万元,增长8.3%;农村居民人均可支配收入8593元,增长10.1%。住户年末储蓄存款62.29亿元,各项贷款余额63.89亿元。

【脱贫攻坚】 全年召开16次县委常委会会议、9次县政府常务会议、4次脱贫攻坚专题流动现场会,开展“春季攻势”“夏季整改”“秋冬会战”攻坚行动。制定《全南县2018年产业扶贫工作实施方案》,鼓励贫困户参与农业、电商、光伏、旅游等扶贫产业发展;扶持发展龙头企业10家,建成扶贫产业基地109个,大部分贫困户进入2个以上扶贫产业;创建乡村扶贫车间、开发扶贫专岗。实现贫困人口3931人就业,就业率88.07%,“产业+就业”100%全覆盖。教育扶贫资助政策覆盖各级各类教育,资助贫困户家庭学生1674人,累计资助金额322.25万元;“雨露计划”资助贫困学生315人次,资助金额90.94万元;贫困户适龄子女义务教育阶段辍学人数为零。投入771.07万元为全县1.61万名建档立卡贫困人口代缴城乡居民基本医疗保险和疾病医疗补充保险,实现贫困人口健康扶贫保障政策全覆盖;全县建档立卡贫困人口住院3781人次,发生住院费2478万元,享受四道医疗保障线报销2250万元,报销比例90.8%,住院自付医疗费用比例控制在8.7%,20家定点医疗机构全面落实“先诊疗后付费”“一站式”“一卡通”即时结算。发放农村低保对象2927户7264人(其中建档立卡的农村低保对象2487户6151人)补助2288.38万元;建档立卡农村特困人员分散供养212人,累计发放86.16万元;建档立卡残疾人生活补贴1091人、护理补贴726人,累计发放102.90万元;临时救助649人次,累计发放37.81万元。建成易地扶贫搬迁安置点8个,建筑面积20.26万平方米,搬迁入住建档立卡贫困户459户1802人;实施“四类对象”农村危房改造256户。为296户贫困户直接发放贷款1349万元。总投资1887.4万元,建成村级光伏电站80个,总装机容量2920千瓦,带动1109户贫困户受益。2018年,实现8个省级贫困村全部退出、510户1711名建档立卡贫困人口脱贫,贫困村发生率降至3.4%。

【城市建设】 推进生态修复、城市修补“城市双修”,重点打造“一江一山一路一桥”。实施老城区城中村和棚户区改造,拆除“两违”建筑面积6.5万平方米、城乡铁皮棚19.08万平方米。投入资金2.17亿元,实施6条主要街道立面改造,打造古朴街道、清爽城区,完成改造8.7千米。清除街道上空杆线“蜘蛛网”,实施街道两侧电力高低压线、通讯线、电视闭路线入地工程,埋设地下电力电缆、通信线等13.6千米。完成8条城区道路“白改黑”,面积46万平方米、总长19.5千米;打通3条断头路连接线6千米,新建道路面积13.9万平方米;完成背街小巷改造6条;解放桥改造竣工通车。实施城市亮化提升,打通“一江两岸”绿化美化亮化彩化景观。桃江新区“七路一公园”加速推进,投入资金44.1亿元,以绕城公路为轴线,建设星级酒店、游客集散中心、桃江新区基础设施、高档住宅小区等重点项目7个,低密度产城融合新区拉开框架,教育园区等项目全面铺开。成功创建全省文明县城、卫生县城。

【乡村建设】 推进整洁美丽、和谐宜居新农村建设。投入资金3.35亿元,沿县域8条主要通道对乡村进行组团式、片区式整体提升,串联带动建设新农村点570余个,完成改沟19千米,改路22.7千米,以“5条精品线路”建设为主线,对9个乡镇沿线、260个自然村建筑实施立面改造,改造房屋20.2万平方米。专项整治超高超大建房,拆除“两违”建筑面积23.82万平方米。对67个非贫困村每个村投入500万元实施整体推进,改善农户卫生户厕4246户,硬化农户排水沟4795户,硬化农户入户路4927户,改水1614户,非到户项目建设安置房32套,村级活动中心3个,硬化道路247.6千米,修建桥梁18座。推进“厕所革命”,新建(改建)户厕4758座、公厕156座。系统改造农村污水、垃圾处理,完成村庄污水处理设施37个,建成生活污水管网25.54千米、截污干管13.6千米。加大环境整治力度,环境卫生实行网格化管理,并引进第三方参与环卫作业,实行城乡环境卫生一体化市场化运作。被评为全省新农村建设先进县。

【雅溪古村景区晋级为国家4A级景区】 10月30日,省旅游资源规划开发质量评定委员会批准,全南县雅溪古村景区晋级为国家4A级旅游景区。雅溪古村景区位于全南县龙源坝镇,群山环抱,溪水旋绕,小桥流水,古居幢幢,围屋宗祠历经明、清、民国,有600余年历史。建于1450年前后的陈氏宗祠,清咸丰年间的三层土围、四层石围均保存完好。2016年12月9日,住建部、文化部、国家文物局、财政部、国土资源部、农业部、国家旅游局7部门把雅溪列入第四批中国传统村落名录。雅溪与赣南围屋一起申请世界文化遗产,列入预备名录。蒋经国主政赣南时仿《朱子家训》编的《新赣南家训》文告,发表在1942年8月13日《正气日报》,陈氏族人将其墨书于宗祠墙上。《新赣南家训》对研究蒋经国抗战期间主政赣南的活动轨迹具有历史价值。2012年,雅凤陈氏宗祠和《新赣南家训》被列入“江西省第三次全国文物普查百大新发现”,2018年3月列入江西省第六批省级文物保护单位。雅溪古村景区面积28万平方米,设七彩入口田园区、古韵村落观赏区、客家文化体验区、稻田康养休闲区4个功能区,与狮子寨、广东云峰山景区连成一体,成为跨越赣粤两省、串联成片的风景带。

【江西晶阳光电项目竣工投产】 12月24日,北海龙浩光电科技有限公司兴建的江西晶阳光电项目——江西晶阳光电科技有限公司竣工投产。该公司是全南县策应赣粤电子信息产业带和“三南”园区一体化建设,当年引进当年投产的电子信息龙头企业。公司在印刷及光学处理生产线精度和效率、丝印设备核心技术水平、曝光显影印刷技术、防眩光光学处理技术、智能化程度5个方面拥有国内一流核心技术。项目总投资12亿元,占地面积8.27公顷,总建筑面积9.70万平方米。主要制造销售平板手机、电脑、电视、车载显示屏、电子白板触控、触控一体机玻璃盖板等产品,是国内3家能规模生产大中小尺寸全覆盖玻璃盖板的企业之一。

主要领导人 县委书记:余钟华。县人大常委会主任:曹东春。县长:温扬汉(任至12月)、曾平(12月代)。县政协主席:马石旺。

(江裕来)

·定南县·

【简　况】 位于江西省最南端,辖7镇。总面积1321.13平方千米。耕地面积7610公顷,有林面积10.55万公顷,森林覆盖率80.9%。总人口22.24万人,其中城镇人口5.89万人。2018年,地区生产总值87.38亿元,同比增长9.2%。其中,第一产业增加值10.39亿元,增长4%;第二产业增加值40.06亿元,增长8.8%;第三产业增加值36.93亿元,增长11.2%。规模以上工业增加值增长9.8%。财政总收入11.86亿元,增长3.7%。实际利用外资8880万美元,增长10.9%。外贸出口4.47亿元,增长9.7%。社会消费品零售总额16.75亿元,增长9.3%。城镇居民人均可支配收入2.87万元,增长7.8%;农村居民人均可支配收入9703元,增长10.2%。

【经济发展】 全年实施六大攻坚战项目125个,其中亿元以上项目67个,5亿元以上项目2个,10亿元以上项目6个。完成投资169.77亿元,增长47%,占年度投资计划126.73%;竣工项目94个,竣工率86.24%,增长13%。新增规模以上工业企业12家,新增高新技术企业10家、科技型中小企业17家,高新技术企业产值增长20%。实施高标准农田建设23.67公顷,新种脐橙266.67公顷,新造油茶林1006.67公顷。投资11.7亿元,开展足球融合发展项目。全球首个智能助残项目建成投产,赣州南部6县唯一的铁路集装箱转运中心建成运营。客家风情村通过国家AAA景区评审,黄砂口村通过省AAA景区评审并获评"全省五十佳最具乡愁村庄"。举办山地帐蓬节、万人徒步节活动,获首届丝绸之路国际徒步节"十大最美徒步路线""十大最美徒步城市"称号。全年接待游客146.3万人次,旅游总收入9.97亿元,分别增长41.12%、41.41%。

【定南县入选中国电商示范百佳县】 10月23日,在第四届中国县域电商大会上,阿里研究院发布"2017—2018年电商示范百佳县"排行榜,定南县上榜。此次"电商示范百佳县"排行榜基于阿里巴巴海量数据和专门评价体系计算形成,定南县电商指数为11.010。2018年1—9月,全县电商交易额突破6亿元,电商销售及服务企业1000余家,个人网店2000余个。该县加快发展电子商务作,建设占地5500平方米定南县电商创业孵化园,设立集办公、培训、企业入驻为一体化的电子商务公共服务中心,在全县7个镇112个行政村设立农村电商服务站,开展电子商务进农村宣传工作。全县首个"O2O无人超市"建设完成并投入使用。

【江西省足球后备人才定南训练基地开工仪式举行】 3月25日,占地24公顷、总投资11.7亿元的江西省足球后备人才定南训练基地开工仪式举行。赣州市副市长郭素芳宣布项目开工,省体育局副巡视员黄卫民讲话,县委书记赖正文致辞,县长吴建平主持开工仪式。江西省足球协会专职副主席兼秘书长曹童森,赣南师范大学党委委员、副校长吴磊等参加开工仪式。该项目建筑总面积1.7万余平方米,其中国际标准比赛场地一片、固定座位1.2万个、活动座位8000个,可满足国际最高水平的甲级足球联赛等赛事举办;11人制标准足球训练场7片、7人制足球训练场14片、5人制足球训练场30片、机动车停车位635个;运动员接待中心建筑面积8000余平方米,可满足600名裁判员、运动员同时膳宿、训练。

【2018年江西省第12届百县青少年田径运动会在定南举行】 9月17日—19日,由江西省体育局、省教育厅主办,江西省田径游泳运动管理中心、定南县政府、赣州市体育局承办的2018年江西省第12届百县青少年田径运动会在定南县文体中心田径运动场举行。全省100个县(市、区)代表队1259名青少年运动员参加竞走、跳高、跳远、铅球、铁饼等田径项目比赛。比赛产生团体总分一等奖8个、二等奖8个、三等奖16个,萍乡市安源区代表队获团体总分第一名。

主要领导人 县委书记:赖正文。县人大常委会主任:曾小良。县长:吴建平。县政协主席:袁建(任至1月)、陈文新(1月任)。

(胡东汉)

·兴国县·

【简 况】 位于江西省中南部,辖6镇19乡1经济开发区。总面积3215平方千米。总人口84.7万人,其中城镇人口42.18万人,城镇化率49.8%。2018年,地区生产总值174.52亿元,同比增长9.3%。其中,第一产业增加值26.98亿元,增长3.8%;第二产业增加值86.97亿元,增长8.7%;第三产业增加值60.57亿元,增长13.5%。财政总收入18.75亿元,增长10.3%;公共财政预算收入8.52亿元,增长8.8%;税收占财政总收入90.2%。500万元以上固定资产投资增长11.2%。实际利用外资1.04亿元,增长10.2%。社会消费品零售总额43.86亿元,增长10.6%。全县贷款余额149.4亿元,净增23.72亿元,存贷比61.91%。城市居民人均可支配收入2.82万元,增长8.2%;农村居民人均可支配收入1.07万元,增长10.1%。

【产业融合发展】 促进一二三产融合,加快培育发展新动能,三次产业比调整为15.5:49.8:34.7。新增高新技术企业4家,引进汇晨电子、昌明电子等一批投资超10亿元项目,泾线电子、豆豆智能芯片、格棱电子3个亿元项目投产,电子信息首位产业集聚度27.4%,主营业务收入、工业固定资产投资增速均实现"三年翻番"。发展军民融合产业,举办军民融合发展(兴国)高峰论坛暨产业招商会,获批省级军民融合产业发展基地。划定粮食功能区2.74万公顷,代表全省承办国家重点研发计划"粮丰专项江西项目区"晚稻现场观摩会。新建50亩以上规模蔬菜基地37个、设施蔬菜800公顷,承办中国蔬菜产业现场观摩会。新开发脐橙1000公顷,柑橘黄龙病防控有力。新建标准化灰鹅养殖基地5个,年出笼灰鹅380万只。收购烟叶187.5万千克。新建规模肉牛养殖场32家。全年新增农产品加工企业2家、市级以上龙头企业4家、"三品一标"农产品4个,潋江杨澄、高兴蒙山、埠头田庄上被评为省级现代农业示范园。推进全域旅游规划编制,实施"苏区干部好作风"项目策划和规划,苏区振兴文物维修项目完工。举办第十一届中国民间艺术节、第十届兴国山歌艺术节、第二届"四星望月"美食旅游节等系列活动,入选"中国民间文化艺术之乡"。启动官田传统村落保护与开发,杰村含田森林生态旅游区、龙口睦埠田园综合体、龙口东龙湾休闲园成功创建省3A级乡村旅游点。全年接待游客331.73万人次,实现旅游综合收入23.56亿元,分别增长20.06%、22.39%。

【脱贫攻坚】 围绕基本实现脱贫摘帽目标,全年投入扶贫资金10.75亿元,安排项目5610个,贫困户脱贫4840户2.04万人,贫困村退出39个,贫困发生率从5.88%降至3.23%。推进十大扶贫工程,新建农业产业扶贫基地124个、扶贫车间109个,稳定联结贫困户8126户,带动发展产业1.67万户,培训就业3.44万人。建成村级扶贫电站312个,所有行政村村集体经济年收入均实现5万元以上。易地扶贫搬迁入住1277户6522人。教育扶贫政策落实率100%。健康扶贫"四道保障线"全面落实,贫困户医疗总费用2.5亿元、自付比例9.36%。民政部、自然资源部、国家烟草专卖局、中国兵器工业集团等部委和央企助力扶贫,碧桂园集团、传化集团等87个企业"百企帮百村"行动推进,进一步凝聚脱贫攻坚社会合力。

【社会事业】　全年民生支出45.95亿元,占地方公共财政预算支出85.1%。投资2.96亿元,安排校建项目52个。特殊教育学校、第四幼儿园建成开学,梅窖中学、均村中学整体搬迁启动实施。人民医院迁扩建(一期)、中医院医技综合大楼、230所标准化村卫生计生服务室基本完工,妇保院迁扩建项目主体开工建设。医疗卫生服务能力提升,被评为全省卫生应急示范县。推进全民参保,养老保险参保人数49.8万人,医疗保险基本实现全覆盖,全面实现社会保障卡异地结算、城乡居民养老保险代扣代缴、养老金领取等功能。夕阳红老年公寓建成运营,杰村、兴江等5个乡镇敬老院基础设施建设完工。全县各级干部待遇提高,"三类小组长"补贴纳入财政保障,村干部人均报酬实现三年翻番。推进扫黑除恶专项斗争,侦办涉黑涉恶刑事案件85起。承办全省公安机关刑事技术信息化应用研讨班。完善社会治安防控体系,"雪亮"工程共享平台新接入监控点位1694个。

【推进各项改革】　推进瑞兴于"3+2"经济振兴试验区建设,承接市级下放权限379项。启动实施行政审批服务、企业开办、不动产登记"一窗办"改革,坚持"主动瘦身"。累计清理证明材料133项,公布"最多一次办结"事项258项,办理率81.56%;精简行政审批许可项目180项,精简率51%。贯彻落实降成本优环境政策省130条、市90条,累计为企业解决困难68个、减负9.4亿元。推进农村综合改革、供销合作社综合改革,全面完成农村集体资产清产核资工作。围绕"十破十立"总体目标,整治"怕慢假庸散"等作风顽疾,梳理和整改作风问题6大类78项。

【军民融合发展(兴国)高峰论坛暨军民融合产业招商会在兴国县召开】　12月18日,军民融合发展(兴国)高峰论坛暨军民融合产业招商会在兴国县召开。活动由省委军民融合办公室、赣州市委、市政府主办,赣州市委军民融合办公室、兴国县委、县政府、江西省军民融合研究院承办。活动旨在挖掘"军工摇篮"红色资源优势,研讨军民融合深度发展路径,促进军民融合产业发展。中央军民融合办公室、中央军委装备发展部、国家发改委、国家国防科工局,中国核工业、中国航天科技、中国航天科工、中国航空工业、中国船舶工业、中国船舶重工、中国兵器工业、中国兵器装备、中国航空发动机等军工集团,有关军工科研院所领导及军民融合发展领域知名专家学者、优势"民参军"企业、老红军后代以及中央、省、市媒体记者近200人参加。

主要领导人　县委书记:赖晓军。县人大常委会主任:陈文俊。县长:陈黎。县政协主席:魏国寿。

(李文)

·宁都县·

【简　况】　位于江西省南部,辖12镇12乡。总面积4053.16平方千米,其中县城建成区面积23.2平方千米。总人口85.06万人,其中城镇人口17.94万人。2018年,地区生产总值183.56亿元,同比增长9.6%。其中,第一产业增加值33.91亿元,增长3.7%;第二产业增加值75.75亿元,增长8.6%;第三产业增加值73.94亿元,增长13.6%。财政总收入13.17亿元,增长9.4%;一般公共预算收入8.29亿元,增长10.2%。规模以上工业增加值53.61亿元,增长20.4%。500万元以上固定资产投资110.93亿元,增长14.5%。引进外资9894万美元,增长12.20%;外贸进出口3.32亿美元,增长24.8%。社会消费品零售总额47.37亿元,增长11.2%。城镇居民人均可支配收入2.47万元,增长8.76%;农村居民人均可支配收入1.05万元,增长10%。金融机构存款余额322.15亿元,增长6.94%;贷款余额179.59亿元,增长12.92%。

【脱贫攻坚】　全年退出贫困村77个,脱贫6408户2.69万人。设立16个专项扶贫工作推进组,落实各项扶贫政策。整合扶贫资金7.6亿元,统筹推进"十大"行业扶贫。健康扶贫"四道保障线"惠及贫困群众7.7万人次,发放补偿资金2.8亿元,贫困患者住院自付比例控制在10%以内。完成易地扶贫搬迁99户384人,改造农村危房2933户,解决"老人住危旧房"问题4143例。发放教育扶贫补助3813万元,惠及贫困学生4.2万人次。加大兜底扶贫力度,农村低保制度与扶贫开发政策有效衔接,农村贫困户享受低保3.02万人。启动城镇贫困群众脱贫解困工作,识别城镇贫困人口3391户8510人。围绕产业、就业两个重点,坚持输血与造血并重、扶志与扶智并举。完善扶贫车间、公益性岗位等就业扶贫模式,发放产业奖补到户资金2970.6万元,累计建成产业扶贫基地315个、就业扶贫基地62个、扶贫车间170个,开发公益性岗位2398个。

【城乡环境整治】　实施新一轮棚户区改造,完成653户签约腾房。推进背街小巷环境整治,永宁文化公园、州城文化景观工程等项目加快建设,完成中山南路、登峰大道等主干道路绿化亮化提升,城区主干道基本实现"白改黑"。依法拆除"两违"建筑4.4万平方米、铁皮棚2万平方米。依法取缔15家"十小"企业、20家"散乱污"企业、155家禁养区生猪养殖场。推进森林资源保护,完成6106.67公顷低质低效林改造和3933.33公顷植树造林。推进山水林田湖草生态保护修复试点项目,在2018年扶贫日生态环境保护与减贫论坛上作典型发言。

【基础设施建设】　全年安排六大攻坚战项目108个,竣工78个,完成年度投资165.1亿元。宁都通用机场列入2018年省预算内基建投资计划,兴泉铁路、兴赣高速北延进展顺利。省道448固村至竹笮段建成通车,省道449黄陂至隘上段、省道451赖村至泉水迳段等项目建设。全年建成农村公路141千米,改造危桥5座。永宁水利枢纽、新街引提水闸等项目竣工投运,梅江“一江两岸”防洪工程、五河治理防洪工程基本竣工,推进农村饮水安全巩固提升工程、高效节水灌溉项目。加快管道天然气项目建设,完成中压管网铺设27.8千米。启动110千伏竹坑输变电工程、110千伏小布龙源钩刀咀风力发电项目建设。

【《东龙村志》出版发行】 12月,经中国地方志指导小组办公室、方志出版社审定,《东龙村志》由方志出版社出版发行。该志由宁都县史志办编纂,七易其稿,图文并茂,全书35.3万字,收录图照150多幅。东龙村隶属赣州市宁都县田埠乡,是建于“架上金盆”、追求“天人合一”的客家传统村落,是明清时期中国封建宗族社会的代表、农耕文化的典范,素以“百座祠堂、百口池塘、百间大屋”和人文厚重闻名,有“中国江南第一宗祠村”“古代窗户博物馆”之誉,是“中国历史文化名村”“中国传统村落”“全国‘美丽乡村’创建试点乡村”“江西省乡村旅游示范点”。2017年3月,《东龙村志》经县、市、省地方志机构推荐,中国地方志指导小组办公室批准入选中国名村志文化工程。2018年12月24日,中国地方志指导小组办公室在云南省德宏州召开第二届全国名村论坛暨第二批中国名村志丛书出版座谈会。会上,《东龙村志》获中国地方志指导小组办公室、中国名村志丛书编纂委员会颁发中国名村志文化工程入选证书和牌匾,成为第二批中国名村志丛书20部之一、江西省唯一一部。

主要领导人 县委书记:王四华(11月,因涉嫌严重违纪违法,接受纪律审查和监察调查)。县人大常委会主任:余路晓。县长:刘定辉。县政协主席:黄海印。

(刘红彦　曾爱明)

·于都县·

【简　况】 位于江西省南部,辖9镇14乡。总面积2892.32平方千米,其中城区面积27.9平方千米。耕地面积5.16万公顷,有林面积21.09万公顷,森林覆盖率71.62%,城区绿化率38.1%。总人口111.92万人,城镇化率52.66%。2018年,地区生产总值237.4亿元,增长9.4%。财政总收入21.2亿元,增长9.7%。其中一般公共预算收入14亿元,增长7.7%。规模以上工业增加值增长9.3%。500万元以上固定资产投资27.13亿元,增长12.6%。实际利用外资115万美元,增长10.8%;实际利用内资47.7亿元,增长15.9%。进出口总额12.51亿元,增长19.8%。其中出口总额10亿元,增长7.5%。城市饮用水源地水质达标率100%。主要污染物化学需氧量、氨氮、二氧化硫和氮氧化物排放总量比上年度分别下降1.02%、3.11%、3.16%、5.7%。社会消费品零售总额55.7亿元,增长10.2%。城镇居民人均可支配收入2.89万元,增长8.9%;农村居民人均可支配收入1.08万元,增长10%。

【工业发展】 完成“主攻工业、三年翻番”任务。新增规模以上工业企业25家,总数达115家,实现主营业务收入210.2亿元,增长19.4%。按照“制造崛起、延伸两端”思路,建成标准厂房152万平方米,成立由县领导带队的39支招商小分队,引进纺织服装类项目63个,日播时尚、厦门宝姿、布言布语等国内知名品牌和龙头企业落户于都。纺织服装规模以上企业达55家,全产业产值突破400亿元。加快“一园三区”基础设施建设,完成园区路网19千米,上欧工业小区“四纵六横”路网全面拉开,罗坳工业小区“三纵三横”路网基本成型。加快建设住房、教育、医疗等配套设施,完善园区功能。加快纺织服装十大平台建设,服装学院、总部大楼、设计中心投入使用,水洗产业园、双创公寓、展销中心、检测中心顺利推进,面辅料市场、物流中心完成规划设计。落实相关扶持政策,兑现企业奖补资金1.31亿元,引导企业实施技术改造、转型升级。赢家时装、汇美脉动等一批智能制造项目建成投产,定制、网红、柔性制造等多种新业态加快呈现,线上线下融合发展的新零售兴起。加快天键电声、杭萧钢构等一批企业创新步伐,新增高新技术企业5家,认定科技型中小企业32家。

【农业发展】 推进农业产业结构调整,实现产业发展与助农增收双提升。新建禾丰现代农业产业园,宁安、厦蓉高速沿线2条高标准蔬菜产业带基本成型。新增集中连片50亩以上规模蔬菜基地24个,新增蔬菜种植面积866.67公顷,其中钢架大棚蔬菜面积600公顷,全县大棚蔬菜面积达2000公顷,规模农业、设施农业初步成型。脐橙、油茶两大主导特色产业不断壮大,新增脐橙673.33公顷,新(改)造油茶813.33公顷,高产油茶种植面积达1.19万公顷。新建规模化肉鸡养殖大棚13万平方米,年出笼肉鸡330万只。肉鸽、肉牛、豚鼠、蜂蜜、花卉、茶树菇、梾木果、中药材、稻虾综合种养等一批特色产业迅速发展。高标准农田建设完成4933.33公顷,启动建设3800公顷。“一村一品”合作社带动4万余户农户参与产业发展,引进农业龙头企业,健全“农户(贫困户)+合作社”“农户(贫困户)+公司”等利益联结机制,带动1万余户农户获土地流转收入亩均500元以上,1万余户农户务工人均年增收近2万元。兑现产业奖补资金5807万元,惠及全县3万余户农户。

【城乡发展】 提升城市品质,补齐城市功能短板,新建停车场21个,新(改)建公厕24座,完成道路“白改黑”7条,建成农贸市场3个。贡江新区扩容提质,川江路等新区道路建成通车,“四馆一中心”、新区统建房等一批民生项目推进。开展城市环境综合整治,实施城区“路长制”,推行城市网格化管理。常态化开展文明劝导,开展“于都好人”、道德模范、文明家庭、文明单位等评选活动,新增2人登上“中国好人榜”。改善乡村面貌,完成347个行政村村庄规划编制,推进禾丰尧口等3个乡村振兴示范点建设。实施农村公路三年行动计划,完成通村公路拓宽改造、路面重建173千米,5条国省道改建、8条县道升级改造和26座危桥改造项目进展顺利。不断完善公共文化服务体系,完成广播电视“村村通”工程,23个乡镇综合文化站、357个行政村综合文化服务中心开放。投入综合整治经费1.95亿元,启动农村人居环境整治三年行动,农村生活垃圾得到治理,通过国家验收。完成“空心房”整治13.96万栋1124万平方米。

【生态治理】 办理中央环保督察转办件23件,省环保督察转办件62件、交办问题8个。落实“河长制”“湖长制”“林长制”,推进“蓝天碧水净土”保卫战。深化“四尘三烟三气”专项整治,推进烟花爆竹禁燃禁放,中心城区空气质量优良率95.8%,全年环境空气$PM_{2.5}$浓度均值列全省前20名。投入6738万元,治理水污染。严格水资源“三条红线”管理,关停拆除禁养区畜禽养殖场283家。完成城区取水口上移和2座水质自动监测站建设,贡江出境断面地表水和县城集中式饮用水源地水质达标率均为100%。完成废弃矿山生态环境修复56公顷,水土流失综合治理63平方千米,低质低效林改造1.00万公顷。

【招商引资】 加强与对口支援、定点扶贫单位的对接汇报,列入“中国好粮油”行动计划示范县、全国儿童青少年近视防控试点县,争取矿产资源综合利用、地质灾害防治等项目。全年完成“北上”争资44.7亿元,增长8%,争取用地指标277.33公顷。加大土地开发、“旱改水”“增减挂”力度,增加耕地占补平衡指标207.33公顷。“南下”招商成果丰硕,全年外出招商115批次,举办招商推介会45场,签约项目79个,签约资金223.5亿元。

【脱贫攻坚】 全年投入扶贫资金27.8亿元,推进“春季攻势”“夏季整改”“秋冬会战”。开展精准识别查缺补漏、“见人见房”全员普查,共整改精准识别问题2457例、“两不愁、三保障”问题8562例。投入3.92亿元,用于37个深度贫困村基础设施建设及产业发展;完成通组路建设630千米,实现贫困村25户以上自然村通水泥路;投入1.32亿元,实施农村饮水安全项目76个、挑水户单户改水工程3547户;上欧“梦想家园”主体工程竣工,完成农村危房改造(含保障房建设)3258户,17个中心镇、中心村安置点交付使用,2534户9362名群众迁入新居;落实教育扶贫补助资金1.36亿元;“四道保障线”和健康暖心工程补偿资金2.47亿元;组建县级农林合作联社和361个“一村一品”合作社,贫困户入社率98.56%;创建就业扶贫平台287个,完成贫困劳动力技能培训1.76万人次;新建金融扶贫工作站30个,发放产业扶贫贷款3.6亿元;投入兜底保障资金1.98亿元,4.8万余名农村低保对象应保尽保。全年实现1.99万贫困人口脱贫、71个贫困村退出,贫困发生率由6.49%降至4.73%。

主要领导人 县委书记:蓝捷。县人大常委会主任:黄小龙。县长:陈阳山。县政协主席:肖惜才。

(丁良跃)

·瑞金市·

【简 况】 位于江西省东南部,辖10乡7镇。总面积2441平方千米,其中城市建成区面积30.35平方千米。耕地面积2.86万公顷。总人口71.01万人,其中非农人口17.74万人;人口自然增长率8.01‰。2018年,地区生产总值160.08亿元,同比增长7.9%。其中,第一产业23.3亿元,增长3.7%;第二产业54.1亿元,增长6.4%;第三产业82.67亿元,增长9.9%。财政收入22.59亿元,增长9.9%,税收占财政收入88.6%;财政支出55.11亿元,增长10.2%。工业总产值165.3亿元,规模以上工业增加值34.59亿元。外贸出口22.71亿元,增长6.9%。利用外资8213万美元,增长10.6%;实际引进内资58亿元,增长15.5%。主要工业产品及产量有服装376.4万件、玩具3338万个、烤鳗2968吨、水泥351万吨、电力电缆6.14万千米。农业总产值38.2亿元,增长3.5%;粮食总产量19.98万吨。主要农产品及产量有脐橙7.5万吨、烟叶1761吨、莲子5534吨、家禽713.90万只、生猪出栏43.8万头。社会消费品零售总额42.54亿元,增长9.5%。城镇居民人均可支配收入2.99万元,农村居民人均可支配收入1.13万元。住户存款186亿元,增长9.6%。

【产业发展】 工业完成三年翻番,实现工业主营业务收入168亿元,工业固定资产投入29.7亿元。引进启丰食品科技产业园、华城高档面料等产业项目,金一电缆入选中国线缆行业百强企业。德煜光电等12个项目投产,打通LED、电线电缆上下游产业链条。农业产业稳中有升,实施高标准农田建设1466.7公顷,新建大棚蔬菜基地35个541.3公顷,新增高产油茶700公顷,瑞金成为赣南脐橙、油茶、蔬菜、白莲主产区。新增赣州市级农业龙头企业3家,“瑞金咸鸭蛋”获国家地理标志保护产品,“瑞金茶油”注册为国家地理标志证明商标。旅游产业成效突显,九丰极地海洋馆开馆营业,荣耀国际酒店(五星级)、红都幸福花海、红色实景演艺等旅游项目有序推进,马克思映像小镇、红色天街、重走长征路等文旅项目签约落实,举办瑞金红色旅游(上海)推介会等系列活动。新增国家3A级景区2个,共和国摇篮5A级景区被评为江西最具影响力十大景区,罗汉岩4A级景区评为“省级生态旅游示范区”。全年接待游客1350万人次,实现旅游收入70亿元。金融产业有新突破,瑞金光大村镇银行开业,成为赣州县级首家区域性总部银行。金融机构期末存贷款金额分别达281亿元、239亿元。设立市长质量奖,年内新增高科技企业9家,国家级科技创新载体一家,省级工程技术开发中心1家,新增省名牌产品4个,省质量重点先进企业1家。

【生态建设】 开展中央环保督察及“回头看”和省环保督察反馈问题整改。推进瑞金万年青水泥公司卫生防护距离内住房搬迁,关停赣江源自然保护区内水电站3座,拆除禁养区畜禽养殖场565家,清查牛蛙养殖场88个,整治关停“小散乱污”企业126户。落实“河长制”“湖长制”“林长制”,实施山水林田湖草生态保护修复、农业面源污染治理、饮用水源地保护等重点生态工程,改造低质低效林4926.7公顷,人工造林1680公顷。加快乡镇污水处理设施建设,15个乡镇23个中心圩镇污水处理设施基本完工,新建乡镇污水截污干管28.2千米。水体质量明显改善,集中式饮用水源地水质100%达标,空气质量优良率96.92%。

【瑞金市实现脱贫摘帽】 6月,国家

第三方评估机构对瑞金贫困县摘帽退出开展专项评估。7月26日,国务院扶贫办致函省扶贫开发领导小组,瑞金符合贫困县退出条件。7月29日,省政府批复同意瑞金市脱贫退出。12月,在中央扶贫开发协会、国家信息中心、《求是》杂志社联合主办的2018年第十三届全国全面小康论坛上,瑞金获评2018年度中国十佳脱贫攻坚与精准扶贫县。瑞金是罗霄山片区贫困县市,2014年,全市农村年人均收入2800元以下贫困人口有3.14万户10.48万人,"十三五"省级贫困村49个。同年,瑞金制定《瑞金市全面推进农村扶贫帮扶到户工作实施方案》,对所有贫困户开展结对帮扶。成立帮扶工作队223个,对2.59万户10.01万个贫困人口进行对象确定、建档立卡,年内完成脱贫2.59万人。2015年,开始实施精准扶贫,先后出台《瑞金市单位和干部结对帮扶贫困户工作方案》《关于扎实推进精准扶贫工作实施意见》《精准扶贫工作考核办法》。加大资金投入,出台《瑞金市2015—2020年产业、搬迁、教育、就业、保障、金融等"六大"扶贫工作实施方案》,重点实施产业扶贫,引导贫困群众因地制宜发展蔬菜、脐橙等产业。2016—2017年,开展脱贫攻坚,围绕实现贫困户"两不愁、三保障",出台《关于坚决打赢脱贫攻坚的实施意见》及产业、交通、健康、电商、搬迁、教育等12个专项扶贫政策文件,形成"1+N"的脱贫政策体系。2015—2017年,全市累计投入脱贫攻坚资金36.34亿元,完成脱贫1.86万户7.69万人,贫困发生率由2014年14.3%降至0.91%,49个"十三五"贫困村全部退出。

【"初心茶具"获中国特色旅游商品金奖】 9月7日,由中国旅游协会主办的"2018年中国特色旅游商品大赛"在四川省乐山市举行,瑞金红游记商标"初心茶具"获"2018中国特色旅游商品大赛"金奖。"初心茶具"以苏区时期建筑物为主要特征,将红色元素、客家风格与茶具特性有机结合。获奖茶具包括初心茶具、初心搪瓷茶杯、红井水晶杯等系列品种。

【"青年红色逐梦之旅"全国对接活动(江西)青年乡村创客集市对接会及签约仪式在瑞金举行】 7月16日,"青年红色逐梦之旅"全国对接活动(江西)青年乡村创客集市对接会及签约仪式在瑞金举行,全国109所高校创新企业项目团队,省、各设区市项目签约企业或个人参加。瑞金市分别与西安电子科技大学及相关高校签订《瑞金中专扶持项目协议》《瑞金市中小学扶持项目》,省、各设区市、瑞金市有关部门分别与全国109所高校创业团队进行签约。

【2018年第五期"江西好人"发布仪式在瑞金举行】 11月6日,由省文明办主办的"德耀赣鄱爱在红都"全省道德模范与"身边好人"(赣州瑞金)现场交流活动暨2018年第五期"江西好人"发布仪式在瑞金举行。省广播电视局局长杨六华,赣州市委宣传部部长胡雪梅等出席。30个事迹34人1团体上榜"江西好人",瑞金红都救援大队、象湖镇桔林村村民黄理东上榜。

主要领导人 市委书记:许锐。市人大常委会主任:李学通。市长:赖联春(2019年10月,因涉嫌严重违纪违法,接受纪律审查和监察调查)。市政协主席:彭强。

(杨溢)

·会昌县·

【简　况】 位于江西省东南部,辖6镇13乡。总面积2711.86平方千米,其中城区面积14.5平方千米。耕地面积2.18万公顷,有林地面积20.5万公顷,森林覆盖率80.86%,城区绿地覆盖率43.1%。总人口53.16万人,其中乡村人口41.60万人;人口自然增长率8.93‰。2018年,地区生产总值114.83亿元,同比增长8.5%。其中,第一产业增加值19.93亿元,增长3.7%;第二产业增加值46.77亿元,增长9.0%;第三产业增加值48.13亿元,增长10.1%。财政总收入14.25亿元,增长8.3%;实现税收9.94亿元,税收占财政总收入69.7%;一般公共预算收入9.83亿元,增长5.7%;财政总支出40.22亿元,增长19.7%。规模以上工业总产值109.2亿元,增长16.4%。规模以上工业增加值增长9.4%。农业总产值31.67亿元,增长5.2%。粮食总产量15.9万吨,增长4.9%。主要农产品及产量有烟叶2592吨,脐橙、桔柚13.5万吨,生猪出栏43.31万头,家禽出笼421.44万只,水产品1.54万吨。外贸出口7.07亿元,实际利用外资6824万美元。500万元以上固定资产投资67.56亿元,增长10.3%。城市污水处理率90.15%。城镇居民人均可支配收入2.71万元,增长7.5%;农村居民人均可支配收入1.08万元,增长11.9%。城乡居民年末储蓄存款余额123.62亿元,增长19.6%。

【会昌县通过全国中小学校责任督学挂牌督导创新县评估】 11月,会昌县通过全国中小学校责任督学挂牌督导创新县评估。2015年,会昌在全县中小学校开展责任督学挂牌督导工作。县政府成立教育督导委员会,设立独立的教育督导室,统筹领导中小学校责任督学挂牌督导工作。县政府教育督导室建立健全挂牌督导责任区制度,把全县19个乡镇62所公办学校和1所民办学校划分为5个督学责任区,为每所中小学校配备责任督学,形成全覆盖的教育督导网络体系。制定责任督学选聘办法,严格督学选拔聘任标准,规范责任督学资格准入。按规范统一要求制作责任督学公示牌,悬挂在学校正门口醒目位置,姓名、照片、联系方式和经常性督导事项等标示明确。县政府教育督导室针对教育发展存在的问题和社会关注反映的热点问题,分别开展专项督导、综合督导、经常性督导。健全发现问题、提出意见、预警通报、约谈整改、公开公示等问责机制,学校形成落实督导意见建议和整改要求的工作机制。全体督学开展督学活动,提升中小学校责任督学挂牌督导工作水平。成立教育督导委员会后,全县各学校办学不断规范,存在问题得到整改,办学条件不断改善。

【会昌县非物质文化遗产保护中心被评为全国"非遗"保护工作先进集体】 6月,会昌县非物质文化遗产保护中心被文化和旅游部评为全国非物质文化遗产保护工作先进集体。该中心以“全面普查、摸清家底、健全机制、规范管理、整体保护、传承发展”为目标,坚持“全面性、代表性、真实性”指导原则,开展“非遗”保护工作。开展两轮“非遗”普查,挑选具有代表性的项目逐级申报。截至2018年年底,全县有国家级“非遗”1项、省级6项、市级14项、县级63项。投入60余万元,建成百匾堂、“非遗”展览厅。出台《会昌县非物质文化遗产项目传习所管理办法》《会昌县匾额习俗赣南客家匾额习俗民间活态传承实施办法》,扶持阵地建设和民间挂匾活动。开展“非遗”入校育人活动,编印发放《会昌县非物质文化遗产中小学生读本》2万册,宣传折页资料1.8万份,举办图文展150场次。开展“非遗”宣传,利用各种宣传工具,以首个“文化和自然遗产日”为契机,开展现场匾额榜书电视大赛。2017年民俗文化旅游节期间,直播《赖公庙会》,其中菩萨出街活动吸引观众50余万人次。开展“非遗”研究,编辑出版《百匾大观》《会昌县非物质文化遗产》等书籍4部,主持《赣闽客家礼仪音乐与中华文化认同研究》等国家级课题2项,主持或参与省级课题16项,发表论文30余篇。2010年12月,会昌县非物质文化遗产保护中心被评为江西省非物质文化遗产普查工作先进集体;2017年12月,会昌县被文化部非物质文化遗产司列为2018年“非遗”保护传承观察点。

【《畲山情歌》获首届全国采茶戏汇演优秀剧目奖】 10月,《畲山情歌》入选由文化部主办的“茶香中国”首届全国采茶戏汇演,获优秀剧目奖。《畲山情歌》是大型风情山歌剧,根据会昌畲族民间传奇故事编写而成。该剧通过畲族七夕情人节,山歌王蓝四妹为招贤纳士,发展畲村文化旅游产业而巧设歌台,引发一连串风趣幽默的爱情传奇故事。该剧由会昌县岚山文化传媒演艺公司创作编排,编剧邹定华,作曲刘洪坤,导演谢礼,主演陈娟、林小平、钟光福等。2015年冬,该剧参加第三届全国少数民族喜剧汇演获编、导、音乐、舞美、表演等12个奖项,2016年、2017年分别在江西省文化惠民周和赣州市文化惠民周展演。

主要领导人 县委书记:蔡小卫。县人大常委会主任:郭贤富。县长:余学明。县政协主席:刘为民。

(曾礼国)

·寻乌县·

【简　况】 位于江西省南部,辖7镇8乡。总面积2351.55平方千米,其中城区建成区面积11.12平方千米。耕地面积1.30万公顷,有林面积14.42万公顷,森林覆盖率82.37%,城区(建成)绿化覆盖率44.24%。总人口33.19万人,其中非农业人口7.07万人;人口自然增长率10.6‰。2018年,地区生产总值78.9亿元,同比增长9.3%。其中,第一产业增加值21.2亿元,增长4.0%;第二产业增加值24.2亿元,增长8.7%;第三产业增加值33.5亿元,增长13.1%。财政总收入9.1亿元,增长13.7%;税收收入7.7亿元,税收占财政总收入84.1%。地方财政收入5.71亿元,增长17.0%;地方财政支出32.3亿元,增长23.8%。规模以上工业总产值53.9亿元,增长20.6%。外贸出口3.95亿元,占地区生产总值5.0%。固定资产投资增长11.3%。实际引进外资23.34亿元,增长16.0%。主要工业产品及产量有水泥3.6万吨、发电量5.20亿千瓦时。农林牧渔业总产值33.5亿元,增长4.09%。粮食总产量11.48万吨。主要农产品及产量有柑橘9.26万吨、脐橙23.91万吨、生猪出栏22.8万头、禽蛋产量1.59万吨、蔬菜类及食用菌8.4万吨。万元GDP能耗降低率2.5%,二氧化硫排放总量662.52吨,二氧化硫排放总量削减1.7%,城市污水处理率89.7%。城镇居民人均可支配收入2.62万元,增加2169元;农村居民人均可支配收入1.06万元,增长12.5%。城乡居民年末储蓄余额71.15亿元,增长9.7%。

【江西省社会组织“百社解千难”助力脱贫攻坚(寻乌)启动仪式在寻乌举行】 7月10日,由省民政厅发起的江西省社会组织“百社解千难”助力脱贫攻坚(寻乌)启动仪式在寻乌举行。省民政厅社会组织管理局局长刘石呈、省社会组织党委办公室副主任支力、省爱心公益协会会长闵志华,县领导钟小刚、王晓东、许伟出席。启动仪式上,全省各商会协会和民办高校部分代表,主动认领、积极捐赠对接寻乌扶贫项目,项目总金额171.7万元。其中,认领基础设施项目21个,金额153.5万元;贫困户微心愿51个,金额2万余元;教育扶贫类项目2个,金额16.2万元。“百社解千难”扶贫项目是由省民政厅在寻乌县多次调研后组织实施,收集寻乌县基础设施扶贫、教育扶贫、医疗扶贫及贫困户微心愿4类扶贫项目,通过组织动员、鼓励引导相关全省性社会组织对扶贫项目中需求进行分类认领,帮助寻乌县贫困户早日脱贫。

【《水果(三)》特种邮票在寻乌全国首发】 7月14日,由中国邮政发行的《水果(三)》特种邮票首发仪式暨庆祝改革开放40周年集邮展在寻乌举行。该次发行的《水果(三)》特种邮票1套4枚,分别是菠萝、樱桃、杧果、甜橙,全套邮票面值5.4元。赣州邮政分公司副总经理范红球,县领导谢清泉、米雅娜出席仪式。周边各县邮政分公司负责人,有关媒体记者,县直、驻县单位,以及社会各界代表300余人参加首发仪式。

【全国社区医疗服务志愿团在寻乌义诊】 9月15日,中华志愿者协会全国社区医疗服务志愿团医疗专家在寻乌开展医疗援助活动,服务百姓健康,助力寻乌脱贫攻坚。援助活动包括专家义诊、到县属医院会诊查房、开展学科建设指导以及走访慰问边远山村孤寡、空巢老人等内容。其间,北京中日友好医院、解放军总医院第一附属医院、首都医科大学附属医院等专家教授,开设胃肠外科、老年心内科、肝胆外科、肾内科、肿瘤中心科、肺病科、泌尿外科、妇产科、皮肤科、骨科、神经内科、普外科、呼吸内科、消化内科、综合科等10余个义诊台,为群众免费义诊。

【央视专题栏目宣传推介寻乌特产】 11月10日—15日,央视2套财经频道《生财有道》栏目摄制组以《秋收特产——走进江西寻乌:电商助推生意忙》为题,对寻乌县脐橙、百香果、龙脑樟、灵芝鸡蛋等特产进行宣传推介。摄制组在南桥、文峰、澄江、晨光等乡镇,深入村组、农户、果园、养殖场、生产企业以及广寻综合物流园等地,开展全景式、多方位采访拍摄,反映寻乌社会各界利用电商平台销售赣南脐橙、寻乌蜜橘、百香果、灵芝鸡蛋等农特产品,揭示寻乌县农特产品在精准扶贫和乡村振兴中的作用。

主要领导人 县委书记:柯岩松。县人大常委会主任:黄志高。县长:杨永飞。县政协主席:刘琼招。

(钟玉华)

·石城县·

【简　况】 位于江西省东南部,辖6镇5乡。总面积1581.53平方千米,其中城区面积10平方千米。耕地面积2.26万公顷,有林面积1.15万公顷,森林覆盖率75.68%。总人口33.46万人,其中非农业人口6.87万人。2018年,地区生产总值60.60亿元,同比增长10.3%。其中,第一产业增加值14.56亿元,增长3.9%;第二产业增加值17.71亿元,增长8.5%;第三产业增加值28.33亿元,增长15.5%。财政总收入9.35亿元,增长18.2%;税收占财政收入85.6%。公共财政收入5.54亿元,增长12.5%;地方财政支出27.49亿元,增长27.8%。规模以上工业增加值增长9.5%。500万元以上固定资产投资增长13.0%。外贸出口2.63亿元,增长8.7%。实际利用外资2795万美元。农业总产值22.65亿元,增长3.78%。粮食总产量12.35万吨。主要农产品及产量有花生3504吨、烟叶3080吨、白莲9373吨。城镇居民人均可支配收入2.51万元,增长9.2%;农村居民人均纯收入9573元,增长13.5%。金融机构存款余额131.87亿元,增长11.2%。

【设立赣江源镇】 5月23日,省政府批准、省民政厅批复同意石城县设立赣江源镇。赣江源镇辖有从横江镇析出的赣江源、洋地、迳口、泮别、桃花、石溪、瑞坑、洋和、友联、秋溪、罗云11个行政村,镇政府驻地设在秋溪村,辖区总人口2.14万人,国土面积108.24平方千米,其中保护区面积80平方千米。横江镇析出赣江源镇后,辖平阳、烟坊、横江、丹阳、姑溪、齐贤、张坑、珠玑、小姑、罗家、和平、开坑12个行政村和横市居委会,总面积199.16平方千米,总人口2.55万人。赣江源国家级自然保护区是赣江发源地,总面积161.01平方千米。保护区内生态系统完整,森林覆盖率95%,负氧离子含量每立方厘米达10万个单位,每年为赣江注入优质水1000余万立方米,有"江西水塔"之称。设立赣江源镇,有利于加强赣江源头环境保护与生态建设,推进区域经济发展和城镇化进程。

【全国"互联网+"社会扶贫工作现场推进会在石城召开】 6月25日,国务院扶贫办在石城县召开全国"互联网+"社会扶贫工作现场推进会。国务院扶贫办副主任洪天云出席会议并讲话,副省长胡强致辞,国务院扶贫办社会扶贫司负责人曲天军主持会议。会上,中国扶贫网负责人介绍相关运行情况,江西省扶贫办、湖南省扶贫办等部门领导以及石城县委书记鲍峰庭就"互联网+"社会扶贫工作作典型经验发言。与会人员分两组分别参观石城县长乐村社会扶贫网村级管理点、中国社会扶贫网石城县推广成效展示中心、中国社会扶贫网瑞金管理中心、瑞金市壬田凤岗村廖奶奶咸鸭蛋合作社等现场点。中央网信办、中央军委政治工作部、工业和信息化部、商务部、民政部、中华全国供销合作总社、中国邮政、中国电信、中国移动、中国联通等单位和部门,20余个省、市、自治区扶贫办负责人以及各级媒体等300余人出席会议。

【石城县义务教育均衡发展通过国家评估认定】 10月,石城县通过义务教育均衡发展国家评估认定,全县55所义务教育阶段学校全部达到省定基本办学条件要求,校际间综合差异系数小学为0.374、初中为0.270。石城县坚持把教育事业放在优先发展位置,2015年起,教育总投入累计20余亿元,其中筹集义务教育学校校建资金3亿余元。2017年,筹措迎检专项资金1.2亿元,用于实施义务教育学校"校园校舍维修改造、校园文化建设、电教仪器装备配备"三大工程。2013年后,城区新建琴江中心小学、石城二小古樟分校区、石城五小3所学校,改扩建石城一小、石城三小、石城二中、赣源中学4所学校,新增校园面积5.9万平方米、学位6285个,缓解城区学校学额超负荷问题。2017年启动石城中学新校区建设。2013年起,累计投入资金1.53亿元,实施农村中小学校舍安全项目60个、营养餐食堂建设项目108个、教师周转房项目80个;累计投入资金2.35亿,实施农村义务教育学校标准化建设,改(扩)建学校75所,实施薄弱学校改造工程改(扩)建学校113所,合计新(改、扩)建校舍面积10.85万平方米,新(改、扩)建运动场面积20.12万平方米,建设围墙22.50千米,建设校门46座。先后投入6200余万元,推进教育信息化,2014年实现所有学校"班班通"全覆盖,2015年实现宽带网络"校校通",2017年在全省率先引入区域教育管理公共服务平台(石城教育云平台)。开展"名师工程""莲乡最美教育人""优秀校长""优秀教育工作者""优秀教师"等系列评选活动,设立教师业绩考核奖励制度,激发教师队伍活力,促进教育事业可持续发展。

【全省灯彩展演暨石城县第三届灯彩艺术节灯彩展演在石城县举行】 9月25日—27日,江西省灯彩展演活动暨石城县第三届灯彩艺术节灯彩展演在石城县举行。灯彩展演活动主要由灯彩踩街、灯彩展演、全省灯彩暨非遗摄影大赛作品展、大型花灯灯具展和颁奖晚会组成。灯彩踩街由12部主题彩车、13个灯彩表演队和石城县10个乡镇灯彩代表队组成,踩街巡游全程3.7千米,全省各设区市代表队、深圳市代表队及石城县代表队参加展演。灯彩展演活动由省文化厅、赣州市政府主办,省非物质文化遗产研究保护中心、赣州市文广新局和石城县委、县政府承办。

【石城县启动城乡非贫困人口大病医疗补充保险试点】 3月,石城县在全省率先启动城乡非贫困人口大病医疗补充保险试点。全县参加基本医保的石城户籍城乡居民非贫困人口,采取县财政出资110元/人、个人自筹20元/人的方式参加大病医疗补充保险。基本医保年封顶线10万元、大病医保年封顶线25万元、非贫困人口大病医疗补充保险年封顶线25万元,三项叠加最高可报销60万元。非贫困人口大病医疗补充保险报销比例,目录内个人自付医疗费用最高可报销90%,目录外个人自付费用最高可报销75%。起付线为单次住院个人自付费用6000元。参保人因病住院,按城乡居民基本医保、大病医保(含二次补偿)、大病医疗补充保险顺序进行补偿。对经基本医保补偿后,未达到大病医保补偿标准,但达到大病医疗补充保险起付线的,可直接进入大病医疗补充保险进行补偿。为方便参保群众报销理赔,石城县专门开发非贫困人口大病医疗补充保险报销系统,实现基本医保、大病医保、非贫困人口大病补充保险"一站式"即时结算。

【首届赣江源国际半程马拉松赛在石城县举行】 5月20日,2018赣江源国际半程马拉松赛在石城县举行。此次比赛分为半程马拉松、10公里跑、5公里迷你马拉松3个项目。大赛吸引全国各地以及南非、肯尼亚、埃塞俄比亚等国家和地区5000余名选手参赛,其中有70对情侣参赛。经过比赛,肯尼亚选手获半程马拉松男子组冠军,埃塞俄比亚选手获半程马拉松女子组冠军,中国选手获10公里跑男子组和女子组冠军。此次国际半程马拉松赛是石城县第六届旅游文化节系列活动组成部分,大赛由中国田径协会、石城县委、县政府主办,石城县体育局、江西龙轩文化传媒有限公司承办。

主要领导人 县委书记:鲍峰庭。县人大常委会主任:刘晓波。县长:尹忠。县政协主席:黄运群。

(吴洁琼)

宜春市

【概 况】 位于江西省西北部,辖3市6县1区及宜阳新区、宜春经济技术开发区、明月山温泉风景名胜区。总面积1.87万平方千米,其中全市建成区面积272.52平方千米、中心城区建成区面积72平方千米。耕地面积48万公顷,有林面积108.5万公顷,森林覆盖率57.12%,城区绿化率44.96%。总人口557.32万人,其中城镇人口276.88万人;人口自然增长率7.47‰。2018年,地区生产总值2180.85亿元,增长8.1%。其中,第一产业增加值269.17亿元,增长3.4%;第二产业增加值977.51亿元,增长7.4%;第三产业增加值934.17亿元,增长10.9%。财政总收入391.35亿元,增长10.4%。其中一般公共预算收入236.37亿元,增长4.9%;税收收入331.33亿元,增长12.2%,占财政总收入84.7%。一般公共预算支出523.89亿元,增长10.3%。500万元以上固定资产完成投资增长11.0%。外贸出口总额164.02亿元,下降1.4%;外贸进口总额29.58亿元,增长13.7%。实际利用外资8.45亿美元,增长9.45%。规模以上工业增加值增长6.3%。主要工业产品及产量有原煤249.42万吨、原盐162.34万吨、中成药4.98万吨、电动机352.11万千瓦、锂离子电池2.38亿只、铅酸蓄电池20.94万千伏安时。农业总产值454.68亿元,增长3.4%。粮食总产量432.33万吨,增长0.79%。主要农产品及产量有稻谷406.09万吨、蔬菜183.14万吨、水果15.24万吨、油菜籽10.3万吨、棉花1.16万吨、茶叶0.58万吨。万元GDP能耗0.548吨标准煤,下降6.3%。社会消费品零售总额676.03亿元,增长10.7%。城镇居民人均可支配收入3.22万元,增长8.0%;农村居民人均可支配收入1.50万元,增长8.9%。年末全市金融机构各项存款余额3261.13亿元,增长13.27%;各项贷款余额2318.9亿元,增长21.26%。

【新型工业化】 2018年,全市工业投资增长14.2%。制造业用电量98.9亿千瓦时,拥有省级重点工业产业集群13个,规模以上工业企业1631家,全国制造业单项冠军示范企业2家,省级"专精特新"中小企业147家、两化融合示范企业28家,贯标认定企业12家,入选江西百强民营企业27家,均居全省前列。新开工建设工业标准厂房267万平方米。省锂电产品质量监督检验中心挂牌运行,丰城高新技术产业园区晋升国家级高新区,宜春经开区获评省级战略性新兴产业聚集区,高安建材产业优化升级列入省级试点。

【现代农业】 年内,全市六大特色农业产业加快发展,中药材种植、富硒农产品基地建设"双百计划"启动实施,中药材种植、富硒农产品基地面积分别达2.97万公顷、2.33万公顷。全市绿色食品原料基地、有机农产品基地、高产油茶林面积分别达12.75万公顷、7.65万公顷、7.13万公顷;"三品一标"认证数966个,培育省级区域公用品牌2个;发放"财政惠农信贷通"贷款超16亿元。首届中国农民丰收节江西活动在高安市举办。宜春市获评全国木本油料(油茶)特色区域示范市、全省耕地保护责任目标考核优秀设区市。全市完成高标准农田建设3.62万公顷,高安市、万载县、樟树市、奉新县高标准农田建设获全省绩效考评先进。奉新县获评"中国好粮油"行动计划示范县,上高县列为国家畜禽粪污资源化利用整县推进县,万载县入选首批国家农村产业融合发展示范园创建单位,宜丰县国家农产品质量安全县创建通过省级验收。樟树市现代农业产业园成功申报国家现代农业产业园,丰城市富硒园区评为国家农业科技示范园区。

【现代服务业】 2018年,宜春市接待游客9004.1万人次,实现旅游综合收入805.13亿元,分别增长25.1%、31.7%。年内,举办第十二届月亮文化旅游节;中央电视台播放宣传片"江西宜春一座四季如春的城市";《宜春市温汤地热水资源保护条例》颁布实施;宋城明月千古情景区建成运营;江西武功山——明月山景区实现门票统一;靖安获评省级全域旅游示范区;高安巴夫洛生态谷获批国家4A级旅游景区;铜鼓乡村旅游扶贫项目入选全国金融支持旅游扶贫重点项目。全年实现服务业增加值934.17亿元,增长10.9%。金融市场更趋活跃,亚中电子在"新三板"挂牌,光大银行宜春分行揭牌运营,金融机构贷款余额2319亿元、增长21.26%。

【《宜春市温汤地热水资源保护条例》实施】 9月1日,宜春市首部地方实体法规《宜春市温汤地热水资源保护条例》实施。温汤地热水资源是高温富硒温泉,是明月山温泉风景名胜区核心竞争力,也是宜春市建设“赣西区域中心城市”、打造宜春中心城“三个中心一个基地”的重要依托。2017年年初,市委、市人大、市政府决定将制定《宜春市温汤地热水资源保护条例》列入2017年立法计划。制订该条例的宗旨和出发点是,依法开发好、利用好、保护好温汤温泉,确保其永续利用,发挥它在服务经济社会发展中的独特作用。2018年4月18日,条例经市四届人大常委会第十三次会议表决通过。5月31日,省十三届人大常委会第三次会议审议批准条例。条例分为总则、规划和保护、管理和利用、法律责任、附则5章,共35条。作为宜春市首部实体法规,该条例的实施是宜春市运用地方性法规规范城市建设管理的首次尝试,有利于加快宜春市法治政府建设。

【宜春市教体新区项目开工建设】 9月16日,教体新区一期项目举行集中开工仪式。根据宜春教体新区总规划,该区位于宜春市区西北,毗邻明月山机场,北至沪昆高速公路、医药产业园,南至宜春学院老校区,西至草河,东至湖田镇区东部;规划面积41.7平方千米,起步区约18.7平方千米;教体新区建成后可容纳大学生12.2万人,居住人口21.6万人;通过5~10年时间,打造成为集产、学、研、校、园、城于一体,融合教育、产业、生活服务功能的城市综合新区。教体新区按照“一年拉开框架、三年初具规模、五年基本建成”的“135”建设目标,分两期开发建设。其中,一期建设项目主要包括宜春学院新校区(含附属医院)、宜春职业技术学院、宜春幼儿师范高等专科学校、新体育中心、共享中心、湖田河片区山体保护及环境综合治理、规划路(规划一路和规划二路)等重点工程,面积18.7平方千米,5年建成。

【首届“中国农民丰收节”江西系列活动在高安举行】 9月22日,由省农业厅、宜春市政府主办的首届“中国农民丰收节”江西系列活动在高安巴夫洛生态农业科技园举行。省委书记刘奇出席开幕式并宣布系列活动启动,省委副书记、代省长易炼红出席并致辞。省委常委、省委秘书长赵力平,省人大常委会副主任冯桃莲,副省长胡强,省政协副主席刘卫平出席开幕式。宜春市委书记颜赣辉,市委副书记、市长王水平,市人大常委会主任张鉴武,市政协主席陈荣等市领导出席。网易公司董事局主席兼首席执行官丁磊参加开幕式。节庆活动以“赣鄱大地庆丰收 秀美乡村展新貌”为主题,举行农产品花车狂欢大巡游、江西农民艺术展演、江西特色民俗表演、丰收长桌宴、江西休闲农业乡土美食推介、空中礼赞江西农业、农耕技能大赛、绿色农产品展示展销、“丰收赣鄱”欢庆晚会等活动。

【宜春市人才公寓揭牌启用】 10月19日,宜春市人才公寓揭牌仪式在中心城区北湖湾怡和花园举行,中心城区人才公寓正式启用。宜春市人才公寓是该市为招贤纳士、引才留才,进一步优化人才发展环境,完善人才住房保障机制,让创新创业人才安居乐业的一项重要民生工程。公寓位于北湖湾一期怡和花园4、5号楼共416套住房,按照“拎包入住”标准完善配套设施,配有书吧、咖啡吧、会议室、食堂、健身房等区域。

【2018中国(江西)宜春国际锂电新能源(汽车)产业展览会在宜春举行】 10月26日—28日,2018中国(江西)宜春国际锂电新能源(汽车)产业展览会在宜春举行。此次展览会由省政府指导,省工信委、省科技厅、宜春市政府共同主办,宜春市工信委、宜春市科技局、袁州区政府、宜春经济技术开发区管委会、宜阳新区管委会共同承办。展览会以“创新驱动,绿色发展”为主题,会期3天。大会邀请中国工程院院士郑绵平、张文海,中科院院士、清华大学汽车系教授欧阳明高,原国家质检总局总检验师项玉章等多名相关专家学者以及国内相关行业协会负责人和国内外知名企业代表等700余人出席开幕式。宜春市委书记颜赣辉在开幕式上致辞。展览会参展企业近百家,覆盖锂电全产业链,主要集中在新能源汽车、锂电池、充电桩和车联网等领域。其中,外地企业55家,本地企业28家;世界500强企业4家,上市公司18家。开幕式现场举行项目签约仪式,签约项目16个,签约项目总额108.8亿元。

主要领导人 市委书记:颜赣辉。市人大常委会主任:张鉴武。市长:张小平(任至4月)、王水平(4月代、6月任)。市政协主席:陈荣。

(林峰)

·袁州区·

【简 况】 位于江西省西北部,辖17镇3乡8街道办事处。总面积2538平方千米,其中建成区面积88平方千米。耕地面积5.50万公顷,森林覆盖率62.23%,城区绿化率44.96%。总人口116.27万人,其中城区和城镇非农业人口62.44万人;人口自然增长率7.3‰。2018年,地区生产总值300.79亿元,同比增长8%。其中,第一产业增加值34.23亿元,增长3.9%;第二产业增加值108.90亿元,增长5.7%;第三产业增加值157.66亿元,增长10.8%。财政总收入36.26亿元,增长14.6%;其中一般公共预算收入20.29亿元,增长8.8%。地方财政支出65.6亿元,增长18.3%。实际利用外资6819万美元。主要工业产品及产量有中成药3.81万吨、水泥9.15万吨、锂离子电池1.94亿只。农业总产值53.64亿元,增长2.95%。粮食总产量48.26万吨,增长1.74%。主要农产品及产量有谷物44.69万吨、油料1.89万吨、油脂8552吨、肉类8.97万吨、水产品3.98万吨。城镇居民人均可支配收入3.59万元,增加2675元;农村居民人均可支配收入1.47万元,增加1244元。城乡居民年末储蓄余额382.91亿元,增长17.93%。

【工业经济】 2018年,袁州区深入实施产业兴区、工业强区战略,新增规模以上工业企业48家,增长23%。全年全区争取上级建设项目206个,到位资金14.77亿元。全年全区有28个省市大中型项目实施,完成投资156.98亿元,占年度投资计划105%。

袁州工业园区获批省级产业园区,医药产业基地成为全省5个“新型工业化产业示范基地”之一。全年申报江西省首批“双千计划”项目6个,新增高新技术企业8家、省级院士工作站3家,获批省级研发平台3个,完成技术合同交易额7000万元。申报专利2089件,授权专利1106件,分别列全省第三位、第七位。电商基地入驻企业60余家,电子商务交易额突破100亿元,增长10.2%。袁州电商平台在18个原贫困村建立电商服务点,全年销售贫困户农产品金额突破180万元。

【现代农业转型升级】 袁州区持续加大强农惠农富农政策力度。全区粮食总产量48.25万吨,新增高标准农田2800公顷、人工造林2400公顷、高产油茶1200公顷、富硒农产品基地666.67公顷、中药材基地666.67公顷、脐橙基地573.33公顷、花卉苗木基地533.33公顷,耕地流转面积新增5020公顷、林地流转面积4400公顷。新型农业经营主体壮大,新增省级农业产业化龙头企业1家。做好惠农服务中心建设,赣西农产品批发市场交易额突破70亿元。

【民生保障】 袁州区发放民生保障资金2.2亿元,惠及群众76.8万人次。完成中心城区及三阳、湖田、彬江、南庙4个乡镇被征地农民认定工作,新增被征地农民参保1.03万人。持续稳定和扩大就业,新增城镇就业1.09万人、转移农村劳动力1.35万人,发放创业贷款1.98亿元。新改建居家养老服务中心22个,完成楠木农村敬老院改扩建,新建“宜养我家”6个,创建“绿色社区美丽家园”示范社区7个。升级改造乡镇卫生院,水江、芦村、辽市、渥江等卫生院完成改扩建或整体搬迁,6所乡镇卫生院获全国“群众满意乡镇卫生院”称号。

【秀美乡村建设】 推进袁州区秀美乡村建设,南庙、西村等10个乡镇、27个行政村庄规划完成方案修编,25户以上自然村庄规划编制完成459个。投入6亿元,打造秀美乡村示范带73千米、示范点17个,建成新农村示范点562个,建设农村公厕107座。全区22处垃圾压缩中转站全面投入使用,升级改造县道130.5千米,拓宽乡道村道106.8千米,改造危桥24座。

【污染治理】 全面开展“蓝天碧水净土”三大污染防治攻坚战。打响蓝天保卫战,全区$PM_{2.5}$平均浓度39 ug/立方米,下降11ug/立方米,空气质量优良率89.3%。提升袁河流域水质,完成袁河流域25个农村综合环境整治项目建设,新建5个袁河污水可移动式一体化污水应急处理站,全区所有乡镇实现生活污水终端处理全覆盖;关停禁养区养猪场414家,改造60家。推进新坊瓷土矿山开采企业综合整治,企业数量由76家整合到30家,恢复矿山植被86.67公顷。

【棚户区改造】 袁州区启动全域性的棚户区改造计划,全年实施11个片区、13个项目覆盖8个街道和2个乡镇的棚户区改造,总任务3.10万套,占全市任务总数50.5%,面积380万平方米。全年投资棚改资金约101.28亿元,鼓励使用“房票”结算,全年发放“房票”3559户,面积121.82万平方米,兑换商品房1554套。启动杨家山小区、学府小区、凤凰山小区等15处“限价房”建设。

主要领导人 区委书记:鲁旭东。区人大常委会主任:谢密蜂。区长:李晓楚。区政协主席:孙智红。

(窦忠平)

·樟树市·

【简　况】 位于江西省中部,辖10镇4乡5街道办事处。总面积1290.99平方千米,其中市区面积29.5平方千米。耕地面积5.20万公顷,有林面积2.67万公顷,森林覆盖率32%,城区绿化率47.21%。总人口61.04万人,其中城镇人口22.73万人;人口自然增长率7.49‰。2018年,地区生产总值408.6亿元,同比增长8.1%。其中,第一产业增加值37.2亿元,增长3.9%;第二产业增加值198.6亿元,增长7.7%;第三产业增加值172.8亿元,增长10.1%。财政总收入60.02亿元,增长8.5%;税收总收入51.17亿元,占财政总收入85.3%;地方财政收入33.14亿元,增长1.0%;地方财政支出57.26亿元,增长4.5%。规模以上工业总产值504.9亿元,下降18.4%。外贸出口9.34亿元,实际利用外商投资9506万美元。主要工业产品及产量有白酒2.53万千升、原盐16.2万吨、中成药5739吨、电动葫芦2416台、单双梁起重机2253台、香料2100.27吨、水泥21.87万吨。农业总产值59.5亿元,增长3.2%。粮食总产量59.1万吨。主要农产品及产量有油料5.68万吨、中药材2.11万吨。万元GDP能耗0.29吨标准煤。城镇居民人均可支配收入3.47万元,增加2586元;农村居民人均可支配收入1.70万元,增长1301元。城乡居民年末储蓄余额231.55亿元,增长5.9%。

【《樟树市招才引智“新五条”实施办法》出台】 4月24日,樟树市发布《樟树市招才引智“新五条”实施办法》。根据该办法,市财政每年出资6000万元,对引进全日制大学生、引进全日制博士或副高职称以上高端人才、鼓励企业创新研发、鼓励大学生创业、培养技能人才5个方面进行补贴,落户人才最高可享受70万元补贴。同时,解决引进人才子女入学、配偶就业等问题,给人才提供全方位的服务保障。“新五条”政策实施后,至2018年年底,全市引进各类人才1142人,其中博士生3人,硕士研究生44人,本科生298人,大专生167人。

【药都大桥建成通车】 7月9日,樟树药都大桥建成通车。大桥工程总投资9.43亿元,道路等级为一级公路兼城市主干道,路线全长4188米。桥梁长度2529米,其中主桥钢梁长736米,主跨400米,桥面宽29.2米,主塔高124.52米,全桥斜拉索168根,最长索长度215米,为赣江单跨跨度最大桥梁。药都大桥以药为名,主塔呈酒瓶状,彰显樟树特色,是顺应市委、市政府“建设滨江新城、打造一江两岸”战略的重要工程。

【樟树籍运动员敖辉获举重世锦赛87公斤级冠军】 11月9日,在土库曼斯坦举行的2018年举重世界锦标赛女子87公斤级比赛中,首次参加世锦赛的樟树籍女子运动员敖辉6次试举全部成功,以抓举117公斤、挺举151公斤、总成绩268公斤获得抓举冠军、挺举亚军和总成绩冠军。敖辉于1997年出生,樟树市吴城乡路口村人。2009年下半年由樟树市体校选送至宜春市体校,之后分别在省体校和省体工队训练,体能和技能获得长足发展。在2018年全国举重锦标赛女子90公斤级比赛中,敖辉以145公斤和253公斤获得挺举和总成绩两项冠军。

【第49届全国药材药品交易会在樟树举行】 10月16日—18日,由江西省政府和中国中药协会主办,宜春市政府和樟树市政府共同承办的樟树第49届全国药材药品交易会在樟树市举行。交易会突出"创新传承合作共赢"主题,推行市场化办会,推进展会与互联网深度融合,推动樟树中医药"走出去",打造中医药振兴"樟树样板"。交易会期间,安排经济贸易、学术交流、行业培训、文化宣传四大板块,包括专业交易会展、中药材种植产业联盟高峰论坛、江西(樟树)中医药强省科技创新成果在线对接会、中国(樟树)中医药发展大会等13项活动。交易会吸引全国各地7600余家医药企业参会参展,其中参展厂商2000余家,包括中国中药、同仁堂、九芝堂等一批全国百强制药企业,开幕式当日成交额超60亿元。

【临江镇入选中国历史文化名镇】 12月,临江镇入选第七批中国历史文化名镇。临江镇位于江西省中部,是樟树市河西重镇,为千年古镇,历史上曾被列为全国三十三大工商课税重镇之一,商业发达,交通便利,经济繁荣,物阜民丰,是军、路、府、道所在地,也曾是赣中政治、经济、文化中心,名胜古迹颇多、人文荟萃,历代名儒墨客在此留下众多诗文佳作。临江镇投入资金对境内名胜古迹进行重建,并对镇区房屋进行仿古修缮,发掘历史景观和人文景观,开展旅游文化节等活动。曾被评为全国重点镇、全国建制镇示范试点镇、江西省十大魅力乡镇。2017年被评为江西省历史文化名镇。

【樟树市6家企业入选江西省民营企业100强】 11月,"2018江西民营企业100强"发布会在南昌召开,会上发布2018江西民营企业100强、2018江西民营企业制造业100强及2018江西民营企业服务业20强名单。樟树市仁和(集团)发展有限公司、四特酒公司、五洲医药、仁翔药业、宏宇集团与远洋集团6家企业入选2018江西民营企业100强、2018江西民营企业制造业100强,其中仁和集团以102亿元首次挺近10强。此外,五洲医药、仁翔药业、康成药业、九州医药与仁济医药入选2018江西民营企业服务业20强。此次江西省民营企业100强入围门槛14.17亿元,为近6年最高值。

【第一届中药材种植产业联盟高峰论坛在樟树举行】 10月15日,第一届中药材种植产业联盟高峰论坛在樟树市举行,全国各地中药材合作社负责人、中药材种植大户代表200余人参加论坛。论坛围绕"传承创新合作共赢"主题,研究讨论中药材合作社发展的经验和做法,分析中药材产业发展面临的新形势、新问题及未来的发展方向。会上,中国中药协会中药材种植养殖专业委员会秘书长曹海禄作题为《我国中药材行业市场情况与适应南方品种发展建议》的讲座,就中药材行业形势、市场形势以及药材生产的发展方向与思路3个方面进行详细阐述;江西中药研究所所长虞金宝以《中药产业发展思考》为题,围绕中药材市场流通情况、第四次中药资源普查结果等基本情况,结合樟树道地药材发展实际,对"樟帮"发展前景提出见解。论坛旨在为各中药材种植户间搭起相互交流、沟通、合作平台,促进中药材规范化种植及中国中药材产业健康发展。

主要领导人 市委书记:刘安安。市人大常委会主任:傅亚红。市长:董晓明。市政协主席:谌厚有。

(陈云芽 曾磊)

·丰城市·

【简 况】 位于江西省中部,辖20镇7乡6街道办事处。总面积2845平方千米,其中城区面积49.8平方千米。耕地面积8.85万公顷,有林面积8.4万公顷,森林覆盖率42%,城区绿化率45%。总人口150.74万人,其中非农业人口48.3万人;人口自然增长率7.8‰。2018年,地区生产总值506.1亿元,同比增长8.3%。其中,第一产业增加值65.93亿元,增长3.8%;第二产业增加值235.97亿元,增长8.2%;第三产业增加值204.17亿元,增长10.4%。财政总收入75.16亿元,增长7.4%,税收占财政总收入81.1%;地方财政收入48.61亿元,下降2.2%;地方财政支出95.12亿元,增长3.6%。工业总产值659.85亿元,增长19.2%。规模以上工业增加值202亿元,增长9.2%。外贸出口1.64亿美元。固定资产投资450亿元,500万元及以上固定资产投资增长10.8%。实际利用外商投资1.00亿美元。主要工业产品及产量有原煤240.33万吨、焦炭56.1万吨、水泥232.81万吨、火力发电量145.67亿千瓦时。农业总产值102.03亿元,增长3.52%。粮食总产量107.24万吨。主要农产品及产量有水稻101.45万吨、油料4.51万吨、生猪出栏79.46万头、禽蛋2.24万吨。城镇居民人均可支配收入3.42万元,增长7.6%;农村居民人均纯收入1.69万元,增长8.6%。城乡居民年末储蓄余额386.97亿元,增长11.2%。社会消费品零售总额120.7亿元,增长10.4%。

【3个园区跻身"国家队"】 2月28日,国务院发文,批准宜春丰城高新技术产业园区升级为国家高新技术产业开发区,成为全省9个国家高新技术产业开发区之一。该园区现有规模以上工业企业183家、国家高新技术企业59家、上市及上市背景企业30家、世界500强企业2家。4月,丰城循环经济产业园区入选《中国开发区审核公告目录》,被中国再生资源产业技术创新战略联盟授予"科技创新优秀园区"。12月7日,"中国生态硒谷"通过国家科技部验收,获批国家农业科技园区。该园区引进和孵化农业龙头企业42家,实现标准化生产、区域化布局、品牌化经营、高值化发展,形成一批带动性强、特色鲜明的农

业高新技术产业集群。

【“放管服”改革】 实行“一窗受理、一次办好”行政审批改革,全市纳入改革的审批服务事项516项,其中512项实现“最多跑一次”,“一枚印章管审批”机制在全省率先建立。构筑一体化服务新平台。按照“审管分离”原则,将分散在40个涉审单位128个内设股室的审批权限集中到各部门行政审批服务股,审批股室在行政服务中心集中办理。开展便捷式服务。强化“互联网+政务服务”,助推“一次办好”“一次不跑”,设立智能服务大厅,用信息化手段打造不受时间限制、不用窗口等候的24小时全流程自助服务,全面拓展电子政务,开通手机移动APP审批软件,利用手机移动政务审批平台,通过手机终端APP与网上审批系统对接实现移动审批。转变服务型作风。将服务评价和办事效率列入考核,强化社会监督。2018年,丰城市行政服务中心按时办结率100%,受理市民诉求建议回复率100%,群众对办理结果回访满意率98.26%。

【开展“两业”扶贫】 推进就业与产业扶贫精准对接,促进就业产业“两业”融合。因人施教,实训与实用相结合。全市组织30期、2274人次建档立卡贫困劳动力技能培训,培训内容涵盖家政服务、特色种养、工艺制作等20多种技能。因地制宜,线上与线下相结合。以高新园区电商产业园为基础平台,全方位打造“互联网”+就业扶贫基地,“第一书记”电商平台入选全国网络扶贫最佳创新案例。因势利导,就业与产业相结合。结合每个乡镇(街道)产业扶贫项目和产业扶贫基地,成立各类专业合作社1910家、土地股份合作社313家、务工协会525个,建设扶贫车间104个,开发公益性就业扶贫专岗3580个,“扶贫信贷通”发放贷款1.1亿元,“输血”与“造血”并举,实现产业扶贫和就业扶贫互动。全市1052户3585人脱贫,退出贫困村4个,11个省级贫困村全部摘帽,种粮大户雷应国获全省脱贫攻坚奉献奖。

【水环境治理】 完善水环境质量全程管控机制,17个入河排污口纳入台账管理,其中规模以上入河排污口14个,完成设置手续排污口16个。推进沿河污水处理设施建设,完成改水1.77万户、改厕1.36万户、改路15.56千米、改塘68口、改沟3.73千米。完善东门片区、丰联聂家等新老城区污水收集体系,启动新城区污水处理厂扩容提标和老城区污水处理厂迁建工程,加快建成24个乡镇污水处理系统,规划建设农村百村污水处理厂。新建城区污水管网2000余米,清淤改造污水管网1400余米,完成高新园区二期污水处理厂建设。加强饮用水源地区环境保护,清理堆置建筑垃圾等固体废弃物,污染源普查完成入户调查工业企业740家,城区饮用水源保护区126栋违规违章建筑全部拆除。

【龙津洲街道成立】 7月27日,龙津洲街道通过省民政厅批复;11月7日,龙津洲街道挂牌成立。龙津洲街道位于丰城市赣江以北,东连剑邑大桥,南接筹建中的紫云大桥,与丰城市老城区隔江相望,处于南昌市半小时经济圈内,辖区面积21.49平方千米,下辖7个城市社区,总人口3.27万人,规划区域内有丰城高新技术产业园区、总部经济基地和企业17家,是丰城未来城市框架的重要板块。龙津洲街道成立后,丰城市乡镇(街道)建制增加到33个,“一江两岸三区四桥”城市总体规划建设迈出关键性一步。

【丰城麻鸭获批国家地理标志保护产品】 7月30日,国家知识产权局发布第277号《关于批准对毕克齐大葱等21个产品实施地理标志产品保护的公告》,批准对丰城麻鸭实施地理标志产品保护。这是继丰城冻米糖、丰城富硒大米后,全市第3个受国家地理标志保护的产品。为推进麻鸭产业发展,培育优势农产品品牌,丰城专门成立麻鸭专家调研小组,对麻鸭养殖、生长、繁殖、加工等进行细致研究。2017年4月,向国家质检总局递交申报手续。2017年11月,国家质检总局审查合格后,受理丰城麻鸭地理标志产品保护申请。

主要领导人 市委书记:胡江萍。市人大常委会主任:邹小平。市长:江伟斌。市政协主席:熊建清。

(程亮)

·靖安县·

【简　况】 位于江西省西北部,辖5镇6乡。总面积1377.49平方千米,其中城区面积8.1平方千米。耕地面积1.17万公顷,林地面积11.65万公顷;森林覆盖率84.1%,城区绿地率40.37%。总人口15.3万人,其中非农业人口5.62万人;人口自然增长率6.75‰。2018年,地区生产总值50.78亿元,同比增长8.1%。其中,第一产业增加值7.11亿元,增长3.6%;第二产业增加值21.95亿元,增长7.9%;第三产业增加值21.72亿元,增长10.2%。财政总收入10.2亿元,增长10.1%;其中税收收入8.2亿元,占财政总收入80.4%。公共财政预算收入6.8亿元,增长2.3%;公共财政预算支出19.01亿元,增长7.5%。规模以上工业增加值57.6亿元,增长7.8%。固定资产投资39.3亿元,增长11.6%。实际利用省外资金40.35亿元,增长10.76%;利用外资3008万美元,增长8.28%。外贸出口1.27亿美元,下降3.17%。主要工业产品及产量有铸钢件3.97万吨、铜材1.6万吨、电光源2.00亿只、锂离子电池525万只。农业总产值13.45亿元,增长3.96%。粮食总产量9.3万吨。主要农产品及产量有水稻8.4万吨、棉花0.07万吨、柑橘4.28万吨、茶叶378吨、油菜籽0.6万吨。万元GDP能耗0.22吨标准煤。城市污水处理率90%。社会消费品零售总额8.77亿元,增长10.4%。城镇居民人均可支配收入3.00万元,增加2343元;农民人均纯收入1.44万元,增加1253元。城乡居民年末储蓄余额51.93亿元,增长10.6%。

【金鸡山国际康养基地项目签约】 3月23日,江西靖安金鸡山国际康养基地项目签约仪式在江鸨度假村举行,靖安县政府与洪大国际资产管理有限公司签署协议。县委副书记、县长严旭辉代表靖安县与集团总经理、党委书记余小玲进行项目签约。靖安县委书记田辉出席并讲话，县领导、县直有关部门代表，洪大集团董事长、党委副书记刘如强及集团其他高管出席签约仪式。该项目位于高湖镇下观村金鸡山，投资主体为洪大集团，项目占地约300公顷，预计总投资30亿元。项目将按照“让生活远离城市喧嚣，让生命回归自然纯净，让心灵找回自我平衡”康养理念，打造融度假、休闲、健康养生、环境科学为一体的国际化康养小镇基地。

【中源九岭源乡文化旅游项目签约】 5月15日，在靖安县（深圳）幸福康养产业招商推介会上，签约九岭源乡文化旅游项目。九岭源乡文化旅游项目位于中源乡，由上海履海投资集团建设，主要建设生态田园、大地景观种植、五行温泉养生度假区酒店、亲子乐园、禅云堂、康养社区、康养老年公寓以及旅游购物配套设施等，总投资26亿元。项目建成后，有助于提升中源避暑旅游接待能力，促进靖安康养度假旅游发展。

【实施“街（巷）长制”】 12月，继河长制、路长制后，靖安开展“街（巷）长制”工作，实施巡查→反馈→协调→处置→督查五步法管理流程。街长每周组织巡查不少于1次；巷长每日开展巡查工作，并造册登记。逐步推广使用“靖安城管”APP，对巡查发现、媒体曝光、群众投诉的问题，及时进行处置。由总街长办公室牵头，以明察暗访形式，对工作进展情况、整治落实情况、存在的主要问题进行督查，督促落实，对阶段性进展情况在一定范围内进行公示。建立层级考核机制，将“街（巷）长制”管理工作纳入年度城市管理考核内容。强化重点区域管控，重点抓好“门前三包”及“以克论净”工作的落实与整治；对违规排污、占道经营、流动摊贩、施工占道、乱搭乱建、“牛皮癣”、未扬尘污染、噪声污染、餐饮业污染、破坏市政公共设施等行为进行及时制止、重点管控。

【人防应急救援指挥中心及生活保障中心项目开工】 12月18日，靖安县人防应急救援指挥中心及生活保障中心项目在环城北路开工建设。该项目总投资4431.82万元，总建筑面积11047.19平方米。项目为政府组织实施城市防灾救灾提供指挥平台，提高防护能力，应对处置各种突发情况。

主要领导人 县委书记：田辉。县人大常委会主任：陈基先。县长：严旭辉。县政协主席：贾秋林。

（蔡会如 黄烈花 赖丰芳）

·奉新县·

【简 况】 位于江西省西北部，辖10镇3乡3场1街道办事处1管委会。总面积1642.81平方千米，其中城区建成面积18.19平方千米。耕地面积3.94万公顷，林地面积10.62万公顷，森林覆盖率64.46%，城区绿化率42.49%。总人口33.68万人，其中城镇人口12.38万人；人口自然增长率2.98‰。2018年，地区生产总值164.85亿元，同比增长8.4%。其中，第一产业增加值19.15亿元，第二产业增加值76.87亿元，第三产业增加值68.83亿元。财政总收入25.98亿元，增长9.15%；税收收入22.85亿元，占财政总收入87.95%；一般公共财政预算收入17.33亿元，增长6.21%；一般公共财政预算支出34.68亿元，增长9.29%。规模以上工业总产值339.2亿元，增长6.2%；规模以上工业增加值80.2亿元，增长7.7%。外贸出口总额1.86亿美元，增长26.21%。实际引进外资8802万美元，增长8.41%。500万元以上固定资产投资111.81亿元，增长11.8%。农业总产值31.3亿元，增长3.41%；粮食总产量32.63万吨。主要农产品及产量有棉花684吨、油料1.55万吨、水果4.31万吨、生猪出栏14.71万头、肉类1.33万吨、水产品1.91万吨、猕猴桃3.8万吨。城镇居民人均可支配收入3.24万元，增长7.95%；农村居民人均可支配收入1.66万元，增长8.27%。城乡居民年末储蓄余额97.14亿元，增长10.61%。社会消费品零售总额45.82亿元，增长11.63%。

【工业发展】 全年工业园区用电量10.99亿千瓦时，增长6.08%。新增规模以上企业18家，年内规模以上企业111家。在建工业项目50个，总投资147亿元。新增高新技术企业12家，总数达36家。新能源新材料产业加速集聚，云威新材料、飞宇新能源和紫宸科技扩产项目投产运行。纺织服装产业获评“省级新型工业化产业基地”，奉新工业园区成为中国纺织服装产业园区联盟发起单位，获评“中国创新创业示范基地”，连续3年被省政府评为“两率一度”考核优秀工业园区。奉新工业园区更名江西省高新技术产业园，冠亿研磨被科技部认定为江西第15家国家级国际科技合作基地，金环颜料获批省级工程技术研究中心，九岭新能源和新卡奔科技在第七届中国企业创新大赛上分别获成长企业组二等奖和三等奖，赣锋锂业获江西省科学技术进步三等奖。

【特色农业】 举办“2018中国奉新首届猕猴桃节”。全县猕猴桃面积5000公顷，综合产值超6亿元，获批国家地理标志证明商标。严格落实“粮食安全行政首长责任制”，争取全省稻米区域公用品牌建设项目，入选“中国好粮油”行动计划示范县。江西奉新天工米业有限公司获评“全国重点粮油加工企业50强”，“天工”有机大米获中国国际粮油产品展销会金奖。完成3120公顷高标准农田建设，获评全省绩效考核先进单位。

【城市建设】 完成城南、城北片区控制性详规，推进滨河西路、潦河路向东延伸段等道路建设，完成龙山大道南延伸段、校前大道、崇贤大道等道路建设及天工大道、园区二路、园区五路“白改黑”工程。棚户区改造由“点状式”向“集中式”模式转变，完成城区2610户30.95万平方米危旧房改造；同步启动6个安置点建设，新增各类保障性住房1290套，工作力度、棚改成效均创历年新高。文体艺术中心、城市综合体、城东农贸市场动工建设，城南农贸市场投入使用。纵深推进城乡环境综合整治，深入实施城市规划区内违法建设专项整治，全面推进城区清扫保洁市场化及开放式小区硬化、绿化、保洁工作，城区环境卫生面貌明显改善。

【脱贫攻坚】 深入实施脱贫攻坚春季攻势、夏季整改和秋冬会战行动，实施“十大扶贫工程”，不断提高脱贫质量。投入841.5万元,用于光伏扶贫等产业扶贫项目;投入670万元对160户贫困户住房实施危房改造、安居扶贫。加快乡镇村庄整治,实现25户以上贫困户村组新农村建设全覆盖。全年脱贫373户1011人,2个省级贫困村摘帽退出,贫困发生率降至0.69%。

【教育事业】 促进教育均衡发展,投入3359万元改善农村办学条件,奉新四中、奉新六小开工建设。提高教学质量,普通高考二本上线万人比增幅列全市第二,连续7年获评全市教育工作综合发展先进县,成为全省首批、全市首个全国中小学校责任督学挂牌督导创新县。严格执行城区小学划片招生,大班额问题得到有效控制,省政府授予县教体局"推进义务教育基本均衡发展积极贡献集体"称号。

【生态环保】 推进中央、省环保督查组发现问题整改工作,全年投入环保资金4.2亿元,持续开展"净空、净水、净土"行动,全面关停淘汰10吨及以下燃煤锅炉,基本杜绝焚烧秸秆、城区禁燃,空气质量优良率位居全市前列;坚决消灭劣五类水,延长河道采砂禁采期,河长制考核列全省第七;大力开展"净土"行动,依法拆除31家粘土机砖厂和176家养猪厂,生态环境质量进一步提升。奉新县被命名为省级生态县,评为"全国生态魅力名县",入选"中国最美县域"榜单。

主要领导人 县委书记:甘贤武。县人大常委会主任:邹俊明。县长:李国兴。县政协主席:胡健。

(熊正秋)

·高安市·

【简　况】 位于江西省西北部,辖19镇2乡2街道办事处1垦殖场。总面积2439.33平方千米,其中城区面积34.13平方千米。耕地面积10.36万公顷,林地面积9万公顷,森林覆盖率37.96%,城区绿地率27.3%。总人口87.83万人,其中城镇人口32.87万人;人口自然增长率7.41‰。2018年,地区生产总值284.6亿元,增长7.3%。财政总收入46.2亿元,增长15.1%;公共财政预算收入28.44亿元,增长13.9%。财政总收入占地区生产总值16.24%。工业总产值424.19亿元,增长3%;规模以上工业增加值增长3.9%。实际利用外资0.87亿美元,外贸出口1.47亿美元。500万元以上项目固定资产投资增长11.5%。规模以上工业产品及产量有瓷砖7.42亿平方米、发光二极管(LED管)1.09亿只、锂离子电池3378.81万只、齿轮3.12万吨、商品混凝土126.79万立方米、水泥440.63万吨、挖掘铲土机械3719台。农业总产值33.58亿元,增长8.6%。粮食总产量75.39万吨,增长6.5%。主要农产品及产量有稻谷71.17万吨、棉花0.87万吨、油料6.15万吨、生猪出栏68.19万头、肉牛出栏10.6万头。全市城区生活污水处理率91%。城镇居民人均可支配收入3.30万元,增长7.65%;农村居民人均可支配收入1.64万元,增长8.81%。

【殡葬改革】 6月,高安市实施"开展绿色殡葬,推进殡葬改革"决策部署,由民政部门牵头,规划、国土、公安、城管、工商等9个部门协同配合推进。市委、市政府将绿色殡葬改革工作列入年终综合考核和精神文明创建工作内容,实行"一票否决"制。发挥红白理事会村民自治、移风易俗作用,全市建立红白理事会384个,实现村(居)委会全覆盖。市殡仪馆投资500余万元,对原有殡葬设施进行更新改造,新增高档拣灰炉4台,新增遗体接运车辆9台,建设新的骨灰寄存格位,启动新火化车间和环保设备。推动农村公益性公墓建设,市财政从年度预算外安排专项财政资金1.5亿元,用于镇村公墓建设,对公墓征地费用补贴50%,公墓基础设施建设按3万元/亩进行补贴。规范殡葬服务内容,实行市内遗体接运、遗体搬运、遗体暂存(3天)、遗体火化、骨灰寄存(1年)五项免费服务制度,实行节地生态葬奖励制度,奖励标准为2000元/例;其他服务项目实行有偿服务,并将服务价格张榜公布,接受群众监督。6月20日零点,全面实行火葬。至年底,全市累计回收处置棺木7.42万具,建成镇村级花园式农村公益性墓地235个,实现亡故人员遗体火化率100%、骨灰入公墓安葬率100%、棺木回收处置率100%"三个100%"工作目标。

【巴夫洛田园综合体获批国家4A级旅游风景区】 10月30日,高安市巴夫洛生态谷景区经省旅游景区质量等级评定委员会专家综合评定,获批为国家级AAAA级旅游景区,实现高安市国家4A景区零的突破。巴夫洛生态谷顺应江西绿色崛起战略,以"生态高地农业慧谷"为主题,以原有12个赣派老村庄及耕读文化为依托的生态休闲文旅体系,整合原住村民资源,带动村民共同致富。景区主要有现代农业示范区、农耕文化体验区、生态牧场游憩区、乐龄中医药康养区和市民农园。2017年7月,巴夫洛项目获批首批国家田园综合体试点项目。2018年6月30日,景区对外开园试营业,以独具特色的农耕文化和秀美风景吸引数十万省内外游客参观游览。

【建陶基地名列全国第二大建陶主产区】 至2018年年末,高安陶瓷产区拥有陶瓷及配套企业158家,有全国两大建陶航母新明珠陶瓷、新中源陶瓷和欧雅陶瓷、普京陶瓷、恒达利陶瓷、爱和陶陶瓷等全国陶瓷行业前30强企业以及太阳陶瓷、罗斯福陶瓷、瑞阳陶瓷等一批本土知名陶瓷企业。建成陶瓷生产线170条,陶瓷年总产能8.5亿平方米。拥有中国驰名商标14件、省著名商标47件。配套企业涵盖保障陶瓷产业发展的原料、燃料、模具、包装、物流等多个行业,形成从设备制造、辅助材料生产、研发设计、产品制作、包装物流到市场销售的上下游完整产业链。产区内还建成有国家级建筑卫生陶瓷检验检测中心、高安市陶瓷工程中心、中国建筑陶瓷产业实训中心、铁路专用线、高安内陆口岸作业区、江西陶瓷会展中心、高安天然气有限公司等多个产业配套服务平台。高安陶瓷在硬件条件、产业规模、产品品质、企业口碑等方面均走在国内各建陶产区前列,成为仅次于佛山的全国第二大建陶产区。

【全省县级首家垃圾焚烧发电厂建成】 10月,高安市建成全省县级首家垃圾焚烧发电厂。该厂位于高安市荷岭镇上寨村黄金城山狭子口。2016

年，高安市委、市政府为缓解高安市垃圾填埋压力，改善城乡居民生活条件和饮用水安全，与高安意高再生资源热力发电有限公司采取BOT方式启动建设高安市垃圾焚烧发电项目，当年底开工建设。项目建设总规模3×300 t/d，总装机容量18兆瓦。其中一期2×300 t/d，装机容量12兆瓦，年处理生活垃圾21.9万吨，发电量8000万千瓦时。预留二期300 t/d扩建场地。一期工程2018年7月投入试生产，10月完成竣工验收。该项目主要由生产及辅助工程、公用工程等组成，包括新建垃圾接收、贮存、焚烧系统、烟气处理系统、垃圾热能利用系统等。工程主要设备涉及垃圾接受系统、垃圾进料系统、焚烧炉/余热锅炉系统、烟气处理系统、污水处理系统、余热利用系统等。烟气净化采用"SNCR+半干法旋转喷雾反应塔+干法脱酸+活性炭喷射+袋式除尘"工艺。烟气排放全面满足《生活垃圾焚烧污染控制标准》要求；渗滤液设计处理规模200 t/d，采用"预处理+ UASB厌氧反应器+MBR生化处理系统+NF纳滤膜+RO反渗透膜处理"处理工艺。该项目渗滤液、冲洗废水、化验室废水、锅炉化水除盐水制备过程中的RO浓水和锅炉排污水、冷却塔排污水、生活污水等经处理后，水质达到《城市污水再生利用工业用水水质》中相应标准后全部回用补充厂内循环水系统，不外排。循环冷却塔系统排水（200 t/d）经过滤后直接通过管网排入莲花塘水库。初期雨水经厂区初期雨水收集池收集后经生活污水处理设施处理后回用作循环冷却水补充用水，不外排。其余雨水经厂区雨水管最终排入莲花塘水库。莲花塘水库地表水环境质量执行《地表水环境质量标准》（GB3838－2002）中的Ⅲ类标准。

【棚户区改造】 2018年，高安市针对棚户区改造及其他招商引资项目，进行房屋征收入户调查摸底工作。棚改涉及筠阳街道征迁户120户，建筑面积6.6万平方米；瑞州街道征迁户1100户，建筑面积37.18万平方米；大城开发区龙曦谷项目征迁户133户，建筑面积4.61万平方米；大城镇蓝城集团项目征迁户142户，建筑面积5.43万平方米。11月7日，启动城市棚户区改造工作项目。此次城市棚户区改造目标任务2980户（套），实际改造3080户，改造项目5个，改造面积35.76万平方米，实际征收房屋总建筑面积约50万平方米。2个月内，签约率过99%。向农发行高安市支行申请2018年城市棚户区改造项目融资贷款12亿元，申请棚改债券资金5.88亿元。发放胜利路片区棚户区改造拆迁补偿款11.59亿元。加快安置房建设。华林北路安置房小区位于高安市华林北路以东、平安大道以南，总用地面积2.95万平方米，总投资1.67亿元，项目主体封顶，开始建设配套基础设施。赤土板北路安置房小区位于瑞阳新区西区，东至赤土板北路，南至锦绣大道，西至城区备用地，北至平安大道，总用地面积6.67万平方米，总投资4.65亿元，该项目完成建设手续审批，着手启动建设。

【全市贫困村全部实现脱贫】 高安市有贫困村5个，其中省级贫困村4个，宜春市级贫困村1个。高安市将脱贫攻坚与秀美乡村建设有机结合；结合财政资金作用，撬动社会人、财、物综合力量，形成扶贫脱贫合力；坚持因地制宜、分类指导，通过造景连线成片的思路，在帮助贫困村找准脱贫致富门路上下功夫。2016年省级贫困村石脑镇陈罗村脱贫退出，2017年2个省级贫困村祥符镇南山村、大城镇金田村和1个宜春市级贫困村太阳镇杨家村脱贫退出，2018年省级贫困村新街镇源塘村脱贫退出，全市所有贫困村全部实现脱贫。2018年，贫困村建档立卡贫困户179户511人。其中，石脑镇陈罗村有贫困户41户119人，脱贫37户，未脱贫4户；南山村贫困户36户90人，脱贫29户，未脱贫7户；大城镇金田村贫困户41户131人，脱贫32户，未脱贫9户；太阳镇杨家村贫困户16户43人，脱贫12户，未脱贫4户；新街镇源塘村贫困户45户128人，脱贫37户，未脱贫8户。

主要领导人 市委书记：袁和庚。市人大常委会主任：黄雪刚。市长：潘劲松（8月，因涉嫌严重违纪违法接受纪律审查和监察调查）。市政协主席：丁杏花。

（高安市史志办公室）

·上高县·

【简 况】 位于江西省西北部，辖9镇5乡1场1街道办事处。总面积1350平方千米，其中县城城区面积22.6平方千米。耕地面积3533.48公顷，有林面积7.07万公顷，森林覆盖率46.82%，城市建成区绿化率37.45%。总人口38.40万人，其中城镇人口15.93万人。2018年，地区生产总值184.51亿元，同比增长7.5%。其中，第一产业增加值22.37亿元，增长3.2%；第二产业增加值83.35亿元，增长6.4%；第三产业增加值78.79亿元，增长10.8%。财政总收入31.31亿元，增长14.4%，税收占财政总收入90%。一般公共预算收入17.64亿元，增长9.9%；一般公共预算支出36.22亿元，增长14.6%。固定资产投资125.6亿元。工业总产值274.98亿元，增长1.9%。外贸出口4.4亿美元。实际利用外商投资1.01亿美元、省外资金75.69亿元。主要工业产品及产量有水泥141万吨、饮料酒239.1万升、服装590万件。农林牧渔业总产值46.22亿元，增长3.93%。主要农产品及产量有生猪出栏88万头、牛存栏4.85万头。城市污水处理率90%。城镇居民人均可支配收入3.23万元，增长7.4%；农村居民人均可支配收入1.76万元，增长9%。

【工业产业量质齐升】 2018年，上高县坚持"产业兴县、工业强县"战略，新增入园企业26家，总数达392家，企业"上云"349家。新增规上工业企业45家，在库195家。工业固定资产投资增长21.4%。外贸出口29亿元，列全市第一。传统产业巩固提升，旺旺增资兴建旗下唯一母婴食品生产基地，裕盛、中杰等企业"机器换人"智能化改造加快，绿色食品、鞋业产业不断发展壮大。电子、新能源等新兴产业发展加快，格林德新能源、魅动电子产业园实现当年引进、当年开工。高新技术企业培育力度加大，全社会科研经费投入占生产总值比重居全市第一，新增省级工程技术研究中心2个，新增国家高新技术企业13家，总数达26家。

【推进“六大美丽行动”】　2018年，上高县围绕“创建文明城市建设美丽上高”目标，推进城市美、乡村美、园区美、道路美、山水美、人文美“六大美丽行动”，重点建设70余个项目，总投资310亿元。推进城市基础设施建设。在医院、学校等人流密集和环城路口规划建设上高廊桥、镜山大桥、锦阳大桥3座便民大桥。陆续开建文化广场、体育广场、汽车广场、农贸市场拆迁安置小区、锦阳明珠安置房、时代广场安置房、华美实验学校、学园路小学、人民医院东迁项目等基础设施项目。投入10亿元进行城南片区棚户区改造。重点打造城市风貌，启动投资10亿元的旧城改造提升行动，首批3亿元的EPC旧城改造提升项目已确定中标单位，总投资20亿元“十大工程”和生活垃圾焚烧发电厂建设有序进行。加大公园完善和建设力度。大观塔公园、滨江公园、凤栖游园正抓紧建设，精心打造城市旅游综合体，规划建设公共停车场设施。上高森林覆盖率44.39%，城市绿化覆盖率35.9%，彰显依水建林、以林涵水的“上高特色”。全面打造美丽示范风景线。投入建设资金200余万元对昌栗高速上高段主要干道沿线环境改造提升，完成主干道沿线房屋立面改造4万余平方米，栽植樟树、桂花树等苗木1000余棵。投资5亿元的以320国道及昌栗高速沿线村庄综合整治为主的提升工程EPC项目建设方案通过评审会评审。提升园区环境。投资1.5亿元建立13万平方米标准厂房完成招标，投资1.5亿元的园区厂房改造以及厂房周边环境提升改造EPC项目建设方案招标完成评审。加快启动五里岭卫星城的学校、医院、商贸城等配套设施建设，卫星城园区建成1270套公租房，为产业人才提供居住需求。农村更加秀美、舒适。安排213个新农村点，重点打造敖山镇洋林少数民族村、泗溪镇叶山新村、塔下乡田北村、芦洲乡晏家自然村、徐家渡镇山背自然村5个美丽示范村。启动农村生活垃圾分类试点。蒙山镇抗头村被评为全国文明村镇，5个乡镇、10个村获评江西省生态乡镇、村。持续开展“好人文化”建设。深入开展“十佳上高人”“最美上高人”活动，夯实文明城市创建人文基础。

【江西新威动力能源科技有限公司被列入国家绿色工厂】　2018年，工信部公布第二批绿色制造体系建设示范单位，上高县的江西新威动力能源科技有限公司被列入国家绿色工厂。江西新威动力能源有限公司是中国500强企业超威集团全资控股的江西生产基地，也是江西省民营企业、制造业“双百强”。自2011年进入上高县工业园，企业不断扩大产能，实施技改提升，创新绿色发展。作为全国首批符合《铅酸蓄电池行业准入条件》的企业，上高新威以技术优势引领行业发展，设立院士工作站和新能源研究所，并在全省同行业率先引进3条半自动化生产线。

【上高县“8·20”持枪杀人案】　8月21日22时20分许，上高县“8·20”持枪杀人案犯罪嫌疑人况玉林，在上高县锦江镇南源村持枪拒捕，被当场击毙。8月20日上午，上高县敖山镇原奶牛场、沿江中路建材市场“顾地管业”店内和黄金堆意隆纺织厂相继发生3起持枪杀人案，共造成4名被害人死亡。经公安机关调查，3起持枪杀人案均系犯罪嫌疑人况玉林因个人恩怨所为。案发后，犯罪嫌疑人潜逃，公安机关迅速组织开展追捕行动。8月21日下午，经过案情研判，追捕组决定对犯罪嫌疑人可能藏身地点进行武装清查。20时45分许，在接到群众举报获悉犯罪嫌疑人行踪后，立即进行围捕，犯罪嫌疑人持枪拒捕，被当场击毙。

主要领导人　县委书记：龚法生。县人大常委会主任：况国高。县长：胡海洋。县政协主席：晏晓勤。

（晏紫春）

·宜丰县·

【简　况】　位于江西省西北部，辖8镇4乡2林场2垦殖场。总面积1934平方千米，其中城区面积8.5平方千米。耕地面积2.85万公顷，林地面积13.97万公顷，森林覆盖率71.9%，城区绿化率38.51%。总人口30.02万人，其中城镇人口11.33万人；人口自然增长率6.51‰。2018年，地区生产总值130.16亿元，同比增长7.5%。其中，第一产业增加值20.56亿元，增长3.7%；第二产业增加值60.67亿元，增长6.9%；第三产业增加值48.93亿元，增长10.9%。财政总收入20.5亿元，增长2.5%，税收占财政总收入83.7%。其中一般公共预算收入12.79亿元，下降1.1%。财政总支出28.63亿元，增长7%。规模以上工业增长4.3%。500万元以上固定资产投资增长11.4%。实际利用外商投资7289万美元；省外投资42.16亿元。规模以上工业主要产品及产量有竹地板106.8万平方米、人造板9.5万立方米、瓷质砖5920万平方米、铅酸蓄电池2.1万千伏安时。农业总产值38.93亿元，增长4.2%。粮食总产量28.98万吨。主要农产品及产量有水产品1.95万吨、肉类4.09万吨、生猪出栏39.39万头、禽蛋产量8343吨。万元GDP能耗下降3.94个百分点，城市污水处理率86.54%。城镇居民人均可支配收入3.18万元，增长7.3%；农村居民人均可支配收入1.53万元，增长8.2%。城乡居民年末储蓄余额115.98亿元，增长9.1%。

【共建“中华蜜蜂之乡”】　11月，在北京市密云区召开的“21世纪第三届全国蜂业科技与海峡两岸蜂产业发展大会暨首届北京密云蜂产业发展高峰论坛”上，中国养蜂学会第八届一次理事会审议通过宜丰县政府与中国养蜂学会共建“中华蜜蜂之乡”议题，并颁发同意共建证书。截至2018年年底，宜丰县中华蜜蜂饲养量5万箱，产蜜1000吨以上，产值3000余万元，组织成立宜丰县养蜂协会和13个养蜂专业合作社，社员遍布16个乡镇215个行政村，辐射蜂农3300户1.3万人。

【生态警察中心建立】　宜丰县投资4000万元，建成一套集生态环境信息收集、传输、分析、预警、上报于一体的生态环境保护机制——生态警察中心。生态警察中心，是一个生态环境问题综合管控机构。其运作模式是“1+13+N”，“1”即生态警察中心，负责组织、实施全县生态环境问题综合管控，指导、协调、督查、督办各派驻单位环境问题综合整治，针对环境突出问题，群众反映强烈、社会影响恶劣的环境污染问题进行联合执法。“13”，即整合公安、环保、国土、城建、城管、水务、市监、农业、林业、安监、工信委、森林公安、畜牧水产13家生态环境管控重点单位相关职能；在公安局成立环侦大队，加强行政执法与刑事司法整合，加强环境犯罪案件侦办。“N”，即建立多个单位参加的联席会议制度，一旦发现环保线索，生态警察中心立刻统一调度，13家单位各司其职，立办立结。13家单位各派出一名干部，入驻中心集中办公，各类生态环境问题，统一由生态警察中心受理，并且当天受理、当天提出初步意见，需要立项的24小时内立项办理。

【“电缆线托举哥”李鹏登上“中国好人榜”】 6月29日，中央文明办在萍乡举办2018年6月中国好人榜发布仪式暨全国道德模范与身边好人现场交流活动，宜丰县交警大队李鹏上榜爱岗敬业类“中国好人”。李鹏从警八年，累计超时工作1200余小时，调处各类交通事故2600余起，未出现一例上访和投诉，交通事故当事人满意率90%以上。2017年5月21日晚8点，宜丰县城龚家坪路段发生一起交通事故，李鹏与2名同事赶赴现场。通过现场勘查和询问事故当事人得知，驾驶人因雨天路滑加之操作不当，导致车辆撞到路旁架有电缆的电线杆，折断的电线杆倒压在事故车辆后车厢，电缆线横跨马路。事故发生在车流量较大的宜芳线，造成数十辆车排队等候通行。为避免交通陷入瘫痪，李鹏马上电话联系抢修部门，一边叫同事设置警示标志、配合指挥车辆从电缆下有序通过，自己则高举电缆。40余分钟内，李鹏始终保持着托举姿势，直到抢修人员赶到，道路恢复正常通行。路过市民用手机拍下，“电缆线托举哥”事迹获众多网友点赞。

【2018年中国青少年自行车U系列赛在宜丰开赛】 11月17日—18日，由中国自行车运动协会主办，宜丰县政府、宜春市体育局承办的“天宝古城杯”2018年中国青少年自行车U系列赛暨公路自行车全国青少年锦标赛在宜丰县开赛。各省、市、自治区及香港地区22支参赛代表队219名专业车手参加比赛。参赛运动员14~18岁，均为当年全国分区冠军赛优秀选手。比赛项目分为个人计时赛、个人赛男女6个组别、12个小项，比赛距离10~60千米。经过两天比赛，云南呈贡袁金伟获男子甲组个人赛金牌，香港实德动力李思颖获女子甲组个人赛金牌，江苏鹰游殷建冬获女子乙组个人赛和计时赛两项冠军、王建华获男子甲组计时赛冠军，昆明市李俊刚和李桢分获男子乙组个人赛和计时赛第一名、马如惠获女子甲组计时赛第一名，上海张汇宾与梁方分获男子丙组个人赛和计时赛冠军，河南开封周梦寒获女子丙组个人赛和计时赛冠军。

【宜丰籍运动员周俐君获世界跆拳道大满贯冠军系列赛金牌】 2018世界跆拳道大满贯冠军系列赛总决赛于12月13日在江苏无锡太湖国际博览中心开赛，赛事为期5天，27个国家和地区的115名选手，分别在男、女8个级别进行竞赛。12月16日，国家队宜丰籍运动员周俐君在2018世界跆拳道大满贯冠军系列赛女子57公斤以下级决赛中击败里约奥运会冠军、英国选手杰德琼斯，获取金牌。世界跆拳道大满贯冠军系列赛在比赛规格上仅次于奥运会跆拳道比赛，是中国举办的唯一一项奥运会资格选拔赛事。

主要领导人 县委书记：张俊。县人大常委会主任：刘毅力。县长：解鸳。县政协主席：舒彬。

（纪睿）

·铜鼓县·

【简　况】 位于江西省西北部，辖6镇3乡4林场。总面积1551.94平方千米，其中城区面积9平方千米。耕地面积8868.39公顷，林地面积13.87万公顷。森林覆盖率88.04%，城区绿化率36.5%。总人口13.86万人，其中非农业人口4.97万人；人口自然增长率6.52‰。2018年，地区生产总值49.85亿元，增长8.2%。其中，第一产业增加值6.86亿元，增长3.6%；第二产业增加值19.31亿元，增长6.6%；第三产业增加值23.68亿元，增长11.4%。财政总收入9.37亿元，增长1.1%，人均6764元，税收占财政总收入80%。地方财政收入6.58亿元；地方财政支出18.56亿元，增长10.9%。规模以上工业总产值28.76亿元，外贸出口占地区生产总值7.74%。500万元以上固定资产投资24.76亿元，增长10.8%。实际利用外商投资2808万美元，利用省外投资16.82亿元。主要工业产品有医药、化工、竹木建材、计算机外围设备、纺织等。农业总产值11.96亿元。粮食总产量4.78万吨，增长2.39%。主要农产品及产量有茶叶3063吨、红薯1058吨、大豆1050吨、西瓜2562吨、生猪出栏5.66万头、山羊出栏4.27万只。万元GDP能耗0.19吨标煤，下降4.23%。二氧化硫排放总量193.22吨，削减率46.85 %。城市生活污水处理率85%。城镇居民人均可支配收入2.58万元，增长7.83%；农村居民人均纯收入1.01万元，增长9.56%。城乡居民年末储蓄余额55.99亿元，增长4.88%。

【铜鼓县获评中国茶业百强县】 11月15日，铜鼓县在第十四届中国茶业经济年会开幕式暨中国茶业品牌盛典上被中国茶叶流通协会评为2018年中国茶叶百强县。铜鼓县是宁红茶原产地和主产区之一，还盛产高山有机绿茶、白(化)茶。全县有茶叶专业合作社18户、3.33公顷以上种植户350户、6.67公顷以上专业户109户、33.33公顷以上茶叶基地企业17家；交山村、公益村、凤山村、坪田村、幽居村、大梅村、西湖村、丰田村、东山村、华联村10个村形成“一村一品”茶叶产业示范村，其中交山村是国家级“一村一品”示范村。大塅镇、温泉镇、排埠镇、棋坪镇初步建成666.67公顷茶叶大镇，66.67公顷以上专业村23个，打造茶园旅游景点的有交山村、公益村、凤山村、坪田村、华联村5个村。2018年，全县茶叶种植面积7213.33公顷，改造低产茶园面积近2000公顷，年产茶叶4050吨，茶叶综合产值3.86亿元，茶农人均来自茶产业收入超过1700元。

【铜鼓县乡村旅游扶贫项目列入全国金融支持旅游扶贫重点项目推荐名单】 10月31日，文化和旅游部、国务院扶贫办、中国农业发展银行联合发布57个全国金融支持旅游扶贫重点项目推荐名单,铜鼓县乡村旅游扶贫项目列入推荐名单。根据该政策,项目所在地省级文化和旅游行政部门、扶贫部门指导地市对口部门按照“一项目一方案、一项目一政策”原则,为重点项目制定专项配套支持方案,并根据项目开发建设进度和需要,在产品建设、品牌创建、人才培训、宣传推介等方面给予重点倾斜。2018年,铜鼓县新建乡村旅游示范点25个、户外拓展基地6个,新增省4A级乡村旅游点2个、3A级2个。汤里温泉获中国十佳避暑景区、中国最佳温泉养生休闲胜地、年度最受游客满意的中国旅游胜地3项国家级荣誉。全年累计接待游客314万人次,实现旅游综合收入17亿元。

【铜鼓3所学校入选全国青少年校园足球篮球特色学校】 8月,棋坪中学和大塅镇中心小学被教育部公布为2018年全国青少年校园足球特色学校。11月30日,温泉镇中心小学被教育部公布为2018年全国青少年校园篮球特色学校。棋坪中学学生体育用地4510平方米,生均运动场地面积9.85平方米,有200米标准塑胶跑道1个,篮球场2个,室外乒乓球台6个,足球场1个,羽毛球场2个。专业专职体育教师2人,兼职体育教师3人。按照国家要求推进校园足球普及,把足球列入体育课教学内容,每周安排一节体育课,以足球专项能力培养为主要内容。分年级组建足球队,每天利用放学后进行足球队训练。大塅镇中心小学学生体育用地7024平方米,生均运动场地面积8.89平方米,有200米标准塑胶跑道,绿荫足球场1个,足球训练器材9个,篮球场1个,室外乒乓球台6个。学校专门设立校园足球文化墙,介绍足球相关知识。学校组建四、五、六年级男女足球队及足球兴趣小组,每周周二、周三各上训练课1课时。学校每年以班级为单位,按年级分组举行足球联赛,并进行总结奖励。温泉镇中心小学学校体育用地5600平方米,生均运动场地面积12.6平方米,有200米标准塑胶跑道1个,篮球场1个,室外乒乓球台8个,羽毛球场1个,排球场1个。专业专职体育教师1人,兼职体育教师4人。学校先后派出体育教师12人次参加省市艺体教育课程培训,编写36课时校本教材《快乐篮球》。四、五、六年级分别组建男女篮球队。每年组织篮球联赛,联赛以班级为单位,按年级分组举行并进行总结奖励,基本达到全员参与篮球活动。

【举办湘赣边区域开放合作主题联席会】 1月25日—26日,湘赣边区域开放合作“创新生态文明制度体系推动湘赣边区域共发展”主题联席会在铜鼓县召开。省发改委资源节约和环境保护处处长、生态处处长洪小波,宜春市委常委、常务副市长王宏安以及井冈山、莲花、醴陵、浏阳、平江、上栗、铜鼓、万载、修水、永新、遂川、湘东、桂东13个县(市、区)政府负责人参加会议。其间,参加主题联席会的与会代表到铜鼓县大塅镇浒村乡村旅游示范点、三都镇东浒村秀美乡村暨休闲农业中药药材产业示范园、秋收起义纪念馆等地考察学习美丽乡村建设。13个县(市、区)签署《湘赣边区域开放合作“创新生态文明制度体系推动湘赣边区域共发展”行动计划》和《湘赣边区域“旅游合作联盟促生态建设”框架协议》。通过整合区域内旅游资源,统一编制规划,统一开发旅游产品,统一对外营销,共建湘赣边无障碍黄金旅游带。

【蒙华铁路九岭山隧道、大围山隧道铜鼓段全面贯通】 4月8日凌晨1时18分,蒙华铁路九岭山隧道全线贯通。九岭山隧道起于铜鼓县,止于宜丰县。隧道全长15.37千米,总投资7.88亿元,中铁十九局集团有限公司承建。2015年3月,中铁十九局集团有限公司进场施工,历时1076天,共穿越8条断层破碎带、6条节理密集带,6520米高应力区域,5696米高地温区域,洞内最大涌水量达每天3.20万立方米。6月20日10时18分,蒙华铁路大围山全线贯通。大围山隧道全长8.17千米,总投资2.18亿元,中铁港航局集团有限公司承建。在施工中,采用“进口+出口+两斜井(1、2号斜井)”方式,坚持“管超前、严注浆、短开挖、强支护、早封闭、勤量测”隧道施工十八字方针,攻克F3断层、15米浅埋段、下穿电站引水隧道与河流等危险地段的施工难题,历经2年零8个月完工。

【全省深度贫困村脱贫攻坚现场推进会在铜鼓召开】 8月22日,全省深度贫困村脱贫攻坚现场推进会在铜鼓召开。省扶贫和移民办党组成员、副主任饶振华,宜春市副市长韩志军出席会议;省直部门业务处室领导和有深度贫困村的县(市、区)党政分管领导100余人参加会议。与会人员考察铜鼓县深度贫困村大塅镇浒村和公益村,观看《决战贫困 小康路上勇向前——铜鼓脱贫攻坚工作纪实》视频。会上,各设区市扶贫和移民办主要负责人作表态发言,铜鼓县、于都县、兴国县、万载县有关负责人作交流发言。

主要领导人 县委书记:罗光荣。县人大常委会主任:李鸣。县长:黄为民。县政协主席:赖国梁。

(刘书琴　黄萌)

·万载县·

【简　况】 位于江西省西北部,辖9镇7乡1街道办事处。总面积1719.63平方千米,其中城区面积16.1平方千米。耕地面积3.29万公顷,有林面积11.36万公顷,森林覆盖率67.27%,城区绿化率30.7%。总人口57.73万人,其中非农业人口20.99万人;人口自然增长率8.01‰。2018年,地区生产总值154.71亿元,增长8.6%。其中,第一产业增加值17.39亿元,增长3.8%;第二产业增加值72.93亿元,增长8.2%;第三产业增加值64.39亿元,增长11%。财政总收入28.09亿元,增长9.6%,税收收入占财政总收入87.5%;一般公共预算收入16.28亿元,增长10.6%。地方财政支出33.53亿元,增长3.4%。固定资产投资增长11.7%,实际利用外商投资6903万美元。规模以上工业企业主营业务收入265亿元,增长13%。主要工业产品有花炮、有机食品、新型建材、机械电子、橡胶化工。粮食总产量33.6万吨。社会消费品零售总额42.06亿元,增长10.4%。城镇居民人均可支配收入2.85万元,增加2200元;农村居民人均可支配收入1.22万元,增加1074元。城乡居民年末储蓄余额141.31亿元,增长18.17%。

【推出平安创建联络员派驻机制】 2月,万载县推出平安创建联络员派驻村(社区)制度。平安创建联络员由全县各政法单位副科级干部和部分优秀中层干部担任,由县政法委统一向全县每个村(社区)派驻,实现"全覆盖",每个乡镇(街道)确定一名政法部门领导为平安创建联络员牵头人,并由所在地派出所所长协助其统一调度平安创建联络员工作情况。平安创建联络员其职责主要是当好政策法律宣传员、矛盾纠纷调解员、为民解难服务员。县政法委利用多种媒体宣传政法机关向全县农村派驻平安创建联络员的现实意义,制作《平安创建联络员公示牌》220块,悬挂在每个村(社区)醒目处,印制10万张《平安创建联络员便民联系卡》发至每家每户。2018年,万载县政法机关收到各类线索538条,其中派驻平安创建联络员摸排线索203条,协助公安部门刑事拘留违法犯罪嫌疑人497人;打掉涉黑势力犯罪集团1个、涉恶势力犯罪集团2个、涉恶势力团伙11个,抓获集团、团伙成员62人,化解各种矛盾纠纷931起,清理信访积案12件,维护农村社会稳定,提升群众安全感和获得感。《江西日报》《江西省扫黑除恶专项斗争工作简报》《新法制报》专题报道万载平安创建联络员做法,江西卫视"江西新闻联播"节目组于8月中旬专程采访万载县派驻"平安创建联络员"助推扫黑除恶的经验。

【万载夏布织造技艺入选第一批国家传统工艺振兴目录】 6月,万载夏布织造技艺入选国家文化和旅游部、工业和信息化部制定的第一批国家传统工艺振兴目录。万载夏布织造技艺为第二批国家级非物质文化遗产代表性项目名录,是万载县一张文化名片,宋树牙为该项目的国家级代表性传承人。万载夏布多次参加全国性"非遗"展示展演活动,2010年代表江西到"上海世博会"参展;2017年万载夏布织造技艺代表江西参加在浙江杭州举办的第九届中国非物质文化遗产博览会并获"最佳展陈奖"。

【万载县完成脑卒中高危人群筛查与干预项目工作】 6月初,万载县完成开展的脑卒中高危人群筛查与干预项目工作,成为江西省第一个完成现场筛查工作的项目县。此次筛查活动历时1个月,共完成筛查人次数2028人,其中筛查出脑卒中高危人群306人,中危人群512人,既往脑卒中49人,TIA(脑出血)8人,高血压693人,糖尿病152人。通过筛查,建立起完善的数据信息,为高危人群提出有针对性的防治策略,起到早预防、早发现、早诊断、早治疗效果。

【万载县与江西农业大学签订实施乡村振兴战略合作框架协议】 6月7日,万载县政府与江西农业大学签订实施乡村振兴战略合作框架协议。江西农业大学校长、党委副书记赵小敏,万载县委书记胡全顺出席签约仪式。根据协议,江西农业大学和万载县本着"立足当前、面向长远、逐步发展"精神,坚持"优势互补、互惠互利、真诚合作、共同发展"原则建立全面合作关系,重点加强科技产业合作、促进成果转移转化、推进战略决策咨询以及人才教育培训三大方面的长期合作。

【举办中国万载第四届国际花炮文化节】 10月19日—21日,万载县在龙湖公园烟花燃放国际赛事中心举办以"千年中国梦·万载花炮情"为主题的中国万载第四届国际花炮文化节。此届国际花炮文化节设有环保艺术焰火锦标赛、花炮工匠评选、发展论坛、花炮诗词征文、摄影大赛、花炮始祖李畋纪念、吉祥物征集、花炮天使评选、群众性体育活动、全国花炮文化抖音大赛、快闪、美食节、音乐节等24项主题活动。其间,举行招商引资项目集中签约仪式,共签约5个项目,总投资45亿元。5个项目涵盖新能源、新材料、建材、智能制造、智能终端及烟花鞭炮安全、自动化、智能化培训推广校政企合作等领域。其中,金润标准厂房示范园项目,投资额为30亿元,主要建设以智能制造、智能终端、电子信息、新材料等产业为主题的示范园。所有项目的投资致力于烟花鞭炮安全、自动化、智能化培训推广校政企合作,有利于加快花炮产业转型升级。

主要领导人 县委书记:胡全顺。县人大常委会主任:张清华。县长:曾文军。县政协主席:龙雷君。

(徐小明)

上饶市

【概 况】 位于江西省东北部,辖1市9县2区。总面积2.3万平方千米。耕地面积45.9万公顷,林地面积138.19万公顷,森林覆盖率61.9%。总人口681.07万人。2018年,地区生产总值2212.78亿元,同比增长9.0%。其中,第一产业增加值253.10亿元,增长3.4%;第二产业增加值1018.79亿元,增长8.8%;第三产业增加值940.89亿元,增长11.0%。财政总收入351.57亿元,增长10.3%;税收收入占财政总收入78.3%。一般公共预算支出622.93亿元,增长13.1%。规模以上工业增加值增长9.4%。500万元以上项目固定资产投资增长11.1%。引进省外2000万元以上项目资金729.92亿元,增长11.1%。实际利用外资12.5亿美元,增长9.5%。外贸出口255.31亿元。主要工业产品及产量有铜材28.2万吨、滚动轴承0.9亿套、光学仪器5.5万台、水泥1677.4万吨、汽车6.6万辆。农林牧渔业总产值262.3亿元,增长3.6%。粮食总产量351.3万吨。万元GDP能耗0.37吨标准煤,中心城区空气优良率91.8%,饮用水源地水质达标率100%。社会消费品零售总额825.99亿元,增长11.1%。城镇居民人均可支配收入3.47万元,增长8.8%;农村居民人均可支配收入1.33万元,增长9.6%。金融机构年末存款余额3573.56亿元,增长11.3%。

【棚户区改造】 2016年7月至2018年,上饶市实施城市棚户区改造9.6万套,征迁面积1740万平方米。通过棚户区改造,全市约有30万名城镇居民"出棚上楼",同时推动一大批基础设施和公益项目落地,城市功能与品质明显提升,市、县主城区面貌得到改善。2018 年 11 月 26 日,国务院办公厅下发《国务院办公厅关于对国务院第五次大督查发现的典型经验做法给予表扬的通报》,对国务院第五次大督查中发现的 130 项地方典型经验做法予以通报表扬,上饶市多措并举、推进棚户区改造工作的经验做法名列其中。

【县域工业三年攻坚计划启动】 上饶市启动县域工业三年攻坚计划,制定《2018 年"县域工业发展攻坚年"活动实施方案》,实行分类考核奖励。2018 年,全市规模以上工业增加值增长 9.4%,高出全省平均水平 0.5 个百分点,增速列全省第三;完成主营业务收入 2777.7 亿元,增长 16.1%,高出全省平均水平 4.1 个百分点,增速列全省第二;完成利润总额 181 亿元,增长 29.1%,高出全省平均水平 12.6 个百分点,增速列全省第二。全年净增规模以上工业企业 127 户,列全省第四,规模以上工业企业达 1430 户。

【首列中欧班列(上饶—奇姆肯特)正式发车】 1 月 19 日,中欧班列从上饶站开往哈萨克斯坦的奇姆肯特,这是上饶开行的首趟中欧班列。中欧班列由上饶站出发,经阿拉山口出境运往哈萨克斯坦的奇姆肯特,国内段里程 5000 余千米,境外段里程约 2000 千米,总里程 7000 余千米,每趟用时 12~15 天,比海运时间节省一半以上,为晶科能源等企业开辟国际快速运输通道。

【《上饶市农村居民住房建设管理条例》施行】 5 月 31 日,江西省第十三届人大常委会第三次会议批准《上饶市农村居民住房建设管理条例》,自 7 月 1 日起施行。该条例分为总则、规划和用地、申请和审批、建设和管理、法律责任、附则 6 章,共 41 条,为进一步加强村镇规划管理、规范农村居民建房、整治村庄建设乱象、维护村民合法权益提供法律保障。

【国家中医药健康旅游建设经验交流暨标准研讨会在上饶举行】 6 月 20 日—21 日,由国家中医药健康旅游示范建设工作办公室主办、上饶市政府承办的国家中医药健康旅游建设经验交流暨标准研讨会在上饶举行。国家中医药健康旅游创建工作专家委员会部分专家、首批 15 家国家中医药健康旅游示范区创建单位及部分第一批国家中医药健康旅游示范基地创建单位的负责人及代表近 200 人参加会议。中国中医科学院常务副院长、国家中医药健康旅游专家委员会主任委员黄璐琦、北京工业大学教授王国华分别作《国家中医药健康旅游示范创建工作进展及标准研制》《中医药健康旅游产业跨界融合的理念与系统》主题报告。10 家国家中医药健康旅游示范区及 3 家示范基地创建单位的代表在会上发言,并就中医药健康旅游示范区及示范基地的建设进展、特色资源、创建经验及未来规划等进行交流和探讨。

【深化政务服务"一网、一门、一次"改革】 8 月 2 日,上饶市召开深化政务服务"一网、一门、一次"(一网通办、只进一扇门、最多跑一次)改革动员大会,印发《上饶市深化政务服务推行"一网、一门、一次"改革实施方案》。至 2018 年年底,市本级依申请政务服务事项网上可办率 100%,市直 33 个部门的 153 项审批事项 100% 进驻行政服务中心大厅,进驻行政服务中心大厅事项 100% 实现受、办一体化,群众办事更加便捷。

【"创新改变未来"2018 中国(上饶)双创发展大会召开】 9 月 20 日—22 日,"创新改变未来" 2018 中国(上饶)双创发展大会在上饶召开,饶商会员代表 600 多人参会。饶商联合总会与多家单位签订战略合作协议,共同推进上饶国际基金(双创)生态示范城建设、上饶国际双创学院建设、国际双创大赛和双创项目孵化,以及金融扶持等战略合作。现场签约饶商回归项目 42 个,签约金额 301.73 亿元。

【举办 2018 首届"大美上饶"乡村旅游文化节】 9—12 月,由上饶市政府、省农业厅、省文化厅、省旅发委主办的 2018 首届"大美上饶"乡村旅游文化节在上饶举行。乡村旅游文化节以"乡村振兴,旅游先行"为主题,包括丰收市集、秋季篮球联赛、国庆嘉年华、村长峰会等系列活动。至 12 月底,各县(市、区)陆续举办龙虾节、开镰节、红茶文化节等主题活动,形成市县联动,在全市范围内营造节日氛围。

【举办首届教育学术节】 11 月 24 日至 12 月 20 日,上饶市举办首届教育学术节。学术节活动以"立德树人·核心素养"为主题,分市、县 2 个层面进行,共举办各种论坛 60 余场次,120 余名上饶教育专家作主旨报告,600 余名在教研学术上有突出贡献的教师和团体获表彰,制作了"育立至上,学成至饶"专题片和改革开放 40 年教育教学成果图片展,在教师中树立"潜心育人、崇尚学术"的风向标。

主要领导人 市委书记:马承祖。市人大常委会主任:汪东进。市长:谢来发。市政协主席:程建平。

(陈俐)

·信州区·

【简 况】 位于江西省东北部,辖 4 镇 5 街道办事处。总面积 339 平方千米,其中城区面积 49.76 平方千米。总人口 43.93 万人,其中城镇人口 31.43 万人;人口自然增长率 10.2‰。2018 年,地区生产总值 277.1 亿元,同比增长 9.5%。其中,第一产业增加值 7.6 亿元,增长 3.1 %;第二产业增加值 62.7 亿元,增长 8.9%;第三产业增加值 206.8 亿元,增长 9.9%。财政总收入 26.4 亿元,增长 10.6%;税收占财政总收入 90.5%。公共财政预算收入 15.6 亿元,增长 5.9%;公共财政预算支出 30.8 亿元,增长 11.2%。工业总产值 32.02 亿元,增长 14.4%。外贸出口 17.46 亿美元。固定资产投资增长 11.3%。实际利用外商投资 9603 万美元,增长 9.1%。利用省外投资 48.2 亿元。主要工业产品及产量有布 1178 万米、苎麻亚麻 1143 万米、铜材 2.51 万吨、塑料 3.19 万吨、混泥土 59.3 万立方米、光学仪器 5.48 万台。农业总产值 12.43 亿元,增长 3.72%。粮食总产量 4.3 万吨。主要农产品及产量有谷物 3.2 万吨、肉类 7328 吨、蔬菜 9.5 万吨、油料 3244 吨、水果 1238 吨。万元 GDP 能耗 0.2123 吨标准煤。社会消费品零售总额

146.68亿元,增长10.8%。城镇居民人均可支配收入3.77万元,增加9.2元;农村居民人均可支配收入1.71万元,增加9.3元。

【招商引资】 强化省际交流和经贸合作,在温州、东莞等地举办主导产业招商暨招才引智推介会,在厦门举办高新技术暨招才引智专题对接会,组织参加省、市招商活动5次,引进信州置信智能制造谷等一批大项目。全年签约工业项目67个,签约总额111.27亿元。其中,25个项目签订入园协议,完成工商注册24个;14个项目实现当年引进、当年开工、当年投产。

【乡村建设】 加大农村基础设施建设力度,改造硬化农村公路34.6千米,改造危桥19座。投入秀美乡村建设资金2.5亿元,推进180个秀美乡村点建设,培育了灵溪镇龙泉村、秦峰镇五石村、朝阳镇溪边村、沙溪镇青岩村等秀美乡村示范点。推进改水、改路、改塘、改沟等,提前完成“三年扫一遍”的工作目标。进一步壮大村集体经济,全年全区村级集体经济总收入1418.12万元,村均收入21.49万元,彻底消灭集体经济“空壳村”。

【数字经济产业】 围绕上饶打造“江西省数字经济示范区”的发展战略,建设以“一城一镇两园”为产业平台的发展格局,完善修改一系列相关扶持政策,促进信州区数字经济产业朝规模化、健康化、持续化方向发展。至2018年年底,信州区有数字经济产业企业482家,其中上市企业7家,纳税2.81亿元,营业额37.46亿元。

【新建行政服务中心智慧大厅】 年内,投资约4500万元,新建行政服务中心智慧大厅。新行政服务中心智慧大厅位于汪家花园,总面积1.20万平方米,分为两层。一层为接待咨询大厅和中心政务发展展示厅以及自助服务终端一体机、商务中心、超市等便民配套设施;二层为企业和群众办事的主大厅,设有商事登记、税务服务、医保社保服务、公安警务、公证法援、婚姻登记、无差别综合受理7个功能区块。进驻区直单位37家240余人,行政服务事项523项,公共服务事项78项,方便企业和群众到政府办事。

【鄱阳大鼓《晒秋》获第十届中国曲艺牡丹奖文学奖】 10月15日,第十届中国曲艺牡丹奖颁奖仪式在江苏扬州举行,鄱阳大鼓《晒秋》获牡丹奖文学奖。中国曲艺牡丹奖是由中国文联、中国曲协主办的全国性曲艺专业奖项,也是曲艺的最高奖。鄱阳大鼓《晒秋》由信州区作者陆泽甫、周叔琛联合上饶市文化馆副馆长李小英创作,用江西地方曲种鄱阳大鼓形式,表现中国最美乡村婺源农俗景观晒秋的场景,晾晒五彩缤纷的果实,以物育孩如何为人处事、不忘乡愁,表达丰收的喜悦和团圆的心愿。作品先后获第九届全国曲艺创作高研班优秀作品奖、第十四届赣浙闽皖四省四市民间艺术节金奖和第十五届中国人口文化奖曲艺类优秀奖。

主要领导人 区委书记:王其中(2019年8月19日,因涉嫌严重违纪违法接受纪律审查和监察调查)。区人大常委会主任:徐志勇。区长:胡心田。区政协主席:程茹。

(李霞 俞城渡)

·广丰区·

【简　况】 位于江西省东北部,辖15镇3乡5街道办事处。总面积1377.79平方千米,其中建成区面积29.4平方千米。林地面积7.8万公顷,森林覆盖率61.99%,城区绿化率46.22%。总人口99.13万人,人口自然增长率8.03‰。2018年,地区生产总值403.11亿元,同比增长9.6%。其中,第一产业增加值23.01亿元,增长3.4%;第二产业增加值203.35亿元,增长9.2%;第三产业增加值176.75亿元,增长11.1%。财政总收入51.86亿元,增长11.2%;税收收入41.5亿元,增长11.8%,占财政总收入80%。一般公共预算收入31.19亿元,增长6.8%。规模以上工业增加值增长9.1%。外贸出口2.81亿美元。固定资产投资增长11.4%。实际利用外资1.31亿美元,增长0.8%。农业总产值36.8亿元,增长3.6%。粮食总产量18.65万吨。主要农产品有马家柚、天桂梨、茶叶、蔬菜。城镇居民人均可支配收入3.69万元,增长8.9%;农村居民人均可支配收入1.65万元,增长9.3%。社会消费品零售总额75.48亿元,增长12.4%。金融机构年末存款余额277.64亿元,增长10.82%。

【天虹购物中心进驻龙华世纪广场项目签约】 1月10日,天虹购物中心进驻龙华世纪广场项目签约仪式在广丰举行。天虹购物中心进驻龙华世纪广场项目总投资16.8亿元,由地下一层至地上五层组成,集购物、餐饮、休闲、娱乐、旅游、教育为一体,整体商业面积8万平方米。项目建成营运后,年销售额3亿元,纳税额2000万元。

【2018·上饶文化创意产业博览会主会场设在广丰】 4月27日—30日,2018·上饶文化创意产业博览会在广丰木雕城会展中心、上饶建筑科技产业园举行。博览会主会场设在广丰木雕城会展中心,展馆面积达2.5万平方米,设有“一带一路”国家展区、特色文化展示区、文化综合展示区、文化创意展示区、动漫游戏展示区、广丰红木展区和赏石文化艺术展示区等10余个主题展区,14个国家50余个城市以及国内北京、浙江、江苏、安徽、福建等13个省、市参展,参展品种1万余种,参展企业1000余家。27日,举行文化产业项目签约仪式,现场签约项目31个,签约金额200余亿元。

【江西渝网科技股份有限公司在“新三板”挂牌上市】 3月20日,江西渝网科技股份有限公司经全国股转公司同意,在“新三板”挂牌公开转让。4月10日,在股转中心举行挂牌敲钟仪式(股票代码:872747)。江西渝网科技股份有限公司是广丰区首家“新三板”挂牌上市的互联网企业,也是上饶市唯一一家“新三板”挂牌上市互联网企业。2017年,渝网公司税收近1000万元。

【上饶卫校附属医院在广丰设立】 10月18日,上饶卫校附属医院揭牌仪式在广丰举行,广丰区妇幼保健院正式成为上饶卫校附属医院。上饶卫校附属医院是一所集保健、医疗、教学、预防于一体的公立二级甲等专科医院,也是广丰区首家院校融合医疗机构。2017年业务收入突破4000万元。先后获国家级“妇幼健康优质服务示范单位”、省级“妇幼健康优质服务示范单位”、全省“妇幼健康能力提升先进单位”“省级儿童早期发展示范基地”等称号。

【承办2018大美上饶(广丰)“万人品柚”乡村旅游文化活动】 11月7日,由上饶市政府主办,市农业局、市旅发委、市文广新局、市商务局和广丰区政府承办,广丰马家柚产业协会协办的2018大美上饶(广丰)“万人品柚”乡村旅游文化活动在广丰月兔广场举行。此次活动包括上饶农特优产品展示及广丰马家柚品尝活动、广丰区排山镇鹏云生态种养专业合作社马家柚示范园视察活动、2018大美上饶广丰马家柚“万人品柚”乡村旅游文化活动推介会等。推介会上,现场签订农业产业招商项目投资协议及广丰马家柚订购协议,促成马家柚销量800万千克,项目签约金额逾1亿元。

主要领导人 区委书记:谭赣明。区人大常委会主任:皮晓瑶。区长:郑华森。区政协主席:方有水。

(周冠辉)

·上饶县·

【简　况】 位于江西省东北部,辖11镇10乡3街道办事处。总面积2240平方千米,其中城区面积20平方千米。耕地面积3.1万公顷,林地面积15.2万公顷,森林覆盖率73.04%,城区绿化率41.25%。总人口85.72万人,其中城镇人口34.74万人。2018年,地区生产总值237.2亿元,同比增长9.4%。其中,第一产业增加值19.3亿元,增长3.5%;第二产业增加值178.4亿元,增长9.8%;第三产业增加值39.5亿元,增长10.9%。财政总收入26.42亿元,增长12.1%;税收收入21.15亿元,增长20.8%。规模以上工业增加值增长9.8%。规模以上固定资产投资增长10.6%。引进省外2000万元以上项目资金52.3亿元;实际利用外资9500万美元,增长21.1%。粮食总产量12.6万吨。社会消费品零售总额57.9亿元,增长11%。城镇居民人均可支配收入2.84万元,增长8.8%;农村居民人均可支配收入1.05万元,增长10.3%。

【现代农业】 完成农用地土地流转0.84万公顷,土地流转率37.5%;新增马家柚、油茶、蔬菜、茶叶等特色农业基地0.24万公顷,产业基地总面积2.92万公顷,特色产业总产值23.6亿元;新增“三品一标”(无公害农产品、绿色食品、有机农产品和农产品地理标志)农产品11个、国家级农民合作示范社1家、省级农业龙头企业4家,恩泉公司被评为全国“万企帮万村”精准扶贫行动先进民营企业,盛水现代农业园被评为省级现代农业示范园。投入资金8100余万元,实施水利项目82个;完成高标准农田建设0.07万公顷。云谷田园项目5万平方米菌菇基地投产见效,1万平方米中药材植物工厂全面投产;投资30亿元,推进白眉茶谷农文旅项目;上饶现代农业科技园区通过国家验收并成功申报国家级星创天地。

【乡村建设】 投入资金1.42亿元,编制完成166个村庄规划,重点打造皂头周石、尊桥周坞、清水双溪等一批秀美乡村示范点。投入资金2亿元,推进“两铁六道”沿线房屋“赣派”风格改造。完成县道升级改造12.3千米、农村公路生命防护工程148.6千米,S203郑五线灵山至上饶公路清水常埠段3千米路基成型、S203郑五线旭日至五府山高铁站公路列入“十三五”普通国省道建设项目库。投入资金6376万元,加强农村生活垃圾治理,上饶县被评为全省农村清洁工程先进县。

【深化改革】 行政服务中心进驻行政审批事项221项、进驻率达70%,公共服务事项37项;梳理公布第一批“最多跑一次”行政审批事项112项、公共服务事项98项,66个高频事项实现一次性办结。在全省率先推行不动产登记制度改革,县房产交易中心和不动产登记中心实现全面整合,“一网、一门、一次”改革成效显现。完成23.9万栋农村房地一体外业调查,拆除空心房、危旧房3万余栋约325万平方米,退出宅基地面积约51万平方米。县城投公司资产总额超过200亿元,发行企业债券15亿元。新组建广信投资集团,资产总额突破300亿元,主体信用等级获评2A。新组建投融资公司和广信融资担保公司。

【上饶县荣登2018中国“幸福百县榜”】 11月,《小康》杂志社和国家信息中心发布2018中国“幸福百县榜”,上饶县名列其中。上饶县地处赣、浙、闽、皖要冲,史称“八省通玉衢”“豫章第一门户”。民俗有龙舟、桥灯、串堂、高跷、庙会等。特产有茶油、茶叶、笋干、早梨、白酒等。境内山清水秀,有七峰岩、石人殿、枫泽湖、月岩洞、南岩等自然景观和名胜古迹。

【“一户一码”APP获公安部“公安基层技术革新优秀奖”】 8月6日,上饶县公安局开发的“一户一码”APP(行业场所管理APP)获公安部“公安基层技术革新优秀奖”。该项目于2017年9月启动,同年12月搭建完成;2018年3月在全县推广。依托该项目,上饶县公安局初步实现对辖区旅馆、网吧、KTV、足浴、快递物流企业、涉爆单位、易制毒化学品企业等行业场所的动态化、规范化、智能化、科学化管理,基本达到“底数摸得清、隐患找得出、场所管得了”这一行业场所管控目标。

主要领导人 县委书记:熊孙魁。县人大常委会主任:潘玉斌。县长:何党生。县政协主席:童晓闻。

(刘佳侣)

·玉山县·

【简　况】 位于江西省东北部,辖9镇5乡2街道办事处。总面积1728平方千米。耕地面积1.88万公顷,林地面积11.47万公顷,森林覆盖率68.59%,城区绿化率45.2%。总人口62.7万人,其中非农业人口19.1万人;人口自然增长率7.6‰。2018年,地区生产总值192.76亿元,同比增长9%。其中,第一产业增加值17.20亿元,增长3.5%;第二产业增加值100.50亿元,增长9.4%;第三产业增加值75.06亿元,增长9.9%。财政总收入25.62亿元,增长9.2%;税收占财政总收入79%;公共财政预算收入16.67亿元,增长0.8%。地方财政支出42.52亿元,增长8%。工业增加值增长9.5%。外贸出口14.43亿元,下降37.5%。固定资产投资增长11.8%。实际利用外资8692万美元。主要工业产品及产量有水泥550.4万吨。农业总产值27.8亿元,增长3.8%。主要农产品及产量有粮食20.26万吨、蔬菜及食用菌4.7万吨、水产品3.1万吨、油料1.61万吨、茶叶658吨。万元GDP能耗0.5772吨标准煤,下降3.2%。城区污水处理率98%。社会消费品零售总额70.1亿元,增长12.2%。城镇居民人均可支配收入3.18万元,增长9.1%;农村居民人均可支配收入1.54万元,增长9.8%。金融机构年末存款余额269.6亿元,增长10.2%。

【央视节目《美丽中国唱起来》在玉山录制】 1月21日—24日,由中央电视台戏曲和音乐频道,上饶市委宣传部,玉山县委、县政府主办的央视大型文艺节目《美丽中国唱起来》在玉山县四股桥乡山塘村和文成塔民俗文化园录制。该节目在全国范围内选择10个城市进行录制,用音乐和文化展示中国的美丽山河、各地的风情风貌,传递中华人文精神。玉山县是此次录制的最后一站,也是在江西省的唯一一站。在玉山县录制的节目,展示了玉山经济社会发展新面貌,奏响玉山跨进新时代、踏上新征程、实现新作为的时代新篇章。

【玉山县入选第二批全国中小学责任督学挂牌督导创新县】 2月,教育部公布第二批全国中小学责任督学挂牌督导创新县名单,玉山县名列其中。自2014年以来,玉山县责任督学承担常态挂牌督导任务,全员、全程参与全县“一校一标”教育质量综合评价、县域义务教育均衡发展、素质教育示范校创建、挖掘学校文化内涵等工作,经常深入或进驻学校,及时诊断评价、意见反馈和指导整改。至2018年2月,全县48所中小学开发了涵盖红色文化、传统文化、音乐、戏剧、美术、手工、英语、科学、人与自然等资源多元、各具特色的校本课程80多门,编制各种校本教材180多套(本),实现三级课程同步推进。在全省中小学百门出彩课程评选中,玉山县有5门课程获奖,还承办全省校本课程课题研究成果展示交流会,被省教育厅授予“校本课程建设基地县”称号。

【第四届中式台球世界锦标赛在玉山举行】 3月19日—30日,中国·上饶·玉山2018CBSA“亚琦集团”第四届中式台球世界锦标赛在玉山举行,43个国家和地区的400余名选手参赛。该届中式台球世界锦标赛由中国台球协会、省体育局、上饶市政府主办,世界职业台球联合会(WPBSA)、国际台球联合会(IBSF)支持,玉山县政府和北京星牌伟业体育发展有限公司承办。比赛分为外围赛、正赛,外围赛采用单败淘汰制,正赛又分为双败淘汰和单败淘汰2个阶段进行。男子组采用13局7胜制,女子组采用9局5胜制。经过角逐,郑宇伯、克里斯·梅林、石汉青分获男子组冠、亚、季军,韩雨、刘莎莎、金佳映分获女子组冠、亚、季军。

【“红睿马”杯2018斯诺克世界公开赛在玉山举行】 8月6日—12日,中国·上饶·玉山“红睿马”杯2018斯诺克世界公开赛在玉山举行。此次斯诺克世界公开赛由中国台球协会、世界职业斯诺克协会、省体育局、上饶市政府主办,玉山县政府、江西星牌体育发展有限公司承办。赛事总奖金73.5万英镑,其中冠军奖金15万英镑,亚军奖金7.5万英镑。72名世界顶级斯诺克选手参加比赛,采用单败淘汰制,经过7天角逐,马克·威廉姆斯获冠军,大卫·吉尔伯特获亚军。

主要领导人 县委书记:胡剑飞。县人大常委会主任:张常青。县长:徐树斌。县政协主席:朱明善。

(占裕田)

·横峰县·

【简　况】 位于江西省东北部,辖2镇6乡2街道办事处1垦殖场。总面积655.24平方千米,其中县城建成区面积16.2平方千米。耕地面积0.91万公顷,林地面积4.46万公顷,森林覆盖率63.6%,城区绿化率48.54%。总人口22.90万人,其中非农业人口9.85万人。2018年,地区生产总值74.3亿元,同比增长8.7%。其中,第一产业增加值5.4亿元,增长3.1%;第二产业增加值44.1亿元,增长9.3%;第三产业增加值24.8亿元,增长9.2%。财政总收入12.17亿元,增长10.8%,其中税收占财政总收入87.3%。固定资产投资42.42万元,增长10.4%。实际利用外资6127万美元,利用省外2000万元以上工业项目资金50亿元。外贸出口8.2亿元。社会消费品零售总额28.4亿元,增长11.7%。城镇居民人均可支配收入2.52万元,增长8.4%;农村居民人均可支配收入1.05万元,增长10.6%。金融机构年末存款余额94.7亿元,增长1.54%。

【特色农业】 横峰县与中国中医科学院、中国医学科学院、江西中医药大学等高校和专业机构进行战略合作,种植各类中药材333.33公顷。中医药植物展示馆、中药材种苗繁育中心、葛文化馆等项目基本竣工,药植园获评江西省中医药文化宣传教育基地。建成马家柚、葡萄、甘蔗等千亩基地15个,桑葚、血橙、美人橘等百亩以上基地100余个。发挥土壤“富硒”优势,培育“富硒”产业,港边“富硒”红薯远销新加坡、印尼。全年新增“三品一标”(无公害农产品、绿色食品、有机农产品和农产品地理标志)认证企业2家,培育国家级示范社3家、省级示范社20家、省级示范农场1家。

【脱贫攻坚】 坚持把脱贫质量摆在首位,发起春季总攻、夏季整改、秋冬会战行动,开展“连心”“清零”“新风”“提升”四大活动。7月29日,经国务院扶贫开发领导小组组织的第三方评估,横峰县以“零问题”“零漏评”“零错退”的标准退出贫困县。巩固脱贫成效,全年整合资金1.98亿元,实施扶贫项目384个,统筹推进10大扶贫工程。实施产业帮扶全覆盖、多叠加,实现增收可持续。全面落实教育扶贫、健康扶贫、安居扶贫、保障扶贫政策,实现保障可持续。2018年,贫困发生率下降至0.57%。

【生态环境建设】 加强城市和工业污水管网建设,启动城区生活污水厂提标改造、九甲产业园污水处理项目,清理规范排污口,完成园区企业污水污泥无害化处理。打好污染防治攻坚战,严厉打击违法排污行为,责令停排200余起,查封企业2家,取缔企业11家,关闭拆除生猪养殖场385家。强化黄源水库和岑港河城乡饮用水源保护,城镇集中式饮用水源地水质达到二类标准,水质达标率100%,全县无五类水和劣五类水;对小(2)型以上水库全部实行人放天养;严禁电鱼网鸟,破获生态违法案件5起;超额完成造林绿化任务。新增省级生态乡镇1个、省级生态村6个;葛源镇成为全省唯一、全国第五个中华暗夜星空保护地。

【横峰县获评"四好农村路"全国示范县】 9月6日,交通运输部、农业农村部、国务院扶贫办联合命名117个县(市、区)为"四好农村路"全国示范县,横峰县榜上有名。横峰县坚持"统筹化推进,网格化管理,精细化养护,便捷化运营",围绕"建好、管好、护好、运营好"四好目标,开展"四好农村路"创建工作,自2015年以来,累计投入农村公路建设资金6亿元,新建、改扩建农村公路560千米,农村公路总里程突破1000千米,实现行政村通5米宽的水泥路100%,25户以上自然村通水泥路率100%,行政村通班车率100%。

【2018第九届"环鄱赛"首站在横峰开赛】 9月12日,2018第九届"环鄱赛"首站在横峰开赛,31个国家和地区的22支专业自行车队130多名车手参赛。"环鄱赛"首站横峰赛道总长105.1千米。经过近3个小时角逐,德国助力车队的选手尼哥底母·霍勒率先冲过终点,获得横峰站比赛冠军。

主要领导人 县委书记:饶清华。县人大常委会主任:李必良。县长:潘琍。县政协主席:杨学园。

(张文丰)

·弋阳县·

【简　况】 位于江西省东北部,辖10镇5乡2街道办事处。总面积1592.5平方千米,其中县城建成区面积17.5平方千米。耕地面积2.2万公顷,有林面积9.75万公顷,森林覆盖率59.27%,城区绿化率46.5%。总人口42.46万人,其中非农业人口10.07万人;人口自然增长率12‰。2018年,地区生产总值107.55亿元,同比增长9.2%。其中,第一产业增加值20.12亿元,增长3.4%;第二产业增加值42.71亿元,增长8.9%;第三产业增加值44.72亿元,增长12.1%。财政总收入16.8亿元,增长11.8%;财政总支出49.42亿元,增长28.9%。财政总收入占地区生产总值15.6%,税收收入占财政总收入81.3%。主要工业产品有铜金属、铜材、水泥、罐头、中成药。实际利用外资6722万美元,利用省外2000万元以上项目资金52.5亿元。粮食总产量20.06万吨。主要农产品有水稻、蔬菜、油菜、花生、甘蔗。万元GDP能耗量降低4%,城市污水处理率100%。社会消费品零售总额48.4亿元。城镇居民人均可支配收入3.17万元,增长9%;农村居民人均可支配收入1.38万元,增长9.4%。金融机构年末存款余额195.34亿元,增长22.7%。

【发展雷竹产业】 组织相关人员参加雷竹种植技术培训30余次,培训1800余人。全县林农通过组织或自发到外地学习800余人次。建立雷竹鲜笋交易市场和"互联网+"雷竹产品电商平台,引进浙江销售代理商210余人。至2018年年底,全县有雷竹合作社111家,雷竹种植面积0.54万公顷,年产鲜笋6万余吨,年产值12亿元,带动贫困户2900余户、贫困人口1.2万人脱贫致富。

【支持企业科技创新】 县政府追加财政资金197.62万元,用于奖励企业科技创新发展及单位和个人专利申请及授权。对341件专利申请受理给予资助,对249件专利(其中发明5件、实用新型86件、外观设计78件)授权、2件国际专利授权给予奖励144.62万元,对新认定的江西绿阳光学仪器制造有限公司、江西金龟王实业有限责任公司、上饶市鸿基铝业有限公司、江西赣东北轴瓦有限公司、弋阳县润杰科技有限公司5家高新技术企业给予奖励50万元,对江西鸥迪铜业有限公司获节能减排示范企业给予奖励3万元。

【实行审前社会调查听证制】 弋阳县对20余起涉嫌暴力犯罪和假释的案件举行听证会。在听证会上,由矫正中心负责人或司法局分管领导介绍案情,邀请辖区派出所民警、村居委会干部、村民代表、听证对象或其监管人、受害人或其家属、司法所工作人员参与,按照《社区矫正实施办法》规定,对审前社会调查的7种情形采取询问的方式,就听证对象家庭和社会关系情况、一贯表现、犯罪行为的后果和影响、被害人意见等方面广泛征求意见,并将各方面意见记录在案,由意见发表人签字确认,形成调查评估意见转交人民法院。通过举行听证会,不仅能够听取民意,还能对拟适用社区矫正对象进行认罪悔罪和身份教育。

【方志敏干部学院揭牌并开学】 10月14日,方志敏干部学院揭牌暨开学仪式在弋阳举行,省政府原副省长、江西方志敏研究会名誉会长孙希岳,省委组织部副部长、省人大常委会选任联工委主任龚绍林,中国井冈山干部学院常务副院长梅黎明,上饶市委书记、方志敏干部学院院长马承祖等出席仪式。部分方志敏研究专家、党史专家、方志敏烈士亲属代表等300余人参加仪式。方志敏干部学院为上饶市委直属正县级单位,位于弋阳县城南新区,占地面积13.07公顷,建筑总面积4.55万平方米,可同时容纳500人学习食宿,承接各类干部学院、各地党校主体班次等特色党性教育和企业经营管理者、专业技术人员、部队官兵、青(少)年学生的培训教育。

【南昌大学第二附属医院与弋阳县人民医院医联体签约、揭牌暨大型义诊活动在弋阳举行】 9月8日,南昌大学第二附属医院与弋阳县人民医院医联体签约、揭牌暨大型义诊活动在弋阳县人民医院举行。南昌大学第二附属医院党委书记程学新、副院长刘月辉,上饶市卫计委副主任祝瑾,弋阳县委副书记、县长陈敏,县政协主席陈康等出席签约、揭牌仪式。弋阳县人民医院与南昌大学第二附属医院签署7个专科联盟协议,建立紧密型医联体。签约、揭牌仪式结束后,两家医院还联合开展专家义诊、手术演示、学术交流会等活动。

主要领导人 县委书记:谢柏清。县人大常委会主任:宣功成。县长:陈敏。县政协主席:陈康。

(杜育和)

·德兴市·

【简　况】 位于江西省东北部,辖5镇6乡3街道办事处。总面积2101平方千米,其中城区面积10.6平方千米。耕地面积1.79万公顷,林地面积14.49万公顷,森林覆盖率76.2%。总人口33.7万人,其中乡村人口25.9万人;人口自然增长率7.9‰。2018年,地区生产总值157.07亿元,同比增长8.6%。其中,第一产业增加值17.91亿元,增长3.2%;第二产业增加值62.57亿元,增长7.1%;第三产业增加值76.59亿元,增长10.7%。财政总收入38.18亿元,增长6%。工业总产值190.1亿元,增长16.1%。实际利用外资6466万美元,外贸进出口11.2亿元。农业总产值28.5亿元,增长3.44%。粮食总产量11.05万吨,增长0.18%。社会消费品零售总额57.13亿元,增长12.3%。城镇居民人均可支配收入3.42万元,增长8.7%;农村居民人均可支配收入1.54万元,增长9.4%。金融机构年末存款余额187.8亿元,增长9.0%。

【现代农业】 全市有农业企业224家,各类农民专业合作社441家,家庭农场131家。投资5400万元,建设高标准农田0.12万公顷;完成1.25万公顷水稻生产功能区和0.37万公顷油菜籽生产保护区划定。获"三品一标"(无公害农产品、绿色食品、有机农产品和农产品地理标志)产品认证41个,建成全国绿色食品原料基地1个,获评全国农村一二三产业融合发展先导区、中国产业互联网农业品牌示范县。中药材种植面积突破0.47万公顷,产值4.1亿元。

【城市建设】 投入749万元,完成滨河公园健身器材更换、城区井盖提升、里弄小巷亮化改造等便民利民项目20个;城东片区污水管网一期建设基本完成。加大棚户区改造力度,征收房屋1985户,面积18.8万平方米;加快推进棚改安置房建设,红山一期和紫阳东升府完成主体工程80%、红山二期开工建设;全面启动211.33公顷市政工程项目征地拆迁工作。

【德贤珠宝产业园项目启动】 1月16日,德贤珠宝产业园项目启动。德贤珠宝产业园位于银鹿工业园区,总投资20亿元,占地面积20公顷,建筑面积45万平方米,是德兴与亚洲500强企业卓尔珠宝合作建设,集研发、生产、展示、休闲、旅游于一体的产业综合体。

【亚琦物流园(二期)项目签约】 4月19日,亚琦物流园(二期)项目签约仪式在德兴举行。亚琦物流园(二期)项目位于德昌高速联线以东、新东线两侧区域,总投资约20亿元,占地面积26.67公顷,是德兴市与亚琦集团联手打造,集现代物流仓储、物流交易、公寓办公为一体的现代化大型商贸物流创新园区。

【中国中医科学院(德兴)试验培训基地项目启动】 6月20日,中国中医科学院(德兴)试验培训基地项目启动。试验培训基地坐落在德兴市大茅山脚下,为中国中医科学院在全国设立的唯一一个试验培训基地,是一个集中医药研发、人才培训、健康养生为一体的大健康产业综合体,总投资30亿元,占地面积0.13万公顷。

【低能耗半导体功率器件(电源芯片)项目签约】 9月8日,低能耗半导体功率器件(电源芯片)项目签约仪式在德兴举行。该项目位于香屯工业园区,总投资10亿元,年产48万片低能耗半导体功率器件(电源芯片),由国家"千人计划"专家周炳领衔的留美海归团队负责,年产值20亿元以上。

主要领导人 市委书记:刘瑞英。市人大常委会主任:张跃平。市长:郭峰。市政协主席:刘德奖。

(吴英红　翁本有)

·婺源县·

【简　况】 位于江西省东北部,辖10镇6乡1街道办事处。总面积2967.78平方千米。耕地面积2.15万公顷,林地面积24.57万公顷,森林覆盖率82.64%。总人口37.43万人,人口自然增长率10.5‰。2018年,地区生产总值106.42亿元,增长8.4%。其中,第一产业9.57亿元,增长3.7%;第二产业33.96亿元,增长8.7%;第三产业62.89亿元,增长9.3%。财政总收入14.51亿元,增长6%。其中,一般预算收入9.98亿元,下降5.5%。地方财政支出27.57亿元,增长10.6%。规模以上工业增加值增长8.8%。利用省外投资2000万元以上项目资金50亿元,增长12%;实际利用外资5300万美元,增长10%。主要工业产品及产量有精制茶4.92万吨、人造板3.63万立方米、中成药391吨。农林牧渔业总产值15.2亿元,增长3.9%。粮食总产量11.04万吨。主要农产品及产量有茶叶1.8万吨、生猪存栏7.52万头、生猪出栏14.51万头、肉类1.38万吨、水产品8868吨。社会消费品零售总额56.39亿元,增长11.9%。城镇居民人均可支配收入2.59万元,增长9.3%;农村居民人均可支配收入1.30万元,增长10.0%。金融机构年末存款余额178.42亿元,比年初增长9.19%。

【全国油菜多功能开发利用技术现场观摩会在婺源召开】 3月22日,由农业农村部种植业管理司、中国农业科学院主办的全国油菜多功能开发利用技术现场观摩会在婺源召开。副省长胡强到会讲话,省农业厅厅长胡汉平、副厅长刘光华出席会议。会上,与会代表观摩了婺源县油菜多功能利用技术现场、油菜景观打造现场及油菜绿色加工技术装备现场。全国油菜方面的专家、学者200余人参加会议。

【老城朱子小区棚改征迁工作完成】 7月20日,召开老城朱子小区棚改征迁工作动员会,解读征迁补偿方案,部署老城朱子小区棚改征迁工作。9月29日,召开表彰大会,总结老城朱子小区棚户区改造项目征迁工作,表彰了一批先进单位和先进个人。此次棚改征迁时间为2个多月,完成征迁房屋2259户,面积20.33万平方米。

【2018首届国际旅游名村——篁岭村长峰会在婺源举行】 10月16日,由上饶市政府、省农业厅、省文化厅、省旅发委主办,上饶市旅发委、婺源县政府承办的2018首届国际旅游名村——篁岭村长峰会在婺源举行,法国Champigny - en - beauce村、匈牙Holloko雅石村、台湾龙目村、陕西袁家村、河南郭亮村、安徽小岗村、浙江安吉鲁家村、四川阿坝神座村、福建云水谣村、湖南韶山村等国内外旅游名村近百名村长参加。会议探讨如何通过理论创新和实践,创造核心竞争力,促进乡村振兴。这是江西第一次开展以乡村旅游为主题的国际性研讨。

【婺源县被评为第二批国家"绿水青山就是金山银山"实践创新基地】 12月12日,婺源县被生态环境部评为第二批国家"绿水青山就是金山银山"实践创新基地。婺源县成立"环保警察",开展"环保360"行动,天然阔叶林长期禁伐工作被列入全省生态文明地方特色改革计划,在全省率先实施"森林四化"工程,山塘水库实行人放天养,全面推进9个建制镇和120个自然村生活污水处理设施建设。全县空气质量总体优于国家二级标准,出境水质达标率100%,环境质量继续保持全省前列。

主要领导人 县委书记:吴曙。县人大常委会主任:汪培欣。县长:吴云飞。县政协主席:汪春萍。

(方华军)

·铅山县·

【简　况】 位于江西省东北部,辖7镇10乡1青溪服务中心。总面积2177.66平方千米,其中城区面积17.2平方千米。耕地面积3.09万公顷,林地面积16.58万公顷,森林覆盖率74.25%,城区绿化率30.49%。总人口48.57万人,人口自然增长率7.23‰。2018年,地区生产总值131.76亿元,同比增长9.2%。其中,第一产业增加值16.44亿元,增长3.2%;第二产业增加值60.16亿元,增长9.0%;第三产业增加值55.16亿元,增长11.8%。财政总收入21.98亿元,增长11.1%;税收占财政总收入72.6%。地方财政支出36.83亿元,增长7.8%。规模以上工业增加值增长9.6%。固定资产投资增长10.8%。主要工业产品及产量有电解铜9.3万吨、硫酸42.6万吨、无水氢氟酸5.3万吨、光伏发电2.3亿千瓦时。农业总产值26.05亿元,增长3.05%。粮食总产量16.42万吨。主要农产品及产量有蔬菜18.17万吨、油料0.30万吨、生猪存栏13.73万头。万元GDP能耗0.369吨标准煤,城市污水处理率90.8%。城镇居民人均可支配收入2.67万元,增长8.51%;农村居民人均可支配收入1.31万元,增长9.31%。城乡居民年末储蓄余额126.89亿元,增长11.8%。

【农村宅改】 铅山县按照"理事主导、群众主体、党员引领、过程公平"的原则,全面铺开886个村的宅改工作,累计拆除一户多宅、空心房等各类房屋1.95万宗,退出面积219.74万平方米,可实施城乡建设用地增减挂项目140公顷,新增耕地114.67公顷。

【社区网格化管理】 开展社区网格化服务管理工作,将全县划分成1008个网格,18个乡镇(中心)、41个涉民县直单位全部纳入网格,建立健全事项限时办结、部门通报约谈、队伍监督管理等机制,实行线上线下双轨并行,实现"人在格中走、事在网上办"。累计受理各类问题、诉求30.4万件,办结率99.0%,好评率98.5%。

【连四纸列入第一批国家传统工艺振兴目录】 5月15日,文化和旅游部、工业和信息化部发布第一批国家传统工艺振兴目录,铅山连四纸名列其中。连四纸制作有72道工序,道道精湛,纸质洁白莹辉,细嫩绵密,平整柔韧,有隐约帘纹,防虫耐热,永不变色,素有"寿纸千年"之称,旧时贵重书籍、碑帖、契文、书画、扇面等多用它。

【肖剑珍荣登"中国好人榜"】 8月31日,肖剑珍荣登8月份"中国好人榜"。肖剑珍丈夫常年在外负责安全生产,公公婆婆年龄较大。2010年1月,82岁的公公突患脑梗死导致失语,全身瘫痪,她经常给公公翻身、洗头、理发、捶背、剪指甲、换尿湿的衣被,直至公公病逝。2017年4月,86岁的婆婆突发脑梗死,她主动帮婆婆擦洗身子,更换衣裤,康复按摩,捶拉手脚,成了街坊百姓学习的榜样。

【微电影《环保警察》获全国最佳影片奖】 10月8日,由中央政法委主办的"政法奥斯卡"大奖、全国第三届平安中国微电影微视频微动漫比赛结果揭晓,铅山县公安局参赛的微电影《环保警察》获最佳影片奖。《环保警察》以铅山县公安局环境犯罪侦查大队侦破的"2017226"污染环境案为背景,讲述环保警察在护鱼行动中抓获夜间非法电鱼的违法行为人后,经过询问掌握线索,找到信江非法直排工业废硫酸的排污口,并顺着排污管道一路摸排,揪出一家隐藏在工业园区内的轮毂加工作坊,破获这起重大非法排污案,抓获犯罪嫌疑人叶某英、叶某仔等人。

【铅山县列入2018中国茶叶百强县】 11月15日,中国茶叶流通协会在福建武夷山召开第十四届茶业经济年会,会上公布2018中国茶业百强县名单,铅山县名列其中。铅山县为打响"万里茶道第一镇""红茶鼻祖"等文化品牌,探索"以茶促旅、以旅带茶、茶旅结合"的旅游发展之路,围绕"茶风情、茶文化、茶养生、茶景观"四大主题,结合铅山武夷山世界双遗产品牌效应,把茶融入特色旅游体系,做大做强茶产业。全县有优质茶叶种植面积0.57万公顷,产量3000吨,产值12.5亿元。

【篁碧畲族乡被命名为第六批全国民族团结进步创建示范区(单位)】 12月29日,篁碧畲族乡被国家民委命名为第六批全国民族团结进步创建示范区(单位)。篁碧畲族乡位于铅山县南部山区,1996年确定为畲族乡,是全省8个少数民族乡之一,总面积81平方千米,共有1150户4195人,其中畲族1412人。篁碧畲族乡按照"讲团结、重民生、促发展"的民族工作思路,以打造“一个民族教育的基地、一片传承民族文化的阵地、一处民族团结进步的福地、一方民族经济发展的胜地”为载体,开展民族团结进步示范创建工作。

主要领导人 县委书记:周金明。县人大常委会主任:陈晓琴。县长:危岩。县政协主席:陈武洲。

(郑冬香)

·万年县·

【简　况】 位于江西省东北部,辖6镇6乡2管委会(神农源管委会和高新区管委会)。总面积1140.76平方千米。耕地面积3.4万公顷,林地面积6.48万公顷,森林覆盖率66.23%,城区绿化率40.96%。总人口43.91万人,其中城镇人口13.55万人;人口自然增长率10.3‰。2018年,地区生产总值151.85亿元,同比增长8.8%。其中,第一产业增加值16.07亿元,增长3.7%;第二产业增加值86.99亿元,增长9.3%;第三产业增加值48.79亿元,增长9.5%。财政总收入20.69亿元,增长10.2%。规模以上工业增加值76.23亿元,增长9.4%。实际利用省外2000万元以上项目资金56.82亿元,增长101.5%。实际利用外资8183万美元,增长11.99%。外贸出口17.90亿美元,增长92.7%。农业总产值23.43亿元,减少6.65%;粮食总产量25.4万吨,增长8.96%。主要农产品生产基地有优质贡米基地面积3万公顷、珍珠养殖面积2666.67公顷、油茶种植面积3533.33公顷、马家柚种植面积2200公顷、虾蟹养殖面积2000公顷。城镇居民人均可支配收入3.18万元,增长8.5%;农村居民人均可支配收入1.37万元,增长9.4%。金融机构年末存款余额187.25亿元,增长24.3%。

【园区经济】 新增挂牌用地和收储盘活“两闲”土地54宗、166.67公顷,总开发面积9.5平方千米;实现园区主营业务收入271亿元,增长7.3%;企业上缴税收12.5亿元;建成标准厂房75.3万平方米;机械电子、纺织新材料、食品药品3大主导产业投资占全县工业固定资产投资88%,主营业务收入占全县规模以上工业主营业务收入90.5%,其中纺织新材料产业产值125.3亿元,被授予“全国纺织产业转移示范园区”称号。

【城乡建设】 全面实施投资13.3亿元的城市生态综合治理工程,完成正大街等10条主干道“五位一体”改造、珠溪河景观提升、2条高速挂线生态修复、5个老旧小区和11条里弄小巷综合改造,打通6条断头路。新增组合花箱座椅100个、停车位300余个。完成棚户区改造831户、面积10.5万平方米,新建安置房200套。基本完成1289个自然村宅基地改革,退出宅基地7087宗、面积66.67公顷。开展城乡环境综合整治“百日攻坚”净化行动,建成并投运垃圾焚烧发电项目,投入5485万元对全域生活垃圾清扫保洁实施市场化外包,生活垃圾无害化处理率100%。

【2018首届“大美上饶”乡村旅游文化节万年贡米丰收开镰节在万年举行】 10月9日,由上饶市政府、省农业厅、省文化厅、省旅发委主办,万年县政府、上饶市旅发委承办的2018首届“大美上饶”乡村旅游文化节万年贡米丰收开镰节在万年举行。开镰节以“贡米丰收”为主题,分为“稻作文化美”“稻作劳动美”“稻作习俗美”3个部分。现场活动有开幕仪式、开镰仪式、农民运动会、万年贡米丰收宴、万年农特产品展销等。活动期间,吸引《光明日报》《江西日报》等50多家媒体报道,近10万名游客参与。

【万年县融媒体中心挂牌成立】 11月12日,万年县融媒体中心挂牌成立。县融媒体中心由县委宣传部管理,下设策划部、采访部、编辑部、技术部及新闻发布中心5大功能区,并购配软硬件设备。万年广播电视台、万年通讯社、县委报道组、网宣办、中国万年网的新闻采编队伍进驻融媒体中心,统一调度指挥,实现信息资源、人力资源共享,全面提升新闻的时效性和服务能力。

【金浩文作品获第四届“曹禺杯”全国剧本奖】 12月13日,第四届“曹禺杯”全国剧本奖颁奖典礼暨第四届全国剧本创作交易会在曹禺故里湖北潜江举行,金浩文创作的电影剧本《马桑花开》获第四届“曹禺杯”全国剧本奖。金浩文,1985年出生于万年县,编剧、导演。2000年开始文学创作,2007年起在原创文学网站发表长篇小说《三界之福星高照》,2010年开始电影剧本创作,首部电影剧本《车奴》获2010年“夏衍杯”创意电影剧本奖,2016年电影剧本《电影魂》获第七届“北京影协杯”剧本奖,2017年编剧并执导的院线电影《连环套》在长沙启动。

主要领导人 县委书记:潘表光。县人大常委会主任:侯如文。县长:吴树俭。县政协主席:乐志华。

(朱国爱　王自清)

·余干县·

【简　况】 位于江西省东北部,辖9镇11乡3垦殖场2林场1水产场1良种场。总面积2331平方千米,其中县城建成区面积20平方千米。耕地面积7.9万公顷,林地面积5.34万公顷,森林覆盖率20.9%,城区绿化率40%。总人口109.02万人,其中城镇人口35.49万人;人口自然增长率7.44‰。2018年,地区生产总值157.9亿元,同比增长8.3%。其中,第一产业增加值42.3亿元,增长3.4%;第二产业增加值60.0亿元,增长8.2%;第三产业增加值55.6亿元,增长11.9%。财政总收入17.3亿元,增长3.5%。税收占财政总收入83.5%。规模以上工业增加值37.7亿元,占地区生产总值23.9%。外贸出口6134万美元。固定资产投资87.8亿元,实际利用外资7307万美元。主要工业产品及产量有电67.76亿千瓦时、铜金属5.4万吨、大米7.6万吨、纸制品2.6万吨。农业总产值62.57亿元,增长4.19%。粮食总产量70.08万吨。主要农产品及产量有油料作物2.67万吨、蔬菜22万吨、肉类4.03万吨、水产品14.6万吨。城镇居民人均可支配收入2.52万元,增长8.4%;农村居民人均可支配收入1.05万元,增长11.3%。城乡居民年末储蓄存款余额223.08亿元,比年初增长8.7%。

【余干天虹商场开业】 2月4日,余干天虹商场开业,这是全国百强企业天虹商场股份有限公司的首个县级城市旗舰店,也是全省最大及全国县级最大的城市综合体项目。项目总投资10.17亿元,占地面积3.29万平方米,总建筑面积15万平方米,包括7万平方米的天虹广场、8000平方米的大型超市、4000平方米的大型影院,近千个停车位。

【“余干辣椒”入围国家地理标志区域品牌百强榜】 5月9日,中国品牌建设促进会、经济日报社、中国国际贸易促进委员会、中国资产评估协会在上海联合举办2018年中国品牌价值评价信息发布会暨论坛,发布2018年中国品牌价值百强榜。其中,余干县“余干辣椒”入围国家地理标志区域品牌百强榜。“余干辣椒”是余干县地方名优特产,由于余干县洪家嘴乡双港村枫树自然村所产的辣椒品质最好,最为有名,因而得名“枫树辣”。枫树辣果实较小,具有肉厚、皮薄、肉质细嫩、味香、辛辣适中、营养丰富等特点,吃后略带甜味。

【第二届余干“中国·鄱阳湖”开湖民俗文化旅游节在余干举行】 6月20日,第二届余干“中国·鄱阳湖”开湖民俗文化旅游节在余干县康山大堤举行。开湖节由余干县委、县政府和上饶市旅发委主办,以“鄱湖渔家迎盛事,梦里余干谱新篇”为主题。开湖仪式活动由迎神拜鼋、开幕仪式、文艺演出、祭湖开湖、出山放歌、开展头鱼拍卖、鸬鹚捕鱼表演等活动及江豚保护签字仪式组成。此次活动,旨在弘扬省级非物质文化遗产、传承四百余年的鄱阳湖“开港”习俗。

【中林(余干)鄱阳湖旅游综合开发项目签约仪式在北京举行】 8月8日,中林(余干)鄱阳湖旅游综合开发项目签约仪式在北京举行。中国林业集团公司副总经理曹效军、中林森旅控股总经理汪建敏,余干县委书记胡伟、县长黄胜富出席签约仪式。汪建敏与黄胜富代表双方签署合作协议。该项目总投资7亿元,包括打造康山大堤国家级风景廊道、建设甘泉洲现代农业公园、建设康山忠臣庙旅游景区、建设康山垦殖场旅游集散中心、开发大明湖旅游及渔业资源。

【余干县创建农业农村部渔业健康养殖示范县通过验收】 9月26日—29日,农业农村部组织有关专家,对余干县创建农业农村部渔业健康养殖示范县工作进行验收,通过实地检查、听取汇报、查阅资料,认为余干县开展创建活动扎实有力、行政管理工作到位、社会服务体系完善、质量安全监管严格、养殖生产质量明显改善、健康养殖措施到位、产业化组织化程度较高、品牌建设取得初步成效,达到创建标准,验收合格。

【余干发现全球极危鸟种青头潜鸭】 12月16日—17日,余干县林业局野生动植物保护站工作人员在沙湖水域进行日常巡护过程中发现全球极危鸟种青头潜鸭。据监测,该水域连续两日共发现近20只青头潜鸭在水中游动嬉戏。因过度狩猎和生境恶化等,青头潜鸭种群全球数量约1000只,世界自然保护联盟(IUCN)在国际濒危物种红色名录中将其受威胁等级定为“极危”。

【鄱余高等级公路开工】 12月28日,鄱余高等级公路开工。公路起于鄱阳县城洪迈大道与大桥路交叉口,终于余干县鹭鸶港乡三湖村,全长34.59千米,其中余干境内18.68千米、鄱阳境内15.91千米。总投资25.46亿元,按一级公路建设,路基宽24.5米,新建特大桥1座长12.57千米。该项目被国家发改委、交通运输部和国务院扶贫办列入“十三五”交通扶贫“双百”工程。

主要领导人 县委书记:胡伟。县人大常委会主任:谭学显。县长:黄胜富。县政协主席:王晓燕 。

(孙健 李爱清)

·鄱阳县·

【简 况】 位于江西省东北部,辖14镇15乡1街道办事处。总面积4214.68平方千米。耕地面积11.88万公顷,山林面积15.6万公顷,森林覆盖率34.1%。总人口158.39万人。2018年,地区生产总值220.4亿元,同比增长8.1%。其中,第一产业增加值58.2亿元,增长3.2%;第二产业增加值95.7亿元,增长9.1%;第三产业增加值66.5亿元,增长11.6%。财政总收入20.03亿元,增长11.2%。其中,一般公共预算收入13.02亿元,增长6.5%。规模以上工业增加值增长9.2%。固定资产投资增长11%。粮食总产量111.82万吨;水产品总量16.75万吨,居全省首位。社会消费品零售总额83.06亿元,增长11.5%。金融机构年末存款余额437.7亿元,增长8.1%。城镇居民人均可支配收入2.44万元,增长8.7%;农村居民人均可支配收入1.05万元,增长10.4%。

【姜夔大道三期建设工程开工】 5月8日,姜夔大道三期建设工程开工。姜夔大道三期项目位于县城西部外缘,主体呈南北走向,北起姜夔大道一期,与其顺接,穿过前土湖,往西途径姜夔公园,沿土湖南路前进至外环西路交叉口后转向南,沿途经过鱼塘、湖泊、防洪大道、管驿前、鄱阳中学,南至沿河路,全长4.66千米,宽40米,道路等级为城市主干道,双向六车道,总投资5.5亿元。

【鄱阳湖国际旅行社开业】 5月18日,鄱阳湖国际旅行社在县城开业。鄱阳湖国际旅行社是县政府直属企业鄱阳县文化旅游集团旗下全资子公司,为鄱阳县首家经国家旅游局特许经营中国公民出境旅游的国际旅行社。主营业务有出入境旅游、国内旅游,代办旅游护照、港澳通行证及各国签证、外文资料等。

【教育部中国书画等级考试首次在鄱阳开考】 5月20日,教育部中国书画等级考试首次在鄱阳县田畈街镇中学、游城乡中心学校、响水滩乡中心学校开考,全县教师、在校中小学生共130余名考生参加考试。县委常委、县委统战部部长吕小珍,县教体局主要负责人及县民盟相关负责人等对3个考点进行巡考。此次等级考试由县民盟承办,考试合格者可获教育部考试中心颁发的证书。

【鄱阳湖城·温州商会成立】 6月

29日，鄱阳湖城·温州商会成立。成立大会选举产生商会第一届理事会，推选芦田工业园区沙仑实业有限公司诸忠达为会长，并举行授牌授印仪式。鄱阳温州商会是由在鄱温州私营业主组成的非营利性大型社团，会员企业涉及商贸、工业、农业、文化传播等行业，总人数超过百人。

【首届农民丰收节暨高家岭果蔬节在高家岭举行】 9月23日，鄱阳县首届农民丰收节暨高家岭果蔬节在高家岭龙岭村举行。活动以“果蔬香里庆丰年”为主题，全县30多家涉农企业和高家岭镇农民带着农业特色优质产品、有机食品参展，共享秋收成果。人民日报社、新华社、央广网、江西电视台等多家媒体跟踪报道。

【首届2018鄱阳湖龙虾节在鄱阳举行】 10月1日，首届2018鄱阳湖龙虾节在鄱阳县乐丰镇茨山村举行。龙虾节由上饶市政府主办，鄱阳县政府、市旅发委、市农业局、市文广新局承办，以“美味生活，幸福上饶”为主题，分为鄱阳湖龙虾LOGO及吉祥物设计与征名活动、鄱阳湖龙虾节新闻发布会、知青那些事儿（情景再现）、大师带你画龙虾、龙虾厨艺大赛、龙虾节开幕式、“幸福年景丰收上饶”水产品展销、千人鄱阳湖龙虾宴、龙虾垂钓大赛、参观知青展馆、乡村音乐秀、龙虾产业发展研讨会12个活动。

主要领导人 县委书记：张祯祥。县人大常委会主任：陈振华。县长：胡斌。县政协主席：占梦来。

（薛文）

吉安市

【概　况】 位于江西省中西部，辖1市10县2区。总面积2.53万平方千米，其中城区面积294平方千米。耕地面积44.45万公顷，有林面积175.3万公顷，森林覆盖率67.4%，城区绿地率41.3%。总人口538.99万人，其中非农业人口227.29万人；人口自然增长率5‰。2018年，地区生产总值1742.23亿元，同比增长8.9%。其中第一产业增加值207.99亿元，增长3.7%；第二产业增加值790.05亿元，增长8.9%；第三产业增加值744.19亿元，增长11.1%。财政总收入280.52亿元，增长11.6%；人均5668元，税收占财政总收入的比重为80.1%。地方财政收入167.73亿元，增长7.2%，地方财政支出485.87亿元，增长12.2%。工业总产值642.12亿元，增长9.3%。规模以上工业增加值增长9.4%。外贸出口47.26亿美元，占地区生产总值比重17.7%。固定资产投资2145.04亿元，其中实际利用外商投资11.72亿美元，省外投资（实际利用省外项目资金）728.46亿元。主要工业产品及产量有水泥499.17万吨、铁矿石原矿25.34万吨、液晶显示屏6.29亿片。粮食总产量424.09万吨。农业总产值382.8亿元，增长3.8%。主要农产品及产量有肉类51.9万吨、油料16.98万吨、水果59.9万吨。城镇居民人均可支配收入3.47万元，增长8.6%；农村居民人均可支配收入1.38万元，增长10.2%。城乡居民年末储蓄余额1751.41亿元，增长9.7%。

【吉安市农村产业融合发展示范园（井冈山国家农业科技园）入围首批国家示范园创建名单】 2月3日，经过材料评审、现场答辩，吉安市农村产业融合发展示范园（井冈山国家农业科技园）通过国家发改委等7部委联合专家组选拔评审，入围全国首批148个国家示范园园区，全省仅4家园区入围。

吉安市农村产业融合发展示范园（井冈山国家农业科技园）以农工结合、农旅结合、农商结合三大结合建设园区，以工业的理念、市场的理念、开放的理念三大理念发展园区，充分带动农民致富、农业增效、乡村振兴。园区的良种良法辐射到全市13个县（市、区）的现代农业示范园区，通过园区主导产业直接带动农户5000多户，间接带动农户10万多户。对照创建要求，园区实施智慧农业园区融合工程示范、农业生态种养融合工程示范、农产品价值链提升工程示范、商贸流通与市场连接工程示范、休闲农业“旅游+”促进工程示范、秀美乡村与产业扶贫建设工程示范、农村创新创业产业园工程示范等七大示范工程，进一步形成农牧结合、农林结合、设施农业等多业态的复合型产业融合示范模式。2018年，园区实现总产值91.9亿元，带动农民增收4.4万人次。

【江西合力泰科技有限公司入选国家级企业技术中心】 7月9日，国家发改委新认定第24批国家企业技术中心，吉安市江西合力泰科技有限公司入选，成为吉安市获批的首家国家企业技术中心，填补吉安市国家企业技术中心空白。江西合力泰科技有限公司于2013年通过省级企业技术中心认定，拥有专业工程技术人员1000多名，每年研发经费投入持续增长，建立自主创新体系，拥有自主知识产权，获得专利537项，攻克指纹识别、触控显示等行业高精尖技术难题，所开发的曲面贴合方法等产品或技术填补市场空白，技术处于国际先进水平。

【吉安获评“健康中国”年度标志城市】 10月18日，首届“健康中国”（2017—2018年度）标志城市发布活动在新华社大会堂举行，吉安获评“健康中国”年度标志城市，是全省唯一上榜地级市。

此次评选经卫健委、生态环境部、农业农村部、自然资源部和中国社科院等10多个部委、机构领导和专家的评审，并合并权重，最终确定获评城市。吉安因“全面开展家庭医生签约服务，优先覆盖农村建档立卡贫困人口、城乡低保（五保）对象等重点人群，组建家庭医生团队2120个，常住人口签约数达到117万余人，健康服务不断优化，市民看病更舒心、更方便”入选。

【吉安“社会救助”获全国创新案例】 12月19日—20日，2018年全国居民家庭经济状况核对工作总结暨创新案例表彰会在杭州召开，吉安市申报的《运用数据“一站式”核对平台助推兜底保障精准化》案例，经民政部初审、专家评审、现场答辩，被表彰通报为2018年全国社会救助领域十大创新案例，是江西省唯一入围的创新案例。

为做好精准扶贫工作，织密织牢兜底保障网，切实打好脱贫攻坚战，吉安市民政局借助大数据和网络手段，打破金融和部门信息孤岛，搭建大数据“一站式”核对平台，编织数据筛查机制，运用数据“一站式”核对平台助推兜底保障精准化，特别是金融信息“一站式”查询，清除传统评估认定的积弊。重点解决金融信息网络查询的难题，全面、精准、快速核查居民家庭经济状况，披露居民家庭隐形收入和财产，最终把“应扶尽扶”“应救尽救”的对象纳入政策保障范围内，从而达到精准认定和精准救助的目的。破解多年来制约扶贫开发和社会救助家庭经济状况认定不准的难题，有效防止“错扶、错救”和“骗保、人情保”乱象出现。

【吉安首列中欧班列“井冈山号”发车】 12月26日，“井冈山号”中欧班列(吉安—莫斯科)班列开通。9时28分，吉安中欧首发班列从吉安南站出发，经满洲里口岸出境到莫斯科，全程运行时间约14天，比海运节省20天左右，比空运物流成本节省50%以上。

主要领导人 市委书记：胡世忠。市人大常委会主任：刘连根。市长：王少玄。市政协主席：龙波舟。

(丁声)

·吉州区·

【简　况】 位于江西省中部，辖4镇6街道办事处。总面积425平方千米，其中城区面积43.55平方千米。耕地面积1.43万公顷，有林地面积1.4万公顷，森林覆盖率29%，城区绿地率41.3%。总人口36.8万人；人口自然增长率9.9‰。2018年，地区生产总值178.50亿元，同比增长9.3%。其中，第一产业增加值8.60亿元，增长4.2%；第二产业增加值69.00亿元，增长7.3%；第三产业增加值100.90亿元，增长11.2%。财政总收入17.7亿元，增长11.7%；税收收入11.3亿元，增长11.9%。地方财政收入10.3亿元，增长5.5%；地方财政支出34.6亿元，增长20.4%。主要工业产品及产量有水泥16万吨、白酒1.4万千升、金属切削机床117台、电力电缆300千米。农业总产值15.7亿元，增长1.76%。主要农产品及产量有稻谷9.8万吨、蔬菜8.9万吨、瓜果6129吨，肉类7506吨。城镇居民人均可支配收入3.73万元，增长8.7%；农民人均可支配收入1.68万元，增长10.2%。金融机构各项存款余额688亿元，增长8.5%；各项贷款余额595亿元，增长18.3%。

【硕丰井冈蜜柚基地入选全国优质果品基地】 3月24日，吉州区硕丰果业开发有限公司熙可试验园井冈蜜柚基地获2017—2018年度“全国优质果品基地”称号，为全省唯一一家。吉州区用十余年的时间累计种植井冈蜜柚1300余公顷，建成以硕丰果业开发有限公司、兴辉果业合作社等为主的示范基地，形成吉福路、西四镇沿线的万亩果业带。吉州区注重柚园质量建设和柚果品质，组织井冈蜜柚专业技术服务队定期到各种植点进行实地指导，引导种植户科学种柚，推广应用太阳能杀虫灯、粘虫色板、果实套袋、生草栽培等绿色防控及生态栽培技术，发展绿色、无公害、有机蜜柚。吉州区选送的井冈蜜柚连续8届获全市“井冈蜜柚王”称号，连续4年获井冈蜜柚三项“柚王”桂冠，在北京第十五届中国国际农产品交易会获金奖。

【《文化吉州》创刊号发行】 5月，《文化吉州》创刊号正式发行。《文化吉州》是吉州文化研究会主办的季刊，每年4期，为16开本，分设老城记忆、革命风云、市井生活、乡村古韵、先贤名士、地名掌故、民俗风情、非遗风采、故事传说等栏目和活动简讯，每期根据来稿调整增删，为普及性读物，体裁以叙述性文体为主，研究论文和考证文章为辅，并与有关单位联办出专辑专号。《文化吉州》以传播吉州优秀传统文化为宗旨，同时服务于现实，为城市建设、乡村振兴、文化事业繁荣发展等方面提供文史和智力支持，接受区委、区政府交办的有关调研任务。

【应木根家庭获评“全国五好家庭”】

5月15日，全国妇联在北京召开第十一届“全国五好家庭”表彰大会，吉州区古南镇街道古南镇社区的应木根家庭获第十一届“全国五好家庭”荣誉称号。

应木根是企业退休职工，他的家庭是三世同堂的十六口之家，1965年，应木根与妻子胡玉莲结婚，共生育两女两儿。夫妻俩一直相互关爱、相互支持、同甘共苦。刚结婚时，应木根在吉安市板箱厂工作，妻子没有工作，靠做家属工、临时工来贴补家用。尽管工资微薄、生活窘迫，但他们都不忘赡养老人，还常常资助亲属。随着4个孩子的诞生，家庭生活更加窘迫，他们就利用下班时间开荒种菜、饲养生猪来弥补家用，一起承载生活工作的重压。孩子们也很体谅父母的辛苦，认真读书，懂礼貌，遵纪守法，在家里是好孩子，放学回家争着做家务。两个儿子刻苦努力学习，先后考上江西财校和江西省财经大学。

应木根的妻子胡玉莲也是一个热心人，对邻居总是以诚相待，邻居家有困难主动帮忙。邻居做阑尾炎手术，她多次到医院看望，还主动帮忙照顾其孙子。她还经常主动清扫楼道等公共卫生。团结和睦、幸福美满。应木根一家用实际行动诠释了中华民族传统美德，传承好家规、涵养好家风，成为街坊邻居学习的榜样。

主要领导人 区委书记：朱谋俊。区人大常委会主任：刘大水。区长：黄国栋。区政协主席：汤耀明。

(雷嘉庆)

·青原区·

【简　况】 位于江西省中部，辖6镇1乡2街道办事处，其中滨江街道办事处由吉安市庐陵新区代管。总面积914.62平方千米。总人口22.75万人，其中城镇人口9.00万人；人口自然增长率11.6‰。2018年，地区生产总值86.07亿元，增长9.1%。其中，第一产业增加值7.79亿元，增长4.1%；第二产业增加值39.10亿元，增长8.1%；第三产业增加值39.18亿元，增长11.7%。财政总收入10.32亿元，增长11.0%。财政支出17.25亿元，增长6.8%。税收收入8.18亿元，非税收入2.14亿元。社会消费品零售总额26.5亿元，增长11.4%。出口1.45亿美元，增长35.4%。实际利用外资6663万元，增长9.5%。利用省外资金39.5亿元，增长10.6%。工业总产值 247.14 亿元，增长 5.9%。主要工业产品及产量有火电发电量 98.3 亿千瓦时、水泥 112.6 万吨、机制纸 4.89 万吨、砖 1.51 亿块。农林牧渔业总产值 14.21 亿元．其中，农业 6.47 亿元，同比持平；林业 2.24 亿元，增长 6.0%；畜牧业 2.30 亿元，下降 9.5%；渔业 2.42 亿元，增长 3.6%。粮食总产量 13.23 万吨。主要农产品及产量有稻谷 13.02 万吨，增长 0.3%；油料 3047 吨，增长 14.8%；蔬菜 9.83 万吨，增长 2.8 %；肉类 6856 吨，下降 31.7%；水果 5262 吨，增长 3.9%。城镇居民人均可支配收入 3.73 万元，增长 8.7%。农村居民人均可支配收入 1.36 万元，增长 9.6%。

【“东固翠微”茶在中国国际农产品交易会上获“十佳”称号】 11 月 2 日，第十六届中国国际农产品交易会在湖南长沙举办。青原区东固综合垦殖场选送的“东固翠微”茶在中国农垦展团评比中，获得“十佳优质农产品”称号。东固综合垦殖场是江西省唯一获此称号的企业。东固综合垦殖场茶厂通过改革创新经营模式，招大引强，引进外来资金、人才、理念。按照清洁化、标准化要求改造厂房，引进成套加工设备，对制茶工艺也进行改良，大大提高了茶叶加工的数量和质量。经过技术改良后生产的茶叶经开水泡后，叶质肥厚宽大，香型特殊、劲扬，汤质滑柔，香气饱满，口感极好。

【青原首家院士工作站成立】 10 月 20 日，吉安英佳电子科技有限公司与王梓坤院士签约，共建青原区首家院士工作站——吉安英佳院士工作站。王梓坤系中国著名数学家、教育家、科普作家，是中国概率论研究的先驱和主要领导者之一，中国科学院院士，曾任北京师范大学校长。1952 年毕业于武汉大学数学系。1958 年毕业于莫斯科大学数学力学系，获副博士学位。

该工作站建立之后，将重点推进数据分析与大数据应用、信息技术环境下学与教的理论与实践、技术研发平台建设和基于新媒体、新技术的教育信息化产品研发等，推动全区电子信息产业科研创新及发展，提高企业的创新力和竞争力。

【开展“雪亮工程”试点】 为贯彻落实 2018 年中央一号文件——《中共中央国务院关于实施乡村振兴战略的意见》，推进“雪亮工程”建设，广电网络青原区分公司在富滩镇社山村委会流汶塘社区开展“雪亮工程”试点，为社区居民群众免费安装监控和宽带，保障社区安全。社区共建有 10 个监控点，分别位于村口、交通要道等重点位置，村里机顶盒用户可在家实时调看视频监控。安装在村子里的圆柱式一键报警柱，可一键报警联系上公安系统，实现全民参防。监控为人脸识别高清摄像头。这套人脸识别系统，可对进出卡口人员的信息采集、录入、比对，一旦可疑人员进入人脸识别区域内，后台将自动报警，提醒值班人员。通过这些高清视频监控点和快速安全的广电网络传输，可将视频监控画面实时传回监控中心，并将全时段视频巡逻和地面警力防控紧密结合，打造一张全时空、立体化的精准防控监视网。机顶盒用户还可通过这套系统随时查阅村务公开、智慧党建等内容，了解党和国家的政策方针，还可以用来应急广播火灾、突发事件通知等。

【东固传统造像入选首批国家传统工艺振兴目录】 5 月 24 日，文化和旅游部、工业和信息化部联合发布首批国家传统工艺振兴目录，东固传统造像入选。东固传统造像是江西吉安境内一项将木雕工艺与民间宗教造像、民间信仰仪式三者结合起来的一项综合性技艺。从事此项技艺的人被当地人尊称为“丹青先生”。丹青先生首先必须掌握娴熟的木雕技艺，能绘制和雕刻佛教、道教及民间宗教中的各种神像。神像雕刻完成之后，丹青先生还得亲自主持一系列复杂的“开光仪式”，通过仪式赋予那些“木头”神像“法力”，至此造像工作才宣告完成。2014 年 12 月，传统美术“东固传统造像”被列入第四批国家级非遗名录扩展项目。

主要领导人 区委书记：李军。区人大常委会主任：肖萌。区长：邹卫梅。区政协主席：郭小健。

（王平发）

·井冈山市·

【简　况】 位于江西省西南部，辖 6 镇 12 乡 1 街道办事处。总面积 1297.5 平方千米，其中城区面积 8.9 平方千米。耕地面积 1.07 万公顷，林地面积 12.65 万公顷，森林覆盖率 86%，城区绿化率 49.32%。总人口 17.09 万人，其中城区人口 8.64 万人；人口自然增长率 9.14‰。2018 年，地区生产总值 76.45 亿元，增长 9.4%。其中，第一产业增加值 5.38 亿元，增长 3.9%；第二产业增加值 19.26 亿元，增长 7.2%；第三产业增加值 51.81 亿元，增长 7.03%。财政总收入 9.38 亿元，增长 13%；人均 5488 元，税收占财政总收入 79%。地方财政收入为 6.06 亿元，增长 14.1%；地方财政支出 22.39 亿元，增长 10.4%。规模以上工业增加值增幅 8.6%。外贸出口占地区生产总值比重 1.46%。固定资产投资增长 11.1%。实际利用外商投资 4847.6 万元，省外投资 39 亿元。主要工业产品及产量有塑料制品 1.58 万吨、铜材 6489 吨、水泥 10.62 万吨、光缆 18.48 万芯千米。农业总产值 10.13 亿元，下降 12.82%。粮食总产量 8.14 万吨。主要农产品及产量有油料 2.72 万吨、水果 8808 吨、水产品 3989 吨、生猪出栏 10.8 万头。城镇居民人均可支配收入 3.47 万元，增长 9%；农村居民人均纯收入 1.10 万元，增长 14.8%。城乡居民年末储蓄余额 103.8 亿元，增长 4.8%。

【井冈山市入选首批“国家创新型县（市）”】 11 月 21 日，经省级科技管理部门推荐，科技部组织专家咨询评议和实地考察，发布首批创新型县（市）建设名单，井冈山市入选，为全省唯一一家入选单位，建设主题确定为“科技支撑民生改善”，建设周期 3 年。2018 年，井冈山市按照“育龙头、延链条、树品牌”发展思路，加快推动产业集聚，重点培育优势主导产业。井冈山市着力做强电子信息首位产业，加快蓝海芯科技、禾田精密、立茂科技等项目建设。加快新能源、三三科技和九九光电 3 家电子信息企业建设步伐，重点打造井冈山智能终端产业园，目标在 2020 年实现总产值 8 亿元。同时,全力扶持大圣光纤、井冈山电器等现有企业研发新产品、拓展新市场,进一步做大做强。大圣光纤、井祥菌草等6家企业入选国家科技型中小企业。

【推进全域旅游】 深入推进"旅游+""茨坪+"行动计划,创建全省首批全域旅游示范区。举办第九届井冈山杜鹃花节,井冈山革命金融博物馆开馆,井冈山革命金融学院和乡村振兴学院挂牌,大陇镇大陇村被评为江西省4A级乡村旅游点。引进康辉集团、上海途家等知名企业,打造荷花大仓、柏露鹭鸣湖等一批旅游聚集区,新增精品民宿和乡村旅游床位近3000张。2018年,共举办各类培训班8720期,培训学员52.28万人,分别增长11.54%和13.23%。加快特色小镇建设,旅游发展态势喜人,全年共接待游客1839.08万人次,实现旅游收入150亿元,分别增加6.15%、7.92%。旅游门票收入由2014年的7707万元增加到2018年的1.5亿元,年均增长24.85%。

【井冈山精准脱贫工作法入选2017中国改革年度十大案例】 1月13日,由中国经济体制改革杂志社主办的"贯彻党的十九大会议精神推进全面深化改革取得更大成功——中国改革(2017)年会暨深改五周年高层研讨会"在北京召开。研讨会开幕式上,主办单位揭晓"2017中国改革年度案例单位"名单。井冈山精准脱贫工作法入选2017中国改革年度十大案例。井冈山市贯彻中共中央总书记习近平"井冈山要在脱贫攻坚中作示范、带好头"的指示精神,通过划定3种类型(把贫困程度较深的作为红卡户、贫困程度一般的作为蓝卡户、2014年已脱贫贫困户作为黄卡户),让每一个贫困户"准识别";创新5种模式("有能力"的"扶起来","扶不了"的"带起来","带不了"的"保起来","住不了"的"建起来"和"建好了"的"靓起来"),让每一个贫困户"真脱贫";完善5项机制(分类帮扶机制、财政专项扶贫投入机制、党员干部进村户帮扶机制、社会参与扶贫机制和金融扶贫机制),确保全市脱贫攻坚"能落实"等措施,用改革思维和创新办法找准路子、完善机制,扎实推进精准脱贫。2017年2月,井冈山正式通过国家扶贫办委托第三方开展的退出专项评估,在全国率先实现国家级贫困县"摘帽"。

主要领导人 市委书记:刘洪。市人大常委会主任:姚九华(任至4月)、周志平(7月任)。市长:焦学军。市政协主席:张伟。

(谢红花)

·吉安县·

【简　况】 位于江西省中部,辖13镇6乡。总面积2122平方千米,其中城区面积15平方千米。耕地面积3.77万公顷,有林面积12.14万公顷,森林覆盖率63.50%。总人口51.00万人,其中非农业人口20.40万人;人口自然增长率9.59‰。2018年,地区生产总值182.4亿元,增长8.6%。其中,第一产业增加值25.6亿元,增长3.7%;第二产业增加值91.7亿元,增长9.3%;第三产业增加值65.1亿元,增长10.3%。财政总收入27.95亿元,增长9.1%。其中,税收收入20.4亿元,增长9.1%,占财政总收入比重72.9%。公共财政预算收入18.8亿元,增长1.6%;公共财政预算支出43.5亿元,增长0.1%。规模以上工业总产值439.5亿元,增长13.0%。实际利用外资1.13亿美元,增长9.6%;实际利用省外资金61.57亿元,增长11.16%。进出口总额6.48亿美元。主要工业产品及产量有啤酒6.94万千升、软饮料22.57万吨、饲料3.68万吨、煤炭2.78万吨、铁精粉15.6万吨、水泥14.9万吨。农业总产值47.5亿元,增长3.3%。粮食总产量45.73万吨。主要农产品及产量有水产品2.51万吨、油料1.49万吨、肉类11.42万吨。城镇居民人均可支配收入3.7万元,增长8.3%;农村居民人均可支配收入1.14万元,增长10.5%。

【举行纪念官田暴动90周年系列活动】 5月27日,吉安县在官田乡举洲村举行纪念官田暴动90周年系列活动,活动分为修缮落成仪式,参观彭林、彭嘉庆将军故居和召开座谈会三部分。省内党史专家学者、县籍开国将军和老红军后代、家属参加座谈交流。1928年5月27日,曾山等人遵照中共"八七"会议精神和中共中央、省委、赣西特委的指示,直接领导举行官田暴动,是与东固暴动、延福暴动并列为吉安县土地革命初期3次重要的武装暴动,由此,吉安西区红色区域逐渐形成,成为井冈山革命根据地的重要组成部分。吉安县举行纪念官田暴动90周年系列活动,旨在讲好红色故事,传承红色基因,加大红色文化资源宣传推介力度,加强对革命根据地历史研究,让广大党员干部更好地接受革命传统教育和理想信念教育。

【吉州窑博物馆被评为第三批国家三级博物馆】 9月,中国博物馆协会公布第三批国家二、三级博物馆名单,吉安县吉州窑博物馆被评为第三批国家三级博物馆。吉州窑博物馆于2012年奠基,2015年2月26日正式对外开放,是集文物收藏保护、旅游观光、学术研究和社会教育等多种功能于一体的一座现代化博物馆,也是吉安市委、市政府对外重点推出的文化旅游精品。吉州窑博物馆占地面积约8659平方米,陈展面积约4000平方米,按照国家二级博物馆标准建设,有7个基本展厅和1个临时展厅。馆内有游客休息茶室、接待室、文物修复室、报告厅、文物库房等场所。博物馆以《吉州瓷韵》为其基本陈列,陈列主题为"江南望郡,首县庐陵;埏埴成型,筑窑烧瓷;吉州佳瓷,技奇工巧;吉州瓷韵,内涵丰富;商贾云集,器走天下;魅力四射,影响深远;千年古窑,重焕生机"。采用多种陈展形式,包括文物展示、图片展示,多媒体展示,动画展示,模型沙盘展示等。陈展形象生动再现千年吉州窑陶瓷历史文化的起源、发展、变迁。全年开放300多天,配备空调、观众休息区等服务设施,各种服务信息完善,如免费开放须知、导览图、指示牌等。聘请专业语音导览公司制作语音导览系统以及手机APP,可同时满足团队讲解和散客的要求。馆内展览有300余件文物,用投影设备循环播放"器走天下""东昌十五景"等视频。

【江西奕方农业科技有限公司被评为全国扶贫先进民企】 10月17日,在第五个国家扶贫日，江西奕方农业科技有限公司被评为全国“万企帮万村”精准扶贫行动先进民营企业。江西奕方农业科技建立了6000多亩种植基地，并建成大型水果综合加工厂，大量招收本地工人、农户，并优先录用贫困户、低保户及有工作能力的残障人员。给周边农户提供种植技术，带领建立近12个井岗蜜柚合作社，产业帮扶贫困人数达2347人。其中，对河源蜜柚合作社进行全程无偿托管，丰产期后进行兜底包销。引进中国社会福利基金会、南京柯菲平公益基金会等社会公益组织到吉安县举行社会公益活动，为贫困地区的孤寡老人和家庭条件困难的学生提供帮助，公益帮扶受益贫困人数达到205人。

主要领导人 县委书记：李克坚。县人大常委会主任：张迪俊。县长：解芳云。县政协主席：郭钰山。

（吴富生 赖晨霞）

·新干县·

【简 况】 位于江西省中部，辖7镇6乡1街道办事处2国有农林场。总面积1248平方千米，其中城区面积25.54平方千米。耕地面积2.89万公顷，林地面积7.3万公顷，森林覆盖率60.05%，城区绿化率45.22%。总人口35.48万人，其中城镇人口16.23万人；人口自然增长率10.6‰。2018年，地区生产总值135.20亿元，增长7.7%。其中第一产业增加值18.39亿元，增长3.7%；第二产业增加值63.96亿元，增长6.7%；第三产业增加值52.85亿元，增长14.6%。财政总收入19.01亿元、增长17.5%，人均5358元，税收占财政总收入的比重87.9%；地方财政收入10.98亿元，增长13.4%；地方财政支出28.59亿元。规模以上工业总产值260亿元，增长14%。规模以上工业增加值52.4亿元，占地区生产总值的比重38.76%、外贸出口3.5亿元，占地区生产总值的比重2.6%。固定资产投资100.08亿元，增长10.8%、实际利用外商投资8605万美元，增长9.5%、省外投资56.1亿元，增长11.2%。主要工业产品名称及产量：食用盐12.71万吨、非食用盐61.93万吨、玻璃制品22.6万吨、大米51.37万吨、箱包5197万只。农业总产值15.85亿元，粮食总产量37.7万吨。主要农产品名称及产量：蔬菜总产量24.4万吨、柑橘27.3万吨、生猪出栏84万吨、油菜籽1.24万吨、茶叶43吨。城镇居民人均可支配收入3.23万元，增长9.2%；农村居民人均纯收入1.55万元，增长10%。城乡居民年末储蓄余额138.15亿元，增长10%。

【江西正潭新材料在新三板挂牌】 经全国中小企业股份转让系统公司同意，7月31日，江西正潭新材料股份有限公司在全国股转系统（新三板）挂牌公开转让，证券简称为正潭股份，证券代码872933，总股本为5000.00万股，主办券商为开源证券，实现新干县新三板挂牌企业零的突破。江西正潭新材料股份有限公司公司前身为江西吉泰稀有金属有限公司，公司成立于2011年6月22日，位于江西省吉安市新干县盐化城。2014年10月20日，江西吉泰稀有金属有限公司更名为江西正潭资源循环有限公司。2017年9月30日，有限公司整体变更设立为江西正潭新材料股份有限公司，主营业务为钕铁硼废料的综合回收利用。

【新干县图书馆评为国家一级图书馆】 8月13日，文化和旅游部公布《第六次全国县级以上公共图书馆评估定级上等级图书馆名单》，新干县图书馆评为国家一级图书馆。县图书馆是由吉安市政府兴办的综合性公共图书馆，1996年立项，一期工程于1997年6月16日奠基破土，2000年10月26日正式开馆接待读者。县图书馆总占地面积3万平方米，建筑面积1.5万平方米，总体五层局部六层，外观典雅简洁，设有图书借阅室、电子文献阅览室、报刊阅览室、少儿阅览室、地方文献室等部门。图书馆大楼内部有计算机网络管理、视频监控系统、闭路电视、语音、中央空调等完善的综合智能系统，是一所读者服务体系较为完善、各项服务功能基本完备的现代化城市中心图书馆。2018年底，县图书馆内有19.6万册藏书其中，纸质图书9.7万余册，电子图书10万册，报刊年入藏量达242余种，电子期刊500多种，全年开放350天以上，年接待读者15.8万人次，2013年被评为“国家二级图书馆”。

【召开苏宁易购江西（新干）箱包皮具产业对接会】 6月7日，“赣品网上行”重点产业系列对接活动暨苏宁易购·江西（新干）箱包皮具产业对接会在新干县召开。县政府副县长刘树儒出席会议并致辞。对接会上，县商务局与江西苏宁易购销售有限公司签订了战略合作框架协议，双方合作内容包括推进箱包皮具等重点产业实体商业互联网转型、推动鼓励新干农村电子商务发展、推动新干电商人才培养引进、扩大新干“互联网+”以及苏宁的正面宣传和推广。与会的电商企业和商户还与江西苏宁易购就招商入驻事宜进行了交流。2018年，全县从事箱包电商的企业和个体工商户达600多家，在淘宝、天猫、京东等电商平台开设网店4000多家。2018年，全县箱包电商交易额已突破30亿元。

主要领导人 县委书记：包静，县人大常委会主任：陈春延，县长：曾亮，县政协主席：曾春保。

（邹洪生）

·永丰县·

【简 况】 位于江西省中部，辖13乡8镇3场。总面积2695平方千米，其中城区面积17.43平方千米。耕地面积4.48万公顷，林地面积18.91万公顷，森林覆盖率70.95%，城区绿地率37.6%。总人口49.26万人，其中城镇人口23.76万人，城镇化率47.3%；人口自然增长率8.14‰。2018年，地区生产总值159.8亿元，增长8.6%。其中，第一产业增加值20.79亿元，增长4.0%；第二产业增加值73.20亿元，增长8.4%；第三产业增加值65.86亿元，增长10.9%。财政总收入20亿元，增长11.4%；人均收入4541元；税收占财政总收入的79.9%。地方财政收入12.33亿元，增长8.3%；地方财政支出35.5亿元，增长20.3%。工业总产值60.1亿元，增长8.6%。规模以上工业增加值44.4亿元，占地区生产总值的27.8%。外贸出额为3.67亿美元。

固定资产投资96.5亿元，增长10.1%；实际利用内资44.32亿元；实际利用外资9017万美元。出口3.67亿美元。主要工业产品及产量有中成药253吨、商品混凝土18.32万立方米、水泥75.84万吨、硅酸盐水泥熟料125.57万吨、大米3.78万吨、建筑用天然石料1.02万立方米、精致食用植物油0.29万吨。农业总产值20.7亿元，增长4.0%。粮食总产量39.82万吨，增长0.2%。主要农产品及产量有稻谷36.78万吨、油料7500吨、蔬菜31.59万吨、水果1.17万吨。城镇居民人均可支配收入3.13万元，增长9.1%；农村居民人均纯收入1.62万元，增长10.1%。城乡居民年末储蓄余额135.57亿元，增长13.4%。

【完善永丰工业园区设施建设】 2018年，累计投入园区建设资金5.35亿元，建成面积3.5平方千米，共落户企业204家。建立省级研发中心1个，成立院士工作站2家。新材料产业园东城大道、工业大道、工业二路、工业二路、产业二路、灌溉渠、入口大门，中心工业园污水管网一期、漕溪路至恩江河雨水管道、洋陂坑通村公路、北区雨污水改造、北区道路改造工程，循环经济产业园经三路路口改造、猫仔背灌溉渠改造工程已竣工。生物医药产业园建设全面推进。生物医药科创园6家企业均全部完成主体工程建设，其中海州药业、佰氏康、歧黄生物已正式投入生产。污水处理厂及管网建设。污水处理厂(一期)6月进入试运营，日均处理水量4300多吨，全部达标排放。污水处理厂(二期)工程已批复。

【新海粮油院士工作站成立】 8月27日，永丰县新海粮油院士工作站授牌，这是永丰县首家院士工作站。中国工程院院士、江西省超级水稻研究发展中心研究员颜龙安，江西省科协副主席孙卫民，吉安市委常委、市总工会主席肖玉兰，县委书记钟义山等领导和专家出席授牌仪式。院士工作站建立后，颜龙安院士团队与江西新海粮油集团公司将围绕优质水稻品种筛选、绿色优质水稻品种提纯复壮栽培技术、大米深加工等进行紧密合作。帮助提升江西新海粮油集团的核心竞争力，推动永丰县粮食产业科技创新。

【华能永丰高龙山风电场竣工投产】

11月20日，华能永丰高龙山风电场竣工投产。华能永丰高龙山风电场位于永丰县东南部的高龙山区域，总投资6.54亿元，于2017年5月开工建设，是华能江西分公司继灵华山风电场后在永丰县投建的第二个风电项目，总装机容量8万千瓦，共安装28台单机容量2.2兆瓦和8台单机容量2.3兆瓦的风力发电机组，年平均上网电量为1.67亿千瓦时，年平均等效满负荷小时数为2088h。全部36台风机都已并网发电，累计发电量1632万千瓦时，实现产值近1000万元。

【永藤一级公路改建工程正式开工建设】 1月12日，永藤一级公路改建工程开工建设。永藤一级公路改建工程起于S219县绕城公路，途径恩江、七都、官山、古县、瑶田、藤田6个乡镇场，终于昌宁高速公路藤田连接线，公路设计速度为80千米/小时，路基宽25.5米，双向4车道，采用沥青混凝土路面，全长约46.94千米，总投资12亿元，项目建设周期为24个月，预计2019年建成通车。永藤一级公路改建工程共分为2个标段，其中A标段全长19.76千米，施工方为中铁二十局集团第二工程有限公司，B标段全长27.18千米，施工方为江西中煤建设集团有限公司。项目监理单位为江西交通咨询公司。永丰至藤田一级公路贯穿永丰县南北全境，是全县经济相对活跃地带，联系中心城区、次中心及多个工业、产业园区。

【永丰县与蚂蚁金服集团签约“普惠金融+智慧县域”合作项目】 11月8日，永丰县举行与蚂蚁金服集团“普惠金融+智慧县域”项目签约暨启动仪式，并正式上线，成为全省首家成功上线的县(市、区)。此次签约以帮助县域发展，振兴乡村经济为出发点，在“县域公共服务”“信用县域”“普惠金融”三大板块展开全面合作。通过运用大数据、云计算等科技手段，为县域经济和居民生活提供“互联网+”服务，金融服务“三农”与小微企业水平显著提高，使县域及同城用户享受“信息多跑路，群众少跑腿”的智慧型生活，提升城市公共服务水平，带动县域经济发展。

主要领导人 县委书记：钟义山。县人大常委会主任：傅伟。县长：娄致文。县政协主席：陶保平。

(李一)

·峡江县·

【简　况】 位于江西省中部，辖6镇5乡。总面积1287.43平方千米，其中城区面积6.85平方千米。耕地面积2.33万公顷，有林面积7.21万公顷，森林覆盖率65.5%，城区绿化率35.67%。总人口19.05万人，其中城区人口7.24万人；人口自然增长率8.81‰。2018年，地区生产总值71.2亿元，增长9%。其中，第一产业增加值10.9亿元，增长3.5%；第二产业增加值31.4亿元，增长9.3%；第三产业增加值28.9亿元，增长11.6%。财政总收入13.3亿元，增长16.3%；人均6982.5元，税收占财政总收入的82.9%。公共财政预算收入7.8亿元，增长16.8%；财政总支出23.5亿元，增长9.17%。工业总产值160.23亿元，增长11.7%。规模以上工业增加值增长9.4%，占地区生产总值的32.1%。外贸出口占地区生产总值的1.64%。固定资产投资增长9.6%。实际利用外资3890万美元，实际利用省外项目资金39.5亿元。主要工业产品及产值有生物医药70亿元、装备制造42.1亿元、绿色食品4.56亿元等。农业总产值19.98亿元，增长3.85%。粮食总产量24.67万吨。主要农产品及产量有烟叶920公顷、杨梅1100公顷、蔬菜7300公顷、水产品总量1.22万吨。城镇居民人均可支配收入2.76万元，增长8.4%；农村居民人均可支配收入1.27万元，增长10.4%。城乡居民年末储蓄余额62.51亿元，增长4.7%。

【峡江水利枢纽工程获评中国水利工程优质(大禹)奖】 12月27日，峡江水利枢纽工程获水利工程行业优质工程最高奖项大禹奖。该工程是国务院确定的172项节水供水重大水利工程之一，总库容11.87亿立方米。工程批复静态总投资93.39亿元，于

2009年9月奠基,2015年8月主体工程完工。工程与泉港分蓄洪区配合使用,可使下游南昌市的防洪标准由100年一遇提高到200年一遇,赣东大堤的防洪标准由50年一遇提高到100年一遇;多年平均发电量11.42亿千瓦时;改善上游航道65千米,为下游2.2万公顷农田提供可靠的灌溉水源。

【石玉莲获"全国百名杰出新型职业农民"称号】 11月26日,2018年"全国百名杰出新型职业农民"资助项目人选公布,金坪民族乡优质水稻专业合作社理事长石玉莲入选。石玉莲是金坪民族乡南下村人,2012年,她报考了"一村一名大学生工程",进入江西农业大学继续教育学院学习。毕业后,她陆续在峡江县、吉水县、吉安县、青原区承包土地,推动水稻科学施药、测土配方施肥、"三控施肥"等新技术。从几年前种10多亩"自留地"到如今"跨乡出县"种植水稻2000多亩,年纯收入达100多万元。石玉莲还联合74户乡亲组建了峡江县金坪民族乡优质水稻专业合作社,带领群众致富。2017年12月22日,石玉莲被农业农村部、人力资源和社会保障部等部门评为"全国农业劳动模范"。

【湖洲古村通过传统村落适应性保护及利用关键技术研究与示范评审】 1月23日,传统村落适应性保护及利用关键技术研究与示范专家评审会在峡江县召开。评审会上,清华大学、同济大学等专家教授组成的评审委员会通过现场查看和听取课题研究单位的汇报,一致认为湖洲古村示范基地实践了课题中的主要研究内容,在村落山水格局与整体风貌保护、村落重要建筑修缮更新与内部提升改造、优秀传统文化与非物质文化遗产保护传承等各方面取得了实效,较好地完成了任务书所要求的内容和考核指标,基地具有较强的代表性、示范性,同意通过评审验收。县委常委、常务副县长张志福参加会议。

湖洲村位于峡江县东北,始建于北宋年间,距今已有千年历史,全村现有习姓600余户,2500多人,村中有"花门楼""习氏大宗祠""古戏台""长乐庵"和明清古巷等古建筑和遗址。2014年,中国城市规划设计研究院开展传统村落适应性保护及利用关键技术研究与示范课题,并将湖洲村定为课题实施点。经过几年规划实施,湖洲村村容村貌有了较大改善,村内一批历史建筑得以修复,先后被评为省级历史文化名村和中国历史文化名村。

主要领导人 县委书记:刘志斌。县人大常委会主任:王振军。县长:郑军平。县政协主席:胡新明。

(曾政)

·吉水县·

【简　况】 位于江西省中部,辖3乡15镇。总面积2509.73平方千米,其中县城建成区面积18平方千米。耕地面积5.34万公顷,有林面积15.1万公顷,森林覆盖率62.8%,城区绿化率43%。总人口56.6万人,其中非农业人口24.5万人;人口自然增长率8.59‰。2018年,地区生产总值152.4亿元,增长9.5%,其中,第一产业增加值23.7亿元,增长3.9%;第二产业增加值61.4亿元,增长9.6%;第三产业增加值67.3亿元,增长12%。财政总收入18.1亿元,增长11.6%;人均财政收入3502元;税收占财政总收入比重82.8%。地方财政支出41.4亿元,增长18%。规模以上工业增加值增长10%。固定资产投资增长11.5%。外贸出口4.47亿美元。实际利用外商投资9998万美元,实际利用省外投资5000万元以上项目资金46.48亿元。主要工业产品有棉纱5862吨、布6323万米、大米47.7万吨、电子元件7723万件。农业总产值43.3亿元,粮食总产量64.3万吨。主要农产品及产量有稻谷55.2万吨、水果4.3吨、豆类8712万吨。城镇居民人均可支配收入2.93万元,增长9%;农村居民可支配收入1.67万元,增长9.7%。年末居民储蓄存款余额145.2亿元,增长9.6%。

【土地节约集约利用工作获国务院通报表扬】 4月28日,国务院办公厅下发通报,对2017年落实重大政策措施成效明显的地方予以督查激励。其中吉水县因2017年土地节约集约利用、土地利用秩序、土地利用计划执行好被通报表扬,并被奖励1000亩新增建设用地计划指标。

吉水县成立由县长任组长、分管领导任副组长、县国土局等相关部门为成员的节约集约利用土地推进领导小组,推动集约、节约、高效用地。县国土局也相应成立推进工作领导小组。将节约集约用地情况纳入乡(镇)科学发展综合目标考核,设立奖惩措施,并建立节约集约用地动态监测平台。严格保护耕地,在峡江水利枢纽工程建设时期,创造性地实施抬田工程,将库区周边乡镇水位线以下的淹没耕地抬高,留住3万多亩耕地。保护资源与保障发展并重,实施增减挂钩项目"旧宅变农田",新增耕地4000余亩。科学编制土地利用总体规划,严格按照永久基本农田、生态控制红线、城市开发边界"新三线"规定的区域开展建设活动。积极引导工业项目向园区集中,调整优化城乡建设用地结构,发挥土地资源集聚利用效应,以"集中"促"集约"。吸引用地面积较小的小微企业落户投产,由园区开发建设有限公司投资建设标准厂房用地100亩,建成13栋建筑,建筑面积9.5万平方米,厂区建设密度大,厂房均在四层以上,土地利用率高。优先保障民生工程项目、基础设施建设用地,全长12.8千米的防洪路堤结合工程,缓解105国道的通行压力;南门洲路网、金滩新区路网、金樟大道、樟吉高速吉水连接线等四纵五横的路网,双向对接吉安市中心城区,方便群众出行。突出抓好建设用地的日常巡查和跟踪管理,执行建设用地日常检查、用地公开和项目用地竣工验收制度,并将每一宗土地供应信息及时录入土地市场动态监测与监管系统,接受社会监督。对批而未用土地的消化利用,吉水县成立闲置与低效利用项目清理处置工作领导小组,实施年度消化批而未用土地计划管理、逐年消减的策略,在全面摸清底数的基础上,通过嫁接重组、"腾笼换鸟"、回收储备等方式,针对性解决问题。截至2017年年底,吉水县消化批而未用土地面积126.4公顷,消化周期从3.4年下降至2.46年。2018年4月底,新增消化批而未用土地面积30.73公顷。

【水南腐竹获中国(深圳)第四届国际现代农业暨绿色产业博览会金奖】 8月17日—19日,2018中国·深圳(第四届)国际现代绿色农业暨绿色产业博览会在深圳举行。由江西胡伢子生态食品有限公司选送的胡伢子水南手工腐竹获绿博会优质农产品金奖。

水南腐竹制作源于北宋,明清时期列为贡品,有一千多年的历史。水南腐竹以本地自产的优质黄豆为原料,1000克黄豆做500克腐竹,不能添加任何辅料配料,经过选豆、剥壳、泡豆等十多道工序,香滑爽口,含大量蛋白质及多种维生素。2018年7月,江西胡伢子生态食品有限公司进驻吉水,公司通过电子商务渠道将水南腐竹销往全国各地,年销量达到60万千克,产值2000多万元。

【吉水入围全国电子商务进农村综合示范县】 9月25日,商务部公布全国电子商务进农村综合示范县名单,吉水县入选。吉水县着力打造电子商务平台,建立和完善县、乡、村三级电子商务服务体系,不仅在县城城北中心地带打造了一个县级电子商务产业园,还在18个乡镇249个行政村打造了乡镇、村级电子商务服务站,建成农村淘宝服务站35个、邮政E邮电商服务中心161个、益农信息社92个、京东211个站点,为农户和农产品经营户提供农特产品货源组织、网络销售、缴费充值等服务。全县电子商务企业和个体工商户200余家,在淘宝、天猫、京东等电商平台上开设经营网店300余个。同时,充分利用整合全省现有市场工程网点和邮政快递网点等,打通农村电商“最后一公里”的配送与揽货通道,构建起通畅便捷高效的物流管道和长期稳定的物流链条,降低农产品物流成本,提高农产品物流效率。全县拥有邮政、顺丰、韵达等13家快递企业,文峰物流、金鸿马物流等79家物流企业,电信光宽带、4G网络已覆盖全县18个乡镇,实现乡镇快递全覆盖。

主要领导人 县委书记:袁守旺。县人大常委会主任:刘龙林。县长:陈克龙。县政协主席:王克齐。

(李大毛)

·泰和县·

【简　况】 位于江西省中部偏南。辖16镇6乡2垦殖场。总面积2660.15平方千米,其中城区面积21.6平方千米。耕地面积4.25万公顷,林地面积14.35万公顷。森林覆盖率62.71%。总人口60.04万人,其中城镇人口20.42万人;人口自然增长率4.07‰。2018年,地区生产总值178.02亿元,同比增长8.8%。其中,第一产业增加值25.86亿元,增长3.6%;第二产业增加值79.75亿元,增长9.2%;第三产业增加值72.41亿元,增长11.2%。财政总收入23.32亿元,增长11.6%;税收收入18.27亿元,增长11.9%。税收收入占财政总收入比重为78.3%。实际利用内资60.48亿元,增长11.22%;实际利用外资1.01亿美元,增长9.3%。外贸出口5.92亿美元,增长26.22%。农业总产值47.32亿元,增长3.54%。粮食总产量53.16万吨。主要农产品及产量有油料作物2.68万吨、瓜果39.16万吨、园林水果2.68万吨、家禽2122.67万只、生猪48.73万头、肉牛15.11万头、水产品2.60万吨。社会消费品零售总额48.61亿元,增长11.3%。金融机构存款256.63亿元,增长7.6%;贷款余额131.33亿元,增长22.4%。城镇居民人均可支配收入2.91万元,增长8.9%;农村居民人均可支配收入1.51万元,增长9.8%。城乡居民年末储蓄余额186亿元,增长7.51%;城乡居民年末贷款余额101.29亿元,增长29.67%。

【抗击特大洪灾】 6月5日起,受台风“艾云尼”外围环流影响,泰和县普降中到大雨,尤其受上游井冈山市、遂川县特大暴雨影响。6月7日19时始,蜀水河水位迅速抬升,最高峰超警戒水位4.45米,超2002年历史最高纪录1.48米,形成巨大山洪,致沿线苏溪、马市2镇19个行政村149个村小组,及约2000公顷农田被淹,105国道苏溪至马市段多处交通中断。泰和县领导分组到一线指挥抗洪抢险工作。6月7日下午接到汛情,苏溪、马市镇党委、镇政府第一时间采取行动,迅速启动防汛应急预案。镇村干部深入蜀水河沿岸村组挨家挨户通知群众转移。部分群众因水位上涨过快被困,镇村干部、基层民兵,与消防、武警、人武、公安、水利等救援人员,成功解救被困群众千余人,转移群众3000余人。全县未出现人员伤亡和溃堤事故。

【破获特大系列盗窃耕牛案】 8月以来,泰和县陆续发生耕牛被盗案件,案件每间隔2、3天或10多天发生1次。该次系列盗窃耕牛案比以往类似案件更加复杂、危害程度更大。在作案对象上,以往盗牛案多以关在牛棚里的牛为主,而此次不管是牛棚里的牛,还是野外散养黄牛,均成为目标,嫌疑人“见牛就偷”,作案疯狂,给当地人民群众带来极大恐慌。螺溪镇田丰村蒋某某一夜之间损失3大、1小共4头耕牛,三都村东岗组的肖某、阙某夫妇,放在田边吃草的牛也被盗。鉴于案情重大,县公安局立即抽调力量,通过近一个月地侦查锁定了叶某和田某2名犯罪嫌疑人并成功实施抓捕。11月20日下午,县公安局刑警大队的民警押着犯罪嫌疑人叶某到吉安县敖城镇某村取赃。叶某早年从贵州六盘水市迁居敖城,买了当地一所校舍作住房,前面住人,后面关牛。叶某偷来的牛都关在这里。这次供认的15头牛,2头被当场缴获、5头已被嫌疑人宰杀,6头关在牛栏里,2头拴在附近桥底下。11月21日下午,县公安局刑警大队在螺溪镇举行被盗耕牛发还仪式。群众从民警手中领回自家失窃的耕牛。

【泰和县“庐陵传统民居营造技艺”入选首批国家传统工艺振兴目录】 5月24日,文化和旅游部、工业和信息化部联合发布首批国家传统工艺振兴目录发布,泰和县“庐陵传统民居营造技艺”入选。泰和庐陵传统民居营造技艺,是中国传统木构建筑营造技艺的一个重要分支,体现了中国传统建筑在布局、结构、构造、装饰上的共同特点,但又结合地理环境、地域文化,形成自己独具特色的做法,如天井院式的建筑布局、鹊巢宫式屋顶、清水砖的马头墙、鎏金木雕装饰的木构架等等。相比北方民居以及江浙民居有着强烈的地域特色,也表现出庐陵工匠为满足地方生活需要在改善建筑形制、采光通风、建筑装饰等方面所做的贡献。庐陵传统建筑民居的形制构造，构件加工工艺以及装饰工艺都保持了地方的传统做法，这些传统营造技艺，在古建筑修缮、古村落改造、传统民居建造中广泛应用。吉安泰和保留了司马第、相国府、大夫第、祠堂、书院等大量精美的古建筑，旗杆石、功德牌坊等建筑小品。

主要领导人 县委书记：胡小勇。县人大常委会主任：詹学锋。县长：邓永翔。县政协主席：万建中。

（刘捷）

·万安县·

【简　况】 位于江西省中南部，辖9镇7乡1垦殖场。总面积2051平方千米，城区面积12平方千米。耕地面积2.65万公顷，有林面积12.44万公顷，森林覆盖率71.9%，城区绿化率36.47%。总人口31.85万人，其中非农业人口27.17万人；人口自然增长率8.8‰。2018年，地区生产总值77.37亿元，增长8.6%。其中，第一产业增加值12.14亿元，增长3.9%；第二产业增加值30.87亿元，增长8.8%；第三产业增加值34.36亿元，增长10.9%。财政总收入12.9亿元，增长10%；税收占财政总收入77.3%。地方财政收入8.07亿元，增长7.8%；财政支出30.95亿元，增长9.6%。工业增加值21.63亿元，占地区生产总值27.96%。固定资产投资完成53亿元，增长10.7%。实际利用外资0.67亿美元。主要工业产品及产量有发电9.48亿千瓦时、啤酒1.57万千升、水泥5.7万吨。农林牧渔业总产值22.79亿元，下降7.2%。粮食总产量28.22万吨。主要农产品及产量有生猪（出栏）26.01万头、肉牛（出栏）1万头、水产品2.57万吨。城镇居民人均可支配收入2.69万元，增长8.8%；农村居民人均可支配收入1.06万元，增长11.1%。

【举办"趣村夏木塘——2018第三届国际高校建造大赛"】 7月31日，2018第三届国际高校建造大赛在万安夏木塘举行。本届建造大赛由万安县人民政府主办，CBC建筑中心承办，《城市·环境·设计》（UED）杂志社为协办媒体。大赛邀请清华大学、同济大学、东南大学、天津大学、美国雪城大学、香港大学、西交利物浦大学、中央美术学院等国内外及地区的21所知名建筑高校参赛。大赛邀请中国工程院院士崔恺担任评委会主席。参赛高校以夏木塘村的山野、森林、水塘为底图，以"趣村"为主题进行设计与建造。

经过14天的比赛，各参赛高校的作品在夏木塘村的树林、田地、房前屋后的小场所上落成。华南理工大学的作品《趣村竹园——若浮廊》中廊获大赛一等奖；美国雪城大学建筑学院和天津大学建筑学院的《茨光夏木塘》获二等奖。8月14日，"趣村夏木塘——2018第三届国际高校建造大赛"结束。

【创新实行"大村长制"】 在脱贫实践中，万安县发现脱贫攻坚前线农村基层组织存在力量分散、责任难落实、战斗力不强、工作效率低等问题，现有工作机制与脱贫攻坚的要求不相适应。针对问题，该县优化组织结构和组织资源配置，将领导力量下沉，工作战线前移，改变过去县领导挂乡镇、乡镇班子其他成员挂村的工作机制，变成领导干部直接包村负责、以村为作战单位的"大村长制"，把责任精准压实到人，把工作精准落实到村，把脱贫攻坚"务实、扎实、真实"的要求落到实处。

"大村长"负总责的责任体系建立后，全县135个行政村均按要求下派了"大村长"，其中61个"十三五"贫困村实现县级领导包村全覆盖。对所包村脱贫攻坚工作，"大村长"进行统一指挥、统一部署、统一调度、统一督查。

"大村长制"实施后，全县67个"空壳村"全部顺利脱贫，所有行政村集体经济年收入均达到5万元以上，其中10万元以上的村30个。拆除危旧正房7412栋、附房杂房21732间，完成危房改造8195户，安全住房问题得以全面解决。建立扶贫车间71家，吸纳家门口务工人员1000余人，建立中药材、柑橘类水果、有机茶叶等特色产业基地213个，扶持建立农民专业合作社459家，吸纳6230户贫困户参社发展产业，实现贫困群众致富产业全覆盖。

基层组织力得到有效提升。"大村长"积极发挥党务工作经验丰富的优势，着力建强村级班子，推进支部标准化、规范化建设，有效提升村级党组织的组织力，引导外出务工创业"能人"等到村"两委"挂职副书记或副主任，经过培养后，优秀的按程序担任村干部。在2018年村"两委"换届选举中，268名返乡挂职"能人"有21人当选为党组织书记，82人当选为党组织委员，142人当选为村委会委员。

6月，万安县以漏评率和错退率均为"双零"、群众认可度99.1%的优异成绩，顺利通过国家第三方评估。7月29日，省政府批复同意该县脱贫退出。万安县如期顺利"摘帽"，同时"大村长制"的经验做法在全省推广。

【万安农民画登上德国展台】 6月1日，"遇见中国——纪念马克思诞辰200周年系列文化展"在马克思的故乡、德国特里尔开展。系列文化展共4场展览，每场持续约1个月。江西文化展为其中一场，主题为"江西神韵·中国味道——在马克思故乡遇见新江西"。万安农民画与乐安蛋雕、景德镇陶瓷和吉州窑陶瓷、夏布绣、汤显祖戏剧组成最具江西文化特色的"四菜一汤"亮相马克思故乡德国。率先在"神韵江西 中国味道"主题分展中展示。万安农民画通过图片、实物、视频、表演等展示形式，生动展示江西农村、农业和农民的新变化、新面貌。

主要领导人 县委书记：李伟平。县人大常委会主任：胡影秋。县长：刘军芳。县政协主席：郭白云。

（叶章青）

·遂川县·

【简　况】 遂川县位于江西省西南部，辖12镇11乡2国有林场。总面积3144.17平方千米，其中建城区面积18.7平方千米。耕地面积3.41万公顷，有林面积25.57万公顷，森林覆盖率78.79%，城区绿化率38%。总人口62.26万人，其中城镇人口

20.73万人;人口自然增长率9.12‰。2018年,地区生产总值129.59亿元,同比增长8.8%。其中,第一产业增加值14.12亿元,下降3.8%;第二产业增加值59.03亿元,增长8.5%;第三产业增加值56.44亿元,增长11.0%。财政总收入16.08亿元,增长10.7%;税收收入12.62亿元,占财政总收入的78.5%。一般公共预算收入10.75亿元,增长6.7%;一般公共预算支出45.26亿元,增长13.6%。规模以上工业企业总产值223.71亿元,增长18.1%;规模以上工业增加值增长9.6%。外贸出口2.29亿美元,增长5%。固定资产投资增长10.3%,实际利用外资5109万美元,增长9.4%。粮食总产量26.87万吨。农业总产值26.44亿元,增长3.96%。主要农产品及产量有油料7642吨、茶叶4526吨、水果5.83万吨、生猪(出栏)22.72万头。城镇居民人均可支配收入2.76万元,增长8.1%,农村居民人均可支配收入10.65万元,增长12%;城乡居民年末储蓄余额205.24亿元,增长10.0%。

【红色街区改造提升】 2018年,遂川县启动实施红色街区旧址改造提升建设项目。红色街区位于县城水北老城区,东临文献街、西到罗汉寺古街、南至西路街、北至教育局东侧广场。该项目规划改造面积约8.4公顷,总投资1亿元,由县城建局、城投公司和房管局共同建设,针对该区域的红旧址、古街坊等红色文化、传统建筑文化等,分初心文化主题区、老街坊民俗区、工农兵政府文化主题区、主席旧居主题区、纪律文化主题区5个小区域进行提升改造。以遂川县工农兵政府旧址、毛泽东旧居、遂万联席会议旧址等红色遗存为核心,在片区内新建政纲广场、李家坪纪律广场、遂川革命历史陈列馆,同时对工农兵政府旧址"五部一室"(土地部、军事部、裁判部、财政部、文化教育部和秘书室)进行情景再现。按照"修旧如旧、留住记忆"的原则,对工农兵政府旧址周边6条老街坊民俗街道沿街建筑进行改造,对民俗旧居进行修缮保护,打造特色民俗旅游街区,同时融入民生需求,按照城市功能和品质提升的要求,对片区内地下给排水系统、道路管线系统、公共服务设施等进行改造提升,使这个片区成为旅游休闲和当地居民生活营商处。

【电影《红色圩场》在遂川县拍摄】 为纪念毛泽东诞辰125周年,草林红色圩场创建90周年。3月30日,重大革命历史题材电影《红色圩场》在全国第一个红色圩场——遂川县草林镇毛泽东旧居前举行开机仪式,4月17日,在遂川县大汾镇骑楼街开拍。该剧本由遂川县本土作家樊蔚源创作,经中央重大革命和重大历史题材影视创作领导小组同意立项和国家新闻广电总局电影局备案。《红色圩场》由余斌导演,著名国家一级演员、毛泽东特型演员王霙主演,上海温哥华电影学院影视孵化中心总制片人、上海雨岸文化发展有限公司董事长钱凯担任总制片人,马菱为制片人。该影片讲述井冈山斗争时期,毛泽东同志率领工农红军,突破国民党反动派的经济封锁,保证井冈山革命根据地物资供应和部队给养,在遂川草林打土豪,分田地,保护中小商人,创建全国第一个红色圩场的艰辛实践历程。影片拍摄时间1个月,计划在2019年上半年上映。

【遂川县获评"中国楠木之乡"】 4月24日,中国林学会同意认定遂川县为中国楠木之乡。遂川县23个乡镇都有楠木分布,其中11个乡镇、3个国有林场有大面积楠木集中分布,分布范围南北宽43.8千米,东西长61.7千米,是中国最大的楠木分布带。全县共有楠木片林166块,面积2226.67公顷,55万株,其中胸径30厘米以上的楠木达1.1万株以上。遂川楠木集中分布于蜀水遂川流域,位处这一区域的新江乡石坑村、衙前镇双镜村、五斗江乡五斗江村不仅楠木古树多、大树多,而且分布密度高,国内罕见。

主要领导人 县委书记:张智萍。县人大常委会主任:陈道萍。县长:肖凌秋。县政协主席:刘路生。

(张春艳)

·安福县·

【简　况】 位于江西省中西部,辖7镇12乡。总面积2795.81平方千米,其中城区面积18.5平方千米。耕地面积4.56万公顷,森林覆盖率67.1%。总人口42.14万人,其中非农业人口14.49万人;人口自然增长率6.59‰。2018年,地区生产总值147.4亿元,增长8.9%.%。其中,第一产业值19.0亿元,增长3.6%;第二产业值60.7亿元,增长9.1%;第三产业增加值67.7亿元,增长11.3%。财政总收入19.55亿元,增长7%,人均4639元;税收收入 亿元,占财政总收入75.1% 。公共财政预算收入12.65亿元;地方财政支出37.22亿元,增长14.6%。工业总产值234.2亿元,增长7.6%。规模以上工业增加值212亿元,增长2.1%。完成固定资产投资90.37亿元,增长11.4%。实际利用外资7517万美元,增长9.5%;省外资金48亿元,增长10.8%。主要工业产品及产量有煤3.49万吨、钨精矿1275.4吨、水泥熟料118.3万吨、水泥103.9万吨、商品混凝土18.77万吨、液压元件13.04万件、水力发电量8411万千瓦时、人造板3.9万立方。农业总产值34.8亿元。粮食总产量39.44万吨,主要农产品及产量有稻谷37.31吨、蔬菜15.54万吨、肉类4.83万吨、油料总产2.02万吨、水果2.26。城镇居民人均可支配收入2.92万元,增长8.5%;农村居民人均纯收入1.46万元,增长9.9%。全社会消费品零售总额52.07亿元,增长11.5%。各金融机构年末存款余额177.37亿元,增长4.6%;年末贷款余额94.2亿元,增长14.1%。

【武功山火炬松良种项目完成】 武功山林场2015年度中央财政林业科技推广示范项目——《火炬松良种推广与示范》完成,2月初通过省林业专家组验收。

2015—2018年,武功山林场依托省林科院、江西农大、华南农大专家的科技支撑,严格按照项目建设要求,高标准营建火炬松良种苗木繁育圃0.67公顷,培育火炬松良种芽苗切根移栽苗35万余株、轻基质容器苗2万余株,营造火炬松良种示范林68.33公顷。示范林成活率、保存率均达95%以上,平均树高达3.71米,平均胸径6.09厘米树高生长量都超过行业标准。

【横龙镇石溪村入选全国生态文化村】 12月12日,中国生态文化协会公布2018年度“全国生态文化村”名单,安福县横龙镇石溪村入选。

石溪村樟书、竹木众多,生态环境优美,背靠虎形山,前拥泸水河。1700多棵参天古樟拱卫该村。全村森林覆盖率达90%,每立方厘米空气中负氧离子含量达10万个。石溪的建筑有着“青砖黛瓦马头墙,飞檐翘角坡屋顶”古朴的庐陵风采。

【全国三熟制油菜全程机械化花期飞防观摩会在安福县召开】 3月1日,由江西省红壤研究所牵头主办的全国三熟制油菜全程机械化花期飞防观摩会在安福县金田乡召开。中国农业科学院油料作物研究所副所长张学昆,省红壤研究所党委书记黄庆海,农业部南京农业机械化研究所植保与环境工程技术中心主任薛新宇,以及省内外专家学者、农技推广人员70余人应邀参加。副县长尹伟民出席并致辞。

在观摩会上,专家学者考察了县油菜产业发展并为参会人员讲解了油菜全程机械化高效生产关键技术和飞防当前的发展和应用等知识。与会人员到油菜飞防作业现场,观摩了配药、飞机起飞、喷施药液等程序。飞防作业所喷施的药物融合病虫害防治药和油菜营养剂,在防治油菜病害的同时,又能促进油菜生长。与传统人工喷药防治相比,飞防作业可大幅度提升效率、降低成本和劳动强度。

【智慧安福中心启动运行】 2月6日,智慧安福中心启动运行。智慧安福中心大楼位于泸水河大道12号,集县政务服务中心、县林业局、综合指挥中心和大数据管理中心于一体办公,庭院建有生态停车场,实行开放式办公,提供园林化、智能化、标准化的服务。中心入驻部门45个,设置服务窗口162个,一楼突出综合窗口功能,主要办理人社、社保、医保、国税、地税、民政、市监和收缴费等业务;二楼突出行政审批功能,设立群团服务中心,主要办理住建、城管、发改、环保、国土、房产交易、不动产登记等部门承担的行政审批服务事项;三楼突出社会民生事务服务功能,主要办理公安、交通、教育、卫计、文化、林业等与群众密切相关的服务事项。

主要领导人 县委书记:贺利华。县人大常委会主任:杨红大。县长:王玮。县政协主席:吴杰。

(刘武文)

·永新县·

【简 况】 位于江西省西部,辖10镇13乡2场(七溪林场、综合垦殖场)。总面积2194.57平方千米,耕地面积3.28万公顷。总人口52.93万人,其中城镇人口20.65万人;人口自然增长率8.36‰。2018年,地区生产总值111.81亿元,增长8.5%。其中,第一产业15.63亿元,增长3.6%;第二产35.04亿元,增长8.9%;第三产业61.14亿元,增长10.5%。财政总收入12.11亿元,增长6.4%。工业总产值26.37亿元,增长9.6%。外贸出口1.81亿美元,下降11.9%。固定资产投资71.71亿元,增长9.5%。实际利用外商投资4162万美元,增长9.5%;省外投资37.29亿元,增长11.05%。主要工业产品及产量有轻革2402.8万平方米,化学药品原药54吨,蚕丝508吨。农业总产值29.27亿元,增长3.5%。粮食总产量30.71万吨。主要农产品及产量有稻谷30.01万吨、红薯4113吨、油菜籽2.42万吨、蔬菜13.47万吨。城镇居民年人均可支配收入2.48万元,增长8.3%;农村居民年人均纯收入10.46万元,增长10.6%。城乡居民年末储蓄存款余额147.68亿元,增长10.4%。

【永新县两处革命旧址入选全国红色旅游经典景区】 1月,由国家发改委与国家旅游局等14家部委联合印发的《关于印发全国红色旅游经典景区名录的通知》,公布300处全国红色旅游经典景区,永新县2处景区位列其中,分别是三湾改编旧址(含枫树坪旧址、毛泽东同志旧居、士兵委员会旧址、工农革命军第一军第一师第一团团部旧址)和湘赣革命根据地中心旧址(含中共湘赣省委旧址、中国工农红军湘赣省军区总指挥部旧址、牛田湘赣省委苏维埃政府旧址等革命遗址)。该名录是在地方申报基础上,经过严格审批,遴选出具有典型教育意义的革命事件发生地、纪念地。

【县城新区特色小街安置项目奠基开工】 5月11日,永新县县城新区特色小街安置项目开工奠基,县委书记肖兵出席并宣布项目正式启动。县长孙劲涛等县领导出席奠基仪式。该项目总投资约6亿元,总规划面积26.44公顷,总建筑面积25.2万平方米。整体项目计划建设安置房600栋,按照统一规划、统一设计、统一建设、统一管理的建设方式,以“水韵书香、画里人家”为设计理念,采用典型的庐陵风格,融功能布局与山形水势为一体,融居住和商业为一体,规划有书画、丝绸、皮革制品、休闲美食四大商业街区。同时,依托“大商业”带动“小商业”,预留商业用地34.5亩,为招引大型商业综合体留下了空间,让群众“搬得出、稳得住、能致富”。

【永新县实现脱贫摘帽】 7月29日,省政府下文同意永新退出贫困县。2014年以来,永新县贯彻中央、省、市脱贫攻坚各项决策部署,创新推行脱贫攻坚“443”工作法,全县共减贫9903户40763人,“十三五”贫困村由106个减至10个,贫困发生率由10.4%降至1.02%,顺利通过国家贫困县退出第三方专项评估检查。

【永新县政务服务中心运行】 9月3日,永新县政务服务中心正式运行。该服务大厅面积为5100余平方米,设立13个专业办事大厅、1个综合受理平台和1个集成服务区,31个部门的150名工作人员进驻中心提供服务。为方便群众办事,大厅内还设置了各类咨询台、文印区、自动扶梯、座椅。永新县共梳理了行政权力事项3853项,公共服务项目309项,统一公布在江西政务服务网上。此次集中进驻中心办理的行政审批和公共服务事项有561项,其余行政审批和政务服务事项也将陆续进驻开展业务。同时,为减少群众跑路,按照“服务优先”的原则,政务中心新建了“一窗受理”服务台,将受理事项分为民生事务类、涉农事务类、投资建设类、综合事务类,只要群众带齐所办事项所需材料，就可一窗通办，一次办妥。

【**永新县60所赣商爱心村卫生计生服务室竣工并投入使用**】 12月19日，在永新宾馆举行郑跃文捐赠300万元建设永新县赣商爱心村卫生计生服务室竣工仪式。2016年，为提升永新县村级卫生计生服务能力，改善农村就医条件，根据省卫计委、赣商联合总会、省政协海外扶贫基金会《关于做好江西赣商联合总会捐资江西省海外扶贫基金会“赣商爱心基金”支持村卫生计生服务室建设项目的通知》精神，永新县委、县政府于2016年提出并通过申请，获赠300万元建设60所赣商爱心村卫生计生服务室。经2年多时间的建设，11月，60所赣商爱心村卫生计生服务室竣工。经永新县卫计委和各乡镇政府的2次验收，建设情况符合《赣商爱心卫生计生服务室建设项目协议》的要求，并全部投入使用。

主要领导人 县委书记：肖兵。县人大常委会主任：尹毅斌。县长：孙劲涛。县政协主席：曾志华。

（史冬华）

抚州市

【**概 况**】 位于江西省东部，辖9县2区1东临新区1国家高新技术产业开发区。总面积1.88万平方千米，城镇化率49.81%。耕地面积24.53万公顷，有林面积132.40万公顷，森林覆盖率66.1%。总人口404.7万人，其中城镇人口201.6万人；人口自然增长率7.63‰。2018年。地区生产总值1382.40亿元，增长8%。其中，第一产业增加值199.28亿元，增长3.1%；第二产业增加值566.00元，增长8.0%；第三产业增加值617.12亿元，增长10.1%。财政总收入200.7亿元，增长9.3%；公共预算收入完成124.2亿元，增长3.3%。规模以上工业增加值增长9%。固定资产投资增长10.7%。社会消费品零售总额增长10.6%。实际利用外资3.85亿美元，增长9%。出口总值131.1亿元，增长1.2%。主要工业产品有：化学纤维1.44万吨、饲料48.01万吨、塑料制品19.88万吨、商品混凝土160.51万立方米、人造板60.53万立方米、铝合金61.26万吨。粮食总产量277.67万吨。农林牧渔业总产值343.53亿元，增长3.3%。主要农产品及产量有油料5.45万吨、棉花0.26万吨、水果180.04万吨、茶叶0.28万吨、肉类32.58万吨、水产品16.34万吨、生猪出栏262.97万头、家禽2474.28万只。城镇居民人均可支配收入3.20万元，增长8.5%；农村居民人均可支配收入1.48万元，增长8.9%。住户年末储蓄余额1303.7亿元，增长10.2%。

【**抚州高新区首次跻身全国百强高新区**】 12月，在科技部2018年度全国169家高新区综合评价中，抚州高新区排名全国第100名，首次跻身全国百强高新区。抚州高新区自2015年升级为国家级高新区以来，科技创新能力不断增强，经济持续快速增长。2018年1月—10月，该区主营业务收入360亿元，增长12%；工业用电量达4.4亿千瓦时，增长55.4%；完成财政总收入19.1亿元，增长24.7%；实际利用外资6782万美元，增长62.2%。新增规模以上企业16家；新增高新技术企业22家，高新技术企业数量54家，占全市的30%。园区拥有国家知识产权示范企业3家、国家知识产权优势企业2家，为全省第二个国家级知识产权试点园区。拥有有效发明专利223件，占全市的41.8%；万人拥有有效发明专利17.4件，是全市平均值的13倍。新增省级科技型中小企业50家。拥有国家级特色产业基地2个，国家级科技企业孵化器2个、国家级众创空间1个、国家级技术中心1个、省级工程(技术)研究中心10个，省级企业技术中心7个，省级重点实验室1个、院士工作站2个、博士后工作站2个，是全省首批创新创业示范基地。

【**电影《浴血广昌》首映式在北京举行**】 7月28日，由八一电影制片厂、抚州市文化旅游投资发展有限责任公司和广昌县文化旅游投资发展有限公司联合出品的革命历史题材影片《浴血广昌》在北京人民大会堂举行首映发布会。副省长吴忠琼宣布首映暨全国院线公映正式启动，省政协副主席、市委书记肖毅致辞；中国电影家协会分党组书记张宏，八一电影制片厂厂长柳建伟，省委宣传部副部长、省社科联主席吴永明，省外侨办主任赵慧等领导及老一辈革命家家属代表、影片出品方、主创人员以及媒体记者出席仪式并共同观影。

电影《浴血广昌》以红军第五次反“围剿”时期的广昌保卫战和高虎脑战役为背景，影片通过普通一兵五伢子的成长历程，讲述1934年红军长征前与国民党军的最后一场激战。

发布会上，柳建伟和老一辈革命家家属代表朱和平先后讲话。发布会结束后，肖毅和《浴血广昌》主创人员接受了《人民日报》、新华社、中央广播电视总台、《光明日报》等媒体专访。

【**上海白玉兰谈家桢生命科学发展基金会抚州分会成立**】 4月，在抚州第二届生命健康科学国际高峰论坛上，市政府与上海白玉兰谈家桢生命科学发展基金会、联合基因生物科技(上海)有限公司签订三方战略协议，借助谈家桢基金、联合基因的生命科学研究成果，在抚州建成“产、学、研”于一体的精准医疗产业，推动抚州市生命健康科学发展，提升精准医疗诊疗水平。7月21日，上海白玉兰谈家桢生命科学发展基金会抚州分会成立。这是该基金会首次在设区市设立分会。成立仪式上，副市长徐国义、上海白玉兰谈家桢生命科学发展基金会理事长谈向东，联合基因科技集团总裁谢毅，北京大学血液病研究所所长、上海白玉兰谈家桢生命科学发展基金会抚州分会会长黄晓军共同为上海白玉兰谈家桢基金会抚州分会揭牌，同时，抚州联合基因医学检验实验室、脑卒中预防课题中心一并挂牌成立。上海市第一人民医院胸外科主任林强教授等嘉宾和专家参会。上海白玉兰谈家桢基金会与博雅生物集团签订捐赠协议，随后还举办了两场医学专题讲座。市、县(区)两级综合医院、中医院分管领导、相关卫计人员参加了专题讲座。

【抚州知识产权局获"国家知识产权战略实施先进集体"称号】 7月，国务院知识产权战略实施工作部际联席会议办公室表彰100个先进集体，抚州市知识产权局获"国家知识产权战略实施先进集体"称号。

抚州市通过创新知识产权工作体制机制，增强运用和服务能力，完善管理和保护体系，在全省率先成立市级专利行政执法支队。创建1个国家级知识产权试点园区，1个国家知识产权强项工程示范县，1家国家知识产权示范企业，10家国家知识产权优势企业，5个县（区）列入国家知识产权富民强县工程试点（示范），9个县（区）获江西省专利工作十强县和江西省专利进步十强县，总数位于全省前列（总数列全省第四）；2017年，抚州市获"国家知识产权试点城市"称号。抚州市知识产权局2次被评为"全国知识产权执法保护先进集体"；2014年获"全国知识产权系统人才工作先进集体"，2016年获"全国专利系统先进集体"称号。

【创新家事审判机制】 8月，抚州市中级人民法院、抚州市综治办等13个部门和单位共同签署《关于建立抚州市家事审判方式和工作机制改革联席会议制度的意见》，明确联席会议的主要职能、成员单位、各自分工和工作要求，这是全省首个家事审判方式和工作机制改革联席会议制度。

意见确定市中级人民法院党组副书记、副院长为联席会议召集人，各成员单位有关负责人为联席会议成员。联席会议办公室设在市中级人民法院，承担联席会议的日常工作。联席会议原则上每年召开一次全体会议；根据工作需要，可以召开临时会议。联席会议以会议纪要形式明确会议议定事项。会议纪要经与会单位同意后印发有关方，同时抄报市政府和市政法委。意见明确联席会议的任务主要包括：研究制定家事案件纠纷化解政策措施和年度工作计划，探索家事审判程序改革，向抚州市人大提出家事特别程序立法建议；推动部门沟通与协作，明确职责分工，加强政策衔接和工作对接，推进多元化纠纷解决机制完善；推进家事审判工作专业化和群众路线相结合；督促、检查婚姻家庭纠纷化解工作落实，及时通报工作进展情况等。

【抚州（北京）新兴产业合作对接会在北京举行】 7月14日，抚州（北京）新兴产业合作对接会在北京举行。省政协副主席、市委书记肖毅致辞，市委副书记、市长张鸿星主持；抚州市有关领导及80余名企业家出席。对接会上，落户抚州市本级的股权投资基金管理项目、金融服务项目、资产管理项目；落户临川区的牡丹田园综合体及特色小镇项目、食品加工项目、永磁材料生产项目；落户东乡区的万亩猕猴桃示范基地项目、生物医药科技产业园项目、玫瑰特点小镇项目；落户南城县的高端环保设备研发制造项目、中医药项目；落户黎川县的油画产业电子商务项目；落户南丰县的南丰蜜橘加工物流项目；落户崇仁县的麻鸡产业电子商务项目、互联网平台运营项目；落户乐安县的全域旅行开发项目；落户宜黄县的新能源特种车项目；落户金溪县的医药电商项目；落户资溪县的"鲍师傅"食品加工项目；落户广昌县的中药材种植加工项目、新型装饰材料生产项目；落户抚州高新区的人工智能产业园项目、国药安康聪慧中心项目；落户临川温泉景区的温泉小镇项目共24个项目举办集中签约，项目总投资达255.9亿元。此次签约投资合作项目均经过前期对接和洽谈，着重产业升级战略，涵盖金融服务、电子信息、健康养老、人工智能等方面。对接会上，抚州市还分别与中国国际工程咨询有限公司、中国健康产业投资基金管理股份有限公司等签订了战略合作框架协议。

主要领导人 市委书记：肖毅。市人大常委会主任：魏建锋。市长：张鸿星。市政协主席：黄晓波。

（熊梓良）

·临川区·

【简　况】 位于江西省东部，辖18镇8乡2垦殖场和5街道办事处。总面积2126平方千米，其中城区面积约85.3平方千米，城镇化率56.0%。耕地面积6.1万公顷，有林面积8.68万公顷，森林覆盖率44.28%，城区绿化率45.81%。总人口112.61万人，其中城镇人口63.06万；人口自然增长率7.77‰。2018年，地区生产总值429.67亿元，增长7.9%。其中，第一产业增加值44.69亿元，增长2.8%；第二产业增加值195.29亿元，增长8.0%；第三产业增加值189.69亿元，增长9.1%。财政总收入23.66亿元，增长4.6%；税收占财政总收入的比重87.5%；地方财政收入14.55亿元，下降6.9%。社会消费品零售总额196.88亿元，增长10.5%。固定资产投资287.87亿元，增长11.2%。实际利用外资5220万美元、增长11%。工业总产值178.2亿元，增长16.3%。规模以上工业增加值增长9.0%。主要工业产品及产量有水泥142.6万吨、10种有色金属7.03万吨、人造板25.1万立方米、化学农药474.6吨、饲料19.97万吨。粮食总产量51.84万吨。农业总产值64.64亿元，增长3.3%。主要农产品及产量有油料1.14万吨、生猪出栏49.97万头、禽蛋产量1.22万吨、水产品2.01万吨、水果产量6.44万吨。城镇居民人均可支配收入3.92万元、增长8.5%；农民人均纯收入1.80万元、增长9.1%。

【扫黑除恶专项行动】 临川区紧盯重点领域、重点人员，深挖彻查"保护伞"，强化综合治理，有的放矢、精准打击，坚持有黑必扫、有恶必除、有伞必打、有腐必反、有乱必治，营造安全稳定的社会环境。2018年，侦破"1211罗湖镇聚众斗殴案"，摧毁以江某为首，长期盘踞罗湖镇为非作歹、称霸一方的恶势力犯罪团伙；收集涉黑涉恶相关问题线索462条，清理查处一批党员干部涉黑涉恶问题；先后对5138名"两委"候选人进行联审复审，取消53名不符合资格条件的候选人资格和4人当选资格，抓获涉恶类村"两委"班子5人、公职人员22人、党员干部29人；立涉黑案件1起，摧毁恶势力团伙12个，破获涉恶类刑事案件165起，刑拘395人，逮捕223人，抓捕逃犯114人。

【生态环境三大保卫战】 临川区围绕"转作风、做民事、促稳定、保发展"的工作思路，通过三大保卫战加强环境保护工作。开展"蓝天"保卫战，专项治理城区禁放烟花爆竹、燃煤锅炉整治、关停取缔砖瓦黏土企业、“地条钢”非法生产等,关闭“小散乱污”企业13家,责令整改197家;开展“碧水”保卫战,专项整治城区饮用水水源地环境问题,全区214家小(2)型以上水库签订退出承包养殖合同,实现“人放天养”,关闭禁养区内规模化养殖场78家,同时启动生活污水处理厂和抚北工业污水处理厂扩容提标改造前期工作,完成污水管网建设3.2千米;开展“净土”保卫战。规范管理固体废物,规范危险废物收集、储存、处置行为,加快推进抚北工业园区下游土壤综合治理修复项目和农业土壤修复试点项目。2018年城区空气PM2.5和PM10日平均浓度均较2017年降低10%以上,空气优良天数增加31天,优良率93%,城区集中式饮用水水源地水质达标率100%,地表水出境考核断面水质稳定在Ⅲ类以上。

【“牡丹亭——白浒窑国际诗歌与艺术展”在英国剑桥开展】 8月10日,由英国保护濒临消失的世界基金会、剑桥康河出版社主办,抚州市外事侨务办公室、抚州市文广新局、白浒窑手工陶瓷工艺传习所协办的“牡丹亭——白浒窑国际诗歌与艺术展”在英国剑桥大学国王学院开展。临川白浒窑原料上选用抚州临川原产高岭土,质细腻,透白,在还原焰下白中泛青,透显高贵雅致,再施以传统透明玉质釉,釉面光滑细致。临川白浒窑非遗传承人张志刚运用传统工艺柴烧的30件作品在剑桥迈克豪斯艺术厅展出,展品主要为白浒珐琅彩瓷壶、白浒珐琅彩品茗杯,吸引众多英国艺术爱好者参观。此次展出,通过陶瓷文化进行人文交流,落实“一带一路”建设构想,加快白浒窑非遗项目转型升级。

【临川发现益敬王题字门坊】 11月,高坪镇老赵村发现一座门坊。门坊位于老赵村村中心,柱子为红石结构,呈“八”字形,匾额题字为“振藻蜚英”。振藻的意思是显扬文采;蜚英是扬名,驰名的意思。匾额不仅有落款,还有印章3枚。题字落款为益世子仙源道人,三枚印章分别为:仙源、统皇帝六世孙、益瓴之章。题字者乃明代益王的世袭者朱常。匾额上写了两个时间,一为万历甲辰岁季秋立,一为康熙庚辰冬月立。推测一个是仙源题字的时间,一个为门坊建造的时间。门坊对联上的字有的字迹清晰可见,有的字迹太糊,分辨不清。

【临川区获2017年度全国“平安农机”示范县(区)称号】 1月3日,农业部、国家安监总局公布2017年度全国“平安农机”示范县名单,临川区入选,是抚州市唯一获此称号的县(区)。临川区农机局农机监理站长黄小龙,同时获2017年度全国“农机安全监理示范岗位标兵”称号,是抚州市唯一获此称号的标兵。

临川区农机局在区委、区政府的正确领导下实现全区农业机械化工作实现跨越式发展。截至2016年年底,全区农机总动力60.30万千瓦,增加8%,机耕面积8.17万公顷,机耕水平98%,机收面积7.67万公顷,机收水平达92%以上,机插(播)面积2.5万公顷,机插(播)水平达30%,水稻耕种收综合机械化水达75%以上。拖拉机、联合收割机上牌率、检验率和驾驶人持证率均达到86%以上。近3年内,全区未发生道路外农机重大伤亡事故及未发生农机安全生产严重的违法、违规案件。

主要领导人 区委书记:胡领高。区人大常委会主任:吴茂发。区长:董东明。区政协主席:江瑞庆

(魏会华　肖玲芬　黄川)

·南城县·

【简　况】 位于江西省东部,辖10镇2乡。总面积1713平方千米,其中城区面积16.9平方千米。耕地面积2.51万公顷,林地面积11.17万公顷,森林覆盖率62.5%,城区绿化率53.5%。总人口34.4万人,其中城镇人口11.35万人;人口自然增长率6.7‰。2018年,地区生产总值132.86亿元,增长8.4%。其中,第一产业增加值17.43亿元,增长2.4%;第二产业增加值50.99亿元,增长8.7%;第三产业增加值64.44亿元,增长10.2%。财政总收入16.45亿元,增长7.7%。税收收入14.4亿元,增长15.6%,占财政总收入的87.5%。地方财政收入9.87亿元,增长2.0%;支出29.92亿元,增长20.4%。工业增加值43.68亿元,增长9.0%。社会消费品零售总额49.64亿元,增长10.9%。实际利用外资4809万美元,增长12.5%。出口总额14.41亿元,增长0.3%。工业总产值248亿元,增长6.3%。主要工业产品有水泥102万吨、饮料1.36万吨。农业总产值29.93亿元,增长3.2%。粮食总产量26.96万吨。主要农产品及产量有水产品3.92万吨、水果11.23万吨、柑橘11.83万吨、稻谷25.52万吨。城镇居民人均可支配收入3.41万元,增长8.8%;农村居民人均可支配收入1.68万元,增长9.2%。城乡居民年末储蓄余额97.73亿元,增长12.5%。

【“建昌帮”中医药产业转型升级】 南城县围绕打造“十亿企业、百亿产业”的中医药产业目标,着力实施“建昌帮”中医药重振计划,推动中医药产业实现高质量、跨越式发展。科学施策谋划新思路。规划建设中医药产业园、中药材专业交易市场、中药材电子商务交易中心和区域性中药材检测中心,打造中药材种植基地、中药饮片生产基地和中成药制造基地。引进一批中医药企业,可生产各类中药饮片和中成药产品600余种,拥有活血止痛胶囊、蛇胆川贝液等具有独立知识产权的畅销中成药品牌。发挥中医药企业在科技创新中的主体作用,鼓励和引导企业对接高等院校、科研机构,开展产学研合作,加快科研成果转化。加大力度开展技术扶持、人才培养,促进中医药产业发展现代化、标准化。规划建设40万平方米的中药材专业市场,为南城及抚州的中药材加工上下游企业提供大宗商品网上交易、网上资金结算、线下仓储服务、物流服务,并提供质检、交易担保、金融融资等各项增值服务,打造具有地方特色的中医药产品电子商务示范基地。种植方式从零散到规模转变、加工方式由简单到精深转变。中药材种植面积成倍增长,麦冬、半夏、枳壳等道地药材的栽种面积达2066.67余公顷。拥有规模以上中药材加工企业14家,形成龙头企业引领,集种植、生产、加工、销售、科研一体化的中医药产业发展

新格局。产业融合探索新模式。将中医药产业与脱贫攻坚相融合，让贫困户得到实惠。该县采取“政府（合作社）+龙头企业+贫困户”模式，通过土地流转、企业经营、多方受益的方式运作。受益于中药材种植的贫困户有2671户8085人，分别占全县贫困户、贫困人数的93.3%、93.2%。以中医药文化为核心内容，依托“建昌帮”文化资源优势，促进“建昌帮”文化与麻姑长寿文化、洪门养生文化深度融合，打造中医药文化创意产品。同时，在麻姑山入景公路、武冈山公园、丰德线等处集中连片种植中药材，形成一批既有经济效益，又有旅游价值的中药材景观带，开辟“建昌帮”特色小镇、麻姑山、洪门湖一体化的特色养生旅游线路。

【国家考古队再到洪门水库考古】 8月17日，国家文物局水下文化遗产保护中心专家到南城县再次对洪门水库进行水下考古。国家文物局水下文化遗产保护中心派出18人的专业考古队，对洪门水库摩崖造像周围水域古迹进行为期30天的水下考古勘探作业，探查其水下的文物、古迹等。1958年修建洪门水库时，硝石镇及63个自然村被水淹没，形成了面积达4600多公顷广阔水域。2016年11月，洪门水库因溢洪道闸门改造，需要开闸放水，水位下降了10余米，为20余年来最低水位。随着水位下降，被水淹了近60年的部分佛像、圣旨牌坊等古迹重见天日。2017年年初，国家文物局水下文化遗产保护中心和江西省文物考古研究院专业考古队一行10余人抵达该县，对洪门水库摩崖造像周围水域古迹进行了为期10天的水下考古勘探作业，探查其水下的文物、古迹等。经水下初步测量，引起社会广泛关注的出水佛像整体高（含佛光和底座部分）约3.81米，属于大型佛像，其中佛头约0.7米，厚约0.65米。此外，考古人员在这尊摩崖石刻佛造像南侧还发现了摩崖石幡，从南往北依次刻有“南无地藏王菩萨”“南无大势至菩萨”“南无阿弥陀佛”“南无观世音菩萨”“南无大海众菩萨”，在石幡上方有一块约有30余字的摩崖石刻。现场专家表示，石佛造像头部螺发正前方有大而圆的髻珠，造像脸庞圆润，五官分布紧凑，初步推测或为明代佛像，且石佛并非孤立存在的，故推测此处或曾建有庙宇。

【创建渔业健康养殖示范县通过农业农村部验收】 9月27日，农业农村部组织专家组成验收组，对南城县创建农业农村部渔业健康养殖示范县进行实地验收。省渔业局局长张保金，副县长卢碧兰等陪同验收。验收组先后到县环境监测站，县农产品质量安全检验测站，县万亩稻渔综合种养产业基地，抚州池喋蚌省级水产原良种场等实地检查。随后，验收组召开专家评审会，卢碧兰汇报了南城县创建农业农村部渔业健康养殖示范县工作。专家验收组认为南城县行政管理工作到位，社会服务体系完善，质量安全监管严格，养殖生产质量明显改善，健康养殖措施到位，产业组织化程度较高，经过验收组全面审核，现场考察，逐条评价和充分计论，最终评分为88分，达到创建农业农村部渔业健康养殖示范县标准，验收合格。

南城县大力推广健康养殖新技术、新方式，推进现代渔业园区和渔业生产组织化建设，渔业健康养殖成效显著。2017年，全县水产养殖面积已达7613公顷，水产品产量4.54万吨。其中特种水产品1.13万吨，产值7.38亿元，渔业产值占农业总产值23.8%，渔民人均纯收入达12483元。该县已拥有认定有机、绿色、无公害水产品产地面积共6647.46公顷，认证有机、绿色、无公害水产品共15个，年产量4017吨。

主要领导人 县委书记：王小林。县人大常委会主任：陈胜堂。县长：汪华辉。县政协主席：过初良。

（熊春玲 吴云华）

·黎川县·

【简　况】 位于江西省中部偏东，辖8乡7镇1企业集团和1垦殖场。总面积1728.56平方千米。耕地面积1.59万公顷，林地面积13.2万公倾，森林覆盖率68.65%。总人口23.76万人，其中城镇人口12.49万人；人口自然增长率7.13‰。2018年，地区生产总值72.56亿元，增长6.77%。其中，第一产业增加值10.66亿元，下降1.84%；第二产业增加值27.90亿元，增长1.19%；第三产业增加值34.00亿元，增长15.16%。财政总收入10.83亿元，同比增长0.7%；税收占财政总收入的比重为82.18%。地方财政收入7.23亿元，下降3.5%；地方财政支出24.03亿元，增长3.5%。规模以上工业增长20.16%。全年固定资产投资累计完成增长10.5%。主要工业产品有日用瓷、服装等，年产量分别为5.63亿件、201万件。农业总产值18.83亿元，增长3.5%。粮食总产量15.60万吨。主要农产品及其产量有：烟叶种植面积1026.67公顷，水产养殖4.37万公顷，生猪出栏11.34万头，生猪存栏5.84万头，家禽出笼675.9万只，存笼167.2万只。城镇居民人均可支配收入2.81万元，农村居民人均可支配收入1.39万元，分别增长8.4%和8.6%。城乡居民年末储蓄余额65.83亿元，增长7.31%。

【成功研发全国首个陶瓷炒锅企业标准】 3月14日，由黎川县陶瓷局、江西京尚实业有限公司联合国家陶瓷检测重点实验室（景德镇）研究开发的《Q/JXJS 001 全陶瓷（煎）炒锅》企业标准，在国家企业标准信息公共服务平台公开发布实施，这是国内首个陶瓷炒锅企业标准。该标准基于锂陶瓷（煎）炒锅材料学特征和模拟实际操作使用场景，提出了用于炉具、灶具或加热烤架上的锂陶瓷炒锅、煎锅产品的安全使用性能和试验要求。内容包括：产品分类、技术要求、试验方法、检验规则和标志、包装、运输、贮存与说明。

【全域旅游项目建设】 与中旅风景、中惠旅等知名旅游公司合作，启动全域旅游顶层设计，推进聚龙湾提升项目。同胜九曲东黎文化旅游度假区一期基本建成；古城景区业态不断完善，被评为中国传统建筑文化旅游目的地、江西省特色商业街和抚州市中小学研学旅行实践教育基地；聚龙湾渔乐园获评省级4A级乡村旅游示范点。以文化促旅游，全力推进全域旅游PPP项目建设，精心构建以黎川古城为核心，通往东华山风景区、岩泉国家森林公园、玉湖景区、农垦小镇的文化旅游线路，着力修复和新建沿线集红色、古色和绿色为一体的61个景点和景区。油画艺术小镇二期项目加快推进，开办留守妇女儿童油画培训班，赴俄罗斯举办油画展。

【举办县首个“中国农民丰收节”】 9月22日，黎川县举办首个“中国农民丰收节”活动，活动包括秋分祭祀、花车巡游、趣味运动会、文艺演出、农产品展示5个主题。上午，黎川县委、县政府主要领导，各界群众代表在黎川县张恨水广场集会，共同祭拜中华农耕文明的始祖后稷，庆祝黎川县首个“中国农民丰收节”。以“农民丰收”为主题的6辆花车及乡镇组织的运动方阵沿着主要街道进行巡游，载歌载舞，共庆丰收。同时，广场舞大赛在横岗桥广场举行，15个乡镇的15支队伍参赛。下午，15个乡镇的农民运动员举行了打谷比赛、抱羊过河、水上拔河、泥地障碍赛跑、田埂接力推车、徒手摸鱼等多个趣味运动比赛。晚上，2018黎川县首个“中国农民丰收节”晚会在横港桥广场举行，农产品展示主要展示各乡镇特色农产品以及秀美乡村建设、脱贫攻坚的摄影作品和成果，宣传黎川科技强农新成果、产业发展新成就、乡村振兴新面貌。此次活动吸引大量媒体，央视新闻移动网、央视新闻客户端、今日头条等媒体平台进行现场直播，央视13频道《新闻直播间》连续2次播发黎川欢庆农民丰收节主题新闻。《光明日报》、《经济日报》等其他中央主流媒体及《江西日报》、江西广播电视台等省级主流媒体在第一时间报道活动情况。

主要领导人 县委书记：聂仕雄。县人大常委会主任：顾波。县长：江志坚。县政协主席：徐小明（任至1月），章劲松（1月任）。

（过印光）

·南丰县·

【简　况】 位于江西省东部，辖7镇5乡1场。总面积1920平方千米，其中城区建成面积14.5平方千米。耕地面积1.79万公顷，林地面积15.09万公顷，森林覆盖率77.58%，城区绿化率43.4%。总人口31.63万人，其中城区人口13.83万人；人口自然增长率7.31‰。2018年，地区生产总值132.0亿元，同比增长7.6%。其中，第一产业增加值31.6亿元，增长3.5%；第二产业增加值36.2亿元，增长8.2%；第三产业增加值64.2亿元，增长9.6%。财政总收入12.9亿元，增长3.8%，人均4330元，税收占财政总收入的比重86.6%。地方财政收入8亿元，下降0.4%；地方财政支出28.70亿元，增长9.84%。规模以上工业总产值38.25亿元，增长44%，规模以上工业企业增加值增长9.6%。外贸出口总值1.67亿元。固定资产投资 亿元，增长10%。实际利用外商投资3501万美元。省外投资37.45亿元。主要工业产品及产量有中成药158吨、商品混凝土26.52万立方米、葡萄酒8238千升、锂离子电池3491万只、铝材3557吨。农业总产值54.68亿元，增长3.6%。粮食总产量17.37万吨。主要农产品及产量有南丰蜜橘135万吨、稻谷17.1万吨、蔬菜13.2万吨、西瓜4万吨、生猪（出栏）6.74万头。城镇居民人均可支配收入3.24万元，增加2454元；农民人均可支配收入2.18万元，增加1645元。城乡居民年末储蓄余额81.3亿元，增长17.4%。

【舞剧《傩·情》赴中东欧巡演】 1月17日，由文化部组派的“欢乐春节”演出团赴中东欧国家巡演，由南丰县三溪乡石邮村傩班、北京舞蹈学院青年舞团联合主演的非物质文化遗产研创作品《傩·情》位列其中。演出团在波黑、克罗地亚、波兰、爱沙尼亚和阿尔巴尼亚等中东欧5国进行9场演出交流，传承和弘扬中华民族优秀传统文化。

非遗舞剧《傩·情》作品取材于南丰县傩戏，经过北京舞蹈学院青年舞团创作，将“傩”进行舞台化、舞蹈化的再造，呈现于剧场当中，形成传统与现代的结合。该剧2016年11月5日在北京舞蹈学院首次对外公演，同年11月7日登陆国家大剧院演出，2017年5月还走进敦煌大剧院连演两场，并先后在南昌、抚州等多地演出。

【南丰附小入选“全国中小学优秀文化艺术传承学校”】 6月，南丰县教师进修学校附属小学被教育部认定为“全国中小学优秀文化艺术传承学校”。南丰县是“傩舞之乡”，南丰傩自汉初开始，至今已有2000多年的历史，被誉为中国古代舞蹈的活化石，2006年被列入首批国家级非物质文化遗产。该校以课程教学为基础，以实践活动为载体，以成果展示为助推，将县域优秀傩文化传承融入学校美育改革中，全面提升学校美育质量，增强学生传承中华优秀传统文化的责任感和使命感。该校从南丰傩舞的舞蹈形态、音乐形态、道具、服饰等方面开展艺术传承教学活动，对南丰傩舞的艺术形态进行综合分析，开发南丰傩舞课程资源，并实现傩舞从舞蹈原生态到课堂教学再到舞台表演的艺术传承。2013年，南丰附小编排的原创少儿歌曲节目《我跟阿公学跳傩》获全省“唱响中国梦”电视大赛一等奖；2015年，选送的傩舞舞蹈节目《开天辟地》在全省第六届中小学艺术展演中获二等奖。

【县法院民事审判第一庭获“全国法院家事审判工作先进集体”称号】 8月，在最高人民法院公布的全国100个家事审判工作先进集体名单中，南丰县人民法院民事审判第一庭入选。县法院在家事审判改革工作中积极探索与地方文化传统相适应的家事审判理念和方式，坚持多元化原则，形成多元化家事纠纷化解机制，同时全面试行预立案登记、庭前约谈、家事调查等制度，并将庭审模式以不公开为常态，庭审过程由对抗转变为修复，庭审环境由严肃转变为温情，将傩文化、桔文化引入家事审判中，积极营造以和为美的氛围，精心打造地域文化浓厚的家事审判文化长廊、设置家事圆桌法庭、会客厅调解室、心理疏导室等，打造出温情的庭审环境。2016年开展试点以来，该庭共审结家事案件414件，调撤314件，调撤率为76%，比试点前2年提升8.5%，诉前调解成功率80%。

【太和镇入选全国2018年农业产业强镇示范建设名单】 8月，农业农村部、农业部、财政部联合下发《关于批准开展2018年农业产业强镇示范建设的通知》，南丰县太和镇入选。

太和镇位于南丰县东南部，距县城 22 千米，境内物产丰富、特色鲜明，以南丰蜜橘、甲鱼 、白莲为主导产业。尤其是甲鱼产业已经形成较大规模，全县共养殖甲鱼 2 万亩，产值突破 20 亿元，被国家渔业协会授予“中国龟鳖良种第一镇”的称号，并入选江西省第二批特色小镇创建名单。

【南丰发现曾巩又一手迹】　11 月，南丰县市民桂小斌将一块珍藏多年的《南丰曾君吴氏夫人墓志铭》无偿捐赠给县博物馆，经专家考证，这块墓志铭是由王安石撰写、曾巩书丹，这是该县自《局事帖》之后发现的又一曾巩手迹，具有十分重要的文化研究价值和文物考古价值。

据碑文记载，这块墓志铭中的吴氏夫人即曾巩的生母，公元 992 年出生，24 岁时嫁给曾易占，35 岁病故于临川。北宋庆历五年（1045 年）曾巩启其殡于临川，归葬于南丰县莱溪乡杨梅坑村的源头里。碑文内容与王安石的《临川先生文集》中记载的略有数字之别，邹姓人士所刻，但却没有书丹者的落款。从宋代直系亲属，儿子为父母亲书丹墓志铭一般不落款的角度推测，应当也是曾巩书丹

【南丰县检察院被授予“全国模范检察院”称号】　12 月 6 日，人社部和最高人民检察院联合表彰“全国模范检察院”，南丰县人民检察院被授予“全国模范检察院”称号，成为江西省唯一入选的检察院，也是抚州市检察机关首次获此荣誉。

南丰县人民检察院围绕全县中心工作，以服务大局、保障大局为切入点、着力点，加强生态检察工作，配合南丰全域旅游示范区建设，积极参与社会治安综合治理，深入学校、社区、乡镇，延伸检察触角。全面落实司法责任制，加快推进改革，通过员额检察官遴选、检察官办案责任制、内设机构改革等一系列司法责任制改革措施，提升办案质效和司法公信力。该院先后被评为“江西省检察机关十佳基层检察院”“江西省先进基层检察院”“全国先进基层检察院”。

主要领导人　县委书记：吴自胜。县人大常委会主任：段云来。县长：乐启文。县政协主席：邓军。

（李燕青）

·崇仁县·

【简　况】　位于江西省中部偏东，辖 7 镇 8 乡。总面积 1520 平方千米。耕地面积 2.60 万公顷，有林面积 8.97 万公顷，森林覆盖率 61.45%。总人口 36.12 万人，其中城镇人口 16.22 万人；人口自然增长率 8.45‰。2018 年，地区生产总值 116.53 亿元，增长 7.7%。其中，第一产业增加值 24.47 亿元，增长 3.4%；第二产业增加值 42.64 亿元，增长 8.2%；第三产业增加值 49.42 亿元，增长 10.9%。财政总收入 11.89 亿元，增长 5.5%；财政支出 31.54 亿元，增长 11.0%。社会消费品零售总额 33.5307 亿元，增长 10.6%。规模以上工业增加值增长 9.5%。外贸出口 12.5 亿元。固定资产投资增长 10.5%。实际利用外商投资 4508 万美元。主要工业产品及产量有互感器 6.09 万台，变压器 599.4 万千伏安，服装 466.6 万件，铜材 2.51 万吨，电动手提式工具 42.70 万台。农业总产值 41.21 亿元。粮食总产量 27 万吨。主要农产品及产量有麻鸡 8050 万只、棉花 1013 吨、油料 1.87 万吨、蔬菜 16.78 万吨、烟叶 531 吨。城镇居民人均可支配收入 2.90 万元，增长 8.2 %；农民人均可支配收入 1.76 万元，增长 8.7 %。金融机构年末储蓄余额 141.16 亿元，增长 9.4%。

【举办第二届中部地区变电设备产业高峰论坛】　11 月 3 日，第二届中部地区变电设备产业高峰论坛在崇仁县举行。国内外 500 余名专家、学者、企业界嘉宾等参加。论坛以对接“一带一路”、“两化融合”升级为主题，包括开幕式、主论坛报告会、分论坛报告会、与会嘉宾崇仁行、第三次中国五金机电行业精英圆桌会议、江西省变电设备行业协会年会等议程，重点围绕变电设备产业创新引领、智能升级、融入全球等话题，通过行业资深专家深度解读、主题演讲、产业报告等形式展开，是一次致力于推动变电设备行业协同发展，提升变电设备产业影响力和知名度的产业盛会。在开幕式上，崇仁县对 7 名人才进行集中聘任，其中中科院院士姚建铨受聘为崇仁县政府高级顾问；江西省变电设备行业协会加入全国工商联五金机电商会。崇仁县还分别与全国工商联五金机电商会、中国葛洲坝集团国际工程有限公司签署战略合作框架协议。

【崇仁麻鸡产业化联合体成立】　3 月，崇仁麻鸡产业化联合体由省级龙头企业——崇仁县国品麻鸡发展有限公司牵头成立。崇仁麻鸡是中国优良地方鸡种，江西四大名鸡之一，是崇仁独具特色的禽类种质资源。麻鸡产业化联合体实现产业抱团发展，推动产业优化升级。打通生产、加工、销售等环节，实现产业链上龙头企业、农民合作社、养殖户三大主体之间优势互补。龙头企业统一制定生产规划和生产标准，发挥龙头企业管理和品牌渠道优势；农民合作社实行统一服务，每月月初为养殖户及家庭农场安排养殖计划，养殖中制定疫病免疫程序、药物预防计划并落实，出栏期协调销售各环节工作；养殖户及家庭农场按要求进行标准化生产。联合体建立交易联结、生产要素联结、互助联结三项机制，使三方联系更加紧密，形成利益共享、风险共担的命运共同体。联合体成立半年来，麻鸡产业初显成效，建立标准示范养殖基地 12 个，养殖崇仁麻鸡 500 万只以上，逐步形成生产与加工、科研与产业、企业与农户相衔接配套的上下游产业格局；半年销售崇仁麻鸡 2500 万只，增加销售收入 5.2 亿元，户均增收 4 万余元。

【获批筹建“全国知名品牌创建示范区”】　3 月 6 日，崇仁县工业园区获国家质检总局批准同意筹建“全国中低压变电设备产业知名品牌创建示范区”。变电设备产业是崇仁县主导产业，崇仁县是江西变电设备产业基地，崇仁县以国内超高压输电网、配电网改造与新能源发电配电产业发展机遇，通过引进人才、与科研院校合作等措施，以智能制造为抓手，加快变电设备产业转型升级和智能化改造步伐，升级拓展产业链。全县拥有变电设备生产企业全省最多、产品最全，拥有生产变压器、互感器等规模以上企业 50 多家，配套企业 70 多家，自主开发变电产品 35 大系列 2000 多种规格，产

业集聚效应显著。崇仁县先后获"江西省变电设备产业制造基地""国家新型工业化产业示范基地""江西省出口变电设备质量安全示范区"等称号。县变电设备产业被誉为"省工业示范产业集群""第三批全国产业集群区域品牌建设试点产业",有国家级高新技术企业7家、国家知识产权优势企业3家,有江西省变电设备工程技术研究中心3个、省级企业技术中心6个,有中国驰名商标1个、中国名牌产品1个、江西省著名商标8个、江西省名牌产品8个等,所产变电产品全省市场占有率达80%以上,产品全国市场覆盖率位居前列。

主要领导人　县委书记:程新飞。县人大常委会主任:龙雪荣。县长:周国华。县政协主席:高自辉。

(杨文才)

·乐安县·

【简　况】　位于江西省中部,辖9镇7乡(含1农林垦殖场)。总面积2412.59平方千米,其中城区面积11.49平方千米。耕地面积3.18万公顷,林地面积18.39万公顷,森林覆盖率70.39%,城区绿化率41.1%。总人口35.82万人,其中非农业人口15.32万人;人口自然增长率7.02‰。2018年,地区生产总值68.15亿元,增长8.5%。其中,第一产业增加值10.63亿元,增长2.9%;第二产业增加值22.65亿元,增长6.3%;第三产业增加值34.87亿元,增长12.3%。财政总收入8.68亿元,增长15.3%,人均2422元。公共预算财政收入5.56亿元,增长12.2%。税收占财政总收入的比重86.2%。地方财政收入5.56亿元,增长12.2%;地方财政支出31.83亿元,增长17.7%。规模以上工业增加值8.6%。固定资产投资53.29亿元,增长11.1%。农业总产值18.25亿元,增长3.07%。粮食总产量30.32万吨。主要农产品及产量有油料1581吨、烟叶2241吨、茶叶43吨、家禽180.76万只、肉类1.39万吨、水产品7480吨。城镇居民人均可支配收入2.43万元,增长8.6%;农村居民人均纯收入9800元,增长11.4%。城乡居民年末储蓄余额114.42亿元,增长9.19%。

【乐安县流坑村入选"全国生态文化村"】　中国生态文化协会公布2018年度"全国生态文化村"名单,乐安县牛田镇流坑村入选,为江西省入选的6个村之一。流坑古村系全国重点文物保护单位、全国首批历史文化名村,被列为国家首批非物质文化遗产。历史上流坑村科举文化昌盛,古建筑群保存完整。村落生态环境优美,布局别具一格,建筑装饰精美。流坑古村代表江西赣式民居的典型风格和特点,堪称中国古民居文化缩影,有"千古第一村"之称。村中现存各类建筑遗址260处,其中明代19处,包括状元楼、翰林楼文馆等文化建筑。

【乐安发现罕见南方红豆杉变种——黄豆杉】　11月,在江西省第二次主要林木种质资源调查工作中,工作人员在乐安县境内发现一株结有黄色果实的野生南方红豆杉。经江西省农业大学植物分类与植物资源专家初步鉴定,该株结黄色果实的红豆杉为国家一级保护植物南方红豆杉的变异品种——黄豆杉,属全省首次发现。作为世界珍稀濒危物种、国家一级重点保护植物,现存的野生红豆杉非常稀少,而黄豆杉更是属于稀中之稀,尤其珍贵。

【全省首个"深贫保"项目落地乐安】

11月5日,中国人民保险集团定点扶贫点——金竹畲族乡大通村、半坪村和水口村等3个深度贫困村250户贫困户率先参加"深贫保"项目。该项目是全省首个落地的深度贫困村综合扶贫保险项目,为深度贫困村贫困户的畜牧、作物、林木、种养设施、财产及人身意外等方面提供综合保障经费3000万元以上,增强当地贫困户抗风险能力。

【谷岗乡发现红军时期"列宁室"】

4月17日,乐安县谷岗乡火嵊村发现一处红军时期的"列宁室"。"列宁室"位于火嵊村管德绵宅,该宅始建于清末,砖木结构。宅内二楼为红军"列宁室",室内木板墙壁上依次写有"列宁室""健全列宁室的工作""执行共产党政治主张""推翻国民党统治,建立苏维埃政权"等红色标语,每条标语旁边还有"彻底粉碎敌人四次围剿""打到南昌九江去""全部消灭蒋介石的主力"等小标语。标语落款为"红军XXII64D",即罗马字红二十二军64师。"列宁室"是第二次国内革命战争时期,在革命根据地各组织内建立的一种俱乐部,旨在组织干部战士学习马列主义,开展政治讨论,向群众宣传革命道理。

主要领导人　县委书记:彭银贵。县人大常委会主任:张乐明。县长:吴宜文。县政协主席:李以庚。

(袁加勤)

·宜黄县·

【简　况】　位于江西省中部偏东,辖8镇4乡1个工业园区和2垦殖场。总面积1944.2平方千米。耕地面积1.96万公顷,森林覆盖率76.45%。总人口23.72万人,其中城镇人口9.31万人;人口自然增长率8.17‰。2018年,地区生产总值72.68亿元,增长8%。其中,第一产业增加值9.54亿元,增长3.1%;第二产业增加值33.65亿元,增长8.4%;第三产业增加值29.49亿元,增长9.4%。财政总收入10.15亿元,增长1.51%;税收占财政总收入的比重83.01%;公共财政预算收入6.56亿元,下降6.51%;财政支出22.31亿元,增长11.97%。工业增加值30亿元,增长8.7%。规模以上工业增加值同比增长9.2%。实际利用外商投资3502万美元;出口总额1.04亿美元。社会消费品零售总额22.15亿元,增长10.7%。主要工业产品及产量有有色金属0.24万吨、机制纸及纸板4.36万吨、化学药品原药0.13万吨、塑料1.19万吨。农业总产值15.51亿元,增长3.3%。粮食总产量15.51万吨。主要农产品及产量有稻谷13.66万吨、油料1879吨、烟叶954吨、蔬菜8.44万吨、水果5321吨。城镇居民人均可支配收入2.70万元,增长8.3%;农村居民人均可支配收入1.41万元,增长9%。城乡居民年末储蓄余额59.96亿元,增长10.64%。

【重点项目集中开工】　9月14日,

宜黄县重点项目集中开工仪式在县工业园区举行。此次集中开工的项目共有45个，总投资81.51亿元。项目包括工业、农业、文化旅游业、城市基础设施建设，其中工业项目29个、农业项目1个、文化旅游业项目4个、城市基础设施建设11个。

【举办全国第二届中医文化大会曹山分论坛】 10月29日，全国各地的中医专家、健康领域企业代表120余人齐聚宜黄县曹山，参加主题为“医养相结合的老年健康美好生活”第二届中医药文化大会——宜黄·曹山中医药文化论坛。

论坛上，专家学者分别就《针灸推拿对于老年人睡眠健康的治疗思路》《全国养老形势的解析与发展模式》《颈椎病的预防与保健》为题进行演讲。专家学者还围绕“老年人心脑血管的保护”“盱江医学的文化基石”“美丽乡村的老年健康中医事业”“老年人心理健康的现状与未来”等多个议题，共商中医药事业发展。在对话环节，以“如何从身与心全方面促进养老健康化”为题展开论述。大会嘉宾还先后参观了九制黄精工艺展示、曹山百草园展馆、曹山文创街区宫绣堂、曹山禅医馆、曹洞佛学院中医养生养护等。

【参加第十一届中国绿色食品博览会】 11月30日至12月3日，第十一届中国绿色食品博览会在南昌举行。宜黄县择优选送梨溪镇嘉宇种养殖家庭农场、江西裕望农业开发有限公司、宜黄军峰贤秀、山边田农业发展有限公司4家绿色生态企业的绿色生态农产品参展，产品包含红薯粉丝、九制野生黄精、豆腐乳等十余种特色农产品。裕望农业和梨溪嘉宇两家企业分获特等奖和一等奖。

【宜黄禾杠舞获多个奖项】 9月16日，由国家体育总局体操运动管理中心、全国排舞广场舞推广中心、武汉市体育局、武汉市江夏区政府主办的“与军运同行”2018年“舞动中国——广场舞联赛”总决赛在江夏体育馆落幕。宜黄禾杠舞获“特等奖”“最佳创意奖”两个奖项。10月22日，在西安举办的“非遗中国——2018全国民族文艺汇演”选拔赛上。宜黄禾杠舞再获特等奖。

宜黄禾杠舞流传于黄县河东一带，是山区人民在山上砍極柴利用禾杠和柴刀打着节拍进行歌舞而发展起来的一种传统民俗舞蹈。流传至今已有600多年的历史，体现出传统的民俗民风。宜黄县投入专项资金，派专业干部下乡进行田野考察，将全套禾杠舞动作示意图、乐谱、山歌、文字资料以及各种演出录像、音乐等全套图文影音资料整理成册。举办多期禾杠舞培训班，在县、乡、村广大群众中大力推广普及禾杠舞，并组织民间艺人参加文艺调演，利用送戏下乡的机会到各乡镇巡演。2014年，宜黄禾杠舞入选第四批国家级非物质文化遗产名录。

【宜黄现双彩虹奇观】 8月27日傍晚6时许，双彩虹出现在夜幕降临前的宜黄城上空，时间持续近20分钟。双虹出现比较罕见，宜黄县城上空现壮观的双彩虹，表明该县生态环境优美，空气质量优良，这是产生彩虹、特别是双彩虹的基础条件。

【孙国华入选“中国好人榜”】 8月，宜黄县二都镇山前村村民孙国华入选“中国好人榜”。孙国华一家四口，家里除了父母，还有一个妹妹。一家人靠卖山竹、种田耕地为生。2003年，18岁的孙国华参军。2005年，刚刚退伍的孙国华母亲因病去世，又遭遇父亲突然病倒，生活的变故给这个并不富裕的家庭留下承重的负担。孙国华没有放弃，毅然辞去在外的工作，主动回家扛起尽孝的责任，返乡悉心照顾患病的父亲，同时也将照顾妹妹和家庭的责任一肩挑起。12年来，他是村民们口中的“孝顺仔”，成了父亲的“专职护工”。

主要领导人 县委书记：姚飞翔。县人大常委会主任：罗建顺。县长：叶峰。县政协主席：谢光明。

（罗来福）

·金溪县·

【简　况】 位于江西省东部，辖8镇5乡。总面积1358平方千米。有林面积6.61万公顷，森林覆盖率57.2%。总人口30.6万人，其中城镇人口12.7万人；人口自然增长率7.19‰。2018年，地区生产总值90.46亿元，增长7.5%。其中，第一产业增加值13.08亿元，增长3.2%；第二产业增加值33.00亿元，增长7.9%；第三产业增加值44.38亿元，增长8.6%。财政总收入10.75亿元，增长0.1%；财政支出25.22亿元，增长1.4%。固定资产投资113.97亿元，增长11.9%。出口3.8亿美元。实际利用外资3371万美元。工业增加值29.35亿元，增长8.7%。社会消费品零售总额30.79亿元，增长10.9%。粮食总产量33.18万吨。主要农产品及产量有蔬菜及食用菌产12.86万吨、茶叶1983吨、水果10.38万吨、生猪（出栏）18.8万头。城镇居民人均可支配收入3.02万元，增长8.4%；农村居民人均可支配收入1.49万元，增长8.5%。年末全县金融机构各项存款余额112亿元，增长8.65%；贷款余额104亿元、增长27.5%。

【特色林果业助力脱贫】 2018年，金溪县按照“政府引导、政策扶持、典型示范、群众参与、产业化经营”的工作思路，采取“公司（合作社）+基地+农户（贫困户）”的模式，着力发展蜜橘、蜜梨、芳樟、黄栀子、无患子等特色林果业，带动农户增收致富。县财政每年安排1000万元专项开发资金，对成功创建省级、国家级林果业标准化生产示范基地的企业或个人给予补贴，分别一次性给予3万元、10万元奖励；对示范基地林果业产品获省名牌产品或著名商标称号的，一次性给予2万元奖励，获评中国名牌、中国驰名商标的，一次性给予10万元奖励。全县已建成蜜梨、蜜橘、芳樟、黄栀子、无患子等无公害林果业基地100多家，总面积4万公顷；黄栀子、蜜梨两大产品荣获国家原产地域保护产品称号。金溪蜜梨在全国优质早熟梨鉴评会上获得一等奖，被列入全国农业重大技术协同推广示范基地。

【县客运枢纽新站正式投入运营】 5月23日，县客运枢纽站举行运营仪式，宣布新站建成并投入使用。同时，老汽车客运站(金溪县锦绣华城汽车站)封闭停用。抚州长运公司总经理王建仁在启动仪式上致辞,金溪县委副书记、县长高连珠宣布金溪客运枢纽站启动。该站由江西长运公司投资2600余万元兴建,占地2.67万平方米,建筑总面积7000余平方米,是一个高峰小时旅客日发送量为4000人次的现代化客运枢纽站。

【"拯救老屋行动"整县推进项目启动】 3月18日,金溪县"拯救老屋行动"整县推进项目启动暨开工仪式在合市镇游垫古村举行。全国政协委员、文化部原副部长、国家文物局原局长、中国文物保护基金会理事长励小捷出席仪式并讲话。省文化厅党组书记、厅长池红,抚州市政府副市长、金溪县委书记王成兵出席仪式并致辞。金溪县委副书记、县长高连珠主持启动暨开工仪式。在启动暨开工仪式上,中国文物保护基金会与金溪县政府签订了有关合作协议;县老屋产权人代表、传统工匠木工代表、传统村落文保员代表分别发言、表态;当地民俗传承人组织开展上梁、打麻糍、做灌芯糖等系列民俗活动。"拯救老屋行动"整县推进项目是由财政部、国家文物局资助开展,中国文物保护基金会全程管理的传统村落保护公益民生项目,2017年9月,金溪县被确定为全国3个"拯救老屋行动"整县推进项目实施县之一。

主要领导人　县委书记:王成兵。县人大常委会主任:王树标。县长:高连珠。县政协主席:刘文波。

(李山冕　曾铭)

·资溪县·

【简　况】 位于江西省东部,辖5镇2乡5场。总面积1251平方千米,其中城区建成面积15平方千米,耕地面积6300公顷,有林面积10.19万公顷,森林覆盖率87.3%。总人口11.59万人;人口自然增长率6.09‰。2018年,地区生产总值41.15亿元,增长7.8%。其中,第一产业增加值4.14亿元,增长3.20%;第二产业增加值16.25亿元,增长5.90%;第三产业增加值20.76亿元,增长10.70%。财政总收入5.37亿元,增长4%。其中,税收收入4.73亿元占财政总收入88%;公共财政预算收入3.07亿元;财政总支出13.65亿元,增长18.25%。社会消费品零售总额12.33亿元,增长9.6%。工业总产值11.66亿元,增长6.90%。实际利用外商投资2704万美元。固定资产投资23.94亿元,增长10.10%。主要工业产品有鸡肉食品、竹地板、细木工艺板等。农业总产值6.92亿元,增长3.08%。粮食总产量6.68万吨。主要农产品及产量有烟叶267吨、白茶67吨、水果485吨、西瓜1868吨、生猪3.27万头、家禽12.7万只。城镇居民人均可支配收入2.60万元,增长8.90%;农村居民人均可支配收入1.38万元,增长8.90%。金融机构各项存款余额51.98亿元,增长2.98%。金融机构各项贷款余额36.03亿元,增长10.96%。

【资溪获评全国森林旅游示范县】 12月16日—18日,国家林业和草原局主办的2018中国森林旅游节在广州举行,资溪县获全国森林旅游示范县称号。资溪围绕创建全国生态旅游胜地的目标,树立"全景资溪、全域旅游"发展理念,按照"整合资源、打造龙头、塑造品牌、做强产业"的思路,邀请国内旅游规划界知名团队进一步完善细化《资溪县生态旅游发展总体规划》,围绕"三线十景",因山亮景、借水造势,全力塑造"纯净资溪"旅游品牌。资溪县自然生态保存完好,森林旅游资源极为丰富,被誉为"天然氧吧"。2016年入选首批国家全域旅游示范区创建单位,被认定为2018年江西省全域旅游示范区。

【诞生"世界最长蛋糕"吉尼斯世界纪录】 5月7日,由省旅发委、抚州市政府主办的第三届资溪面包国际旅游文化节在资溪举行,省政协党组书记、主席姚增科出席,副省长吴忠琼宣布活动开幕,省政协副主席肖毅出席。在面包文化广场,由160名蛋糕师在用钢架搭建的临时帆布棚内用鸡蛋4.56万个、白砂糖912千克、面粉1026千克等蛋糕面糊配料,耗时6小时完成龙造型、名为"神龙"的蛋糕,创下吉尼斯世界纪录。该蛋糕总长约为3189米、宽8厘米、高10厘米,成型总重量超过8吨,同时举行"万人同庆生"活动共同分享这巨型蛋糕。

【大觉山景区获"中国森林体验基地"称号】 3月27日,在2018中国森林休闲与健康高峰论坛中,大觉山景区获"中国森林体验基地"称号。资溪大觉山国家5A级景区森林覆盖率高达98%,分为东、西两大片区。东区以23公顷原始森林为中心,拥有各类植物1498种,并有40余种国家一、二级名贵保护动植物。大觉山景区是一个集原始森林体验、养生、体育、休闲、观光、佛教、科技为一体的综合性景区。景区内山峦葱郁峻拔,有独轨观光、高山湖泊、森林云海、蜿蜒小溪、小桥流水、千丈云海及银河瀑布等原始森林景色。大觉山漂流总长3.6千米、最高落差接近200米,途径一峪、三弯、六潭、九瀑等,异常惊险刺激。

主要领导人　县委书记:吴建华。县人大常委会主任:王锋。县长:黄智迅。县政协主席:万鸣

(帅建忠　谢金凤)

·广昌县·

【简　况】 位于江西省东部,辖6镇5乡1场。总面积1603平方千米,其中城区面积9.3平方千米。耕地面积1.98万公顷,林地面积10.09万公顷,森林覆盖率68.55%,城区绿化覆盖率47.5%。总人口25.20万人,其中城镇人口10.79万人;人口自然增长率8.66‰。2018年,地区生产总值69.55亿元,增长8.8%。其中,第一产业增加值11.45亿元,增长3.5%;第二产业增加值26.53亿元,增长8.3%;第三产业增加值31.57亿元,增长11.8%。财政总收入9.32亿元,增长7%;税收占财政总收入的比重88.13%。公共财政预算收入5.60亿元,增长7.26%;公共财政支出29.10亿元,增长18.51%。规模以上工业企业增加值增长9.3%。固定资产投资70.5亿元,增长10.9%。主要工业产品及产量有服装334.1万件、布匹9445.9万米、鞋类417.9万件、水钻3965.6万包、食品精加工4190.5吨、荷叶茶290吨、莲子汁195万件、机械

产品 314.8 万件、烤房设备 180 万套、大棚 20 个、莲子剥壳去皮一体机 310 万台、锂电池 2595.3 万件、电子配件 5612.8 万件。农业总产值 19.66 亿元,增长 3.6%。粮食总产量 11.8 万吨。主要农产品及产量有通芯白莲 0.66 万吨、烟叶 1778 吨、生猪 5.27 万头。城镇居民人均可支配收入 2.65 万元,增长 8.7%;农村居民人均可支配收入 1.04 万元,增长 11.05%。城乡居民年末储蓄余额 105.09 亿元,增长 6.15%。

【实现标准化村级卫生室全覆盖】 1 月,广昌县 119 所村级卫生计生室建成,配齐 275 名乡村医生,实现村卫生计生室全覆盖,极大改善了农村群众就医条件。村卫生计生室配置了便携式血糖测试仪、诊查床、听诊器、体温计、血压计、身高体重计、出诊箱等 22 种常规医疗设备,其中有条件的、服务能力强的村卫生室还配置了便携式 B 超、尿液分析仪、磁振热治疗仪、显微镜、心电图机、全自动血细胞分析仪、健康一体机等辅助检查和公共卫生体检设备,工程总投资约 1653.99 万元。2013 年以来,中共中央统战部针对广昌县乡村医疗卫生服务场所和诊治业务用房不足、缺乏基本检查设备等实际情况,实施农村卫生计生服务室帮扶项目。在全县启动 119 所标准化海联卫生计生室建设项目,每所卫生计生室建设资金为 10 万元,由中共中央统战部协调中华海外联谊会为每所卫生室捐助 5 万元,并投入 130 万元购置一批医疗设备、协调亿阳集团捐赠一套价值约 300 万元的远程诊疗系统。

【全省首例非法生产制毒物品污染环境刑事附带民事公益诉讼案开庭】 4 月 18 日,广昌县人民检察院起诉陈某明、万某平等 8 名被告非法生产制毒物品刑事附带民事公益诉讼案在广昌县人民法院开庭审理。2017 年 3 月,陈某明、万某平等 8 人在县工业园区凯思德能源有限公司寻租了一处场地生产“溴水”(溴代苯丙酮),对生态环境造成污染。2017 年 3 月 17 日下午,该县公安机关根据举报查封了制毒原料生产现场及 179.03 千克“溴水”,公安民警现场取证时因吸入受污染空气,引发中毒反应当场晕倒,被送往医院住院治疗。经环保部门勘查,现场收缴的 64.91 吨原料、配剂、废水、残渣等均属《国家危险废物名录》中的危险废物。2017 年 10 月 24 日,该案被移送至县检察院审查起诉,检察机关立即启动生态案件调查机制,联合公安机关,对危险品进行安全处置,又建议环保部门对现场环境进行监测,待判决生效后,联合公安、环保,共同寻找有处理资质的公司,对现场遗留的危险废物进行无害化处理。2018 年 3 月 22 日,县人民检察院对陈某明、万某平等人非法生产制毒物品一案提起刑事附带民事公益诉讼。

【广昌首例人体器官无偿捐献成功】

11 月 2 日,广昌县塘坊镇赖某将父亲的器官无偿捐献,成为广昌县首例人体器官无偿捐献成功者。10 月 30 日,赖某父亲遭遇车祸死亡,经过医生综合检查认定赖某父亲符合人体器官捐献标准,县红十字会工作人员第一时间赶到县人民医院与家属进行沟通。赖某在得知父亲出事的消息后赶回老家。在红十字会工作人员的耐心解释下,他对人体器官捐献工作有了一定了解,在和母亲及亲友商量后,同意捐献其父亲有用的器官,以帮助更多病患者。

【广昌“菜刀帮”涉黑案终审宣判】

11 月 8 日,抚州广昌“菜刀帮”蔡良宾等人涉黑案在抚州市中级人民法院进行二审公开宣判,这是自 2018 年部署扫黑除恶专项斗争开展以来,抚州中院审结的首起重大涉黑案件。

“菜刀帮”人数众多、层级明晰、骨干成员基本固定,通过非法垄断广昌砂场、石场等行业,实施一系列违法犯罪行为,攫取巨额非法利益,在一定区域或者行业内形成非法控制或重大影响,严重破坏经济、社会生活秩序。以蔡良宾为首的犯罪组织具备黑社会性质组织的组织特征、经济特征、行为特征和危害性特征。对蔡良宾等 16 名上诉人、原审被告人,原审认定事实清楚,证据确凿、充分,量刑适当,审判程序合法,二审依法予以维持。对陈锋等 4 名上诉人、原审被告人,因原审未充分考虑到未成年人、从犯等量刑情节二审,依法予以改判。据此,法院以组织、领导黑社会性质组织罪、聚众斗殴罪、寻衅滋事罪、故意伤害罪、敲诈勒索罪、非法拘禁罪、放火罪、强迫交易罪、虚开发票罪、妨害公务罪等数罪并罚,判处“菜刀帮”组织领导者蔡良宾有期徒刑 17 年,剥夺政治权利 3 年,并处没收个人全部财产。对其余 19 名涉案人员根据性质不同分别判处 12 年至 1 年 3 个月不等的有期徒刑,并处罚金。

【广昌传统莲作文化系统入选“中国重要农业文化遗产主题展”】 11 月 23 日,中国农业博物馆主办的“中国重要农业文化遗产主题展”在北京中国农业博物馆开展,广昌传统莲作文化系统入选主题展。

广昌白莲已有 1300 多年的种植历史,历代莲农依托县域独特的生态环境与光热资源,从事通心白莲的种植与加工,延续至今形成独特的与白莲相关的莲花糍粑、莲花雕刻、莲神太子庙会、莲花灯会等生产生活习俗和耕作文化。不仅具有中国重要农业文化遗产特征与标准,还具有较高的历史文化价值与物种基因利用价值。

主要领导人 县委书记:许爱军。县人大常委会主任:李广文。县长:欧阳巧文。县政协主席:揭秉华

(钟立新 陆小梦)

·东乡区·

【简 况】 位于江西省东部,辖 8 镇 4 乡 1 街道 2 垦殖场 1 林场。总面积 1270 平方千米,其中城区面积 25.6 平方千米。耕地面积 2.73 万公顷(不含东临新区),林地面积 6.22 万公顷,有林面积 5.37 万公顷,森林覆盖率 46.1%,城区绿化率 43.31%。总人口 45.29 万人,其中非农业人口 27.42 万人;人口自然增长率 8.07‰。2018 年,地区生产总值 156.58 亿元,增长 8.6%。其中,第一产业增加值 21.61 亿元,增长 3.2%;第二产业增加值 71.50 亿元,增长 8.8%;第三产业增加值 63.48 亿元,增长 11.1%。财政总收入 25.15 亿元,增幅 7.29%,税收占财政总收入 84.67%;地方财政收入 15.48 亿元,下降 2.1%;地方财政支出 45.06 亿元,增长 13.1%。工业总产值 205.96 亿元,增长 18.6%;规模

以上工业增加值增长9.4%。出口总额11.94亿元。固定资产投资166亿元,增长11%。实际利用外商投资0.45亿美元。主要工业产品有医药、妇婴卫生用品、农业机械、汽车零配件、大米等。农业总产值34.61亿元,增长3.3%。粮食总产量31.64万吨。主要农产品及产量有稻谷30.74万吨、生猪出栏105.15万头。城镇居民人均可支配收入3.50万元,增长8.63%;农村居民人均可支配收入1.73万元,增长8.8 %。城乡居民年末储蓄余额137.02亿元,增长10.39%。金融机构贷款年末余额160.12亿元,增长18.47 %

【设立金峰街道办事处】 1月8日,经省民政厅批复,东乡区增设金峰街道办事处,办事处辖东铜、东景、东糖、东磷、东化、东门、龙山、凤凰、师水、南门、北门、芙蓉等12个居委会,街道办事处驻凤凰居委会。5月30日,东乡区金峰街道正式揭牌。金峰街道办事处是东乡区设立的首个街道办事处,有利于优化城市布局和行政区划结构,促进城区人流、物流、信息流迅速聚集,加快城市化进程,合理配置资源与生产力,提升区域经济竞争力,加快新型工业化、信息化、城镇化、农业现代化进程,推进城区建设步伐。

【绿色殡葬改革】 东乡区按照省、市部署有序推进绿色殡葬改革。制定《东乡区关于深化绿色殡葬改革实施方案》,成立深化殡葬改革领导小组,召开全区绿色殡葬改革工作动员大会,全面启动绿色殡葬改革工作。利用电视、微信公众号、悬挂横幅等方式,广泛宣传绿色殡葬改革的意义、政策法规。文明推行绿色殡葬。把殡葬移风易俗、文明治丧作为精神文明建设的重要内容,纳入文明单位和文明村镇评选。全区采取公墓+骨灰堂+吊唁堂模式,按照符合城乡总体规划和土地利用总体规划要求,根据“三沿六区”坟墓整治搬迁数量、6%的预测人口死亡率和20年使用年限,在每个乡镇规划建设1座公益性公墓、1个骨灰堂、1个吊唁堂,满足群众多样化、多层次的殡葬服务需求。全区公益性公墓建设总投资6000万元。投资300万元对殡仪馆的6个吊唁堂厅升级改造,新建家庭式守灵厅1个。区财政每年投入300万元,实行火化、接运、骨灰盒、冰棺及吊唁厅3天、1年骨灰寄存六项免费政策,可为每户丧属免去1200元丧葬费用。同时对整治范围内的坟墓搬迁补偿每座1000元,并免费提供墓穴。

【王新年获“2018中国农村电商致富带头人”称号】 9月29日,由商务部中国国际电子商务中心指导,中国农村电子商务大会组委会发起和组织的“2018中国农村电商致富带头人”评选活动名单公布,东乡区荆公农产品合作社理事长王新年入选。王新年,1976年生,东乡区黎圩镇上池村人。2016年,创建网店“半山园干货”,又创建了荆公农产品种植合作社。荆公农产品合作社将当地的农特产品销往全国各地,并以高于市场价10%~20%的价格收购当地贫困户和老弱低收入群体种植、制作的竹荪、梅干菜、手工红糖等农产品;同时,他还鼓励贫困户前往他的种植地工作增收,并采取10+1的扶贫模式,即每劳动10天计发11天工资,他还定期给贫困户召开座谈会,宣导国家政策等。荆公农产品合作社通过“互联网+合作社+农户”模式,带领合作社入社村民达76户,与合作社产生劳务、农产品交易的超过500户,农产品网上年交易额近500万元。

【农村产权制度改革】 根据国家、省、市部署,7月12日,东乡区下发《东乡区稳步推进农村集体产权制度改革实施方案》的通知,成立东乡区农村集体产权制度改革领导小组,稳步推进全区农村产权制度改革。按照“清资产、定成员、量股份、创实体、建机制”的思路,逐步构建归属清晰、权能完善、流转顺畅、保护严格的中国特色社会主义农村集体产权制度,保护和发展农民作为农村集体经济组织成员的合法权益,建立符合市场经济要求的集体经济运行新机制,形成有效维护农村集体经济组织成员权利的治理体系。东乡区选择珀干乡、虎圩乡、王桥镇作为全区整乡推进改革的试点乡镇,其他乡镇(街道、场)各选择3个村试点逐步推进,12月,全区基本完成农村集体资产清产核资工作。全区有2个村(珀玕乡北庄村、小璜镇孙圳村)成立股份经济联合社;3个村小组(珀玕乡北庄村风耳科组、小璜镇孙圳村祥苑组、虎圩乡陈桥村下谢组)成立股份经济合作社。

主要领导人 区委书记:李茂荣。区人大常委会主任:姚英华。区长:曾春。区政协主席:杨卫国。

(陈思东)

本栏编辑 张志勇

人物

省级领导机构成员名录

中共江西省委

鹿心社 书记(任至3月)
刘　奇 书记(3月任),副书记(任至3月)
易炼红 副书记(7月任)
姚增科 副书记(任至3月)
李炳军 副书记(5月任)
孙新阳 常委
赵爱明 (女)常委
毛伟明 常委
尹建业 (白族)常委
殷美根 常委
陈兴超 常委
刘　捷 常委、秘书长(任至5月)
赵力平 常委,秘书长(6月任)
施小琳 (女)常委(5月任)
杨笑祥 常委(任至12月)
吴亚非 常委(12月任)

江西省人大常委会

鹿心社 党组书记(任至1月)、主任(任至10月)
刘　奇 主任(10月任)
周　萌 党组书记(1月任)、副主任
朱　虹 党组副书记、副主任
史文清 (蒙古族)党组成员、副主任(任至1月)
谢亦森 党组成员、副主任(任至1月)
马志武 (回族)副主任
龚建华 党组成员、副主任
郑为文 党组成员、副主任(1月任、任至8月)
冯桃莲 (女)党组成员、副主任
魏　民 党组成员、秘书长(任至1月)
韩　军 党组成员、秘书长(1月任)

江西省人民政府

刘　奇 党组书记、省长(任至8月)
易炼红 党组书记、省长(8月代、10月任)
毛伟明 党组副书记、副省长
刘　强 党组成员、副省长(5月任)
孙菊生 副省长(1月任)
谢　茹 (女)副省长(任至1月)
郑为文 党组成员、副省长(任至1月)
李　利 党组成员、副省长(任至3月)
吴晓军 党组成员、副省长
吴忠琼 党组成员、副省长(1月任)
秦　义 党组成员、副省长(1月任)
胡　强 党组成员、副省长(1月任)
张　勇 党组成员、秘书长(任至1月)
张小平 党组成员、秘书长(4月任)
潘东军 党组成员(任至1月)

政协江西省委员会

黄跃金 党组书记、主席(任至1月)
姚增科 党组书记、主席(1月任)
姚亚平 党组副书记、副主席(任至1月)
蔡晓明 党组副书记、副主席(任至1月)
陈俊卿 党组副书记(1月任)、副主席
李华栋 副主席
谢　茹 (女)副主席(1月任)
汤建人 副主席
刘晓庄 副主席
张　勇 党组成员、副主席(1月任)
肖　毅 党组成员、副主席(1月任)
刘卫平 党组成员、副主席(1月任)
雷元江 副主席(1月任)
郑小燕 副主席(任至1月)
胡幼桃 副主席(任至1月)
孙菊生 副主席(任至1月)
肖为群 党组成员、秘书长(任至1月)
汪　爽 党组成员、秘书长(1月任)

省直单位、中央驻赣单位、省属高校领导干部名录

省纪委省监委

孙新阳 省纪委书记,省监委主任(1月任)
潘东军 省纪委常务副书记,省监委副主任(1月任)
肖德福 省纪委副书记,省监委副主任(1月任)
何　刚 省纪委常委、省监委委员,省纪委副书记(8月任)、省监委副主任(9月任)
肖　良 省纪委常委、秘书长,省监委委员
魏晓奎 省纪委常委、省监委委员
饶利萍 (女)省纪委常委
郑光泉 省纪委常委
庄国良 省纪委常委
黄永茂 省监委委员
王爱东 省监委委员
鲍小慧 省纪委正厅级纪检员、监察专员
罗　进 省纪委副秘书长、办公厅主任(任至6月)
徐华平 副厅级室主任,省纪委副秘

书长、办公厅主任(12月任)
郑志军 组织部部长
施新华 宣传部部长
段　娜 (女)副厅级纪检监察员(6月任)
潘叶锋 副厅级室主任,调研法规室主任(12月任)
舒平贵 纪检监察干部监督室主任(任至12月),党风政风监督室主任(12月任)
蓝丽红 信访室主任
吕朝明 案件监督管理室主任
单庆娇 (女)副厅级纪检员
周重和 第四纪检监察室主任(任至12月),第一监督检查室主任(12月任)
史国珍 (女)第二纪检监察室主任(任至12月),第二监督检查室主任(12月任)
胡文南 (女)离退休干部室主任(任至12月),第三监督检查室主任(12月任)
陶　亮 第六纪检监察室主任(任至12月),第四监督检查室主任(12月任)
姚军章 第三纪检监察室主任(任至12月),第五监督检查室主任(12月任)
彭　报 第五纪检监察室主任(任至12月),第九审查调查室主任(12月任)
程新生 案件审理室主任
刘玉椿 机关党委专职副书记(任至6月)
罗聪明 (女)副厅级室主任(6月任),纪检监察干部监督室主任、机关党委专职副书记(12月任)

省委办公厅

徐延彬 省委副秘书长、办公厅主任
沈谦芳 省委副秘书长、省委政研室主任
刘义砾 省委副秘书长、省委信访局局长(任至3月)
梅　毅 省委副秘书长、省委省政府接待办主任(任至10月)
王新有 省委副秘书长、省委信访局局长(3月任)
犹　瑾 省委副秘书长、督查专员(任至3月)
李绪先 省委副秘书长
李　能 省委副秘书长(任至3月)
张　锋 副主任
黄之猛 副主任、滨江招待所所长
胡晓华 (女)副主任(10月任)
吕　伟 驻厅纪检监察组组长
利继忠 副主任
陈　斌 副主任(4月任)
费先志 巡视员、厅直属机关党委书记
高　伟 省专用通信局局长(10月任)
席　宏 法规室主任
徐建文 副巡视员
汤俊峰 督查专员
王　俊 省国家保密局局长
金建明 副巡视员(任至8月)
李先进 副巡视员
郑明胜 副巡视员
朱丽昀 (女)省委机要局长(6月任)
赵长江 副巡视员(10月任)

省信访局

刘义砾 局长(任至3月)
王新有 局长(3月任)
孙解生 信访督查专员(正厅级,任至8月)
徐　力 副局长(任至1月)
罗　强 副局长(任至5月)
张　明 副局长
江　勤 (女)副局长
姚学明 副巡视员
聂明慧 副巡视员(任至1月)

省委组织部

赵爱明 (女)部长
徐南凯 常务副部长
龚绍林 副部长
刘三秋 (女)副部长
周训国 副部长、省委非公有制经济组织与社会组织工作委员会书记
肖洪波 副部长
宋　斌 驻部纪检组组长(任至6月),驻部纪检监察组组长(6月任)
徐　忠 副部长
刘光华 部务委员(4月任)
屈　泉 部务委员
邹绍辉 部务委员
王家龙 省委非公有制经济组织与社会组织工作委员会专职副书记(任至4月),省委组织部副巡视员(4月任)
汤乐毅 省委党建工作领导小组办公室专职副主任
郭敏捷 副巡视员(6月任)

省委老干部局

肖洪波 局长
王海燕 (女)副局长
陈渊平 副局长

省关工委

康京华 专职副主任

省委宣传部

赵力平 部长(任至5月)
施小琳 (女)部长(5月任)
郭建晖 常务副部长
杨六华 副部长
吴永明 副部长(1月任)
张天清 省精神文明建设指导委员会办公室主任(任至3月)
王成饶 省国有文化资产监督管理领导小组办公室主任
罗勇兵 副部长
黎隆武 副部长
周森昆 省互联网信息办公室专职副主任(任至10月)
雷　健 副巡视员(任至4月)
林大建 副巡视员(6月任)

省委网信办

梅　毅 主任(10月任)
周森昆 副主任(10月任)

省委统战部

陈兴超 部长
张　勇 常务副部长
曹国庆 副部长
李青华 (女)副部长
高鹰群 副部长
廖元柱 驻部纪检监察组组长
刘伟旗 副部长(10月任)
朱　瑝 省促进非公有制经济发展领

导小组办公室专职副主任

省委政法委

尹建业 (白族)书记
林　强 常务副书记
刘　烁 副书记(10 月任)、省综治办主任(正厅级)
万小根 省维稳办主任(任至 10 月)
涂建生 省 610 办主任(任至 10 月)
罗亦斌 驻委机关纪检监察组组长
沈亚男 省维稳办专职副主任(任至 10 月)
毛保国 秘书长
梁启有 省 610 办专职副主任(任至 10 月)
张鹤翔 省综治办副主任(任至 10 月)
吴　鹏 政治部主任
刘朝阳 省法学会专职副会长
马青林 巡视员
万长余 副巡视员(6 月任)
王　飞 副巡视员(6 月任)

省委政研室(改革办)

沈谦芳 政研室主任、改革办副主任
陈　强 省委改革办专职副主任
黄光明 副主任
谢明明 副巡视员(6 月任)

省委省政府台办

邓保生 主任
徐建星 副主任
何　晞 副主任
马　艳 副巡视员(6 月任)

省编办

傅世平 主任
廖　涛 副主任
王云标 副主任
胡庆华 副巡视员
王大杰 副巡视员(任至 8 月)

省直机关工委

彭世东 书记
李跃进 (女)副书记(任至 10 月)
雷　音 副书记
孔德然 工委委员、组织部部长
刘大胜 工委委员、宣传部部长
方瑞增 工委委员、省直机关纪工委书记
喻子显 工委委员(任至 11 月)
陈圣泉 副巡视员(任至 11 月)
王知民 副巡视员
袁　林 副厅级纪检员

省委巡视办

王仁辉 主任
肖平学 副主任
吴雪军 副主任(8 月任)
王晓庆 第一巡视组组长
尹　健 第一巡视组副组长
沈冬阳 第一巡视组副厅级巡视专员
黄赛荣 第二巡视组组长
彭玲华 (女)第二巡视组正厅级巡视专员(4 月任)
汪永华 第二巡视组副组长
涂志柏 第三巡视组组长
熊桂生 第三巡视组副组长(任至 4 月)第七巡视组组长(4 月任)
万　明 第三巡视组副组长(10 月任)
周少玲 (女)第三巡视组副厅级巡视专员
卢作全 第四巡视组组长
毛　敏 第四巡视组正厅级巡视专员
吴小瑜 (女)第四巡视组副组长
蔡厚勇 第五巡视组组长(6 月任)
虞小京 (女)第五巡视组副组长
王旭景 第五巡视组副厅级巡视专员(任至 11 月)
郭　家 第六巡视组组长(任至 3 月)
曾亦冰 第六巡视组组长(4 月任)
曾崇新 第六巡视组副组长(任至 4 月),第六巡视组正厅级巡视专员(4 月任)
吴宜文 第六巡视组副厅级巡视专员(任至 10 月),第六巡视组副组长(10 月任)
邹国荣 第七巡视组组长(任至 2 月)
宋江涌 第七巡视组副组长
胡伟荣 第八巡视组组长(任至 3 月)
杜志刚 第八巡视组组长(4 月任)
胡彦斌 第八巡视组正厅级巡视专员(4 月任、任至 8 月)
茆荣权 第八巡视组副组长(任至 12 月)

省委党史研究室

俞银先 主任
卢大有 副主任
彭　勃 副主任
汤静涛 副巡视员(6 月任)

省委党校(行政学院)

曾志刚 常务副校(院)长
杨　超 副校(院)长
罗志坚 副校(院)长
黄样兴 副校(院)长
廖清成 副校(院)长
杨解生 副校(院)长
黄　勇 副巡视员(任至 11 月)
王　毅 副巡视员
潘锦屏 (女)副巡视员

省人大常委会办公厅

张振球 省人大常委会副秘书长、办公厅主任(任至 1 月)
徐　力 省人大常委会副秘书长、办公厅主任(1 月任)
任江南 省人大常委会副秘书长(1 月任)
王曼萍 (女)省人大常委会副秘书长(任至 7 月)
郭玉元 副主任
巫欣春 副主任
刘三妹 驻厅纪检监察组组长
王清衡 副巡视员(7 月任)

省人大内司委

魏　民 主任委员(1 月任)
胡永新 副主任委员(1 月任)
陈晓春 副主任委员(1 月任)
刘和平 副主任委员(任至 1 月)
段景来 副主任委员(任至 1 月)
陈友锦 副主任委员

省人大财经委

谢碧联 主任委员(任至 1 月)
张振球 主任委员(1 月任)
王建农 副主任委员(任至 1 月)
李保民 副主任委员
张贻奏 副主任委员(任至 1 月)
蔡社宝 副主任委员
周山印 副主任委员、预算工委主任
邓　勤 (女)副主任委员
周华爱 (女)副主任委员(1 月任)

省人大教科文卫委

朱　希　主任委员
沈建华　副主任委员(任至1月)
傅克刚　副主任委员
潘玉兰　(女)副主任委员(任至1月)
黄小华　(女)副主任委员(1月任)
郭学勤　(女)副主任委员(1月任)
傅小健　(女)副主任委员
舒仁庆　副主任委员
公艳萍　(女)副主任委员

省人大农委

陈永华　(女)主任委员(任至1月)
阎钢军　主任委员(1月任)
刘永思　副主任委员(任至1月)
王晓春　副主任委员(任至1月)
李友鸿　副主任委员(任至1月)
毛祖逊　副主任委员(1月任)
陈日武　副主任委员(1月任)
罗小茶　(女)副主任委员
杨新华　副巡视员(任至3月)

省人大环资委

陈尚云　主任委员(任至1月)
吴治云　主任委员(1月任)
李春燕　(女)副主任委员(任至1月)
虞国庆　副主任委员(任至1月)
甘筱青　副主任委员(任至1月)
屠永发　副主任委员(任至1月)
雷晓燕　副主任委员(任至1月)
陈松远　副主任委员
左和平　副主任委员(1月任)
杨泽民　副主任委员
柳　铭　副巡视员

省人大法制委

刘小华　(女)主任委员(任至1月)
刘义砾　主任委员(1月任)
张玉印　副主任委员(任至1月)
李　锐　副主任委员(任至1月)
李舰海　副主任委员
郭　兵　副主任委员(1月任)
韩　军　副主任委员(任至1月)
叶敏健　副主任委员

省人大常委会法工委

韩　军　主任(任至1月)
周　雍　主任(1月任),副主任(任至1月)
裴忠彪　副主任(1月任)
刘永亮　副主任
杨润华　副主任
万祥裕　副巡视员(7月任)

省人大常委会选任联工委

龚绍林　主任
李元生　巡视员(7月任),副主任(任至7月)
谭筱刚　副主任

省人大常委会外侨民宗工委

聂道宏　主任
潘辛菱　(女)副主任(1月任)

省人大常委会预算工委

周山印　主任
梁　力　副主任
李　雪　副主任(任至7月)

省政协办公厅

杨木生　副秘书长、办公厅主任
涂　建　副秘书长(1月任)
陈春平　副秘书长(兼职)
刘新农　副秘书长(兼职 ,1月任)
赵　波　副秘书长(兼职)
欧阳剑雄　副秘书长(兼职)
林　凯　副秘书长(兼职,1月任)
肖礼庆　副秘书长(兼职)
孙卫国　副主任
钟清滨　副主任
叶　舟　副主任(1月任)

省政协提案委员会

刘定明　主任(1月任)
张国轩　副主任
黄建新　副主任(1月任)
张康平　副主任(专职,任至10月)
李家祥　副主任(1月任)

省政协经济委员会

王　萍　(女)主任(1月任)
朱来友　副主任
上官新晨　副主任(1月任)
姚庆艳　副主任(1月任)
王亦斌　副主任(1月任)
尹小明　副主任(专职)

省政协人口资源环境委员会

邓兴明　主任(1月任)
郭　家　副主任(1月任)
周光华　副主任(1月任)
罗小璋　副主任(1月任)
谭文英　(女)副主任(1月任)
樊　欣　副主任(专职)

省政协教科文卫体委员会

洪三国　主任(1月任)
肖为群　副主任(1月任)
徐跃进　副主任(1月任)
罗　莹　副主任(1月任)
余少良　副主任(1月任)
招则庆　副主任(专职,任至11月)

省政协社会和法制委员会

傅卓成　主任(1月任)
胡淑珠　(女)副主任
何剑锋　副主任(1月任)
刘立松　副主任(1月任)
刘克琦　副主任(1月任)
吴财锋　副主任(专职,1月任)

省政协民族和宗教委员会

杨春燕　(女)主任(1月任)
周海涛　副主任(1月任)
曹国庆　副主任(1月任)
陈淦彬　副主任(专职)
释纯一　副主任
胡国云　副巡视员(6月任)

省政协港澳台侨和外事委员会

辜　清　主任
张知明　(女)副主任(1月任)
胡伟荣　副主任(1月任)

黄加文　副主任(1月任)
郭坚华　副主任(1月任)
唐勇华　副巡视员(6月任)

省政协文史和学习委员会

曾　粮　主任
肖华茵　副主任(1月任)
俞银先　副主任(1月任)
何建洋　副主任(1月任)
傅兆良　副主任(专职)

省法院

葛晓燕　(女)党组书记、院长
郭　兵　党组副书记、常务副院长(任至3月)
夏克勤　党组副书记、副院长
胡淑珠　(女)副院长
朱　浔　副院长(任至4月)
勒世标　党组成员、政治部主任
柯　军　党组成员、副院长
赵九重　党组成员、执行局局长
胡国庆　党组成员、驻院纪检监察组组长(任至9月)
陈仁生　专职审委会委员
楼建群　专职审委会委员
杨国安　专职审委会委员
何大新　副巡视员
胡智斌　副巡视员(6月任)
姚晨奕　副巡视员(6月任)

省检察院

刘铁流　党组书记、检察长(任至1月)
田云鹏　党组书记、检察长(1月任)
李　智　党组副书记、副检察长(任至3月)
罗晓泉　党组副书记、副检察长
张国轩　副检察长
邱　利　党组成员、副检察长
徐胜平　党组成员、副检察长
张勇玲　(女)党组成员、政治部主任
黄永茂　党组成员、反贪污贿赂局局长(任至2月)
刘永华　党组成员、驻院纪检监察组组长
孙牯昌　检察委员会副厅级专职委员
冯祖强　检察委员会副厅级专职委员
胡火箭　党组成员、检察委员会副厅级专职委员(任至6月),巡视员(6月任)

谢　健　巡视员
周文英　(女)副巡视员(6月任)
姜玉娟　(女)副巡视员(任至2月)
胡务勤　副巡视员(任至2月)
刘莉芬　(女)副巡视员(任至2月)
谭显厚　副巡视员(任至11月)

省政府办公厅

张　勇　省政府秘书长(任至1月),办公厅党组书记、主任(任至3月)
张小平　省政府秘书长(4月任),办公厅党组书记、主任(3月任)
翟　明　省政府副秘书长、省机关事务管理局局长
陈石俊　省政府副秘书长、办公厅党组成员(任至3月)
李　能　省政府副秘书长、办公厅党组成员(4月任)
宋迪维　省政府副秘书长、办公厅党组成员
涂琼理　省政府副秘书长、办公厅党组成员(任至1月)
宋雷鸣　省政府副秘书长、办公厅党组成员
刘晓艺　(女)省政府副秘书长、办公厅党组成员
吴龙强　省政府副秘书长、办公厅党组成员
王亚联　省政府副秘书长、办公厅党组成员
陈　敏　省政府副秘书长、办公厅党组成员
江枝英　(女)省政府副秘书长(任至3月)
徐小平　办公厅党组成员、驻厅纪检监察组组长
蒋志红　办公厅党组成员、副主任(11月任)
杜章彪　办公厅党组成员、副主任
樊雅强　办公厅党组成员、副主任
熊科平　办公厅党组成员、副主任
徐松柏　办公厅党组成员、副主任
廖裕良　办公厅党组成员、省政务服务办主任
杨　俊　办公厅党组成员、省政府应急办专职副主任
罗时跃　办公厅副巡视员
章小刚　办公厅副巡视员(任至10月)
胡德明　办公厅副巡视员
朱　进　办公厅副巡视员(任至11月)

张朝凌　办公厅副巡视员(2月任)

省政府研究室

陈石俊　主任(任至3月)
李　能　主任(4月任)
彭　峰　副主任
王平俭　副主任
李鹏飞　副巡视员(7月任)

省发改委

张和平　党组书记、主任,省鄱阳湖生态经济区建设办公室(省赣南等原中央苏区振兴发展工作办公室)主任
周光华　党组成员、副主任,省鄱阳湖生态经济区建设办公室(省赣南等原中央苏区振兴发展工作办公室)常务副主任
熊　毅　副主任
郑沐春　党组成员、省能源局局长
王前虎　党组成员、副主任
郭新宇　党组成员、副主任
刘　兵　党组成员、省生态文明建设领导小组办公室专职副主任
喻志勇　党组成员、省粮食和物资储备局党组书记(10月任)、局长(11月任)
李志刚　党组成员、副主任
邝先华　党组成员、驻委纪检监察组组长
李庆红　党组成员、省政府投资项目评审中心主任
成　华　副巡视员(任至1月)
王　威　副巡视员
范　强　副巡视员
陈百鸣　副巡视员
饶伟明　副巡视员
赖南京　省鄱阳湖生态经济区建设办公室副主任
严佛元　省第九批援疆工作前方指挥部党委书记、总指挥(副厅级)(任至12月)
薛　强　省赣南等原中央苏区振兴发展工作办公室副主任
金俊平　省信息中心主任
温俊杰　省赣南等原中央苏区振兴发展工作办公室副主任
张学科　驻委纪检监察组副厅级纪检监察员(6月任)
皮仄郑　省赣南等原中央苏区振兴发

展工作办公室副主任(挂职,任至5月)

赵鹏高 省赣南等原中央苏区振兴发展工作办公室副主任(挂职,任至5月)

程霜枫 省赣南等原中央苏区振兴发展工作办公室副主任(挂职,5月任)

徐新宇 省赣南等原中央苏区振兴发展工作办公室副主任(挂职,5月任)

省财政厅

胡　强 党组书记(任至3月)、厅长(任至4月)

朱　斌 党组书记(10月任)、厅长(11月任)

潘昌坤 党组成员、副厅长

王　斌 副厅长

胡彦斌 党组成员、驻厅纪检组组长(任至4月)

张耀霞 (女)党组成员、副厅长

何　桑 (女)党组成员(任至10月)、省农业综合开发办公室主任(任至11月)

钟心平 副巡视员

刘维平 副巡视员(任至3月)

林火平 江西财经职业学院党委书记

省人社厅

刘三秋 (女)党组书记、厅长

刘滇鸣 副厅长(任至1月)

姚睿钦 党组成员、驻厅纪检监察组组长

吴福全 党组成员、副厅长

王书红 党组成员、副厅长

刘克琦 党组成员、副厅长

吴国平 省社会保险管理中心党委书记(任至10月)

刘伟旗 省公务员局局长(任至10月)

黄小刚 副巡视员(任至3月)

刘克平 副巡视员

省审计厅

辜华荣 党组书记、厅长

刘　达 (女)党组成员、副厅长

邹水成 党组成员、副厅长(任至7月),巡视员(7月任)

罗伟华 (女)党组成员、驻厅纪检监察组组长(10月任)

胡志勇 党组成员、副厅长

刘斌良 党组成员、总审计师

黄正宇 党组成员、副厅长

胡雅萍 (女)省经济责任审计领导小组办公室专职副主任

项志锋 副巡视员(1月任)

省民政厅

刘金接 党组书记、厅长

欧阳海泉 党组成员、副厅长(正厅级,1月任)

刘立松 党组成员、副厅长(任至11月)

龚建辉 党组成员、副厅长

罗良意 党组成员(任至9月)、老龄办专职副主任(任至10月)

樊　胜 党组成员、副厅长

向　东 党组成员、驻厅纪检监察组组长

王　晔 副巡视员(任至11月)

胡奇蔚 驻厅纪检监察组副厅级纪检员

虞烈东 副巡视员(7月任)

省统计局

万庆胜 党组书记、局长

韩志生 党组成员、副局长(任至8月),巡视员(8月任)

曹青云 党组成员、副局长

彭勇平 (女)党组成员、副局长

曾永生 党组成员、总统计师

金　绮 (女)副巡视员

张家玉 (女)副巡视员(任至2月)

国家统计局江西调查总队

方正亚 党组书记、总队长

刘文峰 党组副书记、副总队长(任至7月)

梁　冰 党组成员、副总队长(任至10月)

周献华 党组成员、副总队长

赵兰香 党组成员、副总队长(11月任)

陈悟朝 党组成员、纪检组组长(11月任)

赖建军 党组成员、副总队长(12月任)

余　靖 副巡视员(12月任)

省档案馆

方维华 (女)党组书记(10月任)、馆长(11月任),省档案局党组书记(任至10月)、局长(任至11月)

方华清 党组成员(10月任)、副馆长(11月任),省档案局党组成员(任至10月)、副局长(任至11月)

谭向文 党组成员(10月任)、副馆长(11月任),省档案局党组成员(任至10月)、副局长(任至11月)

谭荣鹏 党组成员(10月任)、副馆长(11月任),省档案局党组成员(任至10月)、副局长(任至11月)

毛海帆 (女)副巡视员(11月任),省档案局副巡视员(7月任、任至11月)

国家税务总局江西省税务局

胡立文 党委书记、局长(9月任),江西省国家税务局党组书记、局长(任至6月),国家税务总局江西省税务局联合党委书记、局长(6月任、任至9月)

王显和 党委副书记、副局长(9月任),江西省地方税务局党组成员、副局长(任至6月),国家税务总局江西省税务局联合党委副书记、副局长(6月任、任至9月)

黄中根 党委委员、副局长(9月任),江西省国家税务局党组成员、副局长(任至6月),国家税务总局江西省税务局联合党委委员、副局长(6月任、任至9月)

李德平 党委委员、副局长(9月任),江西省国家税务局党组成员、副局长(任至6月),国家税务总局江西省税务局联合党委委员、副局长(6月任、任至9月)

胥敏锋 党委委员、副局长(9月任),江西省国家税务局党组成员、副局长(任至6月),国家税务总局江西省税务局联合党委委员、副局长(6月任、任至9月)

黄正逊 党委委员、副局长(9月任),

江西省地方税务局党组成员、副局长(任至6月),国家税务总局江西省税务局联合党委委员、副局长(6月任、任至9月)

陈国英 党委委员、副局长(9月任),江西省国家税务局党组成员、副局长(任至6月),国家税务总局江西省税务局联合党委委员、副局长(6月任、任至9月)

姚慧玲 (女)党委委员、纪检组组长(9月任),江西省国家税务局党组成员、纪检组组长(任至6月),国家税务总局江西省税务局联合党委委员、纪检组组长(6月任、任至9月)

温亚涌 党委委员、副局长(9月任),江西省地方税务局党组成员、副局长(任至6月),国家税务总局江西省税务局联合党委委员、副局长(6月任、任至9月)

张建平 党委委员、总会计师(9月任),江西省国家税务局党组成员、总会计师(任至6月),国家税务总局江西省税务局联合党委委员、总会计师(6月任、任至9月)

刘英怀 党委委员、总经济师(9月任),江西省国家税务局党组成员、总经济师(任至6月),国家税务总局江西省税务局联合党委委员、总经济师(6月任、任至9月)

徐建波 副巡视员(10月任)

尹玉光 党委委员(9月任,任至11月),江西省地方税务局党组成员、纪检组组长(任至6月),国家税务总局江西省税务局联合党委委员(6月任、任至9月)

胡　平 江西省地方税务局巡视员(任至2月)

乐跃进 江西省地方税务局副巡视员(任至5月)

夏文川 副巡视员(任至9月)

刘纯福 副巡视员(任至11月)

省国资委

陈德勤 党委书记、主任

李晓刚 党委委员、副主任

王金林 党委委员、驻委纪检监察组组长(任至7月)

郑高清 党委委员、副主任

文翠萍 (女)党委委员、副主任

郑德才 党委委员、副主任

刘玉椿 党委委员、驻委纪检监察组组长(7月任)

沙甲先 巡视员(任至7月)

张爱国 副巡视员

淦　勇 副巡视员(任至12月)

郑尚胜 副巡视员(任至1月)

王永昌 副巡视员(1月任、任至3月)

邓晓乐 副巡视员(7月任)

李少华 副巡视员(7月任)

龚建平 省出资监管企业监事会主席

谢　敏 省出资监管企业监事会主席

钟宇晖 省出资监管企业监事会主席

谢　言 省出资监管企业监事会主席

项　文 (女)省出资监管企业监事会主席(任至3月)

张　明 省出资监管企业监事会主席

张秋宾 驻委纪检监察组副厅级纪检员

省工信厅

杨贵平 党组书记、厅长

王亦斌 党组成员、副厅长

钱　昀 (女,回族)党组成员、副厅长

刘　煜 党组成员、副厅长

江明成 党组成员、副厅长

郑正春 党组成员、副厅长

辛清华 党组成员、副厅长

郭国君 党组成员、省纪委省监委驻省工信厅纪检监察组组长

蒋文定 党组成员(12月任,挂职)

章志锋 省纪委省监委驻省工信厅纪检监察组副厅级纪检员

王江南 副巡视员(任至4月)

熊国纲 副巡视员(1月任)

李善乐 副巡视员(7月任)

省交通运输厅

王爱和 党委书记、厅长

胡钊芳 党委委员、总工程师

陈　兵 党委委员、驻厅纪检监察组组长

梁必康 党委委员、副厅长

谢德强 党委委员、副厅长

王昭春 党委委员、副厅长

杜继涛 党委委员、副厅长(任至7月)

严　允 党委委员、副厅长

魏遵红 党委委员、副厅长(7月任)

吴铭汉 副巡视员(任至11月)

蔡建新 副巡视员

肖伦发 副巡视员(1月任)

刘盖群 副巡视员(7月任、任至11月)

省住房和城乡建设厅

吴昌平 党组书记(3月任)

卢天锡 厅长(4月任)

宗玉明 党组成员、驻厅纪检监察组组长(6月任)

章雪儿 党组成员、总工程师

李道鹏 副厅长

姚宏平 副巡视员(1月任)

省生态环境厅

陈小平 党组书记、厅长(11月任),省环境保护厅党组书记、厅长(任至11月)

罗小璋 党组成员、副厅长(11月任),省环境保护厅党组成员、副厅长(任至11月)

尹玉光 党组成员、驻厅纪检监察组组长(10月任)

罗伟华 (女)党组成员、驻厅纪检监察组组长(任至10月)

石　晶 (女)党组成员、副厅长(11月任),省环境保护厅党组成员、副厅长(任至11月)

曹永琳 党组成员、副厅长(11月任),省环境保护厅党组成员、副厅长(任至11月)

龙　刚 党组成员(10月任),省环境保护厅党组成员、总工程师(任至10月)

邹成俊 省环境保护厅副巡视员(任至10月)

方红亚 副巡视员(11月任,任至12月),省环境保护厅副巡视员(任至11月)

李旭亮 副巡视员(11月任,任至12月)

省应急管理厅

龙卿吉 党组书记、厅长(11月任),

省安全生产监督管理局党组书记、局长、省煤矿安全生产监督管理局局长(任至11月)
汪少舟 党组成员、副厅长(11月任),省安全生产监督管理局党组成员、副局长(任至11月)
周　平 党组成员、副厅长(11月任),省安全生产监督管理局党组成员、副局长(任至11月)
钟世富 党组成员、副厅长(11月任),省森林公安局政委(任至11月)
彭建华 党组成员、驻厅纪检监察组组长(11月任),省安全生产监督管理局党组成员、驻局纪检监察组组长(任至11月)
余　钢 党组成员、副厅长(11月任),省安全生产监督管理局党组成员、副局长(任至11月)
张贤义 党组成员、副厅长(11月任),省安全生产监督管理局党组成员、副局长(任至11月)
徐卫明 党组成员、副厅长兼省水利厅党委委员、副厅长(11月任)
杨庆华 省安全生产监督管理局副巡视员(任至2月)
陈　斌 副巡视员(11月任),省安全生产监督管理局副巡视员(5月任,任至11月)
王小清 副巡视员(11月任),省安全生产监督管理局副巡视员(6月任,任至11月)

江西煤矿安全监察局

赵苏启 党组书记、局长
郑江萍 党组成员、副局长
马成荣 党组成员、纪检组组长
杨市龙 党组成员、副局长

省人防办

彭光华 党组书记、主任
林显君 党组成员、副主任
钟　斌 党组成员、副主任
黄国安 副巡视员(任至10月)

省烟草专卖局(中国烟草总公司江西省公司)

周恩海 党组书记、局长、总经理
徐素珍 (女)党组成员、副总经理
胡义强 党组成员、副局长
章建华 党组成员、纪检组组长(任至4月)
李　民 党组成员、副总经理
熊也农 副巡视员(任至3月)

省邮政管理局

杜继涛 党组书记、局长(任至6月)
魏遵红 党组书记、局长(6月任)
周慧锋 党组成员、副局长

省通信管理局

熊党非 党组书记、局长
胡素仁 党组成员、纪检组组长、副局长
高　伟 党组成员(任至10月)

省机场集团公司

周敏生 党委副书记、总经理
万　林 党委书记、副总经理
李运昌 党委委员、副总经理
欧阳智 党委委员、副总经理
黄肇春 党委委员、副总经理
张　微 党委委员、副总经理(任至8月)
华民涛 党委副书记、纪委书记、工会主席
周　军 党委委员、副总经理

中国铁路南昌局集团有限公司

王　培 党委书记、董事长
马叶江 党委副书记、副董事长、总经理
万　军 党委副书记、副董事长
高　松 党委副书记、纪委书记、董事
钟生贵 党委委员、董事、副总经理(任至7月)
戴平峰 党委委员、工会主席、董事
任朝阳 党委委员、董事、副总经理(任至9月)
彭　磊 党委委员、董事、副总经理
刘明亮 党委委员、董事、副总经理
陈寿卿 党委委员、福州铁路办事处主任、党工委书记
黄少雄 党委委员、董事、副总经理
杨　斌 党委委员、董事、副总经理
郭建光 党委委员、董事、副总经理(11月任)
杜永明 党委委员、董事、副总经理(9月任)
林晓军 党委委员、董事、总工程师(3月任)
郭建波 党委委员、董事、总会计师(任至12月)
刘　军 (女)党委委员、董事、总会计师(12月任)

省煤田地质局

黄登龙 党委书记、局长
周锦中 党委委员、副局长
夏会泳 党委委员、副局长
张明锋 党委委员、中煤集团董事长
祝　强 党委委员、副局长

省地质矿产勘查开发局

苗　壮 党委书记、局长
余忠珍 党委委员、副局长
何龙清 党委委员、副局长
洪文忠 党委委员、总工程师
陶小驹 党委委员、副局长

省核工业地质局

宋　斌 党组书记、局长
朱永刚 党组成员、副局长
肖一华 党组成员、副局长
韦星林 总工程师
程祖杰 副巡视员

江西有色地质勘查局

何观生 党委委员、局长
邝颂华 党委书记
朱小荞 党委委员、副局长
魏　斌 党委委员、副局长
黄中敏 党委委员、副局长

省商务厅

王水平 党组书记、厅长(任至3月)
刘翠兰 (女)党组书记(10月任)、

厅长(11月任),党组成员、副厅长(任至11月),中国国际贸易促进委员会江西省分会会长(任至11月)
梁小康 党组成员、副厅长
朱元发 党组成员、副厅长
方向军 党组成员、副厅长
陶莉萍 (女)巡视员(1月任)
杨远林 驻厅纪检监察组正厅级纪检监察员(6月任),党组成员(任至6月)、驻厅纪检监察组组长(任至6月)
杨筱红 (女)副巡视员(任至7月)
熊光辉 副巡视员
周文波 驻厅纪检监察组副厅级纪检监察员(6月任)
江　疆 副巡视员(7月任)
孔　华 江西外语外贸职业学院党委书记
邓　宇 中国国际贸易促进委员会江西省分会副会长
赵向阳 中国国际贸易促进委员会江西省分会副会长
黄明忠 江西外语外贸职业学院院长

省供销合作社

喻晓社 党组书记、主任(任至4月)
欧阳太来 党组成员、副主任
卢　忠 党组成员、副主任
杨晓琴 党组成员、副主任
汪　波 监事会主任
赵恒伯 江西旅游商贸职业学院党委书记
吴小平 江西旅游商贸职业学院党委副书记、院长
黄晓岗 副巡视员

省市场监管局

王福平 党组书记(10月任)、局长(11月任),省质监局党组书记(任至10月)、局长(任至11月)
吴治云 省工商局党组书记(任至10月)、局长(任至10月)
曹　麒 党组副书记、省药监局党组书记(10月任),省食药监局党组书记(任至10月)
沈庆中 党组成员(10月任)、副局长(11月任),省工商局党组成员(任至10月)、副局长(任至11月)
蔡　玮 党组成员(10月任)、副局长(11月任),省质监局党组成员(任至10月)、副局长(任至11月)
刘邦琰 党组成员、驻局纪检监察组组长(10月任),省工商局党组成员、驻省工商局纪检监察组组长(任至10月)
谭文英 副局长(11月任),省工商局副局长(任至11月)
刘建华 党组成员(10月任)、副局长(11月任),省工商局党组成员(任至10月)、副局长(任至11月)
张正新 党组成员(10月任)、副局长(11月任),省质监局党组成员(任至10月)、副局长(任至11月)
张龙飞 党组成员(10月任)、副局长(11月任),省质监局党组成员(任至10月)、副局长(任至11月)
黄富华 党组成员(10月任)、副局长(11月任),省质监局党组成员(任至10月)、副局长(任至11月)
梁卫光 党组成员(10月任)、副局长(11月任),省工商局党组成员(任至10月)、副局长(任至11月)
杨　瑛 党组成员(10月任),省质监局总工程师(任至10月)
姜　红 驻局纪检监察组正厅级纪检监察员(10月任),驻省食药监局纪检监察组正厅级纪检监察员(任至10月)
章志键 副巡视员(11月任),省质监局副巡视员(任至11月)
李　捷 副巡视员(11月任),省质监局副巡视员(任至11月)
欧阳勇 副巡视员(11月任),省质监局副巡视员(任至11月)
杨　莹 副巡视员(11月任),省工商局副巡视员(任至11月)

省政府外事办

赵　慧 (女)党组书记、主任(10月任),省外事侨务办党组书记、主任(任至10月)
黄加文 党组成员、副主任(10月任),省外事侨务办党组成员、副主任(任至10月)
李雨强 党组成员、副主任(10月任),省外事侨务办党组成员、副主任(任至10月)
胡志扬 党组成员、副主任(10月任),省外事侨务办党组成员、副主任(任至10月)

南昌海关

张格萍 (女)党组书记、关长(8月任)
温珍才 正厅局级干部(4月任)、正厅局级领导干部(8月任),江西出入境检验检疫局党组书记、局长(任至4月)
宋　军 副厅局级干部(4月任),党组成员、副关长(8月任),江西出入境检验检疫局党组成员、副局长(任至4月)
赵月淦 党组成员、缉私局党组书记、局长
周维颖 党组成员、副关长
王　宏 党组成员、副关长(8月任)
李　宇 党组成员、副关长
褚碧波 党组成员、纪检组组长(任至8月),党组成员、政治部主任(8月任)
谢　斌 副厅局级干部(4月任),党组成员、纪检组组长(8月任),江西出入境检验检疫局党组成员、纪检组组长(任至4月)
朱　宏 党组成员、副关长
桂家祥 副巡视员(8月任),江西出入境检验检疫局副巡视员(任至8月)
辛建民 党组副书记、政治部主任(任至8月)
张国清 副厅局级干部(任至8月),江西出入境检验检疫局党组成员、副局长(任至4月)

省政府驻外办事处

江枝英 (女)省政府驻北京办事处党组书记、主任(任至3月)
吴文凯 省政府驻北京办事处党组成员、副主任
高延平 省政府驻北京办事处党组成员、副主任
熊炎飞 省政府驻北京办事处党组

成员

王敦范　省政府驻上海办事处党组书记、主任(任至8月)

张雪萍　(女)省政府驻上海办事处党组成员、副主任

王坚真　(女)省政府驻上海办事处党组成员、副主任

刘友龙　省政府驻广东(深圳)办事处党组书记、主任

柳　林　省政府驻广东(深圳)办事处党组成员、副主任(任至7月),副巡视员(7月任)

胡汉羽　省政府驻广东(深圳)办事处党组成员、副主任

人民银行南昌中心支行

张智富　党委书记、行长兼国家外汇管理局江西分局局长

郭云喜　党委委员、副行长兼国家外汇管理局江西分局副局长

吴豪声　党委委员、副行长

陈　锋　党委委员、副行长

宋剑锋　党委委员、纪委书记

叶建华　党委委员、工会主任

黄　焰　副巡视员(8月任、任至11月)

江西银保监局

李赛辉　筹备组组长(10月任、任至12月)

李　虎　筹备组成员(10月任、任至12月),江西银监局党委书记、局长(任至10月)

陈　静　(女)筹备组成员(10月任、任至12月),江西保监局党委书记、局长(任至10月)

郭汉强　筹备组成员(10月任、任至12月),江西银监局党委委员(任至10月)

曾　晖　(女)筹备组成员(10月任、任至12月),江西银监局党委委员、副局长(任至10月)

卫功琦　筹备组成员(10月任、任至12月),江西银监局党委委员、副局长(任至10月)

李青川　筹备组成员(10月任、任至12月),江西银监局党委委员、副局长(任至10月)

李　洪　筹备组成员(10月任、任至12月),江西银监局副巡视员(任至10月)

余祖典　筹备组成员(10月任、任至12月),江西保监局党委委员、副巡视员、副局长(任至10月)

程健荣　筹备组成员(10月任、任至12月),江西保监局党委委员、副巡视员、副局长(任至10月)

叶慧霖　筹备组成员(10月任、任至12月),江西保监局党委委员、纪委书记、副局长(任至10月)

江西证监局

何庆文　党委书记、局长(任至10月)

唐理斌　党委书记、局长(10月任)

周　军　党委委员、副局长

匡晓凤　(女)党委委员、副局长(任至6月)

张　松　党委委员、纪委书记

洪　漫　(女)党委委员、副局长(6月任)

省农业农村厅

毛祖逊　省委农工部部长(任至10月)

陈日武　省农业厅党委书记(任至3月)

江枝英　党委书记(10月任),省委农办主任(12月任),省农业厅党委书记(3月任、任至10月)

胡汉平　厅长(11月任),省农业厅厅长(任至11月)

唐安来　党委委员、副厅长(11月任),省农垦事业管理办公室党组书记、主任,省农业厅党委委员、副厅长(任至11月)

倪美堂　党委委员(10月任)、副厅长(11月任),省委农办副主任(12月任),省委农工部副部长(任至10月)

万国根　党委委员(10月任)、副厅长(11月任),省农业厅党委委员、副厅长(任至10月)

赖金生　党委委员(10月任)、副厅长(11月任),省委农工部副部长(任至10月)

龙宇闻　党委委员(10月任)、副厅长(11月任),省委农工部副部长(任至10月)

刘　伟　党委委员(10月任)、副厅长(11月任),省委农工部副部长(任至10月)

刘光华　党委委员(10月任)、副厅长(11月任),省农业厅党委委员、副厅长(任至10月)

刘建堂　党委委员(10月任)、副厅长(11月任),省农业厅党委委员、副厅长(任至10月)

吴国昌　党委委员(10月任),省农业厅党委委员、省畜牧兽医局局长(任至10月)

邓贤贵　党委委员(10月任)、副厅长(11月任),省农业厅党委委员、副厅长(任至10月)

严　卫　驻厅正厅级纪检监察员(10月任),省农业厅党委委员、驻厅纪检组组长(任至6月)、驻厅正厅级纪检监察员(任至10月)

万秋根　副巡视员(11月任),省农业厅副巡视员(任至11月)

康方伯　副巡视员(11月任),省委农工部副巡视员(任至11月)

刘春茂　副巡视员(11月任),省委农工部副巡视员(任至11月)

刘宝林　副巡视员(11月任),省农业厅副巡视员(8月任,11月)

张跃远　省农业厅副巡视员(任至8月)

官少飞　省农业厅副巡视员(任至8月)

省林业局

阎钢军　省林业厅党组书记(任至3月)、厅长(任至4月)

邱水文　党组书记(10月任)、局长(11月任),省林业厅党组成员、副厅长(任至3月),省林业厅党组书记(3月任、任至10月)、厅长(4月任、任至10月)

魏运华　巡视员(11月任、任至12月),省林业厅巡视员(任至11月)

黄小春　党组成员(10月任),省林业厅党组成员(任至10月)

罗　勤　(女)党组成员(10月任)、副局长(11月任),省林业厅党组成员(任至10月)、副厅长(任至11月)

胡跃进 党组成员(10月任)、副局长(11月任、任至12月),省林业厅党组成员(任至10月)、副厅长(任至11月)
赵 国 党组成员、驻局纪检监察组组长(10月任),省林业厅党组成员、驻厅纪检组组长(任至10月)
辛卫平 党组成员(10月任),省林业厅党组成员(任至10月)
严 成 党组成员(10月任),省林业厅总工程师(副厅级,任至10月)
王 琅 省林业厅副巡视员(任至7月)
余小发 副巡视员(11月任),省林业厅副巡视员(7月任、任至11月)

省地方金融监督管理局

韦秀长 党组书记、局长(10月任)
许忠华 党组成员、副局长(10月任),省政府金融办党组成员、副主任(任至10月)
骆小林 党组成员、副局长(10月任),省政府金融办党组成员、副主任(任至10月)

省水利厅

罗小云 党委书记、厅长
杨丕龙 党委委员、副厅长,省鄱建办主任
廖瑞钊 党委委员、副厅长
张文捷 党委委员、总工程师
吴信根 党委委员、驻厅纪检监察组组长
吴义泉 党委委员、副厅长
蔡 勇 党委委员、副厅长
王 纯 党委委员、副厅长
姚毅臣 省"河长制"办公室专职副主任
徐卫明 党委委员、副厅长
纪伟涛 巡视员(7月任)、省鄱建办副主任(任至7月)
刘 超 省鄱建办副主任、党委委员
罗传彬 省鄱建办副主任、党委委员
袁国荣 副巡视员
黎文杰 副巡视员(任至11月)

省自然资源厅

张圣泽 党组书记、厅长(11月任),省国土资源厅党组书记、厅长(3月任,任至11月)
邓又林 巡视员(11月任),省国土资源厅巡视员(任至11月)
李来木 党组成员、驻厅纪检监察组组长(10月任),省国土资源厅党组成员、驻厅纪检监察组组长(任至10月)
许建平 党组成员、副厅长(11月任),省国土资源厅党组成员、副厅长(任至11月)
梁春祥 党组成员(11月任),省国土资源厅党组成员、总规划师(任至11月)
陈祥云 党组成员、副厅长(11月任),省测绘地理信息局局长(任至11月)
李国清 江西应用技术职业学院院长(任至11月)
蔡建平 省国土资源执法监察总队总队长
罗光华 副巡视员(11月任),省国土资源厅副巡视员(任至11月)
陈庐生 江西应用技术职业学院党委书记
龚 健 副巡视员(11月任),省国土资源厅副巡视员(1月任、任至11月)
郑斌勇 副厅长(11月任),省国土资源厅副厅长(3月任、任至11月)
多 超 省国土资源厅副巡视员(7月任、任至11月)
曾德恩 省国土资源厅副巡视员(7月任、任至11月)

省粮食和储备局

喻志勇 党组书记、局长(10月任)
黄 河 省粮食局党组书记、局长(任至10月)
罗 洪 省粮食局党组成员、副局长(任至8月)
刘福元 党组成员、副局长(10月任),省粮食局党组成员、副局长(任至10月)
廖小平 党组成员、副局长(10月任),省粮食局党组成员、总工程师(任至10月)

省扶贫办公室

史文斌 党组书记(10月任)、主任(11月任),省扶贫和移民办公室党组书记(任至10月)、主任(任至11月)
涂俊伟 党组成员(10月任)、副主任(11月任),省扶贫和移民办公室党组成员(任至10月)、副主任(任至11月)
饶振华 党组成员(10月任)、副主任(11月任),省扶贫和移民办公室党组成员(任至10月)、副主任(任至11月)
胡跃明 党组成员(10月任)、副主任(11月任),省扶贫和移民办公室党组成员(任至10月)、副主任(任至11月)
刘卫东 副巡视员(11月任),省扶贫和移民办公室副巡视员(1月任)

省医疗保障局

梅 亦 (女)党组书记、局长(10月任)
何 桑 (女)党组成员、副局长(10月任)
梁义敏 党组成员、副局长(10月任)
吴国平 党组成员、副局长(10月任)

省机关事务管理局

翟 明 党组书记、局长
朱小平 党组成员、副局长(任至11月)
龚圣标 党组成员(任至12月)、副局长
支红雁 党组成员、副局长(任至5月)
邱永强 党组成员、副局长(8月任)
黄才兰 党组成员

省地震局

柴劲松 党组成员、副局长
熊 斌 党组成员、纪检组组长
陈家兴 党组成员、副局长

省气象局

薛根元 党组书记、局长(任至2月)

詹丰兴　党组书记、局长(2月任),党组成员、副局长(任至2月)
吴万友　党组成员、副局长
谢梦莉　(女)党组成员、纪检组组长
汪金福　党组成员、副局长(任至11月)
傅敏宁　党组成员、副局长(8月任)
殷建敏　总工程师(8月任)
汪洋清　副巡视员(任至10月)
何财福　副巡视员(12月任)

省科技厅

万广明　党组书记、厅长
谢金水　党组副书记、副厅长
赵金城　党组成员、副厅长
刘　青　党组成员、副厅长
邓季芳　党组成员、驻厅纪检监察组组长
陈金桥　党组成员、厅长助理(挂职)
贺志胜　副巡视员(任至12月)
张维敏　副巡视员

省委教育工委、省教育厅

黄小华　(女)工委书记(任至3月)
叶仁荪　工委书记(4月任)、厅长,工委副书记(任至4月)
肖志华　工委副书记
杨慧文　工委委员(任至11月)、副厅长(任至12月)
刘润保　工委委员、省教育考试院党委书记(任至2月)
汪立夏　工委委员、副厅长
杜志刚　工委委员、驻厅纪检监察组组长(任至4月)
王江华　工委委员、副厅长
曹伴好　工委委员、厅总督学
刘雪平　(女)省教育考试院党委副书记、院长
叶宝凌　副巡视员

省体育局

晏驹腾　党组书记、局长
李小平　党组成员、副局长
林　军　党组成员、副局长
王　勇　党组成员、副局长
黄卫民　副巡视员(任至11月)

省卫生健康委

丁晓群　党组书记(10月任)、主任(11月任),省卫生计生委党组书记(任至10月)、主任(任至11月)
李晓琼　巡视员(11月任),(女)省卫生计生委副主任(任至1月)、巡视员(1月任、任至11月)
万筱明　(女)副主任(11月任),省卫生计生委副主任(任至11月)
程关华　省卫生计生委党组成员(任至9月)、副主任(任至10月)
曾传美　党组成员、副主任(11月任),省卫生计生委党组成员(10月)、副主任(任至11月)
罗聪明　(女)省卫生计生委党组成员、驻委纪检监察组组长(任至6月)
王金林　党组成员、驻委纪检监察组组长(10月任),省卫生计生委党组成员、驻委纪检监察组组长(6月任、任至10月)
朱烈滨　党组成员、副主任(11月任),省卫生计生委党组成员、副主任(1月任、任至11月)
余少良　省卫生计生委副巡视员(任至1月)
汤卫平　驻省卫生计生委纪检组副厅级纪检员(任至1月)
汪伟华　省卫生计生委副巡视员(任至8月)
谢光华　党组成员、省中医药管理局党组书记(10月任)、局长(11月任,正厅长级)
罗良意　省老龄委办公室专职副主任(任至10月)

省退役军人事务厅

欧阳泉华　党组书记(10月任)、厅长(11月任)
刘立松　党组成员(10月任)、副厅长(11月任)
雷起平　党组成员(10月任)、副厅长(11月任)

省文化和旅游厅

池　红　党组书记、厅长(11月任),省文化厅党组书记、厅长(任至11月)
余晓明　党组成员、副厅长(11月任),省旅发委党组成员、副主任(任至11月)
任永新　党组成员、副厅长(11月任),省文化厅党组成员、副厅长(任至11月)
陈晓平　党组成员、副厅长(11月任),省旅发委党组成员、副主任(任至11月)
郎道先　党组成员、副厅长(11月任),省文化厅党组成员、副厅长(任至11月)
丁新权　党组成员、副厅长(11月任),省旅发委党组成员、副主任(任至11月)
黄小蓉　(女)党组成员、副厅长(11月任),省文化厅党组成员、副厅长(任至11月)
雷朝晖　(女,畲族)党组成员、驻厅纪检监察组组长(10月任),省文化厅党组成员、驻厅纪检监察组组长(6月任)
徐琳琳　巡视员(11月任、任至12月),省文化厅巡视员(任至11月)
徐信国　省旅发委副巡视员(任至2月)
谌洪敏　副巡视员(11月任),省文化厅副巡视员(任至11月)
丁　跃　省文化厅副巡视员(任至8月)
焦　峰　副巡视员(11月任),省旅发委副巡视员(7月任、任至11月)

省广播电视局

杨六华　党组书记(10月任)、局长(11月任),省新闻出版广电局党组书记(任至10月)、局长(任至11月)
王朝新　党组成员(10月任)、副局长(11月任),省新闻出版广电局党组成员(任至10月)、副局长(任至11月)
刘玉东　巡视员(11月任),省新闻出版广电局巡视员(任至11月)
刘　平　省新闻出版广电局巡视员(任至6月)
白文松　党组成员(10月任)、副局长(11月任),省新闻出版广电局党组成员(任至10月)、

副局长(任至11月)
周世敏 党组成员(10月任)、副局长(11月任),省新闻出版广电局党组成员(任至10月)、副局长(任至11月)
李 薇 (女)省新闻出版广电局党组成员、驻局纪检监察组组长(任至11月)
兰丽华 (女)党组成员(10月任)、副局长(11月任),省新闻出版广电局党组成员(任至10月)、省版权局专职副局长(任至11月)
韩兴文 党组成员(10月任),省新闻出版广电局党组成员(任至10月)、总工程师(任至11月)
郑德明 省新闻出版广电局副巡视员(任至6月)

省民族宗教事务局

曹国庆 党组书记、局长
王希贤 党组成员、副局长
马哲海 党组成员、副局长
杨晓伟 党组成员、副局长
左旭生 副巡视员

省地方志办

梅 宏 党组书记、主任
周 慧 党组成员、副主任
杨志华 党组成员、副主任

省社科院

梁 勇 党组副书记、院长
毛智勇 党组成员、副院长
龚建文 (女)党组成员、副院长
孔凡斌 党组成员、副院长(9月29日,因违反中央八项规定精神和生活纪律,经省委批准给予留党察看1年和撤职处分)

省公安厅

郑为文 党委书记、厅长、督察长(任至1月)
秦 义 党委书记、厅长、督察长(1月任)
王国强 党委副书记、常务副厅长(正厅级,任至4月)
叶国兵 党委委员,江西警察学院党委书记
涂建生 党委委员、副厅长,省610办公室主任(正厅级,任至10月)
陈光明 党委委员、副厅长
万秀奇 党委委员,南昌市公安局党委书记、局长、督察长
张 强 党委委员、政治部主任、直属机关党委书记
胡满松 党委委员、副厅长
龚惠民 党委委员、驻厅纪检监察组组长、第一副督察长
杨 军 副巡视员(任至1月)
孙 勇 副巡视员(任至3月)
刘日华 副巡视员(任至11月)
龙 毅 副巡视员(任至7月)
肖子振 副巡视员、出入境管理总队(出入境管理局、国际合作局)总队长(局长)(任至12月)
吴跃斌 副巡视员、禁毒总队政委(任至11月)
李大宝 副巡视员
田 军 副巡视员(7月任)
邹永锋 副巡视员(7月任)
吴国高 副巡视员(7月任)
邓 军 副巡视员(7月任)
阮皇星 副巡视员(7月任)

省司法厅

王国强 党组书记(3月任)、厅长(4月任),省监狱管理局第一政委(3月任)
沙闻麟 党组书记(任至3月)、厅长(任至4月),省监狱管理局第一政委(任至3月)
江 涛 党组成员、副厅长
凌 云 党组成员(10月任)、副厅长(11月任)
邓奕强 党组成员、副厅长
刘品韬 党组成员、副厅长
邱荣飞 党组成员(10月任)、副厅长(11月任)
龚河兴 党组成员(10月任)、副厅长(11月任)
胡兴平 党组成员、驻厅纪检监察组组长
胡水明 党组成员、政治部主任
刘晨华 副巡视员(11月任)
叶 青 副巡视员
汪玉清 副巡视员(1月任)
刘林如 副巡视员(1月任)
魏 伟 副巡视员(任至1月)
罗 冈 省监狱管理局局长、党委副书记(任至1月)
阎循店 省监狱管理局政委、党委副书记
于少晗 巡视员(7月任),省戒毒管理局党委书记(任至6月)、局长(任至7月)
吴 强 省戒毒管理局政委、党委副书记

省总工会

谢亦森 主席(任至5月)
龚建华 主席(5月任)
饶剑明 党组书记、常务副主席
林玉华 (女)巡视员、省教育工会主席
陈文明 巡视员(6月任)
吴海平 党组成员、副主席
饶冬梅 (女)党组成员、副主席(6月任)
吴福才 党组成员、副主席
吴 峰 党组成员、驻省总工会纪检监察组组长
吴丽云 (女)党组成员、经审会主任
樊 胜 副主席(兼职,6月任)

团省委

马 健 党组书记、书记
孙 鑫 党组成员、副书记(4月任)
廖良生 党组成员、副书记(4月任)
伍复康 党组成员、副书记
杨 志 党组成员(4月任)、副书记(5月任)
易 军 党组成员(4月任)、副书记(5月任)
罗 华 党组成员(4月任)、副书记(挂职,5月任)
潘建文 副书记(兼职,5月任)
邹志刚 副书记(兼职,5月任)
杨文军 副书记(兼职,5月任)

省妇联

王 庆 (女)党组书记、主席
黄海燕 (女)党组成员、副主席(任至6月)
肖晓兰 (女)党组成员、副主席
饶冬梅 (女)党组成员、副主席(任至6月)

刘　丽　(女)党组成员(6月任)、副主席(7月任)
吴艳玲　(女)党组成员(6月任)、副主席(7月任)
朱　彦　(女)党组成员、副主席(挂职)
李景芝　(女)党组成员、省妇儿工委办常务副主任
孙　颖　(女)副巡视员
江怀玉　(女)副主席(兼职)
甘公荣　(女)副主席(兼职)
胡秀筠　(女)副主席(兼职)

省文联

郑　翔　党组书记
叶　青　党组成员、主席
鄢平原　党组成员、副主席
张　越　党组成员、副主席
龙　红　副主席

省社联

吴永明　党组书记、主席
刘弋涛　党组成员、副主席
杨宇军　党组成员、副主席
汤水清　党组成员、副主席
赵树贵　副巡视员
王　芃　(女)副巡视员(任至5月)

省科协

罗　莹　党组书记、常务副主席
史　可　主席(4月任)
彭玲华　党组成员、副主席(任至4月)
梁纯平　党组成员、副主席、机关党委书记
孙卫民　党组成员、副主席
宋平岗　党组成员、副主席(6月任，挂职)
黄丽芬　副巡视员(6月任)

省侨联

张知明　(女)党组书记、主席(7月任)
王　强　党组成员、副主席
罗丽都　(女)党组成员、副主席
许晓燕　(女)党组成员

省台联

徐友洪　会长

省残联

何剑锋　党组书记、理事长
邹晓辉　(女)党组成员、副理事长(任至8月)
田颖汉　党组成员、副理事长
张志凤　党组成员、副理事长(8月任)
黄建国　党组成员、副理事长(8月任)

省红十字会

周海涛　党组书记、常务副会长
袁才华　党组成员、专职副会长
戴　莹　(女)党组成员、专职副会长

民革江西省委会

马志武　(回族)主委
胡汉平　副主委
陈春平　(女)副主委(专职)
徐景坤　副主委
李家祥　副主委
熊　皓　副主委
傅　春　(女)副主委
胡青平　(女)副巡视员(12月任)

民盟江西省委会

刘晓庄　主委
何建洋　副主委
黄菊花　(女)副主委
陈文华　(女)副主委
刘新农　副主委(专职)
张国新　副主委
胡淑玉　(女)副巡视员

民建江西省委会

孙菊生　主委
胡淑珠　(女)副主委
杨文龙　副主委
左继生　副主委
赵　波　(女)副主委(专职)
刘木华　副主委

民进江西省委会

汤建人　主委
梅国平　副主委
卢天锡　副主委
张国轩　副主委
欧阳剑雄　副主委(专职)
刘菊娇　(女)副主委
崔传鹏　副主委
陈洪萍　(女)副巡视员、秘书长

农工党江西省委会

史　可　主委
罗胜联　副主委
余少良　副主委
龙国英　(女)副主委
林　凯　副主委(专职)、农工党江西省监督委员会主任
刘季春　副主委

九三学社江西省委会

李华栋　主委
洪三国　副主委
李广振　副主委
张玉清　副主委
辛洪波　副主委
肖礼庆　副主委(专职)
张　伟　副主委
田　荣　副巡视员、秘书长

省工商业联合会

雷元江　主席
李青华　(女)党组书记、常务副主席
洪跃平　党组成员、副主席
刘星平　党组成员、副主席
刘　斌　党组成员、副主席
周华爱　(女)副主席
彭玉萍　(女)副巡视员(6月任)

南昌大学

胡永新　党委书记(任至3月)
喻晓社　党委书记(3月任)
周创兵　党委副书记、校长
黄恩华　党委副书记
黄　云　党委常委、纪委书记(任至11月)
朱友林　副校长
江风益　党委常委、副校长
辛洪波　副校长
李葆明　党委常委、副校长
邓晓华　党委常委、副校长
朱小理　党委常委、副校长
黄细嘉　江西发展研究院院长
舒　明　党委常委(任至5月)、党委

组织部部长(任至1月)
徐光兵 党委常委、党委组织部部长(6月任)
饶　勇 党委常委、党委宣传部部长(6月任)
滕勇前 党委常委、党委统战部部长(6月任)

江西师范大学

田延光 党委书记
梅国平 校长
刘光华 党委副书记(任至5月)
张艳国 党委委员、副校长
涂宗财 党委委员、副校长
姚弋霞 (女)党委委员、副校长
项国雄 副校长
贾俊芳 党委委员、纪委书记
丁　晖 党委委员、副校长
刘　俊 党委委员、副校长
陈运平 党委委员、副校长
童颖华 总会计师
黄保文 党委委员(1月任)
邱东升 党委委员(1月任)
侯朝蓉 党委委员(1月任、任至8月)
侯　桃 党委委员(8月任)

江西农业大学

黄路生 党委书记
赵小敏 党委副书记、校长
胡春晓 (女)党委副书记
贺浩华 党委委员、副校长
许斌华 党委委员、副校长
黄英金 党委委员、副校长
邱晓辉 党委委员、副校长
曾志将 党委委员、副校长
林小凡 党委委员、副校长
刘木华 副校长
黄季焜 党委委员、副校长(3月任,挂职)
乔金霞 (女)党委委员、纪委书记(6月任)

江西财经大学

王　乔 党委书记
卢福财 党委副书记、校长
蒋金法 党委副书记
刘小丽 (女)党委常委、副校长
杨建林 党委常委、纪委书记
邓　辉 副校长
王小平 党委常委、副校长
阙善栋 党委常委、副校长
欧阳康 党委常委、副校长
袁　雄 党委常委、副校长
许基南 党委常委、组织部部长(9月任)
王金海 (蒙古族)党委常委、宣传部部长(9月任)
彭清宁 (女)党委常委、统战部部长(9月任)

华东交通大学

万　明 党委书记
罗玉峰 党委副书记、校长
张玉清 副校长
张　坚 党委委员、副校长
陈梦成 党委委员、副校长
朱卫国 党委委员、纪委书记
范　勇 党委委员、副校长
黄稚龙 党委委员、副校长
陈　进 党委委员、校长助理
凌四宝 党委委员、组织部部长
黄家和 党委委员、宣传部部长
熊国良 党委委员、统战部部长、机关党委书记

东华理工大学

徐跃进 党委书记(任至3月)
柳和生 党委书记(8月任),党委副书记、校长(任至8月)
刘紫春 党委副书记
孙占学 党委常委、副校长
汤　彬 副校长
郭福生 党委常委、副校长
陈晓勇 副校长
聂逢君 党委常委、副校长
李德平 党委常委、副校长
万继锋 党委常委、纪委书记
陈焕文 副校长

江西理工大学

罗嗣海 党委书记
杨　斌 党委副书记、校长
钟健生 副校长
温和瑞 党委委员、副校长
邱廷省 党委委员、副校长
伍自强 党委委员、副校长
何舜平 党委委员、副校长(任至12月)
李国金 党委委员、副校长
刘祖文 党委委员、副校长
龙立福 党委委员、纪委书记
徐盛明 党委委员、副校长(挂职)
龚姚腾 党委委员、组织部部长
徐忠麟 党委委员、宣传部部长
肖卫东 党委委员(8月任)、统战部部长(5月任)

南昌航空大学

郭杰忠 党委书记
罗胜联 校长
黄士安 党委副书记
周世健 党委常委、副校长
黎　明 党委常委、副校长
唐星华 党委委员(任至6月)、副校长(任至7月)
何兴道 党委常委、副校长
刘卫东 党委常委、副校长
聂　威 党委常委、副校长
杨晓光 党委常委、副校长
熊震宇 党委常委、副校长
顾有平 党委常委、纪委书记

井冈山大学

彭涉晗 党委书记(任至11月)
曾建平 党委副书记、校长
肖长春 党委副书记
左继生 副校长
龙　进 党委常委、副校长(任至1月)
吕玉华 党委常委、副校长
史胜平 党委常委、纪委书记
陈小林 党委常委、副校长
黄俭根 党委常委、副校长
肖宜安 党委常委、副校长

江西科技师范大学

李红勇 党委书记
左和平 校长
胡业华 党委委员、副校长
蒲守智 党委委员、副校长
朱　笃 党委委员、副校长
徐景坤 副校长
李玉保 党委委员、副校长
邓　弘 党委委员、副校长
刘建飞 党委委员、副校长
黄赣华 党委委员、纪委书记(6

月任)

景德镇陶瓷大学

江伟辉　党委书记
宁　钢　党委副书记、校长
胡林荣　党委副书记
叶观荣　党委委员、纪委书记
吴本荣　党委委员、副校长
占启安　党委委员、副校长
李良智　党委委员、副校长
王海波　党委委员、副校长
冯　浩　党委委员、副校长
杨志民　党委委员(1月任)
曾德生　党委委员(1月任)
章义来　党委委员(1月任)

江西中医药大学

陈明人　党委书记(8月任),党委副书记、校长(任至7月)
左铮云　党委副书记
朱卫丰　(女)党委委员、副校长
杨　明　党委委员、副校长
陈　勃　副校长
简　晖　党委委员、副校长
章德林　党委委员、副校长
彭映梅　(女)党委委员、副校长
邹健生　党委委员、副校长(6月任)
杜建强　副校长

赣南医学院

李恭进　党委书记
刘　潜　党委副书记、院长
陈　新　党委副书记(任至3月)
刘　民　党委委员、副院长
陈　亮　党委委员、副院长
黄瑞忠　党委委员、副院长
叶军明　党委委员、副院长
肖树辉　党委委员、纪委书记
王柏群　副院长(任至1月)

赣南师范大学

孙弘安　党委书记
范小林　党委副书记、校长
胡龙华　党委副书记
曾泽鑫　党委委员、副校长
胡　海　党委委员、副校长
邱小云　党委委员、副校长
吴剑波　党委委员、副校长
幸跃凌　党委委员、纪委书记(任至8月)
吴　磊　党委委员、副校长
罗序中　党委委员、副校长
郭新春　党委委员、副校长

南昌工程学院

徐兰宾　党委书记
金志农　党委副书记、院长
张立青　党委副书记
梁　钢　(女)党委委员、纪委书记
吴泽俊　党委委员、副院长
汪胜前　党委委员、副院长
李　明　党委委员、副院长
樊后保　党委委员、副院长
汪荣有　党委委员、副院长
胡　敏　党委委员、副院长

江西广播电视大学

易小明　党委书记
朱爱莹　(女)党委副书记、校长
黄平槐　党委副书记
钟志贤　副校长(任至7月)
王水平　党委委员、纪委书记
陈江鸿　党委委员、副校长

南昌师范学院

王金平　党委书记
徐求真　党委副书记、校长
席芳宽　党委副书记
徐晓泉　副校长
谢晓国　党委委员、副校长
周毛春　党委委员、副校长
胡小萍　党委委员、副校长
殷　剑　党委委员、副校长
叶廷峻　党委委员、纪委书记(6月任)

九江学院

赵　伟　党委书记
刘晓东　党委副书记、校长
魏立平　党委副书记
纪岗昌　副校长
王万山　党委委员、副校长
陈春生　副校长
杨耀防　党委委员、副校长
夏启国　党委委员、副校长
查振华　党委委员、副校长
李广欣　党委委员、纪委书记(6月任)
王殿元　党委委员(3月任)、组织部部长
冯　健　党委委员(3月任)、宣传部部长
刘遵海　党委委员(3月任)、统战部部长、党委办公室主任

新余学院

刘　冬　党委书记
史　可　院长(任至4月)
刘晓燕　党委副书记
宁世春　党委委员、副院长(任至11月)
胡　涌　党委委员、副院长
陈裕先　党委委员、副院长
李　敏　党委委员、副院长
龚丽春　党委委员、副院长
郭瑞新　党委委员、纪委书记(6月任)

宜春学院

肖华茵　党委书记(任至3月)
李雪南　党委书记(8月任)、院长(任至8月)
胡国瑞　党委副书记
彭外生　党委委员、纪委书记(任至2月)
梅光泉　副院长
曾晓春　党委委员、副院长
李明斌　党委委员、副院长
蒋　钰　(女)党委委员、副院长
余新卫　(女)党委委员、副院长
罗　政　党委委员、副院长
邱家明　党委委员、副院长
张　梅　(女)党委委员、纪委书记(6月任)

上饶师范学院

朱寅健　党委书记
詹世友　党委副书记、校长
刘国云　党委副书记
饶爱京　(女)副校长
吴亦丰　副校长
王德荣　党委委员、纪委书记
赖明谷　党委委员、副校长
郑大贵　党委委员、副校长
李培生　党委委员、副校长
卢　超　党委委员、副校长
郑宗仁　党委委员
杨发建　党委委员、组织部部长
张善平　党委委员、宣传部部长

付惠敏 党委委员、统战部部长

萍乡学院

陈金印 党委书记
史焕平 党委副书记、院长
蔡宝琦 党委副书记
郭　伟 党委委员、副院长
邱建丁 党委委员、副院长
潘运华 党委委员、纪委书记
刘卫林 党委委员、副院长
田常红 (女)党委委员
陈永秀 (女)党委委员、组织部部长
陈永国 党委委员、宣传部(统战部)部长

景德镇学院

蔡付斌 党委书记
陈雨前 党委副书记、院长
舒超英 党委副书记
吴　丁 党委委员、副院长
郑富年 党委委员、副院长
郑昕芾 党委委员、副院长
朱贺江 党委委员、组织部部长
方文龙 党委委员、宣传统战部部长

全国五一劳动奖章获得者

肖天星 湖南省衡南县人,1962年10月生,本科学历,中共党员,中国邮政储蓄银行股份有限公司江西省分行行长、党委书记。2014年1月,他从中国邮政储蓄银行湖南省分行行长、党委书记任上交流到江西省分行工作,带领江西省分行为服务地方经济社会发展、提供优质普惠金融服务和做优做强做大国有企业作出贡献。4年时间,中国邮政储蓄银行江西省分行各项业务成倍增长,每年均有几十项工作指标进入全国邮储银行前十强,综合考核连续4年位居全国邮储银行前8位,综合实力挺进并保持在全国邮储银行"第一方阵"。分行累计投放江西资金4287亿元,累计净增各项贷款1062亿元,分别是2007年至2013年年末银行成立前6年总投放量的2.43倍和总净增额的3.37倍,提前1年实现2014年5月江西省人民政府同中国邮政集团公司达成的5年内净增投放江西资金不低于1000亿元的战略合作协议主要目标。连续4年超额完成江西省人民政府下达的年信贷净增指导计划,连续4年保持年资金投放量、各项贷款年净增额和年增速、新增存贷比、贷款质量等指标同时位居全省前列。截至2018年2月,中国邮政储蓄银行江西省分行服务"三农"和小微企业等各项贷款结余1374.95亿元,列全省第8位和全国邮储银行第10位,是2007年至2013年末银行成立前6年总结余的4.37倍,结存服务的涉农主体、小微企业、各类客户分别达21万户、近10万户和1800万人。2017年中央农村工作会议、新华社《国内动态清样》和央视《焦点访谈》均对该分行政银合作支农支小经验做法进行推广和报道。江西省分行先后获"全省五一劳动奖状""全省文明单位""全省金融服务地方突出贡献奖""全国金融系统企业文化建设先进单位"等多项荣誉。他先后获评"全国金融系统思想政治工作先进工作者",被授予"江西省五一劳动奖章"。2018年4月,被授予"全国五一劳动奖章"。

熊　绮 女,江西省南昌市人,1968年1月生,研究生学历,中共党员,南昌市第一中学校长,中小学高级教师。她出生于教师家庭,父辈从事教育事业,从小耳濡目染,被父辈的教育情怀和教育理想感染。她1985年8月参加工作,从事教育工作30余年,先后担任南昌外国语学校副校长、二十一中校长、实验中学书记、南昌一中校长等21年。她坚信"干一行、爱一行、能一行、精一行"人生信条,带领学校师生一道,开拓进取,不断创新,使所在学校教育教学质量、校风、教风、学风、校园环境、教师生活等各方面有新的变化。她2014年任职南昌一中校长,注重培养现代社会所需要的综合性人才。从"勤朴严实"校训中提炼出自身办学理念,始终践行百年一中办学传统,形成国学人文教育的内涵建设体系。在日常教育教学管理中贯彻"核心素养观",注重学生行为习惯养成,外塑学生强健体魄,内塑学生文化涵养。为响应"互联网+教育"时代号召,她在整体办学框架下,以"智慧课堂"探索教育教学改革。曾获"全国创新校长""南昌市十佳校长"称号,被授予"江西省五一劳动奖章"。2018年4月,被授予"全国五一劳动奖章"。

王中美 女,湖北省黄梅县人,1981年10月生,中专学历,中共党员,中铁九桥工程有限公司电焊工。工作15年来,她以技立业,曾主持完成武汉天兴洲桥、南京大胜关桥、安庆桥、黄冈桥、铜陵桥等40多座知名桥梁钢梁制造的前期焊接试验任务。她在实践中敢于突破固有经验和传统,对焊接功法和焊接工艺进行大胆、有效创新。她革新厚度16毫米以上钢板熔透焊接必需开双面坡口的传统焊接工法,采用开单面坡口焊接工法,实现厚度16毫米~28毫米钢板熔透焊接无须开双面坡口的技术创新。该成果被公司命名为"王中美焊接工法",并在公司内广泛推广使用。在铜陵长江特大桥钢梁焊接试验中,她采用WER60实芯焊丝配氩气体焊代替二氧化碳气体保护焊,克服原工艺焊接成型差、力学试验性能不达标难题,为铜陵桥钢梁制造全面铺开提供焊接保障。在鄱阳湖大桥钢梁制造中,她采用自动焊接代替二氧化碳气体保护焊,解决鄱阳湖大桥横梁整体节点内侧棱角焊缝合格率低难题。2013年,二分厂添置的"双头六丝自动焊"设备交由王中美带领的电焊班负责操作。她吃透设备各项性能,提出将单机单道改为双丝单道的焊接工艺,使工效提高30%。她带领工班屡次在桥梁施焊攻坚中大显身手。在黄冈桥铁路桥面系大拼、铜陵桥工厂大拼、重庆粉房湾桥弦杆焊接、上饶五桂桥主塔拉索紧固板焊接、800T重件码头扩能改造格构柱和天车梁安装等突击施焊任务中,她身先士卒,主动承担高难度熔透焊、角缝焊和对接环缝焊。作为"技师工作室"骨干,她创新施焊工艺、工法,解决难题17项。2016年10月,公司成立以她名字命名的"王中美劳模创新工作室"。她言传身教,常常开班授课,徒弟均成长为业务能手。2013年她带领工班获江西省"工人先锋号";2017年2月,由她作为骨干成员的女子电焊突击队获"全国五一巾帼

标兵岗”。她个人于2006年获中铁大桥局电焊工技能大赛“青年优秀岗位能手”称号，2009年、2011年连续两次摘取中铁九桥公司“首席技工”技能大赛电焊工桂冠，2012年、2015年连获中铁科工集团第二届、第三届“首席技工”技能大赛电焊工比赛“首席电焊工”称号。2018年4月，被授予“全国五一劳动奖章”。

曾灵芝 女，江西省九江市人，1972年7月生，本科学历，中共党员，九江市第一人民医院肿瘤一科科主任。为给患者营造温馨就诊环境，她在病房布置各类盆栽，就诊便签，温馨小提示等，使患者感受到家的温馨。在她带领下，全科医护人员持续改进医疗护理服务，医护和患者和谐共处。比起其他医生，她对肿瘤病魔更加感同身受。2012年，她身患乳腺癌仍然一边接受化疗，一边坚持上班，并以自己亲身经历鼓舞癌症患者，重树信心。在她带领下，“灵芝工作室”成立并组建“明天更好更健康”患友群，群内包括患者及家属、心理咨询师、营养师等200余人。患友群组建后，患友们自发组织成立“春之声瑜伽队”“生之梦舞蹈队”“太极队”等，连续3年每年自发组织“医患联欢会”，谱写生命新篇章，传播健康理念。2016年后，她先后组织庐山枫叶情、春季采茶会、“与爱同行”患友会、秋季联谊会、患友歌唱比赛等活动。在她带领下，肿瘤一科2015年度被批准为省卫计委肿瘤放化疗共建科室和九江市第一人民医院省级水平学科和院重点学科，获2015年度省总工会“模范职工小家”称号。她先后承担科研课题2项，在各级期刊上发表论文近20篇、论著4篇。2014年7月应邀成为全国卫计系统先进事迹报告团成员赴各地巡回作事迹报告，国家、省市各级卫计委号召全系统人员向她学习。曾获“江西省三八红旗手”“江西最美医生”称号，并入选2015年度中国好人榜。2018年4月，被授予“全国五一劳动奖章”。

黄晓红 女，江西省都昌县人，1967年5月生，专科学历，中国民主建国会会员，景德镇真如堂陶瓷有限公司仿古瓷创作室主任，教授级工艺美术师。她从事陶瓷艺术工作30余年，秉承近代“青花大王”王步创立的传统青花分水写意技法和现代“青花大王”黄卖九传扬的大胆泼墨青花分水技法，并结合其他新工艺、材料的运用，创新青花分水技法。2005年，她参加设计、绘制的青花分水200件花瓶、青花分水六头茶具作为外交部礼宾司礼品赠送外宾。2003年至2012年，她于景德镇湖田仿古瓷厂参与设计、绘制特色陶瓷灯柱及高级礼品瓷，陶瓷灯柱遍布全国大中城市亮化工程。2007年10月参与设计创作奥运特许产品《奥运青花印象茶具之一》《奥运青花印象茶具之二》。她的作品《百年好合》（青花瓷板）获2011年第四届中国（江西）旅游工艺美术作品设计（创作）大赛金奖，《芳菲祥瑞》（青花瓷板）获2015年第十届全国陶瓷艺术设计银奖，《醉春》（青花瓷板）获2015年轻工部“大地奖”金奖。2016年，以她名字命名“景德镇市黄晓红劳模创新工作室”，吸纳众多中青年艺术人才。为传承和推广传统青花分水技法，她先后教授徐慧、李芳、曹爱萍、柳红云等多名学徒。她曾获“江西省三八红旗手”“江西省工艺美术大师”“江西省非物质文化遗产代表性传承人”称号，被授予“江西省五一劳动奖章”。2018年4月，被授予“全国五一劳动奖章”。

郭海涛 江西省莲花县人，1972年5月生，高中学历，江西金泰特种材料有限公司机修班长。他在金泰公司负责维护全厂常用设备的正常运行，同时维护熔剂、添加剂、昊泰、科嵘4个车间专用设备。多年磨炼，他练就一身过硬的技术。修理国产机械是老手，通过自学摸索，对进口机械也能修理。以前，工地进口机械故障经常要请厂家或外面师傅修理，既耽误时间又需要很多费用。他白天搞维修，晚上忙“充电”，研读《机械维修基础知识》《机械故障1000例》，自己花钱买进口机械方面的书籍学习。经过反复摸索，成功整改钛粉破碎车10多台中小型破碎机，使产量由每台每天300千克提高到1000千克左右，为公司增加产值200万元以上。同时，提高了钛粉的粒度和质量，使产量增加50%。通过把原添加剂的6台液压机由手动改为全自动，使产能由日产2吨提高到日产10吨，极大地降低能耗与劳动强度，每年为公司创造100多万元产值效益。2016年，被授予“江西省五一劳动奖章”。2018年4月，被授予“全国五一劳动奖章”。

周黎平 江西省上饶市广丰区人，1964年8月生，大学学历，中共党员，鹰潭市人民医院儿科主任，主任医师。从医30余年，一直工作在儿科临床第一线。1985年参与鹰潭市人民医院儿科的独立成科建设，1989年和2008年分别赴上海市儿童医院及江西省儿童医院专科进修。2009年5月创建全市第一个新生儿重症监护室（NICU），引进一批先进设备，培养一批优秀医生、护理人才。新生儿重症监护病区成功救治大量危重婴儿。在抗击儿童手足口病和儿童流感等疫情中，他始终与科室同事一道，战斗在临床第一线。撰写并发表多篇专业论文，开展多项科研课题研究。曾获“全省万名医师支援农村卫生工程先进工作者”“全省医德医风标兵”称号，被授予“江西省五一劳动奖章”。2018年4月，被授予“全国五一劳动奖章”。

钟桂根 江西省分宜县人，1975年7月生，高中学历，中共党员，新余绿洲橡塑有限公司车间主任。2002年，他进入该公司工作。2005年12月，被提拔为模压车间主管。当时，公司正在上新项目，开发新产品，质量更显重要。他利用黑板、电子屏、墙报等宣传媒介，向职工灌输质量意识，并经常在车间巡查，对一些关键工序、特殊工序特别关注。2006年5月，针对公司多次出现的汽车顶盖内护面与安装的空位尺度偏差、汽车地毯在压制过程中出现厚薄不均匀等质量事故，他认真分析，多次实验，终于找到问题根源，拿出有效预防措施，彻底解决了这些质量问题。靠着不断学习、不断钻研的精神，他成为车间技术能手。为提高工人素质和技能，把产品质量做得更好，他把自己的技术、经验无私地传授给工人，教他们靠自己观察和细心体会，从产品制造颜色、气味及手感等方面分析判断，掌握好产品工艺。在他带领下，车间培养出多名技术骨干。

2008年10月,他升为公司二车间主任,为国防建设事业作出贡献。他刻苦钻研,勤学好思,爱岗敬业,乐于奉献,受到单位和职工交口称赞,被誉为"公司的能人""职工的知心人"。2015年获"全国优秀农民工"称号。2018年4月,被授予"全国五一劳动奖章"。

谭志刚 江西省宜春市人,1979年5月生,大专学历,明冠新材料股份有限公司设备主管。2011年4月,他加入明冠公司。当时公司一车间正处于安装调试阶段,他运用自己丰富的设备知识及技能,带领设备团队攻坚克难,只用3个多月就完成试制、量产,远远超出同行企业。其间,改善产线的涂布头、蓄料架、烘道,有效提升设备工艺性,减少设备故障率及运行成本。2012年,他参与公司二车间建设,运用在一车间所学经验及知识,从规划、设计、选型到安装、调试,全过程参与,以高效低损耗如期完成二车间建设。配合研发、工艺、生产快速把二车间导入生产。2016年,在没有外部厂家支援情况下,他带领公司设备团队从车间规划、设计、选型到安装、调试,以少量的设备人员完成公司三车间2台大型涂布线的机械安装任务,为公司节省大笔建设资金,同时也培养历练一批新的设备人才。2017年年初,他参与公司薄膜车间2台宽幅流延机的引进、安装、调试及导入,使公司薄膜产能翻一番,及时满足公司扩产需求;5月,参与公司铝塑膜车间的筹建、规划、安装、调试,按时保质完成车间建设任务,为公司新产品新材料导入生产打下基础;2017年年底,与公司设备团队参与公司背板四车间及铝塑膜新车间规划、设计、选型工作。2011—2017年,他个人独立及与同事合作完成4项专利。2017年,被授予"江西省五一劳动奖章"。2018年4月,被授予"全国五一劳动奖章"。

邱丽芳 女,江西省上饶市人,1971年9月生,大专学历,中共党员,上饶市市容环境卫生管理处职工。担任清扫所长期间,领导让她去最难管理的清扫所,她克服各种困难,工作成绩显著,在历次创卫及各项迎检活动中从未出过差错。2012年11月一次迎检活动,恰逢她母亲70岁生日,她一直坚持到晚上近8点钟等检查活动结束才参加母亲寿宴。在她带领下,清扫所多次获环卫处先进集体称号。环卫清扫保洁工作市场化后,她从清扫所长岗位调到考评组工作。她从不滥用考评权力,处理事情大公无私,使人心服口服。2016年8月,她生病住院,怕耽误工作,利用下班时间去医院输液。2017年,被中国城市环境卫生协会评为"全国优秀一线工作者"。2018年4月,被授予"全国五一劳动奖章"。

曾长根 江西省抚州市人,1963年2月生,大学本科学历,中共党员,江西省临川第一中学工会主席,中学高级教师。他1983年大学毕业后担任教师。先后任教1997届初中超常班,2003届、2006届、2007届、2009届高中零班数学课并担任班主任。主持和参与多届初高中数学奥赛辅导工作,其中,学生吴新华获全国数学联赛江西赛区第一名。所带高中毕业班每届录取清华、北大人数在十人以上,其中2007年所带班级15人被清华大学、北京大学录取。2010年,他被推选为校工会主席后,严格按照相关标准,公平公正公开给需分房教师评分和分配房子,刹住教师工作用房租住学生现象。按时为教职工做好各项保险,做好新进人员续保工作。定期组织教职工参加年度体检,关心在岗教职工及离退休干部教师的身体、生活状况。学校于2012年获"全国模范职工之家"称号,2013年获"全国五一劳动奖状"。他曾获"江西省优秀奥赛教练""全省师德师风主题教育活动师德标兵""江西省师德标兵""全省市县教育工会先进个人""全省优秀基层工会主席""全省教育系统优秀工会工作者""全国模范教师""全国优秀班主任"称号。2018年4月,被授予"全国五一劳动奖章"。

康海滨 江西省吉安市人,1980年11月生,中共预备党员,江西合力泰科技有限公司井冈山经济开发区分公司CTP3事业部副总经理。他大胆进行多项技术改进,提高生产效率,为公司降低成本近1400万元。2004年2月加入合力泰公司,面对公司新计算机制版机器,他作为班长,每天拿着使用手册,了解性能、思考改进,半年时间使产品良率从40%提升到96%,保证事业部2.5和3.0出货率排公司第一。2006年3.5寸新CTP产品试产后,由于点阵排列不均,造成产品良率低下,他带领技术班和品质人员,不断实验,通过RIP系统(光栅图像处理系统)输出环境改进和操控改进,使点阵布置有效可控,良率和出货率成倍增长,部门连续12年获评优秀团队。2012年,改进TP贴膜技术,为CTP产品达产达标作出贡献。2013年底调任井冈山经济开发区分公司。2016年分公司成立工会,他担任工会主席,筹建集运动图书休闲一体化职工活动中心。2017年,他被授予"江西省五一劳动奖章"。2018年4月,被授予"全国五一劳动奖章"。

邱联昌 男,江西省兴国县人,1982年8月生,中共党员,硕士研究生学历,赣州澳克泰工具技术有限公司研发部副经理。他2010年入职赣州澳克泰工具技术有限公司。2011年4月,公司投资建设"高性能高精度年产1000万片涂层刀片"项目,他与设计院、外籍技术顾问、项目领导和技术人员一起,对厂房布局、产品工艺方案、水电气工艺管道、温湿度方案等进行大量讨论和论证,发挥技术骨干作用。涂层刀片项目投产后,他先后担任PVD车间主任、外籍生产副总助理。他以现有的简单涂层工艺为基础,采用多弧离子镀技术开发出新型PVD多层涂层,满足不同材料加工应用领域需求,实现章源钨业乃至赣南地区工业化硬质涂层技术零的突破。2014年担任研发部副经理后,通过外国专家指导和全体成员努力,开发出9款CVD新型硬质涂层和7款PVD新型硬质涂层,涂层应用范围涵盖铸铁、碳钢、不锈钢、高温合金、有色金属的车削、铣削和钻削。2015年6月,他编写工信部"工业强基工程"项目投标技术文件,为"高端装备用高性能硬质合金涂层技术"分包项目的中标奠定基础,公司成为江西省成功申报2015年工信部"强基工程"的2家企业之一。2016年3月,他创建"劳模创新工作室",为劳模和研发技术人员、职工搭建一个平台。2016年考取中南大学博士研究生，致力于硬质合金工具化学气相沉积涂层技术的理论与实验研究。2017年受聘为“物理气相沉积涂层国际标准分委会第一届专家委员会委员”。曾获“江西省劳动模范”称号。2018年4月，被授予“全国五一劳动奖章”。

万　辉　江西省南昌市人，1976年10月生，本科学历，中共党员，江西洪都航空工业股份有限公司飞机部装二厂工长。他从一名普通铆装钳工成长为型号攻坚带头人，职业轨迹浓缩航空“国字号”企业从一代机到四代机研制历程，被大家称为“装配达人”。2017年，他所在工段承接某重点型号关键部件，该部件作为多型国之重器的关键配套项目，涉及跨代际高精尖制造技术。他带领团队进行超常规的攻关突击，大胆创新，自制蒙皮对缝划线器和圆弧面制孔垂直钻套，应用到装配中。经过努力，全年批量生产31具产品，无一审理故障。同年，万辉劳模创新工作室升级为江西省级劳模工作室。近3年，工作室自制工具20余套，创新课题4项，解决技术难题50余项，授权发明专利2项，实用新型专利15项，提出合理化建议300余条，创造经济价值近200万元，极大缩短关键部段件装配周期。他带领的工段获“全国工人先锋号”称号。他个人曾获“江西省劳动模范”称号，被授予“江西省五一劳动奖章”。2018年4月，被授予“全国五一劳动奖章”。

曹　亮　江西省武宁县人，1983年10月生，大专学历，中共党员，江西铜业股份有限公司城门山铜矿采矿场铲装一班班长。2005年从部队退伍后到江西铜业股份有限公司城门山铜矿工作。2010年铲装一班成立后，实现3.63万小时无安全生产事故，他个人完成采剥铲装作业量195.56万吨。为满足矿山二期建设和生产需要，矿山引进6台具有国际领先水平的沃尔沃EC700B挖机。面对复杂“洋设备”，他主动请缨，自编教材，自创教学方法，所带学员考核合格率100%。他在班组开展创新活动，主创《提高铰卡装车质量》QC管理成果获江西省质量管理一等奖。2016年成立“曹亮劳模创新工作室”，取得国家专利3项，先进操作法3项，各类优秀创新成果33项，获采矿场金钥匙奖2项，金点子13项。其中，《VOLVO700B挖机大臂修复焊接技术革新》为矿山节约成本240万元。他作为主操作手的3#挖机机台被授予“国家级青年文明号”。曾被授予“江西省五一劳动奖章”。2018年4月，被授予“全国五一劳动奖章”。

张彦敏　女，四川省绵竹市人，1986年8月生，大学本科，中共党员，南昌海关现场业务处综合业务科主任科员。25岁时，突患尿毒症。2012年10月，她接受肾移植手术，身体各项指标很快恢复正常。术后8个月，她只身回到南昌，重返工作岗位。在海关接单审单一线，她仔细审核、纠正申报不实，提高通关现场税收征管水平。她所在科室成立“张彦敏工作室”，协调企业配合海关，提高报关速度、减少报关差错，得到众多企业称赞。2017年，针对辖区内欧非光等大型高新技术企业进口设备较多、价值较大，归类错误、少征漏征税款风险较高情况，她加大对这些设备进口情况分析，通过风险信息、互联网、企业信息等多途径搜集商品资料，并多次奔赴企业下场查看，最终确定商品归类，对几项大型机器设备逐票进行归类纠正。她纠正49票报关单归类错误，为国家挽回税款损失2277.8万元。她曾立个人三等功，获“江西省巾帼建功标兵”称号。2018年4月，被授予“全国五一劳动奖章”。

（省总工会）

全国三八红旗手

胡秀筠　女，1965年6月生，无党派。江西新龙生物科技股份有限公司董事长、昆虫病毒国家与地方工程研究中心副主任。她创办宜春新龙化工有限公司，宜春新龙与中国科学院武汉病毒研究所共同组建的江西新龙生物科技股份有限公司于2015年7月在新三板挂牌上市。她注重产品研发，带领研发团队设立“昆虫病毒国家与地方工程研究中心”。为使赣南脐橙种植业少受甚至免受世界性疑难病——“黄龙病”侵害，推出国内首创“黄龙病快速检测试剂盒”，对症下药采取修复措施，为赣南脐橙乃至全国柑橘产业发展解决重大科研难题。她热心公益事业，自担任宜春市女企业家协会副会长、会长以来，积极提升女企业家素质、促进会员企业发展。她带领大家开展关爱留守儿童、帮助贫困母亲等系列公益活动；大力支持宜春禅宗文化发展，为打造禅都宜春贡献力量。曾获“江西省杰出创业女性”“全国城乡妇女岗位建功先进个人”“江西省优秀女企业家”“江西省三八红旗手”称号。2018年，获“全国三八红旗手”称号。

王　玲　女，1973年10月生，华能安源发电有限责任公司检修部起重工。从事起重工作25年间，她虚心请教，刻苦钻研，踏实肯干，装卸货物上千万吨。2016年4月电厂一号机组进行C修，在空预器的更换工作中，她创造性地提出新的起吊工作方案，打破依次从锅炉侧边割大梁的吊出方法，改用在锅炉主梁和输煤间主梁穿挂滑车组从中间往两边依次吊出的滑移法和悬吊法并用的方法，既不破坏建筑物结构，又经济安全，为电厂节约10余万元材料费用。曾获“江西省三八红旗手”称号。2018年，获“全国三八红旗手”称号。

徐　岚　女，1970年10月生，江西省景德镇市瓷画艺术研究院副院长。她从小投身陶瓷艺术创作，取得不凡成绩。作品入选第十一届全国美术作品展览、京畿世界陶瓷双年展“韩中陶瓷艺术交流展”；获首届中国历史名瓷烘制制技艺术展金奖、铜奖，第九届全国陶瓷艺术设计创新评比金奖，中国鄱阳湖国际生态文化节暨江西省陶瓷设计艺术大赛特别金奖，中国工艺美术文化创意奖银奖，中国民间工艺品博览会金奖等多项大奖。在艺术创作之外，她热衷于慈善事业，常常利用节假日和业余时间，组织参加各类慈善公益活动。为景德镇特殊学校学生进行陶瓷绘画、陶瓷雕塑、陶艺制作等技能教育，帮助他们获得一技之长，融入社会。曾获“江西省巾帼建功标兵”称号，被授予“江西省五四青年奖章”“江西省五一劳动奖章”“全国五一巾帼奖章”。2018年,获“全国三八红旗手”称号。

王小萍 女,1978年6月生,中共党员,北京市盈科(南昌)律师事务所高级合伙人、副主任律师。她热爱公益活动,2007年起,承接保障南昌市西湖区、青山湖区妇联维权法律服务项目,为项目实施做了大量调研、宣传工作。她深入全省各地宣传法律知识,开设法律大讲堂,让更多的人懂法守法。她积极参与各级妇联组织巾帼志愿服务与农村“法律明白人”培养工作,为党委和政府分忧,为广大妇女儿童解难。曾获“全国维护妇女儿童权益先进个人”“江西省三八红旗手”“江西省维护妇女权益先进个人”称号。2018年,获“全国三八红旗手”称号。

张海荣 女,1973年8月生,中共党员,九江市公共交通集团公司第四营运公司25路女子车队驾驶员,中共江西省第十四次党代会代表。她立足平凡岗位,默默奉献,用爱心与乘客之间搭起一座理解、沟通的桥梁;她执着追求公交事业,以微笑、贴心、细致、周到的服务,赢得乘客广泛赞誉,被市民乘客誉为人美心更美的“微笑天使”。所在车队被评为“江西省工人先锋号”,她个人曾获“江西省三八红旗手”称号。2018年,获“全国三八红旗手”称号。

晏玉萍 女,1968年6月生,中共党员,萍乡市湘东区麻山镇中学教师。1996年,新婚不久的她便身患重病,夫妻离异。她没有因此而沉沦,3年后,她凭着顽强的求生信念摆脱病魔纠缠,重新全身心地投入工作。2005年,她因遭遇意外导致右肩锁骨粉碎性骨折,在多次手术之后,担心耽误课程进度的她绑着绷带、忍着伤痛,坚持走进课堂。直到现在,她的右肩锁骨上还固定着钢板和螺丝钉。2014年6月,她被检查出肾衰第四期,不得不住院治疗,可她总是上午打针,下午就回到学校继续上课。30年来,她扎根乡村,无怨无悔,甘于奉献,爱生如子,先后帮助过40余名留守儿童,一届一届的学生发自内心地喊她为“妈妈”。曾获“中国好人”“最美江西好人”“江西省三八红旗手”称号。2018年,获“全国三八红旗手”称号。

吴丽华 女,1985年6月生,中共党员,瑞金市云石山乡人大副主席兼妇联主席。她响应赣南新妇女运动,率先组建一支500余人的巾帼志愿者队伍,摸索出“组建四支队伍,开好四种会议,七个一”的清洁家庭“云石山模式”。该模式引起广泛关注,学习参观人员230余批次,各级媒体报道30余次。响应春蕾计划,3天时间募集资金10余万元,为一百多位贫困女学生送去温暖关怀。她带领全乡妇女开展文化活动,由此带动群众移风易俗助力乡风文明。她通过各种渠道发展产业带动妇女脱贫。曾获“全国扶贫先进个人”称号。2018年,获“全国三八红旗手”称号。

黄莉萍 女,1972年10月生,抚州市东乡区人民医院妇产科主任医师。她从事妇产科工作25年,始终以高度的责任心和使命感,勤奋工作,无私奉献,把病人生命安全放在第一位。面对“甲流”、艾滋病等传染病感染的危险,毫不退缩,主动请缨,冲锋在前。她坚持科研创新,先后在国家级、省级刊物发表论文10余篇,主持完成科研项目3项并获奖,成为当地妇产科领域学术带头人。她投身公益事业,多次参与送医下乡活动。她带领的团队先后获“江西省巾帼文明岗”“全国巾帼文明岗”称号,个人曾获“江西省三八红旗手”称号。2018年,获“全国三八红旗手”称号。

杜晓琴 女,1965年9月生,中共党员,九江市抗癌协会会长兼党支部书记,中共江西省第十四次党代会代表。她38岁患癌症,2010年加入抗癌协会。担任会长后,把一个没钱、没人、没场地的“三无”组织变成“三有”组织,协会会员从100多人增加到628人。她义务投入工作时间上万个小时,免费公益授课50余场,受益人员5000余人次,筹集贫困帮扶款物300多万元,让上千个贫困癌症患者及家庭受益。她热心抗癌公益事业,积极申请中央财政项目和省项目,通过“心理、营养、运动、活动”等手段支持、帮扶贫困癌症患者。她倡导非药物性干预新理念,帮助多名危重癌症患者康复,提高协会癌症患者生存率30%以上。她带头为协会捐钱捐物,与协会爱心党员投资上百万元,建立党支部创业基地,为贫困残疾人员解决就业问题。协会被评为“全国优秀抗癌组织”,她个人曾获“全省社会组织先进个人”“全省优秀党务工作者”“全国抗癌明星”称号。2018年,获“全国三八红旗手”称号。

(省妇联)

本栏编辑 邓诚君

附　录

江西省人民政府
关于印发江西省“十三五”促进就业规划的通知

2018 年 1 月 11 日

各市、县(区)人民政府,省政府各部门:

现将《江西省“十三五”促进就业规划》印发给你们,请认真贯彻执行。

江西省“十三五”促进就业规划

“十二五”以来,面对严峻复杂的经济环境和就业形势,全省各地全面贯彻落实党中央、国务院和省委、省政府决策部署,深入贯彻实施就业优先战略和更加积极的就业政策,全省就业创业活力不断增强,就业规模不断扩大,就业结构持续优化,劳动者素质明显提高,就业质量进一步提升。

“十三五”时期,做好促进就业工作机遇和挑战并存。一方面,我省发展仍处于大有作为的重要战略机遇期,新型工业化、信息化、城镇化、农业现代化孕育巨大发展潜力,新一轮科技革命和产业变革正在兴起,全面深化改革和创新驱动发展深入推进,经济活力和市场环境持续优化,新兴产业、新兴业态吸纳就业能力不断增强,就业形式更加多元,大众创业、万众创新催生更多新的就业增长点,为促进就业奠定了更加坚实的基础。与此同时,国际国内发展环境错综复杂,国际金融危机深层次影响在相当长时期依然存在,我省发展外部环境的不稳定性和不确定性因素增多,全省就业总量压力依然存在,就业结构性矛盾依然突出,化解过剩产能职工分流安置任务繁重,劳动力素质总体偏低,劳动者利益诉求更加多元,诸多潜在性、倾向性问题不容忽视,就业形势面临更多新问题、新挑战。

就业是最大的民生,也是经济发展最基本的支撑。坚持实施就业优先战略,全面提升劳动者就业创业能力,实现更高质量和更充分就业,是培育经济发展新动能、推动经济转型升级的内在要求,对发挥人的创造能力、促进群众增收和保障基本生活、适应人们对自身价值的追求具有十分重要的意义。

本规划依据国务院《“十三五”促进就业规划》和《江西省国民经济和社会发展第十三个五年规划纲要》等编制,旨在进一步加强战略引领、明确主要任务、细化政策重点,是“十三五”时期指导全省促进就业工作的战略性、综合性、基础性规划。

一、总体要求

(一)指导思想

深入贯彻落实党的十九大精神,以习近平新时代中国特色社会主义思想为指导,统筹推进“五位一体”总体布局和协调推进“四个全面”战略布局,以实现更高质量和更充分就业为目标,以“民生为本,人才优先”为主线,认真落实省委、省政府决策部署,大力实施就业优先战略和人才强省战略,贯彻劳动者自主就业、市场调节就业、政府促进就业和鼓励创业的方针，不断完善体制机制，实现经济发展与促进就业良性互动、扩大就业规模与提升就业质量协调推进，为实现我省全面同步建成小康社会目标提供强大支撑和保障。

（二）基本原则

——坚持总量与结构并重。既要高度重视总量问题，又要从区域、行业、人群分化的实际出发，聚焦关键环节，抓住主要矛盾，坚持分类施策、精准发力，着力解决日益突出的结构性就业矛盾。

——坚持供需两端发力。既要加快培育经济发展新动能，大力发展吸纳就业能力强的产业，不断增强经济发展创造就业岗位能力，优化人力资源市场需求结构，又要坚持需求导向，加强人力资源开发，促进劳动者素质持续提升，改善人力资源市场供给侧结构。

——坚持就业政策与宏观政策协调。既要建立就业政策与宏观经济政策统筹的工作机制，积极扶持就业新形态，不断拓展就业新空间，又要密切关注就业形势变化，加强政策储备，以比较充分和更高质量的就业促进经济平稳运行。

——坚持统筹发挥市场与政府作用。既要优化环境，健全机制，加快消除制度性、体制性障碍，充分发挥市场在促进就业中的决定性作用，又要提高基本公共就业创业服务能力，更好发挥政府作用，强化政府牵头和部门联动责任，增强经济发展创造就业岗位能力，以发展带就业，以就业促发展，形成经济发展与促进就业的良性互动。

——坚持普惠性与差别化相结合。既要加快建立公平普惠的政策制度，健全人力资源市场体系，维护劳动者提升自身素质、参与就业创业的平等权利，又要坚持突出重点，完善和落实支持政策，扎实做好就业托底工作，帮助就业重点群体和困难群体提升技能、就业创业。

（三）主要目标

“十三五”时期，努力实现以下主要目标：

就业规模稳步扩大，就业结构持续优化。“十三五”时期，全省城镇新增就业225万人以上，城镇登记失业率控制在4.5%以内，高校毕业生、农民工等重点人群就业形势基本稳定，帮助95万失业人员实现就业，帮助20万就业困难人员实现就业，零就业家庭就业安置率达到100%。三次产业就业结构进一步优化。

人力资源有效开发，劳动者就业能力明显提高。初步建成覆盖城乡全体劳动者的终身职业技能培训制度，劳动者素质普遍提高，适应就业形势变化能力不断增强。

创业环境显著改善，带动就业能力不断增强。促进创业政策体系不断完善，服务能力明显提升，各类劳动者创业创富通道更加畅通，全社会支持创业、参与创业的积极性显著提高，创业成功率明显提升，创业带动创新、促进就业增收能力持续增强。

公共就业服务体系基本建成，就业质量进一步提升。建立实现公平就业、促进更高质量就业的政策体系和工作机制，城乡均等的公共就业创业服务体系更加健全，劳动者就业环境和劳动条件更加改善，劳动合同、劳动报酬、社会保险等就业权益更有保障，工资收入合理增长，就业质量进一步提升。

二、重点任务

（一）实施就业优先战略，进一步扩大就业规模

紧紧抓住“一带一路”和长江经济带战略的重大机遇，顺应全球产业变革和国内外产业分工变动趋势，促进市场深度开放、内外一体开放、进出双向开放，打造开放型经济升级版，创造更多更高质量的就业机会，推进经济发展与扩大就业联动。

1. 积极培育新的就业增长点

大力发展新兴产业新兴业态，不断拓展就业领域。紧紧把握科技革命和产业变革重大机遇，深入实施创新驱动“5511”工程和工业强省战略，进一步培育壮大新一代信息技术、生物医药、新型光电、节能环保、新能源、新材料、航空和先进装备制造等新兴产业，拓展产业发展新空间，创造就业新领域，持续释放吸纳就业潜力。积极探索和创新监管方式，创造更加宽松的环境，加快发展平台经济等新经济形态，催生更多微经济主体，开发更多新型就业模式。通过放宽市场准入、创新监管手段、引导多方治理等方式优化就业环境，完善消费者权益保护等相关政策，促进共享经济健康发展。（责任单位：省发改委、省科技厅、省工商局、省工信委、省商务厅、省人社厅）

积极发展吸纳就业能力强的产业和企业，创造更多就业机会。实施传统产业技术装备改造升级行动，全面提高产品技术、工艺装备、能效环保等水平，拓宽就业渠道。大力发展吸纳就业能力强的第三产业，积极鼓励商贸流通、连锁经营、节能环保、现代物流等生产性服务业和旅游休闲、健康养老、家庭服务、文化娱乐等生活性服务业的快速发展，不断拓展服务业发展广度和深度，为增加就业奠定产业基础。推进家庭服务业规范化、职业化建设。大力发展劳动密集型企业和中小微企业，营造公平开放的市场环境，稳定就业岗位。鼓励电子商务快速发展，为网上创业的灵活就业人员提供有效支撑。（责任单位：省发改委、省工信委、省商务厅、省人社厅、省环保厅、省旅发委、省文化厅）

加快发展现代农业，扩大新型职业农民就业空间。加快转变农业发展方式，着力构建粮经饲统筹、农林牧渔结合、种养加一体、一二三产业融合发展的现代农业产业体系、生产体系和经营体系，推进以“百县百园”为重点的现代农业示范园区建设，走产出高效、产品安全、资源节约、环境友好的农业现代化道路。实施“互联网+现代农业”行动和农产品电子商务示范行动，大力发展农村电商、休闲农业、创意农业、森林体验、森林康养和乡村旅游等新业态，扩

大新型职业农民就业规模。(责任单位:省农业厅、省发改委、省林业厅、省旅发委)

完善创新创造利益回报机制,激发经济升级和扩大就业内生动力。深化收入分配制度改革,不断强化收入分配政策的激励导向。支持开展基层干部队伍激励计划试点,探索增收新举措。支持劳动者以知识、技术、管理、技能等创新要素按贡献参与分配,实行股权、期权等中长期激励政策,以市场价值回报人才价值,全面激发劳动者创业创新热情,不断拓宽就业空间。(责任单位:省发改委、省人社厅、省科技厅、省财政厅、省农业厅、省国资委、省扶贫和移民办、省民政厅)

2. 增强困难地区困难行业吸纳就业能力

加快困难地区脱困步伐,创造更多就地就近就业机会。指导和推动贫困县、资源枯竭城市等困难地区选准产业方向,培育壮大战略性新兴产业、现代服务业等接续替代产业,增强吸纳就业的能力。发挥区域比较优势,引导符合条件的劳动密集型企业特别是高附加值的劳动密集型企业向省内转移,创造更多就地就近就业机会。对去产能任务重、待岗职工多、失业风险大的地区,开展就业援助专项行动。(责任单位:省发改委、省人社厅)

推动困难行业传统产业转型发展,稳定现有用工需求。通过化解过剩产能、淘汰落后产能、落实减税降费政策、加快分离国有企业办社会职能等综合措施,推动钢铁、煤炭等行业转型发展,稳定用工需求。实施制造业重大技术改造升级工程,推动传统制造业由生产型向生产服务型转变,延伸产业链条,增加就业岗位。合理降低实体经济企业融资、人工、能源、物流等成本,落实减轻企业税费负担各项措施,加快转型升级步伐,扩大用工需求。同步推进产业结构调整和劳动者技能转换,在转型发展中不断增强吸纳就业能力。(责任单位:省发改委、省工信委、省科技厅、省人社厅、省政府金融办、省工商局、省地税局)

(二)推进大众创业万众创新,拓展就业新空间

坚持深化"放管服"改革,不断优化创业环境,激发全社会支持创业、参与创业的积极性,增强创业带动就业能力。

3. 鼓励各类创业主体发展

鼓励高层次人才创业。加快落实高校、科研院所等专业技术人员离岗创业政策。积极推进投贷联动试点,探索符合科创企业发展需求的金融服务模式,促进更多科技人才就业创业。支持拥有自主知识产权、具有国际先进或国内一流水平科技成果的科技团队在赣开展科技成果转化和产业化,按照有关规定给予国内外高层次人才经费资助、住房补贴、子女就学、配偶就业、参加社会保险等优惠政策,吸引更多高层次人才来赣创业创新。(责任单位:省教育厅、省科技厅、省政府金融办、省人社厅、省住房城乡建设厅)。

支持农民工返乡创业。落实减税降费政策,加大对返乡创业的支持力度,鼓励金融机构开发符合返乡创业需求特点的产品和服务。用好国家发展改革委分别与国家开发银行、中国农业银行联合推出的开发性金融、农业政策性金融支持返乡创业贷款。整合发展一批农民工返乡创业园,推进创业创新农民与企业、市场与园区对接,培育一批新型农业经营主体,发展特色产业,保护与发展传统手工艺。(责任单位:省发改委、省工信委、省财政厅、省人社厅、省国土资源厅、省住房城乡建设厅、省交通运输厅、省农业厅、省商务厅、省政府金融办、省林业厅)

鼓励高校毕业生等创业。建立健全弹性学分制管理办法,支持大中专学生保留学籍休学创业创新,成为创业的生力军。引导高校开展创业创新训练计划,激发大学生创业创新动力。引导退役军人、城镇失业人员等其他各类人员以创业促就业。(责任单位:省教育厅、省人社厅)

4. 畅通创业创富通道

优化创业创新环境。深化行政审批制度改革、收费管理制度改革、商事制度改革,破除制约劳动者创业的体制机制障碍。拓宽创业投融资渠道,更好发挥创业担保贷款服务创业促进就业的积极作用,提升网络平台创业主体和小微企业创业主体申请贷款的便捷性和可获得性。加大对初创企业的场地支持、设施提供、房租减免、住房优惠等政策扶持力度。在全社会大力弘扬创业风尚,培育创业意识,营造鼓励创业、宽容失败的社会氛围,树立崇尚创业创新致富的价值导向,培育企业家精神和创客文化。(责任单位:省发改委、省人社厅、省财政厅、人行南昌中心支行、江西银监局、省教育厅、省科技厅、省住房城乡建设厅、省委宣传部)

5. 扩大创业带动就业效应

加大创业服务力度。为创业者提供创业培训、创业指导、项目开发、融资服务、政策扶持、信息咨询、跟踪服务等"一条龙、一站式、零距离"创业服务。鼓励大企业建立服务创业创新的开放平台,支持中小企业公共服务平台和服务机构建设,促进科技基础平台开放共享。加强基层公共创业服务,实现创业创新政策和服务全覆盖。加大各级政府财政支持力度,落实创业扶持资金,完善创业担保贷款政策。加强创业教育和创业培训,鼓励高等院校、职业学校、技工院校以及社会力量举办各类创业培训活动,提高劳动者创业创新能力。(责任单位:省人社厅、省教育厅、人行南昌中心支行、省发改委、省财政厅)

加快创业载体建设。鼓励发展创客空间、创业咖啡、创新工场等新型孵化模式,打造一批市场化、专业化、网络化众创空间。鼓励各地盘活老旧厂房、闲置办公楼等设施,建设一批低成本、便利化、全要素、开放式的创业平台。开展创业型城市创建和创业孵化示范基地建设,推动创业园区、创业镇街、创业村等集群平台建设,打造"预孵化+孵化器+加速器+稳定器"的梯级孵化体系,根据创业主体不同阶段、不同需求,提供有针对性的专业化、差别化、定制化指导

服务,促进创业企业加快发展。(责任单位:省发改委、省科技厅、省人社厅)

(三)大力拓展就业渠道,促进重点群体就业

坚持突出重点,加快完善更加积极的就业政策,统筹做好高校毕业生、农村劳动力、就业困难人员等重点群体就业工作,兜住民生底线。

6. 切实做好高校毕业生就业工作

拓展高校毕业生就业领域。在产业结构调整中,着力支持科技含量高的智力密集型产业特别是战略性新兴产业、现代服务业以及各类新业态、新模式加快发展,开发更多适合高校毕业生的高质量就业岗位。结合基层实际需求和转变政府职能、创新公共服务供给模式需要,加大购买基层公共管理和社会服务的力度,鼓励高校毕业生到城乡基层、中小微企业就业。健全高校毕业生到基层工作的激励政策和服务保障机制,落实学费代偿、资金补贴、税费减免等扶持政策,拓展扎根基层高校毕业生职业发展通道,构建引导和鼓励高校毕业生到基层工作的长效机制。(责任单位:省发改委、省工信委、省科技厅、省商务厅、省人社厅、省教育厅、省工商局、省地税局)

增强高校毕业生就业服务能力。深入实施高校毕业生就业创业促进计划。健全高校毕业生就业创业服务体系,简化优化服务流程,丰富服务内容,规范服务行为,提升服务水平,满足高校毕业生多样化服务需求。创新就业信息服务方式方法,注重运用"互联网+就业"模式,加强就业市场供需衔接和精准帮扶。鼓励机关事业单位、社会组织、大中型企业提供高质量的见习岗位,落实见习补贴政策,加大对困难高校毕业生就业帮扶和服务力度。(责任单位:省人社厅、省教育厅)

7. 促进农村劳动力转移就业

拓宽农村劳动力转移就业渠道。继续深化户籍制度、居住证制度等改革,落实农村土地所有权、承包权、经营权分置制度,促进有能力在城镇稳定就业和生活的农业转移人口举家进城落户,进一步破除农村劳动力转移就业的制度障碍,保障城乡劳动者平等就业权利。结合推进新型城镇化建设,大力发展县域经济,合理引导产业梯度转移,创造更多适合农村劳动力转移就业的机会。加强部分行政村劳动力转移就业监测。(责任单位:省人社厅、省发改委、省公安厅、省农业厅)

促进贫困劳动力转移就业。按照"摸清底数、区分类型、找准问题、分类施策"的思路,多措并举开展就业服务,促进有劳动能力和就业愿望的农村建档立卡贫困人口以及非建档立卡的农村低保对象、贫困残疾人转移就业和稳定就业,提高就业扶贫精准度。推动就业扶贫车间建设和就业扶贫专岗开发,为贫困劳动力就业创造条件。建立健全劳务输出对接机制,提高劳务输出就业脱贫的组织化程度。引导金融机构创新金融服务体制机制,支持贫困人口通过发展生产实现就业创业。(责任单位:省人社厅、省扶贫和移民办、省残联、人行南昌中心支行)

8. 统筹其他群体就业

强化困难人员就业援助。建立健全就业援助制度,完善就业援助政策,鼓励企业吸纳困难人员就业。加大公益性岗位托底帮扶力度,优先保障零就业家庭和最低生活保障家庭成员就业,确保困难家庭有劳动能力的成员至少有一人就业。加强社会救助与就业联动,对实现就业的低保对象,在核算其家庭收入时,可扣减必要的就业成本,并通过"低保渐退"等措施,增强其就业意愿和就业稳定性。(责任单位:省人社厅、省民政厅、省残联)

高度重视化解过剩产能职工安置工作。坚持企业主体、地方组织、依法依规的原则,指导企业依法依规制定职工分流安置方案,确保方案公平、过程公正、程序公开。继续完善和拓展内部挖潜、内部退养、转岗就业创业、公益性岗位等多元化安置渠道,及时化解劳资纠纷,做好社会保险关系接续,切实维护下岗失业职工的合法权益。(责任单位:省人社厅、省发改委、省工信委、省财政厅、省民政厅、省国资委、省总工会)

做好特定群体就业工作。做好军队转业干部和退役士兵的接收安置工作。高度重视青年群体就业工作,采取有针对性的措施帮助其就业创业。统筹做好残疾人、少数民族劳动者、退役运动员、戒毒康复人员、社区服刑人员、刑满释放人员等群体就业工作。消除针对特定群体的就业歧视,营造公平就业环境。(责任单位:省民政厅、省残联、省司法厅、省民族宗教事务局、省体育局、省人社厅、团省委)

(四)健全人力资源市场体系,提高供求匹配能力

坚持发挥市场在人力资源配置中的决定性作用,不断提升人力资源市场供求匹配效率,促进人力资源有序流动、高效配置。

9. 规范人力资源市场秩序

健全人力资源市场体系。加快建立统一开放、竞争有序、规范灵活的人力资源市场体系,打破城乡、地区、行业分割和身份、性别歧视,完善市场运行规则,促进劳动力在地区、行业、企业之间自由流动。推进人力资源市场信用体系和标准体系建设,加强人力资源市场管理信息平台建设,实现与国家企业信用信息公示系统(江西)对接。(责任单位:省人社厅、省工商局)

加大市场监管力度。健全人力资源市场政策法规体系,尊重劳动者和用人单位市场主体地位,依法保障其合法权益。依法规范实施人力资源市场行政许可,简化优化审批流程。加强人力资源市场事中事后监管,强化日常监督检查,严厉查处相关违法违规行为。充分发挥各类人力资源服务机构、行业协会和社会力量的监督作用,积极推进社会协同共治。(责任单位:省人社厅、省公安厅、省工商局)

10. 提升人力资源市场供求匹配效率

提高公共就业服务能力。加快建立职业指导员、职业信息分析专业人员、劳动保障专理员、劳动人事争议调解员和仲裁员、劳动保障监察协管员、劳动关系协调员等专业工作人员队伍。完善普惠性就业服务制度,推进服务均等化。综合运用就业服务新技术新方法,指导劳动者规划职业生涯,提高求职就业能力。完善就业信息服务制度,建立信息互联互通机制,加快公共就业服务信息化建设,搭建共享发布平台,开展就业信息分析利用,引导劳动者求职和用人单位招聘。(责任单位:省人社厅)

大力发展人力资源服务业。以产业引导、政策扶持和环境营造为重点,规范发展人事代理、人才推荐、人员培训、劳务派遣等人力资源服务。加强统筹规划和政策引导,依托重大项目和龙头企业,培育创新发展、符合市场需求的人力资源服务产业园。实施"互联网+人力资源服务"行动,培育壮大人力资源服务产业。(责任单位:省人社厅、省发改委、省工信委)

(五)强化劳动者素质能力,提高劳动者就业质量

加快培育更高技能水平、更好专业素养和敬业精神、更强创新能力和创业精神的劳动者队伍,着力缓解结构性就业矛盾。

11. 提升人才培养质量

加强专业技术人才队伍建设。围绕经济社会发展需要,培养造就一支具有较强创新能力的高层次专业技术人才队伍。全面实施百千万人才工程、急需紧缺高层次专业技术人才引进计划、政府特殊津贴专家等项目。引导各地、各部门实施各类创新人才培养计划,建立多层次、多渠道的中青年拔尖人才培养体系。加强专业技术人才继续教育,深入实施专业技术人才知识更新工程。完善博士后制度,实施博士后创新人才支持计划,加强博士后科研流动站、工作站和创新实践基地建设。实施专业技术人才服务基层计划,引导专业技术人才服务基层一线。(责任单位:省人社厅)

深化教育教学改革。适应经济社会发展需求变化,引导高校构建与学校定位和办学特色相匹配的学科专业体系,优化人才培养结构。深入开展职业院校和技工院校一体化课程教学改革,开展技工院校校长和骨干教师轮训,全面深化校企合作,建设一批高水平职业院校和"全国有影响、华东争一流"的技工院校。加大竞争择优选拔技能人才工作力度,广泛开展职业技能竞赛活动。加强公共实训基地建设。推行技师、高级技师聘任制度,探索建立企业首席技师制度,完善高技能人才带头制度。(责任单位:省教育厅、省人社厅)

完善终身学习服务体系。提供更多继续教育和职业技能培训课程,发展在线教育和远程教育,积极发挥高校继续教育数字化资源开放和在线教育联盟作用,为全体社会成员提供多次选择、多种路径的终身学习机会。进一步办好开放大学。鼓励高等学校招收有实践经历人员,支持社会成员通过直接升学、先就业再升学、边就业边学习等多种方式不断发展。科学设置评估考核指标,加快构建全程化、模块化、多元化的终身学习成果评价体系,增强终身学习质量保障能力,提高社会成员终身学习积极性。(责任单位:省教育厅、省人社厅)

12. 提高劳动者职业技能

完善职业技能培训制度。建立健全覆盖全体、贯穿劳动者终身的职业培训体系。建设一批高水平的职业院校和重点专业。贯彻实施国家基本职业培训包制度,加强重点产业职业技能培训需求研究,增强职业培训的针对性和有效性。加快推行工学一体、企业新型学徒制、"互联网+"等培训模式,加快重点行业、关键领域急需的高技能人才培养,推行职业资格证书与学历证书"双证书"制度。推广订单培训和校企合作,增强职业培训的针对性和有效性,培养更多适应市场需求的技能型人才,缓解就业结构性矛盾。(责任单位:省人社厅)

健全劳动者技能提升激励机制。提高技术工人待遇,按规定定期开展高技能人才评选表彰活动。完善技能人才与同等学力、职称人员享受平等待遇政策,落实积分落户、招聘录用、岗位聘任、职务职级晋升、职称评定、薪酬、学习进修、休假体检等待遇,全面加强技能人才激励工作。(责任单位:省人社厅)

增强公共实训能力。在省级层面建设着眼全省、立足产业、服务江西的省级公共实训基地,在设区市层面重点建设一批综合型公共实训基地,在县级层面建设一批地方特色型公共实训基地,构筑布局合理、定位明确、功能突出、信息互通、协调发展的职业技能实训基地网络,不断提升公共实训能力。(责任单位:省人社厅、省发改委)

提升重点人群职业技能。实施高技能人才振兴计划和专业技术人才知识更新工程,培训急需紧缺人才。开展贫困家庭子女、未升学初高中毕业生、农民工、失业人员、转岗职工、退役军人和残疾人等免费接受职业培训行动。组织实施化解过剩产能企业职工、高校毕业生、新生代农民工等重大专项培训计划。实施全员质量素质提升工程。加快实施新型职业农民培育工程,建立健全教育培训、政策扶持和规范管理方面相关制度体系。发挥企业主体作用,对企业在岗人员开展岗位技能提升培训。(责任单位:省人社厅、省农业厅、省民政厅、省残联、省总工会)

13. 培养良好职业素养

加强职业道德建设。将职业道德教育贯穿于教育培训全过程。引导企业加强职业文化建设,弘扬良好职业行为习惯。引导劳动者遵守纪律、诚实守信,推动劳动者形成"干一行、爱一行、专一行"的职业理念。(责任单位:省人社厅)

强化职业发展和就业指导教育。普遍开设职业发展与就业指导课程,建立专业化、全程化的就业指导教学体系,

增强毕业生特别是高校毕业生自我评估能力、职业开发能力及择业能力，切实转变就业观念。加强就业指导教师培训和实践锻炼，创新教学方法，进一步提高教学效果。（责任单位：省教育厅、省人社厅）

培育工匠精神。充分发挥院校、企业、工会等各方积极性，将培育工匠精神融入到教育培训、企业文化建设等各领域各环节，大力培养劳动者精益求精的职业素质。营造尊重劳动、尊重工匠的良好社会氛围，提高劳动者培育工匠精神的自主性。（责任单位：省人社厅、省教育厅、省总工会、省委宣传部）

（六）加强基础能力建设，提升公共就业服务能力水平

按照惠民、便民、利民的总体思路，围绕公共就业服务的供给内容、供给方式、供给主体等要素，不断赋予其新内涵、新使命，为人民群众提供更加优质高效的服务。

14. 加快公共就业服务能力建设

健全公共就业服务体系。按照保基本、可持续、均等化的原则，建立健全公共就业服务体系。推进基层就业服务平台规范化建设，开展创建充分就业社区活动。按照统筹城乡的要求，将城乡所有劳动者、各类用人单位全部纳入公共就业服务范围，不断拓展公共就业服务功能。（责任单位：省人社厅）

加快公共就业服务信息化建设。认真落实“互联网+人社”2020行动计划和公共就业服务信息化建设应用指导意见，推动新技术、新手段在就业服务管理领域的广泛运用，建成横向到边、纵向到底的就业创业信息系统，促进全省就业创业信息服务协同，为劳动者提供全方位的就业服务，打造线上线下相结合的公共就业服务体系。（责任单位：省人社厅）

三、保障支撑

坚持就业优先战略和积极就业政策，进一步健全促进就业各项工作机制，形成有力的促进就业保障体系。

（一）强化各类政策协同机制

将促就业稳就业作为宏观经济政策的优先目标，加快完善更加积极的就业政策体系，加强就业政策与财税、货币、产业、投资、贸易等宏观经济政策以及人才、教育、培训、社保等社会政策的统筹协调，形成有利于促进就业的宏观政策体系。实施支持就业创业的税收优惠政策。鼓励和引导各类金融机构加大对就业创业的金融支持。建立投资带动就业等宏观经济政策的就业影响评估机制。健全促进就业工作机制，完善考核指标体系，强化政府促进就业责任。建立突发事件应对机制，确保就业形势总体稳定。（责任单位：省发改委、省人社厅、省财政厅、人行南昌中心支行、省地税局）

（二）建立健全资金保障机制

各级政府要积极调整财政支出结构，加大对就业补助资金的投入力度，保障各项就业创业政策得到全面落实。进一步优化就业补助资金支出结构，加大对重点项目、重点群体的支持力度。进一步规范就业专项资金管理，强化资金预算执行和监督，着力提高财政资金支持就业创业效益，保障就业管理和服务高效运转。（责任单位：省财政厅、省人社厅）

（三）优化社会资本带动机制

统筹发挥好市场和政府“两只手”的作用，通过政府和社会资本合作（PPP）等多种形式，有序有效引导并带动社会资本扩大就业创业服务供给。推动政府向社会力量购买更多基本公共就业创业服务，提升专业化服务水平。鼓励多元主体办学，引导行业企业、社会团体、科研机构和公民个人积极参与举办职业教育。出台实施细则，依法落实土地供给、资质许可等具体办法，支持社会资本兴办教育和培训机构。落实政府购买培训相关政策，建立政府资金投入与管理制度，逐步形成培训机构自主开展培训、劳动者自主选择培训机构、政府提供资金支持和依法监管的职业技能培训运行机制。（责任单位：省发改委、省人社厅、省教育厅、省国土资源厅、省财政厅）

（四）完善就业创业服务机制

加强基层公共就业创业服务平台建设，健全覆盖城乡的公共就业创业服务体系，完善运行管理机制。建立省级就业信息资源库，实现就业管理和就业服务工作全程信息化。加快创业培训信息化管理平台建设，实现数据、信息、资源互联共享。健全人才流动公共服务体系，加快推进流动人员人事档案信息化建设。探索建立与国际接轨的全球人才招聘制度。（责任单位：省人社厅）

（五）健全劳动关系协调机制

完善劳动标准体系。全面实行劳动合同制度。推行集体协商和集体合同制度。完善协调劳动关系三方机制。健全最低工资增长机制，建立统一规范的企业薪酬调查和信息发布制度，完善企业工资决定和正常增长机制、工资支付保障长效机制。完善劳动保障监察机制，加强劳动保障监察执法能力建设。加强劳动争议调解仲裁工作规范化、标准化、专业化、信息化建设，依法建立健全重大集体劳动争议应急调处机制和仲裁特别程序。（责任单位：省人社厅）

（六）构建就业形势综合监测机制

健全就业统计指标体系，完善统计口径和调查方法，建立有关就业新形态、创业情况的统计监测指标，全面反映我省就业创业情况。做好就业统计调查保障工作。建立就业统计数据质量核查机制，加强与社会保险等其他数据校核比对。加强各有关部门与研究机构、市场分析机构的密切协作，建立就业数据与宏观经济、行业经营等数据以及社会机构相关数据交叉比对机制，健全就业形势定期综合会商评估工作机制，提高就业形势监测和分析能力。（责任单位：省统计局、省人社厅、省工商局、省发改委）

四、组织实施

(一)加强部门协调,明确职责分工

各地、各有关部门、省就业工作领导小组和农民工工作领导小组各成员单位要高度重视促进就业鼓励创业工作,切实履行职责,细化目标措施,健全工作机制,明确任务分工,加大资金投入,加强跟踪调度,协调解决问题,确保本规划重点任务、主要措施有效落实。

(二)加强理论研究,加大宣传力度

围绕中心任务和重大决策,加强突出问题研究,为促进就业事业科学发展提供有效的理论指导和决策参考。充分运用报纸、电视、广播、网络等媒体宣传工具,采取群众喜闻乐见的方式,大力宣传规划实施,宣传全省就业领域的好政策、好做法,及时回应社会关切,积极营造良好氛围。

(三)加强督促检查,抓好任务落实

要建立目标责任制,强化对就业工作的绩效考核。加强部门协调,形成相互配套、互相支撑的运作体系,促进就业与各项事业协调发展。进一步发挥各人民团体和其他社会组织的作用,充分调动社会各方促进就业创业积极性,共同推进全省促进就业规划的实施。

江西省人民政府关于印发江西省“十三五”深化医药卫生体制改革规划的通知

2018 年 1 月 22 日

各市、县(区)人民政府,省政府各部门:

现将《江西省“十三五”深化医药卫生体制改革规划》印发给你们,请认真贯彻执行。

江西省“十三五”深化医药卫生体制改革规划

为全面深化医药卫生体制改革,推进健康江西建设,根据《中共中央国务院关于深化医药卫生体制改革的意见》《江西省国民经济和社会发展第十三个五年规划纲要》和《“健康江西 2030”规划纲要》等要求,结合江西实际,编制本规划。

一、规划背景

新一轮医改启动以来特别是党的十八大以来,在党中央、国务院的坚强领导下,我省以维护和增进人民健康为宗旨,以建立基本医疗卫生制度为核心,统筹推进医改各项工作。全民医保体系不断健全,城乡居民医保有力整合,重特大疾病保障机制逐步完善,城乡居民大病保险全面推开。先后实现县级和城市公立医院综合改革全覆盖。国家基本药物制度全面建立,药品供应保障体系逐步健全。公共卫生服务均等化水平逐步提高,分级诊疗制度初步落实,卫生信息化加快发展,中医药强省战略积极推进。全省居民人均预期寿命比改革前提高了 1.67 岁,个人卫生支出占卫生总费用比重从 33.97%下降至 30%以内,群众看病难、看病贵问题得到一定缓解,人民群众医改获得感不断增强。

“十三五”时期是我省与全国同步全面建成小康社会的决胜阶段,也是建立健全基本医疗卫生制度、推进健康江西建设的关键时期。当前,人民日益增长的健康服务需求与医疗卫生事业发展不充分不平衡的矛盾比较突出,特别是深化医改已进入深水区和攻坚期,体制机制性的矛盾日益凸显,利益格局调整更加复杂。同时,全面建成小康社会的奋斗目标,对深化医改提出了更高要求;人民群众健康需求快速增长,对深化医改产生了更高期待;经济发展进入新常态,工业化、城镇化、人口老龄化进程加快,以及疾病谱变化、生态环境和生活方式变化、医药技术创新等,对深化医改带来了更多挑战。面对新的形势与挑战,必须进一步加强组织领导,凝心聚力,推动医改由打好基础向提升质量、形成框架向制度建设、单项突破向系统集成和综合推进转变,坚定不移地推动深化医改工作再上新台阶,为保障人民健康、促进经济社会发展增添新动力。

二、指导思想、基本原则和主要目标

(一)指导思想

坚持以党的十九大精神和习近平新时代中国特色社会

主义思想为指导，紧紧围绕统筹推进“五位一体”总体布局和协调推进“四个全面”战略布局，牢固树立和贯彻落实创新、协调、绿色、开放、共享的改革和发展理念，坚持以人民为中心，以基层为重点，以改革创新为动力，预防为主，中西医并重，将健康融入所有政策。全力推进卫生与健康领域理论创新、制度创新、管理创新、技术创新，加快建立符合实际的基本医疗卫生制度，实现发展方式由以治病为中心向以健康为中心转变，推进医药卫生治理体系和治理能力现代化，不断提高医疗卫生服务水平，为推进健康江西建设、与全国同步全面建成小康社会提供坚实基础。

（二）基本原则

坚持以人民健康为中心。以促进人的全面发展为出发点和落脚点，把人民健康放在优先发展的战略地位，以公平可及、群众受益为目标，坚守底线、补齐短板，作出更有效的制度安排，维护基本医疗卫生服务的公益性，使全体人民在共建共享中有更多获得感。

坚持保基本、强基层、建机制。将基本医疗卫生制度作为公共产品向全民提供，推动医疗卫生工作重心下移、医疗卫生资源下沉，聚焦深层次体制机制改革，注重顶层设计与基层首创相结合，提升基层医疗卫生的职业吸引力和服务能力，以问题、目标、效果为导向，推动制度创新。

坚持政府主导与发挥市场机制作用相结合。在基本医疗卫生服务领域，坚持政府主导，落实政府责任，适当引入竞争机制。在非基本医疗卫生服务领域，发挥市场活力，加强规范引导，满足多样化、差异化、个性化健康需求。

坚持推进供给侧结构性改革。实行政事分开、管办分开、医药分开、营利性和非营利性分开，优化供给侧治理能力和要素配置，提升服务效率和质量，对需求侧进行科学引导，合理划分政府、社会、个人责任，促进社会共治。

坚持医疗、医保、医药联动改革。按照腾空间、调结构、保衔接的要求，统筹推进管理、价格、支付、薪酬等制度建设，提高政策衔接和系统集成能力。注重改革的系统性、整体性、协同性，落实部门责任，解放思想、主动作为，以自我革命的精神推进改革，实行联动改革，形成政策合力。

坚持突出重点、示范引领、循序推进。理清改革内在逻辑，坚持分类指导、试点先行、协同推进，突出改革的重点领域和关键环节，及时总结推广基层经验做法，发挥改革的突破性和先导性作用。把握好改革的力度、发展的速度和社会可承受度，注重统筹兼顾，积极稳妥推进改革。

（三）主要目标

到2018年，形成较为系统的基本医疗卫生制度政策框架。分级诊疗政策体系逐步完善，现代医院管理制度和综合监管制度建设加快推进，全民医疗保障制度更加高效，药品生产流通使用政策进一步健全。到2020年，普遍建立比较完善的公共卫生服务体系和医疗服务体系，比较健全的医疗保障体系，比较规范的药品供应保障体系和综合监管体系，比较科学的医疗卫生机构管理体制和运行机制。经过持续努力，基本建立覆盖城乡居民的基本医疗卫生制度，实现人人享有基本医疗卫生服务，基本适应人民群众多层次的医疗卫生需求，全省居民人均预期寿命比2015年提高1岁，孕产妇死亡率下降到18/10万，婴儿死亡率下降到7.5‰，5岁以下儿童死亡率控制在9.5‰，主要健康指标达到全国平均水平以上，个人卫生支出占卫生总费用的比重降到28%左右。

三、重点任务

“十三五”期间，着重在分级诊疗、现代医院管理、全民医保、药品供应保障、综合监管等五项制度建设上取得新突破，同时统筹推进相关领域改革。

（一）全面推进分级诊疗制度建设

坚持居民自愿、基层首诊、政策引导、创新机制，以家庭医生签约服务为重要手段，鼓励各地结合实际推行多种形式的分级诊疗模式，推动形成双向转诊、急慢分治、上下联动的就医新秩序。到2020年，分级诊疗模式初步形成，基本建立符合实际的分级诊疗制度。

1. 健全完善医疗卫生服务体系。优化医疗卫生资源布局，省、市、县（区）分别制定并实施医疗卫生服务体系规划、区域卫生规划以及医疗机构设置规划。明确各级各类医疗卫生机构功能定位，综合考虑城镇化、人口分布、地理交通、疾病谱等因素，合理确定公立医院数量、床位规模和大型医疗设备配置。每千常住人口公立医院床位数达到2.97张的地区，原则上不再扩大公立医院规模，床位使用率在85%以下的公立医院不再进行扩建。加快建设体系完整、覆盖城乡的分级诊疗体系，建立包括医疗联合体、对口支援等多种分工协作模式，按照军民融合深度发展战略，将军队医院全面纳入分级诊疗体系。大力推进远程医疗服务体系建设，到2018年，建成覆盖县级公立医院的基层远程医疗服务系统，到2020年基本实现远程医疗省、市、县、乡四级全覆盖。加强专业公共卫生机构、基层医疗卫生机构和医院之间的分工协作，推进大医院与基层医疗卫生机构、全科医生与专科医生的资源共享和业务协同，健全基于互联网、大数据技术的分级诊疗信息系统。鼓励社会力量举办医学检验机构、病理诊断机构、医学影像检查机构、消毒供应机构、血液净化机构，鼓励公立医院面向区域提供相关服务，实现区域资源共享。加强医疗质量控制，推进同级医疗机构间以及医疗机构与独立检查检验机构间检查检验结果互认。

实施中医药传承与创新工程，加强中医适宜技术的应用，充分发挥中医药在“治未病”、重大疾病治疗和疾病康复中的重要作用。实施中医医院标准化建设工程，到2020年力争95%的中医医院达到二级甲等以上标准，20%的中医医院成为区域中医医疗中心。推进全省中医医院“治未病”科室建设，分别建设1个省级、10个设区市级、100个县级中医“治未病”中心。在基层中医药服务体系不健全、能力较弱的地区，将中医医院中医门诊诊疗服务纳入首诊范围。建立健全突发急性传染病医疗救治网络，推进构建海陆空立体化的紧急医学救援网络。建设区域中医诊疗中心，加强中医药秘方的知识产权保护。积极参与中医药国际标准化研究工作，建立国家认可、引领国际的具有江西中药特色的标准体系。

2. 提升基层医疗卫生服务能力。以常见病、多发病的诊断和鉴别诊断为重点，加强县级公立医院学科建设，建设600个县级临床重点专科，进一步降低县域外就诊率。重点加强近三年转到县域外病人数前5至10位病种所在科室建设，以及传染病、精神病、急诊急救、重症医学、肾脏内科（血液透析）、妇产科、儿科、中医、康复等临床专科建设。强化乡镇卫生院、社区卫生服务中心基本医疗服务能力建设，提升乡镇卫生院开展急诊抢救、二级以下常规手术、正常分娩、高危孕产妇初筛、儿科、精神疾病和老年病、中医、康复等医疗服务能力。规范社区卫生服务管理。推进村卫生计生服务室标准化建设，全省每个行政村建有一所产权公有的标准化村卫生计生服务室。到2020年，村卫生计生服务室、乡镇卫生院达标率达到95%以上，社区卫生服务机构达标率达到80%以上。促进先进适宜技术的普及普惠，在基层医疗卫生单位每年推广20项适宜技术，提升基层疾病诊疗水平。建立与开展分级诊疗工作相适应、能够满足基层医疗卫生机构实际需要的药品供应保障体系，实现药品使用的上下联动和相互衔接。通过鼓励大医院医师下基层、退休医生开诊所以及加强对口支援、实施远程医疗、推动建立医疗联合体等，把大医院的技术传到基层。实施基层中医药服务能力提升工程“十三五”行动计划。发展壮大江西省中医康复（热敏灸）联盟，打造1000个标准化基层医疗卫生机构中医药综合服务区。到2020年，力争使所有社区卫生服务机构、乡镇卫生院和70%以上的村卫生室具备中医药服务和相应的医疗康复能力。

巩固完善基层管理运行新机制。强化基层医疗卫生机构法人主体地位，落实人事、经营、分配等方面自主权。进一步完善基层医疗卫生机构绩效工资制度，收支结余部分可按规定提取职工福利基金、奖励基金。巩固完善多渠道补偿机制，落实基层医疗卫生机构核定任务、核定收支、绩效考核补助的财务管理办法，加强绩效考核，采取有效措施，既调动基层医疗卫生机构和医务人员积极性，又防止出现新的逐利行为。建立基层医疗卫生机构及负责人绩效评价机制，对机构负责人实行任期目标责任制，对其他人员突出岗位工作量、服务质量、行为规范、技术难度、风险程度和服务对象满意度等内容。鼓励有条件的地方实施乡村一体化管理。

3. 引导公立医院参与分级诊疗。进一步完善和落实医保支付和医疗服务价格政策，调动三级医院参与分级诊疗的积极性和主动性。引导三级公立医院收治疑难复杂和危急重症患者，逐步下转常见病、多发病和疾病稳定期、恢复期患者。按照“政府主导、统筹规划，坚持公益、创新机制，资源下沉、提升能力，便民惠民、群众受益”的原则，全面启动多种形式的医疗联合体建设。三级公立医院全部参与医疗联合体建设并发挥引领作用。积极推进县域医共体建设，以资源共享和人才下沉为导向，建立促进优质医疗资源上下贯通的激励机制，形成责、权、利明晰的区域协同服务模式。制定县、乡两级医疗卫生机构诊疗病种指南，引导并逐步规范常见病、多发病患者首先到基层医疗卫生机构就诊。推进医师多点执业，加强基层医疗卫生机构药物配备，允许基层医疗卫生机构从医保目录内采购30%～40%的非基本药物，实行药品零差率销售并纳入医保报销，满足常见病、多发病等患者用药需要。完善不同级别医疗机构的差异化支付制度，适当提高基层医疗卫生机构医保支付比例，对符合规定的转诊住院患者可以连续计算起付线。探索基于医疗联合体分工协作机制的打包付费、总额预付制，引导医疗联合体内各级医疗机构形成利益共同体、责任共同体和发展共同体。探索“县管乡用”的人事管理模式，建立与分级诊疗相适应的绩效考核、职称晋升制度，拓展医务人员职业发展空间。

4. 推进形成诊疗—康复—长期护理连续服务模式。明确医疗机构急慢分治服务流程，建立健全分工协作机制，畅通医院、基层医疗卫生机构、康复医院和护理院等慢性病医疗机构之间的转诊渠道。城市大医院主要提供急危重症和疑难复杂疾病的诊疗服务，将诊断明确、病情稳定的慢性病患者、康复期患者转至下级医疗机构以及康复医院、护理院等慢性病医疗机构。基层医疗卫生机构和慢性病医疗机构为诊断明确、病情稳定的慢性病患者、康复期患者、老年病患者、晚期肿瘤患者、残疾人等提供治疗、康复、护理服务。显著增加慢性病医疗机构提供康复、长期护理服务的医疗资源。完善相关政策措施，逐步推行日间手术。探索建立长期护理保险制度。加强残疾人专业康复机构建设，建立医疗机构与残疾人专业康复机构密切配合、相互衔接的工作机制，为残疾人提供精准康复服务。

5. 科学合理引导群众就医需求。遵循医学科学规律，合理引导群众首诊需求，实现“小病在基层、大病到医院、康复回基层”的合理就医秩序。进一步完善和落实医疗全行业监管和医疗服务价格政策。完善相关政策措施，推行基于病种的分级诊疗模式。建立双向转诊制度，建立健全转诊技术指南，重点建立向下转诊机制，畅通慢性期、恢复期患者向下转诊渠道，逐步实现不同级别、不同类别医疗机构之间有序转诊。上级医院对转诊患者提供优先接诊、优先检查、优先住院等服务。

6. 建立健全家庭医生签约服务制度。鼓励城乡居民与基层医生或家庭医生团队签约，组建以家庭医生为核心、专科医师提供技术支持的签约服务团队，向居民提供长期连续的基本医疗、公共卫生和健康管理服务。家庭医生签约服务制度优先覆盖老年人、孕产妇、儿童、残疾人，以及高血压、糖尿病、结核病等慢性疾病和严重精神障碍患者等。明确签约服务内容，合理确定签约服务费，完善家庭医生收入分配机制和综合激励政策，不断增强签约服务吸引力。到2020年，力争将签约服务扩大到全人群，基本实现家庭医生签约服务制度全覆盖。

（二）建立科学有效的现代医院管理制度

深化县级公立医院综合改革，全面推进城市公立医院综合改革。到2018年，各级各类公立医院初步建立决策、执行、监督相互协调、相互制衡、相互促进的管理体制和治理机制。到2020年，基本建立具有中国特色的权责清晰、管理科学、治理完善、运行高效、监督有力的现代医院管理制度，建立维护公益性、调动积极性、保障可持续性的运行新机制和科学合理的补偿机制。

1. 完善公立医院管理体制。妥善处理政府和医院的关系，实行政事分开和管办分开，推动医院管理模式和运行方式转变。加强政府在方向、政策、引导、规划、评价等方面的宏观管理，加大对医疗行为、医疗费用等方面监管力度，减少对医院人事编制、科室设定、岗位聘任、收入分配等方面的管理。逐步取消公立医院行政级别。合理界定政府作为出资人的举办监督职责和公立医院的自主运营管理权限。健全政府办医体制，积极探索公立医院管办分开的多种有效实现形式。制定公立医院举办、运营、监管三方责任清单制度，明确权力清单、责任清单、负面清单，厘清公立医院举办、运营管理、监管的职能职责。组建政府领导下的公立医院管理委员会。加强对政府、军队和企事业单位等各类举办主体公立医院的全行业监管，明确各方职责、权利和义务。落实公立医院章程和独立法人地位。健全公立医院法人治理机制，落实内部人事管理、机构设置、收入分配、副职推荐、中层干部任免、年度预算执行等自主权。健全院长选拔任用机制，实行院长任期目标考核和问责，探索建立院长职业化、专业化制度。推动构建包括战略规划、质量管理、流程管理、物流供应管理、人事管理、医疗费用监控管理、岗位职责、资产管理、医德医风建设等内容的公立医院管理体系。建立健全公立医院全面预算管理制度、成本核算制度、财务报告制度、总会计师制度、第三方审计制度和信息公开制度，规范医院经济行为，提升财务运行透明度。

2. 建立规范高效的运行新机制。通过调整医疗服务价格、加大政府投入、改革支付方式、降低医院运行成本等，建立科学合理的补偿机制。政府和事业单位举办的公立医院全面取消药品加成（不含中药饮片），将医院的药品贮藏、保管、损耗等费用列入医院运行成本予以补偿。逐步建立以成本和收入结构变化为基础的医疗服务价格动态调整机制，按照“总量控制、结构调整、有升有降、逐步到位”的原则，降低药品、医用耗材和大型医用设备检查治疗和检验等价格，重点提高诊疗、手术、康复、护理、中医等体现医务人员技术劳务价值的项目价格。加强分类指导，理顺不同级别医疗机构间和医疗服务项目的比价关系。通过规范诊疗行为、医保控费等降低药品、耗材等费用，严格控制不合理检查检验费用，为调整医疗服务价格腾出空间，并与医疗控费、薪酬制度、医保支付、分级诊疗等措施相衔接。放开特需医疗服务和其他市场竞争比较充分、个性化需求比较强的医疗服务价格，由医疗机构自主制定。继续推进公立医院后勤服务社会化。在公立医院综合改革中统筹考虑中医药特点，建立有利于中医药特色优势发挥的运行新机制。推进军队医院参与地方公立医院综合改革。规范公立医院改制，推进国有企业所属医院分离移交和改制试点，原则上政府举办的传染病院、精神病院、职业病防治院、妇幼保健院和妇产医院、儿童医院、中医医院（民族医院）等不进行改制。2018年城市公立医院药占比（不含中药饮片）总体降到30%左右，百元医疗收入（不含药品收入）中消耗的卫生材料降到20元以下。

3. 深化编制人事和薪酬制度改革。创新公立医院编制管理方式，完善编制管理办法，在各地现有编制总量内，确定公立医院编制总量，逐步实行备案制，在部分城市三级甲等公立医院开展编制管理改革、实行人员总量管理试点。落实公立医院用人自主权，对急需引进的高层次、短缺专业技术人才以及具有高级专业技术职务或博士学位人员，可由医院按规定采取考察的方式公开招聘。完善医疗机构与医务人员用人关系。按国家规定，根据当地经济发展、财务状况、公立医院服务数量、质量、费用控制以及公益目标完成情况、绩效考核结果，合理确定公立医院薪酬水平，着力体现医务人员的技术劳务价值，逐步提高人员经费支出占业务支出的比例，并建立动态调整机制。对工作时间之外劳动较多、高层次医疗人才集聚、公益目标任务繁重、开展家庭医生签约服务的公立医疗机构在核定绩效工资总量时予以倾斜。在绩效工资分配上，重点向临床一线、业务骨干、关键岗位以及支援基层和有突出贡献的人员倾斜，做到多劳多得、优绩优酬。按照有关规定，公立医院可探索实行目标年薪制和协议薪酬。公立医院主管部门对院长年度工作情况进行考核评价，确定院长薪酬水平，院长薪酬与医院工作人员绩效工资水平保持合理比例关系。

4. 建立以质量为核心、公益性为导向的医院考评机制。建立与公立医院功能定位相适应的绩效考评体系，机构考核应突出社会效益、服务提供、质量安全、成本控制、运行绩效、费用控制、群众满意度等内容，重视卫生应急、对口支援以及功能定位落实和分级诊疗实施情况等体现公益性的工作。将落实医改任务情况列入医院考核指标，强化医院和院长的主体责任。定期组织对医院和院长考核，考核结果向社会公开,并与医院等级评审、财政补助、医保支付、工资总额以及院长薪酬、任免、奖惩等挂钩。医务人员考核突出岗位工作量、服务质量、行为规范、技术难度、风险程度和服务对象满意度等指标,负责人考核还应包括职工满意度等内容。考核结果与政府投入、医保支付、人员职业发展等挂钩。

5. 严格控制公立医院医疗费用不合理增长。逐步健全公立医院费用控制监测和考核机制。设定区域和单体医疗机构医疗费用增长幅度控制目标,各市、县(区)根据当地医疗费用水平和增长幅度以及不同类别医院的功能定位等,分类确定控费要求并进行动态调整。以设区市为单位向社会公开辖区内各医院的价格、医疗服务效率、次均医疗费用等信息,对医疗机构费用指标进行排序,定期公示排序结果,促进公立医院加强管理、改善服务、提高质量。落实处方点评。加强合理用药和不良反应监测,对价格虚高、临床用量大的辅助性、营养性药品,建立重点监控目录,开展跟踪监控、超常预警,规范医务人员诊疗行为,促进医疗质量持续改进。到2018年,公立医院医疗费用控制监测和考核机制逐步建立健全,到2020年,公立医院医疗费用增长幅度稳定在合理水平。

(三)构建高效运行的全民医保体系

按照保基本、兜底线、可持续的原则,围绕资金来源多元化、保障制度规范化、管理服务社会化等关键环节,加大改革力度,建立高效运行的全民医疗保障体系。坚持精算平衡,完善筹资机制,以医保支付方式改革为抓手推动全民基本医保制度提质增效。建立起较为完善的基本医保、大病保险、大病补充保险、医疗救助和慈善救助衔接互动、相互联通机制。

1. 健全基本医保稳定可持续筹资机制。完善医保缴费参保政策,厘清政府、单位、个人缴费责任,逐步建立稳定可持续的多渠道筹资机制,同经济社会发展水平、各方可承受能力相适应。在继续加大财政投入、提高政府补助标准的同时,强化个人参保意识,适当提高个人缴费比重,逐步建立城乡居民医保个人缴费标准与居民收入相挂钩的动态筹资机制,使筹资标准、保障水平与经济发展水平相适应。到2020年,基本医保参保率稳定在95%以上。

健全与筹资水平相适应的基本医保待遇动态调整机制。明确医保待遇确定和调整政策权限、调整依据和决策程序,避免待遇调整的随意性。明确基本医保的保障边界。合理确定基本医保待遇标准。结合医保基金预算管理,全面推行付费总额控制。改进个人账户,开展门诊费用统筹。按照分级管理、责任共担、统筹调剂、预算考核的基本思路,加快提高基金统筹层次。全面巩固市级统筹,积极推动省级统筹。建立健全异地就医直接结算机制,推进基本医保全国联网和异地就医直接结算,加强参保地与就医地协作,方便群众结算,减少群众"跑腿""垫资"。建立健全异地转诊的政策措施,推动异地就医直接结算与促进医疗资源下沉、推动医疗联合体建设、建立分级诊疗制度衔接协调。到2020年,建立医保基金调剂平衡机制,逐步实现医保省级统筹,基本医保政策范围内报销比例稳定在75%左右。

2. 推进医保支付制度改革。加强基本医保支付制度顶层设计,充分发挥医保支付方式在促进医疗服务行为规范、控制医疗费用不合理增长、提高医疗资源利用效率等方面的重要作用。对住院医疗服务,主要按病种、按疾病诊断相关分组付费;长期、慢性病住院医疗服务可按床日付费,日间手术可按病种付费;对基层医疗服务,可按人头、按床日付费,积极探索将按人头付费与慢性病管理相结合;对不宜打包付费的复杂病例和门诊费用,可按项目付费。探索符合中医药服务特点的支付方式,鼓励提供和使用适宜的中医药服务。有条件的地区可将点数法(医保部门根据不同的施治要求和费用的历史平均水平,给本区域各病种设定不同的分值,大病重病的分值高,小病轻病分值低;不同等级的医院,分值乘以不同的系数;而后医院以累计总分值与医保中心结账。)与预算管理、按病种付费等相结合,促进医疗机构之间有序竞争和资源合理配置。2018年全省城市公立医院综合改革地区实行按病种付费的病种不少于100个。健全各类医疗保险经办机构与医疗卫生机构之间公开、平等的谈判协商机制和风险分担机制。建立结余留用、合理超支分担的激励约束机制。建立健全支付方式改革相关的管理规范、技术支撑和政策配套,制定符合基本医疗需求的临床路径等行业技术标准,规范病历及病案首页的书写。全面夯实信息化管理基础,实现医疗机构医疗服务项目名称和内涵、疾病分类编码、医疗服务操作编码的统一。将康复综合评定等残疾人医疗康复项目纳入医保基金支付范围的政策措施,提高残疾人医疗保障水平。继续落实对中医药服务的支持政策,逐步扩大纳入医保支付的医疗机构中药制剂和针灸、治疗性推拿等中医非药物诊疗技术范围,探索符合中医药服务特点的支付方式,鼓励提供和使用适宜的中医药服务。到2020年,医保支付方式改革逐步覆盖所有医疗机构和医疗服务,全省范围内普遍实施适应不同疾病、不同服务特点的多元复合式医保支付方式,按项目付费占比明显下降。

3. 推动基本医疗保障制度整合。建立统一的城乡居民基本医保制度,实现统一的覆盖范围、筹资政策、保障待遇、医保目录、定点管理、基金管理。理顺管理体制,设区市可探索开展设立医保基金管理中心的试点,承担基金支付和管理,药品采购和费用结算,医保支付标准谈判,定点机构的协议管理和结算等职能。加大改革创新力度,进一步发挥医保对医疗费用不合理增长的控制作用。加快推进医保管办分开,提升医保经办机构法人化和专业化水平。创新经办服务模式,推动多元化竞争格局。

4. 完善重特大疾病保障机制。在全面实施城乡居民大病保险基础上,统筹涉农扶贫资金,以设区市为单位,为全省建档立卡的贫困人口购买重大疾病商业补充保险,筹资标准每人每年不低于90元。完善职工补充医疗保险政策。全面开展重特大疾病医疗救助工作,在做好低保对象、特困人员等医疗救助基础上,将低收入家庭的老年人、未成年人、重度残疾人、重病患者等低收入救助对象,以及因病致贫家庭重病患者纳入救助范围,发挥托底保障作用。积极引导社会慈善等多方参与。逐步形成医疗卫生机构与医保经办机构间数据共享的机制,推动基本医保、大病保险、重大疾病医疗补充保险、医疗救助、疾病应急救助、商业健康保险有效衔接,全面提供"一站式"服务。

5. 推动商业健康保险发展。积极发挥商业保险机构在精算技术、专业服务和风险管理等方面的优势,鼓励和支持其参与医保经办服务,形成多元经办、多方竞争的新格局。在确保基金安全和有效监管的前提下,以政府购买服务的方式,可逐步探索委托具有资质的商业保险机构等社会力量参与基本医保经办服务,承办城乡居民大病保险,引入竞争机制,提高医保经办管理服务效率和质量。鼓励发展与基本医保相衔接的商业健康保险,满足群众多元化、多层次健康保障需求。加快发展医疗责任保险、医疗意外保险,探索发展多种形式的医疗执业保险。大力发展消费型健康保险,促进发展各类健康保险,强化健康保险的保障属性。鼓励保险公司开发中医药养生保健等各类商业健康保险产品,提供与其相结合的中医药特色健康管理服务。完善落实税收等优惠政策,鼓励企业、个人参加商业健康保险及多种形式的补充保险,发挥商业保险在多层次医疗保障体系中的补充作用。

(四)建全规范有序的药品供应保障制度

实施药品生产、流通、使用全流程改革,调整利益驱动机制,破除以药补医,推动各级各类医疗机构全面配备、优先使用基本药物,完善药物政策体系,理顺药品价格,实现药品安全有效、价格合理、供应充分。

1. 深化药品供应领域改革。深化药品审评审批制度改革,建立更加科学、高效的药品审评审批体系。加快推进仿制药质量和疗效一致性评价,鼓励创制新药,开发原研药,鼓励以临床价值为导向的药物创新。加快防治艾滋病、恶性肿瘤、重大及急性传染病、罕见病等疾病的创新药及儿童用药的审评审批。淘汰疗效不确切、风险大于效益的品种。加强医疗器械创新,严格医疗器械审批。建立药品上市许可持有人制度。加快传染病用药、儿童用药的研发和生产。根据国家安排,在国家基本药物目录(2012年版)中,2007年10月1日前批准上市的化学药品仿制药口服固体制剂在2018年年底前完成一致性评价。

健全短缺药品供应保障和预警机制,解决好低价药、"救命药""孤儿药"以及儿童用药的供应问题。扶持低价药生产流通,保障市场供应,保持药价基本稳定。制定并动态调整短缺药品目录清单,建立健全短缺、低价药品监测预警和分级应对机制,设立省级短缺药品监测点,对短缺药品供应开展实时监测和预警,加快推进紧缺药品生产,支持建设小品种药物集中生产基地,继续开展用量小、临床必需、市场供应短缺药品的定点生产试点。完善儿童用药、卫生应急药品保障机制,推进临床综合评价。对原料药市场供应不足的药品加强市场监测,鼓励提高生产能力。

2. 深化药品流通体制改革。加大药品、耗材流通行业结构调整力度,引导供应能力均衡配置,推进药品、耗材流通行业转型升级,形成现代流通新体系。推动药品流通企业兼并重组,整合药品经营企业仓储资源和运输资源,加快发展药品现代物流,鼓励区域药品配送城乡一体化。推动流通企业向智慧型医药服务商转型,建设和完善供应链集成系统,支持流通企业向供应链上下游延伸开展服务。应用流通大数据,拓展增值服务深度和广度,引导产业发展。鼓励绿色医药物流发展,发展第三方物流和冷链物流。支持药品、耗材零售企业开展多元化、差异化经营。推广应用现代物流管理与技术,规范医药电商发展,健全中药材现代流通网络与追溯体系,促进行业结构调整,提升行业透明度和效率。力争到2020年,基本建立药品出厂价格信息可追溯机制,形成1~2家年销售额超过100亿元的大型药品流通企业。

3. 巩固完善基本药物制度。巩固政府办基层医疗卫生机构和村卫生室实施基本药物制度成果。推进基本药物制度规范化建设,推动基本药物的目录、标识、价格、配送、配备使用等方面实行统一政策。加强儿童、老年人、慢性病人、结核病人、严重精神障碍患者和重度残疾人等特殊人群基本用药保障。推动公立医院和非政府办医疗机构配备使用基本药物。探索在基本药物遴选调整中采用循证医学和药物经济学评价方法。完善基本药物优先和合理使用制度,坚持基本药物的主导地位。完善基本药物供应体系。提高基本药物配送及时性,保证基本药物及时供应。

4. 完善药物政策体系。健全药物政策管理体制,推动医药分开,采取综合措施切断医院和医务人员与药品、耗材间的利益链。医疗机构应按照药品通用名开具处方,并主动向患者提供,不得限制处方外流。探索医院门诊患者多渠道购药模式,患者可凭处方到零售药店购药。推动企业充分竞争和兼并重组,提高市场集中度,实现规模化、集约化和现代化经营。调整市场格局,使零售药店逐步成为向患者售药和提供药学服务的重要渠道。进一步理顺药品价格形成机制,强化价格、医保、采购等政策的衔接,坚持分类管理,实行不同的价格管理方式,逐步建立符合药品市场特点的药价管理体系。建立健全医保药品支付标准,结合一致性评价工作,逐步按通用名制定药品支付标准。完善中药政策,加强中药材质量管理,鼓励中药饮片的临床应用。探索建立医院总药师制度,完善医疗机构和零售药店药师管理制度，结合医疗服务价格改革，体现药事服务价值。建立药物临床综合评价体系和儿童用药综合评价机制，规范药品使用行为，提高合理用药水平。

5. 完善药品和高值医用耗材集中采购制度。完善以省(市)为单位的网上药品集中采购机制，落实公立医院药品分类采购，坚持集中带量采购原则，鼓励跨区域联合采购和专科医院联合采购。推进公共资源交易平台整合。每种药品采购的剂型原则上不超过3种，每种剂型对应的规格原则上不超过2种。稳步推行“两票制”(生产企业到流通企业开一次发票，流通企业到医疗机构开一次发票)，2018年在全省全面推开，压缩中间环节，降低虚高价格。鼓励医院与药品生产企业直接结算药品货款、药品生产企业与配送企业结算配送费用，严格按合同回款。进一步提高医院在药品采购中的参与度，落实医疗机构药品、耗材采购主体地位，促进医疗机构主动控制药品、耗材价格。完善药品价格谈判机制，建立统分结合、协调联动的药品价格谈判制度，并做好医保等政策的衔接。将加快药品注册审批流程、专利申请、药物经济学评价等作为药品价格谈判的重要内容，合理降低专利药品和独家生产药品价格。对实行备案采购的重点药品，明确采购数量、开具处方的医生，由医疗机构负责人审批后向药品采购部门备案。完善省级药品集中采购平台规范化建设，加强与国家药品供应保障综合管理信息平台对接，提高药品集中采购平台服务和监管能力，健全采购信息采集共享机制。

开展高值医用耗材、检验检测试剂、大型医疗设备集中采购。规范和推进高值医用耗材集中采购，统一高值医用耗材编码标准，区别不同情况推行高值医用耗材招标采购、谈判采购、直接挂网采购等方式，及时查处医疗机构、医用耗材生产经营企业违约违规行为，确保高值医用耗材采购各环节在阳光下运行。

(五)构建统一规范的综合监管体系

健全医药卫生法律体系，加快转变政府职能，完善与医药卫生事业发展相适应的监管模式，提高健康服务和综合监管的效率和水平，推进监管法制化和规范化进程。

1. 深化医药卫生领域“放管服”改革。按照简政放权、放管结合、优化服务的要求，进一步转变政府职能简政放权，推进医药卫生领域行政审批制度改革。全面梳理公共服务事项，对确需保留的行政审批事项，建立权力清单和责任清单制度并向社会公示，规范权责清单的运行，提升“三单一网”工作水平。转变监管理念，创新监管机制和监管方式，更加注重加强事中事后监管，提升监管效能。促进医疗卫生机构转变服务模式，改善服务质量。

2. 完善综合监管体系。建立政府监管为主导，第三方广泛参与，医疗机构自我管理和社会监督为补充的多元化综合监管体系。加强部门联动，以维护医药卫生安全和人民群众健康为导向，强化监督执法，引导第三方依法依规参与监管工作。建立医疗机构自我管理制度。加强医保智能审核技术应用，推动所有统筹地区应用智能监控系统，逐步实现对门诊、住院、购药等各类医疗服务行为和费用的全程监控和智能审核。健全药品信息公共服务平台，公开价格、质量等信息。建立健全社会共治机制，加大信息公开和宣传教育力度，拓宽公众参与监管的渠道，主动接受社会监督。

3. 强化全行业综合监管能力。健全医药卫生法律法规和标准，推动监管重心向全行业监管。实行属地化监督，加强基层监督机构规范化建设和能力建设，建立健全综合监管保障机制。开展综合监管试点，推行随机抽取检查对象、随机选派执法检查人员的“双随机”抽查，依法查处违法违规行为，抽查情况及查处结果及时向社会公开。建立违法违纪“黑名单”制度，对进入“黑名单”的机构和人员依法依规严肃处理，情节严重的坚决曝光。健全医疗机构绩效考评制度，对医疗机构的基本标准、服务质量、技术水平、管理水平等进行综合评价，确保各医疗机构的功能任务符合医疗机构设置规划要求。加大药品和医用耗材招标采购监管力度。严肃查处弄虚作假、商业贿赂以及伪造、虚开发票等违法违规行为。强化临床路径管理，完善技术规范，提高诊疗行为透明度。加强对非营利性社会办医疗机构产权归属、财务运营、资金结余使用等方面的监督管理，加强对营利性医疗机构盈利率的管控，加强对医疗养生类节目和医疗广告的监管，促进社会办医健康发展。到2020年，对各级各类医疗卫生机构监督检查实现100%覆盖。

完善基本医保基金监管制度。加大对骗保欺诈等医保违法行为的惩戒力度。完善医疗保险对医疗服务的监控机制，将监管对象由医疗机构延伸至医务人员。加快建立医疗保障管理系统“黑名单”制度，对列入黑名单的医药企业、定点医疗机构、定点零售药店和个人，医保部门依法依规作出处理决定，并向社会进行公布。强化药品质量监管，进一步规范药品市场流通秩序。加强药品注册申请、审批和生产、销售的全程监管，建立完善药品信息追溯体系，形成全品种、全过程完整追溯与监管链条。加强药品有效期和包装材料管理，规范过期药品等废弃药品及包装材料的处置。严控药品购销渠道，严格票据管理，减少流通环节，净化流通环境。加强部门配合，依法依规严厉打击药品注册申请中数据造假、制售假劣药品、挂靠经营、“走票”、商业贿赂、非法经营等违法犯罪行为。强化药品价格行为监管，建立健全药品价格信息监测预警和信息发布制度，积极引导行业组织和市场主体加强诚信建设，自觉维护市场价格秩序。加强对市场竞争不充分的药品和高值医用耗材的价格监管。对价格变动频繁、变动幅度较大的，适时开展专项调查，对价格垄断、欺诈、串通等违法行为依法予以查处。

4. 引导规范第三方评价和行业自律。鼓励符合条件的第三方积极开展或参与评价标准的咨询、技术支持、考核评价等工作，推动医疗机构考核评价由政府主导逐步向独立第三方评价转变。充分发挥行业协会学会、高等院校、科研院所等作用，积极培育第三方评价机构。强化行业自律，推动行业组织建立健全行业管理规范和准则，规范成员行为。引导和规范医疗机构建立内审制度，加强自我管理和自查自纠，提高医疗服务质量，保障医疗安全。加强全省医疗卫生行业监管信息管理，为医疗机构开展业务以及提升服务质量、服务效率、满意度等提供有效监控依据。

（六）统筹推进相关领域改革

1. 健全完善人才培养使用和激励评价机制。从提升和改善薪酬待遇、发展空间、执业环境、社会地位等方面入手，调动广大医务人员积极性、主动性和创造性，发挥医务人员改革主力军作用。健全医务人员培训培养制度，使每名医务人员都有接受继续教育和职业再培训的机会。创新人才培养机制，基本建成院校教育、毕业后教育、继续教育三阶段有机衔接的标准化、规范化临床医学人才培养体系。完善医学教育质量保障机制，到 2020 年，完成本科临床医学专业首轮认证工作，建立医学专业认证制度。深化医学教育改革，深入推进卓越医生教育培养计划。深化面向基层的医学教育改革，继续开展农村订单定向医学生免费培养工作。完善毕业后教育制度，到 2020 年，所有新进临床医疗岗位的医师均需经过住院医师规范化培训，初步建立专科医师规范化培训制度，重点为县级医疗机构和边远地市医院培养一批专科医师。推进基层药学人员培养使用。大力推进全科医生制度建设，通过规范化培训、助理全科医生培训、转岗培训等多种途径加大全科医生培养培训力度。打造 80 个符合培训条件和要求的高质量的培训基地，培养 5100 名住院医师规范化培训带教老师。继续实施全科医生特岗计划。到 2020 年，初步建立起充满生机和活力的全科医生制度，基本形成统一规范的全科医生培养模式和“首诊在基层”的服务模式，全科医生与城乡居民基本建立比较稳定的服务关系，全科医生服务水平全面提高。城乡每万名居民有 2~3 名合格的全科医生，全科医生总数达到 10000 人以上，每千常住人口基层卫生人员数达到 3.5 人以上。

创新卫生人才使用机制，完善岗位设置管理制度，推行公开招聘制度，实行全员聘用制度，实现人员分类管理。改善从业环境和薪酬待遇，促进医疗资源向基层和农村流动。允许医疗卫生机构突破现行事业单位工资调控水平，允许医疗服务收入扣除成本并按规定提取各项基金后主要用于人员奖励。合理确定医疗卫生机构编外人员待遇，逐步实现同岗同薪同待遇，激发广大医务人员活力。严禁给医务人员设定创收指标，医务人员薪酬不得与药品、耗材、检查、化验等业务收入挂钩。基层医疗卫生机构内部绩效分配可采取设立全科医生津贴等方式，向承担签约服务等临床一线任务的人员倾斜。落实艰苦边远地区津贴、乡镇工作补贴政策，绩效工资分配向基层倾斜。创新人才评价机制，改革完善以岗位职责要求为基础，以品德、能力、业绩为导向，符合卫生人才特点的科学化、社会化评价机制。完善职称晋升体系和职称晋升办法，增加医疗卫生机构中高级岗位比例并向基层倾斜，拓宽医务人员职业发展空间。关心重视村医队伍建设，合理提高待遇，结合实际建立乡村医生退出机制。鼓励医师到基层、边远地区、医疗资源稀缺地区和其他有需求的医疗机构多点执业。

建立卫生人员荣誉制度，弘扬广大卫生与健康工作者“敬佑生命、救死扶伤、甘于奉献、大爱无疆”的精神，做好“人民好医生”称号评选宣传工作，通过多种形式增强医务人员职业荣誉感。依法严厉打击涉医违法犯罪行为特别是伤害医务人员的暴力犯罪行为，坚决从严查处涉医突发案件，维护正常医疗秩序，保护医务人员安全。完善医疗纠纷调解机制，健全院内调解、人民调解、司法调解、医疗风险分担机制有机结合的“三调解一保险”制度体系，构建和谐医患关系。到 2020 年，医疗责任保险覆盖全省所有公立医院和 80%以上的基层医疗卫生机构。

2. 加快形成多元化办医格局。鼓励社会力量兴办健康服务业，提高健康管理与促进服务水平，进一步开展残疾人基本康复服务，加强残疾人基本康复服务能力建设。进一步完善健康保险服务，扩大健康服务相关支撑产业规模，优化健康服务业发展环境。健全非营利性和营利性医疗机构分类管理制度。进一步优化政策环境，推进实现非营利性非公立医院与公立医院同等待遇。落实在市场准入、社会保险定点、重点专科建设、职称评定、学术地位、等级评审、技术准入等方面对所有医疗机构同等对待的政策措施。完善医师多点执业政策，改革医师执业注册制度。允许公立医院根据规划和需求，与社会力量合作举办新的非营利性医疗机构，支持社会办医疗机构与公立医院加强合作，共享人才、技术、品牌。控制公立医院特需服务规模，提供特需服务的比例不超过全部医疗服务的 10%。探索社会力量办营利性医院综合评价机制，鼓励社会力量投向满足高端非基本医疗服务、医养结合等多元需求的服务领域。鼓励和引导金融机构增加健康产业投入，探索无形资产质押和收益权质押贷款业务，鼓励发展健康消费信贷。支持符合条件的企业利用资本市场直接融资、发行债券和开展并购，鼓励引导风险投资。发挥商业健康保险资金长期投资优势，引导商业保险机构以出资新建等方式兴办医疗、养老、健康体检等健康服务机构。促进医疗与养老融合，发展健康养老产业。支持基层医疗卫生机构为老年人家庭提供签约医疗服务，建立健全医疗卫生机构与养老机构合作机制，支持养老机构开展康复护理、老年病和临终关怀服务，支持社会力量兴办医养结合机构。促进医疗与旅游融合，完善准入、运营、评价、监管等相关配套政策，加快推进健康旅游产业发展。促进互联网与健康融合，发展智慧健康产业。积极发展基于互联网的健康服务,促进云计算、大数据、移动互联网、物联网等信息技术与健康服务深度融合,为健康产业植入“智慧之芯”。促进中医药健康服务发展,推进中医药与养老、旅游等融合发展,实现中医药健康养生文化的创造性转化、创新性发展。到 2018 年,80%以上的医疗机构开设为老年人提供挂号、就医等便利服务的绿色通道,50%以上的养老机构能够以不同形式为入住老年人提供医疗卫生服务。到 2020 年,符合国情的医养结合体制机制和政策法规体系基本建立,所有医疗机构开设为老年人提供挂号、就医等便利服务的绿色通道,所有养老机构能够以不同形式为入住老年人提供医疗卫生服务。到 2020 年,按照每千常住人口不低于 1.33 张床位,为社会办医预留规划空间,同步预留诊疗科目设置和大型医用设备配置空间,社会力量办医疗机构床位数和服务量所占比重均达到 25%以上。

3. 推进公共卫生服务体制改革。建立专业公共卫生机构与医疗机构、基层医疗卫生机构分工协作机制,健全基本公共卫生服务项目和重大公共卫生服务项目遴选机制。到 2020 年,基本公共卫生服务逐步均等化的机制基本完善,城乡居民健康水平得到进一步提高。推进政府购买公共卫生服务。完善公共卫生服务项目经费分配方式以及效果评价和激励约束机制,发挥专业公共卫生机构和中医医院对项目实施的指导和考核作用,考核评价结果与服务经费拨付挂钩。建立健全专业公共卫生人员的激励机制,人员和运行经费根据人员编制、经费标准、服务任务完成及考核情况由政府预算全额安排。鼓励防治结合类专业公共卫生机构通过提供优质的预防保健和基本医疗服务获得合理收入,建立有利于防治结合的运行新机制。加强妇幼保健机构与计划生育服务机构的整合,推进妇幼保健机构内部改革重组,实现保健和临床有机融合。在合理核定工作任务、成本支出的基础上,完善对医疗机构承担公共卫生服务任务的补偿机制。大力推进残疾人健康管理,加强残疾人社区康复。将更多成本合理、效果确切的中医药服务项目纳入基本公共卫生服务。完善现有药品政策,减轻艾滋病、结核病、严重精神障碍等重大疾病以及突发急性传染病患者医药负担。推进居民健康卡、社会保障卡等应用集成,激活居民电子健康档案应用,推动预防、治疗、康复和健康管理一体化的电子健康服务。升级改造卫生应急平台体系,提升突发公共卫生事件早期发现水平。深入开展爱国卫生运动。持续开展城乡环境卫生整洁行动。

四、保障措施

(一)强化组织领导

各市、县(区)要健全医改组织领导体系,由党委和政府主要负责同志或一位主要负责同志担任医改领导小组组长,亲自负责医改工作,将涉及医疗、医保、医药的职能由一位政府领导分管。充分发挥医改领导小组的统筹协调作用,统一推进医疗、医保、医药联动改革。坚持党总揽全局、协调各方,发挥各级党委(党组)领导核心作用,把医改纳入全面深化改革中同部署、同要求、同考核,为完成规划任务提供坚强保证。各地要依据本规划,结合实际制定具体实施方案,细化政策措施,精心组织实施。各有关部门要及时制定细化配套措施,加强协作配合,指导督促地方落实规划任务。

(二)强化责任落实

落实各级政府的领导责任、保障责任、管理责任、监督责任,建立责任落实和考核的刚性约束机制。加大政府卫生投入力度,到 2020 年,全面落实政府对符合区域卫生规划的公立医院投入政策,建立公立医院由服务收费和政府补助两个渠道补偿的新机制,细化落实政府对中医院投入倾斜政策。按照有关规定,逐步化解符合条件的公立医院长期债务。加强各级各类医药卫生机构党的组织建设,强化基层党组织整体功能,在医改中发挥战斗堡垒作用和党员先锋模范作用,最大限度凝聚各方面的共识和力量,更好地推动医改向纵深发展。

(三)强化督查评估

加强医改监测信息平台建设,增强医改监测的实时性和准确性,将监测结果充分运用到政策制定、执行、督查、整改全过程。提高医药卫生体制改革工作队伍能力,增强改革的领导力和执行力,提高医改工作效率和质量。建立健全科学、规范、合理的督查评估制度,提高督查评估队伍能力。继续将深化医改纳入市县科学发展观综合考评,强化督查考评结果的运用,建立医改任务考核奖惩制度。建立定期通报制度,充分发挥第三方评估的作用。建立常态化调研机制,深入基层,问计于民,将经过实践检验的成功经验上升到政策层面。

(四)强化社会参与

做好医改政策的宣传解读,合理引导群众预期,提高人民群众对医改的知晓率和支持率。宣传典型经验和先进人物,发挥卫生计生系统医改主力军的作用,提高医务人员参与改革的积极性和能动性。加强健康知识传播,引导公众正确认识医学发展规律,树立正确的生命观念和就医理念,提升公众自救互救技能水平和生存素养。加强医改的正面宣传,及时回应社会关注的热点问题,鼓励社会各界参与医改,为改革的顺利推进营造平稳有序的舆论环境。

本栏编辑 詹跃华

统计资料

国民经济和社会发展主要指标与发展速度

指　标	2017 年	2018 年
人口(万人)		
年末总人口	4622.06	4647.57
男性人口	2370.61	2383.56
女性人口	2251.45	2264.02
城镇人口	2523.64	2603.57
乡村人口	2098.42	2044.00
就业(万人)		
年末社会就业人数	2645.60	2636.10
职工人数	427.50	400.30
年末城镇登记失业人数	32.33	35.10
地区生产总值(亿元)	20006.31	21984.78
第一产业	1835.26	1877.33
第二产业	9627.98	10250.21
第三产业	8543.07	9857.24
人均生产总值(元)	43424.00	47434.00
固定资产投资(亿元)		
全社会固定资产投资总额	22085.34	
房地产开发投资	2013.98	
新增固定资产	12358.13	
财政(亿元)		
财政总收入	3447.72	3795.79
一般公共预算收入	2247.06	2373.01
一般公共预算支出	5111.47	5667.52
能源生产与消费(万吨标准煤)		
能源生产总量	1525.19	1194.22

注:1.地区生产总值、农业总产值、工业增加值的发展速度均按可比价格计算。

2.职工人数含劳务派遣人员。

3.固定资产投资项目统计起点为计划投资 500 万元及以上。

4.城乡居民调查指标统一为可支配收入指标。

续表 1

指　标	2017 年	2018 年
能源消费总量	8995.34	9212.07
价格指数(上年=100)		
居民消费价格指数	102.00	102.10
商品零售价格指数	101.00	101.00
工业生产者出厂价格指数	107.90	104.20
工业生产者购进价格指数	107.20	103.20
固定资产投资价格指数	106.10	106.40
人民生活		
城镇非私营单位职工平均工资(元)	63069.00	70772.00
城镇住户人均年可支配收入(元)	31198.00	33819.00
农村住户人均年可支配收入(元)	13242.00	14460.00
人民币住户存款年末余额(亿元)	15503.39	17184.44
城镇住户人均住宅建筑面积(平方米)	42.50	48.30
农村居民人均住房面积(平方米)	54.90	59.20
城市建设、环境保护		
人工煤气供气量(万立方米)	17972.00	—
液化石油气供气量(吨)	218325.00	202716.00
道路长度(千米)	10289.00	11222.00
排水管道长度(千米)	14134.00	17331.00
公共车辆(汽、电车)运营数(辆)	12718.00	13699.00
绿化覆盖面积(公顷)	69027.00	75471.00
一般工业固体废物综合利用量(万吨)	4593.78	4970.13
一般工业固体废物综合利用率(%)	37.15	42.41
农业		
农业总产值(亿元)	3069.00	3148.57
主要农产品产量		
粮食(万吨)	2221.70	2190.70
棉花(万吨)	7.77	7.21
油料折油(万吨)	46.11	47.22
油料(万吨)	117.32	120.80
黄红麻(万吨)	200.00	97.00
烟叶(万吨)	5.57	3.61
茶叶(吨)	61399.00	65362.00
蚕茧(吨)	6274.00	6177.00
甘蔗(万吨)	65.51	64.57
水果(万吨)	455.23	470.21
肉类总产量(万吨)	326.05	325.68

注:1.工业产品产量为规模以上产量。

2.公路通车里程包括村道。

续表 2

指　标	2017 年	2018 年
水产品(万吨)	250.55	255.95
生猪年末存栏(万头)	1621.34	1587.25
生猪当年出栏(万头)	3180.46	3124.00
工业		
主要工业产品产量		
化学纤维(万吨)	46.33	54.62
布(混合数)(万米)	127379.00	77928.00
机制纸及纸板(万吨)	211.04	214.50
卷烟(万箱)	131.65	127.60
原煤产量(万吨)	938.92	530.46
原油加工量(万吨)	698.72	766.59
发电量(亿千瓦时)	1157.83	1274.72
粗钢 (万吨)	2412.69	2499.18
钢材 (万吨)	2524.44	2571.34
水泥(万吨)	8934.13	8813.55
汽车(万辆)	61.02	55.04
照相机(万架)	130.98	64.50
化学肥料(折合 100%)(万吨)	22.66	10.98
化学农药(原药)(吨)	35399.00	49306.00
规模以上工业企业主要指标(亿元)		
工业增加值		
资产总计	22909.29	24085.48
主营业务收入	35585.11	32077.36
建筑业(资级企业)		
建筑业企业人数(万人)	160.89	150.69
建筑业总产值(亿元)	6172.70	6884.87
施工房屋面积(万平方米)	30726.83	33362.42
竣工房屋面积(万平方米)	15042.24	15635.20
交通运输业		
铁路营业里程(千米)	4137.00	4134.00
公路通车里程(千米)	162285.00	161941.00
货物周转量(亿吨千米)	4217.07	4528.30
铁路(亿吨千米)	532.24	530.25
公路(亿吨千米)	3432.95	3759.94
水运(亿吨千米)	251.87	238.11
旅客周转量(亿人千米)	1000.29	993.73
铁路(亿人千米)	722.66	732.42
公路(亿人千米)	277.29	260.97

续表 3

指　标	2017 年	2018 年
水运(亿人千米)	0.34	0.34
邮电通信业		
邮电业务总量(亿元)	790.75	1785.84
函件(万件)	2997.00	2764.00
移动电话用户(万户)	3449.00	4043.50
固定电话用户(万户)	477.00	466.10
城市	317.40	313.50
农村	159.60	152.60
计算机互联网用户(万户)	997.10	1323.40
内外贸易和旅游		
社会消费品零售总额(亿元)	7448.09	7566.40
海关进出口总额(万美元)	4433898.00	4818758.00
出口额	3248827.00	3394269.00
进口额	1185072.00	1424490.00
外商直接投资合同金额(万美元)	1012521.00	888380.00
外商直接投资实际使用金额(万美元)	1146373.00	1257166.00
旅游总收入(亿元)	6435.09	8145.12
入境旅游人数(人次)	1889316.00	2063082.00
旅游外汇收入(万美元)	62992.00	74538.00
金融业(亿元)		
金融机构人民币存款余额	32324.91	35069.51
金融机构人民币贷款余额	25712.56	30358.38
教育、文化、卫生		
高等学校在校学生数(人)	1048289.00	1054400.00
中等专业学校在校学生数(人)	203941.00	209801.00
普通中学在校学生数(万人)	287.74	307.83
小学在校学生数(万人)	422.90	421.22
报纸出版数量(万份)	90694.00	88317.00
期刊出版数量(万册)	7385.00	7435.00
图书出版数量(万册)	22657.00	24587.00
卫生机构数(个)	8057.00	8237.00
卫生技术人员(人)	235773.00	247204.00
医生	83652.00	87277.00
病床数(张)	221924.00	249510.00

注:1.邮电业务总量按2010年不变价格计算。

2.卫生机构数包括个体机构。

3.互联网用户口径为宽带用户数。

国民经济主要比例关系

单位:%

指　标	2017 年	2018 年
地区生产总值		
第一产业	9.2	8.6
第二产业	48.1	46.6
工业	38.9	36.9
建筑业	9.2	9.7
第三产业	42.7	44.8
交通运输邮电业	4.3	4.2
批零贸易和住宿餐饮业	9.4	9.2
金融业	5.5	5.6
全省总人口		
城镇人口	54.6	56.0
乡村人口	45.4	44.0
社会就业人员		
第一产业	28.5	27.5
第二产业	32.7	32.9
第三产业	38.9	39.6
农业总产值		
农业	48.5	49.2
林业	9.7	10.1
牧业	23.1	21.3
渔业	14.8	15.1
服务业	3.9	4.2
全社会固定资产投资		
第一产业	2.6	—
第二产业	53.5	—
第三产业	43.9	—
财政支出		
文教科学卫生	22.2	25.1
科学	2.3	2.6
教育	18.4	18.6

外商直接投资情况

年　份	项目数(个)	合同外资金额(万美元)	实际使用外资(万美元)
2017	495	1012521	1146373
2018	594	888380	1257166

主要指标每人年平均水平

指　标	2017年	2018年
地区生产总值(元)	43424.00	47434.00
第一产业	3983.00	4050.00
第二产业	20898.00	22116.00
第三产业	18543.00	21268.00
财政总收入(元)	7459.00	8190.00
年末居民储蓄存款余额(元)	33542.00	36957.00
主要农产品产量(千克)		
粮食	480.68	472.66
棉花	1.68	1.56
油料折油	9.98	10.19
甘蔗	14.17	13.93
水果	98.49	101.45
肉类总产量	70.54	70.27
水产品	54.21	55.22
主要工业产品产量		
化学纤维(千克)	10.02	11.78
布(混合数)(米)	27.56	16.81
机制纸及纸板(千克)	45.66	46.28
原煤(千克)	203.14	114.45
原油加工量(千克)	1511.71	1653.98
发电量(千瓦小时)	2505.01	2750.31
粗钢(千克)	521.99	539.22
钢材(千克)	546.17	554.79
水泥(千克)	1932.93	1901.60
化学肥料(千克)	4.90	2.37
化学农药(千克)	0.77	1.06
主要消费品消费量		
农村居民食品消费量(千克)		
粮食	167.28	147.57
植物油	11.36	12.09
猪牛羊肉	18.71	24.67
蛋类	5.84	6.01
水产品	8.43	9.49
城镇居民消费量(千克)		
粮食	112.43	121.25
油脂类	14.41	14.37
肉类	31.90	34.46
禽类	10.21	10.36
蛋类及蛋制品	8.19	8.43
水产品	17.03	15.97

地区生产总值

（按当年价格计算） 单位：亿元

年份	地区生产总值	第一产业	第二产业	工业	建筑业	第三产业	交通运输仓储和邮政业	批发零售和住宿餐饮业	金融业	人均地区生产总值（元）
2017	20006.31	1835.26	9627.98	7789.59	1838.95	8543.07	866.30	1880.70	1107.12	43424
2018	21984.78	1877.33	10250.21	8112.96	2137.25	9857.24	924.52	2019.78	1233.76	47434

地区生产总值指数

（按可比价格计算） （上年=100）

年份	地区生产总值	第一产业	第二产业	工业	建筑业	第三产业	交通运输仓储和邮政业	批发零售和住宿餐饮业	金融业	人均地区生产总值
2017	108.8	104.4	108.2	108.8	105.5	110.5	106.3	106.5	111.3	108.1
2018	108.7	103.4	108.3	108.7	106.4	110.3	106.0	105.7	106.9	108.0

按城乡分的人口数（年末数）

年份	总人口（人）	按城乡分		以年末总人口为100	
		城镇人口	乡村人口	城镇人口	乡村人口
2017	46220636	25236447	20984189	54.60	45.40
2018	46475728	26035703	20440025	56.02	43.98

劳动力资源

单位：万人

年份	劳动力资源总数	社会就业人数	职工人数	国有经济单位	城镇集体经济单位	其他各种经济单位	劳动力资源总数占人口数的比重（%）	劳动力资源利用率（%）
2017	3624.2	2645.6	427.5	171.2	9.0	247.3	78.4	73.0
2018	3639.1	2636.1	400.3	158.3	8.8	233.2	78.3	72.4

全社会固定资产投资发展速度

年份	发展速度（上年=100）			
	合计（%）	固定资产投资	房地产开发投资	农村农户投资
2017	112.1	112.3	113.7	99.8
2018	110.8	111.1	108.0	98.0

注：1.不含跨省中央项目投资。

2.全社会固定资产投资=固定资产投资+农村农户投资。

3.固定资产投资=计划投资500万元及以上项目固定资产投资+房地产开发投资。

财政收支总额及增长速度

年　份	财政总收入(万元)	一般公共预算支出(万元)	收支差额(万元)	比上年增长(%)	
				财政总收入	一般公共预算支出
2017	34477187	51114673	−16637486	9.7	10.7
2018	37957936	56675207	−18717271	10.1	10.8

各种价格指数

(上年=100)

年　份	商品零售价格指数	城　市	农　村	居民消费价格指数	城　市	农　村
2017	101.0	101.0	101.0	102.0	102.0	101.9
2018	101.0	101.0	100.8	102.1	102.1	102.2

农、林、牧、渔业总产值和商品产值

(按当年价格计算)

单位:万元

年　份	农林牧渔业总产值	农业产值	林业产值	牧业产值	渔业产值	服务业产值	农林牧渔业商品产值	农林牧渔业商品率(%)
2017	30690051	14892890	2964890	7096764	4530639	1204867	22288929	72.6
2018	31485736	15492192	3195550	6721756	4739156	1337081	22805010	72.4

主要工业产品产量

品　名	2017 年	2018 年
化学纤维(万吨)	46.33	54.62
纱(吨)	1704184.00	1402835.00
布(万米)	127379.00	77928.00
机制纸及纸板(万吨)	211.04	214.50
合成洗涤剂(吨)	8399.00	2826.00
卷烟(万箱)	131.65	127.60
粗钢(万吨)	2412.69	2499.18
生铁(万吨)	2143.19	2204.17
钢材(万吨)	2524.44	2571.34
硫酸(万吨)	272.60	272.58
烧碱(万吨)	34.77	43.47
化学肥料(万吨)	22.66	10.98
化学农药(吨)	35399.00	49306.00
化学原料药(吨)	63936.00	29484.00
交流电动机(万千瓦)	373.06	485.81
金属切削机床(台)	5470.00	4713.00
汽车(辆)	610193.00	550421.00
电视机(万台)	30.30	23.21
照相机(万台)	130.98	64.50
水泥(万吨)	8934.13	8813.55

2018年农作物播种面积和产量

类 别	播种面积（千公顷）	单 产（千克/公顷）	总产量（粮食:万吨 其他:吨）	总产量比上年增长(%)
总计	5555.93			
粮食作物	3721.33	5886.9	2190.70	-1.4
谷物	3491.67	6049.2	2112.17	-1.6
稻谷	3436.20	6088.7	2092.20	-1.6
早稻	1207.60	5746.1	693.90	-3.2
中稻及一季晚稻	909.80	6533.3	594.40	5.3
二季晚稻	1318.80	6095.7	803.90	-4.8
小麦	14.62	2168.3	3.17	2.3
玉米	35.00	4471.4	15.65	1.6
大(米)麦	0.25	1600.0	0.04	-20.0
豆类合计	127.64	2305.7	29.43	4.0
大豆	106.23	2472.9	26.27	4.2
杂豆	21.41	1475.9	3.16	2.3
薯类(按折粮计算)	102.02	4812.8	49.10	3.4
油料合计	680.12	1776.0	1208015.00	3.0
花生	167.27	2873.0	480606.00	2.8
油菜籽	483.00	1430.0	690819.00	2.7
芝麻	29.83	1226.0	36563.00	11.3
棉花	46.69	1545.0	72115.00	-7.2
麻类合计	3.65	1559.0	5688.00	-1.3
黄红麻	0.02	4217.0	97.00	-38.2
苎麻	3.60	1555.0	5590.00	-0.3
甘蔗	14.34	45026.0	645714.00	-1.4
烟叶合计	17.42	2075.0	36148.00	-35.1
烤烟	16.83	2034.0	34229.00	-36.8
晒烟	0.59	3242.0	1919.00	19.9
中药材	54.92			
蔬菜类及食用菌	632.98	24283.0	15370827.00	3.2
瓜果类	82.62	25922.0	2141654.00	-0.3
其他作物	301.86			
莲子	25.12	1757.0	44135.00	-5.9
青饲料	76.00			

注：该表粮食作物均为农产量抽样调查数。

建筑业主要经济指标

指　标	2017 年	2018 年
企业个数(个)	2393	2691
建筑业合同情况(万元)		
签订的合同额	117100107.00	125436326.00
上年结转合同额	48984992.00	53686456.00
本年新签合同额	68115115.00	71749870.00
承包工程完成情况(万元)		
直接从建设单位承揽工程完成的产值	59816635.00	66519301.00
自行完成施工产值	59089334.00	65481938.00
分包出去工程的产值	727302.00	1037363.00
从建设单位以外承揽工程完成的产值	2578793.00	3250155.00
建筑业总产值(万元)	61727046.00	68848679.00
装饰装修产值	3058566.00	3430245.00
在外省完成的产值	22206004.00	24227372.00
建筑工程产值	53494224.00	58827234.00
安装工程产值	4591239.00	5299774.00
其他产值	3641583.00	4721672.00
竣工产值(万元)	34290753.00	38105172.00
房屋建筑施工及竣工面积(万平方米)		
房屋建筑施工面积	30726.83	33362.42
本年新开工面积	14824.29	16972.92
房屋建筑竣工面积	15042.24	15635.20
住宅房屋	9821.26	10145.01
商业及服务用房屋	1097.55	1259.99
商厦房屋(批发和零售用房)	448.32	452.23
宾馆用房屋(住宿用房)	89.21	100.81
餐饮用房屋(餐饮用房)	32.75	28.97
商务会展用房屋	43.27	67.34
其他商业及服务用房屋(居民服务业用房)	484.00	610.64
办公用房屋	865.71	918.54
科研、教育、医疗用房屋	856.95	776.39
科学研究用房屋	78.38	49.53
教育用房屋	643.75	542.94
医疗用房屋(卫生医疗用房)	134.82	183.92
文化、体育、娱乐用房屋	211.51	224.17
厂房及建筑物	1749.09	1817.53
厂房	1165.20	1022.15
仓库	115.30	149.75
其他未列明的房屋建筑物	324.86	343.82

注:建筑业统计范围为具有建筑业资质等级的独立核算建筑业企业。

运输线路长度

单位:千米

指标	2017 年	2018 年
铁路营业里程	4137	4134
公路通车里程	162285	161941
等级公路	134862	135442
高速公路	5916	5931
一级公路	2917	2601
二级公路	10837	11613
三级公路	13165	14338
等外公路	27422	26499
内河通航里程	5638	5716
等级航道	2349	2427
等外航道	3289	3289

全社会运输周转量

指标	2017 年	2018 年
货物周转量(万吨千米)	42170685	45282985
铁路	5322426	5302489
公路	34329546	37599405
水运	2518713	2381091
内河	1950843	1952621
沿海	567870	428470
远洋		
旅客周转量(万人千米)	10002942	9937261
铁路	7226626	7324229
公路	2772918	2609677
水运	3398	3355
内河	3398	3355

社会消费品零售总额

单位:万元

年份	社会消费品零售总额	按行业分				按所在地分		
		批发业	零售业	住宿业	餐饮业	城镇	城区	乡村
2017	74480901	10859854	54646655	916558	8057834	61673143	40282065	12807758
2018	75664438	10150760	55976137	903790	8633751	63997063	36931552	11667375

旅游业发展情况

年份	旅游总收入(亿元)	为全省地区生产总值(%)	为全省地区生产总值中第三产业(%)
2017	6435.09	32.17	75.33
2018	8145.12	37.04	82.63

2018年金融机构本外币信贷资金平衡表年末余额

单位:万元

指　标	年末余额	比年初增减	比年初增长(%)
各项存款	352906859	27549983	8.5
境内存款	352762369	27563768	8.5
住户存款	172601432	16769219	10.8
活期存款	68711583	3475688	5.3
定期及其他存款	103889849	13293531	14.7
非金融企业存款	105555179	5950805	6.0
活期存款	61559393	2507808	4.2
定期及其他存款	43995785	3442998	8.5
广义政府存款	66716809	5137807	8.3
财政性存款	12616714	408580	3.3
机关团体存款	54100095	4729227	9.6
非银行业金融机构存款	7888950	−294064	−3.6
境外存款	144490	−13786	−8.7
各项贷款	305671364	46658751	18.0
境内贷款	305083092	46617587	18.0
住户贷款	121398435	18979649	18.5
短期贷款	34614831	2585585	8.1
中长期贷款	86783604	16394064	23.3
非金融机构及机关团体贷款	183079274	27084484	17.4
短期贷款	52543086	2393584	4.8
中长期贷款	115944674	19815574	20.6
票据融资	12839411	4398118	3.5
融资租赁	1413486	430469	43.8
各项垫款	338617	46740	16.0
非银行业金融机构贷款	605383	553453	1065.8
境外贷款	588272	41164	7.5

注:该表统计口径包括中国人民银行、政策性银行、国有独资商业银行、邮政信汇局、其他商业银行、农村合作银行、城市信用社、农村信用社、信托投资公司、财务公司等金融机构。

卫生机构、床位及人员数

年　份	机构数(个)	医院卫生院	床位数(张)	医院卫生院	人员数(人)	卫生技术人员	医　生
2017	37791	2259	233513	214206	317816	235773	83652
2018	36546	2311	249510	229276	325803	247204	87277

注:1.机构数中包括个体机构。

2.卫生技术人员数据不包括乡村医生和卫生员。

3.机构合计中包括村卫生室。

规模以上工业企业经济指标

指 标	2017 年	2018 年
企业单位数(个)	11734	11630
亏损企业(个)	841	1087
资产总计(万元)	229092933	240854766
流动资产合计(万元)	105346324	113914249
负债总计(万元)	114721288	124542579
所有者权益(万元)	114371646	116312187
主营业务收入(万元)	355851135	320773676
销售费用(万元)	6889145	6604230
利润总额(万元)	24756903	21578377
全部从业人员年平均人数(人)	2634854	2338032
总资产贡献率(%)	18.30	15.45
资本保值增值率(%)	108.04	116.15
资产负债率(%)	50.08	51.71
流动资产周转率(次)	3.81	2.82
成本费用利润率(%)	7.54	7.27
全员劳动生产率(元/人)	303326	298341
产品销售率(%)	99.36	99.19

房地产开发与经营主要指标

指 标	2017 年	2018 年
房地产开发投资增速(%)	13.7	8.0
按登记注册类型分		
内资	13.0	9.2
国有	41.4	-73.9
集体		
股份合作	-57.5	
有限责任公司	9.5	9.5
股份有限公司	23.1	3.0
私营	17.3	14.7
其他	-9.9	
港澳台商投资	28.6	-27.0
外商投资	114.0	10.9
按构成分		
建筑工程	12.9	-1.7
安装工程	16.1	-12.7
设备工器具购置	56.3	-9.6
其他费用	10.8	75.3
土地购置费	11.7	93.8
按工程用途分		
住宅	11.6	14.3
办公楼	26.6	-18.3
商业营业用房	21.9	-10.7
其他	7.6	14.1

续表

指　标	2017 年	2018 年
企业个数(个)	2452	2601
本年新增固定资产(万元)	5916121.00	6026342.00
土地开发(万平方米)		
本年购置土地面积	576.17	558.22
资金来源(万元)		
本年资金来源小计	29233439.00	31688991.00
国内贷款	4198149.00	3601431.00
银行贷款	3483953.00	3057179.00
非银行金融机构贷款	714196.00	544252.00
利用外资		20.00
自筹资金	7602623.00	8677327.00
其他资金来源	17432667.00	1033580.00
定金及预收款	8467288.00	10761390.00
个人按揭贷款	7264407.00	7615243.00
房屋施工、竣工和销售、出租情况(万平方米)		
房屋施工面积	18806.79	20738.65
新开工面积	4954.33	5801.49
房屋竣工面积	1854.40	2036.39
商品房销售面积	5841.93	6201.16
商品房销售额(万元)	35925237.00	42201368.00
商品房出租面积	8.77	16.82
商品房待售面积	1129.94	950.68

2018 年各类全日制学校基本情况

单位:人

类　别	学校数(所)	在校学生数	招生数	毕业生数	教职工数	专任教师
研究生	16	39272	14757	10091		5637
普通高等学校	102	1054400	323600	310976	81501	57440
普通中专学校	78	209801	78891	70666	8250	6011
普通中学	2640	3078257	1085246	880903	223466	187184
高中	480	1008384	344664	304483	91819	58415
初中	2160	2069873	740582	576420	131647	128769
职业高中	173	137072	41296	35113	7683	5411
技工学校	86	139437	54803	38979	10637	8787
小学	7578	4212208	701928	731576	210408	234662
幼儿园	15368	1613091	666442	631549	139260	89133
特殊教育学校	94	33788	6212	5188	1779	1571
工读学校	1	327	170	193	49	44

本栏编辑　邓诚君

索　引

说明：本索引依照国家标准《索引编制规则（总则）》GB/T22466-2008 的相关规则进行编制。本索引为主题索引，按主题词首字汉语拼音字母（同音字按声调）顺序排列。主题词后的阿拉伯数字表示该词所在页码，数字后的英文字母 a、b、c 分别表示该页文字的左、中、右栏。同一主题的内容在文中多处出现的，在其主题词后用不同的页码标明。对特载、大事记、专记、人物、附录、统计资料等类目不作主题索引。

数字和字母

D

E

F

G

H

J

K

L

N

P

R

S

T

Z